NEW TESTAMENT THEOLOGY: MANY WITNESSES, ONE GOSPEL

신약성서 신학

하워드 마샬 | 박문재·정용신 옮김

CH북스
크리스천
다이제스트

한국어판 서문

먼저 이 책이 한국어로 출판되어 기쁘다. 신약성서를 연구하는 한국 학생들 중 많은 사람들이 나의 책을 원서로 읽을 수 있음을 의심하지 않지만, 모국어로 번역된 책을 접할 수 있음으로 인해 더 많은 유익이 있을 것이라 여겨진다. 그러므로 많은 독자들이 나와 함께 부단한 노력과 수고를 아끼지 않은 두 번역자, 박문재(전문번역가로 알려진)와 애버딘 대학에서 석사를 마치고 박사과정 중에 있는 나의 제자이자 친구인 정용신에게 깊은 고마움을 표할 줄 확신한다. 마치 "하나님의 율법책을 낭독하고 그 뜻을 해석하여 백성에게 그 낭독하는 것을 다 깨닫게"(느 8:8) 했던 느헤미야 때의 레위인들처럼, 이들도 레위인들과 같은 목적을 가지고 번역했을 것이다. 레위인들이 단지 그 본문을 설명했든지 또는 그것을 아람어로 번역했든지(많은 사람들이 지지하는 견해는 아니지만) 간에, 레위인들은 하나님이 그의 백성들에게 말씀하신 것을 그 백성들이 이해할 수 있도록 돕고자 하는 갈망으로 동기 부여가 되어 있었다.

이 책에서 내가 목표로 삼는 것은 바로 이것이다. 즉, 신약의 여러 저자들에 의해 다양한 방법들로 표현된 복음의 깊이와 넓이를 사람들이 이해할 수 있도록 돕고자 하는 것이다. 이것이 또한 이 책자를 신약성서를 가르치기 위한 안내서로서 폭넓은 독자들이 접할 수 있도록 번역하고 출판한 이들의 목적이라고 믿는다. 다시 한 번 이를 위해 수고한 그들의 도움에 깊은 감사를 표한다.

하워드 마샬 (I. Howard Marshall)

차례

제1부 서론

제2부 예수, 공관복음서, 사도행전

제3부 바울서신

서문

　이 책의 목적은 신학생들 또는 신약성서의 신학에 대하여 관심을 가진 모든 사람들이 사용하기에 적당한 수준과 분량으로 된 신약 신학에 대한 지침서를 제공하는 데에 있다. 신학학의 모든 분야에 대해서 점점 더 방대한 책들이 씌어지고 있는 시대에서 나는 상당히 간결하면서도 부담 없이 읽을 수 있는 책을 쓰고자 하였다.

　신약 신학을 다루는 책을 쓰는 경우에 특정한 신학적 주제들을 신약성서 전체에 걸쳐서 살펴보는 구성을 취할 수도 있고 신약성서를 이루고 있는 개별 책들이 지닌 신학적인 가르침을 중심으로 구성하는 것도 가능하다. 본서에서 취한 접근방식은 먼저 신약성서의 각각의 책들로 하여금 스스로 말하게 하고, 그런 후에 그것들의 가르침을 어느 정도 종합해 보는 것이다. 어느 접근방식이나 약점들을 가지고 있기 마련인데, 이러한 접근방식의 약점은 한 주제, 예를 들면 교회라는 주제가 여러 장들에 산재되어서 서술되기 때문에 독자들은 신약성서 전체에 나타난 그 주제에 대한 내용을 알기 위해서는 색인을 적절하게 잘 이용해야 할 필요성이 있다는 것이다. 하지만 이러한 접근방식이 지닌 큰 장점은 논의의 구성과 내용을 신약성서의 개별 기자(記者)들이 자신의 실제적인 저작들 속에서 말하고자 했던 것에 의거해서 형성해 내는 것이 가능하다는 것이다. 반복을 피하기 위해서 몇몇 주제들은 다른 맥락들 속에서도 적절하게 논의될 수 있는 경우에도 한 곳에서 전체적으로 다루어지게 될 것이다(예를 들면, 그리스도의 몸으로서의 교회라는 개념은 골로새서와 관련해서도 논의될 수 있지만 에베소서의 해당 장에서 다루어진다).

신학생들에게 도움이 될 수 있는 책을 쓴다는 본서의 목적에 맞춰서 참고 문헌들은 일부러 영어로 된 저작들 중에서 대체로 접근하기가 어렵지 않은 것들로 제한하였다. 하지만 내가 신약성서의 각각의 책과 관련해서 추천한 두세 권의 주석서들은 상당히 탄탄한 학문적 토대를 지닌 것들이고, 그 중 일부는 헬라어에 대한 어느 정도의 지식이 있어야만 제대로 활용할 수 있는 것들이다. 나는 관련 문헌들을 빠짐 없이 제시하고자 하지도 않았고(내가 그 문헌들을 다 읽은 것도 아니기 때문에), 어떤 책들이 신학생들에게 가장 추천할 만한지에 대한 그 어떤 지침도 제공하고자 하지 않았다. 나는 한 가지 예외를 제외하고는 다른 언어들로 씌어진 책들은 참고문헌에 넣지 않았다: 나는 꼭 필요한 경우에는 독일어로 씌어진 신약성서에 관한 책들을 언급하였다(그리고 내게 영향을 준 다른 저작들도 꽤 자주 언급하였다).

다른 표시가 없는 한, 성경 인용문들은 구약은 NIV를 사용하였고 신약은 TNIV를 사용하였다.

나는 이 책이 오랫동안 지연되어서 완성되었는데도 그것을 기다려주고, 또한 이렇게 훌륭하게 완성된 책으로 만들어 준 IVP의 노고에 대하여 감사를 드린다.

I. 하워드 마샬

참고문헌

Alexander, T. Desmond, and Brian S. Rosner, eds. *New Dictionary of Biblical Theology*. Leicester: Inter-Varsity Press, 2000.

Balla, Peter. *Challenges to New Testament Theology: An Attempt to Justify the Enterprise*. Tübingen: Mohr Siebeck, 1997.

Bauckham, Richard J., ed. *The Gospels for All Christians: Rethinking the Gospel Audiences*. Grand Rapids, Mich.: Eerdmans, 1998.

Beker, J. Christiaan. *Paul the Apostle: The Triumph of God in Life and Thought*. Edinburgh: T & T Clark, 1980.

*Berger, Klaus. *Theologiegeschichte des Urchristentums*. Tübingen: Francke, 1994.

Boers, Hendrikus. *What Is New Testament Theology?* Philadelphia: Fortress, 1979.

*Bultmann, Rudolf. *Theology of the New Testament*. 2 vols. London: SCM Press, 1952-1953.

*Caird, G. B. *New Testament Theology*. Edited by L. D. Hurst. Oxford: Clarendon Press, 1994.

*Childs, Brevard S. *Biblical Theology of the Old and New Testaments: Theological Reflection on the Christian Bible*. Minneapolis: Fortress, 1993.

————. *The New Testament as Canon: An Introduction*. London: SCM Press, 1984.

*Conzelmann, Hans. *An Outline of the Theology of the New Testament*. London: SCM Press, 1969.

Dodd, C. H. *According to the Scriptures: The Substructure of New Testament Theology*. London: Nisbet, 1952.

Dunn, James D. G. *Christology in the Making*. London: SCM Press, 1980.

————. *The Theology of Paul the Apostle*. Grand Rapids, Mich.: Eerdmans, 1998.

————. *Unity and Diversity in the New Testament*. London: SCM Press, 1977.

Dunn, James D. G., and J. P. Mackey. *New Testament Theology in Dialogue*. London: SPCK, 1987.

Elwell, Walter, ed. *Evangelical Dictionary of Biblical Theology*. Grand Rapids, Mich.: Baker, 1996.

*Gnilka, Joachim. *Theologie des Neuen Testaments*. Freiburg: Herder, 1994.

*Goppelt, Leonhard. *Theology of the New Testament.* 2 vols. Grand Rapids, Mich.: Eerdmans, 1981, 1982.

*Guthrie, Donald. *New Testament Theology.* Leicester: Inter-Varsity Press, 1981.

Hafemann, Scott J., ed. *Biblical Theology: Retrospect and Prospect.* Downers Grove, Ill.: Inter-Varsity Press, 2002.

*Hahn, Ferdinand. *Theologie des Neuen Testaments.* 2 vols. Tübingen: Mohr Siebeck, 2002.

Hasel, Gerhard. *New Testament Theology: Basic Issues in the Current Debate.* Grand Rapids, Mich.: Eerdmans, 1978.

*Hübner, Hans. *Biblische Theologie des Neuen Testaments.* 3 vols. Göttingen: Vandenhoeck und Ruprecht, 1990-1995.

Hultgren, Arland J. *Christ and His Benefits: Christology and Redemption in the New Testament.* Philadelphia: Fortress, 1988.

Hunter, A. M. *Introducing New Testament Theology.* 1957. 2nd ed. Carlisle: Paternoster, 1997.

Hurtado, Larry W. *Lord Jesus Christ: Devotion to Jesus in Earliest Christianity.* Grand Rapids, Mich.: Eerdmans, 2003.

*Jeremias, Joachim. *New Testament Theology, Part One.* London: SCM Press, 1971.

*Kümmel, Werner G. *The Theology of the New Testament According to Its Major Witnesses.* Nashville: Abingdon, 1973; London: SCM Press, 1974.

*Ladd, George Eldon. *A Theology of the New Testament.* Grand Rapids, Mich.: Eerdmans, 1974. Second edition edited by D. A. Hagner, 1993.

Marshall, I. Howard. *Jesus the Savior: Studies in New Testament Theology.* London: SPCK; Downers Grove, Ill.: InterVarsity Press, 1990.

Marshall, I. Howard, Stephen Travis, and Ian Paul. *Exploring the New Testament.* Vol. 2. *The Letters and Revelation.* London: SPCK; Downers Grove, Ill.: InterVarsity Press, 2002.

Morgan, Robert. *The Nature of New Testament Theology.* London: SCM Press, 1973.

———. "Theology. New Testament". In *A Dictionary of Biblical Interpretation.* Edited by R. J. Coggins and J. L. Houlden, pp. 689-91. London: SCM Press; Philadelphia: Trinity Press International, 1990.

———. "Theology. NT". In *Anchor Bible Dictionary,* edited by David Noel Freedman, 6:437-83. New York: Doubleday, 1992.

*Morris, Leon. *New Testament Theology.* Grand Rapids, Mich.: Zondervan, 1986.

Räisänen, Heikki. *Beyond New Testament Theology: A Story and a Program.* London: SCM Press, 1990.

*Schmithals, Walter. *The Theology of the First Christians.* Louisville, Ky.: Westminster John Knox, 1997.

*Schweizer, Eduard. *A Theological Introduction to the New Testament*. London: SPCK, 1992.

Scobie, Charles H. H. *The Ways of Our God: An Approach to Biblical Theology*. Grand Rapids, Mich.: Eerdmans, 2003.

*Stauffer, Ethelbert. *New Testament Theology*. London: SCM Press, 1955. The original was published in Germany in 1941 but was not unsurprisingly unavailable to students elsewhere.

Strecker, Georg. *Das Problem der Theologie des Neuen Testaments*. Darmstadt: Wissenschaftliche Buchgesellschaft, 1975.

*————. *Theology of the New Testament*. Berlin: de Gruyter; Louisville, Ky.: Westminster John Knox, 2000.

*Stuhlmacher, Peter. *Biblische Theologie des Neuen Testaments*. 2 vols. Göttingen: Vandenhoeck und Ruprecht, 1992, 1999.

————. "My Experience with Biblical Theology". In *Biblical Theology: Retrospect and Prospect*. Edited by Scott J. Hafemann, pp. 174-91. Downers Grove, Ill.: InterVarsity Press, 2002.

Thielman, Frank. *The Law and the New Testament: The Question of Continuity*. New York: Crossroad, 1999.

Via, Dan O. *What Is New Testament Theology?* Minneapolis: Fortress, 2002.

Walton, Steve, and David Wenham. *Exploring the New Testament*. Vol. 1. *The Gospels and Acts*. London: SPCK; Downers Grove, Ill.: InterVarsity Press, 2001.

Watson, Francis B. *Text and Truth: Redefining Biblical Theology*. Edinburgh: T & T Clark, 1997.

*Wilckens, Ulrich. *Theologie des Neuen Testaments*. 2 vols. Neukirchen: Neukirchener, 2002-.

Ziesler, J. A. "New Testament Theology". In *A New Dictionary of Christian Theology*. Edited by Alan Richardson and John Bowden, pp. 398-403. London: SCM Press, 1983.

*Zuck, Roy B., ed. *A Biblical Theology of the New Testament*. Chicago: Moody Press, 1994.

New Testament theologies asterisked above are referred to at the head of many chapter bibliographies by the name of the author.

약어표

ANRW	*Aufstieg und Niedergang der Römischen Welt*
BBR	*Bulletin for Biblical Research*
BJRL	*Bulletin of the John Rylands University Library of Manchester*
CBQ	*Catholic Biblical Quarterly*
CTJ	*Canadian Theological Journal*
DJG	*Dictionary of Jesus and the Gospels*
DLNTD	*Dictionary of the Later New Testament and Its Developments*
DNTB	*Dictionary of New Testament Background*
DPL	*Dictionary of Paul and His Letters*
EDBT	*Evangelical Dictionary of Biblical Theology*
EDNT	*Exegetical Dictionary of the New Testament*
EQ	*Evangelical Quarterly*
Int	*Interpretation*
JBL	*Journal of Biblical Literature*
JETS	*Journal of the Evangelical Theological Society*
JSNT	*Journal for the Study of the New Testament*
NIV	New International Version
NRSV	New Revised Standard Version
NTS	*New Testament Studies*
REB	Revised English Bible
SJT	*Scottish Journal of Theology*
SNT (SU)	Studien zum Neuen Testament (und seiner Umwelt)
TNIV	Today's New International Version
TynB	*Tyndale Bulletin*

제 1 부

서론

제 1 장

우리는 신약 신학을 어떻게 하는가?

신약성서의 신학을 어떻게 쓸 것인지를 논의하기 전에 우리는 신약 신학의 정당성과 가능성에 대하여 얘기해 둘 필요가 있다.

연구 대상으로서의 신약성서

신약 신학이라는 학문 분과에 대하여 가장 목소리를 높여서 비판하는 오늘날의 학자는 하이키 레이제넨(Heikki Räisänen)인데, 그는 왜 신약 신학을 하지 말아야 하고 또한 할 수 없는지를 보여주기 위해서 네 가지의 근거를 제시한다.[1]

첫째, 레이제넨은 역사적인 것과 신학적인 것은 분리되어야 한다고 주장한다. 그는 신학을 다루는 것은 신약학자의 임무가 아니고, 그들이 연구해야할 영역은 역사라고 주장한다. 신약학자는 초대 교회에 관하여 순전히 서술적인 설명을 할 수 있지만 그 이상의 것을 해서는 안 된다. 신학을 쓰는 것은 처방을 하는 것인데, 신약학자에게는 어떤 것을 누구에게 처방할 권한이 없다.

둘째, 레이제넨은 자료의 성격상 우리는 초기 그리스도인들의 종교에 관한 역사를 쓸 수밖에 없다고 주장한다. 여기에서 그는 한 세기 전에 신약 신학과 관련해서 빌헬름 브레데(William Wrede)가 제시한 제한적인 과제들로 되돌아가고 있다.

---

1) Heikki Räisänen, *Beyond New Testament Theology: A Story and a Program* (London: SCM Press, 1990).

셋째, 레이제넨은 신약성서의 책들에 국한된 연구는 인위적인 제한에 의거하고 있다고 주장한다. 범위를 신약성서의 책들로 국한하는 그러한 연구는 교회의 초기 역사에 아무런 토대를 갖고 있지 않고, 후대의 신학적 결정을 반영하고 있는 정경화(正經化) 과정에 의해서 의거하고 있다.

넷째, 신약성서의 책들 간에는 아주 많은 모순이 존재하기 때문에, 모든 책들어 공통된 통일적인 신학적 개념이라는 의미에서의 신약 신학은 신약의 책들로부터 도출될 수 없다.

피터 발라(Peter Balla)는 레이제넨의 논거들을 아주 자세하고도 설득력 있게 비판해 왔다.[2] 발라는 레이제넨의 첫 번째 논거에 대하여 반박하면서, 초기 그리스도인들의 신학이 역사적 연구의 대상이 될 수 없는 타당한 근거가 존재하지 않는다는 것과 그러한 역사적 연구는 교회적인 관점으로부터 출발하거나 교회가 무엇을 믿어야 하는가에 관한 진술로 끝나지 않고도 얼마든지 수행될 수 있다는 것을 논증한다. 이러한 두 가지 답변 중에서 첫 번째는 부연 설명이 없이도 이해가 되지만, 두 번째 답변에 대해서는 나중에 좀 더 부연 설명이 필요할 것이다.

레이제넨의 두 번째 논거에 대한 단순하면서도 가장 설득력 있는 반박은 다양한 신학적 기반을 지닌 매우 유능한 신약학자들에 의해서 지난 수 년에 걸쳐서 신약 신학에 관한 10권 이상의 대작들이 나왔다는 사실이다.[3] 그들이 모두 한결같이 기본적으로 해서는 안 될 일을 한 것이라고 믿기가 어렵고, 그들의 저작들의 존재 자체가 신약 신학이 가능하다는 것을 보여주는 것이다!

정경에 관한 문제

---

2) *Peter Balla, Challenges to New Testament Theology: An Attempt to Justify the Enterprise* (Tübingen: Mohr Siebeck, 1997).

3) 전체 참고문헌에 나와 있는 Klaus Berger, G. B. Caird, J. Gnilka, Ferdinand Hahn, Hans Hübner, George Eldon Ladd, Walter Schmithals, Georg Strecker, Peter Stuhlmacher, Ulrich Wilckens의 저작들을 보라. 더 많은 저작들이 준비 중에 있다고 한다.

좀 더 비중 있게 다루어지는 것은 레이제넨의 세 번째 논거이다. 신약성서라는 이름으로 묶여져 있는 27권의 문서들이 하나의 통일된 저작, 즉 그 시대의 다른 문서들로부터 유의미하게 구별될 수 있고 신약 신학의 적절한 대상이 될 수 있는 저작이냐 하는 문제는 애초부터 존재한다. 신약성서 문서들을 그 자체로 검토하는 것은 적절한 것인가? 그러니까, 사도 교부들의 저서들 또는 도마 복음서 또는 베드로 복음서를 연구 범위에서 배제하는 것은 옳은 일인가? 우리는 그렇게 하는 것을 지지하는 다섯 가지의 논거들을 열거해 볼 수 있는데, 그 중에서 처음 네 가지 논거는 꽤 설득력이 있다고 나는 생각한다.

첫째, 현재 신약성서에 포함되어 있는 문서들은 후대의 그리스도인들에 의해서 유대인들이 그들의 성경으로 받아들였던 저작들의 모음집과 유사하게 성경의 모음집을 형성하고 있는 것으로 인정되었다. 이후에 거의 보편적으로 정경으로 받아들여졌던 성경의 책들의 목록을 최초로 언급하고 있는 현존하는 문헌은 주후 367년의 것이긴 하지만, 이 성경 모음집의 형태와 그 내용들의 핵심은 기본적으로 주후 2세기 말경에는 이미 결정되어 있었다.[4] 우리는 이러한 성경의 책들을 한데 결집하고 그것들 둘레에 울타리를 세우는 이러한 과정은 그러한 책들이 씌어진 후에 오랜 기간에 걸쳐서 일어났다는 것과 그러한 책들은 통일적인 모음집으로 의도적으로 저작되지 않았다는 것을 인정할 수 있다. 그럼에도 불구하고 정경에 속한 책들에 관한 일치된 견해가 발전되었다는 사실은 초대 교회가 그러한 책들이 어떤 특정한 특징들을 지니고 있어서 하나의 통일성을 형성하고 있다는 것을 인정하였던 것이라는 견해를 강력하게 밑받침해 준다.

둘째, 이 문서들은 가장 초기에 예수를 따랐던 자들의 저작으로서, 그들은 교회의 탄생과 성장에 있어서 처음부터 주역(主役)들이었던 자들이었거나 그러한 자들과 밀접한 관계에 있던 사람들로서, 그들은 모두 기독교의 첫 세기에 속해 있었다.[5] 이렇게 그 문서들이 비교적 제한된 지역과 시간 안에서

---

4) 이 말은 논란의 여지가 있기는 하지만 옳은 말이다. 여러 가지 관점들에 대해서는 F. F. Bruce, *DJG*, pp. 93-100; Arthur G. Patzia, *DPL*, pp. 85-92; Lee M. McDonald, *DLNTD*, pp. 134-44가 쓴 정경에 관한 논문들을 보라.

씌어졌다는 사실 속에는 하나의 통일성의 가능성을 찾아볼 수 있는 토대가
존재한다.

셋째, 신약성서의 문서들은 현존하는 주후 1세기의 기독교 문헌의 거의 전
체를 구성하고 있다 — 물론, 몇몇 사도 교부들의 저작들(클레멘스 1서, 디다
케)도 아마도 이 기간의 문헌에 속하기는 하겠지만. 신약성서에서 가장 늦게
씌어진 책들의 연대와 사도 교부들이 쓴 가장 초기의 책들(그리고 동일한 시
기에 나온 그 밖의 다른 기독교 문헌들)의 연대가 부분적으로 중복된다는 사
실은 이 두 부류의 저작들의 핵심이 서로 독립적으로 존재한다는 것에 이의
를 제기할 수 없다 — 마치 카시미르 지역의 소유권을 놓고 벌이는 국경 분
쟁이 있다고 해서, 그것이 인도와 파키스탄이라는 두 나라가 각각 독립적인
국가일 수 없다는 것을 의미하지 않는 것과 마찬가지로. 주후 1세기 기독교
문헌과 주후 2세기 기독교 문헌 간의 기본적인 구별은 비록 그 경계선이 정
경이라는 표지(標識)를 제외하고는 날카롭게 정의되지 않는다고 하더라도
여전히 유효한 구별이다.

넷째, 신약성서의 문서들과 관련해서 그것들이 모두 이런저런 방식으로
예수 및 그를 둘러싸고 발전된 신앙에 관심을 두고 있다는 점에서 분명한 주
제상의 통일성이 존재한다. 물론, 이것은 반드시 그 문서들이 모두 이 공통
의 주제에 관하여 동일한 것들을 말하고 있다거나 서로 일치한다는 것을 의
미하는 것은 아니다. 그럼에도 불구하고 동일한 중심 주제를 지닌 일련의 저
작들이 동일한 연구 대상이 된다는 것은 당연한 일이다.

다섯째, 이 저작들은 후대의 문헌들 속에서 찾아볼 수 없는 수준 높은 기
독교적 사상을 보여준다는 주장이 종종 제기되어 왔다. 분명 이것은 주관적

---

5) 나는 내 멋대로 편하게 생각한다는 비난을 받을 수 있지만, 예외들이 될 수 있는 베
드로후서와 목회 서신들(분명히 사도행전은 아니다)이 주후 2세기에 씌어졌다는 주장은
정말 의심스럽다. Steve Walton and David Wenham, *Exploring the New
Testament*, vol. I, *The Gospels and Acts* (London: SPCK; Downers Grove, Ⅲ.:
InterVarsity Press, 2001); I. Howard Marshall, Stephen Travis and Ian Paul,
Exploring the New Testament, vol. 2, *The Letters and Revelation* (London: SPCK;
Downers Grove, Ⅲ: InterVarsity Press, 2002)를 보라.

인 판단이고, 주후 2세기의 저작들 중에서 일부(예를 들면, 디오그네투스의 서신)도 그 정신과 특질에 있어서 정경의 저작들과 거의 맞먹을 정도의 수준을 보여준다는 것도 어느 정도 사실일 수 있다. 하지만 전체적으로 보아서, 그러한 판단은 옹호될 수 있다. 그렇다고 할지라도, 나는 이 논거에 대해서는 그리 큰 비중을 두고자 하지 않는다.

그러므로 우리의 주장은 정경화라는 관점에서 볼 때에 초대 교회가 정경으로 선정한 일련의 책들 속에 공통적이고 기본적인 신학이 존재하는지를 묻는 것은 의미가 있다는 것이다.

물론, 이러한 절차를 채택한다고 해서, 그것이 반드시 신약성서 이외의 다른 저작들을 배제하는 것은 아니다. 신약성서의 내용을 밝혀내고 이 시기의 역사를 재구성하는 데에는 그 밖의 다른 초기 기독교의 문헌들을 비롯해서 다른 모든 관련 자료들을 사용하는 것이 필수적이다. 이러한 접근방식은 특히 에델버트 슈타우퍼(Ethelbert Stauffer)의 특징이었는데, 그는 신약성서를 "옛 성서 전승"(그는 이렇게 불렀다)의 맥락 속에서 고찰하면서, 때로는 이러한 정경 외적인 자료들을 거의 정경인 것처럼 다루는 위험까지도 감수하였다.[6]

우리가 초대 교회에 관한 역사를 쓴다고 하면, 분명히 모든 입수 가능한 자료들을 사용하는 것이 필요할 것이다. 그러나 우리가 신약성서의 신학을 밝혀내고자 하는 글을 쓴다면, 우리의 임무는 신약성서의 내용을 설명하는 것이 되어야 할 것이다. 이것은 마치 셰익스피어의 사상을 밝히고자 할 때에 그의 저작들을 사용하되 엘리자베스 여왕 시대의 다른 희곡 작가들의 작품들이라는 맥락 속에서 그렇게 해야 하고, 또한 영국 노동당의 창시자들의 사상을 밝히고자 할 때에는 그들의 발언을 자료로 이용하되 그 시대의 다른 정치가들의 발언들이라는 맥락 속에서 그렇게 하여야 하는 것과 마찬가지이다.[7]

---

6) Ethelbert Stauffer, *New Testament Theology* (London: SCM Press, 1955), p. 20.

7) 더 자세한 것은 각주 13을 보라.

우연성, 다양성, 발전의 문제

이제 레이제넨의 네 번째 논거를 살펴보면, 우리는 우리의 연구에 있어서 연구 대상인 문서들의 성격과 역사로부터 생겨나는 몇 가지 난점들에 직면하게 된다.

첫째, 신약성서의 책들 속에는 이미 만들어진 신학 교과서가 하나도 포함되어 있지 않다. 신약성서를 구성하는 책들 중에서 그 저자가 하나님과 세계, 그리고 그 상호 간의 관계에 대한 이해를 조직적으로 어느 정도 자세하게 설명한다는 의미에서 신학서로 씌어진 것이 한 권도 없다는 말이다. 신약성서의 문서들 중 적어도 일부는 특정한 집단들을 대상으로 특정한 문제들에 대하여 개별적으로 씌어졌다는 점에서 상황대응적인 것으로서 우리에게 그 기자들이 자신의 청중들에게 적합하다고 생각한 내용을 제시하고 있다. 이것은 적어도 바울 서신들에 그대로 적용된다. 복음서들도 특정한 개별 공동체들을 위하여 씌어졌다고 보통 생각되고 있지만, 이러한 견해는 몇 가지를 단서를 붙이는 것이 필요할 것이다.[8] 바울은 그가 개별 회중들에게 썼던 서신들 중에서 일부(전부는 아니라 할지라도)를 다른 회중들에게도 유익한 자료로 여겼을 것이 분명하다. 그러나 그러한 책들이 아주 협소한 의미에서의 상황대응적인 것 이상의 것이라고 할지라도, 그 책들 중 어느 것도 저자의 신학을 자세하고 조직적으로 해설해 놓은 것은 없다는 것은 여전히 사실이다. 그러므로 저자의 신학의 내용을 결정하고자 하는 목적을 가지고 그 문서들을 분석하는 것이 몇몇 경우에는 불가능할 수도 있고, 저자가 과연 어떤 특정한 신학을 지니고 있었는지가 의심스러울 때도 있게 될 것이다. 그럼에도 불구하고, 그러한 작업이 어렵다는 것 자체는 특별히 신학적이지 않은 저작들로부터 신학을 재구성하고자 하는 시도를 반대하는 논거가 되지는 않는다.

---

8) Richard J. Bauckham, ed., *The Gospels for All Christians: Rethinking the Gospel Audiences* (Grand Rapids, Mich.: Eerdmans, 1998). 그 핵심적인 주장은 매력적이기는 하지만, 개별 복음서 기자들이 그들이 몸담고 있었던 공동체들에 의해서 영향을 받았고, 보편적인 접근방식을 취하고자 의도적으로 애썼다기보다는 그러한 공동체와 그들의 필요들에 맞춰서 복음서들을 썼을 여지는 여전히 남아 있다고 할 수 있다.

둘째, 신약성서를 구성하고 있는 책들 사이에는 상당한 정도의 다양성과 편차가 존재한다.

전에는 오랜 교회 역사에 비추어서 "짧다"고 말해졌던 신약의 책들의 저작 기간은 또 다른 관점에서 보면 비교적 긴 기간(50년 정도 되는)이라고 볼 수 있고, 그 저작들은 예루살렘에서 로마에 걸친 아주 넓은 지역에서 씌어졌다.

이 저작들은 문학적인 장르에 있어서 서로 다르고, 개별 장르들 — 복음서, 서신, 묵시록 — 도 그 특성에 비추어서 정의하기가 대단히 어렵다.

이 저작들은 상당히 다양한 개념들을 보여주기 때문에, 일부 학자들은 이 저작들이 서로 상반되는 진술들을 포함하고 있다고까지 주장할 정도이다.

이러한 점들은 모두 이 저작들을 하나의 모음집으로 검토하는 것이 가능할 만큼 충분한 사상적 통일성이 이 저작들 가운데 존재하는지 의문을 불러일으킨다. 그러나 우리가 이러한 저작들이 지닌 사상적 통일성을 전제하고서 시작할 수는 없다고 할지라도, 가장 초기의 기독교 문헌 속에 나타난 신학들을 규명하기 위해서 이 문헌 전체를 검토하는 것은 역사적으로 의미가 있다. 그러한 연구의 결과가 이러한 저작들의 사상적 통일성이 의심스럽다는 것을 보여주는 것이라고 할지라도, 그러한 작업은 여전히 유효할 것이다. 우리가 좋아하든 좋아하지 않든, 우리가 검토해야 할 대상이 되는 책들의 모음집은 엄연히 존재한다.

셋째, 이 저작들은 적어도 두 개의 주된 시기로 분명하게 나누어지는 사상적 발전 과정의 산물이다.

제1단계. 예수께서 활동하신 아주 짧은 기간이 존재하였는데, 이 기간은 주후 30년경에 예수께서 죽으심으로써 끝이 난다. 사복음서는 예수께서 "행하시고 가르치신"(누가의 표현에 의하면) 것을 기록한 이 시기의 역사적 기록들이라고 스스로를 표현한다.

제2단계. 예수께서 죽으신 후에 그를 따르던 작은 무리가 수적으로나 지리적인 범위로나 많이 늘어나서 동부 지중해 세계 전체에 걸쳐서 회중들을 형성한 시기가 존재하였다. 그들은 기독교적인 메시지를 담고 있는 문헌들을 만들어 내었고, 제1세대 청중들의 필요에 따라서 설명하고 적용하였다. 하지만 그들의 메시지는 단순히 예수께서 가르치셨던 것을 이어받은 것이 아니라, 예수 및 그의 지속적인 의미에 관한 선포였다. 복음서들과 서신들을 한 번 훑어보기만 해도, 예수께서 가르치신 내용과 그의 제자들이 가르친 내용은 비록 이 둘 사이에 상당한 정도의 공통적인 토대가 존재한다고 할지라도 결코 동일하지 않다는 것이 드러난다.

물론, 이 두 단계의 구분은 복음서들이 제2단계가 되어서야 씌어졌기 때문에(그리고 통설에 의하면, 제2단계에서도 비교적 늦게)[9] 필연적으로 그 시기의 문제들과 관점들을 어느 정도 반영할 수밖에 없었다는 사실에 의해서 희석된다. 그러므로 예수께서 정확히 무엇을 말하고 행하였는지, 그리고 그가 공생애 동안에 사람들에게 어떻게 보였을 것인지를 발견해 내려는 시도는 골치아픈 역사적 문제이다. 또한 여러 다양한 저작들이 제2단계 내에서 서로 다른 시기들과 장소들에서 씌어졌다는 사실에 의해서도 추가적인 문제가 야기되는데, 이것 때문에 우리는 각 저작의 사상적 발전과 그 발전 과정 속에서 각각의 저작이 차지하는 위치를 재구성하는 문제를 안게 된다. 신약성서를 구성하는 실제의 문서들에 초점을 맞춘다면, 우리는 어느 정도 연대기적인 발전 과정 속에 있는 여러 저작들을 다루는 것이기 때문에, 모든 저작을 동일한 평면 위에서 다룰 수 없게 된다. 주후 1세기의 초대 교회의 신학을 재구성하고자 시도한다면, 우리는 변화하고 발전하는 개념들로 이루어진 풍부한 질감(質感)을 서술해야 하는 한층 더 무거운 부담을 안게 된다. 그러나 여기에서 언급한 이러한 문제점들 중에서 그 어느 것도 우리의 과제를 너무 복잡해서 원칙적으로 수행할 수 없는 것으로 만들지는 않는다.

과제에 대한 접근방식들

자료의 다양성에 관한 이 세 가지 점을 염두에 두는 가운데, 우리는 우리의 연구 대상을 좀 더 정교하게 정의하고자 시도할 수 있는데, 그렇게 함에 있어서 이 자료에 대한 최근의 몇몇 접근방식들을 한데 모아서 고찰해 보는 것이 도움이 될 것이다.

---

9) 일반적으로 받아들여지고 있는 견해는 바울이 복음서 기자들이 복음서들을 쓰기 전에 그의 서신들을 썼다는 것이다.

여기서 우리의 관심의 대상에 대하여 잠정적인 정의를 시도해 보는 것은 도움이 될 수 있다: 신약 신학을 연구하는 사람들의 목적은 하나님과 세계 (좀 더 구체적으로는 사람들의 세계)[10] 및 이 둘 사이의 상호적인 관계에 대한 신약성서 기자들의 발전적인 이해를 탐구하는 것이다. 이러한 정의는 우리가 다루어야 할 자료를 포괄하면서도, 몇몇 그 밖의 다른 자료들을 배제하거나 적어도 그 자료들이 지닌 부차적인 성격을 드러내기에 충분할 정도로 폭넓은 정의이다.

이렇게 이 정의는 우리가 추구하고 있는 신학적인 이해에 기여하는 역사의 측면들을 제외하고는 초대 교회에 관한 역사를 쓰고자 하는 시도를 배제한다.

또한 이 정의는 신약성서를 단순히 하나의 문학 작품으로 검토하는 것을 배제한다 — 물론, 문학적인 연구는 흔히 신학적인 탐구와 연관이 되기는 하지만.

또한 종교는 신학을 낳고 신학은 종교의 형태를 규정하는 경향을 지니고 있다는 점에서 종교가 우리의 목적을 위하여 중요한 것이기는 하지만, 이 정의는 초대 그리스도인들의 종교에 관한 연구와 신약 신학을 구별해 준다.

이를테면, 주후 20세기의 스코틀랜드 자유교회의 신학을 구성하는 일은 아주 어려운 일은 아닐 것이다. 그러한 신학은 그들의 신학이 조직적이어야 하고 종교개혁의 신학에 굳건하게 토대를 두고 있어야 한다는 것을 잘 알고 있었던 상당히 동질적이고 비교적 소수였던 특정한 그리스도인들의 집단이 지닌 특징적이고 성숙한 이해에 관한 서술이 될 것이다. 동일한 시기에 있어서 영국 국교회의 신학에 관한 서술은 일부 집단들이 다른 집단들과 서로 모순되지는 않는다고 할지라도 상반되는 사상을 지니고 있는 등 훨씬 더 광범위한 사상과 접근방식이 존재한다는 점에서 상당히 더 어려운 작업이 될 것이지만, 장로교 신학 또는 로마 가톨릭 신학과 대비되는 영국 국교회의 신학이라고 할 수 있는 내용이 존재할 것이다.

그러나 우리는 전통적인 신앙에 깊게 뿌리박고 있었던 유대인들로부터 이

---

10) 그러나 분명히 짐승들과 움직이지 않는 피조물들을 배제하지 않는다!

전에 여러 우상들을 섬겼던 헬라인들과 로마인들에 이르기까지 다양한 집단들을 포괄하는 광범위한 가족 속에서의 기독교의 탄생과 신속한 성장의 시기를 어떻게 다루어야 하는가? 몇몇 접근방식들이 존재해 왔는데, 그것들 중 일부는 다른 것들보다 더 생존력이 강하였다.

이미 앞에서 말한 것을 토대로 살펴볼 때, 우리가 신약성서의 모든 책들을 무차별적으로 우리의 덕을 세우는 데에 사용될 돌들을 캐내기 위한 채석장으로 사용할 수 없다는 것은 분명해진 것 같다. 신약성서의 모든 책들로부터 신학적인 진술들을 뽑아내어서 그 인용문들을 조화롭게 묶어놓는 일은 가능할 것이다. 하지만 그러한 접근방식은 그 인용문들을 문맥으로부터 벗어나서 왜곡시키는 결과를 가져오게 될 것이고, 그 본문들이 정확히 무엇을 단언하거나 함축하고 있는지를 알아낼 수 없을 정도로 그 본문들이 지닌 뉘앙스에 대한 세심한 검토를 결여하게 될 것이다. 또한 그러한 접근방식은 인용문들이 모두 반드시 동일한 관점을 반영하고 있다는 것을 전제하는 것이다. 그러나 본문들을 모아놓은 것이 과연 신학이 될 수 있는가? 그것이 신학이 되려면, 어떤 종류의 배열이 있어야 한다. 그렇다면, 우리는 어떻게 본문들을 배열할지를 결정하는 것인가? 돌무더기를 쌓아 놓는 것이 아니라 건물을 만들어 내려면 어떤 종류의 설계도가 꼭 필요하다.

결과적으로, 첫 번째 접근방식은 거기에서 따라 나오는 두 번째 접근방식과 분리될 수 없다. 두 번째 접근방식은 신약성서의 어느 저자의 생각 속에 그러한 틀이 있었다는 것을 보여주는 그 어떤 확고한 증거도 없이 조직신학 교과서에서 발견되는 것과 같은 기존의 설계도를 가져오는 것이다. 하지만 이러한 일을 하는 사람들은 통상적으로 그들이 사용하는 틀이 신약성서의 틀이라고 굳게 확신한다는 것을 우리는 말해두지 않으면 안 된다.

이러한 두 접근방식의 결합은 신약성서의 책들이 모두 반드시 동일한 사상을 반영하고 있는 것처럼 그 책들을 무차별하게 사용하는 것과 거기에 적용된 틀이 마치 신약성서의 틀이라도 되는 듯이 사용하는 것, 이러한 두 가지 방법론상의 오류들을 결합하고 있는 것이다. 그 결과는 본문에 대한 왜곡과 시대착오적인 서술이다. 신약 신학을 진지하게 연구하고자 하는 사람은 그 누구도 이런 노선을 취하지는 않을 것이다.[11]

방금 위에서 언급한 위험들을 피할 수 있는 세 번째 가능성은 신약성서에 나오는 개별 저자들 또는 개별 저작들을 검토해서, 여러 주제들에 관한 각각의 저자 또는 저작의 가르침을 찾아내서, 그 내용들을 서로 비교하거나 또는 비교함이 없이 나란히 서술하는 것이다. 이것은 케어드(G. B. Caird)가 채택한 노선이다. 케어드는 후대의 신학으로부터 가져온 것이 아니라 신약성서 자체로부터 자연스럽게 생겨나는 여러 다양한 주제들에 관한 신약의 서로 다른 저자들 간의 "대화"라는 형태로 자신의 저작을 시작한다. 그런 후에, 그는 그 내용들을 예수의 가르침과 비교한다.[12] 나는 이러한 방법론에 대하여 그 어떤 반론들도 가지고 있지 않지만, 케어드가 이 방법론을 대화라고 설명한 것은 내가 보기에는 이름을 잘못 붙인 것으로 보인다. "대화"라는 단어는 통상적으로 서로가 말한 것에 대하여 서로 다른 참여자들이 답변하는 형식의 토론이라는 개념을 지닌다는 점에서 "대화"는 그의 연구 절차를 가리키는 데에 가장 적합한 단어는 아니다. 예를 들면, 케어드는 요한이 바울에게 어떻게 답변했을 것인지를 보여줌이 없이 각각의 화자들로부터의 의견서 이상의 것을 제시하는 것은 실제로 불가능하다. 그러나 우리가 케어드가 행한 것에 붙여진 잘못된 명칭이 아니라 그가 실제로 행한 것을 평가한다면, 케어드는 어느 조직신학 책에 나오는 주제들이 아니라 신약성서 기자들이 보여준 주제들이라고 생각되는 것을 찾아내서 각각의 주제에 관한 몇몇 저자들의 가르침을 서술하는 것으로 시작했다는 점에서 그의 방법론은 전적으로 가치가 있다.

---

11) 물론, 신약학자들에 의한 이런 종류의 접근방식의 중요한 사례들을 열거하기는 힘들 것이다. 내가 서술한 것은 꽤 잘 인정되고 있는 위험성이다. Donald Guthrie, *New Testament Theology* (Leicester: InterVarsity Press, 1981)의 저작은 조직신학적인 패턴을 사용하는 경향을 보여주지만, 저자는 아주 예민하기 때문에 신약성서의 가르침을 잘못 나타낼 실제적인 위험성이 없다. 사실, 개별적인 교리적 주제들에 관한 논의 속에서 그는 신약성서의 여러 저자들 또는 분야들을 하나하나 다룸으로써 자료들을 철저하게 검증하고 있다. 우리는 좀 더 오래된 보수적인 조직신학 책들 속에서 이렇게 기본적으로 성경의 내용들을 취합하고 있는 이러한 접근방식을 만날 가능성이 더 높다.

12) C. B. Caird, *New Testament Theology*, ed. L. D. Hurst (Oxford: Clarendon, 1994), pp. 18-26.

네 번째 가능성은 현존하는 신약성서의 저작들 속에 축적되어 온 개념들의 발전을 추적하는 시도를 통해서 이 연구 대상을 역사적으로 접근하는 것이다. 이 방법론은 서로 다른 개념들에 관한 다양한 표현들이 족보상으로 어떻게 서로 연결될 수 있는지를 보여줌으로써 겉으로 혼돈되어 보이는 것들을 질서 있게 배열하는 데에 도움이 될 수 있는 적절하고도 꼭 필요한 탐구 방법인데, 개별적인 신학적 모티프들을 연구하는 데에 이 방법론을 사용해서 상당한 진보가 있었다.

어떤 학자들은 체스판 위에 몇몇 말들이 놓여 있는 그림을 보여주고서 백이 이길 수 있는 수를 찾아 내라고 하는 경우에 지금까지 흑과 백이 어떤 경로를 통해서 지금 그림 위에 있는 위치로 오게 되었는지를 꼭 알 필요는 없다고 말해 왔다. 하지만 당신이 특정한 질병의 징후들을 보여주는 환자를 진찰하고 있는 의사라면, 당신은 그 모호한 징후들을 초래하게 된 것이 무엇때문인지를 이해하고 거기에 대한 적절한 치료책을 처방하기 위해서는 환자의 병력을 살펴보는 것이 분명히 당신이 진단해야 할 것들 중의 일부가 되어야 할 것이다. 신약 신학에 대한 연구는 체스 문제를 푸는 것이 아니라 특정 환자의 병력을 추적해야 하는 의학적 진단에 더 가깝다. 우리는 신학적인 진술들을 적절한 맥락 속에 두기 위해서 그 역사에 관한 어느 정도의 이해를 필요로 한다.

여기에서 우리가 참작해야 할 역사는 신약성서의 문서들을 포함하게 되는데, 그러한 작업의 목적은 그 문서들을 일종의 연대기적 순서로 배열함으로써 신약성서 내에서의 개념들의 발전을 추적할 수 있도록 하는 것이다. 그러나 그러한 작업의 목적은 개념들 배후에 무엇이 있는지를 살펴봄으로써, 그 역사적 과정을 적절하게 재구성하기 위한 것이기도 하다. 우리가 이러한 접근방식을 채택한다면, 우리의 관심은 신약성서 기자들의 신학에 국한될 수 없고, 자신의 신학을 글로 남기지 않은 그리스도인들을 포함해서 신약성서의 근저에 있는 신학으로까지 확대되어야 한다.[13]

---

13) 논의되어야 할 그 밖의 다른 네 가지 분야들이 있다.
1. 기독교 신학의 발전 배경이 된 비기독교적인 배경. 그리스도인들은 유대 세계 및 헬라-로마 세계로부터 어떤 방식으로 개념들과 모티프들과 어휘들을 가져와 사용하였

우리는 이러한 작업의 예를 보여주는 것으로 요아킴 그닐카(Joachim Gnilka)가 복음서 기자들이 그들의 개념들을 어떻게 발전시켰고 그들이 쓴 것이 무엇을 의미하는지를 고찰하는 토대를 확립하기 위하여 복음서들의 가설적인 자료인 Q의 신학과 그것보다 한층 더 가설적인 마가 이전의 수난 이야기의 신학에 관한 두 개의 장을 자신의 저작 속에 포함시킨 것을 들 수 있을 것이다. 이러한 가설적인 문서들이 정말 존재했는지의 여부와는 상관없이, 여기에서 중요한 것은 신약성서의 문서들 속에 침전되어 있는 역사를 무시하는 것은 가능하지 않다는 것이다.[14]

이러한 노선을 따르는 사람들은 그들의 과제가 서술(description)과 설명

___

는가?

2. 기독교의 창시자인 예수의 역할. 그는 무엇을 행하였고 가르쳤으며, 그것은 그의 제자들에게 어떤 영향을 미쳤고, 그들의 사상을 어떤 식으로 인도하였는가?

3. 신약성서의 기자들의 신학이 전개되고 있는 글로 씌어진 문서들 이전 또는 동시대에 있어서 초대 교회의 얽히고 설킨 역사. 바울은 그보다 이전 또는 동시대의 그리스도인들에게 어떠한 빚을 지고 있었던 것인가?

4. 글로 씌어진 문서들로의 길은 평탄하고 일직선적인 발전의 길이 아니었다. 예를 들면, 바울과 요한은 그들이 동의할 수 없었던 개념들을 지니고 있었던 집단들에 대한 대응으로 그들의 개념들을 발전시켰고, 이러한 집단들 및 그들의 사상에 관한 몇몇 설명들은 신약성서의 저자들을 이해하기 위한 기본적인 배경 지식의 일부로 포함되어야 한다.

본서의 분량을 적정 수준으로 유지하기 위해서는 성경의 서로 다른 여러 본문들이 씌어지게 된 상황을 다루는 배경과 관련된 내용 또는 서론적인 내용이 들어설 자리가 별로 없다.

14) J. Gnilka, *Theologie des Neuen Testaments* (Freiburg: Herder, 1994), pp. 133-51을 보라. 이상하게도 그닐카도 예수가 지닌 신학에 관한 설명은 신약성서 신학의 일부가 되지 않는다고 주장하였다. 우리는 무엇이 그로 하여금 이러한 가설적인 자료들을 포함시키게 하고 역사적 예수에 대한 내용은 생략하게 만들었는지를 정말 의아하게 생각한다. Ferdinand Hahn, *Theologie des Neuen Testaments*, 2 vols. (Tübingen: Mohr Siebeck, 2002)는 역사적 예수에 관한 내용만이 아니라 초기 아람어를 사용했던 교회와 초기의 헬레니즘-유대 그리스도인 공동체들에 관한 논의들도 포함시키고 있다. 초대 교회에서 두 집단 간의 이러한 구별은 기독론에 관한 그의 초기의 저작에서 발전되었고, 많은 비판을 받아왔지만, 여기에서는 좀 더 조심스러운 방식으로 주장되고 있다.

(explanation)이라는 두 가지 서로 구별되는 단계를 포함하는 과제라는 것을 발견하게 된다. 서술은 신약성서의 여러 저작들 속에 표현되어 있는 신학적인 개념들을 이끌어 내는 것이다. 설명은 이러한 개념들이 어떻게 발전되었고, 한 저자의 신학이 다른 저자의 신학과 어떤 관련을 맺고 있는지를 보여주고자 하는 시도이다. 바울에 관한 글을 쓰는 사람들은 바울 이전이나 바울과 동시대의 그리스도인 신자들을 포함한 다른 사람들이 무엇을 생각했는지를 물음으로써, 바울이 당시의 공통된 개념들을 어느 정도나 이어받고 있고, 또한 바울이 어느 정도나 독창적인지를 살펴보는 것이 꼭 필요하다.

그러한 접근방식이라고 해서 여러 가지 위험들에서 자유로운 것은 아니다. 한 가지 가능한 위험은 그렇게 해서 산출된 결과물이 신약성서의 배후에 있는 가설적인 자료들에 대한 고고학적인 연구가 되어 버릴 수도 있다는 것이다. 이러한 방법론을 사용하는 사람은 결과적으로 신약성서의 저자들의 신학이 아니라 초대 교회의 몇몇 그리스도인들의 신학을 서술하는 것으로 끝날 수 있다.

또 한 가지 위험성은 우리는 자료에 대한 어느 정도의 종합을 산출함이 없이 단지 발전 과정만을 도표화해서 제시하게 될 수도 있다는 것이다. 이러한 유형의 접근방식은 최종 결과물을 독립적으로 검토하기보다는 여러 가르침들이 어떻게 발전되어 왔는가를 규명하는 데에 더 많은 관심을 가질 수 있다. 그렇지만 이러한 위험성들을 각별히 조심한다면, 그러한 위험성들에 빠질 가능성은 분명히 줄어들 수 있다.

신약성서의 신학에 관한 연구에 있어서 최근의 여행자들이 가장 많이 사용하는 노선은 역사적 또는 발전적 틀을 이 여행을 위한 주된 지침으로 사용해서 신약성서의 개별 저자들 또는 저작들을 역사적으로 함께 묶는 네 번째 노선의 어떤 변형인 것 같다.

수면 아래를 살피기

우리가 관심을 갖고 있는 주제에 관한 신약성서의 여러 저자들의 가르침을 단순히 요약하고, 그러한 진술들을 각각의 맥락 속에서 그 역사에 비추어서 세밀하게 이해하는 일은 가능할 것이다. 그러나 그러한 요약은 화가가 인간의 몸이나 조각상을 그리는 것과 같아서, 표면에 대해서는 아주 정확하게 묘사할 수 있지만, 그 몸이 왜 그러한 구조를 가지게 되었는지, 또는 서로 다른 각각의 부분들이 어떻게 작용하는지, 또는 외적인 모습이 내적인 작용들과 표면 아래에 있는 것의 형태를 어떻게 반영하고 있는지를 설명해 주지는 못한다. 우리는 신약성서에 담겨 있는 수많은 가르침을 조직함으로써 그 사상의 구조와 그 기저에 있는 근거를 분명하게 드러낼 수 있는 모종의 원칙들을 필요로 한다.

가르침이나 **선포** 같은 용어들의 사용은 우리가 전체적으로 의도적인 정형화(定型化)에 관심을 갖고 있다는 것을 보여주기는 하지만, 그것이 우리가 고려해야 하는 모든 것이라고 생각하는 것은 어리석은 일이 될 것이다. 신약성서의 책들은 단지 가르침만을 기록하고 있는 것이 아니라 그리스도인들의 종교적인 체험에 관한 이야기도 말하고 있기 때문에, 그러한 체험을 이해하는 것은 신약 신학의 과제의 일부이다. 이것은 특히 가르침이 체험으로부터 나오기 때문에 더욱 그러하다. 슈타우퍼(Stauffer)는 그의 『신약성서 신학』(*New Testament Theology*)[15]에서 기도에 관한 장을 포함시킴으로써 선포와 가르침에 집중하는 접근방식들이 지닌 맹점을 보여주고 있는 몇 안 되는 신약 신학자들 중의 한 사람이다. 그러므로 우리는 단지 가르침만을 보아서는 안 되고, 우리의 주제에 대한 이해를 그들 나름대로의 방식으로 표현하고 있는 것들인 그 근저에 있는 역사와 체험도 아울러 보아야 한다. 따라서 바울의 신학은 단지 바울이 표면적으로 말하고 있는 것을 열거하는 것이 되어서는 안 되고, 그러한 문학적인 저작을 산출해낸 정신의 내용물들에 접근하고자 하는 시도가 되어야 한다.

요컨대, 우리는 신약성서의 여러 문서들 속에 반영되어 있는 하나님에 대한 이해 및 세상에 대한 하나님의 관계에 대한 이해를 파악하고자 노력하여야 한다. 우리는 신약성서의 기자들이 그러한 이해를 가지고 있고, 그것이 그들의 저작 속에 단편적으로 또는 좀 더 종합적인 방식으로 표현되어 있다는 것을 전제한다.[16] 그러므로 각각의 저자가 말하고 있는 것을 분석해서 그

---

15) Stauffer, *New Testament Theology*, pp. 176-80.
16) 우리가 아무리 애석하게 생각한다고 할지라도, 신약성서의 그 어떤 저작도 자신

저자가 지닌 이해를 재구성하는 것이 가능해진다.

이러한 과정이 지닌 위험성들 중의 하나는 체계화의 위험성, 즉 논리적인 연결 관계들을 추적하는 것이 부적절함에도 불구하고 그러한 것들을 시도하는 위험성이다. 모든 신학자들이 칼빈과 같은 논리 정연한 정신을 소유하고 있는 것은 아니다! 어떻게 하면 우리는 우리가 지닌 체계들을 신약성서의 기자들에게 투영시키고자 하는 유혹에서 벗어날 수 있을까? 또한 우리의 지식 속에서 존재하는 불가피한 공백들을 부적절하거나 잘못된 방식으로 메우고자 하는 유혹도 존재한다. 우리는 신학을 원래의 것보다 더 완전하고 체계적으로 만들고자 하는 성향을 지니고 있기 때문이다.

신학들과 신학

우리가 지금까지 말해 온 것의 의미는, 신약성서 신학의 첫 번째 과제는 신약성서의 여러 문서들 속에 표현되어 있다고 생각되는 신학들을 취합하는 일이라는 것이다. 그러나 신약성서의 신학 또는 초대 교회의 신학은 단지 한 권의 책 속에 묶여져 있는 서로 다른 신자들의 신학들에 대한 연구들을 묶어 놓는 것이 되어야 하는가? 신약성서의 여러 책들이 자신의 신학을 표현하는 방식들에 있어서나 그 내용의 세부적인 점들에 있어서 서로 다르다고 할지라도 기본적으로 동일한 이해를 공유하고 있는 하나의 통일체를 형성하고 있는지 아닌지를 확정하기 위해서 그 신학들을 비교해 보아서는 안 되는 것인가?[17] 신약성서의 여러 기자들의 관점들을 서로 비교해서 신약성서의 신학이라고 할 수 있는 실체가 과연 어느 정도로 존재하고, 그런 것이 존재한다면 과연 그 실체가 무엇인지를 규명하는 것이 신약학자의 의무이다. 어떤 학자들은 아예 처음부터 이러한 통일성을 전제하거나 그것을 옹호하는 가운데 그들의 연구를 위한 토대로서 신약성서 전체를 사용한다. 도널드 거스리

있게 여성 기자에게 돌릴 수 있는 것은 없다는 것은 여전히 사실이다. 히브리서와 요한 계시록을 여성 기자에게 돌리고자 한 시도들은 거의 성공하지 못하였다. 그러므로 나는 이것과 관련해서 남성 대명사들을 사용하는 것이 허용될 수 있다고 판단한다.

17) James D. G. Dunn, *Unity and Diversity in the New Testament* (London: SCM Press, 1977)을 보라.

(Donald Guthrie)는 그가 탐구하는 각각의 주제들에 대한 신약성서 저자들의 몇 가지 이해들을 서술하고 나서는 이 저자들의 공통적인 가르침에 대한 요약들을 제시한다. 그러나 어떤 학자들은 독자들에게 그러한 지침을 전혀 제시하지 않는다.

서로 관련이 있는 이 두 가지 연구방식들은 구별될 필요가 있다. 첫 번째 방식은 신학적인 사상의 발전을 연구해서, 여러 다양한 진술들이 그 발전과정 속에서 어디에 위치하는지를 살펴봄으로써 서로 다른 신학들을 연관짓고자 하는 시도이다.[18] 이러한 과제는 극히 복잡하고 사변적이기 때문에 우리는 이 책에서 그러한 과제를 자세하게 수행하고자 하는 시도를 하지 않을 것이다. 또 하나의 과제는 서로 다른 신학들을 비교해서 통일성과 다양성의 정도 및 성격을 규명하는 것이다.

의심할 여지 없이, 신약 신학을 저술하고자 하는 사람들이 직면하는 주된 문제점은 이 단계에서 생겨난다. 신약성서의 저작들 속에는 다양성이 존재한다. 이것은 서로 다른 기자들 간의 차이만이 아니라 동일한 저자 또는 동일한 사상 학파가 쓴 저작들 내에서의 발전과 변화도 포함한다. 표현 방식이나 사고 방식, 강조점에 있어서의 차이들은 흔히 나오는 것들이다. 그러한 것들 외에도 모순되는 것들이 있을 수 있는데, 오늘날의 일부 학자들은 그 모순의 정도가 "신약 신학"이라고 말해서는 안 되고 "신약 신학들"이라고만 말해야 할 정도로 각각의 저작들은 날카로운 긴장 관계를 보여준다고 말한다.

이런 종류의 긴장 관계를 해결할 수 있는 세 가지 방식이 존재한다.

첫 번째 방식은 그러한 긴장 관계를 해결하는 것은 도저히 불가능하다고 보는 것이다. 예를 들면, 바울과 야고보는 서로 반대되고, 이 두 사람을 일치시킬 수 있는 길은 없다.

---

18) 이런 유형의 접근방식은 고전적으로 Ferdinand Hahn, *The Titles of Jesus in Christology: Their History in Early Christianity* (London: Lutterworth, 1969)와 Reginald H. Fuller, *The Foundations of New Testament Christology* (London: Lutterworth, 1965)에 의한 기독론에 관한 논의들 속에서 채택되었다. 그들의 저작은 이러한 작업이 얼마나 사변적이고 어려운 것인지를 잘 보여준다.

두 번째 방식은 서로 상반된다고 주장되는 진술들 또는 입장들을 세심하게 검토해서 그것들을 적절하게 이해했을 때에 과연 그것들이 단언하고 있는 것들이 서로 조화되는지 그렇지 않은지의 여부를 결정하는 것이다.

세 번째 방식은 표면상의 차이들에도 불구하고 서로 다른 인식 수준의 근저에 통일성이 존재할 수 있는지를 결정하는 것이다.

이러한 세 가지 해결책들은 그 어느 것이나 개별적인 사안들에 적용될 수 있지만, 모든 문제들이 동일한 방식으로 해결되는 것은 아니다.

이런 문제와 씨름하는 것은 신약학자의 책임이다. 이러한 논의에는 두 가지 측면이 있어야 한다. 한편으로는, 신약성서의 여러 기자들의 신학들을 그것들이 지닌 모든 차이와 다양성을 염두에 두는 가운데 개별적으로 서술해야 하는 의무가 존재한다. 다른 한편으로는, 단지 역사적 발전이라는 관점에서만이 아니라 무엇보다도 그것들의 신학이라는 관점에서 각각의 신학들이 서로에 대하여 지닌 관계를 결정해야 하는 의무가 존재한다: 그 신학들은 어떤 점들에서 공통된 것을 보여주고, 어떤 점들에서 서로 다른가? 우리는 그 신학들 속에서 공통의 전망을 발견할 수 있는가? 만약 발견할 수 있다면, 그것은 어떻게 표현되어야 하는가?

분명히 출발점은 여러 문서들 속에 표현된 사상을 서술하는 것이 되어야 하는데, 여러 문서들을 비교하거나 그 긴장 관계를 알아내기 전에 각각의 문서들이 독자적으로 연구되어야 한다. 신약성서는 한 저자가 일련의 짧은 글들을 썼거나(고린도전후서 또는 누가복음-사도행전 같이) 서로 다른 청중들에게 쓴(바울이 서로 다른 기독교 회중들에게 쓴 서신들 같이) 경우를 제외하고는 서로 연관이 없는 개별적인 문서들이라는 형태로 우리에게 전해진 것은 기정사실이다. 그러므로 각각의 경우에 있어서 저자들은 자신의 신학을 서로 다른 특별한 상황에 적용하고 있다. 그러므로 분석의 시작은 각각의 개별 문서를 검토해서 그 저자의 신학을 찾아내는 것이 되어야 한다는 것이 강력한 설득력을 갖는다. 오직 이렇게 할 때에만 각각의 문서가 신약성서에 기여한 풍성함이 제대로 다루어지게 될 것이다.

그러나 그런 후에 분석은 비교와 종합으로 좀 더 깊이 나아가서, 그 저작들이 어떻게 서로 부합하고 부합하지 않는지를 찾아내야 한다. 이러한 다양성과 통일성은 똑같이 탐구의 대상들이 되어야 한다.

따라서 우리의 결론은 신약성서의 신학은 두 가지 과제를 가진다는 것이다: 첫째, 그것은 신약성서의 각각의 문서들 또는 일련의 문서들 속에 표현된 신학들을 분석해서 이러한 문서들 속에 축적된 초기 그리스도인들의 신학적 사상이 탄생하게 된 방식을 탐구하는 것이다.[19] 둘째, 그것은 이 문서들 속에 표현되어 있는 공통의 신앙들을 밝혀주게 될 종합이 존재하는지와 그 종합이 과연 어떤 성격의 것인지를 탐구하고, 그 문서들이 개별적으로 그러한 신앙들을 서로 다른 방식으로 어떻게 발전시켰는지를 보여줌으로써 그 문서들 간에 모종의 조화가 존재하는지 또는 도저히 해결될 수 없는 부조화가 존재하는지를 알아내는 것이다.

내가 처음으로 이 장을 썼을 당시에는 이러한 연구 방법을 적용해서 치밀하게 연구를 수행한 저작이 하나도 없었다. 그러나 지금은 페르디난드 한(Ferdinand Hahn)이 쓴『신약성서 신학』(*Theologie des Neuen Testaments*)이 출간되어 있는데, 이 저서는 꽤 두꺼운 분량의 두 권의 책으로 구성되어 있고, 각각의 책은 800페이지가 넘는다. 이 저서에서 한(Hahn)은 먼저 자료들의 신학적 역사 속에서 그리스도에 대한 신약성서의 증인들의 다양성을 다루고, 그런 후에 주제별 서술을 통해서 신약성서의 통일성을 다룬다. 이 저서를 통해서 우리는 이러한 과제가 어떻게 수행될 수 있는지에 관한 하나의 예를 가지게 되었는데, 그 저서는 본서에서 수행한 것보다 훨씬 더 자세하게 그러한 작업을 수행하고 있다.

자료의 구성

신약성서는 신학에 관한 그 어떤 교과서도 포함하고 있지 않다는 말을 저자는 이미 여러 번 말하였었다. 신약성서 속에는 그 어떤 자세한 신조들 또는 신앙고백들도 존재하지 않는다. 신약성서라는 자료는 대체로 구조화되어

---

19) 위에서 말한 대로, 이 작업이 복잡하고 그 주제를 소개함에 있어서 지면의 제한이 있다는 것을 고려해서, 우리는 사상의 발전에 관한 역사를 제시하고자 하는 것이 아니라 여러 문서들의 신학을 정확하게 서술하고 분석하는 데에 좀 더 집중하고자 한다.

있지 않고 상황에 맞춰서 씌어진 것들이다. 그렇다면, 그러한 저작들의 배후에 신학이라고 할 수 있는 것이 과연 존재하는 것인가? 아니면, 신학이라고 하는 실체는 이러한 자료로부터 인위적으로 이끌어 낸 것에 불과한 것인가? 우리는 신약성서의 가르침을 소위 신약성서 배후에 있다고 추정되는 신학으로 대체할 위험성을 지니고 있는 것인가?

학생들 사이에서 일어나는 다양한 문제들을 다루어야 하는 학교의 주임교사의 예를 들어보자. 몇몇 문제들은 몇몇 예상될 수 있는 상황들과 몇몇 일어날 가망성이 없는 상황들을 포괄하여 작성된 일련의 학칙들에 의해서 해결된다. 때로는 주임교사가 그때그때 상황에 맞춰서 결정해야 하는 상황들도 생긴다. 이러한 결정들은 자의적인 것처럼 보일 수 있지만, 사실은 구체적인 사례 유형들을 규정하고 있는 학칙들의 근저에 있는 몇몇 일반적인 규칙들 또는 일반적인 원리들을 반영한 것일 가능성이 대단히 높다. 주임교사는 종종 이러한 기본적인 원칙들이 무엇인지를 명시적으로 말할 수도 있고, 그러한 기본적인 원칙들은 특정한 결정들로부터 추론될 수도 있다. 따라서 적어도 이론상으로는 주임교사의 결정들과 그가 가끔씩 한 말들로부터 그 학교에서 받아들여지고 있는 원칙들과 그 원칙들이 적용되는 방식들을 이해하는 일이 가능하다.

지나친 단순화의 위험성이 있기는 하지만, 위의 예화에서 본 것과 같은 것이 신약성서에도 적용될 수 있다.[20] 우리는 신약성서의 여러 책들 속에 나와 있는 구체적인 가르침과 교훈을 읽고서, 그것을 토대로 해서 그 근저에 있는 일련의 신앙들과 그 신앙들이 사용되고 있는 방식들을 알아낼 수 있다. 우리는 어떤 적용들이 상황에 따른 것이고, 어떤 적용들이 명백히 기본적인 것이어서 자주 그리고 일관되게 행해지고 있는지를 알 수 있다.

적용은 그 근저에 있는 신앙들과 그 신앙들이 적용되고 있는 특정한 상황의 산물이기 때문에, 동일한 기본적인 신앙들은 때에 따라서 서로 다르게 적용될 수 있다. 이러한 접근방식은 베커(J. C. Beker)가 수행한 바울 신학에 대

---

20) 내가 드는 예시의 한 가지 위험성은 그것이 신약성서가 기본적으로 사람들이 따라야 할 규칙들의 책이라는 것을 암시할 수 있다는 것이다.

한 분석에서 가장 분명하게 제시되었다.[21] 베커는 바울 신학의 중심과 부수적인 표현을 구별한다. 바울은 그리스도인으로서의 그의 체험을 나타내 주는 일련의 신앙들을 가지고 있고, 그러한 신앙들은 체계적인 방식으로 표현될 수 있었지만, 우리가 바울 서신에서 보는 것은 바울이 그의 서신들 속에서 말하고 있는 특정한 상황들에 이러한 신앙들을 적용해서 나온 부수적인 표현들이다. 따라서 신약 신학의 과제는 실제의 저작들을 검토해서, 그 저작들이 어떠한 중심들을 표현하고 있는지를 알아내고, 그 중심들이 적용들 속에서 어떻게 표현되고 있는지를 보여주는 것이다.

세 가지 요소를 구별하는 것이 이 모델을 정교하게 서술하는 데에 도움이 될 것이다. 첫째, 어떤 사람의 사고의 틀과 그러한 틀 내에서 발전된 구체적인 사고들은 큰 시각에서 볼 때에 구별될 수 있다. 예를 들면, 현실에 대한 이원론적인 이해를 전제하는 몇 가지 유형의 고대 사상들이 존재한다. 빛과 어둠, 선과 악이 서로 싸우는 대적들로 여겨질 때에 그러한 것들은 우리에게 친숙한 대립어들이다.[22] 그러나 이원론적인 사고의 틀 내에서 분명히 서로 다른 신념 체계들이 존재할 수 있다. 빛의 궁극적인 승리를 믿는 자들이 있을 수 있고 악의 승리를 믿는 자들이 있을 수 있다. 이원론의 기원에 대한 서로 다른 견해들이 있을 수 있다. 몇몇 도식들에서는 이원론을 개별 인간들 속에서 찾아내기도 한다. 선의 궁극적인 승리를 믿는 자들은 미래가 선한 능력에 의해서 미리 결정되어 있다는 신념을 토대로 그렇게 믿는 것일 수 있다.

그러므로 서로 다른 기자들이 서로 다른 사고의 틀을 가지고 있는지를 확인하고, 어떠한 요소들이 기자의 사고의 틀을 구성하고 있는지를 결정할 필요가 있다. 예를 들면, 하나님을 일차적으로 그의 신민(臣民)들에게 율법을 수여하시는 자로 생각하는 율법적 준거틀과, 하나님을 기본적으로 그의 자녀들과의 가족 관계 속에 계신 아버지로 생각하는 인격적 준거틀 간에는 차

---

21) J. Christiaan Beker, *Paul the Apostle: The Triumph of God in Life and Thought* (Edinburgh: T & T Clark, 1980).

22) 이와는 대조적으로, 기본적인 이원론을 전제하지 않는 일원론적인 사고 체계들이 존재한다. 물론, 영과 물질을 대립시키는 것과 같은 다른 형태의 이원론들도 존재하지만, 그러한 것들은 위에서 언급한 도덕적인 이원론과는 다르다.

이가 존재한다. 율법적 준거틀은 기본적으로 규칙들의 형태로 된 도덕적 가르침을 만들어 내는 반면에, 인격적 준거틀은 성품을 닮는 것을 촉진시키는 데에 더 관심을 갖는다(눅 6:36).

틀과 내용이라는 구별은 유동적인 것이다. 한 사람의 가르침이었던 것이 이제는 또 다른 사람의 틀이 될 수 있다. 예를 들면, 구약에서 하나님은 아버지로 생각되는 경우는 드물고, 흔히 그의 백성과 계약을 맺은 자로 생각되었다. 그의 제자들에 대한 예수의 가르침 속에서 하나님이 아버지라는 사상은 새로운 방식으로 도입된다. 이 사실을 그의 제자들에게 알리는 것이 그의 관심사들 중의 하나였다. 그러나 초대 교회에서 하나님이 아버지라는 사실은 너무도 당연한 것으로 받아들여져서 기독교적 사고를 위한 틀의 일부가 되었다. 이렇게 해서 틀이 변화되었다. 예수께서 하나님에 대한 새로운(완전히 새로운 것은 아니지만) 이해, 즉 그의 가르침의 내용의 일부로 제시하였던 것이 이제는 사람들에게 가르치거나 그 이유를 제시할 필요가 없고 당연한 것으로 받아들여지는 틀의 일부가 됐다. 그러한 틀 속에는 새로운 개념들이 제시될 여지가 존재하게 된다. 따라서 신약성서의 기자들은 하나님이 아버지라는 틀 내에 성자 하나님이라는 개념이 들어설 여지가 있다는 것을 붙잡고 씨름한다. 이렇게 해서 다시 한 번 틀이 변화되었고, 그 결과 우리는 단일신론적(monistic) 틀과 반대되는 삼위일체론적 하나님 이해를 갖게 되었다.

사람들이 자신의 틀 내에서 생각하는 방식들은 이런 식으로 천착될 수 있다. 나아가, 저자의 주된 관심 또는 관심들과 그 관심(들)의 세부적인 적용을 구별하는 것도 도움이 될 수 있다. 이러한 구별을 함으로써 우리는 특정한 저자의 사상이 지닌 초점을 정확하게 짚어낼 수 있고, 나무들만을 봄으로써 숲을 보지 못하는 잘못을 피할 수 있다. 예를 들면, 세 권의 공관복음서들의 세부적인 내용들은 상당한 정도의 유사성과 중복성을 보여주지만, 각각의 복음서들의 주된 관심들에 주목하게 되면, 우리는 각각의 복음서들이 자료들을 사용하는 방식에 있어서 상당한 정도의 차이들을 지니고 있다는 것을 인식할 수 있게 된다. 마태는 선생으로서의 예수를 강조하지만, 요한은 계시자로서의 예수를 강조한다.

틀, 내용 또는 관심, 세부적인 적용은 이렇게 우리에게 도움이 되는 세 가지 범주를 형성한다. 이 세 범주 간의 구별은 아주 뚜렷한 것은 아니지만, 신약성서 기자들의 사상을 분석하고자 할 때에 도움이 될 수 있다.

신약성서와 선교

신약성서의 저작들의 초점이 어디에 있는지에 대하여 어느 정도의 이해를 갖는 것은 우리의 연구에 도움이 될 것이다. 신약성서의 기자들이 동일한 시기에 속해 있다는 사실 외에 그들을 한데 묶어주는 그 무엇이 존재하는가? 이 질문에 대한 분명한 대답은 그들은 모두 예수와 그의 활동의 방향들에 관심을 갖고 있다는 것이다. 이 저작들은 유대교 문헌에 속하지만, 예수가 하나님의 대표자로서 세상에 구원을 가져다주기 위하여 활동하였다는 것을 받아들이고 있다는 점에서 유대교 문헌 중에서도 특별한 부분을 형성하고 있다. 그러므로 이 저작들은 기독교 신학을 본래의 유대교적인 신학과는 구별되는 것으로 제시한다. 이 저작들에 공통의 특징을 부여하는 것은 구주이자 주님으로서의 예수에 대한 인식이다.

하지만 좀 더 구체적으로 이 저작들을 선교 문서들로 인식하는 것이 더 도움이 될 수 있다. 신약성서의 저작들이 다루고 있는 것은 예수 자체 또는 하나님 자체가 아니라 구주와 주님으로서의 역할을 하는 예수이다. 신약성서 신학은 본질적으로 선교 신학이다. 내가 한 이 말의 의미는 신약성서의 문서들은 두 부분으로 이루어진 선교의 결과물로 탄생했다는 것이다. 첫 번째 부분은 하나님에 의해서 보내심을 받아서 그의 나라를 세우고 그 나라의 축복들을 백성들에게 전하며 백성들로 하여금 그 나라에 응답하도록 부르신 예수의 선교이고, 두 번째 부분은 예수의 부르심을 받아서 그의 사역을 이어받아서 예수를 주님이자 구주로 선포하고 사람들을 믿음으로 부르며 지속적으로 예수에게 헌신하게 하여 그의 교회를 성장하게 만든 그의 제자들의 선교였다. 신약성서의 신학은 이러한 운동으로부터 생겨나고 형성되었으며, 또 이번에는 그 신학은 교회의 지속적인 선교를 이루어 내었다. 따라서 신약성서의 문서들의 일차적인 기능은 예수와 그의 제자들에 의해서 선포된 복음을 증언하는 것이다. 그 문서들의 가르침은 그러한 복음을 좀 더 자세하게 해설한 것이라고 할 수 있다. 또한 그 문서들은 기독교 신앙으로 회심한 자들의 영적인 성장에 관심을 갖는다. 그 문서들은 교회가 선교를 위해서 어떻게 형성되어야 하는지를 보여주고, 선교의 진전에 방해물들이 되는 그러한 문제들을 다룬다. 요컨대, 하나님에 의해서 선교사로 부르심을 받은 사람들은 복음서들과 서신들을 비롯한 여러 글들을 씀으로써 그들의 부르심을 수행하고 있는 것이다. 그들은 사람들을 회심하게 만들고, 그런 후에 그들을 양육하는 것, 즉 새로운 신자들을 만들어 내어서 그들에게 자양분을 공급함으로써 성숙에 이르게 하는 데에 관심을 갖는다.

여기서 누가복음-사도행전에서 일어난 일은 신약성서 전체에 해당되는 것의 본보기 역할을 한다. 반 운닉(van Unnik)은 누가복음과 사도행전의 관계를 설득력 있게 설명하였다.[23] 그는 복음서를 예수께서 말씀과 행위를 통해서 선포한 좋은 소식에 관한 기록으로 보았고, 그런 후에 사도행전을 "복음에 대한 확증," 복음이 선교사들에 의해서 선포되었을 때에 그 복음이 거기에 응답한 자들에게 구원을 가져다주었다는 점에서 진정으로 복음으로 보아졌다는 것을 나타내 보이는 방식으로 선교에 관한 이야기를 말해 주고 있는 기록으로 규정하였다. 이렇게 신약성서는 선교에 관한 이야기를 하고 있고, 선교사들에 의해서 선포된 메시지를 해설하는 데에 특별한 강조점을 두고 있다.[24]

신약성서 문서들이 지닌 이러한 선교적 성격을 인식하는 것은 우리가 그 문서들을 진정한 관점에서 바라보고 그 문서들의 의도에 비추어서 그것들을 해석하는 데에 도움이 될 것이다.[25] 그 문서들은 복음 전도와 양육의 역동적인 과정의 산물임과 동시에 그러한 과정을 수행하기 위한 도구들이다. 신약

---

23) W. C. van Unnik, "'The Book of Acts,' the Confirmation of the Gospel", *NovT* 4 (1960): 26-59

24) 구약학 분야의 나의 동료들을 서운하게 할 위험성을 무릅쓰고, 나는 신약성서의 이러한 특징적인 형태가 신약성서를 구약성서로부터 구별해 준다고 주장하고자 한다. 구약성서에 비록 선교 모티프가 전혀 존재하지 않는 것은 아니지만 분명히 전체적으로 보아서 결정적인 영향력을 행사하였다고 말할 수는 없다.

25) 여러분이 하고 싶은 대로, 그것을 저자의 의도 또는 본문의 의도 중 어느 것으로 불러도 좋을 것이다.

성서의 문서들을 구성하는 이러한 원칙에 대한 인식은 우리로 하여금 그 문서에 대한 통일적인 이해를 가능하게 해 준다. 본질적으로 신약성서는 기독교의 선교 과정에서 선포되었던 복음 또는 좋은 소식을 표현하고 있는 책들의 모음집이다. 따라서 데이비드 웬햄(David Wenham)은 "신약 신학은 세상에 대한 하나님의 선교를 다루고 있다"고 말하고, 신약성서를 선교의 맥락, 선교의 중심, 선교의 공동체, 선교의 절정이라는 관점에서 체계화할 수 있다고 주장한다.[26]

이러한 지침을 채택하는 것은 우리가 신약성서의 신학을 주로 교회적인 또는 교회론적인 신학으로 보는 잘못, 즉 신약성서의 중심적인 관심을 교회 및 그 삶과 그 구조라고 보는 잘못 — 물론, 이것이 완전히 잘못된 것은 아니지만 — 을 범하지 않게 된다는 것을 의미한다. 신약성서의 선교 지향성에 대한 인식은 우리로 하여금 교회에 대하여 우리가 종종 가지고 있는 정태적인 관점 대신에 선교의 주체로서의 교회라는 좀 더 역동적인 개념을 지니도록 경각심을 불러일으켜 줄 것이다. 또한 신약성서의 관심은 일차적으로 교회론 자체에 있는 것이 아니라 세상에 화해를 가져오는 일에 있어서 하나님의 대리자인 그리스도의 역할에 있다. 또한 이러한 인식은 우리로 하여금 성령을 성화를 이루는 분으로 보는 일방적인 이해에서 벗어나서, 교회에 권능을 부여하고 교회를 이끌어서 선교와 성장을 이루게 하는 성령의 역할에 올바르게 주목할 수 있도록 해 줄 것이다.

다른 곳에서 우리는 슈타우퍼(Stauffer)가 제시한 신약성서에 나타난 선교 활동의 세 가지 측면에 관한 중요하고도 매우 도움이 되는 분류를 여러 차례 지적하게 될 것이다; 그는 선교 활동이 지닌 송영적 측면, 전투적 측면, 구원론적 측면을 제시한다 — 하나님께 영광을 돌리는 요소, 악을 이기는 요소, 잃은 자들을 구원하는 요소.[27] 인간의 가장 큰 목적은 하나님을 영화롭게 하

---

26) George Eldon Ladd, *A Theology of the New Testament* (Grand Rapids, Mich.: Eerdmans, 1974; 2nd ed., 1993, ed. D. A. Hagner), pp. 712-13에 나오는 그의 글 속에서. 특별히 선교의 역사로서의 최초의 그리스도인들의 역사에 대해서는 Eckhard J. Schnabel, *Early Christian Mission*, 2 vols. (Downers Grove, Ill.: Inter Varsity Press, 2004)를 보라.

는 것이라는 점과 심지어 하나님께서 행하시는 것은 그의 영광을 위해서라는 것을 토대로 해서 송영적인 측면에 우선적인 중요성을 부여하는 것은 자연스러운 경향이다. 물론, 그러한 주장은 옳다. 그러나 하나님께 영광을 돌리는 것은 우리의 모든 활동의 궁극적인 목표이기 때문에, 하나님께 영광을 돌리는 것에 대한 강조는 신약성서의 특성, 즉 하나님께 영광을 돌리는 구체적인 방식이 선교라는 것을 표현해 내지 못한다. 궁극적으로 하나님의 백성의 주된 관심은 하나님께 영광을 돌리는 것이 되어야 하지만, 그렇다고 해서 그것이 신약성서의 주된 주제라고 말할 수는 없다. 신약성서는 일차적으로 하나님의 선교 및 그것과 연관된 메시지에 관한 것이다. 마찬가지로, 인간을 구원하기 위해서는 악과 죽음의 권세들을 이겨야 한다는 점에서 선교 활동이 지닌 전투적 측면도 분명히 매우 중요하지만, 그러한 승리는 그 자체가 목적이 아니다: 십자가에 못 박히신 분의 승리는 선교를 통해서 인류에게 선포되어야 하고 그들을 위한 현실이 되어야 한다. 또한 마치 그리스도의 사역이 그 자체로 목적이라도 되는 듯이 온전히 그리스도의 사역에만 초점이 맞춰지게 되면, 구원론은 일방적인 방식으로 이해되게 된다. 바울에게서 그리스도의 죽음에 의해서 이루어진 화해와 사자(使者)들에 의한 화해의 선포(사람들로 하여금 화해를 받아들이게 하는)가 하나님의 구원 행위의 두 가지 기본적인 부분들로서 한데 결합되어 있다는 것은 중요하다.

신약성서의 근저에 있는 그 존재 이유를 이런 식으로 규정하는 것은 그러한 연구를 위한 자의적인 전제라고 할 수 있는 것을 진술하는 것이 아니다. 오히려 그것은 탐구에 의해서 검증되어야 할 주장이고, 맞든지 안 맞든지 모든 것을 거기에 짜 맞추려고 해야 하는 프로크루스테스(Procrustes)의 침대가 아니라, 과연 그것이 연구의 결과들에 의해서 타당한지를 알아보기 위하여 검증되어야 할 주장이다. 그러므로 독자들은 이 책의 실질적인 내용들이 다 완성되고, 이 연구의 결과들이 무엇인지가 좀 더 분명해진 이후에 서론의 이 부분이 씌어졌다는 것을 이해해야 한다(모든 좋은 서론들이 마땅히 그래야 하듯이).

---

27) Stauffer, *New Testament Theology*, p. 28 and *passim*.

성경의 일부로서의 신약성서

신약성서는 홀로 서 있는 것이 아니라, 구약성서와 더불어서 기독교 성경의 일부를 형성하고 있다. 신약성서는 예수의 사역과 가르침 및 초기 기독교회의 발전이라는 역사적 맥락 속에서 생겨났다. 신약성서는 조직적이고 교의적인 신학의 역사적 발전의 초기에 서 있다. 신약 신학이라는 과제를 수행하기 위해서는 우리는 이러한 세 가지의 각각의 관계와 그 관계들의 연관성을 고찰하지 않으면 안 된다.

우리가 신약성서를 성경의 일부로 여긴다면, 몇 가지 중요하고도 피할 수 없는 문제들이 생겨나고, 이러한 문제들은 두세 가지의 서로 관련된 과제들로 이어진다.

첫째, 초기 그리스도인들은 자신들을 구약성서와 유대교 속에서 표현된 종교의 상속자들로 보았다. 그들은 자신들이 아브라함과 이삭과 야곱의 하나님을 예배하는 백성들과의 연속선상에 서 있다고 생각하게 되었고, 그러한 백성들의 신앙을 문학적으로 표현한 것을 구약성서라고 부르게 되었다.[28] 그러므로 우리가 기본적으로 탐구해야 할 것은 신약성서와 구약성서의 관계를 결정하는 것이다: 특히, 신약성서의 기자들은 구약성서를 어떻게 이해하였고, 그것을 어떻게 사용하였는가?

둘째, 단순히 신구약성서 중의 어느 하나의 신학이 아니라 성경 전체의 신학을 쓰는 것이 가능하고 실제로 바람직한 것인가? 성경 전체의 신학을 쓰는 일은 방대한 작업이 될 것이고, 그러한 작업은 신약성서와 구약성서를 따로

---

28) 비교적 최근까지만 해도 그리스도인들 사이에서 기독교 성경의 두 부분은 구약성서와 신약성서로 알려져 왔다. 많은 사람들은 이러한 명칭이 구약성서를 성경으로 받아들이고 있지만 기독교 신앙을 받아들이고 있지 않은 사람들을 배려하지 않은 구약성서에 대한 평가를 함축하고 있다고 느낀다. 그런 까닭에 "히브리 성서"라는 중립적인 용어가 유대인들과 그리스도인들이 함께 공유할 수 있는 용어로 사용되게 되었다. 이 용어의 반대말은 "헬라 성서"가 될 수 있는 것으로 보인다는 점에서, 이 용어는 전적으로 좋은 것은 아니다 - 헬라 성서는 히브리 성서를 헬라어로 번역한 것을 가리키는 용어이다. 그리스도인들이 성경의 전반부를 어떻게 이해하고 있느냐에 관심을 갖고 있는 본서에서는 전통적인 명칭을 그대로 유지하고자 한다.

다룰 때에 생겨나는 것과 동일한 문제, 아주 긴 시간에 걸쳐서 다양한 문학 양식들을 사용해서 수많은 사상들을 표현하고 있는 방대한 문학 작품들을 다룰 때에 생겨나는 문제 ― 그 작품들 중에는 많은 것이 서로 상반되는 듯이 보이기도 하고, 어떤 작품들은 원시적이고 어떤 것들은 좀 더 발전된 것들이다 ― 를 지니게 될 것이다. 그럼에도 불구하고 그러한 작업을 목표로 삼는 것이 바람직한 목표를 보여주는 것으로써 환영받아야 하고, 지금까지 그러한 작업을 수행하고자 한 시도가 적어도 두 번 있었다.[29]

셋째, 신약성서에 대한 성경적 신학을 쓰고자 시도하는 책들의 제목들 속에서 조금 덜 야심적인 과제가 드러난다. 이것이 의미하는 것은 신약성서 기자들의 사상의 뿌리가 구약성서(유대교 문헌들 속에 나타난 구약성서에 대한 전승들) 속에 있고, 신학자의 한 가지 임무는 그 뿌리들을 드러내서 어떻게 그 뿌리들이 나무가 성장하고 열매를 맺는 방식을 결정하였는지를 보여주는 것이라는 인식이 존재한다는 것이다. 한스 휘프너(Hans Hübner)의 저작은 이러한 방법론을 구체적이고 상세하게 적용하고자 한 시도였지만, 오직 신약성서 신학의 이러한 측면에만 집중하고 다른 자료인 구약성서는 한 쪽으로 밀쳐놓는 경향성을 보여준다. 좀 더 폭넓고 만족스러운 접근방식은 페터 슈툴마허(Peter Stuhlmacher)의 접근방식인데, 그의 두 권으로 이루어진 책은 "신약성서 신학은 구약성서에서 기원하였음과 동시에 구약성서에 대하여 열려 있는 신약성서에 대한 성경적 신학이 되어야 하고, 구약성서와 신약성서를 함께 고찰하는 성경 신학의 일부로 이해되어야 한다"[30]는 원칙에 의해서 지배되고 있다. 슈툴마허의 견해는 옳다: 신약성서 신학에 대한 연구는 신약성서에 현재의 형태를 부여하는 데에 기여해온 요소들로부터 생겨나는

---

29) Brevard S. Childs, *Biblical Theology of the Old and New Testaments: Theological Reflection on the Christian Bible* (Minneapolis: Fortress, 1993); Charles H. H. Scobie, *The Ways of Our God: An Approach to Biblical Theology* (Grand Rapids, Mich.: Eerdmans, 2003).

30) Peter Stuhlmacher, *Biblische Theologie des Neuen Testaments*, 2 vols. (Göttingen: Vandenhoeck & Ruprecht, 1992, 1999), 1:5. 이 방대한 저작을 영어로 번역하는 것은 시급한 과제이다.

특징들을 추적하는 데에 관심을 가져야 한다.[31]

여기에서 문제가 되는 것은 아마도 초점의 문제일 것이다. 본서가 성경 전체에 대한 성경 신학을 시도하고자 한다면, 그것은 도저히 감당할 수 없는 방대한 것이 될 것이고, 저자의 능력을 훨씬 벗어나는 일이 될 것이다. 하지만 신약성서 기자들의 사상이 구약성서에 의해서 두 가지 방식으로 형성되었다는 사실을 우리가 회피할 수 있는 길이 없기 때문에, 신약성서 신학은 분명히 신약성서에 대한 성경적 신학이 되어야 한다. 그 중 한 가지는 그들이 모두 출생에 의해서나 사고방식에 있어서 모두 유대인들이라는 것이다. 그러므로 그들은 구약성서에 의해서 형성된 유대교의 틀 내에서 사고하고 있다. 또 다른 하나는 그들이 자신의 신학을 발전시키기 위해서 구약성서를 나름대로 독특하고 의도적으로 사용하고 있다는 것이다. 구약성서는 신약성서의 기자들이 수동적으로 받아들인 환경이 아니라 그들이 거기에서 열정적으로 광석을 캐낸 채석장 같은 것이었다.

여기서 오늘날의 신약성서 연구의 효시가 된 책들 중의 하나인 도드(C. H. Dodd)의 『성경에 따라』(*According to the Scriptures*)를 언급하는 것이 적절할 것이다. 도드는 이 책에서 두 가지를 수행하였다. 첫 번째는 널리 인정받고 있음과 동시에 논란이 되는 것으로서 신약성서 기자들은 구약성서를 선별적이고 고립적인 증거 본문들로 이해한 것이 아니라, 그들이 적합하다고 생각한 선별적인 분야들로 가서 거기에서 문맥에 따라 이해된 자료들을 가져 와서 사용하였다는 그의 주장이다. 두 번째는 지금에 와서야 정당한 인정을 받고 있는 것으로서, 도드는 구약성서와 관련된 신약성서 기자들의 이러한 활동이 소위 신약성서 신학의 "하부구조"를 형성하고 있다고 주장하였다. 도드가 한 이 말을 나는 구약성서는 신약성서 기자들에게 핵심적인 범주들과 전체적인 구조를 제공해 주었고, 이렇게 해서 주어진 구원사라는 큰 구조를 신약성서 기자들은 그 원래의 의미를 밝혀내는 방식으로 해석하였다는

---

31) 첫 번째 과제는 신약성서의 기자들이 구약성서를 어떻게 이해하였는지를 묻고, 세 번째 과제는 구약성서가 신약성서의 기자들의 사상에 어떤 영향을 주었는지를 묻는다는 점에서, 첫 번째 과제와 세 번째 과제는 서로 보완적이다.

것을 의미하는 것으로 받아들인다. 이러한 하부구조는 잘 알다시피 신약성서의 몇몇 저작들에서는 다른 저작들에서보다 훨씬 더 결정적으로 작용하였고, 또한 각각의 저작들에서 서로 다른 방식으로 작용하였지만, 그러한 하부구조가 존재하였고, 또한 중요하였다는 것은 의심의 여지가 없다. 따라서 우리는 성경의 계시 전체가 소위 신약성서라고 하는 저 특정한 단면과 어떻게 연관되어 있는지를 보이지 않을 수 없다는 점에서, 신약성서 신학에 대한 서술은 필연적으로 성경 신학이 될 수밖에 없다는 결론이 도출된다.

신약성서 신학에서 예수의 위치

20세기에 나온 가장 유명한 신약성서 신학에 관한 저작인 루돌프 불트만(Rudolf Bultmann)의 신약 신학은 예수의 가르침을 신약 신학의 내용의 일부가 아니라 그 전제로 보고서 의도적으로 거의 다루지 않은 것으로 아주 유명하다.

물론, 불트만이 옳은 측면도 없지 않아 있다. 우리가 신약성서의 신학을 쓰고 있다면, 예수는 신약성서의 저자들 중 한 명이 아니었기 때문에, 그의 사상과 가르침은 신약성서 저자의 사상과 가르침이 아니다. 마찬가지로, 불트만은 초대 교회와 헬레니즘 교회의 케리그마에 관하여 아주 길게 논의하면서 그것을 신약성서 신학 자체의 일부가 아니라 "신약성서 신학의 전제들과 모티프들"의 일부라고 일관되게 주장하였다.

하지만 예수가 기독교 신학자가 아니었다는 좀 더 강력한 논거가 있다. 기독교 신학이라는 것이 있다면, 그것은 예수에 관한 그리스도인들의 사상으로서 예수의 죽음과 부활, 그리고 그것들이 지닌 함의들에 초점이 맞춰져 있다는 견해를 옹호하는 일은 그리 어렵지 않다. 예수는 하나님의 나라에 관심을 가지고 있었고, 오직 간접적으로만 자기 자신에 관하여 관심을 갖고 있었으며, 아주 드물게만 자신의 미래에 관하여 관심을 가지고 있었다. 그러므로 예수는 그의 제자들과는 다른 그 무엇을 행하고 있었던 것인데, 이것은 예수를 기독교 신학자로 보지 않는 추가적인 이유이다.

그럼에도 불구하고, 이러한 주장은 예수의 가르침이 복음서 기자들에 의해서 그들의 복음서에 들어 와서 신약성서의 일부가 되었다는 고찰에 의해서 반박될 수 있다. 복음서 기자들은 예수께서 말씀하신 것의 많은 부분을 서술하는 것이 그들의 임무라고 생각하였고, 그렇게 함에 있어 예수께서 말씀하신 것을 그들 자신의 메시지의 일부로 받아들였다. 우리들도 이러한 노선을 따라야 할 것이다. 신약성서 신학에 관한 책에서 강조점은 신약성서를 실제로 쓴 저자들의 가르침에 두어져야 하지만, 그들이 지닌 사상의 주요한 출처들 중의 하나인 예수 자신에 대해서도 관심이 기울여져야 한다. 그렇다면, 어떻게 이런 작업이 행해질 수 있는가?

여기서 우리는 복음서 기자들이 단순히 예수의 가르침을 기록할 뿐만 아니라 그들의 복음서에서 그들의 청중과 관련이 있다고 생각되는 예수의 삶에 관한 이야기들을 주제별로 자세하게 제시하는 것도 중요하다고 생각했다는 점을 주목하여야 한다.[32] 많은 서신들이 이미 씌어져 있었고, 그 중 일부는 그것들이 원래 보내진 곳들에서만이 아니라 좀 더 폭넓게 알려져 있던 때에, 자신들이 예수의 삶을 어떻게 보고 이해하였는지를 기록하는 것이 꼭 필요하다고 느꼈던 기독교 신자들이 존재하였다는 것은 대단히 의미심장하다. 이것은 어떤 사람이 바울과 같이 초기 기독교의 신학자로서 예수의 삶과 가르침에 관하여는 거의 아무것도 말하지 않을 수 있지만, 초대 교회는 궁극적으로 이러한 것에 만족하지 못하였고, 서신들의 신학을 복음서라는 신학적인 저작들 속에 나오는 예수의 삶과 가르침이라는 좀 더 폭넓은 맥락 속에서 보았다는 것을 부수적으로 보여준다.[33] 이렇게 역사적 예수와 그의 가르침은 주로 복음서라는 매개체를 통해서 신약성서 속으로 들어 왔고, 또한 신약성

---

32) 예수께서 자신의 역할을 "종"(헬라어로는 '디아코노스' ; 라틴어로는 minister)이라고 말했다는 것을 토대로, 이것을 예수의 사역과 연관짓는 것이 전통적인 해석이었다. 그것을 그의 **선교**라고 생각하는 것이 더 나을 것이다. 왜냐하면, 이 용어는 사람들 가운데서의 하나님의 대표자("사도," 히 3:1)로서의 자격 속에서 예수의 활동의 내용을 좀 더 분명하게 전달해주기 때문이다.

33) 복음서들을 신학적인 저작들이라고 부르는 것은 그것들이 실제로 일어난 일들을 서술하는 데에 관심을 가진 역사적인 저작들이라는 것을 결코 부인하는 것이 아니고, 적어도 공관복음서들의 경우에 있어서 주목할 만한 것은 역사적인 사실들이 초기 기독교 신학으로서의 역할을 하기 위해서 거의 해석을 필요로 하지 않았다는 것이다.

서 신학 속으로 들어 왔다.

그러므로 우리는 역사적 예수가 세 가지 수준에서 신약성서 신학과 관련이 있다고 말할 수 있다.

첫째, 예수는 그의 활동과 메시지가 다른 어느 누구의 것보다도 더 교회를 형성하는 데에 큰 역할을 한 역사적 인물이다. 그러므로 예수는 바울이나 요한과 마찬가지로 독자적으로 경청될 필요가 있는 인물이고, 그와 가장 초기의 신약성서 기자들 간의 간격을 메워주는 그 어떤 가설적인 미지의 인물들보다 훨씬 더 경청되어야 할 인물임에 틀림없다.

둘째, 예수의 역사적 활동은 기독교 운동 전체와 그 사상과 실천을 발전시킨 출발점이기 때문에, 그의 영향력에 대한 연구는 적절한 것이다. 이런 의미에서 예수는 그의 제자들의 신학의 전제이다.

셋째, 예수는 복음서들에서 고찰의 대상이 되고 있기 때문에, 복음서 기자들의 저작은 신약성서 신학을 탐구하는 데에 중요한 일부로 여겨져야 한다.

이러한 세 가지 수준의 접근방식이라는 관점에서 볼 때, 불트만은 오직 두 번째 수준에서만 예수의 메시지를 다룬 것이 된다. 불트만은 어쨌든 세 번째 수준을 간과함으로써, 신약성서 신학에 대한 발전론적 접근방식이 어떻게 한 학자로 하여금 최종 결과물들을 살펴볼 필요성에 대하여 눈감게 만들 수 있는지를 보여주는 고전적인 예를 제공해 주었다. 물론, 불트만도 두 번째 수준을 다루면서 첫 번째 수준도 거기에 병합해서 다루었다고(그것을 완전히 생략한 것이 아니라) 할 수도 있겠지만, 그가 그것을 짧게 다룬 이유는 복음서들의 많은 부분에 관한 그의 회의적인 태도와 예수께서 행하신 것에 관한 역사는 기독교 신앙과는 별 상관이 없다는 그의 확신이 결합되었기 때문이다. 불트만에게 중요했던 것은 예수의 입에서 나온 것으로 분명하게 추적될 수 있는 극소수의 말씀들 속에 드러난 실존론적 도전이었다.

그러므로 우리가 따라야 할 적절한 방법론은 잘 알다시피 첫 번째 수준과 두 번째 수준에서 예수를 독자적으로 다룬 후에, 복음서 기자들의 기여를 그후에 독자적으로 다루는 것이다.[34] 하지만 이런 과제의 첫 번째 부분은 실제

---

34) 이것은 Leonhard Goppelt, *Theology of the New Testament*, 2 vols. (Grand

에 있어서는 심각한 난점, 즉 신약성서 신학에 관한 책에 적절한 한계를 넘어섬이 없이 예수의 사역과 메시지에 관한 올바르고 견고한 재구성을 제시하는 것이 어느 정도로 가능한가라는 난점에 직면하게 된다. 그러한 재구성은 그 범위와 복잡성에 있어서 역사적으로 다루어져야 할 주된 문제이기 때문에, 그 문제는 본서와 같은 신약 신학에 관한 책에 포함시키는 것이 아니라 독자적으로 다루어져서, 많은 것들이 검토되어야 한다.[35] 학계에서는 여전히 공관복음서들은 예수께서 어떻게 행하고 말씀하였는지에 관한 상당히 믿을 만한 그림을 제공해 주고 있다고 주장하는 학자들과, 복음서의 기사들은 신빙성이 없고 역사적 예수는 예수에 관한 복음서의 묘사들과는 상당한 정도로 다르다고 믿는 학자들 사이에 엄청난 괴리가 계속해서 존재한다. 나는 다른 곳에서 전자의 가능성을 옹호하는 견해를 피력한 바 있는데, 여기에서는 나의 그러한 견해를 옹호하는 좀 더 자세한 논거들을 전개하게 될 것이다.[36] 그러므로 나는 불트만이 채택했던 것과는 정반대의 노선을 택해서, 예

Rapids, Mich.: Eerdmans, 1981, 1982)가 따르고 있는 길인데, 그는 그의 저작의 제1권에서 예수를 아주 자세하게 다루고, 제2권에서는 마태와 누가를 포함시켰다. 편집자인 J. Roloff에 의하면, 그는 당시의 학문적인 연구 성과로는 마가복음에 대한 성숙한 견해를 제시할 수 없었기 때문에 마가복음에 관한 내용을 다루지 않았다고 한다.

35) 여기서의 위험성은 역사적인 문제들을 제대로 다룬다는 것은 그것들이 논의를 주도해서 학자들로 하여금 신학에 도달하지 못하게 할 수 있다는 것을 의미한다는 것이다! 이런 일은 Joachim Jeremias, *New Testament Theology: The Proclamation of Jesus* (London: SCM Press, 1971)에서 일어났고, 정도가 심하지는 않았지만 Goppelt에게서도 일어났다. 그렇지만 Stuhlmacher, *Biblische Theologie*의 예는 이런 일이 반드시 일어나는 것이 아니라는 것을 보여준다. 역사적인 문제들을 다루지 않고서도 예수의 선포와 사역을 논의하고, 그 결과로써 아무런 논증 없이 그의 지침이 된 몇몇 원칙들을 제시하고 있는(특히, 기독론적인 "칭호들"은 예수 자신에게 소급되지 않는다는 것) Ferdinand Hahn의 저작과 대비해 보라. 하지만 이 경우에 있어서 저자는 그의 이전의 연구서인 *The Titles of Jesus*에서 이 문제를 아주 상세하게 다룬 바 있었다. Hahn은 예수의 메시지와 이야기가 무엇이었는지(역사가가 그것들을 재구성할 수 있는 한에서)를 물을 뿐만 아니라 그러한 것들이 제자들과 초대 교회의 증언 속에서 어떻게 통합되었는지를 묻는 일에 중요한 걸음을 내디뎠다(Hahn, *Theologie*, 1:43).

36) 자세한 것은 제4장을 보라. John P. Meier, Gerd Theissen, Annette Merz, N.

수에 관한 공관복음서의 묘사들은 역사적 실체에 충분히 근접해 있기 때문에, 우리가 그것들을 예수의 선교와 메시지를 이해하는 데에 사용할 수 있다는 꽤 토대가 튼튼한 전제 위에서 복음서 기자들이 우리에게 제시한 대로의 예수의 신학을 논하게 될 것이다.[37]

신약성서 신학과 조직신학

우리가 이러한 연구와 오늘날의 세계의 관계를 고찰하게 되면, 앞에서 말한 것과는 다른 종류의 문제점들이 생겨난다. 기독교의 신념들에 대한 조직적인 분석은 종종 교의 신학으로 불린다. 이 용어는 그리스도인들이 무엇을 믿는지에 관한 서술이 아니라 그리스도인들이 무엇을 믿어야 하는가에 관한 서술로서, 거기에는 신학을 쓰고자 하는 의도가 들어 있다. 기독교 공동체들 내에는 규범적 성격을 지닌 신조들과 신앙고백들 같은 것들이 존재한다. 신약 신학에 관한 저작은 서술적인 것인가 규범적인 것인가? 우리는 여기서 그 자체로는 규범적일 수 없는 신약성서 신학에 관한 책과 기독교 신자들의 신학과 어느 정도 관련을 가질 수밖에 없는 신약성서의 신학 자체를 구별할 필

T. Wright 같은 몇몇 학자들(많은 학자들 중에서 오직 소수만을 열거하자면)에 의해서 기본적으로 채택되고 있는 입장은 예수 세미나와 Marcus J. Borg, John Dominic Crossan 같은 학자들이 속한 회의적인 진영에 맞서서 확고하게 나름대로의 진영을 형성하고 있다. I. Howard Marshall, *I Believe in the Historical Jesus* (Vancouver: Regent College Publishing, 2004); Marcus J. Borg, *Jesus: A New Vision* (San Francisco: Harper, 1987); John Dominic Crossan, *The Historical Jesus: The Life of a Mediterranean Jewish Peasant* (Edinburgh: T & T Clark, 1991); John P. Meier, *A Marginal Jew: Rethinking the Historical Jesus*, 3 vols. (New York: Doubleday, 1991, 1994, 2001); Gerd Theissen and Annette Merz, *The Historical Jesus: A Comprehensive Guide* (London: SCM Press, 1998); N. T. Wright, *Jesus and the Victory of God* (London: SPCK, 1996)를 보라. J. D. G. Dunn, *Jesus Remembered* (Grand Rapids, Mich.: Eerdmans, 2003)은 예수에 관한 가장 초기의 기억들에 대하여 강력하게 서술하고, 조심스럽게 보수적인 결론들을 맺는다.

37) 독자들은 내가 이 대목에서 요한복음을 포함시키지 않았다는 것을 알 것이다. 요한복음에 나오는 예수에 관한 서술에서 사용된 "관용 표현"의 차이들을 고려해서, 요한복음을 공관복음서와 따로 떼어서 고찰하는 것이 방법론상으로 더 좋을 것이다.

요가 있다. 여기에서 가능한 것은 신약성서의 가르침을 제시하고, 그것이 오늘날의 저자가 그것을 올바르게 이해하고 묘사한 것이라는 전제 하에서 규범적인 것이라고 말하는 것이다. 그러나 분명히 그것은 그 책을 쓴 저자와 신약성서가 기독교 성경의 일부라고 믿는 모든 자들을 포함한 신앙 공동체에 속한 자들에게게만 규범적인 것이 될 뿐이다. 그런 사람들에게는 신약성서는 참되고 권위가 있으며, 또한 그들은 신약성서가 온 인류에게 그런 것이 되어야 한다고 생각한다.[38]

그렇지만 규범적인 요소를 제거하는 것은 어렵다. 신약성서에 나오는 진술들이 참되다고 믿는 오늘날의 저자는 자기 자신이 독자들에게 참되고 유효한 가르침을 전하고 있다고 생각할 것이다. 마찬가지로, 오늘날의 저자들 중에는 신약성서 내에서 서로 상반되는 내용들을 지적하면서, 독자들에게 더 믿을 만한 가치가 있다고 생각되는 진술들을 권하고, 그렇지 않다고 생각되는 것들에 대해서는 권하지 않는 사람들도 있다. 또는, 오늘날의 저자는 신약성서에 나와 있는 진술들을 옛 저자가 깨닫지 못했던 방식으로 자유롭게 해석할 수도 있다. 이렇게 오늘날의 저자들은 자기도 모르는 세력에 의해서 무의식적으로 이러한 지침들에 의해서 속박을 받고 동시대의 자녀가 될 수 있다. 이러한 일은 특히 신약성서의 윤리적 가르침과 관련하여 일어나는데, 거기에서 신약성서의 가르침을 자신의 일련의 원칙들에 맞추고자 하는 성향은 훨씬 더 강하게 나타나고, 또한 그러한 성향을 감지해 내기도 더 어렵다.

그 결과로 저자는 신약성서를 의도적으로 해석하는 자가 되어 버린다 — 우리가 무의식적으로 해석하는 자가 되는 것은 어쩔 수 없는 일이지만. 저자들은 오늘날의 교회들은 신약성서의 가르침을 있는 그대로 받아들여야 한다고 말할지 모른다. 그런데 그것 자체가 일종의 해석이다. 또한 그들은 신약성서 신학의 여러 부분들이 그것들이 씌어진 당시의 시대적 상황에 의해서 제약되어 있다고 믿고서, 그 메시지를 오늘날의 사람들에게 적합한 방식으

---

38) 저자의 상황은 그들이 하나님에 의해서 복음을 선포하고 가르치라고 부르심을 받았다고 믿었지만 이러한 부르심이 그들을 무오하게 만들지는 않는다는 것을 인식한 그리스도인 설교자들의 상황과 동일하다.

로 적극적으로 다시 표현하고자 하는 모종의 재해석의 과정을 시도할 수도 있다. 하지만 그들이 자기가 무엇을 행하고 있는지를 알고 있고, 그러한 절차에 대하여 스스로 인식하고 있다면, 이러한 접근방식은 분명히 유효하다.[39]

신약성서는 주후 1세기에 가능하였던 방식들 내에서 사상을 표현한 것으로서 무엇보다도 먼저 가능한 한 최대로 독자적으로 이해되어야 한다. 이러한 방식들은 그 이후의 여러 세대에 걸친 지적 발전에 의해서 형성된 우리 자신의 방식들과 다를 수 있다. 어쩔 수 없이 우리는 우리 자신의 사고와 부합하는 사고방식들을 받아들이고 그렇지 않은 것들을 거부하는 경향을 지니고 있다. 신약성서의 기자들은 지구가 태양을 중심으로 도는 태양중심적인 우주관의 틀을 아직 생각하지 못하였고, 지구는 평평하며 지구가 우주의 중심에 있다고 믿었기 때문에, 오늘날의 사람들이[40] 그들의 물리적인 사고의 틀을 공유할 방도는 없다. 그러나 우리는 오늘날의 전위 사상가들에 의해서 자신있게 부인되는 하나님의 존재 또는 평범한 사람들에 의해서조차도 부인될 수 있는 초자연적인 행위자들과 초자연적 행위들의 존재에 대한 신앙에 대해서는 무엇이라고 하여야 하는가? 오늘날의 사고 틀은 신약성서의 사고 틀에 의해서 어느 정도 도전을 받고 있다고 할 수 있지 않을까?

신약학자들이 신학을 쓰는 것은 그들의 정당한 분야로부터 벗어난 것이라고 주장하는 학자들은 거기에서 행해지고 있는 것이 어떤 의미에서 규범적인 것임을 알아차리고서, 신약학자들이 그들의 연구를 역사에 국한시켜야 한다고 주장하는 것이다. 이런 구별은 궁극적으로 가블러(J. P. Gabler, 1787)

---

39) 이것은 내게 성경이 그 가르침에 있어서 무오하다는 것을 믿느냐의 여부의 문제인 것으로 보인다.

40) 일부 학자들은 우리가 지금 포스트모더니즘 시대로 넘어왔다고 주장하겠지만, 나는 모더니즘이라는 용어를 나의 동시대인들을 가리키는 데에 사용하는 것을 그만두기가 매우 어렵다는 것을 발견한다. 우리가 인정하든 안하든, 우리 모두의 사상은 동시대의 사상에 의해서 아주 큰 영향을 받고서 형성되는데, 내가 이른바 포스트모더니즘적인 사상을 배제하지 않는 폭넓은 의미에서 **모더니즘**이라는 단어를 사용할 때에 가장 염두에 두고 있는 것은 고대 사상과 오늘날의 사상 간의 이러한 차이이다.

가 쓴 저 유명한 논문에까지 소급될 수 있는 역사 신학과 교의 신학의 분리에 토대를 둔 것이다.[41] 하지만 우리가 기억해야 할 것은 가블러가 그러한 주장을 했던 것은 당시의 학계가 교회의 정통 교리에 의해서 족쇄가 채워져 있는 상황을 한탄한 데에서 비롯된 것이었고, 그가 제안한 역사 신학과 교의 신학의 분리는 학자들에게서 당시 교회의 신학에 맞춰서 책을 서술하여야 했던 족쇄를 풀어 주어서 학자들로 하여금 신약성서의 신학을 자유롭게 연구할 수 있도록 해주기 위한 조치였다는 것이다. 하지만 그러한 위험성이 오늘날에도 여전히 존재하는지는 의심스럽다. 교수들로 하여금 어느 당파적 노선에 추종할 수밖에 없게 만드는 기관들이 존재한다면, 학자들은 그들이 본문과 정직하게 씨름하는 것을 방해하는 교의 신학의 그 어떤 주장들에도 얽매이지 않아야 한다는 것은 너무도 당연한 일이다. 신약학자들이 교회에 대하여 말할 수 있고 교회가 신약학자들에 대하여 말할 수 있는 유익한 대화가 가능하여야 한다.

발라(Balla)가 레이제넨의 비판에 맞서서 신약 신학 연구를 옹호하면서 제시한 것은 신약 신학의 연구는 본질적으로 초기 그리스도인들의 신학적 사상에 관한 서술적 설명, 즉 역사적 과제라는 것이었다. 나는 이것이 기본적으로 건전한 재치 있는 말대답이라고 생각한다. 그럼에도 불구하고, 우리들 중의 일부는 이러한 과제를 그리스도인으로서 수행하고 있고, 우리가 속해 있는 기독교 공동체라는 맥락 속에서 수행하고 있다. 프랜시스 왓슨(Francis Watson)이 특히 설득력 있고 올바르게 주장했듯이,[42] 신학을 한다는 것은 신앙 공동체 내에서 수행되는 그리스도인으로서의 활동이 되어야 마땅하다. 그러나 내가 학자들이 교회 내에서 누리는 자유에 관하여 말한 것이 옳다면, 학자들은 그들의 학문 활동과 신앙을 별개의 것으로 분리해서 각각의 영역이 다른 영역에 결코 영향을 미치지 못하게 할 필요가 없다.

---

41) Sandys-Wunsch and L. Eldredge, "J. P. Gabler and the Distinction Between Biblical and Dogmatic Theology: Translation, Commentary and Discussion of His Originality", *SJT* 33 (1980): 133-58.

42) Francis B. Watson, *Text and Truth: Redefining Biblical Theology* (Edinburgh: T &T Clark, 1997).

본서에서 내가 취하는 접근 방식은 결론적으로 구약 신학, 신약 신학, 조직 신학에 대한 연구들이 각각의 연구가 손상을 받을 정도로 분화되어 있는 것을 탄식하는 왓슨의 견해에 철저히 공감하는 것이라고 할 수 있다.

연구 절차에 대한 제안

우리가 지금까지 말한 것들을 모두 종합한다면, 신약성서 신학을 수행하기 위한 다음과 같은 지침들이 드러나게 된다.

연구 범위는 신약성서의 책들이고, 연구 과제는 정경(正經)으로 제한된다.

신약성서의 책들은 유대 성경, 당시 세계의 사상, 특히 유대교의 사상(좀 더 폭넓은 헬레니즘 세계의 사상도 배제되지 않는다), 신약성서 저자들에 의해서 받아들여진 신학 조류들과 아울러서 거부된 것들을 포함한 초기 기독교 사상의 발전, 우리를 신약성서를 관통하는 궤도들을 따라서 좀 더 멀리까지 데려다 주는 후대의 기독교 저술들에 의해서 제공되는 맥락 속에서 이해되어야 한다. 이러한 과제는 신약성서가 놓여 있는 맥락, 즉 성경 전체의 관점에서 수행되어야 한다.

우리는 초기 기독교 사상의 발전에 있어서 기본적인 맥락의 역할을 했던 예수의 활동과 가르침에 충분한 주목하여야 하지만, 방법론적인 문제점들로 인해서 그러한 것들이 본서의 한계 내에서 충분히 다루어질 수 없다는 것도 인정하여야 한다. 이 과제는 기독론과 아울러서 예수론도 포함하여야 한다.

맥락이라는 문제와 관련해서 우리가 한 가지 더 유념할 것은 신약성서의 문서들을 그것들을 탄생시킨 예수와 그의 제자들에 의한 기독교 선교라는 배경 속에서 다루어야 한다는 것이다. 우리의 해석은 선교론적인 것이 되어야 한다.

연구의 출발점은 구체적인 상황들과 목적들을 지향하고 있는 신약성서 기자들의 신학의 표현들인 개별 문서들의 신학을 밝혀내고, 그러한 것들로부터 핵심적인 신앙들을 역추적해 나가는 시도가 되어야 한다. 이것은 서술의 단계이다.

이 단계를 포함한 모든 단계에서 한 기자의 신학의 틀, 그의 신학의 중심적인 취지, 그 취지를 좀 더 구체적으로 적용한 것들을 구별하는 것이 도움이 될 것이다. 그럼에도 불구하고, 발견을 위한 이러한 도구는 너무 엄격한 방식으로 적용되지 않아야 한다. 이것은 분석의 단계이다.

이 작업이 행해졌을 때, 이러한 신학의 다양한 표현들이 발전해 왔던 방식을 어느 정도까지 탐구하는 것이 가능해지는데, 이 때에 우리는 신약성서 신학의 역사를 쓰려는 시도를 하려는 듯이 곁길로 멀리 나가는 것을 피하여야 한다. 이것은 발전 과정을 연구하는 단계이다.

하지만 우리가 정경화(正經化)의 대상이었던 책들의 모음집을 다루고 있다는 것을 기억하는 것이 중요하다. 따라서 이러한 책들이 공통의 신앙들과 신앙들의 다양성을 어떤 식으로 보여주는지를 알아내어서, 그 책들이 기본적으로 조화로운 모음집을 구성하는 것인지, 아니면 여러 대목에서 긴장 관계를 이루거나 심지어 모순되기까지 하는 것인지를 결정하는 것이 중요하다. 이것은 종합을 시도하는 단계이다.

우리가 생각해 볼 수 있는 또 한 가지의 단계는 이러한 신학 전체나 그 몇몇 부분들이 교회의 교의 신학 속으로 들어오게 된 방식들, 또는 그 방식들이 앞으로 어떻게 되어야 할 것인지를 논의하는 것이다. 우리는 이 단계를 적용 단계라고 부를 수 있다. 우리는 이러한 추가적인 과제를 시도함이 없이도 충분히 우리의 소기의 목적을 달성할 수 있을 것이고, 어쨌든 이러한 과제는 신약학자가 단독으로 시도해야 할 분야가 아니라 신약학자와 조직신학자가 협력해야 할 분야이다.

그러므로 본서에서 나는 신약성서의 책들과 그 저자들의 신학을 서술하고 분석하며, 과연 그 증거들을 토대로 우리가 신약성서의 통일적인 신학을 이야기할 수 있는지를 고찰하는 데에 좀 더 집중하게 될 것이다. 본서의 서술 절차는 공관복음서들 및 예수의 선교와 가르침에 관한 그것들의 묘사로 시작해서 다음으로 사도행전을 다루게 될 것이다. 그리고 본서의 나머지 단원에서는 바울 서신, 요한 문헌, 끝으로 신약성서의 나머지 책들을 차례로 다루게 될 것이다.

참고문헌

See the general bibliography.

Borg, Marcus J. *Jesus: A New Vision.* San Francisco: Harper, 1987.

Crossan, John Dominic. *The Historical Jesus: The Life of a Mediterranean Jewish Peasant.* Edinburgh: T & T Clark, 1991.

Dunn, James D. G. *Jesus Remembered.* Grand Rapids, Mich.: Eerdmans, 2003.

Marshall, I. Howard. *I Believe in the Historical Jesus.* Vancouver: Regent College Publishing, 2004.

Meier, John P. *A Marginal Jew: Rethinking the Historical Jesus.* 3 vols. New York: Doubleday, 1991, 1994, 2001.

Theissen, Gerd, and Annette Merz. *The Historical Jesus: A Comprehensive Guide.* London: SCM Press, 1998.

Wright, N. T. *Jesus and the Victory of God.* London: SPCK, 1996.

제 2 부

예수, 공관복음서, 사도행전

제 2 장

복음서들과 신약성서 신학

 신약성서 신학의 그 어떤 분야도 쉬운 것은 없지만, 복음서 신학은 여러 가지 복잡한 문제들이 얽혀 있기 때문에 특히 어렵다.

복음서들과 그 자료들

 복음서들과 관련해서 가장 먼저 제기되는 것은 모든 복음서들에 공통적인 내용과 어느 특정한 복음서의 특유한 내용을 구별하는 문제인데, 우리는 이제 이 문제를 고찰해 보고자 한다. 많은 경우에 있어서 이러한 차이들은 단지 강조점과 뉘앙스에 있어서의 차이들이기 때문에, 그 차이들을 지나치게 과장하게 되면, 복음서들이 원래 있는 모습보다 서로 더 다르게 보일 위험성이 존재한다. 예를 들면, 우리는 선생으로서의 예수라는 모티프를 마태복음의 특징이라고 여기지만, 그러한 모티프는 모든 복음서들에서 확인되고 실제로 전면에 등장한다. 누가복음은 특히 기도의 복음서라고 할 수 있지만, 기도에 관한 가르침은 모든 복음서들에서 발견된다. 요한복음과 공관복음서들 간에는 차이들이 아주 두드러지게 나타나지만[1] 이 복음서들은 모두 예수

---

 1) 나는 마태복음, 마가복음, 누가복음을 아울러 가리킬 때에 사용되는 이 공인된 명칭을 사용한다. 이 명칭은 이 세 복음서 간에는 이야기의 순서와 내용상에 있어서 상당한 유사점들이 있기 때문에 그것들을 병행되는 세 개의 난에 배치해서 어느 한 복음서의 내용을 다른 복음서들 속에 나오는 비슷한 내용과 편리하게 비교해 볼 수 있다는 사실에 의거하고 있다. 그러한 배열은 공관(synopsis)이라 불린다. 이러한 배열은 요한복음에

라는 동일한 인물을 다루고 있다.

이러한 유사성들은 복음서들이 공통적으로 중간 자료들에 의해서 매개된 예수에 관한 초대 교회의 전승들에 의거하고 있다는 데에서 기인한다. 공관 복음서들의 신학적인 유사성들과 서사적(敍事的) 유사성들은 이러한 상호 관계와 공통 자료들의 사용에서 비롯된다. 아래의 서술에서는 마태와 누가 가 각각 마가를 사용해서 그 내용들 중 주요한 내용을 편집하고 통합하였으며, 누가보다 마태가 더 마가에 의존했다고 전제할 것이다. 또한 마태와 누가는 둘 다 일반적으로 Q 자료로 지칭되는 예수의 어록(일부 이야기들을 포함하고 있는)을 사용하였다고 전제될 것이다. 또한 각각의 복음서 기자는 다른 기자들에 의해서 사용되지 않았던 자료들을 사용하였다.[2]

Q 자료의 정확한 범위와 성격은 두 가지 이유에서 의심스럽다. 첫째, 마태나 누가가 마가복음 전체를 그들의 복음서 속에 가져와서 통합시키지 않았다는 사실, 그리고 그들이 Q 자료에 나온 내용들을 마가복음으로부터 가져온 자료들과 독자적으로 혼합하고자 시도했다는 사실은 마태나 누가는 그 어느 쪽도 Q 자료 전체를 자신의 복음서 속에 포함시키지 않았고, 따라서 각각의 기자는 다른 기자가 생략한 자료를 포함하고 있을 수 있을 가능성을 매우 높여준다. Q 자료는 마태와 누가가 공통적으로 보여주는 본문들만이 아니라 마태나 누가 중에서 어느 한 사람에 의해서 보존된 자료들과 그들 중 누구에 의해서도 보존되지 않은 자료를 포함하고 있었을 것이다. 둘째, Q 자료의 편집과 발전에 관해서 지속적인 논쟁이 벌어지고 있기 때문에, Q 자료의 성격과 형성에 관한 그 어떤 확고한 일치된 견해가 아직 나오지 않았다. 나 자신으로 말한다면, 나는 Q 자료가 단일한 문서로 존재했다는 것을 의심하는 자들 편에 서 있다.[3] 마태복음과 누가복음을 비교한 것을 토대로 해서 Q

나오는 병행 본문들을 포함하는 데까지 확장될 수도 있지만, 공관복음서와 요한복음 간에는 상당한 차이들이 있기 때문에 요한복음은 별개로 다루어진다.

2) M과 L이라는 부호들이 종종 마태복음과 누가복음에 각각 특유한 자료들을 가리키는 데에 사용된다. 마가에 의해서 사용된 자료들의 기원에 관한 논의는 본서의 범위를 뛰어넘는 것이다.

3) 좀 더 최근의 것으로는 Maurice Casey, *An Aramaic Approach to Q Sources*

자료의 내용을 확정하는 일이 어렵다는 것을 고려할 때, Q 자료의 신학을 정확하게 구성하고자 하는 시도들은 성급한 것일 수 있다.[4]

이렇게 복음서 기자들이 그들의 자료들을 가지고 어떻게 했는가라는 관점에서 그들의 신학을 규명하고자 하는 시도는 여러 가지 난점들을 지니고 있다. 우리는 마태복음과 누가복음을 그들의 공통된 자료로 추정되는 마가복음과 비교할 수도 있고, 그들의 공통된 자료로 추정되지만 지금은 멸실되고 없는 자료인 Q에 대한 마태 판본과 누가 판본을 비교해 볼 수도 있다. 그러나 이러한 작업들은 아주 세심한 주의를 기울여서 행해져야 한다. 따라서 각각의 복음서를 그 서사(narrative)와 담론(discourse)이라는 관점에서 분석하는 것이 분명히 더 나은 방법일 것이다.

복음서들과 예수

다음으로 우리에게는 복음서들에 나오는 내용이 예수의 행적 및 가르침과 어떤 관계에 있는가라는 문제가 있다. 우리는 마가의 자료가 어떻게 그에게 입수되었는지를 알지 못하고, 마태와 누가에 의해서 사용된 다른 자료들에 관한 그 어떤 확고한 증거도 가지고 있지 않기 때문에, 우리는 복음서들 속에 나오는 예수에 관한 묘사의 진정성에 대해서 거의 모르고 있다고 보아야 할 것이다. 하지만 그러한 태도는 불필요하게 비관적인 것이고, 실제로 별 근거가 없는 것이다. 복음서 기자들에 의해서 생겨날 수 있었을 왜곡들 중에서 두 가지를 살펴보기로 하자.

---

for the Gospels of Matthew and Luke (Cambridge: Cambridge University Press, 2002)를 보라. 이 견해는, Q자료의 존재를 완전히 부정하고 누가가 마태와 공통적으로 지니고 있는 비(非)마가 자료를 마태복음 자체로부터 가져왔다고 주장하는 학자들의 견해와 주의 깊게 구별되어야 한다. 우리가 후자에 속한 학자들의 견해를 따라서 Q자료의 존재를 완전히 부정한다고 할지라도, 우리는 여전히 마가복음에 토대를 두고 있지 않은 마태복음의 자료의 기원을 설명하지 않으면 안 된다.

4) 여기에 요약된 문제들에 대한 유익한 서론적인 안내서로는 Steve Walton and David Wenham, *Exploring the New Testament*, vol.1, *The Gospels and Acts* (London: SPCK; Downers Grove, Ⅲ.: Inter Varsity Press, 2001)을 보라.

첫째, 복음서 기자들이 자신의 복음서를 편집함에 있어서 독창성을 발휘하였고, 심지어 새로운 내용을 만들어 내기까지 함으로써 자료들을 심하게 수정하였을 가능성이 존재한다. 이러한 가능성은 신약학계의 일부 진영들에서 심심치 않게 찾아볼 수 있는 견해이다. 이것과 관련해서 여기에서 우리는 공관복음서들 속에 나오는 예수에 관한 묘사들은 서로 매우 유사하고, 자료들(마가복음과 Q)에 대한 편집도 매우 보수적이라는 것만을 지적해 두는 것으로 충분할 것이다. 이러한 점들은 복음서 기자들 또는 적어도 마태와 누가가 황당한 혁신가들이 아니었다는 견해를 지지해 준다.

그러나 두 번째로 복음서 기자들이 물려받았던 자료들이 이미 초대 교회에서 상당한 정도로 수정되었고 일부 경우에는 창작되었을 가능성이 존재한다. Q 자료의 발전에 관한 일치된 견해가 존재하지 않는다는 우리의 앞서의 설명은 그 전승 과정이 더 이상 만족스럽게 추적될 수 없다는 것과 더불어서 이러한 방향을 보여주는 것이라고 생각될 수 있다. 하지만 초대 교회에서 전승의 전수 과정은 "통제되었다"고 전제할 만한 타당한 근거들이 존재하고,[5] 위에서 Q 자료에 관한 회의적인 목소리는 Q 자료의 편집이 일련의 복잡한 단계들과 층위(層位)들을 거쳐서 이루어졌을 가능성에 관한 것이었다. Q 자료는 실질적으로 예수에게 소급되고, 매우 가설적인 Q 공동체 내에서 조작된 것이 아니라 충실하게 전해내려 왔을 가능성이 아주 크다. 이러한 입장은 잘 알다시피 논쟁을 불러올 수 있는 것이고, 소위 예수 세미나(Jesus Seminar) 진영이 취하고 있는 견해와는 너무도 다르다는 것을 알지만, 여기에서 우리는 그러한 입장을 채택한다.

우리가 복음서 기자들의 신학을 편집이라는 차원에서 바라보는 한에 있어서는 전승사에 관한 서로 다른 입장들이 이 문제에 별로 영향을 주지 않지만, 일단 복음서 기자들의 신학의 발전 및 그것들과 이전 단계의 관계에 관하여 묻게 되면, 그러한 문제들은 심각한 압박이 된다.

복음서 기자들이 각자 전승들을 편집했다는 것을 어느 정도 인정할 때, 우

---

5) Kenneth Bailey, "Informal Controlled Oral Tradition and the Synoptic Gospels", *Themelios* 20 (1995): 4-11.

리는 공관복음서들 속에서 예수가 그의 가장 초기의 제자들에게 어떻게 보였는지에 관한 충실한 묘사를 발견하게 된다. 예수에 대한 그들의 기억은 비평학자들에 의해서 발전되어온 진정성과 비진정성의 구별을 위한 시험들을 잘 견디고 있다. 주요한 논쟁 분야는 복음서들 속에서 예수를 비롯한 여러 등장인물들에 의해서 말해지고 있는 기독론적인 칭호들에 관한 것이다. 이 문제와 관련하여 내가 여기에서 말할 수 있는 것은 내가 취하는 입장, 즉 그 전승의 실질적인 진정성을 받아들일 만한 확고한 토대들이 있다는 것을 재천명하는 것이 전부이다.[6] 따라서 본서의 이 단원에서는 초기 기독교 신학의 토대가 되고 있는 예수의 선교와 가르침, 예수에 대한 복음서 기자들의 신학적 이해라는 두 가지 문제를 동시에 다루게 될 것이다.

복음서들과 신약성서의 그 밖의 다른 저작들

복음서 기자들이 수행하고 있었던 것은 초기 그리스도인들의 그 밖의 다른 신학적인 활동들과 어떤 관련이 있는 것인가? 본서의 다른 곳에서 우리는 동료 그리스도인들에게 보내는 서신이라는 형태를 통해서 자신의 신학을 표현하였던 몇몇 초기 그리스도인들을 살펴보게 될 것이다. 그들은 주로 사람으로 나타나셔서 죽임을 당하셨다가 죽은 자 가운데서 부활하여 하나님 우편에 앉아 계시게 된 인물에 관심을 가졌다. 이렇게 하여 그는 영적인 축복들의 원천, 헌신과 예배의 대상, 모종의 인격적 관계가 가능하였던 영적인 존재이자, 하나님의 뜻의 완성과 관련된 장래의 사건들에 있어서 결정적인 역할을 할 것으로 기대된 인물이 되었다. 그들의 기사(記事)들 속에서 그가 태어나서 죽기 직전까지 이 땅에서의 그의 행적은 비록 무시되지는 않았지만 결코 관심의 초점이 되지는 않았다.

---

6) 여기에서 나는 Peter Stuhlmachr 등에 의해서 대변되고 있는 입장에 반대하고 Ferdinand Hahn이 주장하는 입장에 동의한다. 본문에 나오는 "실질적인 진정성"이라는 용어는 칭호들이 전승 속에서 첨가되었거나 생략된 경우들, 또는 복음서 기자들이 그들의 자료들 속에서 함축되어 있다고 믿었던 것들을 좀 더 명시적으로 부각시켰거나 예수께서 가르치셨던 것의 의미를 그들의 독자들에게 좀 더 적절하게 드러내었던 개별적인 경우들이 존재한다는 것을 인정하는 것이다.

하지만 복음서 기자들은 방금 위에서 요약한 것과 같은 신학이 이미 존재하게 된 지 한참 후에 복음서들을 썼다. 그들이 사용한 문체는 예수에 의한 강화(講話)를 포함한 서사적인 것이었는데, 이러한 문체는 신약성서의 다른 기자들에게는 거의 생소한 것이었다. 그들은 비록 장차 일어날 사건들에 관한 몇몇 예언들을 서술해놓기는 하였지만 예수의 부활에 관한 기사로 글을 마감한다. 그들은 이 지상적 존재(예수)가 행하고 말한 것이 무엇이었는지에 대하여 상세하게 서술하고, 다른 초기 그리스도인들에게 알려져 있지 않은 것은 아니라 할지라도 그들에 의해서 선포된 복음의 일부가 아니었던 것으로 보이는 가르침들을 보도한다. 그렇다면, 복음서 기자들이 행하였던 것은 서신들과 그 저자들에 의해서 대변되는 그런 유의 기독교와 어떤 관계에 있는 것인가? 얼핏 보면, 복음서와 서신들 간에 거의 접촉점이 없는 것처럼 보이는 이유는 무엇인가? 우리는 신약성서 속에서 두 가지 서로 다른 유형의 신학을 갖고 있는 것인가? 이러한 문제는 아마도 평범한 독자들에게는 그리 강력하게 다가오지는 않을 것이다. 왜냐하면, 정경에 배열된 순서를 따라서 먼저 복음서들을 읽고, 그런 후에 역사적 순서와 걸맞게, 예수의 제자들이 그의 승천 후에 무엇을 행하였고, 그들이 예수의 선포를 반복한 것이 아니라, 예수 자체를 선포하였다는 것을 보는 것은 이상한 일이 아니기 때문이다. 그러나 신약성서에 나오는 저작들을 저작 연대 순으로 보게 되면, 우리는 초기 그리스도인들이 예수께서 행하시고 선포하신 것에 관하여 복음서들을 쓸 필요를 느끼기 이전에 이미 예수를 선포하고 있었다는 것을 알게 되고, 서신서들은 복음서 기자들에게 주된 관심사였던 것들을 거의 무시하고 있다는 흥미로운 사실을 알게 된다.

　이러한 문제점은 몇 가지 고려들에 의해서 부분적으로 완화된다. 첫째, 앞에서 말한 두 가지 유형의 문헌들 간의 구별이 절대적인 것은 아니라는 사실이다. 서신들의 기자들은 예수께서 말씀하신 것을 직접적으로 인용하는 데에 흥미로울 정도로 인색해 보인다는 것은 사실이다. 이러한 인색함은 요한서신들이 요한복음과 동일한 곳에서 나왔음에도 불구하고(동일한 저자에 의한 것인지는 모르지만) 예수의 가르침에 대하여 언급하고 있지 않은 반면에 요한복음은 예수의 가르침으로 가득 차 있다는 사실에서 가장 극명하게 드러난다.[7] 하지만 이와 동시에 몇몇 서신들, 특히 야고보서와 베드로전서, 그리고 바울 서신들에는 예수께서 가르치신 것에 대한 일정 정도의 간접인용이 존재한다.[8]

둘째, 누가복음이 두 권으로 된 저작의 일부를 이루고 있고, 그 속편은 독자들이 예수의 죽음 이후에 생겨난 일에 관한 이야기를 복음서에 나오는 이야기의 후속편으로 이해하기를 분명하게 의도하고 있는 방식으로 계속해서 이야기를 전개하고 있다는 것은 매우 의미심장하다. 누가는 초대 교회에서 일어난 일과 예수에 관한 선포를 예수께서 행하시고 가르치기 시작하였던 것과의 연속선상에 있는 것으로 이해하는 데에 아무런 어려움도 없었다. 누가는 예수에 관한 이야기를 기독교의 기원에 관한 그의 설명의 본질적인 부분으로 보았다.

셋째, 복음서들 자체는 서신들보다 나중에 씌어졌다고 할지라도, 복음서들에 나오는 내용이 연대기적으로 서신들이 씌어진 이후에 존재하게 되었다고 생각하는 것은 잘못이다. 복음서들의 저작 연대가 불확실하고, 서신들의 많은 수(대부분은 아니지만)가 복음서들보다 더 일찍 씌어졌다는 강력한 견해의 일치가 존재하기는 하지만, 복음서들 배후에 있는 전승들은 서신들이 씌어진 시기와 동시대의 것들이었다는 것은 확실하다. 일부 기독교 공동체들은 오직 바울과 같은 인물들의 설교만을 소유하고 있었고, 또 어떤 일부 기독교 공동체들은 오직 예수의 가르침만을 소유하고 있어서 예수의 죽음에 대해서는 거의 관심을 기울이지 않았다고 주장하는 시도들이 행해져 온 것은 사실이지만, 그러한 시도들은 모든 개연성(蓋然性)을 정면으로 부정하는 것들이다.[9]

---

7) 또는, 적어도 그의 가르침으로 제시되고 있는 것과 관련해서. 요한복음에 나오는 강화들과 역사적 예수의 가르침 간의 관계라는 문제는 여기에서 제기할 필요가 없다. 요지는 단지 이 복음서가 예수의 가르침으로 의도하고 있는 것을 제시하고 있다는 것이다.

8) Seyoon Kim, "Jesus, Sayings of", in *DPL*, pp. 474-92; Graham N. Stanton, "Jesus Traditions", in *DLNTD*, pp. 565-79를 보라. 예를 들면, 바울이 적어도 예수의 가르침들 중에서 일부를 알았다는 것은 의심의 여지가 없다. 문제는 서신들의 기자들이 왜 그것을 직접적으로 인용한 경우가 드물었냐는 것이다.

9) Walter Schmithals는 초대 교회의 전승이 "복음서" 유형의 자료 없이 오랜 세월

이러한 고찰들은 문제점을 완전히 제거해 주지는 못하지만 그 크기를 어느 정도 줄여준다. 이러한 고찰들이 보여주는 것은 초기 그리스도인들은 그들의 운동을 예수로부터 기원한 것으로 이해하였고, 처음에는 예수에 관한 이야기를 "거룩한 이야기"로서 구두로 전하다가, 교회가 성장하고 널리 퍼지면서 그들의 기본이 되는 이야기를 글로 기록할 필요성을 느끼기 시작했다는 것이다.

동안 유지되었다는 가설을 발전시켰다. 그는 지상적 예수에 관한 몇몇 전승들이 비그리스도인들로 구성된 한 무리에 의해서 Q전승 속에서 보전되었는데, 그들에게 있어서 Q문서는 예수에 관한 지식과 정보의 유일한 원천으로서의 역할을 하였다고 주장한다. Q문서는 예수의 죽음과 부활을 언급하고 있지 않기 때문에, 그러한 것들은 그들에게 중요하지 않았다고 주장된다. 그런 후에, 마가는 십자가에 못 박히고 부활하신 주님에 관한 설교와 전승들을 취합한 최초의 인물이었는데, 그러한 전승들 중 다수는 지상적 예수에 관한 비역사적이고 진정한 것이 아닌 내용들이었다. *Das Evangelium nach Markus*, 2 vols. (Gütersloh: Gütersloher Verlagshaus Mohn/Würzburg: Echter Verlag, 1979), 1:61-70을 보라. 내가 아는 한, 이러한 주장을 따르는 학자는 없었다.

　　덜 극단적인 견해로는 John S. Kloppenborg Verbin, *Excavating Q: The History and Setting of the Sayings Gospel* (Edinburgh: T &T Clark, 2000), pp. 369-79를 보라. 그는 Q의 견해가 바울 및 마가의 견해와 "달랐다"고 주장한다.

제 3 장

마가복음

마가복음은 무엇을 가리키는지가 분명하지 않은 말씀(막 1:1)으로 시작된다. 이 말씀은 "이 책은 예수에 관한 복음의 시작이다"를 의미할 수도 있고, "이것(즉, 직후에 나오는 이야기)은 예수의 복음이 어떻게 시작되었는지를 보여준다"를 의미할 수도 있다. 어느 쪽으로 해석하든, 이 절은 이후에 나오는 이야기가 "복음"이고, 그 대상은 하나님의 아들 예수 그리스도라는 것을 분명히 하고 있다. 두 가지가 중요하다.

첫째, 예수의 이야기는 일종의 복음으로 보아지고 있다. 좀 더 구체적으로 말하자면, 예수의 이야기는 하나님으로부터 온 복음이고, 이사야서에서의 용례에 비추어 볼 때에 하나님으로부터 온 복음은 구원, 즉 가장 참되고 온전한 의미에서 인간이 잘 되는 것에 관한 것이다.[1]

둘째, 이 이야기는 예수라는 이름(이 이름은 "야웨께서 구원하신다"를 의미하기 때문에 다른 곳에서도 중요하게 보아진 이름이었다)을 가진 특정한 인물에 관한 것인데, 본문에서는 이 예수를 "그리스도"라고도 말한다. 여기에서 그리스도라는 용어는 "메시야"라는 의미를 지닌 이름으로 사용되고 있음에 틀림없다. 이렇게 그리스도는 하나님에 의해서 특정한 역할, 여기에서는 아마도 하나님의 나라에서 부통치자가 되는 역할로 기름부음 받았거나

---

1) 이러한 맥락 속에서 복음은 단지 유대인들을 위한 것이라고 전제되었을 것이다(막 1:5).

지명된 인물을 가리킨다.[2] 이 복음서를 번역한 대부분의 역본들에는 "하나님의 아들"이라는 어구가 뒤따라 나오는데, 이 어구는 예수가 한층 더 높은 존재임을 보여주는 것이다.[3]

이 모든 용어들은 마가 시대와 그 이전의 교회 속에서 예수의 신분과 역할을 표현하기 위하여 통용되고 있었다. 따라서 마가가 하고 있는 일은 초기 그리스도인들이 예수에 관하여 어떻게 이런 것을 믿게 되었는지 그 시작으로 소급해서 살펴보는 것이다. 예수에 관한 이야기는 특히 무엇보다도 예수께서 자기 자신에 대하여 어떻게 말하였고, 그의 제자들이 예수가 누구이고 무엇을 하러 왔는가를 어떻게 이해하게 되었는지를 이야기하는 설명으로서의 역할을 한다. 간단하게 말해서, 바로 이것이 마가복음이 하고 있는 일이다. 이후에 전개되는 이야기는 우리에게 이러한 과정이 어떻게 일어나게 되었는지를 보여주게 될 것이다.

마가의 신학적 이야기

마가의 이야기의 시작은 예수의 이야기를 "요한의 세례로부터 시작된"(행 1:22; 10:37) 것으로 보았던 전승의 틀에 의해서 형성된 것이다. 그러나 마가는 이러한 시작 자체를 말라기 3:1과 이사야 40:3에 나오는 예언, 즉 하나님이 그의 사자를 먼저 보내어서 하나님이 오실 것임을 광야에서 선포하게 한 후에 직접 오시게 될 것이라는 예언의 성취로 봄으로써, 그것을 좀 더 넓은

---

2) 사도행전과 서신서들에서 아주 흔하게 등장하는 "예수 그리스도"라는 복합적인 명칭은 마가복음에서는 오직 여기에만 나온다. 다른 곳에서 "그리스도"는 특별한 의미를 지닌 칭호라기보다는 하나의 이름이 되었을 가능성이 있다는 것을 보여주지만, 이 복음서의 나중에 나오는 용례들은 여기에서 이 칭호가 여전히 그 원래의 의미를 지니고 있다는 것을 보여준다.

3) 일부 중요한 사본들은 이 어구를 생략하고 있기 때문에, 이 어구가 원래의 것이냐에 관하여 어느 정도의 의심은 불가피하다(이 어구는 TNIV의 본문과 NRSV의 난외주에 생략되어 있다; cf. Peter M. Head, "A Text-Critical Study of Mark I.I 'The Beginning of the Gospel of Jesus Christ'", *NTS* 37 [1991]: 621-29). 어쨌든 그 직후에 나오는 마가복음 1:11의 말씀과 이 복음서에서 나중에 나오는 다른 말씀들은 이것이 마가가 예수의 신분을 이해했던 방식이라는 것을 보여준다.

틀 속에 배치한다. 이러한 예언들은 "세례자"라는 별명을 얻은 요한의 등장으로 성취된 것으로 보아졌는데, 그에 관한 이야기는 이중적인 의미를 지니고 있다.

한편으로, 요한은 백성들에게 죄를 회개하고 죄 사함을 받기를 촉구하였고, 이러한 것은 물로 씻는 종교적인 예식으로 상징되었다. 요한의 메시지는 그 뒤에 또 다른 분이 와서 자기와 비슷한 예식을 베풀되 성령으로 세례를 베풀게 될 것이라는 그의 예언으로 인해서 절박성을 띠었다. 마가는 아마도 마태와 누가에서 발견되는 요한의 좀 더 자세한 형태의 말씀을 몰랐던 것 같은데, 마태와 누가 본문은 성령과 더불어 "불"을 언급함으로써, 장차 회개치 않은 자들에 대한 심판이 이루어지고, 회개한 자들에게는 모종의 영적인 정화(淨化)가 이루어질 것임을 보여주었다. 마가복음에 나오는 요한의 말씀은 분명히 영적인 정화에 관한 약속만을 보여준다.[4]

다른 한편으로, 요한에게 세례를 받은 자들 중에는 "갈릴리 나사렛에서 온 예수"가 끼어 있었는데, 예수는 무리들에 끼어 있는 평범한 사람으로서 독자들에게 친숙한 이름으로 호명되어 세례를 받았겠지만, 그가 세례를 받을 때에 주목할 만한 일이 일어났다. 예수는 물로 세례를 받고서 올라올 때에 위로부터 성령이 그에게 임하고 "너는 내 사랑하는 아들이라 내가 너를 기뻐하노라"는 음성을 듣게 되는 체험을 한다. 이 사건은 성령 세례로 서술되고 있지는 않지만, 사람들에게 성령으로 세례를 주실 분에게 일어난 성령 세례인 것으로 보인다. 이 복음서의 나머지 부분에서는 예수께서 이제 그에게 영속적으로 임해 있는 성령의 인도하심과 권능 아래에서 행하고 말씀하시는 것으로 전제된다(막 1:12; cf. 막 3:29). 이 사건은 선지자의 소명 사건과 비슷한 것으로 보이지만, 여기에서 사용된 표현들은 시편 2:7에서 하나님이 그의 기름부음 받은 자(즉, 왕)에게 말씀하신 것을 연상시키고, 이사야 42:1-4에서 하나님이 그의 성령을 그에게 두어서 세상에 공의를 가져오게 할 것이라고 그의 종에게 말씀하신 것을 상기시킨다. 이렇게 요한으로부터 세례를 받은

---

4) 요한의 예언은 그가 베풀었던 물세례와 결합되어 수여되었던 죄 사함이 어떤 의미에서도 비현실적인 것이거나 불완전한 것이었다는 것을 보여주고 있는 것 같지 않다.

것은 예수를 하나님이 약속하였던 왕의 직분에 취임하게 하는 효과를 지닌다. 왜냐하면, 구약의 본문들 또는 시편 2편은 장차 성취를 기다리는 예언들로 이해되었기 때문이다. 그런 후에, 예수께서 이 직분에 취임하자마자 하나님에 의해서 이끌려서 사탄 — 하나님과 그의 계획을 방해하는 큰 대적을 가리키는 이름 — 과의 싸움으로 돌입하게 되고, 천사들이 예수를 수종들면서 그에게 사탄을 물리칠 수 있는 힘을 더해 준다는 것에 관한 짤막한 내용이 나온다(막 1:12-13).[5]

메시지의 요약. 그러므로 이제까지 이야기된 모든 것은 하나님을 위한 선교를 수행하기 위하여 예수께서 공식적인 직분에 임명된 것을 보여주는 서론이다. 독자들은 이 일을 은밀히 다 보았지만, 이제 선지자들과 같이 하나님의 말씀을 들고 한 사람이 등장하는 것을 목격하게 된 갈릴리 사람들은 그렇지 못하였다. 선지자들은 모두 하나님께서 장차 백성들의 행위 여하에 따라서 어떻게 행하시게 될 것인지를 선포하였었다. 전형적으로 선지자들은 백성들의 반역 및 우상숭배와 관련해서 그들이 회개한다면 심판 대신에 구원이 있을 것이지만 회개하지 않는다면 심판을 받게 될 것이라는 멸망의 예언들을 선포하였다. 하지만 예수의 가르침은 성취의 언어로 표현되었다. "때가 찼고 하나님의 나라가 가까이 왔으니 회개하고 복음을 믿으라"(막 1:15). 아마도 마가는 그의 독자들이 다음과 같은 것들을 이해하기를 원하였던 것 같다. 첫째, 이 서론적인 이야기가 예언들이 이제 성취되고 있다는 것을 보여준 것과 마찬가지로, 예수는 백성들에게 하나님이 행하실 때가 이제 이르렀다는 것을 선포하고 있다. 둘째, 하나님이 행하시는 것은 바로 하나님 나라의 도래이다. 셋째, 하나님이 행하시는 것은 일차적으로 위협이 아니라 일종의 복음이다. 넷째, 하나님이 행하시는 것에 대한 적절한 반응은 믿음이다.

---

5) 이 이야기는 이상하게 보일 수 있다. 우리는 예수가 사탄의 반대를 받는다거나 사탄이 예수를 멸하고자 시도했다는 것을 예상할 수 있는 곳에서 이 이야기는 예수가 사탄에 의해서 시험을 받았다고 언급한다. 또한 이 이야기는 예수가 광야에서 들짐승들과 함께 있었다는 수수께끼 같은 말을 한다. 예수는 분명히 그의 원수를 이기기 위해서 천사의 도움을 필요로 하였다. 여기에서 우리가 받는 인상은 마가가 그의 의도를 뛰어넘는 뉘앙스들을 전달해 주는 이야기를 가져와서 사용하고 있다는 것이다.

이 짧막한 말씀은 마가에게 결정적으로 중요한 것으로서 몇 가지 점에서 이 복음서에서 발전되고 있는 내용을 대표한다. 좀 더 구체적으로 말하자면, 이 말씀은 예수의 선포를 요약하고 있다. 마가는 그 어디에서도 예수께서 공개적으로 말씀을 선포하였을 때에 그가 백성들에게 길게 말씀하였던 내용을 우리에게 전해 주지 않는다. 마가가 우리에게 전해주는 것은 특정한 질문들 또는 사건들에 대한 예수의 통상적으로 짧은 반응들과, 하나님 나라의 메시지를 백성들에게 말하기 위한 수단으로써 예수께서 사용하였던 이야기들이다.[6] 그런데 오직 여기에만 예수의 메시지에 대한 요약문이 나온다. 이것이 마가가 예수께서 백성들에게 어떻게 말씀하였는지를 우리에게 보여주는 유일한 대목이라는 것은, 특히 사도행전에서는 사도들이 복음을 공개적으로 선포할 때에 무엇을 말하였는지를 길고 반복적으로 여러 번 설명해 놓고 있다는 것을 고려할 때에 이상하게 보일 수 있다. 마가가 예수의 가르침을 별로 말하고 있지 않은 것은 몇 가지 이유로 설명될 수 있다. 마가는 그에게 한정된 지면과 거기에 담아야 할 수많은 자료들의 양에 의해서 제약을 받았을 것이다. 또한 그가 사용한 전승들이 이것 외에 더 많은 정보를 그에게 주지 않았을 수도 있다.[7] 게다가, 마가는 분명히 예수께서 백성들에게 비유를 통해서 뜻을 전하였다고 믿었고, 우리에게 그 비유들 중 몇 가지를 말해 준다. 끝으로, 마가에게는 예수의 메시지보다는 그의 역할과 정체성을 제시하는 것이 더 중요했을 수 있다.

그럼에도 불구하고, 예수께서 전한 메시지의 내용이라는 문제는 피해갈 수 없다. 신학적인 의미로 사용된 **나라**라는 용어는 이 복음서에 최소한 17번 나온다. 고대 세계에서 나라는 지리적인 영역과 그 안에 사는 백성을 가리키는데, 영토와 백성은 모두 왕에 의해서 통치된다는 점에서 하나의 통일체를

---

6) 예수께서 말씀하신 것에 관한 좀 더 자세한 설명들을 담고 있는 다른 본문들은 이 메시지에 대하여 긍정적으로 응답했던 그의 제자들을 향한 것으로 되어 있다.

7) 마가가 Q에 나오는 자료들을 알고 있었느냐에 관해서는 의견들이 갈린다. 분명히 마가복음 속에서 Q의 말씀들과 쌍둥이 본문들인 예수의 말씀들이 나오지만, 표현에 있어서의 차이들은 마가가 그 본문들을 Q로부터(즉, 마태와 누가가 공통적으로 사용했다고 전제할 수 있는 자료로부터) 가져오지 않았다는 것을 보여준다.

이룬다. 좀 더 작은 규모에서 나라와 병행되는 개념은 가장(家長)의 지배 하에 있는 가정이라는 개념이다. 이 용어는 여러 가지 방식으로 사용된다.

첫째, 나라는 사람들이 들어갈 수 있는 영역으로 그려지는데(막 9:47; 10:23-25; cf.막 14:25), 이 영역은 죽음 너머의 장래의 상태에 있어서 하나님의 임재인 것으로 보인다. 사람들은 그들이 이 세상을 떠날 때에 복된 미래로서의 "내세로 들어가기를 원한다.

둘째, 이 나라는 장차 임하게 될 그 무엇으로 생각된다(막 9:1; 11:10; 15:43). 여기에서의 사상은 장차 이 나라가 이 세상에서 현실이 되어서, 이 세상이 변화된 세상이 될 것이기 때문에, 초월적인 실체로서 이 세상에 존재하는 이 나라와 장래의 실체으로서의 이 나라가 서로 융합되어 있다는 것이다. 우리는 사람들이 죽음을 거쳐서 들어가게 될 하늘에서의 하나님의 통치가 이 세상까지 확장됨으로써 하나의 현실이 된다고 생각할 수 있을 것이다. 그럼에도 불구하고, 예수는 여기에서 이 나라가 가까이 왔다고 말한다. 이 주목할 만한 사건은 장래에 약속된 나라가 이미 도래하였거나 이제 막 도래하고 있다는 것을 의미한다. 기다림의 시기는 끝이 났다. 하늘에서의 하나님의 통치는 여기 이 세상에서 하나의 현실이 되었다. 이것이 복음의 핵심이다.

셋째, 하나님의 나라는 특정한 사람들이 그 나라의 일부가 되어서(막 10:14) 그 나라가 가져다주는 특권들을 누리도록 되어 있다는 의미에서 그런 자들(어린아이들 및 그들과 같은 자들)에게 속해 있다고 할 수 있다.

넷째, 이 나라에 관한 비밀은 어떤 사람들에게는 알려져 있지만 어떤 사람들에게는 알려져 있지 않다(막 4:10-12). 이 비밀은 예수께서 말씀하신 비유들을 이해하는 자들에게 알려지게 된다.

나라와 가정이라는 개념은 사탄에 대해서도 사용된다(막 3:24-25). 세상은 사탄의 영역으로 여겨지고, 사람들은 그의 지배 아래에 놓여 있다. 하나님의 나라가 가까이 왔다고 말한 것은 하나님의 지배를 받는 새로운 영역이 세워지고 있다는 것을 말하는 것이고, 현재의 사탄이 이 세상을 주관하고 있기 때문에, 그것은 사탄의 영역을 침공해서 원수로부터 영토와 백성을 회복한다는 것을 의미하게 된다. 따라서 예수께서 사용한 표현들은 정복과 포로된 자들의 구원에 관한 표현들이다. 이와 동시에, 이것이 이야기의 전부가 아니다. 포로된 자들은 어느 정도 자원해서 포로가 된 측면이 있기 때문에, 그들 스스로 떨쳐 일어나서 그들을 묶고 있는 것을 풀어 버릴 필요가 있는데, 그런 까닭에 예수의 선포 속에는 회개로의 부르심이 포함되어 있다.

그러나 복음을 믿으라는 호출도 있다. 이 요소는 아주 중요하다. 왜냐하면, 복음으로 인해서 일어나고 있는 일은 뭔가 모호해 보이고, 전혀 아무 일도 일어나고 있지 않은 것처럼 보이거나, 사람들이 기대했던 것과는 다르게 일어나기 때문이다. 복음은 하나님으로부터 온 것이기 때문에, 복음을 믿는다는 것은 궁극적으로 예수께서 말씀하시고 행하시는 것 속에서 하나님이 일하고 계신다는 것을 믿는 것이다.

갈릴리에서의 선교. 이러한 강령적인 서론 이후에 마가는 대체로 짧은 일련의 사건들로 이루어진 예수의 선교에 관한 이야기를 들려 주는데, 이 사건들에서 중심적인 특징은 예수께서 말씀하신 내용이다. 첫 번째 사건은 예수께서 네 명의 어부들을 부르셔서, 그들의 일상적인 일을 버리고 그를 따라서 사람을 낚는 어부가 되라고 하셨고, 거기에 대하여 그들이 즉시 순종한 사건이다(막 1:16-20). 이 이야기는 극히 간결하게 되어 있는데, 아마도 이 이야기가 전해주는 지배적인 인상은 예수의 권세에 관한 것으로서, 이 권세는 그에게 순종하는 자들에 의해서 받아들여진다.

다수의 이러한 짧은 이야기들 속에서 예수는 일반적으로 사람들이 통상적으로 할 수 있는 것을 뛰어넘는 방식으로 사람들의 다양한 질병들을 치료함으로써 이례적이고 비상한 일을 행하신다.[8] 의사들은 여러 가지 약들과 기술들을 사용함으로써 질병들을 고치고 신체의 기능들을 회복시키는 데에 통상적으로 얼마 정도의 시간을 필요로 하지만, 예수에 관한 이야기들은 그가 단지 말씀이나 명령을 통해서 사람들을 치유하고 회복시켰으며 그 효과는 즉각적으로 나타났다고 말한다. 이 사건들은 오늘날의 우리에게와 마찬가지로

---

8) 모든 복음서들 속에 나오는 이적들의 역사적 측면과 신학적 측면에 관한 상세한 설명으로는 Graham H. Twelftree, *Jesus the Miracle Worker: A Historical and Theological Study* (Downers Grove, Ⅲ.: Inter Varsity Press, 1999)를 보라.

당시의 사람들에게도 놀라운 일로 보여졌을 것이고, 뭔가 초인간적인 능력이 예수 안에서 작용하고 있다는 것을 보여주는 것이었다. 또한 예수는 정신적으로 이상이 있거나 귀신들에 의해서 사로잡혀서 환상이나 환각으로 고생하는 자들도 고쳐 주었다. 그러한 병들은 귀신의 세력에 의해서 붙잡힌 자들에게 나타났는데, 그것을 치유하는 방법은 축귀, 즉 더 능력있는 자가 귀신에게 거기에서 다른 곳으로 떠나가라고 하는 명령을 통해서 귀신을 쫓아내는 것이었다. 마가의 이야기는 이런 종류의 이야기로 시작되는데(막 1:22-28), 우리가 거기에서 받는 인상은 예수의 이례적이고 놀라운 권세에 관한 것이다. 이와 동시에, 치유받은 자 또는 귀신은 예수가 "하나님의 거룩한 자"라고 증언하는데, 이것은 예수의 권세의 원천을 보여주는 드문 표현이다.

이 이야기는 구체적인 질병들의 치유 사건들에 관한 기사들, 예수께서 계속해서 주변 지역을 돌아다니면서 말씀을 전하고 병을 치유하였다는 것에 관한 일반적인 해설로 이어진다. 마가는 거의 지나가는 말로 예수께서 홀로 기도하시면서 시간을 보내셨다는 것을 보여주면서, 독자들로 하여금 예수의 이러한 습관 속에서 그가 무엇을 행해야 할지를 하나님으로부터 지시를 받았고, 또한 그 지시받은 것을 행할 수 있는 영적인 힘을 공급받았다는 것을 보게 하고자 하였다. 이러한 것들 중에서 그 어느 것에도 특별히 논란이 될 만한 것은 없고, 마가가 전해 주는 지배적인 인상은 예수의 활동이 백성들에게 큰 반향을 일으켰다는 것이다.

그러나 그 후에 논쟁이 발전되고, 논쟁은 이 이야기 속에서 주된 흐름이 된다. 예수께서 행하시는 것마다 반대가 야기되는 일련의 사건들이 서술된다. 예수는 한 중풍병자에게 그의 죄가 사함을 받았다고 말함으로써, 그렇게 할 권한도 없으면서도 하나님의 권세를 찬탈했다는 비난을 받게 된다. 여기서 아주 특이한 것은 예수께서 죄를 사하는 이 권세가 인자에게 주어졌다고 말씀한 것인데, 인자라는 어구는 본문에서 구체적으로 그 의미가 설명되지는 않고 있지만, 분명히 예수 자신을 가리키는 방식으로 이해될 수 있다(막 2:10; cf. 막 2:28).

예수는 하나님의 율법과 양립될 수 없다고 여겨진 생활 방식으로 인해서 당시의 유력한 종교 지도층에 의해서 소외된 자들에게 호의를 보인다. 예수는 한 주간의 일곱째 날을 모든 일로부터 안식하는 날로 여기고서 온갖 종류의 일 — 이 일에 대한 규정들은 극히 포괄적이고 비현실적인 것이 되어 있었다 — 을 금하고, 또한 특정한 날들에 음식을 피하여 금식하였던 일부 유대인들의 엄격한 종교적 관행들을 따르지 않았다. 특히, 예수는 안식일에 치유를 행하였는데, 이러한 치유 행위는 안식일에 하지 않아야 할 "일"로 여겨졌다. 마가가 보여주고 있듯이, 예수는 초기부터 그를 하나님의 권세를 위임받은 대리자로 보지 않았던 자들과 충돌하였다.

이렇게 계속해서 전개되는 이야기 속에는 세 가지 흐름이 서로 얽혀 있다. 첫째, 예수는 백성들에게 말씀을 전하고 많은 병자들을 고치는 활동을 지속하였고, 백성들은 대체로 예수를 호의적으로 받아들인다. 둘째, 율법적인 형태의 유대교를 떠받치고 있던 자들에 의한 반대가 점점 심해진다.[9] 셋째, 예수는 작은 무리의 사람들을 모아서 자신의 동반자들로 삼고 그가 행하고 있는 일에 동참시킨다. 이 세 가지 흐름은 서로서로 얽혀 있어서, 그것들을 분리해 내는 일은 그리 쉽지 않다. 이것은 특히 어느 때라도 예수의 청중들은 여러 부류의 무리들이 섞여 있기 때문이었다. 이제 우리는 이 세 가지 흐름을 차례차례 살펴볼 것이다.

예수와 백성. 백성들 가운데서의 예수의 활동은 그의 가르침과 행위라는 관점에서 분류될 수 있다.

학자들은 흔히 마가는 예수의 가르침을 많이 기록하고 있지 않다고 말함에도 불구하고, 실제로 마가는 상당한 정도의 예수의 가르침을 제공해 주고 있다. 예수의 가르침을 담고 있는 한 주요한 단락은 마가복음 4장인데, 거기에는 예수께서 말씀하신 다섯 가지 비유들과 비유적인 말씀들이 들어 있어서, 그것을 통해서 우리는 마가가 예수께서 가르치신 하나님의 나라를 어떻게 생각하고 있었는지를 어느 정도 가늠해 볼 수 있다. 첫 번째 비유(막 4:1-9)는 씨 뿌리는 자가 네 가지 서로 다른 유형의 땅에 씨를 뿌리는 것에 관하

---

9) 나는 여기에서, 규칙을 지키는 것을 중시하고, 사람들이 지켜야 할 수많은 사소한 규칙들을 발전시키며, 그것들을 지키는 것에 엄청난 중요성을 부여하는 것을 특징으로 하는 그런 형태의 종교를 가리키는 데에 "율법주의적"이라는 용어를 사용한다.

여 말하고 있는 비유이다. 이 땅들은 서로 다른 정도의 성장을 가져온다 — 전혀 성장을 하지 못하는 것에서 잠깐 동안 성장한 것을 거쳐서 여러 등급의 결실을 하는 것에 이르기까지. 아마도 이 비유는 우리에게 아주 친숙하기 때문에, 이 비유의 전체적인 의미는 자명한 것으로 보인다. 씨는 하나님 나라에 관한 메시지이다. 이 씨는 외적인 요소들이 그 성장을 방해하는지의 여부에 따라서 서로 다른 사람들 속에서 서로 다른 결과들을 낳지만, 어떤 경우들에서는 제대로 성장한다.

그럼에도 불구하고, 예수의 가장 가까운 측근들조차도 이 비유의 요지를 이해하지 못해서 설명을 요청하였다. 설명은 두 단계로 나누어서 주어진다. 하나님 나라의 비밀을 아는 것이 어떤 사람들에게는 주어졌지만, 또 어떤 사람들은 그 이야기들 속에서 이야기 이상의 것을 얻지 못하고, 외국어로 된 일련의 어구들을 읽을 수는 있지만 이해할 수는 없는 그런 처지에 놓여 있다는 일반적인 설명이 주어진다(막 4:10-12). 그러나 예수(또는 마가)는 사람들이 어떻게 해서 이 집단이 아니라 저 집단에 속하게 되는지, 또는 그 비밀을 이해하지 못하는 집단에서 이해하는 집단으로 넘어가는 일이 가능한 것인지를 전혀 설명해 주지 않는다.

그런 후에, 예수께서 제자들에게 이 비유를 구체적으로 설명하는 내용이 나온다(막 4:13-20). 그 설명은 이미 위에서 언급한 바 있다. 그리고 그것은 이 비유가 서로 다른 청중들에게 말씀을 전한 예수의 체험(이후의 전도자들에 의해서 확증된)에 대한 성찰일 수 있다는 것과 이와 동시에 청중들에게 메시지를 경청해 듣고 응답을 하라는 부르심으로 의도되고 있다는 것을 보여준다.

그 다음에 나오는 두 개의 말씀(막 4:21-25)의 요지는 확실하지 않다. 이 두 개의 말씀이 여전히 열두 제자를 향한 것이라면, 이 말씀들은 아마도 그들에게 하나님 나라에 관하여 그들이 들은 것을 사람들에게 널리 알리라는 명령과 그들이 듣는 것을 주의 깊게 듣고 무시하지 말라는 경고가 될 것이다.

나머지 두 개의 말씀은 하나님의 나라를 인간의 개입 없이 자발적으로 자라나서 처음의 씨앗과 비교할 때에 엄청난 크기의 식물 또는 나무가 되는 씨의 성장에 비유하는 말씀들이다(막 4:6-32). 이것은 하나님의 나라가 미약하게 시작되고, 사람들은 하나님께서 예수 안에서 두드러진 방식으로 역사하지 않는다고 생각하기 쉬움에도 불구하고, 하나님의 나라는 엄청난 성장의 잠재력을 지니고 있다는 것을 가리키는 것으로 해석되어야 할 것이다. 사람들이 예수 안에서 하나님의 나라를 잘 인식하지 못하였다는 것은 예수께서 그의 고향인 나사렛의 마을로 되돌아왔을 때에 거기에 살던 사람들이 예전에 그 지방의 목수의 아들이었던 자가 지금 그가 행하였다고 그들이 소문으로 들었던 일을 행할 수 있을 것이라고 믿지 않았다는 이야기(막 6:1-6) 속에 잘 예시되고 있는 것으로 보인다.

이후에 기록된 예수의 행위들은 이 복음서의 처음에 기록된 것과 같은 식으로 능력을 행하는 일들이지만, 그것들 중 일부는 한층 더 인상적이다. 그것들은 귀신에 들려서 아주 포악하게 된 자를 고치시고, 혈루병에 걸린 여자를 치유하신 사건을 포함하는데, 그런 후에 모든 것들 중에서 가장 주목할 만한 사건, 즉 야이로의 딸을 다시 살리시는 사건이 일어난다(막 5장). 그리고 마지막으로 예수께서 작은 양의 음식을 모든 사람들이 배불리 먹을 정도로 늘어나게 해서 많은 사람들을 먹이실 수 있었던 두 번의 사건(막 6:30-44; 8:1-10)이 나온다. 이러한 이야기들은 귀신들린 소녀를 직접 보지도 않고 소녀에게서 귀신을 쫓아내 주신 사건(막 7:24-30)과 귀먹은 자와 맹인을 고치신 사건으로 이어진다(막 7:31-37; 8:22-26). 이러한 일련의 이야기들 속에서 특히 두 가지의 새로운 특징들이 두드러진다. 하나는 이 이야기들이 구약성서에 나오는 내용들을 반영하고 있다는 것이다 — 선지자들(엘리야와 엘리사)의 활동들에 관한 이야기들, 자연과 포악한 자들을 잠잠케 하는 하나님의 능력에 관한 말씀들, 하나님께서 그의 백성을 위하여 오게 할 평화와 번영의 때에 관한 예언들. 예수는 종말의 때에 하나님께서 그의 변화시키는 능력을 행하시기 위하여 보내기로 되어 있던 선지자로 이해된다. 또 다른 주목할 만한 특징은 이 이야기들 중 일부가 유대의 바깥 지역, 즉 비유대인들이 압도적으로 많이 거주하였던 지역인 갈릴리에서 일어났다는 것인데, 이것은 예수께서 오신 것이 오직 유대인들의 유익을 위해서만은 아니었다는 인상을 준다.

갈등 관계 속의 예수. 예수께서 평범한 백성들 가운데서 이러한 일을 하시고 있는 동안에, 예수께서 일하시고 있었던 지역들에서 종교 지도자들이었던 율법 교사들이나 바리새인들과의 갈등이 전개된다.[10] 그들 중의 일부는 예수께서 행하는 초인간적인 능력들(이러한 능력 자체가 존재한다는 것을 부정하지는 않았다)이 귀신들을 다스리는 자, 즉 마귀로부터 받은 것이라고 공격하였다. 예수는 자신의 능력 있는 일들이 하나님의 성령의 능력으로 말미암아 행해지고 있는 것이라고 말씀하면서, 그의 대적자들에게 하나님의 능력을 멸시하지 말라고 경고하였다(막 3:22-30).

이 대목에서 마가는 헤롯 안디바 왕이 그의 의심스러운 성윤리에 대하여 비판하였던 세례 요한을 죽인 사건에 관한 이야기를 끼워 넣는다(막 6:14-29). 이 이야기는 의심할 여지 없이 예수의 이야기에 그림자를 드리우기 위한 것으로서, 예수도 끝내 기득권층의 잘못된 측면을 계속해서 공격한다면, 세례 요한과 동일한 운명을 맞게 될 것임을 보여주는 것이었다. 하나님의 나라를 전파하는 것은 정치인들에게는 도전이 된다. 세례 요한의 죽음에 관한 이야기가 여기에 나오게 된 것은 예수의 활동에 관한 소문이 왕궁에까지 알려져서 미신에 혹해 있던 이 왕을 불안하게 만든 상황이 발생하였기 때문이었다: 세례 요한이 그를 괴롭히기 위하여 다시 돌아온 것은 아닌가?[11]

그러나 이 단계에서 예수의 직접적인 대적자들은 유대교의 종교 지도자들이었다. 우리는 이미 나사렛 회당에 의해서 전형적으로 보여진 회당 종교가 어떻게 예수를 공격하였는지를 지적한 바 있다. 우리가 예수께서 회당에 들어가셨다는 말을 다시는 듣지 못한다는 것은 어떤 의미가 있는 것인가? 이제 예루살렘에서 온 율법 교사들과 바리새인들 — 악의를 품은 검열단 — 은 그들이 발전시켜 놓았던 율법의 세부적인 규정들을 앞서 예수께서 무시한 것이 이제 바리새파의 관습이었던 식사 전의 결례(潔禮)에 대한 그의 무관심에

---

10) 제사장들은 예루살렘을 기반으로 하고 있었지만, 비번일 때에는 대체로 주변 지역에서 살았다. 예수께서 예루살렘에 이르렀을 때에야 우리는 유대 백성의 귀족층에 해당하였고, 성전을 운영하였던 부유한 제사장 가문들과 밀접한 연관을 가지고 있었던 사두개인들과의 접촉들에 대하여 듣게 된다.

11) 안디바가 어떤 의미에서 요한이 죽은 자 가운데서 다시 살아날 수 있었을 것이라고 생각했는지는 분명하지 않다.

의해서 더욱 확증되었다는 점을 지적한다. 이러한 결례들은 위생의 목적을 위한 것이 아니라 — 물론, 부수적으로 그러한 측면도 있었겠지만 — 죄인들(특히, 이방인들) 또는 시체나 그 밖의 다른 부정을 타는 것들과 접촉한 사람들이 만진 기물(器物)들에 내재해 있다고 믿어졌던 영적인 더러움을 씻어내기 위한 것이었다. 예수는 자신을 겨냥한 비판에 대하여 세 가지로 반박하였다. 첫째, 그는 이러한 규례들은 사람이 만든것으로서 성경이 요구한 것을 뛰어넘는 것이라고 주장하였다. 둘째, 그는 유대 종교 지도자들이 이러한 사소한 규칙들은 지키면서 성경에 나와 있는 더 중요한 명령들을 무시하는 것에 대하여 비난하였다. 셋째, 그는 사람들이 먹는 것이 그들을 종교적으로 부정하게 만들 수 있다는 개념 자체를 공격하였다. 진정한 부정(不淨)은 사람의 마음속에 있는 악한 생각으로부터 나온다. 마가는 예수께서 하신 말씀의 취지는 부정한 음식이라는 개념 자체가 결함이 있다는 것을 보여주는 것이었다고 보충설명 한다(막 7:1-23).

끝으로, 바리새인들은 예수에게 그의 권세가 하나님으로부터 왔는지 그렇지 않은지를 의심할 여지 없이 확증해 줄 표적을 행할 것을 요구하였지만, 예수는 몹시 화를 내며 그들의 요구를 거절하였다(막 8:11-13). 예수께서 그들을 "이 세대"라고 지칭한 것은 그들을, 표적들과 기사들을 직접 보았음에도 불구하고 하나님의 능력을 믿고 하나님께 순종하기를 거부하였던 광야 유랑 시대의 이스라엘 백성에 비유한 것이었다.

예수와 그의 제자들. 이 이야기 속에서 세 번째 흐름은 예수와 그의 측근 집단인 열두 제자 간의 상호작용이다. 이 이야기는 이 집단이 어떻게 항상 예수와 함께 있어서 그의 상시적인 청중이 되었는지를 보여준다. 마가는 이 제자들이 한동안 예수 자신으로부터 보내심을 받아서 광범위한 지역에 걸쳐서 그의 메시지를 전하고 그가 행하였던 것과 동일한 종류의 권능의 역사(役事)들을 행하였다는 것을 이야기한다(막 6:6-13). 그러나 이 이야기는 예수와 그의 제자들의 관계에 초점을 맞춘다. 실제로, 이 이야기는 예수께서 무리들이 있을 때에 행하신 것에 관한 이야기와 오직 열두 제자만이 함께 있을 때에 그가 행하신 것에 관한 이야기로 갈라진다. 우리는 예수께서 그의 제자들에게 비유들의 의미를 따로 설명해 주셨다는 것을 이미 지적한 바 있는데,

이렇게 백성들에게 가르치신 후에 제자들에게 따로 설명해 주시는 패턴은 계속해서 반복된다. 또한 몇몇 두드러진 사건들은 오직 그의 제자들만이 있을 때에 일어난다. 그들이 갈릴리 호수를 건널 때에 한 사건이 일어났다. 광풍이 일어났고, 예수께서 잔잔하라고 명하시자 그 광풍은 잦아들었다. 열두 제자는 "그가 누구이기에?"라고 말하며 기이하게 여길 수밖에 없었다(막 4:35-41).[12] 또한 그들은 예수께서 야이로의 딸을 다시 살리실 때에 그 현장에서 지켜볼 수 있는 특권을 허락받은 자들이었다. 마가는 예수께서 많은 무리들을 먹이신 사건에 관한 이야기들을 말할 때에 무리들의 반응에 대해서는 전혀 언급하지 않지만, 예수께서 열두 제자가 무리들을 먹이신 사건들이 보여준 메시지를 제대로 깨닫지 못한 것에 대하여 책망하시는 대화 장면은 거기에 포함시킨다(막 8:14-21). 또한 마가는 또 하나의 기이한 바다 장면을 기록하고 있는데, 거기에서 예수는 바다 위를 마치 뭍이라도 되는 것처럼 걸어서 오시는데, 그의 제자들은 그것을 보고 어찌할 바를 모른다(막 6:45-52).

예수를 메시야로 인정함. 제자들에 관한 이야기는 이 복음서의 중간 부분에 해당하는 일련의 장면들(막 8:27-9:13)에서 일종의 절정에 도달하게 된다. 복음서의 부분까지의 내용을 요약하는 한 가지 방식은 하나님 나라의 비밀이 허락된 열두 제자에게 누구라도 예수에 의해서 무슨 일이 진행되고 있는지, 하나님 나라가 실제로 가까이 왔는지를 결정할 수 있는 그러한 증거들에 대한 충분한 설명이 주어졌다고 말하는 것이다. 그러나 그들이 지금 직면해 있는 질문은 직접적으로 하나님 나라에 관한 것이 아니라, 사람들이 예수를 누구라고 생각하느냐, 좀 더 직설적으로 말하자면, 열두 제자는 예수가 누구라고 생각하느냐에 관한 것이다(앞서의 논쟁을 가져와서 표현하자면). 베드로에 의해서 주어진 간단한 대답은 예수는 그리스도라는 것이다. 그리스도라는 용어는 오직 하나님께서 이 땅에 그의 나라를 세우기 위하여 보내신 대리자만을 가리킬 수 있다.

이러한 통찰에 도달한 것은 마가가 예수의 목적이라고 보았던 것의 전반

---

12) 마가복음에 나오는 이 중요한 모티프에 대해서는 Timothy Dwyer, *The Motif of Wonder in the Gospel of Mark* (Sheffield: Sheffield Academic Press, 1996)을 보라.

부가 완성되었다는 것을 나타내는 것이라고 말하는 것은 아마도 옳을 것이다. 예수는 그가 무엇을 하고 있는지를 이해하고 그를 메시야로 받아들이는 한 작은 무리의 사람들의 믿음을 얻었다. 또한 그것은 오직 예수의 과제의 전반부에 불과한 것이었고, 이제 후반부가 이어져야 한다고 말하는 것도 역시 옳다. 우리가 아는 대로, 이 복음서는 이제 예수의 십자가 죽음을 이야기하는 것으로 나아가게 될 것이다. 비록 예수께서 그 후에 다시 살아나게 되었다고 할지라도, 이러한 일련의 사건들은 백성들이 메시야에 대하여 기대하지 않았던 일들이었고, 예수의 부활은 지금까지 완전히 잘못되었던 계획을 일거에 반전시키고자 하는 하나님에 의한 상황대응적인 개입으로 보아질 수도 있었다. 그러므로 마가는 예수께서 열두 제자에게 인자가 고난을 받고 죽임을 당했다가 다시 살아나야 될 것임을 가르치기 시작했다는 것을 기록한다. 따라서 예수가 메시야라는 인식에 뒤이어서 사실상 다음과 같이 말하는 단서 또는 수정이 뒤따르고 있는 것이다: 그렇다, 그 말은 옳다. 그러나 메시야는 고난을 받아야 한다.

뒤이어서 두 가지가 신속하게 연속적으로 나온다. 첫 번째는 제자들과 무리들은 예수를 따르는 자들은 동일한 종류의 운명을 각오하여야 한다는 말씀을 듣게 된다는 것이다. 예수께서 얼마든지 자신을 위하여 즐기는 삶을 살 수 있었음에도 불구하고 그러한 가능성을 포기하고 그의 선교 활동을 반대하였던 자들에 의해서 고난을 받고 배척을 받으신 것으로 보아질 수 있었던 것과 마찬가지로, 그의 제자들은 그들 자신이 하고 싶은 것들을 다 버리고 예수를 위하여 자신을 희생시킬 각오를 하여야 한다. 그렇게 할 때에만 그들은 결국 진정으로 소유할 만한 가치가 있는 생명을 얻게 될 것이다.[13]

두 번째는 예수께서 수수께끼 같은 말씀(막 9:1)을 통해서 그의 말을 듣는

---

13) 예수는 너희가 너희의 원칙들을 희생시킴으로써 받게 되는 유익들을 비록 못 받게 된다고 할지라도(가난하게 살더라도 정직하게 장사를 하는 쪽을 택하는 자와 같이) 너희가 옳다고 알고 있는 것에 충실함으로써 너희 자신의 진정한 생명을 얻는 것이 더 낫고, 이 세상에서 그의 말씀(그에 수반되는 박탈과 고난을 겸하여서)에 충실한 것은 내세의 생명을 얻는 것으로 이어질 것이라고 가르친다. 분명히 생명에 대한 이 두 가지 이해가 서로 결합되어 있다.

자들 중에서 일부는 하나님의 나라가 능력으로 임하는 것을 볼 때까지 살아 있게 될 것이라고 약속한다는 것이다. 이 말씀은 하나님 나라의 도래로 인식 될 수 있을 모종의 미래적인 사건(바리새들에게는 주어지지 않았던 표적)을 약속하고 있는 것으로 보일 수 있지만, 마가의 이야기는 변화산상에서 제자 들 중 일부가 예수께서 모세 및 엘리야(예수의 역할에 대한 선구자들 또는 모델들로서)와 더불어서 하늘의 영광을 덧입는 것을 은밀하게 보고, 예수께 서 세례를 받으실 때에 하늘에서 들려 왔던 것과 동일한 음성이 예수가 하나 님의 아들이라는 것을 단언하는 것을 듣는 체험을 한 사건을 바로 이어서 서 술해 나간다(막 9:2-8). 변화산 사건은 이 복음서에서 예수께서 이제 곧 고난 을 받아야 한다는 사실에도 불구하고 하나님이 예수의 신분을 재확인해 주 는 것으로서의 기능을 하는 것으로 보인다. 그것과 밀접하게 연관된 짤막한 대화 속에서 엘리야가 등장했다는 사실은 이미 세례 요한과 엘리야가 동일 인물이라는 것을 암시해 준다.[14] 여기를 비롯해서 자주 마가는 앞으로 일어나 게 될 일은 우연한 사건이 아니라 하나님이 앞으로 일어날 일을 정해 놓으신 계획이자 이미 성경에서 알려져 있었던 계획의 일부를 이루고 있던 것이라 는 취지의 말을 한다.

갈릴리에서 예루살렘으로 — 고난에 관한 예언들. 이 이야기는 이제 어떻 게 진행되는가? 이 이야기는 많은 점에서 이 복음서의 전반부에서와 거의 동 일한 방식으로 진행되는 것으로 보인다. 변화산 사건은 갑작스럽게 이 땅에 서의 사건으로 되돌아오고, 거기에서는 특별히 어려운 축귀 사건이 일어나 지만, 이 이야기는 하나님이 예수를 통해서 하시는 일에 대한 믿음의 중요성 과 기도의 중요성에 관하여 뭔가를 말하고자 하는 방식으로 서술된다. 예수 의 관심은 백성들 가운데서의 활동에서 제자들을 위한 가르침으로 옮겨지는 데, 그것은 예수에 대한 반대가 커져가는 맥락 속에서 이루어진다(막 9:14- 29).

그러므로 예수는 장차 그에게 일어날 일에 관한 말씀을 되풀이한다(막

---

14) 이것은 마태복음 17:10-13이 회심을 이해하고 있는 방식인데, 마가가 그것을 다 른 식으로 보았다고 생각할 근거가 없다.

9:30-32). 앞서의 경우에서는 베드로가 예수께서 그렇게 말씀하시는 것에 대하여 예수를 책망하는 것이었지만, 이번에는 베드로가 예수께서 무엇을 말씀하시는 것인지 알지 못했다는 평가가 내려진다. 일련의 짤막한 사건들이 뒤따라 나오는데, 거기에서 예수는 그를 따르는 것이 의미하는 것의 한 부분은 남보다 자기가 우월하다는 마음을 버리는 것이라고 가르친다. 자기가 영광을 받으려고 하는 것보다 고대 세계에서 가장 미천한 자로 여겨진 어린아이를 영접하는(즉, 높이는) 것이 더 중요하다. 제자들의 집단에 속해 있다는 사실조차도 이런 것에 비해서는 별 가치가 없다. 남들이 믿음을 갖고자 하는 길에 장애물을 놓는 자는 강력하게 단죄된다(막 9:33-50).

예수께서 갈릴리에 계시는 동안에, 마가는 예수께서 남쪽 지방인 유대와 예루살렘으로 여행하신 것에 대해서는 아무런 언급도 하지 않았다 — 요한복음은 예수께서 평범한 백성들에게 요구된 것과 같이 절기 때마다 짧게 예루살렘을 방문했다는 것을 보여주고 있지만. 그러므로 이제 갈릴리에서 요단 강 건너편을 거쳐서 유대 땅으로 들어가신 것(막 10:1)은 이 복음서에서 한층 더 중요한 의미를 지닌다. 모든 준비가 다 갖춰졌다는 것을 안 예수는 예루살렘과 거기에서의 그의 운명을 향하여 나아가기로 결심한다. 그러나 예루살렘을 향한 여행은 한 장 전체를 차지하고 있고, 그 과정에서 몇 가지 사건들이 일어난다.

바리새인들과의 또 한 차례의 논쟁이 벌어지는데, 이번의 주제는 이혼에 관한 것이다(막 10:2-12). 당시 유대 사회에서 이혼은 이미 용인된 관습이었고, 유일하게 논쟁이 된 것은 어떠한 조건 하에서 이혼이 허용될 수 있는가에 관한 것이었다. 예수는 그의 대적자들에게 성경으로 되돌아가라고 하면서, 창세기 1장에 나오는 혼인의 원리를 근거로 제시하면서, 후에 모세가 이혼을 허용한 것을 상대화시키고, 혼인 관계를 깨뜨려서는 안 된다는 원칙을 확고하게 정립한다. 나중에 예수는 아내와 이혼하고서 재혼하는 자들은 간음의 죄를 범한 것이라는 그의 새로운 가르침을 통해서 그의 제자들에게 혼인의 원칙을 역설하였다. 예루살렘이 점점 더 가까이 다가오는데도, 예수에게는 문제를 일으키지 않으려는 그 어떤 시도도 분명하게 나타나지 않았다!

그런 후에, 예수는 사람들이 기도해 달라고 그에게 데려온 어린아이들을 영접해서, 그 어린아이들을 장차 하나님의 나라에 들어가게 될 자의 모범으로 삼으심으로써 그가 이전에 했던 말씀의 정신을 실천하였다(막 10:13-16). 이 작은 사건은 분명히 예수께서 자기 부인을 하라고 부르셔서 모든 소유를 구제에 내어놓으라고 하셨을 때에(구제는 유대교에서 잘 알려져 있던 경건의 실천이었다) 그렇게 할 수 없었던 부자에 관한 훨씬 더 긴 이야기를 돋보이게 하기 위한 것이다. 여기에서 자기 부인은 매우 구체적이고 실천적인 것으로 서술된다. 재물이나 부에 사로잡혀 있는 자는 하나님 나라에 들어가기가 쉽지 않다. 실제로 하나님의 도움의 손길이 없이는 그 누구도 하나님 나라에 들어갈 수 없다. 그러나 그렇게 하는 자들이 궁극적으로 받게 될 상급은 영원한 생명이다(막 10:17-31).

예수는 예루살렘으로 가는 도중에 한 무리의 제자들에게 자신의 고난에 대하여 세 번째로[15] 한층 더 상세하게 예고하시는데, 제자들은 놀람과 두려움이 뒤섞인 반응을 보인다. 앞서의 경우들에서 제자들이 보여준 무지(無知)는 마가가 야고보와 요한이 장차 예수께서 다스리실 때에 그들이 누리게 될 몫을 요구하는 장면을 나란히 병렬적으로 배치함으로써 그 절정에 도달한다. 예수는 그런 것은 그가 줄 선물에 속해 있지 않다고만 대답한다. 그가 할 수 있는 모든 것은 그들에게 그의 고난에 참여하라고 초대하는 것뿐인데, 그 고난은 잔과 세례로 표현된다. **잔**은 고난, 특히 하나님으로부터의 진노를 가리키는 데에 사용되어 왔던 비유였다. 구약의 몇몇 선지자들은 하나님의 진노를 받는 것을 마치 잔을 마신 사람이 완전히 취해서(여기서 취한 것은 철저하게 바람직하지 않고 나쁜 상태로 이해된다) 거의 독을 마시고 죽는 것과 같은 상태에 이르는 것으로 묘사하였다. **세례**라는 용어는 홍수에 휩쓸려 간다거나 바다에 빠져 죽는 것을 가리키는 의미로 확장된 것으로 보인다. 이것이 예수께서 제시하시는 것의 전부이다: 큰 자가 되는 것에 관하여 말하는 것은 사람들을 섬기라고 부르시는 하나님의 길과 양립할 수 없다. 예수는 그가 다른 사람들을 위한 대속물로서 자신의 생명을 내어주고 기꺼이 죽고자

---

15) 다른 말씀들과 동일한 방식으로 공식적인 선언이 아닌 마가복음 9:9-13은 중요하지 않다.

한다는 것을 통해서 그 모범을 보여준다(막 10:32-45).

이것이 예수께서 이 시점에서 그의 죽음은 결코 의외의 사건이 아니라 "성경에 기록된 대로" 하나님의 목적을 따라서 일어나는 사건이라는 것을 역설하는 것 이외에 그의 죽음의 목적 또는 의미에 관하여 말씀하는 내용의 전부이다. 이러한 말씀은 하나님을 믿고 의지한 한 의인이 배척당한 것을 나타내는 것이기 때문에, 단순히 하나님의 사자에 대한 악한 배척의 결과로 보여질 수도 있다. 그러나 이 말씀은 대속물에 관한 표현을 사용하고 있는데, 이것은 예수께서 노예나 죄수를 해방시키기 위해서 값을 지불하는 것과 유사한 죽음을 죽으신다는 것을 의미하는 것이었다.

끝으로, 이 대단락에서 우리는 예수께서 길 가시는 중에 그를 따라와서 고쳐 달라고 간청하는 맹인을 고치신 마지막 치유 이적을 보게 된다. 이 이적은 제자도에 대한 가시적인 패러다임을 보여주기 위한 것이다(막 10:46-52).

예루살렘에서의 대결.   여행자들의 무리는 지금 예루살렘 밖에 있고, 마가는 예수께서 도성으로 입성할 때에 타실 나귀 새끼를 확보하는 과정을 서술한다. 예수를 따라 왔던 자들이 예수의 영광스러운 입성을 준비하면서, 축제적인 분위기가 생겨난다. 도성에 나귀를 타고 입성하는 것은 왕이나 정복자가 하는 일로서, 예수의 친구들은 이것을 알고서, 다윗의 나라가 임하였음을 선포하고 있는 것이다. 마가에게 있어서 그 메시지는 분명하다: 예수는 메시야 왕이고, 이 일은 그가 그의 도성으로 입성하는 것이다. 그러나 변화산 사건에서와 마찬가지로, 이러한 통찰의 순간은 신속하게 현실적인 상황에 부딪치게 된다(막 11:1-11).

이 시점으로부터 두 가지 주제가 전개된다. 첫 번째 주제는 예수와 예루살렘에 있는 여러 종교 지도자들 간의 대결이라는 주제이다. 이 주제는 예수께서 한 무화과 나무를 보시고 거기서 열매를 얻고자 하였으나 하나도 얻지 못하자 그 무화과 나무를 저주하는 심판의 기도를 하셨다는 것에 관한 작은 이야기 속에 이미 예시되어 있다. 우리는 이제 마가복음에 나오는 이야기들이 항상 상징적인 의미를 지닐 수 있다는 사실에 익숙해져 있고, 그것은 이 사건에도 그대로 적용된다.[16] 예루살렘은 예수에게 긍정의 반응을 내놓았어야 하지만, 그렇게 하지 못하였기 때문에, 하나님으로부터의 심판 아래에 놓이게 될 것이다. 예수께서 성전으로 가셔서, 거기에서 장사하는 사람들에게 작은 시위를 하여, 그들이 거기에 존재함으로써 백성들이 성전의 참된 목적, 즉 하나님께 기도하는 것을 하지 못하도록 방해를 받고 있고, 그들은 성전을 파렴치한 장사하는 곳으로 만들어 버렸다고 말씀하시는 내용이 이 사건의 중간에 삽입되어 있다.[17] 이 사건이 성전 당국자들을 자극하여 그를 제거할 음모를 꾸미게 하였다는 것은 이상한 일이 아니다.[18] 이제 예수는 하나님의 나라를 선포하고 긍휼의 사역을 행할 뿐만 아니라, 백성들이 믿는 기존의 종교를 하나님에게 영광을 돌리지 못하고 하나님의 나라와 관련된 하나님의 요구들을 충족시키지도 않는 것이라고 비판하는 자임이 명백하게 드러났다(막 11:12-25).

다양한 집단의 종교 지도자들이 이제 이 건방진 논쟁자에게 도전하기 위해서 예수에게 접근한다. 그들이 던진 첫 번째 질문은 예수의 권세의 원천에 관한 직설적인 질문이었다: 말하자면, 그것은 누가 그에게 이와 같이 행할 권세를 주었느냐 하는 것이었다. 예수는 이 질문에 대하여 직접적으로 대답하기를 거부하였지만, 그의 대답이 지닌 함의는 그들이 세례 요한이 하나님으로부터 보내심을 받은 자라고 믿었다면 자기도 그런 자라는 것이다(막 11:27-33).

또 다시 예수는 먼저 주도적으로 한 가지 비유를 드시는데, 이번의 비유는 그 어떤 설명도 필요하지 않을 정도로 분명했던 것으로 보인다(막 12:1-12). 구약성서에서 이스라엘을 포도원으로 묘사하는 것(사 5장)은 농부들이 그들 자신의 목적을 위해서 포도원을 이용하고(예레미야 23장과 에스겔 34장에서 하나님의 양무리를 돌보는 부패한 목자들과 같이) 심지어 포도원 주인의 아들을 멸시하고 죽이기까지 한다는 설정에 의해서 한층 고조된다. 이와 같이

---

16) 또한 그것은 제자들에게 기도의 효력에 관한 가르침에 있어서 의미를 갖는다.

17) 이것은 마가가 여러 가지 이유들로 인해서 채택하고 있는 마가의 친숙한 기법이지만, 흔히 이 기법은 두 가지 사건을 서로에 비추어서 해석할 수 있게 해준다(여기에서처럼).

18) 우리는 소위 문명화된 사회에서보다 고대 세계에서 처형은 범죄자들을 다루는 훨씬 더 흔한 방식이었다는 것을 기억하여야 한다.

행하는 자들은 진멸되고 말 것이다 — 이것은 너무도 자명한 일이었을 것이다. 우리는 가이사에게 세금을 바쳐야 하는가라는 질문과 하나님과 가이사에게 그들이 마땅히 받아야 할 몫들을 바치라는 예수의 대답, 부활 후의 삶의 성격에 관한 질문과 예수께서 그가 읽은 성경을 토대로 대답을 하신 것(막 12:13-27)으로 신속하게 넘어간다. 이 복음서의 신학을 이해하는 데 있어서 좀 더 중요한 것은 율법에 대한 외적인 준수보다도 하나님을 사랑하고 이웃을 사랑하라는 법을 지키는 것이 더 중요하다는 예수의 말씀(이것도 성경에서 가져온 것이다)에 동의한 우호적인 율법 교사(율법 교사들이라고 해서 모두가 예수를 반대한 것은 아니었다!)와의 대화이다(막 12:28-34).[19)]

이러한 대화들은 예수께서 다시 한 번 종교 지도자들에게 도전하시는 말씀에서 절정에 도달한다. 문제가 된 것은 메시야에 관한 것이었다(막 12:35-37). 청중들에게 한 가지 질문이 주어진다: 메시야가 어떻게 다윗의 자손(아들) — 따라서 다윗보다 열등한 자 — 이 됨과 동시에 다윗의 주(시편 110편에서 다윗이 메시야를 "내 주"라고 지칭하기 때문에)가 될 수 있는가? 이 질문에 대한 대답이 있었을 것이지만, 마가는 그것을 제시하지 않는다. 마가는 독자들에게 어떤 대답을 기대하고 있는 것인가? 그 대답은 아마도 메시야는 인간으로서 다윗으로부터 난 자손이지만 — 하지만 마가는 예수가 다윗의 혈통이라는 것을 언급하지 않는다 — 메시야는 또한 하나님으로부터 나왔거나 하나님에 의해서 높임을 받아서 다윗보다 우월하게 되었다는 것이 될 것이다. 마가는 아마도 두 번째 가능성의 관점에서 대답을 했을 것이다.

이런 식으로 예수와 종교 지도자들 간의 대결은 점점 가열된다. 이러한 대결 양상은 예수를 붙잡을 기회가 생겼을 때에 전면에 부각되게 될 것이다. 그러나 그 일 이전에 이 복음서의 이 대단락의 두 번째 주제가 예수께서 붙잡히신 것에 관한 이야기와 서로 얽혀 있다. 이 두 번째 주제는 예수께서 성전을 찾으셔서 거기에서 하나님에 대한 참된 헌신의 모범을 보신 것에 관한 이야기를 통해서 도입된다. 예수는 이미 성전 당국자들이 성전 설비들을 잘못 사용하고 있는 것에 대하여 비난하신 적이 있었다. 이제 예수는 그의 제

---

19) 그 중요성은 절대적인 것이 아니라 상대적이라는 것을 유의하라.

자들에게 성전이 멸망받게 될 것이라고 예언한다(막 13장). 예수는 이미 하나님 나라가 임하리라는 것과 인자에 의해서 심판이 수행되리라는 것에 대하여 말씀하신 적이 있었기 때문에, 그의 청중들이 성전의 멸망을 그러한 사건들과 결부시키는 것은 당연한 일이었다. 그들에 의해서 제기된 질문은 예수께서 장차 일어날 일에 관하여 말씀하실 기회를 주었다. 장차 일어날 일에 관한 말씀이 길게 이어졌다는 것은 이 말씀이 중요했다는 것을 보여준다. 이 말씀의 분량과 견주어 볼 수 있는 유일한 것은 예수께서 가르치신 비유들을 소개하고 있는 마가복음 4장뿐이다. 마가복음 13장의 문체는 유대교의 작품들 중에서 이 장르에 속한 문헌들의 이미지들과 소재를 공유하고 있다는 의미에서 묵시론적이다. 최종 본문의 형태로 볼 때, 이 강화(講話)는 종말에 이르기까지 장차 일어나게 될 일에 관한 예언으로 보인다. 그 내용의 상당수는 여러 가지 다양한 재앙에 가까운 사건들이 일어나겠지만 그 사건들은 반드시 종말이 임했다는 것을 보여주는 징조들이 아니라는 것을 경고하는 말씀이다. 특히, 예수를 따르는 자들은 그들이 주님과 마찬가지로 고난과 배척을 예상하여야 한다. 그러나 사건들은 "멸망의 가증한 것"의 출현으로 절정에 이르게 될 것이고, 이것은 유례 없는 고난이 예루살렘 안팎에서 일어나게 되리라는 것을 보여주는 신호탄이 될 것이다. 구원자로 자처하는 거짓 선지자들이 일어나겠지만, 그들을 신뢰해서는 안 된다. 이 모든 일 후에야 우주적인 징조들(또는 이러한 표현이 의미하고 있는 사건들)이 있게 될 것이고, 하나님의 백성을 한데 모으기 위하여 인자가 임하게 될 것이다. 이 모든 일이 가까웠다: 종말이 가까웠음을 보여주는 징조들이 이 세대가 다 지나가기 전에 일어나게 될 것이다. 그러나 사람들은 그런 일이 언제 일어나게 될지를 모르기 때문에 항상 깨어 있어야 한다.

마가복음에는 심판과 인자에 관한 그 밖의 다른 내용들도 존재하지만, 이 장은 마가복음에 나오는 다른 어떤 내용들과도 주목할 만한 정도로 다른 관용 표현들을 사용하고 있다는 점에서 두드러진다. 그렇지만 마가의 신학을 제대로 다루고자 한다면, 우리는 이 장을 마가의 이야기 속에 통합하지 않으면 안 된다.

유월절 식사, 붙잡히심, 십자가 처형, 장사(葬事). 이 이야기는 이제까지 곁길로 나가서 말했던 것에서 다시 제자리로 돌아온 것이다. 예수를 죽이고자 하는 음모에 관한 기사와 유다의 공모라는 두 부분 사이에 이름이 나와 있지 않은 한 여자가 예수에게 향유를 붓는 사건이 끼여 있는데, 예수는 이 사건을 자신의 장례를 준비하는 것(이렇게 해서 그의 죽음이 임박했다는 것을 확증해 주는 것)이라고 말씀하시고, 복음이 전파되는 곳마다 이 일이 알려지게 될 것이라고(이렇게 해서 예수에 관한 이야기가 그의 죽음 이후에 사람들에게 전해지게 될 것을 확증하는 것으로서, 막 14:1-11) 말씀하신다.

그런 후에, 예수는 열두 제자와 함께 유월절 식사를 갖는다(막 14:12-31). 이 식사는 예수께서 이미 예고하신 대로 자기가 죽게 될 것을 다시 한 번 선포하는 기회가 된다. 그러나 이 때에 예수는 떡과 잔을 그의 제자들과 함께 나누면서, 그것들을 그의 몸과 그가 흘리게 될 피를 상징하는 상징물들로 사용한다. 여기에 나오는 표현들은 다시 한 번 죽음을 암시하는 것들로서, 예수는 시내 산에서 하나님이 이스라엘과 처음으로 계약을 맺으실 때에 백성들 위에 그 피를 뿌렸던 희생제물과 동일시된다. 예수는 자신의 죽음을 맞으러 나아갈 결심을 피력하고 계시는 것으로 보인다. 예수는 홀로 그렇게 할 것이다. 왜냐하면, 그를 따르는 자들은 흩어질 것이기 때문이다. 그리고 이렇게 그를 따르는 자들이 흩어지는 것은 다시 한 번 예언에서 이미 미리 말씀된 것으로 이해된다. 그런 후에, "그러나 내가 살아난 후에 너희보다 먼저 갈릴리로 가리라"(막 14:28)는 암호 같은 말씀이 나온다. 이 말씀은 나중에 다시 한 번 사용될 것이다!

자신에 대한 하나님의 뜻을 따르고자 하는 결심은 잔을 마셔야 하는 임박한 공포에 직면하여 생겨난 고뇌에 의해서 심각하게 위협을 받는데, 예수는 그의 인간적인 연약함으로 인해서 자신의 운명을 피하고자 하는 강력한 유혹을 받지만, 결국 결연하게 그 죽음을 맞이할 결심을 굳힌다(막 4:32-42).

곧이어서 예수께서 유대 종교 지도자들에 의해서 붙잡히는 사건이 뒤따라 나오는데, 여기에서도 이 사건은 성경에 미리 예언된 것으로서 반드시 일어나야 할 일로 해석되고 있다(막 14:43-52). 그런 후에, 예수는 산헤드린에 의해서 사법적으로 심문을 받는데(막 14:53-72), 여기서 마가는 예수를 단죄할 그 어떤 설득력 있는 근거들도 발견될 수 없었고, 심지어 성전을 멸하겠다고 하신 위협조차도 정부 건물을 날려 버리겠다고 위협하는 오늘날의 테러리스트와는 달리 엄격하게 해석될 그런 말씀이 아니었다는 사실을 강조한다. 대제사장은 "네가 그리스도냐"고 직접적으로 물었고, 여기에 대하여 예수께서 "내가 그니라"고 대답한 후에 나아가서 그들이 "인자가 권능자의 우편에 앉은 것과 하늘 구름을 타고 오는 것을 보리라"(막 14:62)고 구체적으로 말씀한 것에 의거해서 예수를 단죄하였다. 예수의 이러한 말씀은 하나님을 모독하는 발언으로 해석되었고, 예수는 사형을 언도받게 되었다.

그러나 유대인들은 사형을 집행할 권한을 가지고 있지 않았기 때문에, 예수를 로마 총독인 빌라도에게 넘길 수밖에 없었는데, 빌라도는 마가복음에서도 무죄한 자를 단죄한 인물로 묘사된다(막 15:1-20). 빌라도는 여기서 예수가 "유대인의 왕"이라고 주장한 것으로 이해해서 반역죄를 지은 것으로 단죄하였다. 이것은 "그리스도"라고 주장하는 것이 지니는 의미를 정치적으로 해석한 것이었다. 빌라도는 유월절에 한 명의 죄수를 사면해 주는 그의 권한을 이용해서 예수를 놓아 주고자 시도하지만, 이러한 시도는 종교 지도자들의 조종을 받고 있던 무리들에 의해서 거부당하였다. 그 결과 진짜 범죄자였던 바라바가 예수 대신에 석방되었다.[20] 하지만 예수는 군사들에 의해서 왕의 옷이 입혀지고 조롱을 당하는 참담하고 역설적인 장면이 벌어진 뒤에 처형장으로 끌려간다.

예수께서 십자가에 못 박히시는 장면은 구약성서와 이 복음서에 나오는 이야기에 대한 몇몇 암묵적인 암시들을 통해서 꽤 자세하게 서술되는데, 여기서 예수는 한편으로는 시편들(주로 22편과 69편)에 전형적으로 등장하는 죄 없이 고난당하는 자로 묘사되고, 다른 한편으로는 유대인의 왕임을 자처했다가 결국 그 뜻을 이루지 못하고 실패한 인물로 묘사된다. 이 이야기는 예수께서 죽어가면서 낸 부르짖음에서 그 절정에 달하는데, 이 부르짖음은 시편 22:1의 저자가 느꼈던 것과 같은 버림받았다는 느낌을 반영하고 있는

---

20) 마가가 그의 독자들로 하여금 예수가 바라바 대신에 십자가에 못박힌 것으로 이해하도록 의도하였을 가능성은 전체적으로 보아서 없는 것 같다. 오히려 여기에서의 요지는 예수께서 무죄하다는 것과 백성들이 그를 버렸다는 것을 강조하는 것이다.

것이다: 하나님은 그를 버렸고, 그는 신원되지 못한 채로 죽는다. 그렇지만 이러한 비극적인 결말 직후에 이러한 처형 장면을 지휘하였던 백부장이 이 사람은 진정 하나님의 아들이었다고 외치는 장면이 나온다(막 15:21-39).

이 이야기의 나머지 부분에서는 예수의 친구들 가운데서 여러 명의 여자들이 그 현장에 있었다는 것과 예수에게 우호적이었던 자들 중의 한 사람이었던 아리마대 사람 요셉이 예수의 시체를 예를 갖추어 장사지내 주었다는 것을 서술한다(막 15:40-47).

하지만 여자들 중에서 세 명이 장례 의식을 마무리하기 위하여 무덤에 갔을 때에 통상적인 경우라면 거대한 돌로 그 입구가 막혀져 있었어야 할 무덤인데 그 돌이 입구에서 굴려져 있었고 무덤 안에는 흰 옷을 입은 청년이 앉아 있는 것을 발견하였다. 이러한 묘사는 아마도 이 청년이 천사였다는 것을 암시하는 것 같다. 그 청년은 여자들에게 예수께서 부활하셨고 여기에 계시지 않는다고 말해 주었다. 이 여자들은 이 청년에게서 제자들에게로 가서 예수께서 그들보다 먼저 갈릴리로 가셔서 거기에서 그들을 보게 될 것이라는 말을 전하라는 지시를 받았다. 여자들은 이 일을 겪은 후에 혼비백산해서 무덤에서 나와서 누구에게도 아무런 말도 하지 않았다(막 16:1-8).

마가의 이야기는 이렇게 암호 같은 방식으로 끝이 난다.[21] 이것이 마가가 의도한 결론인지, 또는 이 이야기는 더 계속되도록 의도된 것인지(아마도 다른 세 복음서에서와 마찬가지로 예수께서 그의 친구들에게 나타나신 것에 관한 기사를 통해서)에 대해서는 견해들이 크게 다르지만, 사본의 마지막 페이지의 손실로 인해서 그 어느 쪽도 확실한 결론을 낼 수 없다.[22] 이것이 정말

---

21) 마가복음 16:9-20에 나와 있는 부활 이후에 일어난 일에 관한 짤막한 기사는 또 다른 기자에 의한 후대의 첨가라는 것이 거의 보편적으로 인정되고 있다. 마가복음의 가장 좋은 사본들은 마가복음 16:8로 끝이 나고, 그 이후에 나오는 내용들은 문체상의 차이들을 보여주는데, 주로 다른 복음서들의 내용들을 토대로 한 요약인 것으로 보인다.

22) 마가복음 16:8을 원래의 결말로 의도하였다는 견해에 대해서는 Morna D. Hooker, *A Commentary on the Gospel According to St. Mark* (London: A & C Black, 1991), pp. 391-94; 원래의 결말이 멸실되었다는 견해에 대해서는 R. T. France, *The Gospel of Mark: A Commentary on the Greek Text* (Grand Rapids,

이 이야기의 끝이라면, 독자들은 몹시 당혹스러울 수밖에 없다. 왜냐하면, 이 이야기는 이 사건이 있은 후에 아주 오래된 시점에 씌어졌고, 그리스도인 독자들이라면 누구나 이미 예수께서 죽은 자 가운데서 부활하셔서 그의 제자들에게 나타나셨다는 것을 알고 있었을 것이기 때문이다. 그런데도 마가는 단지 예수께서 부활하셨고(또는 그러한 사실이 여자들에게 말해졌다는 것), 그가 그의 제자들을 갈릴리에서 만나게 될 것이라는 사실만을 언급하였다. 또는, 마가는 계속해서 다른 복음서들에서와 거의 동일한 방식으로 그 후에 이어진 이야기를 들려 주었고, 적어도 예수께서 그의 제자들에게 나타나셔서 그들에게 사명을 위임하신 한 번의 사건을 포함시켰을 것이다.

신학적 주제들

우리는 이 복음서에서 신학적으로 무슨 일이 진행되고 있다고 규정할 수 있는가? 나는 지금까지 하나의 이야기의 형태로, 또는 그 줄거리 속에 들어 있는 주요한 요소들을 드러내기 위한 한 이야기에 대한 분석을 통해서 이 복음서에 들어 있는 내용들을 제시하였다. 예수의 삶이 그리스도인들에게 중요하였다는 점을 고려할 때, 마가는 그러한 내용을 다른 방식으로 다룰 수는 없었을 것이다. 나의 분석은 전체적으로 볼 때에 이 이야기는 두 개의 주요한 부분으로 이루어져 있다는 것을 보여주었다. 첫 번째 부분은 메시야로서의 예수의 정체성이 서서히 인식되어 가는 내용을 담고 있고, 두 번째 부분은 인자[23]가 고난을 당하고 죽은 자 가운데서 다시 살아나야 한다는 예고가 말해지고 그러한 예고가 성취되는 내용으로 되어 있다. 우리는 마가복음의 주제는 하나님의 나라를 선포함과 동시에 자기가 누구라는 것을 표현하는 방식으로 그 나라를 실제로 실현해 가는 메시야이자 하나님의 아들이라고 할 수 있을 것이다.[24]

Mich.: Eerdmans; Carlisle: Paternoster, 2002), pp. 670-74; Robert H. Gundry, *Mark: A Commentary on his Apology for the* Cross (Grand Rapids, Mich.: Eerdmans, 1993), pp. 1012-21. 나는 후자의 견해가 더 설득력이 있다고 본다.

23) 마가복음 8:29/31 (또한 막 13:21-22/26과 막 14:61/62)에서 이 두 칭호가 번갈아 사용되고 있는 것을 우리는 주목하여야 한다.

이야기가 전개되면서, 예수께서 상대하였던 세 부류의 사람들이 드러난다: 그의 말씀을 경청하고 그가 행한 일들을 보았던 무리들, 그의 제자들, 반대파들. 몇 가지 점에서 이것은 매우 이상한 이야기이다: 예수를 가리키는데에 흔히 칭호들이라고 불리는 메시야, 하나님의 아들, 인자 같은 여러 가지 용어들이 수수께끼 같이 사용되고 있는 것; 예수께서 무리들이 이해할 수 없었던 방식으로 혼란스럽게 말씀하셨고, 또한 제자들조차도 그들이 따로 있을 때에 더 자세한 가르침을 받았는데도 예수의 말씀을 이해하지 못한 것; "인자"를 아무런 설명도 없이 사용하고 있는 것; 인자가 임할 때까지에 이르는 장래의 일련의 사건들에 관한 주목할 만한 정도로 길고 자세한 가르침; 이 이야기는 독자들로 하여금 예수의 부활 현현들을 기대하게 만들어 놓고서, 갑자기 끝나버림으로써 독자들에게 좌절감과 신비감을 안겨준다는 것. 이러한 논의의 끝에서 우리는 마가복음이 모든 의문들을 다 풀어준 것이 아니라 여전히 신비로운 복음서로 남아 있다는 것을 발견하게 된다.

앞에서 우리가 이 복음서를 개관할 때에 구약성서에 대한 몇몇 언급들이 있었다. 처음에 이 줄거리의 진행이 성경에서 이미 기록된 것과 일치한 것으로 보아지고(막 1:2),[25] 인자(막 9:12; 14:21, 27, 49)와 그의 선구자(막 9:13)가 해야 할 일을 설명하는 모티프가 반복적으로 나오고, 사람들의 패역함과 영적인 이해력의 결핍(막 4:10-12; 7:6; 11:17)이라는 모티프도 반복해서 나온다. 일어나야 할 사건들에 대한 언급들은 예언 속에 나오는 사건들에 대한 언급들이다(막 8:31; 9:11; 13:7, 10). 이 복음서에 나오는 주요한 모티프들 — 하나님의 나라와 메시야 — 은 성경에서 가져온 것이다. 이사야서에 대한 간접인용들은 특히 중요한데, 이것은 신약성서에서 널리 확인되는 이사야서의 전체적인 주제인 새 출애굽이 마가의 이야기를 형성하는 데에 큰 영향을 주었다는 것을 보여준다. 이 이야기 속에서 일어나는 일은 성경의 성취, 구체

---

24) 이것은 예수의 설교와 가르침의 주제, 즉 마가가 우리에게 말해주듯이 하나님의 나라라는 주제와 동일한 것이 아니라는 것을 유의하라.

25) "기록된 바"(NRSV)라는 어구에서 결정적으로 중요한 "바"는 NIV에서는 위치가 옮겨져서 "그렇게"(막 1:4)로 번역되었지만, TNIV는 좀 더 문자적인 해석으로 올바르게 되돌아갔다.

적으로 말하면, 메시야적인 인물의 도래를 통해서 장차 이루어지게 될 구속에 관한 성경의 예언들의 성취이다.

하나님의 나라. 하나님의 나라는 예수의 가르침에 있어서 주된 신학적 주제이다. 그것은 마가복음 1:15에서 복음의 내용으로 선언된다. 예수께서 하나님 나라가 가까이 왔다고 선포할 수 있게 된 때가 이제 도래하였다. 일련의 말씀들 속에서 하나님 나라는 사람들이 죽은 후에 게헨나에 던져지는 것이 아니라 거기로 들어갈 수 있는 영역으로 묘사된다. 하나님 나라로 들어가는 것은 언제나 미래 시제로 표현된다. 그러나 현세가 끝난 후에 내세가 얼마 있지 않아 현세를 잇는다는 듯이 하나님의 나라는 "임하는" 그 무엇으로도 묘사된다. 이 복음서의 끝에 보면, 경건한 사람들은 하나님 나라가 임하기를 기다리는 것으로 묘사된다(막 15:43). 현세는 하나님 나라가 선포되는 때이지만, 이 비유들이 분명하게 보여주듯이 하나님 나라가 성장해 가는 때이기도 하다. 그러나 하나님 나라가 현세에서 성장해 가는 것이라면, 거기에는 하나님 나라가 현세에 존재하고 있다는 의미가 내포되어 있음에 틀림없다. 예수께서 하나님 나라가 가까이 왔다고 말씀하실 때, 그것은 하나님 나라가 이미 도래하였다는 것을 의미할 수도 있고, 곧 하나님 나라가 임하게 될 것임을 의미할 수도 있다[26] 어느 쪽으로 해석되든지간에, 현재의 세상 속에서 무슨 일이 벌어지고 있는 것이다.

윌리엄 텔포드(William Telford)는 마가복음 속에는 하나님 나라에 관한 두 가지의 서로 다른 개념이 존재한다고 말한다: 미래적인 묵시론적 기대와 이 세상에서 현재적으로 경험되는 실체. 그는 마가가 예수의 가르침 속에서

---

26) 여기에 나오는 헬라어 동사는 그 뜻이 모호해서, 두 가지 해석이 지지를 받고 있다. 복음서들에 나오는 그 밖의 다른 본문들은 이 두 가지 가능성을 모두 지지해 주고 있다. "때가 찼고"라는 어구와의 병행관계는 전자의 견해를 더 유리하게 만든다. 예를 들면, Gundry, *Mark*, pp. 64–66을 보라. 어떤 본문들에서는 하나님의 나라가 장래의 실체인 반면에(막 9:1), 또 어떤 본문들에서는 현재적인 실체이다(마 10:7 par. 눅 10:9, 11; 마 12:28 par. 눅 11:20: 눅 17:21; 막 4:26–32). 아마도 대다수의 학자들은 하나님의 나라를 현재적인 동시에 미래적인 실체로 보아야 한다고 주장하면서, 하나님의 나라가 시작되었지만 아직 완성되지는 않았다는 식으로 이러한 역설을 표현하고자 한다.

원래적인 것이었던 묵시론적 요소를 수정해서, 재림의 지연에 비추어서 그러한 요소를 약화시킨 것이라고 주장한다. 달리 말하면, 초기 그리스도인들이 예수께서 곧 다시 오시지 않는 것에 의해서 실망하였을 때, 그들은 세상 속에서 하나님의 현재적인 역사에 더 많은 강조점을 두고서, 그것을 하나님 나라의 도래로 보기 시작하였다는 것이다. 이렇게 마가는 하나님 나라에 관한 말씀들을 "실현된 종말론의 방식으로" 해석하였다. 교회는 예수에 의해서 선포된 메시지로부터 떠나서 예수라는 인물 자체에 집중하게 되었다. 이렇게 마가는 종말론에서 기독론으로 움직여 간다.[27]

그러나 마가복음에 나타나 있는 긴장 관계는 그런 것과는 약간 다르다. 그것은 사람들이 들어가게 될 영원한 하늘에서의 상태로서의 하나님 나라와 하나님의 통치가 여기 이 세상으로 들어오게 되는 것으로서의 하나님의 나라 — 그것이 가까운 미래의 것이든 예수 시대에 이미 이루어진 것이든 — 간의 긴장 관계이다. 그것은 초월적이고 공간적인 하나님의 나라와 하나님의 축복들이 실현되는 이 세상 내에서의 공간을 이루고 있는 내재적이고 역동적인 하나님의 나라 간의 긴장 관계이다.

이것과 관련해서 예수께서 예루살렘으로 입성하신 것은 대단히 중요한 의미를 지닌다. 왜냐하면, 여기에서 백성들은 주의 이름으로 오시는 이, 장차 임하게 되어 있는 우리 조상 다윗의 나라에 찬송을 돌리고 있기 때문이다(막 11:9-10). 이것은 예수께서 예루살렘으로 입성하신 것을 백성들이 메시야의 입성으로 보았고, 따라서 하나님 나라의 도래와 관련된 사건으로 보았다는 것을 암시해 주는 것으로 보인다.

그러므로 이미 마가복음에서 하나님 나라의 도래는 메시야의 도래와 밀접하게 연결되어 있고, 메시야가 여기에서 활동하고 있다는 인식은 하나님 나라가 세워지고 있다는 인식과 동일하다. 우리는 이것을 뛰어넘어서, 마가에게 있어서 예수는 메시야(또는 왕)로서 행동하고 있지만 아직 그렇게 인정을 받지 못하고 거부당하고 십자가에 못 박힌 것이라고 말할 수 있는 것인가?

---

27) William R. Telford, *The Theology of the Gospel of Mark* (Cambridge: Cambridge University Press, 1999). pp. 67-88, 특히 pp. 76, 87.

그렇다면 예수께서 이 땅에서 사명을 수행하고 계신 동안에 그를 메시야 지명자로 묘사하는 것은 부적절하다. 여기에서 우리가 받는 분명한 인상은 메시야가 출현하였기 때문에 하나님의 나라가 가까이 왔다는 것이다. 예수께서 행하시는 것은 자기가 메시야로서 왔다는 것이 아니라 하나님의 나라가 도래하였다는 것을 선포하는 것이지만, 예수는 자기가 누구이며, 하나님 나라와 관련해서 자신의 역할이 무엇인지라는 문제를 불러일으키는 방식으로 권세 있게 말씀하시고 행하신다.

아울러서, 하나님 나라와 예수의 예루살렘 입성의 연관관계는 예수의 고난과 죽음이 하나님 나라의 도래와 결정적으로 연관되어 있다는 것을 강력하게 시사해 준다. 이 복음서의 후반부는 장차 있게 될 예수의 고난과 부활을 강조하면서, 그의 죽음이 하나님의 계획에 따라서 일어났다는 사실을 부각시킨다. 이렇게 예수께서 성령으로 무장하고서 성취의 때가 이르렀다고 선포하시게 된 것은 하나님의 뜻과 연결되어 있다. 오직 세 번째의 수난 예고가 있은 후에야 예수께서 자신의 목숨을 내어주는 것, 즉 그의 죽음이 많은 사람들을 위한 대속물로서의 역할을 한다는 것이 드러난다. 이와 동일한 맥락 속에서 예수는 하나님의 진노의 잔을 마시는 것에 대하여 언급하는데, 그는 이와 동일한 은유를 겟세마네 동산에서 사용한다. 이것과 연결되어 있는 것은 최후의 만찬에서 예수께서 자신의 몸과 자신의 피를 쏟는 것에 관하여 하신 말씀들인데, 이것은 시내 산에서 옛 계약을 맺을 때에 드렸던 희생 제사와 같은 것이었다(출 24장). 이 모든 것들을 전부 종합해 보면, 우리는 예수의 죽음이 사람들을 죄와 그 비참한 결과들로부터 구원하기 위한 수단이라는 것을 분명하게 이해하게 된다(막 9:42-50). 마가에게 있어서 예수의 죽음은 결코 단순히 인자가 죄인들에 의해서 배척당한 것의 표현, 하나님의 역사에 대한 장애물이 아니라, 하나님의 나라를 도래하게 함에 있어서 하나님의 역사의 일부였다.

제자도로의 부르심에 응답하는 자들에게는 하나님 나라의 비밀이 주어졌다. 이러한 비밀을 보여주는 비유들은 씨 뿌리는 자를 주된 행위자로 설정하고 있는 비유들(막 4:3-8)과 씨 자체를 주된 대상으로 삼고 있는 비유들(막 4:26-32)을 번갈아 배치하는 흥미로운 현상을 보여준다. 씨 뿌리는 자와 씨는 둘 다 이러한 그림 전체의 구성 부분이다. 하나님 나라의 도래는 메시야의 사역에 의해서 이루어진다. 하나님의 나라는 복음의 메시지에 대하여 회개와 믿음으로 반응해서 하나님의 구원과 생명의 영역 속으로 들어오게 되는 자들로 이루어진다.

마가복음에 관한 오늘날의 논의는 메시야 비밀이라는 문제에 의해서 지배되어 왔다. 이 문제는 예수께서 자기가 누구인지를 고백한 사람들과 귀신들을 침묵하게 함으로써 메시야로서의 자신의 정체성을 비밀에 부치고자 하셨다는 사실로부터 생겨난다. 예수께서 그의 제자들에게는 은밀하게 좀 더 온전한 가르침을 베푸시면서도 그러한 것을 무리들과 그의 대적자들에게는 말씀하지 않은 것도 이것과 연결되어 있다.[28] 수난 예고들은 특별히 비밀에 부치도록 명령되고 있지는 않지만 오직 제자들에게만 행해진다.

메시야 비밀이 지닌 다면적인 성격은 하나의 단순한 설명이 아니라 복합적인 설명을 필요로 한다.[29] 오늘날의 학계에서는 이것을 메시야에 관한 비

---

28) F. B. Watson, "The Social Function of Mark's Secrecy Motif", *JSNT 24* (1985): 49-69는 이러한 비밀성을 택함받지 않은 자들은 복음을 이해해서 거기에 응답하게 되어 있지 않다는 이중적 예정이라는 관점에서 설명하여야 한다고 주장하여 왔다. 이러한 설명은 복음이 널리 선포되었고 누구든지 올 수 있다는 것을 함축하고 있는 본문들에 비추어 볼 때에 설득력이 없는 것으로 보인다(막 1:14-15). 하나님 나라에 관한 비밀은 이미 제자들이 된 자들에게는 주어졌고, 씨 뿌리는 자의 비유에 대한 해석은 하나님의 예정이라는 관점에서가 아니라 인간의 응답과 사탄의 반대라는 관점에서 주어진다. 이 복음서에는 그 어디에서도 예정론이 발전되고 있지 않다.

29) 신약학계에서 메시야 비밀이라는 문제는 예수가 그의 메시야됨 및 그것과 관련된 문제들을 비밀에 부친 것으로 묘사되고 있는 것은 역사적으로 사실일 가능성이 없다는 주장에 의해서 제기된다(예를 들면, 야이로의 딸이 다시 살아난 사건이 어떻게 비밀로 부쳐질 수 있었겠는가? 귀신들이 예수가 누구신지를 이미 입 밖으로 토해낸 후에, 예수가 귀신들에게 자기를 나타내지 말라고 금한 것은 도대체 무슨 효력을 지니고 있었던 것인가?). 마가가 역사적 사실일 가능성이 희박한 이러한 묘사를 한 이유에 대한 한 가지 설명은 그것이 예수가 스스로 메시야를 결코 자처하지 않았지만 그의 후대의 제자들이 그가 메시야라고 믿었다는 역사적 사실을 은폐하기 위한 것이었다는 것이다. 예수가 스스로 메시야임을 주장한 것을 보여주는 기본적인 증거의 결여가 그가 메시야를 주장했지만 어떤 사람에게도 알리지 않았다는 비역사적인 서술에 의해서 보완되었다는 말이

밀이라고 생각해 왔지만, 사실 그것은 하나님 나라에 관한 비밀의 일부이다. 예수는 "신비" 또는 "비밀"이라는 단어를 사용한다(막 4:11). 신약성서에서 "신비"는 하나님께서 과거에 비밀에 부쳐두셨다가 이제는 그의 사자들에게 계시하시는 그 무엇을 가리킨다.

이렇게 하나님께서는 이제까지 비밀에 부쳐 두셨던 계획을 예수에게 헌신한(이 단계에서 아무리 불완전하다고 할지라도) 제자들에게 계시하셨다 — 물론, 그들의 인식이 제한되어 있기는 하였지만. 예수에 대한 온전한 이해는 제자들이 자기 부인을 통해서 예수의 길에 기꺼이 참여하고자 하고 인격적으로 예수를 만날 때에 얻어지게 된다. 제자들이 예수께서 그들에게 설명해 주신 것들을 이해하는 데에 완전히 실패하였다는 것을 보여주는 그 어떤 암시도 없다는 것을 강조하는 것은 중요하다. 그들에 관한 이야기는 예수와 그의 메시지에 관한 점진적이고 좀 더 온전한 인식에 관한 이야기이다. 마가는 예수를 사람들이 이해할 수 있게끔 가르침을 베푸신 것으로 보고 있다(막 4:33). 제자가 된다는 것은 하나님 나라의 비밀을 소유하는 것, 즉 예수에 의해서 무엇이 진행되고 있는지를 이해하고 거기에 참여하는 것이다. 그것은 예수를 진정한 모습으로 인식하고, 하나님 나라가 진정으로 예수 안에 현존한다는 것을 아는 것이다.

예수는 누구인가. 마가에게 있어서 이 복음서는 메시지보다는 그 메시지를 전하는 사자(使者)에 관한 것이다. 예수가 누구인가 하는 것은 하나님 나라에 관한 그의 메시지보다 우선권을 지닌다. 메시야와 하나님 나라는 서로 연결되어 있지만, 마가는 메시야를 더 중시한다.

다. 여러 가지 이유로 이런 유의 설명(특히 W. Wrede와 결부된)은 유지될 수 없다. 그럼에도 불구하고, 왜 마가가 이러한 "비밀성"을 강조했느냐 하는 문제는 여전히 남는다. 우리가 역사적인 설명을 찾아본다면, 가장 좋은 견해는 예수는 군사적이고 민족적인 지도자로서의 메시야에 관한 당시의 공통된 인식과는 전혀 다른 방식으로 메시야를 이해하였기 때문에 그가 이 칭호에 의해서 사람들에 의해서 잘못 오해받는 것을 원치 않았다는 것이다. 그러나 이것은 마태복음과 누가복음에서 메시야 비밀이 별로 큰 역할을 하지 못하고 있다는 점에 비추어 볼 때에 마가가 메시야 비밀을 강조한 이유를 충분히 설명해 주지 못한다.

마가는 예수에 대하여 여러 가지 다양한 이름들 또는 칭호들을 사용한다. 마가가 이 이야기를 말할 때에 그는 통상적으로 이 이야기의 주인공을 사람들이 알고 있던 이름인 예수로 지칭한다. 예수라는 이름에는 그 어떤 중요한 신학적인 내용이 들어 있는 것으로 보이지 않는다. 예수를 제외한 그 밖의 세 개의 다른 주요한 용어들은 예수를 가리키는 칭호들 또는 묘사들로서의 기능을 한다.[30]

첫째, 히브리어 메시야에 해당하는 헬라어 그리스도가 이 복음서에 나온다(막 1:1). 이 용어는 베드로의 신앙고백(막 8:29)이 있을 때까지는 다시 등장하지 않는다. 그런 후에, 이 명칭은 재판 장면과 메시야를 이스라엘의 왕과 동일시하는 십자가의 죄패 속에서 다시 나온다(막 14:61; 15:32). 하지만 이것과 관련되어 있는 다른 표현들이 사용되고 있다. 예수께서 성령에 의해서 기름부음을 받은 것으로 이해한다면(cf. 사 11:1-3), 이러한 개념은 세례 장면에도 존재한다고 할 수 있다. 메시야라는 개념은 "하나님의 거룩한 자"(막 1:24)라는 칭호와도 연관되어 있을 수 있다. 이 개념이 좀 더 분명하게 드러나는 것은 "다윗의 자손"(막 10:47; 12:35)이라는 표현에서이다.

"다윗의 자손"은 메시야라는 말과 같은 것으로서, 맹인을 고친 능력 있는 일과 연관되어 있다. 일부 학자들이 생각해 온 대로, 이러한 칭호는 마가복음 12:35-37에서 암묵적으로 비판되고 있는 것인가? 그런 것 같지는 않다. 오히려 해결을 기다리는 수수께끼가 제시되고 있다. 이 단락의 목적은 예수께서 하신 말씀을 듣고 서기관들은 당혹해하였던 반면에, 독자들은 하나님 나라/메시야의 비밀을 알고 있다는 것을 보여주는 것이다. 마가에게 있어서 그리스도라는 용어가 왕과 연관이 있다는 것은 그리스도라는 용어가 하나님께서 그의 나라를 세우시기 위하여 보내신 자라는 의미를 지닌다는 것을 보

---

30) 예수에 대한 부활 이후의 이해에 있어서 중요한 역할을 하는 "주"라는 칭호는 마가복음에서 사소한 역할만을 할 뿐이다. 예수께서 마가복음 11:3에서 이 용어를 사용할 때, 그것은 분명히 자기 자신을 가리키는 것이 아니다. 마가복음 12:36-37에서 이 용어는 이 복음서에서 나중에 전개될 내용과 관련해서 아주 큰 의미를 지니는 다윗에 대한 메시야의 관계에 관한 신학적인 논의 속에서 등장하지만, 이 논의는 이 복음서에서 고립적으로 존재한다.

여준다.

둘째, "그리스도"와 더불어서 "하나님의 아들"이라는 칭호도 이 이야기 속에 나오는 여러 다양한 등장인물들에 의해서 사용되고 있다(막 1:1 ― 저자; 막 1:11; 9:7 ― 하나님의 음성; 막 3:11; 5:7 ― 귀신들; 막 13:32 ― 독자들에 의해서 예수께서 스스로를 가리키는 용어로 이해됨; 막 14:61 ― 대제사장; 막 15:39 ― 예수께서 죽을 때의 백부장). 이것이 예수의 정체성이라는 것은 마가복음 1:11에 의해서 독자들에게 분명하게 제시되어 있지만, 이 장면에 나오는 다른 사람들에게는 그렇지 않았다. 예수의 정체성은 귀신들에 의해서 인정되는데, 예수는 귀신들에게 마가복음 3:11에서는 자기를 알리는 것을 금하지만 마가복음 5:7(5:16에 비추어 볼 때에 이것이 예수와 그 사람 간의 사적인 만남이었을 가능성은 없다)에서는 금하지 않는다; 또한 하나님은 예수의 이러한 정체성을 측근 제자들에게 확인해 준다(막 9:7). 예수는 마가복음 12:6과 13:32에 나오는 간접인용들에서 이 호칭이 자기 자신을 가리킨다는 것을 암시한다. 마가복음 14:61에서 "찬송 받으실 이의 아들"은 "그리스도"와 동격으로 사용되는데, 이것은 이 두 용어가 밀접하게 연관되어 있다는 것을 강력하게 시사해 준다. 예수의 죽음을 지켜본 백부장은 그가 "하나님의 아들"이었다고 고백하게 된다. "하나님의 아들"은 하나님의 대리자인 예수와 하나님이 서로 긴밀하다는 것을 보여준다. 한 가지 가능성은 이 용어가 이 이야기에 있어서 핵심적인 대목들(막 1:11; 9:7; 15:39)에서 등장해서, 메시야가 누구인지를 좀 더 깊이 드러내고 있다는 것이다.

셋째, "인자"라는 수수께끼 같은 어구가 나온다. 이 어구의 기원과 이 어구가 원래 가리켰던 것이 무엇이었든지간에,[31] 마가복음에서는 다음과 같은 점

_____

31) 마가와 그 밖의 다른 복음서 기자들에게 있어서 "인자"는 예수를 가리키는 헬라어 어구로서 오직 예수에 의해서만 자기 자신을 가리키는 데에 사용되고 있다. 예수께서 사용하였던 원래의 아람어 속에서 이 어구가 정확히 어떤 의미로 사용되었는지, 그리고 그 용례들 중 어느 정도가 예수에게 돌려질 수 있는지에 대하여는 논란이 있다. 많은 학자들은 이 용어가 화자가 어떤 말들을 일반적으로는 사람들에게, 구체적으로는 자기 자신에 대하여 적용되는 것으로 만들기 위해서 사용할 수 있었던 일반적인 용어였고, 예수에 의해서도 그렇게 사용되었다고 주장한다. 하지만 오직 화자에게만 적용될 수 있는 말씀

들이 나타난다.

1. 인자는 예수께서 자기 자신을 가리킬 때에 사용한 용어로서, 그것이 원래 무엇을 의미하였든지간에, 예수(화자)와 다른 사람들에게 둘 다 적용되는 용어로 사용될 수 있을 정도로 포괄적인 의미를 지니고 있었을 가능성은 없다. 예수께서 이 용어를 사용하였을 때에는 그것은 오직 예수 자신만을 가리킬 수 있었다.

2. 인자는 예수께서 자신의 고난, 죽음, 부활에 관한 말씀들 속에서 특별히 선호하였던 용어[32]이다(막 8:31; 9:12, 31; 10:33, 45; 14:21, 41).

3. 인자는 예수께서 자기가 장차 심판하러 오시리라는 것, 하나님의 우편에 앉아 계시다는 것, 다시 와서 하나님의 백성들을 모으시리라는 것 등과 관련되어 있는 자신의 장래의 역할들에 관하여 말씀하실 때에 특별히 선호하였던 용어이기도 하다(막 8:38; 13:26; 14:62).

4. 이 복음서의 두 대목(막 13:26; 14:62)에서는 인자가 하늘의 구름을 타고 오신다는 다니엘 7:13의 표현을 분명하게 사용하고 있다. 적어도 이 구절들 속에서 염두에 두고 있는 인물은 이러한 높아지신 인물이기 때문에, 우리는 다니엘 7장이 장래에 예수에 의해서 성취될 예언으로 이해되고 있다고 볼 수 있다. 우리는 인자가 거룩한 천사들과 함께 아버지의 영광으로 오시리라 말하고 있는 마가복음 8:38을 앞에서 말한 이 두 구절과 연결시킬 수 있다. 이 본문 속에 함축되어 있는 심판의 요소는 다니엘 7:10, 26에 나오는 심판 장면에 대한 언급들과 잘 부합한다.

하지만 예수의 현재적인 권세(죄를 사하고, 안식일을 주관하는) 및 그의 죽

들 속에서 이 용어가 사용되고 있는 본문들에서는 이 용어는 복음서 전승이 발전하는 가운데 행하여진 첨가라고 그들은 말한다. 나를 포함한 여러 학자들은 이 용어가 예수에 의해서 자기 자신을 가리키는 데에 사용되었고, 이 단계에서 다니엘 7장의 영향이 존재하였다고 주장한다. I. Howard Marshall. "Son of Man", in *DJG*, pp. 775-81을 보라.

32) 말하자면, 우리는 뭔가 다른 용어를 사용해서 이러한 사건들에 관하여 말하고 있는 또 다른 일련의 말씀들을 발견하지 못한다는 것이다(눅 24:26, 46과 대비해 보라). 특히, 나(I)라는 용어는 이러한 말씀들 속에서 사용되고 있지 않다.

음과 부활에 대하여 언급하고 있는 그 밖의 다른 인자 본문들과 다니엘서와의 연결관계는 그리 분명하지 않다. 이러한 일련의 본문들 가운데서 전자는 Q 자료 속에 병행들이 나오기 때문에 그것이 예수에 의해서 사용된 표현방식을 반영하고 있을 가능성이 대단히 높다. 달리 말하면, 그것은 전승에 의한 것이고, 마가는 그러한 전승을 가져다가 사용한 것이라는 말이다. 후자는 마가복음에 특유한 것으로서, 그러한 본문들이 자주 나온다는 것(6번 정도의 서로 구별되는 용례들)은 이 본문들이 특별히 강조되고 있음을 보여준다.

이 복음서의 독자들은 이러한 어구에 의해서 당혹했을 것인가? 여기에서 우리는 이 복음서를 처음으로 읽으면서 그 어떠한 설명도 없이 마가복음 2:10에 나오는 이 이례적인 어구를 접하게 된 독자들과 이 복음서를 두 번 이상 읽음으로써 다니엘 7장에 대한 분명한 간접인용들을 제시해 주는 나중의 용례들에 비추어서 앞서의 용례들을 이해할 수 있었던 독자들을 구별하여야 한다. 또한 일부 독자들은 이 어구를 두드러지게 사용하고 있는 에녹1서를 알고 있었을 가능성도 있지만, 그러한 가능성은 확실하지는 않다.

두 번의 경우에 있어서는 예수와 관련하여 그리스도라는 표현이 나오는 진술 뒤에 예수께서 인자라는 어구를 사용하여 그리스도라는 칭호를 수정하는 듯이 보이는 진술이 나온다(막 8:31; 14:62). 이러한 "수정"에 대하여 한 가지 가능한 설명은 그것이 **메시야**라는 용어에 대한 예수의 태도와 관련이 있다는 것이다. 예수께서 자기와 관련해서 메시야적인 용어들을 사용하는 귀신들을 침묵시켰던 것과 마찬가지로, 다른 사람들이 그에 대하여 이 용어를 사용했던 두 번의 경우에서 그는 그리스도라는 용어가 자기에게 부적절하다는 듯이 그 용어를 인자라는 표현으로 바꾼다. 그렇지만 마가복음 9:41과 13:21에서 장래의 상황에 대하여 언급할 때에 **메시야**라는 표현을 사용한 것 또는 마가복음 12:35-37에서 예수께서 다른 사람들이 이 용어를 사용하는 것에 대하여 이의를 제기한 것 속에는 그 어떠한 부적절함도 없다. 그리고 우리는 마가가 이 용어를 이 복음서의 서두에서 예수를 분명하게 가리키는 데에 사용하고 있다는 것을 잊어서는 안 된다. 마태나 누가는 메시야라는 칭호를 사용함에 있어서 그렇게 소극적이지 않다. 게다가, 예수가 그리스도라는 베드로의 신앙고백은 절정에 해당하는 것으로 보이고, 마가복음 14:62은 마태복음과 누가복음에서 이 본문에 해당하는 말씀들이 무엇이든지간에 마가복음 속에서 대단히 단정적이다(그리고 현재 시제로!).

또 한 가지 문제는 세 가지 주요한 칭호들을 서로 다른 맥락들 속에서 사용하고 있는 것이 어떤 의미를 지니고 있는가 하는 것이다. 이 세 가지 주요한 칭호들은 서로 병치되거나 번갈아 사용되고 있는 것이 보여주듯이 기본적으로 동일함을 지니고 있는 것인가? 이 세 가지 칭호가 모두 예수에게 적용되었고 이러한 적용을 통해서 어느 정도 새로운 의미를 부여받게 되었다는 사실은 이 칭호들이 서로서로 동화되는 경향성이 존재하였을 가능성을 보여준다. 그럼에도 불구하고, 각각의 칭호들을 사용하기에 적합한 맥락이 고유하게 존재하였을 가능성이 있다. 예를 들면, 백부장의 고백은 이방인의 입에서 나온 것이기 때문에, 그에게는 오직 한 가지 칭호만이 가능하였다.

대제사장과의 대화 속에서는 이 세 가지 칭호가 모두 등장하는데, 이것은 마가에게 있어서 "인자"는 예수에 대한 이해에 있어서 본질적인 것임을 확증해 준다. 우리는 "인자"의 가장 초기의 용례들이 인자가 자기 자신을 가리키는 말이었고, 이렇게 자신을 가리키는 말이 그런 후에 다니엘 7장과 에녹1서에 나오는 인물을 가리키는 말로 변화되었다고 말할 수 있을 것이다. 게다가, 여기에 시편 110:1에 대한 간접인용이 포함되어 있는 것은 마가복음 12:35-17에서 메시야에 관하여 말하고 있는 내용과 연결되어서 화자(話者)가 다윗의 주라는 것을 분명히 해준다. 예수를 하나님의 아들과 동일시하는 것은 이미 이루어져 있었다. 그러므로 "인자"라는 칭호가 지닌 이점들 중의 하나는 그것이 자기 자신을 가리키는 말이자 메시야적인 칭호로서의 기능을 하는 용어였다는 것이다. 메시야 비밀에 관한 인식은 적어도 부분적으로는 예수께서 인자에 관하여 말할 때에 그가 자기 자신을 다니엘 7장에서 예언된 인물로 규정하고 있다는 인식에 있을 것이다.

끝으로, 이 용어들을 어떻게 이해해야 하는가라는 문제가 생겨난다. 윌리엄 텔포드(William Telford)는 예수를 메시야로 보는 유대적인 이해와 예수를 신적인 인물[33]이자 이적을 일으키는 자로서 "하나님의 아들"로 보는 헬레니즘적인 이해를 대비시킨다. 이것과 관련해서 우리는 권능의 역사(役事)들을 고찰해 볼 필요가 있다.

권능의 역사들. 우리가 위에서 검토한 것으로부터 암묵적으로 드러난 것은 권능의 역사들은 본질적으로 단순히 하나님 나라의 임재를 보여주는 표적들이라기보다는 예수의 권세 및 정체성과 관련되어 있다는 것이다. 물론, 메시야와 하나님의 나라는 서로 연결되어 있기 때문에, 이 두 가지 기능은 당연히 서로 결합되어 있지만, 그 강조점은 이러한 표적들과 메시야의 관계에 두어져 있다 — 물론, 그것이 예수가 누구인지를 보여주기 위한 것이든, 또는 예수를 반대하고 배척하게 된 근거들을 제공해 주기 위한 것이든(바리새인들이 예수의 정통성을 확인하기 위하여 하늘로부터의 표적을 원한 것을 참조하라). 권능의 역사들은 사람들로부터 놀라움과 경이로움이라는 반응을 불러일으켰다(막 5:20). 당시는 권능의 역사들이 오늘날보다 더 쉽게 받아들여졌던 때였기 때문에, 문제는 그러한 일들이 실제로 일어났느냐 하는 것이 아니라 그런 일들이 어떠한 권능에 의해서 이루어진 것이냐 하는 데에 있었다. 그 영감이 성령으로부터 온 것이냐, 아니면 바알세불로부터 온 것이냐?

텔포드는 그의 전체적인 주장에 따라서 그리스도라는 용어는 유대 민족적인 "다윗의 자손"이라는 의미가 아니라 "그 공동체의 높아진 '주'와 동일시될 수 있는 신적인 인물로"[34] 이해되어야 한다고 주장한다. "하나님의 아들"은 다윗 가문의 메시야가 아니라 권능의 역사들을 행하는 "신인(神人)" 유형의 인물 속에서의 하나님의 현현을 가리킨다. 마가가 인자 기독론을 받아들이고 있다면, 묵시론적인 요소는 고난받는 인자에 대한 강조에 의해서 약화된다.

---

33) 사람들은 별로 주목하고 있지 않지만, "신적인"이라는 용어는 악명이 높을 정도로 모호하기 때문에, 우리는 이 용어를 사용하는 것을 피하는 것이 좋을 것이다. "신적인 음성"이라는 어구는 하나님의 음성을 가리키고, "신적인 사자"는 통상적으로 하나님에 의해서 보내심을 받은 사자이다. 그러나 "신적인 존재"는 통상적으로 어떤 점들에서 하나님의 본성 또는 신분을 공유하고 있는 인물을 가리킨다. "신적인 아들됨"은 그 사람이 어떤 의미에서 하나님(인간과 대비되는)의 아들이라는 것을 의미하지만, 종종 특별히 그 사람이 하나님의 본성과 신분을 공유하고 있다는 것을 의미하기도 한다. "신적인"('데이오스')이라는 단어는 신약성서의 기독론에서 사용하고 있는 어휘가 아니다.

34) Telford, *Theology*, p. 37.

이러한 주장이 지니는 약점은 초기 그리스도인들이 한데 결합시켜 놓았던 예수의 정체성이 지닌 두 가지 측면을 서로 대비시키고 있다는 것이다. 아마도 마가는 이 땅에 살아 계시는 동안에는 유대적인 메시야로서의 역할을 하면서 주변 사람들에 의해서 이와 관련하여 그렇게 이해되기도 하고 오해받기도 한 후에, 부활하시고 나서는 신자들에 의해서 부활 사건 이후의 그들의 체험에 비추어서 높아지신 주님으로 인정되신 예수에 관한 이야기를 말하고 있다는 것이 진실일 것이다. 마가가 행하고 있는 것은 권능의 역사들을 행하시고 하나님의 우편에 앉게 되실 예수를 고난받고 죽으시는 예수와 역설적인 방식으로 결합시키는 것인데, 마가는 이 두 가지 측면이 서로 뗄래야 뗄 수 없을 정도로 결합되어 있다고 역설한다.

마가의 목적 중의 하나는 예수가 승리를 거두는 영광스러운 인물이 아니라 고난받아야 할 메시야이고, 따라서 제자들은 예수께서 그러셨던 것처럼 기꺼이 십자가를 져야 한다는 것을 분명히 하는 것이었다. 마가는 십자가의 신학으로 "영광의 신학(또는 기독론)"을 반박한 것이라고 학자들은 말한다. 이것을 정면으로 반박하는 견해가 건드리(Robert H. Gundry)에 의해서 제기되어 왔는데, 그는 이 복음서가 국외자들을 위하여 "십자가를 위한 변증"으로서 씌어졌다고, 즉 십자가에 못 박힌 연약한 인물이라고 세상이 거부하였던 예수가 사실은 권능 있고 영광스러운 분이었다는 것을 보여주기 위하여 씌어졌다고 주장한다. 이러한 주장이야말로 마가의 신학적 목적을 온전히 설명해 준다는 건드리의 강력한 주장에도 불구하고, 이 복음서의 전체적인 메시지는 서로 다른 필요들을 지닌 독자들이 그 안에서 그들에게 적합한 대답들을 발견할 수 있게 해주는 바로 그런 것일 가능성이 더 높다.

하나님의 나라와 메시야의 장래. 장래에는 무슨 일이 일어나게 될 것인가? 우리가 이미 지적했듯이, 마가가 장래의 일에 할애한 지면의 양은 거의 불균형을 이룰 정도로 많다고 할 수 있다. 그러한 것은 독자들의 필요에 의해서 생겨난 것으로 보이는데, 이것은 이 복음서가 주후 70년경에 씌어졌다는 논거로 사용된다.

마가복음 13장에는 두 가지 주제가 서로 얽혀 있다. 첫 번째 주제는 성전의 멸망과 그 일이 언제 일어날 것인가에 관한 것이고, 두 번째 주제는 그리스도/메시야의 재림이다. 메시야가 여기에 없지만 장차 오게 될 때가 전제되어 있다. 이러한 것은 이 때가 예수께서 더 이상 이 땅에 계시지 않게 될 그의 죽음 이후의 때임을 알고 있는 독자들에게 의미가 있다. 이 기간 동안에 그들은 거짓 그리스도들, 자연 재앙들, 전쟁들, 그리스도인들에 대한 박해에 관하여 예수께서 말씀하셨던 예언들의 성취를 볼 수 있었을 것이다. 그들은 이 기간 동안에 살면서 유대인들과 로마인들 간의 전쟁을 보았고, 특히 이 전쟁 기간 동안에 여전히 살아 있던 사람들은 분명히 이러한 시나리오를 인식할 수 있었을 것이다. 이 장의 목적 중의 일부는 독자들에게 이러한 일들이 이미 예언된 것들이기 때문에 하나님의 주관하심을 벗어난 것이 아니라는 것을 다시 확신시켜 주는 것이다. 또한 제자들("택하신 자들")에 대한 약속들, 즉 그들이 하나님의 도움을 받아서 이 기간 동안의 시험들과 고난을 견디게 될 것이라는 약속들도 주어진다. 그러한 고난이 있을 것이라는 사실은 어쨌든 설명되지 않는다. 그러한 고난들이 새 시대의 산고가 될 것이라는 것은 기정사실이었다(막 13:8). 독자들에게 "멸망의 가증한 것"의 출현을 통해서 상징된 위험의 때를 피해서 도망하라는 실제적인 조언도 나온다. 이것은 아마도 예루살렘 성전이 더럽혀지고 멸망받게 되는 것을 가리키는 것 같다. 그런 후에 서술되고 있는 내용은 논란이 되고 있다. 전통적으로, 그것은 인자가 임하여 온 세상에 걸쳐 흩어져 있는 그의 제자들을 하나님의 새로운 세상, 장차 나타나게 될 하나님의 나라로 한데 모을 것에 관하여 예수께서 계속해서 예언하신 것으로 이해되고 있다. 하지만 일부 학자들은 이 대목에서 말하고 있는 것은 인자가 하늘 보좌에 앉으시고, 이 땅에서는 인자의 심판에 의해서 예루살렘이 멸망하며, 교회의 전세계적인 선교를 통해서 하나님의 새로운 백성들이 모이게 되는 것이라고 주장한다. 오직 이 장의 끝 부분에 가서야(막 13:32-37) 인자가 그를 기다리는 제자들에게 돌아올 때가 언제인지는 아무도 모른다는 것에 대한 언급이 나온다.[35]

35) 특히, France, *Gospel*, pp. 497-546을 보라; cf. R.T. France, *Matthew* (Leicester: Inter Varsity Press, 1985), pp. 343-49; N. T. Wright. *Jesus and the Victory of God* (London: SPCK, 1996), pp. 120-68.(본사 역간)

마가복음 13장은 이 복음서 속에서 아주 독립적으로 부각되어 있다. 그렇지만 마가복음 13장은 마가복음 8:38에서 예시되었고 마가복음 14:62에 다시 나오는 인자의 오심이라는 주제를 다루고 있다. 여기에는 이 복음서에서 예수의 부활을 예고하고 있는 별개의 흐름과 일정 정도의 긴장 관계가 존재한다. 특히 예수는 그의 제자들에게 그가 다시 살아난 후에 그들보다 먼저 갈릴리로 가 있게 될 것을 알리시고, 천사는 무덤을 찾은 여자들에게 이 메시지를 상기시켜 준다(막 14:28; 16:7). 이 약속의 성취에 대해서는 그 어떤 말도 언급되지 않고, 이 약속은 마가복음 13장에 나오는 가르침과도 연결되지 않는다. 이것은 원래의 독자들에게가 아니라 우리에게 하나의 문제점일 수 있다. 그들은 예수께서 더 이상 이 땅에 계시지 않는다는 것과 그들이 예수께서 장차 오실 것을 기다리고 있다는 것을 알고 있었다. 갈릴리에서의 일시적인 재결합에 관한 마가의 예고와 관련해서 가장 합리적인 해결책은 이 복음서의 원래의 결말이 지금은 없어져 버렸는데, 그 결말에서는 갈릴리에서의 만남을 언급하고 있었다는 것이다(cf. 마 28:16). 그렇지만 불가사의한 강력한 요소를 지니고 있는 이 복음서에서 마가가 어떤 이유에서인가 예수의 부활 현현 사건들을 말하지 않았을 가능성도 배제될 수 없다.

예수에 대한 반응. 마가는 이 복음서를 많은 무리의 사람들이 세례 요한에게 세례를 받기 위해서 자발적으로 몰려드는 장면으로 시작한다. 예수는 하나님 나라의 임박한 도래를 알리고, 사람들에게 회개하고 복음을 믿으라고 강력하게 권하는 것으로 자신의 사역을 시작한다. 회개로의 부르심은 요한의 세례를 이어받고 있는 것이지만, 예수는 복음을 선포한다는 점에서 세례 요한을 뛰어넘는다. 예수가 성령으로 세례를 베풀 것이라는 요한의 예언이 어떤 식으로 성취되고 있는지는 분명하지 않다. 오직 마가복음 13:11에는 제자들이 성령의 감화를 받아서 핍박을 받는 동안에 용기있고 적절하게 말하게 되리라는 것이 전제되어 있다. 여기 마가복음 1:15에서 믿음의 대상은 예수에 의해서 선포된 복음이다. 하지만 이 복음서는 복음에 대한 믿음을 그 복음을 선포한 자에 대한 믿음과 밀접하게 연결시킨다. 제자도와 예수를 따르는 것에 관한 표현들은 예수에 대한 믿음의 표현이다. 일부 권능의 역사(役事)들은 자발적으로 믿거나 믿도록 권유를 받은 사람들을 위해서 행해지고(막 2:5; 5:34, 36; 9:23-24; 10:52), 권능의 역사들은 믿음으로 귀결되어야한다 — 그러한 일이 일어나지 않을 수도 있지만(막 4:40). 예수의 대적자들은 그들에게 믿음을 가져다 줄 권능의 역사들을 보기를 원한다(막 15:32; cf. 막 8:11-13). 이렇게 마가에게 있어서 사람들은 신자들이 될 수 있지만, 마가는 어떻게 그리고 왜 어떤 사람들은 신자가 되고 어떤 사람들은 신자가 되지 않는지를 설명하지 않는다.

예수를 "따르는" 것은 예수와 그의 메시지에 대한 믿음을 가지는 것과 반드시 동일한 것은 아니다. 이 용어는 문자 그대로 예수와 함께 한 무리들에 합류해서, 다양한 정도의 헌신을 통해서 그와 함께 여행하는 것을 가리키는 데에 사용된다(약한 헌신 — 막 2:15; 3:7; 5:24; 강한 헌신 — 막 1:18; 2:14; 6:1). 예수는 전적인 헌신을 통해서 인격적으로 자기와 밀접하게 결합되어 있는 것을 가리키는 데에 이 용어를 사용한다(막 8:34; cf. 막 10:28). 이러한 헌신을 표현하는 데에 가장 흔하게 사용되는 용어는 **제자**인데, 제자는 대체로 예수에게 헌신되어서 예수의 수행자들에 속한 한 무리의 사람들을 가리키는 수단으로 사용되고, 그러한 사람들 속에는 유다도 끼여 있었다. 마가는 일반적으로 예수와 동행하였던 열두 제자를 가리키는 데에 이 용어를 사용한다(막 3:13-19). 하지만 예수에게 헌신된 사람들의 무리는 예수께서 많은 무리들 중에서 특별히 선택하신 열두 제자보다 더 많았다. 마가복음 4:10에 나오는 묘사, 마가복음 8:34에서 더 많은 무리들에게 예수를 따르는 자들이 되라고 하신 부르심, 예수를 따른 바디매오의 예(막 10:52) — 이 모든 것들은 더 많은 수의 제자가 의도되고 있다는 것을 보여준다. 그럼에도 불구하고 마가복음에도 **제자들**이라는 용어는 마가복음 3장 이래로 예수와 함께 동행하였던 자들인 열두 제자를 가리키는 데에 국한되어 사용된 것으로 보인다.[36]

제자들은 마가복음에서 흥미로운 역할을 한다. 한편으로, 그들은 하나님 나라에 관한 예수의 계시를 받는 자들로서 예수께서 무리들에게는 베풀지 않으신 가르침을 받는다. 그들은 특권을 지닌 집단이다. 다른 한편으로, 그

---

36) 이 용어가 좀 더 폭넓게 가리키고 있는 것은 누가복음 14:25-35에서 좀 더 분명하게 나타난다.

들은 예수께서 그들에게 말씀하고 계시는 것을 이해하지 못하는 모습을 지속적으로 보여준다. 그들은 비유들을 이해해야 했지만(마 4:13) 그렇지 못하였다. 그들은 여러 가지 다양한 방식으로 무지하고(막 9:5-6에 나오는 베드로처럼) 능력 없이(막 9:18) 행한다. 그들은 매우 인간적이다. 예수께서 붙잡히실 때에 그들은 모두 현장에서 도망을 했다(막 14:50). 이러한 혼합된 증거들은 마가가 제자들에 대하여 매우 비판적이었고 제자들의 모습을 통해서 마가 당시의 교회 지도자들을 공격하고 있다는 것을 보여주는 것으로 보아져 왔다.[37]

마가가 당시의 교회 지도자들을 왜 비판하고자 했는지, 또는 그가 무엇을 비판하고 있는지가 분명하지 않기 때문에 그러한 설명은 별 설득력이 없다. 마가복음에 나오는 그림은 제자도가 무엇을 의미하는지를 배우는 과정에 있는 사람들에 관한 그림으로서, 처음에 회개하고 믿은 자들 속에서 찾아볼 수 있는 불완전한 모습들 및 성장해야 할 필요성과 잘 부합하는 그림이다. 오직 십자가와 부활 이후에야 온전한 이해가 가능하게 된다. 이렇게 마가복음에서 제자들에 관한 묘사는 부자연스럽지 않다. 오히려 우리를 당혹스럽게 만드는 것은 왜 마가가 최초의 제자들을 이상적으로 묘사하지 않고, 도리어 그들이 잘 깨닫지 못했다는 것을 강조하고 있느냐 하는 것이다.

텔포드는 이 문제를 다루면서, 마가가 제자들을 이런 식으로 가혹하게 묘사하고 있는 것은 단순히 목회적인 이유(만약 그랬다면, 마가는 격려와 계몽을 주는 가르침을 베풀었을 것이다) 때문이 아니라 변증적인 이유 때문이었는데, 마가는 예수를 곧 다시 오게 될 다윗 가문의 자손으로 보고 그의 부활과는 대조적으로 그의 죽음을 무시하는 경향을 보였던 예루살렘 교회의 지체들에 의해서 주장된 기독론과 구원론에 대하여 반론을 편 것이라고 주장한다.[38]

---

37) 이 모든 논의 속에서 핵심적인 본문은 예수께서 그의 제자들에게 인자가 고난을 받고 다시 살아나야 할 것을 가르치다가 베드로에 의해서 책망을 받았다고 말하는 마가복음 8:31-33이다. 그러나 이 본문이 부활절 이후의 베드로의 태도를 나타낸 것일 수 있다는 주장은 결코 옳지 않다. 만약 그렇게 본다면, 예수께서 실제로 십자가에 못 박혔다는 것을 부인하는 것은 있을 수 없기 때문이다.

이러한 이론 속에는 몇 가지 분명한 약점들이 존재한다. 초기의 유대 그리스도인들이 예수에 관한 그러한 견해를 지니고 있었다는 것을 밑받침해 주는 증거들이 어디에 있는가? 또한 이 복음서에 나오는 제자들의 약점들이 특별히 잘못된 기독론과 연결되어 있다고 보기는 어렵다. 제자들이 보여주는 약점들은 그러한 잘못된 기독론보다 훨씬 더 폭넓은 것이다.

처음에 제자도에 관하여 사용된 표현들은 오직 예수를 따르는 자들(제자들)만이 그가 가르치시는 것을 이해할 수 있고, 그들이 그렇게 이해할 수 있는 것은 오직 하나님께서 그들에게 그러한 깨달음을 "주었기" 때문이라는 것을 보여주는 경향을 지닌다. 이것은 예수와 함께 한 자들과 "외인들"(막 4:11) 간에는 엄격한 구별이 존재한다는 의미를 내포하고 있다 — 사람들이 어떻게 이 집단에서 저 집단으로 넘어갈 수 있는지에 대해서는 분명하게 말하고 있지 않지만. 하지만 이 복음서는 예수께서 사람들에게 그의 메시지에 응답하라고 부르시고, 일부 사람들은 그들이 예수의 가르침을 이해하게 되었다는 것을 보여줌이 없이 믿음과 제자도로 나아오게 된 것에 관하여 묘사한다. 마가복음 4장에 나오는 결정적으로 중요한 가르침은 복음에 이미 응답한 자들이 복음 밖에 있는 자들에게는 불가능한 방식으로 하나님 나라를 아는 지식에 있어서 계속해서 진보한다는 것을 말씀한 것으로 해석하는 것이 나을 것으로 보인다. 외인들은 예수께서 가르치시는 것을 듣지만 거기에 응답하지 않기 때문에, 그의 가르침은 비유 또는 수수께끼로 보여서, 그 의미를 이해하지 못하게 된다. 어떤 사람들은 긍정적으로 응답하고, 어떤 사람들은 부정적으로 응답하는 이유가 명확하지 않지만, 거기에 대한 대답은 나오지 않는다. 마가는 하나님께서 응답하도록 만드시는 자들은 긍정적으로 응답하고, 하나님이 그렇게 하지 못하게 만드신 자들은 부정적으로 응답하게 된다고 말하지 않는다. 그러나 마가는 지속적으로 믿기를 거부한다는 것은 사람들이 믿을 기회를 박탈당한다는 것을 의미한다고 말한다. 마음의 완악함이 존재하는데, 이것은 인색함을 의미하는 것이 아니라, 진리에 대하여 눈이 멀었다는 것을 의미한다. 이것은 예수를 배척하는 자들의 특징이고(막

---

38) Telford, *Theology*, pp. 151-63.

3:5), 심지어 제자들조차도 그러한 특징을 드러낼 수 있다(막 6:52; 8:14-21).[39] 우리는 종종 무엇을 통해서 제자들과 반대자들이 구별되는지 헷갈리기도 한다! 그러나 적어도 제자들에게는 예수에 대한 어느 정도의 헌신이 존재한다(막 9:24에 나오는 정서를 참조하라). 예수에 대한 사람들의 반응 속에서 우리가 간과해서는 안 될 추가적인 요소는 두려움을 수반한 놀람과 기이히 여김이다. 마가는 다른 기자들보다 예수의 행위들 속에 깃든 신비로운 특질을 좀 더 깊이 느꼈던 것으로 보이고, 예수를 둘러싸고 있는 이러한 신비의 요소를 좀 더 자세하게 드러내고자 한 것으로 보인다. 메시야 비밀에 대한 마가의 강조도 이러한 사실과 어느 정도 관련이 있을 가능성이 있다. 마가는 그의 독자들이 예수와 관련된 모든 것을 파악할 수 있고 쉽게 설명할 수 있다고 생각하기를 원하지 않았다.

결론

이 시점에서 마가의 신학을 규정하고자 하는 시도는 섣부른 것이 될 수 있다. 왜냐하면, 다른 복음서 기자들의 신학과의 비교를 통해서 마가의 신학이 지니는 독특한 요소들이 더 분명하게 밝혀진 후에 그런 시도를 하는 것이 더 적절할 것이기 때문이다. 그럼에도 불구하고, 마가의 신학을 그 틀, 주된 주제, 세부적인 전개라는 관점에서 요약하는 것은 우리의 논의에 어느 정도 도움이 될 것이다.

의심할 여지 없이 마가의 것인 예수의 가르침의 틀은 하나님의 존재에 관한 당시 유대인들의 신앙들, 하나님의 뜻이 성경 속에 계시되어 있다는 것, 하나님이 이스라엘을 그의 백성으로 택하셨다는 것에 의해서 제공되고 있다. 또한 예수는 인간의 생명에 영적인 차원이 존재한다는 것과 선한 것이든(천사들) 악한 것이든(귀신들과 사탄) 영적인 존재들이 활동한다는 것을 믿은 유대교의 인간론을 받아들였다. 또한 예수는 인간 역사에 있어서의 두 시대, 즉 현세와 내세라는 개념을 받아들였다 — 내세는 하나님이 그의 백성을 온

---

39) 마태와 누가는 "완악하게 하다"라는 표현을 가져와서 사용하고 있지 않다는 것을 주목하라.

전히 다스리게 될 시대이다.

이 복음서의 주된 주제는 하나님의 나라와 관련한 예수의 정체성이다. 마가는 이것을 두 단계에 걸쳐서 드러난다. 첫 번째 단계에서는 메시야이자 하나님의 아들로서의 예수에 대한 인식이 존재하는데, 그의 권능의 역사(役事)들과 선포를 통해서 하나님 나라의 현존이 증명된다. 그런 후에, 메시야가 고난을 받고 죽은 자 가운데서 다시 살아나야 한다는 인식이 나오는데, 이것은 그를 따르는 자들에게 여러 가지 의미를 지니게 된다. 하나님의 나라는 메시야 및 그의 사명에 참여하는 자들 쪽에서의 고난 없이 임하게 되는 것이 아니다. 이 복음서 전체에 걸쳐서 신비감이 존재한다: 메시야는 평범한 인간이 아니고, 이 복음서는 계시를 기꺼이 받아들여서 그의 제자들이 되고자 하는 자들에게 그가 누구인지를 알려주는 비밀한 계시이다 — 물론, 그들은 그 계시에 대하여 당혹해하고 심지어 배척하는 경향을 보여주기도 하지만. 단순화와 도식화의 위험을 무릅쓰고, 우리는 마가복음의 주된 주제의 세부적인 전개에 있어서 몇몇 중요한 요소들을 다음과 같이 요약해 볼 수 있다.

1. 예수는 그의 청중들이 육체적 · 사회적 · 영적 필요들을 지닌 사람들로 구성되어 있다는 것을 전제하였다. 그는 바리새파와 연관된 종교, 즉 율법의 사소한 것들까지도 지켜야 한다고 역설하며, 마음의 태도와는 상관없이 외적인 준수에 집중하며, 그 기준에 따라서 살지 않은 자들에 대하여 관심을 갖지 않았던 바리새파의 신앙을 비판하였다.

2. 이러한 전제된 틀이라는 관점에서 주어진 예수의 기본적인 가르침은 인류를 위한 축복의 영역을 만들어 내고 사탄의 권능을 이겨서 악을 멸하기 위하여 예수를 통해서 이 세상에서 활동하시는 하나님의 주권적이고 은혜로운 권능으로 이해된 이러한 하나님의 통치와 관련되어 있었다. 그것은 가까운 장래에 온전히 드러나게 될 것이었지만, 이미 그 권능을 행사하고 있었다. 예수의 사명은 가난하고 곤궁한 자들에게 복음을 전하고, 치유와 긍휼의 행위들 속에서 하나님의 능력을 나타내 보여주는 것이었다. 그는 죄인들에게 하나님 앞에서 그들의 진정한 모습을 볼 수 있게 하고자 하셨다.

3. 이러한 사명 속에서 예수 자신의 역할은 하나님으로부터 보내심을 받은 선생 및 선지자의 역할과 같은 것으로 보였지만, 그가 하나님의 주권적인 능

력과 권세로써 말씀하시고 행하신 방식은 그를 종말에 오실 메시야에 관한 유대인들의 기대라는 틀 속에서 보아야 하는 것이 아닌가 하는 문제를 불러 일으켰다. 예수는 인자의 오심과 활동에 관하여 말씀하였는데, 인자라는 어구는 분명히 그의 죽음 이후에 그의 제자들에 의해서, 그리고 거의 틀림없이 그 자신에 의해서도 메시야적으로 이해되었다. 예수는 하나님을 자신의 아버지라고 생각하였고, 그런 관계 속에서 하나님께 기도하였다.

4. 예수는 자기 자신을 자기가 전하는 메시지와 밀접하게 동일시하였기 때문에, 그의 메시지에 대한 응답은 제자로서 그를 따른다는 관점에서 표현되었다. 예수는 그를 따르는 자들로 이루어진 새로운 모임을 조직하지 않았지만 일부 사람들을 그의 사명에 동참하도록 부르셨다.

5. 예수는 하나님과의 진정한 관계로부터 떨어져 나간 이스라엘 백성을 새롭게 하는 것을 자신의 과제로 보셨다. 그는 그의 활동을 거의 전적으로 유대인들에게 국한시켰지만, 소외된 자들에 대하여 특별한 관심을 보이셨고, 이방인들을 그의 관심으로부터 배제하지 않으셨다.

6. 예수는 하나님과 이웃을 전심으로 사랑하는 것이 유대 종교의 강령이라는 것을 증명하였다.

7. 예수는 그들을 위하여 기꺼이 죽고자 하심으로써 자신이 가르친 원리들을 극한까지 실천하셨다. 그는 자신의 고난을 우연적인 것이 아니라 하나님께서 정하신 그의 소명의 일부로 보았고, 그의 고난을 다른 사람들을 위한 희생제사로 여겼다.

8. 예수는 하나님의 통치가 곧 완성되어서, 인류가 하나님의 심판대에 서서 예수 자신에 대한 그들의 반응에 따라서 보존되거나 심판받게 될 것이라는 것을 내다보셨다.

참고문헌

New Testament Theologies: (English) Ladd, pp. 228-36; Morris, pp. 95-113; Strecker, pp. 343-64; Zuck, pp. 65-86 (D. K. Lowery). (German) Berger, pp. 634-42 *et passim;* Gnilka, pp. 151-74; Hahn, I: 488-517; Hübner, 3:67-95; Stuhlmacher, 2:130-50.

Best, Ernest. *Following Jesus: Discipleship in the Gospel of Mark.* Sheffield: JSOT Press, 1981.

Evans, Craig A. *Mark 8:27–16:20.* WBC. Nashville: Thomas Nelson, 2001.

France, R. T. *The Gospel of Mark: A Commentary on the Greek Text.* Grand Rapids, Mich.: Eerdmans; Carlisle: Paternoster, 2002.

Geddert, Timothy J. *Watchwords: Mark 13 in Markan Eschatology.* Sheffield: JSOT Press, 1989.

Guelich, Robert A. *Mark 1–8:26.* Dallas: Word, 1989.

Gundry, Robert H. *Mark: A Commentary on His Apology for the Cross.* Grand Rapids, Mich.: Eerdmans, 1993.

Hooker, M. D. *A Commentary on the Gospel According to St. Mark.* London: A & C Black, 1991.

——— . *The Message of Mark.* London: Epworth, 1983.

Marcus, Joel. *The Way of the Lord: Christological Exegesis of the Old Testament in the Gospel of Mark.* Edinburgh: T & T Clark, 1993.

Marshall, Christopher D. *Faith as a Theme in Mark's Narrative.* Cambridge: Cambridge University Press, 1989.

Martin, Ralph P. *Mark: Evangelist and Theologian.* Exeter: Paternoster, 1972.

Stonehouse, Ned B. *The Witness of Matthew and Mark to Christ.* London: Tyndale, 1959.

Telford, William R. *Mark.* Sheffield New Testament Guides. Sheffield: Sheffield Academic Press, 1995.

——— . *The Theology of the Gospel of Mark.* Cambridge: Cambridge University Press, 1999.

Telford, William R., ed. *The Interpretation of Mark.* 2nd ed. Edinburgh: T & T Clark, 1995.

Twelftree, Graham H. *Jesus the Miracle Worker: A Historical and Theological Study.* Downers Grove, Ill.: InterVarsity Press, 1999.

Watson, Francis B. "The Social Function of Mark's Secrecy Motif". *JSNT* 24 (1985): 49-69.

Watts, Rikki E. *Isaiah's New Exodus and Mark.* Tübingen: Mohr Siebeck, 1997.

제 4 장

마태복음

마가복음을 다룬 후에 마태복음으로 넘어가는 것이 적절한데, 이것은 많은 점들에서 누가복음보다는 마태복음이 마가복음과 더 비슷하기 때문이다. 누가는 마가복음의 본문 및 구조를 별로 따르고 있지 않고, 그의 복음서를 기독교의 기원에 관한 좀 더 폭넓은 고찰이라는 맥락 속에 두었다. 마태복음은 그 전망에 있어서 더 유대적이고, 그렇기 때문에 예수와 가장 초기의 그리스도인들의 정서에 더 가깝다. 누가복음 속에는 마태복음보다 더 이전의 전망과 기사가 나오는 대목들이 있기는 하지만, 마태가 예수의 이야기를 어떻게 다루었는지를 살펴본 후에 누가복음을 보는 것이 이해하기가 더 쉽다.[1]

마태의 신학적 이야기

예수에 관한 마태의 신학적 이야기는 마가의 것과 매우 유사하다. 마태는 마가복음에 나오는 개별적인 이야기들 중 대다수를 자신의 복음서 속에 통합시킨다. 마태는 대체로 자신의 이야기 속에서 마가와 동일한 순서를 지킨

---

1) 마태복음이 마가복음 뒤에 씌어졌다는 것에 대해서는 학자들 간에 꽤 폭넓은 견해의 일치가 존재한다. 전반적인 경향은 마태복음 속에는 예수의 제자인 마태로부터 궁극적으로 기원한 내용들이 들어 있을 수는 있지만 그 저자가 누구인지는 모른다는 것이다. R. T. France, *Matthew: Evangelist and Teacher* (Exeter: Paternoster, 1989), pp. 50-80은 이 복음서가 마태에 의해서 씌어졌다고 강력하게 주장하지만, 대부분의 학자들은 그런 주장도 가능하기는 하지만 논거들이 결정적인 것은 아니라고 본다.

다 — 앞 부분의 여러 장들 속에서는 내용들에 대한 복잡한 재배치가 존재하기는 하지만. 또한 마태는 마가복음에서 사용된 표현들을 꽤 충실하게 고수한다 — 여기에서 그의 경향은 기사들을 어느 정도 축약하는 것이지만. 따라서 마태의 이야기 속에서 마가복음과 병행되는 내용들이 주는 전체적인 인상은 마가복음에서와 거의 동일하다 — 마태복음에 나오는 추가적인 자료들의 양이 꽤 되기 때문에, 우리는 마가복음과 병행되는 내용들을 또 다른 맥락 속에서 보게 되고, 수많은 작은 수정과 첨가들이 그러한 병행 본문들에 대한 우리의 이해에 영향을 미치지는 하지만. 마태복음과 누가복음의 신학적 이야기를 제대로 다루려면, 마가복음의 경우에서처럼 전체 기사를 동일한 방식과 동일한 정도의 상세함으로 다루어야 하겠지만, 그러한 작업은 상당한 정도의 지면을 필요로 할 뿐만 아니라 공통된 강조점들에 대한 많은 반복을 수반할 수밖에 없게 된다. 따라서 현실적으로 우리가 취할 수 있는 방법은 마가복음과 비교해서 유사점들과 차이점들을 지적하는 것이 될 것이다.

이 복음서의 기본적인 구조는 마가복음과 거의 동일하다. 특히 주목할 만한 것은 마태가 4:17과 16:21에서 "이 때부터 예수께서 비로소"라는 동일한 형태의 어구를 사용하고 있다는 것과 이 정형 어구가 예수께서 하나님 나라에 관한 메시지를 선포하기 시작한 대목과[2] 그가 그의 제자들에게 그의 임박한 죽음에 관하여 가르치기 시작하는 대목에 나온다는 것이다. 이것은 마태가 마가복음과 동일하게 기본적으로 두 부분으로 이루어진 신학적 구조, 즉 제1부에서는 예수가 누구인지를 밝히고, 제2부에서는 그가 고난을 당하여야 한다는 것을 설명하는 구조를 공유하고 있다는 것을 보여준다.[3] 하지만 또

---

2) 마태는 "하나님의 나라"라는 표현 대신에 거의 모든 경우에 "천국"이라는 표현을 사용한다. 이것은 유대교의 용법을 반영한 문체상의 변형 이상의 것은 아닌 것으로 보이지만, 이 어구는 Johanan ben Zakkai 이전의 유대교 속에서는 확인되지 않는다; W. D. Davies and D. C. Allison Jr., *The Gospel According to St Matthew* (Edinburgh: T &T Clark, 1997), 3:390–91을 보라.

3) 예수께서 배척받으신다는 주제는 이 복음서의 전반부에 나오지 않는 것은 아니지만(예를 들면, 마 12:40), 후반부에서처럼 명시적으로 제시되고 있지는 않다.

하나의 구조가 이러한 구조 위에 덧씌워져 있다. 그것은 행위와 말씀을 교대로 배치하는 서사적 구조이다.[4]

예수의 출생, 수세, 시험. 마태는 예수의 출생에 관한 이야기(마 1–2장)을 포함시킴으로써 이 복음서에 긴 서문을 제시하고 있다는 점에서 마가와 다르다. 이 기사는 두 가지 요소를 포함하고 있다. 이 이야기는 아브라함에서 시작해서 유다의 왕들로 이어지고 스룹바벨에 이른 후에 일련의 알려지지 않은 이름들을 거쳐서 예수의 어머니인 마리아의 남편 요셉에 이르는 계보를 추적하는 예수의 족보로 시작된다. 이 족보 속에는 정상적인 혼인이 아니었거나 유대인들이 아니었던 네 명의 여자들이 언급된다(다말, 라합, 룻, 우리아의 아내 밧세바). 이 족보의 목적은 예수를 유대 민족과 그 왕의 계보에 뿌리를 두게 하고, 그의 비정상적인 출생과 이방인들을 하나님의 백성 속에 포함시키는 것을 위한 길을 예비하는 것이다.[5]

그런 후에, 마태는 마리아가 아이를 가지게 되었다는 것, 그것이 성령에 의해서 이루어진 것임이 요셉에게 꿈에서 계시되었다는 것 ― 이것은 분명히 마리아가 다른 남자와 간음이나 음행을 행하지 않았다는 것을 보이기 위한 것이다 ― 을 이야기한다. 그 아이는 "여호와께서 구원하신다"를 의미하는 예수라는 이름을 갖게 되어 있었고, 그의 출생은 처녀에게서 한 아기가 나서 그 이름을 "하나님이 우리와 함께 계신다"를 의미하는 임마누엘로 불리게 되리라는 구약의 예언을 성취하는 것이었다. 그러므로 처음부터 예수는 유다의 왕의 혈통 속에 두어지고 있는데, 이것은 예수가 메시야라는 것, 그의 역할은 백성들을 죄로부터 구원하는 일과 관련되어 있다는 것, 그의 현존은 하나님 자신의 현존과 동일하다는 것을 강력하게 시사해 주는 것이다. 이러한 왕적인 요소는 예수의 출생과 그 여파에 관한 이어지는 기사 속에서 계속되는데, 거기에서 동방 박사들은 그 아이가 유대인들의 왕이라는 것을 알게 되

---

4) 꽤 논란이 되고 있는 이러한 구조의 세부적인 내용들은 마태의 신학을 연구하는 데에 본질적으로 중요한 것은 아니다.

5) 누가의 경우에서와 마찬가지로 마태에 있어서도 요셉이 예수를 마치 자신의 아들처럼 받아들임으로 인해서 그는 법적으로 이 족보에 속하게 되었고 다윗의 자손으로 여겨지게 되었다는 것이 전제되고 있다.

고, 헤롯은 그 아이가 "그리스도"일 것이라고 추측하게 된다. 예수가 하나님이라는 모티프는 호세아 11:1의 "성취"로서 애굽으로 도망하는 것에 관한 이야기 속에서 거의 부수적으로 등장한다. 예수의 유년기와 소년기에 관한 이야기는 아무런 설명 없이 생략된다.

마태는 이제 마가가 그의 복음서를 시작하는 대목, 즉 세례 요한의 활동과 예수의 수세라는 대목에서 예수의 성년으로서의 삶에 관한 이야기를 해 나간다(마 3장). 이 기사는 마태가 그의 이야기를 어떻게 편집하고 있는지를 잘 예시해 준다. 첫째, 마태는 세례 요한의 설교에 관한 좀 더 자세한 기사 같은 다른 자료들로부터 가져온 내용들을 포함시킴으로써(마 3:7-10, 14-15) 죄를 회개하지 않는 자들을 기다리고 있는 심판을 한층 더 강조하고, 세례를 받기 위하여 온 바리새인들과 사두개인들의 의도에 관한 모종의 회의적인 목소리를 낸다 ─ 이 두 가지 주제는 나중에 다시 반복될 것이다. 둘째, 마태는 마가복음에 나오는 기사를 약간 수정해서, "너는 내 사랑하는 아들이라"를 "이는 내 사랑하는 아들이라"고 바꾸어 서술하고 있는데, 이것은 마가복음에서 일차적으로 예수를 향한 말씀이었던 것을 마태복음에서 공적(公的)인 선포로 바꾸어주는 효과를 지닌다.

마찬가지로, 예수께서 사탄에 의해서 시험을 받았다는 마가의 아주 짤막한 언급은 마태복음에서는 마귀가 예수를 시험하여 하나님께 불순종하고 하나님을 불신하도록 만들고자 했던 세 가지 시도에 관한 더 긴 기사로 대체된다(마 4:1-11). 마가복음의 이야기를 대체한 마태의 기사 속에서 예수의 결연한 저항과 승리가 좀 더 선명하게 드러난다.

선생의 선언서. 예비적인 사건들이 끝난 후에, 마태는 갈릴리에서의 예수의 사역에 관한 이야기를 다룬다(마 4:12-25). 예수의 출생에 관한 이야기에서와 마찬가지로 여기에서도 마태는 구약성서에 나오는 예언의 성취를 보고서, 예언을 성취하기 위해서 이러한 일이 일어났다는 것을 말하는 특별한 정형 어구와 더불어서 해당 본문들을 인용한다. 이러한 인용문들은 예수의 삶 속에서 일어난 중요한 사건들과 활동들이 구약의 예언들과 모형들을 성취하기 위하여 일어난 것임을 어느 정도 자세하게 보여주는 효과를 지닌다.[6] 예수의 메시지는 마가복음에서보다도 한층 더 간략하게 "회개하라 천국이 가까이 왔느니라"(마 4:17)로 요약된다.[7] 이 메시지와 관련하여 마가의 기사 속에 나오는 성취의 요소는 마태복음에서는 이사야 9:1-2에서 가져온 앞서의 성경 인용문 속에 포함되어 있다. 이 인용문 속에는 이 메시지를 "복음"이라고 규정하고 그것에 대한 믿음을 요구하는 명령은 생략되어 있지만, 그 명령은 그 다음에 나오는 예수의 선교에 관한 요약적인 기사 "천국 복음을 전파하시며 백성 중의 모든 병과 모든 약한 것을 고치시니"(마 4:23)라는 말씀 속에 실질적으로 들어 있다.

마가는 곧바로 계속해서 일련의 사건들을 서술함으로써 이러한 요약문을 세부적으로 보완함과 동시에 예수의 가르침과 치유들을 통해서 점차적으로 갈등이 야기되는 상황을 보여주는 반면에, 마태는 이제 이 복음서의 특징을 이루는 예수의 가르침에 관한 다섯 개의 긴 기사들 중 첫 번째 기사를 전진시켜서 배치해 놓는다. 이렇게 함으로써 마태는 예수가 일차적으로 치유자였고 부차적으로만 선생이었던 것이 아니라 반대로 일차적으로 선생이었고 부차적으로만 치유자였다는 것을 강조한다. 산상수훈(마 5-7장)은 98개의 절로 이루어진 세심하게 구성된 글이다. 이 산상수훈은 단지 30개의 절로 이루어진 누가복음 6:20-49에 나오는 훨씬 더 짧은 기사와 대응된다 — 물론, 마태복음의 산상수훈에 나오는 일부 내용들은 누가복음의 다른 곳에서 병행을 찾아볼 수 있기는 하지만. 이러한 것은 예수의 가르침을 꽤 체계적인 방식으로 길게 제시하는 것이 마태에게 얼마나 중요한 것이었는지를 잘 보여준다. 우리가 앞에서 보았듯이, 마가복음 4장과 13장에도 이것과 비슷한 점이 존재하긴 하지만, 마태는 이 점에 있어서 훨씬 더 많이 나아갔다.

산상수훈은 무리들과 예수의 제자들을 포괄하는 청중들을 향한 것인데, 무리라는 용어는 아직 예수와 그의 메시지에 헌신되지 않은 자들을 가리키고, 제자라는 용어는 매우 부분적이거나 명목상의 것이라고 할지라도 모종의 헌신을 하고 있는 자들을 가리킨다. 그러므로 산상수훈의 가르침이 그를

---

6) Richard E. Menninger, *Israel and the Church in the Gospel of Matthew* (New York: Peter Lang, 1994), 71.

7) 이 동일한 메시지는 마태복음 3:2에서 세례 요한에게 돌려진다.

따르는 자들 중에서 하나님의 나라의 메시지에 응답하는 자들에 대하여 하나님에 의해서 요구되는 그러한 행실을 실천하는 자들에 대한 예수의 약속들을 포함하고 있다는 점에서 기본적으로 제자들을 위한 것이라는 점은 특기할 만하다.[8] 산상수훈은 제자들을 위한 가르침인 동시에 아직 예수에게 헌신되지 않은 자들에 대한 촉구이자 그들이 현재 어떤 상태에 있는지를 얼핏 들여다 보게 만드는 것이다. 이러한 방식을 통해서 마태는 제자들의 특징이 되어야 할 그런 종류의 행실에 초점을 맞춘다. 마태복음에는 하나님의 은혜로우시고 구원하시는 행위에 관한 내용이 없는 것이 아니지만, 이 산상수훈은 회개가 의미하는 것, 예수의 메시지에 응답한 자들을 위한 새로운 삶의 방식에 관한 아주 자세한 설명이다.

산상수훈은 믿음보다는 행위에 관심을 갖고 있지만, 그럼에도 불구하고 신학적인 전제들과 함의들을 지니고 있다. 그러한 것들을 짤막하게 지적해 보는 것이 좋을 것이다.

1. 천국은 심령이 가난하고 의를 위하여 박해받는 자들의 것이다(마 5:3, 10). 이것은 그들이 하나님의 통치와 관련되어 있는 유익들을 누린다는 것을 의미한다. 그렇지만 이러한 약속들을 상세하게 설명하고 있는 다른 축복문들은 미래 시제로 되어 있다(마 5:4-9, 11-12). 이것은 이 약속들이 아직 온전히 이루어지지 않고 장래에 이루어질 것이라는 상황의 현실성을 인정하는 것이다. 그럼에도 불구하고, 천국은 지금 여기에서 심령이 가난한 자들에게 속해 있다는 것이 단언되고 있기 때문에, 분명히 천국은 이미 존재하고, 그 축복들도 이미 실제적인 것이라는 의미가 내포되어 있다(마 12:28).

2. 예수는 자기가 율법과 선지자를 폐하는 것이 아니라 완성하기 위해서 왔다고 단언하고, 천국이라는 맥락 속에서 가장 작은 계명들조차도 실천하고 가르칠 필요가 있다는 것을 강조한다(마 5:17-20). 그런 후에, 예수는 모두 율법에서 가져온 몇 가지 계명들을 차례로 언급하면서, 그 계명들을 더 높은 차원에서 해석하고 있는 가르침을 베푼다. 일부 계명들이 중복된 것이라면(예를 들면 마 5:38-39), 그러한 중복된 명령은 일종의 안전망으로서 여

---

8) 예를 들면, 마태복음 5:13-16은 오직 그들을 향한 것으로만 볼 수 있다.

전히 유효하다. 이러한 예들은 "가장 작은" 계명들에 관한 것이 아니다.[9] 마태의 이해에 의하면, 예수에게 율법은 그의 유대인 청중들에게 여전히 유효하지만, 그 율법의 계명 뒤에 나오는 반립명제적인 가르침에 비추어 볼 때에 그들이 이제 지켜야 할 것은 예수에 의해서 재해석된 율법임이 분명하다.

3. 예수는 하늘에 계신 아버지인 하나님의 선하심과 돌보심을 강조한다(마 6:8, 25-34). 하나님의 섭리적인 돌보심에 관한 가르침은 제자들에게 하나님을 신뢰하라는 격려의 맥락 속에서 주어진다. 이것은 복음서들에 나오는 예수의 일관된 가르침, 즉 아버지로서의 하나님의 관계는 일반적인 사람들이 아니라 제자들에게만 허락된다는 가르침과 부합한다. 예수는 그의 제자들을 제외한 다른 사람들에게는 결코 하나님을 그들의 아버지라고 말씀하지 않는다. 이러한 관계는 창조에 토대를 두고 있는 것이 아니라 영적인 것이다.

4. 하나님의 선하심은 그가 기도에 응답하시고 그의 자녀들에게 좋은 선물들을 주시는 것 속에서 드러난다(마 7:11). 여기에서 마태의 판본은 하나님께서 그에게 구하는 자에게 성령을 주실 것이라고 말하고 있는(눅 11:13) 누가의 판본과 다르다. 마태가 원래 영적인 선물로 되어 있던 것을 그렇지 않은 것으로 수정하였을 가능성은 없기 때문에, 마태는 일차적으로 영적이지만 그 밖의 다른 종류의 기도 응답을 배제하지 않는 좀 더 일반적인 표현이 나오는 자료를 사용하였을 가능성이 더 많다.

5. 산상수훈의 결말은 예수의 말씀과 하나님의 뜻에 순종하는 것이 중요하다는 것을 강조한다. 여기에는 예수의 말씀과 하나님의 뜻을 동일시하는 의미가 함축되어 있지만, 핵심적인 것은 그리스도인의 삶은 단순히 믿음의 문제가 아니라 순종의 문제라는 것이다. 이렇게 산상수훈은 기도에 응답하시는 하나님의 선하심에 대한 전적인 믿음과 율법의 계명들을 폐하는 것이 아니라 그것들을 단지 율법의 문자에 복종하는 것을 뛰어넘는 더 높은 차원의 성취로 완성시키는 하나님의 뜻에 대한 전적인 순종을 함께 결합시켜서 강

---

9) 우리는 "가장 작은"이라는 용어가 "계명들" 앞에 붙여진 것은 "천국에서 가장 작은"이라는 표현과의 단어유희를 가능하게 하고, 또한 이 어구를 너무 엄격하게 해석하지 않도록 하기 위한 것이라고 볼 수 있다.

조한다.

그러므로 산상수훈은 사람들에게 회개하라고 초청하는 메시지를 확장시킨 것으로서, 마태는 천국 메시지를 받아들인 자들에게 주어진 약속들과 요구들을 밝히는 것을 통해서 그런 확장을 행하고 있다. 요컨대, 예수의 길로 돌이키는 것이 무엇을 수반하는지가 제자들을 위한 아버지로서의 하나님의 돌보심이라는 맥락 속에 두어져 있다.

예수의 선교 ― 그리고 그의 제자들. 이러한 선언 후에 마태는 기본적으로 이 복음서의 다음 두 장을 사용해서(마 8-9장) 마가복음의 처음 몇 장에 나오는 예수의 활동에 관한 몇몇 이야기들(막 1-5장)을 서술하지만, 마가복음의 순서를 확실하게 따르지는 않는다. 마가는 이러한 내용들을 사용해서 예수에 대한 반대가 점점 더 심해지는 것을 예시하고자 한 반면에(막 2:1-3:6), 마태는 그러한 모티프에는 별 관심이 없어 보이고(그러나 cf. 마 9:34), 강조점은 예언에 따른 치유자로서의 예수의 주목할 만한 특징(마 8:17), 제자들을 부르심, 예수가 점점 명성을 얻어가는 것에 두어져 있다. 이것은 일이 한 사람이 수행하기에는 너무 커져 가고 있는 것을 보여주는 마태복음 9장의 끝부분에서 절정에 도달한다. 그러므로 이 시점에서 우리는 예수께서 열두 제자를 지명하여서, 이제 그들을 그의 선교를 수행하도록 파송하는 장면을 보게 된다.

이러한 제자들의 파송은 이 복음서에서 두 번째로 나오는 주된 가르침의 단락(마 10:5-11:1)을 위한 계기가 되는데, 여기에서는 선교에 참여하는 자들을 위한 지시 사항들, 경계들, 격려들을 다루고 있다. 이 가르침은 당시에 있어서 열두 제자의 선교와 직접적으로 관련된 내용들로 시작하지만(마 10:5-15),[10] 이것은 마태가 예수의 가르침을 체계적으로 제시함에 있어서 부활 이후의 상황 속에서 제자들에게 더 관련이 있었던 다른 내용들을 삽입하는 기회가 되었다(마 10:16-42).

이 강화(講話) 속에서 가장 주목할 만한 특징은 마태복음에 특유한 두 개의

---

10) 마태는 여기에서 Q에 나오는 병행 자료들과 더불어서 마가복음 6장에 나오는 가르침을 따르고 있다.

절이다. 마태복음 10:5-6에서 제자들은 이방인들에게나 사마리인들에게 가지 말고 이스라엘의 잃어버린 양들에게로 가라는 지시를 받는다. 이러한 명령의 필요성은 지리적인 현실적 여건으로부터 생겨난 것이다: 갈릴리는 이방인들이 많이 살고 있었고, 사람들이 예루살렘으로 가고자 할 때에 꼭 통과해야 했던 사마리아에 인접해 있었다. 신학적으로 볼 때, 선교의 우선순위는 이스라엘, 그 중에서도 특히 곤궁한 자들(소외된 자들과 가난한 자들)에게 있었다. 마태복음 15:21-28(특히, 마 15:24 par. 막 7:24-30)에 나오는 당혹스러운 사건이 보여주듯이, 모든 증거들은 역사적 예수가 자신의 선교의 초점을 유대인들에게 맞췄다는 사실을 보여준다. 이와 동시에, 이 복음서 전체에 걸쳐서 이방인들에 대한 개방성도 존재하는데, 이것은 마태에게 있어서 이러한 제한은 예수의 선교에 국한된 것이었고 초대 교회를 구속하는 것은 아니었다는 것을 보여준다. 따라서 이 장은 선교와 관련해서 제자들에게 주어진 중요한 가르침을 한데 모아 놓고 있기는 하지만, 이 시점에서 그 지평은 기본적으로 예수의 공생애 기간에 국한되어 있다.

그러나 그러한 지평은 뚜렷하지 않고 희미하다. 이방 세계에서의 박해에 관한 개념이 마태복음 10:18-20에서 등장하는데, 거기에서 마태는 마가복음 13장에 나오는 내용들을 가져와서 통합시켜 놓았다. 그런 후에, 예수께서 제자들에게 그들이 이스라엘 동네들을 다 다니기 전에 인자가 올 것이라고 말씀하는 마태에 특유한 두 번째 절(마 10:23)이 나온다. 이 말씀은 복음서들의 다른 곳에서 확인되는 장래의 인자의 임함을 가리키는 것으로 보이고, 이스라엘을 선교하여야 하는 제자들의 사명은 너무도 커서 이 종말의 사건 이전에는 완성될 수 없다는 것을 분명하게 말하고 있다. 이러한 말씀은 예수의 공생애 이후에 전개될 선교를 상정한 것으로서, 복음서 기자들은 예수께서 그의 죽음 이후에 일어날 사건들을 미리 예언하실 수 있었다는 것에 대하여 아무런 어려움도 느끼지 않는다. 이 말씀은 예수 당시에 이루어졌던 제자들의 단기적인 선교가 아니라 그 이후에 있었던 초대 교회의 지속적인 선교라는 맥락 속에 두어져 있는 것으로 보인다. 이스라엘의 모든 동네라는 말씀이 유대인들이 살았던 디아스포라 지역의 수많은 성읍들을 포함하는 것으로 이해하지 않는다면, 이스라엘 동네의 수는 모두 다 해도 그렇게 많지 않았기 때문에 이 말씀은 분명히 이상하다. 또한 이 말씀이 부활 이후의 시기를 가리킨다고 할 때에도 유대 동네에 대한 제한을 가지고 있다는 점에서 이 말씀은 이상하다. 이것에 대한 가장 좋은 설명은 데이비스(W. D. Davies)와 앨리슨 2세(Dale C. Allison Jr.)가 주장한 견해인데, 그들은 마태가 예수의 이 말씀 속에서 제자들이 이스라엘을 포함해서 온 세상에 대한 선교를 끝마치기 전에 있게 될 인자의 재림에 관한 예언을 보았던 것이고 주장한다.[11] 이 말씀은 선교 활동을 수행하면서 박해를 받게 될 자들을 격려하기 위하여 것으로써, 그들에게 그들이 여전히 선교 사역을 감당하고 있는 동안에 인자가 임하게 될 것임을 재확인시켜 주고 있다.[12]

반대와 분열의 성장. 다음 대단락은 예수의 활동에 할애되어 있는데, 주로 그의 가르침과 거기에 대한 다양한 반응들로 구성되어 있다(마 11-12장). 이 대단락은 예수와 세례 요한의 관계, 예수께서 갈릴리의 동네들에서 받은 배척과 제자들이 하나님의 메시지를 받아들인 것 간의 대비에 관한 Q 자료의 내용을 포함하고 있다. 그런 후에, 이 대단락은 이 복음서의 앞부분에서 건너뛰었고 그 대신에 Q 자료로 대체하였던 마가복음 2-3장에 나오는 내용들을 가져와서 사용한다. 이 대단락에서는 살인 모의에서 절정에 달하는 바리새인들의 반대가 주제가 되고 있다.

이 대단락에서 주목할 만한 것은 이제 복음서 기자가 예수를 "그리스도"(마 11:2)라고 부름으로써, "오실 그이가 당신이오니이까"라는 세례 요한의 질문에 대하여 암묵적으로 긍정적인 대답을 하고 있다는 것이다. 이 질문에 대한 예수의 대답은 자신의 권능의 역사(役事)들을 가리키면서, 그 일들이 하나님께서 임하시는 장래의 시대에 관하여 이사야 35장에 예언된 것을 성취하는 것이라고 말씀한다.[13] 하나의 난해한 말씀 속에서 선지자들과 율법이

---

11) Davies and Allison, *Gospel*, 2:187-92.

12) 복음이 "먼저" 모든 민족에게 전파되어야 한다고 말하고 있는 마태복음 24:14(cf. 막 13:10)와의 사소한 불일치가 존재한다. "모든 민족"을 "각각의 모든 공동체"를 의미하는 것으로 해석하지 않는다면, 이러한 불일치는 어느 정도 해소된다.

13) 이사야 35장을 비롯한 그 밖의 다른 관련 본문들에 대한 참조가 함축되어 있다; 공식적인 인용문은 나오지 않는다. 여기에서 중요한 점은 거기에서 예언되고 있는 하나

중심이 되었던 이전 시대와 천국이 활동하는 새 시대 간의 대비가 이루어진다(마 11:12-13).[14] 세례 요한은 말라기 4:5-6에서 예언된 종말의 때의 엘리야로 분명하게 규정된다.

예수로 말미암은 하나님의 역사(役事)의 성격은 예수께서 아버지이신 하나님은 아들이 하나님을 계시하고자 택한 자들에게 아들로 말미암아 자기 자신을 계시하신다는 것에 대하여 설명한 후에 모든 무거운 짐진 자들을 자기에게 오라고 초청하는 중요한 말씀(마 11:25-30) 속에서 잘 드러난다. 이 말씀은 기독론과 구원론에 있어서 아주 중요하다. 현재대로의 이 말씀은 예수를 분명하게 아들로 규정하고 있는 것으로서, 요한복음에서 훨씬 더 자세하게 발전되고 있는 아버지와의 배타적이고 밀접한 관계 속에 있는 아들로 예수를 규정하고 있다.[15] 또한 이것은 하나님과 그의 뜻을 아는 지식이 예수로 말미암아 매개된다는 것을 보여준다. 이것은 이 세상의 지혜로운 자들이 하나님을 아는 데에 실패했다는 사실과 연결되어 있다(cf. 고전 1:18-25). 하나님은 가르침을 받을 준비가 되어 있는 "어린아이들"에게 자기 자신을 계시하신다.

그런 후에, 다음에 나오는 장(마 12장)은 사실상 하나님께서 무엇을 행하고 계시는지를 이해하지 못하는 바리새인들의 닫힌 태도를 다루고 있다. 그들의 반대는 예수를 하나님으로부터 보내심을 받은 자로 알고서 치유를 받은

님이 오신다는 것(사 35:4)이 메시야의 오심을 통해서 성취된 것으로 이해되고 있다는 것이다. 따라서 예수는 진실로 임마누엘이다.

14) 이 말씀은 모호해서, 천국이 "힘 있게 전진해 나가고"(NIV) 있다는 것인지, 아니면 "폭력에 종속되어"(TNIV의 본문; cf. NRSV의 본문) 있다는 것인지, 또는 "폭력적인 사람들"이 거기로 들어가려고 애를 쓰고 있다는 것인지(NIV), 아니면 천국에 반대하려고 애쓰고 있다는 것인지(TNIV; NRSV)에 대해서 학자들마다 견해가 다르다. 현재의 경향은 후자의 견해들을 받아들이는 것이다; 예를 들면, Donald A. Hagner, *Matthew 1-13* (Dallas: Word, 1993), pp. 306-7을 보라. 어느 쪽이든 천국은 분명히 활동하고 있다.

15) 이 말씀과 역사적 예수의 가르침의 관계는 논란이 되고 있다. 이 말씀의 진정성을 옹호하는 것으로는 Ben Witherington III, *The Christology of Jesus* (Minneapolis: Fortress, 1990), pp. 221-28을 보라.

사람들의 태도와 완전히 대비된다. 이 장에는 두 가지 내용이 나온다. 첫째, 예수는 자기에게서 치유를 받은 자들에게 자기가 누구인지를 말하지 말라고 경계하신다(마 12:16). 다른 곳에서와 마찬가지로(마 8:4; 9:30; 16:20; 17:9) 여기에서도 마태는 마가복음에서 발견되는 것과 동일한 예수의 정체성을 비밀로 부치는 모티프를 보여주지만, 마태복음에는 특히 귀신들에게 침묵을 명하는 것과 관련된 그러한 모티프는 보존되어 있지 않다. 따라서 이러한 모티프는 마가복음에서만큼 두드러지지는 않지만, 분명히 존재하기는 한다. 둘째, 마태는 여기에서 다시 예수의 선교를 통해서 성취된 성경 말씀을 인용할 기회를 갖게 되는데, 이번에는 이사야 42:1-4 전체를 인용한다. 인용문의 주된 취지는 주의 종이 성령의 능력으로 온유하고 조용한 선교 활동을 한다는 것을 강조하는 것이지만(cf. 마 11:28-30; 12:28), 이 인용문은 이방에 대한 두 번의 언급을 통해서, 예수의 선교가 궁극적으로 유대 민족에게 국한되어 있지 않다는 것을 보여준다(cf. 마 12:39-42).[16]

이 복음서의 세 번째 강화(講話) 단락(마 13장)이 나오는데, 이 강화는 이 시점에서 적절하게도 사람들이 예수께서 전한 하나님의 메시지에 대하여 응답하거나 응답하지 못하는 방식에 관한 긴 설명으로 되어 있다. 이 단락은 마가복음 4장과 비교할 수 있는 일련의 비유들을 담고 있다. 마가복음에서처럼 첫 번째 비유인 씨 뿌리는 자의 비유는 단순히 이야기로 말해지지만, 나중에 가서는 그것이 천국에 대한 비유라는 것이 드러난다. 나머지 비유들은 모두 "천국은 이와 같으니"라는 도입부로 시작되어서, 독자들을 이 이야기 자체를 뛰어넘어서 이 이야기가 표상하고 있는 실체를 바라보도록 좀 더 직접적으로 초대하고 있다. 씨 뿌리는 자의 비유에 대한 설명 속에 메시지를 이해해야 할 필요성에 대한 강조가 들어 있다는 것은 의미심장하다(마 13:13, 15을 가져와서 사용하고 있는 13:23). 마가복음에서와 마찬가지로, 제자들은 비록 다른 경우들에 있어서는 그들이 깨닫지 못하였다고 말씀되고

---

16) 이 인용문의 함의들에 대해서는 David Hill, "Son and Servant: An Essay on Matthean Christology", *JSNT* 6 (1980): 2-16(9-12)를 보라. 그는 O. L. Cope; Richard Beaton, *Isaiah's Christ in Matthew's Gospel* (Cambridge: Cambridge University Press, 2002)의 제안들을 인용한다.

있다고 할지라도 여기에서는 메시지를 이해하는 것으로 여겨진다. 또한 마가복음에서와 마찬가지로, 사람들이 자신의 메시지를 배척하기 시작한 후에야 예수께서 이런 방식을 통해서 아무나 다 이해할 수 없도록 말씀하기 시작하셨다는 암시가 여기에 들어 있는 것으로 보인다. 마태의 비유들은 가라지 비유와 그물 비유라는 두 가지 새로운 비유를 포함하고 있는데, 이 두 가지 비유는 최후의 심판을 가리키는 것으로 설명된다. 최후의 심판을 통해서 천국 백성 또는 "의인들"은 하나님의 나라에서 영광을 받게 되겠지만, 죄를 짓고 악을 행한 자들은 영원한 불에 던져지게 될 것이다. 다른 복음서 기자들보다 한층 더 마태는 이러한 요소를 강조하고, 잃어버린 자들이 느끼는 고통과 회한에 관한 강력한 표현들을 사용한다. 이와 동시에, 마태는 천국을 발견한 자들의 기쁨을 감춰진 보화 또는 극히 값진 진주를 발견한 사람의 기쁨으로 묘사한다.[17]

메시야로서의 예수의 계시. 마태복음 13:53-17:27에 걸쳐 나오는 예수의 활동을 내용으로 한 다음 대단락에서 마태는 마가복음을 좀 더 충실하게 따르고 있다. 여기에 나타나는 작은 차이들이 지닌 의미는 각각 다르다. 마태복음 13:58은 실제로 예수께서 나사렛에서 치유의 이적들을 행하실 수 없었다는 것을 마가복음 6:5과 다르지 않게 묘사한다. 공관복음서 대조표를 얼핏 보기만 해도, 상당수의 많은 차이들은 단지 축약에 기인하는 것임이 드러난다. 그러나 첨가들도 존재한다. 예수께서 바다 위를 걸으신 것에 관한 이야기는 이제 베드로가 예수를 따라 하려다가 실패한 사건을 포함한다. 마가복음에서 제자들은 경이로움에 가득 찬 채 무슨 일이 진행되고 있는지를 이해하지 못하는 반면에, 마태복음에서 제자들은 예수를 하나님의 아들로 경배한다. 일부 학자들이 마가복음에서 찾아낸 "비밀한 하나님의 현현"의 요소는 이렇게 마태복음에서는 한층 더 강력하게 나타난다.

마태복음 15장에서는 단지 문맥의 흐름을 좀 더 분명하게 하기 위해서 내용들을 어느 정도 재배치하고 있다. 예수께서 말씀하신 것이 모든 음식들은

---

17) 기쁨과 관련된 어휘들은 마가복음에는 거의 나오지 않는다(그러나 막 4:16을 보라).

깨끗하다고 선언한 것이라는 마가의 보충 설명(막 7:19)을 마태가 생략한 것이 어떤 의미가 있는지에 대한 견해들은 서로 다르다. 이러한 생략은 종종 예수께서 유대 율법을 지키셨고, 또한 예수께서는 율법의 중요성을 강조하신 것이 아니라 바리새인들은 그들 자신의 율법을 지키는 데에 실패했을 뿐만 아니라 율법에 대하여 잘못 해석한 것에 대하여 비판하신 것으로 보는 마태복음의 경향과 부합한다고 생각되어 왔다. 그러나 마태는 단지 마가복음을 축약한 것일 가능성이 더 많고, 마태복음 15:12-14에 나오는 그의 첨가는 그가 음식이 사람을 부정하게 할 수 있다는 바리새인들의 인식을 거부하고 있다는 것을 잘 보여준다.[18]

그러나 이 대단락에서 가장 중요한 새로운 내용은 예수께서 그의 제자들에게 그들이 자기가 누구라고 생각하는지를 묻는 마태복음 16장에 나온다. "주는 그리스도이시다"는 베드로의 대답은 "살아계신 하나님의 아들"이라는 어구에 의해서 보충되고 있고(마 16:16), 그 후에는 이것을 그에게 계시하신 분이 하나님이라고 설명하는 예수의 긴 말씀과 예수께서 그의 교회를 반석 위에 세우실 것이라고 베드로와 관련하여 말씀하신 것이 뒤따라 나온다. 이러한 말씀의 첫 번째 부분은 아들을 사람들에게 계시하시는 분이 아버지라고 말하고 있는 마태복음 11:25-27에 비추어 볼 때에 놀라운 일은 아니다. 두 번째 부분은 베드로를 반석과 동일시한 것으로 해석될 가능성이 아주 많다.[19] 복음서들에서는 오직 이 대목에서와 마태복음 18:18에서만 교회(에클레시아)라는 용어가 등장한다. 이 용어의 등장은 제자들이 새로운 공동체를 형성한 것이라는 마태복음의 관심이 다른 복음서들에서보다 더 두드러지게 나타나는 것과 부합한다. 이 공동체는 분명히 마태와 그의 독자들이 속해 있었던 이후의 공동체와 동일시될 수 있다. 누가는 이와 같은 연결 관계를 그의 두 번째 책의 편찬을 통해서 이루어낸다.[20]

---

18) Cf. Menninger, *Israel*, pp. 124-26.

19) 그러나 반석은 예수의 말씀들 또는 베드로에 의한 신앙고백이라는 견해가 여전히 일부 학자들의 지지를 받고 있다. Chrys C. Caragounis, *Peter and the Rock* (Berlin: de Gruyter, 1990)을 보라; 좀 더 통상적인 해석에 대해서는 Donald A. Hagner, *Matthew 14-28* (Dallas: Word, 1995), pp. 469-72를 보라.

마태복음에 특유한 것은 다음의 두 가지 진술이다. 첫째, 교회는 모든 반대에 대하여 난공불락이 될 것이다. "음부의 권세"는 교회를 공격하게 될 지하세계의 권세를 언급하는 표현이다.[21] 음부의 권세는 음부의 문으로 번역될 수도 있는데, 이러한 문에 관한 비유는 베드로가 천국의 열쇠를 받았다는 것에 대한 언급으로 이어진다. 예수께서 지닌 "모든 믿는 자들에게 천국을 여는" 권세는 그의 제자들에게로 확장된다. 이 권세는 가르치는 권세라는 관점에서 설명되고 있기 때문에, 베드로는 예수에 의해서 그 가르치는 권세를 부정당한 바리새인들과 대립 관계에 서게 된다. 이것은 예수께서 장래에 그의 권세를 그의 제자들에게 넘겨 주시겠다고 말씀하는 가장 강력한 형태의 진술이다. "묶고 푸는" 것에 관한 동일한 진술이 마태복음 18:18에서 열두 제자 모두에게 주어지고 있다는 것은 중요하다. 이 단락 전체는 교회가 실질적으로 예수에 의해서 세워진 새 이스라엘이라는 가르침으로 인해서 매우 중요하다. 천국이 그 옛 지도자들로부터 빼앗아져서, 풍성한 수확을 내게 될 새 백성에게 주어졌다(마 21:43).[22]

제자들의 공동체. 우리는 이 대단락에서 곧장 마태복음 18장에 나오는 네 번째 가르침의 대단락으로 넘어갈 수 있다.[23] 여기에서 마태는 천국에서 누가 진정으로 큰 자인가에 관한 마가복음 9:33-50의 대화로부터 시작한다. 마태는 마가복음에 나오는 내용들 중에서 일부를 생략함으로써 이 대화를 좀 더 명료하게 하고, 공동체 내에서의 제자들과 관련이 있는 예수의 다른 가르침을 결합시킨다. 공동체 내에서 어린아이들이라기보다는 보잘것없는 신자

---

20) 마가는 제자들이 예수의 부활 후에 갈릴리에서 예수와 다시 회동하게 될 것을 알고 있지만, 그 밖의 곳에서는 교회에 관하여 거의 침묵하고 있다.

21) Joachim Jeremias, *TDNT*, 6:924-28.

22) 그럼에도 불구하고, 마태는 명시적으로 교회를 새 이스라엘이라고 규정하지 않는다; John P. Meier, *The Vision of Matthew: Christ, Church and Morality in the First Gospel* (New York: Paulist, 1978), p. 55는 새 이스라엘을 구현하고 있는 것은 예수라고 주장한다. France, *Matthew*, pp. 206-13은 예수와 교회가 이스라엘의 성취라고 본다.

23) 마태복음 16-17장의 나머지 부분에는 신학적인 시각에서 볼 때에 특별한 설명을 필요로 하는 특별한 내용이 없다. 마태는 마가를 꽤 충실하게 따르고 있다.

들을 가리키는 "작은 자들"의 중요성에 대한 강조가 나오는데(마 11:25에서도 마찬가지이다), 이것은 우리에게 바울이 "강한 자들"에게 "약한 자들"을 배려하라고 강권하고 있는 것을 상기시킨다(고전 8-10장). 잃어버린 양의 비유에 대한 마태의 판본은 회심하지 않은 자들의 전형인 세리들과 죄인들에 대한 예수의 선교를 정당화하는 데에 이 비유를 사용하고 있는 누가복음 15장과는 달리 제자들이 길을 잃은 신자들을 돌보아야 할 의무를 지향하고 있다. 이 장의 후반부에서 제자들 간의 내부 분란이라는 문제가 나오고, 한 사람의 잘못에 대한 인정과 그 이후에 화해를 이끌어 내는 것을 목적으로 하는 절차가 제시된다.[24] 이와 동시에, 교회에 잘못들과 분쟁들이 없도록 하는 것이 얼마나 중요한지가 제시된다. 이러한 절차는 알곡과 가라지의 비유에 의해서 세워진 원칙과 모순되는 것으로 보일 수 있다. 하지만 알곡과 가라지의 비유 속에서 밭은 교회가 아니라 세상이고, 농부들에게 추수 때까지 알곡과 가라지를 함께 자라도록 내버려 두라는 명령에 대한 어떤 해석도 주어져 있지 않다. 이러한 세부적인 사항은 단지 이 이야기에 나오는 장면의 일부일 뿐이고, 그 어떤 비유적인 의미도 지니고 있지 않다.

회중의 행위에는 베드로에게 주어진 것과 동일한 권위가 주어진다.[25] 회중의 행위가 지니는 권위는 두 사람의 믿는 자들이 함께 모여서 기도할 때에 그들의 기도가 응답될 것이라고 약속하고 있는 그 다음에 나오는 말씀을 통해서 강화된다. 이것은 그들이 예수의 이름으로 함께 모일 때에 예수께서 그들과 함께 계셔서 그의 기도가 그들의 기도를 강화시키기 때문이다(마 18:19-20). 이 말씀은 요한복음 16:23-24에 대한 공관복음서의 판본이다.

잘못을 범한 자에게 세 번 기회를 주어서 그 잘못을 처리하는 절차 다음에

---

24) 여기에는 핵심적인 절차들만 서술되어 있다. 잘못이 분명하게 확정된다는 것이 전제된다. 잘못을 인정하고 화해를 할 기회들이 주어지는데, 오직 세 번의 기회만 주어져야 한다고 생각하는 것은 잘못된 것이다; 여기에 함축되어 있는 것은 분쟁을 치유하고자 하는 모든 합리적인 수단들이 실패했을 때에 이러한 절차를 취하라는 것이고, 그러한 경우에 회중은 회중 내에서 더 이상 분열이 존재하지 않도록 조치를 취하여야 한다는 것이다. 출교가 영속적인 것으로서 철회될 수 없다는 것을 함축하고 있는 내용은 없다.

25) 따라서 베드로가 후계자를 가질 필요성이 존재하지 않는다.

이제는 피해를 입은 자에게 일흔일곱 번이라도 기꺼이 용서하라는 명령이 나온다. 이러한 가르침은 하나의 비유에 의해서 더욱 강화되고 있는데, 이 비유는 우리가 비유들의 언어 속에서 "왕"은 거의 하나님을 가리킨다는 것을 기억하기만 한다면, 너무도 그 의미가 분명해지는 비유이다. 이 비유가 그 자체로 분명하지 않다면, 만 달란트를 빚진 자에 대한 언급은 이 비유가 실제의 인간 세상을 다루고 있지 않다는 것을 보여준다.

이 장은 다른 어느 장보다도 더 마태 신학의 목회적 측면들과 죄인들을 향한 하나님의 순전한 은혜에 대한 그의 통찰을 보여주는 것 같다.[26]

예수께서 예루살렘에서 가르치시다. 이 강화(講話)를 통해서 우리는 예수의 갈릴리 사역의 끝에 도달하게 된다. 마태복음 19:1은 유대와 예루살렘으로의 장면 전환을 보여주고, 이 시점부터 마태는 다시 마가복음과 병행으로 달려간다. 몇 가지 중요한 차이들이 있다. 마태복음 19:28-29에서 제자들이 현세에서 자기를 부인한 것에 대하여 내세에 상급을 받게 될 것이라고 약속하는 말씀은 예수를 따른 자들이 인자가 오실 때에 열두 보좌에 앉아서 이스라엘의 열두 지파를 심판하게 될 것이라는 말씀(눅 22:28-30에도 나오는)에 의해서 보완된다. 이 말씀은 예수의 선교가 새 시대에 이스라엘을 새롭게 하는 것과 관련되어 있다는 것을 보여주는 것으로서 중요하다.

두 번째 삽입된 것은 포도원 농부들의 비유(마 20:1-16)인데, 이 비유는 은혜를 받을 만한 자들에게가 아니라 은혜를 필요로 하는 자들에게 주어지는 하나님의 은혜에 관한 메시지를 강화시킨다. 물론, 이와 같은 비유는 하나님의 은혜를 필요로 하는 자들이 아니라 스스로 하나님의 은혜를 특별히 받을 만하다고 생각하였던 자들을 향하여 말해지고 있다. 이 비유는 누가복음 15장에 나오는 두 아들에 관한 비유와 중요한 유사점들을 보여준다.[27] 이와 동일한 주제는 나중에 두 아들에 관한 마태의 비유(마 21:28-32) 속에서 다시 나온다.

---

26) Cf. Donald A. Hagner, "Righteousness in Matthew's Theology", in *Worship, Theology and Ministry in the Earley Church*, ed. Michael J. Wilkins and Terence Paige (Sheffield: Sheffield Academic Press, 1992), pp. 101-20.

27) Davies and Allison, *Gospel*, 3:69.

그러는 사이에 예수는 예루살렘에 한층 더 가깝게 다가가고 있고, 십자가의 그림자는 점점 더 뚜렷해지기 시작해서, 이것은 제자들에게 먼저 예수와 함께 고난의 잔을 마시지 않고는 그들을 위한 면류관이나 보좌는 없으리라는 것을 상기시켜 준다.[28] 그렇지만 예수께서 이미 왕으로서 예루살렘에 입성하시는 것이라는 인식이 여기에 존재한다. 마태는 예수의 예루살렘 입성과 관련하여 스가랴 2:9을 인용함으로써 누가 및 요한과 마찬가지로 예수를 왕으로 규정하고 있다 — 이제 곧 배척받게 될 왕. 무리들은 예수를 오직 선지자로만 인식하는 반면에(마 21:11), 성전에서 어린아이들(cf. 마 11:25!)은 예수를 "다윗의 자손"(마 21:15)으로 인정한다.[29]

　　예수께서 예루살렘에서 대적자들과 만나는 장면들 속에서 마태는 소작인들에 관한 비유를 좀 더 날카로운 형태로 배치한다. 마태에게 있어서 이 비유는 청중들로 하여금 스스로 포도원 주인이 아들을 죽인 농부들에게 무슨 조치를 할 것인지에 대하여 결론을 이끌어 내고, 하나님 나라가 농부들로부터 빼앗아져서 열매를 맺게 될 백성에게 주어지리라는 예언을 받아들이게 하는 데서 절정에 이른다(마 21:40-46). 이것은 일차적으로 교회에 의해서 대체될 유대 지도자들 또는 하나님의 백성을 감독하는 자들인 교회의 지도자들에 대한 심판으로 볼 수 있다.[30]

　　이 시점에서 마태는 또 하나의 비유, 즉 천국에 초대를 받은 사람들에 관한 혼인 잔치 비유를 삽입한다(마 22:1-14). 원래 초대를 받은 사람들은 이

---

　　28) 마태는 그들이 받아야 할 세례에 관한 언급을 생략하고 있는데, 이것은 아마도 이 말씀이 너무 암호적인 것으로 보였기 때문일 것이다.

　　29) 놀랍게도 마태와 누가는 마가복음 11:17에 나오는 어구, 즉 성전이 만민이 기도하는 집으로 불리게 될 것이라는 어구를 생략한다. 이것은 성전이 이미 파괴되었고, 예언이 문자 그대로 성취되지 않았다는 사실을 반영하는 것일 수 있다.

　　30) 이 절이 단지 리더십의 변화에 관한 것인지, 또는 교회에 의해서 이스라엘이 대체되는 것에 관한 것인지에 대해서는 견해가 서로 갈린다. 후자의 이해가 더 가능성이 큰 것 같다(cf. Menninger, *Israel*, pp. 151-53). 하지만 **대체**라는 단어는 부적절하고 흔히 오해되기 쉽다. 여기서의 요지는 메시야가 나타난 지금에 있어서 이스라엘 민족 내의 신실한 남은 자들은 예수를 메시야로 받아들이는 자들로 구성되리라는(이방인 신자들에 의해서 확대되어서) 것이다.

초대를 가볍게 여기는 반면에, 선하든 악하든 각종 잡다한 사람들이 혼인 잔치에 들어오게 된다. 그럼에도 불구하고, 사람들이 혼인 잔치 속에 들어오기는 하지만, 그들에게 주어진 특권을 제대로 인식하지 못할 가능성은 여전히 남아 있다. 그들은 "그 나라에 들어와 있지만 그 나라에 속한" 자들이 아니고, 그것은 최후의 심판 때에 드러나게 될 것이다. 마태는 그의 그리스도인 독자들에게 그 어떤 자만(自慢)도 허용하지 않는다.

마태가 이 대목에 나오는 이야기에 가한 중요한 손질은 마가복음 12:37-40에 나오는 서기관에 대한 경고를 확장해서 서기관들과 바리새인들을 향한 일련의 고발들로 발전시키고 있는 것인데, 마태는 마치 그들이 현장에 있는 것처럼 그들을 향하여 말하고 있다. 이 경고는 주로 몇몇 경건한 관습들에 대해서는 꼼꼼하게 지키면서도 기본적으로 불경건함을 지니고 있는 그들의 모순된 행태에 관한 것이기는 하지만, 신학적인 함의들도 존재한다. 예수를 따르는 자들에게 그들의 삶의 방식에 있어서 일관성을 가지라는 분명한 부르심이 나온다. 또한 서기관들이 유일한 선생이신 그리스도에 의해서 대체되었다는 것과 육신의 선생들에게 "아버지"라는 칭호를 붙이지 않아야 한다는 내용도 나온다. 이러한 것과 밀접하게 결합되어 나오는 것은 모든 믿는 자들이 형제라는 것에 대한 역설과 모든 믿는 자들이 서로의 종으로 행하라는 부르심이다. 예를 들면, 열두 제자가 그들의 역할로 인해서 높은 지위를 지니고 있는 것이라는 그 어떤 주장(cf. 마 19:28)도 확고하게 부정된다.

이 강화(講話)와 밀접하게 연결되어 있으면서도 위치상으로는 분명하게 분리되어 있는 것은 이 복음서에서 나오는 마지막 강화인데, 이 강화는 기본적으로 마태복음 24장(= 막 13)에 나오는 장래에 관한 가르침으로 이루어져 있고, 마태복음 25장에 나오는 세 가지 비유에 의해서 보충되어 있다. 이렇게 이 복음서에 나오는 다섯 번째이자 마지막 강화가 마태복음 23-25장으로 이루어진 것인지, 아니면 단지 마태복음 24-25장으로 이루어진 것인지에 대해서는 어느 정도의 모호성이 존재한다.[31]

---

31) 학자들 사이에서 일반적인 경향은 마태복음 23장을 다섯 번째 강화의 일부가 아니라 독자적인 하나의 긴 가르침으로 보는 것이다. 그럼에도 불구하고, 심판이라는 주제는 분명히 마태복음 23-25장을 관통하고 있다.

마태복음 24장은 마가복음은 13장과 꽤 밀접한 병행을 보여주지만, Q 전승에서 가져온 추가적인 내용들을 담고 있다.[32] 마태는 제자들 중의 일부가 시험에 빠져서 떨어져 나갈 위험성이 있다는 것을 강조한다. 또한 마태는 인자가 오시기 전에 하늘에 인자와 관련된 징조가 나타날 것임을 말한다.[33] 그럼에도 불구하고, 마지막 날의 임함은 우리가 여전히 어떻게 될 것인지를 모르고, 또한 그 시기도 예측할 수 없다. 마태는 그 날을 준비하고, 그들이 부지불식간에 구원이 아니라 심판에 붙잡히게 되지 않도록 하는 방식으로 삶을 살아 가도록 제자들에 대한 강력한 경고들을 포함시키고 있다.

이 마지막 내용은 그 뒤에 이어지는 세 가지 비유를 통해서 발전된다. 첫 번째 비유는 그 때를 대비해서 준비하고 있지 않는 것의 위험성을 강조한다. 두 번째 비유는 종말이 올 때까지의 기간을 주님께서 시인하시는 행실로 채울 필요성을 강조한다. 받을 자격 없는 자들에 주어질 은혜와 상급이 강조되는 것과 아울러서, 여전히 천국에 들어가는 것은 하나님을 섬기기 위한 영역으로 들어가는 것이라는 인식이 나온다. 물론, 마지막 "비유"는 비유가 아니라, 이제는 분명하게 "왕"으로 규정되고 있는 인자의 손에 의해서 행해지는 최후의 심판에 관한 그림 같은 묘사이다. 그 왕에 대한 섬김이 심판 때에 중요한 요소가 된다는 것이 이제 분명하게 드러나지만, 이러한 섬김은 예수의 형제들과 자매들을 섬기는 것을 통해서 이루어진다. 한편으로, 자신들이 왕의 종들이라고 생각하지만 왕의 백성들을 섬기지 않았기 때문에 왕을 섬기는 데에 실패한 자들은 정죄를 받게 될 것이다. 다른 한편으로, 그들이 왕의 백성들을 섬길 때에 왕을 섬기고 있다는 것을 깨닫지 못했던 자들은 그들이

---

32) 주된 차이점은 마태복음 10:17-22에서 이미 마가복음 13:9-13과 병행되는 내용을 사용하고 있는 것이지만, 이것은 본문의 흐름에 심각한 영향을 미치지 않는다.

33) 여기에서 가리키는 것이 재림이라면, 징조는 최후의 전투를 위해서 모이라는 경고로서의 역할을 한다. France가 이 부분을 예루살렘의 멸망 및 교회의 전세계적인 선교와 관련해서 해석한 것은 그러한 시나리오 하에서 징조가 어떻게 해석될 수 있는지에 대한 분명한 해법을 제시하고 있지 못한다. R. T. France, *The Gospel According to Matthew: An Introduction and Commentary* (Leicester: Inter Varsity Press; Grand Rapids, Mich.: Eerdmans, 1985), pp. 344-45를 보라.

왕을 섬기고 있었다는 것을 발견하게 될 것이다. 이 비유는 통상적으로 사람들이 하나님 또는 그리스도를 부지불식간에 섬길 수 있다는 것을 의미하는 것으로 해석되어 왔지만, 이 비유가 말하고자 하는 취지는 단순히 하나님 또는 그리스도를 섬기는 것은 서로 사랑하고 원수를 사랑하라는 계명이 이루어질 때에 일어난다는 것일 뿐이고, 이런 일이 부지불식간에 일어날 수 있다는 것은 그 자체로 독자적인 요지는 아니다.[34]

예수의 죽음과 부활. 마지막으로 "예수께서 이 말씀을 다 마치시고"라는 표현이 본문에 등장한다. 그런 후에, 이 복음서의 마지막 부분은 수난과 부활에 관한 이야기를 추적해 나간다. 이 이야기의 전반부는 마가복음과 아주 비슷해서 특별히 의미 있는 수정들이 없기 때문에 신학적으로 말할 것이 별로 없다.[35] 마태 판본은 예수의 피가 "죄 사함을 얻게 하기 위하여"(마 26:28) 흘려진 것이라는 표현을 첨가하고 있는데, 이것은 마가 판본에서 암묵적으로 함축되어 있던 것을 명시적으로 드러낸 것이다.

이 이야기의 후반부에는 우리가 주목해야 할 주요한 내용들이 들어 있다. 첫째, 예수께서 죽으실 때에 지진이 있었고, 죽은 거룩한 자들의 시신이 부활하여 예수의 부활 이후에 많은 사람들에게 나타났다는 이야기가 들어 있

---

34) 이것을 간단하게 표현해 본다면, 이 비유는 다른 종교를 가지고 있거나 전혀 종교를 갖고 있지 않은 사람들이 그리스도를 전혀 믿지 않았다고 할지라도 곤궁한 자들에게 자비를 베풀기만 한다면 최후의 심판에서 구원을 받게 될 것이라고 가르치고자 의도한 것이 아니라는 것이다 - 이러한 가능성이 신약성서의 다른 곳에서 나오든 안 나오든. 여기에서의 요지는 왕의 백성들을 섬기는 것은 왕을 섬기는 것이라는 것이다.

35) 몇몇 사본들에 의하면, 마태가 바라바의 이름을 "예수 바라바"로 기록했다는 사실(마 27:16-17 TNIV의 본문; NRSV의 본문)은 신학적인 의미를 지닌다기보다는 문학적인 의미를 지닌다.

36) 문제는 하나님이 죽은 자들을 다시 살릴 수 있는 가능성이 있느냐 없느냐에 있는 것이 아니라, 이와 같은 이례적인 사건과 그것에 의해서 생겨난 효과들이 다른 자료들 속에서는 확인되지 않는다는 데에 있다; 서로 다른 관점들에 대해서는 Hagner, *Matthew 14-28*, pp. 849-52, D. A. Carson, "Matthew", in *The Expositor's Bible Commmentary*, ed. Frank. E. Gaebelein (Grand Rapids, Mich.: Zondervan, 1984), pp. 581-82를 보라.

다(마 27:52-53). 이것이 역사적인 것이든 아니든,[36] 그것은 예수의 죽음과 부활이 죽은 자들의 운명에 결정적인 영향을 미치게 되었다는 사실에 대한 신학적인 증언이다. 이때까지는 죽은 자들의 부활은 다니엘 12장 같은 예언에 토대를 둔 소망 이상의 것이 아니었다. 그런데 이제 그러한 예언이 미리 성취되었다고 성경 본문은 주장하고 있는 것이다.

둘째, 마태는 예수께서 무덤을 찾은 여자들에게 나타난 사건을 기록하고 있다(마 28:8-10). 제자들이 그를 보게 될 것이라는 약속은 이렇게 성취되었고, 실제로 그 이상으로 성취되었다. 왜냐하면, 예언에서는 오직 예수께서 부활하신 후에 갈릴리에서 제자들을 보게 될 것이라고 말씀하고 있었지만, 실제로는 이미 예루살렘에서 여자들에게 이 예언이 성취되었기 때문이다.

셋째, 제자들이 갈릴리에서 예수를 뵙게 되었을 때에 그것은 산 위에서의 영광스러운 체험이었고, 이 때에 제자들은 예수를 경배하게 된다(마 28:16-20). 예수께서 제자들에게 하신 마지막 말씀은 엄청난 권세에 대한 선포였다. 인자는 지금 실제로 그의 보좌 위에 앉아 계신다. 그러므로 제자들은 이제 모든 족속에게로 가서 제자를 삼아야 한다. 그들은 사람들에게 아버지와 아들과 성령의 이름으로 세례를 주고, 예수의 명령들을 지키도록 가르쳐야 한다. 예수께서는 어디에서든지 항상 그들과 함께 하겠다고 제자들에게 약속하신다. 부활 후의 산 위에서의 만남만큼 예수께서 하나님 아버지와 나란히 최고의 위치에 계시다는 것과 예수께서 출생하실 때에 있었던 임마누엘 예언의 성취를 더 강력하게 부각시킬 수 있는 것은 없었다.

신학적 주제들

이 논의의 두 번째 부분에서 우리는 이 복음서의 신학적인 이야기에 대한 우리의 개관으로부터 알게 된 것들을 한데 모아서 마태에 의해서 표현된 신학의 성격을 규정하고자 한다.

마태의 예수 이해. 모든 복음서들에서와 마찬가지로, 마태 신학의 중심은 예수이다. 마태복음 속에는 진정한 인간으로서의 예수에 대한 분명한 이해가 존재하지만, 그러한 이해는 구체적인 단어나 표현을 통해서 나와 있지 않고 이야기의 기본적인 특징으로서 당연시되고 있기 때문에 간과될 위험성이 있다. 예수에 대한 칭호들이라는 관점에서 볼 때, 마태의 기독론은 마가의 기독론과 그리 다르지 않아서, "그리스도," "하나님의 아들," "인자"라는 용어들을 동일하게 사용한다. 그러나 차이들 또는 강조점의 변화들이 존재한다. 마가는 그의 복음서를 단지 그 대상을 예수 그리스도이자 하나님의 아들로 지칭하는 것으로써 시작하는 반면에, 마태는 이러한 용어들이 지닌 의미를 좀 더 분명하게 드러내 주는 예수의 출생 이야기로 시작한다. 예수라는 이름은 구원과 결부된다 — 물론, 그 이후에 이 주제는 마가복음에서보다 실제적으로 더 두드러지게 나타나는 것은 아니지만.

메시야로서의 예수의 역할은 동방 박사들의 방문과 그리스도를 유대인의 왕과 동일시하는 것에 의해서 부각된다. 마가에서와 마찬가지로, 왕이라는 용어는 수난 이야기 속에서 두드러지게 나타나지만, 예수께서 예루살렘에 입성하실 때와 특히 심판 때에 예수의 장래의 역할과 관련해서도 사용된다. 백성들의 목자로서의 왕 또는 메시야적인 인물의 전통적인 역할은 마가복음에서 가져온 것이다. 그것은 마태복음 9:36에서 목자 없는 양들에 대한 연민이라는 모티프(오천 명을 먹이신 사건이라는 맥락 속에서의 마가복음 6:34을 참조하라) 속에서 추적될 수 있고,[37] 마지막 심판에 관한 묘사 속에도 존재한다(마 25:32-33).

특별히 마태복음의 특징이 되고 있는 것은 예수를 "다윗의 자손"이라고 규정하는 것인데, 이 표현은 이 복음서의 첫 번째 절에 나오고, 특히 예수께서 행하신 치유 이적들과 관련해서 사용되고 있다(마 9:27; 12:23; 15:22; 20:30-31 par. 막 10:47-48). 분명히 이러한 맥락 속에서 마태복음 22:41-46에 나오는 대화는 예수께서 이러한 칭호를 부적절한 것이라고 부정한 것으로 해석하도록 하기 위한 것이 아니라, 오히려 다윗의 자손이 어떻게 다윗의 주가 될 수도 있는지에 관한 수수께끼를 깊이 생각해 보도록 초대하는 것이다. 게다가, 다윗의 자손의 역할은 곤궁한 자들에 대한 예수의 연민어린 행위들에 비추어서 상당한 수정이 필요한 것으로 보여진다.[38]

---

37) 또한 마 10:6; 15:24; 26:31을 보라; cf. Menninger, *Israel*, pp. 142-48.

38) Cf. Leonhard Goppelt, *Theology of the New Testament* (Grand Rapids, Mich.: Eerdmans, 1981, 1982), 2:220-21. 「신약신학」(본사 역간).

예수의 높아지신 지위는 "주"('퀴리에')라는 부름말을 훨씬 더 자주 사용하는 것에 의해서 강조되고 있는데, 주님이라는 부름말은 예수의 말씀에 공감하여 헌신한 자들이 사용하는 통상적인 부름말로서 때때로 마가복음에 나오는 "랍비"의 용례와 대응되기도 한다. 이 용어는 존경심을 나타내는 기본적인 경칭 이상의 것으로 볼 필요는 없지만, 이 용어가 자주 사용되고 있다는 것과 그것이 사용되는 문맥은 이 용어의 용례 속에는 더 큰 정도의 경외심이 깃들어 있다는 것을 보여준다. 예수에게 나아온 몇몇 사람들은 그를 경배하였다('프로스퀴네오')고 되어 있는데, 이것은 왕에 대한 적절한 태도로서(마 2:2), 이와 같은 후광이 이후의 용례들을 감싸고 있는 것으로 보인다.[39] 이 모티프는 예수께서 열한 제자의 경배를 받으시며 그의 절대적인 권세를 선포하시는 부활 후의 마지막 장면에서 절정에 달한다.

마태는 마가보다 "인자"라는 표현을 더 많이 사용하는데, 이것은 기본적으로 마태가 예수의 말씀들을 더 많이 사용하고 있기 때문이다. 이러한 일반적인 경향성으로 인해서 장차 오실 인자이자 이 땅에서 배척받으실 자로서의 예수의 정체성에 대한 강조가 더 부각되어 있다.[40]

마찬가지로, 마태복음에서는 추가적인 자료들을 사용함으로써 "하나님의 아들"이라는 표현도 더 자주 나오게 되었다. 이 모티프는 성령에 의해서 이루어지게 될 예수의 출생에 관한 고지(告知) 속에 함축되어 있고, 그런 후에 마태복음 2:15에 나오는 호세아 11:1로부터의 인용문 속에 등장한다. 마가복음에서 이 칭호는 오직 십자가에 못 박히시기 전에 인간이 아닌 등장인물들에 의해서만 사용되고 있는 반면에, 마태복음에서는 예수께서 풍랑을 잔잔케 하신 후에 제자들이 예수를 하나님의 아들로 경배하고(마 14:33), 베드로가 가이사랴 빌립보에서 행한 신앙고백 속에도 이 어구가 포함되어 있다(마 16:16). 게다가, 마태는 아버지와 아들의 관계 및 아버지를 나타냄에 있어서 아들의 역할에 관한 예수의 명시적인 말씀을 포함하고 있다(마 11:25-27).

---

39) Cf. 마 8:2; 9:18; 14:33; 15:25; 20:20; 28:9, 17. 이 용어는 마가복음 5:6에서도 사용되고, 부활 후에 누가복음 24:52에서도 사용된다. 각각의 공관복음서 속에서는 사람들이 예수 앞에 무릎을 꿇은 산발적인 예들이 나온다(마 17:14; 막 1:40; 10:17; 눅 5:8).

40) Cf. I. Howard Marshall, *DJG*, pp. 776-77.

그러므로 마태복음에 있어서 사람들이 예수를 하나님의 아들로 인정하는 것은 마가복음에서보다도 더 강력하게 나타난다. 마가복음에서 사람들이 예수를 하나님의 아들로 인정하는 것은 예수께서 죽으신 후에 백부장의 고백이 있을 때까지는 등장하지 않는다(막 15:39).[41]

마태의 기독론에서 메시야라는 개념과 하나님의 아들이라는 개념 중에서 어느 쪽이 우선순위를 가지는가에 대하여는 논의가 있어 왔다.[42] 이러한 논쟁은 헛된 것일 가능성이 크기 때문에, 우리는 이 두 가지 흐름의 사상이 예수의 역할과 신분에 대한 온전한 이해를 위해서 필수적이라는 것을 인정하여야 한다.[43] 아마도 우리는 이 복음서 속에서 어느 정도의 발전 과정을 볼 수 있는 것 같다. 처음에 예수는 주로 메시야적인 다윗의 자손이고, 따라서 이스라엘과 관련된 예수의 역할이 강조되고, 그의 아들됨보다는 그의 신적인 기원이 강조된다. 복음서의 끝부분에 가서는 예수는 삼위일체적인 정식 속에서 하나님의 아들로 언급되고, 이렇게 해서 부활 후에 세상과 관련된 예수의 우주적인 지위가 강조된다. 그러나 그 차이는 순전히 강조점의 차이일 뿐이고, 이 복음서 전체에 걸쳐서 이 두 가지 흐름의 사상은 서로 결합되어 있다.

하지만 예수의 이러한 높은 신분을 보여주는 경향성과 대척 관계에 놓여 있는 것은 자신의 목소리를 높이는 것이 아니라 조용하고 온유하게 일하시는 주의 종으로서의 예수라는 정체성인데(사 42:1-4을 인용하고 있는 마 12:18-21), 이것은 예수께서 스스로 온유하고 겸손하다고 말씀하신 것에 의해서 확증된다(마 11:29; cf. 마 21:5).[44] 데이비드 힐(David Hill)에 의하면, 마

---

41) 한두 군데에서 마태는 "하나님의 아들" 또는 그것과 동등한 표현들이 아니라 "아들"이라는 용어를 사용한다; 마 11:27; 24:36; 28:19을 보라. 인자는 하나님을 그의 아버지로 가지고 있기 때문에(마 16:27), Meier, *Vision*, pp. 82-83, 172는 "아들"은 반드시 "하나님의 아들"과 동등한 것이 아니고, 특히 마태복음 24:36에서 "인자"와 연결되어 있고 있다고 주장한다.

42) 후자의 견해에 대해서는 특히 Jack D. Kingsbury, *Matthew: Structure, Christology, Kingdom*, 2nd ed. (Minneapolis: Fortress, 1989)를 보라.

43) 예를 들면, J. Riches, *Matthew*(Sheffield: Sheffield Academic Press. 1996), pp. 88-93을 보라.

태는 예수가 종이라는 것을 발전시킴으로써 하나님의 아들로서의 예수라는 개념에 내용을 부여하고 있다고 한다.[45]

예수의 역할은 순전히 칭호들과 호칭들에 대한 연구를 통해서만은 확인될 수 없다. 특히, 선생이자 이적을 행하는 자로서의 예수의 역할은 아주 핵심적인 중요성을 지니는데, 이것은 그 어떤 한 유형의 기독론적인 칭호와도 결합되어 있지 않다. 우리는 칭호들 속에 표현되어 있지 않은 예수의 신분의 두 가지 추가적인 측면들을 여기에서 고찰해 볼 필요가 있다.

첫째, 유대교에 나오는 독특한 존재인 지혜가 마태의 기독론에서 중요한 의미를 지니는가라는 문제가 있다. 예수께서 종종 지혜 전승 속에서 발견되는 그런 유의 격언들을 사용해서 지혜로운 선생의 방식으로 말씀하고 있다는 것에는 아무런 논란이 없다. 또한 예수가 누가복음 7:35에서 지혜의 사자(자녀)로 보아지고 있다는 것에도 아무런 논란이 없다. 하지만 마태복음 11:19에는 누가복음에 나오는 것과 동일한 말씀이 다음과 같은 형태로 등장한다: "지혜는 그 행한 일로 인하여 옳다 함을 얻느니라" — 이 말씀은 예수를 지혜와 동일시하는 것을 의미하는 것으로 해석되어 왔다.[46] 또한 "하나님의 지혜"가 말하는 것으로 되어 있는 누가복음 11:49–51에 나오는 일인칭으로 된 예수의 말씀에도 난해한 측면이 존재한다. 하지만 마태복음 23:34–39에서 이 말씀은 예수 자신이 한 것으로 되어 있다. 이것은 마태가 암묵적으로 예수를 지혜로 규정하였다는 것을 의미하는 것인가? 마찬가지로, 예수는 마태복음 11:28–30에 나오는 지혜에 의한 말씀에 전형적인 것으로 볼 수 있는 문체를 사용해서 말씀하신다 — 물론, 이러한 전제를 확증해 줄 만한 정확한 병행이 다른 곳에서 나오지는 않지만.

이러한 여러 단편적인 증거들을 토대로 일부 학자들은 마태가 예수를 지혜의 역할을 하는 것으로 보고 있다고 주장하여 왔지만, 이 용어를 칭호로

---

44) 특히 공의와의 연관관계들을 포함한 이 용어의 의미에 대한 자세한 연구로는 Beaton, *Isaiah's Christ*를 보라.

45) Hill, "Son."

46) 그러나 이 말씀은 실제로 예수와 지혜를 비교한 것 이상의 것인가, 아니면 단지 하나의 격언일 뿐인가?

사용한 분명한 용례가 존재하지 않고, 이 용어가 이 복음서 속에서 다른 기독론적인 범주들과 비교해 볼 때에 중요한 역할을 한다고 할 수 없다는 점이 중요하다.[47] 분명한 것은 예수와 지혜를 동일시하는 것이 선생으로서의 예수를 대단히 강조하고 그의 말씀들의 신적인 기원과 권위를 강조하는 복음서에서 적절하다는 것이다(cf. 마 8:8). 또한 이러한 동일시는 하나님의 아들로서의 예수에 대한 이해를 보완함에 있어서도 적절하다. 이 두 경우 속에서 우리는 하나님과 가까운 신적인 대리자를 보게 된다.

좀 더 중요한 것은 예수께서 모세의 권위를 훨씬 뛰어넘는 권위를 가지신 모세와 대비되는 분으로 보아질 수 있다는 사실이다.[48] 새로운 모세로서의 예수에 대한 이러한 이해는 이 복음서 속에서 가르침이 차지하는 주된 역할을 제대로 다루는 것이고, 기독교와 유대교의 관계에 특별한 관심을 지닌 저작으로서의 이 복음서의 전체적인 취지와도 부합한다.[49]

복음과 유대교. 이제 예수와 그의 선교가 이 복음서 속에서 유대교적인 맥락 안에서 및 유대교와의 관계 속에서 어떻게 이해되고 있는지를 살펴볼 차례이다. 이 복음서는 시작 부분에 나오는 족보를 통해서 예수가 다윗의 자손인 동시에 아브라함의 자손이라는 것을 역설한다. 예수에게 일어난 일들과 마찬가지로 그의 정체성과 그의 행위들의 많은 측면들은 성경에 나오는 예언들과 관련되어 있다. 모든 복음서 기자들 중에서 "이는 선지자를 통하여 하신 말씀을 이루려 하심이더라"라는 정형 어구를 도입문으로 사용해서 공식적인 인용문들을 빈번하게 활용함으로써 이 점을 가장 부각시키고 있는 것은 바로 마태이다. 마태복음의 이야기가 지닌 이러한 특징에 대해서 책임

---

47) 마태의 지혜 기독론에 대한 "높은" 평가에 대해서는 Fred W. Burnett, *The Testament of Jesus-Sophia: A Redaction-Critical Study of the Eschatological Discourse in Matthew* (Lanham, Md.: University Press of America, 1981)을 보라. 훨씬 더 인색한 견해에 대해서는 Davies and Allison, *Gospel*, 2:295를 보라.

48) Davies and Allison, *Gospel*, 3:718-21. 좀 더 자세한 것으로는 Dale C. Allison Jr., *The New Moses: A Matthean Typology* (Minneapolis: Fortress, 1993).

49) 또 하나의 가능성은 예수를 이스라엘을 구현하고 있는 자로 보고 있다는 것이다 (cf. 마 2:15).

이 있는 것은 마태임에 틀림없다 — 물론, 몇몇 자료들은 전승에 의한 것이기는 하지만. 따라서 이러한 특징은 마태에게 독창적인 것은 아니지만, 마태는 다른 복음서 기자들과는 다른 방식으로 이 특징을 공식화하고 있다. 마태가 예수께서 성경 말씀들을 성취하였다는 것을 보여줄 수 있었다는 것은 중요하다. 그러나 왜 그것이 중요했는가? 그 한 가지 요소는 아마도 변증적인 것으로서, 예수의 사역이 선지자들이 미리 예언했던 것과 일치하기 때문에, 예수가 진실로 유대인들이 기다리고 있던 구원자라는 것을 입증하는 것이었던 것으로 보인다. 이것이 초기 기독교의 변증 속에서 한 요소를 차지하고 있었다는 것은 사도행전 17:2-3 같은 본문을 통해서 분명하게 드러난다. 이와 동시에, 이것은 예수의 사역을 예언과 성취라는 관점에서 이해하는 것을 발전시킬 수 있게 해 주었다. 하나님의 계획은 역사 속에서 실행되고 있고, 따라서 예수의 사역은 하나님께서 수백 년 전부터 해 오셨던 일의 완성으로 보아질 수 있다.

그러나 이렇게 말하는 것은 과거와 현재의 관계라는 문제를 불러일으키고, 좀 더 구체적으로 말하자면, 이러한 계획과 관련된 유대인들의 문제를 불러일으킨다.

마태는 신약성서의 기자들과 마찬가지로 약속과 성취라는 도식으로 사건을 바라보는데, 이 도식에서는 예수께서 오신 것을 메시야 및 장차 도래할 하나님의 축복의 시대에 관한 성경의 예언들의 성취로 본다. 이러한 이해의 결과로서 역사를 두 시기, 즉 약속의 시기와 성취의 시기로 크게 나누는 것이 등장하게 되었다. 마태가 이러한 이해를 공유하고 있다는 것은 세례 요한까지의 시기(선지자들과 율법이 장차 일어날 일에 대하여 예언하였던 때)와 세례 요한부터 그 이후의 시기(이 때에는 천국이 활동을 한다)를 구별하고 있는 마태복음 11:12-13로부터 분명하게 드러난다.

하지만 이 기본적인 통찰을 정밀하게 조율하는 것과 관련해서는 상당한 논란이 존재한다. 누가의 역사 이해에 관한 저 유명한 논의에서 한스 콘첼만(Hans Conzelmann)은 예수의 오심이 새 시대의 임박한 도래를 알리는 것이었다는 전제 하에서 시간을 과거의 시대와 새 시대로 구분하였던 원래의 기독교적인 시간 이해는 누가에 의해서 세 시기라는 도식으로 재해석되었다고 주장하였다. 준비의 때가 있었고, 그 후에 예수의 때가 있었으며, 그 다음에는 교회의 때가 존재한다. 이런 식으로 누가는 예수의 오심과 최후의 완성의 도래 사이의 큰 시간 간격에 의해서 초래된 문제점을 그 사이에 교회의 때를 삽입해서 예수의 오심을 종말의 개시가 아니라 "시간의 중간"을 나타내는 것으로 봄으로써 해결하고자 하였다.[50]

필연적으로, 마태가 누가와 비슷한 역사 이해를 공유하고 있는 것인지에 대한 의문이 생겨나게 되었다. 만약 그렇다면, 마태는 기본적으로 두 시기(약속과 성취)라는 관점과 세 시기(이스라엘, 예수, 교회의 때)라는 관점 중 어느 관점에서 생각하고 있는 것인가? 아니면, 우리는 다섯 시기라는 관점 같은 좀 더 복잡한 이해를 채택해야 하는가?[51] 모든 것들을 고려해 볼 때, 우리는 누가복음에서와 마찬가지로 마태복음에서도 약속의 때와 성취의 때라는 기본적인 구별을 보지만, 성취의 때는 천국의 새 시대를 개시한 예수의 사역의 때와 예수께서 시작한 일을 계승한 교회의 때로 분명하게 나눠진다는 것을 인정해야 할 것 같다.[52] 마이어(John P. Meier)는 마태복음에서 예수의 죽음과 부활은 예수의 부활을 둘러싼 묵시론적인 사건들과 이방인 백부장 및 그와 함께한 자들이 예수를 하나님의 아들로 인정한 것과 더불어서 새 시대의 도래에 있어서 핵심적인 단계를 보여주고 있다고 강력하게 주장한다.[53]

이러한 문제와 밀접하게 연관되어 있는 것은 유대인들과 교회의 관계라는 문제이다. 약속의 때와 성취의 때라는 도식은 그 자체로 세상의 사람들의 구원을 위한 하나님의 주도적인 행위의 실천에 있어서 여러 단계들에 대한 설명 이상의 것이 아니다. 그러나 분명히 약속의 시기에 있어서 하나님의 백성으로서의 이스라엘이 존재하였다는 것과 그 약속들이 자신들 속에서 성취되고 있다고 믿은 사람들의 무리였던 교회가 세워진 것에 의해서 제기되는 문제점이 존재한다. 이스라엘과 교회는 어떠한 관계에 있는 것인가? 또는, 좀

50) Hans Conzelmann, *The Theology of Saint Luke* (London: Faber, 1960)
51) 이 마지막 견해에 대해서는 Scot McKnight, *DJG*, pp. 536-38을 보라.
52) 이러한 분석은 Kingsbury, *Matthew*의 분석과 비슷하다.
53) Meier, *Vision*, pp. 29-39.

더 정확하게 표현하자면, 예수와 교회의 때에 유대인들은 하나님의 백성과 어떻게 관련되는 것인가? 그리고 이 문제는 교회와 그 선교 속에서의 이방인들의 위치, 모세 율법은 지속적으로 유효한 것인가 그렇지 않은가라는 중요한 문제들과 연결되어 있다.

율법과 새로운 의. 혈통상으로 본다면, 유대인들은 성경 속에서 약속들이 주어졌던 사람들의 자손들이었다. 마찬가지로, 그들은 그들이 여전히 구속력이 있다고 여겼던 모세 율법을 물려받은 자들이었다. 그러므로 우리는 이 복음서가 유대 그리스도인들과 이방 그리스도인들을 포괄하는 교회가 발전되었던 때에 씌어졌다는 것을 기억하여야 한다. 유대교는 분명히 이방인 개종자들이 들어오는 것을 허용하였지만,[54] 이방인들이 초대 교회 속으로 몰려 들어온 것에 비하면 그 규모는 하찮은 것이었고, 또한 유대교는 이방인들이 모세 율법을 온전히 받아들인다는 조건 아래에서만 그들을 개종자들로 받아들였다. 게다가 유대교는 전체적으로 율법의 세부적인 준수를 단지 제사장들에게만이 아니라 모든 사람들에게 권장하는 바리새파에 의해서 지배되었다.

우리가 이미 지적한 대로, 이러한 문제들은 마가복음에서 다루어진 문제들 중의 일부로 감지될 수 있기는 하지만, 마태복음에서 특히 두드러지게 드러난다. 물론, 학자들은 마태복음이 유대 기독교적인 복음인지, 아니면 이방 기독교적인 복음인지를 놓고 견해가 양분되어 있다. 증거들은 헷갈리는 것이지만, 전자의 해법(이것이 다수설이다)을 채택한다면, 그러한 혼란은 훨씬 줄어들 수 있다고 말하는 것으로 충분할 것이다. 전체적으로 볼 때, 마태복음의 저자는 우리가 방금 위에서 개략적으로 살펴보았던 상황을 염두에 두고서 이 복음서를 쓴 유대 그리스도인일 가능성이 많다.[55] 그렇다면 이 복음서는 그러한 문제들을 어떻게 다루고 있는가?

예수와 모세의 율법. 예수의 가르침은 역사적으로 볼 때에 유대인 청중들

---

54) Cf. 마 23:15. 이 때에 유대인들 가운데서의 "선교"의 성격과 범위에 관한 아주 논란이 많은 문제는 여기에서 굳이 다룰 필요가 없다.

55) 마태가 이방인이었다는 견해에 대해서는 Meier, *Vision*, pp. 17-25를 보라.

에게 베풀어졌고, 예수와 이방인들의 직접적인 접촉은 거의 없었다. 그러므로 예수는 당연히 유대적인 경건이라는 맥락을 전제하고서, 그들이 유대교의 관습들을 계속해서 실천하고 있다는 전제 하에서 사람들에게 말씀하였다(마 5:23-24; 6:1-17). 만약 예수께서 이렇게 하지 않았다면, 그것은 시대착오적인 것이 되었을 것이다. 이혼에 관한 예수의 논의는 흔히 이혼의 사유들에 관한 서기관들의 잘 알려진 논쟁이라는 맥락 속에서 이루어졌을 것이라고 생각된다(마 5:31-32; 19:3). 이러한 맥락 속에서 모세 율법의 폐지는 생겨나지 않는다.[56]

또한 예수는 서기관들과 바리새인들이 그들에게 하라고 말하는 것들을 순종하라고 그의 청중들에게 말할 수 있었다(마 23:2-3; 또한 마 23:23에서 예수께서 회향의 십일조를 드리는 것에 대하여 시인하고 있다는 것을 참조하라). 이러한 것은 솔직히 혼란스러운 것이다. 왜냐하면, 그것은 예수의 다른 가르침, 심지어 서기관들의 가르침을 "무거운 짐"이라고 규정하고 있는 그 다음 절과도 어느 정도의 긴장 관계에 있기 때문이다. 게다가, 마태복음 15:1-11에서 장로들의 전통은 하나님의 명령과 대립되는 것으로 묘사된다. 하나의 가능성은 마태복음 23:2-3이 심하게 반어법적인 내용이라는 것이고, 또 하나의 가능성은 예수께서 서기관들과 바리새인들이 모세 율법을 읽는 것을 그들이 그것을 해석하고 실천하는 방식과 대비시키고 있다는 것이다.[57]

율법에 대한 근본적인 개혁. 우리가 이미 지적했듯이, 마태는 하나님께서 그의 백성을 다루시는 역사를 두 단계, 즉 율법과 선지자들의 시기와 천국이 활동하는 시기로 구분하는 예수의 가르침을 기록하고 있다(마 11:12). 전자의 시기는 율법이 주어진 시기이기도 한데, 율법은 여기에서 구원의 길이 아니라 하나님의 백성이 살아가야 할 방식을 표현한 것으로 이해된다. 율법에 관한 예수의 가르침은 두 가지로 이루어져 있다. 한편으로, 예수는 장로들의

---

56) 이러한 논란이 되는 본문들에 대한 해석으로는 David Instone-Brewer, *Divorce and Remarriage in the Church: Biblical Solutions and Pastoral Realities* (Carlisle: Paternoster, 2003)를 보라.

57) 예를 들면, Frank Thielman, *The Law and the New Testament: The Question of Continuity* (New York: Crossroad, 1999), p. 61.

전통이 실제로 하나님의 명령과 상반되는 것으로 볼 수 있기 때문에 그러한 전통의 발전을 반대한다.[58] 다른 한편으로, 예수는 마음으로부터의 순종을 요구하는 율법의 근본 정신을 드러냄으로써 율법을 뛰어넘는 자신의 가르침을 발전시킨다. 율법은 복수를 "눈에는 눈"이라는 응보의 법칙으로 제한하였다. 하지만 예수는 그러한 제한이 유효한 것으로 남겨 두기는 하지만, 아예 복수를 하지 않아야 한다고 역설함으로써, 그러한 상황에서 율법을 불필요한 것으로 만들어 버리고 만다. 율법은 간음을 금지하였다. 여기에서도 또다시 율법의 그러한 규정은 여전히 유효하지만, 사람들이 정욕을 극복할 수 있게 된다면, 율법은 불필요하게 되고 말 것이다. 율법은 이웃을 사랑하라고 명령하였지만, 예수는 그 명령을 원수를 사랑하라는 명령으로 확대시켰다. 율법 전체는 하나님을 사랑하고 이웃과 원수를 사랑하라는 두 가지 큰 계명으로 요약될 수 있다.

이런 식으로 율법은 내면화되고 근본적으로 개혁된다. 율법은 폐지되지 않지만, 외적인 행위와 아울러서 사람들의 내적인 동기들도 포함하고 있고, 의식과 예식을 수행하는 것보다 도덕적인 행위를 우선시하는 이 두 가지 큰 계명을 구현한 것으로 보아진다(호 6:6을 인용하고 있는 마 9:13; 12:7을 참조하라). 그러므로 율법은 예수께서 가르치신 대로의 하나님의 뜻에 대한 새로운 표현으로 탈바꿈하게 되고, 복음서의 끝 부분에서 제자들은 사람들에게 "내가 너희에게 명한 모든 것을 가르쳐 순종하게" 하라는 명령을 받는다 — 율법에 대한 그 어떤 언급도 없이.

마태는 제자들의 행실에 관한 예수의 가르침을 전면에 부각시키고, 예수를 모세와 대척 관계에 있는 인물로 보이도록 묘사함으로써 예수의 가르침을 새로운 율법으로 제시하고 있다는 강력한 인상을 준다. 이것은 마태가 예수를 새로운 율법(옛 율법에 토대를 두고 있지만 그것을 뛰어넘는)을 수여하는 둘째 모세로 묘사하고 있다는 것을 의미하거나 예수를 모세와는 다른 일을 행하고 있는 것으로 묘사하고 있다는 것을 의미할 수 있다. 전체적으로

---

58) 이런 식의 표현 방식은 예수께서 전승이 율법을 분명히 하는 데에 도움이 되기만 한다면 전승을 인정할 수도 있다는 뜻을 함축하는 것일 수 있다.

볼 때, 우리가 예수께서 말씀하시는 것이 마음의 태도들에 관한 것이고, 이러한 것들에 관한 가르침은 통상적인 의미에서의 "율법"이 아니라는 것을 인정한다면, 전자일 가능성이 더 높아 보인다.[59]

이것과 관련해서 마태가 사용한 어휘 속에서 중요한 요소는 **의**와 **의롭다**는 어휘이다.[60] 과거(마 13:17; 23:35)와 현재(마 13:43, 49; 25:37, 46)의 경건한 사람들은 "의인들"로 규정되는데, 의인들이란 아주 간단하게 말해서 그들이 박해를 받는 한이 있더라도(5:10) 계명들에 표현된 하나님의 뜻을 따라서 살았다는 것을 의미한다(6:6이 잘 표현하고 있듯이). 마태의 주된 강조점은 세례 요한(마 21:32)과 예수(cf. 마 3:15)의 임무는 하나님의 뜻에 의해서 요구되고 천국과 밀접하게 연관되어 있는 삶의 길을 가르치고 역설하는 것이었다는 데에 두어져 있는 것으로 보인다(마 6:33). 마태복음 5:6, 20에 대해서 상당한 논란이 있어 왔다. 후자의 절은 청중들에게 천국에 들어 가고자 한다면 바리새인들보다 더 나은 의를 행할 것을 요구한다. 이것은 지금 의롭게 사는 것이 장차 천국에 들어가게 될 조건 또는 자격 요건이라는 인상을 준다. 그리고 그것은 사람들이 계명들 중에서 가장 작은 것이라도 행해야 한다는 가르침과 밀접하게 연결되어 있다. 예수께서 사람들은 사소한 계명들을 지켜야 할 뿐만 아니라 중요한 계명들도 지켜야 한다고 말씀하고 있는 것이 아니라면(마 23:23에서 보여지는 것과 같이), 바리새파가 따랐던 노선을 좇아서 사소한 계명들에 대한 강조를 더욱 발전시키고 있을 가능성은 없다. 오히려, 예수께서는 율법 전체를 지켜야 하는 것의 중요성을 강조하기 위하여 수사학적이고 과장법적인 표현을 사용한 것일 가능성이 더 크다.

마태복음 5:6에서 문제는 의에 주리고 목마르다는 것이 하나님께서 명하신 것을 행할 능력, 즉 하나님이 그들에게 원하시는 것이 되는 능력에 관한 것인지, 아니면 하나님에 의해서 "믿음으로 의롭다 하심을 받는" 것으로서의 바울적인 의미의 의에 관한 것인지, 아니면 압제자들에게 공의를 시행해 달

---

59) 물론, 우리는 모세가 오로지 외적인 준수에만 관심을 가졌고 동기들 및 하나님과의 영적인 관계에는 관심을 갖지 않았다고 생각하는 오류를 범해서 안 된다.

60) 마태는 이 두 단어를 23번 사용하고 있고, 마가는 2번, 누가는 12번 사용한다. 이 문제에 대한 균형 잡힌 요약에 대해서는 Hagner, "Righteousness"를 보라.

라는 부르짖음(이 모티프에 대해서는 눅 18:3을 참조하라)인지에 관한 것이다. 팔복에 관한 마태의 판본은 전체적으로 하나님께서 공급해 주셔야 할 필요들과 역전되어야 할 상황들(누가복음에서는 이러한 것들에 관한 것이다)이 아니라 하나님의 백성들이 행해야 할 일들에 관한 것이다. 그러나 이 절은 그러한 일반적인 경향에 대한 예외일 수 있다.

새로운 삶의 방식의 실천 가능성. 복음서들은 근본적인 행위 규범을 반복해서 가르친다. 특히 산상수훈은 흔히 진지하게 받아들이기에는 너무도 비현실적이고 완전주의적인 것이라고 생각되어 왔고, 심지어 산상수훈의 기능은 실천 가능한 행위 규범을 제시하는 것이 아니라 인간의 죄악됨을 나타내 보여주기 위한 것이라는 주장까지 있어 왔다. 복음서들에는 성령의 역할 또는 부활하신 주님과 연합된 새 생명의 능력에 관한 바울의 가르침 속에서 볼 수 있는 것과 같은 하나님의 도우심을 신자들이 하나님 나라 안에서 살아갈 때에 받게 될 것이라는 약속이 나오지 않는다.

마태복음에 있어서 예수의 삶과 활동은 성령과 밀접하게 연관되어 있다. 성령은 예수의 수태 과정에서 활동하였고(마1:18, 20), 이사야의 예언대로(마 12:18) 예수께서 세례를 받으실 때에 그에게 임하였다. 예수께서 하나님의 성령의 능력을 힘입어서 귀신들을 쫓아내는 것이라고 기록하고 있는 것도 마태이고(마 12:28; 누가 본문에 나오는 "하나님의 손가락에 의해서"라는 표현도 동일한 의미를 전달해 준다), 이것은 예수께서 행하고 계시는 것이 성령의 능력에 의해서 행해진 것이라는 것을 부정하는 맥락 속에서 성령을 훼방하는 죄는 용서받을 수 없는 죄임을 밝히는 예수의 말씀에 의해서 확증된다(마 12:31-32). 그러나 성령과 불로 세례를 주실 것이라는 약속(마 3:11)과 제자들이 박해를 받을 때에 아버지의 성령이 제자들을 도우시리라는 예수의 약속(마 10:20)을 제외하고는 성령의 능력 안에 있는 삶에 관한 그 어떤 언급도 존재하지 않는다.[61] 하지만 마태복음에는 예수께서 그의 제자들과 함께

---

61) 마태는 하나님께서 그에게 구하는 자들에게 "좋은 것들"을 주겠다고 예수께서 약속한 것으로 말하고 있는 반면에, 누가는 하나님이 성령을 주시겠다고 한 것으로 기록하고 있는데(마 7:11; 눅 11:13), 적어도 마태가 성령에 대한 원래의 언급을 제거 하였을 가

하겠다는 약속이 나온다(마 18:20; 28:20; cf. 마 1:23). 이것은 예수께서 교회를 인도해 주시고, 선교와 제자도의 길을 함께 동행해 주시겠다는 의미를 함축하고 있다. 이러한 약속에 함축되어 있는 것은 예수의 명령을 따라서 삶을 살아갈 수 있는 능력이 제자들에게 주어지리라는 것이다.

천국. 천국에 관한 예수의 가르침은 그 지체들이 나타내 보여주어야 할 천국의 의(義) 또는 하나님께서 신자들에게 원하시는 행실에 그 초점이 맞춰져 있다. 이것은 마태가 천국에 들어갈 자격을 갖춘 자들이 들어가게 될 장래의 나라에 대하여 생각하고 있는 것인지, 아니면 그 지체들이 하나님께서 명하시는 길들로 행해야 하는 현재적인 나라에 대하여 생각하고 있는 것인지라는 문제를 불러일으킨다. 마태복음에 있어서 천국은 사람들이 장래에 들어가게 될 것이라는 의미에서 의심할 여지 없이 미래적인 나라이다. 이와 동시에, 천국은 현재의 때에 강력하게 활동하고 있고 또한 강력하게 반대를 받고 있으며, 나무처럼 자라거나 누룩처럼 활동한다. 사람들은 지금 여기에서 "천국 백성"이 될 수 있다. 제자도는 예수의 참된 제자가 되는 것이 지금 여기에서 천국에 있는 것과 동일하다는 것을 의미하는 것이 아니라, 예수를 따르고 그의 가르침에 순종하는 자들은 제자들이 되어서 장차 천국에 들어가게 되리라는 것을 의미하는 것으로 해석하는 것이 가능할 것이다. 아마도 결정적인 증거는 천국에 들어가는 것을 현재 시제로 분명하게 언급하고 있는 마태복음 23:13일 것이다. 우리는 사람들이 그 안에 있을 수 있는 영역으로서의 천국이라는 현재적인 실체와 미래적인 소망을 함께 고려하여야 한다.

천국의 하나님. 천국이라는 개념으로부터 이 복음서에서 하나님의 위치를 고찰하는 것으로 넘어가는 것은 자연스러운 일이다. 하나님은 신약 신학에 대한 연구들에서 아주 자주 무시되는 등장인물이다. 신약성서의 주된 목적이 그리스도 안에서의 이 하나님의 선교적인 계시를 표현하는 것이라는 사실을 생각할 때 — 물론, 이렇게 할 때에 그 강조점이 계시되는 자가 아니

능성이 존재한다. 누가의 본문이 "선한 성령"으로 되어 있었을 가능성에 대해서는 Max Turner, *Power from on High: The Spirit in Israel's Restoration and Witness in Luke-Acts* (Sheffield: Sheffield Academic Press, 1996), p. 340을 참조하라.

라 계시의 행위자에 두어지게 될 위험성이 있지만 — 이것은 이상한 일이 아니다. 물론, 마태는 천국을 인자의 나라로 언급한다(마 13:41; 또한 마 25:31, 34에서 왕으로서의 인자와 천국의 밀접한 연결 관계를 참조하라). 하지만 마태는 곧바로 "자기 아버지의 나라"(마 13:43)라고 언급한다. 분명히 이 두 표현 간에는 충돌이 존재하지 않는다.

헌터(Archibald M. Hunter)는 "천국에서 왕은 아버지다"라는 설명을 통해서 핵심적인 것을 지적하였는데, 이것은 제자들은 예수에 대한 새로운 관계 속에서 하나님을 그들의 필요들을 돌보아 주시는 아버지로서 경험한다는 것을 나타내는 말이다(마 6:25-34).[62] 하나님을 이렇게 규정하는 것은 구약성서와 유대교에서 결코 알려져 있지 않았던 것이 아니지만, 예수의 가르침을 통해서 비로소 신약성서의 기자들(바울 같은)이 그것을 하나님을 이해하는 통상적인 방식으로 전제할 수 있을 정도로 지배적인 것이 되었다. 마태복음은 마가복음이나 누가복음보다 하나님을 아버지로 보는 이러한 새로운 평가를 더 많이 발전시키고 있다.

마가는 하나님을 가리키는 데에 이 용어를 단지 네 번밖에 사용하고 있지 않다(예수의 아버지로서의 하나님은 3번 나오고, 하늘에 계신 제자들의 아버지이신 하나님으로는 1번 나온다). 누가복음에는 이 용어가 17번 나온다. 그러나 마태복음에는 이 용어가 44번 나오는데, 예수의 아버지로서의 하나님에 대해서 자주 사용되지만, 제자들의 아버지로서의 하나님에 대해서도 사용된다. 이러한 용례들 중에서 일부는 마태가 하나님에 관하여 말씀할 때에 예수께서 특징적으로 사용하였던 호칭들이 나오는 자료들을 더 폭넓게 사용한 것에 기인할 것이다.

이와 동시에, 하나님께서 제자들과 인격적인 관계 속으로 들어가신다고 해도 그의 크심은 결코 줄어들지 않고(마 5:34-35), 마태는 그의 뜻에 불순종하고 악하게 행하는 모든 것에 대하여 심판하실 재판장으로서의 하나님의 활동을 강조한다. 마태는 실제로 하나님의 긍휼히 여기심과 선하심을 그의

---

62) Archibald M. Hunter, *Introducing New Testament Theology*, 2nd ed. (Carlisle: Paternoster, 1997; 초판은 1957), pp. 31-33.

63) 실제적으로 말해서, 만약 예수께서 이방인들에게 가서 먼저 복음을 전파하였더라

엄격한 심판과 주목할 만한 방식으로 통합시키고 있다. 하나님의 심판의 결과들을 표현하는 데에 사용된 언어들은 강력한 것들로서, 악한 자들은 바깥 어두운 곳에 던져지고(마 8:12; 22:13; 25:30), 게헨나의 영원한 불에 던져지게 되리라는 언급들이 나온다(마 5:22; 18:8-9; 25:41; cf. 마 3:10-12[세례 요한의 가르침], 7:19; 13:40, 42, 50에 나오는 비유적인 이미지들). 이러한 표현들은 다른 복음서들에서도 찾아볼 수 없는 것은 아니지만(막 9:43, 48; 눅 3:9, 16-17), 그 규모에 있어서 마태복음과 상대가 되지 않는다.

이스라엘과 교회. 이 모든 것에 비추어 볼 때, 우리는 이제 예수의 오심이 천국이 활동하고 메시야가 현존하는 새 시대를 이룬다는 것을 알 수 있다. 유대 지도자들은 하나님의 대리자들이었고, 그 나라는 그들이 그 나라에 대해서 통치권을 갖고 있었다는 의미에서 그들에게 속하여 있었다(마 21:43). 그러나 이러한 통치권은 그들로부터 빼앗아져서 또 다른 무리들에게 주어지게 될 것이다. 마태는 오직 하나의 나라만이 존재한다는 듯이 말하고 있고, 여기에서 일어나는 것은 그 나라를 약속받는 사람들이 바뀌게 되는 것이다. 유대 지도자들은 그러한 권리를 상실하였다. 만약 그들이 메시야에 대하여 긍정적으로 응답하였다면, 그들은 보좌에 앉아서 이스라엘의 열두 지파를 다스릴 수 있게 되었을 것이다. 그러나 그러한 가능성은 결코 생겨나지 않았다. 여기에서 결정적인 것은 예수와 그의 가르침에 대한 태도이다. 누가복음의 판본이 분명하게 보여주듯이, 예수는 사람들로 하여금 걸려 넘어지게 하는 돌이고, 마찬가지로 그는 사람들 위에 떨어져서 그들을 멸망시키는 돌이기도 하다(눅 20:18).

물론, 새로운 천국 백성은 예수의 제자들이다. 예수께서 이스라엘 집의 잃어버린 양들을 위하여 그의 제자들에게 유대인 아닌 자들에게 가는 것을 금지하였다고 할지라도(마 10:5; cf. 마 15:24), 마태가 이 새로운 백성 속에는 이방인들도 포함되어 있다고 상정했음을 보여주는 풍부한 증거들이 있다. 이 점은 장차 제자들이 행하게 될 선교에 대하여 언급하고 있는 마태복음 24:14과 18:19에서 아주 극명하게 드러난다. 또한 그것은 마태가 이방인들에 대한 메시야의 열린 태도를 보여주는 내용들을 기록하고 있다는 사실에 의해서도 나타난다: 복음서의 서두에 나오는 동방 박사들의 방문, 많은 사람들이 동서로부터 천국으로 오게 되리라는 예언(마 8:11); 야웨의 종의 선교(마 12:18-21, 특히 마 12:18, 21); 예수께서 결국 가나안 여자의 청을 들어 주신 것(마 15:21-28); "모든 민족"으로부터 온 사람들을 양과 염소로 나누는 심판(마 25:31-36). 따라서 예수의 선교와 제자들의 선교를 유대인들에게 국한시킨 것은 오직 우선순위의 문제로 이해될 수 있을 뿐이고 전략의 문제로 이해될 수는 없다.[63] 신약성서의 다른 곳에서 몇몇 기자들은 하나님의 나라가 원래 그것이 약속되었던 자들에게 무엇보다도 먼저 선포되어야 하였다는 것을 언급한다. 유대인들은 "그 나라의 본 자손들"(마 8:12)이고,[64] 예수는 하나님의 백성을 새롭게 하는 데에 관심을 갖고 있으며, 그런 후에 이 하나님의 백성은 모든 민족들에게 개방됨으로써 확대된다. 하나님의 백성 속에 열방들이 포함될 근거가 존재한다면, 그것은 열방들에 대한 빛이 되어야 할 야웨의 종과 하나님의 백성의 역할에 관한 성경의 묘사 속에 있을 것이다.

마태가 천국이 이미 현존한다고 보았다는 것을 보여주는 추가적인 증거는 교회에 관한 예수의 가르침 속에서 찾아볼 수 있다. 마태는 교회라는 용어를 두 개의 본문 속에서 사용한다. 두 번째 본문(마 18:17)에서 이 용어는 분명히 제한되고 지역적인 사람들의 무리를 가리키고, 유대적인 맥락 속에서 이것은 회당 공동체일 수밖에 없다. 하지만 그리스도인 독자들에게 이 단어는 의심할 여지 없이 그리스도인 회중을 의미하였을 것이다. 이것이 특별히 그런 것은 이러한 언급이 다른 종류의 표현을 사용하고 있는 마태복음 16:18에서 이 용어가 앞서 사용된 이후에 나오기 때문이다. 거기에서 예수는 사망 권세와 대결한다는 점에서 우주적인 역할을 갖는 '에클레시아'(교회)를 세우고, '에클레시아' 또는 그 지도자들은 천국에 들어가는 것을 통제하는 열쇠를 갖게 될 것을 약속한다. 예수께서 상정한 대로의 이 공동체는 사람들의 기준으로 볼 때에는 작고 보잘것없는 것이었을 수 있지만, 겨자씨와 누룩에 관한 비유들에 비추어 볼 때에 그 공동체는 엄청나게 성장하게 되어 있었다.

면, 그는 유대인들에게 모든 신뢰성을 잃어버렸을 것이라는 것은 사실이지만, 그러한 고려가 신약성서의 기자들의 생각 속에 있었을지는 매우 의심스럽다.

64) 마태복음 13:38에서 이 동일한 어구는 예수의 가르침에 응답한 자들에 대하여 사용되고 있다.

게다가, 마태는 이 공동체 내에서 사람들이 서로 어떤 관계에 있는지에 대하여 관심을 갖고 있다. 우리가 이미 살펴본 대로, 마태복음 18장은 제자들 간의 관계, 특히 사람들이 믿음에서 떨어져 나가지 않도록 하는 것에 관한 목회적인 관심에 관한 것이다. 교회와 제자들은 동일한 실체라고 전제될 수 있다. 그럼에도 불구하고, 미래 시제가 사용된 것은 교회가 베드로를 중심으로 한 열두 제자의 지도력 아래에서 세워질 때까지는 탄생하지 않았다는 것을 보여주는 것일 수 있다.

마태에게 있어서 이스라엘은 메시야가 이미 임하였다는 것을 알고 있는 자들로 이루어진 교회로 계승된다. 이스라엘은 미래를 향하여 계속해서 계승되는 유일한 실체이다. 음부의 공격을 막아내게 될 또 다른 교회가 들어설 여지는 있을 수 없다. 보좌에 앉아서 이스라엘을 심판하게 될 재판자로서의 열두 제자의 위치는 유대교의 현재적인 지도층이 천국에 대한 그들의 지배권을 빼앗겼다는 것을 보여준다. 이것은 천국에서 장차 유대인들을 위한 여지가 존재하지 않는다거나 교회의 선교가 오로지 이방인들에게로 향한다는 것을 의미하지는 않는다. 교회 또는 새로운 이스라엘은 믿는 유대인들과 믿는 이방인들로 구성된다. 제자들의 선교는 유대 민족을 포함한 모든 민족을 향한 것이다. 해그너(Donald A. Hagner)가 표현한 대로, "교회는 이스라엘을 대체한 것이 아니다; 오히려 이스라엘은 교회 속에서 자신의 진정한 정체성을 발견한다".[65]

결론

마태의 신학은 예수와 교회에 대한 유대교의 관계를 설정하는 데에 지대

---

65) Donald A. Hagner, *NDBT*, p. 264. 신약성서의 다른 곳에서와 마찬가지로 여기에서도 그것은 마치 교회가 이스라엘을 대체하였고, 이스라엘에 대한 하나님의 약속들이 더 이상 유효하지 않은 듯이 말하는 폐기론의 문제가 아니다. 이와는 정반대로, 하나님은 그의 백성과 자신의 계약을 갱신하였다; 갱신의 요소들은 메시야가 지금 왔다는 사실을 포함하고 있다. 그러므로 계약을 받아들인다는 것은 메시야를 받아들인다는 것을 수반하고, 계약 백성이 메시야를 받아들인 이방인들을 포용하여 마음을 여는 것을 수반한다.

한 관심을 가지고 있다. 마태의 복음서는 유대인들과 이방인들로 구성된 교회, 유대인들을 포함한 모든 민족에게 선교를 하도록 부르심을 받았으며 성경에서 이스라엘 백성에게 주신 하나님의 은혜로운 약속들을 물려 받은 것으로 인식했던 교회가 예수의 선교와 가르침 속에서 지니고 있는 토대를 제공해 준다. 마태가 염두에 두고 있었던 것은 아마도 유대 그리스도인 청중이었던 것 같고, 그의 복음서는 모세에 의해서 주어진 율법이 예수에 의해서 계승되어서 그의 새로운 가르침 속에 통합되었다는 의미에서 여전히 유효하다는 것을 강력하게 보여준다. 이렇게 율법은 여전히 유효하지만, 오직 그것은 예수에 의해서 가르쳐진 새로운 형태로만 유효하다.[66]

마가복음에 대한 우리의 논의의 끝부분에서 우리는 마가복음의 틀, 중심적인 주제, 그 주제에 대한 세부적인 전개라는 관점에서 마가의 신학을 규정하고자 하였다. 우리가 마태복음에 대해서도 동일한 시도를 하고자 한다면, 어떤 결과가 나오게 될 것인가?

마태복음에서 사고의 틀은 기본적으로 마가복음의 사고의 틀과 동일한 것으로 보이지만, 마태는 유대 백성에게 훨씬 더 관심을 갖고 있다.

마태의 주된 주제는 천국의 도래에 대한 선포로서의 예수의 가르침인데, 이러한 가르침은 그 지체들에게 새로운 삶의 방식을 요구하고, 그것은 거짓된 신앙을 버리고, 사랑과 긍휼로 표현되는 하나님의 율법에 대한 철저한 순종으로 나타나게 된다.

이것을 좀 더 자세하게 분석하고, 그것을 마가의 신학과 암묵적으로 비교해 볼 때에 우리는 다음과 같은 중요한 요소들을 지적할 수 있다.

1. 마태는 예수께서 백성들의 곤고한 상태를 보셨고, 그들의 종교 지도자들이 자신들이 가르쳤던 신앙을 실제로 실천하지 못한 것에 대하여 그들을 공격하였다는 것을 강조한다.

2. 예수는 자신의 권능 있는 치유와 긍휼의 행위들을 통해서 하나님의 통치의 현존을 나타내었다. 그는 하나님의 성품을 천국 복음에 응답하는 자들

---

66) 이것은 마태가 유대인들과 관련된 성취의 방식이 이방 그리스도인들과 관련된 성취의 방식과 다르다고 보았는지에 관한 문제를 불러일으킨다.

을 향한 아버지의 마음이라는 관점에서 이해하였다.

3. 예수의 역할은 그의 출생으로 말미암아 메시야와 하나님의 아들을 결합한 것으로 보아지고 있지만, 또한 그는 하나님의 율법을 백성들에게 권세 있게 가르치는 새로운 모세이자 겸손하고 권능 있는 야웨의 종으로서의 역할도 한다. 예수는 하나님의 임재를 사람들에게 매개하는 것으로 보아지고, 예수 자신이 그의 제자들과 영적으로 함께 한다(아마도 이것은 부활 이후의 시기를 위한 약속인 것 같다).

4. 예수는 제자들을 모으고, 그의 최초의 제자들의 터 위에 '에클레시아'를 세우고자 하신다. 그는 그들 가운데 공동체적인 삶의 발전을 미리 내다보신다.

5. 예수는 그의 활동과 그가 지상에 계실 때에 그를 따랐던 자들의 활동을 유대 백성에게로 한정하는 경향을 보여주었지만, 이 복음서는 이방인들을 예수의 제자들로 삼게 될 그 이후의 선교를 내다보고 있다. 예수는 현재의 유대 지도자들이 하나님의 백성에 대한 지도자로서의 지위를 빼앗기게 될 것이라고 분명하게 말씀하였지만, 믿는 유대인들은 여전히 새로운 하나님의 백성 속에서 그들의 자리를 갖게 된다.

6. 사랑으로서의 하나님의 뜻에 대한 이해는 원수를 사랑의 대상으로 포함시킴으로써 더욱 강화된다. 또한 헛된 경건과 반대되는 참된 의의 필요성에 대한 강조가 나온다.

7. 예수의 죽음은 하나님에 의한 죄 사함을 가져올 희생제사적이고 대속적인 것으로 보아진다.

8. 인자에 의해서 수행되고 영원한 지복 또는 정죄를 가져올 하나님의 최후의 심판의 실체가 강조된다.

이러한 짤막한 요약은 개략적인 서술로서의 위험성을 안고 있다. 그럼에도 불구하고, 마태의 신학이 기본적으로 마가의 신학을 통합하면서도 그것을 중요한 점들에 있어서 뛰어넘고 있다는 것을 보여주는 것만으로도, 이러한 요약의 역할은 충분히 달성된 것이다.

참고문헌

New Testament Theologies: (English) Conzelmann, pp. 144-49; Goppelt, 2:211-35; Ladd, pp. 213-28; Morris, pp. 114-43; Strecker, pp. 364-91; Zuck, pp. 19-64 (D. K. Lowery). (German) Berger, pp. 677-85 *et passim;* Gnilka, pp. 174-96; Hahn, 1:518-46; Hübner, 3:96-119; Stuhlmacher, 2:150-74.

Allison, Dale C., Jr. *The New Moses: A Matthean Typology.* Minneapolis: Fortress, 1993.

Beaton, Richard, *Isaiah's Christ in Matthew's Gospel.* Cambridge: Cambridge University Press, 2002.

Blomberg, Craig L. *Matthew.* Nashville: Broadman, 1992.

Bornkamm, Günther, Gerhard Barth, and Heinz J. Held. *Tradition and Interpretation in Matthew.* Philadelphia: Fortress, 1963.

Burnett, Fred W. *The Testament of Jesus-Sophia: A Redaction-Critical Study of the Eschatological Discourse in Matthew.* Lanham, Md.: University Press of America, 1981.

Carson, D. A. "Matthew". In *The Expositor's Bible Commentary.* Edited by Frank E. Gaebelein, pp. 3-599. Grand Rapids, Mich.: Zondervan, 1984.

Davies, W. D., and Dale C. Allison Jr. *The Gospel According to St Matthew.* 3 vols. Edinburgh: T & T Clark, 1988-1997.

France, R. T. *The Gospel According to Matthew: An Introduction and Commentary.* Leicester: Inter-Varsity Press; Grand Rapids, Mich.: Eerdmans, 1985.

——— . *Matthew: Evangelist and Teacher.* Exeter: Paternoster, 1989.

Hagner, Donald A. "Matthew". In *NDBT,* pp. 262-67.

——— . *Matthew 1—13* and *Matthew 14—28.* Dallas: Word, 1993, 1995.

——— . "Righteousness in Matthew's Theology". In *Worship, Theology and Ministry in the Early Church.* Edited by M. J. Wilkins and T. Paige, pp. 101-20. Sheffield: Sheffield Academic Press, 1992.

Hill, David. "Son and Servant: An Essay on Matthean Christology". *JSNT* 6 (1980): 2-16.

Keener, Craig S. *A Commentary on the Gospel of Matthew.* Grand Rapids, Mich.: Eerdmans, 1999.

Kingsbury, Jack D. *Matthew: Structure, Christology, Kingdom.* 2nd ed. Minneapolis: Fortress, 1989.

Luz, Ulrich. *Matthew 1—7: A Commentary.* Minneapolis: Augsburg Fortress 1989.

——— . *The Theology of the Gospel of Matthew.* Cambridge: Cambridge University Press, 1995.

Meier, John P. *The Vision of Matthew: Christ, Church and Morality in the First Gospel.* New York: Paulist, 1978.

Menninger, Richard E. *Israel and the Church in the Gospel of Matthew.* New York: Peter Lang, 1994.

Mohrlang, Roger. *Matthew and Paul: A Comparison of Ethical Perspectives.* Cambridge: Cambridge University Press, 1984.

Przybylski, Benno. *Righteousness in Matthew and His World of Thought.* Cambridge: Cambridge University Press, 1980.

Riches, J. *Matthew.* Sheffield: Sheffield Academic Press, 1996.

Stanton, Graham N. *A Gospel for a New People.* Edinburgh: T & T Clark, 1992.

————, ed. *The Interpretation of Matthew.* 2nd ed. Edinburgh: T & T Clark, 1995.

Stonehouse, Ned B. *The Witness of Matthew and Mark to Christ.* London: Tyndale, 1959.

Suggs, M. Jack. *Wisdom, Christology and Law in Matthew's Gospel.* Cambridge, Mass.: Harvard University Press, 1970.

Wilkins, Michael J. *The Concept of Disciple in Matthew's Gospel.* Leiden: E. J. Brill, 1988.

제 5 장

누가복음-사도행전: 전편

누가복음과 사도행전은 예수의 삶 및 그의 제자들이 그의 죽음과 승천 후에 그에 관한 복음을 어떻게 전했는지에 관한 하나의 이야기에 대한, 서로 연결되어 있고 연속되어 있는 두 부분을 형성한다. 이 점은 여러 권으로 이루어진 고대의 저작의 관습을 따라서 첫 번째 권에 대한 서론에 토대를 두고 있음이 분명한 짧은 서론으로 두 번째 권이 시작되는 것에서 분명하게 드러난다. 그럼에도 불구하고, 일부 학자들은 두 책 간의 차이점들을 감지하고, 누가의 이 두 저작이 어떻게 하나로 통합되게 되었는지, 그리고 두 권의 책 속에 과연 기본적으로 동일한 신학이 반영되어 있는지에 대하여 의문을 제기하여 왔다.[1] 예수의 메시지와 그의 제자들의 메시지 간에 차이점들이 존재한다는 것은 당연한 것이고, 인간의 삶을 살았던 사람으로서의 예수는 높아지신 주님과 동일하지 않다는 것도 당연한 것이다. 문제는 누가가 이 두 권의 책이 서로 적절한 조화를 이루고 있는 것으로 보고 있느냐 하는 것이다. 우리는 누가복음과 사도행전을 검토할 때에 이러한 문제를 염두에 두어야 하지만, 자료의 성격상 이 두 권의 책을 함께 검토하는 것이 옳을 것이다.

---

1) 누가복음과 사도행전 간에 몇몇 사소한 문체상의 차이들이 존재함에도 불구하고, 한 사람의 동일한 저자가 이 두 책을 썼다는 것은 실제로 전혀 의심의 여지가 없다.

누가의 신학적 이야기: 제1부

나는 누가가 마가복음을 토대로 거기에 마태복음과 공유한 자료들과 누가 자신에게 특유한 자료들을 더해서 예수에 관한 이야기를 전하고 있다고 전제할 것이다. 그러므로 이 이야기의 주된 흐름은 마가복음에 나오는 이야기와 비슷하고, 많은 점들에서 누가는 이 이야기의 줄거리에 대한 마가의 이해를 공유하고 있다. 그러나 마태와 마찬가지로, 누가는 마가보다 더 길게 글을 쓰고 있고,[2] 자신의 독특한 뉘앙스들을 표현하기 위하여 마가 자료를 편집했을 뿐만 아니라, 새로운 자료들을 사용함으로써, 이 이야기에 마가복음과는 다른 강조점을 부여하였다. 또한 이 복음서를 그 속편인 사도행전에 의해서 만들어지는 맥락 속에 둔 것도 이 이야기의 의미에 영향을 미칠 수 있다.

서장(눅 1-2장). 처음부터 누가는 그가 믿을 만한 증언을 토대로 해서 실제로 일어난 일에 관한 기사를 쓰고 있다는 것과 그가 그렇게 하는 것은 그의 독자들이 지금까지 가르침을 받아온 것이 건전한 토대 위에 의거하고 있다는 것을 확신할 수 있도록 하기 위한 것임을 분명히 한다. 이미 이 시점에서 우리는 누가가 기독교의 메시지가 역사적인 사건들에 의거하고 있다는 것에 관심을 가지고 있다는 것을 알게 된다(눅 1:1-4).

물론, 바로 뒤에 나오는 이 이야기의 서장, 즉 세례 요한과 예수의 출생에 관한 기사는 일부 사람들이 엄격한 의미에서 역사적인 것으로 받아들이기 힘든 요소들을 담고 있다. 누가는 천사들의 방문을 비롯해서 역사적인 이야기라기보다는 민담에 더 가까운 것으로 보일 수 있는 것들에 관한 이야기들을 아무런 거리낌 없이 서술한다. 하지만 본서는 그러한 내용의 역사성을 평가하는 자리가 아니다. 우리의 관심은 누가가 그러한 내용에 관한 기사를 통해서 무엇을 전달하고자 하였느냐에 있다.

이 이야기의 신학은 아주 분명하게 드러난다. 예수와 세례 요한의 수태 고지에 관한 두 개의 서로 연결된 기사들이 나오고, 그런 후에 그들의 실제적

---

2) 복음서들의 분량을 단어 수로 따지자면, 마태복음은 18,300단어, 마가복음은 11,200단어, 누가복음은 19,400단어, 요한복음은 15,400단어로 되어 있다. 이것은 누가복음이 마가복음보다 분량이 1.73배로서 거의 두 배 가량 분량이 많다는 것을 의미한다.

인 출생과 그 직후에 있은 사건들에 관한 기사들이 나온다. 나이 든 사가랴와 그의 아내는 뜻밖에 그들이 엘리야의 영과 능력을 가지고서 주를 위하여 백성들을 예비시킬 한 아들의 부모가 되리라는 것을 알게 된다. 여기에서는 복음서들의 다른 곳에서 세례 요한에게 부여된 역할(막 9:11-13)이 전면에 부각되어 강조된다. 마찬가지로, 마리아는 자기가, 예수로 불리게 되고[3] 지극히 높으신 이의 아들, 즉 하나님의 아들이 되어서, 야곱의 집, 즉 유대인들을 영원히 다스리게 될 한 아이의 어머니가 되리라는 말을 전해 듣는다. 이것은 기본적으로 메시야에 관한 묘사로서, 구약성서에서 메시야가 하나님에 대하여 아들의 관계에 있다는 것에 관한 묘사를 가져와서 사용한 것이다(예를 들면, 삼하 7:14). 마리아는 이러한 수태고지를, 하나님께서 이 세상에 역사하셔서 악한 자들을 내리치시고 궁핍한 자들을 만족시키시며 유대인들에 대한 관심과 보살핌을 보여주시는 것이라는 관점에서 해석한다. 우리가 누가복음 1:51-55에 나오는 마리아의 노래에서 사용된 시제들을 어떻게 이해하든지 간에, 그 시제들은 하나님께서 이 인물을 통해서 장차 하시게 될 일에 관한 표현으로 보아야 한다. 이러한 전체적인 그림은 하나님께서 그의 백성 이스라엘을 위하여 행하시고, 어떤 의미에서 그들에게 구원을 가져다주어서, 그들로 하여금 평강 가운데 경건한 삶을 살 수 있게 해 주실 것이라는 사가랴의 예언에 의해서 확증된다. 여기에서 사용된 표현들은 구원의 성격을 죄 사함과 빛이라는 관점에서 첨예하게 부각시키고 있다.

그런 후에, 예수의 출생과 그 출생이 의미하는 바를 보잘것없는 한 무리의 사람들 — 목자들 — 에게 나타내는 것이 나오고, 강조점은 의심할 여지없이 구주로서의 이 아이의 장래의 역할로 옮겨간다. 우리는 구주라는 관점에서 메시야를 재정의하는 것을 보게 되고, 이것은 시므온의 말에 의해서 확증된다(눅 2:30). 그러나 시므온은 여기에 한 가지 새로운 요소를 더하는데, 그것은 이 구원이 단지 이스라엘 백성을 위한 것만이 아니라 만민을 위한 것이 되리라는 것이다. 시므온의 말이 지닌 요지는 명시적으로 언급되고 있지 않

---

3) 이 이름의 의미는 마태에 의해서 인지되고 있지만(마 1:21), 누가도 그러한 의미를 인지하고 있었는지는 분명하지 않다.

지만, 그럼에도 불구하고 명확하다. 따라서 강조점은 "예루살렘의 속량"(눅 2:38)에 두어져 있기는 하지만, 좀 더 폭넓은 취지의 사건을 염두에 두고 있을 가능성이 존재한다. 마지막 사건은 이 어린 소년이 성전에서 신앙에 대하여 비상한 이해를 보여주고, 하나님을 그의 아버지로 지칭하는 것을 묘사하고 있다(눅 2:49). 이렇게 여기에는 예수에 대한 복합적인 이해들이 나온다. 이 시점에 이르러서 독자들은 "예수" 자체가 구원과 결부되어 있는 이름이라는 것을 깨닫게 된다. 구원, 원수들로부터의 건져내짐, 죄 사함, 평안, 교만하고 힘 있는 자들에 대한 심판(그들이 차지하는 지위는 그들의 죄악된 행위에 기인한다는 것이 거의 당연시된다), 이제까지 헐벗고 박탈당했던 자들이 만족을 얻게 될 것 등과 같은 장차 일어날 일에 관한 다양한 묘사가 나온다. 이러한 것은 모두 하나님의 왕적인 대리자인 메시야를 통해서 하나님의 사회질서가 세워지는 것과 연관될 수 있는 그런 종류의 것들이다. 메시야는 하나님의 아들로 이해되고, 구약성서에서 성령이 메시야에게 임하는 것으로 되어 있는 것과 마찬가지로(사 11:1-3; 61:1; cf. 눅 4:18), 여기에서 성령은 메시야의 출생에 관여한다.

모든 일이 여기에 묘사된 것과 정확히 동일하게 일어난 것이든, 아니면 누가 후대의 이해에 비추어서 사건들에 해설을 제공하는 방식으로 이야기를 하고 있는 것이든, 그런 것과는 상관없이 누가가 예수의 오심에 대하여 어떤 의미를 부여하고 있는지는 의심의 여지가 없다. 누가가 이 이야기를 말하고 있는 방식은 이러한 사건들이 구약에서 약속된 것에 대한 성취이고, 그러므로 이 사건들은 역사 속에서 하나님의 지속적인 활동들의 일부라는 것을 보여준다. 그러므로 누가가 적어도 이 이야기의 이 부분을 유대 성경의 문체와 밀접하게 연관된 그러한 문체로서 말하고 있는 것은 적절하다.

갈릴리에서의 예수(눅 3:1–9:50). 이 모든 것은 서문(prologue), 또는 음악적인 용어를 사용하자면 서곡(overture)에 해당한다. 본격적인 이야기는 세례 요한의 활동으로 시작되는데(행 1:22; 10:37), 누가는 이 사건에 연대를 부여하는 세심함을 보여준다. 누가복음 2:1에서 가이사 아우구스도를 언급하고 있는 경우와 마찬가지로, 이러한 연대에 대한 언급이 가져온 효과는 이스라엘의 역사 속에서 구약의 선지자들이 활동한 연대를 밝힌 것이 지니는 효과와 마찬가지로 이 이야기를 세계의 역사와 결합시켜 놓는 것이다. 여기에 나오는 세례 요한의 설교 내용에 관한 기사는 마가복음이나 마태복음에 나오는 것보다 더 자세해서, 회개한 자들이 어떻게 살아야 할지에 관한 몇몇 예들을 포함하고 있다. 조금 흥미로운 것은 세례 요한의 투옥이 예수의 수세가 서술되기 전에(눅 3:20/21) 세례 요한의 설교에 대한 결론부로서 이야기되고 있다는 것이다. 예수의 수세는 거의 별 중요하지 않은 사건으로 이야기되고 있는데, 이것은 마치 진정으로 중요한 요소는 예수께서 기도하고 계실 때에 그에게 성령이 임했다는 것과 그가 하나님의 아들이라는 것을 확증해 주는 하늘로부터의 음성이 들린 것임을 강조하는 것인 것 같다.[4]

이러한 두 가지 요소는 예수께서 성령에 이끌려서 광야로 나가서 하나님의 아들로서의 그의 신분을 의심하도록 시험을 받는 시험 기사 속에 다시 등장한다(눅 4:1-13). 예수께서 성령의 능력으로 광야에서 되돌아오고, 마귀는 당분간 자신의 무기들을 다 소진해 버린 상태가 되었다.[5]

예수의 활동에 관한 이야기는 나사렛 회당에서의 한 장면으로 시작되는데, 이것은 일반적으로 이후에 나올 내용에 대한 강령적인(programmatic) 성격을 지닌 것으로 해석된다. 이 장면은 예수의 사역을 이사야 61:1-2을 사용해서 예언의 성취로 묘사하고 있는데, 이것은 예수가 자유하게 함, 다시 봄, 건져내심, 하나님의 은혜라는 관점에서 표현된 복음을 선포하도록 하나님으

---

4) 이 대목에서 예수의 나이를 언급하고 그의 족보를 포함시킨 것은 어색해서 거의 긴 각주를 달아놓은 것이나 다름없다. 마태와는 달리, 누가는 예수의 족보를 거꾸로 되짚어 올라가서 아담까지 거슬러 올라가는데, 이 족보를 11x7이라는 구조에 맞춰서 배열하고 있는 것 속에는 어떤 신학적인 의미가 있을 가능성이 높다. 적어도 하나님의 아들들로서의 예수(눅 3:22)와 아담(눅 3:38) 간에 어떤 병행 관계가 존재할 가능성이 높지만, 그러한 것은 더 이상 발전되지 않는다.

5) Hans Conzelmann은 이것을 토대로 예수의 사역은 누가에 의해서 마귀가 다시 활동하게 된 누가복음 22:3 이전까지는 "사탄에게서 해방된 시기"로 묘사되고 있다는 자신의 학설을 발전시켰다; Conzelmann, *The Theology of Saint Luke* (London: Faber, 1960), p. 28을 보라. 그러나 마귀와 귀신들에 의해서 선동된 악한 활동들은 지속되고 있고(눅 13:16), 누가가 마귀와 관련된 어휘들을 사용하고 있지 않은 것은 마태 및 마가와 별반 다르지 않다.

로부터 기름 부음을 받았고 지명되었다는 것을 보여준다. 이것은 마가복음에 나오는 하나님 나라의 복음이 함축하고 있는 내용을 고난받고 있는 자들이 받게 될 유익들에 대한 독특한 강조점을 통해서 좀 더 구체적으로 밝힌 것이라고 할 수 있다. 또한 그것은 힘 있는 정복자가 기존에 존재했던 독재 체제를 전복시켰다고 선언하는 것과 마찬가지로 선언되고 있는 내용을 발효시키는 효력을 갖는 그런 종류의 선포이다. 그러나 이 이야기의 흐름은 좀 이상하다. 누가복음 4:22은 백성들 사이에서 예수에 대한 찬사가 있었던 것인지, 아니면 본질적으로 잘 믿으려 하지 않고 의아해하는 놀람의 반응이 있었던 것인지에 대하여 모호하게 표현한다. 분명히 이 이야기의 끝부분에서 예수께서 선지자들이 자신의 고향 사람들에게서 환영을 받지 못했다고 하신 말씀은 많은 사람들이 그에 대하여 폭력을 행하려고 한 것에 의해서 성취되고 있는데, 예수는 그의 때가 아직 오지 않았기 때문에(요한이 말하고 있는 것처럼) 그 자리를 피한다.

　기름 부음 받은 자가 사람들의 불신앙과 반대 속에서 구약의 약속들을 성취하기 위하여 구원과 치유 사역을 수행한다는 모티프[6]는 독자들이 이후에 전개되는 이야기를 어떻게 이해해야 하는지를 예시해 준다. 처음에 우리는 마가복음에 토대를 두고서 마가복음과 거의 동일한 방식으로 이야기되고 있는 하나의 기사를 만나게 된다.[7] 거기에는 예수께서 말씀과 행위를 통해서 하나님의 나라를 선포한다는 것, 제자들을 부르신 것, 점차 반대가 생겨나는 것 등과 같은 동일한 모티프들이 나온다. 마태는 예수께서 전하신 긴 강화(講話)를 전면에 부각시킨 반면에(누가의 나사렛 장면과 대비해 보라), 누가는 예수의 메시지에 의해서 이끌린 제자들과 백성들에게 예수께서 본격적으

---

　6) 이사야 60장에 나오는 기름 부음 받은 자는 이사야 선지자인 것으로 보이지만, 독자들이 "왕적인 메시야"에 대한 암시로 받아들이지 않기는 어려운 것 같다. 예수를 하나님의 아들로 규정한 것을 그가 그리스도라는 것을 인정한 것과 동일한 것으로 보고 있는 누가복음 4:41을 참조하라.

　7) 주된 차이는 시몬(베드로)과 그의 동료들을 부르신 것에 관한 이야기(눅 5:1-11)인데, 이 이야기에서는 이적을 행하는 자로서의 예수의 영광스러운 모습과 베드로 자신이 무가치하다고 느낀 것을 강조한다.

로 가르침을 베풀기에 적절하다고 생각되는 시점인 나중에 가서 마태복음과 병행되는 좀 더 짤막한 강화를 배치한다. 그 내용은 누가가 이용할 수 있었던 전승에 의해서 형성되고 있는데, 대체로 제자들 및 앞으로 제자가 될 자들의 행실, 그들에게 약속된 하나님의 상급과 심판에 관한 것이다. 그것은 압제받는 자들이 건지심을 받고 잘 나가던 자들이 망하는 새로운 사회에 관한 묘사를 제시한다. 명시적이라기보다는 암묵적으로 표현되고 있기는 하지만, 잘 나가던 자들은 그들의 지위를 악한 행위에 의해서 얻은 것이고, 박탈당하고 압제받는 자들은 희생자들로서 그들을 구원해 주시기를 하나님께 부르짖는다. 누가의 이러한 해석은 여기에서 사용된 표현들이 구약에서의 용법을 통해서 이러한 의미들을 이미 획득하고 있었다는 것에 의거한 것이다.

이러한 간주곡 뒤에는 죽은 자를 소생시킨 것을 비롯한(눅 7:11-17) 여러 가지 다양한 권능의 역사(役事)들이 서술된다. 이러한 것들은 감옥에 갇힌 세례 요한의 친구들에게 예수가 진정으로 이사야 35장에 묘사되어 있는 새로운 출애굽을 일으킬 자, 유대의 예언 속에서 약속된 인물이라는 것을 확신시키기 위한 증거들을 제공해 준다. 그러나 이 일련의 권능의 역사들 속에는 악명 높은 죄인을 용서해 주는 사건도 포함되어 있는데, 이것은 또 다시 예수의 정체성에 관한 문제를 불러일으킨다. 이 이야기는 대체로 마가복음을 따르고 있지만, 누가는 오천 명의 사람들을 먹이신 이적(모세와 엘리야에 대한 반영들!)을 예수가 누구인가에 관한 문제와 병치시키는 결과를 가져온 주요한 내용들을 생략한다.[8] 그 다음에 나오는 변화산 사건에 관한 이야기 속에서 누가는 예수와 하늘로부터 내려온 자들 간의 대화의 주제가 "장차 예수께서 예루살렘에서 별세하실 것(헬라어로 '엑소두스')"(눅 9:31)이었다는 것을 분명하게 말한다. 여기에서 "별세하실 것"은 예수께서 예루살렘에 가서 죽음으로써 그것을 거쳐서 그의 목표 지점으로 그를 데려다 줄 여행을 하고 있다는 것을 보여준다. 누가복음 9:51에서도 누가는 예수께서 "승천하실" 때에

---

8) 의미심장하게도 이러한 간구는 예수께서 기도하시는 맥락 속에 두어져 있는데, 예수의 기도는 누가에 의해서 강조되고 있는 모티프로서 예수의 자기 계시와 연관이 있다. David Crump, *Jesus the Intercessor: Prayer and Christology in Luke-Acts* (Tübingen: Mohr, 1992)를 보라.

관하여 언급하는데, 이것도 단순히 죽음을 의미할 수 있지만, 아마도 그의 승천이라는 개념을 포함하고 있을 가능성이 높다. 누가가 예수의 역정(歷程)의 전반부를 이 시점으로부터 예루살렘을 명확한 목표 지점으로 삼는 여행이라고 보았는지는 분명하지 않다. 지금은 여기저기를 돌아다니면서 하나님 나라의 메시지와 능력을 전하는 것을 목적으로 하는 유랑의 때였다.[9]

예루살렘으로 가는 도중에서의 가르침(눅 9:51-19:27). 이 시점 이래로 예수는 그의 제자들에게 가르치고 그의 대적자들과는 논쟁을 벌이는 것을 반복하는 선생으로서의 모습으로 훨씬 더 뚜렷하게 묘사된다. 복음서의 이 대단락은 많은 독립적인 단락들을 포함하고 있기 때문에 요약하기가 어렵고, 이야기를 전개시켜 나가기 위한 분명한 줄거리가 존재하지 않는다. 이것은 아마도 이 이야기가 하나의 주제를 발전시키는 일련의 서로 연결되어 있는 말씀들을 서술한 것이 아니라 그때그때 상황에 맞춰서 말씀하였던 순회 전도자의 삶을 반영하는 이야기이기 때문일 것이다. 누가는 그가 입수할 수 있었던 자료들을 나름대로 배열하고자 하기는 하였지만 예수께서 가르치신 것을 여러 주제별로 나누어서 체계적으로 제시하는 이야기로 만들고자 하지는 않았다.

신학적인 의미를 지닌 몇 가지 내용들이 두드러진다. 첫 번째 단락(눅 9:51-11:13)에서 예수의 제자들이 예수와는 별개로 나가서 전도에 성공을 거둔 것은 사탄의 패배로 해석된다(눅 10:18). 그리고 예수는 자기 자신을 오직 그만이 아버지를 알고 그의 지식을 다른 사람에게 나누어 줄 수 있는 하나님 의 아들로 본다(눅 10:21-22). 예수께서 베푸시는 가르침은 다시 한 번 원수들을 이웃으로 대우하는 사랑의 중요성을 강조하고(눅 10:25-37), 기도할 때에 하나님을 아버지라고 부를 것과 하나님께서 그들의 기도에 응답하여 성령을 선물로 주실 것이라는 기대를 가질 것(눅 11:1-13)을 강조한다.[10] 하나

---

9) 예수께서 예루살렘에 당도할 때까지 누가복음 9:51 이후에 나오는 것은 예수께서 여전히 이리저리로 움직이고 있다는 것을 보여주지만, 누가에게 있어서 궁극적인 목표 지점은 예루살렘이다.

10) 이런 유의 기도와 하나님의 응답을 위해서는 제자들은 사실 예수의 부활 이후까지 기다려야 했다.

님은 그의 자녀들에게 좋은 것을 주기를 원하시는 아버지이기 때문에, 예수께서 그랬던 것처럼 하나님에게 기도하는 것이 중요하다.

다음 단락(눅 11:14-54)에서 문제가 된 것은 예수를 둘러싼 세대를 전형적으로 대표하고 있는 바리새인들의 불신앙인데, 그들은 예수의 권능의 역사(役事)들을 성령이 아니라 바알세불에 기인하는 것이라고 비난하지만, 예수는 그들에게 자기가 행하는 권능의 역사들은 하나님의 손가락에 의지해서 행하는 것이며(모세와 아론에 의해서 행해진 권능의 역사들에 관하여 말하고 있는 출 8:19을 참조하라) 하나님의 나라가 도래하였음을 보여주는 징표라고 말씀한다.[11] 그러한 불신자들은 그들이 예수가 하나님으로부터 보내심을 받은 자라는 것을 확증해 줄 수 있는 하늘로부터의 명백한 표적을 보여준다면 믿을 것이라고 주장한다. 그러나 예수께서 죽은 자 가운데서 다시 살아나심으로써 그의 말이 옳다는 것을 증명하게 될 요나의 표적을 제외하고는 그 어떤 표적도 그들에게 주어지지 않을 것이다(마 12:38-42에서는 요나의 표적이 무엇인지가 명시적으로 서술되어 있다). 그런 후에, 마태복음 23장에 나오는 바리새인들과 서기관들에 대한 고발과 관련된 좀 더 짧은 내용이 나오는데, 그 내용이 약간 다르게 배열되어 있고, 구원에 이르게 하는 지식을 구하는 사람들을 가로막는 그들의 행태에 대해서 공격하는 것으로 그 내용은 절정에 도달한다.

그런 후에, 예수는 장래에 무슨 일이 일어나더라도 거기에 대비해야 할 것을 가르치는 내용을 주로 하는 단락(눅 12:1-13:21) 속에서 그의 제자들을 향하여 말씀하신다. 그들의 주된 관심은 하나님의 심판에 대비하는 것이 되어야 하는데, 위선의 위험과 인자를 시인하지 않게 될 위험이 강조되고 있다. 이와 동시에, 그들은 하나님께서 그들을 돌보실 것이며 성령을 그들에게 주실 것이라는 약속을 통해서 격려를 받는다. 이러한 점은 재물이 가져다주는

---

11) Chrys C. Caragounis는 그것이 하나님 나라가 곧 오게 될 것이라는 것을 의미한다고 주장함에도 불구하고("Kingdom of God, Son of Man and Jesus' Self-Understanding", *TynB* 40 [1989]: 3-23, 223-38), 이것은 여전히 이 절에 대한 가장 유력한 해석이다.

거짓된 안전을 구하지 말고 아버지의 돌보심을 전적으로 의지하라는 명령에 의해서 다시 강화된다. 그들이 하나님의 나라를 구한다면, 그들은 하루하루를 살아가는 데에 필요한 모든 것들을 공급받게 될 것이고, 거기에 대하여 아무런 걱정도 하지 않아도 될 것이다. 그들의 주된 관심은 주인이 잠시 집을 비운 사이에 자신의 할 일을 꾸준히 계속해 나가는 신실한 종들이 되는 것에 두어져야 한다. 누가와 그의 독자들에게 있어서 이러한 비유적인 말씀은 예수께서 더 이상 육체적으로 그들과 함께 있지 않게 된 교회의 때를 전제하고 있다. 이 단락의 끝부분(눅 12:54-13:21)에서는 또다시 무리들을 등장시킨 가운데 현재의 때가 위기의 때라는 것을 인식하는 것이 중요하다고 역설하면서, 이 때의 사람들은 자신의 죄악됨을 깨닫고 회개하여야 한다고 역설한다. 어떤 사람들은 예수께서 행하고 계시는 것이 사탄에게 포로된 자들을 해방시키는 일이라는 것을 깨달았지만, 어떤 사람들은 계속해서 그것을 인정하기를 거부하였다. 그들은 예수께서 하나님 나라의 성장과 전파에 관한 그의 비유들을 통해서 말씀하고자 한 것을 믿지 않았다.

누가복음 13:22-14:35은 앞 단락에서와 마찬가지로 그 내용이 서로 뒤섞여 있다. 여기에서도 때가 너무 늦기 전에 예수의 메시지에 응답하라는 호소와 예수의 말씀을 들은 자들이 하늘 나라에서 배제되고 다른 사람들이 그 자리를 차지하게 될 것이라는 경고가 나온다. 이것은 의심할 여지 없이 이방인들이 하나님 나라로 들어오게 될 것에 대한 언급이다. 그러나 전체적인 인상은 예수의 메시지를 받아들이기를 거부하는 분위기가 힘을 얻고 있다는 것인데, 이것은 예루살렘이 응답하기를 거절한 것에 대한 예수의 탄식으로 이어진다. 큰 잔치에 관한 비유는 유대인들이 하나님의 초대에 응하는 데에 실패한다면 이방인들이 그들의 자리를 차지하게 되리라는 경고를 되풀이한다. 이와 동시에, 예수는 그가 사람들에게 제시하는 것은 결코 손쉬운 대안이 아니라는 것을 강조한다: 제자가 된다는 것은 헌신의 값비싼 대가를 치러야 한다는 것이고, 제자의 길로 들어섰다가 중도에 포기하는 것은 위험천만한 일이다.

이 대단락 전체에 걸쳐서 예수께서 유대 사회의 소외된 자들에게 관심을 가지고 계시다는 것이 분명해지고(이것과 아울러서 이방인들에게 장차 문호가 개방될 것에 관한 암시도 있다), 이러한 관심은 누가복음 15장에서 잃어버린 자에 대한 하나님의 관심에 관하여 말한 후에(두 아들에 관한 비유를 통해서) 그들 스스로를 집에 남아 있는 아들과 동일시하는 자들의 상황에 대하여 열린 방식으로 문제를 제기하는 세 개의 비유를 통해서 정당화된다.

사람들로 하여금 하나님 나라에 들어오지 못하게 하는 시험들 중의 하나가 재물에 대한 욕심이라는 것이 분명해졌다. 누가는 누가복음 16장에서 이 주제에 관한 가르침을 한데 모아놓는다. 두 번째 비유, 즉 부자와 나사로에 관한 비유는 이러한 요지를 아주 분명하게 전달해 주고, 부자가 그의 재물을 지혜롭게 사용하지 못했다는 함의를 아울러 전달해 준다. 첫 번째 비유는 그 의미가 아주 분명하지는 않지만, 그것이 가르치고자 하는 한 가지 교훈은 사람들은 하나님의 청지기라는 인식 아래에서 청지기에게 합당한 방식으로 재물을 지혜롭게 사용하여야 한다는 것이다.[12]

다음 대단락(눅 17:1-18:8)에는 제자들을 위한 추가적인 가르침이 나온다. 이 대단락 중에서 신학적으로 가장 중요한 단락은 하나님 나라의 도래를 다루고 있는 단락인데(눅 17:20-37), 거기에서는 눈으로 볼 수 있는 방식으로 오는 것이 아니라 "너희 가운데"(눅 17:21) 존재하는 하나님 나라의 도래와 그 일이 일어날 때에 너무나도 분명하게 모든 사람들이 보게 될 인자의 도래를 구별하고 있는 것으로 보인다. 누가복음 17:21의 의미는 논란이 되고 있지만, 내 생각에 가장 좋은 해석은 하나님의 나라가 제자들 가운데(그들 "안에" 영적인 실체로 존재하는 것이 아니라) 이미 현존한다는(장차 갑자기 도래한다는 것이 아니라) 해석인 것 같다.[13] 이러한 하나님 나라의 현존과 구별

---

12) 아마도 이 장에서 우리들을 가장 혼란스럽게 하는 것은 첫 번째 비유에 대한 해석이 아니라 하나님 나라, 율법, 이혼이라는 주제로 옮겨간 누가복음 16:16-18을 포함시키고 있다는 것이다. 이 단락을 독자적으로 본다면, 이 말씀들은 하나님 나라의 시대가 도래하였다는 사실에도 불구하고 누가에게 있어서 율법은 여전히 유효하고, 이와 동시에 이혼에 관한 그의 가르침이 보여주듯이, 예수의 가르침이 율법을 좀 더 정교하게 다듬고 있다는 것을 보여주는 것으로서 중요하다.

13) 서로 다른 견해들에 대해서는 Darrell L. Bock, *Luke* (Grand Rapids, Mich.: Baker, 1994, 1996), 2:1414-19; John Nolland, *Luke* (Dallas: Word, 1993), 2:852-

되고 있는 것은 장차 있을 인자의 도래인데, 그 날에 인자는 그를 기다리지도 않고 준비하고 있지도 않은 자들에게 심판을 행하게 될 것이다. 그 날에는 피하는 것이 불가능하게 될 것이다. 인자의 도래는 묵시론적 언어로 묘사되고 있다. 그러나 어쨌든 여기에서 중요한 것은 인자의 도래가 번개가 치는 것과 같다거나 노아와 롯의 시대에서 일어났던 일과 같을 것이라고 말하고 있다는 점인데, 이러한 언급이 지닌 정확한 성격은 본문에 나와 있지 않다. 사람들이 서로 분리되어서 서로 다른 운명을 맞게 되고, 시간이 없어서 재물은 그대로 두고 오직 몸만 빠져 나오게 될 것이라는 이미지들은 적군의 포위 공격 또는 침공에 관한 이미지로서, 인자에 의해서 수행되는 심판으로 이해된 로마군의 예루살렘 포위 공격과 부합하는 것 같다. 하지만 이러한 이미지는 최후의 심판에 의해서 사람들이 선별될 것이기 때문에 그 때가 언제가 되든 항상 준비하고 있어야 할 필요성을 부각시키기 위하여 사용된 것일 가능성이 더 많다.[14] 어느 쪽이 되었든, 이 묵시론적 이미지들은 직접적인 서술이 아니라 비교를 위해서 사용된 것들이다.

그 직후에 나오는 불의한 재판관에 관한 비유(눅 18:1-8)는 이 대단락에 속해 있다. 이 비유는 누가복음 17:22에서 묘사된 인자의 날들 중의 하루를 갈망하는 상황을 전제한 것으로서 제자들에게 하나님께서 그들의 어려운 상황 속에 결코 개입하고 계시지 않은 것처럼 보일지라도 믿음과 기도로써 잘 견뎌낼 것을 격려하고 있다.

곧이어서 기도에 관한 또 하나의 비유가 나오지만, 초점은 다르다.[15] 이 비유는 예수의 메시지에 대한 응답을 다루는 단락의 도입부 역할을 한다. 세리는 자신의 죄악됨을 인정하고 — 예수는 이러한 죄악됨이 모든 사람들에게 해당된다고 말씀하신다(cf. 눅 13:1-9) — 자신의 의에 의존하는 것이 아니라 하나님의 긍휼하심에 자신을 맡긴다. 어린아이들은 겸손함과 하나님을 의지

54를 보라.

14) 이것은 바로 그 직후에 나오는 절인 누가복음 18:8을 가리키는 것임에 틀림없고, 인자의 오심이 인접한 두 개의 절 속에서 서로 다른 것을 가리킬 가능성은 없다.

15) 이렇게 이 복음서의 한 단락의 끝과 다음 단락 간에는 주제상의 연결 관계가 존재하지만, 그럼에도 불구하고 분명한 구분과 주제상의 변화가 존재한다.

하는 태도를 표상한다(cf. 눅 18:14!). 관원은 예수께서 요구한 자기 희생을 할 준비가 되어 있지 않고, 심지어 열두 제자조차도 그들 자신에 대해서는 말할 것도 없고 예수께 일어날 모든 일을 온전히 이해하지 못한다. 맹인 거지와 삭개오는 예수에게 응답한 자들의 모범들로서, 예수의 선교는 나가서 잃어버린 자들을 찾아서 구하는 목자의 일로 요약된다.

수난과 부활(눅 19:28-24:53). 지금까지 길게 이어졌던 여행 단락은 이 요약적인 선언을 통해서 끝이 나고, 이제 우리에게 지금은 하나님 나라가 출현할 시점이 아니라는 것을 적절하게 상기시켜 주는 하나의 비유를 통해서 수난 이야기가 시작된다. 먼저 제자들의 섬김의 때가 있게 될 것이다(cf. 눅 12:35-48). 그런 후에, 예루살렘에서의 예수에 관한 이야기는 마가복음 및 마태복음에서와 거의 동일한 흐름을 따라서 전개된다. 마태복음에서와 마찬가지로, 예수의 예루살렘 입성은 왕의 오심으로 보아진다. 누가는 하나님 나라가 임하는 것과 왕이 오시는 것 간에는 차이가 있다는 것을 보여주는 것인가? 누가복음에 독특한 것은 왕의 오심을 깨닫지 못한 예루살렘을 기다리고 있는 운명을 생각하여 예수께서 탄식하시는 장면이다(눅 19:41-44).[16)]

누가는 마가복음 13장의 이른바 묵시론적 강화를 그대로 유지시킨다. 단어 사용에 있어서 상당한 차이들에도 불구하고, 전체적인 취지는 서로 비슷하다. 그럼에도 불구하고, 누가의 판본은 예루살렘의 포위와 멸망에 대하여 좀 더 분명하게 말하고 있고, 또한 "이방인의 때가 차기까지"(눅 21:24) 예루살렘이 정복자들에게 계속해서 복속될 것에 대하여 언급한다.[17)] 오직 그런 일이 있은 후에야 인자가 우주적인 징조들을 수반하는 가운데 임하게 될 것이다.

누가는 믿는 자들에게 힘들고 어려운 때가 있을 것이고, 그 때에 믿음을 버리는 자들도 있을 것임을 분명하게 예상하기 때문에, 다시 한 번 여기에서

---

16) 누가복음에서 이러한 진술은 실제로 무화과나무에 대한 상징적인 저주를 말하고 있는 마가복음의 이야기를 대체하고 있다.

17) 이 수수께끼 같은 어구는 예루살렘에 대한 이방인(로마)의 통치 시대가 영원히 지속되지 않을 것을 가리킨다. 이 모티프를 로마서 11:25-32과 연결시키고자 한 시도들에 대해서는 Bock, *Luke*, 2:1680-82를 보라.

깨어서 기도함으로써 잘 견뎌야 한다고 호소한다.

최후의 만찬에 관한 누가의 기사는 두 가지 중요한 점에서 마가복음 및 마태복음에 나오는 것과 다르다.[18] 첫째, 떡과 잔을 나누기 전에 두 가지의 말씀이 나오는데, 거기에서 예수는 그가 유월절이 하나님의 나라에서 성취되고 하나님의 나라가 임할 때까지는 다시는 먹거나 마시지 않을 것이라고 분명하게 말씀한다. 이러한 말씀들은 어떤 의미에서 하나님의 나라가 아직 임하지 않았다는 것을 전제하는 것인데, 예수께서 그의 죽음 후에 일어나게 될 새로운 상황 변화를 가리키는 것인지, 아니면 하늘에서 성취될 어떤 상황을 언급하고 있는 것인지가 논란이 되고 있다. 전체적으로 볼 때, 전자의 견해가 더 가능성이 있어 보인다.

둘째, 식사 후에 예수께서 다소 길게 말씀하신 일련의 말씀들이 나오는데(눅 22:21-38), 그 말씀들은 대체로 제자들의 신분에 관한 것이다: 그들은 큰 자가 되고자 하지 말고 겸손하게 섬기는 것으로 만족해야 한다. 그렇지만 그들에게는 예수의 나라에서 그의 식탁에 앉는 것과 이스라엘의 지파들을 심판하게 되리라는 약속이 주어진다. 믿음에서 떨어져 나가는 것에 대한 언급은 다시 나오지 않지만, 이번에는 믿음을 잘 지키는 것이 적어도 부분적으로는 예수의 기도에 달려 있다는 언급이 나온다. 사탄과의 싸움에 관한 표현이 이 시점에서 다시 등장한다.

이 복음서의 이 부분에 나오는 독특한 내용들 중의 일부는 본문상으로 불확실하다. 이것은 특히 예수께서 기도하시는 동안에 천사에 의해서 힘을 공급받았다는 것과 핏방울 같은 땀을 흘렸다는 것 등과 같은 세부적인 내용에 해당된다(눅 22:43-44). 예수에 대한 재판과 십자가 처형에 관한 세부적인

---

18) 몇몇 권위 있는 사본들은 누가복음 22:19b-20을 생략한다; 이렇게 해서 생겨난 짧은 본문은 예수의 죽음의 속죄적인 의미가 거의 아무런 역할도 하지 못하는 누가의 신학과 부합하는 것으로 보인다. 이 짧은 본문은 REB와 최근의 일부 주석서들에 의해서 채택되고 있지만, 이 부분을 그대로 유지해야 한다는 것을 보여주는 증거들이 너무도 강력하기 때문에, 긴 본문이 원래의 것이라는 것을 옹호하는 자들이 이러한 생략이 어떻게 일어나게 되었는지를 설명하는 데에 어느 정도 어려움을 겪고 있기는 하지만, 우리는 긴 본문을 취하여야 할 것이다.

묘사는 마가복음과 몇몇 차이들을 보여주지만, 이러한 것들은 그것들이 지닌 신학적인 의미보다는 실제적인 사건들에 더 관심을 갖는 경향을 보여준다. 아마도 이러한 것들 중에서 가장 중요한 것은 예수께서 그 시점 이래로 인자가 하나님의 우편에 앉게 될 것이라고 단언하고 있다는 것이다: 부활과 연관된 높아지심의 요소가 강조되고 있는 것이다(눅 22:69). 우리는 이미 곧 심판을 맞게 될 예루살렘에 대한 예수의 연민을 지적한 바 있다(눅 22:27-31). 예수께서 십자가에 못 박히신 동안에 한 강도가 죽어가면서 예수의 무죄함을 인정하고 예수와 함께 낙원에 있게 되리라는 약속을 받게 되는 사건이 일어나고, 또한 예수께서 그를 처형한 자들을 용서해 달라고 하나님께 기도하는 본문상으로 불확실한 기도문이 나온다(눅 22:34). 마태복음과 마가복음에 나오는 버림받은 것에 대한 예수의 부르짖음은 생략되어 있고, 예수는 그의 입으로 하나님께 자신을 의탁하는 말을 하는 가운데에 죽는다(눅 22:46). 이러한 것들의 전체적인 효과는 예수를 좀 더 순교자와 구주로 묘사하는 것이다. 다른 순교자들에 관한 이야기들 속에서 발견되는 복수해 달라는 부르짖음에 해당하는 내용은 전혀 없다. 다소 의외인 것으로 보이는 것은 십자가 옆에 있던 백부장이 예수가 "하나님의 아들"(막 15:39에서와는 달리)이었다고 말하는 것이 아니라 "의인"이었다고 말한다는 것으로 되어 있다는 것이다.[19]

마태복음과 마찬가지로 누가복음에는 빈 무덤의 발견 후에 예수의 현현들에 관한 기사들이 나온다. 무덤에 있던 "사람들"(즉, 천사들)은 예수께서 그의 제자들을 만나기 위해서 갈릴리로 가셨다는 것에 대해서 아무런 말도 하지 않는데(그러나 그 대신에 예수께서 갈릴리에서 하셨던 말씀을 상기시킨다), 이것은 예수의 현현 사건들이 예루살렘에서와 그 근방에서 일어났다는 사실과 부합한다. 이렇게 이 복음서는 일종의 수미쌍관법을 통해서 성전을

---

19) 여기에서 '디카이오스'가 "무죄한"(NRSV의 본문)을 의미한다는 주장은 거의 틀림없이 잘못된 것이다. 여기에서 말하고자 하는 요지는 예수를 지혜 전승 속에서 박해받는 의롭고 경건한 자와 동일시하는 것일 가능성이 더 크다(Wis 2:10-24); P. Doble, *The Paradox of Salvation: Luke's Theology of the Cross* (Cambridge: Cambridge University Press, 1996)을 보라.

배경으로 한 예루살렘으로 시작되어서 예루살렘에서 끝난다. 엠마오로 가고 있던 제자들에게 나타나신 첫 번째 현현 이야기는 예수께서 그의 역정 속에서 일어난 일련의 사건들이 성경에 기록된 것의 성취라는 것을 설명하는 기회가 되고, 그들이 저녁 식사를 위해서 식탁에 앉았을 때에 그의 정체성이 제자들에게 분명하게 드러나는 장면에서 절정에 도달한다. 열한 제자를 비롯한 좀 더 많은 제자들의 무리에게 나타나신 두 번째 현현 이야기는 예수께서 제자들에게 다시 한 번 그의 증인으로 행함으로써 자신의 사역을 이어가라고 위임하시는 가르치신 것을 특징으로 하는데, 이 모든 것 — 그리스도의 역정(歷程)과 그 증인들의 임무 — 은 다시 한 번 성경의 성취로 보아진다. 아주 짧게 서술된 마지막 사건은 예수께서 제자들의 경배를 받으면서 하늘로 들리워 올라가는 것이다.

누가복음의 신학적 주제들

이 시점에서 주석자는 이 복음서의 신학의 여러 실마리들을 한데 엮어서 제시할 것인지, 아니면 사도행전에 나오는 이 신학적 이야기의 속편으로 곧장 진행해 나갈 것인지를 놓고 딜레마에 빠지게 된다. 여러 가지 이유로 인해서 지금까지 제시된 이야기에 대한 신학적인 평가를 시도하는 것이 더 현명한 것 같다. 일부 학자들이 누가복음과 사도행전 간에는 신학적인 차이들이 있다고 보아 왔다는 점을 고려할 때, 이 복음서의 가르침을 독자적으로 요약하는 것은 의미가 있다. 또한 여기에서 먼저 이 복음서에 대한 평가를 함으로써, 우리는 이 복음서를 다른 복음서들과 비교해볼 수 있는 이점도 갖게 된다.

누가복음의 처음 두 장은 그 이후에 나올 내용을 위한 무대를 설정하는 대목으로서, 우리는 이 두 장 속에서 이 복음서의 여러 주제들과 특징들을 감지해 낼 수 있다. 나는 이러한 것들을 먼저 찾아내서 발전시키고자 한다.

역사와 누가복음

서두의 절들은 이 이야기를 믿을 만한 전승에 토대를 두고서 순서대로 전개해 나감으로써 독자들로 하여금 그들이 가르침을 받아온 것들이 확실하다는 것을 알게 하고자 한다는 것을 알린다. 이렇게 함으로써 누가는 그의 이야기가 기존의 믿음을 강화시키고 또한 새로운 믿음을 낳게 될 기독교 메시지에 대하여 일종의 역사적인 토대를 제공하는 것이 되리라는 것을 보여준다. 누가복음의 서문이 역사적 저작들의 서문과 유사하다는 것에 대해서 여러 의심들이 표명되어 왔지만, 이 작품 전체가 대체적으로 역사적 저작의 범주에 부합하고, 역사적 허구로 보아져서는 안 된다는 것은 의심의 여지가 없다. 따라서 누가는 자기 자신을 그가 속한 실제 세계 속에서 일어난 일을 말할 수도 있고 그렇지 않을 수도 있는 이야기 작가 이상으로 보았다는 결론이 나온다. 이 이야기는 종종 "구원사"로 불려 왔던 것을 이야기하고 있다고 여길 때에만 의미를 지니게 된다.[20]

누가복음은 이 점에 있어서 특이한 것이 아니었다. 누가가 마가복음을 아주 많이 활용하였다는 사실은 누가가 마가복음을 자신의 작품과 성격상으로 비슷한 것이라고 보았다는 것을 말해 준다. 여기에 우리는 다음과 같은 말을 더할 수 있다. 마찬가지로 분명한 것은 마태도 비슷한 성격의 작품을 썼다는 것이다. 누가는 역사가로서의 자의식을 가장 많이 가지고 있었을 것이지만, 세 개의 공관복음서는 모두 기본적으로 동일한 장르에 속한다.

하나님과 그의 목적. 이 복음서의 도입부는 앞으로 기록될 역사 속에서 하나님은 제비를 뽑아서 자신의 뜻을 알 수 있게 하는 것과 같이(눅 1:9) 여러

---

20) 이것은 Oscar Cullmann, *Salvation in History* (London: SCM Press, 1967)이 오직 선포만이 중요하고 그것이 증언하고 있는 그 어떤 역사적인 사건들은 중요하지 않다고 본 Rudolf Bultmann의 실존주의적인 기독교 이해에 맞서서 확증하고자 했던 바로 그런 것이다. 불트만은 위험스럽게도 우리가 순전히 복음의 선포를 통해서만 구원받은 것이고, 우리는 그것에 대한 그 어떤 사실적인 토대가 존재하였는지를 알지도 못할뿐더러 물어서도 안 된다고 말하였다. 불트만에게 있어서 예수의 부활은 역사적 사건이었던 것으로 보이지 않았고, 그는 예수가 실제로 십자가에 못 박혔는지 그렇지 않은지에 대하여도 관심이 없었다. 쿨만의 입장은, 성경에 나오는 이야기들을 "이야기"로서의 기능만을 지닌 것으로 강조함으로써 역사적인 문제들을 얼버무리고자 하는 오늘날의 시도들에 맞서서 여전히 유효하다. 우리는 이야기 속에 서술되고 있는 역사의 일차적인 중요성을 포기하지 않고도 성경의 내용 속에 있는 이러한 요소에 대한 인식으로부터 도출되는 통찰들을 인지할 수 있다.

다양한 대리자들과 수단들을 통해서 주도권을 가지고 활동하고 계시다는 것을 분명히 한다. 누가의 저작 전체에 걸쳐서 성경에 예언된 하나님의 뜻이 실현되고 있고(cf. 눅 1:69-70, 73-75), 거기에서 예수는 그가 이루어야 할 하나님의 뜻에 순종하고 있는 것이라는 인식이 존재한다. 이와 동시에, 이러한 하나님의 계획은 엄격하게 결정론적인 방식으로 실현되는 것이 아니라는 점이 강조될 필요가 있다. 사람들은 아주 정상적으로 하나님에 대하여 행동하고 자유롭게 하나님에 대하여 응답한다. 특히, 사람들은 기도를 통해서 오직 하나님께서 행하시는 것에 대하여 찬양과 감사만을 하는 것이 아니라 하나님께서 그들에게 응답하실 것이라는 기대를 가지고 하나님께 여러 가지 것들을 행해 달라고 요청하는 간구도 드린다.[21] 이 복음서는 다른 복음서들보다도 예수와 그의 제자들이 행한 기도의 위치를 더욱 강조한다. 그럼에도 불구하고, 하나님께서 역사에 대하여 의도하신 결과가 결국 실현되리라는 것에 대한 확신은 확고하게 존재한다. 예언된 것은 성취될 것이다. 왜냐하면, 예언들의 궁극적인 원천이 되시는 분은 그러한 예언들을 성취할 능력을 가지고 계시기 때문이다. 따라서 사건들은 "성경에 기록된 대로"(눅 3:4; 7:27; 18:31; 22:37) 일어나고, 또한 장래에도 그럴 것이다(눅 24:46-47). 누가는 다른 복음서 기자들보다도 한층 더 어떤 사건들이 일어나야 할 필연성과 예수께서 순종할 수밖에 없도록 만드는 필연성의 요소를 언급한다(눅 2:49; 4:43; 13:16; 19:5). 이러한 모티프가 특히 예수의 고난, 죽음, 영화와 연결되어 있다는 것은 결코 이상한 일이 아니다(눅 9:22; 17:25; 22:37; 24:7, 26, 44).

구원을 필요로 하는 사람들. 누가의 이야기는 이스라엘 백성으로부터 시작되고, 그들의 하나님으로부터 떨어져 나간 한 백성을 새롭게 하는 것에 관한 것이다. 세례 요한은 이스라엘 백성 중에서 많은 사람을 그들의 하나님께로 돌아오게 할 것이다(눅 1:16). 누가는 하나님의 백성이 대체로 하나님으로부터 떨어져 나가서 죄인들이 되었다는 신약성서의 공통된 이해를 공유하고

---

21) 여기에서 또는 신약성서의 다른 곳에서 기도들이 하나님에 의해서 미리 결정되어 있었고, 따라서 하나님은 기도에 응답하는 것이 아니라 사람들로 하여금 기도하게 하는 것과 그 이후에 일어나는 일들을 포함한 자신의 계획을 수행하는 것임을 보여주는 그 어떤 암시도 존재하지 않는다.

있다. 떨어져 나간 것은 보편적인 것이 아니어서, 하나님의 계명들을 지키는 경건한 사람들도 존재한다. 그들은 하나님께서 그의 백성을 위하여 하고자 하시는 일을 환영한다.[22] 그러나 세례 요한의 설교의 처음 시작부터 전제되고 있는 것은 백성들이 하나님의 심판을 받게 되어 있기 때문에 회개할 필요가 있다는 것이다. 누가는 다른 초기 그리스도인들이 유대교의 여러 분파들과 공유하고 있었던 견해, 즉 이스라엘 백성 전체, 특히 그들의 지도자들이 하나님으로부터 떨어져 나갔다는 견해를 지니고 있다. 예수께서 의인들을 스스로 죄인으로 여겼던 자들과 대비하였을 때, 그는 분명히 반어법적으로 말씀하고 있는 것이었다(눅 5:32). 하지만 예수의 선교 활동의 초반에는 예수의 가르침 속에서 죄 문제가 특별히 두드러지게 나타나지는 않았고, 인간의 그 밖의 다른 다양한 필요들이 그의 관심의 주된 대상이었다. 예수를 통하여 선포된 하나님의 메시지를 깨닫지 못하고 예수 자신에 대하여 응답하지 못하는 것이 바로 죄의 가장 특징적인 표현이라는 의식이 점차 증대된다(눅 9:26; 10:8-15; 11:29-32; 12:8-10, 54-59; 13:34; 16:30-31).

하나님의 대리자들. 세례 요한과 예수의 오심은 인간의 통상적인 사건들의 테두리를 깨뜨리는 하나님의 개입에 의해서 일어난다. 이 두 경우에 있어서 분명히 불가능했던 일들이 일어났는데, 늙고 자녀가 없는 부모에게서 한 아이가 태어났고, 처녀인 여자에게서 한 아이가 태어났다. 이렇게 마태와 비슷하게, 그러나 마가와는 달리 누가는 예수가 평범한 인간이 아니라 지극히 높으신 이의 아들이라는 것을 부각시키는 방식으로 예수께서 어떻게 이 세상에 오시게 되었는지에 관한 이야기를 들려주는 데에 관심을 갖는다.

이 이야기 전체에 걸쳐서 하나님은 대리자들을 통해서 행하신다. 메시지들은 주의 천사인 가브리엘에 의해서 전달됐지만(눅 1: 11, 19, 26), 사람들이 하나님의 대리자들일 때에 성령은 그들을 충만케 하여서 그들이 하나님의 메시지를 전할 수 있게 한다(눅 1:15, 67). 성령은 시므온 위에 임하여서 그에게 하나님의 메시지를 계시하여 주었다고 말해진다(눅 2:25-26). 세례 요한

---

22) 따라서 그러한 사람들이 메시야를 버렸다고 할지라도 하나님에 의해서 여전히 의롭다 하심을 받을 것이라는 암시는 없다.

은 나면서부터 성령으로 충만하게 될 것이고(눅 1:41), 예수의 출생은 성령이 마리아에게 임한 결과로서 일어나게 된다(눅 1:35). 하지만 성령은 예수께서 세례 요한에 의해서 세례를 받을 때까지는 예수에게 임하지 않는다(눅 3:22). 예수의 이후의 활동은 성령의 능력을 공급받아서 이루어진다(눅 4:1, 14, 18; 10:21; cf. 눅 11:20). 예수께서 그의 제자들에게 그들이 박해받을 때에 성령이 그들을 도울 것이라고 약속하는 것(막 13:11)을 통해서 성령의 역사는 더욱 확장된다: 하나님에게 이 선물을 달라고 구하는 모든 자에게 성령이 주어질 것이라고 약속된다(눅 11:13: 또한 마 7:11과 대비해 보라).

구원. 이 복음서의 최초의 대단락의 주된 주제는 구원자이신 하나님이 구주이신 주 그리스도를 그의 백성에게 보내시리라는 것이다(눅 1:47; 2:11). 세례 요한의 출생은 "구원의 뿔," 즉 하나님의 백성을 위한 구원의 강력한 원천을 세우심에 있어서 첫 번째 단계로 보아진다(눅 1:69). 이러한 행위는 전통적인 표현들을 통해서 이스라엘을 그 원수들로부터 구속하시고 구원하시는 것으로 송축된다. 이러한 말씀들은 분명히 문자 그대로 외세에 의해서 통치받고 있었고 에돔 족속인 헤롯이 로마 제국의 공신이 되어 있는 상황에서 갑절이나 고통받고 있었던 이스라엘 백성의 원수들을 쫓아내실 메시야의 오심을 가리키는 것으로 해석될 수 있었다. 그러한 말씀들은 하나님께서 사회적인 혁명이라고 할 수 있는 것을 통해서 교만한 자들을 흩으시고 비천한 자들을 높이시리라는 것을 보여준다. 그렇지만 이 이야기의 나머지 부분은 바로 그러한 것이 장차 벌어지게 될 일이 아니라는 점을 보여준다는 점에서 그러한 해석을 밑받침해 주지 않는다. 이와는 반대로, 예루살렘 앞에 놓여 있는 것은 원수들의 손에 의한 지속적이고 증대되는 고통이다 — 물론, 이것은 예루살렘의 죄악들에 대한 심판으로 해석되고 있지만. 장래에 일어날 사건들의 의미를 전달하기 위해서 묵시론적인 이미지들이 사용되고 있는 것과 마찬가지로, 하나님의 구속 사역을 송축하기 위하여 전쟁과 승리에 관한 언어들이 은유적으로 사용되고 있다. 오늘날(또는 최근까지) 그리스도인들에 의해서 사용된 이미지들 중의 일부는 군사적인 승리와 사회적 혁명에 관한 표현들을 사용하지만, 그것을 문자 그대로 받아들이는 사람들은 거의 없다.

이와 동일한 해석상의 문제는 이 복음서 전체에 걸쳐서 생겨난다. 예수의 나사렛 선언은 문자 그대로 압제받는 자들을 해방하고 맹인들의 시력을 회복시켜 주는 것으로 해석될 수 있고, 가난한 자들을 위한 복음은 경제적인 고통의 경감을 가리키는 것으로 해석될 수 있다(눅 4:18-19). 그렇지만 이 이야기는 일차적으로 그런 것들에 관한 것이 아니다: 분명히 눈먼 자들의 시력을 다시 회복시켜서 보게 하고, 몇몇 병든 자들을 고치는 표적들과 기사들이 나오지만, 무력으로써 악한 자들을 정복하고 이기는 것은 나오지 않는다. 예수에 의해서 일어나는 구원은 기본적으로 좀 더 폭넓은 효과들을 가져오는 영적인 것이다.

긍휼과 심판. 가난한 자들에게 구원이 제시되고 있다는 것이 많이 강조된다(눅 4:18; 7:22). 한편으로, 가난한 자들은 가장 곤경에 처한 사람들이고, 그들에게 행해진 약속들은 삶의 많은 점들에서 박탈을 경험한 그들의 특별한 곤경과 결부되어 있다. 문자 그대로의 가난과 그 밖의 다른 결핍들은 서로 결합되어 있다. 복음은 가난한 자들에게 좋은 소식이다. 여기에서 누가복음에 반영되어 있는 예수의 관심을 보여주는 증거들, 즉 죄인들과 여자들, 그리고 사마리아인들과 이방인들을 포함한 소외되고 멸시받는 자들에 대한 예수의 관심을 다시 반복해서 지적할 필요는 없을 것이다.

다른 한편으로, 가난한 자들은 예수의 메시지에 가장 열려 있는 자들로 보아진다. 계시를 받아들이는 자들은 강하고 부유한 자들이 아니라, 아무런 사회적 지위도 없고 자기 자신에 대하여 아무것도 내세울 것이 없는 어린아이들이다(눅 10:21).

이러한 메시지의 효과는 사회 속에서의 분열을 공개적으로 드러냄과 동시에(눅 12:51-53) 어느 정도의 재배치를 이루어 내는 것이다: 모든 부자들이 메시지를 거부하는 것도 아니고(삭개오!) 모든 곤궁한 자들이 메시지를 받아들이는 것도 아니다(회개하지 않은 강도!). 부유하고 강한 자들은 심판을 받지만 가난하고 약한 자들은 구원을 발견한다. 역전(reversal)이라는 주제는 다른 어느 복음서들보다도 누가복음에서 더 두드러지게 나타난다.[23]

---

23) John O. York, *The Last Shall Be First: The Rhetoric of Reversal in Luke* (Sheffield Academic Press, 1991)을 보라.

이런 식으로 누가는 하나님의 본성의 두 가지 측면을 표현한다. 한편으로, 동료 인간들로부터 긍휼을 받지 못했던 곤궁한 자들을 향한 하나님의 긍휼하심이 있다. 이상하게도 누가가 하나님의 속성으로서의 "긍휼"('엘레오스') 이라는 표현을 사용하는 것은 출생 이야기들에 국한되어 있고(눅 1:50, 54, 58, 72, 78), 그가 다른 곳에서 이와 관련된 표현을 사용하는 것은 다른 복음서들에서와 그리 다르지 않다. 우리가 곤궁한 자들에 대한 하나님의 돌보심과 관련하여 받는 인상은 긍휼과 은혜라는 명시적인 표현이 아니라 이 이야기가 말해지고 있는 방식에 더 의거하고 있다(눅 15:20).

다른 한편으로, 죄에 대한 하나님의 심판도 두드러지게 나타난다. 이러한 측면은 마태복음에서만큼 강력하게 발전되고 있지는 않지만, 동일한 모티프들이 존재한다(눅 11:50-51; 12:20, 45-48, 57-59; 13:1-9, 22-30; 16:19-31; 17:26-37).

약속과 성취. 누가복음 속에서 작용하고 있는 틀은 우리가 마태복음 속에서 보았던 것과 비슷한 것, 즉 약속의 때와 성취의 때라는 틀인데, 후자는 예수의 때와 교회의 때로 구성되어 있는 것으로 보아진다. 이 복음서에서 독특한 점은 때를 단지 두 개의 기본적인 시기로 구별하고 있다는 것이다. 이것은 선포의 두 시기를 대비시키고 있는 누가복음 16:16로부터 분명하게 드러난다. 이전 시기에는 율법과 선지자가 지배적인 요소들이었다. 그 때 이래로 하나님의 나라에 관한 복음이 선포되고 있다. 이러한 선포는 예수의 제자들도 하나님의 나라를 그들의 설교의 대상으로 삼고 있는 것이 보여주듯이(행 8:12; 19:8; 20:25; 28:23, 31) — 물론, 이 주제를 왕(행 17:7)이라는 관점과 죄사함의 약속이 수반된 회개로의 부르심(눅 24:47)이라는 관점에서 설명하고 있는 것을 통해서 강조점에 있어서 변화가 있기는 하지만 — 예수의 죽음과 부활 이후에도 계속된다. 이렇게 누가는 마가나 마태처럼 예수의 설교의 주제를 하나님의 나라로 규정하고 있지만, 이와 동시에 그 의미를 보여주기 위해서 구원에 관한 어휘들을 더 많이 사용한다. 출생 이야기들 속에서 예수의 의미는 그가 결코 영원무궁한 나라에서 야곱의 집을 다스리게 되리라는 것이다(눅 1:33).

우리가 마태복음에 관한 논의 속에서 지적했듯이, 한스 콘첼만(Hans

Conzelmann)은 여기에서 말한 것과는 약간 다른 도식을 발전시켰는데, 그는 구원사에 있어서 세 시기, 즉 이스라엘의 때, 예수의 때, 교회의 때를 구별하고서, 예수의 때가 시간의 중심이라고 주장하며, 예수의 오심을 종말의 때의 개시로 이해하였던 초기 그리스도인들의 개념이 임박한 재림의 지연에 비추어서 수정되어서 예수의 초림과 재림 사이에 상당한 정도의 기간이 있게 될 것으로 해석된 것이라고 설명하였다. 이러한 견해에 비추어 보면, 예수의 재림은 아주 먼 미래의 일에 속하는 것이 됨으로서, 교회의 가장 초기에서와는 달리 기독교 사상에 있어서 유효한 요소가 되지 못하게 된다. 콘첼만의 견해는 대단히 큰 영향을 미쳐 왔고, 지금도 계속해서 그의 견해를 지지하는 자들이 있다. 하지만 그의 견해는 비판에 매우 취약하다.[24] 누가가 과연 임박한 종말론적 이해를 이 세상에서의 하나님의 활동에 관한 구원사적 이해로 대체한 혁신가였는지는 매우 의심스럽고, 콘첼만이 예수의 때와 교회의 때를 구별한 것이 과연 유지될 수 있는지도 의심스럽다. 오히려, 초기 그리스도인들은 예수께서 오신 때를 하나님께서 구원에 관한 그의 약속들을 성취하시기 위한 결정적인 행동의 때로 생각하였고, 이 구원의 약속들은 그 후에 교회의 증언 속에서 효력을 발휘하게 된 것으로 생각하였던 것으로 보인다.[25] 말하자면, 초대 교회의 신학은 애초부터 "구원사적인" 것이었고, 그 신학이 그리스도의 임박한 재림에 관한 소망에 의해서만 결정된 것이라고 보는 것은 의심스럽다는 말이다.

구주 예수. 누가는 다른 공관복음서들에서와 마찬가지로 기본적으로 동일한 기독론을 제시한다. 예수의 출생을 알리는 서두의 글 속에는 예수라는 이름, 하나님의 아들됨, 다윗의 자손 등과 같은 마태복음 1-2장에서 우리가 보았던 것과 거의 동일한 요소들이 결합되어 있다. 이 복음서의 본론은 예수가 누구인가에 관한 이러한 세 가지 기본적인 측면들을 확증해 준다. 예수의 메시야됨은 이 복음서 전체를 관통하는 주제이다. 그것은 하나님의 선지자

---

24) 특히, Joseph A. Fitzmyer, *The Gospel According to Luke* (New York: Doubleday, 1981, 1985), 1:179-87을 보라.

25) 우리는 나중에 이 구원 사건이 바울과 그 밖의 다른 기자들에 의해서 예수의 오심과 그의 제자들의 증언을 포괄하는 방식으로 이해되었다는 것을 보게 될 것이다.

로서의 예수라는 개념과 밀접하게 연결되어 있다. 누가복음 4:18에 나오는 기름 부음이 분명히 선지자로서의 기름 부음이라는 것은 사실이다.[26] 하지만 기름 부음은 제사장 및 왕의 임명에 있어서 훨씬 더 두드러진 특징이었다는 사실과 여기에서 선지자에게 부여된 사명의 성격은 선지자의 역할과 기름 부음 받은 왕의 역할이 서로 동화되어 있다는 것을 강력하게 시사해 준다. 선지자적인 특징들은 세 공관복음서 모두에 있어서 예수의 사역의 특징이 되고 있지만, 누가복음의 경우에는 예수를 엘리야 및 엘리사라는 두 선지자와 대응되는 인물로 보고 있다는 것을 확증해 주는 강력한 엘리야-엘리사 모형론이 존재한다. 또한 예수는 자신의 활동을 하나님의 축복이 있게 될 장차 도래할 시대에 관한 예언들의 성취로 설명하고 있는데(눅 7:22; 사 35), 이것은 예수가 메시야적인 모형의 인물인 모세 같은 종말의 때의 선지자로 보아져야 할 가능성을 제기한다.[27] 우리가 누가복음 7:39에 도달할 즈음에 바리새인 시몬이 예수가 선지자인지 아닌지를 궁금해하는 장면이 나오는 것은 전혀 이상한 일이 아니다.[28]

예수의 사명은 선지자적 관점에서 정의된다. 그는 무엇보다도 하나님의 나라에 관한 복음을 선포하면서 그 나라가 능력으로 임재해 있다는 것을 보여주는 표적들을 통해서 그 메시지를 확증하는 하나님의 말씀의 선포자이다(눅 24:19). 그것은 곤궁한 자들을 향한 긍휼의 선교일 뿐만 아니라, 고의적으로 눈이 멀고 회개치 않는 자들에 대한 비판과 심판의 선교이기도 하지만,

---

26) 선지자들이 기름 부음 받았다는 것은 구약성서에서 오직 드물게만 확인된다(왕상 19:16; 사 61:1).

27) 이러한 느슨한 서술을 통해서 내가 말하고자 하는 것은 하나님에 의해서 약속된 장래의 축복들을 가져옴에 있어서 활동하고 있는 대리자에 관한 것이다. 이사야 35장에는 그러한 인물에 대한 명시적인 언급이 나오지 않지만, 그 본문은 다음에 나오는 야웨의 종에 관한 내용과 결합해서 읽혀져야 한다.

28) 이 본문은 불확실하다; 몇몇 중요한 사본들에는 "선지자"로 되어 있다. 이 이야기는 시몬이 예수께서 나쁜 평판을 받고 있었던 한 여자가 그를 만지는 것을 허락한 일 때문에 예수를 의심하기 시작할 때까지는 이러한 묘사가 예수에게 부합한다고 생각하였다는 것을 함축하고 있다; 진정한 선지자라면 초자연적으로 그녀가 어떤 인물인지를 알았을 것이다.

후자들이 무리들이 심판을 자초하고 있는 것에 대한 깊은 탄식을 수반한다. 누가복음의 예수는 이 점에서 예레미야와 닮아 있다. 그 고통은 예수 주변의 사람들에게로 확장된다(눅 2:35; 또한 눅 23:27, 48-49을 보라). 그러나 이 이야기가 진행되어 감에 따라 예수의 제자들은 예수께서 바람과 바다에게 명령하실 수 있는 분이라는 것을 알게 되면서 예수를 선지자적 관점에서 정의하는 것 이상으로 나아가지 않을 수 없게 된다(눅 8:25). 이렇게 또 다시 마가복음과 마태복음에서처럼 누가복음에서도 베드로의 신앙고백은 예수는 메시야라는 것이다. 다시 한 번 마가복음에서처럼 여기에서도 예수는 그의 제자들에게 인자가 고난을 받아야 한다고 말씀하는 것으로 나아간다. 이 복음서에서 예수는 이미 누가복음 5:24; 6:5, 22; 7:34에서 권세를 지니고 있지만 멸시와 반대의 대상이기도 한 인물이었던 자기 자신을 가리켜서 인자라는 호칭을 사용한 바 있다. 이 대목과 그 밖의 다른 곳에서 "인자"는 단순히 자기 자신을 가리키는 호칭, 즉 자기 자신을 가리키는 우회적인 방법으로 사용된 "사람"이라는 의미를 지닌 호칭으로 보일 수 있다. 누가복음 12:8 이래로 이 용어는 마지막 심판 때에 이 땅에 와서 이 세상을 심판하게 될 특정한 인물을 가리키는 용법으로 점점 더 빈번하게 사용된다. 이러한 용법의 발전에 있어서 어떤 종류의 패턴이 존재한다면, 그것은 우연일 수 없다. 왜냐하면, 어쨌든 이 복음서를 두 번 이상 읽는 경우에 독자들은 이 호칭의 사용이 예수를 장차 오실 특정한 인물과 동일시하고 있다는 것을 깨닫게 될 것이고, 그들은 이 호칭을 에녹1서에서 발전된 대로의 다니엘 7장의 기사에 비추어서 이해하게 될 것이기 때문이다.

누가복음에서 "인자"의 용례들은 대체로 누가복음 기자가 물려 받은 전승들로부터 가져온 것들이다. 다른 공관복음서들에 병행을 갖고 있지 않은 말씀들(눅 17:22; 18:8; 19:10; 21:36; 22:48; 24:7)의 경우에는 누가가 이 용어를 도입한 것인지에 대해서 어느 정도의 의심이 존재하지만, 그러한 용법들은 일반적으로 기존의 패턴과 부합한다. 누가복음에는 마가복음 10:45에서 인자를 "대속물"이라고 말하는 말씀이 나오지 않지만, 우리는 잃어버린 양들을 구원하는 목자로서의 예수의 역할을 다른 관용 표현을 통해서 나타내고 있는 누가복음 19:10을 그 말씀을 대체한 것으로 보아야 할 것이다.

우리가 쉽게 놓쳐 버릴 수 있는 한 가지 점은 누가가 주('퀴리오스'라는 용어를 사용하고 있다는 것이다. 호격 형태로 사용되었을 때('퀴리에'), 이 용어는 단순히 격식을 차려서 예를 갖추어 상대를 부르는 호칭이지만(영어에서의 "선생님"과 마찬가지로), 재산과 사회적 지위와 권세에 있어서 우월한 사람을 가리키는 데에도 사용될 수 있었다. 이 용어는 마가복음에서는 예수를 부르는 데에 거의 사용되고 있지 않지만(막 7:28), 마태복음(종종 "랍비"와 동일한 의미에서)과 누가복음에서는 더 자주 사용된다. 그러나 누가는 이 용어를 이 이야기의 화자(話者)가 그 주인공을 가리키는 방식으로써 몇 차례 사용한다(눅 7:13 이후로). 나중에 이 용어는 그리스도인들이 흔히 다른 이름들 및 칭호들과 결합해서 그들의 주이신 예수를 가리키는 데에 통상적으로 사용하였던 칭호였고, 이 단계에서 이것이 하나님을 가리키는 통상적인 방식이 "주"라는 칭호였다는 사실과 우연히 일치하게 된 것은 주라는 용어에 부여된 의미에 어느 정도 영향을 미쳤을 것임에 틀림없다. 누가는 예수께서 선생으로서 및 권능의 역사(役事)들을 행하는 자로서 하나님의 권세를 가지고 계셨다는 것을 인정함으로써 후대의 교회의 용법을 미리 암시하고 있는 것으로 보인다. 그러나 이 모티프는 좀 더 깊은 의미를 담고 있는 것 같다. 로우(C. Kavin Rowe)는 누가복음과 사도행전 속에서 하나님과 예수를 가리키는 데에 '퀴리오스'라는 용어가 사용되고 있지만 각각의 용례가 하나님을 가리키는지 예수를 가리키는지가 전반적으로 모호한 것으로 보아서, 삼위일체적인 방향을 지향하는 현상, 즉 이 칭호를 통해서 지칭되고 있는 하나님과 예수가 동일하다는 것에 대한 인식이 존재한다고 주장하였다.[29]

누가는 야웨의 종이라는 개념에 비추어서 이해되어야 할 말씀인 마가복음 10:45을 자신의 복음서에 포함시키지 않았지만, 야웨의 종이라는 모티프는 이 복음서의 다른 곳, 특히 누가복음 22:37에서 이사야 53:12을 공식적으로 인용하는 대목에서 발견된다. 또한 누가복음 4:18-19에 인용된 이사야 61:1-2의 본문은 야웨의 종을 가리키는 것으로 이해되어야 할 것으로 보인

---

29) C. Kavin Rowe, "Luke and the Trinity: An Essay in Ecclesial Biblical Theology", *SJT* 56 (2003): 1-26.

다. 왜냐하면, 이 본문은 이전의 명시적인 야웨의 종 본문들 속에서 발견되는 특징적인 모티프들을 공유하고 있기 때문이다. 겸손한 섬김이라는 모티프는 분명히 예수에 의해서 권장되고 있다(눅 22:26-27).

다른 복음서들에서와 마찬가지로 예수에 대하여 다양한 칭호들이 사용되고 있는 것은 몇몇 전통적인 역할들과 모형들이 예수 안에서 동시적으로 성취된 것으로 보아지고 있다는 것을 보여주는 것이고, 이 때로부터 그 칭호들은 각각 이러한 성취에 비추어서 새로운 것으로 재형성된다. 우리는 이것을 특정한 양식을 사용해서 작곡을 하도록 되어 있는 어떤 지역의 대회에서 평범한 몇 사람의 작곡가들이 참여한 가운데 한 익명의 천재가 그 양식에 어느 정도 맞기는 하지만 그럼에도 불구하고 새롭고 독창적이어서 그 특정한 양식을 아무도 이전에 생각해 보지 않았던 방식으로 발전시킬 수 있다는 것을 보여준 것에 비유할 수 있을 것이다.

이스라엘과 이방인들에 대한 선교. 예수의 역정(歷程)의 성격은 선교라는 말로 가장 잘 요약된다. 이미 출생 이야기들 속에서 핵심적인 인물들은 구원의 도래에 대한 증인들로서의 역할을 한다. 시므온의 찬송은 하나님이 아니라 주변 사람들이 들으라고 한 것이고, 안나는 사람들에게 이 아이에 대하여 말하였다. 세례 요한의 사명은 좋은 소식을 전하는 것으로 요약되고(눅 3:18), 이사야 61:1의 말씀은 예수와 관련하여 동일한 내용을 말한다(눅 4:18; cf. 눅 4:43; 8:1; 16:16; 20:1). 물론, 이 주제는 예수께서 하나님의 복음을 전파하셨다고 말하고 있는 마가복음 속에 이미 존재하고(막 1:14-15; cf. 막 8:35; 10:29), 이 복음은 장차 온 세상에 전파될 것이다(막 13:10; 14:9). 마찬가지로, 제자들은 전도 활동을 하러 나가서 도처에서 복음을 전하고 치유 사역을 행한다(눅 9:6). 복음이란 하나님의 나라에 관한 메시지이다(눅 9:2). 선교의 중요성은 누가가 열두 제자와 칠십이 문도의 두 번의 전도 활동을 기록하고 있다는 사실에 의해서 강조되고, 숫자에 의한 상징 체계는 이러한 기사들 속에 유대인들과 이방인들에 대한 선교가 미리 예시되고 있다는 것을 보여준다.

선교는 일차적으로 이스라엘을 향하는데, 거기에서 일반적으로 죄인들로 인식된 자들만이 아니라 모든 사람이 똑같이 선교를 필요로 하는 것으로 보아진다. 다른 식으로 표현해 본다면, 하나님 나라의 선포는 모든 사람들에게 응답을 요구하는데, 이것은 로마 시민들이나 이미 황제에게 복속된 속주의 사람들이 황제에 대한 충성 맹세를 새롭게 하는 것이 요구되고, 그렇지 않은 경우에는 고통스러운 벌을 받게 되는 것과 동일하다.[30] 이렇게 하나님 나라에 관한 메시지는 사람들로 하여금 하나님에 대한 그들의 헌신을 새롭게 하도록 강제하는 효과를 지닌다. 물론, 그것은 세례 요한이 참된 선지자로 이해되었던 것과 동일한 방식으로 예수가 진실로 하나님을 대신해서 충성 맹세를 요구할 권세를 지닌 하나님의 대리자라는 것을 받아들이는 것을 포함한다(cf. 눅 20:1–8). 예수의 권세에 관한 문제가 자주 제기되었다는 것은 이상한 일이 아니다.

우리가 살펴보았듯이, 이 복음서는 강력하게 유대적인 분위기를 가지고 있고, 의미심장하게도 성전에서 시작해서 성전으로 끝난다. 이 복음서 전체에 걸쳐서 구원의 궁극적인 범위는 이방인들을 포함한다는 것을 보여주는 지표들이 나온다. 이것은 누가복음 2:32; 3:6에 분명하게 나타나지만, 예수와 이스라엘 밖의 사람들 간의 간헐적인 만남들을 통해서도 드러나고(로마 백부장, 눅 7:1–10; 사마리아인 문둥병자, 눅 17:11–19), 누가복음 24:47에서 명시적으로 표현된다. 칠십이 문도의 선교는 문맥상으로 이스라엘 백성을 향한 것이기는 하지만 모든 민족을 향한 선교를 상징하고 있다. 누가가 수로보니게 여자에 관한 이야기를 생략한 것(막 7:24–30)은 의미가 있을 수 있다 — 물론, 이 사건은 단지 누가가 생략한 마가복음의 긴 단락의 일부에 속한 것이기는 하지만.

구원받은 백성. 세례 요한의 선교는 가브리엘에 의해서 이스라엘 백성의 많은 사람들을 주께로 돌아오게 하고 그들의 마음을 불순종에서 의인들의 지혜로 바꾸는 것이라고 선언되었다(눅 1:16–17). 세례 요한과 예수의 메시지에 대한 응답은 회개로 표현되는데, 이 개념은 다른 복음서들에서보다도 누가복음에서 더 두드러지게 나타난다. 이 용어는 누가복음 5:32에서 의미심장하게 첨가되어 있고, 누가복음 13:1–9에서는 하나님에 대한 근본적인 응

---

30) 누가복음 2:1에 언급된 인구 조사는 아우구스투스가 유대에 강요했던 충성 맹세와 동일시될 수 있다는 추측이 제시되어 왔다(Josephus *Antiquities* 16.290; 17.42).

답을 표현하는 데에 사용된다(cf. 눅 10:13; 15:7). 누가는 그러한 회개와 회심이 전심을 다한 것이 되어야 하고, 일시적인 것이 아니라 일생 동안의 헌신이 되어야 한다는 것을 강조한다(눅 8:13-15; 9:57-62; 14:25-35). 위에서 인용된 본문들 속에서는 사람들이 불신앙으로 되돌아가거나 믿음을 포기할 위험성이 강조된다: 짠 맛을 잃은 소금은 회복될 수 없다. [31]

믿는 자들의 삶의 방식으로서의 율법에 대한 누가의 태도는 논란이 되고 있는 문제이다. 출생 이야기들 속에서 주요한 등장인물들은 그들이 하나님의 계명들을 지켰고 율법에 의해서 규정된 의무들을 다하였다는 사실로 인해서 암묵적으로 칭찬을 받는다(눅 1:6, 59; 2:21-24, 27, 39, 41). 마가복음 10:17-21에서와 마찬가지로, 영생을 유업으로 받는 것에 관한 질문은 율법에 기록된 것에 비추어서 대답된다(눅 10:25-29). 그러나 이 대답은 율법을 지키는 것이 거기에서 필요한 모든 것이라는 암시하는 것처럼 보일 수 있지만, 마가의 이야기와 병행되는 누가복음의 나중의 본문은 예수를 따르는 것과 자기 부인도 이 대답의 일부라는 것을 보여준다(눅 18:18-30). 율법과 관련해서 누가의 핵심적인 말씀은 누가복음 16:16-17(cf. 마 5:17-20; 11:12-13)에 나온다. 마태복음에서와 마찬가지로 여기에서도 율법으로부터 일점일획이라도 떨어져 나가는 것은 불가능하다는 것이 분명하게 선언된다. 누가복음에는 십일조를 드리는 것과 마찬가지로 공의와 하나님의 사랑에 주의를 기울여야 한다는 예수의 말씀도 나온다(눅 11:42). 이러한 말씀들은 예수에게 있어서 율법이 여전히 효력을 지니고 있다는 것을 시사해 주는 것일 수 있다. 하지만 마태복음 5장에서 좀 더 폭넓게 보여주고 있듯이, 율법의 유효성에 관한 말씀 직후에는 예수께서 율법이 허용하고 규정을 둔 것(즉, 이혼)을 금지하는 대표적인 예가 나온다. 이러한 취지는 누가복음에서 발전되고 있지는 않지만, 누가에게 있어서 계속적으로 유효한 것은 예수에 의해서 새롭게 이해된 것으로서의 율법인 것으로 보인다. 누가는 사람들을 더럽게 하는 것들에 관한 예수의 가르침(막 7:1-23)을 생략한다. 이 가르침은 누가가 생략한 마가복음의 좀 더 긴 단락 속에 나온다.[32] 누가는 누가복음 11:39-

---

31) 여기에 나오는 표현들은 문자 그대로 받아들이기보다는 과장법으로 보아야 한다.

41(cf. 마 23:25-26)에 나오는 가르침을 그것과 거의 동일한 취지를 말하고 있는 것으로 보았을 것이다. 또한 누가복음에는 마태복음 5장에서 발견되는 율법과 관련된 예수의 가르침에 대한 길고 체계적인 서술이 나오지 않고, 예수는 모형론적으로 모세와 대응된다는 마태복음의 전체적인 인상은 누가복음에서는 그리 두드러지지 않는다.[33]

영원한 나라. 메시야의 통치는 정의상 "영원하다"(눅 1:33). 그러므로 예수의 가르침 중에서 상당 부분이 하나님의 현재적인 통치와 예수께서 이 땅에 살아 계시는 동안에 이 세상에서 실현될 구원에 관한 것이라고 할지라도, 누가는 필연적으로 하나님의 뜻을 완성하기 위해서 메시야가 장차 오실 것이라는 믿음을 공유하고 있다. 마가복음에는 장래의 일에 관한 하나의 강화(講話)가 나오는 반면에(막 13; cf. 마 24-25), 누가복음에는 두 개의 강화가 나온다(눅 17:20-37; 21장). 누가복음의 예수는 예루살렘이 장차 멸망하게 될 것과 예루살렘이 이방인의 때가 찰 때까지 황폐하게 버려질 것에 관하여 마가복음에서보다 훨씬 덜 암호적으로, 그리고 더 공개적으로 말씀한다. 그리고 일부 학자들은 누가가 그 사건과 먼 훗날에 있게 될 인자의 재림을 분명하게 구별하고 있다고 생각해 왔지만, 그럼에도 불구하고 누가는 사람들이 언제든지 그 사건을 준비하는 가운데 살아가야 하고 부지불식간에 그 사건을 맞게 되어서는 안 된다는 것을 아주 분명히 한다(눅 21:34-36). 또한 부활 현현에 관한 누가의 기사는 예수께서 승천하신 후 다시 돌아오실 때까지의 중간 시기에 예수의 제자들에게 예수의 증인이 될 사명이 주어졌다는 것을 훨씬 더 강조해서 부각시키고 있다.

결론
우리는 지금까지의 개관을 통해서 이 복음서에서 신학적인 강조점들이 선

---

32) 누가가 이 이야기의 이 특정한 부분을 생략한 것에는 신학적인 이유들을 가지고 있었다고 생각할 근거는 없다; 이 부분은 마가복음의 이 대목을 전체적으로 생략한 것들의 일부로서 생략된 것이다.

33) 누가는 우리가 앞서 본 것처럼 모세 모형론을 사용하고 있지만, 그것은 율법 수여자가 아니라 메시야적인 인물로서의 모세라는 개념과 더 관계가 있다.

지자와 메시야로서의 역할을 한 예수, 즉 자신의 선교를 위한 대리자의 활동을 통해서 유대인들과 이방인들에게 구원을 가져다주시고자 한 하나님의 목적이라는 큰 주제를 중심으로 자연스럽게 배열되어 있는 것을 살펴보았다. 이러한 모티프들은 마가복음과 마태복음에서도 찾아볼 수 있는 것이기는 하지만, 거기에서는 누가복음에서와는 약간 다르게 제시되어 있다. 누가복음에서는 선지자로서의 예수가 더 부각되고 있고, 마태복음에서는 선생으로서의 예수가 더 부각되어 있다. 마태와 마가는 예수의 메시지를 하나님의 나라/천국이라는 관점에서 제시하고 있는 반면에, 누가는 좀 더 구원론적인 취지로 예수의 메시지를 제시한다.

마태복음의 경우에서와 마찬가지로, 우리는 누가복음이 마가복음과 동일한 사고의 틀 속에서 씌어지고 있다고 말할 수 있다.

누가복음의 주된 주제를 한 문장으로 요약하고자 한다면, 우리는 그 주된 주제는 곤궁한 자들에게 구원을 가져다 줄 구주의 도래라고 말할 수 있을 것이다.

이러한 짤막한 요약을 좀 더 자세하게 발전시킨다면, 우리는 그 안에 들어 있는 몇몇 중요한 요소들을 다음과 같이 열거해 볼 수 있다.

1. 예수는 마가복음이나 마태복음과 거의 동일한 방식으로 인간의 필요와 죄악됨을 전제한다.

2. 누가는 하나님의 통치 또는 주권적인 능력에 관한 예수의 가르침을 충실하게 보도하지만, 이러한 행위가 사람들에게 구원을 가져다 준다는 것을 부각시킨다. 예수께서 그의 공생애 기간 동안에 제시하였던 것과 교회가 예수의 부활 후에 전파하였던 것 간의 연속성은 훨씬 더 분명하게 제시된다. 죄인들 편에서의 회개의 중요성이 강조된다.

3. 예수의 역할은 마태복음에서의 역할과 비슷하고, 또한 그의 출생에 토대를 두고 있지만, 그의 부활이나 높아지심 이전에서조차도 주로서의 그의 권위가 더 많이 강조된다.

4. 예수는 제자들을 부르고, 그들을 파송하여서 그의 선교에 동참시킨다.

5. 예수의 선교는 일차적으로 이스라엘을 향한 것이지만, 처음부터 이방인들에 대한 좀 더 폭넓은 선교를 염두에 두고 있다.

6. 가난한 자들과 곤궁한 자들에 대한 예수의 연민이 더 분명하게 강조되고 있고, 이것은 그의 제자들에게 주어진 사랑의 명령을 한층 더 강화시킨다.

7. 예수의 죽음은 희생제사적이고 대속적인 것으로 보아진다.

8. 장래의 일에 관한 누가의 관점은 마가복음이나 마태복음에서와 거의 동일하다.

참고문헌

New Testament Theologies: (English) Ladd, pp. 236-45; Morris, pp. 144-221; Strecker, pp. 392-417; Zuck, pp. 87-166 (Darrell L. Bock). (German) Berger, pp. 697-707; Gnilka, pp. 196-225; Hahn, 1:547-83; Hübner, 3:120-51; Stuhlmacher, 2:174-99.

Beck, Brian E. *Christian Character in the Gospel of Luke.* London: Epworth, 1989.

Bock, Darrell L. *Luke.* 2 vols. Grand Rapids, Mich.: Baker, 1994, 1996.

————— . *Proclamation from Prophecy and Pattern: Lukan Old Testament Christology.* Sheffield: Sheffield Academic Press, 1987.

Bovon, François. *Luke 1: A Commentary on the Gospel of Luke 1:1–9:50.* Minneapolis: Fortress, 2002.

————— . *Luke the Theologian: Thirty-three Years of Research (1950-1983).* Allison Park, Penn.: Pickwick Press, 1987.

Conzelmann, Hans. *The Theology of Saint Luke.* London: Faber, 1960.

Crump, David. *Jesus the Intercessor: Prayer and Christology in Luke-Acts.* Tübingen: Mohr, 1992.

Cullmann, Oscar. *Salvation in History.* London: SCM Press, 1967.

Doble, Peter. *The Paradox of Salvation: Luke's Theology of the Cross.* Cambridge: Cambridge University Press, 1996.

Fitzmyer, Joseph A. *The Gospel According to Luke.* 2 vols. New York: Doubleday, 1981, 1985.

————— . *Luke the Theologian: Aspects of His Teaching.* London: Geoffrey Chapman, 1989.

Green, Joel B. *The Gospel of Luke.* Grand Rapids, Mich.: Eerdmans, 1997.

————— . *The Theology of the Gospel of Luke.* Cambridge: Cambridge University Press, 1995.

Marshall, I. Howard. *The Gospel of Luke: A Commentary on the Greek Text.* Exeter: Paternoster, 1978.

————— . *Luke: Historian and Theologian.* 3rd ed. Exeter: Paternoster, 1988.

Moessner, David P. *Lord of the Banquet: The Literary and Theological Significance of the Lukan Travel Narrative.* Minneapolis: Fortress, 1989.

————, ed. *Jesus and the Heritage of Israel: Luke's Narrative Claim upon Israel's Legacy.* Harrisburg, Penn.: Trinity Press International, 1999.

Nolland, John. *Luke.* 3 vols. Dallas: Word, 1989, 1993, 1993.

Rowe, C. Kavin. "Luke and the Trinity: An Essay in Ecclesial Biblical Theology". *SJT* 56 (2003): 1-26.

Tannehill, Robert C. *The Narrative Unity of Luke-Acts: A Literary Interpretation.* Vol. 1. *The Gospel According to Luke.* Philadelphia: Fortress, 1986.

Tuckett, Christopher M. *Luke.* Sheffield: Sheffield Academic Press, 1996.

Verheyden, J., ed. *The Unity of Luke-Acts.* Louvain: Louvain University Press, 1999.

York, John O. *The Last Shall Be First: The Rhetoric of Reversal in Luke.* Sheffield: Sheffield Academic Press, 1991.

제 6 장

누가복음-사도행전: 속편

　누가가 다른 복음서 기자들과는 달리 그의 복음서를 두 권으로 된 저작의 전반부로 보았다는 사실이 지니는 신학적인 의미는 아무리 강조해도 지나치지 않다. 누가가 첫 번째 권을 썼을 당시부터 두 번째 권을 염두에 두고 있었든(나는 그랬을 것이라고 믿는다) 또는 나중에 복음서를 보완할 또 하나의 책이 필요하다는 것을 알았든, 그런 것과는 상관없이 이러한 평가는 유효하다. 그러나 이 두 권의 책 간의 관계의 정확한 성격은 복잡하다. 누가는 데오빌로로 대표된 당시의 그리스도인들에게 당시에 전파되고 가르쳐지고 있던 복음이 믿을 만하다는 것을 확증해 주는 데에 도움이 될 기독교의 기원에 관한 글을 쓰고자 했을 가능성이 가장 높다. 이렇게 당시의 설교는 그것이 토대로 하고 있는 사실들, 즉 무슨 일이 일어났었는지를 가장 잘 알 수 있는 위치에 있던 사람들에 의해서 전해진 사실들에 관하여 씌어진 글을 통해서 밑받침되고 있다. 그러나 기독교의 기원에 관한 이 이야기는 두 부분으로 되어 있다.

　한편으로, 그의 죽음과 부활에서 절정에 달하는 예수에 관한 이야기가 있다. 이것은 분명히 초기 그리스도인들의 설교의 토대였지만, 예수의 설교와 가르침이 그 내용의 중심적인 부분이었는지는 의심되어 왔다.[1] 사도행전에

---

1) 신약성서의 서신들 속에는 예수의 선교와 가르침에 관한 이야기에 대한 언급이 별로 나오지 않는 것과 비교해 보라.

의하면, 전도자가 예수의 삶에 대하여 길게 언급하고 있는 유일한 경우는 베드로가 고넬료에게 행한 설교(행 10:36-43)[2]뿐이라는 것은 잘 알려진 사실이다. 그럼에도 불구하고, 예수의 삶에 대한 언급은 좀 더 폭넓게 이루어졌을 가능성이 높다.[3] 사도행전 1-9장에서 복음은 이 이야기를 어느 정도 알고 있었던 예루살렘의 유대인들에게 설교되었다. 이제 사도행전 10장에서 복음은 무슨 일이 실제로 일어났었는지에 대하여 거의 알고 있지 못했던 이방인들에게 전파된다. 어쨌든 상당수의 설교는 복음서의 상당한 분량을 차지하는 예수에 대한 단죄, 십자가 처형, 부활에 관한 것이다.

다른 한편으로, 예언 속에서 미리 밝혀진 하나님의 계획의 두 번째 부분, 즉 회개와 죄 사함이 예루살렘으로부터 시작해서 모든 민족에게 전파될 것이라는 하나님의 계획의 두 번째 부분이 존재한다(눅 24:47). 복음의 토대에 관한 상세한 서술 속에서 하나님의 계획의 이 두 번째이자 동일하게 중요한 부분이 어떻게 성취되었는지를 보여주는 것은 꼭 필요한 일이었다. 특히 사도행전은 이방인들과 관련된 하나님의 계획의 이러한 측면이 어떻게 하나님의 인도하심 아래에서 성취되어서, 하나님께서 유대인들과 이방인들을 포함한 "자기 이름을 위할 백성"을 가지게 되었는지를 보여준다(행 15:14). 이 계획은 유대인들을 이후로 하나님의 백성으로부터 배제하고자 하는 것이 아니라 복음을 믿는 유대인들을 포함시키는 것이었다.

누가의 저작을 이루고 있는 두 부분은 각각 다른 부분을 암묵적으로 함축하고 있고, 그 어느 한 쪽도 그 자체로는 완결되지 않는다고 할 수 있다.

사도행전의 경우에는 예수께서 가르치시고 믿었던 것과 관련하여 복음서들 속에서 생겨나는 문제들과 비슷한 문제들이 생겨난다. 사도행전은 가장 초기의 그리스도인들, 그리고 특히 바울의 복음 전도와 삶에 관한 기사를 제

---

2) 나는 오늘날의 용법에 비추어서 오해의 여지가 많은 용어인 설교(sermon)라는 단어가 아닌 다른 용어를 사용할 용의가 있지만, 적당한 대안을 생각해 낼 수 없었다. 연설(speech)이라는 표현은 설교보다 훨씬 더 못하다.

3) 누가는 중요한 이야기들을 강조하기 위해서 여러 번 되풀이해서 말하고(고넬료의 회심, 사울의 회심) 표준적인 행위로 여겨질 수 있는 것에 대해서는 오직 한 번만 언급하였다.

공해 준다고 공언한다. 많은 학자들은 사도행전에 나오는 바울의 신학에 관한 묘사가 그의 서신들에 나오는 것과 상당한 정도로 다르고, 바울을 온전히 이해하거나 알지 못했던 자의 글임을 보여주며, 바울에 대하여 어느 정도 부정확한 기사를 제공해 주고 있다고 주장한다.[4] 누가가 시간적으로 자기와 가까웠던 인물에 관하여 이렇게 잘 알지 못했다면, 그는 가장 초기의 그리스도인들의 신학과 삶에 대해서는 훨씬 더 잘 몰랐을 가능성이 많다고 그들은 주장한다. 그러므로 누가의 묘사는 거의 확고한 증거를 토대로 하고 있지 않고, 그 시대에 대한 자신의 이상(理想)을 표현하고 있거나 당시의 설교와 태도들을 이전 시대로 투영하고 있다고 주장할 수 있는 길이 열려져 있다. 누가의 신학의 성격은 무엇이고, 그것은 이 이야기 속에 나오는 등장인물들의 실제의 신학과 어떤 관계에 있는가?

나는 누가가 사도행전에서 기록한 것들이 역사적 신빙성을 갖고 있다고 보는 자들 편에 속하지만, 이것은 사도행전의 저자의 신학이 그 이야기들 속에 나오는 등장인물들의 신학과 동일시될 수 있다는 것을 의미하거나 그들의 신학적 입장에 대한 누가의 재구성이 세부적인 면에서 의문의 여지가 있을 수 있다는 것을 부정하는 것이 아니다.[5]

누가의 신학적 이야기: 제2부

줄거리. 세 개의 공관복음서들은 많은 작은 단락들(몇몇 큰 단락들과 더

---

4) 바울 신학에 대한 누가의 기사와 관련된 이러한 평가는 일반적으로 바울의 역정(歷程)에 관한 누가의 이야기는 일방적이고 부정확하다는 비판을 수반한다.

5) 역사적 예수에 관한 경우에서와 마찬가지로 본서의 한계상 이러한 입장에 대한 자세한 논의는 불가능하다. C. K. Barrett의 주요한 주석서는 누가의 저작에 대한 온건하게 비판적인 평가를 보여준다; C. K. Barrett, *Acts* (Edinburgh: T &T Clark, 1994, 1998)을 보라. 누가의 역사적 신빙성에 대하여 좀 더 높은 평가를 하는 학자들로는 Joseph A. Fitzmyer, Jacob Jervell, Ben Witherington III가 있다. 자세한 것은 Steve Walton and David Wenham, *Exploring the New Testament,* vol. I, *The Gospels and Acts* (London: SPCK; Downers Grove, III.: Inter Varsity Press, 2001), pp. 285-90; I. Howard Marshall, *Acts* (Sheffield: Sheffield Academic Press, 1992)를 보라.

불어서)을 편집에 의해서 하나의 이야기로 짜맞추었기 때문에 상당한 정도의 진보와 발전이 내포되어 있는 반면에,[6] 사도행전에 나오는 이야기는 연대기 순서로 된 서로 연결된 이야기의 성격을 강하게 지니고 있다. 여러 개의 이야기 흐름들이 줄거리를 구성하고 있다. 신약성서의 모든 책들 중에서 초대 교회의 신학과 그 선교의 관계를 가장 분명하게 전형적으로 예시해 주는 책은 바로 사도행전이다. 사도행전은 선교에 관한 이야기로서, 우리는 이 이야기를 읽는 동안에 복음이 지닌 신학적인 내용과 유대인들과 이방인들에 대한 선교의 토대가 되었던 신학을 알게 된다.

여기에는 예수의 증인들이 어떻게 예루살렘에서 그들의 사명을 시작해서, 유대와 사마리아를 거쳐서 더 넓은 세계 속으로 퍼져 나가게 되었고, 마침내는 로마에 이르게 되었는지에 관한 이야기가 나온다(행 1:8). 사도행전은 하나님의 말씀이 어떻게 더 넓은 지역으로 퍼져 나가게 되었는지에 관한 이야기이다.

복음이 먼저 아람어를 사용하는 유대인들에게 전파된 후에, 예루살렘에서 헬라어를 사용하는 한 무리의 헬라파들에게 전해진 다음에, 사마리아인들과 에디오피아 여행자를 시작으로 비유대인들에게 전해지고, 마지막으로 가이사랴에서 안디옥, 구브로와 갈라디아, 아시아, 마게도냐와 아가야를 거쳐서 로마에까지 이방인들에게 전파된 경로는 이 이야기와 대체적으로 일치한다.[7] 이것은 문화의 전파에 관한 이야기이다.

복음의 전파와 교회의 성장과 더불어서 동시에 기독교 신학의 발전이 일어나는데, 특히 교회가 유대교 지도자들로부터의 복음에 대한 반대와 할례받지 않은 이방인들을 하나님의 백성 속으로 받아들이는 것에 관한 두 가지

---

6) 복음서들 속에 연대기와 지리에 토대를 둔 단순한 전체적인 도식이 존재한다는 것을 인정한다고 하더라도, 하나의 줄거리를 세부적으로 발전시키는 것은 거의 존재하지 않는다는 것은 여전히 사실이고, 개별적인 이야기들의 다수는 서로 다른 순서로 서술될 수 있었고, 또한 그렇게 서술되었다(마태와 누가의 복음서들의 전반부에서 그것들의 내용 배치를 대비해 보라).

7) 물론, 누가는 바울이 로마에 당도하기 전에 로마에 신자들이 있었다는 것을 알고 있지만, 바울이 로마에 당도한 것을 사도행전의 절정으로 삼고자 하였다.

문제를 해결하고자 하면서 기독교 신학의 발전이 일어난다. 이것은 두 가지 측면을 지닌 문제로서, 누가는 오직 이방인 신자들의 신분에 관해서만이 아니라 유대인들이 복음에 대하여 응답하거나 응답하지 않은 것과 관련된 문제에 대해서도 관심을 가졌다는 것이 중요하다.[8] 이러한 신학적인 문제와 그 해결책을 초대 교회에 관한 이야기라는 매개체를 통해서 제시할 수 있었던 것은 누가의 천부적인 재능의 일부이다.

이제 우리의 과제는 이러한 이야기들을 그대로 재현하는 것이 아니라, 누가가 전하고 있는 신학적인 이야기를 찾아내는 것이다.

이행과 준비. 사도행전은 복음서의 결말을 다시 요약하는 것으로 시작하지만, 당연히 그것을 새로운 시작으로 삼는 방식으로 그렇게 하고 있다.[9] 몇 가지 중요한 신학적인 내용들이 나온다. 첫째, 이제 예수의 제자들의 사명은 온 세계에 예수를 증언하는 것이다. "이스라엘 나라를 회복하는 것"이 무엇을 의미하든지 간에, 그것은 "아직" 때가 아니고, 제자들은 당분간 예수를 증언하는 일을 하여야 한다(행 1:6-8). 둘째, 예수께서 성령의 능력을 받으셨고, 누가복음 1-2장에 나오는 등장인물들이 예수의 오심에 관하여 예언할 때에 성령으로 충만했던 것과 마찬가지로, 제자들은 그들의 사명을 감당하기 위해서 성령의 능력을 필요로 한다. 셋째, 나라의 회복에 관한 소망은 실질적으로 예수의 재림에 관한 소망으로 대체된다. 넷째, 예수의 부활을 증언하게 될 증인들의 수는 원래대로 열두 사도로 이루어져야 했다. 이스라엘의 열두 지파를 상징하는 이 숫자의 상징성(cf. 눅 22:30)은 중요한 것이었다. 사도들에게 맡겨진 일은 "지도력" 또는 "감독"(헬라어로는 '에피스코페'), "섬김"(헬라어로는 '디아코니아'), "사도의 직무," "증인" 등과 같이 여러 가지로 묘사된다. 이러한 용어들 중에서 첫 번째의 것은 시편 109:8에서 가져온

---

8) 누가의 신학 속에서 이스라엘의 중심적인 역할에 대해서는 David P. Moessner, ed., *Jesus and the Heritage of Israel: Luke's Narrative Claim upon Israel's Legacy* (Harrisburg, Penn.: Trinity Press International, 1999)를 보라.

9) Cf. Mikeal C. Parsons, *The Departure of Jesus in Luke-Acts: The Ascension Narratives in Context* (Sheffield: Sheffield Academic Press, 1987).

것으로서, 그 용례는 누가가 사도들의 직무를 후대의 "감독자들"(전통적으로는 "감독들"; cf. 행 20:28)의 직무와 비슷한 것으로 보았다는 것을 보여주는 것일 수 있다.

능력에 대한 약속은 성령이 제자들에게 강림함으로써 성취된다. 성령이 열두 사도에게만이 아니라 그 자리에 모여 있던 제자들의 모든 무리들에게 임하였을 가능성이 높다(cf. 행 2:16-18). 성령 강림은 시내 산에서 율법이 수여된 것과 어느 정도 대응되는 사건으로 보아져야 할 것이다 ─ 물론, 누가는 이 두 사건 간의 유비에 대하여 거의 주목하고 있지 않지만. 누가에게 더 중요했던 것은 이 사건이 하나님의 구원 사역이 남녀노소를 포함한 모든 부류의 사람들에게 미치게 되고 구원이 주의 이름을 부르는 모든 자들에게 임하게 될 마지막 날에 관한 요엘의 예언의 성취였다는 것이다.

이 때에 청중은 국제적이면서도 여전히 유대적이었다. 오직 다양한 언어들이 말해지고 있다는 사실만이 세상의 만국에 대한 상징을 암시한다.[10]

부활에 대한 증언. 우리에게는 이제 최초의 그리스도인들이 공적으로 무엇을 했는지를 보여주는 하나의 예가 주어진다: 최초의 그리스도인들은 그들의 대변자인 베드로를 통해서 예수의 부활을 증언하였다. 베드로의 공적인 설교의 핵심은 예수께서 하나님의 인정을 받았음에도 불구하고 유대 지도자들에 의해서 죽임을 당했지만 하나님은 그를 다시 살리셔서 하늘로 올리우셨는데, 이것은 하나님이 주와 그리스도로서의 예수의 지위를 확증하신 것이었다는 것이다. 예수는 하나님의 뜻을 성취하고 스스로도 무슨 일이 일어날 것인지를 미리 아신 가운데 유대 당국자들에게 넘겨지셨지만, 베드로는 예수를 십자가에 못 박은 책임 및 그것으로 인한 죄책과 관련해서 그의 청중들을 고발하였다. 그렇지만 그들은 회개를 하고 세례를 받음으로써 그들의 죄를 사함받을 수 있고, 죄 사함을 받을 뿐만 아니라 성령의 선물도 받게 될 것이었다. 이러한 추론은 백성들이 그들의 지도자들의 행위로부터 손

---

10) 이 유대인들은 그들이 속한 몇몇 나라들의 방언을 말했을 것으로 여겨진다 ─ 물론, 그들 중의 다수는 동부 지중해 세계의 공통어였던 헬라어를 알고 있었을 것이지만; 또한 그들 중의 일부만이 히브리어 또는 아람어를 알고 있었을 것이다.

을 떼지 않는다면 그 지도자들의 죄책에 참여하는 것이라는 뜻을 지닌 것으로 보인다. 어떻게 죄 사함이 "예수 그리스도의 이름으로" 오는지에 대해서는 설명이 없지만, 베드로는 예수를 구원할 능력을 지닌 요엘 2:32에 나오는 주님으로 규정한다. 성령에 대한 약속은 메시야가 성령으로 세례를 주게 될 것이라는 세례 요한의 예언과 결부되어 있고, 베드로는 예수께서 하나님 우편에 올라가셔서 이러한 선물을 하나님께로부터 받으셨다고 단언한다.

이러한 진술들에 대한 근거가 독자들에게 즉각적으로 분명한 것은 아니었다: 예수께서 지금 하나님의 우편에 계시고, 그러한 지위를 통해서 예수께서 주와 그리스도가 되셔서 하나님으로부터 성령을 받으셨다는 것을 베드로가 어떻게 알고 있는 것인가? 누가에게 있어서 처음 두 가지 질문에 대한 대답은 그가 앞서 예수께서 시편 110:1을 사용했다는 것을 기록하였는데 이 본문은 예수 안에서 성취된 예언으로 이해될 수 있고, 예수께서 하늘로 올라가셨다면 그것은 이 예언이 성취된 것임을 말해준다는 것이다. 어쨌든 부활과 높아지심은 유대교에서 서로 연결되어 있다(단 12:1-3의 본문에 토대를 둔 *I Enoch* 62:14-16; *2 Baruch* 51:5, 10; *T. Benj.* 10:6, 9).[11] 그리스도에게 성령이 주어졌다는 것은 "내가 사람들을 위해서 선물들을 받았다"는 것을 의미하는 것으로 해석되는 시편 68:18(cf. 엡 4:8)에 대한 이해를 반영하고 있는 것 같다.[12]

분명한 것은 예수 그리스도께서 그의 이름으로 시행되는 세례 속에서 여전히 작용하고 계시고 그 세례를 효력 있게 하신다는 것이다. 치유들도 그의 이름으로 행해지는데, 이것은 그의 대리자들이 그들 자신의 권위에 의거해서가 아니라 예수의 능력에 의거해서 치유를 행하고 있다는 것을 의미한다 (행 3:6). 이렇게 사도들의 사역은 예수의 사역의 연속으로서 그의 제자들의 복음 전도를 통해서 하나님 나라의 표적들이 드러나고, 사람들의 삶 속에서

---

11) K. L. Anderson, "The Resurrection of Jesus in Luke-Acts" (doctoral thesis, Brunel University, 2000), p. 171.

12) 모세가 율법을 받은 것과 병행되는 일련의 병행들을 상세하게 설명하고 있는 Max Turner, *Power from on High: The Spirit in Israel's Restoration and Witness in Luke-Acts* (Sheffield: Sheffield Academic Press, 1996), pp. 280-89를 참조하라.

구원이 실현된다. 예수께서 육체적으로 현존해 계시는 것은 아니지만, 그의 사역은 계속된다. 하지만 예수는 하나님의 통치를 선포하고 사람들에게 그의 제자들이 되라고 부르신 반면에, 그의 제자들은 사람들에게 예수를 전함과 동시에 예수를 믿는 자들에게 그로 말미암아 생명이 수여된다는 것을 전하였다는 점에서(cf. 행 3:16; 4:9-10) 메시지의 내용은 변화되었다. 이런 식으로 예수는 복음서에서보다도 더 분명하게 선포의 대상이 된다 — 물론, 누가의 저작의 두 부분에서 예수는 선포자인 동시에 선포되는 대상이라고 해야 되겠지만.

예수의 신분과 역할을 나타내기 위해서 여러 가지 다양한 표현들이 사용된다. 베드로는 예수를 모세 같은 선지자라고 지칭하였다(신 18:15-19; 행 3:22-23). 그러한 선지자는 통상적인 선지자가 아니라, 모세가 그랬던 것처럼 백성의 지도자이다. 복음서가 보여주듯이, 이러한 묘사는 분명히 이 지상에 사셨던 동안의 예수에게 적용되고 있지만, 여기에서 그것은 그의 지속적인 활동에도 적용되고 있는 것으로 보인다. 또한 예수의 높아지신 지위에 비추어 볼 때에 그의 말씀을 듣지 않는 사람들은 누구나 하나님의 백성에서 끊어지게 될 것이고, 그 선지자가 도래한 지금에 있어서 유대 백성이라는 사실 자체는 하나님의 은총 속에 머물기 위한 적절한 자격 요건이 아니라는 것도 지나가듯이 언급되고 있다.

예수의 이름으로 행해지는 행위들에 관한 진술들은 대단히 의미심장하다. 이러한 진술들은 야웨의 이름이 여기에서와 동일한 방식으로 기능하는 구약적인 배경에 비추어서 해석되어야 하는데, 그럴 경우에 필연적인 결론은 여기에서 예수의 이름이 야웨의 이름과 동일한 방식으로 기능하고 있고, 실제로는 야웨의 이름을 대체하고 있다는 것이다. 오직 예수만이 구원을 얻을 수 있는 유일한 통로(행 4:12)이다.

이와 동시에 우리에게는 또 하나의 주요한 하나님의 대리자인 성령이 있는데, 성령도 사도행전의 초반부에서 두드러진 역할을 한다. 우리가 이미 지적하였듯이, 성령은 하나님의 메시지를 전하는 사도들을 충만케 한다. 성령 충만의 결과는 예수께서 약속하셨던 대로 위협적인 청중들 가운데서만이 아니라 좀 더 우호적인 상황들 속에서도 담대하게 복음을 전할 수 있게 된 것이었다. 또한 성령은 예언의 내용이 성령에 의해서 매개된 것과 동일한 방식으로 말씀된 것의 내용과도 관련이 있음에 틀림없어 보인다. 기독교적인 전도와 증언은 예수의 선지자적 활동의 연속이고 복음서에 나오는 예수에 대한 증언들이다.

하나님의 대리자인 예수와 성령의 활동은 하나님께서 뒷전에 물러나 계셔서 여기에서 진행되고 있는 일들에 직접적으로 개입하고 계시지 않는다는 것을 의미하는 것이 아니다. 사도행전 전체에 걸쳐서 역설되고 있는 것은 예수 안에서 및 예수로 말미암아 일어나는 일들은 하나님의 계획에 기인한 것들로서 그 계획이 실행되고 있다는 것이다. 예수로 하여금 십자가에 못 박히게 하시고 그를 죽은 자 가운데서 다시 살리신 이는 바로 하나님이다. 예수에게 성령을 주셔서 그로 하여금 믿는 자들에게 성령을 부어주시도록 하신 분도 하나님이다. 복음 전도 속에서 표현되고 있는 것은 하나님이 사람들을 구원으로 부르고 계시다는 것이다(행 2:39). 제자들이 감옥으로부터 놓여났을 때, 그들이 구원해 달라고 기도한 것은 하나님께였고(행 4:24-30), 기도가 예수를 향하여 드려진 경우는 극히 드물다. 예수에게 "주"라는 칭호가 주어졌고, 사람들이 구원을 위하여 예수의 이름을 부른다는 사실에도 불구하고, 하나님은 여전히 사람들이 기도하는 대상으로서의 주(主)이다. 하나님의 주권적인 능력과 목적으로 인해서 그리스도인들은 어떠한 반대를 겪는다고 할지라도 하나님께서 그들에게 하라고 부르신 일은 성공적으로 수행될 것이라는 것을 확신한다. 바리새파의 한 지도자는 사도들의 활동이 하나님으로부터 나온 것이라면 산헤드린도 그 활동을 막을 수 없을 것임을 인정한다(행 5:38-39).

확장된 선교 — 무할례자에 대한 선교. 사도행전의 이야기는 인간들이 반대하고 좌절시키려고 하지만 그럼에도 불구하고 하나님의 뜻대로 진행되어 가게 될 하나님의 이러한 지속적인 활동에 관한 이야기이다. 이러한 활동의 진행과 관련된 세부적인 사항들은 우리의 현재의 관심사가 아니다 — 물론, 우리가 이미 사도행전의 가장 앞에 나오는 장들에서 보았듯이, 세부적인 사항들은 이러한 방향성과 하나님에 의한 능력의 수여를 증언해 주고 있기는 하지만. 우리의 목적을 위해서 훨씬 더 중요한 것은 초기 그리스도인들이 유대인들이 아니라 이방인들에게 예수에 대하여 증언하게 된 방식이다. 이것은 여러 가지 방식으로 일어났다. 빌립은 자발적으로 사마리아로 가는 것처럼 보이지만, 그때에 천사의 특별한 지시를 받아서 에디오피아의 내시를 만나게 된다. 사울은 이스라엘 백성에게와 마찬가지로 이방인들에게로 가라는 하나님의 위임을 받는다. 베드로는 하나님께서 주신 일련의 꿈들과 환상들을 통해서 이방인 백부장인 고넬료와 접촉하게 된다. 구브로와 구레네에서 온 사람들은 자발적으로 헬라인들에게 예수에 대하여 전한다. 그런 후에, 전도의 문이 폭발적으로 열리게 되고, 그 결과로서 안디옥에서 유대인들과 이방인들로 구성된 교회가 생겨나게 되어서, 그 교회는 하나님의 지시로 그들의 메시지를 듣고자 하는 이방인 청중들을 찾아가도록 두 명의 선교사를 파송한다(행 13:7). 이렇게 누가는 이방인들에 대한 선교가 여러 가지 다양한 작업들에 대한 응답을 통해서 수행되었지만, 무엇보다도 하나님께서 사건들을 인도하신 것에 기인한다는 것을 분명히 한다. 물론, 이것은 선지자들을 통해서 "그[그리스도]의 이름으로 죄 사함을 받게 하는 회개가 예루살렘에서 시작하여 모든 족속에게 전파될 것"(눅 24:47)를 미리 말씀하셨던 하나님에 의해서 미리 예정된 것이었다. 여기에 표현된 단어들은 유대인들이 이방인들과 마찬가지로 선교 대상에 포함된다는 것을 아주 분명하게 보여준다.

그러므로 초기 그리스도인들이 단순히 유대교 개종자들이 아니라 기독교 개종자들로서의 이방인들을 얻고자 한 것은 별 문제가 없었고, 우리는 이것에 대하여 원칙적으로 반대가 있었다는 말을 듣지 못한다 ― 물론, 실제로 그렇게 함에 있어서는 미온적인 태도가 있었겠지만. 어려움을 불러일으켰던 것은, 그러한 회심자들이 통상적인 유대교 개종자들과 마찬가지로 유대교에서 요구하는 모든 것들을 다 행할 필요가 있는 것이냐에 관한 문제였다. 그들이 회심하기 전에도, 물론 이방인들과 만나고 식사하는 것과 관련된 실제적인 문제들이 존재하였다. 누가가 전해주듯이, 고넬료의 경우에 있어서 베드로는 꿈속에서 과거에는 어떠했든지 간에 하나님은 더 이상 그의 백성에게 소위 부정한 음식들을 피할 것을 요구하지 않으시고, 또한 암묵적으로 소위 부정한 백성들과 함께 하는 것을 금하지 않으신다는 것을 확신하게 되었다. 고넬료와 그의 가족은 할례를 받지 않았지만, 성령이 그들에게 임하였고, 그들은 그 자리에서 세례를 받았다. 이 사건이 보여주는 것은 할례가 더이상 필요하지 않다는 것이었다. 나중에 이방인들이 안디옥에서 할례를 받지 않고 기독교 신자들이 되었는데, 이것은 바울의 제1차 선교 여행에서 하나의 지침이 되었다. 그러나 이방인들이 이스라엘의 메시야를 믿는 자들이 되었다면, 왜 그들에게는 유대교 개종자들과는 달리 할례를 받거나 그 밖의 다른 율법을 지킬 것이 요구되지 않는 것인가? 교회 속에서 보수적인 유대인들의 주장이 아주 강경했을 것이라는 것을 우리는 충분히 이해할 수 있다.

이러한 문제에 대한 신학적인 대답은 사도행전 15장에서 주어지는데, 거기에서 이 문제는 이제 이방인들이 할례를 받음이 없이 구원받을 수 있는가라는 아주 첨예한 문제로 제기되었다.

이 대답의 첫 번째 부분은 우리가 실용적이라고 부를 수 있는 그러한 이유였다: 상당수의 이방인들이 이미 할례를 받지 않은 채로 신자들이 되었고 성령의 선물을 받았다. 하나님은 성령의 선물을 나누어 주실 때에 분명히 할례를 고려하지 않으신 것이었다. 이른바 유대주의자들이 하나님은 이방인들이 할례를 받을 때까지는 성령을 주지 말아야 한다고 믿었던 것인지, 아니면 하나님께서 이미 성령을 주셨다면 그 후에 할례를 받게 함으로써 질서가 유지되도록 해야 한다고 믿었던 것인지는 분명하지 않다.

베드로에 의해서 주어진 이 대답의 두 번째 부분은 율법은 사람들이 감당할 수 없는 멍에이기 때문에 율법이 사람들을 구원할 수 없다는 것이었다(행 15:10). 바울의 표현을 빌리면, "모세의 율법으로 너희가 의롭다 하심을 얻지 못하던 모든 일에도 이 사람[그리스도]을 힘입어 믿는 자마다 의롭다 하심을 얻는 이것이라"(행 13:39). 이 말씀은 모세의 율법이 사람들을 일부 죄들로부터 구원하였고, 그리스도께서는 나머지 죄들을 처리하였다는 것을 의미하는 것으로 해석될 수도 있지만, 모세의 율법은 그 어떤 죄로부터도 사람들을 구원할 수 없지만 그리스도는 사람들을 모든 죄로부터 구원한다는 의미일 가능성이 더 높다. 율법이 사람들을 구원하는 데에 무력한 것이라면, 이방인들이 율법을 지킬 필요는 없었다.

셋째, 베드로는 유대인이든 이방인이든 "우리는 주 예수의 은혜로 구원받는 줄을 믿노라"(행 15:11)고 역설하였다.[13] 여기에는 한편으로는 은혜와 믿음, 다른 한편으로는 율법의 실천 간에 암묵적인 대비가 존재한다. 이 말씀이 실제로 현장에서 언급되었든 아니든, 이 말씀은 의심할 여지 없이 구원은 율법을 지키는 것을 통해서가 아니라 은혜와 믿음을 통해서 온다는 누가의 견해를 반영하고 있다. 이 점은 바울 서신들에서보다 덜 깊이 있게 다루어지고 있기는 하지만, 둘 사이에는 기본적인 일치가 존재한다.

우리는 여기서 다시 한 번 유대인들도 이방인들과 마찬가지로 믿음으로 말미암아 은혜에 의해서 구원을 받을 필요가 있는 자들로 여겨지고 있다는 중요한 사실을 지적할 수 있다. 구원으로의 길은 유대인들과 이방인들에게 동일한 길이다. 메시야는 믿는 자들을 구원하실 수 있는 완전한 능력을 가지신 구주로 여겨지고, 오직 그만이 구원할 수 있는 능력을 가지고 계신다. 예수 외에는 그 어떤 사람이나 그 어떤 것도 사람을 구원할 수 없고, 예수 외에는 그 어떤 보완이나 선행 조건들이 필요하지 않다. 그러므로 사도공의회의 결정은 이방인들은 할례를 받을 필요가 없다는 것이었다. 이방인들에게 할례의 짐을 지워서는 안 된다. 그럼에도 불구하고, 이방인들에게 몇 가지 요구 사항들이 규정된다: 우상에게 바쳐진 음식을 먹지 말고, 고기를 피와 함께 먹지 말며(즉, 유대교적인 방식으로 도살되지 않은 고기를 먹지 말라는 것), 목매여 죽인 짐승들의 고기를 먹지 말고, 성적인 음행을 금하라는 것. 이러한 요구 사항들은 흔히 이스라엘 땅에서 사는 유대인들과 이방인들을 위하여 레위기 17-18장에서 규정한 몇몇 규례들을 반영하고 있는 것으로 생각되는데, 그러한 것들은 교회 내에서의 친교의 주된 장벽들을 제거해주는 역할을 하였다: 이방인들은 유대 그리스도인이 받아들일 수 없는 방식으로 준비된 음식을 그들에게 먹으라고 강요해서는 안 되고, 성적인 음행 가운데 살아서도 안 된다. 이러한 규례들은 아마도 타협의 산물을 보여주는 것으로 보이는데, 이스라엘의 땅에 속한 것으로 생각될 수 있는 지역들에서만 적용될 수 있었을 것이다.[14] 이러한 규례들은 유대 그리스도인들은 계속해서 그들의

---

13) 이러한 번역에 대해서 John Nolland, "A Fresh Look at Acts 15,10", *NTS* 27 (1980-81): 105-14를 보라. 이 헬라어는 "우리는 우리 주 예수의 은혜로 말미암아 그들이 구원받은 것과 마찬가지로 우리도 구원받았다고 믿는다"(TNIV)를 의미할 수도 있다. 하지만 은혜로 말미암아 구원받았다는 핵심은 영향을 받지 않는다.

전통적인 방식대로 살아가야 한다는 것을 전제한 것으로서, 나중에 사도행전에서 바울은 그렇게 살아간 것으로 묘사된다. 유대 그리스도인들이 계속해서 이런 식으로 살아가야 한다는 것이 누가의 견해인지의 여부는 해결되지 않은 논란거리이다.

이 모든 것으로부터 중요한 것은 누가에게 있어서 이방인들은 할례를 받거나 유대인들에게 적용되는 유대 율법을 지킬 필요가 없었다는 것이다. 그들은 유대교 개종자들이 될 필요가 없었다. 하지만 유대 그리스도인들은 그들의 자녀들에게 할례를 행하지 않는 것 등과 같이 유대 율법 아래에서의 그들의 삶의 방식을 꼭 포기해야 했던 것은 아니었다.

하나님의 계획. 하나님의 백성이 이런 식으로 확장되면서, 하나님의 계획 속에서 유대인들의 위치라는 문제가 새롭게 대두되었다. 누가는 두 개의 대목, 즉 사도행전 7장에 나오는 스데반의 설교와 13장에 나오는 바울의 설교 속에서 이 문제를 꽤 길게 다룬다.

스데반의 설교는 성전과 율법에 대하여 고발하는 맥락 속에 두어져 있는데, 예수께서 성전을 멸망시키고 모세에 의해서 규정된 관습들(즉, 율법에 따른 생활방식)을 바꾸고자 하셨다고 주장한다. 그의 대답은 아브라함의 부르심 이래로 하나님께서 이스라엘을 다루신 과정을 추적하는 역사적 개관의 형태로 되어 있다. 이 설교는 세부적인 내용들을 많이 다루고 있고, 그 과정에서 여러 가지 부수적인 점들을 지적한다. 그의 백성에 대한 하나님의 섭리적인 돌보심이라는 개념이 등장한다. 이스라엘 백성과 그들의 조상들이 약속의 땅으로 들어왔다가 나갔다는 것이 서술된다. 이스라엘 백성의 통치자이자 재판장으로 보내심을 받은 모세에 대하여 주된 관심이 할애된다. 모세는 그보다 앞선 요셉과 마찬가지로 하나님께서 그를 선택하셨음에도 불구하

---

14) Markus Bockmuehl, *Jewish Law in Gentile Churches: Halakhah and the Beginning of Christian Public Ethics* (Edinburgh: T & T Clark, 2000), pp. 49–83. Frank Thielman, *The Law and the New Testament: The Question of Continuity* (New York: Crossroad, 1999), pp. 156–58은 레위기 17–18장과의 연결 관계에 대하여 회의적이고, 이 칙령은 엄격한 유대 그리스도인들이 이방 신자들과 교제를 갖는 것을 더 쉽게 만들어 주기 위한 실용적인 타협의 산물이라고 생각한다.

고 이스라엘 백성에 의해서 배척받았고, 이스라엘 백성의 배척은 하나님에 대한 예배까지 미쳐서, 그들은 하나님 대신에 우상을 섬겼다. 그렇지만 이스라엘 백성은 그들의 여러 잘못들에도 불구하고 광야에서 및 약속의 땅에서 솔로몬에 의해서 지어진 성전에 의해 대체될 때까지 하나님의 성막을 가지고 있었다. 이 대목에서 스데반은 하나님은 사람들의 손으로 만든 집에 거하시는 것이 아님을 단언하고, 유대인들이 선지자들의 말씀에 순종하지 않은 것을 공격한다. 이렇게 스데반의 설교는 그리스도인들이 아니라 유대인들이 선지자들을 배척하고 나아가 하나님이 지금 사람들의 손으로 만들지 않은 새로운 건물, 즉 믿는 자들로 이루어진 교회 속에 거하신다고 명시적으로 말하고 있지는 않지만, 거의 그런 의미를 담고 있다. 이 연설 속에서 백성의 통치자와 구원자 또는 구속자로서의 모세와 관련하여 모형론이 발전될 소지가 충분히 존재하기는 하지만, 메시야에 관해서는 전혀 언급되지 않는다.

이 이야기는 사도행전 13장에서 여기에서와는 다른 관점에서 반복되고 확장된다. 모세에 이르기까지의 시기에 관한 서술은 신속하게 지나가고, 관심은 이스라엘 백성을 위한 지도자들, 즉 사사들과 사울, 다윗을 하나님께서 주신 것에 두어진다. 그런 후에, 관원들에 의해서 죽임을 당하셨다가 죽은 자 가운데서 부활하신 다윗의 자손 예수에게로 신속하게 장면이 이동된다. 예수의 부활은 성경에서 유대인들에게 주어진 하나님의 약속들의 성취로 보아진다. 사도행전 2장에서와 마찬가지로, 죽음 이후의 삶에 관한 예언들은 다윗이 아니라 예수에게서 성취되었고, 이것은 예수가 그 예언들이 말하였던 다윗의 후사였다는 것을 확증해 준다.

이 두 개의 설교는 유대인들의 과거사를 이스라엘 백성이 하나님께서 주신 지도자들을 배척하더니 결국 그들이 예수를 배척하게 된 것과 예수께서 하나님에 의해서 신원되신 것에 관한 역사로 요약하고 있다. 이렇게 유대인들에 의한 예수의 배척은 이스라엘 민족의 시초로 거슬러 올라가는 행위 패턴을 이어받은 최종적인 부분이다. 그렇지만 유대인들에 의해서 배척을 받았음에도 불구하고, 예수는 무엇보다도 유대인들을 위한 구주로 보내심을 받았고, 사도들은 유대인들이 예수를 배척한 후에야 이방인들을 향한다. 하나님의 계획 속에서 우선순위는 복음이 유대인들에게 제시되는 것이었다.

그리고 이러한 패턴은 사도들이 세계 각지에서 먼저 유대인들에게 가는 것을 통해서 사도행전 전체에 걸쳐서 반복된다. 물론, 최초의 청중들은 흔히 개종자들과 하나님을 공경하는 자들을 포함하고 있다. 그 경계선들은 엄격하지 않았다. 이것은 복음이 먼저 유대인들을 위한 것이었다는 바울의 분명한 믿음과 부합한다(롬 1:16).

유대인들은 하나님의 대리자들을 알아보고 하나님의 계명들을 지키는 데에 실패하였지만, 그럼에도 불구하고 메시야는 그들에게 먼저 보내심을 받은 것으로 드러나는데(행 3:26), 누가는 선교에 관한 그의 기사 속에서 이러한 우선순위를 그대로 유지한다(행 13:46). 실제로 누가는 유대인들이 복음을 거부하였기 때문에, 그리고 그렇게 하였을 때에야, 비로소 선교사들이 이방인들을 향하게 되었다고 주장하는 것처럼 보일 정도이다. 이것이 누가가 말하고자 했던 것이라고 믿기는 어렵고, 아마도 누가의 취지는 유대인들이 믿지 않았기 때문에 이방인들이 복음화될 수 있었다는 의미가 아니라 하나님의 백성이었던 유대인들이 예수를 믿지 않음으로써 이방인들이 유대인들을 대체하게 되었다고 말하고자 한 것일 가능성이 더 높다.

점점 더 넓은 지역에서의 선교. 사도행전 15장의 끝부분에 이르면, 사도행전에서의 신학적인 이야기는 복음이 먼저 유대인들에게 전파되고, 또한 이방인들에게도 전파되어서, 그들 중에서 믿고 구원받는 자들이 나오는 지점까지 이르게 된다. 여기서부터 이야기는 바울의 선교와 그의 투옥들에 관한 이야기이다. 하지만 사도행전은 바울의 선교가 사도행전 15장 이전에 이미 정립되었고, 그 이야기의 나머지 부분은 사도행전 13-14장에 나오는 사건들의 확장이라는 것을 보여주는 그러한 구조로 배열되어 있다. 그렇다면, 사도행전의 후반부는 이제까지 이야기된 것에 왜 첨가되어 있는 것인가?

첫째, 이 이야기는 바울이 유대교와는 아무런 관련이 없는 이방인들과 접촉하게 되었을 때에 어떤 일이 일어났는지를 좀 더 상세하게 천착하고 있다. 이 점은 사도행전 13:6과 14:8-20에서 이미 등장한 바 있다. 루스드라를 배경으로 한 후자의 이야기 속에서 바울과 바나바는 이교의 신들을 예배하는 자들을 만나게 되는데, 그들의 메시지 중에서 기록된 부분은 한 분 살아계신 하나님, 즉 창조주가 실제로 계시다는 것을 다루고 있다. 과거에 하나님은 이방인들에게 그들이 필요한 것들을 은혜로 공급해 주시고 그가 존재한다는 것과 그의 사랑을 보여주는 증거들을 제공해 주기는 하셨지만 이방인들을 내버려 두셨다. 이러한 주제는 아테네에서의 장면 속에서 좀 더 상세하게 발전되는데, 거기에서의 메시지는 한 분 하나님이 계시다는 것에 관한 것으로서, 그 하나님은 사람들의 예배를 필요로 하지 않으시고, 열방들의 삶을 사람들이 우상숭배로 빠지지 않고 하나님을 발견할 수 있는 그러한 방식으로 정하셨다는 것이다. 하나님이 계시다는 것을 보여주는 신호들을 인식하지 못한 세상의 죄책은 여지없이 드러났고, 모든 사람이 심판에 직면해 있다. 역사는 하나님께서 이 심판을 수행하기 위하여 보내신 자에 대한 계시를 통해서 그 절정에 도달하였다.

무엇보다도 이 이야기는 하나님의 인도하심과 돌보심 아래에서 선교가 진행되어 나가는 것을 말하고 있다. 이 이야기는 앞서 나왔던 것에 대한 추가적인 설명이라고 할 수도 있다. 이 이야기의 주된 목적은 이방인들에 대한 바울의 선교를 하나님께서 승인하셨다는 것을 보여주는 추가적인 증거들을 제공해 주는 것이라고 할 수 있다. 누가의 목적은 하나님의 말씀의 진보를 나타내 보여주는 것이다.

여기에서 우리는 잠깐 아볼로와 에베소에 있던 제자들에 관한 이야기의 의미를 살펴볼 필요가 있다. 두 경우에 있어서 그 사람들은 오직 요한의 세례만을 알았고 약간의 기독교적인 가르침만을 받은 것으로 보인다. 여기에는 바울에 의해서 이해된 대로의 복음을 좀 더 온전하게 가르칠 필요성이 표현되어 있다. 아볼로의 경우에 있어서 그가 성령을 받았는지는 논란거리이다. "열심으로"(행 18:25)라는 어구는 아마도 "성령 안에서의 열심"(TNIV 난외주)으로 이해되어야 할 것이다.[15] 분명히 누가는 아볼로가 기독교의 세례를 받았다고 기록하고 있지 않다. 에베소에 있던 제자들의 경우에는 그들이 성령을 받지 않았다는 것이 강조되고 있고, 이러한 것이 결여되어 있었기 때문에 그들은 세례를 받고 안수를 받았는데, 그 후에 성령이 그들에게 임하였고, 눈에 보이는 표적들도 나타났다. 이렇게 올바른 가르침과 성령을 받는

---

15) Turner, *Power from on High*, p. 389.

것의 중요성이 강조되고 있다.

사도행전 20장의 끝부분에 이르면, 바울의 선교는 그 예비적인 마무리에 도달하게 되는데, 그 후에는 그가 붙잡혀서 감옥에 갇히는 사건이 뒤따른다. 바울이 밀레도에서 교회 지도자들에게 한 말은 이제까지의 이야기에 대한 일종의 결말로서의 역할을 하고, 그것은 바울이 자신의 선교 사역을 어떻게 보았는지에 대한 개관을 제공해 주는데, 이것은 지역 회중의 지도자들을 위한 모범을 제시하기 위한 것이었다. 그것은 유대인들과 헬라인들을 향한 바울의 메시지를, 회개하고 주 예수를 믿으라는 것에서 절정에 도달하는 하나님의 은혜의 복음으로 요약한다. 그것은 하나님께서 그의 피로 교회를 사셨다는 호소의 토대를 이룬다(행 20:28).[16] 이것은 교회가 새로운 실체라는 것과 누가가 하나님의 백성이 과거로부터 지속되고 있고 거기에 이방인 신자들이 합류함으로써 그 범위가 확장되었을 뿐인 것으로 보았다는 주장이 전혀 사실이 아니라는 것을 강력하게 시사해 준다. 사실 하나님의 새로운 백성은 옛 백성과의 연속선상에 있지만 이제는 메시야를 믿는 자들로 구성되어 있다. 그리스도의 오심은 새로운 시작을 의미한다. 하나님의 양 떼(행 20:28) 또는 거룩한 자들("거룩하게 하심을 입은 자들," 행 20:32) 같은 이전 시대의 하나님의 백성에게 적합하였던 표현들은 하나님의 새로운 백성에게도 적용될 수 있다.

감옥에 갇혀 있으면서도 선교를 계속하는 바울. 그러나 이 이야기는 아직 끝난 것이 아니고, 여덟 개의 장(대체도 사도행전의 4분의 1)이 여전히 남아 있다. 이 장들은 죄수로서의 바울에 관한 것으로써 몇 가지 신학적인 모티프들이 등장한다.

첫째, 바울이 감옥에 갇혀서 붙잡혀 있는 몸이었지만 선교 활동을 계속하였고 효과적으로 그리스도를 증언하였다는 것은 분명하다. 누가가 바울의 생애의 이러한 측면에 이토록 많은 지면을 할애한 것은 그리스도인들이 혹

---

16) 여기에서 가리키는 것은 오직 그리스도의 피일 수 있다. 이것을 하나님 자신의 피라고 말하는 것(TNIV)은 의외의 것으로 보일 수 있지만, 많은 주석자들은 이 헬라어를 "그 자신의 피로"(cf. NRSV)로 번역하는데, 이것은 가능한 번역이기는 하지만, 분명히 이례적인 번역이다.

독한 현실 속에서 삶을 살아가고 그리스도를 증언하도록 부르심을 받았다는 것을 표현하기 위한 것이라는 인상을 피하기 어렵다. "우리가 하나님의 나라에 들어가려면 많은 환난을 겪어야 할 것"(행 14:22)이라는 바울의 원칙은 그의 삶 속에서 아주 분명하게 예시되어 있다. 하나님은 여전히 궁극적인 주관자이시다. 하나님은 바울(예수와 마찬가지로)로 하여금 고난을 겪도록 허락하시지만, 그럼에도 불구하고 바울의 고난은 복음을 진보시키는 데에 사용된다. 재판관들 앞에 서는 것은 복음을 증언할 기회가 된다(행 9:15). 바울은 심지어 최고 재판정, 즉 로마에서 황제가 주관하는 최고 재판정에 나가기로 되어 있었지만, 사도행전이나 다른 곳에 이 사건에 관한 공식적인 기록은 존재하지 않는다. 그러나 바울이 사람들에 의해서 지지되지 않는다면, 다른 방식들을 통해서라도 신원될 것으로 보아진다. 바울이 로마로 가는 여정에 관한 긴 이야기는 의심할 여지 없이 부분적으로 그 생생한 관심 때문에 기록된 것이기는 하지만, 또한 배가 좌초될 뻔하였다가 구원받은 것과 그 후에 바울이 뱀에 물려 독이 퍼졌지만 죽지 않은 것이 하나님께서 그를 은혜로 돌보고 계신다는 것을 보여주는 징표들이었기 때문에 기록된 것이다(cf. 행 27:24; 28:6). 둘째, 바울이 관청에 끌려가서 재판을 받은 것에 관한 기사들은 그에 대한 고소들에 대하여 답변할 수 있는 기회들을 제공해 주었는데, 그 고소들은 바울이 도처에서 유대 백성과 그들의 율법과 성전을 모독하는 가르침을 베풀고 있다는 것이었다(행 21:28). 그러므로 바울은 그가 어떻게 예수 그리스도의 증인이 되었는지에 관한 자신의 이야기의 서로 다른 측면들을 반복해서 상세하게 이야기한다.

첫 번째 심문 장면(행 22:1-21)에서의 이야기는 하나님 또는 그리스도께서 바울을 박해자로부터 증인으로 부르실 때에 무엇을 행하시고 말씀하셨는지, 어떻게 그가 예루살렘을 떠나서 이방인들에게로 가라는 말씀을 구체적으로 들었는지에 관한 이야기이다. 무리들로 하여금 바울의 말을 중간에 끊도록 만든 것은 바울의 입에서 이방인들이라는 말이 나왔기 때문이었다. 무리들은 바울이 유대인으로서 종교적인 열심과 그의 회심에 있어서 존경받는 유대인이었던 아나니아의 역할에 관한 이야기를 할 때에는 적어도 참을 수 있었지만, 그런 후에 이방인들이라는 말이 나오자 반이방인 정서의 물결이 분출되었다.

바울은 산헤드린 앞에서 두 번째로 공적인 설교를 할 때(행 23장)에 자기가 전통적인 유대인으로서의 이력을 걸어 왔다는 것을 내세우며, 그의 신앙은 부활에 대한 소망을 믿고 있다는 점에서도 유대교의 신앙, 좀 더 구체적으로 말해서 바리새파의 신앙이라는 것을 강조한다. 이 점에 있어서 바리새파는 부활의 가능성을 부정하였던 사두개파와 상당히 달랐다. 또한 기독교 신앙과 유대교의 한 분파의 신앙의 연속성이 주장된다.

세 번째 설교 속에서 바울은 그의 삶의 방식이 율법의 준수와 사랑의 행위들(구제)이라는 측면에서 유대교의 경건과 맥을 같이하고 있었다는 것을 강조하고, 다시 한 번 부활에 대한 소망을 단언한다(행 24:10−21; cf. 행 23:6).

끝으로 사도행전 26장에서 바울은 로마 총독 벨릭스와 유대 왕 아그립바 앞에 선다. 여기서 다시 한 번 기독교의 메시지는 유대인들의 소망의 성취라는 것이 주장된다. 사실 바울은 한때 기독교를 배척하였고 박해하였지만, 부활하신 예수를 개인적으로 체험하고 나서, 그를 주로 인정하게 되었다. 부활하신 주님으로부터 바울은 증인이 되도록 위임을 받았고, 그가 유대인 대적자들로부터 보호를 받게 될 것이고 이방인들에게 증인으로 보내심을 받아서 그들을 회개시키고 하나님께로 돌아오게 하여서 하나님의 백성의 지체들이 되게 할 것이라는 약속을 받았다.

그러므로 이 모든 과정 전체에 걸쳐서 바울은 자기가 유대교 및 유대적인 생활방식에 충실하다는 것을 항변하지만, 그의 소명은 이방인들과 유대인들에게 예수를 증언하는 것이라고 역설한다. 현재의 맥락 속에서 이러한 회개한 이방인들도 율법을 지키고 그 율법을 따라서 살아야 할 필요가 있느냐라는 문제는 제기되지 않는다. 강조점은 그리스도인이 된다는 것은 유대인 신자들이 율법을 버려야 하는 것을 수반하지 않는다는 것에 두어져 있다.[17]

기독교가 유대인의 생활방식과 양립될 수 있다는 바울의 역설에도 불구하

---

17) 이것은 베드로가 그 어떤 음식도 부정하지 않고(함축적으로) 그 어떤 사람도 부정하지 않다는 것을 알게 되었다고 말하고 있는 사도행전의 기사와 충돌하는 것인가? 실제로 유대인 신자들에게 있어서 율법에 대한 어느 정도의 해이 현상이 존재하였던 것으로 보인다.

고, 바울은 여전히 공격 대상이 된다. 그러나 이것은 바울이 로마인들의 눈으로 볼 때에 범죄가 될 만한 어떤 잘못을 과연 저질렀는지에 관한 문제로 귀결된다. 로마인들은 바울이 공공질서의 파괴에 연루되어 있었기 때문에 이 문제에 개입하게 된다. 처음에 바울은 공공 질서의 파괴에 대하여 책임이 있는 것으로 보이지만(특히, 여기에서 주장된 대로, 그가 이방인들을 성전의 금지 구역 안으로 데려 왔다면), 그 후에 바울은 군중 폭력의 대상으로 드러나고, 문제는 그가 로마의 법률 아래에서 범죄가 될 만한 어떤 잘못을 범하였느냐 하는 것이 된다. 그 대답은 변호사 더둘로에 의해서 주어지는데, 그는 바울이 성전을 더럽히고자 했던 나사렛당에 속한 불온분자라고 고소한다. 바울의 대답은 후자의 고소에 대한 증거가 없다는 것(이 고소는 시야에서 사라진다)과 그가 유대교 내에서 분파적인 신앙을 지니고 있다는 것을 인정하는 것이었다. 이후의 심문의 결과는 바울이 로마의 사법체계 내에서 아무런 잘못도 하지 않았고, 따라서 석방되어야 한다는 것을 강조하는 것이다. 그러나 바울은 미결수로서 여전히 구금되어 있고, 결국 그는 그의 사건을 유대인 법정에 맡기지 않고 가이사에게 상소를 한다. 여기에서 신학적인 요지는 로마 관리들이 바울을 공정하게 다루지 않았을지라도 바울의 신앙은 로마법 아래에서 범죄가 될 수 없다는 것이다.

바울에 대한 유대인들의 반대는 사도행전의 끝까지 계속 이어진다. 바울이 로마에 도착했을 때, 두 가지 일이 놀랍게도 물 밑에서 진행되고 있었다. 첫 번째는 로마 주변에 있던 기존의 그리스도인 신자들에 대한 바울의 관계이다. 그들은 로마 인근에 있었지만(행 28:14-15), 우리는 바울이 로마에 있던 신자들을 만났다는 것에 대해서 아무런 말도 듣지 못한다. 두 번째는 재판의 결과이다. 사도행전의 한 가지 읽기에 의하면, 누가는 이미 바울이 로마에서 순교를 당했다는 것을 보여주는 충분한 암시들을 해 왔기 때문에, 그러한 사실을 명시적으로 언급할 필요가 없었다고 한다(행 20:23-24, 38; cf. 행 21:10-14). 또 다른 읽기에 의하면, 재판의 결과는 성공적이었고, 바울은 석방되었다. 누가에게 있어서 이러한 것은 중요한 문제가 아니었다. 사도행전은 바울이 계속해서 복음을 선포하는 장면으로 끝이 나는데, 이것에 대해서는 유대 성경에 증언이 되어 있다: 어떤 유대인들은 믿었고, 어떤 유대인들은 그 메시지를 거부하였다. 후자의 경우에 이사야 6:9-10의 예언이 성취되었다. 따라서 바울은 이전의 경우들에서와 마찬가지로 복음을 더 잘 받아들일 것을 소망하고서 이방인들에게로 향한다.

이것은 유대인들에 대한 선교가 더 이상 계속되지 않는다는 것을 의미하는 것인가? 이 점은 논란이 되고 있지만, 회개하고서 복음을 믿고자 하는 유대인들에게는 그 누구에게라도 하나님의 구원이 여전히 열려져 있다는 것이 옳은 말일 것이다.

사도행전에 나오는 신학적 주제들

하나님과 그의 목적. 우리는 이미 사도행전에서 하나님이 행위의 주도자로서 중심적인 위치를 차지한다는 것을 살펴보았는데, 하나님은 특히 그리스도와 관련해서 성경에 장차 일어날 일들을 대체적으로 미리 말씀하신 후에, 하늘과 인간의 여러 다양한 대리자들을 통해서 그러한 일들을 세부적으로 수행해 나가신다.[18] 일부 학자들은 이러한 것을 이 이야기의 줄거리가 거의 절대적인 운명에 의해서 미리 결정되어 있다는 것을 의미하고, 신약성서의 그 어떤 기자보다도 사도행전은 그 정도가 더 심하다고 주장한다. 당위성("그 일은 일어나야 한다")의 요소는 이 복음서와 사도행전에 나오는 이야기에 드러워져 있지만, 사도행전에서 더욱 두드러지게 나타난다는 것이다.

하지만 우리가 이미 살펴보았듯이, 이러한 요소가 일관되게 나타나는 것은 아니다. 우리는 하나님께서 장차 일어날 일들을 주관하신다는 결정론과 하나님께서 사람들에게 어떤 일을 하라고 말씀하시고 나서 그들이 일을 수행할 때에 그 길을 인도하신다는 하나님의 인도하심을 분명하게 구별할 필요가 있다. 또한 우리는 넓게 보아서 세부적인 행위들에 대한 결정론과 장차 일어날 일들에 관한 일반적인 예고들을 구별할 수 있다. 사도행전에 의하면, 사람들이 그들 자신의 주도 아래에서 일들을 행하는 때가 있고, 그들이 거의

---

18) 특히, John Squires, "The Plan of God", in *Witness to the Cospel: The Theology of Acts*, ed. I. Howard Marshall and David Peterson (Grand Rapids, Mich.: Eerdmans; Carlisle: Paternoster, 1998), pp. 19-39를 보라.

강제에 가까운 하나님의 인도하심 아래에서 행하는 때가 있으며(행 20:22),[19] 물론 그들이 전혀 통제할 수 없는 일들이 그들에게 일어나는 경우도 있다(바다의 폭풍과 같이). 이러한 여러 가지 경우들이 혼합되어 있다는 것은 세부적인 행위의 경과(經過)가 미리 결정되어 있다는 것이 누가의 의도가 아니라는 것을 보여준다.

예수를 반대하여 그를 해치고자 하였던 당국자들이 "하나님의 권능과 뜻대로 이루려고 예정하신 그것"(행 4:28)을 행하였다는 것은 분명히 사실이다 — 물론, 그들이 그렇게 함으로써 악한 일들을 자행한 것이기는 하지만(행 2:23). 그러나 이것은 모든 악한 행위들이 하나님에 의해서 사전에 계획되었다거나 하나님에 의해서 주도되었다는 것을 의미하지는 않는다. 두 경우에 있어서 복음에 대한 사람들의 긍정적인 반응은 하나님에 의해서 미리 결정되어 있었던 것으로 볼 수 있지만(행 13:48; 16:14; cf. 눅 24:45), 하나님의 부르심에 대한 불순종의 가능성도 바울에 의해서 제기되고 있고(행 26:19-20),[20] 몇몇 경우들에 있어서는 복음에 대한 사람들의 반응이 오로지 그들 자신의 결정이었다는 것을 보여준다(예를 들면, 행 2:37).

그러므로 이 모티프는 절대적인 결정론을 주장할 정도로 그렇게 일관되게 발전되고 있지 않지만, 하나님의 계획과 목적이 수행되고 있다는 인상은 여전히 지배적이다. 하나님의 목적은 반대와 고난이 닥쳐오더라도 결국 이루어진다는 사실은 독자들을 격려하는 역할을 한다.

성경에 따라서. 하나님의 계획은 특히 성경 속에 미리 말씀되어 있다. 신약성서의 모든 기자들 중에서 교회가 세워지고 선교가 이루어질 것을 예언의 대상으로 삼고 이 사건이 하나님의 계획 속에서 메시야의 오심과 밀접하게 연결되어 있다는 사실에 대해서 가장 공들여서 서술하고 있는 사람은 누가일 것이다. 바로 그것이 누가가 복음서와 사도행전을 쓴 이유이다. 사도행

---

19) 하지만 사도행전 16:6-7은 하나님께서 그들에게 어떤 것을 하지 말라고 말씀하셨고, 그들이 거기에 순종하였다는 것을 의미할 뿐인 것 같다.

20) 이것은 분명히 비유의 말(litotes)이지만, 적어도 누가에 의하면, 바울이 하나님께서 그를 하나님의 "택한 그릇"(행 9:15)으로 지명한 것에 대하여 거부할 수 있었느냐에 관한 문제를 불러일으킨다.

전에서는 특히 서사적인 틀이 아니라 여러 등장인물들의 설교에서 성경이 상당히 많이 사용된다. 물론, 인용된 성경의 중요한 부분은 메시야가 어떤 인물이고 어떤 일을 하게 되어 있는지를 성경을 근거로 나타내 보이고, 그런 후에 오직 예수만이 메시야 및 그 사명에 관한 성경의 묘사와 부합한다는 것을 논증하기 위해서 변증적인 방식으로 사용된다(행 17:2-3, 11). 그러나 유대인들과 이방인들로 구성된 교회의 창설이 성경에서 예언된 것으로 볼 수 있다는 것도 누가에게는 특별히 중요하였다(행 13:47; 15:16-18). 교회의 형성을 개시시킨 성령 강림은 주의 이름을 부르는 자들이 구원을 받게 될 것이라고 말하고 있는 성경 본문 속에 분명하게 예언되어 있다(행 2:17-21).[21]

구원사. 하나님의 계획과 그 계획이 성경에 미리 예언되어 있다는 것, 이 두 가지 요소로 인해서 누가는 "구원사"를 상정한다. 이 어구는 여러 가지 다양한 뉘앙스를 전달해 주는 것으로 이해될 수 있다. 오스카 쿨만(Oscar Cullmann)에 의해서 사용된 "구원사"라는 개념은 하나님의 구원이 역사 속에서의 그의 행위들, 즉 이스라엘 백성을 애굽에서의 종살이로부터 해방시킨 것, 그리고 나중에 바벨론에서의 종살이로부터 해방시킨 것, 특히 무엇보다도 예수의 오심과 죽음과 부활 같은 하나님의 행위들로 이해될 수 있는 사건들로부터 나온다는 것을 강조한다. 역사 속에서의 하나님의 권능의 역사(役事)들에 대한 이러한 강조는 사람들이 하나님의 행위와 관련된 그 어떤 것과 상관없이 듣는 자들에 의한 실존적인 결단을 낳는 복음 전도 행위를 통해서 본질적으로 구원을 받으며, 구원은 오로지 그리스도를 전파하는 말씀

---

21) 세부적으로 좀 더 자세한 내용으로는 Darrell L. Bock, "Scripture and the Realization of God's Promises", in *Witness to the Gospel: The Theology of Acts*, ed. I. Howard Marshall and David Peterson (Grand Rapids, Mich.: Eerdmans; Carlisle: Paternoster, 1998), pp. 41-62. 또한 Darrell L. Bock, *Proclamation from Prophecy and Pattern: Lukan Old Testament Christology* (Sheffield: Sheffield Academic Press, 1987); Mark L. Strauss, *The Davidic Messiah in Luke-Acts: The Promise and Its Fulfillment in Luke's Christology* (Sheffield: Sheffield Academic Press, 1995); 신약성서에서의 구약성서의 사용에 관하여 Baker 출판사에서 앞으로 나올 책(ed. Gregory K. Beale and D. A. Carson)에 실린 나의 기고를 보라.

에 의해서만 가능한 것으로서 인간의 결단에 의한 것이라는 주장과 대비가 된다.[22]

이와 동시에, 구원사라는 어구는 구약성서에서 말해진 이야기 전체에 미치는 하나님의 지속적인 활동을 상정하기 때문에, 예수의 오심은 미리 맛봄과 미리 말함의 방식을 통해서 예전에 일어났던 수많은 일들에 대한 적절한 절정이 된다. 이렇게 성경은 교회의 유산이 되고, 교회의 뿌리는 자기를 위하여 한 백성을 일으키신 하나님의 과거의 활동 속에 굳건하게 내려져 있다. 이러한 태도는 구약성서를 기독교의 성경으로부터 배제하고자 한 그 어떤 종류의 신학적 마르키온주의도 배제한다.[23]

그러나 여기에는 하나님의 활동이 장래에까지 이어져서 기독교 선교의 이후의 역사 속에서 계속된다는 의미도 함축되어 있는데, 누가는 이 역사의 첫 번째 단계만을 보도하였다.

우리가 앞서 지적했듯이, 누가가 "재림의 지연"에 대한 반응으로서 이러한 이해를 발전시켰다는 주장이 제기되어 왔다. 가장 초기의 그리스도인들은 그리스도의 오심을 종말의 시작으로 여겼고, 인자(예수와 동일시된)의 오심과 새 시대의 거의 즉각적인 도래를 기대하였다. 그들에게 예수의 오심은 실질적으로 역사의 끝을 의미하였다. 그러나 시간이 흘러도, 그들이 기대했던 절정은 현실화되지 않았다. 교회는 그리스도 사건을 분수령으로 한 두 시대 (two ages)에 관한 자신의 신학을 개정할 필요가 있었고, 우리가 누가의 저작 속에서 보는 것은 구원사가 저 멀리 있는 재림의 때까지 지속된다고 보는 해석이다. 교회와 그 선교의 때는 그리스도의 오심과 종말 사이에 비어 있는 간격을 채우고 있고, 성령의 현존과 그 활동은 신학적으로 재림에 대한 일종의 대체물로서의 기능을 한다. 이렇게 성령의 오심은 재림의 지연에 의해서 초래된 실망에 대한 누가의 해법이었고, 이제 저 먼 미래로 밀려난 재림은

---

22) 제5장 각주 20에서 Rudolf Bultmann과 Oscar Cullmann의 서로 상반된 입장들에 관하여 논의한 내용을 보라.

23) 마르키온(Marcion)이 모든 복음서들 중에서 누가복음을 가장 선호했다는 것은 아이러니컬하다 – 물론, 누가복음에 상당한 정도의 수술을 가하여 많은 부분들을 빼버리기는 했지만.

기독교 신학에서 지배적인 요소로서의 중요한 역할을 잃게 되었다.

우리는 이러한 해석이 여러 가지 점에서 취약하다는 것을 이미 살펴본 바 있다. 우리가 앞서 제시한 비판들 위에 이제 초대 교회가 재림에 대한 기대에 의해서 지배되어 있었는지가 매우 의심스럽다는 사실이 더해져야 한다. 여기에서 누가의 후대의 신학으로 돌려지고 있는 그런 종류의 견해는 사실 교회의 아주 초기 단계부터 존재했을 가능성이 훨씬 더 높다. 분명히 새 시대의 현존의 결정적인 증거로서의 성령 체험은 아주 초기까지 거슬러 올라간다. 우리는 역사를 두 시대, 즉 한편으로는 이스라엘의 시대(부분적인 실현과 약속을 특징으로 하는), 다른 한편으로는 그리스도 및 교회의 시대(성취와 지속적인 약속을 특징으로 하는)라는 관점에서 이해하여야 한다. 분명히 예수의 부활과 오순절 사건 이전의 때와 이후의 때 간에는 차이가 있지만, 그러한 것들은 성취의 시기에 속한 두 개의 단계들이다. 나아가, 재림이 무기한으로 연기되었기 때문에, 누가에게 있어서 재림이 초기 그리스도인들에게 그 중요성을 상실했다는 주장은 전혀 사실이 아니다. 끝으로, 존 놀랜드(John Nolland)는 우리에게 구원사를 서로 날카롭게 구별되는 세 시기로 이해하는 것에 대하여 경고한 바 있다. 이 세 시기는 서로 날카롭게 구별되는 것이 아니고, 거기에는 반복들과 점진적인 발전이 존재한다.[24]

그리스도 사건. 이 폭 넓은 성취의 시기 내에는 세 가지 중요한 사건, 즉 그리스도 사건,[25] 성령 강림, 교회의 선교라는 사건들이 존재한다.

첫째, 누가가 독특하게 "주/하나님의 메시야"라고 부르는 분이 오신 사건이 있다(눅 2:26; 9:20; 행 4:26; 이 어구는 좀 더 친숙한 "주의 종"이라는 어구와 병행된다, 행 3:13, 26; 4:27, 30). 사도행전에서 예수에 대한 누가의 이해는 이 장의 앞 부분에서 이미 언급된 바 있다. 사도행전에 있어서 예수의 부

---

24) John Nolland, "Salvation-History and Eschatology", in *Witness to the Gospel: The Theology of Acts*, ed. I. Howard Marshall and David Peterson (Grand Rapids/Mich.: Eerdmans; Carlisle: Paternoster, 1998), pp. 70-76.

25) 나는 이러한 비인격적인 어구를 사용하게 된 것을 유감으로 생각하지만, 그리스도께서 오심과 그가 행하신 활동을 포괄하기 위하여 그리스도와 그가 행하신 것에 관한 총체를 표현할 수 있는 어떤 용어가 필요하였다.

활, 승천, 영화는 특별한 중요성을 지닌다. 복음서 기자들 중에서 오직 누가만이 승천을 부활과는 별개의 사건으로 서술함으로써 이 두 사건을 모두 중요하게 보고 있다. 부활 사건이 중요한 것은 그것이 예수의 경우에 있어서 사망에 대한 하나님의 승리를 확정짓고, 그리스도인들이 바리새인들과 공유하였던 부활에 대한 소망을 위한 확고한 토대를 제공해 주기 때문이다. 승천이 중요한 것은 그것이 주와 메시야로서의 예수의 지위를 확정해 주기 때문이다(2:33-36). 누가에게 있어서 메시야는 하나님 나라에 있어서의 권세 있는 통치자이다. 그러한 인물에게 "주"라는 칭호는 어찌되었든 적절하지만, 사도행전에서 "주"를 예수와 하나님을 가리키는 데에 번갈아 사용하고 있다는 것과, 예수와 관련해서 "하나님과 관련된 표현"("이름"과 같은)을 사용하고 있다는 것은 기능에 있어서 예수와 하나님을 어느 정도 동등시하는 것을 확증해 주는 역할을 하고, 이것은 예수가 하나님의 아들로 인정되고 있다는 사실과도 연결되어 있다(행 9:20; 13:33).

일부 학자들은 사도행전이 예수를 승천에 의해서 처음으로 그러한 지위로 높아진 것으로 보고 있다고 주장한다. 이것은 부활 이전과 이후의 예수의 신분의 차이가 존재한다고 보는 "양자론" 또는 두 단계 기독론의 한 예이다.[26] 이러한 이해는 아기 예수가 그의 출생 때부터 하나님의 아들로 인정되고 있고(눅 1:32) 이 복음서 전체에 걸쳐서 하나님의 아들로 인정되고 있다는 것과 누가가 복음서에서 이 이야기를 들려줄 때에 예수를 "주"라고 지칭할 수 있었다는 것에 의해서 반박된다.[27] 이렇게 누가는 지상적인 예수가 겸손하게 종의 형체로 나타나신 주님이었지만 사람들에 의해서 주로 인정받지 못했다

---

26) 사도행전 3:20은 예수께서 재림하실 때까지는 메시야로 즉위하지 않으실 것이라는 것을 의미할 수 있다는 주장이 제기되어 왔다; 왜냐하면, 지금 예수는 메시야 후보자이기 때문이다. 하지만 이와 같은 가능성이 없는 해석은 누가 이전의 자료 속에서나 가능할 뿐이다. 왜냐하면, 사도행전 3:18에서 고난의 주체는 그리스도이기 때문이다.

27) 누가복음 7:13, 19: 10:41 등. 이 복음서에 나오는 인간 등장인물들은 누가복음 1:43, 76; 19:34를 제외하고는 예수께서 살아 계시는 동안에 예수를 "주"라고 부르지 않는다 – 물론, 그들은 단순한 존칭으로서가 아니라 좀 더 깊은 뉘앙스를 지닐 수 있는 방식으로 예수를 "주"라고 부르기는 하지만.

는 전형적인 낮아지심과 높아지심의 기독론(humiliation/exaltation christology)을 공유하고 있는 것으로 보인다. 그러나 우리는 그것을 증명하기 위해서 복음서를 근거로 제시할 필요가 없다. 예수의 부활은 단순히 선한 사람을 다시 살리고자 한 하나님의 결단의 결과가 아니다. 예수는 사망 권세가 건드릴 수 없었던 거룩한 자였다(cf. 행 2:24). 베드로가 예수를 단순히 "사람"(행 2:22)이라고 지칭할 때에 그는 예수께서 이 땅에 사시는 동안의 모습을 표현한 것이다(행 5:28). 최후의 심판이 하나님 또는 천상의 어떤 존재에 의해서가 아니라 하나님께서 지명하셨고 죽은 자 가운데서 다시 살리심으로써 친히 구별하신 바로 그 사람을 통해서 일어나게 되리라는 사실은 중요한 의미를 지니고 있음에 틀림없다(행 17:31).

사도행전 내에서 예수의 삶에 관한 짤막한 묘사들은 하나님께서 예수를 통해서 구원 사역을 행하셨다는 것과 예수가 그를 죽인 자들에 의해서 인정을 받지 못하고 반대를 받았다는 것을 보여주는 역할을 한다. 사람들의 이러한 반대는 하나님께서 예수를 죽은 자 가운데서 다시 살리심으로써 좌절되었고, 어쨌든 사람들의 이러한 반대는 하나님의 계획 속에서 허락된 것이었다. 그러나 하나님께서 왜 그러한 것을 허락하셨고, 그것은 어떠한 목적에 기여하는 것이었는지에 대한 설명은 사도들의 설교 속에 이상할 정도로 나오지 않는다. 분명히 사도행전 20:28에는 하나님은 교회를 "사셨고," "피"로써 자신의 특별한 소유로 삼으셨다는 말씀이 나오는데(우리가 이 어구를 어떻게 이해하든지 간에), 여기에서 피는 예수의 피, 그러니까 예수의 죽음을 가리킬 수밖에 없다. 이것은 누가복음 22:19-20에서 예수의 몸과 피에 대한 언급을 그대로 보존한 것과 서로 연결되어 있다.[28] 누가에게 있어서 예수의 부활과 승천은 회개와 죄 사함을 베푸는 구원의 창시자로서의 그의 지위를 견고하게 확립해 주는 역할을 한다(행 5:30-31).

따라서 여기에 함축되어 있는 인간의 상황은 죄악됨(sinfulness)과 죄책(guilt)의 상황이다. 유대 당국자들의 경우에 이것은 그들이 예수를 배척한 것

---

28) 몇몇 권위 있는 사본들에서 누가복음 22:19b-20을 생략하고 있는 것에 대해서는 제5장 각주18을 보라.

속에 집약되어 있고, 이것이 함축하고 있는 의미는 백성들도 그들의 지도자들에 의해서 예수에게 행해진 것을 적극적으로 반박하고 그를 메시야와 주로 받아들이지 않는다면 이러한 죄책을 공유할 수밖에 없다는 것이다. 이방인들의 경우에 그들은 하나님을 모른 채로 살아 왔기 때문에, 그들의 구원은 하나님께로 돌이켜서 그들의 우상숭배를 회개하는 데에 있다. 이방인들에게 잘못된 것은 단지 무지했다는 것이기 때문에, 그들은 "구원받는" 것이 아니라 "도움을 받는" 것이 필요하다는 주장이 있어 왔지만, 그러한 해석은 사도행전에 나오는 이방인들의 죄에 관한 암울한 묘사에 비추어서 살아남을 수 없다.[29]

구원과 성령. 이렇게 구원의 주요한 축복은 죄 사함, 또는 바울의 표현을 빌리면 칭의(행 13:38-39), 그리고 그것의 적극적인 측면인 영생(행 13:46)이다. 다른 식으로 표현해 보자면, 사람들은 어둠으로부터 건져져서 빛으로 나온 것이다(행 26:18). 하나님 나라에 들어간다는 것에 대한 언급들 속에는 예수의 특징적인 표현들이 그대로 유지되고 있다. 죄를 사하는 것은 이제 하나님의 권세 속에 놓여져 있고, 이러한 권세는 예수와 공유되어 왔다. 하나님은 그의 대리자를 통해서 일하신다. 그러나 우리가 앞서 지적했듯이, 사도행전은 이 일과 관련해서 예수의 죽음이 차지하는 위치에 대하여 거의 침묵하고 있다 — 물론, 우리는 다른 신약성서의 책들로부터, 특히 서신들 속에 드문드문 박혀 있는 초기 전승들로부터 "그리스도께서 우리의 죄를 위하여 죽으셨다"는 것을 알고 있지만.

죄 사함과 아울러서 성령을 받는 것도 구원 체험의 필수적인 구성 요소이다(행 2:38). 두 번의 경우, 즉 기독교의 세례를 받았던 사마리아의 신자들과 요한의 세례만을 받았던 에베소의 제자들의 경우에 있어서 성령을 받지 못한 것은 교정되어야 할 상황으로 취급된다(행 8:14-17; 19:1-7). 또 한번의

---

29) Christoph Stenschke, "The Need for Salvation", in *Witness to the Gospel: The Theology of Acts,* cd. I. Howard Marshall and David Peterson (Grand Rapids, Mich.: Eerdmans; Carlisle: Paternoster, 1998), pp. 125-44를 보라.

30) 사람들을 선교를 위하여 파송할 때에도 안수가 행해졌다(행 13:3).

31) Cf. Turner, *Power from on High,* p. 359.

경우에 있어서는 기독교의 세례를 받기 전에 성령이 먼저 주어졌다(행 10:44-48). 앞서의 두 경우에서는 회심한 자들에게 안수가 행해졌지만, 다른 곳에서는 회심한 자들과 관련하여 안수가 행해졌다는 언급이 없다.[30]

오순절주의자들과 은사주의자들은 서로 상반되는 증거들을 사용해서, 누가에게 있어서 성령의 수여는 회심과 죄 사함 이후의 체험으로서 구원의 한 측면이라기보다는 신자들을 기독교적인 섬김을 위하여 무장시킨 것이라고 주장한다. 하지만 오순절 날에 회심한 자들이 그 자리에서 성령을 받았다는 것이 명시적으로 언급되어 있지는 않지만, 그것은 사도행전 2:38로부터 자연스럽게 추론될 수 있다.[31]

물론, 사도행전에서 성령은 일차적으로 기독교의 선교와 말씀 선포를 위한 인도하심 및 권능의 수여와 연관되어 있다는 것은 의심의 여지가 없다. 바울이 성령의 능력이 복음 전도자들의 말씀을 청중들의 가슴 속에 효력이 있게 만든다고 말하고 있는 것과 마찬가지로(살전 1:5; 고전 2:4), 개별 신자들은 그리스도의 이름으로 말씀을 전파하고자 할 때에 성령으로 충만하게 된다. 또한 이미 성령으로 충만한 어떤 사람이 또 한 번의 충만을 받는데도 거기에서 그 어떤 긴장 관계도 느껴지지 않는다(행 6:5; 7:55).

회심 이후의 이러한 성령 충만들에도 불구하고, 누가가 보기에 모든 신자들은 회심 때에 성령을 받는 것이 정상적인 것이었고, 그런 일이 일어나지 않았을 때에 그것이 비정상적인 것으로 여겨졌다는 것은 거의 의심의 여지가 없다. 또한 초기 그리스도인들은 방언이나 예언, 또는 단순히 기쁨을 비롯해서 성령의 임재를 보여주는 것으로 이해된 현상들을 체험하였던 것으로 보인다(행 13:52). 성령의 이러한 나타남들은 항상 진정한 것은 아니었던 것 같다. 우리는 바울와 요한의 말을 통해서 성령의 감동을 받은 것이라고 주장된 모든 메시지가 반드시 그런 것은 아니며, 성령의 예언들은 시험할 필요가 있고, 이것은 성령의 다른 체험들에도 적용된다는 것을 알고 있다. 성령의 수여는 구원에 관한 약속의 일부였기 때문에(행 2:38), 구원에 대한 확신을 낳는 역할을 하였다. 사도행전에서 누가는 그리스도인의 성장에 있어서 성령의 효과들에 관하여는 거의 완전히 침묵하고 있지만 — 로마서 8:1-17이 보여주는 그러한 분위기는 전혀 없다 — 성령을 기쁨과 결부시킨다(행

13:52).

교회, 유대인, 이방인. 구원 체험은 교회 속으로 들어오는 것과 연결되어 있다. 사도행전에서 근본적인 신학적 문제는 이스라엘과 이방인들에 대한 교회의 관계에 관한 것이다. 누가는 의미심장하게도 그리스도인 신자들을 "제자들"이라고 지칭함으로써, 부활 사건 이전의 예수의 제자들과 그 이후의 신자들 간에 기본적인 연속성이 존재한다는 것을 보여준다. 또한 누가는 유대인들과 개종자들로 이루어진 이스라엘이라 불리는 실체가 존재한다는 것을 분명하게 보여준다. 그들에게 하나님은 메시야를 보내셨고, 구원은 이 메시야를 영접하는 데에 있다. 메시야를 영접하지 않는 것은 이스라엘로부터의 배교에 해당한다. 이와 동시에, 이방인들은 메시야에 대한 믿음을 통해서 하나님의 백성의 지체들이 되고, 이렇게 해서 하나님의 백성이 할례받은 유대인들과 할례받지 않은 이방인들로 구성되는 새로운 상황이 생겨난다. 초대 교회는 어휘상으로나 실천적으로 이러한 상황과 씨름하는 것이 쉽지 않다는 것을 발견하였다. "새 이스라엘"로서의 교회를 지칭하기 위하여 이스라엘이라는 용어를 사용한 것은 오직 점진적으로만 발전하였고, 대체적인 경향은 유대 백성을 가리키는 용어로 이스라엘을 사용하는 것이었다(행 2:22; 4:10; 5:21). 또한 뉘앙스상의 문제일 수도 있지만, 이방인들이 기존의 하나님의 백성에게로 들어오는 것이 허락된 것인지, 아니면 믿는 유대인들과 이방인들이 옛 하나님의 백성과 연속선상에 있는 하나님의 새로운 백성을 형성한 것인지에 관한 문제도 있었다.[32]

우리는 누가에게 있어서 믿는 유대인들은 서원을 하는 것과 희생제물을 드리는 것을 비롯해서 할례와 그 밖의 다른 문제들에 있어서 모세 율법을 계속해서 따르게 되어 있었다는 것을 이미 살펴본 바 있다. 바울이 유대인들에게 비유대적인 생활 방식을 주장하였다는 그 어떤 견해도 반박된다(행

---

32) 전자의 입장은 특히 Jacob Jervell, *The Theology of the Acts of the Apostles* (Cambridge: Cambridge University Press, 1996)의 저작과 연결되어 있다. 그것과 후자 간의 차이는 그리 크지 않은 것 같다. 그럼에도 불구하고, 유대인과 이방인 신자들에게 있어서 율법의 지속적인 역할에 대해서는 중요한 차이들이 생겨난다.

21:24). 이와 동시에, 음식 문제와 이방인들과의 교제에 관한 한 유대인들의 태도가 누그러졌던 것으로 보인다. 이방인들은 적어도 몇몇 분야들에 있어서 유대인 신자들이 그들과 교제를 갖는 것을 좀 더 수월하게 해주기 위해서 몇 가지 양보할 것들이 있었다. 우리가 앞에서 보았듯이, 이러한 문제들에 있어서 누가는 어느 정도 실용주의자였기 때문에 정해진 원칙들을 제시하지 않는다는 주장이 종종 제시되었다.[33] 누가는 교회가 실제적인 문제들과 씨름하면서 서로 다른 지역들에서 서로 다른 속도로 어느 정도 실용적인 방향으로 움직여가고 있는 것을 서술한 것이었기 때문에, 우리가 그러한 모습에 대한 누가의 서술이 전적으로 일관되고 아무런 긴장 관계도 없는 것을 바랄 수는 없다는 것이 더 진실에 가까운 것으로 보인다.

지도자들과 선교사들. 누가의 신학은 그 관심에 있어서 선별적이다. 그는 교회의 구조에 대하여 지나친 관심을 갖지 않는다. 그렇지만 그의 눈에 중요했던 것은 초대 교회가 열두 명의 사도를 완전히 갖추고 있었다는 것이다. 열두 사도는 이스라엘에 대하여 메시야를 증언하는 것을 기본적인 사명으로 하는 상징적인 인물들인 것으로 보인다. 사도행전 1:6을 제외한다면 그들이 이스라엘을 다스린다는 문제(눅 22:30)는 다시 제기되고 있지 않고, 그들의 역할은 증인의 역할이다. 사도행전 15장 이후에 그들은 이야기로부터 사라지게 된다. 이것은 관심이 이방인 선교와 거기에서 가장 중요한 선교사였던 바울에게로 옮겨갔기 때문이다. 바울과 바나바는 사도행전 14:4, 14에서 "사도들"로 지칭되는데, 특히 후자의 절에서 이 칭호의 사용은 상당히 의도적인 것으로 보인다. 이 대목은 누가가 이것이 바울이 선호했던 호칭이었다는 것을 알고 있었다는 것을 보여주는 유일한 단서이고, 다른 곳에서 누가는 오직 열두 사도에 대해서만 이 호칭을 사용한다. 누가는 부활 사건 이전의 시기와의 연속성을 교회 속에서 확보하는 존재들로서의 열두 사도의 역할에 집중하고 있는 것 같다. 누가는 예루살렘 교회의 리더십이 열두 사도와 사도행전 11:30에서 아무런 설명도 없이 갑자기 등장하는 "장로들"이라 불린 무리의

---

33) 특히, Stephen G. Wilson, *The Gentiles and the Gentile Mission in Luke-Acts* (Cambridge: Cambridge University Press, 1973)을 보라.

수중에 있었다는 것을 아주 분명하게 보여준다. 그러나 누가가 사도라는 용어를 선교 활동에 참여한 다른 그리스도인들에게로 확장해서 사용하는 것을 인정하지 않았다고 볼 이유는 전혀 없다.

우리는 또 한 가지 발전을 염두에 두어야 한다. 처음부터 예루살렘의 그리스도인들이 그들 자신을 다른 그리스도인들의 무리에 대하여 모종의 치리권 또는 권한을 지닌 "모교회"로 생각한 것은 자연스러운 일이었다. 그러나 점점 교회가 확장되면서, 그들 스스로를 자기 교회를 세운 선교사와 더 관련이 있는 것으로 보거나 다른 그리스도인 회중들과 교제 관계에 있는 독립적인 공동체로 보고자 한 회중들이 생겨났을 것이다. 분명히 바울은 그가 세운 교회들을 예루살렘 교회의 통제 하에 있다고 생각하지 않았다. 이러한 것들은 누가가 구체적으로 제기하고 있지 않은 관계들과 질문들이지만, 그것들은 누가가 묘사하고 해석하고자 시도하였던 장면의 일부를 형성한다.

누가에게 중요했던 것은 그리스도와 구원 사건들에 대한 증인으로서의 사도들의 역할이었다. 오직 사도들만이 실제로 엄밀한 의미에서 증인들로 활동하였고, 나중에 믿은 신자들의 역할은 증인이라기보다는 사도적 증언을 되풀이하는 것이었다는 주장이 제기되어 왔다.[34] 이것은 누가가 이 용어를 사용하고 있는 방식에 관한 올바른 설명일 수도 있지만 다소 현학적으로 들리기 때문에, 우리는 증인이라는 용어가 그리스도를 직접 목격한 자들만이 아니라 구원의 실체를 스스로 경험한 자들에게도 적용되었던 것으로 보아야 할 것이다. 바울은 엄밀히 말해서 누가가 사도의 자격 요건으로 설정한 것들 밖에 있었기 때문에(바울은 예수께서 이 땅에 계시는 동안에 그와 함께 하지 않았었다), 증인이라는 용어는 이미 바울의 경우에 어느 정도 넓은 의미에서 사용되고 있는 것이다(행 22:15).

결론

---

34) Peter Bolt, "Mission and Witness", in *Witness to the Gospel: The Theology of Acts*, ed. I. Howard Marshall and David Peterson (Grand Rapids, Mich.: Eerdmans; Carlisle: Paternoster, 1998), pp. 191-12를 보라.

사도행전에서 누가의 신학의 틀은 당시의 유대교에 의해서 형성되었다는 점에서 공관복음서에 나타난 틀과 동일하다. 이와 동시에, 이 이야기를 좀 더 폭넓은 헬라-로마 세계를 배경으로 전개하고 있는 것은 기독교적인 이해가 당시의 다신교적인 우상숭배와 대비된다는 것을 좀 더 분명하게 부각시킨다. 악한 영적인 세력의 실체가 전제되고 있지만, 우상숭배는 비판된다.

사도행전의 주된 주제는 하나님께서 십자가에 못 박힌 예수를 다시 살리셔서 메시야와 주로 높이셨고, 그를 통해서 죄 사함과 성령이 주의 이름을 부르는 모든 자들에게 수여되었다는 것이다. 이런 식으로 하나님의 백성은 믿는 유대인들과 믿는 이방인들로 형성되어가고 있고, 하나님의 이 새로운 백성은 이스라엘과 연속선상에 있기는 하지만 이제 메시야를 중심으로 재구성되었다. 예수의 제자들은 하나님의 구원을 온 세계에 전파하고자 하는 하나님의 계획을 수행하도록 위임받는다.

이 주제를 좀 더 자세하게 발전시킨다면, 우리는 다음과 같은 중요한 요소들을 지적할 수 있을 것이다.

1. 유대인이든 이방인이든 모든 사람은 구원받기 위해서 주 예수의 이름을 부르도록 요구된다. 이것은 유대인에게도 적용되는데, 만약 그렇지 않은 경우에는 그들은 예수를 죽인 그들의 지도자들과 연대하여 죄를 범한 것으로 간주될 것이다. 또한 이것은 죄인들로 이해된 이방인에게 적용된다.

2. 복음서는 예수께서 행하시고 가르치시기를 시작하였던 것에 관한 것이었다. 사도행전에서 예수는 모든 사람을 구원하고 그들에게 성령을 수여하실 수 있는 능력을 지닌 주로서 계속해서 활동한다. 세례를 받는 것으로 표현되는 회개와 믿음은 이러한 선포에 대한 적절한 응답이다.

3. 예수의 높아지심은 그가 메시야와 주가 되어서, 사람들에게 성령을 부어주는 일을 하나님으로부터 위임받고, 주(主)라는 용어가 하나님 아버지와 예수에게 공동으로 사용될 정도로 하나님과 여러 역할들을 공유하게 되었다는 것을 보여준다.

4. 예수의 지상 사역과의 연속성은 회심한 자들에게 제자들이라는 용어를 계속해서 사용한 것 속에서 보여지지만, 교회라는 의식이 발전하고, 지도자들을 갖춘 회중들이 발전된다. 선교 활동은 일차적으로 열두 사도들의 손에

있지만, 이 집단은 일곱 집사, 바울과 그의 동료들에 의해서 확장되고, 또한 다른 여러 가지 방식으로 확대된다.

5. 선교는 유대인들에게서 시작되었지만, 곧 이방인들에게로 확산된다. 이 방인들은 하나님의 한 백성을 형성하지만, 그들에게는 할례받는 것이 요구되지 않는다.

6. 유대인 신자들은 계속해서 그들 자신의 율법과 관습들을 지켰지만, 이 방인 신자들에게는 그들이 유대인들과 더불어 살아갈 때에 이방인으로서 삼가야 할 것들을 지키는 것 외에는 더 이상의 것은 요구되지 않았다.

7. 구원을 얻음에 있어서 예수의 죽음이 지닌 역할에 대해서는 거의 언급되지 않고, 높아지신 주님으로서의 예수의 권세 있는 지위에 더 많은 강조점이 두어진다.

8. 재림에 관한 소망은 포기되지 않았지만, 사도행전에서 모든 강조점은 현세에 있어서 교회의 선교적 책임에 두어져 있다.

참고문헌

See also the bibliography for Luke.

New Testament Theologies: (English) Conzelmann, pp. 144-49; Goppelt, 2:266-88; Ladd, pp. 311-56; Morris, pp. 144-221; Strecker, pp. 392-417; Zuck, pp. 87-166 (Darrell L. Bock). (German) Petr Pokorny, *Theologie der lukanischen Schriften* (Göttingen: Vanden-hoeck und Ruprecht, 1998); Gnilka, pp. 196-225; Hübner, 3:120-51; Stuhlmacher, 2:174-99.

Anderson, K. L. "The Resurrection of Jesus in Luke-Acts". Doctoral thesis, Brunel University, 2000.

Barrett, C. K. *Acts.* 2 vols. Edinburgh: T & T Clark, 1994, 1998, especially "The Theology of Acts" (2:lxxxii-cx).

Bock, Darrell L. *Proclamation from Prophecy and Pattern: Lukan Old Testament Christology.* Sheffield: Sheffield Academic Press, 1987.

Bruce, F. F. *The Book of the Acts.* 2nd ed. Grand Rapids, Mich.: Eerdmans, 1988.

Buckwalter, H. Douglas. *The Character and Purpose of Luke's Christology.* Cambridge: Cambridge University Press, 1996.

Doble, Peter. *The Paradox of Salvation: Luke's Theology of the Cross.* Cambridge: Cambridge

University Press, 1996.

Franklin, Eric. *Christ the Lord: A Study in the Purpose and Theology of Luke-Acts*. London: SPCK, 1975.

————. *Luke: Interpreter of Paul, Critic of Matthew*. Sheffield: Sheffield Academic Press, 1994.

Jervell, Jacob. *The Theology of the Acts of the Apostles*. Cambridge: Cambridge University Press, 1996.

Kee, Howard C. *Good News to the Ends of the Earth: The Theology of Acts;* London: SCM; Philadelphia: Trinity Press International, 1990.

Maddox, Robert. *The Purpose of Luke-Acts*. Edinburgh: T & T Clark, 1982.

Marshall, I. Howard. *Acts*. Sheffield: Sheffield Academic Press, 1992.

————. "'Early Catholicism' in the New Testament". In *New Dimensions in New Testament Study*. Edited by Richard N. Longenecker and Merrill C. Tenney, pp. 217-31. Grand Rapids, Mich.: Zondervan, 1974.

Marshall, I. Howard, and David Peterson, eds. *Witness to the Gospel: The Theology of Acts*. Grand Rapids, Mich.: Eerdmans; Carlisle: Paternoster, 1998.

Moessner, David P., ed. *Jesus and the Heritage of Israel: Luke's Narrative Claim upon Israel's Legacy*. Harrisburg, Penn.: Trinity Press International, 1999.

Morris, Leon. "Luke and Early Catholicism". *WTJ* 35 (1973): 121-36.

O'Neill, J. C. *The Theology of Acts in Its Historical Setting*. 2nd ed. London: SPCK, 1972.

Penney, John M. *The Missionary Emphasis of Lukan Pneumatology*. Sheffield: Sheffield Academic Press, 1997.

Shelton, James B. *Mighty in Word and Deed: The Role of the Holy Spirit in Luke-Acts*. Peabody, Mass.: Hendrickson, 1991.

Squires, John T. *The Plan of God in Luke-Acts*. Cambridge: Cambridge University Press, 1993.

Stenschke, Christoph W. *Luke's Portrait of Gentiles Prior to Their Coming to Faith*. Tübingen: Mohr Siebeck, 1999.

Strauss, Mark L. *The Davidic Messiah in Luke-Acts: The Promise and Its Fulfillment in Luke's Christology*. Sheffield: Sheffield Academic Press, 1995.

Turner, Max. *The Holy Spirit and Spiritual Gifts Then and Now*. Carlisle: Paternoster, 1996.

————. *Power from on High: The Spirit in Israel's Restoration and Witness in Luke-Acts*. Sheffield: Sheffield Academic Press, 1996.

Wilson, Stephen G. *The Gentiles and the Gentile Mission in Luke-Acts*. Cambridge: Cambridge University Press, 1973.

————. *Luke and the Law*. Cambridge: Cambridge University Press, 1983.

제 7 장

공관복음서와 사도행전의 신학

  우리는 세 개의 공관복음서와 사도행전을 검토하면서, 마태복음이 마가복음에 의존하고 있다는 관점에서 마태의 신학을 분석하였고, 누가복음을 살펴볼 때에도 마가복음 및 마태복음과의 관계 속에서 살펴보았으며, 또한 누가복음과 사도행전의 관계에 대해서도 어느 정도 살펴보았기 때문에, 이러한 책들 간에 비교되는 몇몇 요소들을 피할 수 없었다. 복음서들을 고찰하는 데에는 몇 가지 차원이 존재한다: 복음서 상호 간의 관계, 복음서들과 예수 및 예수 전승의 관계, 복음서들 속에서의 예수에 관한 묘사들과 초대 교회에 의한 예수에 관한 묘사들 또는 그러한 것에 관한 누가의 묘사와의 관계. 나아가, 우리는 이러한 것들에 네 번째 차원을 추가하여야 한다: 공관복음서와 요한복음의 관계.

  본서의 목적은 신약성서에 나타난 사상의 발전에 관한 역사서를 쓰고자 하는 것이 아니라 신약성서 기자들의 신학 또는 신학들을 설명하는 것이기 때문에, 나는 복음서들 속에 묘사된 그림이 예수의 선교가 지닌 역사적 실체와 어떤 관계에 있는지를 자세하게 논의하고자 하지 않을 것이다. 나는 이미 복음서 기사들이 믿을 만한 전승들 속에 굳게 뿌리내리고 있다는 것을 부인할 이유가 없다는 것을 지적한 바 있다. 요한 신학과 공관복음서 신학의 관계에 관한 논의는 요한 문헌을 분석한 후에 이루어지게 될 것이다. 따라서 우리의 현재의 과제는 공관복음서의 신학들에 대한 우리의 비교학적인 연구를 계속하는 것과 그것들을 사도행전이 제시하고 있는 신학적인 그림과 비교하는 것이다. 이러한 작업의 목적은 이러한 것들에 대한 종합을 자세하게 서술하고자 하는 것이 아니라, 그러한 것들이 과연 서로 조화가 되는지를 살펴보고자 하는 것이다.

세 개의 공관복음서를 서로 비교해 보면, 자연스럽게 유사점들과 차이점들의 복잡한 그물망이 드러난다. 마태복음과 누가복음에 관한 논의들 속에서 나는 이미 이 두 복음서 간에는 신학적인 서술에 있어서 상당한 정도의 전체적인 일치가 존재하는 것으로 보인다는 것을 지적한 바 있다. 이제 우리는 이러한 분야를 좀 더 철저하게 천착하여서, 이러한 최초의 인상이 과연 옳은 것인지를 살펴보고자 한다. 나는 복음서들 간의 유사성들을 보고자 하고 차이점들에 대해서는 하찮게 보거나 별로 보고 싶어하지 않는 그런 부류의 사람에 속하기 때문에, 나의 고찰들은 일방적인 성향을 띨 수 있다는 것을 인정하지 않을 수 없다. 그러나 나는 세 개의 공관복음서의 신학들 간에 기본적인 조화가 존재한다는 강한 인상을 받고 있다. 세 개의 공관복음서는 모두 예수에 관한 이야기를 비슷한 방식으로 우리에게 전해 준다. 이 점은 그것들이 공통적으로 담고 있는 많은 단락들, 특히 예수의 말씀들 중에서 많은 수가 높은 수준의 어휘적 일치를 보여주고 있다는 사실로부터 즉시 분명해진다. 물론, 단어 사용들과 전체적인 인상, 특히 맥락과 배치가 서로 다르다는 것을 통해서 생겨나는 상당한 차이점들이 존재한다. 그 중에서 상당수의 차이점들은 강조점에 있어서의 변화에 기인하는 것으로 볼 수 있는데, 어떤 복음서 또는 복음서들에서 중심적인 위치를 차지하는 주제가 다른 복음서 또는 복음서들에서는 주변적인 것으로 취급된다. 예를 들면, 마가의 "메시야 비밀"은 마태복음이나 누가복음에서는 그렇게 두드러지게 나타나지 않지만 전적으로 존재하지 않는 것은 아니고, 기도에 대한 누가의 관심은 다른 복음서들 속에 약화되어 있긴 하지만 전혀 나오지 않는 것은 아니다. 그러나 이러한 것들 및 그 밖의 다른 개별적인 특징들에도 불구하고, 복음서들이 예수의 선교와 가르침에 관한 기본적으로 동일한 신학을 제시하고 있다는 것은 여전히 사실이다.

사도행전에 나타난 누가의 신학은 복음서들의 신학과 관련하여 어떻게 분류될 수 있는가? 우리는 사도행전이 두 부분으로 이루어진 한 저작의 두 번째 부분이라는 사실을 다시 한 번 기억하고서, 예수의 때와 그의 증인들의 때를 구별하여야 한다. 이렇게 함으로써 누가는 이 두 때가 서로 밀접하게 결합되어 있다는 것과 단순히 예수에 관한 이야기를 전하는 것으로는 충분하지 않다는 것을 너무도 극명하게 보여주고 있다. 또한 그리스도인들에게 그들이 예수의 때로부터 그들이 지금 서 있는 지점까지 어떻게 오게 되었는지를 보여주는 것이 꼭 필요하였다. 일부 학자들은 누가가 주후 1세기 말의 시점에 서서 기독교가 기원한 시기를 되돌아보면서 예수의 출생부터 바울이 로마에 당도한 시점까지의 시기를 기독교회와 그 이후의 선교의 기원과 토대를 이루는 것으로 본 것이라고 주장한다. 또 어떤 학자들은 누가가 바울이 로마에 도착한 때로부터 얼마 지나지 않은 때까지의 이야기를 전해 주고 있는 것이라고 주장한다. 분명히 누가는 바울이 로마에 도착한 것을 하나님의 계획 속에서 결정적인 시점으로 보았지만, 이 이야기의 끝으로 보지는 않았음이 분명하다. 누가는 그리스도의 재림에 관한 생생한 소망을 가지고 글을 썼을 뿐만 아니라, 그리스도인들이 선교를 통해서 그리스도에 대한 증언을 "땅 끝까지"(행 1:8) 수행하는 과제를 아직 다 이루지 못했다는 것을 잘 알고 있었다.[1]

이러한 접근방식은 오직 복음서만을 썼던 다른 복음서 기자들의 접근방식

---

1) 여기에서 가리키는 것이 로마라는 주장은 거부되어야 한다; 우리는 당시에 극서방으로 인식되었던 곳, 고대의 가데스(오늘날의 Gadiz)를 가리키는 것이라고 보아야 한다; E. Earle Ellis, "'The End of the Earth'(Acts 1:8)", *BBR* 1 (1991): 123-32를 보라.

이러한 결론에 반대하는 주된 논거는 사도행전 1:8에 언급된 사명이 예수에 대한 증인들인 사도들에게 주어졌고, 이러한 증인들은 그들과 바울에게 국한되어 있었다는 것이다. 바울은 "온 세상을 대표하는 로마"에서 복음을 전함으로써 원칙적으로 땅 끝까지 도달한 것으로 여겨질 수 있다(C. K. Barrett, *Acts*, 2 vols. [Edinburgh: T & T Clark, 1994, 1998] 1:80-81; cf. Peter Bolt, "Mission and Witness", in *Witness to the Gospel The Theology of Acts*, ed. I. Howard Marshall and David Peterson [Grand Rapids, Mich.: Eerdmans; Carlisle: Paternoster, 1998], pp. 191-214, 특히 pp. 210-12). 그러나 이러한 논거는 증인에 대한 좁은 이해에 의거한 것으로서, 바울이 사도행전 1장에 나오는 위임을 받는 현장에 있지 않았다는 사실을 무시한 것이고, Ellis에 의해서 주어진 언어학적인 논거들과도 다투어야 한다.

을 뛰어넘는 것이다. 우리가 이미 살펴보았듯이, 이것은 누가가 최초로 교회의 시대를 포함시킨 구원사에 대한 새로운 이해를 가지고 있었다는 것을 의미하지는 않는다. 오히려, 누가는 하나님의 목적 속에는 단지 메시야의 오심뿐만이 아니라 복음을 증언할 기독교 선교의 정립도 포함되어 있었다는 것을 보여주었다. 이러한 점에서 누가의 신학은 다른 복음서들의 신학보다 좀 더 의식적으로 교회론적인 것이었다고 할 수 있다.

이 점을 근거로 삼아서 일부 학자들은 누가의 전망이 교회를 구원을 베푸는 기관으로 이해하고 위계 질서에 의한 조직의 발전과 교회 성직의 시작을 특징으로 하는 초기 가톨릭 사상에 속한 것이라고 주장해 왔다. 하지만 이러한 이해는 교회 조직과 직분에 대해서는 관심이 없었고 교회가 아니라 말씀의 진보에 관심을 지니고 있었던 누가에게 분명히 부적절하다. 오히려 누가는 다른 복음서 기자들과 마찬가지로 신자들에게 그들의 기원에 관한 이야기를 들려줌으로써 기독교가 어떻게 시작되었는지를 설명하는 데에 관심을 갖고 있었다.

이렇게 사도행전의 신학은 기본적으로 초대 교회의 선교를 서술하는 선교 신학이고, 이것은 사람들의 반대와 박해가 있다고 할지라도 선교가 지속적으로 교회의 본질이 되어야 한다는 의미를 강력하게 함축하고 있다.

우리가 이제 물어야 할 것은 이 복음서에 나타난 신학적인 입장이 사도행전에 나타난 것과 동일한가 하는 것이다: 이 두 책은 신학적으로 일관된 입장을 취하고 있는 것인가? 나는 이 질문에 대한 대답으로 곧바로 그렇다고 대답할 것이지만, 누가는 두 가지 서로 다른 일들을 하고 있는 것이라는 단서를 달고자 한다. 첫 번째 책에서 누가는 예수의 지상적 삶과 사역에 관한 기사를 제시하고 있고, 두 번째 책에서는 그의 부활 후에 초기 그리스도인들이 그에 관하여 무엇을 믿었는지를 말해 주고 있다. 이러한 관점의 변화는 필연적으로 역사적으로 충분히 예상될 수 있는 정도의 차이점들이 두 권의 책 사이에 존재한다는 것을 의미한다. 이 두 권의 책 속에 나타난 신학의 기본적인 구조는 동일하다.

그러므로 우리는 복음서들을 서로 비교해 본 후에, 사도행전을 누가복음 및 그 밖의 다른 공관복음서들과 비교해 보는 순서로 서술을 진행하고자 한다.

예수의 정체성 — 복음서들에서. 각 복음서의 시작 부분은 독자들의 기대를 설정한다는 점에서 특히 중요하다. 예수에 관한 마가의 이야기는 예수께서 나사렛으로부터 와서 세례 요한에게 세례를 받는 장면으로 다소 갑작스럽게 시작되는 반면에, 마태복음과 누가복음은 예수의 신적 기원을 분명하게 보여줌과 동시에 독자들로 하여금 예수를 처음부터 하나님의 아들과 메시야로 보게 이끄는 출생 이야기로 시작한다. 그러나 이것은 바로 마가가 그의 복음서의 서두에서 하나님에 의해서 "내 사랑하는 아들"로 규정된 "예수 그리스도의 복음의 시작"(막 1:1, 11)이라고 그의 독자들에게 말해준 것의 의도가 아니었을까?[2] 우리는 마가가 마태나 누가보다도 더 그의 독자들을 나사렛 출신의 목수가 진정으로 누구였는지를 확인하는 발견 여행 속에서 예수의 원래의 동시대인들을 따라 나서도록 초대하고 있다는 인상을 받게 된다. 마태와 누가는 예수의 신분을 애초부터 당연한 것으로 받아들여서, 예수께서 말씀하고 행하신 것에 집중하는 경향을 마가보다 더 많이 보여준다.

또한 차이점들은 이 이야기의 끝부분에서 분명하게 나타난다. 세 공관복음서는 모두 인자가 죽어서 죽은 자 가운데서 다시 살아나야 한다는 동일한 미래지향적인 진술들을 담고 있다. 마가복음의 경우에 우리는 마가가 자신의 복음서를 빈 무덤을 발견한 것으로 끝맺고서 그의 독자들에게 그 의미를 스스로 생각해 보도록 내버려 둔 것인지, 아니면 마가가 부활 현현들에 관한 어떤 기사를 포함시켰던 것인지를 확실히 알 수 없다. 마태는 이제 영화롭게 되어서 예배의 대상이 된 위엄 있는 인물의 현현을 묘사하고 있다. 그 인물은 전능함을 주장하고 있고, 그 범위에 있어서 우주적인 주(主)로서의 그의 명령을 발하고 있다. 누가의 묘사는 다소 좀 더 가정적(家庭的)인 것인데, 예수는 그의 제자들과 십자가 처형, 부활, 메시야됨에 관하여 기꺼이 논의할 준비가 되어 있는 한 사람(처음에는 제자들이 알아보지 못했지만)으로 나타났고, 그 후에 또 다른 식사 장면에 나타나서 제자들에게 명령이 아니라 가

---

2) "하나님의 아들"이라는 어구가 마가복음 1:1의 원래의 일부인지에 관한 문제에 대해서는 제3장 각주 3을 보라.

르침을 베푼다. 그렇지만 경배의 요소가 누가복음에 나오지 않는 것이 아니고, 마태복음에서도 주가 되신 분은 그의 제자들을 "내 형제들"이라고 부른다. 주되심과 형제됨이라는 서로 모순되는 것과 같은 모티프들이 두 복음서에 공통적으로 나온다. 세 복음서는 모두 빈 무덤과 거기에 천사가 있었던 것에 관한 동일한 엄청난 발견을 담고 있다.

이 두 지점 사이에서 전개되는 기독론은 변함없는 요소들과 서로 다른 강조점이 뒤섞여 있는 동일한 모습을 보여준다. 예수께서 사람이라는 것을 보여줄 필요는 없었다. 그것은 당연한 것으로 받아들여졌고, 이 시점에서는 가현설의 위협도 존재하지 않았다.[3] 마가는 이 이야기의 주된 흐름을 통해서 예수가 메시야라는 것, 특히 고난받는 메시야라는 것을 보여주는 데에 관심을 갖는다. 그러나 하나님의 아들이라는 신분도 적어도 중요한 범주로 작용하고 있다. 일부 경우들에 있어서 하나님의 아들이라는 것은 단지 메시야라는 것에 대한 다른 표현일 수도 있지만, 몇몇 본문들은 하나님의 아들이라는 것이 예수에게 특유한 하나님에 대한 특별한 관계를 가리킨다는 것을 보여준다.[4] 우리는 마가가 예수를 직접적으로 메시야라고 부르는 것을 피하였다는 것과 귀신들이나 다른 사람들이 예수가 메시야라는 것을 알게 되는 것을 꺼려하였다는 것을 살펴본 바 있다. 마가복음에 훨씬 더 자주 등장하는 용어는 다니엘서 7장과 거기에 토대를 둔 후대의 묵시록들(4 Ezra; 1 Enoch)에 비추어서 이해될 수 있는 "인자"라는 용어이다 — 물론, 마가는 이 용어가 다른 사람들과 마찬가지의 사람으로서의 자기 자신을 나타내는 호칭으로 사용될

---

3) 가현설(헬라어인 '도케오,' "보이다"에서 온 명칭)은 지상적 예수는 진정한 인간이었던 것이 아니라, 헬라의 신들이 인간의 삶에 간섭하기 위해서 인간의 몸을 입는 것과 동일한 방식으로 잠깐 사람의 모양으로 변화되어서 나타난 신적인 존재였다고 주장하는 학설이다. 누가복음 24장에서 부활하신 예수를 살과 뼈를 지닌 진정한 인간으로 묘사하고 있는 것은 이것과는 별개의 문제이다; 거기에서의 요지는 부활하신 예수가 몸이 없는 유령이 아니라는 것이고, 반면에 가현설은 예수께서 죽기 전에 그의 본성과 관련된 것이다.

4) 마가복음 1:11; 9:7; 13:32; 14:61에 나오는 말씀들은 예수 이외에 하나님의 다른 아들들이 존재할 여지를 남겨두지 않는다.

수 있는 어구라는 것을 알고 있었을 것이지만. 전자의 의미에서 이 어구는 예수를 현재에는 비천하고 낮아져 있지만 언젠가는 그 권세가 공개적으로 계시되고 행사될 인물로 규정한다. 또한 사람들은 예수를 선생에게 적합한 경칭으로 부르기도 하지만, 종종 그것을 뛰어넘는 의미를 지닌 경칭으로 예수를 부른다(막 10:47-48; 그러나 막 10:51과 비교해 보라).

　이러한 전체적인 패턴은 다른 두 복음서에서도 그대로 반복된다. 그러나 이 두 복음서에서는 예수의 정체성이 독자들에게 조금 더 뚜렷하게 제시되고 있다고 말하는 것이 옳을 것이다. 마태복음에서 우리는 사람들이 예수를 권능의 역사(役事)들을 행할 수 있는 메시야로 보고서 "다윗의 자손"이라는 부름말을 더 자주 사용하고 있다는 것을 보았다. 이러한 부름말이 지닌 좀 더 깊은 의미는 사람들이 예수에게 경배하였다는 것에 대한 좀 더 빈번한 언급 속에 반영되어 있다. 마찬가지로, 마태복음과 누가복음에는 예수에 대한 부름말로 사용된 '퀴리에'("주여")가 종종 유대적인 맥락 속에서 선생에 대한 존경심보다 더 깊은 경외심을 나타내는 용법으로 사용되고 있는 것을 우리는 보게 된다. 또한 마태복음에는 예수에 대한 호칭으로서 임마누엘이라는 중요한 이름이 나오는데, 임마누엘은 예수 안에 "하나님이 우리와 함께 계신다"를 의미하는 것으로서, 이것은 예수께서 그의 이름으로 모인 사람들과 함께 하시겠다는 마태복음 18:20의 약속에 비추어서 해석되어야 할 것이다. 이 대목에서 예수께서 더 이상 육체적으로 이 땅에 계시지 않게 될 때에 관한 지평이 열려져 있다(cf. 마 28:20).

　그 밖에도 예수를 이해하는 여러 가지 다른 방식들이 중요하다. 새로운 모세로서의 예수라는 개념이 마태복음에 나오지만, 다른 복음서들에는 명시적으로 나오지 않는다. 하지만 이러한 개념은 의미심장하게도 사도행전 3:22-23에 다시 등장한다. 또 하나의 중요한 주제는 예수를 지혜와 관련시키는 것이다. 우리가 이미 보았듯이, 이것과 관련된 증거들은 다소 모호하다. 마태복음에서 예수는 종종 지혜가 말하는 방식으로 말씀하지만, 나는 예수를 지혜와 동일시하는 것은 오직 희미하게만 존재한다고 생각하는 학자들의 편에 서고자 한다. 예수를 야웨의 종과 동일시하는 것(사 40-55장)은 마가복음 10:45(마 20:28)에 함축되어 있고, 마태복음 8:17; 12:17-21; 누가복음 22:37

에 나오는 성경 인용문들 속에 명시적으로 나온다. 이러한 묘사는 야웨께서 지명하신 대리자로서의 예수의 신분과 사명을 부각시킴과 동시에 거부당한 사자(使者)로서의 예수의 겸비와 고난을 부각시키고 있다는 두 가지 측면을 지니고 있다.

성경의 위치. 이제까지의 서술을 통해서 분명해진 것은 예수의 정체성에 관한 문제는 오실 자에 의해서 성취된 예언들과 모형들로 여겨질 수 있는 성경 본문들을 찾아내고, 예수의 말씀과 행위 속에서 그가 실제로 성경의 예언과 모형들에 일치하게 행하고 있는 것을 보여주는 요소들을 찾아내는 것을 통해서 유대 성경과 관련하여 제기되고 대답된다는 것이다. 이러한 접근방식은 특히 마태복음의 특징인데, 마태복음은 예수에게서 일어난 일은 성경을 응하게 하기 위한 것이라는 말씀과 더불어서 많은 긴 성경 인용문들을 담고 있다. 이러한 인용문들은 화자인 마태에 의해서 거기에 두어진 것이고, 마태는 예수가 누구이고 그가 무엇을 행하고 있는지에 관한 그 온전한 의미를 그의 독자들에게 설명해 주고, 하나님께서 장차 수행될 계획을 가지고 계셨으며 지금 그 계획을 이루고 계시다는 것을 보여주기 위하여, 그러한 성경 인용문들을 사용한다. 대부분이 마태복음의 전반부에 나오는 이러한 성경 인용문들은 예수와 그 밖의 다른 등장인물들이 논쟁과 설명을 하는 과정에서 성경을 인용하는 것과는 구별되어야 한다. 이러한 경우들에 있어서의 관심은 예언에 있다기보다는 하나님께서 그의 백성에게 무엇을 요구하시는가와 관련되어 있다. 누가복음에서 우리는 장차 오실 메시야를 가리키는 것으로 해석되는 본문들, 특히 그의 죽음과 부활을 가리키는 본문들을 인용한 후에, 그러한 것들이 예수에 의해서 성취되었다고 주장하는 패턴을 발견하게 된다. 이러한 패턴은 사도행전에 나오는 초기의 설교자들에게 돌릴 수 있지만(전형적으로, 행 17:3), 부활하신 예수께서 메시야에 관한 성경 본문들을 이런 식으로 설명하고(눅 24:25-27, 44-46), 교회의 선교에 관한 예언들을 찾아내는 복음서의 본문들(눅 24:47-48) 속에서도 발견된다. 또한 세례 요한과 예수의 출생 이야기들 속에는 공식적인 성경 인용문들보다는 간접인용들과 성경적인 표현들을 사용하는 것을 통해서 성경을 풍부하게 활용하고 있는 것을 우리는 볼 수 있는데, 이러한 것은 사람들이 성경의 내용을 토대로 해서 새로운 시와 노래를 지었던 실제적인 방식을 반영하고 있는 것으로 보인다. 마찬가지로, 예수의 죽음에 관한 이야기들도 성경적인 간접인용들로 표현되어 있다. 마태와 누가는 우리가 이미 마가복음에서 발견하는 것에서 더 나아가서, 예수와 화자가 성경을 직접 인용하기도 하고 간접적으로 인용하기도 한다. 세 공관복음서 모두에 걸쳐서 관통하고 있는 것은 실제적인 직접인용과 간접인용이 행해지고 있지 않다고 하더라도 예수께서 성경에서 미리 예언되고 기록된 하나님의 뜻을 이루고 계시는 것이라는 강력한 인식이다.

예수의 정체성 — 복음서들과 사도행전의 비교. 사도행전에서 예수는 우리가 누가복음의 속편에서 기대할 수 있는 것과 같은 방식으로 묘사된다. 누가복음에서는 예수의 정체성이 십자가 위에서의 그의 죽음으로 인해서 위태롭게 되기는 하지만 예수를 메시야와 하나님의 아들로 묘사함으로써 사도행전을 위한 길을 닦아 주었다. 그 이야기는 예수의 부활과 그가 영광 속으로 들어가신 것에서 끝이 나는데, 이러한 것들은 성경에 따라서 이루어진 것으로 보아진다. 이렇게 해서 사람들로 하여금 예수를 메시야로 고백하게 만드는 것을 목표로 하는 선교 활동이 계속된다. 이미 누가복음에서 예수의 주제는 하나님의 나라였지만, 그 강조점은 메시야를 통한 하나님의 통치의 정립과 관련되어 있는 구원에 두어져 있고, 따라서 회개와 제자도가 강조되었다. 이제 그 동일한 전체적인 패턴은 사도행전에서 나타난다. 예수가 부활로 말미암아 메시야라는 것이 확증된다. 이미 제자들에 의해서 공유된 하나님 나라의 선포는 그들을 통해서 자연스럽게 계속되고, 강조점이 하나님의 나라에서 메시야로 옮겨진 것은 불가피한 일이었다. 우리는 이것과 다른 어떤 것이 일어날 수 있을 것이라고 희미하게나마 상상할 수 있겠는가? 분명히 강조점에 있어서는 중요한 변화가 있었지만, 메시지는 여전히 기본적으로 동일하다: 그것은 하나님께서 그의 통치를 확립하기 위하여 행하시고 계시는 새로운 방식에 관한 것이다. 그러므로 그것은 사실상 제자도로의 부르심이라고 묘사될 수 있다 — 제자라는 용어를 복음에 대하여 응답하는 자들에게 계속해서 사용하고 있다는 점에 비추어 볼 때. 사도행전에 나오는 등장인물들은 **제자**라는 용어를 거의 사용하지 않기 때문에(행 15:10), 이 용어는 저자의 용어이다. 이 점에서 중요한 것은 사도행전 14:21인데, 거기에서 누가는 복음 전도가 무엇인지를 분명하게 하기 위하여 "제자를 삼다"라는 동사를 사용한다. 당연히 제자도의 성격은 이 지상에 계셨던 지도자에 대한 충성으로부터 새로운 부활 이후의 상황과 관련된 것으로 변화된다. 그 요지는 지상에 계셨던 분인 예수가 사실 메시야였고, 비록 그는 하늘로 승천하셔서 더 이상 육체적으로 현존해 계시지는 않지만 그의 통치는 계속된다는 인식이다.

마태는 예수께서 그의 제자들과 영적으로 함께 계신다고 인식하고 있는 반면에(요한에서와 마찬가지로; 마 1:23; 18:20; 28:20을 보라), 사도행전에는 천사들, 환상들, 하늘로부터의 음성들을 통해서 하늘에 의한 일련의 개입들이 나온다는 점에서 신학적인 표현상의 차이가 존재한다. 그럼에도 불구하고, 주님(예수)은 바울과 함께 하겠다고 약속한다(행 18:10). 마찬가지로, 사도행전에서 성령은 제자들과 지속적으로 함께 있는 동시에 특별한 경우에는 그들에게 임하는 것으로 묘사된다. 그러나 영적인 실체들을 나타내는 이러한 두 가지 방식은 바울의 글들 속에서도 발견된다. 이 두 가지 방식은 서로 양립될 수 없는 것이 아니다.

복음서들에서 예수가 메시야라는 증거는 세 가지이다. 첫째, 예수의 신분은 말씀과 행위를 통해서 하나님 나라를 권세 있게 가르치고 선포한 것에서 드러난다: 그는 메시야로서 행하고 계신 것이다. 둘째, 예수가 성경에 기록된 것과 일치한다는 것을 확증하기 위하여 성경이 근거로 제시된다. 셋째, 부활에 의해서 제시된 확증이 있다. 본질적으로 부활이 증언하는 것은 세 가지이다: 예수께서 살아 계시다는 사실; 이것이 그의 예언들 및 성경과 일치한다는 사실; 오직 하나님만이 그 일을 하실 수 있기 때문에, 부활은 예수가 메시야라는 것을 암묵적으로 선포한다는 사실. 복음서들에서 이러한 증언은 대체로 부활 이야기들에 국한되어 있다. 이러한 증언은 제자들과 예수가 갈릴리에서 다시 재결합하는 것에 강조점이 두어져 있는 마가복음에서는 그리 두드러지게 나타나지 않는다(막 16:7; cf. 막 14:28). 마태복음에서는 예수께서 정말 부활하신 것인지에 대한 제자들의 의심들을 극복하는 데에 더 강조점이 두어져 있지만, 전능하신 주님에 대한 환상(vision)도 나온다. 누가복음에서는 메시야에 관한 성경의 묘사와 예수의 역할이 서로 일치한다는 것을 근거로 한 논증에 훨씬 더 많은 강조점이 두어져 있다.

사도행전으로 눈을 돌리면, 우리는 동일한 요소들이 거기에 존재한다는 것을 발견하지만, 부활하신 예수를 본 자들의 증언이라는 새로운 요소가 나오고, 메시야의 역할에 관한 성경적 증거들을 더 많이 천착하는 모습이 나타난다. 사도행전에 나오는 등장인물들이 말하는 것들 속에는 예수의 지상적 삶에 관한 내용이 거의 없다. 설교 속에서 예수의 지상적 삶에 대하여 언급할 여지가 있었다는 것은 베드로가 고넬료에게 행한 설교 속에서 볼 수 있지만(행 10:37-39), 누가는 복음서에서 그러한 이야기를 다했기 때문에 사도행전에서 그것을 반복할 필요가 없다고 생각했던 것으로 보인다. 예수께서 사람이었다는 사실은 자연스럽게 등장한다. 예수는 모세와 같은 선지자이자 하나님의 종으로 규정되는데, 그러한 묘사는 구약성서에서 왕에 대하여 그러한 용어를 사용한 것과 병행되는 방식으로(행 4:25) 이루어지고, 특히 이사야 40-55장에 나오는 용례를 반영하고 있다.

사도행전에서 누가는 예수의 죽음과 부활을 보여주는 성경적 증거들을 집중적으로 사용한다. 부활이 지닌 이례적인 성격과 십자가의 걸림돌을 극복할 필요성으로 인해서 분명히 예수께서 말씀하시고 행하셨던 것에 관한 이야기가 가려졌을 것이다. 설교들 속에서의 관심은 예수께서 메시야임을 보여주는 데에 필요한 확증을 제시하는 것이지만, "주님"으로서의 지위도 특별히 거기에 더해진다. 이것은 메시야의 역할을 분명히 하는 것이지만, 이와 동시에 기독론을 순전히 유대교적인 관점을 지닌 표현으로부터 분리시키는 것이기도 하다. 이제 예수는 높아지시고 영화롭게 되신 주님이시고(행 2:33; 3:13; 5:31), 하늘에서 하나님 곁에 앉아 계시며(행 2:34; 7:55-56), 장차 세상을 심판하기 위하여 오실 것이다(행 17:31). 이러한 새로운 지위는 예수께서 이제 그의 지상적 삶 속에서 행사하지 않았던 권세를 가지게 되셨다는 것을 의미한다. 그를 향하여 기도가 드려지고(행 7:59), 권능의 역사(役事)들은 그의 이름으로 행해진다(행 3:6; 4:10, 30; 16:18; cf. 막 9:38-41; 눅 10:17). 이렇게 높아지신 주님께서 중심적인 무대를 차지하시게 된 것은 필연적인 일이었다.

하나님께서 예수를 죽은 자 가운데서 다시 살리셔서 높이셨다는 것이 믿

어졌을 때, 기독론에 있어서 복음서들로부터 사도행전으로의 발전은 자연스러운 것이었다.[5]

하나님에 대한 이해. 복음서들의 신학(좁은 의미에서)에 있어서 가장 중요한 특징은 아버지로서의 하나님에 대한 이해가 중심적인 것이 되고 독특하게 발전되고 있다는 것이다. 예수에게와 마찬가지로 예수의 제자들에게도 하나님은 그의 자녀들을 돌보시는 사랑 많은 아버지로서 경험되고, 그들은 기도를 통해서 하나님과 친밀한 인격적 관계를 맺게 된다. 이러한 관계는, 하나님이 예수의 아버지라고 3번 언급하고(막 8:38; 13:32; 14:36) 제자들의 아버지로는 1번 언급하고 있는 — 그렇지만 이 용례들 중의 하나는 '아바'라는 표현을 사용하고 있기 때문에 결정적으로 중요한 용례가 된다 — 마가복음에서는 잘 알다시피 그리 강조되지 않는다. 하지만 누가복음, 특히 마태복음에 와서는 상황은 두드러지게 달라지는데, 거기에서 하나님은 자주 예수에 의해서 "내 아버지" 또는 "너희 아버지"로 지칭된다. 이러한 용례들 중의 일부는 편집에 의한 것이라고 할지라도, 예수의 특징적인 어법이 이러한 표현들 속에 반영되어 있다는 것은 사실이다.

사도행전에서 하나님에 대한 이러한 이해는 주변적인 것이 된다. 이러한 표현은 부활하신 예수(행 1:4, 7)와 베드로(행 2:33)에 의한 말씀들에 국한되어 있지만, 이 점은 신자들에게 직접적으로 그들이 하나님과 맺고 있는 영적인 관계에 관하여 말하고 있는 진술들이 사도행전에는 없다는 점에 비추어 볼 때에 충분히 이해될 수 있다. 이것은 복음서들에서 예수께서 일반적으로

---

5) 나는 우리가 복음서들에 나오는 기사들 속에서 기독론의 시작을 볼 수 있고, 사도행전에서는 부활에 비추어서 기독론을 좀 더 발전시키고 좀 더 상세하게 고찰하고 있다는 전제 하에서 누가복음과 그 밖의 다른 복음서들과 사도행전 간의 연속성과 발전을 논의해 왔다. 이것과 관련해서 역사적인 문제가 아주 첨예하게 제기된다. 왜냐하면, 많은 학자들에게 있어서 역사적 예수가 후대의 기독론적인 표현들을 전혀 사용하지 않았다고 주장하는 것이 상식처럼 되어 있기 때문이다. 이러한 입장을 취하는 학자들은 이러한 창의력의 많은 부분을 초대 교회에 돌린다. 나도 사도행전에 표현되어 있는 기독론은 기본적으로 초대 교회의 것임을 인정하기는 하지만, 그 표현들 중 일부는 누가에 의해서 형성되었을 것이라고 본다.

오직 그의 제자들에게만 아버지가 되신다는 관점에서 말씀하고 있는 것과 일치한다.

모든 복음서들 속에서 예수의 선교는 이미 성경에 계시된 대로의 하나님의 뜻에 따라서 일어난다. 예수의 오심, 그의 사명의 성격, 그의 배척당하심과 십자가에 못 박혀 죽으심, 그의 부활은 모두 하나님께서 그러한 것들을 계획하셨고, 성경에 예수께서 따라야 할 패턴으로 기록해 놓으셨기 때문에 일어날 수밖에 없는 사건들로 여겨진다. 이러한 목적을 위하여 성경을 사용하는 공식적인 방식은 복음서마다 다르지만, 그 밑바탕에 있는 이해는 동일하다. 성경은 각각의 경우에 있어서 신학이 행해지는 틀을 형성하고, 또한 하나님께서 예수의 제자들에게 기대하시는 삶의 방식을 정립함에 있어서도 결정적이다. 성경은 예수에 의해서 그의 가르침이 그것을 통합하면서도 뛰어 넘는다고 말할 수 있는 그러한 방식으로 해석된다.

예수 안에서 및 예수를 통해서 행해진 모든 일들을 주권적으로 주도하신 분으로서의 하나님이라는 이러한 모티프는 사도행전에서 중심적이다. 복음서와 사도행전에서 누가의 가르침은 복음을 유대인들과 이방인들에게 전하는 제자들의 사명이 성경에 미리 말씀된 이러한 동일한 계획의 일부라는 것을 추가적으로 보여준다.

이 하나님에게 드리는 기도는 예수와 그의 제자들의 삶의 일부였다. 공관복음서들은 모두 예수께서 기도하셨고, 또한 그의 제자들이 기도하기를 기대하셨다는 것을 기록한다 — 이러한 것은 유대 종교의 맥락 속에서 너무도 당연한 일이었다. 기도는 기쁨으로 감사하고(마 11:25-26 par. 눅 10:21), 하나님께 권능의 역사(役事)들을 행하시라고 호소하며, 인도하심과 힘주실 것을 요청하고, 대적자들을 위하여 중보기도하며, 죄를 고백하고, 비록 원하는 응답이 즉각적으로 오지 않는다고 할지라도 하나님께서 제자들에게 사랑하시는 아버지로서 그들의 기도를 응답해 주실 것이라는 확신을 토대로 간구하는 것을 포함한다. 사도행전에서 기도에 관한 묘사는 기본적으로 비슷하지만, 예수를 향하여 기도를 드렸다는 점이 추가될 수 있다(행 7:59).

인간의 죄와 필요. 복음서들에서 메시야의 사명은 말씀과 행위를 통해서 하나님 나라의 도래를 선포하는 것이었다. 하나님의 통치를 세운다는 것은 사탄과 그의 통치를 이기고 멸함으로써 귀신들림이나 질병이나 죄나 권력의 오용을 통한 사회적인 소외를 통해서 사탄에게 포로된 자들을 구원하는 것으로 보아졌고, 이것은 예수로 하여금 불의로 가득 차 있고 비정한 사회에 기여하는 활동들을 하는 자들에 대하여 맞서게 만들었다. 예수는 유대 사회 속에서 백성들을 돌보지 않는 지도자들을 강력하게 단죄하였다.

전체적으로 볼 때, 사도행전에는 이러한 요소가 별로 나오지 않는다. 강조점은 사람들의 일반적인 죄로 이동해 가고, 특히 유대인과 관련해서는 그들이 메시야이신 예수를 배척한 죄에 집중된다. 초기 그리스도인들의 선포 속에서 예수가 중심적인 위치를 차지하고 있었다는 점을 감안하면, 그러한 변화는 충분히 예상될 수 있는 것이었다.

예수의 메시지와 제자도. 마가복음에서 예수의 활동은 구체적으로 하나님 나라의 선포로 요약되고 있는데, 이것은 예수가 누구인지에 대한 문제를 불러일으킨다. 이러한 선포는 복음 또는 좋은 소식으로 규정된다. 그것은 병들고 장애를 가진 자들에게 치유를 가져다주고, 사람들을 사탄과 귀신들로부터 건져내며, 죄인들에게 죄 사함을 수여한다. 또한 그것은 삶을 살아가는 방식에 관한 새로운 말씀으로 귀결된다. 복음에 대한 응답은 회개와 믿음이라는 관점에서 이해되지만, 제자도, 즉 예수에 대한 인격적인 헌신과 거기로부터 도출되는 모든 것, 자기 부인과 예수 및 복음에 대한 철저한 헌신에 더 큰 무게가 두어진다. "영생"과 "구원받다"라는 용어들은 제자가 된 자들에게 주어지는 유익들을 나타내는 데에 사용된다.

기본적으로 동일한 묘사가 마태복음에서도 나타난다. 여기에서 새로운 삶의 성격은 훨씬 더 구체적으로 상세하게 서술된다. 새로운 공동체적 삶이 예수의 제자들 가운데서 발전될 것이라는 좀 더 구체적인 인식이 존재한다.

누가복음에서는 구원과 제자도의 유익들에 더 큰 강조점이 두어지고 있기 때문에, 이것이 누가에게 있어서 주된 모티프라고 말해도 괜찮을 정도이다. 마가복음에서는 구원이 최종적인 구원 및 하나님의 나라로 들어가는 것과 더 강력하게 연결되어 있는 반면에(막 10:26), 누가복음에서는 구원은 지금 여기에서 경험되는 그 무엇이다(눅 19:9). 그렇지만 마가복음과의 그 어떤 본질적인 차이를 말하기는 어렵다. 우리는 누가가 마가복음에서 진행되고 있는 것에 대하여 이름을 붙인 것이라고 말할 수 있을 것이다.

사도행전으로 나아가게 되면, "구원받다"는 믿는 자들에게 주어지는 유익에 대한 특징적인 표현이 된다. 최후의 심판으로부터의 건지심에 구체적으로 적용되었던 이 용어는 구원의 온전성과 하나님으로부터의 축복들의 적극적인 수여를 의미하는 훨씬 더 폭넓은 의미를 지니게 된다. 사도들의 메시지는 하나님의 나라를 전파하는 것으로 요약될 수 있지만, 그것은 또한 구원에 관한 메시지이기도 하다(행 13:26; 16:17).

하나님의 왕적인 통치를 단언한다는 의미에서 하나님의 나라를 선포하는 것으로부터 복음 메시지에 응답하는 자들에게 주어지는 하나님으로부터의 축복들이라는 의미에서 구원을 선포하는 것으로의 변화가 존재한다면, 거기에는 분명히 강조점의 변화가 있는 것인데, 사도행전에서 하나님의 나라라는 용어가 잘 사용되고 있지 않은 것은 이러한 변화가 일어나고 있다는 것을 보여주는 것이라고 할 수 있다. 그렇지만 사도행전 17:7은 하나님 나라라는 모티프가 복음 메시지의 일부라는 것을 분명하게 증언해 준다. 사도행전 28:31은 하나님의 나라에 관한 메시지가 이제 점점 더 주 예수 그리스도에 관한 가르침으로 이해되고 있다는 것을 보여주는 사도행전 1:3과 수미쌍관법적 구조를 형성하고 있다.

제자도와 공동체. 사도행전에는 처음부터 예루살렘에서 급속히 확장되었고 공동체적인 활동들을 특징으로 하는 예수의 제자들의 공동체가 나온다. 사도행전에서 그리스도인들은 어디를 가든지 서로 함께 모여서 공동체를 형성한다. 예루살렘 그리스도인들에게 돌릴 수 있는 활동들은 새롭게 형성된 공동체들에도 그대로 적용되었다고 볼 수 있다. 이렇게 해서 "교회"라 불리는 새로운 결사체(結社體)가 존재하게 되었고, 거기에 속한 개별 공동체들은 "교회들"로 알려지게 되었다.

복음서들에는 실질적으로 이와 같은 공동체가 나오지 않는다. 예수와 함께 동행하였던 남녀로 이루어진 한 무리의 측근들이 존재하긴 했지만, 예수의 메시지에 응답해서 스스로 자신의 고향 마을에서 별개의 공동체를 형성한 사람들이 있었다는 얘기를 우리는 복음서 속에서 듣지 못한다. 마태복음 16:18과 18:17 외에는 교회라는 단어가 사용되고 있지 않다. 이 둘 중에서 후자의 용례는 그러한 무리의 형성이 예수의 마음 속에 있었다는 것을 보여주는 것 같다. 그 밖에는 우리는 예수의 메시지에 응답한 자들의 삶의 방식에 관하여 아무것도 알지 못한다. 아마도 그들은 유대 종교와 그 관습을 따라서 계속해서 살아 갔던 것으로 보이지만(cf. 마 5:23-24), 이 점에 대해서 복음서에서는 아무런 말도 하지 않는다.

복음서 기자들이 시대착오적으로 교회의 삶을 부활 사건 이전의 시기로 투영하였다는 비난은 옳지 않다. 여기에서 우리는 부활 사건 이전과 이후가 뚜렷하게 구별되는 것을 본다.

예수의 죽음. 복음서들 속에서 하나님 나라의 도래와 구원의 선포는 단지 하나님의 결정에 의해서 일어난다. 예수의 배척과 죽음은 하나님의 계획에 대한 반대의 표현으로 보아진다. 그럼에도 불구하고, 예수의 배척, 죽음, 부활의 전 과정은 성경에 예언되었기 때문에 일어난 것으로 서술된다. 그러므로 이것은 하나님께서 사람들이 예수를 배척할 것과 자신이 그것에 대하여 어떻게 대응할지를 미리 아셨다는 것을 의미하는 것으로 해석될 수도 있기 때문에, "당위성"의 궁극적인 토대는 사람들이 예수를 배척했다는 현실적인 사실에 두어진다. 그러나 그러한 해석은 옳지 않다. 게다가, "당위성"의 근거는 단지 "그것이 성경에 기록되었다"는 사실에 있는 것이 아니라, 성경이 하나님의 계획과 목적을 증언하고 있다는 사실에 있다. 필연성은 하나님께서 정하셨다는 사실에 있는 것이다. 하나님께서 개입하셔서 예수로 하여금 고난을 받지 않게 하지 않으신 이유에 대한 다른 설명은 있을 수 없다(마 26:53에 나오는 생생한 질문을 참조하라).

그렇다면, 하나님의 목적은 무엇이었는가? 복음서 기자들은 모두 예수께서 자신의 임박한 죽음을 새로운 계약을 맺는 것과 관련된 희생제사적인 행위로 상징적으로 해석한 최후의 만찬을 기록하고 있다. 누가는 이것이 새로운 계약이었다는 것을 분명하게 말하고 있다. 예수의 죽음은 예수의 제자들을 포함한 많은 사람들의 유익을 위한 것으로 이해되고 있고, 마태는 예수의 죽음이 죄 사함을 위한 것이었다는 말을 덧붙인다. 마태의 첨가는 복음서들의 처음 장면들에서 나오는 죄 사함을 위한 요한의 세례를 반영하고 있음을 보여준다. 예수의 사역의 시작 부분에 두어져 있는 이 두드러진 사건은 마태복음에서 예수께서 그의 백성을 그들의 죄에서 구원하시리라는 앞서의 말씀(마 1:21)과 "주의 백성에게 그 죄 사함으로 말미암는 구원을 알게"(눅 1:77)하기 위하여 요한이 주를 위하여 길을 예비하리라는 사가랴의 예언에 의해서 더욱 강화된다. 이 주제는 누가복음의 끝부분에서 예수께서 제자들에게 그들이 장차 선포할 것에 대하여 가르치시는 말씀 속에서 다시 등장한다(눅 24:47). 이야기 속에서 죄는 마가복음에서는 가끔씩(막 2:9-10; 3:28-29; 11:25), 다른 복음서들에서는 더 자주 관심의 대상이 되고, 특히 누가복음에서는 "죄인들"로 묘사되는 사람들이 꽤 자주 등장한다. 단지 사람들이 자신의 죄에 대하여 회개하고 앞으로는 죄를 짓지 않도록 애쓰기 때문에, 하나님은 죄를 사하여 주시는 것인가? 희생제사를 토대로 한 예배를 갖춘 유대인들의 정서는 희생제사[6]가 죄를 없이하는 것과 계약을 맺는 것에 필수적이라는 것을 당연시하였다는 것을 보여준다. 그러므로 예수께서 자신의 죽음을 백성들을 위한 희생제사로 해석한 것은 적절한 것이었다. 여기에서 우리는 마가복음 10:45(마 20:28)에 나오는 예수의 죽음의 목적에 관한 말씀과 더불어서 그의 죽음의 필연성을 위한 궁극적인 토대를 발견할 수 있다.

누가는 마가복음 10:35-45에 나오는 장면을 기록하고 있지 않다. 그것은 부분적으로 누가가 마가복음 본문에 나오는 예수의 말씀들과 병행되는 내용들을 누가복음 12:50과 22:24-27(또한 눅 19:10을 보라)에 포함시켰기 때문일 것이다. 하지만 이 본문들 중에서 후자는 오로지 종됨과 예수의 모범만을 다루고 있기 때문에, 예수께서 자신을 대속물로 주시는 것과는 아무런 상관이 없다. 그렇지만 여기에서 우리가 주목해야 할 것은 누가가 그의 복음서에서는 그 내용을 생략하고서는 사도행전에서는 거기에 상응하는 — 물론, 반드시 동일한 것은 아니지만 — 내용을 포함시키고 있는 다른 예들이 존재한다는 것이다.[7] 우리는 사도행전 20:28이 그러한 기능을 하는 것으로 볼 수 있을 것이다.

사도행전으로 눈을 돌리면, 우리는 거기에서 예수의 배척과 죽음이 설교

---

6) 나는 이 용어를 폭넓은 의미로 대속죄일에 도피 염소 의식을 포함하는 의미로 사용한다.

들 속에서 하나의 주제로 다루어지고 있는 것을 발견하게 되는데, 이 설교들에서는 그러한 사건이 악한 자들의 행위였기는 하지만 그럼에도 불구하고 하나님의 미리 정하신 계획에 따라서 일어났다는 것과 그러한 사건 후에 하나님께서 예수를 죽은 자 가운데서 다시 살리셨다는 것(시편들에 예언적으로 표현된 메시야에 대한 약속들에 비추어 볼 때에 하나님께서 하지 않을 수 없었던 일)을 주장한다. 이러한 설교들의 목적은 예수께서 배척당하고 죽임을 당하셨다는 사실이 예수를 메시야로 인정하는 것과 관련하여 장애물이 되는 것을 극복하기 위한 것이었다: 하나님께서는 예수를 다시 살리시고 높이심으로써 그를 신원하여 사망 권세를 이기셨고, 예수의 죽음 자체는 죄인들의 악한 행위에 의해서 수행되기는 했지만 하나님의 목적을 따라서 일어난 것이라고 주장되었다. 이 설교들은 그 목적이 무엇이었는지를 설명하지 않는다. 예수의 죽음이라는 사건은 하나님께 예기치 않게 닥친 사건이어서 하나님은 재빨리 비상 대책을 세우신 것이 아니라 그 죽음이 일어나게 될 것을 오래 전부터 계획하신 것이라고 말하는 것과 하나님께서 그렇게 계획하셨을 때에 그의 목적이 무엇이었느냐를 말하는 것은 별개의 문제이다. 이 설교들은 주로 십자가의 걸림돌을 제거한다는 기본적인 목적에 관심을 두고 있기 때문에, 이 시점에서 대속적인 고난이라는 사상을 발전시키는 것은 덜 중요하였다. 여기에서 일어나고 있는 것은 이 설교들이 하나님께서 예수를 높이셔서 이스라엘을 위한 구주로 삼으셨다는 것을 선포하는 것이었다(행 5:31): 하나님이 가지고 계셨던 죄 사하고 구원하시는 권세는 예수에게 이양된다. 오직 한 대목에서만(행 20:28) 예수께서 자신의 핏값으로 교회를 사셨다는 언급이 나온다. 그러므로 잔에 관한 말씀을 제외하면, 누가복음과 사도행전 속에는 예수의 죽음이 희생제사적인 성격을 지니고 있다는 것에 대한 그 밖의 다른 명시적인 언급이 존재하지 않는다. 초대 교회의 가르침에 관한 누가의 설명은 복음서에서 말해진 것과 맥을 같이한다고 할 수 있고, 실제로

---

7) 누가복음에는 마가복음 13:32에 해당하는 내용이 없지만, 사도행전 1:7에 그러한 내용이 나온다; 마가복음 7장의 주제가 누가복음에는 생략되어 있지만 사도행전 10-11 장에 나온다는 것과 마가복음 14:58-59이 누가복음의 재판 장면에서는 생략되어 있지만 사도행전 6:13에는 그것에 해당하는 내용이 나온다는 것을 참조하라.

초기 그리스도인들이 가르쳤던 것을 대변하고 있다고 할 수 있지만, 놀라운 것은 그리스도께서 우리 죄를 위하여 죽으셨다는 모티프가 초대 교회의 설교의 한 부분이었을 것이라고 믿을 만한 충분한 근거가 있음에도 불구하고 사도행전에는 실질적으로 나오지 않는다는 것이다.[8]

이 모티프가 사도행전에 나오지 않는 것에 대하여 여러 가지 설명들이 제시되어 왔다. 그 중의 하나는 유대인들을 향한 초대 교회의 설교는 십자가의 걸림돌을 제거하는 것에 집중해야 했고(고전 1:23), 사도행전은 그러한 시도 중의 한 가지 방식을 보여준다는 것이다. 두 번째 설명은 구원 사건으로서의 십자가의 신학의 발전은 어느 정도 시간이 걸렸을 것이고, 누가는 가장 초기 단계의 가르침을 대변하고 있다는 것이다.[9] 우리는 고린도전서 15:3에 비추어 볼 때에 이러한 발전을 아주 후대로 설정할 수 없지만, 발전들이 모든 곳에서 동일한 속도로 진행되지 않았다는 것을 기억하여야 한다. 셋째, 초대 교회에서 신조 또는 케리그마적인 성격을 지닌 몇몇 진술들은 그리스도께서 죄 또는 죄인들을 위해서 죽으셨다는 것을 명시적으로 언급하고 있지 않다는 것이 분명하다. 빌립보서 2:6-11은 십자가에 대하여 언급하고 있지만, 십자가가 지닌 구원의 효과에 대해서는 전혀 언급하고 있지 않다. 데살로니가전서 1:9-10은 부활에 대하여 언급하지만, 십자가에 대해서는 언급하지 않는다. 디모데전서 3:16은 순전히 그리스도의 신원(vindication)에 관한 것이다. 이러한 진술들이 죄인들을 위한 그리스도의 죽음을 언급하고 있는 동일한 시기의 다른 진술들과 나란히 존재하였다는 것에는 논쟁의 여지가 없지

---

8) 마가복음 10:45의 표현과 최후의 만찬에 관한 말씀들은 후대의 교회의 신학을 보여주는 것으로서 예수 당시로 투영되고 있는 것이라는 일부 학자들의 설명은 유지될 수 없다. 초대 교회에서 예수의 죽음에 대한 대속적이고 희생제사적인 이해가 일찍부터 발전했음을 보여주는 증거들과 이 복음서의 내용들의 진정성을 보여주는 논거들은 그렇게 쉽게 폐기될 수 없다.

9) 하지만 누가가 사도행전의 후반부에서 바울의 설교를 묘사하고 있는 것이 베드로의 초기 설교를 뛰어넘는 발전을 보여주고 있지 않다는 것과 바울이 그가 고린도에서 전한 복음에 관한 묘사 속에는 "그리스도께서 우리의 죄를 위하여 죽으셨다"(고전 15:3)는 표현이 포함되어 있다는 문제는 여전히 남는다.

만, 후자의 진술들의 존재에도 불구하고 복음이 다른 관점에서 표현될 수 있다는 주장이 계속해서 제기되고 있다. 그럼에도 불구하고, 사도행전에서 베드로와 바울이 죄인들을 위한 그리스도의 죽음이라는 모티프를 가져와서 사용하고 있는 것으로 묘사되고 있지 않다는 것은 이상한 일이다. 높아지신 메시야, 장래의 재판장과 현재적인 구주로서의 예수의 정체성을 중심으로 한 초기의 설교의 흐름은 전적으로 이해될 수 있고 가능한 일이다. 유대교와 이전에 거의 접촉한 적이 없는 사람들에 대한 전도는 너무도 당연한 말이지만 다신교가 잘못되었고 유일신을 보여주는 내용으로 시작되었을 것이다.

구원의 수단으로서의 십자가가 신자들 사이에서 잘 알려져 있고 널리 받아들여지고 있던 때에 누가가 그러한 것에 대한 모든 언급을 주의 깊게 제거함으로써 사도들의 메시지를 개작했을 가능성은 거의 없다. 누가가 무슨 동기로 그러한 일을 했을 것인가? 누가가 제시한 것은 하나님으로부터 구원과 성령을 수여할 권세를 부여받은 높아지신 메시야로서의 예수에 대한 이해이다. 누가가 초대 교회의 설교들에서 쟁점이 되고 있는 것으로 보고 있는 것은 기본적으로 메시야로서의 예수의 정체성이다. 가장 초기의 설교가 이러한 묘사와 기본적으로 다르다고 주장하는 사람들은 거기에 대한 입증 책임을 져야 할 것이다.[10]

위에서 우리가 한 논증이 옳다면, 우리는 예수에 대한 가장 초기의 설교가 복음서들에서 예수에 관한 이야기를 말하고 있는 방식으로부터의 적절한 발전이었다는 것을 알 수 있다. 이제 하나님에 의해서 높아지신 메시야로서의 예수의 정체성은 계속해서 유대인들과의 논쟁 및 복음 전도에서 기본적인 쟁점이 되었다.

성령. 복음서들은 성령이 성경의 저자들에게 영감을 주고 예언적인 통찰력을 수여하는 역할을 했다는 것을 공통적으로 받아들이고 있다(막 12:36과

---

10) 예수께서 우리의 죄들을 위하여 죽으셨다는 이해가 교회의 아주 초창기 시절에 발전되지 않았다고 믿을 만한 어느 정도의 근거가 존재한다. 우리는 데살로니가 교회가 바울이 그러한 것을 그들에게 설명할 필요성이 있다는 것을 알게 되었다고 말할 정도까지(데살로니가전서에서) 예수의 부활이 이미 죽은 신자들과 관련하여 지니는 온전한 의미를 제대로 인식하지 못하였다는 것과 비교해 볼 수 있다.

그 병행문들). 성령의 이러한 역할은 여러 사건들에 대하여 성령의 감동을 받아서 설명한 당시의 사람들의 활동 속에서도 계속된다(눅 1–2장). 메시야에게 성령이 머물러 있는 것은 구약성서에서 약속된 것이었기 때문에, 예수께서 그의 사역을 시작할 때에 수세시에 성령을 받아서, 성령의 인도하심을 받고 성령의 권능을 따라서(사탄적이거나 마귀적인 힘의 결과로서가 아니라) 권능의 역사(役事)들을 행하시게 된 것은 적절한 일이었다. 이러한 기본적인 이해는 여러 가지 방식으로 표현되고 있다. 마가는 우리에게 골자만을 전달해 준다. 마태와 누가는 성경적인 근거들을 인용한다(마 12:18;. 눅 4:18). 마태복음과 누가복음에 나오는 병행 본문들은 하나님의 능력에 관한 표현들이 동일한 취지를 가지고 있다는 것을 보여준다(cf. 마 12:28; 눅 11:20). 누가의 표현 방식은 예수께서 성령에 의해서 주관된 것이 아니라 성령의 능력을 누리고 있다는 것을 보여주는 것 같다.

마태와 누가는 예수의 수태를 성령의 활동과 결부시킨다. 누가복음에는 성령으로 충만하게 되었다는 독특한 표현이 사용된다(눅 1:15, 41, 67; 4:1). 자신의 사명을 수행하기 위하여 성령을 필요로 하는(하나님의 인간적인 대리자와 마찬가지로) 사람으로서의 예수라는 개념과 자신의 사명을 수행하는 데에 필요한 모든 통찰력과 능력을 가지고 있는 하나님의 아들로서의 예수라는 개념 간에는 어느 정도의 긴장 관계가 존재하는 것으로 보일 수 있다. 복음서 기자들은 메시야에게 성령이 머물러 있다는 구약의 묘사에 의해서 제약을 받아서, 하나님의 아들이 하나님의 성령을 받는다는 것이 모순되는 것임을 보지 못했다고 할 수도 있다.

모든 복음서들은 더 강한 자가 오셔서 성령으로(마태복음과 누가복음에 의하면, 불로) 세례를 주시리라는 요한의 예언을 기록하고 있다. 오직 누가만이 이러한 예언이 초대 교회에서 성취되었다는 것을 보여줄 수 있는 위치에 있었다(행 11:16). 예수의 가르침은 단지 제자들이 박해를 받고 재판을 받을 때에 성령이 제자들로 하여금 적절한 것들을 말할 수 있게 해줄 것이라는 짤막한 언급을 하고 있고, 누가복음 21:15에 나오는 흥미로운 이문(異文)에서는 예수께서 친히 그들에게 "말과 지혜"를 주시겠다고 약속한다. 사도행전 2:33에 비추어 볼 때, 이것은 예수께서 하늘에서 성령을 나눠 주시는 자의 역할을 할 것임을 염두에 두고 있었음을 보여준다. 성령이 예수께서 살아 계신 동안에 제자들에게 수여되지 않았다는 것은 분명해 보인다. 예외는 누가복음 1-2장에서 구약의 선지자들과 비슷한 역할을 하며 예수의 출생을 알리는 등장인물들과 선교 활동을 위해서 예수로부터 "능력"(눅 9:1; 그러나 마태복음과 마가복음에서는 단지 "권세"로 표현하고 있다)을 받은 제자들이다.[11] 또한 누가복음 11:13에는 하나님께 기도하는 자들에게 아버지께서 성령(마태복음에는 "좋은 것"으로 되어 있다)을 주실 것이라는 예수의 약속도 나온다.[12] 문맥상으로 볼 때, 제자들이 그 자리에서 성령을 달라고 기도할 수 없었다는 것을 보여주는 그 어떤 증거도 없다. 이러한 묘사는 기본적으로 복음서들 전체에 걸쳐서 일관된다. 성령은 메시야로서의 예수의 삶과 사역 속에서 활동하였고, 다른 사람들에게서도 어느 정도는 활동하였지만, 성령 세례에 관한 요한의 약속은 아직 성취되지 않았다.

사도행전의 전체적인 분위기는 처음에 오순절 날에 있었던 성령의 강력한 강림이 중심적인 위치를 차지하는 것에 의해서 설정되고 있는데, 이 사건은 분명히 성령 세례에 관한 예언의 성취로 규정된다(행 1:5). 고넬료의 가정에 성령이 임한 것도 성령 세례로 규정되기 때문에, 오순절 날의 성령 수여는 그 현장에서 원래 받았던 자들에게만이 아니라 모든 신자들에게 주어진다는 것이 분명해졌다. 요엘서로부터의 인용문은 이러한 이해를 밑받침해 주고, 이러한 이해는 사도행전 2:38에서 베드로가 무리들을 향하여 한 말에 의해서 확증된다. 이것은 복음서들과 비교해서 사도행전에 나오는 새로운 요소이다.

복음서들에서 성령은 일차적으로 개개인들에게 메시야에 관한 선교를 위한 준비를 갖추게 하는 데에 관심을 갖는다. 이러한 역할은 성령에 대한 언

---

11) 권위와 능력 간에는 어느 정도의 긴장관계가 존재하는 것으로 보일 수 있지만, 이 두 표현은 하나님께서 권능의 역사(役事)들을 행하도록 힘을 주셨다는 것을 언급하는 데에 사용될 수 있었다. 예언들과 권능의 역사들이 예수의 이름으로 행해진 것과 비교해 보라(마 7:22-23; 막 9:38-39; 눅 10:17).

12) 누가가 성령에 대하여 언급하고 있는 것은 예수께서 실제로 말씀하신 것을 나타낸 것일 가능성이 크다.

급들이 대부분 선교 사역과 관련되어 있는 사도행전에서도 지속된다. 개개인들은 말씀을 전하고 증언을 하기 전에 성령으로 충만하게 되기 때문에, 그들의 증언을 배척하는 것은 성령을 거부하는 것이라고 할 수 있다(행 7:51). 신자들에 대한 인도하심은 성령과 그 밖의 다른 천상의 대리자들에 의해서 주어진다. 이와 동시에, 성령을 받는 것은 분명히 그리스도인이 되기 위한 필수조건이고, 하나님께서 그 사람을 자기 백성으로 받아들이셨음을 보여주는 분명한 표지이다(행 15:8). 성령은 선교 활동의 주체일 뿐만 아니라 어떤 사람이 그리스도에게 속해 있다는 것을 보여주는 표지라는 결론이 도출된다. 몇몇 사람들은 거의 성령에 붙잡혔다고 말할 수 있을 정도로 성령에 충만하다고 언급되고 있는 것(행 6:3, 5, 8; 7:55; 11:24) 속에는 긴장 관계가 존재하고(일곱 집사는 다른 신자들보다 더 "신령한" 자들인 것으로 보인다), 이미 성령을 받은 사람들을 특정한 사역들을 위해서 "충만케 하는" 현상도 존재한다(행 2:4/4:8; 9:17/13:9). 분명히 성령 세례는 신자들에게 영속적으로 수여된 것으로서 새 계약에 속해 있음을 보여주는 표지였고, 신자들 모두에게 공통적인 것이었다. 성령 세례는 신자들을 선교 활동을 할 수 있도록 준비시키지만, 이것은 특정한 경우에 사람들을 특별히 충만하게 하는 것과 전적으로 양립될 수 있다. 복음서들과 마찬가지로 사도행전은 개인과 공동체의 영적인 삶이라고 할 수 있는 것과 관련해서 성령의 기능들에 관하여 거의 말하고 있지 않지만, 이러한 모티프가 완전히 존재하지 않는 것은 아니기 때문에, 사도행전에서 성령은 온전히 예언과 선교의 영이라는 일방적인 주장은 옳지 않다. 또한 성령 세례는 그리스도에 대한 최초의 믿음 행위와는 분리되는 경향을 보여주는 나중의 체험이라고 주장하는 것도 옳지 않다. 사도행전 2:38에 나오는 약속이 그 자리에서 성취되지 않았다고 주장하고자 하는 자들은 그 입증 책임을 스스로 져야 한다.

예수, 이스라엘, 이방인들. 마가복음은 유대교에 관하여 잘 몰라서 가르침을 받을 필요가 있었던 청중들을 위하여 씌어졌음을 보여주는 여러 가지 특징들이 나오기는 하지만 예수께서 유대인들 가운데서 베푸신 선교 활동을 묘사하고 있다. 예수는 종종 비유대인 지역으로 들어가서 비유대인들과 접촉하지만, 이러한 것들은 거의 언급되지 않는다. 예수는 가르침을 통해서 율법 교사들의 행태를 비판하지만, 그 비판은 율법 자체가 아니라 장로들의 전통을 향한 것이다. 마가가 예수께서 그의 가르침을 통해서 모든 음식이 깨끗하다고 선언하셨다는 것을 설명할 때, 그것은 당시의 관습에 대한 비판인 것으로 보인다. 포도원 비유에 나오는 단죄가 지닌 함의들은 명시적으로 철저하게 천착되지 않는다. 온 세상에 걸친 이방인들에 대한 선교는 미리 예시된다.

마태복음이 이 문제를 주제로 삼고 있다는 것은 학자들 간에 전체적으로 의견의 일치가 존재한다. 율법에 대한 순종의 문제가 다루어지고, 율법, 아니 예수에 의해서 해석된 대로의 율법이 제자들에게 구속력이 있는 것으로 이해되고 있다고 말하는 것이 옳을 것이다. 예수는 율법을 폐하기 위하여 오신 것이 아니었다. 산상수훈의 주된 취지는 사랑에 의해서 지배되는 근본적인 생활 양식을 요구하는 방식으로 여러 태도들과 동기들을 다룸으로써 율법을 심화시키는 가르침을 베푸는 것이다. 사람들은 유대교를 따라서 살아가고 희생 제사를 성전에서 계속해서 드리는 것으로 전제된다. 그럼에도 불구하고, 하나님께 순종하지 않고 메시야가 오신 것을 깨닫지 못하는 유대 지도자들에 대한 강력한 비판이 나온다. 하나님의 나라가 그들로부터 빼앗아져서 다른 사람들에게 주어질 것이다. 예수와 그의 제자들의 선교 활동은 기본적으로 공생애 기간 동안에 유대인들에게 국한되어 있기는 하지만, 유대인들의 불신앙은 장차 믿게 될 이방인들과 비교되어 비판되고, 이방인들에 대한 선교는 거듭거듭 예시된다. 이 복음서는 모든 족속을 제자로 삼는 것에 대한 엄청난 강조로 끝이 난다.

마찬가지로, 누가는 예수께서 주로 유대인들에게로 다니셨다는 사실을 존중하지만, 이방인들에 대한 선교를 여러 가지 방식으로 암시하고 있다. 72명의 증인들이라는 상징은 결코 놓칠 수 없는 상징이다. 마태와 마찬가지로, 누가는 예수의 청중들이 계속해서 율법을 지켰다는 것을 전제한다.

사도행전에서 누가는 교회가 많은 점들에서 이방인들에 대한 선교를 수행하기가 어렵다는 것을 발견하였고, 이방인 선교에 대한 반대는 일부 신자들에게서 계속되었다고 이야기한다. 하나님의 새로운 한 백성이 존재한다. 이 새로운 백성이 율법을 어디까지 지켜야 하는지에 관한 논쟁이 벌어졌다. 이방인들은 할례를 받을 필요가 없다는 결정적인 사항은 견고하게 정립되었다. 이것은 복음서들에서 이런저런 방식으로 결코 쟁점으로 제기되지 않았고, 복음서들에서 할례에 관한 유일한 언급은 예수의 할례에 관한 것이었다.

종말론. 세상에 대한 하나님의 계획 속에서 말세의 사건들에 관한 가르침이라는 넓은 의미에서의 종말론은 복음서들에서 꽤 두드러지게 나타난다. 하나님의 나라는 하나님께서 인간 역사 속에 자신의 통치를 확립하고 거기에 반대하는 것들을 소멸시키기 위하여 종말에 개입하는 것으로 생각되었다. 이와 동시에, 하나님의 나라는 영원한 상태를 의미하는 것으로 이해되었기 때문에, 하나님 나라에 관하여 말하는 것은 하나님이 영원히 통치하시는 초월적인 영역에 관하여 말하는 것이었다. 예수께서 하나님 나라가 가까이 왔다거나 이미 도래하였다고 알리신 것은 종말의 사건들이 시작되었다는 것을 보여주는 신호탄이었다. 또한 예수의 가르침은 최후의 심판과 사람들로 하여금 종말이 가까이 왔다는 것을 느끼게 해줄 선행적인 고통의 때에 관한 충분한 경고를 담고 있었다. 사실, 머지않은 장래에 유대와 그 주변 사회에는 혼란이 찾아 왔고, 그것은 로마와의 전쟁이라는 끔찍한 사건에서 절정에 달하였는데, 이러한 사건은 사람들에게 최후의 파국의 시작처럼 보였을 것임에 틀림없다. 그렇지만 이와 동시에, 그것을 "흔히 있는 일"로 생각하는 것도 가능하였던 것으로 보인다. 마가복음 8장까지에서 우리가 받는 인상은 예수께서 새로운 상황을 이 세상적인 관점에서 선포하고 있다는 것인데, 예수는 하나님께서 이례적인 방식으로 일하고 계시다는 것을 보여주는 권능의 역사(役事)들을 통해서 개개인들과 사회에 치유를 가져다 준다. 인간의 삶에 관한 예수의 가르침은 한편으로는 통상적인 인간의 삶을 위한 규칙들과 규범들, 다른 한편으로는 자기 부인을 비롯하여 그 어떤 대가도 다 감수하고서 사람들의 반대에 직면하여 죽음을 각오하고서라도 기꺼이 메시야에게 전심으로 헌신하라는 부르심, 이 두 가지가 결합된 것이다.

이것과 아울러서 모종의 신원(vindication)에 관한 약속도 나온다. 한편으로, 예수는 자신이 죽임을 당하지만 다시 살아나게 될 것임을 예언한다. 다른 한편으로, 최후의 심판을 암시하는 표현을 사용한 인자의 도래에 관한 예언이 나온다. 야고보와 요한은 예수께서 영광을 받으실 때에 그 옆자리에 앉게 해달라고 요청한다. 그들은 그들이 순교를 당해서 곧장 하늘로 올라가 거기에서 예수의 옆자리에 앉게 될 것을 생각하였던 것인가, 아니면 예수께서 부활하신 후에 이 땅에서 새 세상이 시작될 것이라고 생각했던 것인가? 예수께서 예루살렘에 당도하신 것은 장차 도래할 메시야의 나라와 연관이 있는 것으로 선포된다. 메시야의 나라는 하나님의 최후의 통치 이전에 있게 될 잠정적인 단계로 생각되었던 것인가? 그런 후에, 마가복음 13장이 나오는데, 거기서 예수는 성전의 멸망과 예수가 이 땅에 없게 되고 사람들이 "그리스도"를 참칭하게 될 시기가 올 것에 관하여 말한다.[13] 이와 거의 동일한 묘사가 마태복음과 누가복음에서 제시된다.

사도행전에는 이러한 이야기가 거의 나오지 않는다. 제자들이 종말론, 이스라엘 나라의 회복의 때에 관하여 질문하였을 때, 예수께서는 그런 것은 그들이 참견할 문제가 아니라고 대답하신다. 그들이 해야 할 일은 "땅 끝까지" 예수의 증인이 되는 것인데(행 1:6-8), 이 말씀은 선교 활동이 상당 기간 동안 진행되어야 한다는 것을 의미하고 있고, 실제로 선교 활동은 사도행전의 끝부분에 이르러서도 완결되지 않았다. 예수께서 다시 오신다는 약속은 확고한 것이지만, 그 말씀은 예수의 재림이 임박한 것이 아니며 적어도 즉각적이지 않다는 인상을 준다(행 3:20). 그렇지만 성령이 부어졌다는 점에서 마지막 날들은 시작되었다. 스데반이 환상 속에서 본 것처럼 하늘은 가까이에 있다(행 7:55-56). 그러나 그 후에 관심은 선교, 특히 이방인들에 대한 선교에 집중된다. 그 메시지는 예수에 의한 심판의 날에 관한 경고를 포함하고 있다(행 10:42; 17:31). 그러나 그것이 전부이다. 사도행전은 이 문제를 광범위하게 다루지 않는다. 로마와의 전쟁과 예루살렘의 멸망이 연대기적으로 사도행전의 저작과 어떤 관계에 있든지 간에, 사도행전은 이 문제에 대하여 침묵한다 — 예루살렘의 멸망을 분명하게 주제로 삼고 있는 누가복음 21장과는 확연하게 대비가 될 정도로(마가복음과 마태복음에서 더 모호한 언어를 사

---

13) 우리가 "그"를 누구라고 보든지 간에, 그러한 인물이 예수와 나란히 존재하였을 가능성은 거의 없는 것으로 보인다. 예수는 더 이상 존재하지 않았고 그의 역할을 참칭하는 자들이 등장하였다는 전통적인 해석이 아마도 옳을 것이다.

용하고 있는 것과 대비해 보라).[14]

그러므로 누가는 묵시적인 예언이 예수의 가르침의 일부였다는 것을 존중하지만, 사도행전에서는 그러한 것이 일차적으로 선교 활동에 집중하고 사람들의 반대에 직면한 교회와 관련해서는 별로 중요한 것이 아니었던 것처럼 묘사한다.

결론

이러한 비교를 통해서 우리는 세 복음서들에서 예수와 그의 메시지에 관한 묘사들이 서로 두드러지게 비슷하다는 것을 확인할 수 있다. 사도행전에서 초기 그리스도인들의 신학에 관한 묘사는 아주 중요한 몇몇 새로운 이해들이 등장하기는 하지만 복음서들에 나오는 것으로부터 직접적으로 발전된 것으로 이해될 수 있다. 달리 말하면, 사도행전에 묘사된 신학은 우리가 예수께서 죽은 자 가운데서 부활하셔서 그들 가운데서 여전히 활동하고 계신다고 믿었던 지상적 예수의 한 무리의 제자들로부터 기대할 수 있는 바로 그런 것이라는 말이다. 사도행전과 공관복음서의 차이점들은 예수의 가르침이 초대 교회의 가르침에 동화되지 않았다는 것을 아주 극명하게 보여준다. 예수의 하나님 나라 선포와 초대 교회의 예수 선포 간의 아주 중요한 구별이 주의 깊게 보존되어 있다. 예수의 가르침을 초대 교회의 가르침에 동화시키고자 하는 유혹이 대단히 강하였을 것임에 틀림없었다는 점을 감안할 때, 이 점은 훨씬 더 주목할 만한 일이다.

그러므로 우리가 보고 있는 것은 그 밑바탕에 깔려 있는 동일한 구조와 내용을 표현하면서도 서로 다른 방식으로 표현하고 있는 두 개의 신학, 즉 예수의 신학과 그의 제자들의 신학(누가에 의해서 묘사된 대로)이다.

한편으로, 우리에게는 하나님 나라가 지금 여기에서 이루어지고 있다고

---

14) 이러한 문제는 사도행전의 저작 연대를 주후 70년보다 훨씬 더 이후의 시기로 설정함으로써 해결될 수 있다. 누가복음은 사도행전과 아주 근접한 시기에 저작된 것으로 보아져야 하기 때문에, 모든 것은 이 문제에 집중되어 있다. 누가복음에는 묵시론이 나오고 사도행전에는 나오지 않는다는 것은 요한계시록에 묵시론이 나오지만 요한복음에는 나오지 않는 것과 같이 요한 문헌의 상황과 비슷한 것으로 볼 수 있지 않을까?

선포한 예수의 메시지, 압제받는 자들과 죄인들에게 악의 세력으로부터의 구원을 제시하고, 아버지이신 하나님과의 새로운 관계 속으로 들어오라고 초청하며, 영생을 약속한 메시지가 있다. 예수는 단지 하나님께서 무엇을 행하고 계시는지를 선포하는 자에 머무신 것이 아니었다. 그는 하나님의 대리자로서 성령의 능력을 힘입어서 활동하셨고, 복음서 기자들에 의해서 이야기가 전개됨에 따라서 인자, 메시야, 하나님의 아들로서의 그의 지위가 드러난다. 예수의 메시지는 제자도를 통한 예수에 대한 헌신의 응답과 모세 율법의 요구들을 뛰어넘는 새로운 삶의 방식을 요구한다. 예수는 이러한 메시지를 유대인들에게 전하는 하나님의 선교사였고, 이것은 이스라엘을 명목상으로만이 아니라 진정으로 하나님의 백성으로 회복시키기 위한 것이었지만, 이 메시지는 비록 이 단계에서는 온전히 드러나지 않기는 하지만 이방인들에게도 열려 있었다. 예수의 선교는 유대 지도자들로부터의 반대에 부딪치게 되고, 이것은 하나님에 의해서 계획된 일련의 사건들, 즉 예수께서 버린 바 되시고 십자가에 못 박히셨다가 하나님에 의해서 신원되어 죽은 자 가운데서 다시 살아나는 일련의 사건들을 낳는다. 이것이 복음서 기자들이 예수를 보는 시각이고, 그들의 묘사는 예수의 삶과 가르침에 관한 믿을 만한 전승들에 확고하게 의거하고 있다.

다른 한편으로, 우리에게는 초기 그리스도인들의 신학이 있다. 예수의 부활 사건과 그들의 성령 체험은 예수의 메시지가 참되고 예수께서 지금 하나님에 의해서 메시야와 주(主)로 확증되었다는 것을 그들에게 확인시켜 주었다. 그러므로 예수는 지금 다양한 수단들을 통해서 하늘로부터 일을 하고 계신다. 그들의 제자도는 계속되었고, 그들은 이스라엘로 하여금 메시야를 인정하게 하는 선교를 수행해야 하는 지속적인 의무가 그들에게 부여되어 있다는 것을 잘 알고 있었다. 따라서 그들의 선포의 강조점은 하나님의 나라에서 메시야로 옮겨졌고, 그 결과 그들의 메시지는 예수께서 선포하셨던 것을 반복하는 것이 아니라 예수 자신을 선포하는 것이 되었다. 그들은 예수의 모든 제자들의 체험의 아주 중요한 부분이 된 저 동일한 성령의 능력을 힘입어서 선교 활동을 수행한다. 하나님 나라를 강조하는 것이 약화되고, 그 대신에 죄 사함과 성령을 받는 것을 포함해서 구원 체험과 영생이 점차 강조되게 되었다. 하나님의 인도하심을 감지할 수 있는 일련의 사건들을 통해서 그들은 이방인들에 대한 선교를 급속히 확대하였고, 그 결과 선교사들이 로마 세계 전역으로 퍼져 나가서, 유대의 율법과 그 관습들이 회심자들에 대하여 지니는 지위에 관한 문제들이 생겨나게 되었다. 새로운 운동에 대한 반대는 신자들의 순교와 투옥과 죽음의 위협으로 이어졌기 때문에, 예수께서 가신 길이 바로 그의 제자들이 가야 할 길이라는 것이 인식되었다.

이 두 개의 신학에 관한 진술들을 비교해 볼 때, 우리는 예수의 죽음과 부활이 그의 제자들에게 큰 변화를 가져다주었다는 점을 염두에 두면 그 진술들의 기본적인 동일성을 볼 수 있게 된다. 공관복음서들과 사도행전은 신학에 있어서 대체적인 구조와 세부적인 내용에 있어서 광범위한 일치가 존재하기 때문에, 그것들은 한데 어우러져 조화를 이룰 수 있다. 우리는 이 점을 자세하게 논증하고자 시도하지는 않았지만, 이것은 예수와 최초의 그리스도인들 간의 근본적인 일치를 반영하고 있다고 말할 수 있는 타당한 근거가 존재한다.

이것은 마태복음, 마가복음, 누가복음, 사도행전의 토대가 된 세 회중 간에 완전한 조화가 존재하였다고 말하는 것이 아니다. 이것은 마치 오늘날 교회의 역사적 신조들을 받아들인다고 공언하는 기독교 회중들 사이에 좀 더 작은 문제들에 있어서 서로 견해가 다른 것과 마찬가지이다. 그러나 공관복음서들이 예수에 대한 조화로운 이해를 지닌 복음서 기자들의 저작이었다는 것과, 사도행전에서 우리는 복음서들에 나오는 신학과 연속선상에 있다고 볼 수 있는 초기 그리스도인들의 신학에 관한 묘사를 본다는 것을 단언하기에 충분할 정도로는 기본적인 문제들에 대한 일치가 존재한다.

이것은 우리에게 앞으로 논의되어야 할 두 가지 주요한 문제들을 남겨준다. 한편으로, 우리는 또 하나의 복음서, 즉 예수의 가르침에 대한 다소 다른 이해를 제시하고 있는 것처럼 보이는 요한복음을 어떻게 이해해야 하는지를 물어야 할 것이다. 다른 한편으로, 사도행전에 묘사된 초기 그리스도인들의 신학과 바울의 신학, 그리고 그 밖의 다른 초기 그리스도인들의 신학을 비교해야 하는 중요한 문제가 남아 있다. 우리는 이 두 가지 문제를 해결하기 위한 작업을 바울 서신의 신학에 대한 분석으로 시작하는 것이 적절할 것이다.

참고문헌

Tannehill, Robert C. *The Narrative Unity of Luke-Acts: A Literary Interpretation.* Vol. 1. *The Gospel According to Luke.* Philadelphia: Fortress, 1986.

────── . *The Narrative Unity of Luke-Acts: A Literary Interpretation.* Vol. 2. *The Acts of the Apostles.* Philadelphia: Fortress, 1990.

Verheyden, Jozef, ed. *The Unity of Luke-Acts.* Louvain: Louvain University Press, 1999.

제 3 부

바울 서신

제 8 장

갈라디아서

바울 신학 연구를 위하여 우리는 바울의 이름으로 되어 있는 서신들을 저술 연대 순으로 다룰 것이다.[1] 여기에는 바울 저작에 대해서 실질적인 반론이 없는 서신들과, 저작에 대해서 지속적인 학문적 논쟁이 지속되고 있는 서신들이 다 포함될 것이다.[2] 이렇게 하는 것이 정당한 이유는 다음과 같다. 설

---

1) 재론할 필요도 없는 말이지만, 이것은 논란이 많은 문제이다. 현존하는 바울 서신 중 가장 오래된것은 데살로니가전서 아니면 갈라디아서이다. 대다수 학자들은 데살로니가전서를 꼽는다. 나는 갈라디아서를 가장 오래된 서신으로 꼽는 몇몇 학자들, F.F. 브루스나, 리처드 론지네커와 같은 입장이다. 다음을 보라. F.F. Bruce, *The Epistle of Paul to Galatians* (Exeter: Paternoster, 1982); Richard N. Longenecker, *Galatians* (Dallas: Word, 1990).

갈라디아서가 후기에 기록되었다고 보는 학자들은 갈라디아서의 신학이 데살로니가전서의 그것보다 성숙해 있으며, 로마서의 신학에 훨씬 가깝다고 주장한다. 이 책에서 취하는 입장은 이것이다. 즉 데살로니가전서와의 비교에서 생기는 차이를 설명하는 더 좋은 방법은, 갈라디아서에서 바울은 데살로니가전서에서보다 그의 대적들에 대항하여 복음의 어떤 측면들을 더욱 명시적이고 논쟁적으로 제시했다는 것이다. 데살로니가에는 그런 대적이 없었다. 어찌 되었든, 갈라디아서를 바울 신학의 도입부로 삼게 되면, 그의 신학적 사유의 중심으로 바로 들어갈 수 있는 이점이 있다. 다음을 보라. James D.G. Dunn, *The Theology of Paul's Letter to the Galatians* (Cambridge: Cambridge University Press, 1993), p. 133: 그러므로 바울의 서신들 중에서 갈라디아서는 바울 자신의 신학의 최초의 포괄적인 진술로서 최고의 위치를 차지한다.

2) 이 부류에 속하는 서신으로, 데살로니가후서, 골로새서, 에베소서, 디모데전후서,

사 그의 서신들 중 몇 개가 직접 바울의 손으로 기록되지 않았다고 하더라도, 그것들은 바울의 활동을 계승한다고 주장한 추종자들, 따라서 바울의 신학으로부터 강력한 영향을 받은 사람들에게서 나왔기 때문이다.

그러므로 우리는 갈라디아서부터 시작하겠다. 그러면 우리는 즉시 논쟁 속으로 빠져들게 되는데, 그것은 두 가지 차원의 논쟁이다. 그 하나는 바울이 독자들과 벌인 논쟁이고 이 논쟁에서 그는 성공적이었던 것으로 보인다 다른 하나는 그 논쟁에서 실제로 무엇이 문제였는지에 대한 오늘날의 논쟁이다.

갈라디아서 배후의 논쟁

갈라디아서는 바울이 교회에 보낸 서신 중에서, 독자의 영적인 진보에 대하여 하나님께 감사하는 말로 시작하지 않고 바로 논쟁으로 들어가는 단 하나의 서신이다. 서신의 내용으로 보아 갈라디아에 있던 몇몇 지역 교회의 신자들은 전적으로 이방인은 아니었지만 주로 이방인들로 구성되었음을 쉽게 알 수 있다. 그들 중 일부는 이전에 할례를 통해서 완전히 유대교도가 되는 절차를 거치지 않고 유대교 회당에 출석만 하던 사람들이었을 것이다. 그런데 이제 그들이 일단의 사람들로부터, 할례를 받고 여러 종교적 절기를 준수하라는 강력한 권고를 받고 있었다(이 절기들은 유대교의 종교적 기념일임이 분명하다; 갈 4:10). 이 서신은 그들을 설득하여 그런 압력에 굴복하지 않게 하려는 지속적인 노력이다. 이 서신은 복음의 성격과 그것의 유익을 상기시킴으로써 그 목적을 이루고자 한다.

이런 압력이 그들에게 가해진 이유는 무엇이며, 그 배경에는 무엇이 있을까? 일단의 사람들이 바울이 세운 몇몇 교회들을 순회하면서 바울에 의해서 개종한 사람들의 생각과 생활을 바꾸려고 노력하고 있었음이 분명하다. 그들은 통상 '유대화주의자'라는 별명으로 불린다. 이 단어는 갈라디아서 2:14

디도서가 있다. 이 문제에 대해서는 다음 책을 참고하라. I Howard Marshall, Stephen Travis and Ian Paul, *Exploring the New Testament*, vol. 2, *The Letters of Revelation* (London: SPCK; Downers Grove, Ill.: InterVarsity Press, 2002).

에서 사용된 헬라어 동사에서 나왔다. 마틴(J. Louis Martyn)에 의하면, 그 사람들은 이방인들을 율법 준수 복음으로 개종시키려는 선교 운동을 벌이고 있었다.[3] 어찌 되었던 그들은 유대인 그리스도인들이었다. 그들은 복음을 이해하기를, 기독교 운동은 결국 유대교를 개방하여 유대인들로 하여금 이방인을 받아들이도록 하는 것이라고 이해했다.[4] 그들의 눈에 문제로 비친 것은, 바울이 메시야의 도래에 대해서 전파하며, 하나님의 백성이 되기 위해서 우리는 오직 예수를 믿기만 하면 된다고 가르치는 것이었다. 할례와 율법의 다른 것들을 지키는 것이 이방인에게는 불필요하다는 것이었다.

이 문제는 할례받지 않은 이방인들이 기독교 신자가 되었던 이전 안디옥과 다른 곳에서 이미 불거졌었다(갈 2:11-14). 이것은 유대인 신자들에게 현실적인 문제를 일으켰다. 왜냐하면 예수의 죽음을 기념하는 애찬이 회중의 생활의 중심이었기 때문이다. 유대인들은 비유대인과 엄격한 분리를 고수해 왔다. 이것은 유대인들이 이방인과 함께 식사를 하지 않는다는 점, 혹은 종교적 결례를 준수하지 않는 이방인들에 의해서 만들어진 음식을 먹지 않는다는 점에서 특별히 그러했다. 사도행전 10장의 베드로의 이야기가 생생하게 보여주듯이, 이방인과 그들의 음식은 '부정한' 것으로 간주되었다.[5] 그런데 교회의 애찬에 참석한다는 것은 유대인들이 이제 할례받지 못한 '부정한' 이방인과 함께 먹어야 한다는 것을 의미했다. 유대인 그리스도인들이 수 세기를 내려온 그런 전통을 떨쳐버리기는 힘들었을 것이며, 불신 유대인들에

<hr />

3) J. Louis Martyn, *Theological Issues in the Letters* (Edinburgh: T & T Clark, 1997), pp. 7-24.

4) 이것은 보편적으로 받아들여지는 견해이다. 아니면, 최소한 최근의 논문인 Mark Nanos, *The Irony of Galatians: Paul's Letter in First-Century Context* (Minneapolis: Fortress, 2002)가 출판될 때까지 그러했다. 그 책은 그 문제가 유대인 그리스도인의 압력이 아니라 유대교의 압력에 의한 것이라고 주장한다. 이 주장에 대한 판단은 아직 내려지지 않았다.

5) 이 점에 관해서 유대인들이 얼마나 엄격했는지에 대해서는 논쟁이 되고 있다. 다음 두 학자의 다른 입장을 참고하라. James D.G. Dunn, *Jesus, Paul and the Law: Studies in Mark and Galatians* (London: SPCK, 1990), pp. 129-82; Philip F. Esler, *Galatians* (London: Routledge, 1998), pp. 93-116.

게서 쏟아질 수밖에 없었던 비난을 견디기 어려웠을 것이다. 그들 불신 유대인들은 유대인 그리스도인들의 예수에 대한 괴상한 믿음을 관용할 수는 있다하더라도 그들의 비유대교적 관행에 대해서는 명확한 선을 그었을 것이다. 그러므로, 유대화주의자들의 궁극적인 동기가 불신 유대인의 압력의 힘이었을 가능성이 얼마든지 있다. 간단한 해결책은, 그리스도인이 된 이방인들이 이 유대인 그리스도인들이 하고 있었던 대로 할례를 받고 율법을 지키는 것이었다. 그러면 모든 문제가 해결될 것이었다. 이 해결책은 명백하고도 설득력이 컸다. 이 견해를 지지하는 자들이 갈라디아 교회들에서 고지를 선점하고 있었으리라는 데에는 의심의 여지가 없다.[6]

유대화주의자들의 논증은 두 가지의 또 다른 함의를 가졌다.

첫째, 만약 예수에 대한 믿음만으로는 하나님의 백성으로 온전히 받아들여지기에 불충분하다면, 거기서 논리적으로 추론되는 문제가 있다. 곧, 바울이 그가 전파하고 있었던 복음의 관점에 있어서 의도적으로 복음을 왜곡하지 않았다면 최소한 그가 실수한 것으로 간주되어야 한다는 것이다. 바울이 과연 조상의 유전에 충실한 참된 유대인인가? 그가 사도라고 주장하는 것은 사실이지만, 그의 권위는 어디서 오는가? 어떤 인간적인 조직도 그에게 그런 권위를 주지 않았다. 그의 설교는 정당한 근거를 가지고 있지 못하다. 바울은 신뢰할 수 없는 인물로 간주되어야 했다.

둘째, 반대자들이 제기한 문제는 아마 이러했을 것이다. 즉 만약 사람들이 율법을 지키지 않는다면, 율법이 요구하는 도덕성에 일관된 삶을 어떻게 살

---

6) 이 편지에서 바울은 애찬의 문제를 안디옥에서 발생한 일과 관련하여 언급하지만, 바울의 반대자들이(우리는 그들을 이렇게 부른다) 자기네 교회에서도 이 문제를 제기했다고 상정할 수 있다.

우리는 안디옥의 문제와 갈라디아의 문제를 조심스럽게 구분해야 한다. 안디옥 문제의 발단은 애찬에서의 유대인과 이방인의 교제였다면, 갈라디아의 문제는 할례와 다른 율법의 요구를 받아들이는 것이었다. 비록 애찬에 함께 참여하는 문제가 갈라디아에서 일어나지 않았다고 하더라도, 안디옥에서 식사 교제를 위하여 요구되었던 사항은 갈라디아에서 요구되었던 것과 동일한 것으로 간주될 수 있다. 그것은 같은 문제의 다른 측면일 뿐이다.

수 있겠는가? 율법을 거부하는 사람들은 율법이 요구하는 도덕까지도 거부하는 것이 아닌가? 고린도전서 5장 11절과 6장 9–11절로부터 우리는 개종한 이방인들이 교회 내에서 계속해서 이방인의 죄를 범하고 있었음을 알고 있다. 여기 바울의 반대 논증은(갈 5:13–26) 그의 복음에 대해서 그런 반론이 제기되었음을 상정할 수밖에 없게 한다.

하지만, 유대인 그리스도인들이 (혹은 그들 중 일부가) 율법을 지키기 위해서 왜 그렇게 열심이었을까? 과거의 해석자들은 율법을 지키는 목적에 대해서 다음과 같이 주장했다. 즉 율법을 지킴으로써 유대인이든 이방인이든 하나님 앞에서 공로를 (이것은 바울이 사용한 단어가 아니다) 얻으려 했다는 것이다. 선행의 기록을 쌓고 악행을 피하면 그것을 근거로 하나님은 이전 악행에도 불구하고 죄인을 의롭게 하시리라는 신념에 의해서 그렇게 했다는 것이다. 그런데 샌더스(E.P. Sanders)를 대표로 하는 현대의 더 많은 해석자들은 그런 과거의 해석이 유대교에 대한 오해에서 비롯되었다고 주장하고 있다.[7] 유대교에서 각 개인은 하나님의 선택의 은혜에 의해서 언약 백성 안에 들어오게 되었다는 것이다. 그들은 그 백성 안에 들어오기 위해서 율법 준수를 요구받은 것이 아니라 그 안에 머물기 위해서 요구받았다는 것이다. 율법 준수는 은혜를 받기 위한 조건이 아니라 은혜에 대한 반응이었다는 것이다. 이 입장은 더욱 정리되어, 사람들이 준수를 요구받았던 '율법의 행위'의 본질은 하나님의 백성에 속했다는 표지 혹은 뱃지였으며 그들을 두르는 경계였다고 주장되기에 이르렀다. 바울이 반대한 것은 바로 이런 경계를 세우는 것이었다는 것이다. 이것은 이방인들이 하나님의 백성의 일원으로 간주되기 위해서는 율법을 지켜야 함을 의미했다.[8]

---

7) E.P. Sanders, *Paul, the Law and the Jewish People* (Philadelphia: Fortress, 1983)(본사 역간); 이 책은 *Paul and Palestinian Judaism* (Philadelphia: Fortress, 1977)에서 수행된 연구를 기초로 하고 있다; 참고 Dunn, *Jesus*.

8) 이 문제에 대한 토론은 종교개혁 시대에 훨씬 부상했던 공로라는 용어의 도입에 의해서 곁길로 빠졌다. 공로는 갈라디아서에서 문제가 되는 용어가 아니다. 갈라디아서의 문제는 사람들이 구원받기 위해서는 율법에 표현된 하나님의 요구를 만족시켜야 한다는 것이며, 그렇게 됨으로써 이 요구들이 (혹은 그것들 중의 일부) 유대인 신분의 표지가 되

유대화주의자들의 근본 동기가 유대인의 민족적 신분에 대한 관심이었으며, 따라서 유대인 신분의 표지를 이방인에게 강요하고자 하는 것이었을 수 있다. 할례, 절기 및 '정결한 음식'을 먹는 것은 (성전과 함께) 유대교를 규정하는 중심적 상징들의 일부였다. 그러므로 유대화주의자들은 바울의 복음에 의해서 그들의 유대적 신분이 위협받는다고 느꼈다. 바울의 복음은 결국 이방인이 유대교의 결정적인 표지를 받아들이지 않고도 유대교로 들어올 수 있는 길을 열었으며, 이것은 결국 그 상징들이 유대인에게 가지는 중요성에 의문을 제기하는 것으로 간주되었다.[9] 그러므로 이방인들에게 그런 의무를 부과한 데에는 사회적인 이유가 있을 수 있었다. 하지만 그런 부과가 그 민족의 조상인 아브라함이 할례를 받았다는 사실 같은 성경적 · 신학적 논증으로 변호될 수 있었다. 필립 이슬러가 주장하였듯이, 유대 그리스도인들이 '의인'이라는 구약 성경의 용어를 취하여, 그 용어를 진정한 하나님의 백성으로서의 그들의 신분을 표현하는 자기 지칭의 용어로 발전시켰을 수도 있다.[10]

바울은 성경적 · 신학적 수준에서 그 문제를 논의한다. 이는 이방인에게 그런 의무를 부과하는 것이 복음의 성격에 대한 실질적인 위협이라고 보기 때문이다. 바울은 이방인은 "유대인답게 살"(갈 2:14) 필요가 없다는 것을 재천명한다. 이 말은 이방인은 하나님과의 관계를 회복하기 위해서 단순히 예수를 믿기만 하면 되며, 이런 유대인 신분의 표시들인 법을 지킬 필요가 없다는 것이다. 이 논증은 철저하게 신학적 수준에서 이루어진다.

었고 하나님의 백성의 경계를 짓는 역할을 하게 되었다는 것이다.

그러나 뱃지를 다는 것이 요구 사항이 된다면, 그것은 분명히 구원의 조건이 되며, 자기가 하고 싶으면 할 수 있는 것이 아니게 된다. 나아가서 갈 6:14로부터(참고. 빌 3:3-4) 드러나는 것은, 사람들이 그리스도와 그의 죽음을 의지하는 것이 아니라 그런 일들을 의지했다는 것이며, 이것이 인간의 행동이므로('육신') 이런 확신이 자기에 대한 확신과 어떻게 구별될 수 있는지 알 수가 없게 된다. 그러므로 우리는 최소한 여기서 후기의 종교개혁자들이 그렇게도 강력하게, 그리고 정당하게 저항한 공로 교리의 씨앗을 볼 수 있다.

9) 행 21:21의 고발을 참고하라.

10) Esler, *Galatians*, pp. 143–45 등.

신학적 이야기

바울의 편지는 이런 상황에 대한 열정적인 대응이다. 그 논증의 중심 줄기를 따라가면서 그 신학 속으로 들어가 보기로 한다.

바울의 권위와 '다른 복음'(갈 1:1-2:13). 편지의 서두 인사에서 바울은 뒤에 더욱 길게 발전될 두 가지 주제를 선언한다. 첫 번째 주제는 그가 예수 그리스도와 하나님으로부터 권위를 부여받았다는 것이며, 따라서 그것은 다른 어떤 인간의 권위보다도 우월하다는 것이 암시된다(갈 1:1). 두 번째 주제가 주된 것인데, 이 주제는 인간의 죄로 인해서 야기된 문제를 예수 그리스도가 처리했다는 것을 상기시킨다(갈 1:4). 바울의 주된 관심은 복음이며, 사람들이 이 악한 시대에 빠져 있는 곤경에서 어떻게 구원 곧 건짐을 받느냐 하는 것이다(갈 1:4, 6-9).

그렇다면, 복음을 기본적으로 진술하자면 그리스도께서 우리를 위하여 자신을 주셨다는 것이다(갈 1:4; 이 선언은 갈 2:20; 3:13에서 반복된다). 이 서신 전체를 통하여 구원과 유익은(갈 5:2) 그리스도께서 이루신 일로 선언된다. 그가 속량하고(갈 4:5), 해방하며(갈 5:1), 그에 대한 믿음을 통하여 사람들은 "의롭게 된다"(갈 2:17). 이 말은 새로운 시대가 도래했다는 것을 암시한다.

다음으로 바울은 자신의 반대자의 메시지를, '다른 복음'이라고 명명한다(갈 1:6-9). 이 말을 들으면 마치 다른 복음이라는 것이 있는 것처럼 보인다. 이 말의 요점은 두 가지이다. 첫째, 이 말은 그 반대자들이 사람이 구원을 얻기 위해서는 자기들의 가르침을 받아야 한다고 말하고 있었음을 보여준다(행 15:1에서처럼). 할례와 율법 준수는 단순히 지키면 좋은 추가 사항이 아니라 불가결한 것이었으며, 식탁 교제의 문제는 진정한 문제의 한 부분에 불과했다. 둘째로, 그들의 가르침을 '복음'이라고 부름으로써 바울은 그들이 그 메시지를 권위적이며 신성한 기원을 가진 것으로 간주했음을 암시한다. 또한 그들이 바울의 메시지를 인간에게서 나온 것으로 간주했음이 암시되어 있다.

그런 연고로 바울의 변호의 첫 번째 부분은, 그가 이방인을 위한 메시지를 예수 그리스도로부터 직접 받았으며, 그것을 어떤 사람에게도 의존하지 않았다는 주장으로 되어 있다(갈 1:11-2:10). 그 메시지는 예수 그리스도와 하나님이 그를 사도로 부른 부르심의 일부였다(갈 1:1). 바울의 이런 주장은 비그리스도인 유대인에게는 아무런 무게도 가지지 못했을 것이다. 따라서 이 주장은 바울이 논쟁을 벌이는 대상이, 기독론에 관해서는 바울과 동의하면서도 그 함의에 대해서는 바울과 의견을 달리하는 그리스도인 유대인이었음을 보여준다.

바울은 특별히 애를 써서 자신의 부르심이 전적으로 하나님의 개입에 의한 것이었음을 주장한다. 그러면서 곁가지로 주장하기를, 예루살렘에 현존하는 어떤 사도도 그에게 권위를 부여해 준 적이 없음을 주장한다. 그는 예루살렘으로부터 독립해 있으면서도 그 곳 지도자들에게 완전히 인정받고 있었다. 실제로 발생한 일은 이러했다. 그가 예루살렘에 올라가서 자신이 지난 14년 동안 — 상당히 긴 기간이다! — 선포해온 복음에 관해서 이야기하자, 그들은 하나님께서 베드로를 유대인을 위한 사도로 삼으시고 바울을 이방인을 위한 사도로 삼으셨음을 인정했기 때문에 바울이 한 일을 따뜻하게 환영하였다.

그러므로 여기까지의 바울의 논증은 이것이다. 즉 그는 자신의 메시지를 하나님에게서 받았으며, 현존하는 어떤 사도도 바울을 통한 회심자들에게 부차적인 요구를 부과하지 않았고, 도리어 바울의 사명을 강력하게 장려했다는 것이다(갈 2:1-10). 그러므로 바울의 반대자들은, 바울의 소명에 의문을 제기하거나 바울이 예루살렘 교회의 지도자들과 조화를 이루지 못했다고 주장함으로써 바울의 개인적인 권위나 그의 메시지의 권위에 의문을 제기할 수 없었다. 그러나 베드로가 뒤에 안디옥에 왔을 때에, '야고보에게서 온 어떤 이들'에게 설득당해서 이방인과의 식사를 회피한 것은 그들의 합의를 어긴 처사였다(갈 2:11-14). 이 일로 말미암아 충돌이 야기되었다. 일반적으로는 바울이 베드로를 설득하지 못했다는 점을 들어 이 충돌에서 바울이 패한 것으로 간주되지만, 그것이 그런지는 분명치 않다. 왜냐하면 바울이 여기서 그 사건을 거론하는 것으로 미루어보건대, 이렇게 하는 것이 바울에게 유리했을 것이기 때문이다.[11] 바울과 베드로 사이에 지속적인 불화가 있었다는

_____

11) 바울이 갈라디아서 2장의 설명에서 베드로와의 토론에 대한 결론을 말하지 않는

표시가 어디에도 없으며, 바울이 베드로를 복음의 동역자로 간주한 표시뿐이므로(고전 3:21-23; 9:5),[12] 우리는 그 의견의 불일치가 한시적이었던 것으로 이해할 수 있다.[13]

바울은 자신이 베드로에게 말했던 내용을 설명하지만, 그 이야기 중의 어느 시점에선가 그것이 독자들을 향한 논증이 되며, 초점이 그의 권위에서 복음의 성격으로 바뀐다.[14]

복음에 대한 바울의 설명(갈 2:14-6:18). 그의 논증의 주안점이 무엇인가?

바울은 주장하기를, 베드로나 자기 자신 같은 유대인 그리스도인들은 자기들이 '바르게 된' 것 즉 '의롭게 된' 것이 그리스도에 대한 믿음에 의한 것이지 율법 준수에 의한 것이 아님을 안다고 주장한다(갈 2:14-16). 그리스도인들은 다음 내용에 동의했었다. 즉 사람이 하나님과 바르게 되는 것, 다른 말로 하면 하나님과 바른 관계 속으로 들어가는 것, 즉 '의롭다고' 인정되는 것이 오직 예수 그리스도를 믿음으로써만 되는 것이지, 유대교의 율법을 준수해서 되는 것이 아니라는 점이었다. 바울에게 있어서 이것은 베드로와 자기 자신이 일치한 내용이었다. 바로 이것이, 적어도 바울이 이해하는 한, 갈

것은 그가 패배자였기 때문이라고 때때로 주장된다. 하지만, 마크 나노스(Mark Nanos)가 나와의 대화에서 언급한 것처럼, 만약 바울이 그 논쟁에서 패했거나 베드로의 동의를 얻어내지 못했더라면, 바울이 이 이야기의 어느 부분이라도 다시 논했을 가능성이 없다. 바울이 자기에게 당황스러운 이야기를 왜 꺼내겠는가?

12) 이 점에서는 나는 최소한 바우어(Ferdinand C. Baur)까지 거슬러 올라가는 해석, 곧 복음에 대한 상이한 견해를 가진 베드로파와 바울파가 초대 교회 내에서 경쟁하고 있었다는 해석과 근본적으로 다른 입장을 취한다. 본서 30장의 각주 18을 참고하라.

13) 바울의 주장은 단순하게 "이것이 그들이 원래 합의한 바였는데 뒤에 와서 다시 이전으로 돌아가는 것은 옳지 않다" 혹은 "그들이 그 점에 있어서 잠시 그 이전으로 돌아간 것이 사실이지만, 베드로와 바나바는 그들을 향한 나의 논증의 힘을 인정했다"는 말일 것이다. 또 다른 의견으로는 바울이 베드로와 야고보와 자신 사이의 합의의 범위를 오해했다는 견해가 있다(휘프너가 2:64, 각주 77에서 인용하는 홈버그의 견해). 우리는 이 갈등이 언제 치료되었는지 확실히 알 수 없지만, 나는 그것이 갈라디아서 집필 이전이었으리라고 생각한다.

14) TNIV는 갈 2:21 끝 부분까지를 인용문에 포함시키지만, 난외주에 그 인용이 갈 2:14 끝에서 끝날 수도 있다는 내용이 있다(NRSV도 마찬가지이다).

라디아서 2:1-10에 기록된 바 예루살렘에서 그들이 도달한 합의에 수반되는 내용이었다. 그 일을 여기서 언급하는 목적은, 베드로와 자기 자신이 이 점에 있어서는 동의했었다는 것을 독자들에게 확실히 하기 위한 것으로 보인다. 이것이 의미하는 것은 이방인에게 있어서도 칭의는 예수 그리스도에 대한 믿음에 의한다는 것이다. 그리고 여기서 자연히 추론되는 것은, 율법 준수가 칭의에 이르게 하지 못한다면, 이방인에게 있어서도 역시 율법 준수는 불필요하다는 것이다. 이방인들에게는 그리스도를 믿는 것 이외에 율법을 지키는 것이 필요하지 않았다.

그 다음 부분의 논증은 난해하다(갈 2:17-21). 바울은 이렇게 말하는 것으로 보인다. 만약 기독교 신자들이 모세 율법 준수로 되돌아가서 그것을 지키지 못한다면, 이것은 그리스도에 대한 믿음이 사람들을 죄로 인도하는 격이 될 것이며, 이런 일은 그리스도인이 도저히 믿을 수 없다. 여기서 논지는 다음과 같은 것으로 보인다. 즉 만약 사람들이 할례의 요구, 유대교의 절기 등을 지키는 데로 되돌아간다면, 그들은 그것들을 완전히 지키지 못하고 어느 점에선가 미치지 못할 것이며 따라서 율법의 요구에 의해서 죄인이 되리라는 것이다. 하지만 실제로는, 신자는 그리스도와 함께 죽음으로써 율법이 그들 위에 권세를 가지는 그 영역에서 벗어났다.[15]

다음으로 바울은 경험에 호소한다(갈 3:1-5). 기독교 구원의 증거는 성령을 받는 경험이다. 그런데 바울은 자신 있게 주장하기를, 그의 독자들이 할례를 받고 율법을 지키기 이전에 그런 것들과는 무관하게 성령을 받았다고 주장한다.[16] 바울이 정죄하는 것은 성령에 '육체'를 더하는 것이다. 여기서 육체란 하나님이 그들을 위하여 한 것에 대비되는 것 곧 사람이 자신의 힘으로 행하는 일들을 지칭한다. 바울은 견고한 경험적 근거를 가지고 있다. 즉 회심자들이 성령을 받은 것은 그들이 그리스도를 믿을 때, 곧 율법 준수의

---

15) 더 완전한 토론을 위해서 로마서 7:1-6에 대한 설명을 참고하라.

16) 바울이 로마서 4:9-12에서 아브라함에 관해서도 이와 동일한 방식으로 시간의 전후 순서로 논증하는 것을 참고하라.

17) 바울의 요점은 모세를 통해서 율법이 주어지기 오래 전에 아브라함이 믿음에 의해서 의롭다 함을 받았다는 논증과 유사하다 (로마서 4장).

요구가 그들 위에 주어지기 오래 전이었다는 것이다.[17] 그러므로 율법의 행위는 성령을 받기 위해서 필요하지 않다. 바울에게 있어서 성령을 받는 것은 그리스도인이 되기 위해서 필수적일 뿐만 아니라 믿음의 가장 중요한 결과였던 것으로 보인다.[18] 바울은 갈라디아서 4:6에서 성령의 경험에 대해서 다시 다룬다.

이 서신의 특징은 논의의 많은 부분이 성경을 사용하여 진행되고 있다는 것이며, 성경 사용이 이 서신의 기초뿐만 아니라 논증의 구조를 이룬다는 점이다.[19] 이 과정은 바울이 성경에 호소하는 데에서부터(갈 3:6-14) 본격적으로부터 시작된다. 그것은 아브라함이 할례를 받기 전, 율법이 주어지기도 전에 믿음으로 의롭다 함을 받았으며, 하나님은 그 약속이 그와 그의 후손을 위한 것임을 말씀하셨다는 것이다. 만약 아브라함이 믿음으로 의롭다 함을 받았다면, 그를 통해서 열방에게 주어진 축복의 언약도 역시 동일한 원칙을 근거로 해야 한다.

그의 반대자들이 주장하는 바 이 축복을 얻는 다른 방법은 율법 준수에 의해서 하나님과 바른 관계를 맺으려 하는 것이다. 그러나 그렇게 하면 저주 아래에 있게 된다. 이 저주는 율법을 지키고자 하지만 그 모든 명령과 금령을 준수하지 못하는 사람에게 임한다. 이것이 율법에서 배울 수 있는 원칙이다(신 27:26). 부가적 설명을 제공하는 부분에서(갈 3:11-12) 바울은 두 가닥의 논증을 하나로 합쳐서 말하는 것으로 보인다. 첫째, 그는 성경이 이신칭의의 원칙을 지지한다고 논한다(합 2:4). 율법이 실패하는 것은 이 성경적인 믿음의 원리에 근거하지 않고 행위에 근거하는 까닭이다. 그 다음으로, 바울에게 있어서 율법은 칭의의 수단이나 생명을 주는 수단으로 의도되지 않았다(갈 3:21). 비록 여기에 그것의 명령을 행하는 자는 그것들에 의해서 살 것이라고 되어 있기는 하지만, 율법은 다른 기능을 가진다. 둘째, 어떤 경우에도 율법을 지킬 수 있는 사람은 없다. 바울이 여기서 그것을 노골적으로 말하지는 않지만(그러나 롬 3:9-20을 보라), 율법의 행위를 의지하는 모든 사

---

18) 그 경험이 잘못될 수 있다는 문제는 여기서 제기되지 않는다. 바울은 그것이 참된 경험이라는 것을 당연히 전제하고 있다.

19) 휘프너, 2:57.

람은 율법의 저주 아래에 있다는 그의 설명이 그것을 명확하게 전제하고 있다(갈 3:10). 율법을 지키고자 하는 모든 사람은 율법의 저주 아래에 있으며, 율법은 자기의 저주 아래 있는 사람들을 구할 수단을 가지고 있지 못하다. 그러나 그리스도는 믿는 사람들의 저주를 담당함으로써 그들을 구원한다.[20] 이와 같이 그리스도를 믿음으로써 그리스도인들은 아브라함에게 약속되었고 그가 경험하였던 복을 받는다. 이 복은 성령을 경험하는 것과 동일시된다. 이렇게 해서 믿음은 다른 누군가, 곧 그리스도가 확보한 혜택을 우리가 받는 수단이 된다.

그러므로 아브라함에게 주어진 언약이 근본적인 중요성을 가진다. 뒤에 주어진 율법(즉 모세의 율법)이 이미 맺어진 언약을 바꾸지 못한다(갈 3:15-18). 바울은 아브라함과 그의 후손들을 위한 언약은 한번 맺어진 이상 취소될 수 없다고 가정한다.

그러면, 만약 율법이 언약을 취소하거나 대체할 의도가 아니라면 하나님이 그것을 주신 목적이 무엇인가(갈 3:15-25)? 그것은 그리스도가 올 때까지 잠정적인 기능을 가지고 있었다. 이것은 유대인들에게 일종의 보호자였다. 마치 부유한 로마 집안에서 자녀들이 학교를 오갈 때에 그들을 돌보는 종과 같은 역할이었다. 율법은 언약에 반대될 수가 없었다. 왜냐하면 율법은 생명을 얻는 다른 방법으로 의도된 것이 아니라 다른 목적을 가지고 있었기 때문이다. 율법은 사람들로 하여금 그들이 죄인인 것을 깨닫게 함으로써 그리스도에게로 인도하기 위해서 주어진 것이다. 바울은 율법이 생명과 의를 줄 수 없다는 것을 반복해서 말한다(갈 3:21). 성경이 증거하듯이 모든 사람은 죄의 포로가 되어 있으며, 율법의 목적은 믿음이 올 때까지 우리를 맡아주는 것이다.[21] 율법의 목적인 사람이 해야 할 것과 하지 말아야 할 것을 가르쳐줌으로써 그들을 죄로부터 지켜주는 것이었던 것으로 보인다. 그러나 동시에 그것의 목적은 믿음에 의해서 사람들을 하나님과 바른 관계에 세워주는 하나님

---

20) 또한 바울이 그리스도가 우리를 위해서 죄가 되었다고 말하는(고후 5:21) 것과 비교하라.

21) 이 시기는 유대 역사로 말하자면 모세로부터 그리스도까지이고, 개인의 생애에서 말하자면 율법 아래에 있다가 회심하는 것이다.

의 방법이 계시될 때까지 사람들에게 죄를 깨닫게 하는 것이었다.

그러나 이제 상황이 달라졌다(갈 3:21-29). 그리스도와 함께 새로운 시대가 도래했으며, 율법의 한시적인 기능은 끝났다. 이제 그리스도를 믿는 사람들은, 그들이 유대인이든 헬라인이든 하나님의 자녀이며, 그리스도 안에서 하나의 백성을 이룬다. 이 점이 갈라디아서 4:1-7에 상술되어 있다. 신자들은 율법 준수의 굴레 아래에 노예 같이 있는 것이 아니라 하나님의 아들 딸로 입양되었다. 아들의 자격과 함께 그것과 연결된 특권들이 주어지되, 특별히 지금 성령의 은사가 주어지며, 미래에 하나님이 주실 유산을 상속할 상속자의 신분이 주어진다. 율법 하에서는 없던 새로운 경험을 한다. 따라서 이것은 구원이 율법을 수단으로 해서 오지 않는다는 새로운 논증이 된다.

지금까지 바울은 근본적으로 율법 하에 있는 유대인의 상황에 대해서 말했다.[22] 그런데 이제 두 가지 일이 발생한다. 첫째, 할례받으라는 권고를 받은 이방인들에게로 초점이 옮겨진다(갈 4: 8-11). 바울은 그리스도인이 되기 이전 이방인의 상태와 율법 아래 있는 유대인의 상태 사이의 유사성을 본다. 그들은 신자가 되기 이전에 거짓 신들과 우상의 노예가 되어 있었으므로 그것이 어떤 것인지를 알고 있었다. 당연히 그들은 노예 상태로 되돌아가기를 원치 않는다. 이번에는 그들의 거짓 신들의 노예가 되기를 원치 않는 것이 아니라 유대교의 율법의 노예가 되는 것을 원치 않는 것이다. 이 시점에서 바울은 (그리고 여기서 그의 강화가 두 번째 부분으로 넘어간다) 논증적 언어뿐만 아니라 호소의 언어를 사용하기 시작한다. 그는 이방인 독자들에게 유대교 율법을 채택하라는 요구에 설득당하지 말 것을 호소한다. 왜냐하면 그리스도 오시기 이전에 유대인에게 적용되던 일이 이제 그들에게 적용될 것이기 때문이다(갈 4:12-20).

아마 그들은 거기에 어떤 문제가 걸려 있는지 깨닫지 못했을 것이다. 그래서 바울은 성경에서 한 예를 만들어 낸다. 그것은 아브라함의 예로서, 그에게는 두 아들이 있었는데, 하나는 종에게서 났고 다른 하나는 자유인 여자에게서 났다(갈 4:21-5:1). 첫째 아들은 율법과 유대교에 해당하는 것으로서 유

---

22) 4:7까지는 유대인의 상황이 주로(그러나 이것만은 아니다. 참고. 갈 3:28) 관건이었다.

대교는 여전히 율법의 종이 되어 있다. 둘째 아들은 앞으로 올 '예루살렘' 곧 언약과 자유의 영역에 해당한다.[23]

자유에 대한 언급과 함께 바울은 할례와 율법을 받아들이는 것이 어떻게 굴레 아래로 되돌아가는 것이 되는지를 논하기 시작한다. 이는 할례와 율법을 받아들이는 것이 그리스도에 대한 신뢰를 버리고 율법 준수를 신뢰하는 것이 되기 때문이다. 율법은 작업 할당원이어서 전적인 순종을 요구하면서, 그렇게 하지 못하는 자는 죽음을 당할 것이라고 위협한다. 이에 대비해서 하나님의 자녀의 생활은 자유의 생활이다(갈 5:2-15). 그러나 이 자유는 죄를 지을 수 있는 자유가 아니라, 가장 근본적 계명인 사랑의 계명을 지킬 수 있도록 율법의 요구와 죄의 세력으로부터 건짐을 받는 것이다.

그러면 사람들은 어떻게 이 사랑의 계명을 이룰 수 있을까(갈 5:16-26)? 여기서 바울은 육신과 성령을 대비한다. 육신은 연약한 인간성으로서 유혹에 넘어가기 쉬우며, 성령은 사람으로 하여금 경건한 성품을 드러내게 하는 능력이다. 악한 성품은 열정과 함께 사람 속에 있다. 그러나 신자는 이 성품의 힘에 이끌려갈 필요가 없으며, 성령의 인도를 받는 새 생명을 경험할 수 있다.

여기서 바울은 육신과 성령 사이에서 이러저리 끌려다님으로써 그들이 원하는 것을 하지 못하는 사람들에 대해서 말한다(갈 5:17). 그렇다면 신자는 두 팀의 럭비 선수들이 스크럼을 짜고 서로 밀고 당기는 것과 같은 상태에 불과한가? 바울은 심지어 성령까지도 신자들이 원하는 것을 할 수 있게 만들 능력이 없다고 말하는 것인가? 신자들이 그 갈등에서 능동적인 역할을 가지고 있음이 분명하다. 만약 그렇지 않다면 바울은 그들에게 명령형으로 말할 수 없었을 것이다. 마틴(J. Louis Martyn)이 바울은 여기서 이미 성령을 소유한 신자들에게 말하고 있는 것이지, 그들에게 성령을 '받으라'고 말하는 것이 아님을 지적한 것은 중요한 통찰이다. 그는 이 어려운 17절을 해석하기를, 이 절은 그리스도와 율법을 동시에 섬기려고 노력하면서 아무것도 이루

---

23) 오늘날의 독자들이 이런 종류의 풍유에 대해서 느끼는 어려움은 이 논의의 요점이 논증이 아니라 주장이라는 사실을 인식하면 줄어들 것이다.

지 못하는 신자들을 향한 말이라고 했다. 그들은 율법을 이루려고 노력하고 있지만 실제로는 육신의 지배 하에 들어간다.[24] 율법은 그들로 하여금 육신을 극복하게 하지 못한다. 해결책은 오로지 성령의 인도를 받는 데에만 있다. 이 서신의 나머지 부분은 격려와 요약이다(갈 6:1-18). 그리스도를 포기하고 율법을 취하라는 유혹이 주어지는 상황에서 어떻게 행동해야 할지에 대한 실제적인 가르침이 여기에 있다. 특히 여기에는 육체를 기쁘게 하는 생활에 대한 경고가 있다. 이 말이 일반적으로 악행을 하는 것을 가리키는지, 아니면 율법을 지키고자 하는 자들에 의한 악한 자랑이 커지는 것을 가리키는지는 분명치 않다(참고. 6:13-14). 마지막으로, 바울은 서기에게서 붓을 받아 마지막 호소를 말하고 있음이 분명하다. 거기서 그는 독자들을 그리스도와 그의 십자가로부터 떠나게 하려고 유혹하는 자들의 동기와 일관성에 대해서 의문을 제기한다(6: 11-18). 바울 자신에게 있어서는 자랑이나 다른 사람을 즐겁게 하는 데에 관심이 없다. 이는 그가 그리스도와 함께 죽었기 때문이다.

신학적 주제들

이상이 신학적 논증의 요약이다. 이제 우리는 거기서 제기되는 몇 가지 주제들을 찾아서 좀 더 자세히 다룰 필요가 있다.

구속사와 복음. 이 서신의 서두부터 바울이 선포되는 어떤 것으로서의 복음에 마음을 쓰고 있음이 분명하다(갈 1:11). 바로 어떤 '말씀'에 사람들은 반응을 보인다. 그러나 그 반응은 단순히 말씀을 받는 것만이 아니라(갈 1:9) 그 복음이 증거하는바 십자가에 달리신 예수에 대한 믿음이다(갈 2:20). 그러므로 처음부터 우리는 바울의 기독교 이해가 구원-선포적이면서[25] 동시에 구원-역사적임을 단언할 수 있다. 그것은 또한 구원-수락적이다. 이 말은 복음이란 단순히 그 이야기에 대응하는 실제 사건이 있었는가 하는 문제 이

---

24) Martyn, *Theological Issues*, pp. 251-78.

25) 나는 '실존적'이라는 말보다는 이 말을 선호한다. '실존적'이라는 말은 '구원사적'이라는 말과 거짓 대비를 일으킨다.

상이라는 말이다. 복음은 발생한 사실에 대한 해석이다(갈 3:1). 그러나 그것은 발생한 일, 좀 더 정확하게 말하면, "실제로 발생한" 일을 더욱 분명히 밝혀주는 해석이다. "한 사람이 십자가에 죽었다"는 것은 분명히 발생한 일이며, 이것은 부분적 해석으로서 참이다. "'그리스도께서 우리 죄를 위하여 ··· 자기를 주셨다"는(갈 1:3-4) 것은 실제로 발생한 일에 대한 진술이다. 하지만 이 진술은 단순히 눈에 보이는 것을 넘어서는 이해력에 의존하고 있으며, 그런 진술이 진정으로 가능하게 되는 사고의 틀 속에서 할 수 있는 진술이다.[26] 동시에 이 메시지는 설득을 위한 것이며, 그것을 듣는 자들을 믿음의 공동체로 이끌려는 것이다.

바울의 사고의 틀은 이 '구원사'에 의해서 결정된다.[27] 하나님은 아브라함 이래로 약속을 하고 그것을 성취하는 일을 해오셨다. 그러는 사이에 율법의 문제가 발생했다. 적어도 어떤 유대인들이 율법을 생명의 길로 이해하고서 이방인들에게 할례를 받고 유대 절기를 지키라고 권한 것이다. 바울의 신학의 중심은 율법에 의해서 부과된 저주로부터 사람들을 건지는 예수의 죽음, 하나님의 행동에 대한 합당한 반응으로서의 믿음, 그리고 이웃을 사랑하라는 하나의 계명을 지킴으로써 하나님을 기쁘게 하는 삶을 살 수 있게 하는 능력인 성령이다.

이와 같이 바울의 신학은, 옛 시대와 새 시대라는 구조 안에서 움직인다. 이 새 시대는 그리스도의 오심에 의해서 도래했고, 사람들이 그를 믿을 때에 그들에게서 실현된다. 이 신학은 유대교 성경을 자료로 삼으며 유대교 문맥 속에서 발생한 문제를 다룬다.

그러나 여기에는 진리가 크게 강조된다(갈 2:14). 사건의 해석은 진리를 따라야 한다. 이것은 두 가지 수준에서 작용한다. 한 가지는 복음에 대한 바른 이해이다. 다른 하나는 바른 행위이다. 이 둘은 하나인 것이 분명하다. 갈라디아서의 중심 문제는 이방인들에게 모세 율법에 대한 충성이 필수적이라고

---

26) 이것은 하나의 문법적 진술이며, 어떤 특정한 문법 속에서 규칙을 깨뜨리지 않는 진술로서, 다른 '문법'에 속하는 진술과는 대비된다.

27) B.W. Longenecker, *The Triumph of Abraham's God: The Transformation of Identity in Galatians* (Edinburgh: T&T Clark, 1998).

요구하는 '다른 복음'의 위협이다. 거기에는 할례, 유대교의 음식법과 유대교의 절기를 채택하라는 요구를 수락하는 일이 포함된다. 그러나 이것과 함께 개종자들에게 공통적인 유혹이 있었다. 그것은 하나님이 가르친 도덕법을 깨뜨리는 생활을 고집하려는 유혹으로서 유대인과 이방인에게 공통된 타락한 인간성의 특징이었다. 바울은 모세 율법과 그것에 대한 순종의 필요성을 선포하는 것이 죄를 짓게 하는 충동을 처리할 수 있다고 믿지 않았다. 그가 선포하는 복음은 너무나 위대해서 하나의 동기로 축소될 수 없었다. 거기에는 두 가지 중심적 측면이 있다. 하나는 예수가 저주를 담당했다는 것만을 근거로 하고, 율법 준수가 아니라 오로지 믿음에 의해서만이 받을 수 있는 칭의의 선포였다. 또 하나의 측면은 신자의 삶에서 육신의 세력을 정복할 수 있도록 해주는 성령에 대한 약속이었다. 그러므로 복음은 하나님과의 새로운 관계 뿐만 아니라 성품의 변화를 제공했다.

칭의. 바울은 유대화주의자와의 논쟁을 지배하는 몇 가지 핵심 용어를 도입한다. 바울이 보기에 핵심적인 문제는 사람이 어떻게 '의롭게' 되느냐 하는 것이다. 이 단어는 헬라어(디카이오)의 번역으로서 '정의로운'(디카이오스)이라는 형용사와 '정의'(디카이오수네)라는 명사와 관련된 단어이다. 우리는 이 단어를 더욱 일반적으로 '의로운'과 '의'라고 번역한다. 왜냐하면 이 번역이 '정의로운'과 '정의'보다 더욱 광범위한 까닭이다. '정의로운'과 '정의'는 공정하다, 공평하다라는 협의의 뜻으로 사용된다. 유감스럽게도 그에 상응하는 동사와 추상 명사를 영어에서 찾으면, 영어는 우리로 하여금 'justify'(의롭게 하다)와 'justification'(칭의)이라는 단어를 사용하지(존재하지 않는 'rightify'와 'rightification' 대신에) 않을 수 없게 한다.[28]

그러나 여기에는 이 용어가 서로 다른 행동을 가리킬 수 있다는 또 다른 언어학적 문제가 있다. 한편으로는 이 용어가 악한 동기를 가지고 악한 행동을 하는 사람의 심성을 변화시켜서 바른 방식으로 생각하고 행하게 하는 것

---

28) 켄드릭 그로벨(Kendrick Grobel)은 루돌프 불트만의 「신약신학」을 영어로 번역하면서 'to rightwise'라는 동사를 실험적으로 사용하였으며, 마틴(Martyn)은 'rectify'와 'rectification'을 채택했다. 내 생각에 그 단어들은 지나치게 과학적인 느낌을 가지게 하며 덜 인격적이다.

을 가리킬 수 있다. 때때로 '의로운 사람'이라는 용어는 의로운 동기에서 의로운 행동을 할 것으로 예상되는 성품을 가진 사람에게 더욱 자주 사용된다. 다른 한편으로 이 용어는 잘못을 범한 사람에 대한 판결을 바꾸어서, 그가 비록 잘못했다고 하더라도 그를 옳다고 선언해 주는 것을 가리키기도 한다. 일반적으로 합의된 생각에 의하면, 바울이 의롭게 하다는 동사를 사용할 때에 그가 가리키는 것은, 잘못을 범한 사람에 대해서 그가 비록 잘못했지만 하나님과 바른 관계에 있다고 선언하는 것이지, 사람이 의로운 행동을 하도록 품성을 바꾸는 것이 아니라는 것이다. 바울이 말하고 있는 것은 하나님이 보시기에 잘못을 범한 사람이 어떻게 하나님께 의로운 사람으로 받아들여지느냐 하는 것, 다시 말하면 하나님이 더 이상 그들의 잘못을 거론하지 않고 그들과 긍정적인 관계를 확립한다는 의미에서 받아들여지느냐 하는 문제를 말하고 있다는 것이다. 이렇게 되어서 '의로운'이라는 용어는 하나님과 바른 관계를 맺는다는 개념을 전달하는 용어가 된다. 그러나 동시에 분명한 것은 설사 그 동사가 그런 의미를 가진다고 하더라도 하나님이 과거의 잘못을 용서하는 것만으로는 충분하지 않다는 점이다. 어떻게 해서든지 사람들의 인격에 변화가 일어나서 그들의 동기와 행동이 의롭게 되어야 한다.[29] 이렇게 되어서, 칭의가 실제적으로 단순한 용서에 불과하며 의롭게 된 사람들의 성품에는 아무 변화도 주지 않느냐 하는 문제가 제기된다.[30]

---

29) **의로운**이라는 단어는 다양한 의미의 여운을 가질 수 있다. 바울은 어떤 사람도 '본성상' 의로울 수 없음을 당연시한다. 모든 사람이 범죄했다. 그러므로 그는 사람들이 하나님에 대해서 가지는 관계 혹은 하나님 앞에서 사람의 위치, 그리고 동기와 행동에 있어서 의롭지 않은 사람이 어떻게 하나님에 의해서 의롭게 간주될 수 있느냐 하는 문제에 대해서 특별한 관심을 가지고 있다. 그렇기 때문에 불경건한 자를 의롭게 하는 문제가 강조된다. 그러나 바울은 또한 사람들이 실제로 의롭게 되어 의의 행동을 하는 것에도 관심을 가지고 있다. 그런 까닭에 바울에게 있어서 의롭게 된다는 개념은, 하나님이 우리를 정죄하지 않는 위치에 우리가 도달한다는 것과(우리의 불의의 문제가 처리되었기 때문이다) 우리가 의로운 방식으로 생각하고 행동한다는 것 사이를 오간다.

30) 우리가 이미 보았듯이, Esler, *Galatians*, p. 167은 이 언어를 일차적으로 특권적인 신분을 표현하는 수단으로 해석하고자 한다. '의롭다'는 것은 '추구할 만한 자질과 은사, 그리고 추구할 만한 목표'를 가지고 있다는 것이다. 이 말은 참일 것이다. 하지만

바울이 로마서에서와 마찬가지로 이 서신에서도 전제하는 것은 그리스도를 떠나서는 아무도 하나님과 올바른 위치를 가지지 못한다는 것이다. 바울은 이방인의 경우에 이 문제를 논증할 필요가 없었다. 그의 주된 문제는 율법이 그런 위치를 얻기 위한 자기들의 수단이라고 믿은 유대인들이었다. 결국, 이 문제가 일어난 서신들에서는 칭의라는 주제가 주로 드러날 수 밖에 없다.

십자가와 그것의 효과. 바울의 논증은, 비록 유대화주의자들은 받아들이지 않았겠지만 바울 자신과 독자들이 받아들인 사실 곧 그리스도의 죽음이 사람을 죄로부터 완전히 구원한다는 것을 근거로 하고 있다. 그는 사람들을 그들의 현재 상태에서 건져내는 효과가 있는 어떤 일을 그리스도가 했다고 말한다. 그 상태가 '현재의 이 악한 세대로부터 건짐', '율법의 저주로부터 구속' 그리고 '율법 하에 있는 자들을 구속' 같은 용어로 표현되고 있으며, 우리는 거기에 '죄 아래' (갈 3:22) 있는 상태로부터 건짐이라는 표현을 첨가할 수 있다. 여기서 바울이 그리스도가 죽음을 당한 사실을 생각하고 있다는 데에는 재론의 여지가 없다.[31] 뒤에 가서 그는 율법 하에 있는 사람들을 구원하기 위해서 하나님의 아들이 인간이 되어 '율법 하에' 출생하게 된 것을 설명한다(갈 4:4-5). 비록 여기서 직접적으로 표현되지는 않지만, 갈라디아서 3:6에 비춰볼 때 그리스도의 죽음의 결과를 설명하는 또 다른 방법은, 그의 죽음의 결과 믿는 자들에게 의가 '첨가되었다'고 말하는 것이다. 여기서 의란 유죄 선고를 받지 않는 상태를 의미한다.[32]

그렇다고 해서 우리가 그 용어들이 가지는 중요한 신학적 의미를 포기해야 하는 것은 아니다. 이슬러가 바울이 로마서에서 그 용어를 사용하는 방식을 거의 완전히 무시한 것은 그가 이 문제를 취급함에 있어서 약점이다.

31) 바울이 예수의 죽음의 의미를 당연히 전제하고 있다는 것은 중요하다. 갈 2:15-16에서 바울은 이것이 다른 그리스도인들과 공유하고 있는 근거라고 말한다. 결과적으로, 죄로부터 구속하는 수단인 예수의 죽음을 통한 구원이라는 이해는 이 서신을 쓰기 이전에 이미 확립되어 있었음이 분명하다.

32) 적어도 종교개혁 이후로 이것을 적극적으로 해석하여, 그리스도의 의가 죄인에게 '전가되었다'고 말하는 것이 일반화되었다. 그러나 여기 갈라디아서에서 말하는 것이, 죄인이 실제로 그리스도의 의로운 상태에 있는 것처럼 간주된다는 것인지는 전혀 분명

구속이란 값을 지불하고 건져내는 것을 의미한다. 그것에 대한 가장 자연스러운 이해는, 법을 지키지 않았기 때문에 처하게 된 저주 혹은 심판으로부터 사람들을 건져내는 것으로 보는 것이다. '대속'을 가장 명확하게 표현하는 신약성경의 한 진술 속에서 바울은 사람들은 저주 아래에 놓여 있으며(갈 3:10), 그리스도 자신이 직접 저주 아래 놓임으로써 그들이 건짐을 받는다고 말한다.[33] 바울에게 있어서는, 범법자 대신에 다른 누군가가 저주를 받음으로써 그에게 떨어질 결과를 피할 수 있게 해주는 것이 가능했음이 분명하다. 이것은 두 가지 문제를 제기한다.

첫째, 어떤 한 사람에게 떨어질 저주가 그를 대신하는 다른 사람에게 떨어질 수 있는가? 율법의 저주, 곧 우리 식으로 말하면 죄로 말미암는 죄책이 옮겨질 수 있는가? 여기서 죄책이란 죄로 인해서 심판을 받아야 하는 책임이다. 문제는 다른 사람이 그 책임을 대신 담당할 수 있느냐 하는 것이다. 바울에게 있어서 그것은 아무 문제가 아니었음이 분명하다. 바울은 어떤 사람이 다른 사람에 의해서 건짐을 받는 것이, 특별히 그것이 사랑에서 우러나온 행동이라면, 아무 문제도 없었다. 그리스도가 사람이 되고 율법 아래에서 산 것이 바로 그와 유사한 일이다. 그리스도의 사명은 율법 아래에 있으면서 동시에 그것의 저주 아래에 있는 사람을 구속하는 것이었다. 결국 바울의 생각은 죄책의 전가라기보다는 우리를 지배하고 있는 세력으로부터 우리를 건지는 것이었던 것으로 보인다.[34] 뒤에 그는 그리스도가 여인에게서 출생하고 율법 아래에 출생함으로써 인류와 하나가 되었다는 개념을 발전시킨다(갈

하지 않다. 이 문제는 롬 4:3(381쪽 각주 10을 보라)과 고린도후서 5장(362쪽을 보라)의 논의에서 다시 거론될 것이다. 참고 빌 3:9.

33) 뛰어난 개인들의 순교의 죽음이 국가를 하나님의 진노로부터 구한다는 인식이 때때로 현저하게 드러나다가(마카베오4서 17:21), 이 시기에 그런 인식이 발전되었다. 그러므로 예수가 그의 정체 곧 메시야요 하나님의 아들이라는 정체 때문에 이런 종류의 역할을 완벽하게 수행할 수 있었다고 주장할 수 있는 길이 그리스도인들에게 열렸다.

34) 그럼에도 불구하고 다른 곳에서 그는 주장하기를, 우리는 하나님 앞에서 죄가 있으며 그의 진노를 당해야 한다고 한다. 갈라디아서에 하나님의 진노에 대한 아무 언급이 없는 것은 놀라운 일이다.

4:4-5). 바울은 한 사람이 하나의 그룹의 사람들과 밀접하게 동일시되어, 대표적으로 그들을 위한 저주를 담당한다는 것을 전혀 이상하게 생각지 않았다.[35]

두 번째 외견상의 문제는 다른 누군가가 악행자의 저주를 담당한다고 하더라도, 그로 인하여 악행자의 마음에 후회의 마음을 일으키거나 다시는 악행을 하지 않겠다는 결심을 하게 함으로써 악행자의 태도나 성격을 바꾸는 일을 전혀 하지 못할 수 있다는 것이다. 어떤 사람들은 이런 방식으로 한 사람이 다른 사람을 대신하는 것을 부도덕하다고 느끼며, 따라서 이것이 바울의 본의인가에 대해서 의심을 제기하는데, 이것은 놀라운 일이 아니다. 그에 대한 대답으로 세 가지 점을 지적할 수 있다.

첫째로 기억할 것은, 바울이 여기서 말하고 있는 것은 사람이 믿음을 가질 때에만이 발생하는 일이라는 점이다. 비록 그 용어가 때때로 목적어가 없이 그 자체만으로 사용되지만(갈 3:22), 거기서 의도되는 것은 하나님에 대한(갈 3:6) 혹은 그리스도에 대한(갈 2:16) 믿음임이 분명하다. 때때로 바울은 '예수 그리스도에 대한 믿음'(직역하면 '예수 그리스도의 믿음', 갈 2:16, 20; 3:22)을 말한다. 하지만, 바울의 말에 대한 근래의 한 중요한 해석은 이 어구가 '예수 그리스도가 보여준 신실성'으로 해석되어야 한다는 것이다. 이 견해에 의하면, 신자들이 의롭게 되고 건짐을 받는 것은 율법이 요구하는 행위를 수행함에 의하는 것이 아니라 그리스도의 믿음직스러움을 자기 것으로 함에 의한다는 것이다. 그러나 이 개념이 바울의 논증에서 어떻게 기능하는지를 이해하기 어렵다. 어떤 의미에서 그리스도가 하나님에게 신실했으며, 그리스도가 어떤 방식으로 하나님을 신뢰했기에 그것이 바울의 논증에 관계되는가?[36]

---

35) 죄책의 이전은 바울이 사용하는 언어의 일부가 아니지만, 그는 고후 5:21에서 그와 매우 유사한 생각을 표현한다.

36) 이 해석을 지지하는 견해를 위해서는 Richard B. Hays, *The Faith of Jesus Christ: An Investigation of the Narrative Substructure of Galatians 3:1-4:11* (Chico, Calif. Scholars Press, 1983; rev. ed., Grand Rapids, Mich.: Eerdmans; Dearborn, Mich.: Dove Booksellers, 2002), 또한 Bruce W. Longenecker,

두 번째 점은 앞에서 바울이 자신이 "그리스도와 함께 십자가에 못 박혔다"(갈 2:20)고 말한 사실을 상기하는 것이다. 이 말은 바울이 어떻게 해서인가 십자가에 달린 그리스도의 죽음에 참여했다는 말이다. 그 죽음은 그리스도가 저주가 된 사건이었다. 결국 바울은 예수의 죽음을 단순히 다른 사람의 죽음으로, 곧 율법을 주신 하나님이 죄인의 죽음 대신에 받아들이는 죽음으로만 본 것이 아니라는 의미이다. 도리어 바울은 예수의 죽음을 그리스도와 함께 십자가에 달리는 죄인을 포함하는 죽음으로 보고 있다. '복음'의 요소는 죄인이 비록 모든 고난과 함께 죽음을 형벌로 당하지 않으면서도 죽은 것으로 간주되고 생명을 받는다는 것이다. 그리고 이 죽음의 결과는 그들이 그들의 "정욕과 탐심"(갈 5:24)을 "십자가에 못 박았다"는 것이다.

셋째, 이 밀접한 관계는 신자가 "그리스도 안에" 있다, 혹은 "그리스도 안으로 세례 받았다"(갈 3:27-28)는 진술에 의해서도 표현된다. 이런 어구는 적어도 몇 군데에서 신자와 그리스도 사이의 매우 밀접한 관계를 가리킨다. 그러므로 대속이 사람들로 하여금 그들 편의 참된 변화가 없이도 죄에 대한 심판을 면할 수 있게 한다는 비난은 충분히 반박되었다. 믿음은 사람을 그리스도와 매우 실질적인 방식으로 연합해주는 특성을 가진다.

바울의 메시지와 유대교 성경: 아브라함. 바울의 논증은 상당 부분 성경이 아브라함에 대해서 가르치는 것에 호소하여 전개된다. 이 논증에는 어려움을 일으키는 두 가지 요소가 있다.

첫 번째 것은 열방이 아브라함을 통하여 축복을 받으리라는 약속과 관련되어 있다. 바울이 부분적으로 의미하는 것은 하나님은 이방인을 아브라함과 동일한 방법으로, 즉 믿음으로 의롭게 하리라는 것이다. 그 언약은 아브라함과 그의 후손들, 특히 이삭을 통한 후손들에게 약속되었지만, 바울은 그 언약이 이방인을 포함한다는 것을 알고 있다. 그래서 바울은 결론을 내리기를, 그 후손은 육체적으로 그의 후손인가의 여부와는 무관하게 하나님을 믿는 신자로서 아브라함의 특성에 참여하는 사람들이라는 결론에 도달해야 했

Triumph; 이것에 반대하는 논증을 위해서는 James D.G. Dunn, *The Theology of Paul the Apostle* (Grand Rapids, Mich.: Eerdmans, 1998), pp. 379-85. 또한 336-37쪽을 보라.

다. 거기에 믿는 이방인은 포함되지만 믿지 않는 육체적 후손은 배제된다. 그 용어를 문자적이 아닌 의미로 사용함으로써 바울은 유대인 신자와 이방인 신자가 아브라함의 하나의 후손 혹 '씨' 에 포함된다고 주장할 수 있다. 그 말은 '씨' (단수)이지 '씨들' (복수)이 아니다.

그러나 두 번째 문제로서, 바울이 이 결론에 도달한 방식을 분명히 이해하려면 창세기 22.18의 언약이 "또 네 씨로 말미암아 천하 만민이 복을 받으리니"라는 말로 되어 있다는 것을 주목해야 한다. 바울이 갈라디아서 3:14에서 "이는 그리스도 예수 안에서 아브라함의 복이 이방인에게 미치게 하고"라고 말했을 때에, 그는 창세기의 그 본문을 생각하고 해석하고 있었을 것이다. 나아가서 바울은 씨(단수)라는 말이 한 개인 곧 '그리스도' 를 가리킨다고 해석한다. 가끔 주장되는 바에 의하면, 그 용어를 한 사람에게만 연결시키려는 시도는 반박될 수 있다는 것이다. 왜냐하면 '씨'(단수)는 동일하게 아브라함의 후손 전체를 가리키는 집합 명사가 될 수 있기 때문이라는 것이다. 이 반론은 극복될 수 있다. 왜냐하면 여기서 바울이 '그리스도' 라는 말로 의미하는 것은 "그리스도 안에서 하나"이며(갈 3:28; 참고 고전 12:12) "그리스도의 몸"인 "유대인과 이방인으로 이루어진 기독교 공동체"이기 때문이다. 결과적으로, 갈라디아서 3:29에서 독자들이 그리스도에게 속해 있다는 바로 그 이유로 그들은 집단적으로 아브라함의 씨인 것이다. 교회는 새로운 하나님의 이스라엘로(갈 6:16) 이해되며, 예수를 메시야로 받아들인 유대인과 이방인으로 구성되어 있다.[37]

갈라디아서에서 다루어지는 문제를 표현하는 한 가지 방법은 이렇게 말하는 것이다. 바울은 신분의 문제에 관심을 가지고 있으며, 유대화주의자들이 이해하고자 하는 것과 구별되는 방식으로 그리스도인의 새로운 신분을 주장함으로써 철저한 방식으로 그것을 다루고 있다. 기독교 신자들은 그리스도

---

37) 갈 6:16 해석은 논쟁거리이다. 다른 어디 곳에서도 바울은 교회를 '이스라엘' 이라고 지칭하지 않는다. 하지만 롬 9:6에서 그런 개념에 근접한다. 거기서 그는 '참' 이스라엘을 이스라엘 국가와 구분한다. 그래서 어떤 학자들은 (나의 생각에는 설득력이 떨어진다) 여기서 바울이 말하고 있는 것이 경건한 유대인 혹은 유대 그리스도인들이라고 한다; Bruce, *Galatians*, pp. 273-75에서 관련 주제에 대한 논의를 참고하라.

를 믿음으로써(세례는 이것의 외적인 표징이다), 그리고 "사랑으로 역사하는 믿음"을 일으키는 성령 안에서 삶으로써 아브라함의 믿음에 참여한다는 점에서 아브라함의 씨이다.[38]

바울의 메시지와 유대교 성경: 율법. 바울에게 있어서는 의롭게 되기 위해서 그 이상 아무것도 필요치 않았다. 바울은 그리스도를 믿는 것과 율법의 요구를 행하는 것을 대비시켰다. 그는 갈라디아인들에게 그들이 율법에 의해서 의롭게 되려고 노력하고 있으며(갈 5:4), 그들은 "사람이 의롭게 되는 것이 율법의 행위로 말미암음이 아니"라는(갈 2:16) 것을 알아야 한다고 말한다. 하나님의 복은 믿음에 의해서 오는 것이지 율법 준수에 의해서 오지 않는다. "율법을 지킨다"는 표현은 직역하면 "율법의 행위에 의해서"이다. 이 말은 "율법이 요구하는 것을 행함"이라는 의미이다.[39] 그러므로 유대화주의자들은 칭의는 율법의 요구를 행함으로써 얻는다고 생각했음이 분명하다. 바울은 단지 유대인과 이방인은 똑같이 칭의를 필요로 하며(왜냐하면 모두가 범죄했으므로), 유일한 길은 율법 준수를 통하는 것이 아니라 그리스도에 대한 믿음을 통하는 것이라고 주장했다.

그러나 왜 율법의 행위에 의한 칭의는 안 되는가? 여기서 바울의 생각은 난해하다. 그는 주장하기를, 율법은 생명을 줄 수 없으며, 생명을 줄 것으로 의도되지도 않았다고 한다(갈 3:21). 그러나 우리는 사람들이 왜 율법에 순종하는 것이 생명을 가져다 줄 것으로 생각했는지를 알 수 있다. 율법은 그것을 지키는 자에게 생명을 약속하는 것으로 보인다(갈 3:12, 여기서 레 18:5이

---

38) 참고. John M.G. Barclay, *Obeying the Truth: A Study of Paul's Ethics in Galatians* (Edinburgh: T & T Clark, 1988), pp. 93-94.

39) 이 어구에 해당하는 히브리어가 쿰란 문서 4QMMT에서 발견되었다. 거기에 보면 이 말은 생활에 적용하기 위한 상세한 율법 해석을 가리킨다. 이런 행위들은 언약으로 들어오기 위해서 요구된 것이 아니라(남자의 경우 이것은 출생과 뒤이은 할례에 의한 것이다) 언약 안에 거하기 위해서 필수적인 것이었다. 그러나 쿰란 문서의 경우 그 입장이 애매하다. 의롭게 되는 것은 죄인을 향한 하나님의 은혜에 의한 것이지만, 율법의 행위는 의로 간주하는 결과를 가져온다. 참고. Martin G. Abegg Jr., in *DNTB*, pp. 709-11.

인용된다. 이것은 또한 롬 10:5에서도 인용된다). 바울은 이것을 받아들이는 것이 분명하다. 하지만 바울은 거기에 의인은 믿음으로 말미암아 살리라는 설명을 병립시킨다. 그는 율법이 생명을 가져다 줄 수 없다는 확신에 도달했다. 오직 성령만이 생명을 가져다 줄 수 있다. 그는 고린도후서 3:6에서 그것을 천명할 것이다. 오로지 요구만을 할 수 있는 율법과 능력을 줄 수 있는 성령은 근본적으로 다르다.

두 가지 사실이 구별되어야 한다. 첫째는 율법은 하나님이 요구하는 행동을 규정하며, 따라서 그것을 따르는 것이 생명이다. 이런 의미에서는 율법을 행하는 것이 생명으로 이끈다. 다른 한 가지는 율법은 생명을 줄 수 없다. 이는 율법에는 사람으로 하여금 그것을 지킬 수 있게 하는 것이 없기 때문이다. 사람들은 자신의 불완전한 능력만을 의지해야 하는 처지에 떨어졌다.

바울이 말하는 것은 요즘 유행하는 유대교에 대한 '새 관점'에 역행하는 것으로 보인다. 이 관점은 유대교를 은혜와 선택의 종교로 보며, 유대교 안에서 사람들은 율법 준수에 의해서가 아니라 하나님의 은혜에 의해서 구원으로 들어오며, 그 안에 머물기 위해서 혹은 그 안에 속했다는 표지로서 율법을 지킨다는 것이다.

현재의 그런 모습은 수정될 필요가 있다. 바울은 유대교를 재평가하면서, 하나님이 이스라엘을 하나의 민족으로 선택한 것은 그 구성원들이 그리스도에 대한 믿음에 도달하지 않는다면 아무 가치가 없다는 것을 강조하고 있다 (롬 9:4-5). 바울은 당시의 다른 많은 유대인들처럼 우리가 남은 자 신학이라고 부를 수 있는 견해를 견지했다. 이 견해에 의하면, 하나님의 은혜로 말미암아 모든 유대인들은 언약 '안에' 있다고 주장하는 '언약적 율법주의'를[40] 지지하는 어떤 말을 하든지, 어떤 유대인들은 이런 인식, 즉 다소간 사람들은 죄로 혹은 배교로 오염되어 있었으며 어떤 종류의 행위에 의해서 하나님과 바른 관계를 회복해야 한다는 인식에 도달해 있었다. 그것은 대개 어떤

---

40) 이것은 E.P. Sanders, *Paul, the Law and the Jewish People* (Philadelphia: Fortress, 1983)가 유대교에 대한 자신의 이해를 특징적으로 표현하기 위해서 사용한 어구이다. 18장에서 이에 대한 나의 논의를 보라 (547-55쪽).

특정한 교사 혹은 그룹의 계율을 따르는 것이었다. 직선적이고 정통적인 방법은 율법을 지켜서 '의롭게' 되는 것이었다.[41]

사실 바울은 유대인과 이방인을 막론한 모든 사람은 건짐받아야 할 상태에 있음을 전제한다. 그들은 "이 악한 세대"(갈 1:4)에 살고 있다.[42] 물론 기독교적인 관점에서 볼 때, 그들이 구원받을 때까지 소유하지 못하는 축복들이 있다. 대표적으로는 성령을 받는 것(갈 3:14), 아들됨(딸됨을 포함함; 갈 4:5), 그리고 약속된 유업이다(갈 3:18, 22). 그러나 그런 것들을 제외한다면, 유대인들에 관한 한, 그들은 죄인이요 율법을 범한 자들이 분명하며(갈 2:17-18), 율법을 범한 자로서 그들은 저주 아래에 있다(갈 3:10). 그들을 구원으로 들이기 위해서는 무엇인가가 행해져야 한다. 열렬한 율법 준수가 필요한 것으로 간주되었다는 것은 쉽게 이해가 가는 일이다. 이와 유사한 방식으로, 비유대인을 고려에 넣는다면, 유대 백성 안으로 들어가는 길은 율법이 규정한 것 곧 할례와 거기에 따르는 모든 것을 행하는 것이다. 이렇게 해서 은혜와 행위가 함께 갈 수 있었던 것이다. 즉 은혜가 사람들을 어떤 행위로 초대하되 이방인들에게는 들어오게 하기 위해서, 유대인들에게는 머물게 하기 위해서 그렇게 했던 것이다.

그러나 만약 바울이 칭의는 율법에 의한 것이 아니라고 주장했다면, 여전히 율법의 본래 기능이 무엇인가 하는 문제가 남는다. 율법은 아브라함 이후 모세 시대에 제정되었다. 바울의 주장은 율법이 왔다고 해서 아브라함에게 주어진 약속을 폐지하지 못한다는 것이다. 일단 언약이 맺어지면 그것을 폐지할 강력한 이유가 없는 한 그것은 폐지될 수 없다는 데에 우리는 대체적으로 동의할 수 있다.

---

41) Mark A. Elliott, *The Survivors of Israel: A Reconsideration of the Theology of Pre-Christian Judaism* (Grand Rapids, Mich.: Eerdmans, 2000).

42) 참고. Longenecker, *Triumph*, pp. 35-38. 최근의 몇몇 저자들, 특히 N. T. Wright, *The New Testament and the People of God* (London: SPCK, 1992), pp. 268-71은 또한 바울이 이스라엘이 여전히 포로 상태에 있다는 견해를 취했으며, 그리스도는 거기서 건지는 구속자라고 주장한다. 참고. James M. Scott, ed., *Exile; Old Testament, Jewish and Christian Conceptions* (Leiden: E. J. Brill, 1997).

그렇다면 율법의 목적은 무엇인가? 왜냐하면 바울은 유대인들이 그것 아래에 놓여 있었다고 명확하게 말하기 때문이다. 여기에 제시된 대답은 이렇게 보인다. 즉 사람들이 지킬 수 없는(그들의 역사가 보여주듯이) 하나님의 명령을 사람들 앞에 놓음으로써 율법은 그들에게 정죄를 선언하고, 그 결과 그들로 하여금 믿음에 의한 칭의를 위해서 그리스도께 돌아오도록 하려는 것이다. 그러므로 율법은 사람들에게 그리스도의 필요성을 가르쳐 준다는 점에서, 자녀들을 학교까지 안전하게 인도하는 노예와 같은 역할을 하도록 의도되었다. 그리스도가 오기 이전의 시기 동안에 유대인들은 그들이 할 수 있는 한 율법을 지키도록 의도되었음이 분명하다. 그러나 이것은 한시적인 기능이었고, 그리스도의 오심과 함께 신자들은 더 이상 율법의 지도 하에 있지 않다. 율법은 하나님의 백성이 그리스도 오시기까지 그 아래에서 살도록 한 하나님의 대책이었다. 그러나 칭의는 그리스도에 대한 믿음을 근거로 하지 율법의 행위에 의하지 않는다. 바울의 반대자들의 가르침은 율법의 행위가 여전히 요구된다는 것이었음이 분명하다. 아마 그리스도에 대한 믿음과 더불어 필요하다고 했을 것이다. 그러나 바울은, 만약 율법이 생명의 길로 취해진다면, 여전히 그것에 대한 완전한 순종이 요구된다고 논증한다(바울의 레 18:5 해석). 율법을 지키지 않는 사람은 저주 아래에 있다(갈 3:10, 신 27:26 인용). 그러므로 율법은 결코 생명의 길로 의도되지 않았다는 것이다(갈 3:21).

여기서 바울이 말하고자 하는 것은, 율법을 칭의의 수단으로 오용하는 것이 문제이며, 이런 오용은 율법 자체에 내재한 것이 아니라 거기에 덧붙여진 해석이라는 것으로 보인다. 율법의 참된 목적이 갈라디아서 3:19에 주어진다. 그것은 그리스도 오실 때까지 이스라엘 백성을 죄로부터 지키고 구속의 수단을 제공함으로써 이스라엘을 돌보려는 의도에서 주어졌다.

이 모든 내용은 대답을 제공하기가 쉽지 않은 또 다른 문제들을 제기한다.

첫째, 율법 시기 동안에 사람들은 사람들은 어떻게 구원받았고 어떻게 의롭게 되었으며, 하나님이 이런 한시적인 수단을 도입한 이유는 무엇인가? 바울은 그리스도가 왔을 때 비로소 믿음이 왔다고 주장하는 것으로 보인다. 그는 "믿음이 오기 이전" 시기를 말하는 것처럼 보인다. 그 중간 시기는 마치 믿음의 시기가 아니었다는 것처럼 들린다. 시내 산에서 모세에게 율법이 주어진 때부터 그리스도 오시기까지의 시기는 한시적인 시기로 간주되며, 그 기간 동안에 믿음의 방법이 중지되고 율법 준수가 중요하게 된다. 바울의 독자들의 위치는 그리스도가 와서 그들을 건질 때까지 그들은 율법과 저주 아래에 있었다는 것이다(갈 4:5). 그들은 하나님의 율법을 지켜야 하도록 결박된 노예였다. 이것은 유대인이든, 혹은 하나님에 대해서 듣지 못하고 우상을 숭배한 이방인이든 분명한 사실이었다. 율법 아래에 있는 것과 세상의 초등학문 아래에 있는 것은 서로 병행된다. 믿음이 아브라함 시대에는 원칙이었지만, 율법 시기 동안에는 그것을 선택할 여지가 없었으며, 그리스도의 오심과 함께 그 원칙이 다시 나타났다.

그러나 이것이 바울의 생각이었다고 믿기는 매우 어렵다. 왜냐하면 로마서 4장에서 다윗을 믿음에 의해서 의롭다 함을 받은 증거로 제시하는 것을 보면 바울은 그 원칙이 율법 시기에도 존속했음을 잘 알고 있었다는 것을 보여준다. 또한 바울은 하박국 2:4의 진술을 시간적인 미래로 해석했는가, 아니면 논리적인 미래로 해석했는가? 비록 바울이 아브라함이 믿음에 의해서 의롭게 된 것을 분명하게 주장하지만, 그는 딱 집어서 그리스도에 대한 믿음을 칭의의 수단으로 생각하고 있는 것으로 보인다.

둘째, 율법 하에 있을 때에 유대인들은 죄의 문제를 처리하기 위한 정교한 제사 제도를 가지고 있었으며, 갈라디아서를 기록할 때까지 그 제도가 존속하고 있었음을 바울이 직접 지적하지 않은 것은 의외이다. 만약 그렇다면 왜 다른 것이 요구되는가? 의롭게 되는 것이 율법을 통해서 가능하지 않다는 바울의 말은 제사 제도가 아무런 효과를 발휘하지 못한다는 것인가? 바울은 이 문제에 대해서 전적으로 침묵한다. 그는 로마서 3장에서 희생의 이미지를 취하여 예수에게 적용한다. 그는 또한 거기서 하나님은 그리스도의 희생을 근거로 과거에 범한 죄를 간과했다고 말한다. 그렇다면 바울은 하나님이 죄를 '간과'했다는 점에서 제사가 유대인에게 '효과를 내고' 있었다고 믿었을 것이다. 바울은 그리스도의 희생 때문에 심판이 유예되었던 것으로 간주했음이 분명하다(이것이 로마서 3:25의 요점인 것 같다). 그러나 갈라디아서에는 그 점이 명확하게 드러나지 않는다.[43] 그는 제사 제도가 율법 시대에는 기능

했지만 그리스도가 오신 이후에는 폐지되었다고 말할 수도 있었다.[44]

그러므로 바울은 그리스도 오시기 전에는 사람들이 어떻게 의롭게 되었는지에 대해서는 구체적으로 논하지 않는다. 아마 바울은 그들이 율법을 범한 죄를 사함 받은 것은 율법에 마련된 수단 곧 제사 제도에 의해서라고 믿었을 것이다. 율법은 생명을 줄 수 없는 것이라고 말했을 때에 바울이 생각한 것은 성전에서 행해지는 제사 제도가 아니라(그는 이것을 한 번도 언급하지 않는다) 할례와 절기 및 다른 요구들(정결법 같은)이었거나, 혹은 율법은 단순히 그리스도의 오심을 가리켰으며, 그리스도가 아직 오기 전에도 믿는 사람들은 오실 그리스도에 의해서 구원을 받았다고 주장했을 것이다. 혹은 제사 제도는 부지중에 범한 죄에만 효과가 있고 의도적인 불순종에는 효과가 없다고 믿었을 수도 있다.

셋째, 신자의 생활에서 율법이 차지하는 무슨 위치가 있으며, 있다면 그것이 무엇인가? 바울은 이미, 의롭게 되기 위해서 율법을 지킬 할례와 유대인의 절기에 초점을 맞출 필요가 있다는 것을 부인했다. 그는 율법은 과거 그리스도 오시기까지는 어떤 역할을 했지만, 그리스도가 와서 행한 어떤 일이 상황을 변화시켰다고 주장했다. 그 해결은 이런 것으로 보인다. 바울은 율법이 그리스도에 의해서 완성되되 토라에서 주어진 단 하나의 계명 곧 "네 이웃을 네 몸과 같이 사랑하라"(갈 5:14; 참고 롬 13:8-10)는 계명으로 완성되었다고 보면서,[45] 독자들에게는 율법에서 해방되어 얻은 자유를 가지고 성령의 능력으로 그 계명을 순종하라고 명령한다. 바울에게 있어서 사랑의 계명(그리고 그 안에 요약되는 모든 계명)은 신자들에게도 여전히 타당하다. 실제로 율법의 다양한 계명들은 그 하나의 계명의 적용으로 볼 수 있으며, 따라서 바울이 그 계명으로 돌아가서 그것을 승인하는 것은 얼마든지 가능한 일

---

43) 여기 갈라디아서에서 바울은 율법과는 별도로 하나님이 주신 구속의 수단으로서의 제사와, 칭의의 수단으로 유대인 개인이 행하는 율법의 행위를 암암리에 구분하고 있는지도 모르겠다.

44) 히브리서 저자가 제시한 대답이 바로 이것이며, 다른 그리스도인들도 이 생각을 공유하고 있었을 것이다.

45) Martyn, *Theological Issues*, pp. 233-49.

이다.

그러므로 바울이 율법에 대해서 죽었다고 말한 것은 의롭게 되는 수단으로서의 모세 율법에 대해서 죽었음을 의미하는 것으로 보인다. 성령이 주는 자유를 가지고 사랑의 계명을 이루는 것은 생명과 의를 얻는 수단이 아니라 그것들을 가지고 있다는 사실의 표현이다. 어떤 학자들은 바울의 마음 속에서 율법은 신자에게 아무런 지속적인 타당성을 가지지 못한다고 주장하는 것이 사실이지만, 이런 주장은 로마서에서 바울이 율법에 대해서 말하는 긍정적인 주장 때문에 유지되기가 거의 불가능하다. 율법은 그리스도의 법 속으로 취해지는 어떤 것으로 여전히 남아있다.[46]

바울이 율법의 도덕적 측면과 예식적 측면을 구분했다는 증거를 우리가 발견할 수 있다면 문제는 쉬워질 것이다. 율법의 행위로 구원얻는 문제를 논할 때에 바울이 주로 생각한 것이 율법의 예식적 측면이었을까? 이 문맥에서 바울이 구체적으로 언급한 것이 할례와 절기라는 것은 분명하다. 그러나 바울이 율법의 도덕적 명령들과, 유대인의 하나님과의 관계에 관련된 예식적 측면을 분명하게 구분하지 않음을 인정해야 할 것이다.

성령. 마지막으로 우리는 성령의 역할을 다루어야 한다. 만약 십자가가 갈라디아서 1-3장에서 중심 위치를 차지한다면, 4-6장에서는 성령이 중심 위치를 차지한다. 갈라디아서의 전반부에서 성령이 언급되는 유일한 곳은 갈라디아서 3:1-5, 14이다. 이 구절들에서 바울은, 유대화주의자들이 등장하여 율법 준수를 가지고 독자들의 마음을 유혹하기 이전에 독자들이 했던 성령의 경험을 근거로 그의 부분적인 논증을 제시한다. 하나님은 회중 사이에 성령의 나타남을 내리기 위하여 그들에게 율법 준수를 요구하지 않았다. 성령을 받는 것은 아브라함의 축복, 즉 아브라함에게 약속된 축복으로서 그리스도께서 이루신 구속을 통하여 이방인에게 임했다.

바울에게 있어서 율법 하에 있는 자들과 은혜 하에 있는 자들의 차이는, 전자는 노예와 같고 후자는 하나님의 아들 딸과 같다는 것이다. 그들의 새로

---

46) 나는 바울이 갈라디아서와 로마서 사이에서 실질적인 마음의 변화를 겪었다고 믿을 이유를 발견하지 못한다.

운 신분은 두 가지 요소에서 기인된 것으로 설명된다. 한편으로 그들은 그리스도에 대한 믿음을 통하여 하나님의 자녀가 된다(갈 3:26). 믿음은 세례의 행동을 통하여 표현된다. 세례는 "그리스도 안으로" 되는 것이다. 이 말은 이 행동을 통하여 그 사람이 그리스도와의 영적인 관계 속으로 들어간다는 것을 의미하는 것으로 보인다. 이 동일한 사실이 그리스도로 옷 입는다는 말로도 표현될 수 있다. 이 말은 믿음에 대한 응답으로 성령이 보내지며, 그 성령이 신자로 하여금 하나님을 그들의 아버지라고 부를 수 있게 함으로써 아들의 신분을 유효하게 만든다는 의미로 보인다.[47] 다른 곳에서 성령은 하나님이 자기 백성에 대한 소유권을 확인하는 인으로 묘사될 수 있으며, 이것은 여기서 말하는 것과 다르지 않다. 여기서는 성령이 신자들에게 하나님이 이제 그들의 아버지임을 확신시키는 사실이 더 강조되고 있다.

갈라디아서 5:5에서는 성령이 또한 의의 소망과 연결된다. 여기서 표시되는 생각은, 지금 여기서 성령에 의해서 의롭게 된 사람은 마지막에 가서 하나님으로부터 의롭다는 결정을 얻으리라는 소망을 가진다는 것이다.

성령에 대한 가장 충만하고 가장 중요한 구절은 갈라디아서 5:16-25이다. 거기 보면 신자들에게 주어진 성령은 신자들의 삶에서 어떤 특징들이 드러나기를 원한다. 성령은 '열매'를 맺는 생명을 주는 원리로 이해될 수 있다. 이 열매는 다양한 형태의 그리스도적인 행동으로 규정되는 구체적인 결과로서, 사랑, 희락, 화평 등으로 나타난다. 신자들은 성령이 그들의 삶에서 그런 일을 하도록 해야 한다.

그러나 신자의 '육신' 곧 아직도 존재하는 죄악의 성품으로 돌려진, 그에 대비되는 행동들은 어떻게 된 것인가? 이런 일들은 율법에 대립되며, 따라서 율법 하에서 순종해야 할 금령의 범주에 속할 뿐 아니라 은혜의 새 시대에도 마찬가지이다. 그러나 율법은 사람으로 하여금 그것들을 피하게 하지 못한

---

47) 또 다른 설명은 신자로 하여금 믿게 하는 것이 성령이라는 것인데, 그것은 바울이 이곳에서나 혹은 로마서 8장에서 말하는 바가 아닌 것으로 보인다.

48) 바울이 이것을 말할 때에 그는 율법은 사람들에게 적극적으로 이런 열매를 보이라고 말하지 않음을 의미했을 수도 있다. 그러나 이것은 율법에 포함된 사랑의 적극적인 명령을 간과하는 것이다.

다. 율법은 사람들에게 어떤 일을 해야 한다는 것만을 말해 줄 수 있다. 여기서 함의는 이것이다. 성령은 사람들 속에 긍정적인 성품의(율법에 의해서 금지되지 않은) 열매를 산출할 뿐만 아니라[48] 그들로 하여금 그런 금령을 지킬 수 있게 해준다. 그러나 바울은 그것을 다른 방식으로 표현하여, 신자는 그 정과 욕심을 십자가에 못 박았다고 말한다. 바울은 신자가 그리스도와 함께 십자가에 못 박힌다는 것을 악한 욕망에 대해서 죽는 것을 포함한다고 본다. 죽은 사람은 악한 행동을 하려는 유혹을 포함한 모든 자극에 대해서 죽는 것이다.

결론

갈라디아서의 핵심을 이루고 있는 복음은 다음과 같은 이해이다. 즉 하나님의 아들인 예수는 이 세상에 보내져서 사람들을 율법의 저주로부터 속량하며, 하나님의 성령은 신자의 마음에 보내져서 그들을 하나님의 자녀로 만든다. 그러나 우리가 아들과 성령의 존재론이라고 부를 만한 것은 그 자체로서 이 서신의 연구와 해명의 대상이 아니다. 그런 문제는 이 문맥에서 논란이 되는 문제가 아닌 것으로 보인다. 예수가 누구인가에 대해서 바울과 그의 독자들 사이에는 명확하고 충분히 결정된 이해가 있었겠지만, 그것은 그 자체로서 다루어지지 않고 있다. 마찬가지로 성령이 모든 신자들에게 당연히 임한다는 것도 논란거리가 아니다. 여기서 신학적 문제는 다른 논쟁적인 문제들이었다.

참고문헌

New Testament Theologies: (English) Childs, pp. 297-310. (German) Hübner, 2:57-111.

Barclay, John M. G. *Obeying the Truth: A Study of Paul's Ethics in Galatians.* Edinburgh: T & T Clark, 1988.

Barrett, C. K. *Freedom and Obligation: A Study of the Epistle to the Galatians.* London: SPCK, 1985.

Bassler, Jouette M., ed. *Pauline Theology.* Vol. I. *Thessalonians, Philippians, Galatians, Philemon.* Minneapolis: Fortress, 1994 (articles by J. D. G. Dunn, B. R. Gaventa and J. L.

Martyn).

Belleville, Linda L. " 'Under Law': Structural Analysis and the Pauline Concept of Law in Galatians 3.21 – 4.11". *JSNT* 26 (1986): 53-78.

Bruce, F. F. *The Epistle of Paul to the Galatians.* Exeter: Paternoster, 1982.

Ciampa, Roy E. *The Presence and Function of Scripture in Galatians 1 and 2.* Tübingen: Mohr Siebeck, 1998 (cf. his article in *NDBT*, pp. 311-15).

Dunn, James D. G. *The Theology of Paul's Letter to the Galatians.* Cambridge: Cambridge University Press, 1993.

Esler, Philip F. *Galatians.* London: Routledge, 1998.

Hays, Richard B. *The Faith of Jesus Christ: An Investigation of the Narrative Substructure of Galatians 3:1–4:11.* Chico, Calif.: Scholars Press, 1983. Rev. ed., Grand Rapids, Mich.: Eerdmans; Dearborn, Mich.: Dove Booksellers, 2002.

Longenecker, Bruce W. *The Triumph of Abraham's God: The Transformation of Identity in Galatians.* Edinburgh: T & T Clark, 1998.

Longenecker, Richard N. *Galatians.* Dallas: Word, 1990.

Martyn, J. Louis. *Theological Issues in the Letters of Paul.* Edinburgh: T & T Clark, 1997.

Nanos, Mark. *The Irony of Galatians: Paul's Letter in First-Century Context.* Minneapolis: Fortress, 2002.

Sanders, E. P. *Paul, the Law and the Jewish People.* Philadelphia: Fortress, 1983.

Sloan, Robert B. "Paul and the Law: Why the Law Cannot Save". *NovT* 33 (1991): 35-60.

Witherington, Ben, III. *Grace in Galatia: A Commentary on St. Paul's Letter to the Galatians.* Edinburgh: T & T Clark; Grand Rapids, Mich.: Eerdmans, 1998.

제 9 장

데살로니가전후서

데살로니가에 보낸 것으로 되어 있는 두 개의 서신 중에서 앞의 것을 바울이 썼다는 데 대해서는 보편적인 합의가 이루어져 있으나, 두 번째 서신은 바울이 아닌 후기의 어떤 저자가 썼다는 것이 현재 다수 의견일 것이다. 나는 데살로니가후서에 대한 이런 의견에 동의하지 않지만[1], 이 문제에 대한 성급한 판단을 피하기 위하여 두 서신을 따로따로 다룰 것이다.

데살로니가전서

데살로니가전서는 새로 회심한 일단의 기독교 신자들을 위해서 기록되었다. 그들은 아마 주로 그 도시의 이방인으로 구성되었을 것이다(참고. 행 17:1-9). 이 사람들은 갈라디아서의 주제가 된 유대화주의자들의 목표가 되지 않았던 것으로 보인다. 따라서 이 편지의 어조는 갈라디아서의 그것과 상당히 다르다. 바울의 관심사는 믿음을 버리라는 외부의 압력을 받고 있는(살전 3:5) 회중을 격려하여 기독교적인 생활 방식을 계발하도록 하는 데에 훨씬 집중되고 있다. 파루시아 곧 주님의 다시 오심에 관한 어떤 오해로 인해

---

1) 바울 저작을 지지하는 중요한 학자들은 다음과 같다. Abraham J. Malherbe, *The Letters to Thessalonians* (New York: Doulbeday, 2000). Karl P. Donfried (and I. Howard Marshall), *The Theology of the Shorter Pauline Letters* (Cambridge: Cambridge University Press, 1993)는 데살로니가후서를 바울의 동료 중 한 사람인 디모데의 글일 것으로 추측한다.

서 야기된 문제를 다루는 주요 부분이 있다. 그러므로 이 서신의 전체적인 구조는 비교적 단순하다.

신학적 이야기. 회중과 바울의 관계(살전 1:1-3:13). 서신의 전반부는 격려의 내용으로 되어 있다. 그 형태는 길게 늘여진 감사로서, 바울은 그 회중이 형성된 이래 그들과 바울의 관계를 그 안에 엮어 넣고 있다. 바울은 그들의 회심의 실체를 상기시키고, 그들이 박해를 견딘 방식을 상기시킴으로써 그들을 격려할 수 있다. 바울은 자신들이 데살로니가에 있을 때와, 그 후에 디모데를 보내서 그들과의 접촉을 유지했던 때에 자신과 동료 선교사들이 그들을 어떻게 돌보고 관심을 가졌는지를 길게 설명한다.

바울은 기도보고로 편지를 시작한다(살전 1장). 이 기도보고에서 바울은 그들의 회심 경험을 묵상하면서 독자들을 격려하고 그들에 대한 자신의 믿음을 표현한다. 그들의 회심 경험은 성령에 감동된 설교와 성령에 감동된 청중의 반응에서 드러나는 특징을 보여주었다(살전 1:5, 6). 선교사들이 말했을 법한 용어를 사용하여 바울은 우상을 버리고 사신 하나님께 돌아온 그들의 회심의 성격과 그들을 미래의 진노에서 건질 예수의 오심을 바라는 그들의 기다림을 간단하게 요약한다. 이것과 밀접하게 연결된 그 다음 문단에서(살전 2:1-6) 바울은 데살로니가에 복음을 들고 들어갔던 선교사들의 행동과 마음의 동기를 더욱 상세하게 이야기한다.

서신의 이 부분의 주요 목적은 믿음을 포기하라는 압력을 받고 있는 신자들을 격려하는 것이다. 바울은 그들의 고난의 경험을 언급하면서 그것을 유대에 있는 회중의 고난과 비교한다. 유대에서 '유대인들은' 예수와 선지자들을 죽였고, 이방인에게 복음을 전하고자 하는 사도들을 쫓아냈다(살전 2:12-16). 이런 종류의 일이 바울과 동료들의 여행 중에 늘 따라다녔다. 그런 일은 자주 유대인들에 의해서 획책되었지만 반드시 유대인만 그런 것은 아니었다. 그것은 대개 행정관이나 공무원들이 연루되지 않은 비공식적 행동이었다. 하지만, 기독교 신자들이 고발을 당하면 그들이 나서야 했다. 경찰의 치안 활동이 오늘날 많은 현대 사회에 훨씬 못미치는 고대에는 사람들이 직접 나서서 법을 집행하기가 비교적 쉬웠다.

바울은 이런 일들이 일어날 것을 자기가 그들에게 이미 이야기했다고 말한다. 그의 어투로 미루어볼 때, 그런 일이 필연적으로 일어날 것을 그가 인간적인 수준에서 예견할 수 있었다는 말이라기보다는, 신자는 그런 일을 당할 수밖에 없다는 것(살전 3:3), 다른 말로 하면 하나님이 그렇게 되도록 뜻하셨거나 허용하셨다는 말이다.[2] 이와 관련하여 바울은 하나님을 대적하는 초자연적 존재인 '사탄'의 활동에 대한 자신의 믿음을 드러낸다.

한편, 그런 일에 대한 그의 대응의 일부는 회중을 위하여 기도하는 것이다. 그는 특별히 그와 그의 동료들이 어려움에도 불구하고 그들을 방문하여 격려할 수 있기를 기도한다(살전 3:10). 그는 편지에 기도를 기록함으로써 자기가 독자들을 위하여 기도하는 내용을 함께 나누며(살전 3:11-13; 5:23-24) 그들에게 자신을 위해서 기도할 것을 요청한다(참고. 살전 3:2-3).

회중을 향한 가르침(살전 4:1-5:28). 서신의 후반부는 회중을 위한 가르침이다. 그것은 그가 교회를 방문했더라면 그들에게 베풀었을 가르침이다. 이 가르침은 세 부분으로 나뉜다. 첫째, 거룩함과 형제 사랑에서 성장해야 한다는 가르침이다(살전 4:1-12). 둘째, 그리스도의 재림 시에 발생할 일에 대해서 회중이 품고 있던 염려에 대한 구체적인 가르침이 있다. 이미 죽은 그리스도인의 부활에 대한 재확증과 함께, 주께서 다시 오실 때에 그들이 준비하고 기다릴 수 있도록 경건한 생활을 유지하라는 격려가 주어진다(살전 4:13-5:11).

마지막으로, 한 회중으로 함께 지내는 그들의 생활을 위한 몇몇 실천적인 가르침이 있다(살전 5:12-28). 바울은 조화와 사랑이 있어야 함을 강조하면서, 예언과 다른 수단을 통하여 성령이 역사하는 회중이 어떤 모습인지를 간단하게 보여준다(살전 5:19; 참고. 고전 12장; 24장).

신학적 주제들. 선교와 사도직. 데살로니가전서는 신약성경의 다른 어떤 문서보다도 직접적으로 바울의 선교 활동의 결과로 쓰여진 것이다. 이것은 이 서신이 비교적 최근의 회심자 그룹을 향하여 기록되었고, 주로 그들이 어떻게 그리스도인이 되었는지에 대한 설명을 근거로 그들에게 호소하고 있다는 점에서 그러하다. 그들의 회심에 대해서 이야기하는 것은, 지금 그들이

---

2) 물론 그는 이 점을 여기서 그렇게 길게 말하지는 않는다(참고. 행 14:22).

반대에 직면하고 있고 (만약 데살로니가후서도 역시 그들에게 쓰여진 것이라면) 앞으로 더 격렬한 반대에 직면할 수밖에 없지만 믿음을 포기하지 말 것을 격려하기 위함이다.

사도들은 사람들에게 그리스도인이 될 것을 장려해야 하는 책임을 지고 있다. 가장 단순하게 말하면 사도는 선교사이다. 이 단락은 자기 일에 대한 선교사들의 헌신과 회심자들에 대한 따뜻한 관심에 대해서 많은 것을 말한다. 이 글이 선교사들 중의 한 사람에 의해서 기록되었지만, 자신이나 자기들의 활동의 성격에 대한 어떤 자랑이나 자기 만족과도 거리가 멀다. 그럼에도 불구하고, 사도들이 자기들의 숙식과 여행 경비를 그들에게 요구할 수 있었고, 그렇게 하는 것이 그들의 정당한 권리였음에도 불구하고, 그렇게 하지 않았다는 사실이 드러난다.

사도들의 임무는 일차적으로 말을 하는 것이었다. 그러나 다른 곳에서 바울은 "사도의 표"(고후 12:12)를 말하면서, 사도들의 말에는 사도행전에 기록된 것과 같은 이적들이 동반되었음을 밝힌다(갈 3:5). 이런 이적들은 구원 경험의 일부였던 것으로 보인다. 그렇게 해서 그 이적들은 신체적 필요와 영적인 필요를 모두 충족해 주었으며, 선교사들의 신임장이 되었던 것이다. 사도가 여기서 복음이 "또한 능력과 함께" 왔다고 말할 때에, 그가 말하는 능력은 이적의 형태로 나타났을 것이다.

비록 바울이 복음전파에서 성령의 역사가 중요함을 강조하기는 하지만, 하나님은 인간의 언어를 통해서 말씀하신다는 것을 또한 강조한다. 또한 바울은 사람들을 설득하여 복음을 받게 하기 위하여 기꺼이 수사학의 방법을 사용할 준비가 되어 있었음이 분명하다. 물론 우리는 이 점을 말할 때에 고린도전서 2:4-5에서 그가 인간의 지혜와 수사학을 전체적으로 반대하는 사실을 배경으로 해야 한다. 그럼에도 불구하고, 우리가 바울을 평가할 때에는, 자기가 그렇게 행하고 있다고 말한 것뿐만 아니라 그가 실제로 행한 것도 고려해야 한다.

복음. 사도들의 말의 내용은 '복음' 이라는 말로 요약된다(살전 1:5; 2:2, 4, 8-9; 3:2). 원래 '좋은 소식' 이라는 의미를 지닌 이 단어는, 그 원래의 의미를 그대로 간직하면서도, 그 단어의 원래 의미에 의해서보다는 그 내용에 의해서 뜻이 결정된 결과, 예수 그리스도에 대한 기독교의 기본 메시지를 일차적으로 가리키게 되었다. 이 메시지의 전통적인 표현은 고린도전서 15:3-5에 기록되었으며, 예수의 죽음과 부활을 중심으로 한다. 그 구절에서 예수의 죽음은 '우리 죄를' 위한 것이라고 되어 있지만, 데살로니가전서에서는 '우리를 위한' 것이라고 되어 있으며, 그 복음의 효과는 사람들이 하나님의 진노를 경험하지 않고 구원을 받게 하는 것이다(살전 5:9-10). 그 메시지에 대해서는 이 서신에서 아무런 논란이 없다. 이는 독자들 사이에 그것에 대한 반론이 없어서 그럴 것이다.

고린도전서와 이 서신 사이에 문제처럼 보이는 요소가 있다. 그것은 고린도전서에서는 복음의 중심이 예수 그리스도의 죽음과 부활이라는 과거 사건인 반면, 여기 이 서신에서는 회심의 결과 사람들이 예수께서 하늘에서 오시기를 기다린다는 것이다. 이 편지 전체를 통해서 이 재림 사건이 강조되고 있는데, 이것은 바울의 다른 글에서는 발견되지 않는 현상이다. 이로 말미암아, 사도 바울의 초기 사상에서는 예수의 미래 오심이[3] 그의 죽음과 부활보다 더욱 중심적인 신학이 아니었는가 하는 질문이 일어나게 되었다.

두 가지 사실을 고려해 볼 때 그렇지 않은 것으로 보인다. 첫째, 구원을 가져오는 사건과 그 구원의 내용은 다른 범주에 속한 문제이다. 이 서신에서 예수의 죽음과 부활은 미래 소망의 근거 역할을 한다(살전 4:14; 5:9-10). 예수의 죽음과 부활이 복음의 중심임을 강조하는 고린도전서에서도(고전 15:3-5) 바울은 신자의 미래 부활에 대해서 길게 쓰고 있다. 그러므로 그의 사상이 발전했다는 가설은 두 사건의 서로 다른 기능에 대한 오해에서 기인된 것이다. 복음의 기초는 예수의 죽음과 부활이지만, 복음의 내용은 예수의 다시 오심과 함께 도래하는 새 시대에 대한 약속을 포함한다.

둘째, 우리는 그 메시지를 들은 사람들의 반응에 대한 바울의 설명으로부터(살전 1:9-10) 몇 가지를 추론할 수 있다. 그들이 들은 이야기 중에는 참 하나님과 그의 아들 예수 그리스도의 실재에 대한 주장(참고. 고전 8:5-6), 예수의 부활에 대한 선언(참고 고전 15:3-5), 그리고 그 예수가 앞으로 임할 진

---

3) 이 단어는 그리스어를 음역한 **파루시아**('옴, 도래')라는 말로 자주 표시된다.

노로부터 그들을 구원할 자라는(롬 5:9) 이야기들이 포함되었음이 분명하다. 나아가서 바울이, 그리스도인들은 예수가 죽었다가 다시 살았다고 믿는다는 것, 예수가 구원의 근원이라는 것(살전 5:9), 그가 죽으신 것은 그들이 그와 함께 살 수 있도록 하기 위함이라는 것(살전 5:10)을 단언할 때, 기독교 신앙 일반에 대한 이런 진술들이 바울이 데살로니가인들에게 선포한 내용을 근거로 한다는 것은 자명하다. 따라서 데살로니가인들에게 선포된 복음이 바울의 다른 글들에 나타나는 복음과 동일한 것이었음이 분명하다.

회심. 복음 메시지에 대한 반응은 "하나님께로 돌아서는 것"이었다. 이 말은 우상을 섬기던 원래 이방인 사람들에게는 자연스러운 표현이지만, 이미 하나님을 믿고 있던 유대인들에게는 덜 적합하다. 그러나 양편에 공히 어울리는 용어는 **믿음**이다. 이것은 하나님과 그 아들 예수를 향한 신뢰, 헌신과 순종을 포함하는 복잡한 의미를 가지는 말이다. 믿음이라는 말은 너무나 자주, 너무나 일상적으로 사용되는 말로서, 그리스도인이 하나님과 맺는 관계의 일차적인 특징을 나타내는 표현임이 분명하다. 여기에는 놀라운 면이 있다. 왜냐하면 믿음은 구약의 특징적인 태도이고 다른 종교에서도 낯설지 않음에도 불구하고, 다른 어떤 종교에서도 이 말이 기독교에서만큼 중심적이고 특징적인 위치를 차지하지 않으므로, '믿는 자'라는 말이 기독교 추종자를 가리키는 통상적인 용어가 되었기 때문이다.

회심 과정을 인간적인 수준에서 설명하는 것은 얼마든지 가능하다. 사도와 일행이 사람들에게 하나님이 그들을 구원하기 위해서 예수의 죽음과 부활을 통해서 이루신 일을 설명하고 그들에게 믿음을 가질 것을 촉구하자, 사람들은 믿음의 행동으로 그 메시지에 응답했고, 거기서부터 지속적인 관계가 시작되었다는 것이다. 그것이 단순히 인간의 메시지가 아니라 하나님의 말씀으로 왔다고 바울이 주장한다고 해서, 그 과정의 내용이 크게 바뀌지는 않는다. 그러나 바울은 또한 그것은 메시지의 선포와 그것을 받아들임 속에서 성령이 활동한 과정이라고 설명한다: 회심자들은 성령에 의해서 주어진 기쁨으로 메시지를 환영했다는 것이다. 바울은 또한 하나님이 독자들을 선택한 증거가, 복음이 그들에게 전해지고 그들이 복음에 반응한 사실 속에서 발견된다고 말하고 있다.

그러므로 독자들의 회심 배후에는 하나님의 주도적인 행동이 있다. 그것이 그들을 '부르심'이라는 말로 표현된다(살전 2:12; 4:7; 5:24). 바울은 또한 **택하심** 혹은 **선택**이라는 말로(살전 1:4) 독자들이 지금 하나님의 백성에 속하게 된 사실을 표현한다. 선택이라는 말은 통상 구원으로의 부르심을 일으키게 하는 하나님의 선택을 의미하는 것으로 간주되지만,[4] **선택한다**는 단어는 언제나 실제로 하나님의 백성이 된 사람에게 적용되지, 구원 받기로 예정되었으나 아직 구원을 받아들이지 않은 사람들에게는 적용되지 않은 것으로 보인다. 여기서 바울이 말하는 것은, 하나님이 독자들을 선택한 사실이 그들이 복음을 받아들임으로써 드러난다는 것이다.[5]

복음 전파의 효과와 그로 말미암은 회심은 '교회' 혹은 회중의 형성으로(살전 1:1) 이어졌다. 교회라는 이 용어는 독자들을 구약 하나님의 백성의 연장선상에 둔다는 점에서 의미심장하다. 하지만, 바울은 여기서는 이 생각을 발전시키지 않는다. 이 서신의 주된 관심사는 이 공동체의 영적인 전진이다.

확고함. 바울은 이 서신에서 특별히 사탄의 활동을 의식하고 있다. 그는 '시험하는 자'라는 다른 이름으로 불리고 있으며(살전 3:5), 자기의 악한 목적을 위하여 인간의 상황에 변화를 줄 수 있다(살전 2:18). 여기서 바울의 개념을 간단한 말로 표현하기는 불가능할 것이다. 지금 상황은 사탄이 인간을 유혹할 수 있는 자유를 가진 것으로 보이며, 그럼에도 불구하고 하나님의 우월한 능력에 의해서 그 유혹이 좌절될 수 있다는 것이다. 그렇다면 왜 하나님은 단번에 그를 무너뜨리지 않는가 하는 질문은 전혀 제기되지 않는다. 바울이 알고 있는 것이라고는, 하나님이 자신의 적을 무찌르실 수 있다는 것과 언젠가는 완전히 무찌르시리라는 것이다(참고. 데살로니가후서).

이 편지에서 기도가 자주 언급되는 것을 미루어 볼 때, 바울은 기도를 통해서 상황들과 사람들이 변한다고 믿는 것을 알 수 있으며, 그 이유는 하나님이 자기 백성의 요청에 응답하신다는 것임이 분명하다.

---

4) Donfried, *Theology*, p. 29.

5) I. Howard Marshall, "Election and Calling to Salvation in 1 and 2 Thessalonians", in *The Thessalonian Correspondence*, ed. R. F. Collins (Louvain: Louvain University Press, 1990), pp. 259-76.

그러므로 우리는 신자의 견인이 그들 자신의 확고함에 의존하면서 또한 하나님의 활동에 의존한다는 두 가지 생각 사이에서 역설적인 긴장을 느끼게 된다. 바울이 그들을 묘사하는, "주 안에서 굳게 선다"(살전 3:8)는 표현에서 그 긴장이 드러난다. 이 표현은 그들의 상황을 인간적인 관점보다 높은 어떤 관점에서 보아야 함을 표시한다. 이 어구는 그들을 지키시는 주님을 의지함을 표현하며, 그 의지는 든든한 근거를 가지고 있다.

'주 안에' 있다는 사실이 이 편지 내내 언급된다. 맨 처음부터 그 교회는 "하나님 아버지와 주 예수 그리스도 안에" 있는 것으로 표현된다(살전 1:1; 참고. 살후 1:1; 골 3:3). 이것은 놀라운 표현이다. 이런 형태의 표현은 훨씬 일반적인 '그리스도 안에'의 변형이며, 그것과 동일한 표현이다('그의 안에'도 마찬가지이다). 이 독특한 어구는 바울의 가장 초기 글들로부터 그의 특징이 되고 있다.[6] 어떤 때에는 이 어구가 동사 다음에 자연스럽게 따라오는 구문을 이룬다(살전 3:8). 또 어떤 때에는 이 어구가 부사적으로 사용되어서, 신자와 그리스도 사이의 밀접한 관계를 규정하거나, 십자가에 달리고 부활한 주님인 그에 의해서 그들의 삶이 결정되어야 함을 밝히기도 한다(참고. 살전 4:1; 5:12, 18). 또한 이 어구는 동일한 의미를 가지되 좀 더 형용사적으로 사용되기도 하면서, 독자들과 그리스도 사이에 일종의 영적인 결속이 있음을 의미하기도 한다(살전 2:14; 4:16).[7] 여기서 강조되는 것은 신자들의 굳건한 자세이다. 그들은 하나님을 의지하고, 하나님의 약속들과 능력을 의지한다. 여기서 핵심적인 요소는 하나님을 신실한 분으로 묘사한다는 점이다(살전 5:24; 참고. 살후 3:3). 하나님의 신실함은 이후 서신에서 반복해서 나타나는 가르침이지만(고전 1:9; 10:13; 고후 1:18), 그것은 언제나 바울 신학의 기저에 있다.

---

6) 데살로니가전서에서 이 어구는 다양한 형태로 사용되고 있다. 이것은 바울의 신학적 어휘의 미성숙 혹은 충분히 발전되지 않았음을 표시하는 것이 아니다. 참고. 살후 1:1, 13; 3:4, 12.

7) 이와 유사한 표현이 요한복음에도 사용된다. 그러나 요한복음에서는 상호적이다. 즉 신자들은 그리스도 안에 있고, 그리스도는 신자 안에 있다. 이것은 더욱 밀접한 영적 결합을 나타내는 표현으로 보인다.

성화. 독자들을 위한 또 다른 관심사가 이 서신에서 거룩이라는 개념으로 요약된다(살전 4.1-12). 이 용어는 신자가 이미 가지고 있는 위치 혹은 특성을 가리키는 말로 사용된다. 신자는 하나님의 백성이라는 점에서 거룩하며, 성장하고 믿음이 계발됨에 따라서 거룩이라는 특성이 표현되어 나온다. 행진하고 있는 모든 병사는 제복을 입고 있으며, 따라서 그들은 병사로 구별된다. 그러나 그들 중 어떤 사람들은 지금 막 입대한 신병이고, 어떤 사람들은 잘 훈련된 군인이다. 그들 모두가 외양으로만 군인이 아니라 철저하게 훈련된 군인이 되는 것이 목표이다. 이 성화라는 이 서신에서 바울 신학의 성경적 영감이 가장 유료하게 드러난다 비록 이 서신에서는 구약 성경이 직접 인용되는 경우가 현저하게 적지만.[8] 여기에 분명히 함축되어 있는 것은, 거룩의 발전이 하나님이 독자들에게 성령을 선물로 주시는 일과 관련되었다는 것이다.

거룩의 구체적인 개념이 바울의 다른 서신들에서 보다 데살로니가전서에서 더욱 유료하다(살전 3:13; 4:3-4, 7; 5:23; 참고. 살후 2:13). 거룩은 두 번에 걸쳐서 무흠과 연결되며, 바울은 독자들이 주의 날에 이런 상태가 되기를 기도한다(살전 3:13; 5:23). 거룩은 실제적으로 성적 순결에서 표현된다. 성적 순결은 금욕주의 혹은 성관계의 금지로 이해된 것이 아니라(고대에서는 자주 거꾸로 이해되었다), 혼인의 신실성과 격정적 욕망을 금하는 것으로 이해되었다(살전 4:3-8).

거룩과 함께 기독교 덕성의 세 가지 근본적인 요소 곧 믿음, 사랑, 소망이 가르쳐진다(살전 1:3; 참고. 5:8).[9] 이 세 가지 덕성은 전통적으로 삼중의 덕

---

8) Max Turner, *The Holy Spirit and Spiritual Gifts* (Carlisle: Paternoster, 1996), pp. 108-10은 살전 4:8의 어구가 겔 36:27; 37:6, 14을 반영하며, 따라서 바울이 성령을 생명을 주고 재창조하는 영으로 이해했음을 입증한다고 강조했다. 이 서신에는 구약 성경을 기초로 하는 다른 어구들도 있다. '주'를 예수의 호칭으로 사용하는 것, '주의 말씀'에 대한 언급(살전 1:8; 참고. 렘 1:4), '주의 날'에 대한 언급(살전 5:2), 또한 그리스도의 '오심'에 관한 언급(이것은 궁극적으로 하나님께서 심판과 구원으로 오신다는 구약의 소망에 근거하고 있다. 예를 들면 사 20:10; 욜 3:14).

9) Donfried, *Theology*, pp. 53-58.

성으로 간주되며, 신약성경에서 반복 등장하면서 신자가 하나님, 다른 사람들, 그리고 자연과 맺는 관계를 요약한다.[10] 개괄적으로 말하면, 이 서신에서 살전 1–3장은 믿음에 관한 것이고, 살전 4:1–12은 사랑에 관한 것이고, 살전 4:13–5:11은 소망에 관한 것이다. 믿음이란 일차적으로 하나님의 실체를 받아들이고 그에게 자기를 맡기는 태도로서, 중생의 징표이다(살전 1:8). 그러나 그것은 동시에 예수가 죽었고 다시 살아나셨다는 사실을 근거로 해서 지속적으로 믿고 지속적으로 자기를 맡기는 태도이기도 하다(살전 4:14). 그래서 심지어 '믿는 자들'이라는 말이 그리스도인을 가리키는 적당하고 특징적인 용어가 된다(살전 1:7; 2:10, 13). 바울의 관심사는 바로 그들의 믿음의 지속성이다(3:2, 5, 6–7, 10). 믿음은 사랑과 밀접하게 연결되어 있지만(살전 3:6; 5:8), 사랑은 또한 신자들이 서로에 대해서 가져야 하는 태도를 표현하는 독자적인 용어이기도 하다(살전 4:9–10). 마지막으로, 동일한 이 헬라어 단어가 '신실성'이라는 의미를 가지기도 하는데(참고. 우리가 어떤 사람에 대해서 '신의를 지킨다'라고 말하는 것), 바로 이 뉘앙스에서 그 단어는 하나님 자신의 성품이 전적으로 신뢰할 만한 것임을 표현하기도 한다(살전 5:24).

부활과 재림. 바울의 모든 서신들 중에서 데살로니가전서와 후서는 미래라는 주제로 지배된다는 점에서 현저하게 구별된다. 회심의 내용은 사람들이 하나님을 섬긴다는 것뿐만 아니라, 그의 아들이 하늘로부터 올 것을 기다린다는 것이기도 하다(살전 1:9–10). 그들을 믿음으로 인도하고자 하는 선교사들의 활동은 주께서 오시는 날 인정될 것이며(살전 2:19–20), 선교사들의 간절한 소망은 그들을 통해서 회심한 사람들이 그 날에 흠이 없고 거룩해지는 것이다(살전 3:13; 5:23). 이 서신은 바울의 서신들 중에서 이 주제를 다루는 가장 긴 문단을 포함하고 있다(살전 4:13–5:11). 그러므로 재림은 보상과 기쁨이라는 측면에서 뿐만 아니라, 파멸과 심판이라는 측면에서도 기독교적인 삶을 격려하는 중요한 요소이다.

바울은 편지의 독자들 중 일부가 그 사건 때까지 생존해 있을 것으로 간주

---

10) 그러나 이 세 가지는 분명하게 구분되지 않는다; 소망은 믿음의 한 측면이며, 사랑은 하나님과 다른 사람들을 향할 수도 있다.

하고 있으며, 실제로 그렇게 될 것으로 예상하는 것처럼 보인다. 그는 이 점과 관련하여 설교자의 어투인 '우리'라는 단어를 사용한다. 이는 바울이 자신을 그 사람들 중의 한 사람이 될 수 있다고 본다는 표시이다 (살전 4:15, 17). 만약 사람들이 이런 기대를 심각하게 견지한다면, 비록 현대인들에게는 그런 견해를 견지하기가 어렵겠지만, 이것은 그들이 삶을 바라보는 관점에 매우 강력한 영향을 미칠 것이다.[11]

두 가지 주제가 바울의 논의를 지배한다. 첫째, 이미 죽었거나 재림 이전에 죽을 신자들이 재림과 관련된 일들에서 어떤 불이익을 당하여 거기에 참여하지 못하리라는 두려움에 관한 것이다. 바울의 대답은, 그 때에 살아있는 신자들이 둘째가 되리라는 것이다. 왜냐하면 그리스도 안에서 죽은 자들이 죽음에서 부활하여, 아직 살아있던 사람들이 들림을 받아서 주님을 만나기 전에 먼저 주님을 만날 것이기 때문이다.[12] 이 표현은 묵시적이다. 이는 그것이 죽은 자의 문자적인 부활, 눈에 보이고 귀에 들리는 방식으로 주님이 하늘로부터 임하는 것, 신자들이 문자적으로 '공중에' 끌어올려져서 주님을 만나는 것을 말하는 까닭이다. 바울이 그 글을 쓰는 방식으로 미루어볼 때, 편지의 독자들이 재림의 개념에 대해서는 익숙하지만, 이미 죽은 신자의 부활에 대해서는 익숙하지 않은 것으로 보인다.[13] 그러므로 바울은, 만약 사람이

---

11) 물론 그리스도의 재림은 초대 그리스도인들이 생각하던 기간에 발생하지 않았다. 그리스도의 재림이 점점 지체되자 일세기 사람들은 그것을 그리스도인의 소망이 공허하다는 증거라고 비웃었다. 시간이 지남에 따라서 이런 조소는 더욱 통렬해졌다. 그러나 신약성경 저자들은 하나님이 계획한 시간을 아는 사람은 아무도 없다고 강조했으며, 재림이 일어나야 할 기간을 구체적으로 명시한 사람이 아무도 없다는 사실이 주목되었다 (Arthur L. Moore, *The Parusia in the New Testament* [Leiden: E.J. Brill], 1966).

12) 바울의 말은 주님의 말씀을 근거로 하고 있다(살전 4:15). 대다수의 주석가들이 이 표현이 예언의 말을(바울의 말이든, 다른 사람의 말이든) 가리키는 것으로 간주하지만, 나는 이것을 지상에 계실 때의 예수의 말씀으로 보는 견해를 선호한다.

13) 이 문제에 대해서 완전히 신빙성 있는 설명은 아직 제시되지 않았으나, 모든 설교자들은 자기들이 분명히 설명했다고 생각하는 것을 회중이 이해하지 못할 때가 있다는 것을 안다. 만약 데살로니가의 그리스도인들이 재림을 진실로 임박한 가능성으로 예상하고 있었다면, 그들 공동체 중 어떤 회원들의 죽음은 그들을 당황하게 함으로써, 그 상

그리스도와 관계를 맺고 있는 상태에서 '잠들면', 그리스도께서 다시 오실 때에 그들을 깨워서 자신과 함께 하게 하신다는 것을 강조함으로써 그들의 확신을 굳게 해야 했다; 그리스도가 죽었다가 부활하신 것처럼 그들도 부활할 것이다. 나팔소리는 천사가 하나님의 택한 백성들에게 소집을 명하는 것을 생생하게 보여주는 것으로 보이며, 이 나팔소리는 산 자뿐만 아니라 죽은 자에게도 들리는 것으로 가정된다.

　바울의 논의에서 두 번째 요점은 그 사건의 시기 및 그것을 위한 준비에 관한 것이다. 바울은 재림을 준비하지 않고 그 일이 있을 것으로 믿지 않는 사람들에게는 재림이 예상 외의 일이 될 수밖에 없다고 믿었다. 그들은 재림을 준비하지 않을 것이며, 그들에게는 재림이 심판이라는 불쾌한 일로 경험될 것이다. 그러나 그 일이 발생하리라는 것을 안 그리스도인들에게는 그 일이 예상 외의 일이 아닐 것이다. 다시 말하면, 비록 그 일이 정확하게 예고된 때에 발생하지 않는다는 점에서는 예상치 못한 일이지만, 그들은 그 일을 위하여 준비하고 있다는 말이다. 그 일이 밤에 도적처럼 오는 것이 아니라, 이미 옷을 입고 짐을 싸가지고 있는 사람에게 택시 운전사가 찾아오는 것과 같이 온다는 뜻이다. 그러므로 실천적인 요점은 그리스도인은 항상 영적으로 준비하고 있음으로써 주님을 만날 때에 부끄러움을 당하지 않도록 하라는 것이다.

데살로니가후서

　바울이 동일한 회중에게 보낸 것으로 되어 있는 이 둘째 서신의 내용은 여러 가지 면에서 첫째 서신과 유사하며, 첫째 서신의 내용이 괄목할 정도로 반영되어 있다. 만약 이 서신이 바로 직후에 바울에 의해서 쓰여지지 않았다면, 그것은 데살로니가전서를 아주 잘 알면서 그것을 대본으로 삼은 어떤 사람에 의해서 쓰여졌을 것이다. 세 가지 중심 신학적 관심사가 이 서신을 지배하며 그 구조를 형성하고 있다.

　박해 하의 교회(살후 1:1-12).　이 편지는 독자의 영적인 상태에 대한 이

황을 받아들이지 못하고 자기들이 배운 것을 거기에 적용하지 못했을 수 있다.

야기와 함께 시작한다. 외부로부터 지속적인 공격이 있음에도 불구하고, 그들은 앞의 서신에서 중요한 것으로 고려된 세 가지 영역 곧 믿음, 사랑 그리고 인내에서 성장하고 있는 것으로 제시된다. 그들의 이런 상황으로부터 곧장 박해 받는 자들과 그들을 박해하는 자들에 관한 신학적 논의로 들어간다. 여기서 우리가 기억할 것이 있다. 즉 지금 그들의 상황은 기독교 신앙으로 인해서 실제로 생명과 재산을 잃을 수 있는 처지라는 것이며, 그들의 처지를 예수의 처지와 비교하는 것이 과장이 아니라는 점이다(살전 2:14-16).

그러므로 바울이 하나님이 자기 백성에게 적대적인 자들을 심판하실 것을 말하며, 그 적대자들은 심판의 날에 하나님의 면전에서 내어쫓길 것이라고 말할 수 있다는 것은 당연하다. 그러므로 우리는 불신자에 대한 심판이 바울 신학의 근본적인 강령의 하나인 것을 다시 주목한다. 그리스도인의 전혀 다른 운명에 대한 그의 신념은 반대편에서 그 강령의 균형을 잡아준다. 그들은 적대자들의 손에서 벗어나고 부활하신 그리스도의 영광에 참여함으로써 그들의 고난에 보상을 받을 것이다. 그렇게 되어서, 박해자들이 가한 악행은 공격자들에 대한 형벌과 고통당하는 자들에 대한 보상을 통하여 의로운 결말을 맞게 된다.

이런 소망을 가지고 있으므로 바울이 신자들을 위해서, 그들이 믿음으로부터 미끄러져 나가지 않고, 도리어 약속된 보상을 받을 수 있는 삶을 살기를 기도하는 것이 당연하다. 혹은 사도의 표현대로, 그들의 사는 방식이 그리스도의 명예를 높여 주고 그의 영광에 참여하는 방식이 되기를 기도한다(살후 1:5-12).

주의 날(살후 2:1-17). 이 편지의 두 번째 관심사는 회중의 일부가 예수의 재림이 매우 임박하며, 그들이 '주의 날'에 살고 있다고 믿게 되었다는 것이다. 여기서 '주의 날'이라는 말로 바울이 의미하는 것은 재림이 있기 직전, 역사의 절정기이다. 데살로니가전서를 읽으면, 그 편지를 받은 사람들에게 임박한 미래 위기와 절정에 대한 소망이 쉽게 강화되어서 그들이 실제로 '마지막 때'에 살고 있다고 확신할 수 있게 되었으리라는 것을 느낄 수 있다. 이 때문에 바울은 그들이 거짓된 소망의 희생자가 되는 것을 방지해야 했다. 바울 서신들 중에서 가장 불가해한 이 단락에서, 바울은 주의 날이 예상 외로

빨리 임한다고 말했음에도 불구하고, 그리스도의 오심 이전에 다른 일들이 먼저 일어나야 하는데, 그 일들이 아직 일어나지 않았다고(이렇게 암시되어 있다) 말한다. 어떤 종류의 '반역'과 하나님을 대적하는 강력한 적대자가 일어날 것이며 그는 사람들을 속여서 불신앙에 떨어지게 할 것이다. 지금은 어떤 억제하는 힘 때문에 이 적대자가 아직 일어나지 않았다고 이 서신은 말한다. 우리는 여기서 바울이 말하는 것을 더 상세하게 밝히려고 시도할 필요가 없다. 바울이 어떤 방법으로든지 그 미래 사건의 대략적인 순서와 성격을 알고 있다고 주장한다는 것을 아는 것으로 우리에게는 충분하다. 추측컨대, 예수께서 미래에 관하여 말씀하셨듯이, 바울이나 다른 어떤 사람이 예언적 계시에 의해서 예수와 대략 유사한 방식으로 어떤 내용을 주장한 것으로 보인다.

그러므로 하나님은 앞으로 일어날 사건의 순서를 아시며, 그것의 어떤 측면들을 사람들에게 계시하신다는 믿음이 여기에 나타난다. 예언의 중요성이 평가절하되어서는 안된다. 초대 그리스도인들을 위해서 하나님과 그의 대적들 사이의 싸움이 대략적으로 그려지기는 했지만, 완전히 드러나지는 않았으며, 그들은 그것을 배경으로 하여 그들의 기독교적 삶을 살았다.

이 부분에서 우리는 정상적으로 보이는 설명이 환상적인 묘사로 빠져들어 가는 것 같이 느낀다. 그러나 저자와 독자들은 이야기가 이렇게 이상하게 바뀌는 것을 낯설게 느끼지 않았음이 분명하다. 우리는 문자적으로 그들이 그 말을 어떻게 이해했는지를 알기를 원한다. 이 이야기에서 문자적일 수 있는 내용을 넘어가는 유일한 부분은 동화에 등장하는 용과 같은 적들을 쳐부수기 위해서 강력한 입김을 내뿜으면서 임하는 그리스도의 장엄이다. 어떤 사람이 성전의 보좌에 앉아서 가짜 기적을 일으킴으로써 사람들을 이끌어 들이는 것은 충분히 인지할 수 있는 일이며, 그런 일들은 지금까지 일어나고 있다.

사탄의 능력에 속아 넘어간 이 사람들의 모습과는 반대로(이것은 다른 곳에서도 발견되는 바울의 주제이다, 고후 4:3-4), 하나님께서 자신들을 구원에 이르도록 선택하셨음을 확신하는 그리스도인의 상황이 있다. 그들의 구원은 하나님의 영의 활동에 의해서 이루어지며(참고. 살전 1:5-6), 동시에

'진리' 곧 복음 메시지에 대한 그들의 믿음을 통하여 이루어진다. 그러므로 그들은 믿음에 굳게 서며, 바울의 가르침과 모순되는 다른 가르침에 의해서 흔들리지 말라는 권면을 받는다. 다시 한 번, 데살로니가전서에서처럼 하나님의 보호와 인간의 인내의 필요성이라는 역설이 명백하게 드러난다.

기도의 위치(살후 3:1-18). 이 서신의 셋째 부분은 교회의 생활과 그 선교에 관한 실천적인 측면을 다룬다. 바울이 자신과 자기의 사역을 위한 기도를 부탁한 사실은 신학적으로 중요하다. 여기서도 역시 역설이 나타난다. 그는 하나님의 신실하심과 보호하시는 능력을 확신하면서도(살후 3:3), 선교 사역의 전진과 자신의 안전을 위한 기도를 부탁한다(살후 3:1-2). 이와 마찬가지로 그는 독자들이 신실성을 유지하리라는 것을 확신하면서도 하나님께서 그들을 지켜주실 것을 기도한다(살후 3:4-5).

신학의 특성

중심 주제의 결여. 데살로니가전서의 신학은 바울의 주요 서신들(로마서; 고린도전후서; 갈라디아서)에 비해서 단순하지만, 그렇다고 해서 그 서신들과 모순되는 것은 아니다. 내가 지금까지 다룬 특성들은 바울 서신의 다른 부분들에서 그 병행 내용이 발견된다. 차이가 나타나는 것은, 데살로니가전서에 나타나지 않거나 거기서 현저한 역할을 하지 않는 특징들, 이를테면, 육신, 몸, 죄, 할례, 율법, 행위, 의/칭의 같은 용어들, 그리고 그리스도와 함께 죽고 산다는 개념에 우리가 주목할 때이다. 그러나 이런 용어들의 많은 것들은, 이방인이 하나님의 백성에 진정으로 속하려면 율법을 지켜야 한다고 주장한 유대화주의자들의 반대에 대항하여 싸울 때에 사용되었으며, 이 서신에 나타나는 구원에 대한 바울의 기본 이해로부터 다른 서신들에서 이런 주제들이 발전되었다고 보는 것이 타당하다. 그러므로 데살로니가전서를 바울의 다른 서신들과 함께 바울의 서신으로 보는 데에는 아무 문제가 없다.[14]

---

14) 표준적인 설명은 바울이 그의 사역 초기에, 그의 생각이 충분히 발전되기 이전에 데살로니가전서를 썼다는 것이다. 예를 들어서 Udo Schnelle, *The History and Theology of the New Testament Writings* (London: SCM Press, 1998), pp. 50-55.

우리는 재림의 주제와 그와 관련된 미래 심판의 주제가 차지하는 전략적 중요성을 주목했다. 이 주제가 바울의 다른 서신들에 나타나지 않는 것은 아니지만, 이 서신에서만큼 현저하지는 않다. 그러나, 우리가 이미 지적했듯이 이것이 복음의 중심 개념은 아니다. 도리어 그것은 그리스도인이 그 안에서 살 수밖에 없는 피할 수 없는 지평이었다. 지금 여기서 사는 그리스도인의 삶의 본질적 요소들은 이 서신에서 나타나는 바울 신학의 필연적 요소이기도 하다.

데살로니가 전서와 후서 사이의 차이. 이 책에서 우리의 논의의 규모가 제한된 까닭에, 어떤 학자들이 데살로니가전서와 후서 사이에서 발견하는 미묘한 차이에 대해서 상세하게 다룰 수는 없다. 그 핵심 쟁점들은 다음과 같다.

1. 데살로니가후서에서는 재림 이전에 징조가 선행되고 그것이 임박해 있지만, 데살로니가전서에서는 그것이 예상치 못하게 임하며 어느 때든지 발생할 수 있다고 주장된다.

2. 데살로니가후서는 바울적이지 않은 방식으로 '바울의' 교훈에 호소하고 있다고 주장된다.

3. 재림의 지연으로 인해서 의심이 일어났으며 데살로니가후서에서는 사명에 대한 모든 감각이 상실되었다.

4. 예수의 모습이 심판과 소원함(remoteness)을 강조한다.[15]

참고. Karl P. Donfried, *Paul, Thessalonica and Early Christianity* (London: T & T Clark, 2002), pp. 69-98.

15) 참고. E. Krentz, "Through a Lens: Theology and Fidelity in 2 Thessalonians", in *Pauline Theology*, vol. I, *Thessalonians, Philippians, Galatians, Philemon*, ed. Jouette M. Bassler (Minneapolis: Fortress, 1994), pp. 56-57에서 예수의 역할에 관한 이 측면에 집중하는 것을 볼 수 있다. 그러나 또한 Robert Jewett, "A Matrix of Grace. The Theology of 2 Thessalonians as a Pauline Letter", in I:63-70에서 그 견해에 균형을 잡아주는 내용을 볼 수 있다.

이런 주장들은 전부 의심스럽고 입증될 수가 없다. 데살로니가후서는 사람들이 박해에 의해서 순전히 그들의 신앙이 시험을 받는 상황을 반영하며, 바로 이런 상황 때문에 예수의 모습에서 심판자의 역할이 강조되는 것이다.[16] 만약 바울이 그 앞의 서신에서 가르친 내용에 대한 극단주의자들의 오해에 대답하는 것이라면, 때의 징조가 잘못 해석되었음을 바울이 강조하는 것은 당연한 일이다.

중요한 특징들. 이 두 서신에서 몇 가지 주제가 특별히 강조되고 있다.

첫째, 강력한 미래 지향성이 있다. 그 교회 내의 오해와 질문에 비추어 보면 바울이 그 문제를 주제로 삼은 것을 이해할 수 있다. 그러나 그렇지 않다고 하더라도 재림은 그리스도인 삶에 대한 바울의 이해에서 중심적인 위치를 차지한다(살전 1:10; 2:19; 3:13; 5:23). 이 강조점이 갈라디아서에는 거의 나타나지 않는데, 이 점에서 갈라디아서와는 매우 다르다. 갈라디아서에 이것이 나타나지 않는 부분적인 이유는 말할 것도 없이 거기서는 율법과 성령의 문제에 집중하기 때문이다. 거기서는 이방인에게 전해진 복음의 성격, 회심자의 영적 진전과 복음의 발전을 위한 바울의 기도에 대한 명상은 훨씬 적다.

둘째 주제는 거룩이다. 하나님께서 그의 백성 속에서 이루시기를 원하는 특성을 가리키는 말로 거룩이 즐겨 사용된다. 이것은 그 교회가 주로 이방적인 성격으로 지배받는 사실과 연결되어 있을 것이다 원래 유대교에 굳건히 뿌리를 내리고 있던 기독교 운동에 예전에 이방인이었던 사람들이 가입하기 위해서는 그들의 생활 방식이 새로운 환경에서 받아들일 수 있도록 철저히 변해야 했다. 고린도 교회의 실례는, 비기독교인 이방인들 사이에서는 용인될 만하지만(살전 4:5) 유대교의 영성과 도덕성의 영향을 강력하게 받은 교회에서는 받아들여질 수 없는 생활 방식을 버린다는 것이 얼마나 어려울 수

---

16) 데살로니가후서의 진정성에 관해서는 John M. G. Barclay, "Conflict in Thessalonica", *CBQ* 55 (1993): pp. 512-30을 보라. 여기서 저자는 후서의 상황은 교회가 당시의 재앙을 그들의 박해자들에 대한 하나님의 진노의 현상으로 해석하고, 거기서 재림이 임박했다는 잘못된 결론을 이끌어내었고, 거기에 대해서 사도가 강력하게 반대하고 있다고 본다.

있는지를 잘 보여준다.

셋째, 이 두 서신은 모두 선교적 배경을 가지고 있고, 독자들의 회심이 빈번하게 언급되며, 바울의 선교가 다른 곳에서도 지속되기 위한 기도 부탁이 언급된다. 상당한 반대 세력에도 불구하고 선교와 그로 인한 회심은 지속되고 있으며, 선교의 책임은 주님에게 있다는 바울의 믿음은 그것이 성공하리라는 확신을 바울에게 준다.

참고문헌

New Testament Theologies: (German) Hübner, 2:41-56, 376-77.

Barclay, John M. G. "Conflict in Thessalonica". *CBQ* 55 (1993): 512-30.

Bassler, Jouette M. "Peace in All Ways: Theology in the Thessalonian Letters: A Response to R. Jewett, E. Krentz, and E. Richard". In *PT* I, pp. 71-85.

Bassler, Jouette M., ed. *Pauline Theology.* Vol. I. *Thessalonians, Philippians, Galatians, Philemon.* Minneapolis: Fortress, 1994. (abbreviated as *PT* I).

Bruce, F. F. *1 and 2 Thessalonians.* Waco, Tex.: Word, 1982.

Collins, Raymond F. *Studies on the First Letter to the Thessalonians.* Louvain: Louvain University Press, 1984.

Collins, Raymond F., ed. *The Thessalonian Correspondence.* Louvain: Louvain University Press, 1990.

Donfried, Karl P. (and I. Howard Marshall). *The Theology of the Shorter Pauline Letters.* Cambridge: Cambridge University Press, 1993), pp. 1-113.

Donfried, Karl P. *Paul, Thessalonica and Early Christianity.* London: T & T Clark, 2002.

Jewett, Robert. "A Matrix of Grace. The Theology of 2 Thessalonians as a Pauline Letter". In *PT* I, pp. 63-70.

Krentz, E. "Through a Lens: Theology and Fidelity in 2 Thessalonians". In *PT* I, pp. 52-62.

Malherbe, Abraham J. *The Letters to the Thessalonians.* New York: Doubleday, 2000.

Marshall, I. Howard. "Election and Calling to Salvation in 1 and 2 Thessalonians". In *The Thessalonian Correspondence.* Edited by R. F. Collins, pp. 259-76. Louvain: Louvain University Press, 1990.

————. "Pauline Theology in the Thessalonian Correspondence". In *Paul and Paulinism: Essays in Honor of C. K. Barrett.* Edited by M. D. Hooker and S. G. Wilson, pp. 173-83. London: SPCK, 1982.

Morris, Leon. *Word Biblical Themes: 1, 2 Thessalonians.* Waco, Tex.: Word, 1989.

Richard, Earl J. "Early Pauline Thought. An Analysis of I Thessalonians". In *PT* I, pp. 39-51.

————. *First and Second Thessalonians.* Collegeville, Minn.: Liturgical Press, 1995.

Wanamaker, Charles A. *The Epistles to the Thessalonians.* Grand Rapids, Mich.: Eerdmans; Exeter: Paternoster, 1990.

제 10 장

고린도전서

　바울이 고린도 교회에 보낸 두 개의 서신은 많은 문제들을 다룬다. 거기에는 신학적·윤리적·목회적 문제들이 망라되어 있다. 첫 번째 서신은 서로 무관한 여러 주제들을 다루는 것으로 보인다. 어떤 곳에서는 한 주제에서 다른 주제로 갑자기 넘어가며, 어떤 곳에서는 독자들이 그에게 제기한 문제를 차례대로 다루는 것 같은 인상을 주기도 한다.[1] 고린도 교회 내에는 서로에 대해서도 의견이 일치하지 않았고, 바울과도 의견을 달리하는 사람들이 있었음이 분명하다. 그런 사람들의 몇 가지 주장에 반대하여 바울이 제시하는 논증 속에서 바울의 신학적 신념이 표현되고 있다. 이 서신에서는 서로 별로 관련이 없는 일련의 주제들이 엉성한 연결 속에서 다루어진 것이 아니라, 그런 분열 때문에 발생한 문제들에 대한 통일된 대답이 주어지고 있다고 볼 수 있다.[2] 그 결과로, 신학적 깊이를 가지고 십자가의 교리를 현실에 적용하는 서신이 탄생한 것이다.

---

　1) 고전 5:9-10에서는 바울이 그 전에 보낸 편지가 있음이 입증되며, 고전 7:1은 고린도인들이 또한 바울에게 편지를 써서 다양한 문제들을 제기했음을 보여준다. 고전 8:1; 12:1; 16:1, 12의 제목들은 고린도인들이 문의한 주제들일 수 있다.

　2) Margaret M. Mitchell, *Paul and the Rhetoric of Reconciliation: An Exegetical Investigation of the Language and Composition of 1 Corinthians* (Tübingen: Mohr Siebeck, 1992; reprinted ed., Louisville, Ky.: Westminster/ John Knox, 1993)을 보라.

신학적 이야기

인사와 기도보고: 회중의 건강함(고전 1:1-9). 이 서신은 수신자의 기독교적인 위치를 나타내는 인사와 함께 시작한다. 세 가지 주제가 현저하게 나타난다.

첫째, 바울은 수신자들이 씻음을 받아서 거룩하게 되도록 부름을 받은 자들이라고 부른다. 바울은 데살로니가전후서에서 이 언어들을 사용하여 신자들이 하나님의 백성의 일부를 구성한 사실과, 그들의 위치를 생활방식으로 표현하도록 부름받은 사실을 설명했다.

둘째, 연이어서 바울은 그 회중으로 인해서 하나님께 특별히 감사하는 내용을 기록한다. 그는 하나님의 은혜가 그들의 생활에 영향을 끼쳐서 신령한 은사들이 그들 사이에 있는 사실을 특별히 거론한다.[3] 고린도전서 12-14장에서 다루는 내용은 은사가 실제로 그 회중의 특징이었음을 표시한다.

셋째, 우리는 또한 바울이 그리스도의 나타나심 즉 재림에 대한 기대를 언급하면서, 독자들에게 그 날에 그들이 흠이 없어야 함을 상기시키는 것을 본다(고전 1:4-9).

이 주제들은 전부 데살로니가전서를 생각나게 하며, 이 두 서신이 신학적으로 강력하게 연결되어 있음을 보여준다.[4] 이야기가 진전되어 나감에 따라서 그는 이 점으로 다시 돌아올 것이다.

분열, 십자가, 성령(고전 1:10-4:21). 독자들의 장점을 이렇게 평가한 후에 바울은 가장 우려되는 문제로 바로 들어간다. 갈라디아서에서처럼 바울은 시간을 허비하지 않고 바로 문제의 핵심을 거론하는 것이다. 그 교회의 주된 문제는 분열하여 서로 다툰다는 것이다. 교회로 모이면 논쟁이 벌어지고 의견의 큰 차이가 드러나고 있었음을 추측하게 된다. 정확하게 어떤 일이 벌어지고 있었는지에 대해서 아직 학자들 사이에는 의견의 일치에 도달하지 못했지만, 나는 서로 다른 가정 그룹에 속한 교우들이 자기들이 다른 기독교

---

3) '신령한 은사'에 해당하는 헬라어 카리스마는 '성령'(프뉴마)과 관련된 것이 아니라, '은혜'(카리스)와 관련되어 있다.

4) '거룩'의 언어는 특별히 데살로니가전후서에서 전면에 드러나지만, 바울의 다른 서신들에서도 중요한 역할을 담당한다. 하지만, 갈라디아서에는 그것이 빠져 있다.

지도자들에게 속해 있다고 주장했던 것으로 믿는다. 그 지도자들은 특별히 고린도에서 활동했던 아볼로와 게바 곧 고린도를 방문했던 것으로 보이는 베드로이다. 교우들 중 일부는 "그러나 우리는 그리스도에게 속했다"는 말로 그 대립에 대응하면서 자기들을 그런 세속적인 토론에서 초월한 위치에 두었던 것으로 보인다. 이 그룹들이 세 가지 혹은 네 가지 견해를 견지했을 것으로 보려는 모든 시도는 실패했지만, 다양한 문제들에 대한 상이한 견해들이 있었던 것은 분명하며, 어떤 문제들은 바울의 가르침으로부터 상당히 심각하게 벗어나 있었다.

이런 상황과 그 배후의 영적인 문제들에 대한 직접적인 대답이 고린도전서 4장 끝까지 걸쳐있다. 바울의 호소는 그저 "철이 좀 들어서 그만 다투어라!"고 말하는 정도가 아니다. 그 다음부터는 바울과 교회의 일부 교인들 사이에 서로 의견을 달리하는 특정한 신학적 실천적 문제들을 다루기 시작한다. 거기서 바울은 세 가지를 거론한다.

첫째, 교회의 일부 사람들은 어떤 지도자를 우상처럼 숭배하고 있었다. 바울은 그들의 이런 행동을 단순히 사람을 자랑하는 것뿐만 아니라 교묘하게 자기를 자랑하는 것으로 보았다("내가 가장 훌륭한 지도자를 지지하므로 내가 다른 사람들보다 나을 수밖에 없다!"). 그래서 그는 여러 지도자들은 하나님의 종에 불과하며, 각 지도자는 그들에게 맡겨진 임무를 수행하는 것이며, 따라서 누가 누구보다 낫다 못하다 할 수 없음을 강조해야 했다. 어떤 특정한 지도자가 그 교회 내에서 권위를 가지고 있다고 하더라도, 그들이 하나님께 책임을 지는 종 이외의 무엇이 되는 것은 아니다. 어떤 사람들은 자기들이 다른 지도자들에게 충성한다는 것을 핑계로 바울에 대한 그들의 책임을 회피하려 했던 것으로 보인다. 바울은 하나님으로부터 온 권위를 입고 복음 안에서 아버지인 자신에게 충성을 보일 것을 그들에게 기대했다. 그러므로 이 토론에서 기독교 지도자직의 성격, 특히 사도직의 성격에 대한 심오한 내용이 다루어진다.[5]

---

5) 추측하건대 바울과 베드로만을 생각하고 있는 것으로 보인다. 아볼로는 사도가 아니었음이 확실하다. (그는 고전 9:1-2의 묘사에 해당하지 않으며, 거기서는 언급되지 않는다.)

둘째, 어떤 사람들은 누가 자기에게 세례를 주었는지를 중요히 여겼다. 바울에게 있어서는 누구에게 세례를 받았느냐 하는 것은 전혀 중요한 일이 아니었다. 그래서 그는 고린도에서 아주 소수의 사람들에게만 세례를 준 사실을 스스로 다행스럽게 생각했다. 바울은 자신의 임무는 십자가에 달리신 그리스도에 관한 복음을 전하는 것이라고 생각했다. 그런데 이 그리스도는 연약하게 십자가에 못 박힘으로써 통상적인 의미의 자랑거리가 될 수 없는 그리스도였다. 여기서 추론할 수 있는 것은, 구주가 그렇게도 겸손하게 되었다면, 그의 종과 추종자들도 교만에 탐닉할 수 없다는 것이다.[6]

셋째, 어떤 사람들은 지혜와 유창한 언변을 사람들이 추구할 만한 자질 혹은 능력으로 칭찬했으며, 그들은 그런 것들이 없었던 것으로 보이는 바울을 판단했을 것이다(참고. 고후 10:10). 그래서 바울은 자신의 복음 전파는 그런 자질들을 내보이기 위한 의도가 아니었다고 주장했으며, 자신의 복음 전파 방식은 십자가에 달리신 메시야라는 주제에 어울리는 것이었으므로 거기에 수반된 능력은 성령에게서 오는 것이라고 주장했다. 오직 그렇게 해야만이 믿음이 인간의 지혜가 아닌 하나님의 능력에 근거할 수 있었다. 바울은 신성한 지혜가 있다고 주장했다. 그것이 인간에게는 아무리 어리석게 보여도 하나님의 영을 소유하고 있으며 그 영이 가르치는 것을 인식할 수 있는 사람에게는 그렇다는 것이 깨달아진다고 주장했다. 바울이 여기서 말하는 지혜는 '성숙하여' 영적 진리를 깨달을 수 있는 힘을 키운 사람들과 나눈 지혜이다.

바로 이 영적 미성숙이 제각기 서로 다른 기독교 지도자들을 자랑하게 만든 것이다. 그 일을 고치는 것이 그들을 전부 똑같이 여기거나 똑같이 존경하지 않는 것이 아니라, 모든 지도자들이 하나님의 종과 직분자로서 모든 회중에 속한다는 것을 인식하고 그 사실로 인해서 기뻐하는 것이다.

이상의 논의에서 우리가 알 수 있는 것은 이것이다. 이 상황에 대응하기 위해서 바울이 거론한 그의 신학의 핵심적인 요소는 십자가에 달리신 그리

---

6) 헬라어 카우카오마이는 좋은 의미와 나쁜 의미로 모두 쓰일 수 있다. 그것은 사람이 스스로 자신있어 하는 내용을 가리킬 수도 있다. 사람은 '자랑' 혹은 '크게 기뻐' 하면서 주님과 주님의 은혜로운 일을 신뢰할 수 있다. 그러면서도 자신의 성취에서 자신감을 얻거나, 다른 사람 위에 자신을 두거나, 자족한다는 의미에서 자랑하지 않을 수 있다.

스도의 연약함이며(그럼에도 불고하고 그것은 유일한 구원의 수단이다), 그리고 성령을 소유한 신자들에게 하나님의 지혜를 계시하는 성령의 활동이다.

성윤리와 소송의 문제(고전 5:1–6:20). 이 서신의 그 다음 부분에서는 윤리적 문제들, 특히 근친상간, 소송, 그리고 보다 일반적인 성윤리로 초점이 옮겨간다.

첫 번째 주제는 어떤 남자와 그의 계모 사이의 근친상간이다(고전 5:1–13). 바울이 볼 때에 그 회중이 그 발생한 일을 자랑스러워 한다는 점에서 그 상황은 비상한 현상이었다. 그것에 대한 바울의 대응에 다섯 가지 주목할 만한 요소가 있다.

첫째, 그 범죄자에 대해서 교회가 권징을 행해야 한다는 주장이 있다(그 여자에 대해서가 아니라 그 남자에 대해서 행동을 취하라는 것으로 보인다).

둘째, 권징의 형태가 단순히 그 회원을 교회에서 제외하는 것이 아니라[7] (만일 이렇게 했다면, 그런 행동에 대한 혐오감을 충분히 나타낸 결과가 되었을 것이다), "사탄에게 넘겨 주는 것"이기도 했다. 이렇게 해서 그 사람이 궁극적으로 구원받게 하려는 것이다. 회중의 회의는 영적인 재판정으로서, 거기에 그리스도가 임재하고 바울도 '영으로' 함께 하며, 거기서 그 남자는 엄숙하게 사탄에게 넘겨지는 것으로 이해된다. 그러므로 거기서 이루어지는 일은 교회에 의해서 행해지는 인간들의 행동이 아니다. 그 행동에는 신령한 측면이 있다.

셋째, 그 죄인의 존재는 교회의 다른 사람들을 죄악으로 인도할 수 있는 전염의 세력으로 간주된다. 그를 용인하는 것은 온 교회에게 허물이 있게 하는 흠이다. 이 경우는 죄의 극단적인 한 예로서, 만약 그보다 덜 심각한 경우였더라면 그 범죄자와 신앙적 교통을 차단하는[8] 조치를 요구했을 만한 것으로 간주된다.

넷째, 어떤 '명백한' 죄는 기독교 신앙과 양립할 수 없으며, 그 범죄자를

---

7) 이것이 실제로 해야 하는 일의 일부인 것은 분명하다(고전 5:13).
8) 성찬으로부터 배제하는 것을 의미한다.

하나님의 나라에서 배제한다(고전 6:9-10)는 것을 바울은 상기시킨다.

다섯째, 기독교 신자들은 그런 죄와 그 전염의 힘으로부터 건짐을 받았다. 그들을 건진 사실이 씻음, 깨끗하게 됨, 성화라는 말로 포괄적으로 묘사된다. 여기서 명백하게 추론되는 것은, 과거의 그런 죄의 결과들이 취소되었고, 신자들은 더 이상 그런 죄들을 범하지 않(아야 한다)는 다는 것이다.

성적인 문제를 다루는 도중에 갑자기 그와 관련된 다른 주제, 곧 신자들이 동료 신자에 대하여 세속 법정에서 소송을 제기하는 문제가 소개된다(고전 6:1-11). 이것은 탐욕과 속임이 신자들 사이에서 벌어지고 있었다는 것을 보여준다. 또한 탐욕스러운 사람들과 사기꾼들이 하나님 나라에 들어가지 못하는 죄인의 목록에 포함되어 있다. 거의 본지에서 벗어난 것처럼 보이는 모습으로 등장한 이 비상한 사실은, 신자들은 그들의 차이를 해결하기 위해서 세속 법정에 호소해서는 안 된다는 것이다. 그들은 앞으로 언젠가는 자기들이 세상을 판단하리라는 것을 기억해야 한다. 이것은 아마 그리스도께서 세상을 심판하러 오실 때에 '성도들'을 대동하리라는 것을 가리키는 것으로 보인다. 이 표현은 어떤 때에는 천사나 천상적 존재들을 가리키기도 하고 어떤 때에는 신자들을 가리키기도 한다.[9]

다음으로 바울은 성윤리의 문제로 돌아오는데, 이번에는 보다 일반적인 견지에서 문제에 접근한다(고전 6:12-20). 회중의 일부가 자기들의 성생활과 관련하여 자랑스럽게 생각하는 문제가 다시 거론된다. 그들은 신자에게는 "무엇이든 가하다"고 믿으면서, 전통적인 생각을 가진 유대인 그리스도인들의 율법에 매인 행동에 반대하여 무엇이든지 가하다는 원칙을 적용했던 것으로 보인다. 바울은 분명히 그들에게 동의하지 않았다. 바울은 주장하기를, 몸은 주님을 위한 것이지 성적으로 부도덕한 행동을 위한 것이 아니라고 했다. 바울은 독신을 옹호하지 않았다. 주께서는 혼인을 축복하셨기 때문에 혼인하는 것은 주님께 헌신하는 것과 전혀 모순되지 않는다. 그러나 자기의 몸을 창기에게 주는 것은 주님의 명령을 어기는 것이다. 이 요점을 지지하기 위해서 바울은 다양한 논거들을 쏟아낸다.

---

9) 참고. 마 19:28; 눅 22:29-30; 살후 1:10. 살전 3:13은 모호하다.

첫째, 몸은 하나님에 의해서 죽음에서 부활할 것이므로, 이 사실에 비춰볼 때 신자는 몸을 악한 목적을 위해서 사용할 수 없다.

둘째, 신자의 몸은 그리스도의 것이므로 죄인들에게 연합되어서는 안 된다.

셋째, 바울은 성적인 죄는 두 인간 몸의 결합이므로 다른 죄들보다 더 깊게 들어간다고 간주하는 것으로 보인다. 그는 몸의 최후 목적에 비추어 볼 때, 몸을 단순히 물질로 간주하지 않으려 한다. 몸은 물질 이상의 것이다. 그것은 살아있는 실체 곧 인격이다.

넷째, 몸은 성령이 거하시는 처소이다. 이것은 다시 몸은 단순한 물질 이상의 것임을 표시한다.

다섯째, 신자의 몸은 어찌 되었든, 그것을 비싼 값 곧 죽음의 값을 주고 사신 그리스도의 것이다.

바울은 이것들을 하나의 일관된 체계로 발전시키지는 않지만, 하나님, 그리스도 그리고 성령과의 관계 속에서 기독교 신자가 된다는 것의 의미를 다양한 측면에서 명확하게 밝힌다.

혼인과 관련된 문제들(고전 7장). 다음으로 고린도전서 7장은 그것과 관련된 혼인 문제와 합법적인 성관계의 문제를 다룬다. 모든 종류의 성관계를 반대하는 사람들에 대하여 바울은 혼인하는 것을 지지한다. 혼인은 혼인 관계 속에서 성적 욕구가 해소됨으로써, 성적 욕구가 통제불능이 되어 신성하게 승인된 한계 밖으로 표출되는 것을 막기 위한 것만이 아니다. 바울은 이른바 플라톤적 관계를 선호하는 어떤 사람에 대해서는 혼인 관계 내 성관계의 완전한 적법성을 승인한다.[10]

재혼하지 않은 채로 사는 것을 귀한 일로 보면서도 일관되게 바울은 홀아

---

10) 한 회중 내에 창녀와의 성적인 부도덕에 탐닉하는 사람이 있는가 하면 독신과 성적 무관심을 선호하는 사람들이 있다는 것이 놀랍게 보일 것이다. 앞의 부류에 속한 사람으로는 회심 이전의 생활을 완전히 청산하지 못한 예전 이방인들이 있을 것이다. 뒤의 부류에 속한 사람으로는 금욕주의적 관점을 가진 사람들이 있을 것이다. 그것은 고대의 종교 세계에서 드물지 않았으며, 그들은 영적인 구원을 이루기 위해서 육체의 충동을 억제해야 한다고 믿었다.

비나 과부가 재혼하는 것을 잘못으로 간주하지 않았다. 예수의 교훈을 따라서 바울은 이혼을 배격하였으며, 이혼한 사람들은 재혼하지 말고 살든지 아니면 이전 배우자에게 돌아갈 것을 요구했다. 그는 불신자와 혼인한 신자들의 특별한 상황이 있는 것을 인정했다.[11] 이런 경우, 불신 배우자의 간청이 있을 경우 이혼을 허락했다.[12]

바울이 주장한 일반 원리는, 혼인을 했든지 혼인하지 않았든지 그들이 처한 상태에 그대로 머물라는 것이며, 이 원리는 종과 자유민에게도 적용된다. 그의 논증은 각 사람이 처한 상태가 무엇이든지 거기서 하나님의 명령을 지키는 것이 더 중요하다는 것이다. 이 명령의 이유는, 시간이 얼마 남지 않았고 세상은 사라져 가고 있으므로 사람들은 이 세상의 것, 즉 이미 가지고 있는 것이든지 혹은 가지기를 원하는 것에 얽매이지 말고 살아야 한다는 것이다. 일반적으로 받아들여지는 견해는 바울이 재림의 임박성을 염두에 두고 있으며, 이 임박성 때문에 장기적인 계획을 세울 수 있는 시간이 얼마 남지 않았으며, 신자는 긴박감을 가지고 주의 일을 처리해야 한다는 것이다. 그러나 고린도에는 당시 상황을 심각하게 위협하는 지역적 위기가 있었을 수도 있다.[13] 어쨌든 바울은 사람들이 사용할 수 있는 시간이 짧은 사실을 더욱 일반적으로 의식하고 있었으며, 그 시간을 더욱 온전히 드려서 하나님을 섬겨야 한다는 것을 인식하고 있었다. 여기서 다시 신자가 '거룩하게' 되는 것이 필수적이다(고전 7:34; 참고. 고전 7:14).[14]

---

11) 비록 바울은 신자들에게 불신자와 혼인하지 말 것을 충고했겠지만, 신자가 불신자와 혼인한 상태가 되는 무수한 경우들이 있었다 (예를 들면, 혼인 후에 부부 중 한 사람만 회심하는 경우, 혹은 혼인이 미리 정해진 경우).

12) David Insone-Brewer, *Divorce and Remarriage in the Church: Biblical Solutions and Pastoral Realities* (Carlisle: Paternoster, 2003), pp. 96–106.

13) 참고. Bruce S. Winter, *After Paul Left Corinth: The Influence of Secular Ethics and Social Change* (Grand Rapids, Mich.: Eerdmans, 2001).

14) 고전 7:14은 불신 배우자와 자녀들이 거룩하게 된다고 말한다는 면에서 다소 수수께끼 같이 들린다. Anthony C. Thiselton, *1 Corinthians* (Carlisle: Paternoster; Grand Rapids, Mich.: Eerdmans, 2000), pp. 527–33을 보라. 그는 믿는 배우자의 거룩한 생활이 불신 배우자와 자녀들에게 긍정적인 영향을 미친다는 견해를 취한다.

이와 같이 우리는 바울의 실천적인 조언 배후에 하나님 혹은 주 예수의 명백한 명령에 대한 순종으로 거룩한 삶을 살아야 하는 의무, 미래에 주님이 오심, 주의 일에 대한 관심과 같은 요소들이 있는 것을 알게 된다. 그는 하나님의 계시를 맡은 사도로서, 이런 문제들에 대한 하나님의 뜻에 대해서 자신이 깨달은 바에 어느 정도 의존하고 있다.

음식과 우상숭배(고전 8:1-11:1). 그 다음의 주요 단락은 단일 주제로 되어 있지만, 가지치기를 통해서 다른 이야기들이 도입된다. 여기서 주제는 그리스도인들이 음식 특히 이방 신이나 우상에게 바쳐진 고기를 먹어도 되느냐 하는 문제이다. 그 고기를 먹는 것은 우상에 대한 예배의 표시로 이해되었다. 물론 우상은 존재하지 않고 하나님은 오직 한 분이시므로(또한 중요하게 한 주님이시므로) 사람은 우상에 대한 예배를 상징하지 않고도 고기를 먹을 수 있다고 논증할 수 있었다. 제사는 고기에 아무런 영향도 미치지 않는 공허한 행동이다. 그러나 이 기본적인 자유는 심각한 제한 속에서 다루어져야 한다.

첫째, 바울은 다른 사람의 집에서 고기를 먹는 것이나 시장에서 고기를 구입하는 경우에는 아무런 문제가 없지만,[15] 이방인의 성전에서 고기를 먹는 경우에는 상황이 다르다고 본다. 이런 경우에는 이방인의 예식에 참여하는 것이다. 비록 강한 그리스도인들은 그 의식이 무의미하다고 반박하겠지만, 바울은 이교 예배에는 마귀적인 능력이 있으며, 거기에 있는 사람은 그 예배에 참여하게 되며, 그것은 하나님 앞에서 용인될 수 없는 일이라고 믿는다.

둘째, 이 심판의 배후에는 광야에서 이스라엘 백성에게 발생한 사건에 대한 바울의 해석이 있다. 그것은 출애굽 시에 하나님의 보살핌의 모든 축복을 받은 백성이 우상숭배와 성적 부도덕에 휩쓸려간 이야기이다. 바울은 사람이 아주 쉽게 유혹에 넘어간다는 사실을 우려한다. 비록 하나님께서는 백성이 감당할 수 없는 시험을 당하지 않게 하시지만, 불장난을 하다가 손가락을 데는 것과 같은 일이 있다.

---

15) 그러나 그 고기가 우상에 바쳐진 것이라는 사실이 명확하게 밝혀진 경우, 곧 그 고기가 어디서 온 것인지가 문제가 되었을 때에는 문제가 된다.

셋째, 우상이 실제로 존재하며 우상에게 바쳐진 제물을 먹는 것이 예배의 한 형태라고 믿는 신자가 다른 그리스도인들이 그 고기를 먹는 것을 보고서 자기 양심에 반하여 그것을 따라 한 결과 스스로 죄가 된다고 생각하는 일을 범하는 결과를 초래할 수 있다.[16]

여기서 드러나는 중요한 점은, 그 자체로는 무해한 어떤 사람의 행동에 의해서 범죄할 수 있는 다른 신자들에 대한 관심을 가진다는 점이다. 죄는 심각하게 취급된다. 그것은 파멸을 초래할 수 있다. 이것은 하나님의 심판을 의미할 수밖에 없다. 그러므로 신자는 다른 사람들을 위한 사랑으로 지배되어야 하며, 사랑의 주장이 개인적 자유의 주장보다 우세하다. 다른 신자를 위한 사랑이라는 더 큰 요구가 있을 때에, 나는 내가 원하고 그 자체로서 합법적인 일이라고 해서 항상 할 자유가 있는 것이 아니다.

이 점을 예증하고 강화하기 위해서 바울은 고린도전서 9장 전체를 통해서, 자신이 어떻게 마땅히 주장할 수 있는 자유를 스스로 제한했는지를 이야기한다. 그것은 원칙적으로 회중으로부터 재정적 물질적 지원을 요구할 수 있는 자기의 권리를 포기한 것에 관한 이야기이다. 그는 사도들의 권리를 확고히 주장하고나서 그가 그 권리를 행사하지 않을 것을 또한 확고히 주장한다. 이 모든 것은 사람을 그리스도에게 이끌기 위해서 기꺼이 자기의 권리를 포기한 것의 일부이다. 그는 이생에서의 상급에 시선을 고정한 것이 아니라 주님으로부터 받을 하늘의 칭찬이라는 왕관에 시선을 고정했다. 이것은 그가 자기 자신의 이익을 추구하는 자라는 의미가 아니다. 마치 현재의 사소한 보상을 포기하고 미래의 영원하고 훨씬 중후한 보상을 계산하는 사람, 곧 토스트의 어느 쪽 면에 버터가 발라져 있는지를 아는 사람처럼 행동한다는 말이 아니다. 도리어 그의 주된 동기가 하나님을 영화롭게 하며 사람을 그리스도게 인도하는 것이라는 말이다.

---

16) 그들의 경우, 우상을 숭배함으로써 의도적으로 자기 양심에 반하여 행동했다는 점에서 십계명을 어긴 것이며, 따라서 범죄가 된다. 강한 그리스도인의 경우에는 그들이 우상을 숭배하지 않았고 양심이 꺼림이 없는 음식을 먹었으므로 그들에게는 죄가 되지 않는다.

회중 집회에서의 행동(고전 11:2-34). 식당이 딸려있는 이교 신전을 방문하는 일의 위험에 대한 이야기로부터 바울은 교회 집회에서의 행동으로 말머리를 돌린다. 두 가지 문제를 비교적 간략하게 다룬 후에, 교회 내외에서의 영적 은사에 대한 더 큰 문제를 다룬다.

첫 번째 문제는 (현대인의 눈에는) 교회 내에서 여성의 품행이라는 사소한 문제로 보인다. 천사에 대한 언급을 포함한 바울의 설명은 아직까지도 모든 사람이 동의할 수 있도록 속시원히 설명되지 않았다.[17] 이것은 기괴하게 보이기 쉽다. 이해를 더욱 복잡하게 하는 것은 '머리'라는 말의 언어 유희이다. 이 단어는 사람의 신체적 머리를 가리킬 수도 있고, 사람과 어떤 관계에 있는 다른 사람을 가리킬 수도 있다.[18] 어떤 여인들이 머리를 드러내 놓고 기도하거나 예언했다. 이 말은 당시 어떤 여인들이 머리에 쓰던 머리 덮개를 쓰지 않았다는 말로 보인다. 어떤 이유에서인지, 머리에 무엇을 쓰지 않는 것은 여인의 머리(그녀의 남편)를 수치스럽게 하는 것이었으며, 남편이 머리를 덮는 것은 그의 머리(그리스도)를 수치스럽게 하는 것이었다 — 최소한 기도하거나 예언하는 동안에. 그와 관련하여 창조교리가 거론되었다. 즉 사람은 하나님의 형상이요 영광이며, 여자는 남자의 영광이라는 것이다. 여기서 문제는 아내가 남편에게 순종하는 것이 아니라, 남성과 여성의 차이와 자기의 머리를 영예롭게 하는 문제였던 것으로 보인다.

두 번째 문제는 공동의 식사와 교회 모임에 관련된 것이었다. 어떤 사람들은 형편이 넉넉하여 지나치게 먹고 마실 정도가 되었고, 어떤 사람들은 주리고 있었다. 이것은 교회 내에서 부자와 가난한 자의 사회적 분열을 부추기는 것이었으며, 그 결과 사람들은 교회를 교회로, 즉 유대인이나 헬라인, 자유민이나 노예, 그리고 (바울은 여기에 이 말을 첨가했을 것이다) 부자와 가난한 자의 구별이 없는 곳으로 인식하지 못했을 것이다. 그 식탁의 종교적 측

---

17) Francic B. Watson, "The Authority of the Voice: A Theological Reading of 1 Cor 11,2-16", *NTS* 46 (2000): 520-36을 보라.

18) '머리됨'의 의미에 대해서는 논란이 많다. Thieslton, *1 Corinthians*, pp. 821-22를 보라.

면이 주홍, 좌절, 질투와 불평으로 인해서 상실되었거나 무시되었을 것이다.

바울은 이미 앞에서 우상의 식탁에서 먹는 것과 주의 식탁에서 먹는 것이 양립될 수 없음을 간단하게 지적했다. 이는 주의 식탁에서 먹는 것이 그리스도의 몸과 피에 참여하는 것이며 참석자들을 한 몸으로 연합시켜주는 까닭이다(고전 10:16-17). 여기서 바울은 이 문제를 다루기 위해서 첫째, 예수께서 행하신 마지막 만찬을 인용한다. 이는 그 이야기가 교회가 하고 있던 일의 근거 역할을 했기 때문일 것이다. 그 전승이 교회 식탁의 성격과 기능을 확정한다. 바울은 다시 이 식탁에서 신자들이 참여하는 떡은 그들을 위한 그리스도의 몸을 나타내고, 그들이 참여하는 잔은 그의 피로 세운 새 언약을 나타냄으로써 그들이 예수를 기억하고 그의 죽음을 선포하게 했음을 다시 한 번 강조한다.

둘째, 이것으로부터 바울은 이 거룩한 행사에 정당하지 못하게 참여할 수 있다는 결론을 도출한다. 그 식탁의 이런 거룩한 성격에 비추어 볼 때, 거기서 악하게 행동하는 것이 바로 그 식탁에 정당하지 못하게 참여한다는 것을 드러낸다. 그것은 몸을 인식하지 못한 결과이다. 이것은 그 떡이 십자가에서 죽으신 그리스도를 나타낸다는 것을 인식하지 못했음을 의미한다. 그것은 또한 함께 모인 교회가 그리스도의 몸이라는 것을 인식하지 못한 결과일 수도 있다. 이와 같이 동료 지체에 대한 사랑의 결핍은 신학적인 의미가 있는 일이다. 그러므로 동등한 사람들의 몸으로서의 교회가 강조되며, 그 안에서 사회적 벽들이 무너진다. 어느 편으로 보든지 그 죄는 충격적인 정도에 도달해 있었으며, 바울은 주께서 범죄한 자들에게 심판하실 수 있음을 말하는데 주저하지 않는다. 그 증거로서 회중의 질병 혹은 때이른 죽음이 제시된다.[19] 그런 끔찍한 결과들은 주께서 보내시는 경고로 이해되어야 한다. 그렇게 함으로써 범죄한 자들과 그들을 주목하는 자들이 모두 이미 범해졌거나 범하려 하는 죄들로부터 돌아서게 하려는 것이다.

---

19) 우리는 고린도에서 이런 일을 당한 사람이 있었다는 것을 의심할 필요가 없다. 현대 독자들에게 어려운 문제는 바울이 그런 경우들을 신성한 심판의 예로 해석했다는 것이다.

영적 은사와 사람들(고전 12-14장). 교회 집회와 밀접하게 관련된 주제가 영적 은사들(프뉴마티카) 혹은 '은혜의 선물들'(카리스마타)이다. 이 은혜의 선물들에 주로 관심이 집중된다. 이것은 성령이 일으킨 자질 혹은 행동으로서 그들에게 주어져서 사역의 형태 혹은 회중 내의 봉사의 형태를 띤 것일 수도 있고, 혹은 어떤 영적인 행위로서 그 행위를 하는 사람에게 유익을 주는 것일 수도 있다. 두 번째의 범주에 속하는 것이 말하는 사람이나 듣는 사람이 그 내용을 알 수 없는 어떤 언어나 여러 언어들이다. 이것은 그 일에 참여하는 사람들에게 어떤 유익이 되었다. 구원의 확신을 강화하는 역할 혹은 하나님과 교통하는 방식으로서 유익이 된 것이다. 첫 번째 범주에 대부분의 다른 은사들이 포함되었다. 그것은 예언, 병고침, 가르침 등의 은사이다. 바울은 이에 대하여 여러 가지로 우려한다.

그는 이런 종류의 현상들이 반드시 성령으로 말미암지 않았으며 그와 유사한 현상들이 이방인들 사이에도 있었다는 것을 알고 있었다. 그러므로 교회 내의 그런 활동들이 순수하게 기독교적인지를 확인하는 것이 필수적이었다. 성령의 인도를 받지 않고는 "예수는 주시라"는 기독교적 고백을 할 수 없는 것이 사실이지만, 성령의 영감을 받지 않은 것이 분명하고("예수는 저주할 자라"는 말 같은) 악령의 영감을 받은 말을 사람들이 할 수도 있었다.

그러므로 지금 벌어진 상황은 다양한 형태의 활동이, 그것이 기독교적 영감이든 다른 것의 영감이든, 영감의 결과로 돌려지는 상황이다. 성령의 영감을 받은 것으로 주장되는 모든 활동이 반드시 그렇기만 한 것은 아니었으며, 이것은 특별히 예언자들의 말에 적용되는 것으로 보인다(고전 14:29; 참고. 요일 4:1-6). 따라서 그 말들을 '시험'하는 것이 필요했다. 만약 그 말들이 성령의 영감에 의한 것이 아니었다면 그것은 순전히 인간의 말이든지, 아니면 악마의 영감을 받은 말이었을 것이다.

회중 가운데에는 어떤 은사들을 본질적으로 다른 은사들보다 더 고귀하다고 생각하거나, 혹은 그 은사를 행사하는 사람의 더 높은 가치를 표시한다고 생각하는 경향이 있었다. 그래서 바울은 몸의 여러 지체의 비유를 사용하여 은사들은 서로 다르며 어떤 은사들은 다른 것들보다 더 유용할 수 있음을 강조한다. 그러나 그렇다고 해서 은사나 그 소유자의 가치에는 아무 영향이 없으며, 모든 사람은 똑같이 한 몸의 지체이며, 똑같이 여러 가지 방식으로 서로에게 의존하고 있다. 모든 은사들이 동일한 신성한 능력에 의해서 영감되고 힘을 받는다. 어떤 신자들에게 자만심과 영적인 교만을 가지는 경향이 있었기 때문에, 어떤 은사들보다 다른 은사들을 더 추구하고 있었다.

이런 경쟁의 사실을 보면서 바울은 그의 토론의 중심으로 삼기 위하여 사랑의 필요성과 성격에 대한 그의 분석을 발전시킨다. 이 사랑이 없이는 영적인 은사를 소유하고 있다는 사실이 무가치하며, 이 사랑은 영적인 은사이든 다른 무엇에 대해서든 모든 종류의 우월감과 경쟁심을 배제하는 자질이다. 최후에 가서 믿음, 소망, 사랑이 중요하며, 오직 이것들만이 올 세상에서도 계속될 것이다.

바울은 사람들이 은사를 사모하되 특별히 방언의 은사를 사모하는 것을 걱정했다. 이 은사는 그들의 개인적인 영적 생활에는 도움이 될지 모르지만, 그들이 말하는 것이 이해되지 못하기 때문에 회중 가운데 있는 사람들에게는 아무런 도움이 되지 않으며, 심지어 불신자들로 하여금 그리스도인들은 정신이 나간 사람들이라고 생각하게 할 소지가 있었다. 그러므로 그는 다른 사람들과 의사가 소통되는 예언 은사를 훨씬 선호하였으며, 방언의 은사는 통역하는 사람이 없으면 교회에서 행하지 말아야 한다고 주장했다.

방언과 예언이 집회에서 과도하게 행해졌고, 그 결과 사람들이 서로 더 큰 목소리를 내고자 했으므로, 바울은 방언과 예언 은사를 행함에 있어서 절제와 질서를 요구했으며, 계시, 방언 및 해석 이외에 찬송이나 가르침 같은 다른 활동을 위해서도 정당한 자리를 확보해 줄 것을 요구했다.

마지막 부분에서 바울은 매우 논란거리가 되고 있는 내용을 첨가하고 있다. 그는 여자들은 교회 집회에서 잠잠해야 하며, 이는 율법이 그들에게 순종할 것을 요구하는 까닭이라고 말한 것이다. 그는 이미 여자들이 기도하고 예언할 수 있다고 말했으며, 이것은 모두 음성으로 하는 활동이므로, 이 지침의 의도가 불분명하다. 본문 비평과 다른 근거를 통해서 이 단락이 후대의 삽입이라는 것을 논증한 사람들에게는 이 난제가 풀린다.[20] 이 본문의 진정

---

20) Gordon D. Fee, *The First Epistle to the Corinthians* (Grand Rapids, Mich.:

성을 주장하는 사람들은 여인들은 예언의 검사에서 배제되었거나(특별히 그 예언자들이 그들의 남편들일 때), 혹은 큰 소리로 질문을 해서 집회를 산만하게 해서는 안된다는 의미라고 본다.[21] 이 토론의 핵심은 교회에서 수치로 간주되는 행동을 피하라는 것이다.[22]

부활을 단언함(고전 15장). 15장에서 주제가 그리스도인의 집회에서부터 갑자기 부활로 넘어간다. 이것은 기독교 신자의 부활에 관한 신약성경의 논의 중에서 가장 풍부한 논의이다. 고린도전서 15:12에 이르러서야 비로소 주제가 선언된다. 거기서 비로소 회중의 일부가[23] 죽은 자의 부활이 없다고 말한다는 사실이 드러난다. 바울의 대답으로부터 미루어보건대, 그것은 신체적으로 죽은 사람이 되살아날 수 없다는 주장이었던 것으로 보인다. 거기에는 아마 그리스도인들은 회심 때에 영적으로 살아날 뿐이고 바로 그것이 부활이라는 믿음이 포함되었을 수도 있다.

이 주장에 대한 바울의 대답은 여러 부분으로 나뉜다.

바울은 우선 그리스도의 부활은 그와 다른 사도들이 선포한 기본적인 복음의 필수적인 부분임을 주장한다. 또한 그리스도의 부활은 그리스도께서 죽은 후에 다시 살아난 것을 보았다는 상당히 많은 사람들의 신뢰할 만한 증거에 의해서 입증되었다. 고린도 신자들도 이 믿음에 참여했다. 만약 그렇지 않았다면 바울의 전파는 아무 효과가 없었을 것이고 그들의 구원은 의심스러웠을 것이다.

Eerdmans, 1987), pp. 699-708; Richard B. Hays, *First Corinthians* (Louisville, Ky.: John Knox Press, 1997), pp. 245-49.

21) 유대교의 배경에서 보면 어떤 여인들이 남자들만큼 교육을 받거나 교훈을 받지 못했을 수 있다. 예를 들어서 다음을 보라. Ben Witherington III, *Conflict and Community in Corinth: A Socio-Rhetorical Commentary on 1 and 2 Corinthians* (Grand Rapids, Mich.: Eerdmans; Carlisle Paternoster, 1995), pp. 289-88; Thiselton, *1 Corinthians*, pp. 1146-62.

22) 오늘날 교회 집회에 여인들이 참여하는 것이 더 이상 수치스러운 일로 간주되지 않는다면 그것을 막을 이유가 없다는 점을 지적해 두겠다.

23) 이 전체 서신을 통해서 바울과 의견을 달리 하는 사람이 회중의 '일부' 였지(또한 항상 동일한 그룹인 것도 아니다) 회중 전체가 아니었음을 주목하는 것이 좋다.

이렇게 입증된 한 가지 사실만으로도 죽은 사람이 죽음에서 부활한다는 사실을 확보하기에 충분하다. 다른 각도에서 반복되는 그 논증은, 만약 죽은 자가 살아날 수 없다면 그리스도는 살아난 것이 아니라는 것이다. 그러나 그리스도의 부활은 기독교의 근거이다.

동시에 바울은 부활이 사죄의 믿음을 위한 필수적인 전제조건이며, 이미 죽은 자를 위한 소망을 포함한 그리스도인의 모든 미래 소망의 필수적인 전제라고 논증한다.

이것을 근거로 하여 바울은 그리스도의 부활은 세상에 생명을 가져오며 죽음과, 하나님을 대적하는 모든 것을 정복하는 과정의 첫 단계라는 생각을 발전시킨다. 바울은 그리스도께서 재림과 죽은 자의 부활 시까지 통치하며, 그 다음에는 그 승리의 전리품을 아버지께 돌린다는 예측 혹은 예언을 발전시킨다.

만약 죽은 자의 부활이 없다면 죽음 이후의 삶을 위하여 이 세상의 무상한 쾌락을 포기하는 것과 같은 다양한 기독교적인 행위가 어불성설일 것이라고 주장한다. 그는 또한 "죽은 자를 위한 세례"라는 이상한 행습을 거기에 포함시킨다. 이것은 영원한 생명에 참여하기 위한 세례라는 의미로 보인다.

마지막으로, 바울은 죽은 자의 부활에 대한 가능한 마지막 반론 곧 그런 일은 생각할 수도 없다는 반론을 다룬다. 바울은 땅에 묻힌 죽은 몸의 부활을 죽은 것처럼 보이는 씨앗들이 흙에 뿌려졌다가 새롭고 영광스러운 생명으로 터져 나오는 것에 비교한다. 썩을 몸이 '심어지고' 썩지 않을 영원한 몸이 거기서 솟아난다. 새로운 몸은 반드시 '신령하다'. 이 말은 그 몸이 썩을 육체로 만들어지지 않고 영원한 재료로 만들어졌다는 의미로 보인다. 그리고 이 모든 일들이 어떤 방식으로든지 그리스도 안에서, 그리스도를 통해서 이루어진다. 그리스도는 죽은 자 가운데서 부활하여 생명을 주는 영, 영생과 부활을 그의 추종자들에게 전해주는 분이다.

마지막 문제(고전 16장). 마지막으로, 고린도전서 16장은 예루살렘의 가난한 신자들을 돕기 위한 모금 활동, 바울과 동역자들의 활동에 관한 내부적 이야기들이다. 마지막에 가서 우리는 주를 사랑하지 않는 사람들에 대한 주목할 만한 언급을 발견한다. 그들은 저주받은 상태에 있다. 그 다음에 '마라

나다', 곧 "주여 오시옵소서" 혹은 "우리 주께서 오셨다"라는[24] 의미의 아람어 외침을 듣는다. 이 말은 앞에서 말한 위협을 뒷받침하는 말로 들리며, 교회 내에서 회개하지 않으며 책망받아야 하는 고집스러운 죄인들을 향한 말일 것이다.

신학적 주제들

지금까지의 전체적인 개괄에서 우리는 이 서신의 신학적 측면들을 조명해 보았다. 이 서신은 기독교 믿음에 대해서 만큼 기독교 행위에도 관심을 기울이는 것을 알 수 있다. 우리는 현대 독자들에게는 낯설게 보이는 사고방식을 찾아냈다. 그들은 성령과 사탄과 악마적 영혼들이 사람의 행동에 영향을 미치는 세계, 세상의 종말이 당연한 것으로 간주되는 세계, 죽은 사람이 새롭고 썩지 않는 상태로 되살아 날 수 있는 세계를 받아들인다. 이런 믿음들이 강조되어야 한다. 왜냐하면 그것은 초기의 그리스도인들이 믿었던 것의 일부인 까닭이다. 그리고 우리는 우리가 거기서 보기를 원하거나 원하지 않는 것에 근거한 부분적인 견해를 발전시키지 말아야 한다.

복음의 중심. 바울은 자신의 설명에서 여러 진술들을 사용하는데, 그 진술들은 그 권위적인 성격 때문에 바울에게 전달되었고 다시 그 후 세대에게 전달된 자료들로 이해하는 것이 최선이다.[25] 특히 예수의 부활이 기독교 신앙의 핵심인지에 대한 논쟁은 바울이 받아서 그 회중에게 전달해 준 복음의 주

---

24) 헬라어로 음역된 아람어 어구는 모호하다. 이것은 마치 "아버지가방에들어간다"는 말과 같다. 띄어쓰기가 되어 있지 않은 이 말은 "아버지가 방에 들어간다"는 말도 될 수 있고, "아버지 가방에 들어간다"는 말이 될 수도 있다. 여기 아람어도 그것을 어디서 끊느냐에 의해서 명령형이 될 수도 있고 직설법이 될 수도 있다. 명령형(마라나 다)이 좀 더 개연성이 있는 것으로 받아들여진다(NRSV 본문, TNIV). 즉 주께서 회중에 직접 임재한다는 말보다는 예수의 재림을 위한 기도로 보는 것이다. 직설법의 형태는 비록 완료형이기는 하지만(마란 아다; NRSV 난외주) 주께서 오신다는 것을 단언하는 미래 의미로 이해하는 것이 최선이다.

25) 그러나 바울은 엄밀하게 고정된 형태의 어구에 반드시 매이지는 않는다. 중심 단락은 고전 8:5-6; 11:23-26; 15:3-5이다. 참고. 고전 7:10; 9:14.

장에 의해서 결정된다(고전 15:1-5). 이 인용으로부터 몇 가지 점이 드러난다.

첫째, 이 단락은 핵심적인 중요성을 가진다. 그것을 받아서 전한다는 표현으로부터, 바울의 신학이 그와 그의 독자들이 권위로 받아들인 전승에 묶여 있다는 사실을 보여준다는 점에서 그러하다. 주의 만찬을 기념해야 할 정당성을 다룬 앞의 단락에서 바울은 그것의 기원을 주 예수의 전통에 돌린다(고전 11:23-26). 여기서, 비록 전체 단락이 그것의 기원이 전승으로 주어졌음을 보여주지만, 강조점은 주께서 말하고 행하신 것이다.

둘째, 바울은 복음의 핵심 내용을 요약하여 인용하고 있으며 그것을 받아들이면 구원을 받는다. 다른 말로 하면, 바울은 그가 전한 복음이 다른 신자들에 의해서 그에게 전달된 것과 동일하다고 주장하며, 이 문맥으로부터 우리는 거기서 바울이 거론하는 다른 사도들도 그 내용에 동의했다는 결론을 확실하게 내릴 수 있다.[26]

셋째, 복음의 핵심은 그리스도가 성경대로 우리 죄를 위하여 죽었으며, 죽음 가운데서 부활했다는 천명이다. 그리스도의 십자가와 부활은 그야말로 핵심이다. 이와 유사한 항목으로 소개되는 다른 전승 단락이 마지막 만찬에서의 주의 말씀인 그의 죽음의 선언, 즉 그의 죽음의 의미를 선언하는 내용을 포함하고 있다는 것은 단순한 우연이 아니다. 죽음에 넘기워진 그의 몸은 "너희를 위한" 것이며, 그의 피흘림을 통하여 새 언약이 시작되었다.

넷째, 첫 번째 구절에서 그리스도의 십자가와 부활이 "성경대로" 된 것이라고 단언된다. 이 구절은 그 일들이 "성경이 예언한 그대로" 발생했다는 뜻이다. 이 진술은 그 일들이 이미 선지자들에게 전달된 하나님의 뜻의 일부였기 때문에 발생했음을 천명한다. 그리고 무죄로 추정되는 한 사람을 사형시킨 것, 그가 죽었다가 다시 살아났다는 그 이후의 소문 같은 일들은 메시야

---

26) 이 말은 바울이 갈 1:11-12에서 자기는 그 복음을 인간으로부터 받지 않았다고 하는 말과 충돌되지 않는다. 거기서 그가 말하는 것은 예수 그리스도의 직접적인 계시를 통해서 그가 회심한 것을 지언하고 있다. James D. G. Dunn, *Unity and Diversity in the New Testament* (London: SCM Press, 1977), pp. 66-67을 보라.

의 죽음과 부활로 이해되어야 한다는 것이다. 다시 말하면, 이 사건들에 대한 설명 혹은 해석은 선지자의 가르침에 의해서 확정되었다는 것이다. 우리는 바울이 그런 방식으로 성경을 좀 더 충분히 사용했기를 기대할 수 있다. 즉 이 시점에서 바울이 마음속으로 생각한 성경을 인용한다든지, 복음의 다른 측면들을 설명하기 위하여 이 서신의 다른 곳에서 성경을 좀 더 풍부하게 인용한 것과 같이 하기를 기대할 수 있지만 바울은 그렇게 하지 않았다. 그럼에도 불구하고, 우리는 매 순간마다 그의 신학이 성경에 대한 그의 지식에 의해서 깊이 형성되었음을 볼 수 있다.[27] 이와 유사하게 바울은 자신의 논증을 뒷받침하기 위해서 예수의 다른 말씀들을 때때로 인용할 수 있었다(고전 7:10; 9:14).

이 단락에서 바울이 십자가를 복음의 중심으로 강조하는 것은 이 서신의 나머지 부분을 위해서 그 자체로 중요하지만, 실로 그의 신학 전체를 위해서도 중요하다. 이것은 복음의 중심이 예수의 파루시아, 곧 이 서신 마지막에 위해서 기도하는 주의 다시 오심이 아니라는 것을 함의한다. 아주 초기의 그리스도인들이 예수의 임박한 재림에 초점을 맞추었다가 뒤에 하나님의 시간 계획이 그것보다 더 늘려진다는 것을 인식했다는 것이 사실이든 아니든, 바울의 복음은 예수가 다시 오신다는 예언이 아니었음이 확실하다. 미래의 재림은 그 자체로서 구원의 사건이 아니다. 바울의 관심은 이미 발생한 일, 곧 예수의 죽음과 부활에 맞춰져 있다.

십자가와 회중의 분열. 바울에게 있어서 교회 활동의 핵심은 십자가 메시지를 선포하는 것이다. 그는 이 사실을 이용하여 당시 회중 가운데 만연한 분열의 문제를 다룬다. 그리스도를 통해서 그 종교에 들어간 사람들에게 있

---

27) 바울이 성경 본문에 명백하게 호소하는 경우는 이상한 방식으로 그의 글 여기저기에 흩어져 있는데, 그 이유는 분명하지 않다. 비록 직접 성경을 인용하지는 않지만, 이 서신의 윤리적 가르침에 있어서 바울의 생각이 성경의 영향의 결과라는 것을 주장하는 자료로서 Brian S. Rosner, *Paul, Scripture and Ethics: A Study of 1 Corinthians 5-7* (Leiden: E. J. Brill, 1994; reprint ed., Grand Rapids, Mich.: Baker, 1999)를 보라. 다른 한편, Christopher M. Tuckett, "Paul, Scripture and Ethics: Some Reflections", *NTS* 46 (2000): 403-24를 보라.

어서, 영적 은사를 발휘하는 것이 가장 중요한 일이 되었고, 가장 높고 가장 현저한 은사를 누가 발휘하느냐를 놓고 사람들 사이에 경쟁과 교만이 있게 된 것이다. 기독교가 은사를 받은 사람을 통해서 하나님의 비밀이 드러나는 종교가 될 위험이 있었다. 이렇게 되어서 기독교가 영적 성취, 자랑과 인간 적 계급의 종교가 되고 있었다.

그런 모든 주제넘는 일에 대해서 바울은 십자가의 메시지를 이용하여 결 정적으로 아니라고 말한다. 우리를 위해 죽은 그리스도, 우리를 위해 저주가 된 그리스도, 죄로부터의 구속 수단이 된 그리스도를 강조하는 다른 곳과 여 기 고린도전서 15장의 십자가의 메시지는 서로 다르기는 하지만 무관하지는 않다. 여기서 그리스도의 죽음은 연약과 수치의 표현, 가장 극단적인 치욕의 표현으로 간주되지만, 역설적이게도 그것은 또한 신성한 능력의 표현이다. 흥미롭게도, 바울은 이 문맥에서는 악의 세력에게 진 것처럼 보이는 그리스 도의 패배가 하나님의 극적인 반전에 의해서 승리로 바뀌는 부활을 언급하 지 않는다. 도리어 바울은 십자가에서, 세상의 눈에 어리석고 약해 보이는 어떤 일을 통해서 활동하는 하나님의 방식의 패러다임을 본다.

빌립보서 2:6-11에서 동일한 원리가 드러난다. 거기서는 하나님과 동등한 분이 종의 모습을 취하고 죽음에 넘겨지되 십자가의 죽음에 넘겨진 것이다. 이 표현의 메아리가 여기 바울이 영광의 주가 십자가가 달렸다고 말하는 부 분에서 들린다(고전 2:8). 그러므로 우리는 지금 바울의 신학에서 절대적으 로 근본적인 주제를 다루고 있는 것이다. 그것은 하나님이 일하는 방식이다. 십자가의 메시지는 인간의 눈에 어리석고 거침돌이다. 세상이 지혜로 간주 하는 것에 대비해서 그것은 어리석음이다. 처형받은 죄수에 대한 메시지에 는 총명한 것도, 철학적인 것도 없다. 마찬가지로 존경스러울 것을 추구하는 세상, 심지어 하나님은 사람으로 하여금 믿지 않을 수 없게 만드는 현저하고 기적적인 간섭을 통해서 드러날 것이라고 가정하는 세상에게 십자가는 모욕 이다.

그런데도 바울에게 있어서는 그것이 지혜롭고 강력했다. 어떻게 그럴 수 있을까? 바울은 설명하지 않는다. 바울은 지혜롭고 힘 있는 자들을 끌어내리 고 세상의 어리석고 약한 사람들을 높이는 하나님의 행동의 패러다임을 십자가에서 본다. 바로 그것이 하나님이 그런 방식으로 일하는 이유이다. 지금 그리스도는 강력하다; 그는 연약 가운데 십자가에 달렸지만 하나님의 능력에 의해서 살고 있다(고후 13:4). 그러므로 십자가에서 드러난 하나님의 연약은 결국 인간의 힘보다 강하며, 이 힘이 부활에서 드러났다. 그럼에도 불구하고 고린도전서 1-4장에서는 그 역설이 이런 방식으로 해소되지 않는다.

그러므로 십자가는 하나님의 능력과 지혜의 표현이다. 이것은 자기의 기준으로 일들을 재는 사람에게는 이해될 수 없다. 그러므로 십자가는 사람이 강하고 지혜롭다고 간주하는 것에 질문을 던지게 하는 효과가 있다. 그러므로 십자가는 자신들 스스로 혹은 다른 사람들에 의해서 힘 있고 지혜롭다고 생각하는 사람들을 상대화한다. 고귀한 태생, 부로 인한 지위, 인간의 유창함과 철학적 능력, 이 모든 것이 아무것도 아닌 것으로 간주된다. 만약 바울이 로마서에서 어떤 사람도 율법의 행위로 하나님 앞에서 머리를 들 수 없음을 주장하려 한다면, 여기서는 어떤 사람도 힘이나 지혜로 그렇게 할 수 없음을 주장한다.

지혜의 주제가 여기서 중요한 역할을 한다. 고린도전서 1-3장에는 신약성경의 다른 어느 곳보다 지혜에 대한 언급이 훨씬 많다. 이런 현상의 이유는 분명하다. 지금 이 회중이 있는 도시가 소피스트들(철학자들과 웅변가들)이 넘쳐나고 배움이 신분의 표시였던 곳인 까닭이다. 여기서 바울이 지혜에 대해서 말하는 것은 대부분 자체의 노력으로 하나님을 발견하지 못하며 따라서 하나님의 심판 하에 있는 인간의 지혜에 대한 비판이다. 복음 전파자는 인간의 지혜, 즉 세상의 눈에 지혜로워 보이는 것을 수단으로 하여 사람들을 설득하지 않는다.[28] 하나님이 구원하시는 방식이 세상의 눈에는 어리석어 보이지만, 실은 구주가 십자가에 달린 사실이 하나님의 지혜가 어떤 종류의 지혜인지를 보여준다. 바울은 우리의 경우에는 그리스도가 지혜라고 말할 수 있다.[29]

---

28) 그러나 이것은 수사적 기술의 사용을 완전히 배제하는 것이 아니다. 그것은 바울과 다른 저자들이 그 기술을 사용한 데서 분명하게 드러난다.

29) 이 말은, 예수에 대한 기독교의 이해가 창조 시 하나님의 동역자요 보조자로서의 지혜라는 구약과 유대교의 개념으로부터 부분적으로 발전되었다고 보는 지혜 기독론을

이 요소가 회중의 분열과 어떻게 관련되었는가 하는 것이 고린도전서 3:1-4과 고린도전서 4:6-21에서 설명된다. 이런 일들에 관하여 자리다툼, 자존심 싸움, 그리고 논쟁에 휘말려 있는 사람들은 하나님의 지혜를 제대로 인식할 수 있는 자리에 있지 못하다. 그들이 자랑하기를 그치고 겸손해질 때에만이 하나님이 지혜를 가지고 그들에게 말씀하시는 것을 받아들일 수 있는 위치에 있게 된다. 그들은 자기들이 지혜롭고 강하고 존귀하다고 주장하지만, 그들은 그렇게 하는 것이 세상적인 지혜와 존귀를 추구하지 않는 기독교의 길이 아님을 깨닫지 못한다. 그들에게 복음을 전하는 선교사들과 그들의 상황을 한번 보기만 해도 그들은 자기들의 생각이 틀렸다는 것을 깨달아야 했다! 선교사들은 세상의 더러운 것으로, 아무 명성도 없고 중요하지도 않은 사람들로 취급되었던 것이다!

그러므로 회중은 십자가의 패러다임에 의해서 살아야 한다. 이 패러다임은 인간의 능력과 지혜를 회중이 자랑할 만한 자질로 인정하지 않으며, 또한 이 인간의 능력과 지혜는 다른 사람들이 회중을 평가하는 기준이 될 수도 없다는 것이다. 그것과는 반대로 회중은 사도들처럼 하나님의 지혜와 능력을 채택하는 다른 가치 기준을 가져야 한다. 이것이 사람들의 눈에는 무가치하게 보이지만, 오직 하나님의 보상만을 바라는, 매우 현실적인 기준이다.

그러므로 여기 바울 신학의 신경 중추에서, 십자가가 어떻게 해서 인간의 자만심을 무너뜨리고 사람들로 하여금 하나님의 기쁨을 위해서 살도록 하는지가 본격적으로 해명된다. 이것은 마치 하나님의 보상을 추구하고 그 보상을 다른 누구보다도 많이 받겠다는 열망을 품기만 하면 아무 문제가 없기나 한 것처럼, 한 가지 형태의 자만을 다른 형태의 자만으로 대체하는 것이 아니다. 사람들은 너무나 재빨리 그런 방식으로 생각하는 까닭에 세상적인 기준으로 미끄러져 들어간다.

사도들, 목사들, 종들. 이런 논의로부터 선교사들의 역할과 신분에 대한 바울의 이해가 드러난다(고전 3:5-4:5). 선교사들은 회중을 심고 그 성장을

말하는 것이 아니다. 이 영향이 다른 곳에는 있었을 수 있지만, 현재 우리의 논의에서는 그 개념이 영향을 미치는 것으로 보이지 않는다.

돕거나(밭의 은유), 기초를 놓고 그 위에 회중을 세우는(건물의 은유) 것을 그 사명으로 한다. 이 두 가지 은유에 따르면 선교사들은 하나님의 일에 동참하는 것이다. 왜냐하면 기초는 하나님으로부터 '주어진' 것이며, 실제 성장은 하나님이 이루시는 까닭이다. 그러므로 여기서는 하나님과 인간 행위자의 복잡한 상호 작용이 있으며, 이것은 분석이 불가능하다. 그 일꾼들을 인간적으로 평가하는 일은 있을 수 없지만, 그럼에도 불구하고 거기에 사용된 보상과 상실의 은유는 선교사들이 그들의 일에 관해서 하나님 앞에서 책임을 진다는 것을 표시한다. 그러므로 성취된 일에 대해서 사람이 하나님 앞에 책임을 지는 요소가 있다.[30] 그러므로 그들이 하나님과 맺는 관계의 성격은 책임의 일부를 맡은 집사가 주인과 맺는 관계이다. 말하자면 그들은 명령을 받지만, 이미 주어진 일반적인 지침에 따라서 그 명령을 어떻게 수행하느냐 하는 것은 그들의 책임이다.

따라서 바울 및 그와 함께 한 그리스도인 사역자들은 상당한 권위를 주장할 수 있으며, 이것이 고린도전서 5장에서 성 범죄자에 대해서 취하는 강경한 태도에서 분명히 드러난다. 여기서 회중은 그 문제를 어떻게 처리해야 한다는 명령을 받는다.

그럼에도 바울은 자신을 변호하고 자기의 입장을 정당화시킬 필요를 느끼고 있을 수 있다. 고린도전서 9장에서 그는 그 일을 한다. 거기서 바울은 회중으로부터 자기의 몫을 받느냐 받지 않느냐와 관련된 그의 행동을 변호한다. 이 논의의 요점은 사도로서의 그의 위치를 변호하는 것이 아니다. 그것은 이미 논란의 여지가 없이 확실한 것이다. 그 논의의 핵심은 바울이 자신의 위치에 따르는 권리를 주장하지 않음으로써, 다른 지체의 유익을 위하여 자기의 권리를 부인하는 모범이 되고자 한다는 것이다. 그러므로 바울이 자기의 권리를 포기했다고 주장하기 전에 자기가 사도이며 따라서 어떤 권리를 주장할 수 있다는 것을 강조해야 한다. 그가 사도임을 입증하는 표지들은

---

30) 이것은 그들이 하는 모든 일이 하나님에 의해서 미리 정해졌다는 생각과 쉽게 조화되지 않는다. 또한, 일꾼들이 사람의 판단 하에 있지 않다는 모든 내용에도 불구하고, 일꾼들이 사람의 판단을 받아야 하는 경우가 있고, 또 실제로 그렇게 된 경우들이 있다. 회중의 정당한 비판에 주의를 기울이지 않는 목사들은 무책임한 사람들이다.

그가 예수를 보았다는 것과, 그 회중을 세웠다는 것이다. 그가 예수를 보았다는 것은 하나님으로부터 사명을 받았다는 것을 수반한다. 이것은 갈라디아 1:15-17에서 분명하게 밝혀진다.

예수 그리스도, 그의 신분과 역할. 이 서신의 주조를 이루는 십자가에 달리신 그리스도에 관한 논의는 서신의 나머지 부분에 나타나는 그리스도의 위치에 관해서 질문을 일으킨다. 그리스도의 현재 상태에 대해서는 아무 의문의 여지가 없다. 비록 그가 연약 가운데 십자가에 달리셨지만, 지금 그는 능력 가운데 살아 계시며(고후 13:4), 주님이시다.

바울이 주님이라는 용어를 사용하는 것은 특별히 교회에 대한 예수의 권위를 다룰 때이다. 예를 들면, 지상 생애 동안의 예수의 가르침을 언급할 때에 바울은 그 용어를 사용한다(고전 7:10; 9:14). 바울은 또한 성부 하나님과 나란히 하는 예수의 지고의 위치를 가리킬 때에도 동일한 용어를 사용한다. 일반적으로 동의하는 바에 따르면, 고린도전서 8:5-6에서 바울은 이미 형성되어 있던 어구를 사용하여, 성부 하나님과 주 예수 그리스도를 나란히 놓는다. 이렇게 하는 것은, 비기독교 세계의 이른바 신들이나 주들, 그리고 경배자들에 의해서 실제로(황제처럼) 혹은 상상으로(다신교 세계의 무수한 신들처럼) 신과 주의 위치가 부여되는 모든 것들에 대해서 오로지 그리스도만이 유일하게 신성한 존재임을 주장하려는 것이다. 여기서 바울은 지상에 살았었던 예수 그리스도라는 인물이 어떻게 해서 창조의 대행자였던 주와 일치되는지를 명확하게 설명함 없이, 예수는 과거나 현재나 주님이라고 단언한다.[31] 다른 곳에서는, 구약의 표현이 예수를 가리키는 것으로 사용되거나 해석될 때(고전 10:9) 혹은 이미 확정된 표현을 사용할 때에(예를 들면, 고전 10:21; 11:23-31에서 주의 만찬을 가리키는 곳) '주' 라는 칭호가 정당하게 채용된다. 이와 같이 기독교 신앙 고백도 "예수는 주시라"이다(고전 12:3). 또한 그가 영광 중에 다시 오실 때에 그는 주님으로 오신다(고전 1:7; 4:5). 일

---

31) 비록 빌 2:9-11에서는 주님이라는 칭호를 예수의 승귀와 연결시키지만, 여기서는 자신의 진술에 대해서 아무런 긴장도 느끼지 않고 있음이 분명하다.

32) 그리스도의 주되심은 궁극적으로 그가 성부 하나님께 복종하는 사실과 나란히 진술된다(고전 15:28). 여기 복종을 말하는 진술과, 그리스도가 비록 하나님과 동등됨을

반적으로 예수의 권위가 거론될 때에 '주'라는 용어가 사용된다.[32]

그러나 교회와 관련된 예수의 역할의 다른 측면들에 관해서 쓸 때에 바울은 통상 '그리스도'라는 호칭을 사용한다. 교회는 주의 몸이 아니라 그리스도의 몸이며(고전 6:15; 12:12, 27), 십자가에 달린 이는 그리스도이다. 하지만 엄청난 분노를 묘사하는 고린도전서 2:8은 예외이다. 거기서는 그들이 "영광의 주를 십자가에 못 박았다"고 되어 있다. 고린도전서 6:13-17은 주라는 호칭과 그리스도라는 호칭이 나란히 등장하는 흥미로운 곳이다. 거기서는 그리스도의 지체가 되는 것과 죄에 탐닉하는 것은 양립될 수 없음이 지적되고 있다. 예수가 생명과 축복의 근원이 되는 곳에서는 '그리스도'가 사용되는 경향이 있다. 바로 이런 이유로 고린도전서 15장에서는 부활이 초점이 되는데도 '주'가 사용되지 않고 '그리스도'가 호칭으로 사용되었다. 거기서 논의의 핵심은 주님으로 오시는 그리스도의 위치가 아니라, 신자가 지금과 죽은 자의 부활 시에 그리스도와 이루는 연합이다.

바울은 그리스도라는 말을 이름으로 사용하고 있는 것으로 보인다. 그가 예수라는 이름보다 그리스도라는 이름을 선호하는 것은 의미심장하다. 메시야로서의 예수의 신분이 너무나 자연스러운 것이 된 나머지, 한편으로는 그 명칭을 이름으로 사용하는 것이 쉬웠기 때문이고(마치 재위 중인 로마 황제의 이름이 가이사인 것과 우연히 유사하다), 다른 한편으로는 그리스도는 오직 하나였고 하나일 수밖에 없으므로 그 이름을 주장할 다른 인물과 구분할 필요가 없었기 때문임을 보여준다. 나아가서, 기독교에서 그 이름을 사용한 것은, 유대교에서 그 이름과 관련되었던 내용을 배경으로 유지하면서, 그 이름의 의미가 예수에 의해서 수행된 역할에 따라서 정의되었기 때문이었던 것으로 보인다.[33]

취할 것을 거부하고 종이 되었지만 성부와 동등이라는 주장(빌 2:6-7) 사이에는 역설이 있다. 아들됨에 관한 표현은 성자가 성부께 복종한다는 것을 암시한다. 이와 유사한 조합이 요한에게서도 발견된다. 아들이 아버지와 영광을 공유하지만 또한 성부가 말하는 것을 성자가 수행한다는 것이다.

33) 바울이 여기와 다른 곳에서 예수라는 호칭에 대하여 아들이라는 용어를 사용하기는 하지만 그것은 비교적 흔치 않은 일이다.

성령. 이 서신의 신학에서 성령은 중요한 역할을 차지한다. 처음에 바울은 독자들에게 주어진 하나님의 은혜로 인해서 감사한다. 그는 다양한 은사를 말하되 특별히 말과 지식을 거론한다. 이것은 그들에게 주어진 보다 광범위한 "은사들"의 일부이다(고전 1:5-7). 비록 이 시점에서 성령이 명시적으로 언급되지는 않지만, 여기 "그리스도 안에서" 주어진다고 말하는 이 은사들이 성령에 의해서 주어졌다는 데에는 의심의 여지가 없다. 이 성령은 개개 신자들과 생명의 관계를 맺으면서 그들에게 다른 은사들을 준다. 이 결론이 정당하다는 것은 바울이 고린도전서 2장에서 지식에 대해서 말하는 방식, 그 다음으로 고린도전서 12장에서 동일한 은사들이 성령에게 돌려지는 방식을 보면 알 수 있다. 성령에 관한 교훈은 특별히 이 두 곳에서 발견된다.

성령과 계시. 바울은 사람의 생각을 아는 유일한 실체는 사람의 마음이라는 가정으로부터 이야기를 풀어나간다. 여기서 바울이 말하는 마음은 사람의 의식으로서의 마음을 의미하는 것으로 보인다. 바울은 과감하게도 이 비유를 하나님에게서도 적용한다. 사람은 도움이 없이는 하나님의 마음을 알 수 없다. 그러므로 사람이 하나님의 생각을 알려면 하나님이 그것을 드러내 보여주어야 한다. 마치 다른 사람들이 내가 생각하는 것을 진정으로 알려면(실수할 수가 있는 방식으로 추측하지 않고) 오직 내가 그것을 말해 주어야 하는 것과 같다. 이것이 신자의 특권적인 위치이다. 하나님은 신자에게 자신의 영을 주시므로, 이제 신자는 하나님이 사도들과 선지자들을 통해서 말씀하시는 것을 이해할 수 있다. 다른 사람들은 그 동일한 말을 들을 수 있지만, 그것을 이해하지 못하든지 혹은 그 진리를 거부한다. 그런 사람들은 '자연적인' 사람들이라고(헬라어의 프슈키코스, 직역하면 '정신에 속한'; TNIV는 적당한 용어 찾기를 포기하고 '성령이 없는'이라고 번역했음) 불린다. 그런 사람들에게는 하나님의 말씀이 특별히 십자가의 메시지가 어리석게 들린다.

성령과 회심. 신자의 생활에서 성령이 하는 일은 고린도전서 6:11에서 입증된다. 그 구절에 보면, 신자의 삶에서 발생하는 변화가 "예수 그리스도의 이름과 하나님의 성령 안에서" 이루어진다고 되어 있다. 씻음과 거룩함과 의롭다 하심이라는 세 가지 표현이 전부 그리스도인이 되는 것의 측면들이라고 볼 수 있다. 이와 같이 회심의 과정은 그리스도가 이루신 일 덕택에 발생하지만, 동시에 그리스도가 이루신 일을 개인에게 적용하는 이는 성령이다.

그러나 성령은 외부에서 활동하는 동인이 아니다. 성령은 신자 '안에' 있다. 만약 성령이 어느 곳에나 있을 수 있는 영적인 인격자로 이해된다면, 기독교 신자가 어디 있든지 그들 모두의 안에 성령이 임재한다는 것과 관련하여 아무 문제 될 것이 없다. 하나님이 이 세상 안에 임재한다는 개념은 유대교에 익숙한 것이며 구약 성경에 그 뿌리가 있다. 구약에 보면 하나님은 성전에 임재했으며, 그의 영은 그 백성의 각 구성원들 안에 혹은 함께 있는 것으로 그려졌다(삼상 10:10; 시 51:11; 사 61:1). 그래서 여기서 성전의 은유가 각 신자들(고전 6:19)과 회중에게 적용되어서, 그들이 하나님의 성령이 거하는 처소로 비유되었다(고전 3:16).

고린도전서 12:3에서는 덜 인격적으로 보이는 표현이 사용되었다. 거기서 바울은 회중 전체가 한 성령을 마셨다고 말한다. 이 비유는 사람이 입으로 무엇을 마시는 것을 가리키는 것이 아니라, 밭에 있는 식물에 물이나 비가 뿌려지는 것 혹은 농부가 물을 주는 것을 가리키며(참고. 고전 3:7-8), 이사야 32:15의 이미지와 관련이 있다. 거기에 부어지는 것은 단순히 외적인 영향력만이 아니다. 식물이 습기를 빨아들이듯이, 회중의 지체들은 성령을 자기들 안으로 받아들인다. 그 결과로 그들은 은사를 받는다. 이 은사는 그들이 회중 안에서 수행하도록 부름을 받은 그 기능을 수행할 수 있게 하는 하나님의 영적 선물이다. 이 은사들은 성령이 주는 것으로, 주가 주는 것으로, 혹은 하나님이 주는 것으로 말할 수 있다. 이것은 바울이 신성을 부여하는 서로 다른 인격자들 사이에 엄격한 선을 긋기가 어려움을 표시한다. 또한 은사를 표시하는 용어들도 매우 유동적이다.

동시에 바울은 고린도 교회 회중의 일부에게는 성령이 없어서 바울의 메시지를 받지도 이해하지도 못하는 것으로 간주한다(고전 3:1). 그들에게 성령이 없다는 이 사실은 기독교적 덕성이 계발되지 않는다는 사실에 의해서 입증된다. 그들은 여전히 비기독교적 품성의 지배를 받으며 그리스도인으로 성장하지 못한 어린아이와 같다. 그러므로 바울은 더욱 충만한 이해에 도달하는 과정이 성령의 역사로 말미암는다고 생각하는 것이 분명하다. 바울은 영적 발전과 진전이 있다고 믿는 것이 분명하다. 그것은 사람이 성령에 의해서 하나님의 마음을 깨닫고 이해할 수 있는 힘을 점점 더 얻어가는 것이다. 그러나 이 발전의 과정은 기독교적 표준 이하의 행동 양식, 특히 시기와 분쟁에 의해서 발목이 잡힐 수 있다. 바울은 또한 사람들이 그런 죄를 회개하고 돌아서면 영적 발전을 계속할 수 있다고도 믿는다.[34]

회중의 생활. 회중의 공동체 생활은 이 서신의 주제이다. 바울에게 있어서 분열의 경향을 가지는 것은 영적 미성숙의 표시라는 것을 이미 보았다. 그러면 공동체 생활이란 어떠해야 하는가?

바울은 신자들은 그리스도의 몸이라는 개념을 발전시킨다. 그것은 이미 고린도전서 6:15에서 나타난다. 거기서 바울은 각 그리스도인의 몸은 그리스도의 지체라고 말한다. 이 말은 그리스도의 몸이 여러 부분들로 구성되어 있음을 전제한다. 이와 동일한 이미지가 고린도전서 10:7에서 채택된다. 거기 보면, 주의 만찬에서 신자들이 하나의 떡에 참여한다는 것은 그들이 한 몸을 이루고 있다는 것을 상징한다. 그러므로 그들은, 특히 우상의 제물을 먹음으로써, 그리스도와의 연합이라는 사실과 양립할 수 없는 관계 속으로 들어가서는 안된다. 이 개념은 고린도전서 13장에서 발전된다. 집단적으로 신자들은 여러 부분을 가진 몸에 비교될 수 있다. 그 각 부분은 자기만의 기능을 가지지만 상호 연결되어 있으며 서로를 섬기고 몸 전체의 안녕을 진작하여야 한다. 이와 같이 통일성과 다양성이 모두 강조되지만, 다양성은 통일성을 이루기 위한 것이다. 여기 기록된 설명이 단순한 유비에 불과한 것처럼 보일지 모르지만(회중은 몸과 '같다'), 바울은 독자들이 그리스도의 몸이라고 말하며 (고전 12:27; 참고. 고전 11:29; 12:12), 그들이 성령 세례를 통하여 몸에 접붙임을 받았다고 밝힌다(고전 12:13). 나아가서, 고린도 회중들만이 그리스도의 몸인 것이 아니다. 그 몸은 다른 곳에 있는 모든 신자들까지 포함한다(참고. 롬 12:4-5).

신약성경 전체를 통하여 회중은 단순히 '믿는 자들' 혹은 '성도'라고 불리

---

34) 이것은 신약성경의 또 다른 역설로 보인다. 신약성경은 어떤 때에는 신자의 조명, 회심 및 영적 발전의 모든 것을 성령에게 돌리면서, 어떤 때에는 사람의 책임과 능력을 인정하는 까닭이다.

는 사람들로 구성되듯이, 그들의 특이한 태도를 요약하는 단어는 '믿음' 이라는 것이다(고전 2:5; 14:22-23; 15:11, 14, 17; 16:13). 그리스도인이 된다는 것은 믿음을 가지기 시작한 결과이다(고전 3:5; 15:2). 믿음의 시작은 세례로 표시된다. 바울은 고린도전서 1:13-17에서 무심코 그것을 말한다. 그는 심지어 자기가 직접 세례 준 사람을 기억도 하지 못한다! 세례 주는 사람이 되는 것보다 더 중요한 것은 복음 전파자가 되는 것이다. 그리스도인은 씻김을 받고 성화되고 의롭게 된 사람이라는 묘사에 세례의 상징성이 암시되어 있을 것이지만,[35] 바울도 이 상징성에 큰 무게를 안 두었을 수도 있다. 이는 바울이 그들의 삶의 변화의 다양한 단계에 대해서 포괄적으로 말하기 때문이다. 이 세 가지 용어 중에서 실제로는 두 번째 것(성화된)이 '믿는 자들' 이라는 말과 함께 그리스도인의 특징적인 자기 묘사가 된다(고전 1:2; 6:1, 2; 14:33; 16:1, 15).[36]

믿는 자들은 또한 "구원받은 자"로 불린다(고전 1:18, 21; 15:2). 그러나 이 주제는 고린도전서에서 선교와 관련해서만 발전된다. 그러나 우리는 구원받는 것이 멸망당하는 것과 대비된다는 것을 주목해야 한다. 또한 이 표현은 마지막 심판 때에 신자들이 거짓 공적들 위에 떨어지는 멸망으로부터 벗어나는 것에 대해서도 사용된다(고전 3:15).

다른 어느 서신에서도 회중의 생활에서 성령의 위치가 이 서신에서만큼 충분히 다루어지지 않는다. 고린도전서 1:7에서 그 기초가 놓여진다. 이 구절은 회중 가운데 성령의 은사가 있다는 사실을 칭찬하는 구절이다. 성령은 회심을 일으키는 분이며, 하나님의 계시가 받아들여지게 하는 수단으로 인식된다. 그러나 고린도전서 12장에서는 성령이 다양한 은사의 근원이다. 이 다양한 은사들은 '봉사'와 '능력의 원천'으로 나란히 제시된다. 이것을 보면 세 가지 용어가 본질적으로 동일한 것을 서로 다른 각도에서 보는 것임을 알

---

35) 고전 1:30의 구속, 의, 성화에 대한 언급을 참고하라. 고전 12:13이 식물에 물을 주는 이미지를 사용하는 것은 세례의 방식이 물 속에 잠기는 것이 아니라 물을 뿌리는 것이었음을 암시할 수도 있다.

36) 그러나 거룩은 데살로니가전후서에서처럼 강한 주제로 떠오르지 않는다.

수 있다. '은사' 는 고린도전서 12:9에서 병 고치는 능력으로 다시 등장한다 (참고. 고전 12:28, 30). 이렇게 되어서 '은사' 라는 단어는 하나님이 준비시키 거나 힘주심으로 인하여, 그런 일이 없었더라면 할 수 없었을 일을 할 수 있 게 된다는 개념을 가지게 되었다.[37] '능력을 행하는 자'(두나메이스)와 관련하 여 '능력' 이라는 단어는 '은사' 라는 단어와 밀접한 병행 관계를 이룬다. 여 기서 묘사되는 은사들은 하나님의 대리인으로 행동할 수 있도록 하나님의 말씀과 능력을 깨닫는 것과 관련이 있다. 그 은사들은 사람들을 준비시켜서 하나님을 대신하여 행동할 수 있게 함으로써, 하나님을 섬기며 하나님의 대 리인으로 봉사하게 한다. 아주 개괄적으로 말하면, 이 행동은 그리스도가 지 상 생애 동안에 성령의 도움으로 수행했던 것과 유사하다. 사이비적인 일들 이 행해질 수 있다고 해서, 성령의 도움으로 그런 일이 진정으로 발생할 수 있다는 것을 의심할 수는 없다. 그것의 성격을 알아보려는 모든 시험이 항상 정확할 수는 없지만, 몇 가지 확실한 지침들이 있기는 하다 그리스도를 부인 하는 것, 혹은 그들 사이에 마땅히 있어야 하는 사랑이 없는 것 등이다.

따라서 교회 집회는 하나님이 말씀과 행동으로 자기 백성에게 말씀하시는 기회이다. 이렇게 하기 위해서 하나님은 자신을 대리하여 영적인 통찰력과 능력을 가지고 일할 수 있도록 사람들에게 은사를 주시고, 그렇게 은사를 받 은 사람들을 활용하신다.[38] 이것은 교회 집회의 기능을 이해하는데 극히 중요 하다. 신약성경은 그것의 기능이 하나님을 향한 경배의 행동이라는 것에 대 해서 거의 말하지 않는다. 도리어 교회 집회는 일차적으로 하나님께서 자기 백성에게 말씀하시는 기회이다. 이 집회를 통하여 하나님은 사람들 각자에 게 개인적으로, 그리고 회중 전체에 집단적으로 거하는 성령을 통하여 그들 가운데 진정으로 계신다. 거기에 참석하는 외부인들은 하나님이 그들 가운

---

37) 고전 12-14장의 주제가 성령의 은사이므로 회중 내에서의 자연적인 능력과 활동 의 위치에 대해서는 아무 말도 하지 않는다. 기독교 모임에서 진행되는 모든 것이 성령 의 특별한 은사에 의한 것이라고 결론짓는 것은 정당하지 않을 것이다.

38) 적어도 하나의 은사, 곧 방언은 개인의 덕을 세우는 데 더 기여할 수 있으며, 통 역의 은사가 동반됨이 없이 회중 가운데서 이 은사를 발휘하는 것은 오용의 여지가 있 다.

데 거하신다는 바른 결론에 도달한다. 분명히 이 인식은 사람들을 두려움과 경배의 심정으로 이끌어야 한다. 찬양과 예배가 주께 드려지지만 이것들은 하나님의 임재와 활동에 대한 반응이다.

우리는 주의 만찬의 이중적인 기능을 비교할 수 있을 것이다. 그것이 한편으로는 주의 죽으심을 선포하는 형태, 곧 복음을 실연해 보이는 것이다. 다른 한편으로는 그것이 그리스도의 몸과 피에 참여하는 것을 나타낸다. 이것은 성자 하나님과의 실제 교통이다. 본질적으로 하나님은 행동하시고 사람은 받는다.

여기 제시된 그림은 데살로니가전서 5:19-20의 그림에 부합한다. 거기 보면, 성령을 소멸하지 말고 예언을 멸시하지 말라고 했다. 은사는 로마서 12장에도 나타나는데, 거기 보면 바울은 은사를 받는 사람들이 자기들의 은사가 무엇인지에 따라서 그것을 적절하게 사용해야 한다고 권면한다. 거기 열거된 은사들은 예언, 섬김, 가르침, 권위, 구제, 돌봄/인도함, 긍휼 등이다. 방언은 여기에 언급되어 있지 않다. 실제적인 방식으로 서로 돌보고 사랑하는 것이 더욱 강조되고 있다.

문제가 발생하는 것은, 회중이 자기들 생각에 더 중요하고 더 특권적인 것으로 보이는 은사들을 추구할 때이다. 바울은 이 문제를 두 가지 방식으로 다룬다. 한편으로는, 모든 은사들은 회중 안에서 중요하며, 각 은사들은 다 나름대로 위치가 있으므로 은사들 사이에는 높고 낮은 것이 없다고 주장한다. 다른 한편으로 그는 사랑의 우월성을 주장함으로써 그런 모든 것들을 상대화시킨다. 그럼에도 불구하고 바울은 은사들 사이에 어느 정도의 순서 매김을 피할 수 없다. 방언을 말하기보다 예언을 더욱 사모해야 한다고 말하는 까닭이다. 또한 바울은 사도, 선지자와 교사들이 그 목록의 앞 부분에 위치한다는 것을 인정한다. 그 목록에서 방언은 가장 뒤에 언급된다. 그러므로, 몸의 은유에서 모든 은사가 중요하고 필수적임이 강조되지만, 그럼에도 불구하고 어떤 은사들은 다른 은사들보다 더 귀중하다.

비록 바울이 은사들은 하나님이 자기 뜻대로 주시는 것이라고 주장하지만, 그럼에도 불구하고 은사를 사모하라고 말한다. 특히 예언의 은사에 대해서 그러하다. 이것은 하나님이 은사를 나누어주시는 것이 사람들의 기도와 관련되어 있다는 표시이다; 이것을 고린도후서 2장의 바울의 기도와 비교해 보라. 거기서 바울은 자기의 '가시'가 제거되기를 기도하고서, 하나님이 그 기도를 거부하는 것이 왜 정당한지에 대한 하나님의 응답을 받았다. 하나님과 간구자 사이에는 어떤 상호작용이 이루어진다. 이것은 다음의 사실에 의해서 더욱 명백해진다. 즉, 은사를 받은 사람은 그것의 사용을 스스로 통제할 수 있다는 것이다. 선지자의 영이 그 선지자에게 복종한다는 것이다. 방언의 은사를 받은 사람들이 적절하지 못한 환경에서는 그것을 자제할 수 있다. 은사와 봉사를 연결시킨다는 사실은, 은사에는 그것을 하나님의 지시에 따라서 하나님을 섬기기 위해서 사용할 의무가 수반됨을 보여준다.

그리스도의 부활과 신자의 부활. 고린도전서는 다른 어느 서신보다도 부활의 문제를 충분히 다룬다. 놀랍게도 이 주제는 이 서신의 앞 부분에서 단 한 번 등장한다. 그것은 하나님께서 주를 다시 살리는 사실과 우리를 다시 살리는 사실을 병행시킴으로써 간음을 반박하는 곳이다(고전 6:14). 문제의 핵심이 몸은 주를 위하여 있다는 것이므로, 이미 그 시점에서 부활은 신자의 몸과 관련된 것임이 전제되고 있다. 몸의 부활 이외의 다른 어떤 종류의 부활도 그 논증에는 적절하지 않다. 고린도전서 15장에서 발전되는 것이 바로 그 점이다.

고린도전서 15장은 두 부분으로 나뉜다. 첫 번째 부분에서는 몸의 부활을 명확하게 다루지 않는다(고전 15:1-34). 거기서 바울의 일차적인 관심은 죽은 사람이 부활할 수 있느냐 하는 것이다. 그의 독자들 중 어떤 사람들이 그 점을 부인하고 있었기 때문이다. 문제가 정확하게 무엇이었는지를 알기는 쉽지 않지만, 그것이 신자의 몸이 미래에 부활하는 것을 부인한 것이었음을 알 수 있다. 왜냐하면 이것이 바울의 가르침의 핵심적 부분을 형성하기 때문이다(살전 4:13-18).

바울의 논증은 복잡하다. 우선 고린도인들에게 전파되었고 그들이 믿은 복음은 그 핵심에 그리스도의 부활의 사실이 있음을 명확히 하고, 그 전파된 내용이 그리스도를 목격한 사람들의 증언을 근거로 하고 있음을 주장한다.

거기서부터 바울은 그리스도의 부활을 주장함으로써, 신자의 부활을 부인하는 사람들에게 도전한다. 바울의 논증은, 만약 특정한 한 사람 그리스도가 부활할 수 없었다면 죽은 사람의 부활도 없으리라는 것이다. 만약 그리스도의 부활이 없다면 기독교 신앙은 의미도 없고 공허한 것이 되었을 것이라고 그는 간략하게 말한다. 왜냐하면 기독교 신앙은 그리스도가 죽음에서 부활했다는 가정을 전제하고 있는 까닭이다. 만약 그렇지 않다면 복음도 공허하고, 신앙도 공허하며 허망할 것이다. 그리스도를 믿고 죽은 사람에게도 아무 소망이 없을 것이다. 만약 그리스도가 부활하지 않았다면, 누구에게 어떤 기회가 있겠는가? 또한 사죄도 없을 것이다. 이 점은 로마서 4:24-25에서도 드러난다. 그 구절에 보면, 칭의는 예수를 죽음 가운데서 살리신 하나님을 믿는 사람에게 주어진다. 예수는 우리의 죄 때문에 죽음에 넘겨지고, 우리를 의롭게 하기 위해서 부활했다. 바울에게 있어서 그리스도의 죽음이 그 자체로는 구원의 효과를 내지 못한다. 하나님이 자기 아들의 죽음을 유효한 제사로 받아들인다는 증거가 있어야 하는데, 부활이 바로 그렇게 받으시는 행동으로 이해된다.

그 다음으로 바울은 그리스도의 부활이 함의하는 바를 주장함으로써 공세를 취한다. 그는 복음 선포 배후에 놓여 있는 증거에 의해서, 그리고 부활이 어떻게 기독교 신앙의 불가결한 요소인가를 보여줌으로써 부활의 함의를 이미 정립했다. 바울은 그리스도의 부활을 신자의 부활의 첫 열매로 이해함으로써 그리스도의 부활로부터 신자의 부활로 나아간다. 이 예화의 핵심은, 첫번째 추수한 곡식이 있다는 것은 그 뒤에 더 큰 추수가 반드시 있다는 의미라는 것이다. 이 점을 다르게 표현하면, 처음 익은 열매를 바친다는 것은 추수가 시작되었다는 의미라는 것이다. 그 요점은, 처음 익은 열매를 거두는 것이 그 뒤에 추수가 더 있으리라는 약속이라는 의미보다는, 처음 열매를 거둔다는 것은 추수 전체가 시작되었다는 표시라는 것이다. 바로 이것이 예수의 부활의 의미이다. 하나님의 백성의 전체적인 부활이 시작되었다! 그렇다면 질문이 일어난다. 바울은 어떻게 해서 예수의 부활이 한 사람에게 해당되는 일회적인 부활이 아니라는 것을 알게 되었는가? 또한 어떻게 해서 그는 그가 펼쳐 보이는 미래의 사건이 실제로 발생하리라는 것을 아는가? 앞의 질문에 대한 대답은 바울이 신자가 그리스도와 연합했다고 믿는 사실 속에 있다(참고. 특별히 롬 5-6장). 두 번째 질문에 대한 대답은 바울에게 계시된 이

'특별한' 계시에 의존한다(고전 15:51).

실로 바울은 여기서 두 가지 주제를 다루고 있다. 하나는 신자의 부활이 기독교 소망의 불가결한 요소라는 것이다. 거의 부수적으로 도입되는 또 하나의 주제는 하나님과 그의 백성을 대적하던 악의 세력이 마침내 패배한다는 것이다. 이 둘은 똑같이 중요하다. 왜냐하면 이 두 세력이 여전히 자유롭게 활동한다면 항구적인 구원이 있을 수 없기 때문이다. 바울은 그리스도가 그 세력에 대한 승리를 가져오는 분이라는 성경적 증명으로 시편 8:6을 이용한다. 이 장의 뒤에서 바울은 또한 멸망당할 '마지막 원수'의 세력 속에 죽음을 포함시키는 근거로서 구약에 호소한다.

이렇게 하고 나서, 이 장의 두 번째 부분에서(고전 15:35-57) 비로소 바울은 몸의 부활의 문제를 다룬다. 이것은 바울이 가르친 몸의 부활이라는 개념에 조소를 퍼부음으로써 부활의 가능성을 의심하게 하는 반대자에 대한 바울의 대답일 것이다. 반대자의 생각은 아마, 인간의 몸은 사라지는 것인데 그것이 부활한다는 것이 무슨 소리냐는 것이었을 것이다. 바울의 첫 번째 대답은 씨가 죽었다가 전혀 다른 형태인 식물로 살아나는 파종의 유비이다. 육체와 몸에는 온갖 다양한 종류가 있다. 그러므로 부활의 몸이 전혀 새로운 종류라는 것이 놀랄 일이 아니다. 그것은 썩지 않고 영적인 몸일 것이다. 여기서 바울은 아마 부활한 그리스도의 성격에 대한 그의 이해로부터 논증하고 있을 것이다. 실제로 그는 자신의 가르침을 아담과의 유사성, 그리스도와의 유사성이라는 언어로 표현한다.

결론

고린도전서는 거기서 제기되는 여러 가지의 신학적 문제 때문에 바울의 서신들 중에서 괄목할 만한 것이다. 데살로니가전서의 바울의 가르침과 흥미있게 연결되는 것을 보았지만, 여기에는 더욱 충분히 발전된 몇 가지 문제가 있다. 특별히 현저한 것은 기독교적인 행동을 결정하는 요소로서 십자가의 위치, 더 정확하게 말하면 십자가에 달리신 그리스도의 위치이다. 이것은 인간의 생각에 의지하려는 경향 혹은 성령을 따로 떼어내서 기독교 경험의 결정적 요인으로 삼으려는 모든 경향을 끌어다가 제자리에 놓는 가르침이었다.[39] 또한 이 서신에서 우리는 신약성경에서 가장 충만하게 발전된 부활에 대한 가르침을 얻는다. 또한 다른 어디에서도 영적 은사가 이렇게도 깊이 있게 다루어지지 않는다. 여기서는 또한 그리스도의 몸에 관한 교회론적 개념이 발전된다. 인간의 지혜와 영적 은사를 높이 사고, 신자의 미래 부활을 부인하는 경향이 있는 교회 상황의 특별한 성격으로 인해서 이런 모든 중요한 교훈들이 일어나는 것은 흥미로운 일이다. 이와 같이 고린도전서는 지역적 문제들이 바울의 의제를 결정한 특별히 좋은 예다. 물론 거기에 제시된 대답은 그 자신의 것이다. 그러나 우리가 받는 인상은, 그가 전혀 생각지 않았던 신학적 개념을 그 답을 제공하면서 새로 형성한 것으로 보이지 않는다는 것이다. 도리어 바울은 신학적 윤리적 문제가 어떤 특정한 방식으로 그 앞에 제시되자, 이미 그가 가지고 있던 신학을 이용하여 그 상황에 맞게 그것을 발전시킨 것으로 보인다.

우리는 또한 그가 다양한 신학적 자원에 골고루 호소하는 것을 볼 수 있다. 때로 그는 성령의 영감을 받는 것을 의식하며 회중에 다른 선지자들이 있다는 것을 인정한다. 또 다른 때에는 전통으로 고정된 표현 속에 형성되어 이미 받아들여진 교리에 호소하며, 성경에 의해서 영향을 받기도 한다. 또 다른 때에는 그리스도에 대한 그의 지식에 의해서 빛을 받아 형성된 기독교적인 정신을 사용하기도 하는 것으로 보인다.

참고문헌

New Testament Theologies: (German) Hübner, 2:112-208.
Barrett, C. K. *The First Epistle to the Corinthians.* London: A. & C. Black, 1968.
Brown, Alexandra R. *The Cross and Human Transformation.* Minneapolis: Fortress, 1995.

---

39) 다음을 보라. Raymond Pickett, *The Cross in Corinth* (Sheffield: Sheffield Academic Press, 1997); H. Drake Williams III, "Living as Christ Crucified: The Cross as a Foundation for Christian Ethics in 1 Corinthians", *EQ* 75 (2003): 117-31.

Fee, Gordon D. *The First Epistle to the Corinthians.* Grand Rapids, Mich.: Eerdmans, 1987.

Furnish, Victor Paul. *The Theology of the First Letter to the Corinthians.* Cambridge: Cambridge University Press, 1999.

Hay, David M., ed. *Pauline Theology 2: 1 and 2 Corinthians.* Minneapolis: Fortress, 1993.

Hays, Richard B. *First Corinthians.* Louisville, Ky.: John Knox Press, 1997.

Martin, Dale B. *The Corinthian Body.* New Haven, Conn.: Yale University Press, 1995.

Mitchell, Margaret M. *Paul and the Rhetoric of Reconciliation: An Exegetical Investigation of the Language and Composition of 1 Corinthians.* Tübingen: Mohr Siebeck, 1992; reprint ed., Louisville, Ky.: Westminster John Knox, 1993.

Pickett, Raymond. *The Cross in Corinth.* Sheffield: Sheffield Academic Press, 1997.

Rosner, Brian S. *Paul, Scripture and Ethics: A Study of 1 Corinthians 5–7.* Leiden: E. J. Brill, 1994; reprint ed., Grand Rapids, Mich.: Baker, 1999.

Thiselton, Anthony C. *1 Corinthians.* Carlisle: Paternoster; Grand Rapids, Mich.: Eerdmans, 2000. See also his article in *NDBT,* pp. 297-306.

Tuckett, Christopher M. "Paul, Scripture and Ethics. Some Reflections". *NTS* 46 (2000): 403-24.

Watson, Francis B. "The Authority of the Voice: A Theological Reading of 1 Cor 11:2-16". *NTS* 46 (2000): 520-36.

Williams, H. Drake, III. "Living as Christ Crucified: The Cross as a Foundation for Christian Ethics in I Corinthians". *EQ* 75 (2003): 117-31.

Winter, Bruce S. *After Paul Left Corinth: The Influence of Secular Ethics and Social Change.* Grand Rapids, Mich.: Eerdmans, 2001.

Witherington, Ben, III. *Conflict and Community in Corinth: A Socio-Rhetorical Commentary on 1 and 2 Corinthians.* Grand Rapids, Mich.: Eerdmans; Carlisle: Paternoster, 1995.

제 11 장

고린도후서

　고린도후서는 극히 개인적인 서신이다. 이 서신은 주로 바울과 회중의 관계, 그리고 개인적 상황에 관한 것으로서, 이 둘이 밀접하게 얽혀 있다. 서신의 전반부(고후 1–9장)는 조만간 있을 방문을 준비하기 위한 것이다. 어떻게 해서인지 어떤 한 사람이 바울을 슬프게 했고, 그 결과 어떤 방식으로든지 화해가 이루어지지 않으면 교회를 방문할 수 없었던 일련의 사건을 설명함으로써 방문을 위한 기초 작업을 한다. 두 번째 부분(고후 10–13장)에서 바울은 자신의 사도적 사명을 헐뜯고 그에게 위협이 되었던 것으로 보이는 일단의 사람들에 대항하여 자신을 변호한다.

　고린도후서가 현재의 열세 장으로 이루어진 단일 서신이 아니라는 어떤 사본상의 증거나 외적 증거가 없음에도 불구하고, 학자들은 이 서신의 통일성에 대해서 논쟁하고 있다. 가장 중요한 문제는 고린도후서 10–13장이, 고린도후서 1–9장과 함께 동일한 편지의 일부를 이루는가 아니면 고린도후서 1–9장 이전이나 이후에 기록된 다른 서신인가 하는 것이다. 만약 고린도후서 10–13장이 별도의 편지라면, 그것이 고린도후서 1–9장과 아주 인접한 시기에 기록되었으므로, 이 두 부분을 현재처럼 동일한 서신에 속한 것으로 해석한다고 해도 아무 문제가 없게 될 것이다.[1]

---

　1) 몇몇 학자들이 고후 6:14–7:1이 바울의 글이 아니라고 제안하는 것을 제외하면, 이 글이 바울의 글이라는 데에는 의심의 여지가 없다. 이 부분을 변호하는 글을 위해서는

신학적 이야기: 고린도후서 1-7장

바울의 고난의 경험(고후 1:1-2:13). 서신의 전반부는 그 시작이 예사롭지 않다. 비록 바울이 자신의 말하는 내용에 독자들을 포함시켜서 일반화시키기는 하지만, 하나님께서 바울의 생애에 간섭하신 것을 감사하는 내용으로 시작하는 까닭이다. 어떤 방식으로든지 바울이 죽음에 거의 가까이 갔다가(아마 박해의 결과 그렇게 되었을 것이다) 오로지 하나님께서 건져주셨다고 밖에는 말할 수 없는 방법으로 건짐을 받았음이 분명하다. 바울은 자신뿐만 아니라 편지의 독자들도 신앙 때문에 고통을 당하는 것이 무엇인지를 알고 있으며, 그들의 고난 가운데서 하나님의 위로를 경험한다는 것을 알고 있다고 말함으로써 접점을 찾는다. 그런 경험은 하나님이 자기 백성의 구원자라는 것을 더욱 굳게 믿을 수 있게 하지만, 이 하나님의 간섭은 서로를 위해서 드리는 그 백성의 기도와 어떤 신비한 방식으로 관련되어 있다. 이렇게 해서 바울과 독자들은 그들의 고난, 위로, 그리고 기도를 통하여 서로 연합되어 있다(고후 1:1-7).

그 다음으로 바울은 교회와 관련된 그의 구체적인 상황으로 옮겨간다. 여기서 그는 자신의 행동이 거룩하고 진실하며 세상적인 지혜에 의해서 지배된 것이 아니라고 자신을 변호한다(고린도전서의 서두가 생각남을 주목하라). 바울이 자기의 이익을 위해서 계획을 바꾸었다고 비난 받았던 것으로 보인다. 처음에는 고린도를 방문하겠다고 말했다가 실제로는 방문하지 않았다는 것이다. 그러나 바울답게도, 이런 비난에 대한 자기 변호 속에서 그는 하나님의 신실성과 진실성을 도입한다. 그리스도 안에서 우리는 하나님의 언약의 성취를 소유한다. 하나님께서 약속한 것을 이행하셨을 때 우리는 그것을 하나님의 '예' 라고 부를 수 있을 것이다. 바울과 바울을 통하여 회심한 사람들 안에서 행하시는 분이 이 신실하신 하나님이므로, 바울은 왔다갔다

Margaret E. Thrall, *A Critical and Exegetical Commentary on the Second Epistle to the Corinthians* (Edinburgh: T & T Clark, 1994, 2000), I:25-36을 보라. 또한 David R. Hall, *The Unity of the Corinthian Correspondence* (London: T & T Clark International, 2004)를 보라.

하는 사람이 아니다. 그가 계획을 바꾼 것은 자기 이익 때문이 아니라 독자들에게 도움이 되고자 한 까닭이다. 그 원래 계획이 그들에게 고통이 될 것이었기 때문에 바울은 기꺼이 그들의 고통을 줄여주고자 했던 것이다. 대신에 바울은 화해를 상당히 이루는 편지를 썼다. 회중은 바울에게 악행을 한 사람을 징계하는 조처를 취했으며, 이제 다음 단계로 나갈 수 있게 되었다. 다음 단계란 그 발생한 일로 인해서 슬픔에 잠긴 범죄자를 용서하고 위로해 주는 것이다(고후 1:8-2:13).

새 언약의 사역(고후 2:14-7:1). 이것이 계기가 되어 바울은 회중과의 관계에 대한 개인적 이야기를 중지하고, 최근 사건의 신학적 함의를 길게 다룬 후에, 고후 7:2부터 다시 개인적인 이야기로 돌아온다.[2] 이 부분은 신학적으로 특별히 압축되어 있으며 그 생각의 흐름을 요약하기가 쉽지 않다.

본질적으로 바울은 그리스도의 사도와 선지자가 그리스도의 지식을 전파하도록 부름받은 사실을 생각하기 시작한다. 그 지식은 듣는 사람들의 반응에 따라서 생명과 구원으로 인도할 수도 있고 죽음과 심판으로 인도할 수도 있다. 그런 영원한 운명이 복음 전파에 의해서 결정되므로 설교자는 큰 책임을 져야 한다. 바울은 자신이 그 책임에 부응해서 살고 있으며 개인적 이익을 위해서 살지 않는다고 주장한다. 이것이 자기 대적들에게는 자기 변호처럼 들리겠지만, 사실 그는 변호나 천거서가 필요 없다. 독자들 자신이 바로 사도의 사역이 진정한 것이라는 증거인 까닭이다. 여기서 **사역**(디아코니아)이 핵심 단어로서, 하나님의 일을 하는 하나님의 대행자가 된 사람의 임무를 의미한다. 그리고 이 일을 위하여 하나님은 자기 종들을 적절하게 준비시키신다(고후 2:14-3:3).

그 다음으로 바울은 하나님의 종의 일의 성격을 설명하기 시작한다. 그는 그 일이 옛 언약의 봉사에 비해서 영광스러운 것이라고 말한다. 여기서 우리는 옛 언약과 새 언약의 대비를 보게 된다. 옛 언약은 사람들이 지킬 수 없는 명령을 강요한다는의미에서 정죄를 가져오고, 새 언약은 사람들에게 생명을

---

2) 놀라울 것도 없지만, 어떤 학자들은 고후 2:14-6:13은 다른 편지의 일부가 삽입된 것이라고(설득력이 없이) 주장한다(고후 6:14-7:1에 대해서는 위를 보라).

가져다주는 성령의 선물을 가져온다. 바울은 모세에 의해서 전달된 옛 언약을 영광과 관련된 것으로 간주한다. 그 영광은 모세가 하나님과 이야기했을 때에 그의 얼굴에서 빛난 물리적 광채 속에서 보였다. 그러면서 바울은 새 언약은 더욱 영광과 관련될 수밖에 없다고 주장한다. 그는 이 점을 더욱 상세히 이야기하기 위해서, 이스라엘 사람들은 모세의 영광을 직접 쳐다볼 수 없었던 까닭에 모세가 수건으로 그것을 가렸다고 설명한다. 여기서부터 그는 (우리가 보기에) 이상한 결론을 이끌어 낸다. 즉 그 수건은 이스라엘 사람들이 모세에게 주어진 영광을 이해할 수 없었음을 의미한다는 것이다. 사람이 '주께로' 돌아설 때에만이 하나님이 말씀하시는 것을 이해할 수 있게 된다는 것이다. 이 문맥에서 '주'는 하나님의 영으로서, 자유를 가져다주며(율법에 대한 바울의 논쟁을 떠올리게 한다), 신자를 하나님의 형상과 영광으로 변화시킨다(고후 3:4-18).

이 모든 해설은 하나님의 부르심을 배경으로 해서 사도의 부르심의 존엄성을 말하고자 하는 것으로 보인다. 그것은 세속적인 인간의 영광이나 자랑의 근거로 제시된 것이 아니라, 종의 영광이 아닌 그 임무의 영광을 강조하기 위한 것임이 강조되어야 한다.

그럼에도 불구하고, 이 해설은 사도들이 반대에 직면하거나 그들의 사역이 실패처럼 보일 때에라도 그들에게 힘과 확신을 주는 역할을 한다. 이것은 그들이 목표를 이루기 위하여 세상적인 방법을 사용할 필요가 없음을 함의한다. 일이 이루어지지 않고 사람들이 복음에 긍정적으로 반응하지 않을 때에, 그것은 사탄이 복음을 가린 결과로 돌려질 수 있다.[3] 사실은 선교사들의 사역을 통해서 그리스도의 영광이 믿는 사람들에게 계시되었다(고후 4:1-6)

그리고 이 모든 일들이, 취약하고 연약하고 죽을 수밖에 없는 선교사들이 온갖 종류의 장애와 반대에 직면했음에도 불구하고 발생한 것이다. 하나님은 연약한 인간 존재를 통하여 자신의 능력과 영광을 알리신다. 이 점에서 그들은 예수님과 유사하다. 예수님은 죽음에 넘겼다가 부활하셨다. 그러므

---

3) 바울은 때로 사도들이나 다른 선교사들이 의사전달을 제대로 못할 가능성이 있음을 도입함으로써 기본적인 문제를 복잡하게 만들지 않는다.

로 어떤 의미에서는 선교사들도 생명을 가져오기 위해서 언제나 죽는다. 하나님이 죽음을 통하여 생명을 가져오신다는 이 지식이 선교사들로 하여금 믿음으로 그들의 사명을 지속적으로 수행해 가게 하는 격려가 된다. 육체적으로, 외적으로 그들은 고난과 죽음에 직면하고 있을 수 있다. 그러나 그들의 비전은 언제나 그들에게 생명을 내리시는 하나님과 그들이 전하는 복음에 응답하는 사람들에게 고정되어 있다(고후 4:7-18).

이 점은 너무나 중요하기 때문에 바울은 이 점을 확대하여 독자들에게 확신을 심어 주고자 한다. 즉 그들의 육신이 무너질지라도 하나님께서 그들을 위하여 예비한 하늘의 몸이 있다는 것이다. 바울은 이 점을 설명하기 위해서, 옮길 수 있고 파괴될 수 있는 장막과 영구적인 건물 혹은 집을 비교한다. 이런 방식으로 그는 신자의 미래 운명은 몸이 없는 어떤 존재로 사는 것이 아니며, 신자가 이미 선물로 받아가지고 있는 성령은 착수금 곧 앞으로 올 것의 시작 부분임을 강조한다. (바울은 새로운 '영적인' 몸이 신자 '안에서' 이미 형성되기 시작한 것으로 생각하는 것 같다. 이것은 마치 번데기 안에서 나비가 형성되어 가는 것과 유사하다).[4] 그러므로 현재 육신의 생명은 항구적이 아니며, 미래의 생명과 비교될 수 없다. 그것은 우리를 주님께 더욱 가까이 데려갈 것이다. 신자는 그런 소망을 가지고 미래에 대해서 확신을 가질 뿐만 아니라 실로 그것을 열정적으로 기다릴 수 있다. 또한 그들의 주된 책임은 지금 하나님을 기쁘시게 하는 삶을 사는 것이다. 그들은 언제고 그 하나님 앞에 설 것이다(고후 5:1-10).

이 모든 것으로부터 이제 고린도 회중을 위한 바울의 관심사가 드러난다. 바울이 소망하는 것은 이것이다. 즉 기독교적으로 산다는 것이 무엇인지를 보여주는 사도직의 성격에 대한 이 해명을 통하여, 사도직에 대해서 의혹을 가지고 다른 종류의 지도자적 자질을 요구하는 사람들이 바울의 활동을 인정하게 되기를 기대한다. 그가 하는 모든 일은 하나님의 사랑에서 솟아난 것이며, 이 하나님의 사랑은 바울로 하여금 사람들에게 하나님과 화목할 것을 촉구하게 한다. 그리고 바로 여기서 그는 복음에 대한 가장 심오한 진술의

---

4) 아래 각주 19를 보라.

하나라고 할 만한 것을 삽입한다. 두 가지의 핵심적인 이미지가 사용된다.

하나는 거의 지나치면서 언급되는 것이다. 곧 새 창조의 모습이다. 바울은 이미 갈라디아서 6:15에서 이 주제를 이용했다. 거기서 그는 할례자와 무할례자의 차이가 더 이상 아무 의미가 없게 된 새로운 상황을 묘사한다. 이 은유가 보다 개인주의적인지(회심한 사람은 새로운 피조물로서, 할례 받았는가 할례 받지 않았는가 하는 것은 문제가 안된다), 아니면 보다 공동체적이고 우주적인지에(그런 구분이 더 이상 문제가 되지 않는 새로운 사회가 있다) 대해서 학자들의 견해가 양분된다.[5] 여기서 관심사는 사람들이 어떤 방식으로 평가될 것인가 하는 것이다. 새 창조에서 우리는 그리스도를 더 이상 세상적인 관점으로 볼 수 없다. 이 원칙은 그의 백성에게도 적용될 것이다.

더욱 충분히 설명된 또 다른 그림은 화해의 그림이다. 그것은 외교관이 서로 등을 진 양편 사이에 화평을 이루는 모습니다. 이것은 평범한 외교관이 아니다. 하나님은 그리스도를 통해서 일을 이루신다. 그 일은 사람들을 하나님으로부터 분리시킨 그 죄악들이 더 이상 그들에게 불리하게 작용하거나 하나님의 친절로부터 그들을 끊어놓지 않도록 하는 것이다. 이렇게 하기 위해서 그리스도가 죄인들과 동일시 되었으며(직역하면, 죄와 동일시) 그들을 위하여 죽으셨다. 그리스도는 죄인들이 의롭다고 인정되고 하나님과 정당한 관계를 맺을 수 있게 해 주셨다. 이것은 죄인들을 위한 복음이다. 그러나 여기서 바울은 이 내용을, 바울을 거부하고 그와 함께 복음을 거부한 회중의 일부에게 적용한다. 이 편지를 그들에게 읽어주면 그들은 그 자리에서 하나님의 부르심에 응답할 수 있는 기회를 얻게 될 것이다(고후 5:11-6:2).

마지막 단락에서 그는 다시 자신의 동료들과 자신을 변호한다. 그들은 복음을 위하여 온갖 종류의 어려움을 겪은 사람들이며 하나님을 의지하고 전적인 헌신으로 사명을 수행해 오고 있다. 이것은 사기꾼이나 기회주의자의 방식이 아니다! 그 모든 것을 통하여 약할 때에 강해지고 강할 때에 약해진다는 역설이 작용하고 있다(고후 6:3-10).

---

5) Moyer V. Hubbard, *New Creation in Paul's Letters and Thought* (Cambridge: Cambridge University Press, 2002)를 보라. 그는 앞의 가능성을 따른다.

바울과 그의 동료들에 관한 독백은 또 한 번의 화해의 호소와 함께 끝난다 (고후 6:11-13). 그 바로 뒤에는 불신자들로부터 분리하라는 요구가 뒤따른 다. 그 불신자들은 그들을 유혹하여 죄를 짓게 하고 그들 사이에 거하는 하나님으로부터 그들을 분리시킬 것이다. 다른 점에서와 마찬가지로 여기서도 우리는 고린도전서에서 주어졌던 금지 명령이 다시 주어져야 했다는 단서를 감지한다(참고. 고전 8-10장). 회중의 거룩성이 가장 시급한 일이다(고후 6:14-7:1).

이야기가 재개됨(고후 7:2-16). 이렇게 긴 명상적이며 권고적인 부분 이후에 바울은 2:14의 시점으로 되돌아가서 그 시점까지 도달하게 된 이야기를 재개한다. 바로 직전에 자신의 명예로운 행동을 변호한 내용을 거론하여 바울은 다시 화해를 호소한 후에, 자신의 동료인 디도가 전해준 회중의 슬픔과 회개의 소식이 어떻게 자기에게 힘을 주었고, 그들을 방문하고자 하는 기대 속에서 이 편지를 쓰도록 격려했는지를 말한다.

신학적 이야기: 고린도후서 8-9장

고린도에 보낸 바울의 서신에서는 주제가 갑자기 바뀌는 것이 흔한 일이다. 화해의 주제를 한동안 마무리하고서, 바울은 예루살렘 교회의 가난한 자들을 위한 모금의 문제로 들어간다. 그는 자신이 세운 교회의 회중들로부터 그것을 모금하고 있다. 바울과의 관계가 악화되어 있는 동안 회중은 그 모금에 참여하려는 열의를 상실했다고 보는 것이 공정할 것이다. 따라서 이 주제는 그 앞의 주제와 전혀 무관한 것이 아니다.[6] 여기서 바울은 너그러운 기부를 호소하며, 그 모금된 돈이 오용된다는 의심을 받지 않고 목적지에 전달될 수 있는 실제적인 방법을 논하고 있다. 그런데 바울은 이 모든 것을 헌금에 대한 신학을 근거로 하여 논한다.

이 신학의 가장 기본적인 근거는 예수님의 실례이다. 그가 가난하게 되신 것은 자신의 가난을 통하여 다른 사람들을 부하게 만들기 위함이다. 여기서

---

6) 그럼에도 불구하고, 고린도후서 8-9장이 다른 편지의 일부였다가 여기에 삽입되었다는 주장을 지지하는 학자들이 계속 있어 왔다. Thrall, *Commentary*, 1:36-43은 고린도후서 9장이 별도 서신이었을 것이라고 본다.

사용된 언어는 성육신을 통하여 자기를 비우는 모습을 은유적으로 표현한 것이다. 하지만, 어떤 사람들은 그 표현이 인간의 몸을 입음으로써 검약한 생활 방식을 취한 것을 의미한다고 주장하기도한다(고후 8:9). 바울의 설명 으로부터 부수적으로 나타나는 생각은, 가난은 그 자체로 좋은 것이 아니라 는 것, 즉 가난 자체는 추구해야 할 금욕적 이상(ideal)이 아니라는 것이다. 도 리어 예수님의 가난은 다른 사람을 부유하게 만들기 위해서 자원해서 짊어 진 짐이라는 것이다(고후 8:13-15).

바울이 말하는 또 하나의 요소는, 하나님이 사람을 부유하게 하시는 것은 그들이 다른 사람을 돕도록 하려는 것이라는 점이다. 그들이 하나님으로부 터 부의 은사를 받은 것은 그들이 다른 사람에게 너그럽게 베풀 수 있는 수 단을 가질 수 있게 하기 위함이다(고후 9:10). 이 말은사람들은 자기들의 넉 넉한 소유 중에서 남는 것을 준다는 말이 아니다. 왜냐하면 여기서 바울이 칭찬하는 사람들은 자신들이 가난함에도 불구하고 기부금을 낸 사람들인 까 닭이다(고후 8:1-5).

셋째로, 이런 기부의 결과로 도움을 받는 사람들이 하나님을 찬양하게 된 다. 그들은 궁극적으로 하나님의 관대함에 의해서 받는 까닭이다. 이것이 바 로 에델버트 슈타우퍼(Ethelbert Stauffer)가 이 행동의 '송영적' 동기라고 부 른 것이다(고후 9:13-15).

신학적 이야기: 고린도후서 10-13장

그런데 여기서 갑자기 놀라운 일이 벌어진다! 앞에서 이미 화해가 선언되 었음에도 불구하고, 일단의 사람들이 바울은 하나님의 방법을 취하지 않고 사람의 방법을 취해서 일한다고 생각했던 것으로 보인다. 그래서 바울의 긴 자기 변호가 이어진다.

서신의 이 부분에서는 일관된 신학이 훨씬 덜 나타난다. 이 부분은 주로 바울의 대적과, 인간적인 수준에서 바울이 그들에게 응답하는 대답으로 되 어 있다. 그럼에도 불구하고 거기에는 신학적으로 중요한 진술들이 등장한 다. 선교와 목회적 돌봄이 영적 갈등이며, 이 갈등은 인간적 논증에 의존하 는 것이 아니라 그리스도가 주님이라는 단순한 선포에 의존한다는 개념이 나타난다(고후 10:3-6; 참고. 고후 4:1-6). 사도들이 회중 가운데 권위를 가지고 있다는 사실이 상기된다(고후 10:8). 그것은 복음을 선포하는 권위뿐만 아니라 자기들이 기초를 놓은 교회를 세워가는 권위이기도 하다. 바울은 심지어 '사도의 표'로서 표적과 기사와 능력을 거론하기까지 한다(고후 12:12). 이것은 지나가면서 하는 언급이지만 갈라디아서 3:5에 빛을 비추며, 누가가 사도행전에서 사도들이 기적적인 능력을 행했다고 묘사한 것이 소설을 쓴 것이 아님을 표시한다. 그들은 그런 목적을 위한 그리스도의 대리인이지만 항상 그리스도께서 그들을 위해서 정해준 한계 내에 머물렀다. 그럼에도 불구하고 그들은 전적으로 하나님의 손 안에 있었으며 스스로 자랑해서는 안 되었다(고후 10:12-18).

그러므로 선교사의 사명을 은유적으로 말하면, 순결한 처녀를 남편에게 이끌듯이 회중을 그들의 주님이신 그리스도에게로 이끌어 그 앞에 세우는 것이다(참고. 엡 5:25-32). 이것은 재림 때에 발생하는 일이므로, 사도는 회중을 오류, 죄 그리고 그리스도에 대한 불충성으로부터 지켜야 할 사명을 지고 있다(고후 11:2-3).[7]

거짓 선교사들 때문에 이 사명을 수행하기가 쉽지 않다. 그들은 자기들이 사도라고 거짓되게 주장하는 사람들이든지, 혹은 거짓되게 사도처럼 행동하는 사람들이다. 바울은 그들을 사탄의 일꾼이라고 부르기를 주저하지 않는다(고후 11:14-15). 이는 그들이 회중 가운데 죄를 용인할 뿐만 아니라(고후 12:21로부터 이렇게 추론하는 것이 정당하다) '다른 복음'을 전파하기 때문이다. 그들은 유대교를 따르는 관행을 강요하고 있었음이 분명하다. 사도 바울은 이런 자들을 "지극히 크다는 사도"(고후 11:5; 12:11)라는 별명으로 부르면서, 몇 가지 방법으로 그들에게 대응한다.

바울은 자신이 복음을 위해서 얼마나 고난을 받아 왔느냐 하는 것과, 지금도 그렇게 고난을 받고 있다는 것을 말함으로써, 세상적인 방법으로 자신을 스스로 칭찬한다. 특별히 바울은 그들의 자기 자랑을 지적하면서, 역설적으

---

7) 이 은유는 계 19:6-9과 요한계시록 21장에서도 나타난다. 거기서는 하나님의 백성이 또한 은유적으로 거룩한 성, 새 예루살렘으로 이해되며, 새 창조에서 어린 양의 신부가 된다.

로 자기 자신이 그들의 수준으로 내려가서 자신의 자랑거리를 제시하는 방법으로 그들에게 대답한다(고후 11:21-12:10). 바울은 자신이 그들보다 더 열심히 일했으며(참고. 고전 15:10), 더욱 수치스러운 경험을 했다고 주장한다. 그러나 그는 또한 자신이 낙원의 환상을 보았으나, 동시에 그를 항상 약하게 만드는 연약을 경험하였으며, 유일한 위안은 그가 연약 가운데서 은혜를 경험하리라는 하나님의 약속뿐이었음을 또한 강조한다. 여기서 우리는 바울의 개인적인 기도 속에서 하나님과 교통한 생생한 모습을 언뜻 볼 수 있다.

이렇게 자신을 변호한 후에 바울은 회중 가운데서 자신의 권위를 행사한다. 그는 자신이 그들을 방문했을 때 그들 가운데서 수치를 당할 것을 걱정한다. 즉 그들에 대한 자신의 확신과 그들을 자랑한 것이 잘못인 것으로 입증될 것에 대한 걱정이다. 그래서 그는 죄인들에 대하여 응분의 조치를 취할 것이라는 엄한 경고를 발한다. 고린도후서 5장에서 발휘된 권위가 다시 행사될 것이다. 이는 사도의 연약에 한계가 있을 것이기 때문이다. 연약 가운데 죽으신 그리스도가 지금은 하나님의 능력으로 살아나서 사도들을 통하여 권위를 행사하고 있는 것이다. 그러나 그리스도는 또한 회중 가운데 살아계시며, 그리스도의 임재는 그들이 진정한 신자인지를 판단하는 기준이다(고후 13:1-4). 그들은 그리스도가 자기들 안에 계신지를 확증해야 한다(고후 13:5). 그러므로 그리스도인의 구원의 확신이 자기를 살피는 것과 관련된 측면이 있음이 분명하다.[8]

마지막으로, 이 서신이 예수 그리스도, 하나님 그리고 성령의 이름을 부르는 축도로 끝나는 사실이 주목할 만하다(고후 13:14). 예수 그리스도와 하나님은 은혜와 사랑의 근원이다. '성령의 교통'은 성령에 참여하는 것을 의미하는 것이지, 성령이 가져다주는 교제에 참여한다는 말이 아니다.[9] 하나님의 축복을 가리키면서 이렇게 삼위 하나님을 부르는 것은 고린도전서 12:4-6에

---

8) 이것은 구원의 확신의 유일한 근거는 성경에 약속된 하나님의 신실함이라는 모든 주장에 대립된다.

9) 참고. Thrall, *Commentary*, 2:916-19.

서 어느 정도 예상되던 바이며 앞으로도 또 등장할 것이다. 하나님을 이렇게 삼중적으로 이해하는 것은 기독교 경험에 비추어서 거의 무의식적으로 발전 되었음을 보여준다.

신학적 주제들

이 서신을 지배하는 것으로 보이는 단일 주제가 있다면 그것은 고난과 기쁨, 생명과 죽음의 신비하고도 역설적인 조합이라는 주제이다. 이것은 기독교 신자의 삶을 뒤덮는 주제이면서 특별히 기독교 선교사인 바울의 생애가 그 실례가 되었다. 바울의 세 개의 주요 서신의 특징을 표현한 배렛의 말은 깊이 음미할 만하다.

> 나는 우리 세대의 교회가 사도의 복음을 재발견해야 할 필요가 있다고 믿는다. 이것을 위해서는 로마서가 필요하다. 이 복음과 그것의 질서, 훈련, 예배 및 윤리와의 관계를 재발견할 필요가 있다. 이것을 위해서는 고린도전서가 필요하다. 만약 우리 세대의 교회가 이것을 발견한다면, 교회는 자기가 부숴진 모습을 볼 것이다. 그리고 이것이 고린도후서의 의미가 될 것이다.[10)

비록 이 언급이 현대 교회가 서신들을 정경의 순서대로 읽는 것을 염두에 두고 한 말이지만, 이 세 핵심적 서신들의 충격을 적절하게 분석한 말이다. 고린도후서는 자신의 경험에 의해서 부숴졌지만 그 부숴짐 속에서 하나님의 치유의 능력을 발견한 사람의 글이다.

하나님의 위로. 그러므로 하나님으로 시작하는 것이 합당하다. 최근에 — 오래 기다리다가 마침내 — 인식되었듯이, 바울의 서신들에는 중심 신학이 있다. 이것은 기독교의 하나님이 그 서신들의 초점이라는 의미에서 그러하다. 예수 그리스도는 기독교 종교의 핵심에서 하나님의 위치를 차지한 것이

---

10) C. K. Barrett, *The First Epistle to the Corinthians* (London: A & C Black, 1968), pp. v–vi.

아니라, 하나님을 아버지로 아는 새로운 기독교적 이해를 제공했는데, 이는 아들을 통하여 하나님과 관계됨으로써 그렇게 되었다. 이 아버지 개념은 바울의 경험과 이해의 기초이다. 그러므로 이 서신이 하나님으로 시작하는 것은 의미심장하다. 사도직의 근원으로서의 하나님(고후 1:1), 교회의 주로서의 하나님(고후 1:1), 그리고 자기 백성을 위한 은혜와 평강의 근원으로서의 하나님이다(고후 1:2). 그 다음에 바로 바울은 그가 당하고 있던 고난 속에서 자비와 위로의 근원이 되신 하나님에 대한 찬송으로 몰입한다(고후 2:13). 그 고난은 현실적이고 물리적이었으며, 죽음의 위협을 포함하고 있었다. 우리는 그것을 영적으로 해석하거나 어떤 방식으로든지 사소한 것으로 만들어서는 안된다. 그것은 인간적 관점에서 보았을 때에 절망적이었으며 따라서 철저하게 좌절시키고 필사적이 되게 하는 상황이었다. 그러나 그런 상황에서도 바울은 죽은 자를 살리시는 하나님을 여전히 신뢰할 수 있다는 깨달음에 도달하였다. 그 부활이 (이 경우에서처럼) 그의 치명적인 상황에서 건지는 것으로, 혹은 육체적 죽음을 통하여 영원한 생명에 도달하는 것으로 표현될 수 있었다. 어느 쪽으로 표현되든지, 바울은 자신의 생명이, 자기 친구들의 기억 속에 그리고 자기에 대한 친구들의 지속적인 애정 속에 자기의 업적이 기억되는 정도밖에 안되는 사소한 것이 아니라는 신성한 확신을 가졌다.

그러므로 하나님은 두 가지 사실을 근거로 해서 위로와 소망을 주실 수 있는 분이다. 한 가지 사실은 하나님이 예수님을 죽음 가운데서 건진 대표적인 사실이다. 이것은 하나님이 죽음 가운데에서 생명을 주신다는 사실의 최고의 패러다임이다. 다른 하나는 하나님은 자기 백성을 돌보시는 은혜와 자비의 하나님이라는 사실이다. 그러나 이 두 가지 근본적인 사실과 함께 세 번째 사실이 첨가되어야 한다. 그것은 하나님의 능력과 사랑 곧 그의 신실성에 관한 것이다(고후 1:18; 참고. 고전 1:9; 10:13; 살전 5:24; 살후 3:3; 딤후 2:13). 하나님은 자기 백성과의 관계를 계속 유지하시며, 어느 순간에도 그들을 죽음과 멸망에 넘겨주지 않으리라는 것은 하나님의 품성의 핵심이다. 하나님은 바로 지금 여기서 그의 백성들 가운데 계심으로써, 그들은 살아계시고 활동하시는 하나님의 살아있는 성전을 이룬다(고후 6:16).

예수 그리스도 — 고난과 능력. 하나님의 성품의 이런 각각의 측면들은 제각기 그리스도와 연결되어 있다. 어느 정도 바울은 그리스도를 떠나서는 하나님을 생각할 수 없다. 이를테면 생명을 주는 하나님의 능력은 일차적으로 그리스도의 부활 속에서 이해되며, 바로 이것을 근거로 해서 바울은 신자의 부활을 단언한다(고후 4:14). 이와 마찬가지로, 하나님의 은혜는 다른 사람을 부요하게 하기 위해서 스스로 가난해지신 그리스도에게서 드러나는 바로 그 은혜이다(고후 8:9). 편지의 이 부분에서 바울이 하나님의 은혜에서 그리스도의 은혜로 자유롭게 넘나드는 것은 의미심장하다(고후 8:1; 9:8, 14). 이것은 그리스도의 은혜와 하나님의 사랑을 병립시키는 마지막 축도에서 더욱 분명해진다. 전체적으로 바울은 하나님의 사랑보다는 그리스도의 은혜를 말하는 편이다(하나님의 사랑에 관해서는 롬 5:5, 8; 8:35, 39을 보라. 참고. 롬 15:30; 고후 5:14; 13:11, 13; 엡 3:19; 참고. 골 1:13; 살후 3:5). 은혜라는 단어가 가난하고 자격 없는 사람들을 위하여 하나님의 사랑이 베푸는 자발적인 긍휼을 더 명확하게 드러낸다. 하나님의 신실하심에 관해서는, 하나님의 언약을 성취한다는 증거인 그리스도에게서 그 신실함이 드러나는 것으로 바울은 생각한다. 바울은 선지자들을 통하여 주어진 하나님의 모든 언약이 마침내 그리스도에게서 성취되는 것으로 보고 있음이 명백하다.

그러므로 이 서신에서 그리스도는 이중의 위치를 차지한다. 한편으로 그리스도는 죽음과 생명, 고난과 능력, 수치와 승귀의 신비의 원형적인 실례이다. 다른 한편으로 그리스도는 화목과 새 생명의 담당자이다. 우리는 여기서 첫 번째 요소를 살피고 있다.

그리스도가 가난하게 되심을 말하는 고린도후서 8:9의 정확한 의미에 관해서는 논란이 있다. 거기서 말하고 있는 핵심 요점이, 그리스도를 '가난'으로 이끈 것이 그리스도 안에서 드러난 하나님의 은혜의 말할 수 없는 부요라는 점은 분명하다. 전통적인 해석은, 그리스도가 성육신 이전에 가지고 있던 '부요'와, 그리스도가 죽을 수밖에 없는 사람이 되고 종의 역할을 취함으로써 처하게 된 '가난'이 여기서 대비된다는 것이다(빌 2:7). 대안으로 제시된 다른 해석에 의하면, 여기서 말하는 것은 "모든 것이 그로부터 박탈되는 비참하고 수치스러운 죽음의 철저한 가난"을 가리킨다. 그의 '부요'는 "그가 누리는 하나님과의 완전한 교제와 하나님의 뜻에 대한 그의 완전한 순종"을 가리킨다는 것이다.[11] 이 두 주장 모두에서 예수께서 실제로 가난하게 되었다는 것이 영적 실제를 가리키는 비유적 표현으로 이해되고 있다. 제임스 던은 고린도후서 6:10과의 병행관계를 강조한다. 그는 이 병행관계를 영적인 부요와 물질적 가난 사이의 대조로 본다. 이 병행관계를 받아들일 때에, 문제는 그리스도의 '부요'가 성육신 이전에 그리스도께서 누렸던 하나님과의 교제를 포함하느냐 하는 것이다. 던과 제롬 머피 오코너가 말하는 어떤 것도 이 이미지가 그 가능성을 배제한다고 말하지 않는다. 따라서 그 결정은 다른 곳에서 바울의 이해가 그리스도의 선재에 대한 개념을 포함하고 있는지의 여부에 의해서 좌우된다. 동시에 여기서 말하는 가난이 죽음 그 자체를 직접 의미하지는 않으며, 고린도후서 6:10의 요점은 사도들의 외면적인 가난은 그들이 다른 사람들과 나눌 수 있는 내적인 부요를 감추고 있다는 것인 반면, 여기서의 요점은 그리스도께서 가난하게 되기 위해서 자신의 부를 포기하였다는 것이다. 그러므로 여기서 제안된 병행관계는 정확한 병행이 아니다. 바울이 앞에 고린도전서 2:8에서 영광의 주가 십자가에 달렸음을 말했을 때, 바울은 그리스도의 미래 상태보다는 당시의 그리스도의 실제 상태를 가리켰을 것이다. 따라서 전통적인 해석이 더욱 개연성이 큰 것으로 보인다.[12]

어떤 해석에서도 논란되지 않는 것은, 예수님의 인간으로서의 삶과 죽음이 가난과 연약으로 규정된다는 것이며, 힘 있는 구세주에게서는 그 반대의 경우가 기대되었다는 것이다. 예수님의 경우, 그의 연약과 죽을 수 있는 상태는 하나님께서 그를 죽음에서 살리셨을 때 부활과 연결된 능력으로 대체되었다. 다른 곳에서와 마찬가지로 여기서도 예수님은 자신의 능력으로 부활한 것이 아니라 하나님의 능력에 의해서 부활했다. 이제 더 이상은 연약은 없다. 여기서 드러나는 패턴은 연약 가운데서 드러나는 능력이라기보다는 연약 뒤에 능력이 따라온다는 것이다.

---

11) Jerome Murphy-O'Connor, *The Theology of the Second Letter to the Corinthians* (Cambridge: Cambridge University Press, 1991), p. 83. 그는 James D. G. Dunn, *Christology in the Making* (London: SCM Press, 1980), pp. 121-23을 따르고 있다.

12) 참고. Thrall, *Commentary*, 2:532-34.

죄와 선교사들의 활동. 인간의 삶은 우리가 이미 주목한 언약의 문제만을 가진 것이 아니라 죄성의 문제도 가지고 있다. 그래서 우리는 공동체 내의 죄의 사실을 고려하게 된다. 놀랍게도 죄라는 용어가 고린도후서 5:21에서만 발견되지만, 고린도 서신에서는 신자의 생활의 죄의 측면이 특별히 두드러진다. 그러나 이 서신의 첫 번째 부분은 회중 내의 어떤 사람에 대해서 다룬다. 그 사람은 범죄한 결과 회중에 의해서 어떤 종류의 권징 곧 징계를 받았다. 나아가서 기독교 선교사의 임무는 그리스도의 메시지를 퍼뜨리는 것이며, 이 메시지는 그것을 듣는 사람들에게 생명 아니면 죽음을 가져다 줄 것이다. 그리스도를 아는 것은 생명이요, 그리스도를 거부하면 죽음을 자초한다. 믿지 않는 자들은 그리스도의 빛에 대해서 장님이며 멸망해 가고 있다. 인류를 이렇게 분류하는 것은 이 서신이 전제하는 바이며, 그것은 때때로 표면에 드러난다. 그러나 이 생명과 죽음이라는 범주는 한 쪽에서 다른 쪽으로 넘어갈 수 있는 사람이 아무도 없도록 고정된 종류의 범주가 아니다.

도리어 바울은 자신이 그리스도의 사랑의 힘에 지배되어 모든 합법적인 수단을 동원하여 그들을 설득하는 임무를 맡았다고 생각한다. 이 가능성에 의해서 두 가지 주요한 개념이 열린다. 그 두 가지는 그리스도의 죽음으로 성취된 것을 근거로 한다.

새 창조. 첫 번째 개념은 새 창조의 개념이다. 바울은 그리스도의 죽음의 결과로 사람들은 이제 자기를 위하여 살지 않고 그리스도를 위하여 산다는 사실을 확정하고 이야기를 시작한다. 이 말의 배후에는 어떤 의미에서 예수님의 죽음은 모든 사람을 대신하는 죽임이라는 보편적인 이해가 있다. 이 진술로부터 바울은 예수님에게 연합된 모든 사람은 (다른 곳에서 그는 그리스도에 대한 믿음의 행동을 통해서 이 일이 벌어진다고 밝힌다) 그의 죽음과 부활에 연합한 것이며, 따라서 그들은 그와 함께 죽고 함께 살았다고 말할 수 있다(참고. 갈 2:20). 그 결과로 그들은 이전의 자기 중심적인 삶에서 해방되었다. 그 삶은 죄와 하나님에 대한 반항의 삶이었다. 거기서 해방되어 이제 그들은 그리스도를 위하여 살 수 있게 되었다. 그렇게 되었으므로 이제 바울, 그리고 우리는 사람들을 새로운 방식으로 볼 수 있게 되었다고 천명한다. 사람을 육신적으로 이해할 수는 없다. 그래서 이제 그는 그리스도 안에 있는 사람들을 볼 때에, 자기가 이전에 그리스도를 알던 방식, 즉 그리스도를 메시야와 하나님의 새 창조를 이루는 분으로 알지 못하던 방식으로 알지 않는다. 바울은 이제 그리스도를 죽은 자 가운데서 부활하신 첫 열매로 안다. 그러므로 그리스도 안에서 새로운 창조가 시작되었으며, 누구든지 '그리스도 안에' 있으면, 이 사람은 이 창조의 일부이며, '새 창조'의 견지에서 이해되어야 한다. 바울은 갈라디아서 6:15에서 이 용어가 마치 사람들 사이에서 통용되어서 독자들이 알고 있던 말인 것처럼 사용한다. 이제 할례와 무할례의 옛 범주가 아무것도 아닌 것이 된 새로운 세계가 임했다. 이는 하나님이 예수님의 부활을 통해서 만물을 새롭게 하셨기 때문이다.

화목. 두 번째 개념은 화목이다. 바울은 자신을, 하나님과 화목할 것을 사람들에게 호소하는 하나님의 대사로 본다. 이 호소는 일차적으로 죄인들과 불신자들을 향한 것이지만, 바울은 여기서 이 표현을 부차적인 방식으로 사용하여, 회중끼리 그리고 회중과 자기 사이의 조화와 평안을 호소한다.

그 다음으로 바울은, 하나님의 원수인 사람들에게 화목을 제안하는 하나님의 메시지를 받을 것을 재촉한다. 화목이 진정으로 제안되고 있음을 믿을 수 있게 하는 이 (화목의) 근거는 하나님이 그리스도 안에서 사람들의 죄를 그들에게 묻지 않고 세상을 자신과 화해시켰다는 것이다. 이것을 좀 더 설명하기 위해서 바울은 하나님이 죄가 없는 그리스도를 우리를 위해서 죄로 삼으심으로써 우리가 하나님의 의가 되게 하신 것이라고 말한다.

바울은 여기서 화해라는 이 외교적인 용어를 하나의 틀로 삼아서, 사람이 구원을 받고 하나님과 바른 관계에 들어가는 것이 무엇인지를 설명한다. '화목'이라는 용어는 양면적인 행동을 가리키는 데에 사용된다. 한 쪽 면에서는, 하나님이 그리스도를 통하여 우리를 하나님 자신과 화목시키고, 화목시키는 직책을 우리(즉 신자들)에게 주셨다. 화목의 실제 의미는 죄인을 사면한다는 것인데, 이 사실을 선언하는 것이 교회의 사명이다. 그러나 다른 한 쪽 면에서는, 전달되는 메시지는 "하나님이 세상을 자신과 화목시키셨으므로 모든 것이 잘 될 것이다"라는 것이 아니라, "우리가 그리스도를 대신하여 간청하노니 너희는 하나님과 화목하라"는 것이다. 이와 같이 죄에 빠진 인류가 하나님의 초청에 응하라는 부름을 받으며, 그 초청에 응하지 않으면 분명히 화목은 없다. 사람은 그 제안을 받아들여야 한다. 평화로운 관계가 시작되어야 한다. 만약 사람이 복음에 응답하지 않으면 그들은 계속해서 하나님으로부터 소외된 상태로 살리라는 것이 명백한 함의이다.

화목이 필요하게 된 것은 사람들이 하나님께 죄를 범했기 때문임이 분명하다. 죄가 장애물인 이유가 있다. 한편으로는 그들이 하나님께 반역했다는 것이고, 다른 한편으로는 그 죄가, 사람들의 죄를 대적하는 하나님의 정죄의 근거가 된다는 것이다. 화목의 근거는 그리스도가 죄가 되었다는 사실이다. 여기서 죄라는 추상명사를 선택한 것은 필연적이다. 왜냐하면 만약 바울이 그리스도가 죄인들과 하나가 된 방식을 말하고자 했다면 그는 그리스도가 죄인이 되었다고 말할 수가 없었다. 그렇게 말한다면 심각한 오해의 여지가 있게 된다. 그래서 그 대신에 그는 그리스도가 죄와 하나가 되었다고 말한 것이다. 이렇게 그리스도가 죄인들과 하나가 된 것은 일종의 교환이 가능하게 하기 위함이다. 그리스도가 죄인들과 하나가 된 목적은 죄인들이 무죄하고 의로운 그와 하나가 됨으로써 그의 무죄와 의로움에 참여하게 하기 위함이었다.

만약 우리가 그 위의 말, 곧 "한 사람이 모든 사람을 대신하여 죽었은즉 모든 사람이 죽은 것이라"는 말을 고려하지 않는다면, 그리스도가 죄인들과 하나가 됨으로써 죄인들이 그리스도의 무죄와 의로움에 참여하는 것이 어떻게 가능한지를 이해하지 못한다. 다른 곳에 보면, 바울에게 있어서 다른 사람들을 위한 그리스도의 가장 중요한 행동은 또한 그의 죽음이다. 그의 죽음이 다른 사람들의 죽음에 해당한다는 것이 여기서 분명해진다. 또한 바울은 죄의 '삯' 혹은 보상을 죽음으로 간주하므로(롬 6:23; 참고. 롬 5:12), 바울이 예수님의 죽음을 죄의 삯을 받는 것으로 간주했다고 볼 수밖에 없다. 이렇게 합당한 값을 치른 후에는 아무것도 죄인을 공격하지 못한다. 예수님의 한 번의 죽음으로 그와 함께 하는 모든 죄인들이 죽은 것이다.

여기서 우리는 화목이라는 용어와 범죄라는 용어를 나란히 사용함으로써, 어떻게 화목이 성취되는지를 명백하게 설명할 수 있게 된다. 이것을 이해하는 통상적인 방법은 죄에 대한 형벌이 시행됨으로써 화목이 가능하게 된다는 것이다. 그러나 이 설명은 많은 사람들에게 이해하기가 어렵게 느껴졌다.

그 이유는 다음과 같다. 일단 범법이 행해졌을 때, 벌칙금이 지불되었다고 하더라도, 특히 그것이 제삼자에 의해서 지불되었을 때, 그것이 어떻게 범법자의 죄책을 줄이거나 그 범법자가 반항에서 수용으로 태도를 바꾼다는 표시가 될 수 있는지가 분명하지 않다는 것이다.[13] 그러므로 이 설명만으로는 불충분하다.

이것을 보완할 수 있는 또 다른 가능성은 이것이다. 즉 죄인들의 순종은 불충분한 데 비해서 그리스도의 순종은 완전하며, 그 순종이 죽기까지에 이르렀으므로(빌 2:8), 그의 적극적인 순종의 행동이 어떤 방식으로 죄를 없이 하거나, 죄인들이 거기에 연합하여 하나가 될 수 있는 어떤 것을 제공하며, 그렇게 함으로써 죽음의 정죄 하에서 벗어날 수 있게 한다는 것이다. 마가렛 스롤이 중요한 점을 지적한다. 즉 구원의 행동은 그리스도의 죽음으로만 제한되는 것이 아니라 유의미한 방식으로 그의 부활까지도 포함해야 한다는 것이다. 그녀는 모나 후커를 따라서, 부활에 의해서 그리스도는 하나님으로부터 정당하다는 인정을 받았으며, 이 의로운 위치에 죄인들이 참여한다는 것이다.[14]

이와 같이 이 문제에 대한 생각은 매우 복잡하다. 따라서 우리는 화목이 어떻게 성취되는지에 대한 지나치게 간단한 설명을 피해야 한다. 이 주제의 중요성은 이것이다. 즉 하나님은 죄인을 다루실 때에는, 칭의에 대한 피상적인 이해에서 드러나는 것처럼, 단순히 법적 수준에서만 다루시는 것이 아니라, 심판자가 칭의를 받고 용서받은 사람과의 개인적인 관계 속으로 들어가서 그를 인격적인 수준에서도 다루신다는 것이다.

신자의 삶: 약함과 강함. 신자의 경우에 대해서, 바울은 현재의 연약 뒤에 미래의 부활이 따라온다고 가르칠 뿐만 아니라, 지금 여기서 경험하는 연약 가운데서 하나님의 능력이 드러난다고도 가르치는 것으로 보인다. 고린

---

13) 참고. 갈라디아서에서 이 문제가 거론된다(274-78면).

14) 참고. Thrall, *Commentary*, I:439-44; Morna D. Hooker, "Interchange in Christ", *JTS* n.s. 22(1971): 349-61. 후커는 그리스도의 죽음의 결과를 정확하게 설명하지만, 죄인들과 위치 교환을 가능하게 하는, 그 죽음에서 죄인을 대신한 그리스도의 역할을 평가절하하는 위험을 보인다.

도후서 4장에서 실제로 그렇게 가르친다. 거기서는 고린도 신자들 속에서 지금 역사하는 내적인 갱신과 생명의 사실을 강조하고 있다.[15] 바울은 특별히 선교 사역에 참여함으로써 신자들이 경험을 하게 됨을 강조하지만, 이것이 그런 의미만을 가지는 것은 아니다. 바울이 고린도후서 12:7-10에서 연약 가운데서 강한 실례로 자신을 제시하지만, 이것이 순전히 사도의 경험이기만 하다고 주장할 수는 없다.

그렇다면 약함과 강함은 무엇을 가리키는가? 약함은 세상적인 관점에서 본 신자의 상황이라고 할 수 있다. 후패하고, 다치고, 병들고 죽을 수 있는 육신, 가난과 멸시에 처해있는 사회적 상황, 가정이나 결혼이나 가족이 없이 떠도는 상태 ― 이 모든 것들은 그들이 다른 사람의 눈에 아무것도 아니라는 것을 표시한다. 그러므로 여기서 말하는 강함은 그들로 하여금 그런 모든 상황을 견디고 그것을 받아들일 수 있게 하는 하나님의 은혜의 경험, 사랑 받고 있다는 느낌과 그 결과로서의 기쁨을 제공하는 하나님과의 교통의 경험, 효과적으로 복음을 전함으로써 다른 사람을 생명으로 이끌 수 있는 능력을 말하는 것이다. 조금 놀라운 방식으로 보이긴 하지만, 그 영적인 유능성에는 "사도의 표 ― 표적과 기사와 능력"(고후 12:12)을 행할 수 있는 사도의 능력이 포함된다. 이것들은 세상적인 강함과 인간적인 자랑의 근거가 될 만한 바로 그것들이다.

영적인 교통과 사도의 유능함은 인간의 지위와 소유에 의존하지 않는다. 그러므로 사람들은 복음이 인간의 능력이 아닌 하나님의 능력이라는 것, 그리고 복음 전파자에게는 아무 특별한 것이 없다는 것을 알아야 한다. 하지만 인간적인 견지에서 사람을 판단하려는 경향은 항상 있는 유혹이며 죄의 근원이다. 그럼에도 불구하고, 바울은 복음의 사역에는 복음 내용의 성격으로

---

15) 바울이 죽음은 우리 속에서 역사하고 생명은 너희 속에서 역사한다고 말할 때 그것은 절대적으로 그렇다는 말이 아니다. 이 말의 요점은, 바울의 '죽음'이 고린도인들이 경험하는 '생명'으로 이끈다는 것이다. 그 말은 그들이 바울의 복음 사역에 참여하는 까닭에 죽음으로부터 면제되었다거나, 복음이 가져다 주는 생명에 바울은 참여하지 않는다는 말이 아니다. 여기서 대조되는 것은 선교사들과 회심자들 사이의 광범위한 차이이다.

말미암는 특별한 어떤 것이 있다고 주장한다.

여기에 다시 역설이 등장한다. 한편으로 복음 전파자는 승리한 개선장군의 행렬에 이끌려 수치와 죽음을 향하여 나아가는 포로에 비유된다. 바로 이것이 고린도후서 2:14의 묘사의 배경이라는 것은 이제 확고해졌다.[16] 이것은 수치에 대한 비상한 묘사로서, 선교사들의 무시당하는 상황에 대한 다른 묘사들과 연결된다(고전 4:13). 다른 한편으로, 선교사들은 새 언약의 전언자들이다. 바울은 옛 언약의 봉사와 새 언약의 봉사 사이의 차이를 놀라운 방식으로 비교한다.

거기 사용된 표현은 과감하고 우쭐대는 것으로 보인다. 그것의 실제 의미는 무엇일까? 바울은 그것을 가장 현실적으로 설명하기 위하여, 모든 신자는 그와 유사하게 주님을 주목하고, 그의 형상을 따라서 변화되어 가면서 그의 영광을 나타낸다고 주장한다(고후 3:18). 예수님의 얼굴을 바라봄으로써 그 영광을 볼 수 있다(고후 4:6). 그러나 이렇게 말한다고 해서 우리의 이해가 더 나아지지는 못한다. 그것들도 역시 은유적 표현인 까닭이다. 거기에 두 가지 영적 개념이 있는 것으로 보인다. 예수님을 주목한다는 것과 그의 형상으로 변화한다는 것이다. 바울은 이것을 어떻게 설명했을까? 스롤(Thrall)이 정확하게 이 질문을 제기했다. 그녀는 신자들은 바울 같은 사람의 생애 속에서, 눈에 보이는 성찬의 떡과 포도주에서, 그리고 어떤 종류의 내적인 환상에 의해서 예수님을 '본다'고 제안했으며, 신자의 변화는 그들의 품성이 더욱 그리스도를 닮아가는 것이라고 하였다.[17] 이보다 더 좋은 제안을 내놓기는 어려울 것이다. 이 과정을 묘사한 표현이 지나치게 고양된 언어로 되어 있는 것처럼 보일 수도 있지만, 그런 표현은 신자의 삶에서 이루어지고 있는

---

16) Scott J. Hafemann, *Suffering and the Spirit: An Exegetical Study of 2 Corinthians 2:14-3:3 Within the Context of the Corinthians Correspondence* (Tübingen: Mohr-Siebeck, 1986); reprinted as *Suffering and Ministry in the Spirit: Paul's Defense of His Ministry in 2 Corinthians 2:14-3:3* (Carlisle: Paternoster, 2000)을 보라. 선교사들이 개선 장군의 동료로서 그 승리에 참여한다는 견해는 받아들일 수 없는 것으로 보인다.

17) Thrall, *Commentary*, I:284-85.

일의 의미를 높이는 효과가 있다.

중요한 것은, 이렇게 표현함으로써 결국 바울은 선교사들을 일반 신자들의 수준으로 내리는 셈이다. 혹은 선교사들에게 일반 신자들이 참여하지 못하는 어떤 특권이 있다고 선언하지 않는 것이다. 하지만, 그렇다고 해서 복음 사역에 특별한 어떤 것이 없다는 말이 아니다. 거기에는 놀라운 영광이 있다. 하지만 영광스러운 것은 사역이지 사역자가 아니다.

죽음, 심판, 그리고 변화. 이런 지속적인 변화를 경험하는 신자의 삶은 최후에 영원한 영광의 상태도 인도된다. 이 영광에 비하면 현재의 고난은 가볍고도 짧다. 바울이 밝히는 이 주제는 이 서신의 더욱 논란이 되고 있는 문제 중의 하나이다. 고린도후서 5:1-10에서 그는 비교적 분명한 몇 가지 이야기와 해명하기가 어려운 몇 가지 이야기를 하고 있다.

첫째, 우리의 한시적인 땅의 장막이 파괴되면 영원하고 천상적인 처소를 얻을 것이다.[18] 우리는 바울이 여기서 다루는 것이 재림 이전의 신체적 죽음임을 알 수 있다. 이 문제는 데살로니가전서 4장에서 다루어졌다.

둘째, 새 옷을 받는다는 은유를 말하면서 바울은 죽은 자는 벗은 상태에 있는 것이 아니라고 단언한다. 여기서 벗는다는 말은 영혼이 생존하되 입을 몸이 없이 존재하는 것을 의미하는 것으로 대개 이해된다. 이것은 현재 입고 있는 옷을 벗을 필요 없이 그 위에 새 옷을 입는 것이 더 좋다는 것을 부수적으로 말하는 셈이다. 문자적으로 이해하면, 이 말은 외적인 몸은 후패하지만 속사람은 날로 새롭다고 말하는 고후 4:16에서 사용된 은유와 충돌하는 것으로 보인다. 그러나 이 둘 사이에는 다음과 같은 조화가 있다고 보아야 한다. 즉 바울이 지금 생각하고 있는 새 옷은 새롭게 된 속사람을 위하여 적합한 거처이며, 만약 이 새로운 거처가 죽음의 과정과 과거의 몸을 벗어던지는 일이 없이 지금 살고 있는 사람에게 덧씌워진다면 일이 더 쉬워지리라는 것이다.[19]

---

18) 여기 처소가 천상의 것임을 주목하라. 여기서는 새 땅의 개념이 사용되지 않는다. 혹은 바울이 새 예루살렘이 하늘로부터 새 땅으로 내려오는 계 21:2의 이미지를 공유하고 있을까?

19) 바울이 새롭게 된 '속 사람'을 '하늘의 처소'와 동일시할 수도 있지만, 그럴 가능

셋째, 새 생명의 보증으로 성령이 이미 신자들에게 주어졌다는 사실로부터, 이 새로운 거처는 기대의 대상인 것으로 보인다. 또한 여기도 다시 어느 정도의 긴장이 있다. 즉 성령의 선물이 신자의 옛 몸 속에서의 내적인 갱신과 더욱 연결된다는 사실에서 그 긴장이 드러난다. 한시적이고 외적인 몸 속에서 성장하는 영원한 내적인 사람, 그리고 영원한 거처로 대치되는 한시적인 지상의 장막이라는 바울의 두 개념을 지나친 긴장관계로 몰고 가지 않는 것이 좋다.

넷째, 바울은 미래의 상태를 선호한다. 이는 몸을 입고 있는 우리가 "주로부터 떠나" 있으며 믿음으로 행한다는 점에서 그러하다. 비록 절대적인 말로 표현되어 있지만 이 진술은 상대적인 의미로 이해되어야 한다. 그것은 주님으로부터 상대적으로 떨어져 있다는 말이며, 바울은 주께서 육체로 있는 자기 백성과 함께 거한다는 것을 부인하지 않았을 것이다.

다섯째, 미래에 대한 이런 전망은 모든 백성들에게 주를 기쁘시게 하라는 영적인 요구가 된다. 왜냐하면 모든 사람이 그의 심판대 앞에 서서 그들이 육신에 있을 때에 행한 것으로 판단받을 것이기 때문이다.

이 설명에서 가장 논란이 되는 측면은 이 변화가 언제 어떻게 일어나느냐 하는 것이다. 고린도전서 15장에 의하면 무너지고 부패할 신자에게 무너지지 않고 불멸할 것을 입히는 일은 재림 때에 발생한다(고전 15:50-55). 그리고 이것은 죽은 자의 부활이 재림 때에 발생할 것으로 가르치는 데살로니가전서 4장과 일치한다. 그러나 빌립보서 1:20-26에서 바울은 그리스도와 함께 죽을 미래를 내다본다. 이 긴장을 해결하려는 다양한 시도들이 있다.

한 가지 견해는 여기서 죽는 자를, 그리스도 안에서 '잠자고' 있어서 재림과 부활 때까지 중간 시기를 의식하지 못하는 사람들을 가리키는 것으로 보는 것이다. 사람들은 그들의 죽음과 재림 사이의 간격에 따라서 서로 다른

성은 희박하다. 앞에서 고린도후서 4장을 다루면서, 나는 애벌레가 번데기로 변하고 그 안에서 나비의 '새' 몸이 자라나고 '옛' 몸이 버려지는 비유를 사용하였다. 이 비유가 도움이 되긴 하지만 정확한 비유는 아니다. 또한 이 비유는 고린도후서 5장에서 옛 몸 안에서 자라나는 속사람에게는 이제 그것이 들어가 살 수 있는 새로운 몸이 필요하다는 사실을 고려하지 않은 것이다.

길이의 시간 동안 잠들어 있게 된다.[20] 이 매력적인 해결책의 큰 문제는 이것이다. 즉 고대에는 죽은 사람들은 앞으로 그들에게 어떤 일이 벌어지든지 그 일을 기다리는 동안 의식이 있는 어떤 상태 속에 있는 것으로 믿어졌다는 것이다. 그 해결책은 바울의 생각이라고 보기에는 너무나 현대적이다.

둘째 견해에 의하면, 바울이 여기서 말하는 것은, 죽은 자들이 재림 때까지 주님과 함께 있기는 하지만 여전히 '벗은' 채로 있으며, 재림 시에 그들을 위한 확실한 마련이 있다는 것이다. 이 견해는 고린도후서 5:1의 "우리에게 있다"는 말을 "우리를 위해서 기다리는 것이 있다"는 의미로 이해한다.

셋째 견해는, 죽은 자는 죽은 후 한참 시간이 지난 후인 재림 시가 아니라 죽는 즉시 하늘의 신령한 몸을 받는 것으로 바울이 생각했다는 것이다.[21] 이 가설에 대한 중요한 반론은, 고린도전서를 쓴 후에 얼마 지나지 않아서 후서를 썼으므로 그런 짧은 기간에 그렇게 괄목한 만한 생각의 변화가 일어났다고 보기가 어렵다는 것이다.[22] 이에 대한 다양한 반론이 제기되었다. 이를테면, "고린도후서 5장은 개개 그리스도인의 관점에서 기록되었고 죽을 때의 변화를 생각하고 있지만, 고린도전서 15장은 교회의 집단적인 소망을 표현하는 것으로서 부활을 재림 시기에 두고 있다"는 것이다.[23]

바울은 죽음과 재림 사이의 기간을 수백 년 혹은 수천 년으로 생각한 것이 아니라 몇 년 정도로 생각했을 수 있으므로, 그것이 오늘날 우리에게 문제가 되는 것처럼 바울에게도 문제가 되지는 않았음을 명심해야 한다. 다른 곳에서 바울이 잠자는 자들에 대하여 이야기할 때에(살전 4:14-15), 그는 죽은 자가 그리스도와 함께 있으면서 그것을 의식한다는 것으로 해석될 수 있는 표

---

20) F. F. Bruce, *1 and 2 Corinthians* (London: Oliphants, 1971), p. 204.

21) 참고. Thrall, *Commentary*, I:373-80.

22) 물론, 데살로니가전서와 후서가 짧은 기간을 사이에 두고 기록되었지만, 재림의 시기에 관해서 전서와(어느 때든지) 후서(주의 날 이전에 여러 가지 사건들이 선행되어야 한다) 사이에 차이가 있다고 주장되고 있는 것이 사실이다. 그러나 이 두 서신 사이에는 모순이 있다기보다는 후서가 전서에서 이야기한 내용을 더 상세히 설명하는 것임을 확신 있게 주장할 수 있다.

23) Murray J. Harris, *Raised Immortal: Resurrection and Immortality in the New Testament* (London: Marshall, Morgan and Scott, 1983), p. 101.

현을 사용하고 있다(빌 1:21-23). 여기서도 핵심적인 요소는 죽은 신자가 "주와 함께"(고후 5:8) 있는 것이며, 바로 이 관계가, 다양한 이미지를 통하여 여러 다른 구절들에서 말해진 것들을 조화시키려고 노력하는 가운데 발생하는 문제들보다 더 중요하다.

옛 언약과 새 언약. 사도는 신자들이 살아계신 하나님의 성전을 이룬다고 생각한다(고후 6:16). 하나님이 자기 백성 가운데 거하시겠다는 구약의 약속들이 신자들 사이에서 성취된다. 이 말은 유대교와의 대비를 위한 것이 아니라 그리스도인과 불신자를 대비하며, 신자들이 우상숭배에 참여하는 것이 어떻게 불합리한지를 보여주기 위한 것이다.

이와 유사하게, 바울이 기독교의 사도들과 선지자들이 새 언약의 종이라는(고후 3:6) 사상을 밝히는 고린도후서 3장의 긴 부분에서도, 당시 유대교와의 의도적인 대비를 의도한 것으로는 보이지 않는다.[24] 새 언약이 기록된 '문자' 곧 율법과 관련되지 않고 성령과 관련되므로, 새 언약의 종들은 그들의 봉사를 위해서 성령의 힘 주심을 기대할 수 있다. 이 봉사는 옛 언약의 봉사보다 훨씬 영광스럽다. 옛 언약을 시내 산과 거기서 율법이 주어지던 때의 두려운 상황과 연결해 보면 그것은 영광스러운 일이며 하나님의 위엄과 장엄을 반영한다. 그러나 이 언약은 죄를 치료하는 것이 아니라 드러내므로 생명을 가져다주지 못하고 정죄를 가져다주었다. 뿐만 아니라 옛 언약은 한시적이다. 이와 대조적으로 새 언약은 성령의 능력을 통하여 생명을 가져다주며, 영원하며, 더욱 영광스러우며, 따라서 그 봉사도 영광스럽다 — 비록 새 언약의 종들 자신은 연약하고 사방으로 에워싸인 사람들이지만 그러하다.

나아가서 바울은 모세가 사람들이 그것을 못보게 하려고 얼굴을 가렸음을 지적한다. 이 모습에서 바울은, 율법이 읽혀질 때에 사람들의 마음이 베일로 가려져서 하나님이 말씀하시는 것을 사람들이 완전히 이해하지 못하게 되는 모습을 본다. 사람들이 하나님께로 돌아서면 그 베일이 제거되어 그들이 이해할 수 있다. 기독교 신자들은 주님을 직접 보며, 주님을 봄으로 말미암아

---

24) 바울이 유일하게 새 언약을 언급하는 다른 곳은 고전 11:25의 최후의 만찬 이야기이다. 새 언약과 대비되는 옛 언약은 고후 3:14에서 발견된다. 갈 4:24에서 두 언약을 언급하는 부분을 참고하라.

변화한다. 이렇게 해서 새 언약은 신자들로 하여금 영광에서 영광으로 나아가 영원한 영광에 도달하게 한다. 그리고 이것은 모세가 주께로부터 율법을 받을 때의 잠정적인 영화와 대비된다.

이렇게 괄목할 만한 방식으로 바울은 새 언약의 우월성이라는 개념을 상세히 설명한다.

자랑. 우리가 지금까지 보았듯이 고린도후서는 약함과 강함의 역설적인 병행으로 가득하다. 이것은 그리스도에게서, 선교사인 바울에게서, 그리고 일반 신자들의 삶 속에서 예증된다. 기독교 경험에는 십자가 모양의 특징이 드러난다. 즉 예수님의 죽음을 닮고 그의 부활 생명에 참여하는 것은 시간적인 순서로 진행될 뿐만 아니라(지금 죽고 그 후에 부활이 온다), 동시적으로 진행하기도 한다. 나아가서 그 생명과 그에 수반되는 능력과 영광은 순전히 하나님의 선물이다. 이 모든 것이 의미하는 것은, 기독교인의 삶에는 자랑이 들어설 자리가 없다는 것이다. 교만과 자랑은 특별히 고린도후서의 특징을 이루는 어휘이다. 바울은 하나님께서 고린도 회심자들의 삶 속에서 이루는 일로 인해서 자랑할, 혹은 더 나은 해석으로는, 크게 기뻐할 수 있으며(고후 7:4), 다른 사람들에게 그들에 대해서 자랑할 수 있었다(고후 8:24; 9:2-3). 그러나 자기 자신을 자랑하고 주님을 위한 자기의 일을 자랑하는 다른 종류의 자랑이 있을 수 있으니, 그것은 자신을 다른 사람과 비교하는 태도를 수반할 수 있다.

바울을 폄훼하는 것이 분명한 적대자들에 직면하여 바울은 복음을 위하여 어떤 형태로든 자신을 변호하지 않을 수가 없었다. 이것은 바울을 어려운 지경에 빠지게 했다. 그는 인간적인 수준에서 자신감과 자존심을 표현할 수 있는 가능성을 언급하면서도(고후 11:18), 그렇게 할 때에도 그는 다른 사람들이 자랑하는 것과 같은 업적을 열거한 것이 아니라, 도리어 굴욕적으로 다메섹에서 도망친 것과 같이 자기 생각에 연약과 수치스러운 상황으로 보이는 것을 열거했다. 심지어 주님으로부터 환상을 받은 일을 말할 때에도 그는 자신을 자랑한 것이 아니라 자기의 연약만을 자랑한다. 도리어 그는 자기의 "육체의 가시" 곧 제거되기를 염원한 지속적인 연약에 대해서 말한다. 그는 "약함 속에서 강해지는" 법을 배워야 했다. 심지어 거기서도 그는 지속적인 연약에 대처할 수 있는 영적인 정력이 자기에게 있음을 자랑하지 않고, 그 연약 속에서 신성한 은혜를 경험했다고 말할 뿐이다.

결론. 그러므로 이 서신의 신학은 바울의 경험과 밀접하게 연결되어 있다. 이 신학은 반항적인 회중과 다른 선교사들의 반대를 배경으로 발전되어 나간다. 무엇보다도 이것은 경험에 의해서 고난을 말할 수 있는 사람에게서 발전된 고난의 신학이다. 이 서신의 서두에서 암시된 고난의 경험은 바울에게 심오한 영향을 미쳤음이 분명하다.[25] 신자의 삶의 취약성을 항상 염두에 두고 있다. 이것은 한편으로는 피조물인 보통 인간으로서의 연약성과, 인간을 위해서 약해지고 고통당한 그리스도와의 연합에 수반된 연약성이 조합된 결과이다. 그러나 그 생명은 새로운 생명 곧 이미 하나님에 의해서 주어졌고 몸이 새롭게 될 때에 충만하게 경험될 그 생명에 의해서 유지되고 있는 것이다.

참고문헌

New Testament Theologies: (German) Hübner, 2:209-31.

Barrett, C. K. *A Commentary on the Second Epistle to the Corinthians.* London: A. & C. Black, 1973.

Belleville, Linda L. *Reflections of Glory: Paul's Polemical Use of the Moses-Doxa Tradition in 2 Corinthians 3:1-18.* Sheffield: Sheffield University Press, 1991.

Furnish, Victor Paul. *2 Corinthians.* New York: Doubleday, 1984.

Hafemann, Scott J. *Suffering and the Spirit: An Exegetical Study of 2 Corinthians 2:14—3:3 Within the Context of the Corinthian Correspondence.* Tübingen: Mohr-Siebeck, 1986. Reprinted as *Suffering and Ministry in the Spirit: Paul's Defense of His Ministry in 2 Corinthians 2:14—3:3.* Carlisle: Paternoster, 2000.

Hanson, Anthony Tyrrell. *The Paradox of the Cross in the Thought of St. Paul.* Sheffield: Sheffield Academic Press, 1987.

Harris, Murray J. *Raised Immortal: Resurrection and Immortality in the New Testament.* London: Marshall, Morgan and Scott, 1983.

Harvey, A. E. *Renewal Through Suffering.* Edinburgh: T & T Clark, 1996.

25) 이 점에 대한 설명을 위해서는 특별히 A. E. Harvey, *Renewal Through Suffering* (Edinburgh: T & T Clark, 1996)을 보라.

Hay, David M., ed. *Pauline Theology, 2: 1 and 2 Corinthians.* Minneapolis: Fortress, 1993.

Hubbard, Moyer V. *New Creation in Paul's Letters and Thought.* Cambridge: Cambridge University Press, 2002.

Martin, Ralph P. *2 Corinthians.* Waco, Tex.: Word, 1986.

Murphy-O'Connor, Jerome. *The Theology of the Second Letter to the Corinthians.* Cambridge: Cambridge University Press, 1991.

Pate, C. Marvin. *Adam Christology as the Exegetical and Theological Substructure of 2 Corinthians 4:7—5:21.* Lanham, Md.: University Press of America, 1991.

Tannehill, Robert C. *Dying and Rising with Christ: A Study in Pauline Theology.* Berlin: de Gruyter, 1967.

Thrall, Margaret E. *A Critical and Exegetical Commentary on the Second Epistle to the Corinthians.* 2 vols. Edinburgh: T & T Clark, 1994, 2000.

Young, Frances, and David F. Ford. *Meaning and Truth in 2 Corinthians.* London: SCM Press, 1987.

제 12 장

로마서

제임스 던의 책 「사도 바울의 신학」(*The Theology of Paul the Apostle*)은 로마서를 기본 틀로 삼고 있다. 이는 로마서에서 사도의 신학이 가장 조직적으로 진술된 까닭이다. 그렇다고 하더라도 이 서신은 어떤 특정한 상황을 배경으로 탄생했다. 이 말은, 바울의 다른 서신들과 마찬가지로 이 서신도, 그의 근본적인 신학에서 그 상황에 해당하는 측면을 보여주며, 또한 그런 상황에 의해서 형성되었다는 의미이다. 앞 부분에서 칭의라는 주제에 전적으로 집중하는 것은 당시 상황에 의해서 그렇게 된 것이다. 비록 그 용어가 바울의 사상의 중심이 무엇인지를 보여주는 중요한 표현이기는 하지만 말이다.

그 상황에 어떤 요소들이 있었는지, 그 각각의 요소들의 상대적인 중요성이 무엇인지에 대해서는 지속적인 토론이 진행되고 있다. 로마에 보내진 이 서신은 바울이 세우지 않은 교회의 회중에게 바울과 기독교 메시지에 대한 바울의 이해를 소개한다. 하지만 16장에서 바울이 인사를 전하는 사람들의 목록의 길이를 보면, 그가 그 회중과 그들의 문제에 대해서 상당한 지식을 가지고 있었음을 짐작하게 한다.[1] 동시에 바울이 편지를 쓰던 시점이 (우리가 아는 한) 그의 마지막 예루살렘 행이 될 여행을 준비하고 있던 때였으므로, 이 서신은 그의 생애의 이 결정적인 순간에 그의 마음에 품고 있던 관심사의

---

1) 나는 로마서 16장이 처음부터 로마서 서신의 일부였던 것으로 간주한다. 나는 그 장이 다른 곳에 보내진 서신 혹은 서신의 일부였다고 보지 않는다.

일부를 반영할 수 있다. 이 서신의 핵심 문제는 하나님의 구원 계획에서 유대인들과 이방인들이 차지하는 위치와 그들의 상호 관계이다. 이 실제적인 문제가 서신의 결미의 실천적인 부분(로마서 12-16장, 특별히 14-15장), 곧 '강한' 신자와 '약한' 신자가 기본적으로 이방인과 유대인을 가리키는 부분에서 특별히 드러난다. 편지의 본론 부분은 유대인과 이방인을 위한 복음의 성격에 집중하며, 갈라디아서에서 부상했던 문제들을 신선한 방식으로 다시 거론한다. 하나님은 어떤 조건으로 이방인을 받으시며, 이 문제에서 유대 율법의 위치는 무엇인가? 또한 어떤 한 교회에서 이방인들은 전체적으로 복음을 받아들이고 유대인은 대체적으로 복음을 거부하고 있다면, 성경에서 하나님이 자기 백성이라고 이름을 붙이신 이스라엘의 후손인 유대인의 위치를 우리는 어떻게 이해해야 하는가? 광범위하게 말하면, 이 두 주제가 각각 로마서 1-8장과 9-11장에서 다루어진다.

이것이 실은 하나님과 그의 의와 관련된 문제라고 주장될 수 있다. 하나님이 불경건한 이방인들을 의롭다 하시고, 선민인 유대인에게 하신 약속을 더 이상 지키지 않는 것으로 보이는 현상을 볼 때, 하나님은 모든 인류를 의롭게 다루시는가? 요컨대, 로마서는 변신론(theodicy)으로 이해될 수 있다.[2]

신학적 이야기

1. 인사와 기도보고(롬 1:1-17).

로마서는 바울의 다른 어느 서신보다 긴 인사로 시작한다(롬 1:1-7). 이 인사에서 바울은 하나님이 복음의 선교사로 구별한 사람으로 소개된다. 하나님의 부르심에 대한 이 강조는 갈라디아서 1장을 상기시킨다. 거기서는 이 주제가 좀 더 완전하게 다루어졌으며, 자신의 메시지가 가지는 신성한 권위

---

2) 이것이 영향력 있는 N. T. Wright의 기본적인 접근이다. 이것이 이 복잡한 편지의 한 측면인 것이 확실하다. 다음을 보라. N. T. Wright, "The Letter to the Romans: Introduction, Commentary and Reflection", in *The New Interpreter's Bible*, Leander E. Keck et al.(Nashville: Abingdon, 2002), 10:393-770. 또한 N. T. Wright, *The Climax of the Covenant: Christ and the Law in Pauline Theology* (Edinburgh: T & T Clark, 1991).

를 강조하기 위한 의도를 가지고 있었다. 바울의 복음이 구약 성경에서 약속되었다는 것은 중요하며, 이 서신의 중요한 지점에서 구약 성경이 광범위하게 인용된다. 이는 이스라엘과 이방인에 관한 토론에서 가장 중요한 권위가 성경인 까닭이다. 복음의 내용은 예수 그리스도로서 그의 신분은 메시야요 하나님의 아들이다. 이 사실은 그가 사람의 몸을 입고 낮아졌다는 것과 하나님의 능력에 의해서 부활했다는 사실에 의해서 확증된다. 복음과 바울의 선교 활동의 목적은 온 세상 사람[3] 가운데에서 하나님께 순종하되 믿음에서 솟아난 순종심을 가진 사람들을 하나의 백성으로 모으는 것이다. 서신의 나머지 부분에서는 이 기본 주제가 발전될 것이다.

첫째, 그러나 바울은 기도보고에서 수신자들의 믿음을 인해서 하나님께 감사하며, 그들을 방문하기 위해 자신이 하나님께 기도하는 사실을 이야기한다(롬 1:8-17). 기도보고는 즉시 설명으로 넘어간다. 바울은 자기가 계획하는 방문이 서로에게 유익이 될 것을 믿는다. 그러나 바울이 예루살렘에서 잡혀 투옥된 결과 이 방문은 한동안 실현될 수 없었다. 따라서, 우리의 관점으로 볼 때, 회중에게 필요하다고 바울이 판단한 문제에 대해서 그렇게 길게 쓴 것은 섭리의 결과였다. 로마 제국의 중심 도시라는 전략적 요충지에 위치한 교회를 돕기 위해서, 바울이 복음에 대한 자신의 특정한 이해에 따라서 복음을 제시할 필요를 느꼈다는 인상을 받지 않을 수 없다.

이제 주제가 복음의 내용에 따라서 훨씬 상세하게 다시 설명된다. 이미 우리가 배웠듯이 복음은 예수에 대한 메시지이다. 그것은 믿는 자들에게 구원을 가져다주는 힘을 가지고 있다. 유대인이든 이방인이든 구원을 받아야 하며, 이 구원은 믿음을 통하여 받는다. 그리고 구원이란 다음과 같은 사실과 관련되어 있다. 즉 복음 속에는 의의 가능성이 계시되어 있는데, 이 의는 하나님으로부터 오는 것이며, 다른 무엇이 아닌 믿음에 의존한다. 그리고 이 모든 것은 성경이 증언하는 바이다. 이렇게 진술된 주제가 분명히 강조하는 것은, 구원이란 하나님에게서 오며 믿음으로 받는다는 것이다. 구원이 의라

---

3) 여기서 말하는 것이 바울의 선교의 대상인 이방인인 것으로 대개 간주된다. 그러나 유대인을 향한 바울의 관심도 이 서신 전체를 통해서 강력하게 표현되고 있다.

는 견지에서 재정의되고 있다. 또한 믿음에 의한 이 의의 경험은 유대인과 이방인 모두를 위한 것이다. 유대인은 그들이 유대인이라는 사실로 인해서 이미 의를 소유하고 있다고 생각하는 사람들, 또한 이방인들은 율법을 받아들이고 거기에 순종해야 의를 소유할 수 있다고 생각하는 사람들에게, 이것은 참으로 놀라운 말이었을 것이다.[4]

2. 바울의 복음(롬 1:18-8:39).

1) 보편적인 죄와 죄책 (롬 1:18-3:20).
서신의 첫 번째 부분은 복음의 배경 설명에 할애된다. 그것은 하나님의 진노가 모든 죄인을 향하는데, 모든 사람이 죄인이기 때문에 모든 사람이 그 진노의 대상이 된다는 사실이다. 로마서 1장의 나머지 부분에서 초점은 분명히 이방인이다. 여기서 문제는 이스라엘의 역사나 성경에 나타난 하나님의 계시가 아니라 자연에 나타난 하나님의 계시로서, 이것은 모든 사람이 인식할 수 있다. 우리는 이것을 하나님에 의해서 주어졌지만, 그것을 받아야 할 사람들이 받아들이지 않는 계시라고 말할 수 있다. 우상숭배의 사실이 그것을 증명한다. 그것은 사람들이 하나님을 하나님으로 인식하지 못함을 입증한다. 우상을 만듦으로써 그들은 창조주가 아닌 피조물을 경배하고 있다. 하나님의 진노로 말미암아 그것이 초래하는 결과는 이것이다. 즉 그들의 삶이 죄에 의해서 지배되고, 그 죄는 인간의 생명을 파괴하며, 마침내 하나님의 최후의 심판인 죽음이 초래된다는 것이다. 바울은 모든 사람이 모든 죄에 죄책이 있다고 실제로 주장하지는 않는다. 그러나 여기서 강조되는 것은 하나님을 인정하지 않는 결과 죄악성이 초래된다는 것이다.

그런 심각한 죄악으로부터 상대적으로 자유로운 사람들은 그런 죄악 속에 떨어지는 사람들을 쉽게 비웃을 수 있을 것이다. 이 시점에서부터(롬 2:1) 바

---

4) 우리는 유대인에 관한 이 말을 라이트(Wright)에 의해서 유행된 견해를 채택하여 설명할 수도 있을 것이다. 즉 유대인들은 아직도 포로 상태에 있어서 하나님에 의해서 건짐을 받아야 할 필요가 있다는 인식이 있었으며, 바울은 유대인이 건짐을 받는 일은 그들이 메시야를 받아들이고, 그들에게 제시된 하나님과의 새로운 관계를 받아들임으로써 성취될 것으로 보았다는 것이다.

울은 점점 유대인을 생각하기 시작하며, 로마서 2장 17절에서부터는 완전히 유대인에 대해서 말한다. 큰 죄에 빠지지 않는 사람들도 다른 방식으로 죄를 범하며 동일하게 비난받을 만하다고 그는 논증한다. 만약 하나님이 그들을 로마서 1장에 묘사된 저급한 삶에 넘겨버리지 않고 그들에게 인내하신다면, 그들은 그것을 회개를 촉구하고 기회를 주기 위한 자비의 행동으로 보아야 한다. 회개가 없으면, 그들은 선을 행함으로써 하나님의 상급을 추구했느냐 아니면 자기를 위한 길을 따라갔느냐에 의해서 그에 합당한 처분을 받을 하나님의 심판에 직면할 것이다. 그리고 이 심판은 유대인과 이방인 모두에게 떨어질 것이다.

이 시점에서 바울은 하나님이 모세를 통하여 유대인에게 주신 율법의 사실을 거론한다. 율법을 소유했다는 사실이 유대인들에게 이방인들보다 유리한 위치를 보장하지 않는가? 그렇지 않다고 강하게 부정된다. 근본적인 근거는, 하나님의 요구라고 자기가 깨닫는 것에 따라서 순종했느냐의 여부만이 중요하다는 것이다. 심지어 이방인이라도 하나님의 법을 순종할 수 있다. 이는 모세 율법의 요구가 그들에게도 내적으로 알려졌기 때문이다.[5] 그러므로 심판 날에는 그들이 행해야 한다는 것을 알고서, 그렇게 행했거나 혹은 행하지 않은 사람들을 적절하게 처리할 것이다.

이 모든 것을 볼 때에, 유대인들은 자기들이 율법의 명령을 행하는지를 스스로 살펴야 한다. 유대인들이 율법의 중요한 요구 곧 할례를 행한다는 것은 분명하다. 그러나 율법의 다른 계명들에 대한 순종이 수반되지 않으면 그 한 가지 순종의 행동은 아무것도 아닌 것이 된다. 또한 할례를 요구받지 않는 이방인들이 율법의 요구를 순종하면 그들은 유대인만큼 좋은, 혹은 그보다

---

5) 여기서 바울이 생각하는 것이, 하나님이 모든 사람들에게 부과한 일반적인 요구이지, 모세 율법 속에서 특별히 유대인들에게 부과된 요구가 아니라는 것은 자명하다. 바울은 지금, 이방인들이 하나님의 요구를 항상 지키다가 때때로 불순종한다고 말하고 있지 않음이 분명하다. 그가 이방인 전체를 생각하고 있든, 특별히 기독교인 이방인을 생각하고 있든(Simon J. Gathercole, "A Law unto Themselves: The Gentiles in Romans 2:14-15 Revisited", *JSNT* 85 [2002]: 27-49가 이렇게 생각한다), 이방인들이 모세 율법을 알지 못하면서도 하나님께 순종할 수 있다는 그의 취지는 성립한다.

더 나은 위치에 있게 된다. 결국 최후의 관건은 육체적 할례가 아니라 그에 수반되는 영적인 태도 곧 하나님에 대한 참된 순종이다.

그렇다고 해서 유대인이 되었다는 것이 무가치하다는 말은 아니다. 유대인은 성경에 기록된 하나님의 말씀을 받는 특권을 누린다. 그들 중 일부가 믿지 않았다는 사실이, 유대인을 자기 백성으로 삼은 하나님의 언약을 백지화하지 못한다.[6] 그럼에도 불구하고 그 어느 것도 유대인을 이방인보다 나은 위치에 두지는 않는다. 사실은 유대인과 이방인이 똑같이 죄인이다. 바울이 이 말로 의미하는 것은, 이방인들 사이에서 죄인이 발견되는 것과 똑같이 유대인들 사이에서도 죄인들이 발견된다는 말이 아니다. 그의 말은, 성경이 증거하듯이, 모든 사람이 예외 없이 죄인이며, 심판의 위협 하에 있다는 것이다.

이 사실로부터 가장 중요한 결론, 곧 사람은 율법을 지킴으로써 하나님과 바른 관계에 들어갈 수 없다는 결론이 나온다. 율법이 하는 일이라고는 사람들로 하여금 죄를 깨닫게 하는 것이다. 이는 율법은 사람들이 행하는 행동을 악하다고 선언하는 일을 하는 까닭이다. (예를 들면 율법은 간음이 하나님에 의해서 금지되었음을 명백히 밝히며, 그렇게 함으로써 사람들이 마음속으로는 알고 있으면서 인정하지 않는 사실을 확실하게 밝힌다.) 율법을 소유하고 있다고 해서 죄를 범하지 않을 수는 없다.

2) 믿음을 통하여 은혜에 의해서 의롭게 됨(롬 3:21-31). 이렇게 해서 보편적인 죄와 죄책의 사실이 확립되었다. 마찬가지로, 하나님과 바른 관계를 회복할 수 없는 보편적인 무능력도 천명되었다. 그리고 이제 그 길이 마련되었음을 밝히는 것이 이 서신의 중심적 선언이다. 그것은 이제 하나님이 예수 그리스도에 대한 믿음을 통해서 오는 의를 계시하셨다는 것이다. 의라는 용어가 때때로 하나님이 보여주신 바 사람을 공정하게 다루는 성격을 의미하기도 하지만(또한 여기에는 하나님이 구원을 마련하신 사실이 포함될 수도 있다), 여기서는 하나님이 사람들에게 내리시는 지위를 표시하며, 또한 사람이 율법을 지킴으로써는 그 지위를 얻지 못함을 표시한다. 명사에는 이렇게

---

6) 여기서 바울은 중요한 주제를 간략하게 도입한다. 그는 뒤에 로마서 9-11장에서 이 주제를 본격적으로 길게 다룬다.

모호한 점이 있지만, 동사의 경우에는 그렇지 않다. 동사는 사람이 하나님의 행동에 의해서 의롭게 되는 것을 가리킨다. 의롭게 된다는 것은 하나님과 바른 관계 속으로 들어가는 것이다. 이 관계 속에서 사람이 범한 죄들이 더 이상 그들을 정죄하지 않고, 결과적으로 그들은 진노가 아니라 화평으로 규정되는 하나님과의 관계 속으로 들어가는 것이다. 이 일이 어떻게 이루어지는지가 네 가지 중요한 용어로 요약된다.

첫째, 그것은 하나님의 '은혜'에 의해서 이루어진다. 은혜란 사람들이 범죄했고, 자기들의 죄를 벌충하기 위한 아무런 일도 하지 않았음에도 불구하고 하나님이 죄인을 향하여 호의를 가지는 것을 의미한다. 은혜란 죄인을 향한 하나님의 자비이다.

둘째, '구속'의 행동이 있다. 이것은 죄인이 처한 상태 곧 죄와 거기에 수반되는 결과로부터 그들을 건지는 것을 의미한다. 여기서는 사람을 노예로 삼은 더 높은 세력으로부터 건져내는 것을 표시하는 용어가 사용되었다. 로마서 6장 23절의 용어에 의하면, 죄는 자기 종들에게 죽음을 삯으로 주는 주인이지만, 하나님은 사람들을 그 주인으로부터 건져내어 그들이 벌지도 않았고 받을 자격도 없는 영원한 생명을 주신다.

셋째, 구속이 가능해지는 것은 하나님이 예수를 '대속의 제물'(헬라어. 힐라스테리온)로 삼았기 때문이다. 많은 논쟁의 대상이 되고 있는 이 단어는 명사로서 성막에 보관되었던 언약궤의 뚜껑을 가리킬 수 있는 단어로서, 그 위에 제물의 피가 뿌려짐으로써 사람들의 죄가 속해졌다(레 16:14). 혹은 이 단어는 형용사로 사용되어 **유화시키는**(propitiatory) 혹은 **속죄하는**(expiatory) 피의 효과를 표시하기도 한다.[7] 이 전문적인 두 단어는 각각 피

---

7) 이 두 해석은 동일한 것을 말하고 있다. 왜냐하면 언약궤는 유화시키거나 속죄하는 의식이 행해지던 곳이었던 까닭이다. 이 용어는 또한 마카베오4서 17:21-22에서 사용되었다. 거기서는 유대인 순교자의 죽음을 희생 제물이라는 견지에서 말하고 있다. 즉 배교한 나라가 받아야 할 하나님의 진노를 피할 수 있게 하는 힘이 순교자의 죽음에 있다는 것이다. 바울의 생각이 제사 제도와 더 관련되었는지 혹은 순교자의 신학과 더 관련되었는지는 논쟁거리이다. 그 예로서 다음을 보라. Douglas J. Moo, *The Epistle to the Romans*(Grand Rapids, Mich.: Eerdmans, 1996), pp. 231-36.

는 죄에 대한 하나님의 진노를 만족시키거나 혹은 그 진노를 일으킨 죄를 제거하는 효과가 있음을 표시한다. 그러나 이 두 행동을 구분하는 것은 지혜롭지 못하다. 왜냐하면 그 각각은 희생제사의 한 가지 측면을 말하는 까닭이다. 여기서 강조되어야 할 요점은 이것이다. 자신에게 범해진 죄를 위한 해결책을 제공하는 분은 하나님이며, 그 문제가 어떻게 이해되든지, 그 행동의 효과는 죄인을 최후의 심판에서 그들이 감당해야 할 진노로부터 건진다는 것이다. 이런 효과를 내는 것은 그리스도의 피이다. 다시 말하면, 죄인을 그들의 죄와 죄의 결과로부터 건지는 것은 예수의 죽음이다. 이것은 이 죽음이 성경에서 길게 설명된 동물 제사와 유사한 방식으로 기능한다는 것을 의미한다. 만약 그렇다면, 비록 바울이 명백하게 진술하지는 않지만(그러나 히브리서에서는 그것이 명백하게 진술된다), 동물 제사는 이제 불필요하게 되었다는 것이 자연스러운 귀결이다.

넷째, 칭의가 그들의 삶에서 실현되는 것은 각 개인의 '믿음'을 통해서이다.

이 기본적인 진술로부터 다양한 결론들이 도출된다. 첫째, 이 행동은 이전에 처벌되지 않고 지나갔던 죄의 문제를 처리했다는 점에서 하나님의 의로움을 확립한다.[8] 여기서 바울은 예수의 죽음을 율법 하에서 드려진 제물과 연결시키지 않는다. 율법 하의 제물들이 죄를 속하는 내적인 힘을 가지고 있었는지, 아니면 그것들이 그리스도의 희생을 상징한다는 사실로 인해서 그 힘을 가졌는지에 대해서는 아무 언급이 없다.

둘째, 유대인과 이방인을 위한 칭의의 방법은 하나밖에 없다. 왜냐하면 칭의는 유대교 율법에 의존하지 않는 까닭이다. 여기서 바울은 주로 할례를 생각하고 있다.[9] 믿음은 두 그룹의 사람들 모두에게 유용하다.

---

8) 여기서 바울이 생각하는 것은 아마 유대인들에게 자비가 베풀어진 것과(롬 2:4), 사람들 전체에게 충분한 형벌이 가해지지 않은 사실일 것이다. 창 2:17에도 불구하고 죽음이 사람들에게 즉시 임하지 않았다.

9) 다시 바울은 성전에서의 제사 제도의 준수를 생각하고 있지 않다. 이것은 다음과 같이 부분적으로 설명될 수 있다. 즉 그는 지금 외국에 거주하는 유대인의 상황을 염두에 두고 있으며, 거기서는 유대인들이 예루살렘으로부터 멀리 떨어져 있어서 제사를 드

셋째, 이것 때문에 바울은 '자랑'이라고 그가 부르는 것을 배제한다. 이것은 어떤 것을 의존하거나 자랑한다는 의미가 조합된 것으로서, 그가 의존하는 그것을 인간적 성취로 간주하며, 그것을 성취하지 못한 사람들에 대해서 우월감을 느끼는 것이다(참고. 빌 3:3-4). 여기서 '자랑'은 '율법을 자랑함'을 줄여서 쓴 말이다(율법을 소유하고 있다는 사실과 그것을 지킴). 이 말은 율법이 더 이상 중요하지 않다는 말로 보일 수 있지만, 도리어 바울은 자기의 방식이 율법을 굳게 세운다고 말한다. 이것은 율법이 그리스도 안에서 하나님이 하시는 일을 예언적으로 보여주며, 따라서 그 예언한 것이 실제로 성취됨으로써, 하나님에 의해서 율법의 정당성이 입증된 것으로 보아야 한다는 의미에서 율법을 굳게 세운다는 것이다.

3) 아브라함의 칭의(롬 4:1-25). 이제 기본 명제가 정리되었다. 이 명제가 4-8장에서 다양한 방식으로 확대되고 변호된다.

로마서 4장에서 바울은 이 논쟁의 중심 증인들 중의 한 사람인, 유대 민족의 조상인 아브라함이 이 토론의 어느 쪽 편을 드느냐 하는 문제를 다룬다. 유대인들은 그가 이삭을 제물로 바치는 행동을 포함하여 하나님의 명령을 순종했을 때, 그가 행한 것으로(그의 '행위') 하나님과 바른 관계에 들어간 것으로 이해하고 있었다. 나아가서 아브라함은 하나님의 명령을 따라서 최초로 할례를 행했으며, 따라서 모세 이전부터 율법의 가장 현저한 요소를 준수했다. 이 반론에 대한 바울의 대답은 "아브람이 여호와를 믿으니 여호와께서 이를 그의 의로 여기시고"(창 15:6)라고 말하는 본문을 인용하는 것이었다. 이 본문에 대한 바울의 해석은 이것이다. 이 본문은 의가 하나님이 주시는 선물이지, 그것을 얻을 만한 일을 한 사람에게 하나님이 줄 의무를 지는 어떤 것이 아님을 보여준다는 것이다. 바울은 이 본문을, 아브라함은 율법의 행위 특히 할례의 행위를 이행했다는 것을 의지하지 않고 하나님에 대한 믿음을 실증했으며, 하나님은 이 믿음을 바른 일로 간주하셨다는 의미로 해석

릴 수는 없었지만, 율법의 다른 측면들은 지킬 수 있었다는 것이다. (이 설명은 완전히 만족스럽지는 않다. 왜냐하면 상당한 수의 유대인들이 예루살렘으로 순례 여행을 한 까닭이다. 그리고 이 여행은 이슬람교도들의 메카 성지 순례가 그러하듯이 유대인들에게 큰 의미가 있었을 것이다.)

한다. 다시 말하면 아브라함은 하나님을 믿음으로써 정당하게 행동했다는 것이다. 혹은 하나님의 말씀하시는 것을 신실하게 받아들인 사실로 인하여 하나님이 아브라함에게 의로운 위치를 주셨다고 말할 수도 있다.[10] 성경의 다른 곳에서는, 하나님 자신이 사람들의 죄를 그들에게 돌리지 않기로 작정하신다고 말하지만, 이 사람들이 그런 대접을 받을 만한 무엇인가를 했다는 언급이 전혀 없다(시 32:1-2).

더욱이 그 시간적 순서가 중요하다. 아브라함이 의롭게 인정되었다는 이 말은 그가 할례를 받기 전에 선언되었다. 따라서 그것은 아브라함이 할례를 받았기 때문이 아니었다. 따라서 할례는 칭의의 수단이 아니라 이 새로운 지위를 인치는 것 혹은 확증하는 표이다. 따라서 할례는 칭의를 위해서 필요하지 않다. 그러므로 유대인과 이방인은 그들의 할례 유무와 무관하게 믿기만 하면 동일한 처지에 있는 것이다.[11]

결국 어떤 의미에서 아브라함은 모든 신자들, 곧 육체적으로 그의 후손인 유대인 신자들과, 그의 믿음의 모범을 따르는 이방인 신자들의 조상으로 이해될 수 있다. 이것은 아브라함을 많은 나라의 조상으로 부르는 성경과 일치한다(창 17:5). 그래서 바울은 성경이 아브라함에 대해서 한 이 언약의 성취를 설명하기 위해서 영적인 조상이라는 개념에 의지한다. 그는 칭의가 율법을 지킴에 의하지 않고 믿음에 의하여만이 이 약속이 성립될 것이라고 본다.

---

10) 어떤 해석자들은 이것은 그리스도에게 속한 의가 죄인들에게 '전가된다' 는 의미라고 해석한다. 의롭게 된 죄인들은 "신성한 의로 옷 입고" 담대하게 "영원한 보좌로 나아가며"(찰스 웨슬리), 그리스도로 옷 입는다는 표현으로부터 이것이 그리스도의 의를 가리키는 것이라고 말하는 것이 온당한 추론이기는 하지만, 그것은 바울이 여기서 실제로 말하는 것의 범위를 넘어가는 것이다. 그리스도 자신의 의가 의롭게 된 죄인에게 전가되느냐 하는 것은 지금 북미에서 활발하게 토론되는 주제이다. Mark Husbands and Daniel J. Treier, eds., *Justification: What's at Stake in the Current Debates* (Downers Grove, Ill.: InterVarsity Press, 2004)를 보라.

11) 물론 반대자는 칭의에 후속되는 봉인으로서의 할례는 유대인이든 이방인이든 모든 신자에게 필요하다고 대답할 수 있다. 바울이 이 반론을 거부했으리라는 데에는 의심의 여지가 없다. 어쨌든, 유대인 남성의 할례는 통상 그들이 믿음에 도달하기 이전 유아기 때에 주어졌다.

마지막으로, 바울은 아브라함의 믿음으로 돌아가서, 그는 모든 역경에도 불구하고 약속한 것을 이루시는 하나님의 언약을 믿는 최고의 모범임을 증명한다. 하나님이 예수를 죽은 자 가운데서 살리셨음을 믿는 사람들은, 불가능한 일을 하신 하나님을 믿는 것이며, 이 점에서 아브라함은 그들과 같다. 간단한 설명 속에서 예수의 부활은 구원 사건의 일부임이 천명된다. 만약 그리스도가 우리 죄를 위해서 죽었다면, 즉 우리의 죄로 그리스도의 죽음이 필요하게 되었다면, 그는 우리의 칭의를 위해서, 즉 우리의 칭의를 일으키기 위해서 다시 살아야 한다. 이 말로 바울이 의미하는 것은 이것이다. 가장 중요한 것은 죄를 위한 예수의 죽음이고 부활은 그 후에 단순히 그의 생명을 되살리는 정도의 일이라고 볼 수 없다는 것이다. 도리어 부활은 구원하는 사건의 필수적인 부분이라는 것이다. 구체적으로 말하면 예수는 죽은 자들을 다시 살린다. 이것은 에베소서 2장에서 특별히 두드러진다. 죄의 결과로 사람들은 단순히 심판받을 위치에 처하기만 하는 것이 아니라, 해방되어야 할 포로상태에 처하게 된다. 바울의 관심은 단순히 죄책과 그에 뒤따르는 심판만이 아닌데도 사람들은 너무나 자주 그렇게 생각하지 않는다.

4) 칭의와 미래 구원(롬 5:1-11). 로마서 5장에서 바울은 하나님의 칭의의 행동에 의해서 발생한 상황을 다시 숙고한다. 칭의가 그리스도가 죽은 순간에 이루어지는 일이 아니라, 사람들이 믿을 때에 하나님과의 인격적인 관계에서 발생하는 일이라는 사실을 주목해야 한다.[12] 바울은 칭의의 효과에 대해서 상세하게 설명한다. 본질적으로 칭의는 이전에는 적대적이었던 하나님과의 관계를 새로운 평화의 관계로 만든다. 적대감은 양방적 관계이다. 사람들은 하나님을 대적하고 불순종하며, 하나님은 그들의 불순종으로 인해서 그들을 대적한다. 그러나 이제 적대감은 종식되었고, 사람들은 확신을 가지고 하나님 앞에 나아올 수 있다. 예를 들면 그들이 기도 속에서 하나님께 나아오는 것이 그것이다. 이 새로운 관계는 하나님의 영광에 참여하는 데에서 절정에 이를 것이다. 이것은 신자가 도달하지 못한 상태이다(롬 3:23; 참고.

---

12) 이것은 구속이나 화목과는 다르다. 구속과 화목은 그리스도가 죽을 때에 객관적으로 이루어졌고 사람들이 믿을 때에 주관적으로 효과를 낸다. 하지만, 바울은 칭의에 대해서는 결코 이런 식으로 말하지 않는다.

빌 3:21). 그러나 이 영광의 소망을 거스르는 장애물이 있을 것이다. 인간 존재의 한 부분을 이루는 고통이 주로 그 장애물이다.[13] 그러나 그 고통은 성숙한 인격을 이루기 위한 수단이며, 성령에 의해서 전달되는, 신자가 내적으로 경험하는 하나님의 사랑을 안다는 사실에 의해서 그 고통은 상쇄된다.[14]

하나님의 사랑은 그리스도의 죽음의 특성에 의해서 확증된다. 통상적으로 사람은 의인과 선인을 위해서만 자기 목숨을 내어놓는 경향이 있지만, 그리스도는 불경건한 자들과 죄인을 위해서 죽으셨다는 데에서 하나님의 사랑이 드러난다.

미래의 소망 역시 예수의 죽음을 근거로 한다. 만약 하나님이 죄인을 의롭게 하기 위한 일을 하셨다면, 그렇게 의롭게 된 자들을 최후의 심판에서 구원하시리라는 것은 더욱 명백하다. 다른 말로 하면, 만약 하나님이 예수의 죽음을 통해서 죄인들을 자신에게 화목시켰다면, 최후의 심판에서는 얼마나 더 자기의 친구들을 받아주시겠는가? 이 중요한 단락에서 우리는 바울이 '구원하다'라는 단어를 최후의 심판에서의 하나님의 행동에만 사용하는 경향이 있다는 것을 주목하게 된다. 따라서 구원은 주로 미래 예상인 반면, 신자들에게 칭의는 과거 사건이면서 지속적인 효과를 가진다. 바울은 또한 화목이라는 용어를 칭의와 매우 유사한 방식으로 사용함으로써, 이전에 서로 적대적이던 양편 사이에 좋은 관계가 회복되었음을 표시한다. 칭의와 마찬가지로 화목도 예수의 죽음을 통해서 성취된다. 이 죽음의 두 가지 측면은 다소 역설적으로 보인다.

첫째, 비록 성부 하나님과 그리스도가 동일하게 사람을 구원하고자 하지만, 화목과 제사라는 용어가 암시하는 것은, 그리스도가 죄인의 부분을 취하여 하나님과의 화목을 추구한다는 것, 혹은 하나님과 죄인 사이에 연결자 즉 중보자의 역할을 취한다는 것이다. 그리스도나 성령이 우리를 위해서 간구한다는 이야기에서도 마찬가지이다(롬 8:26-27, 34).[15]

---

13) 여기서 그 주제를 선언한 후에, 로마서 8:18-39에서 이 주제를 다시 다룰 것이다.

14) 이것은 이 서신에서 신자와 관련하여 성령이 처음으로 언급되는 부분이다(롬 2:29을 제외하고).

15) 바로 이것이 예수가 인간이 되어 하나님 앞에서 인간을 대표하는 것이 중요한 이

비록 죄인을 향한 하나님의 태도는 은혜와 자비이며, 그는 신이므로 자유롭게 용서할 수 있지만(참고. 롬 4:7-8), 그럼에도 불구하고 하나님은 인간 구원을 위하여 내어준 예수의 죽음을 통해서만 칭의와 화목을 이룰 수 있다. 사람들은 때때로 이렇게 주장한다. 즉 예수의 죽음은 인간을 위해서만이 필요하며, 그 죽음은 하나님이 용서할 준비가 되어 있음을 확신시키며, 이런 헌신적인 사랑을 보임으로써 사람들에게 응답을 격려하고, 그렇게 함으로써 인간 편의 장애를 제거하기 위함이라는 것이다. 그러나 신약성경에서 우리가 받는 압도적인 인상은 그 필요성이 하나님에게 있다는 것, 곧 구원을 주기 위해서 하나님이 무엇인가를 해야 한다는 것이다. 이렇게 말하면, 인간이 더 우월한 세력에 사로잡혀 있어서 그들을 해방하기 위해서 하나님이 그 세력을 무찔러야 한다는 말로도 이해될 수 있지만, 그렇게 설명하는 것은 부적절하다. 그것과 함께 우리는 제사의 언어들, 즉 죄책의 문제와 사람이 심판받아야 할 처지에 있다는 문제를 해결하기 위해서 하나님이 무엇인가를 해야 한다는 설명을 발견한다. 갈라디아서에서 바울이 그리스도가 율법의 저주를 담당한다고 말하거나, 고린도후서에서 그리스도가 우리를 위해서 죄가 되었다고 말할 때에, 그는 인류를 위하여 그리스도가 심판을 담당했다는 개념을 표현하고 있는 것이다.

5) 아담과 그리스도: 비교와 대조(롬 5:12-21). 로마서 5장의 둘째 부분의 기능은 그리스도를 통한 의와 생명이 모든 사람에게 접근 가능하다는 것을 강조하는 것이다. 성경은 최초의 인간인 아담이 어떻게 범죄했으며[16] 그 결과로 어떻게 죽음이 그에게 선고되었는지를 기록한다. 그 결과로 죄와 죽음이 온 인류에게 퍼졌다. 바울은 죄의 보편성을 사람들 사이의 죽음의 보편성으로부터 추론하는 것이 분명하다. 분명하지 않은 것은, 나머지 인류의 죄가 어떻게 아담의 죄와 연결되느냐 하는 것이다. 아담은 모세 율법이 주어지기 전에 범죄했으며, 율법이 없는 곳에서는 죄가 죄로 간주되지 않는다. 이 말은, 후에 율법 하에서 정죄된 구체적인 죄들이 그 전에는 죄로 여겨지지 않았다는 의미임이 분명하다. 진짜 문제는 로마서 5:12의 마지막 구절의 모호

─────────────────

유이다. 롬 5:12-21에서 이것이 상세하게 설명된다.

16) 하와와 함께 범죄했지만, 비난은 아담에게만 떨어진다. 딤전 2:14과 대조된다.

함이다. 그 구절은 단순히 죽음이 모든 사람에게 임한 것은 모든 사람이 "죄를 지었기 때문"이라는 말일 수 있지만, 이 말은 모든 사람이 아담이 죄를 지을 때 "아담 안에서" 어떤 방식으로든지 죄를 지었고, 이 죄가 그들에게 전해졌고, 그들이 "죄인이 되었다"(롬 5:19)는 말로 이해되었다. 어떻게 말하든지, 한 사람을 통해서 죄가 전 인류를 오염시켰다는 사실에는 아무 변화가 없다.

그런데 여기서 바울은 대비를 위해서 아담과의 비교를 도입한다. 그리스도도 또한 사람이며, 그의 의로운 행위에 의해서 모든 사람에게 생명이 온다. 이 생명의 선물의 크기가 한 사람의 불순종의 효과를 훨씬 뛰어넘기 때문에 이것은 비교가 안될 정도로 일방적이다. 그리스도의 행위의 효과가 아담의 죄의 효과를 훨씬 뛰어넘는 방식을 다루면서 바울은 매우 열중하고 있다. 그런데, 바울이 아담부터 모세까지 시대를 근거로 자기의 논지를 전개하고 있는 것을 볼 때, 모세 율법의 자리는 어디인가? 모세 율법은 아무런 실질적인 차이를 만들지 못하고 있다. 모세의 율법은 인류의 역사 속에 슬쩍 들어와서, 죄를 더욱 명백하고 더욱 뻔뻔스러운 것으로 만들었을 뿐이다. 이는 죄로 간주되어 심판 하에 있게 되는 구체적인 행위의 긴 목록을 율법이 도입했다는 의미에서 그러하다. 그러나 은혜가 죄보다 더욱 크다!

6) 신자에게 있어서 죽음과 새 생명(롬 6:1–23). 은혜가 우리의 죄를 없이 할 수 있다면, 죄를 더 지으면 하나님이 자신의 은혜를 보여줄 여지가 더 많아지므로, 우리는 계속해서 죄를 지어야 한다고 심각하게 주장할 사람이 있다고는 믿기가 어렵다(롬 6:1). 이 말은 율법의 지속적인 중요성을 주장하려는 사람들의 입에 바울이 넣어주는 귀류법(a reduction ad absurdum)의 질문일 것으로 보인다. 어찌 되었든, 바울이 지금 거론하는 요점은, 칭의가 우리의 모든 죄에 적용될 수 있음에도 불구하고, 칭의를 받은 사람은 계속해서 죄에 거해서는 안 된다는 것이다.

이 질문에 대한 답은 본질적으로 두 가지이다. 그 대답의 둘째 부분은 8장에서 제시될 것이다. 거기서 바울은 성령 안에서의 삶이라는 주제로 그것을 다룬다. 그 대답의 첫째 부분은 모든 신자가 받아야 하는 예식인 기독교 세례로부터 추론된다. 세례 요한은 물로 베푸는 자신의 세례와 메시야가 성령으로 성취할 세례를 대비시켰다(참고. 행 1:5). 그러나 초기 그리스도인들은 성령으로 받는 세례라고 말하지 않았고, "그리스도 안으로"의 세례(갈 3:27) 혹은 "그리스도의 이름(안)으로의" 세례라고 말했다. 이 어구를 가지고 그들은 세례가 신자를 그리스도와의 어떤 관계 속으로 들어가게 한다는 것을 표시했다. 바울도 또한 신자들은 "그리스도 안에" 있다고 말했다. 이 어구도 역시 그리스도와의 밀접한 관계를 표시했다. 이 두 유형의 표현을 함께 놓고 보면, 우리는 그리스도 안으로서의 세례가 어떻게 신자를 그리스도와의 영적인 관계 속으로 이끄는 것으로 이해되었는지를 알 수 있다. 이런 이해가 있었기 때문에 바울은 여기서 세례받는 자는 그리스도의 죽음 안으로 세례를 받으며 심지어 그와 함께 장사된다고 말할 수 있었다. 그러므로 그들이 그리스도와 함께 죽는다고 표현될 수 있는 것이다.

이것으로부터 두 가지 사실이 따라온다. 첫째, 세례받은 자들은 과거에 그들을 포로로 잡아 가지고 있던 옛 생명에 대해서 죽었다고 말할 수 있었다. 노예의 주인이 죽으면(상속자가 없다고 가정하자) 그의 이전 노예들은 자유롭게 된다. 이는 더 이상 그들이 순종해야 할 주인이 없는 까닭이다. 그러나 주인이 죽지 않고 노예가 죽어도 결과는 마찬가지이다. 노예들이 죽으면 주인은 그들 위에 권세를 가지지 못한다. 이는 노예들이 주인의 명령을 들을 수 없으며 따라서 그들에게 순종할 수 없는 까닭이다. 그래서 바울은 신자들은 그들의 이전 주인이었던 죄에 대해서 죽었으며, 따라서 더 이상 죄에게 종속되지 않는다고 주장한다. 그들은 죄를 강요당할 수 없다. 그들은 해방되었다.

그러나 만약 신자들이 죽음을 통과하여 새로운 존재의 영역으로 넘어가지 않고 그냥 죽기만 한다면 해방은 없을 것이다. 그래서 바울의 둘째 요점은, 그리스도가 죽음에서 새 생명으로 부활했듯이 그리스도와 연합한 신자들도 그의 부활에 참여한다는 것이다. 이것은 두 가지 방식으로 이루어진다. 궁극적으로 그들이 신체적 죽음으로부터 새 생명으로 부활할 때 그리스도의 부활에 참여할 것이다. 혹은 만약 그들이 재림 때까지 여전히 살아 있다면 그들은 변화될 것이다. 그러나 이 일이 발생하기 전에 그들은 영적으로 부활하여 새로운 삶을 살게 될 것이다. 이 새 생명 가운데에서 그들은 죄에 대해서는 죽었지만 하나님에 대해서는 산 것으로 간주할 수 있으며, 따라서 이제는 하나님을 그들의 새로운 주인으로 모시게 된다. 그러므로, 비록 그들이 여전히 이 세상에 살고 있지만, 지금 그들은 눈에 보이지는 않지만 하나님과 함께 하는 생명을 소유하고 있으며, 이 생명은 그들이 이 세상에서 사는 방식을 변화시킨다.[17]

따라서 신자들은 더 이상 죄에 순종하라는 강요 하에 있지 않다. 도리어 그들은 하나님을 순종해야 하는 의무 하에 있으며(혹은 부정적으로는 죄에 대항하라는), 따라서 자신들을 하나님께 드려야 한다.

지금까지는 모든 것이 비교적 단순하다. 그러다가 로마서 6장 14절 마지막에서 바울은 추가 설명을 첨부하면서 "이는 너희가 법 아래 있지 아니하고 은혜 아래에 있음이라"는 말을 덧붙인다. 이 말은 이 논의의 기저에 모세 율법의 문제가 깔려 있음을 상기시킨다. 바울이 강조하고자 하는 것은 은혜에 의한 구원이며, 그는 이것이 율법에 의하지 않고 믿음에 의한다고 본다. 유대교는 구원이 은혜에 의한 것이라는 것을 이해하는 데에 아무 문제가 없었다. 그러나 유대교는 은혜가 율법과 일치한다고 이해했다. 은혜에 의해서 하나님의 백성이 된 사람들은 그 안에 머물기 위한 조건으로 율법을 지켜야 한다는 것이다. 바울은 이 견해를 배격했다. 왜냐하면 그는 은혜가 율법의 행위를 배제한다고 믿었기 때문이다. 그래서 그는 믿음과 행위만을 대립시킨 것이 아니라 은혜와 율법까지도 대립시켰다. 하나님의 은혜의 행동은 율법에 대한 순종을 요구하지 않았다.

그러나 이렇게 되면 비판을 받기 쉽다. 만약 사람이 율법 아래에 있지 않고 은혜 아래에 있다면 그들이 계속해서 죄를 짓는다고 해도 아무 문제가 없는 것이 아니냐는 것이 그 비판이다. 바울은 이미 신자들은 하나님께 순종해야 할 의무 하에 있다고 함으로써 이미 이 비판에 부분적으로 대답했지만, 이 문제로 다시 돌아감으로써 그 비판을 철저하게 반박하려 한다. 근본적으

---

17) 세례가 그리스도의 죽음에 연합하는 것이라는 개념을 이해하기 위해서 학자들은 그것의 기원에 대한 설명을 탐구했다. 그들은 신비 종교들을 특별히 좋은 사냥터로 생각했다. 위의 설명은, 바울에 의해서 발전된 다른 신학적 주제들에 함축된 바에 의해서 그것이 훨씬 더 간단하게 대답될 수 있음을 보이려는 것이다.

로 바울은 이 점을 다시 이야기한다. 즉 신자들은 이제 하나님의 종이므로 하나님께 순종해야 할 의무 하에 있다. 이는 유대인들이 율법을 순종할 의무 하에 있는 것과 똑 같다. 그러나 유대인들이 율법을 순종할 의무 하에 있었고 이방인들은 마음에 새겨진 법을 순종할 의무 하에 있던 동안에 그들은 거기에 순종하지 않았다. 그들은 죄의 종이었다. 왜냐하면 율법은 사람들로 자기에게 순종하게 만들 수 있는 힘이 없었던 까닭이며, 그들의 삶이 만들어낸 행위의 결과는 하나님의 심판 하에 있게 되었다. 그러나 이제 그들은 죄에서 해방된 자로서 하나님에 대한 의무 하에 있으며, 그들은 선하고 옳은 일을 할 것이다. 그 결과는 죄가 그 삯으로 지불하는 죽음이 아니라 영원한 생명이 될 것이다. 이 영원한 생명이 선행에 대한 삯으로 이해될 수도 있었으나 바울은 그것이 하나님의 값없이 주시는 은혜이며, 하나님은 그것을 보상해야 할 의무 하에 있지 않다고 주장한다.

7) 율법의 무능(롬 7:1-25). 이러한 진술로부터 율법의 기능에 관한 치명적인 질문이 발생한다. 이 문제가 로마서 7장에서 다뤄진다. 이 장의 앞 부분에서 바울은 신자와 율법의 관계에 대한 설명을 다시 한 번 시도한다. 이번에는 노예의 비유 대신에 결혼의 비유를 사용한다. 아내는 남편이 살아 있는 동안에는 남편에게 매이지만, 남편이 죽으면 법적으로 해방되며 다른 사람과 혼인할 수 있다. 바울은 유대인들이 공식적으로 율법과 '혼인' 하여 율법을 순종해야 할 의무 하에 있는 것으로 간주한다. 그러다가, 비유에서는 남편이 죽지만, 그 적용에서는 '아내' 가 죽음으로써 이전 남편에 대한 순종의 의무를 벗어난다. 죽음과 부활에 의해서 율법이 더 이상 세력을 행사하지 못하는 영역으로 옮겨짐으로써 이제 신자는 자유롭게 새로운 '남편' 곧 그리스도와 '혼인' 할 수 있다.[18] 이와 같이, 적용에 있어서는 한 주인에 대해서 죽고 새 생명으로 살아나서 다른 주인에게 가는 노예의 비유와 정확하게 일치한다.

그러나 여기서는 약간 다른 의취가 전해진다. 여기서 문제가 되는 점은, 신자가 되기 전에 사람들은 율법을 순종해야 하는 의무 하에 있었다는 것이

---

18) 남편의 죽음이 아내의 죽음으로 바뀌는 것이 어떤 해석자들에게는 문제였지만, 그렇게 못견딜 만한 문제는 아니다.

다. 율법은 그들 위에 정당한 권한을 가지고 있다. 반면에 로마서 6장은 죄에 의해서 지배를 받으며 그것을 불순종할 수가 없는 노예의 비유이다. 로마서 6장에서 바울은 우리의 예상과는 달리 율법의 권위 문제를 거론하지 않고, 사람들이 실제로 죄에 사로잡혀 있는 문제를 다루었다. 그러나 여기 7장 초반에서는 그들이 율법의 정당한 권위 하에 있었지만 일단 그들이 신자가 되면 율법이 더 이상 그들 위에 권위를 행사하지 못한다는 것이다. 즉 그리스도와 율법이 서로 대립되고 있다. 그러나 이 논증과 병행하고 있는 것은 로마서 6장에서 이미 사용되었던 주장, 곧 율법은 죄를 막으려는 목적을 성취하지 못했다는 것이다. 도리어 율법은 악한 정욕을 자극하는 기능을 수행했다(롬 7:7-12을 보라). 모세의 기록된 법전은 사람들의 범죄를 막지 못하고 도리어 일을 악화시켰다. 그러나 새로운 길 곧 성령의 길이 있으며, 성령의 도움으로 신자는 하나님을 기쁘시게 하는 열매를 맺을 수 있다.

율법이 사람들 속에 죄를 일으킨다는 이 진술 속에서 바울은 거의 율법을 모욕한다는 비난을 받을 정도로까지 나아가는 위험을 감수하는 것으로 생각될 수 있다. 이것은 죄를 막기 위해서 율법이 필요했다고 믿는 사람들을 설득할 수 없는 방식임이 확실하다. 율법 자체가 죄인가, 즉 율법이 죄의 편에 있는가? 바울의 대답은 '아니다'일 수밖에 없다. 도리어 율법은 잠복 중인 (혹은 바울의 표현을 빌리면 '죽은') 죄를 깨워서 그것의 악한 성격이 분명히 드러나게 하는 역할을 한다. 바울 안에 잠복하고 있는 죄는 탐내는 경향이었다. 탐심을 금하는 율법에 대한 그 지식이 그 악한 경향을 일깨워서 행동으로 옮기게 했으며, 바울로 하여금 탐심을 품게 하여 그가 죄인인 것을 깨닫게 했다. 이와 같이 생명을 주기로 의도된 율법이("이것을 행하라 그리하면 살리라") 죽음으로 인도했다. 율법에는 악한 것이 없었지만, 그것이 악한 욕망을 활성화시켜서 바울을 정죄 하에 두었다. 그런데 바울을 '죽인' 것은 실제로는 율법이 아니다. 도리어 그것은 그의 안에 악한 성품이었다. 그리고 율법은 이 악한 성품의 실상을 폭로한 것이었다. 그래서 바울은 로마서 7장 12절에서 율법을 매우 긍정적으로 떠받든다.

그 장의 나머지 부분에서는 죄의 문제가 더욱 완전히 다루어진다. 바울이 다른 곳에서, 죽이는 기록된 율법과 생명을 주는 성령을 비교했지만(고후

3:6), 여기서는 율법은 신령하지만, 자기는 육신에 속해서 죄의 노예가 되었다고 선언한다. 여기서 '나'가 누구를 의미하며, 이것이 사람의 생애의 어느 시기에 해당되느냐를 놓고 끝없는 토론이 진행되고 있다. 여기서 바울은 자기 자신의 경험에 대해서만 말하는 것이 아니라 모든 사람을 대표해서 말하고 있음이 분명하다.[19] 로마서 7장 7-12절에서는 과거 시제를 쓰다가 여기서는 현재 시제를 쓰고 있으므로, 사람들은 바울이 여기서 신자로서의 자기 자신의 현재 생활을 가리키고 있다고 주장하게 되었다. 약간의 의견 차이는, 이것이 그리스도인의 일상적인 삶을 가리키는가, 아니면 비정상적으로 죄의 종이 되어 있을 때를 가리키느냐에 대한 것이다. 대부분의 신자들이 그들의 삶에서 이런 경우들을 때때로 경험한다는 것에 대해서는 의심의 여지가 없다. 그러나 이 묘사가 불신자에게도 적용되는가? 어떤 사람들은 불신자는 선을 행하는 것은 고사하고 행하고자 하는 욕구도 가지지 않으므로 이것은 불신자에 대한 묘사일 수 없다고 주장하고자 할 것이다. 그러나 이것은 사실이 아니다. 로마의 시인 오비디우스는 여기서 바울이 말하고 있는 것과 어느 정도 유사한 것을 말했다.[20] 도리어 바울이 여기서 말하고자 하는 것은, 율법이 정해주었기 때문에 사람들은 선한 것을 알 수 있고, 그것을 행하고자 할 수도 있지만, 실제로는 그렇게 할 능력이 없다는 것이다. 이 실패의 원인은 율법에 있는 것이 아니라 사람이 '육신에' 속해서 죄의 지배를 받는다는 사실에 있다. 그리스도를 통하는 것 이외에는 구원의 가능성이 없다. 이와 같이 모든 사람이 여기 묘사된 포로 상태를 경험할 수 있으나 오직 신자만이 해방의 열쇠를 가지고 있다.

그러므로 여기서 우리는 인간성에 대한 바울의 가장 집중된 설명을 듣는

---

19) 오랜 동안 인기를 끌던 견해, 곧 여기서 바울은 자기 자신에 대해서 말하는 것이 아니라 다른 사람에 대해서 말하고 있다는 것, 곧 여기서 말하는 '나'는 바울 자신이 아니라 다른 사람을 가리킨다는 견해는 전혀 어불성설이다. Gerhard Theissen, *Psychological Aspects of Pauline Theology* (Edinburgh: T & T Clark, 1987), pp. 177-265를 보라.

20) "나는 더 나은 것을 알고 승인하지만, 추구하는 것은 그보다 못한 것들이다"(Ovid *Metamorphosis* 7:19-21). Moo, *Romans*, pp. 442-51을 보라.

다. 인간 존재는 하나님의 율법을 이해하고 심지어 승인도 할 수 있는 마음을 가지고 있지만,[21] 그들의 몸은 죄와 불순종의 경향을 가지는 다양한 부분으로 구성되어 있다. 이 말은 죄란 순전히 몸의 행동의 문제라는 의미가 아니다. 로마서 7장 7-8절에서 언급된 탐심은 마음의 죄로서, 이 마음은 몸 전체의 일부이다. 몸은 물질적인 재료로 만들어졌으며, 여기서는 그것을 개괄적으로 '육신'이라는 말로 부른다. 육신은 사라질 수 있고 연약하다는 뉘앙스를 가진 이 단어를 여기서 사용함으로써 바울은 악을 행하라는 유혹을 거절하지 못하는 그 연약을 표현하고 있으며, 따라서 그는 하나님의 법을 지키는 마음과 죄를 섬기는 육신을 대비할 수 있다.[22]

8) 성령과 미래 영광(롬 8:1-39). 로마서 8장에서 바울은 이 갈등이 어떻게 해소되는지를 보여준다. 로마서 8장 1절은 로마서 7장 25절 상반절로부터 이끌어지는 결론이고, 로마서 7장 25절 하반절은 삽입구로 보아야 한다. 죄의 몸은 예수 그리스도를 통해서 건짐을 받으며, 이것은 신자들이 더 이상 죄로 인한 정죄 아래에 있지 않다는 것이다. 바울은 여기서 두 가지를 말하는 것으로 보인다. 첫째, 그는 여기서 죄인에 대한 하나님의 심판인 죽음의 운명을 생각하고 있다. 율법은 사람들로 죄를 짓지 않게 하지 못하며 따라서 심판을 피할 수 있게 하지 못한다.[23] 그러나 하나님은 예수를 속죄제로 보냈으며, 그의 죽음은 죄를 처리하는 수단이 된다. 둘째, 바울은 생명의 성령이

---

21) 바울은 이렇게 율법을 승인하는 태도가 모든 사람에게 보편적이거나 항상 그렇다고 말하지는 않는다. 사람들은 또한 하나님의 법에 반항할 수도 있다.

22) 이 선언으로부터 사람들은 인간성에 대한 단순한 이분법, 즉 사람들은 선한 마음과 악한 육체를 가지고 있다는 이분법을 추정할 수 있다. 또한 혹자는 거기서 더 나아가서 마음은 구원이 필요 없고 육신에만 구원이 필요하다고 결론지을 수도 있다. 바울이 이 견해에 동의하리라고는 생각하기 어렵다. 여기서 '육신'은 한 사람의 생활 전체를 지배하며, 육신/마음이라는 대립을 주장할 수는 없다. 다른 곳에서 바울은 몸과 함께 마음도 새롭게 되어야 할 필요가 있음을 이야기한다(롬 12:1-2). 또한 바울은 몸과는 별도로 마음이 구원받을 수 있다는 주장에도 동의하지 않을 것이다. 궁극적으로 사람은 개별적인 전체로 이해되며, 구원은 몸의 부활로 이루어진다.

23) 갈라디아서에서 논한 것처럼, 바울은 유대교가 율법의 강제력 하에 있던 기간 동안에 제사 제도가 이 문제를 처리했다고 보지 않았다.

신자의 생명 속으로 들어와서 사람들로 하여금 성령을 따라서 삶으로써 율법의 요구를 성취하게 한다고 주장한다. 이 말은, 율법이 말하는 것을 승인하는 사람들이 이제 그것을 실행하기를 욕구할 수 있다는 것이다.

이제 바울은 이 생각을 긴 대조를 통해서 상세하게 이야기한다. 그 대조의 한편에는 육신을 따라서 사는 사람 즉 죄의 지배를 받는 마음속에서 일어나는 악한 욕구를 따라서 사는 사람이 있다. 그리고 다른 편에는 성령을 따라서 사는 사람 곧 성령에 의해서 인도되고 지배됨으로써 하나님의 뜻에 합하는 일을 하며, 결국은 영생을 얻게 되는 사람이 있다. 죄가 사람을 지배하여 악한 일을 하게 하는 것과 똑같이, 성령도 사람을 지배하여 그들로 하여금 바르고 선한 일을 하게 할 수 있다. 신자는 이 둘째 상황에 속해 있다. 왜냐하면 그리스도에게 속한 사람으로서 성령이 없을 수 없는 까닭이다.

이 모든 것에도 불구하고 신자들은 여전히 죄를 범한다 — 그들은 개인적인 경험을 통해서 이 사실을 잘 알지 않는가! 뭐가 잘못인가? 성령의 지배가 자동적인 것이 아님이 분명하다. 바울은 신자들에게 악한 성품에 순종하여 살지 말고 성령으로 그들의 악한 성품을 죽여야 함을 상기시켜야 했다. 신자들에게는 어느 주인을 따라서 순종할지를 스스로 결정할 수 있는 어떤 종류의 자유가 있는 것 같이 보인다. 성령이 그들을 해방하여 성령을 따라서 살 수 있게 했지만, 성령에게 복종하려는 결정은 그들이 내려야 한다.

그러므로 성령에 대한 순종이 생명으로 이끈다. 바울은 이 생각을, 성령의 인도를 받는 사람이 하나님의 자녀라고 말함으로써 긍정적으로 상세히 설명한다. 왜냐하면 성령의 또 다른 기능이 신자를 하나님의 가족으로 입양하는 것인 까닭이다. 신자들이 성령을 소유하기 때문에 하나님을 '아버지'로 부를 수 있다고 느낀다. 또한 그렇게 됨으로써 그들은 미래에 그리스도의 영광에 참여하리라는 유업을 약속받는다.[24]

여기서 설명이 갑작스럽게 방향을 바꾸는 것으로 보인다.[25] 지금까지 이

---

24) 엄밀하게 말해서 유업이란, 어떤 사람이 앞으로 자기가 죽으면 상속자들에게 주겠다는 것에 대한 약속이다. 이것이 하나님에게 적용될 때에는 그림이 확대되어야 한다. 이것은 하나님이 죽을 것이라는 의미는 전혀 없이, 미래에 그의 아들들과 딸들이 받으리라고 약속하신 것이다.

서신에서 다룬 주된 문제가 죄였다면, 이제 관심은 신자들이 당하는 고통으로 옮겨가고 있으며, 바울은 현재의 고난과 미래의 영광 사이의 대조에 대한 생각을 발전시켜 나간다. 그는 이 문제를 사라져갈 타락한 세상을 배경으로 다룬다. 이 세상은 때가 되면 하나님이 회복하실 세상이다. 세상이 새롭게 되는 것은 유대 기독교 전통의 소망의 본질적인 요소이다. 신자들은 육신적 생명의 퇴락과 연약의 고통을 당한다. 그들은 구원의 실재를 경험하지만, 구원이 아직 완전히 성취되지 않았다는 의미에서 '이미 그러나 아직'의 긴장에 사로잡혀 있다. 그들은 소망으로 산다. 이 말은 모든 일들이 마땅히 되어야 할 상태에 있지 않다는 것을 의미하며, 그들의 연약은 정당하게 기도할 수도 없는 정도에 이르렀으나 성령이 그들을 위하여 하나님께 기도한다.[26)]

게다가 바울은 하나님이 신자들을 위한 계획을 가지고 계시다는 확고한 신념을 가지고 있다. 그 계획은 그들을 그리스도의 영광에 참여하게 하는 것이다(롬 8:17). 하나님은 신자들이 이 영광에 들어가도록 예정하셨다.[27)] 따라

---

25) 만약 우리가 놀란다면, 그것은 바울이 목표로 하는 것에 대해서 우리가 어느 정도 오해하고 있었다는 증거이다. 실은 바울은 인간 삶의 고통의 현실에 대해서 극히 민감하다. 이 고통은 타락한 우주에서 연약한 인간으로 존재하는 결과이며, 또한 기독교 신자들에 대한 직접적인 공격의 결과이다. 또한 바울은 그런 고통이 사람들로 하여금 기독교 신앙을 버리려는 유혹을 준다는 것을 알고 있다. '고통'은 고린도후서의 주제가 되었고, '병'과 '죽음'은 빌립보서의 주제가 되었으며, '박해'는 데살로니가전후서에서 현저하게 다루어졌다. 그리스도가 영광에 들어갈 수 있기 전에 고난을 당해야 했다는 것은(이렇게 말하는 것은 누가복음 24:26로부터 유래되었다) 바울의 근본적인 통찰이며, 이것은 그리스도인에게서도 마찬가지이다.

26) 바울은 여기서 역설을 인식하고 있다. 성부 하나님은 자기 백성의 기도를 응답하도록 설득될 필요가 없다. 따라서 성삼위의 한 위격이 다른 위격에게 중보기도를 하는 것은 불필요한 일이다. 그러므로 이 표현은 하나님이 신자 편에 계신다는 것을 밝히기 위한 깊은 은유로 보아야 할 것이다.

27) 이 단락에서 '예정'이라는 말은 자기 백성을 미래에 영화롭게 하려는 하나님의 목적을 가리킨다. 이 목적은 부르심, 칭의, 영화의 순서로 성취된다. 이것은 하나님의 지식, 곧 자신이 앞으로 그런 백성을 가지게 될 것이라는 하나님의 사전 지식과는 구분되어야 한다. 여기서 이 사전 지식은 개인적이기(하나님은 일정한 개인들을 미리 아시고 부르신다)보다는 집단적이다(하나님은 자신이 교회를 소유하실 것을 알았다).

서 하나님은 부름으로부터 최후의 영화에 이르기까지 그 일을 이루기 위해서 필요한 단계들을 밟아 나가신다.[28]

이 모든 것은 수사학적 결론에 도달한다. 그 결론에서 바울은 신자에게 고난과 심지어 죽음을 가져다주는 어떤 세력에 대해서도 두려워할 필요가 없다고 주장한다. 왜냐하면 하나님이 그들 편에 계시므로 — 나아가서 그들을 사랑하시는 하나님이므로 — 그들의 대적이 성공할 수 있는 가능성은 전혀 없는 까닭이다.[29] 그들의 소망은 그들을 너무나 사랑하여 자기 아들을 주신 하나님의 사랑을 근거로 한다.

3. 이스라엘과 이방인(롬 9-11장)

지금까지 바울은 자기의 복음을 설명했다. 그 복음은 오로지 믿음을 근거로 유대인과 이방인에게 구원을 약속한다. 그 복음을 변호하는 가운데 바울이 이미 직면한 주된 문제는 유대교 율법의 자리가 무엇이냐 하는 것이다. 율법이 밀려난 것처럼 보이지만 바울은 자신의 접근방법이 율법을 떠받치는 것이라고 주장한다.

둘째 문제는 처음에 상당히 개인적인 방식으로 표현된다. 그것은 복음이 많은 유대인에게 받아들여지지 않는 데에 대한 바울의 깊은 실망이다. 그에 비해서 이방인들의 반응은 훨씬 열정적이었다. 바울은 이 사실로 인해서 말할 수 없는 슬픔을 느꼈다. 이는 자기 동족이 구원을 거부하고 있었기 때문이다. 동시에, 유대인들이 복음을 거부한 것은 그리스도인들에게도 당황스러운 일이었다. 만약 그리스도인들이 주장하는 것처럼 예수가 실제로 메시

---

28) 바울이 "그가 영화롭게 하셨다"는 과거 시제를 사용했을 때, 그는 미래의 완성된 시점에서 그 전체 과정을 되돌아보는 것으로 말하든지, 아니면 이미 발생한 과정을 생각하고 있다(참고. 고후 3:18). 이 단락은 하나님의 계획이 부름 받은 각 개인을 위하여 수행되어야 한다고 말하고 있지 않으며, 이것은 어떤 사람이 구원을 원하지만 하나님의 부름을 받지 않을 수 있다는 것을 함의하지 않는다는 것은 자명하다.

29) 그러므로 미래 구원에 대한 확신은 어떤 종류의 신성한 작정에 근거하는 것이 아니라 하나님의 사랑과 신실성에 근거한다. 바울은 모든 것을 그리스도 안에서 계시된 하나님의 사랑에 고정시킨다.

30) 유대인의 불신앙은 더욱 놀라운 일이다. 이는 그들이 과거에 그렇게도 많은 종교

야라면 왜 그의 백성이 예수를 거절했는가?[30] 바울은 바로 이런 형태로 질문을 제기하지는 않는다. 그러나 그가 자신의 개인적 비통함과 벌이는 씨름과 유대인의 불신앙을 해명하려는 노력은, 복음에 대한 그의 이해와 하나님의 목적에 대한 그의 이해를 변명함에 있어서 핵심적인 부분을 이룬다.

이제 바울이 제시하는 가장 근본적인 질문은 유대인이 복음을 거부하는 것이, 하나님이 자신의 약속을 지키지 않고(롬 9:6상) 자기 백성을 버렸다는 (롬 11:1) 표시인가 하는 것이다. 서신의 이 부분에서 그가 무엇을 하든지, 그가 대답하고자 하는 질문은 이것이다. 바울은 이 비난에 대해서 이중의 대답을 제시한다.

첫째로 그는 약속에 대해서 이야기한다. 하나님은 약속을 지키지 않았다는 비난을 받을 수 없다. 하나님은 모든 이스라엘 사람이(즉 야곱의 육체적 후손) 메시야의 백성에 포함되리라고는 약속하지 않았다. 하나님의 약속이 아브라함과 그 후손에게 주어진 것은 사실이다. 그러나 바울은 그 때에라도 육체적 후손이 모든 것이 아니었음을 지적한다. 왜냐하면 하나님은 자신이 원하는 사람을 선택할 자유가 있으며, 하나님에게 받아들여지는 것은 육체적 후손됨에 의거하지 않는다. 믿는 유대인들이 영적으로 아브라함의 후손으로 간주될 수 있듯이(롬 4:11), 역으로 육체적 후손이 반드시 아브라함의 후손의 일부가 되기 위한 자격은 아니다. 이것은 처음에는 이스마엘이 아닌 이삭으로 좁혀지고, 다음에는 에서가 아닌 야곱으로 좁혀지는 것을 보면 말 그대로 사실인 것을 알 수 있다. 이런 사실은 상속이 인간의 일에 근거한 자격으로 말미암는 것이 아니라 하나님의 부르심에 전적으로 의거한다는 것을 입증한다. 아브라함의 후손은 자연적인 자녀가 아니라 하나님의 언약에 의해서 생겨난 자녀이다. 그러므로 비유적으로 말하면, 지금 문제가 되는 것은 물리적인 이스라엘 국가에 속하는 것이 아니라, 유대인과 이방인 모두에게

적 특권을 누렸고, 인간적으로 말해서 메시야가 그들에게서 나왔기 때문이다. 롬 9:5 하반절에 바로 따라오는 송영이 그리스도에게 적용되는 것이라면(NRSV 난외 TNIV 본문), 그것은 그리스도의 인간적 출생에 그의 신성한 신분을 제시함으로써 균형을 맞추는 것이다. 그러나, 이 난해한 구절에 대한 해석은 논란거리이며, 어떤 학자들은 그것을 별도의 찬탄으로 간주한다.

퍼지는 하나님의 부르심에 응답하는 것이다.

바울은 여기서 더 나아간다. 바울은 말하기를, 궁극적으로 하나님은 어떤 사람에게는 자비를 보이고 어떤 사람에게는 그 마음을 완악하게 하여 믿지 않게 할 권리가 있다고 말한다. 또한 하나님에게는 그렇게 할 권리가 있다. 왜냐하면, 토기의 운명을 결정하는 토기장이처럼 하나님은 자신이 원하는 대로 할 권리를 가지고 있기 때문이다.

이것은 인간의 자유에 도전하는 일이며, 하나님을 거부하는 일에 있어서 사람에게 책임을 묻지 못하게 만드는 것 같이 보인다. 그러나 그렇지 않다. 바울의 생각에, 하나님은 진노의 대상에게도 인내를 보이시며, 영광을 받도록 정해진 자들 곧 유대인과 이방인들 가운데서 믿는 자들에게 자신의 인자를 알리신다. 하나님은 이전에 자기 백성이 아니던 자들을 자기 백성으로 받으셨다. 호세아에서 이 말은 하나님께 반항하고 하나님의 백성이라는 자기들의 위치를 상실한 유대인을 가리키는 말이다. 그런데도 하나님은 그들을 다시 자신에게로 회복시키셨다. 바울은 여기서 유대인을 넘어서 이방인에게 미치는 원리를 보고 있는 것이다.

그럼에도 불구하고, 이런 방식으로 구원을 얻는 사람들은 전체 이스라엘 중에서 작은 정도에 불과할 것이며, 그 나머지는 소돔과 고모라의 길 곧 완전한 멸망의 길로 들어갈 위험에 처해 있었다.

그러므로 바울은 그렇게도 많은 이스라엘 사람의 불신앙은 아브라함의 후손에 대한 하나님의 약속에 일관된다고 말하는 것으로 보인다. 왜냐하면, 이 약속은 결코 모든 사람을 포함시킬 의도가 아니었으며, 하나님은 이스라엘 사람과 이방인으로 이루어진 백성을 구원하기 위해서 자비롭게 행하시는 까닭이다.

그러나 이제(롬 9:30) 논증의 둘째 부분이 등장하기 시작한다. 그것은 사람 편의 응답에 관한 것이다. 실제로 발생한 일은, 과거에 의를 추구하지 않았던 이방인은 의를 얻었지만, 의를 추구한 과거 역사를 가진 유대인은 그것을 얻지 못했다. 그러나 이 차이가 이번에는 하나님의 선택으로 설명되는 것이 아니라, 이방인들은 믿음으로 그리스도에 응답한 반면, 유대인들은 전체적으로 율법의 행위에 의해서 하나님과 바른 관계를 가지려 했다는 말로 설명된다. 그들은 하나님을 향한 열심을 가지고 있었다. 그러나 그들이 율법의 행위가 그들을 의로 이끌고 따라서 하나님과의 바른 관계로 이끌 것으로 생각한 점에서 그들의 열심은 방향이 틀렸다. 만약 의가 율법에 의해서 얻어진다면, 그것은 오직 율법을 지킨다는 조건 하에서 그러하다. 그런데 갈라디아서가 말하는 것처럼 그것은 죄인에게 불가능하다. 유대인과 이방인이 의를 얻을 수 있는 다른 방법이 있다. 그것은 예수가 죽음에서 부활함으로써 메시야요 하나님의 아들로 확증된 것을 믿고서 그를 주님으로 공개적으로 시인하는 것이다.

여기서 중요한 두 가지 사실이 다루어지고 있다. 첫째는, 바울이 이스라엘에 대한 그의 개인적인 관심을 반복한다는 것이다. 그러나 여기서는 그가 유대인의 구원을 위하여 하나님께 기도한다고 말할 뿐이다. 그러므로 분명한 것은, 그가 여기서 구원받을 자의 수효를 제한하는 하나님의 예정이라는 관점에서 생각하고 있지 않다는 것이다. 비록 구원은 여전히 하나님의 주도권에 의존하지만 말이다. 둘째는, 사람들이 믿을 수 있는 기회를 가지게 하기 위해서 복음이 전파되는 것이 얼마나 중요한지를 그가 강조하고 있다. 믿음은 메시지를 들은 결과로 온다. 하지만, 듣고서도 믿지 않을 수가 있다. 유대인들은 들었지만, 전체적으로 믿지 않은 반면, 이방인들은 믿었다.

여기 '전체적으로'라는 말이 중요하다. 바울을 포함하여 많은 유대인들이 믿었다. 그렇다면 하나님은 자기 백성을 완전히 버려서 그들로 믿지 못하게 한 것이 아니다. 그 나머지 이스라엘은 바로처럼 '완악하게' 되어 듣고 믿지 못하게 되었다. 이것은 그들의 불신앙에 대한 심판으로 이해되어야 한다. 여기서 중요하게 인식되어야 하는 것은 바울은 지금 이스라엘 내의 각각의 모든 개인에 대해서 논하는 것이 아니라 이스라엘을 하나의 집단으로 놓고 논한다는 사실이다. 따라서 유대인 각 개인이 복음을 듣고 거기에 응답하지 못하게 하는 장애물은 없다. 그러나 한동안은 복음에 대해서 그들의 마음을 완악하게 하는 일이 있으며, 따라서 하나님은, 악한 이방인들을 그들의 죄의 결과에 넘겨버렸듯이(롬 1:24, 26, 28), 실제로 유대인들을 그들의 완악함에 "내어버려 두셨다."

바울은 하나님이 이스라엘에 대해서 심판으로 행하셨다고 말하지만, 이것은 하나님이 궁극적으로 그들을 버렸다는 의미는 아니다. 이방인에게 구원이 임한 결과로 유대인이 시기가 나서 동일한 구원의 근원으로 돌아올 수 있다. 그러므로 바울은 이 완악하게 함이 절대적인 것이 아니며, 그럼에도 불구하고 어떤 유대인들은 지금 여기서 구원받을 수 있다고 믿고 있음이 분명하다.

믿는 이방인들이 불신 유대인에 대해서 우월감을 느끼는 경향이 있을 수 있었으며, 바울은 그것을 경고하고 있다. 이방인들은 지금 오직 은혜에 의해서 하나님의 백성의 일부가 되었으며, 자기들의 믿음에 대해서 교만하게 생각하면 안 된다. 그것은 자기의 행위를 자랑하는 것만큼 악한 일이 될 것이다. 이방인들은 자기들이 감람나무 곧 이스라엘에 접붙임을 받았으며, 반면에 믿지 않는 가지들은 잘려 나갔음을 상기해야 한다. 이 은유는 바울이 교회를 과거 하나님의 백성의 연속선 상에 굳게 서 있는 것으로 간주했다는 분명한 표시이다.

뿐만 아니라 잘려 나간 가지가 원래의 나무에 다시 접붙임받을 수 있다. 또한 바울은 성경의 지지를 받는 신성한 계시를 근거로 해서, 이방인이 대량으로 믿음에 들어오면, 유대인의 완악함도 끝이 나고, 그들을 위해서 자비가 주어질 것이라고 믿는다.[31] 그래서 모든 이스라엘이 구원을 얻을 것이다. 바울이 이 말로 의미하는 것은 유대인들이 일반적으로 구원을 받으리라는 것이다. 그는 모든 사람이 구원을 받으리라고 말하는 것이 아니라 모든 믿는 자들이 구원을 받으리라고 말한다.[32]

따라서 바울은 자신의 질문에 대해서 다음과 같이 대답한다. 하나님은 다음과 같이 이스라엘에 대한 약속을 지키셨다. 즉 하나님의 목적에는 육신적으로 뿐만 아니라 영적으로 아브라함의 후손인 믿는 이스라엘이 포함되지만, 믿지 않는 야곱의 후손, 구체적으로 말하면 "의의 법을 따라간" 사람, 곧 복음을 듣고서 받아들이지 않은 사람들은 거기에 포함되지 않는다는 것이

31) 어떤 학자들은 이것을 근거로 그들이 이스라엘을 위한 "국가적 미래"라고 부르는 것을 추론한다. 하지만 나는 이 본문에서 그것을 발견할 수 없다. 이 본문은 순전히 사람들이 신자가 되는 것에 대해서만 말한다.

32) 이것은 롬 11:23의 믿음에 대한 주장에 비추어보면 분명하다.

하나님의 약속이다. 이스라엘 중에는 언제나 믿는 남은 자들이 있었으며, 지금은 그 백성의 대다수가 완악하게 되어 복음을 거절하지만, 이방인들이 복음을 받아들이는 일이 완전히 이루어지면 이스라엘이 하나님의 자비를 경험할 것이며, 이렇게 되어서 마침내 온 이스라엘이 구원을 얻을 것이다. 하나님의 약속은 취소될 수 없다. 자신의 뜻에 따라서 거절하거나 받아들일 수 있는 하나님의 자유에 대해서 그 모든 것을 말했음에도 불구하고, 마지막 말은 사람들이 받아들이든 받아들이지 않든 모든 사람들에게 자비를 제공하는 것이 하나님의 목적이라는 것이다.

4. 새로운 삶(롬 12-15장).

편지의 나머지 부분은 전체적으로 영적 · 윤리적 적용의 영역에 속한다. 이 적용은 서신의 앞 부분에서 이야기한 교리적 진술을 기초로 하고 있다 ("그러므로", 롬 12.1). 그것은 하나님의 은혜와 자비를 강조하는 경향을 가지고 있었다. 앞에서는 행위가 아닌 믿음의 합당한 응답이 강조되었지만, 이제는 논조가 바뀌어 감사가 강조되며, 독자들을 하나님께 드림으로써 감사의 제물을 드리는 것이 강조된다. 이제 새로운 삶의 방식이 있을 것이다. 그것은 이 죄악의 세상에 의해서 지배되는 것이 아니라 하나님에 의해서 변화된 마음이 지배하는 삶의 방식이다. 바울은 몸의 비유를 간단하게 활용하여 (이 비유는 고린도전서 12장에서 훨씬 충분하게 다루어진다), 그리스도 안에서 회중의 각 지체들은 서로에게 속하며 그들에게 주어진 은혜에(즉 성령이 주는 선물) 따라서 서로 다른 방식으로 섬긴다는 것을 논한다. 이런 상호성의 개념 선상에서 그는 서로에게 대한 악행이 있을지라도 서로에게 보복하지 않는 마음까지 이르는 사랑의 윤리를 상세히 이야기한다. 그런 행동은 하나님에 의해서 판단될 것이다.[33]

---

33) 로마서 13장의 짧은 단락은 국가에 대한 신학을 논한다. 이것은 하나님으로부터 나온 통치자들과 그들의 권위의 존재를 인정한다. 통치자들이 하나님의 공의에 따라서 행하지 않을 때 어떻게 되느냐 하는 문제는 거론되지 않는다. 신하가 그에게 순종해야 한다는 것이 규범이다. 또한 바울은 신하가 왕에게 동의하는 문제도 거론하지 않는다. 이런 질문은 당시 로마 제국의 상황에는 해당되지 않는 이론적 질문이었을 것이다.

바울에게 있어서 사랑의 주제는 극단적으로 중요하다(롬 13:8-10). 사랑은 율법을 이루는 길로 이해된다. 모든 계명이 자기 이웃을 사랑하라는 계명의 실행인 까닭이다. 이 진술이 의미하는 바는 이것이다. 즉 그리스도인들이 비록 율법 아래 있지 아니하고 은혜 아래 있다고 하더라도, 율법의 요구가 그리스도인들에 의해서 이루어져야 한다는 것이다. 그러나 여기서 다루는 계명들은 전부 도덕적 계명들이다. 바울의 글에서 분명하게 구분되고 있지 않기는 하지만, 바울은 실제로 도덕적 명령들과 유대인의 제의적 명령을 구분했다고 가정하는 것이 이 문제를 다루는 최선의 방법이 될 것이다.

또한 주목할 것은, 구원이(즉 그리스도의 재림 시에 결정적 구원이 드러나는 것) 이전보다 시간적으로 더 가까웠다는 것을 근거로 새로운 생활을 촉구하는 바울의 방식이다(롬 13.11-14). 왜 이것이 그런 생활의 근거가 되는가? 핵심은 이것이다. 즉 어둠의 밤이 낮의 빛에 의해서 밀려갈 시점에 도달했다는 것이다. 신자는 이미 낮에 속했으며, 낮의 도래에 대비해서 항상 준비하고 있어야 한다. 그래야 그 날에 그들이 잠들고 있다가 거기서 배제되는 일이 없을 것이다. 이것은 데살로니가전서 5장 1-11절과 매우 유사한 논증이다. 이 이미지를 이용하여 바울은 밤과 연관된 종류의 죄악들을 정죄하고 사람들에게 낮에 해당하는 옷을 입으라고 권할 수 있다. 여기서 다시 암시되는 것은 선을 행하느냐 악을 행하느냐 하는 것이 그들 손에 달렸다는 것이다.

로마서 14:1 — 15:13에서도 한 회중으로 함께 생활하는 신자들의 실천적인 문제가 거론된다. 이 회중 속에는 절기와 음식법 준수에 대해서 상이한 태도를 가진 사람들이 있었다. 이것은 고린도전서 8-10장에서 거론된 문제와 유사하기는 하지만 동일하지는 않다. 바울은 양측이 각자의 방식으로 살 수 있는 권리를 확립해 준다. 이는 두 가지 유형의 생활이 모두 하나님을 높이고자 하는 동기에 의해서 추진되기 때문이다. 또한 그것이 어떻게 실행되어야 하느냐에 대해서 상이한 의견을 가질 수 있는 자유가 있어야 한다.[34] 중요한 것은 사람들이 무엇을 하든지, 하나님을 높이며[35] 동료 그리스도인 형

---

34) 이것은 위험이 수반된 일임을 인정해야 한다. 왜냐하면 사람들이 자기들이 물려받은 습관 혹은 편견이 하나님을 높이기 위한 것이라고 스스로 확신할 수 있는 까닭이다.

제 자매를 향해서 사랑으로 행하는 방식으로 행동해야 한다는 것이다. 사람들이 먹고 마시는 것보다 더 중요한 일들이 있다. 하나님의 나라는 하나의 공동체를 세우는 것이며, 그 공동체에서는 성령의 능력을 통하여 화평과 조화, 그리고 의를 행하며 하나님의 은사를 기뻐하는 일이 가능해져야 한다.

그러므로 이 부분은 사람들이 함께 하나님께 영광을 돌릴 수 있도록 일치를 이루라는 부탁이다. 성경이 확증하는 하나님의 의도는 유대인과 이방인이 함께 하나님을 영화롭게 하는 것이다. 그리스도가 유대인의 종으로 오신 것은 아브라함과 유대인의 다른 조상들에게 주신 하나님의 언약을 성취하기 위한 것이지만, 이 언약에는 유대인이 포함되어 그들도 하나님을 예배하는 자의 자리를 차지할 것이다.

마지막으로 바울은 자신이 지금까지 쓴 것은 이방인의 회심에 대한 관심으로부터 기인된 것임을 말한다. 바울은 이방인의 회심을 자신의 특별한 봉사로서 하나님께 드리는 일종의 제물로 보고 있다(롬 15:14-33). 그러나 이 봉사는 바울이 하는 어떤 일이 아니다. 도리어 그것은 그의 안에서 성령으로 일하시는 그리스도의 일이다. 이런 방식으로 그는 예루살렘과 그리스 서부에 이르는 전 지역에 복음을 전할 수 있었으며, 이제는 그의 시야를 자기가 알고 있는 세계의 서쪽 끝까지 포함시킬 수 있다. 이것은 그의 친구들이 그가 예루살렘에서 어려움을 피하고 로마로 여행하여 다음으로는 스페인까지 여행할 수 있기를 기도해준다면 그렇게 되리라는 것이다. 우리는 예루살렘에 문제가 있었다는 것과 바울의 로마행이 지연되었다는 것을 알고 있다 — 그는 죄수의 몸이 되었다. 그가 뒤에 서쪽으로 여행했는지의 여부는 확정될 수 없는 문제이다. 그럼에도 불구하고 복음은 거기에 도달했다(딤후 2:9). 이 서신은 긴 송영으로 끝을 맺는다. 그 송영은 하나님이 오랫동안 준비하셨고, 선지자를 통해서 선포되었고, 마지막으로 모든 민족이 믿음에 이를 수 있도록 드러난 복음에 대한 중요한 교리적 가르침을 신선한 방식으로 요약하고 있다.

---

35) 이 문맥에서 바울이 하나님과 주(예수)를 나란히 언급하는 것은 중요하다. 하나님에 의해서 모든 사람을 심판할 주로 임명된 이는 그리스도이므로 그들은 그리스도에게 대답해야 한다.

신학적 주제들

주요 관심사들.　우리는 바울 신학의 많은 중심적 주제들이 이 서신에서 다루어지는 것을 보았다. 본질적으로 바울은 이방인에 대한 자신의 사명과 그것의 근거가 되는 복음을 설명하고 있지만, 그 문맥은 언제나 복음이 "먼저는 유대인에게"라는 것이다. 바울은 유대인과 이방인을 포함한 모든 사람이 죄인으로서 하나님의 심판 하에 있으며, 모든 사람은 할례를 받아야 한다는 요구와 나머지 율법을 지켜야 한다는 요구와 무관하게 그리스도에 대한 믿음으로 의롭다 하심을 받을 수 있음을 보여준다. 이것은 예수의 죽음 때문에 가능하다. 이 죽음은 사람들을 죄 있게 만들며 하나님의 진노의 심판을 받게 만드는 죄를 처리할 수 있는 힘을 가진 구속의 행동으로 이해된다. 칭의의 수단인 믿음의 전형은 아브라함에게서 확립된다. 율법을 순종함이 아닌 믿음에 의한 칭의가 하나님의 뜻을 거스르는 부도덕한 삶을 가져온다는 주장이, 신자들은 그리스도와의 연합과 성령의 선물에 의해서 죄의 속박으로부터 해방된다는 사실에 의해서 반박된다. 그들은 하나님께 순종하는 새로운 삶과 그에 해당하는 열매를 낼 의무 하에 있다.

이 모든 주장은 율법의 문제를 일으키며, 바울이 율법을 헐뜯는다는 의심을 일으킨다. 율법이 하나님의 법이므로 이런 생각은 거부되어야 한다. 율법은 죄의 원인이 되는 것이 아니라, 사람들의 생활 속에 이미 잠재되어 있던 죄를 드러낸다. 그러나 율법은 사람으로 죄를 이기게 할 능력은 없다. 이것이 가능하기 위해서는 하나님의 성령이 필요하다. 그러므로 율법과 성령은 일종의 대립 관계에 있다. 따라서 신자에게는 성령에 의해서 살고, 더 이상 죄의 지배를 받는 옛 성품에 의해서 살지 않아야 하는 의무가 있다.

바울은 유대인들 중 일부가 복음을 받기는 했지만, 이방인들과 같은 방식으로 혹은 이방인과 같은 정도로 복음에 응답하지 않는 실망스러운 사실을 다룬다. 이것은 하나님이 자기의 선택한 백성을 버렸다는 것을 의미하지 않는다. 도리어 그것은 그들이 율법의 행위에 의해서 하나님을 기쁘게 하기 위한 자기들의 노력을 통해서가 아니라 하나님이 그리스도 안에서 행하신 일을 받아들임으로써 하나님과 바른 관계를 맺기를 거부했다는 것을 의미한다. 이 지속적인 거절은 믿지 않는 자들에게 떨어지는 하나님의 심판, 곧 그 마음을 완악하게 하는 것으로 이해된다. 이 완악하게 함은 이방인에 대한 선교가 성공적으로 진전될 때까지 일시적으로 계속될 것이다. 바울은 일단 이방인의 충만한 수가 복음에 응답하면, 그 다음으로 유대인이 전체적으로 자기들이 잃고 있었던 것을 인식하고 구원을 얻을 것이라고 믿는다.

마지막으로 바울은 교회 안에서 유대인과 이방인이 함께 영위해야 하는 사랑의 윤리를 상세히 설명한다. 이것이 실제적으로 율법을 이루는 것이다. 그러나 동시에 어떤 문제들에 대한 실천상의 다양성을 허용해야 한다. 단 그 다양성이 다르게 생각하고 다르게 행동하는 사람들 상호 간의 사랑의 관심이 수반되는 한에서 그러하다.

이것이 이 서신에서 바울의 중심적인 신학적 관심사의 요약이다. 이것을 상세히 이야기해 나가는 가운데서 광범위한 다른 주제들이 더불어 표현되리라는 것은 필연적인 일이다.

하나님의 주권. 우리는 앞에서 이미 로마서가 보기에 따라서는 변신론(辯神論), 곧 예수 그리스도와 기독교 신자들의 하나님과 아버지로 이해된 그 신에 대한 변호로 이해될 수 있음을 지적했다. 로마서에서 바울의 신개념은 온 우주 위에 권위와 능력을 가진 절대적인 존재이다. 그는 죄인들을 향한 하나님의 사랑을 강조한다. 그 사랑은 그들을 구원하기 위해서 자기 아들을 보내게 했다(롬 5:6-8). 또한 신자를 향한 사랑을 강조한다. 이 사랑은 그들을 대항하는 모든 적대적 세력으로부터 그들을 건지며, 하나님이 그들을 위해서 미리 정하신 영광의 상태에 마침내 도달하게 하는 데에서 표현된다. 구원이 하나님의 절대적 능력과 사랑에 의존한다는 사실은, 우리가 완전히 해결하지 못하지만 인정해야만 하는 몇 가지 긴장을 일으킨다.

1) 죄와 성화의 문제. 첫째는 죄와 성화의 문제이다. 그대로 방치하면 모든 사람은 죄의 지배 하에 있으며, 비록 그들이 그 지배를 벗고자 하고 때때로 선하고 옳은 것을 하기도 하지만, 그럼에도 불구하고 그들은 죄와, 궁극적으로 죽음에서 벗어나지 못한다. 그리스도를 믿음으로써 사람은 죄의 세력으로부터 해방된다. 그들은 그들에 대한 죄의 권세에 대해서 '죽었으며', 자유롭게 하나님을 섬길 수 있다(롬 6:19-23). 신자의 이런 자유는 그들이 원하는 것을 마음대로 할 수 있다는 의미의 자유가 아니다. 도리어 그것은 죄의 세

력으로부터 해방되는 것이며, 그 결과 그들은 하나님께 순종할 수 있는 잠재력을 가진다.

그래서 신자는 그들 삶 속에 있는 죄의 세력을 대체하는 성령의 세력 덕분에, 하나님을 순종할 수 있는 힘을 그들 속에 가지고 있다. 그러나 동시에 그들은 죄의 지배 아래로 떨어져 들어갈 수 있으며, 그렇게 하지 말라는 경고를 받아야 한다. 이와 같이 신자는 역설적인 상태에 있다. 한편으로 그들은 성령으로 지배받을 수 있으며 이 성령이 없이는 하나님의 뜻을 이룰 수 없다. 그러면서도 동시에 그들은 성령의 지배를 받으라는 명령을 받아야 하며, 죄에 다시 무릎 꿇을 수 있는 위험에 대해서 경고를 받아야 한다. 이것은 우리가 갈라디아서 5장에서 본 것과 동일한 상황이다. 거기서 바울은 신자들을 향하여, 만약 그들이 성령으로 행하면 육체의 욕심을 이루지 않을 것이라고 말하면서도, 성령으로 행하라고 촉구한다. 여기 로마서에서 신자들은 그리스도와 함께 죽었고 성령으로 행하는 사람들이라고 선언되면서도, 그들에게는 죄에 지지 말 것과 육체를 따르지 말고 성령을 따르라는 명령이 주어져야 한다(롬 6:13; 8:12-13). 또한 바울은 선한 것을 알지만 행하지 않는 경험이 있음을 알고 있음이 분명하며, 그는 그리스도에 의해서 그런 상태에서 건짐을 받을 수 있다(롬 7:24-25).

그리스도와 함께 십자가에 못 박히고 함께 부활했으며 또한 성령을 받은 신자들이 어떻게 여전히 죄에 빠질 수 있으며, 범죄하지 말라는 권고를 받아야 하는지에 대해서는 아무 설명이 없다. 여기 한 편에는 하나님의 힘주심이 있고, 다른 편에는 의를 행하지 않는 편을 택할 수 있음이 분명한 인간의 자유 사이에 긴장이 있다. 우리는 또한 기도에 대한 응답으로 인간의 삶에 신성한 능력이 역사할 수 있음을 인식할 수 있다. 이것은 그 일이 기도가 없이는 발생하지 않을 것임을 함의한다. 바울은 독자들의 기도가 자기에게 일어나는 일을 중요하게 바꿀 수 있음을 진실로 믿고 있다(롬 15:30-32).

2) 선택과 믿음의 문제. 이와 관련된 긴장이 신앙과 불신앙, 그리고 하나님의 뜻 사이에 발생한다. 전통적으로 다음과 같이 이해된 구절들이 있다. 즉 하나님은 구원할 자를 미리 선택하였으며, 그들을 부르시고, 그들의 칭의와 종국적인 영화에 이르는 전 과정을 일으킨다는 것이다(롬 8:29-30). 이것이 암

시하는 것은, 어떤 방식으로 하나님은 신자들이 믿음으로 복음에 응답하도록 일을 이룬다는 것이다. 비록 바울이 실제로 이렇게 말하지는 않지만 그것이 암시되어 있다. 이와 유사하게, 하나님은 어떤 사람들의 마음을 완악하게 하여 그들로 하나님을 순종하지 않게 한다고 기록되어 있다. 바로에서부터, 믿음으로 구원에 이르는 길을 거부한 불신 유대인의 현 세대에 이르기까지 그러하다(롬 9:18; 11:7-10, 25; 참고. 2:5).[36)]

이 구절에 대한 전체적인 한 가지 접근 방법은 특별히 아우구스티누스 및 칼빈과 연결된 것이다. 그들은 하나님은 구원받을 사람들을 선택하시고, 다른 사람들은 멸망을 위해서 준비하심을 말하는 진술을 근거로 해서, 하나님은 인간 존재에 대한 전적인 지배력을 가지며 어떤 사람들은 구원으로 선택하고 어떤 사람들은 간과하신다고 전제한다. 선택받지 못한 사람들은 그들의 죄 위에 떨어지는 심판을 받게 되어 있다. 이는 그들이 자기들의 죄에 대한 책임을 져야 하며, 하나님은 그들을 그들의 불신앙 속에 완악하게 할 수도 있다. 그리스도는 선택받은 자들만을 위하여 죽으셨으며, 하나님은 그들을 믿음과 회개로 부르심으로써 그들이 의롭게 되게 하시며, 그들을 믿음 안에 보존하심으로써 그들이 하나님의 백성이라는 신분에서 떨어지지 않게 하신다. 그러므로 구원을 제공하는 것은, 하나님이 모든 사람에게 구원의 기회를 준다는 의미로 보편적인 것이 아니다. 이 견해를 견지하는 사람들이 그리스도의 죽음이 모든 사람에게 적절하다고 주장하지만, 그럼에도 불구하고 그들은 그리스도가 하나님에 의해서 구원으로 선택된 사람들만을 위해서 죽었다고 주장한다. 그러나 이 말은 믿고자 하는 어떤 사람도 믿지 못하도록 방해 받지는 않는다는 말이다. 이는 그들이 선택되었기 때문이다. 그러나 사

---

36) 적어도 유대인의 경우, 이 완악하게 함은 불신앙에 대한 잠정적인 심판이다. 이 완악하게 되는 사람은 '부분적'으로 그러할 뿐이다(롬 11:25). 어떤 유대인들은 완악하게 되지 않았으며 자유롭게 복음에 응답할 수 있다. 또한 그 심판의 잠정성은 백성 전체에 관한 것이다. 바울은 이스라엘에 변화가 발생하여 지금 복음을 반대하는 그 사람들에게 영향을 끼칠 것을 생각하고 있는가? 아니면 그들의 부모와 조상의 불신앙을 공유하지 않을 새로운 세대의 유대인들을 생각하고 있는가(자기들은 애굽에서 나와서 광야에서 죽었지만 그들의 자녀들은 약속의 땅에 들어간 이스라엘 사람들의 경우와 유사하게)?

람들이 믿기를 원하고 실제로 믿는 것은 은밀한 하나님의 역사 때문이다. 하나님은 역사 속에 하나의 프로그램을 실행하고 계시며, 그것에 의해서 이스라엘 사람들은 전체적으로 마음이 완악하게 되어 믿지 않는 반면, 이방인들은 전체적으로 믿으며, 마침내 이스라엘의 완악함이 끝나고 "모든 이스라엘"이 구원을 얻는다.

바울 신학에 대한 이런 이해는 널리 지지를 받았다. 이는 이 신학이 바울이 명백하고 문자적인 의미로 말하는 것을 그대로 취할 수 있게 하는 까닭이다.

그러나 이것을 바울 신학의 기본 논거로 받아들이기에는 많은 어려움이 있다.[37]

첫째, 이 견해는 이 서신과 다른 서신에 나타나는 분명한 가르침, 곧 그리스도의 죽음은 그 범위에 있어서 보편적이며, 그 의도된 대상이 제한된 숫자의 수혜자에게로 한정되지 않는다는 가르침과 충돌한다(롬 5:18; 11:32).[38]

둘째, 이 견해는 하나님이 자의적으로 어떤 사람에게는 자비를 베풀고 어떤 사람에게는 베풀지 않는 것으로 간주함으로써 하나님을 불의하게 만드는 결과가 된다.[39] 하나님에게 그렇게 할 자유가 있음을 바울이 변호하는 것은

---

37) 이 해석을 정당화하려면, 양립주의(compatibilism)라는 철학적 개념에 의존해야 한다. 이것은 하나님이 인간 행동을 전적으로 통제한다는 사실과 인간이 자기의 행동에 대해서 책임을 져야 한다는 사실, 이 두 가지가 병존할 수 있다는 가설이다. 이 가설이 받아들여질 수 있느냐 하는 것은 극히 논쟁거리이다. 다른 제안들이 있었다. 이 문제에 대한 다른 종류의 해법이 야콥 알미니우스에 의해서 제안되었다. 그는 하나님이 사람을 선택할 때에는 그들이 자유롭게 할 일에 대한 예지를 근거로 선택했다고 주장했다. 최근에 몇몇 철학자들은 하나님의 예지와 인간의 자유를 조화시키는 한 가지 방법으로 중간 지식(middle knowledge)이라는 중세의 개념을 사용한다. 이 문제의 복잡성과 그것에 대해서 합의가 이루어지지 않는 상황에 대해서는 다음을 보라. James K. Beilby and Paul R. Eddy, eds., *Divine Foreknowledge: Four Views* (Carlisle: Paternoster, 2001).

38) I. Howard Marshall, "For All, for All My Saviour Died", in *Semper Reformandum: Studies in Honour of Clark H. Pinnock*, ed. Stanley E. Porter and Anthony R. Cross (Carlisle: Paternoster: 2003), pp. 322-46.

39) 여기서 문제가 되는 점은 하나님이 다른 사람이 아닌 어떤 사람을(바울의 경우와 같이, 갈 1:15) 어떤 특정한 목적을 위해서 선택한다는 것이 아니며, 또한 하나님에게는 선택할 자유가 있다는 것도 아니다(롬 9:21). 도리어 문제의 핵심은 두 사람이 모두 구원

사실이다(롬 9:15). 그러나 그의 취지는, 인간 존재는 하나님에게 자비를 강요할 수 없다는 것이지, 하나님이 그 자비를 베풂에 있어서 자의적이라는 말이 아니다.

셋째, 예정에 대한 바울의 용어는 믿음을 가지게 되는 사람들에 관한 하나님의 뜻 혹은 자신을 위한 백성을 창조하려는 뜻을 가리키는 것이지, 어떤 특정한 개인들은 구원하고 다른 사람들은 구원하지 않는 뜻을 가리키는 것이 아니다.[40]

넷째, 바울은 이스라엘의 행동이 바뀌게 해달라고 하나님께 기도한다(롬 10:1).[41] 그런데 만약 하나님이 역사의 전 과정을 예정했다면 바울의 기도는 의미가 없는 것이 될 것이다. 그에 대한 대안은 이것이다. 바울의 기도조차도 하나님에 의해서 예정되었으며, 그것에 대한 응답도 마찬가지이다. 그러나 이렇게 말하면 기도가 실은 기도가 아닌 것이 된다. 하나님과 사람의 관계가 인격체 사이의 관계가 아니라 드라마 각본을 상연하는 것처럼 된다.

다섯째, 바울은 하나님이 완고한 백성을 향하여 호소할 수 있으며 그들의 불신앙에 실망할 수 있는 것으로 묘사한다. 이것은 하나님이 그들을 완악하

─────────────────────

을 필요로 하는데, 하나님은 한 사람을 택하고 다른 사람을 택하지 않는 것처럼 제시된다는 것이다. Marshall "For All"을 보라.

40) '선택한다'는 단어가 아직 믿음으로 들어오지는 않았지만 앞으로 믿음을 가질 사람들을 (이미 믿음으로 들어온 사람들 뿐만 아니라) 가리키는 말로 자주 사용되지만, 바울의 용법에서 보면 이 단어는 이미 믿음으로 들어온 사람들을 가리킨다. '선택한다'는 단어(롬 8:33; 11:7; 16:13; 골 3:12)는 잠재적인 신자에게 적용되지 않고 이미 구원을 소유한 실제 신자들에게 적용된다(9장의 각주 5를 보라). 롬 8:29에서 바울은 하나님이 미리 아신 자들에 대해서 말하는데, 여기서 그가 말하는 것은 자신을 위해서 한 백성을 구원할 하나님의 계획을 가리킬 뿐이지, 어떤 특정한 개인이 그 무리의 일부가 될 것인지를 하나님이 예정했다는 것을 의미하지는 않는다. 바울은 그런 백성을 위한 하나님의 계획은 궁극적으로 그들을 영화롭게 하려는 것이라고 말한다.

41) 이것은 기도에 대한 응답으로 하나님이 그들에게 능력을 행사하여 믿도록 할 수 있다는 것을 전제한다. 그러나 바울은 "하나님의 뜻은 갑이 구원을 받는 것이다. 그러나 이 일이 일어나도록 하기 위해서 하나님은 나의 마음속에 갑을 위해서 기도하고자 하는 마음을 일으킴으로써, 자신이 나의 마음속에 일으킨 기도에 '응답'하신다"라고는 결코 말하지 않는다.

게 했다는 것과 모순된다(롬 10:21). 바울은 또한, 사람들이 믿느냐 마느냐가 마치 그들 자신의 능력에 달린 것처럼, 그들의 불신앙을 고집하지 않아야 한다고 말한다(롬 11:14). 그러나 만약 모든 것이 하나님에 의해서 예정되어 있다면, 하나님은 이스라엘 사람들이 믿지 않도록 미리 정해야 했을 것이며, 하나님이 그들의 마음을 완악하게 함으로써 그들이 행하도록 미리 정한 그 일을 이유로 그들을 형벌하도록 미리 정해야 했을 것이며(왜냐하면 그들의 불신앙은 그들 자신의 잘못이므로), 그 다음에 그들이 회심하도록 미리 정해야 했을 것이다.[42] 하나님의 뜻은 자유롭게 행동하는 것으로 보이는 개인들에 의해서 수행될 수 있지만, 바울은 또한 사탄의 활동이 하나님의 일에 저항하며 잠정적으로 하나님의 계획을 좌절시킬 수 있다고 말한다(살전 2:18; 참고. 롬 16:25).

여섯째, 우리가 보았듯이, 로마서 9장 30절 이후로 바울은 하나님의 제안에 응답하거나 거부한 사람의 행동에 대해서, 그것이 하나님에 의해서 예정되었다는 표시를 전혀 하지 않는다고 말할 수 있다.[43] 바울은 자신의 전도가 구원으로 예정된 청중들을 구원으로 이끌 것이며, 그들은 하나님이 그렇게 예정했기 때문에 자신의 메시지를 들을 때에 분명히 믿을 것이라고는 한 번도 쓴 적이 없다. 로마서 9장 말미에서 바울은 이방인들은 믿음을 통해서 의에 이른 반면, 이스라엘 사람들은 믿음의 길 대신에 율법의 길을 따랐기 때문에 의를 얻는데 실패했다고 설명한다. 이 시점에서 그는 이방인의 구원과 이스라엘의 정죄를 각자에게 믿음이 있느냐 없느냐의 문제로 돌린다. 그러나 그는 이는 하나님이 이방인들에게 믿음을 주기로 정하고 이스라엘에게는 그것을 주지 않기로 정했기 때문이라고는 말하지 않는다.

이런 사실들은 로마서를 그런 방식으로 이해하는 데에 문제가 있음을 보

---

42) 이 견해를 따르면, 하나님이 인간의 죄와 불신앙에 책임이 있다는 것을 부인하기 힘들 것이다.

43) 물론, 이미 범죄한 사람들을 완악하게 하는 것은 제외된다.

44) 다음을 보라. Ben Witherington III with Darlene Hyatt, *Paul's Letter to the Romans: A Socio-rhetorical Commentary*(Grand Rapids, Mich.: Eerdmans, 2004), pp. 236-74.

여준다.[44] 이런 모든 것을 말하고 행한 후에도 우리는 우리가 완전히 이해할 수 없는 신비 앞에 서게 된다. 그러나 최소한 우리는 그 문제에 대한 어떤 해답은 다루기 어려운 문제들을 일으킨다는 것을 볼 수 있다. 이 신비는 부분적으로 하나님과 인간 사이의 관계를 우리가 완전히 이해할 수 없기 때문이다. 그러나 그것은 또한 악의 성격과 작용에 대한 신비이기도 하다. 모든 해석자들은 우주는 타락해 있고 악의 세력이 활동하고 있다는 것, 또한 전능하신 하나님이 만든 세상 속에 그것이 어떻게 생겨났는지를 설명할 수 없다는 것, 하나님은 사람을 인격으로 취급하지 물건처럼 취급하지 않는다는 것, 하나님이 진정으로 응답하는 기도라는 활동이 있다는 것, 하나님은 모든 사람이 구원을 얻으며 진리의 지식에 이르기를 원한다는 것, 하나님은 성령에 의해서 사람들의 삶 속에서 분명히 활동하신다는 것을 인정해야 한다.

바울은 어떤 방식으로든지 궁극적으로 인간 이해를 초월하는 이런 요소들에 비추어서 자신의 신학을 표현하려고 노력하고 있다. 그러나 우리는 악도 하나님도 완전히 이해할 수 없다. 그러므로 바울이 모순되거나 역설적으로 보이는 말을 하고, 그 자체만으로 절대화되면 오해를 야기시킬 수 있는 방식으로 말하는 것이 놀라운 일이 아니다. 바울은 하나님의 주권과 자유에 대한 신념, 자신이 민족들과 개인들을 위한 하나님의 뜻을 이루고 있다는 신념과 함께, 사람들은 그들이 믿느냐 믿지 않느냐에 의해서 구원을 얻거나 잃어버림을 당한다는 것을 천명한다. 그는 사람의 마음을 열어 복음을 받게 하는 것이 성령임을 인정하지만, 그러면서도 사람들은 믿느냐 안 믿느냐, 믿음에서 떨어지느냐 믿음을 견지하느냐 하는 능력을 자신 속에 가지고 있는 것으로 보인다는 점을 또한 인정한다(예를 들면, 성령을 거부하는 것이 가능하다, 행 7:51).

그러므로 우리는 사람들이 의에 이르는 것은 그들이 믿기 때문이고, 의에 이르지 못하는 것은 믿지 않기 때문임을 표시하는 진술들을 읽는다. 전체적 이스라엘이 의에 이르지 못한 것은 하나님의 책임이 아니라 그들의 불신앙의 책임이다.

그러면서도 동시에 바울은 믿지 않는 사람들의 마음을 하나님이 한동안 완악하게 했다는 취지로 성경을 인용한다. 바울은 또한 토기장이와 토기의 비유를 이용하여 사람은 하나님이 그들을 위해서 결정한 운명에 대해서 불평할 수 없다고 주장한다.[45] 적어도 이론적으로는 모든 사람이 죄인이므로 그들이 하나님에 의해서 심판과 정죄를 받는다 하더라도 그들은 공정한 취급을 받은 것이다. 그러나 하나님은 또한 원하시면 자비를 베풀 수도 있다. 그러나 이것의 궁극적인 목적은, 사람들이 자비를 받아들이든지 거부하든지, 모든 사람에게 자비를 보이기 위한 것이다. 또한 이 자비는 제한된 숫자로 한정되는 것이 아니라 동일하게 가련한 처지에 있는 모든 사람들에게 베풀어짐으로써 의롭게 시행되어야 한다.

하나님은 지금까지 이스라엘이 메시야를 거절한 것으로 인해 이스라엘에게 메시야에 대한 믿음의 문을 최종적으로 닫는 방식으로 이스라엘을 버리지는 않았다. 은혜로 선택된 남은 자들이 있는데(이것은 믿는 유대인 그리스도인들이다) 그들의 구원은 행위에 근거한 것이 아니다. 구원에 이르지 못하도록 사람의 마음을 완악하게 하는 일이 있을 수 있지만, 이 완악하게 함은 반드시 최종적이거나 회복 불가능한 것이 아니다. 일단 이방인들이 '들어오면' 변화가 있을 것이고 이스라엘에게 자비가 베풀어질 것이다. 이것은 믿는 이스라엘 사람들이 있으리라는 의미일 뿐이다. 의는 오로지 믿음을 근거로 해서만 가능하다는 것은 바울에게 근본적인 원칙이다. 그러므로 우리는 하나님이 이스라엘에게 전파되는 복음을 믿을 수 있는 기회를 그들에게 준다고 결론짓든지, 혹은 하나님이 그들로 믿게 한다고 결론지어야 한다. 어떤 표현들은 전자의 결론을 암시한다. 로마서 11장 23절, "그들도 믿지 아니하는 데 머무르지 아니하면", 즉 그들이 "믿지 아니하므로 꺾인" 것이지(롬

---

45) 이 비유가 렘 18장에서 사용될 때에는, 진흙 덩어리의 행위에 따라서 토기장이가 그 덩어리를 위한 계획을 바꿀 수 있음을 지적한다. 그 비유는 진흙이 어떻게 행동하느냐가 하나님이 그들을 어떻게 행동하도록 만드느냐에 달렸다고 말하지는 않는다.

46) 바울에게서 시간의 지평은 제한되었었기 때문에 바로 그 시대 사람들 속에서의 변화를 생각하고 있었을 것이다. 그에 반해서 우리는 유대인의 미래 세대의 변화를 생각하게 된다. 마찬가지로 바울에게는 우리가 가진 질문, 즉 왜 하나님은 그렇게도 오랫동안 이방인들을 무시하고, 사람들로 하여금 복음을 듣거나 그 혜택을 누리도록 하지 않았을까 하는 질문이 없었다. 변신론의 진짜 문제는 이것이다.

11:20), 하나님이 그들을 꺾어내기 위해서 믿지 않게 하지 않은 까닭이다![46]

의와 믿음. 이 서신에서 복음에 대한 바울의 이해는 의와 칭의라는 용어로 표현된다. 그러나 의라는 말, 특별히 하나님의 의라는 말의 의미가 무엇인가? 어떤 구절에서는 그 말이 하나님의 공의와 공평함을 가리킴이 분명하다(롬 3:5). 다른 곳에서는 하나님이 사람에게 인정해 주는 어떤 것을 가리키며, 그들의 죄를 그들에게 돌리게 하지 않고 하나님과 좋은 관계를 유지할 수 있게 해주는 어떤 성질을 의미하는 것으로 보인다. 여기서는 하나님의 눈에 옳은 것을 행하며 악한 것을 반대하는 것과 밀접하게 연결되어 있다. 그런데 이 두 개념이 아주 밀접하게 연결되는 까닭에 오해가 일어난다. 바울에 의하면, 유대인의 실패는 그들이 하나님과의 바른 관계를 확보하기 위해서 율법의 행위를 하려 했지만(롬 9:30-31), 그러나 하나님은 무엇을 하는 사람이 아니라 하나님을 불경건한 자를 의롭게 하는 분으로 알고 그 하나님께 의지하는 자를 의롭다고 하신다(롬 4:1-5). 그러나 이 말은 사람들이 하나님의 요구를 행하지 않아도 된다거나, 자신을 하나님께 드려서 의를 행하지 않아도 된다는 말이 아니다(롬 6:13, 19). 하나님 앞에서 정당한 위치를 확보하기 위해서, 혹은 하나님의 호의를 획득하기 위해서 선행이나 의로운 행위를 하는 것과, 이미 하나님 앞에서 정당한 위치를 확보했기 때문에 그런 행위를 하는 것을 구분하는 것은 타당하다.

칭의에 있어서 인간 편에서 필수적인 것이 믿음이다. 바울은 자주 이 용어를 믿음의 대상을 밝히지 않고 사용한다. 이는 그가 믿는 것과 행하는 것을 하나님과 바른 관계를 맺기 위한 서로 대립되는 두 방식으로 대비하고자 하는 까닭이다. 그러나 그는 하나님에 대한 신앙을 가진다 혹은 믿는다(롬 4:3, 5, 24; 9:33; 10:11)는 말을 사용하며, 그리스도에 대한 믿음을 가진다는 말을 한다(롬 10:14).

"예수 그리스도의 믿음"이라는 구절에 대해서 지속적인 논쟁이 진행 중이다. 이 말은 "예수 그리스도에 대한 믿음"이라는 의미로 해석될 수도 있고, "예수 그리스도가 보여준 믿음"이라는 말로 해석될 수도 있다(롬 3:22, 26).[47]

---

47) 277쪽 각주 36을 보라.

바울이 인간의 믿음(직스러움)의 결핍에 대비해서 하나님의 믿음(직스러움)을 가리켰을 수도 있다(롬 3:3). 그러나 그것은 사람이 하나님께 불신실하더라도 하나님이 자기 편의 언약을 지키느냐 하는 문맥에서 그러하다. 그러나 그리스도가 죄인들을 위해서 죽었다는 것을 말하는 문맥에서 그리스도의 신실성에 대해서 말하는 것은(롬 3:22) 더욱 애매하다. 가능한 실마리가 로마서 5장 19절에서 발견될 수 있다. 거기 보면, 정죄로 이끈 아담의 불순종에 대비해서 그리스도의 순종이 의의 수단이 된다. 순종과 믿음이 로마서 1장 5절과 16장 26절에서 연결된다. 로마서 3장 26절에서 예수의 믿음에 의지하는 사람은 예수께서 죽음으로써 보여준 신실성을 의지하는 사람으로, 혹은 예수에 대한 믿음에 의지하는 사람으로 이해될 수 있다. 두 번째 해석이 훨씬 개연성이 있다. 이는 사도 바울이 다른 곳에서 전치사 '에크'와 사용되는 구절을 통하여 사람들이 생명을 얻는 속성을 표시하기 때문이다(롬 2:8; 4:16, 특히 롬 9:30). 그런 믿음은 아브라함의 경우와 같이 하나님의 언약에 대한 본질적인 신뢰이며, 따라서 자기 자신 혹은 자신의 행위를 의지하지 않고 하나님을 의지하는 것이다.

이스라엘과 이방인. 하나님의 주권적 뜻에 대해서 생각하면서 우리는 이미 유대인과 이방인을 둘러싼 몇 가지 문제들을 살폈다. 로마서는 특별히 믿는 유대인과 이방인으로 구성된 교회의 성격과 이 두 그룹의 사람들이 어떻게 함께 살아가야 하는가에 관심을 가진다. 그러나 이 관심은 신학적 고려를 근거로 한다. 그러므로 1장에서 보면 사도에게 있어서 비유대인은 창조 질서에 나타난 계시로부터 하나님을 알았어야 함에도 불구하고 그렇게 하지 못하고, 악한 우상숭배에 빠졌고, 하나님은 그것이 그들에게 지속적인 심판이 되게 하셨다. 그러므로 그들은 하나님의 진노 하에 있는 악한 인간성의 한 부분이 되었다. 그러나 신성한 계시를 근거로 해서 바울이 전파한 복음은 그들에게 믿음을 근거로 한 칭의와 새로운 생명을 제공했지, 유대교가 그들에게 요구했던 것처럼 유대 율법을 지킴을 근거로 해서 그것을 제공하지 않았다. 바울은 그들이 하나님의 백성인 이스라엘에 접붙임받은 것으로 간주했고, 그들이 믿지 않는 유대인들에 대해서 영적 우월감을 느끼게 될까봐 걱정했다.

유대인들에 관해서, 바울은 그들이 율법을 지키지 않는 한 율법을 가졌다고 해서 우월한 지위를 가지는 것이 아니며 그들도 이방인과 똑같이 모두가 죄인이라고 주장했다. 아브라함의 육신적 후손이라는 사실과 할례가 그들을 하나님의 백성의 일부가 되게 해주지 않는다. 그러나 실제로는 그들이 죄 아래 타락했고 율법이 그들을 구원해 주지 못했으므로, 그들은 이방인과 똑같이 믿음에 의해서 의롭게 되어야 했다. 바울이 말하는 것을, 유대인과 이방인이 똑같이 그리스도에 대한 믿음에 의해서만 의롭게 된다는 것 이외의 다른 뜻으로 해석하는 것은 불가능하다.

바울은 '이스라엘'을 잠정적인 차원에서 하나님의 백성이라고 생각한다. 즉 이 집단이 아브라함부터 시작해서 그의 후손으로 뻗어 내려오되, 처음에는 이삭과 야곱과 족장을 통한 특정한 계열로 내려왔으나, 적어도 선지자들의 환상 속에서는 이방인에게도 문이 열려 있었다는 의미에서 그러하다. 메시야 예수의 오심은, 아브라함의 육신적 모든 후손이 믿음에 의해서 살지는 않았고 그 결과 하나님이 보시는 이스라엘로부터 떨어져 나갔다는 사실, 또한 믿는 이방인들은 그 믿음으로 인해서 하나님의 백성에 포함된다는 사실을 밝혀주는 것으로 보인다. 비록 바울이, 믿는 이방인들을 아브라함의 후손이라고 묘사하지만, '이스라엘'이라는 용어는 유대인에게만 적용하는 것으로 보인다. 그러나 그는 유대 민족과 믿는 유대인을 분명히 구분한다. 후자가 참된 이스라엘이다.[48] 그러나 그는 감람나무의 비유를 들어서, 가지 얼마는 꺾이고 그 자리에 돌감람나무가 접붙임받는 것을 말한다. 감람나무는 하나님의 백성을 상징한다. 하나님은 거기서 믿지 않는 이스라엘 사람들을 잘

---

48) 이 구분이 롬 9:6에서 발견된다. 롬 9:6상에서 "이스라엘에게서 난 그들"이라는 말은 야곱의 육신적 후손 곧 이스라엘 사람들을 가리킨다(롬 9:4; 11:1). 또한 롬 9:6하에서는 바울이 '참' 이스라엘 곧 진정으로 하나님의 백성에 속한 사람들을 생각하는 것임이 분명하다. 롬 9:27에서는 백성 전체와 구원받을 적은 숫자('남은 자')를 구분한다. 이와 유사하게 롬 9:31은 의에 이르지 못한 사람들을 언급한다(참고. 롬 10:19, 21; 11:2, 7, 25. 이 구절들은 이스라엘 전체를 불순종하고 불신하는 것으로 말한다). 바울이 마침내 "온 이스라엘이 구원을 얻으리라"고 말할 때에, 그는 이 악한 사람들을 생각하고 있으며, 구원자로 인해서 마침내 대규모적으로 하나님께 돌아오는 일이 있을 것을 예언한다.

라내고 그 자리에 믿는 이방인들을 채워 넣는다.

이것을 주목하는 것이 중요하다. 왜냐하면 교회가 하나님의 백성으로서 이스라엘을 대체한다는 직설적인 교체론이 성립되지 않는다는 것이 이것으로부터 분명해지는 까닭이다. 도리어 믿는 이방인이 믿는 이스라엘에 접붙임 된다. 그러나 이제는 하나님의 백성이 유대인 신분의 표지에(신체적 할례, 유대교 절기, 기타 유대교 종교적 행위들) 의하지 않고 그리스도에 대한 믿음에 의해서 규정된다는 의미에서 하나의 발전이 있다. 그러나 이 믿는 하나님의 백성은 아브라함 이래로 존재해 왔다. 그럼에도 불구하고 바울이 보기에 그들은 항상 소수 곧 '남은 자'였으며, 그의 시대에 많은 사람들이 마음이 완악해져서 믿지 않았다. 그러나 이 완악하게 함은 영원히 지속되지는 않을 것이며, 바울은 완악하게 하는 일이 끝나고 유대인들이 "야곱에게서 경건하지 않은 것을 돌이킬"(롬 11:26) 구원자에게 응답할 날을 바라본다.

바울이 '온 이스라엘'이 궁극적으로 구원받을 것이라고 말한 사실 때문에 보편주의라고 불리는 문제가 발생한다. 이것은 궁극적으로 모든 사람이 하나님의 백성으로 들어올 것이며, 아무도 영구히 하나님의 진노 하에 있지 않을 것이라는 가르침이다. 바울이 모든 유대인들과 이방인들이 마지막에는 구원받고 하나님과 화해할 것이라고 믿었을까? 또한 한 사람의 죄가 모든 사람의 정죄를 가져왔듯이, 한 사람의 의로운 행동이 모든 사람에게 의와 생명을 가져온다고 바울이 말한 데가 있다(롬 5:18, 19). 이 구절들이 하나님이 모든 사람에게 구원을 가져올 것을 의미하는 말로 이해되어 왔다. 그러나 구원은 믿음에 의한 것이므로, 하나님은 일종의 죽은 후의 설득과 개혁적 심판을 통해서 모든 사람으로 마침내 믿게 할 것이라고 주장된다. 이 해석의 치명적인 문제는 그 본문이 그런 일을 조금도 가르치지 않는다는 것이다. 삶과 죽음을 가르는 최후의 심판은 언제나 최후의 심판으로 제시된다. 그 본문들은 바울의 가르침의 전체 문맥에 합당한 방식으로 달리 이해되어야 한다. 로마서 5장의 요점은 모든 사람이 아담의 죄를 통해서 죄인이 된 것과 유사하게 모든 사람이 한 사람 예수 그리스도의 의로운 행동을 통해서 구원을 얻을 수 있다는 것을 증명하려는 의도가 훨씬 강하다. 그러므로 로마서 5장 18절은 믿었을 때에 잠재적으로 모든 사람에게 가능한 것이 무엇인지를 말하고 있다. 로마서 11장에서 바울은 아직 살아있는 사람들을 생각하고 있다. 이미 죽은 사람들은 그 시점에서 바울의 시야에 없다. 그는 이방인의 충만한 수가 구원받는 것을 생각한다. 이것으로 그가 의미하는 것은 구원받을 모든 이방인들임이 분명하다. 또한 "온 이스라엘"이라는 말로 그는 구원받을 모든 이스라엘을 가리키는 것이 분명하다.[49] 그가 이렇게 말할 수 있는 것은 하나님의 뜻은 이방인과 유대인의 큰 수를 구원하는 것이라고 그가 믿는 까닭이다.[50]

모세 율법. 율법에 대한 바울의 태도는 갈라디아서에서 이미 떠오른 문제이다. 유대인들은 하나님이 시내 산에서 그들과 맺은 언약에 의해서 다른 민족과 구별되었다. 그래서 아브라함과 야곱과 맺은 이전의 언약을 확증하고, 그 언약과 함께 모세에게 율법이 주어졌는데, 그들은 그 율법에 의해서 하나님의 백성으로 살아야 했다. 바울은 인간 죄악에 집중하면서 이 서신에서는 유대인과 이방인 모두 범죄했음을 밝힌다. 유대인들은 율법에 불순종함으로써 범죄했다. 이방인들은 모세 율법을 가지고 있지는 않았지만, 그럼에도 불구하고 그들은 그들의 마음속에 하나님의 법에 대한 지식을 가지고 있다. 율법이 공표되기 전에도 죄가 세상에 있었다. 나아가서 율법은 사람이 그것을 어겼을 때 사람을 하나님과 바른 관계로 회복하지 못한다. 이 진술은 두 가지 의미를 가질 수 있다. 이 말은 율법은 사람들에게 그것을 지킬 수 있는 힘을 주지 않으므로, 실제로는 사람들이 죄 아래 팔린 자신을 발견한다는 것으로 볼 수 있다. 그러나 이 말은 또한 율법은 이미 그것을 어긴 죄가 있는 사람에게는 그들의 죄와 불법을 위한 사죄를 제공하지 않는다는 의미일 수 있다(롬 3:19). 바울의 복음은, 하나님은 자기 아들을 보내 죄를 처리하게 함으로써, 또한 사람들이 성령에 의해서 살 수 있게 함으로써 율법이 할 수 없는 것을 하셨다고 가르쳤다. 그는 칭의가 율법과는 별도로 발생하지만, 그럼

---

49) 이 말이 동어반복처럼 들릴지 모르지만 실제로는 그렇지 않다. '온 이스라엘'은 '이방인의 충만한 수' 처럼 믿을 사람의 큰 수이다.

50) 이 전체 문제에 대해서는 I. Howard Marshall, "The New Testament Does *Not* Teach Universal Salvation", in *Universal Salvation: The Contemporary Debate*, ed. Robin Parry and Christopher Patridge (Carlisle: Paternoster, 2003), pp. 55-76과 그 책에 실린 다른 논문들을 보라.

에도 불구하고 율법은 세워진다고 강조했다.

그래서 두 가지 점이 드러난다. 첫째는 칭의는 율법이 요구하는 것을 행함으로써 얻는 것이 아니라, 하나님이 그리스도의 죽음을 통해서 이루신 일에 대한 믿음으로 얻는다. 나아가서 이것은 유대인과 이방인에게 공히 적용된다. 이것이 가지는 중요한 의미는 유대인도 이방인과 똑같이 의롭게 되어야 한다는 것이다. 그러므로 언약 내에서 하나님의 백성이라는 그들의 위치는 그들이 아브라함의 후손이라는 사실이나 그들이 율법의 요구를 행한다는 것을 근거로 하는 것이 아니라 그들이 하나님을 믿을 때에만 타당하다.

둘째는, 하나님의 요구가 성령에 의해서 사는 사람들에게서 이루어진다는 것이다. 따라서 율법은 그들에 의해서 이루어진다. 이것은 유대인이든 이방인이든 마찬가지이다. 그런데도 바울은 율법의 행위는 더 이상 요구되지 않는다고 말한다. 이방인에게는 말할 것도 없고, 유대인에 대해서도 그럴 수 있다. 그럼에도 불구하고 바울은 교회 안에서 유대인은 율법을 지킬 수 있고 이방인은 그것을 지키지 않을 수 있으나, 각 사람은 상대방의 생활 방식을 존중하고 평화와 조화 속에서 살아야 한다고 주장한다.

바울은 '행위'라는 말을 가지고 통상적인 의미 곧 사람들이 행하는(사람들에게 어느 정도의 노력을 요구하는) 일을 가리킨다. 주인이 종에게 '임무'를 줄 수 있다(막 13:34). 선한 행위가 있으며(막 14:6) 악한 행위도 있다(요 3:19). 하나님의 심판이 사람들이 행하는 것을 근거로 한다는 것은 놀라운 일이 아니다. 하지만 하나님이 선행과 악행의 숫자와 질을 어떻게 측정할지가 개괄적으로 다루어진 적은 한 번도 없다. 그러나 유대교에서는 하나님이 요구하시는 행위가 율법에 기재되어 있으며(참고. 롬 2:15), 그 원리가 공표되어 있으므로 하나의 계명을 어기는 사람은 그 계명 전체를 어기는 것이니, 이는 하나의 계명을 어기는 것은 율법 자체를 거부하는 죄가 되는 까닭이다(약 2:10). 바울은 율법의 행위로 의롭게 될 수 있는 사람은 아무도 없다고 주장한다(롬 3:20). 그런데, 비록 유대인은 자기들이 아브라함의 후손이라는 사실을 근거로 자기들이 하나님의 백성(이스라엘)에 속한다고 주장하고, 할례를 받고(남자의 경우) 율법의 요구를 지킴으로 자기들이 하나님의 백성임을 인정하지만, 바울은 하나님 앞에서 그들의 영적인 위치와 최후의 심판의 결과를 걱정하면서, 하나님은 율법이 요구하는 행위를 수행하는 것을 근거로 해서 의를 주시지 않음을 분명히 밝힌다(롬 3:28). 그것은 전적으로 그리스도의 의로운 행동에 의존하며, 믿음을 근거로 주어진다. 믿는 사람이 바로 하나님의 의롭다는 인정을 받는 사람이다. 그리스도의 일과 믿음의 필요성에 대한 이런 이해를 근거로 바울은 이방인들은 유대 율법을 받을 필요가 없다고 단언한다.

성령. 바울이 특별히 유대교와 기독교를 대비시키는 문맥들 속에서 성령을 언급하는 것을 주목해야 한다. 율법과 성령이 서로 대립한다(고후 3장 갈라디아서). 로마서에서 이것이 분명하게 드러나는 곳은, 사람을 죄에서 건지지 못하는 율법의 무능함과 사람을 건질 수 있는 성령의 능력이 대비되는 곳이다. 만약 신자들이 더 이상 율법 아래 있지 않다면, 그들은 성령에 의해서 살며 율법의 요구를 이룰 수 있다(롬 8:2-4). 육신과 성령도 역시 서로 대립관계에 있다. 육신은 연약하고 악하며 자기 확신에 찬 인간 본성을 가리키는 반면, 성령은 인간 본성을 변화시키고 생명과 부활을 가져올 수 있는 신성한 능력을 가리킨다.

죄의 세력에 대항하여 신자의 생활 속에서 역사하는 능력으로서 성령을 이렇게 강조함에도 불구하고,[51] 성령을 신자 안에 거하며(롬 8:9) 신자를 위해서 도고하는(롬 8:26-27) 독립된 인격으로 이해한다는 표시들이 있다. 성령의 능력은 또한 선교사의 임무 속에서 활동한다(롬 15:19). 그리스도와 성령은 밀접하게 연결되어 있어서 성령은 그리스도의 영이라고도 불리며(롬 5:9), 그리스도와 성령이 동일한 결과를 내는 것으로 표시된다. 이와 같이 그리스도의 죽음과 부활에 연합하여 새 생명으로 부활함으로써 죄의 세력으로부터 해방되어 하나님께 순종할 수 있는 능력을 받게 된다(로마서 6장). 바로 이것이 로마서 8장에서, 성령이 신자들에게 주는 것이다. 바울은 또한 성령의 은사에 대해서 말하는데, 비록 그 표현을 사용하지는 않지만, 그 사상이 나타난다(롬 12:6-8).

---

51) 성령과 죄는 모두 사람이 따르고 순종해야 하는 주인으로 의인화될 수 있다(롬 6:19-23; 8:14).

결론

로마서는 바울 저작의 최고봉으로서의 신학적 서신이라는 평판을 유지해 오고 있다. 복음에 대한 바울의 이해에 익숙하지 않던 회중에게 그것을 설명해 주어야 필요성으로 인해서 바울은 이신칭의 교리, 신자의 삶 속에서의 성령의 활동을, 그가 몇 가지 문제를 다루었던 갈라디아서에서보다 더 조직적인 형태로 정리해서 표현할 수 있는 기회를 얻었다.

참고문헌

New Testament Theologies: (German) Hübner, 2:232-323.

Achtemeier, Paul J. *Romans.* Atlanta: John Knox Press, 1985.

Badenas, Robert. *Christ the End of the Law: Romans 10:4 in Pauline Perspective.* Sheffield: JSOT Press, 1985.

Barth, Marcus. *The People of God.* Sheffield: JSOT Press, 1983.

Campbell, William S. *Paul's Gospel in an Intercultural Context: Jew and Gentile in the Letter to the Romans.* Frankfurt: Peter Lang, 1991.

Chae, Daniel J.-S. *Paul as Apostle to the Gentiles: His Apostolic Self-Awareness and Its Influence on the Soteriological Argument in Romans.* Carlisle: Paternoster, 1997.

Cranfield, C. E. B. *A Critical and Exegetical Commentary on the Epistle to the Romans.* 2 vols. Edinburgh: T & T Clark, 1975, 1979.

Dunn, James D. G. *Romans.* 2 vols. Dallas: Word, 1988.

———. *The Theology of Paul the Apostle.* Grand Rapids, Mich.: Eerdmans, 1998.

Gathercole, Simon J. "A Law unto Themselves: The Gentiles in Romans 2.14-15 Revisited". *JSNT* 85 (2002): 27-49.

———. *Where Is Boasting? Early Jewish Soteriology and Paul's Response in Romans 1–5.* Grand Rapids, Mich.: Eerdmans, 2002.

Haacker, Klaus. *The Theology of Paul's Letter to the Romans.* Cambridge: Cambridge University Press, 2003.

Hay, David M., and E. Elizabeth Johnson, eds. *Pauline Theology 3: Romans.* Minneapolis: Fortress, 1995.

Longenecker, Bruce W. *Eschatology and the Covenant: A Comparison of 4 Ezra and Romans 1–11.* Sheffield: Sheffield Academic Press, 1991.

Marshall, I. Howard "For All, for All My Saviour Died". In *Semper Reformandum: Studies in Honour of Clark H. Pinnock.* Edited by Stanley E. Porter and Anthony R. Cross, pp.

322-46. Carlisle: Paternoster: 2003.

————— . "The New Testament Does *Not* Teach Universal Salvation". In *Universal Salvation: The Contemporary Debate.* Edited by Robin Parry and Christopher Partridge, pp. 55-76. Carlisle: Paternoster, 2003.

Moo, Douglas J. *The Epistle to the Romans.* Grand Rapids, Mich.: Eerdmans, 1996.

Morgan, Robert. *Romans.* Sheffield: Sheffield Academic Press, 1995.

Piper, John. *The Justification of God: An Exegetical and Theological Study of Romans 9:1-23.* Grand Rapids, Mich.: Baker, 1983.

Sanders, E. P. *Paul and Palestinian Judaism: A Comparison of Patterns of Religion.* London: SCM Press, 1977.

Sanders, John. *The God Who Risks: A Theology of Providence.* Downers Grove, Ill.: InterVarsity Press, 1998.

Soderlund, Sven K., and N. T. Wright, eds. *Romans and the People of God: Essays in Honor of Gordon D. Fee on the Occasion of His Sixty-fifth Birthday.* Grand Rapids, Mich.: Eerdmans, 1999.

Witherington, Ben, III, with Darlene Hyatt. *Paul's Letter to the Romans: A Socio-rhetorical Commentary.* Grand Rapids, Mich.: Eerdmans, 2004.

Wright, N. T. *The Climax of the Covenant: Christ and the Law in Pauline Theology.* Edinburgh: T & T Clark, 1991.

————— . "The Letter to the Romans: Introduction, Commentary and Reflection". In *The New Interpreter's Bible.* Edited by Leander E. Keck et al. Vol. 10, pp. 393-770. Nashville: Abingdon, 2002.

제 13 장

빌립보서

빌립보는 바울과 실라가 아시아를 넘어서 유럽으로 들어갔을 때에 옛 마게도냐에서 최초로 방문한 중요한 성읍이었지만(행 16:11-40), 빌립보 교회에 보낸 바울의 서신은 그가 로마(cf. 행 28:16-31) 또는 다른 곳에서(이 가능성은 별로 없다) 감옥에 갇혀 있을 때에 보낸 후기의 서신이다. 이 서신은 기본적으로 바울(아울러 디모데)과 그가 기독교 선교라는 공통의 사명을 공유하는 자들로 여겨서 애정을 갖고 있었던 빌립보 회중(빌 1:5) 간의 우정 또는 교제를 표현하고 있는 서신이다. 빌립보 회중은 기도(빌 1:19)와 헌금(빌 4:10-20)을 통해서 바울을 도왔다.[1] 바울은 그의 독자들을 격려할 목적으로 죄수가 된 자신의 상황에 관한 소식을 전하고(빌 1:12-26), 디모데와 에바브로디도를 통한 회중과의 다른 접촉들에 관하여 쓰고 있다(빌 2:19-30). 이와 동시에, 이 서신 속에는 분파를 피하고 하나가 됨으로써 연약하여지지 않고 적극적인 반대에 의해서 그들의 신앙을 포기하게 만들고자 하는 강력한 시험에 저항할 수 있도록 하라는 회중에 대한 강력한 목회적인 권면이 나온다(빌 1:27-2:18; cf. 빌 4:2-9). 또한 이 교회에는 유대교의 의식과 율법적인

---

1) 이러한 우정 또는 교제의 요소는 고대의 많은 서신들의 중요한 기능으로 인식되어왔다. 그러한 서신들은 거기에 없는 서신의 기자의 존재를 전달하고 기자와 수신자 간의 대화를 증진시키는 우정의 태도라는 요소들을 포함하고 있다. John L. White, *Light from Ancient Letters* (Philadelphia: Fortress, 1986)을 보라.

관습들이 영적인 완전 또는 성숙으로 가는 길이라고 말하며 권장하였던 것으로 보이는 한 무리의 사람들(순회 전도자들)에 의한 위험이 존재하였다(빌 3:1-4:1). 그러므로 빌립보서는 바울의 상황과 그의 독자들의 상황, 그리고 그것들 간의 상호 작용에 의해서 형성된 서신이다. 바울이 이 서신 속에서 이러한 상황에 대하여 보인 반응은 대단히 신학적인 것으로서, 그의 심오한 신학을 목회적인 목적들을 위하여 사용하고 있는 전형적인 모습을 보여준다.

신학적 이야기

기도문(빌 1:1-11). 이 서신은 바울이 독자들에게 그들이 복음의 사역에 동참하고 있는 것에 대하여 기쁜 마음으로 하나님께 감사한다는 것과 좀 더 구체적으로 그가 그들의 지속적인 영적 진보와 그들이 선교 활동에 동참하고 있는 것을 생각하고 있다는 것을 말함으로써 그들을 격려하고 있는 기도문으로 시작된다. 전자의 내용은 우리가 충분히 예상할 수 있는 그런 내용이다: 바울의 관심은 사랑, 지식, 의(義) 같은 특질들에 있어서 그의 독자들의 성장에 있고, 그는 하나님을 향한 그의 기도들이 빌립보 교인들이 이러한 성장을 이루는 데에 도움이 될 것이라고 믿는다. 후자의 내용은 좀 의외의 것이다. 그것은 그들이 헌금과 기도와 에바브로디도를 통한 개인적인 후원을 통해서 바울을 밑받침했다는 것과 그들이 회중 외부의 사람들로부터 겪고 있었던 반대에도 불구하고 그리스도에 대한 그들의 증언 사역을 계속하였다는 내용을 포함하고 있다. 이미 이 단락에서 이 서신의 두 가지 핵심적인 분위기가 강조되고 있는데, 그것은 그와 그의 독자들이 직면한 어려움들에도 불구하고 바울이 느낀 기쁨과 하나님을 위한 그들의 사역 속에서 그들이 공통적으로 겪은 하나님의 은혜 체험으로부터 생겨난 연대 의식이다.

신학적으로 검토된 바울의 상황(빌 1:12-26). 기도문이 끝난 후에 빌립보서 1:12에서 시작되는 이 서신의 본론 부분에서 바울은 자신의 상황을 길게 다룬다. 바울이 이 서신을 쓰게 된 이유 중의 하나가 에바브로디도를 통해서 개인적으로 그들과 결부되어 있었던 상황에 대해서 그의 친구들에게 최근의 변화된 소식을 전하는 것이었기 때문에 이것은 적절한 것이었다. 이와 동시에, 바울이 자신의 체험들을 얘기한 것은 어려운 상황 속에 놓여 있는 그의 독자들을 격려하기 위한 것이기도 한 것으로 보인다. 바울의 상황 속에는 두 가지 주요한 요소들이 나온다.

한편으로, 바울은 감옥에 갇혀 있게 되었는데, 이것은 여러 곳을 순회하며 전도하는 선교사로서의 바울의 발목을 붙잡고 있었다. 그럼에도 불구하고, 바울의 투옥은 "하나님을 사랑하는 자 곧 그의 뜻대로 부르심을 입은 자들에게는 모든 것이 합력하여 선을 이루느니라"(롬 8:28)는 원칙과 "내가 죄인과 같이 매이는 데까지 고난을 받았으나 하나님의 말씀은 매이지 아니하니라"(딤후 2:9)는 원칙을 실증하는 사건이었다. 후자는 바울의 주요한 관심사였다. 바울은 감옥에 갇힘으로써 그 지역에 있는 사람들에게 복음을 전파할 수 있게 되었기 때문에, 비록 그는 활동의 자유를 제약당했지만, 그렇지 않았더라면 다가갈 수 없었던 사람들에게 다가가서 복음을 전할 수 있게 되었다. 이와 동시에, 바울이 두려움 없이 복음을 증언하는 것을 보고, 다른 신자들이 힘을 얻고 도전을 받게 되었다.

다른 한편으로, 추가적인 고난과 죽음의 위협이 바울 위로 어른거리고 있었다. 이것은 자연적인 원인들에 의한 죽음의 가능성을 의미한다기보다는 어떤 점에서 선교사로서의 그의 활동에 대한 사형 선고를 의미하는 것으로 보인다.[2] 어느 쪽이 되었든, 바울은 그러한 결과를 받아들여야 했다. 그는 죽음은 그리스도와 함께 있게 되는 길을 열어 준다는 점에서 바람직한 것이라는 것을 깨달을 수 있었다. 이와 동시에, 그는 이 세상에서의 지속적인 사역이 아무리 힘들고 고통스러운 것들을 수반한다고 하더라도 그러한 일을 할 준비가 되어 있었다. 바울은 당분간 이것이 그의 소명이라는 것을 확신하게 되었다.[3] 그가 그의 친구들과 다시 재회하게 되리라는 믿음이 여기에서 지배

---

2) 이것은 분명히 빌립보서 1:20에서 그의 몸으로 그리스도를 높이는 것에 대한 언급에 의해서 요구되지만, 어떤 사람이 자연적인 원인으로 인하여 죽음을 맞음을 통해서도 그리스도를 높일 수 있다는 것을 부정하지 않는다.

3) 바울이 이것을 어떻게 알았는지 언급되지 않고 있다. 그것은 그가 그들을 돕기 위하여 살아 있는 것이 회중의 유익을 위하여 더 필요하다는 그의 신념으로부터 추론된 것일 가능성은 거의 없다. 아마도 그것은 바울의 예언적인 통찰을 보여주는 사례인 것으로

적이다.

이렇게 감옥에 갇힌 것과 죽음의 위협은 그리스도와 함께 하는 것과 복음의 진보에 관한 소망에 비추어서 상대화되지만, 사도의 개인적인 소망조차도 그가 세운 회중의 유익을 위한 그의 관심에 비해서 부차적인 것이 된다.

회중에 대한 위협들(빌 1:27-2:4). 이렇게 바울은 빌립보 회중에 대한 모범이자 격려자로 등장한 후에, 이 서신의 초점은 이제 독자들의 삶의 방식으로 옮겨간다. 그들의 기독교적인 삶은 개인적으로나 공동체적으로나 두 가지 방향에서 위협을 받고 있었다.

첫째, 대적자들로 규정된 사람들로부터의 위협들에 의해서 야기된 긴장이 존재하였다. 예수를 메시야와 주님으로 믿는 한 무리의 신자들을 세우는 일은 전도 대상이 된 사람들에 의해서 처음부터 반대를 받아 왔다. 이러한 사람들은 멸망의 길로 가고 있는 사람들이다. 왜냐하면, 그리스도를 거부한 자들은 심판을 받게 되어 있다는 것이 기독교 신앙의 확고한 요소이기 때문이다. 그러므로 신자들에게는 그들의 신앙을 남들에게 나누어 줄 의무가 있다. 그러나 그들 스스로도 자신의 신앙을 굳게 붙잡을 필요가 있는데, 그 신앙에서 떨어지면, 그들도 마찬가지로 심판을 받게 될 것이기 때문이다. 그러므로 그리스도인들의 삶은 교회 외부로부터의 반대로 인하여 고난을 받을 수밖에 없는 그러한 삶이다.[4]

둘째, 교회 내부에서의 긴장 관계와 불화의 발전으로 인하여 회중의 안정성이 위협받고 있었다. 그리스도인들이 서로를 사랑하고 용납하며 복음 안에서 하나됨을 발견하지 못한다면, 회중은 외부의 압력들을 견딜 수 없게 되고, 사람들은 서로에 의해서 지지(支持)를 받지 못하기 때문에 회중에서 떨어져 나가게 될 것이다. 빌립보 교회에서 주요한 문제는 내부 분열의 문제였

보인다.

4) 서방 세계와 북방 세계에서 많은 사람들이 그리스도인들과 그들의 신앙에 대하여 아무리 무관심하고, 사회가 전반적으로 서로 다른 여러 종교들을 용납한다고 할지라도, 세계 전체로 보아서는 결코 그렇지 않다는 것을 우리는 상기할 필요가 있다. 주후 20세기에 있어서도 역사상의 그 어느 시대보다도 더 많은 그리스도인들에 대한 박해가 있어 왔다.

던 것으로 보인다.[5]

바울은 이러한 상황에 대하여 두 가지를 말한다. 첫째는 그리스도인들이 고난을 기꺼이 맞을 준비가 되어 있어야 한다는 것을 계속해서 강조하는 것이다. 그들은 그리스도를 위한 고난이 믿는 자로서의 그들의 부르심의 일부라는 것을 깨달아야 한다. 고난은 바울에게서와 마찬가지로 그리스도의 증인에게는 필수적인 부분이다. 좀 더 자세하게 전개되고 있는 두 번째의 것은 회중 안에서 내부적으로 하나됨과 화목을 이룰 필요성이다.

그러한 화목은 두 가지 방식으로 생겨날 수 있다. 한 가지 길은 회중 내에서 서로 다른 견해들에 대한 상당한 정도의 용인이 허용되어서, 사람들이 비본질적인 문제들에 관한 서로 다른 견해를 놓고 싸우지 않게 되는 것이다. 또 하나의 길은 사람들이 그들이 어떻게 생각하고 행하여야 하는지에 대하여 서로 마음을 같이하는 것으로 인해서 하나가 되는 것이다. 전자의 길은 문화적 패턴으로서의 행동 형태에 관한 것이다. 다른 곳에서 바울은 사람들은 그리스도께서 그들을 받으신 것처럼 문화적인 차이에도 불구하고 서로를 받아야 하고, 궁극적으로 그렇게 중요한 문제가 아닌 것들을 놓고 논쟁을 벌이지 말라고 역설한다(롬 15:7). 하지만 여기에서 바울은 두 번째 길에 더 관심을 갖는다. 이기적인 목적과 목표로 인해서 불화가 일어나는 곳에서 바울의 관심은 사람들이 공통의 목표를 가지고서, 그것에 비추어서 자신의 이기적이고 뽐내는 태도를 버려야 한다는 것이다. 그들은 그들 자신의 만족이 아니라 서로의 필요들을 배려할 줄 알아야 한다. 요컨대, 회중의 삶은 서로에 대한 사랑이라는 특징을 지녀야 한다. 형제 사랑과 공통의 목표는 서로 연결되어 있다.

예수의 모범(빌 2:5-11). 이 점을 강조하기 위해서 바울은 예수의 모범을 인용하는데, 예수의 태도는 곧 신자들의 태도가 되어야 한다.[6] 운율이 붙어

---

5) 이것에 대해서는 특히 Davorin Peterlin, *Paul's Letter to the Philippians in the Light of Disunity in the Church* (Leiden: E. J. Brill, 1995)를 보라; 그는 자신의 주장을 너무 지나치게 밀어 붙이고 있기는 하지만, 서글픈 현실을 정확하게 규명하고 있다.

6) 이 어려운 어구에 대한 이러한 해석(TNIV)은 이것을 가장 잘 의미가 통하게 만든다.

있는 빌립보서 2:6–11의 세심한 표현은 흔히 그리스도의 역정(歷程)을 송축하는 기독교의 찬송이라는 기존의 작품을 반영한 것으로 생각되었고, 이러한 기독교의 찬송이 바울의 정서를 표현하기 위하여 이 서신 속에 삽입된 것이라고 주장되었다. 내가 보기에는 이것이 바울의 저작이 아니라는 논거들은 설득력이 없기 때문에, 이 단락은 바울의 저작일 가능성이 더 높다.[7] 이 단락은 두 개의 부분들로 나누어진다.

첫 번째 부분에서는 하나님의 본성을 지닌 자가 그러한 특권을 버리고, 사람의 형체를 입고서 하나님의 종으로 와서, 저 치욕스러운 죽음으로 죽기까지 하나님의 뜻에 복종하였다는 것이 서술된다.[8]

두 번째 부분에서는 행위자가 하나님인데, 하나님은 이 존재를 가장 높은 지위로 들어올려서 자기 자신과 동등되게 하시고, 모든 피조물로 하여금 그를 주로 인정하게 하였다는 내용을 담고 있다. 이사야 45:22–23에 대한 반영이 너무도 분명하게 보여주고 있듯이, 이 존재에 대한 모든 피조물의 이러한 충성 맹세는 하나님에게나 합당한 그런 것이다.

이러한 묘사 속에는 두 가지의 것이 함축되어 있는 것으로 보인다. 첫 번째는 예수께서 보이신 자기 부인의 태도는 독자들이 힘써야 할 그런 태도라는 것이다. 그들은 비록 예수와 같은 신분은 아니지만 그들 자신을 부인하여야 한다. 예수의 자기 부인이 우리가 여기에서 예상하는 다른 사람들에 대한 섬김이 아니라 하나님에 대한 순종과 관련되어 있다는 것은 사실이다. 그럼에도 불구하고, 다른 사람들을 섬기라는 부르심은 궁극적으로 하나님에 대한 순종의 표현이기 때문에 그 차이는 중요하지 않다. 분명히 여기에서는 명시적으로 언급되고 있지는 않지만, 예수의 순종은 다른 사람들을 섬기는 것

---

7) 전자의 견해에 대해서는 특히 Ralph P. Martin, *Carmen Christi: Philippians 2:5–11 in Recent Interpretation and in the Setting of Early Christian Worship,* 2nd ed. (Grand Rapids, Mich.: Eerdmans, 1983); 후자의 견해에 대해서는 Gordon D. Fee, *Paul's Letter to the Philippians* (Grand Rapids, Mich.: Eerdmans, 1995)를 보라.

8) 물론 이 순종은 하나님에 대한 순종이었다; 마치 죽음이 주인이기라도 한 것인 것처럼 그가 "죽음에 순종하였다"고 말하는 것은 이 본문을 잘못 해석하는 것이다.

과 관련된 것이었다. 그러므로 여기서의 요지는 뭔가 다른 목적을 이루기 위하여 자기를 부인하라는 것이고, 예수는 그러한 것의 모범이라는 것이다.

두 번째는 예수가 하나님에 의해서 주님으로 선언되었기 때문에 그 앞에서 모든 자가 무릎을 꿇고 그를 주로 고백해야 한다는 것이다. 이 점은 명시적으로 역설되고 있지는 않지만, 이러한 묘사가 독자들에게 그들의 이기적인 욕망들을 부인하고 그 대신에 그리스도께 순종하라고 촉구하는 기능을 한다는 것은 분명한 것 같다. 그들의 하나됨은 그리스도에 대한 그들의 공통된 순종과 그리스도를 주로 고백하는 그들의 공통된 신앙고백에서 나오게 될 것이다. 다른 곳에서 신자들에게 그들이 그리스도와 더불어서 다스리게 되거나 영화롭게 되리라고 약속되고 있다는 것은 사실이지만(롬 8:30; 살후 1:10), 그러한 모티프가 여기에 존재한다는 것을 보여주는 표지(標識)는 없다. 오히려 정반대로, 여기에서 단언하고 있는 것은 그리스도께서 신자들 위에 높이 계시다는 것이다.

그리스도는 하나님께 순종하였고, 다른 사람들이 아니라 하나님을 섬겼으며, 그의 높아지심은 신자들에게 장차 일어나게 될 일에 대한 패러다임이 아니라 신자들이 그에게 순종하여야 할 토대를 구성한다는 점에서, 그리스도에 관한 이러한 말씀과 그 맥락 간에는 부조화가 존재한다. 이것은 이 단락이 원래 여기에 있던 것이 아니라 뭔가 다른 목적을 위하여 의도된 것이었다고 볼 수 있는 가장 강력한 근거가 되고 있지만, 그렇다고 해서 그것이 바울이 이 단락의 저자가 아니라는 것을 의미하는 것은 아니다. 여기에서 우리는 단지 불화하는 신자들과 관련이 있는 것이 아니라 독자적으로 살펴볼 필요가 있는 기독론적인 진술을 본다.

회중에 대한 적용(빌 2:12-18). 그러므로 그리스도인들의 자기 부인과 순종은 예수 그리스도에 관한 이야기 속에 뿌리를 두고 있고, 이 주제는 이 대단락의 나머지 부분에서 계속된다. 독자들은 특별히 순종하도록 부르심을 받았고, 순종을 통해서 그들의 구원을 "이루어 내도록" 부르심을 받았다. 이 요구의 의미는 모호하기는 하지만, 가장 유력한 견해는 이 요구가 하나님께서 "그들 안에서" 역사하고 계시다는 사실을 그들의 삶을 통해서 드러내어야 한다는 것을 가리킨다는 것이다. 신자들의 "외적인" 삶은 "내적인" 하나님의 감화에 의해서 인도하심을 받고 능력을 받게 된다. 바울은 여기에서 하나님의 대리자로서의 성령을 언급하고 있지는 않지만, 그러한 것이 암묵적으로 전제되고 있을 가능성이 높다.

이러한 순종의 실천적인 표현은 이기적인 욕망들에서 벗어나서 완전하게 되는 것과 죄과(罪過)로부터의 자유를 향하여 나아가는 삶이다. 바로 그러한 삶을 이루는 것은 바울이 말하고 있는 목표가 되고 있는데, 바울은 그리스도의 날에(즉, 심판의 날에) 그러한 목표가 이루어졌음을 봄으로써 선교사로서의 그의 사역이 옳았음을 입증받음과 동시에 그것에 대하여 크게 기뻐할 수 있게 되기를 소망한다. 그러나 이렇게 크게 기뻐한다는 개념은 순전히 미래적인 것이 아니다. 바울은 희생제사에 부어지는 전제와 같이 곧 그의 수명을 다하게 되겠지만, 여전히 빌립보 회중에 대하여 기뻐할 수 있었고, 또한 빌립보 회중들도 그가 외적으로는 감옥에 갇혀 있고 죽음의 위협을 받고 있음에도 불구하고 그에 대하여 기뻐할 것이라고 확신한다.

동역자들(빌 2:19-30). 다음 단락은 바울이 여행 계획들과 그의 동료들 및 자기 자신과 관련된 가능성들을 넌지시 말하고 있기 때문에, 얼핏 보면, 이 서신의 결론부를 향하여 나아가고 있는 것처럼 보인다. 신학적으로 볼 때, 이 단락은 에바브로디도와 관련된 하나님의 놀라운 섭리와 선하심에 대한 강조, 장래의 계획과 관련하여 표현된 확신, 바울의 조력자들이 지닌 그리스도인으로서의 성품이 그리스도와 바울과 회중에 대한 전적인 헌신이라는 관점에서 묘사되고 있는 것때문에 아주 중요하다.

유대화주의자들로부터의 위협(빌 3:1-21). 이 서신은 이 대목에서 마무리되는 것이 아니라 예기치 않았던 날카로운 방향 전환을 하는 것으로 보인다. 사실 이 단락에 나오는 것은 그리스도 예수 안에서 크게 기뻐하는 것에 대한 언급 직후에 나오는 "주 안에서 기뻐하라"는 명령이다. 빌립보 교인들의 영적인 진보를 위협하고 있던 것들 중의 하나는 분명히 개략적으로 말해서 육체(flesh)라고 부를 수 있는 것, 즉 인종적인 우월성 같은 인간적인 이점들 또는 할례 같은 몇몇 의식들의 수행 또는 의무들을 수행하는 인간적인 열심 — 이것들 자체로는 칭찬할 만한 것들이겠지만 — 을 기뻐하고 그러한 것들에 신뢰를 둔 한 무리의 사람들에 의해서 야기된 위협이었다. 이러한 사람들은 날 때부터의 유대인들 또는 유대교로 개종한 자들로서 이러한 일들을 행하였을 뿐만 아니라, 분명히 그러한 것들이 하나님께 받아들여지는 것, 그러니까 구원에 대한 종교적인 확신의 토대를 이룬다고 믿었고, 우리가 이미 갈라디아서에서 본 것과 동일한 방식으로 그러한 것들을 다른 사람들에게 권하였다. 바울은 이러한 종교적인 확신의 원천들에 반대하여 그리스도를 제시하고서, 독자들에게 오로지 그리스도만을 의지하도록 권한다. 그들이 기뻐해야 하고 신뢰해야 할 것은 그들 자신이 아니라 주님이다.

여기에는 두 가지 모티프가 담겨 있다. 첫째, 바울은 그리스도를 하나님 앞에서의 참된 의(義), 즉 죄 문제를 해결해 주는 하나님과의 올바른 관계를 가져다주는 원천으로 제시한다. 전후 맥락 속에서 죄라는 단어가 사용되고 있지 않다는 것은 사실이다. 그럼에도 불구하고, 의에 도달하는 것을 목표로 하는 이 단락의 전체적인 취지는 분명히 사람들이 그들 자신의 의 때문에 하나님의 의에 도달하지 못하므로 새로운 신분을 필요로 한다는 뜻을 함축하고 있다.

둘째, 바울은 의에 도달하는 이 새로운 길은 옛 길을 무효화시킨다고 주장한다. 옛 길은 유대 율법의 지시들을 따르는 것이었다. 이 길은 유효하지 않다. 그것은 율법이 규정하고 있는 것에 따라서 사람들이 수행하는 의("내 자신의 의")를 얻고자 하는 시도인데, 이제 그것은 하나님께로부터 그의 선물로 오는 의, 우리가 율법을 지킴으로써가 아니라 하나님께서 우리를 위하여 행하신 일을 받아들이는 믿음을 통해서 얻어지는 의로 대체되었다. 하나님과 올바른 관계를 맺게 되는 이러한 두 가지 길 간의 대립은 아주 강하기 때문에, 바울은 그가 지금은 옛 길 아래에서 하나의 가능성으로 물려받았거나 얻은 모든 것을 다 버려야 할 쓰레기로 여긴다고 말할 수 있었다. 이것은 아마도 바울이 하나님과 올바른 관계를 맺는 수단으로서의 율법 아래에서의 신분과 성취들에 관하여 말한 표현들 중에서 가장 강력한 표현일 것이다. 이 표현은 바울이 할례자들을 가리켜서 "몸을 상해하는 자들"이라고 말하고, 이방인들에 대하여 악담을 할 때에 유대인들이 사용하였던 경멸적인 호칭이었던 "개들"이라는 표현을 오히려 유대인들을 향하여 사용하는 등 극단적으로 폭력적인 표현들이 사용되고 있는 맥락 속에서 등장한다(빌 3:2). 다른 곳에서 바울은 율법에 대하여 좀 더 긍정적인 관점에서 말할 수 있었지만(롬 7:12), 여기에서는 율법 문제가 이방인들도 구원을 받기 위해서는 반드시 율법을 지켜야 한다는 주장과 관련된 것이었기 때문에 바울은 험한 표현들을 사용하고 있는 것이다. 그리스도와 율법은 구원의 길들로서는 서로 양립할 수 없다.

하지만 여기에 표현된 사상은 더 깊다. 바울은 단지 그리스도께서 제공하는 의를 얻는 것에만 관심이 있는 것이 아니다. 그는 이것을 그리스도를 "아는" 것을 핵심으로 하는 총체적인 체험의 일부로 본다. 이렇게 해서 빌립보서 1:21-23에 표현된 갈망이 다시 관심의 초점이 되고 있다. 바울은 그리스도를 알고 그리스도를 얻고자 한다. 칭의의 체험이 그리스도를 아는 것이라는 기본적인 체험과 분리될 수 없다는 것은 분명하다. 이 점은 바울이 그리스도의 십자가의 죽음을 본받아 그리스도의 고난에 동참함으로써 그의 부활의 능력을 체험하며 죽은 자 가운데서 부활함에 이르고자 한다고 말하고 있는 빌립보서 3:10에서 어느 정도 분명해진다(빌 2:8!). 로마서 6장에서 말해진 것을 요약하고 있는 이 대목에서 바울은 믿음은 사람들이 그리스도와 합하여 그의 죽음과 부활에 동참하며 죽은 자 가운데서의 최후의 부활을 체험할 것을 기대할 수 있는 태도라고 말한다. 죽음이란 죄악되고 이기적인 동기(動機)들과 그것의 결과로서의 여러 행위들에 대하여 죽는 복합적인 체험이고, 부활이란 죽은 자 가운데서 예수를 다시 살리신 성령의 능력을 받아서 하나님께 순종하는 새로운 삶인데, 거기에는 다른 그 무엇보다도 바울의 체험적인 신앙 속에서 중심적인 요소로 등장하는 그리스도를 아는 체험이 존재한다.[9] 이것은 개인의 변화 또는 개인이 받은 축복이 아니라 한 사람을 알고 사랑하는 것과 비슷한 성격을 지니는 하나님 또는 예수 그리스도와의 관계를 결정적인 요소로 하는 그리스도인의 체험의 성격에 관한 다른 표현들과 부합한다. 바로 이러한 관계가 신자의 변화와 구원을 가져온다.

죽은 자 가운데서 부활에 이르고자 한다는 언급은 바울로 하여금 그리스

---

9) 그리스도를 "안다"는 표현은 잘 알다시피 바울 서신에는 드물게 나오지만, 그것은 신자의 삶 속에서 중심적인 관계에 관한 그의 이해를 집약하는 표현이다.

도인의 체험의 성격에 관한 이러한 강력한 인격적인 표현으로부터 하나님에 대한 신자의 관계 속에서 일어나는 진보와 발전에 관한 사상으로 옮겨갈 수 있게 해 주었다. 바울은 이것을 "완전함" 또는 "성숙"이라는 관점에서 표현한다. 우리가 "누구를 더 잘 알게 되어 간다"라고 말하듯이, 하나님과의 관계는 인간의 관계와 마찬가지로 발전해 가는 관계이다.

이제 이미지가 바뀌어서, 바울은 앞에서 말한 것과 대체로 동일한 경험을 경주자가 목표 지점에 더 가까이 가는 것이라는 관점에서 표현한다. 바울이 진보의 필요성에 관하여 말하고 있는 방식은 바울 주변에 "이미 도달하였다"고 주장하는 사람들이 있었다는 것을 암시하는 것 같다. 분명히 바울은 그의 독자들에게 그런 사람들이 있다는 것을 경고할 필요가 있었다. 그런 사람들은 십자가의 원수들이었는데, 우리가 그들은 이 장의 시작 부분에서 그토록 강력한 표현으로 묘사되고 암묵적으로 단죄되었던 자들과 동일한 사람들로 볼 때, 이 장은 그 의미가 가장 잘 통하게 된다. 그들은 행위가 아니라 믿음에 의지하는 그런 신앙에 반대하였다. 십자가 및 십자가에 대한 사람들의 태도는 하나님에 대한 그들의 관계의 진정한 성격을 백일하에 드러내 주는 일종의 리트머스 시험지 같은 역할을 한다. 여기서 단죄되고 있는 것이 정욕이나 욕망에 굴복해서 사람들이 저지른 실제적인 범죄인 것인지, 아니면 그들이 할례와 유대교의 외적인 표지(標識)들을 자랑하는 것인지는 분명하지 않다.[10]

이와는 대조적으로, 신자들은 이 세상에서는 나그네와 외인 같은 존재들이기 때문에, 이 세상의 길들에 영합하지 않고, 그들이 진정으로 속해 있는 나라, 즉 사람들이 순종을 바쳐야 할 유일한 분으로서 지금 이미 하늘 보좌에 앉아 계신 그리스도의 통치에 순종한다(빌 2:9-11). 그들은 그리스도께서 다시 오셔서, 세상의 나라들이 하나님의 나라가 되고, 썩을 것들이 썩지 않을 것으로 변하게 될 때를 간절히 고대하고 있다(고전 15장에서처럼).

기쁨, 확신, 관용(빌 4:1-23). 이 절정을 통해서 바울은 이 서신 중에서 좀

---

10) **육체**라는 용어는 은유적으로 사용될 수도 있고 다소 문자 그대로의 의미로 사용될 수도 있다.

더 교리적인 부분을 끝맺는다. 나머지 부분에서 바울은 좀 더 실천적이고 개인적인 내용에 대하여 쓴다. 회중 내에서 신자들 간의 하나됨의 필요성이 반복적으로 강조된다. 바울은 그들에게 주님을 신뢰하도록 권하는데, 그들이 어떤 일을 기뻐하거나 즐거워한다면 주 안에서 그렇게 하도록 권한다. 그들은 하나님께 기도할 때에 하나님께서 그들의 모든 필요들을 공급해 주시리라는 것을 확신할 수 있다. 하나님의 평강이 그들의 삶을 지배할 때에 그들은 불안으로부터 지속적으로 해방될 것이다.

끝으로, 바울은 독자들이 에바브로디도를 통해서 그에게 헌물들을 보냄으로써 그들이 복음에 동참하고 있다는 것을 실질적인 방식으로 표현한 것에 대하여 감사하고, 그 헌물을 죄를 처리하는 제사가 아니라 감사함으로 인해서 하나님께 드려진 헌물이라는 의미에서 희생제사를 드린 것에 비유한다. 궁극적으로 하나님에게 행해진 섬김을 범주화하는 방식으로서 희생제사라는 표현을 사용하는 것은 신약성서에서 심심치 않게 나온다(빌 2:17; 롬 15:16; 히 13:15-16; 벧전 2:5).

신학적 주제들

이 서신에 나타난 신학적 이야기에 대한 우리의 개관으로부터 바울이 교회 외부로부터의 반대와 그로 인한 고난의 위협, 내부적인 분열의 위험성들, 모종의 유대화주의자들로부터의 위협에 의해서 생겨난 회중의 기독교적인 삶과 관련된 여러 가지 문제들을 다루고 있다는 것이 드러났다. 또한 바울은 회중에게 자신의 위치에 대하여 다시 확신시켜 주는 데에도 관심을 가지고 있었고, 이 서신의 이 부분을 그가 그들에게 제시한 권면을 밑받침하는 수단으로 사용하였다.

예수와 바울의 관계. 바울의 중심적인 관심사는 복음의 진보, 즉 기독교의 메시지를 널리 알려서 사람들로 하여금 예수 그리스도로 말미암아 하나님과 관계를 맺고 회중을 형성하게 하는 것이었다(빌 1:5, 12, 27). 그의 모든 서신들에서처럼, 예수 그리스도는 이러한 논증 속에서 결정적인 역할을 한다. 바울은 이 서신의 시작 부분에서 예수 그리스도에 대한 언급을 통해서 그리스도의 종으로서의 자신의 역할과 그리스도인으로서의 독자들의 신분을 정의한다(빌 1:1). 독자들은 "그리스도 예수 안에 있는 성도들"이다. 이 어구의 첫 번째 부분("성도들")은 그들을 그의 백성으로서 그에게 속하여 성별된 하나님의 백성으로 규정하고 여러 가지 다양한 구체적인 특징들을 통해서 이것을 보여주는 구약의 표현들을 가져와서 사용한 것이고, 두 번째 부분("그리스도 예수 안에 있는")은 그들이 그러한 신분을 지니게 된 것은 예수 그리스도에 대한 그들의 관계 때문이라는 것을 보여준다. 마찬가지로, 바울은 서두의 인사말에서 그들이 은혜와 평강의 하나님의 축복들을 체험하기를 기도할 때에 이러한 선물들의 원천으로서 하나님 아버지와 더불어서 주 예수 그리스도를 언급한다(빌 1:2; cf. 빌 4:19).

이 서신, 그리고 실제로는 바울 서신 전체에 걸쳐서 독자들에게 있어서 그리스도의 의미를 부각시키는 가장 중요한 장치들 중의 하나는 "그리스도 안에서"라는 어구 또는 "그 안에서" 등과 같은 상당어구들을 사용하는 것이다. 이 어구가 데살로니가전후서에서 어떻게 사용되고 있는지에 대해서는 앞서 짤막하게 살펴본 바 있다. 여기 빌립보서에 나오는 이 어구의 다양한 용례들도 아주 비슷하다. 종종 이 어구는 "그리스도 안에서," 즉 예수와 그가 누구신지를 토대로 해서 기뻐하라거나 확신하라는 것과 같은 동사를 대신해서 사용된다(빌 2:19, 24; 3:1). 또한 이 어구는 그리스도인들의 행위가 그리스도께서 그의 백성의 주님이고 그들에게서 특정한 방식의 행위를 요구한다는 사실에 의해서 결정되어야 한다는 것을 표현한다(빌 2:29; 4:2). 또한 이 어구는 하나님께서 그의 백성의 유익을 위하여 행하시고, 그들을 구원으로 부르시며(빌 3:14), 그들을 보호하시고(빌 4:7), 그들의 필요들을 후하게 만족시켜 주시기(빌 4:19) 위하여 사용하시는 그 인물을 가리키는 데에도 사용된다. 몇몇 경우들에 있어서 이러한 표현 방식은 독자들이 예수에 대한 믿음으로 말미암아 예수와 밀접한 관계에 있다는 것을 나타내고(cf. 빌 3:9b), 이것은 그들이 그리스도 안에 있다고 단순하게 말해질 때에 한층 더 강력하게 드러난다(빌 1:1, 14; 3:9a; 4:21에서처럼). 여기에 나오는 이 표현은 바울이 신자들은 그리스도에게 속한 몸의 지체들이라고 말하고 그리스도는 그 몸의 머리라고 말한 것 또는 요한이 신자들은 그리스도 안에 있고 그리스도는 그들 안에 있다고 말한 것과 비슷한 방식으로 그리스도와의 모종의 연합을 암시한다.

그리스도와의 밀접한 관계에 관한 이러한 사상은 바울이 그리스도와 그의 부활의 권능을 알고자 하고 그의 고난에 참여하고자 한다고 쓸 때에 또 다시 등장한다(빌 3:10). 분명히 이것은 단순히 어느 누구에 관한 지식이 아니라, 바울이 예수의 체험들을 공유하는 개인적인 체험이다. 그리스도와의 이러한 연합의 강력한 결과들이 두드러지게 강조되고 있는데, 이 연합을 통해서 바울은 지금 여기에서와 육체적인 죽음 이후에 그리스도의 부활 생명에 동참하게 된다. 이와 동시에, 이 체험은 바울로 하여금 그리스도의 고난에 동참하게 만든다. 여기에서 그리스도의 고난에 대한 동참은 아마도 모든 신자들의 기독교적인 경험(빌 1:29-30) 및 바울의 선교 사역의 경험(cf. 고후 11:23-33)과 결부되어 있는 고통 및 역경을 가리키겠지만, 이와 동시에 우리는 다른 곳에서 바울이 그리스도와 합하여 그의 죽음과 부활에 동참하는 것을 모든 신자들의 체험으로 말하고 있는 것과 어느 정도의 병행을 보게 된다(롬 6:1-14; 골 2:20; 3:4). 따라서 이 서신 속에는 그리스도와의 인격적인 관계에 관한 강렬한 인식이 존재한다. 바울에게 있어서 그리스도인의 실존은 단지 일련의 교리들에 대한 믿음 또는 하나의 생활 방식으로 이해될 수 없다 ─ 물론, 이러한 것들은 그러한 실존의 일부이기는 하지만. 그리스도인의 실존은 그리스도로 말미암은 하나님과의 관계에 대한 영적인 체험이기도 하다. 이러한 관계를 강조하고 있는 것은 성경 신학에 대한 빌립보서의 특별한 기여들 중의 하나이다.

그리스도인의 체험에 관한 이러한 기본적인 이해에 비추어 볼 때, 우리는 이제 바울이 빌립보서 1장에서 죽음에 대한 그의 태도에 관하여 말하고 있는 것을 좀 더 온전히 이해할 수 있게 된다. 바울은 질병에 의해서든지 물리적인 폭력의 위협을 통해서든지 그의 죽음의 가능성이 아주 현실로 다가왔던 어떤 상황을 겪었음이 분명하다. 그러한 상황 속에서 바울은 그에게 가장 현실적으로 다가왔던 죽음의 문제를 심각하게 생각해보게 되었다. 그는 "산다는 것"은 그리스도를 알고 그의 사랑을 체험할 기회라는 것을 강조한다(빌 1:21). 그렇다면, 육체적인 죽음은 신자를 그리스도와의 더 밀접한 연합으로 데려가 주기 때문에 더 나은 상태라는 결론이 나온다. 이것은 바울을 딜레마에 빠뜨렸다. 왜냐하면, 바울은 그가 이 땅에 사는 동안에 선교사로 부르심을 받아서 그리스도의 생명을 다른 사람들과 나누는 일을 하라고 부르심을 받았다는 것을 잘 알고 있었기 때문이다. 그러므로 바울은 하나님께서 그에게 정하신 수명 이전에 그리스도에게 가서 함께 있기를 열망하는 것이 아니라 하나님께서 그에게 원하시는 한 계속해서 몸을 입고 살 각오를 해야 한다는 것을 받아들였다(빌 1:19-26).[11]

그리스도의 낮아지심과 높아지심. 이 모든 것은 바울이 이렇게 놀라운 방식으로 말하고 있는 예수가 어떤 분이냐에 관한 문제를 아주 절실한 방식으로 제기한다. 어떻게 예수는 하나님께서 일하시는 통로가 될 수 있었고, 사람들이 이런 종류의 영적인 관계를 맺을 수 있는 그런 인물이 될 수 있었는가? 이 질문에 대한 대답은 이 서신 안에서 다른 본문에 의해서 제공된다. 바울은 회중 내에서 경쟁으로 인한 불화가 생긴 문제를 다루게 되었을 때에 여러 가지 논거들을 사용하지만(빌 2:1-4), 그 중에서 압권인 논증은 그리스도 예수의 태도에 관한 것이다. 예수는 본래 하나님의 본체이셨지만 하나님과 동등됨을 취하지 않은 분으로 묘사된다(빌 2:5-8).

이러한 표현은 하나님 아버지와 동일한 수준의 권위를 예수에게 부여하는 것으로 보인다(빌 2:11에서 그를 그렇게 부르고 있듯이). 일부 학자들은 이 본문은 예수께서 지상에 계실 때에 아담이 창조되었을 때의 신분과 동일한 신분을 지니고 있었지만 그것을 활용하려고 하지 않으셨다는 것을 의미할 뿐이라고 주장하여 왔다.[12] 하지만 동사 "이다"(being)를 사용한 것과 예수의

---

11) 바울이 몸의 부활이 언제 일어날 것이라고 생각했는지와는 상관없이, 이것은 신자가 죽는 순간에 그리스도와의 이러한 의식적이고 친밀한 교제 속으로 들어간다는 것을 함축하고 있는 것으로 보인다.

12) James D. G. Dunn, *Christology in the Making* (London: SCM Press, 1980), pp. 114-21; 또한 James D. G. Dunn, *The Theology of Paul the Apostle* (Grand Rapids, Mich.: Eerdmans, 1998), pp. 281-88에서는 좀 더 조심스럽게. 여기에는 서로 구별되는 두 가지 문제가 존재한다. 첫 번째 문제는 창세기 이야기에 대한 간접 인용들이 존재하기 때문에, 우리가 그리스도를 아담과의 비교 및 대비라는 관점에서 이해하는 "아담 기독론"에 관하여 말하는 것이 옳을 수 있느냐 하는 것이다. 이러한 통설에 반대하는 것으로는 특히 Peter T. O'Brien, *The Epistle to the Philippians: A Commentary on the Greek Text* (Grand Rapids, Mich.: Eerdmans; Carlisle:

원래의 상태를 그가 나중에 종의 형체를 입어서 사람과 같은 모양으로 나타 나셨다는 것과 분명하게 대비시키고 있는 것은 바울이 여기에서 선재(先在) 하신 예수의 상태, 즉 예수가 이 세상에 보내져서 여자에게서 태어나 인간의 삶을 살기 이전에(갈 4:4) 존재하였던 방식을 묘사하고 있다는 것을 꽤 결정 적으로 보여준다. 바울이 앞서 예수를 한 주라고 말하며 한 분 하나님 아버 지와 더불어서 창조의 사역을 함께 하였다고 말한 것(고전 8:6)과 그러한 묘 사를 다른 곳에서 본질적인 모든 부분들에 있어서 되풀이하고 있는 것(골 1:15-17)을 감안하면, 이러한 표현은 전혀 이상한 것이 아니다. 바울의 사상 은 유대 지혜 문헌 속에서 지혜가 창조 때에 하나님의 조력자로 의인화되고 이 세상에 보내진 그의 사자(使者)로 의인화된 것에 의해서 영향을 받았을 것이다(잠 8:22-31). 그러므로 바울에게 있어서 예수는 신적인 존재였기 때 문에, 엄밀하게 말해서 예수라는 이름은 그가 출생할 때에 그에게 붙여진 이 름이었지만, 바울은 그의 출생 이전에 하나님과 함께 계셨던 바로 그 존재에 대해서도 예수라는 이름을 사용할 수 있었다.

이러한 묘사에 있어서 바울의 목적은 단순히 예수께서 사람으로 출생하기 이전에 지니고 계셨던 신분을 독자적으로 논의하고자 하는 것이 아니었다. 이 본문의 취지는 예수께서 누린 최고의 권세의 지위를 그가 인간이 되신 것, 더 나아가서 기꺼이 죽으심으로써 철저히 자기를 부인하고 하나님께 순 종한 인간이 되신 것과 대비시키기 위한 것이었다. 이것과 관련해서 바울은 왜 예수께서 죽으셔야 했는지, 또는 왜 하나님께서 예수에게 죽음을 요구하 셨는지 그 이유를 설명하지 않는다.

바울 서신의 다른 곳에서 구원의 수단으로서의 예수의 죽음의 성격은 자 주 언급되지만(예를 들면, 롬 3:25; 5:6-8, 9, 10), 여기에서의 요지는 예수의 자원함, 즉 예수께서 "이기적인 야심이나 헛된 교만으로부터 어떤 일을 하지 않으셨다는 것" — 빌립보 회중의 삶을 망치고 있던 바로 그것(빌 2:3) — 이

Paternoster, 1991), pp. 263-68을 보라. 두 번째 문제는 이 본문이 그리스도에 대하여 선재하는 존재로서의 신분을 부여하고 있느냐 하는 것이다: 아담 기독론을 지지하는 일 부 학자들은 이것을 부인하는 경향을 보여주고 있지만, Dunn이 동의하듯이, 이것은 그 러한 입장의 필연적인 함의는 아니다.

다. 그런 후에, 자기 자신에 대하여 아니라고 말하는 것(자기 부인)은 하나님이 인정하시는 것이라는 것이 분명하게 지적된다. 예수는 기꺼이 죽고자 하셨기 때문에, 하나님은 그를 가장 높은 자리, 즉 그가 이전에 있었던 자리로 높이셨을 뿐만 아니라, 그를 모든 사람들이 예배할 자로 삼으셨다(이것은 새로운 것이다). 모든 사람들은 예수를 주로 인정하게 될 것인데, 여기에서 사용된 표현이 이사야 45:22-23을 토대로 하고 있음이 분명하기 때문에, 여기에서 **주**라는 용어는 원래 하나님 아버지를 가리키는 칭호였는데 하나님께서 예수에게 그 칭호를 수여하신 것임이 절대적으로 확실하다.[13] 이 본문이 직접적으로 말하고자 하는 것은 겸손한 자들은 높아지리라는 것, 달리 말하면 하나님께서는 자기를 부인하고 자신을 부정하는 심령을 인정하시고 상을 주시리라는 것이다. 그렇지만 우리는 이 말씀을 이기적인 자들이 궁극적이고 영원히 하나님에 의해서 높임을 받을 목적으로 자신의 이기적인 주장들을 잠시 동안 기꺼이 철회하여야 한다고 주장한 것으로 오해해서는 안 된다. 그러한 이해는 자기 부인이 무엇을 의미하는지를 완전히 오해하는 것이 될 것이다. 게다가, 문맥상으로 볼 때, 자기 부인이 그 자체를 목적으로 하는 금욕이 되는 경우에 거기에는 아무런 미덕도 존재하지 않는다는 것이 분명하다. 예수께서 행하신 것은 다른 사람들의 유익을 위한 것으로서, 독자들에게 "다른 사람들의 일"을 돌보는 모범을 보여주고 계신 것이다(빌 2:4).

윌리엄스(Demetrius K. Williams)는 바울 서신, 특히 빌립보서에서 십자가라는 용어가 지닌 수사학적인 의미(그의 표현에 의하면)에 주목하였는데, 거기에서 바울은 이 용어를 갈등 상황 속에서 그리스도의 십자가와 합하는 삶의 방식을 칭찬하고 기본적으로 그리스도의 십자가에 반대되는 삶을 경고하는 데에 사용하고 있다는 것이다(빌 2:8; 3:18).[14] 바울은 그리스도의 삶의 패

---

13) 이 용어는 신약성서의 다른 곳에서 사람에 대한 존칭으로 사용될 수 있지만, 여기에 나오는 본문과 같이 신적인 권위라는 훨씬 더 온전한 함의를 지니는 본문들도 있다.

14) Demetrius K. Williams, *Enemies of the Cross of Christ: The Terminology of the Cross and Conflict in Philippians* (Sheffield: Sheffield Academic Press, 2002), p. 26에 나오는 도표는 상호 교류되는 어휘들은 기본적으로 모든 복음서들과 바울 서신들 속에 나오는 본문들에 국한되어 있다는 것을 보여준다(아울러 행 2:23; 히 6:6; 12:2).

턴(빌 2:6-11)이 신자들의 삶 속에서 어떻게 재현되기를 의도하고 있는지를 보여준다(빌 3:1-21은 이전에 나왔던 본문들에 대한 많은 반영들을 담고 있다).

이러한 V자 형태의 역정(하나님으로부터 이 땅에 내려 오셔서 다시 위로 올라가신 것)의 결과로서 예수는 지금 자신의 인성(人性)을 잃지 않은 채로 그를 믿는 자들과의 관계 속으로 들어가실 수 있는 전능하고(빌 3:20) 영적인 인물로 살아 가는 "실존 이후의 삶"(postexistence)을 살고 계신다. 따라서 예수는 하나님의 축복들을 그의 백성들에게 전해 주는 중보자로서의 역할을 하실 수 있다. "주께서 가까우시니라"(빌 4:5)고 말하는 것은 예수께서 그의 백성들이 곤경에 처해 있을 때에 그들을 도우실 수 있다는 것을 인정하는 것이다. 그러한 관계는 예수께서 영광스러운 몸을 입으시고 하늘에서 이 땅으로 다시 오셔서 그의 백성을 이 부패한 세상 속에서의 불완전한 삶에서 구원하여 그의 새로운 실존을 그들과 공유하는 구원자로 오실 때에 온전히 실현될 것이다(빌 3:20-21).

성령. 부활하시고 높아지신 주님으로서 예수는 사람들에게 성령을 나눠 주시는 자이고(cf. 행 2:33),[15] 하나님에 의해서 그의 백성에게 수여되는 축복들은 예수와 성령, 이 두 분으로부터 기인한다고 할 수 있다. 따라서 바울이 그의 현재적인 고난들 속에서 하나님에 의해서 위험으로부터 건지심을 받고 지지되고 있다고 말할 때에 그는 예수 그리스도의 성령에 의해서 주어진 도움이라는 관점에서 그렇게 말하고 있는데, 이 어구는 성령이 얼마나 예수와 밀접하게 결부되어 있는지를 잘 보여준다(빌 1:19). 신자들이 그 안에 견고하게 서 있어야 하는 "한 영"(빌 1:27)은 그리스도인들에게 힘을 주시는 성령이다(단지 비유적인 것이 아니라).[16] 빌립보서 2:1에 나오는 "성령의 무슨 교제"

그것은 바울의 신학적인 어법에 특유한 것으로 보인다.

15) 이 점은 성령을 하나님의 선물이라고 생각하는 바울에 의해서는 명시적으로 표현되지 않는다(갈 4:6; 살전 4:8; cf. 딤후 1:7; 딛 3:5). 그럼에도 불구하고, 성령이 하나님의 영이라고 불림과 마찬가지로 그리스도의 영으로 불릴 수 있다는 것은 바울이 이러한 명제에 동의하였을 것임을 강력하게 시사해 준다.

16) 특히, Fee, *Philippians*, pp. 163-67을 보라(O'Brien, *Philippians*, pp. 149-50

라는 표현은 그리스도인들이 성령에 의해서 수여되는 축복들을 공유함으로써 서로 하나가 되는 것을 가리키고 있음에 틀림없다. 바울이 이와 비슷한 표현을 예수 그리스도에 참여하는 것을 가리키는 데에 사용하고 있다는 것은 놀라운 일이다(고전 1:9). 하나님에 대한 그리스도인들의 예배도 성령의 매개를 통해서 일어난다(빌 3:3).

하나님 아버지. 빌립보서에서 예수 그리스도와 성령의 중요한 역할들로 인해서 바울 신학에 있어서 하나님 아버지의 위치가 가려져서는 안 된다. 예수 그리스도는 이 서신, 그리고 이 서신이 담고 있는 신학의 처음이자 마지막이지만(빌 1:1; 4:21-23), 그럼에도 불구하고 이 서신은 예수 안에서 행하시는 하나님의 너무나 큰 너그러우심에 관한 말씀과 하나님에 대한 송영에서 그 절정에 도달한다(빌 4:19, 20; cf. 빌 2:11). 이러한 절정은 이 서신 전체에 걸쳐서 나타나는 하나님의 역할과 일맥상통한다. 이와 비슷한 송영적인 표현이 신자들의 성화(빌 1:11)와 예수의 높아지심(빌 2:11)의 궁극적인 목적에 대한 언급 속에서 사용되고 있다. 이러한 행위 배후에 계신 분은 하나님이고, 또한 신자들 안에서 역사하여(빌 2:13; cf. 빌 3:15) 그들의 삶을 보호하시고 지배하는 분도 하나님이다(빌 2:27). 이것은 하나님에게 간구의 기도(빌 4:6)와 감사의 기도(빌 1:3)를 드려야 하는 이유를 보여준다.

그리스도 안에서의 새 삶. 그리스도 안에서의 새로운 삶의 성격은 이미 분명하게 언급되었다. 두세 가지의 요소들이 좀 더 뚜렷하게 등장한다.

첫째, 그것은 영적인 성장과 진보의 삶이다. 이것은 그리스도의 날에 이르기까지 계속 진행될 사랑, 지식, 순결함, 의에 있어서의 독자들의 발전에 관한 서두의 기도문에서 등장한다(빌 1:9-11). 특히 고린도전서 1:7-8과 데살로니가전서 5:23에서와 마찬가지로 여기에서도 그리스도께서 오실 그 날에 신자들이 흠 없이 되는 것에 큰 중요성이 부여되어 있다.

이러한 말씀들은 신자들은 그 날에 두려워할 것이 아무것도 없다고 말하고 있는 것으로 보이는 칭의와 화해에 관한 선언들(롬 5:1-11)과 거룩함에 있어서의 성장이 그 날에 있어서 신자들이 흠이 없기 위한 조건이라고 말하

은 여기에 반대한다).

는 본문들 간에 어느 정도의 긴장 관계가 존재하는지에 관한 문제를 제기한다. 하지만 우리가 바울은 하나님께서 그의 백성으로 하여금 그들의 삶 속에서 이러한 흠 없는 삶을 이루게 하실 것이고, 하나님은 신실하셔서 그 일을 이루실 것이라고 믿고 있는 것 같다는 것을 지적하게 되면(빌 1:6), 이러한 긴장 관계는 사라지게 된다.

둘째, 하나님의 긍휼하심이 없다면, 신자들은 이 죽을 수밖에 없는 실존의 쇠락(衰落)에 노출되어서 거기에 굴복하게 되리라는 말씀이 나온다(빌 2:27).[17] 하나님의 백성, 그의 선교사들의 환난은 여기에서 선교 사역이라는 맥락 속에서 보아진다. 그들에게 무엇이 가장 좋은지에 관한 하나님의 결정들은 하나님의 백성에 대한 개인적인 관심이 아니라 회중들의 필요들과 관련해서 이루어지는 것으로 보인다(빌 1:24). 그렇지만 이것은 잘못된 인상이다. 왜냐하면, 이 서신은 자신이 사랑하고 돌보는 관계 속에 있는 자들인 그의 백성에 대한 하나님의 관심을 훨씬 더 많이 증언하고 있기 때문이다. 그들은 그들의 삶의 모든 측면에 대해서 확신을 가지고 하나님께 기도할 수 있다(빌 4:6). 사람들 상호 간의 관계에 있어서도 바울과 그의 회심자들 간의 관계는 단순히 하나님을 위한 동역자의 관계가 아니라 진정한 우정과 사랑의 관계라는 것은 분명하다. 하지만 그들은 모두 믿는 자들이기 때문에, 이 두 가지 차원이 하나로 융합되어 있다.

교회의 삶 속에서 이러한 결정적으로 중요한 요소는 이 서신에서 신자들이 하나님의 축복들과 성령(빌 1:7; 2:1), 복음의 사역(빌 1:5)에 어떻게 참여하는지를 보여주는 데에 중요한 역할을 하는 **교제**('코이노니아')라는 용어로 요약되어 있지만, 그렇게 함에 있어서 그들은 서로와의 관계 및 바울과의 관계 속으로 들어가게 된다(빌 4:14-15). 그러한 동참은 그리스도의 고난에 동

---

17) 이 서신에서 핵심적인 주제로서의 고난의 중요성은 L. Gregory Bloomquist, *The Function of Suffering in Philippians* (Sheffield: Sheffield Academic Press, 1993)에 의해서 발전되고 있지만, 그의 연구는 이 서신 속에서 다른 주제들의 중요성을 과소평가함으로써, 독자들에게 빌립보서가 고난의 신학 외에는 다른 것을 보여주지 않는다는 잘못된 인상을 심어줄 수 있다. 나는 Bloomquist가 그의 가설을 옹호하기 위하여 제시하고 있는 이 서신에 대한 수사학적인 분석을 매우 설득력이 없는 것이라고 본다.

참하는 것을 포함하지만(빌 3:10), 그것은 고난과 더불어서 그리스도의 부활에 동참할 소망을 지니고 있다.[18]

셋째, 바울 서신들은 그 어느 것도 지역 교회에 의한 지속적인 선교 사역을 분명하게 드러내지 않고 있다. 바울은 특히 선교에 있어서 자신의 역할에 관심을 갖고 있고, 우리는 그가 자유의 몸이든 감옥에 갇혀 있든 그런 것과는 상관없이 그 사역이 어떻게 지속되는지를 보아 왔다. 여기에서 특히 주목할 만한 것은 그가 이러한 사역을 통해서 세운 회중들이 두 가지 방식으로 행한 역할이다. 하나는 동료를 보내서 바울과 함께 사역을 하도록 한 것을 비롯해서 유형적인 헌금과 헌물들을 포함한 교제를 통해서 바울의 사역을 밑받침하고, 바울이 기도 없이는 그의 사역이 계속해서 열매를 맺을 수 없었을 것이라고 믿었던 것처럼 기도를 통해서 동참하는 것이었다. 또 다른 하나는 바울이 지역 회중에게 복음의 신앙을 위하여 함께 애쓰고 생명의 말씀을 붙잡는 데에 적극적이기를 기대하였다는 것이다(빌 2:16).[19] 바울이 그가 감옥에 갇힌 것을 둘러싼 상황에 대하여 묘사하면서 복음이 여러 가지 동기들로 인해서 사람들에 의해서 전파되고 있으며 자기가 갇힌 것이 그리스도를 사람들에게 알게 하는 수단이 되고 있다고 말한 목적 중의 일부는 독자들을 공동체 속에서의 흠 없는 삶을 통해서 및 그리스도에 대한 그들의 증언을 통해서 나름대로의 증언 사역을 하도록 고무시키기 위한 것이었다.

결론

고린도후서와 마찬가지로 빌립보서는 바울이 자신의 상황을 신학적으로 어떻게 이해하였고, 특히 그의 죽음의 가능성을 놓고 어떤 태도를 보였는지를 잘 보여준다. 그리스도를 아는 인격적인 관계는 바울의 신앙의 핵심에 놓

---

18) **교제**라는 용어 속에서 일차적인 요소는 이 공통의 참여를 통해서 서로와 결합되어 있는 한 무리의 사람들에 의해서 어떤 공통된 축복 또는 과제에 참여한다는 요소이다.

19) 이 어구는 모호하지만, 말씀을 "굳게 붙잡는다는 것"을 가리킬 수 있다. 그러나 전체적으로 볼 때에 주변 세계에 증언하는 것을 가리킬 가능성이 높고, 특히 세상에 빛들과 같이 비치는 것에 관한 직전의 어구에 비추어 볼 때에 더욱 그렇다.

여겨 있다 — 물론, 이것은 다른 곳에서는 여기에서처럼 그렇게 명시적으로 서술되고 있지는 않지만. 그리스도는 단순히 구주로 보아지는 것이 아니라, 그리스도인의 삶의 모범으로 보아진다. 유대화주의자들로부터의 위협은 구원을 위해서 오직 그리스도에게만 의지하고 인간적인 성취들에 의지하지 말라는 간결한 진술로 귀결된다. 여기에서 율법의 행위들에 의존하는 것과 관련하여 자기 자신을 신뢰하는 것이라는 요소가 특히 부각된다. 그리스도인의 삶은 그리스도와 그의 십자가를 닮는 것이 되어야 한다.

참고문헌

New Testament Theologies: (German) Hübner, 2:324-37.

Bassler, Jouette M., ed. *Pauline Theology.* Vol. 1. *Thessalonians, Philippians, Galatians, Philemon.* Minneapolis: Fortress, 1994, pp. 87-121 (articles by Pheme Perkins and Stanley Kent Stowers).

Bloomquist, L. Gregory. *The Function of Suffering in Philippians.* Sheffield: Sheffield Academic Press, 1993.

Bockmuehl, Markus. *The Epistle to the Philippians.* London: A & C Black; Peabody, Mass.: Hendrickson, 1997.

(Donfried, Karl P., and) I. Howard Marshall. *The Theology of the Shorter Pauline Letters.* Cambridge: Cambridge University Press, 1993.

Fee, Gordon D. *Paul's Letter to the Philippians.* Grand Rapids, Mich.: Eerdmans, 1995.

Hawthorne, Gerald F. *Word Biblical Themes: Philippians.* Waco, Tex.: Word, 1987.

Holloway, Paul A. *Consolation in Philippians: Philosophical Sources and Rhetorical Strategy.* Cambridge: Cambridge University Press, 2001.

Marshall, I. Howard. *The Epistle to the Philippians.* London: Epworth Press, 1991.

Martin, Ralph P. *Carmen Christi: Philippians 2:5-11 in Recent Interpretation and in the Setting of Early Christian Worship.* 2nd ed. Grand Rapids, Mich.: Eerdmans, 1983.

O'Brien, Peter T. *The Epistle to the Philippians: A Commentary on the Greek Text.* Grand Rapids, Mich.: Eerdmans; Carlisle: Paternoster, 1991.

Peterlin, Davorin. *Paul's Letter to the Philippians in the Light of Disunity in the Church.* Leiden: E. J. Brill, 1995.

Williams, Demetrius K. *Enemies of the Cross of Christ: The Terminology of the Cross and Conflict in Philippians.* Sheffield: Sheffield Academic Press, 2002.

Wright, N. T. "ἁρπαγμός and the Meaning of Philippians 2:5-11". *JTS* n.s. 37 (1986): 321-52.

제 14 장

빌레몬서

바울 서신 중에서 가장 짧은 서신인 빌레몬서는 신약성서 신학을 연구하는 사람들에게 별로 제시해 줄 것이 없는 것처럼 보이겠지만 나름대로의 작은 기여를 하고 있다. 이 서신은 회중에게 보내진 공동체 서신이지만, 그 실제적인 수신자는 빌레몬이다. 어떻게 된 것인지는 몰라도, 빌레몬의 노예였던 오네시모가 감옥에 갇혀 있던 바울에게 가서 거기에서 기독교 신자가 되었다. 오네시모가 "전에는 무익하였다"고 묘사되고 있기 때문에, 통상적으로 학자들은 오네시모가 그 주인에게 잘못을 저지르고 나서 도망을 친 것이라고 생각한다. 그러나 이제 오네시모는 신자가 되었기 때문에 변화받은 사람이 되어 있었다. 바울은 오네시모에 대한 애정이 깊어져서, 오네시모가 빌레몬과 그 회중 대신에 자기 옆에 머무르면서 자신의 선교 사역을 도와주기를 원했다. 그러나 바울은 먼저 오네시모를 그의 법적인 주인인 빌레몬에게 보내서 빌레몬이 그를 용서하고 이제 그리스도인 형제로 여겨서 그를 다시 바울에게로 보내주는 절차를 밟지 않고는 그렇게 할 수 없었다. 바울은 오네시모가 다시 돌아와서 자기를 도울 수 있게 되기를 소망한다는 뜻을 추가적으로 표현한다. 이러한 요청 속에 함축되어 있는 것은 빌레몬이 오네시모를 노예 신분에서 해방시켜 주었으면 하는 추가적인 소망이었을 것이다.

이 서신의 주된 신학적 의미는 빌레몬에 대한 호소 전체가 복음 및 거기로부터 도출되는 교제에 토대를 두고 있다는 사실에 있다. 서두의 기도문에서 바울은 그리스도와 하나님의 백성을 향한 빌레몬의 믿음과 사랑에 대하여 하나님께 감사를 드린다(cf. 골 1:4).[1] 그런 후에, 바울은 "믿음 안에서 빌레몬이 바울과 디모데와 맺고 있는 동역 관계가 우리가 그리스도로 말미암아 공유하고 있는 모든 선한 것에 관한 그의 이해를 깊게 하는 데에 효과가 있게"(TNIV) 되기를 기도한다. 이 본문은 다음과 같이 의역되어 왔다: "그리스도인의 믿음에 합당한 상호적인 동참은 하나님께서 우리를 그리스도인의 교제의 충만함, 즉 그리스도의 충만함으로 이끄시기 위하여 우리 안에서 이루고자 하시는 모든 선한 일을 실현하는 데에 온전한 효력을 갖는다."[2] 이것은 빌레몬과 그 밖의 다른 신자들이 그들의 믿음을 서로 공유할 때에 그들은 모두 하나님께서 신자들로 하여금 갖게 하고자 하시는 모든 선한 일들에 대한 좀 더 온전한 지식 안에서 성장할 수 있게 될 것임을 의미한다. 그러한 해석은 다음 절에서 빌레몬의 사랑이 어떻게 다른 신자들에게 힘이 되었는지를 언급하고 있는 말씀에 의해서 강화된다.

그리스도안에서의 이러한 공통적인 삶을 토대로, 즉 이 서신의 저자와 수신자가 십자가에 못 박히셨다가 다시 부활하신 그리스도에 대한 그들의 관계에 의해서 지배되는 상황을 토대로, 바울은 빌레몬에게 그가 어떻게 행하여야 합당한 것인지를 담대하게 권면할 수 있다고 생각하였다. 그럼에도 불구하고, 바울은 신자들 가운데 존재하는 사랑을 토대로 오네시모를 위하여 호소한다. 바울은 오네시모를 그가 낳은 아들이라고 묘사하는데, 이것은 바울이 오네시모를 기독교 신앙으로 이끌었기 때문에 그들 간에는 아버지와 아들의 관계가 존재한다는 것만을 의미할 수 있는 비유이다.[3] 바울은 오네시모를 그의 곁에 머물게 하고 싶지만, 그를 빌레몬에게 되돌려 보낸다. 오네시모와의 일시적인 이별은 오네시모가 더 이상 노예가 아니라 바울과 빌레몬에게 사랑받는 형제로서 되돌아오는 영원한 관계의 시작일 수 있다. 여기

---

1) 골로새서와 빌레몬서는 거의 동일한 시기에 씌어졌을 가능성이 높기 때문에, 이 두 서신 간의 어휘상의 연결 고리들은 놀라운 것이 아니다.

2) Josef Hainz, *KOINONIA: "Kirche" als Gemeinschaft bei Paulus* (Regensburg: Pustet, 1982), pp. 106-8. 이 문장은 이해하기가 쉽지 않다.

3) 바울이 그의 할아버지가 될 정도로 충분히 나이가 들었을 가능성이 있지만, 몇 줄 더 내려가서 보면, 바울은 그를 형제라고 부르기도 한다.

서 우리는 주인과 노예의 관계 또는 자유인과 노예의 관계가 교회 속에서의 더 높은 관계에 의해서 지양(止揚)되는 것을 보게 된다. 이러한 관계는 "주 안에서," 즉 신자들 간의 관계에서 반드시 이루어져야 한다(cf. 골 3:11). 그러나 바울은 이러한 관계가 "육체 안에서도," 즉 인간적인 차원에서도 이루어져야 한다고 주장한다. 노예는 형제 ── 사랑하는 형제 ── 로 취급되어야 하고, 주인도 형제로 취급되어야 한다. 주석자들은 이것이 오네시모를 해방시켜서 더 이상 노예가 아니라 형제로 삼아달라는 요청으로 해석되어야 하는지, 아니면 단순히 오네시모가 비록 노예일지라도 형제로 대우해 달라는 요청으로 해석되어야 하는지에 대하여 분명하게 말하지 못한다. 거의 2000년 가까운 석의와 적용에 비추어 볼 때에 분명한 것은 궁극적으로 우리는 형제를 노예로 취급할 수 없고 노예 제도는 기독교 신앙과 양립할 수 없다는 것이다. 초대 교회는 노예 제도 전반에 대하여 즉각적으로 이러한 결론에 도달하지 못하였기 때문에, 바울이 생각할 수 있었던 최선의 것은 단지 오네시모를 선교적인 섬김을 위해서 노예에서 해방시켜 달라는 것뿐이었다.

그렇지만 본문의 내용은 정말 충격적이다. 바울은 빌레몬에게 오네시모를 마치 바울 자신처럼 생각하여 환대해 달라고 요청한다. 오네시모가 빌레몬에게 잘못한 것에 대해서는 바울은 그 대가가 무엇이든지 간에 자기가 다 치르겠다고 말한다 ── 물론, 그 다음 절에서 바울은 빌레몬이 이미 영적으로 바울에게 빚을 지고 있기 때문에 이 문제에 대해서 자기를 압박하지 않으리라고 말하고 있는 것으로 보이지만.

그러므로 이 모든 호소는 사랑을 통해서 이루어진다. 그렇지만 이와 동시에 바울은 빌레몬이 자기에게 "순종할" 것이라는 소망을 피력하는데, 이것이 지닌 함의들은 간과되어서는 안 된다. 그것은 우리가 다른 곳에서도 발견할 수 있는 것, 즉 사도로서의 바울은 회중들과 그의 동료 사역자들에 대하여 상당한 정도의 권세를 주장할 수 있었지만, 항상 그러한 권세를 사용한 것은 아니었고, 사랑을 토대로 한 설득에 의거해서 일하는 것을 선호하였다는 것을 보여준다. 바울은 "주 안에서" 호소하고 있고, 사도로서 그는 그러한 권세의 매개자였으며, 그가 주께서 사람들에게 무엇을 요구하시는지를 자기가 안다고 믿었다. 그러나 바울은 단지 명령을 내리는 것이 아니라, 그가 요구

하는 것이 그의 동료 신자들이 갖고 있는 믿음과 사랑으로부터 어떻게 도출되는지를 보이고자 하였다.[4]

또한 이 서신은 빌레몬이 그에게 잘못을 저지른 노예를 환대하고 그 죄를 용서해서 그를 그리스도인 형제로 받아들이며 그들의 상호 간의 관계를 형제 관계로 재정립해야 하는 구체적인 문제에 직면했을 때에 믿는 자들이 그리스도 안에서 모두 하나라는 가르침이 어떻게 현실화되고 있는지를 보여준다는 점에서 중요하다. 기독 교회는 여전히 서로 다른 사회 계층들, 서로 다른 소득 수준들, 서로 다른 성별들, 서로 다른 인종들, 서로 다른 족속들의 사람들과 관련해서 이와 동일한 교훈을 배우고 있는 중이다.

그러므로 이 서신에서 우리는 복음을 토대로 한 호소가 어떻게 이루어질 수 있는지, 복음을 받아들인 사람들의 삶 속에서 그 호소가 어떠한 효력을 지니는지에 관한 기독교적 행동의 신학을 보게 된다.

참고문헌

For commentaries on Philemon, see the bibliography on Colossians.

Barclay, John M. G. "Paul, Philemon and the Dilemma of Christian Slave-Ownership". *NTS* 37 (1991): 161-86.

(Donfried, Karl P., and) I. Howard Marshall. *The Theology of the Shorter Pauline Letters.* Cambridge: Cambridge University Press, 1993, pp. 175-91.

Harris, Murray J. *Slave of Christ: A New Testament Metaphor for Total Devotion to Christ.* Leicester: Apollos, 1999; Downers Grove, Ill.: InterVarsity Press, 2001.

Richardson, William J. "Principle and Context in the Ethics of the Epistle to Philemon". *Int* 22 (1968): 301-16.

---

4) James D. G. Dunn, *The Epistles to the Colossians and to Philemon* (Grand Rapids, Mich.: Eerdmans; Carlisle: Paternoster, 1996), pp. 344-45는 순종은 영어에서보다 헬라어에서 더 부드러운 용어로서 "승낙" 정도의 의미를 표현하는 것일 수 있다고 지적한다.

제 15 장

골로새서

골로새서는 에베소서와 마찬가지로 많은 비평학자들로부터 바울의 진정한 서신이라는 것을 의심받고 있는 서신인데, 그들은 골로새서의 문체와 신학이 바울의 "주요한" 서신들에 나오는 것과 상당히 다르기 때문에, 골로새서가 후대의 바울의 제자 또는 바울의 계승자에 의해서 씌어졌을 것이라고 믿는다. 전통적인 견해와 비판적인 견해 사이에서 중도적인 입장을 취하는 학자들은 대체로 이 서신 속에서 공저자로 이름이 나오는 디모데가 바울을 대신해서 이 서신을 썼을 것이라고 주장한다. 전통적인 입장을 취하든 중도적인 입장을 취하든, 이 서신은 바울 신학에 대한 직접적인 증언이고, 새로운 강조점들과 뉘앙스들을 지닌 후대의 발전된 형태의 바울 신학에 대한 증언이다.[1] 이 서신은 바울의 선교 구역 내에 있었지만 바울에 의해서 직접 복음화되지는 않았던 회중에게 보내진 것으로서, 바울이 이 서신을 쓰게 된 계기는 에바브라가 골로새의 신자들이 바울이 "철학"이라고 부르는 것에 의해서 잘못 이끌려 갈 위험성이 있다는 것을 바울에게 전해 주었기 때문이었다. 이 파괴적인 가르침이 어떤 성격의 것이었는지에 대해서는 많은 논란이 있

---

1) 나는 이 서신 속에서는 다른 바울의 서신들과 마찬가지로 일인칭 복수형과 단수형이 혼합해서 사용되고 있고, 바울이 이 서신의 직접적인 저자이거나 이 서신 배후에 있는 권위라고 말하는 학설을 받아들이기 때문에 이 서신의 저자를 바울이라고 지칭할 것이다.

지만, 그 가르침이 유대교적인 요소들을 아시아의 종교들로부터 온 그 밖의 다른 혼합적인 요소들과 결합시켰다는 것은 꽤 분명한 것으로 보인다. 이 가르침은 인간의 삶을 위협하는 영적인 세력에 상당한 중요성을 부여하였다. 그러한 영적인 세력들의 영향력을 막아 주는 길은 금욕적인 여러 행위들에 있었고, 천사들은 사람들을 그러한 영적인 세력들로부터 보호해 주는 데에 어느 정도의 역할을 가지고 있었던 것으로 보인다. 그리스도는 이러한 다른 영적인 세력들보다 더 강한 것으로 여겨지지 않았기 때문에 그러한 세력들의 영향을 이기기에는 불충분한 것으로 보아졌다.[2]

이 서신은 이것에 비추어서 두 가지 주된 기능을 가지고 있었던 것으로 보인다. 한편으로, 바울은 그의 선교 구역 내에 있는 회중들을 책임지고 있는 선교사로서의 자신의 위치라는 맥락 속에서 먼저는 교리, 다음으로는 그 교리가 그리스도인들의 행위와 관련하여 지니는 함의들에 의거한 상당한 분량의 일반적인 가르침을 통해 자신의 신학을 전형적으로 제시하고 있다. 다른 한편으로, 바울은 교리 및 행위와 관련해서 외부로부터 회중을 위협하고 있었던 잘못된 가르침에 대한 응답으로서 그러한 일반적인 가르침을 의도적으로 제시하고 있다.

신학적 이야기

기도문(골 1:1-14). 통상적인 인사말 다음에 바울은 전형적인 기도문을 두 부분으로 제시한다. 그는 그리스도에 대한 믿음, 성도들 서로 간의 사랑, 그리고 소망이라는 친숙한 삼각축을 사용해서 신자들의 특질들을 요약하는 가운데 회중의 영적인 진보에 대하여 하나님께 감사를 드린다. 여기에서 소

---

2) 특히, Clinton E. Arnold, *The Cobssian Syncretism: The Interface Between Christianity and Fork Belief at Colosse* (Tübingen: Mohr Siebeck, 1995)를 보라. 그의 입장은 이 문제가 지방 회당으로부터 유대교를 따르라는 압력이었다고 생각하는 Allan R. Bevere, *Sharing in the Inheritance: Identity and the Moral Life in Colossians* (Sheffield: Sheffield Academic Press, 2003)에 의해서 비판을 받고 있지만, 이것은 그리스도에 의해서 패배한 영적인 세력들에 대한 언급들을 적절하게 설명해 주지 못한다.

망은 구체적으로 이미 하늘에서 신자들을 기다리고 있는 것, 즉 이미 그리스도에게 수여되었고 장차 그의 백성에게 주어질 영광과 관련하여 사용되고 있다(골 1:27). 이렇게 적어도 부분적으로는 회중의 믿음과 사랑을 고무시키는 것은 장래의 구원에 관한 소망이다. 그것에 대한 그들의 지식은 복음을 들은 것에서 온 것으로서, 복음 전파는 그리스도인 회심자들을 형성함에 있어서 가지를 뻗고 자라나서 열매를 맺는 식물에 비유된다.

사랑은 성령의 감화에 의한 것이기 때문에,[3] 바울이 회중을 위한 그의 중보기도의 내용을 하나님께서 계속해서 그들에게 감화를 주시도록 기도한 것으로 규정한 것은 적절한 것이었다. 또한 바울은 "지식"을 그들이 하나님을 기쁘시게 하는 삶을 살아가는 데에 필요한 주요한 덕목으로 특별히 언급하고 있는데, 이러한 강조는 거짓된 가르침에 의해서 제기된 위협에 비추어 볼 때에 적절한 것이었다. 그러나 신자들에게는 지식과 더불어서 그리스도인으로서의 삶을 살아갈 수 있는 능력과 인내도 필요하다. 그리스도인으로서의 삶을 살아가는 데에 능력이 필요하다는 것은 바울의 이전의 서신들에서도 간혹 언급되고 있기는 하지만, 이 후기의 서신들 속에서 특히 두드러지는데, 그러한 것은 통치자들과 권세들 같은 영적인 세력들에 관한 가르침에 비추어 볼 때에 꼭 필요한 것이었을 것이다. 이 단락은 어둠 가운데 있던 동안에 그들이 지은 죄에 대하여 죄 사함받고 어둠의 나라로부터 구원을 받은 후에 빛의 영역인 그리스도의 나라에서 그들이 살게 된 새로운 삶으로 간략하게 요약되고 있는 복음에 대하여 그들이 감사할 필요가 있다는 것을 상기시키는 말로 끝난다.[4]

그리스도에 대한 송축(골 1:15-20). 바울은 이 대목에서 그리스도에 대한

---

3) 이것은 이 서신에서 성령에 대한 유일한 언급이다(골 2:5은 바울의 정신을 가리킨다). 에베소서에서 성령에 대한 언급이 더 자주 나온다는 것과 대비해 보라.

4) 여기에서 나라는 하나님의 나라라기보다는 그리스도의 나라이다. 이것은 다른 곳에서의 바울의 이해(고전 15:25; cf. 딤후 4:1), 즉 그리스도가 나라를 하나님께 넘겨줄 때까지는 하나님의 대리자로서 지금 다스리고 계신다는 그의 이해와 일치한다. 하지만 바울은 현재의 나라를 하나님의 나라라고도 말할 수 있었고(롬 14:17; 살전 2:12), 이 두 가지 명칭을 함께 연결시킬 수도 있었다(엡 5:5).

언급이 나오는 것을 계기로 그리스도와 그의 역할을 송축하는 본문으로 살짝 넘어간다. 빌립보서 2:6-11에서와 마찬가지로, 여기서의 문체는 고양(高揚)된 산문으로서,[5] 이 본문은 바울에 의해서 또는 다른 저자에 의해서(나는 후자가 더 가능성이 높다고 생각한다) 이미 씌어져 있었던 본문으로 생각되어 왔다. 이 본문은 두 부분으로 나누어지는데, 첫 번째 부분에서는 그리스도를 만유와의 관련 속에서 보고 있고, 두 번째 부분에서는 그리스도를 교회와 관련하여 보고 있다.

첫 번째 부분에서 그리스도는 하나님의 형상이다. 이것은 마치 아들이 그의 아버지와 어머니를 빼닮은 것과 마찬가지로, 그리스도께서 하나님을 빼닮았다는 것을 의미한다. 하나님을 보이지 않는 분이라고 언급한 것은 그리스도께서 사람으로 이 땅에 나타나셔서 가시적인 존재가 되었다는 사실과 의도적인 대비를 이루고 있다. 또한 예수는 "만물의 으뜸"이다. 바울이 그리스도를 하나님에 의해서 창조된 최초의 존재이자 피조물의 일부로 생각하였을 가능성은 없다. 다음에 나오는 절은 만물이 그리스도에 의해서 창조되었다는 것을 분명하게 서술하고 있기 때문에, 이 어구의 의미는 그리스도가 만물보다 먼저 계시고 만물보다 우월하다는 것이다.[6] 이러한 우선성(priority)을 토대로 해서 바울은 그들이 누구이든 또는 무엇이든지 간에 만유 속에 있는 모든 권위 있는 존재들에 대한 그리스도의 우월성(superiority)을 단언할 수 있었다.[7] 고린도전서 8:6에서와 마찬가지로, 그리스도는 만유를 창조하신 자요 만유를 붙들고 계시는 자이지만, 여기에 나오는 우주론 속에서 그리스도의 역할은 유례 없는 방식으로 발전되고 강조된다.

그런 후에 첫 번째 진술과 대체로 병행되는 두 번째 진술 속에서 바울은 그리스도께서 몸, 즉 교회의 머리라는 것을 단언하는 것으로 나아간다.[8] 이

---

5) 이 어구는 이 본문을 시적인 것이라고 보는 통상적인 묘사보다 더 적합하다.

6) 지혜라는 개념이 그리스도에 대한 이러한 이해 배후에 있다면, 잠언 8:22-31은 분명히 지혜가 창조된 만유보다 먼저 존재하였다고 말하고 있는 것이다. 그리스도인이라면, 그 누구도 그리스도에 대하여 이것 이하로 단언하지는 않았을 것이다.

7) 여기에서 바울의 열거는 다른 곳에서와 마찬가지로 체계적이지 않고, 단지 "모든 권세 있는 실체"라고 말하는 수사학적인 방식일 뿐이다.

대목은 바울이 머리는 별개의 실체로서 그리스도를 상징한다고 말하는 방식으로 몸이라는 은유를 사용하고 있는 최초의 경우이다. 눈과 귀와 코가 머리로부터 구별되어서 교회의 지체들에게 적용되는 상징 체계의 일부를 구성하고 있는 고린도전서 12장과 대비해 보라.[8] 그리스도는 시작이고, 죽은 자 가운데서 부활하신 첫 번째 존재이기 때문에, 그리스도는 모든 것보다 뛰어나다. 이 말씀이 내포하고 있는 의미는 신자들과 관련하여 그리스도보다 뛰어난 그 밖의 다른 권세의 원천은 존재하지 않는다는 것이다. 신자들이 구원을 받기 위하여 비위를 맞추거나 복종하여야 하는 그 밖의 다른 존재는 없다. 하나님의 모든 능력이 예수 안에 거한다. 그 능력은 다른 존재들에게 분배되지 않았다. 하나님은 그리스도를 십자가 위에서의 그의 죽음을 통해서 화목제를 드리게 하심으로써 만유를 자기와 화목케 하는 수단으로 선택하셨다.

그리스도의 우월한 지위의 결과들(골 1:21-2:7). 그리스도에 관한 이러한 단언은 그리스도가 이 세상과 교회 속에 있는 모든 통치자들과 권세들에 대하여 우월하시다는 것과 오직 그리스도만이 세상을 하나님과 화목시키는 수단이라는 것을 역설하는 두 가지 목적을 지니고 있음이 분명하다. 우리가 꼭 지적해 두어야 할 것은 하나님으로부터 떨어져 나갔던 자들이 이전에 원수가 되었던 하나님과 화평을 이룰 때에만 화해는 효력을 발생하게 된다는 것이다. 그러므로 바울은 그의 독자들에게 어떻게 그들이 그리스도로 말미암아 하나님과 화목하게 되었는지를 상기시키는 것으로 나아간다. 그들은 세상 편에 서서 하나님과 원수가 되어 있었지만, 이제는 그리스도께서 그들을 위하여 죽으심으로써 하나님의 친구들이 되었다. 그리스도께서 하나님의 아

---

8) 여기에 나오는 글 전체는 원래 우주론적인 것이었고, "몸"은 원래 만유를 가리키는 것이었는데, 바울이 거기에 "교회"라는 표현을 덧붙임으로써 그것을 재구성하였다고 많은 학자들이 주장하여 왔다; Ralph P. Martin, *Colossians: The Church's Lord and the Christian's Liberty* (Exeter: Paternoster, 1972), p. 47을 보라. 이러한 주장이 널리 받아들여지고 있음에도 불구하고, 그러한 가설을 반대하는 설득력 있는 논거들이 존재한다; Christian Stettier, *Der Kolosserhymnus* (Tübingen: Mohr Siebeck, 2000)에 의한 상세한 검토를 보라.

9) 몸의 여러 부분들의 개별적인 역할들은 뒷전으로 물러난다 – 물론, 이 은유의 이러한 측면이 결코 사라진 것은 아니지만(골 3:15; 엡 5:30).

들로, 따라서 영원히 죽지 않는 분으로 묘사되었기 때문에, 그가 육신의 몸을 입고서 죽었다는 것을 언급하는 것이 꼭 필요하였다. 화해의 목적은 하나님께서 심판의 날에 그 어떤 흠이나 죄책도 없는 백성을 갖고자 하신 것이다.[10] 이러한 목적은 독자들이 그들의 신앙을 견고하게 붙잡는다면 이루어지게 될 것이다. 이 말씀이 지니는 함의는 그들의 현재적인 지위도 그들이 그리스도에게 두고 있는 믿음에 의거하고 있다는 것이다. 믿음은 그리스도 안에서의 하나님의 화해 행위에 대한 응답으로서, 이것을 통해서 양 당사자가 서로 화평을 이루는 새로운 관계가 생겨난다. 그들은 복음에 토대를 둔 그들의 소망을 지켜야 한다(cf. 골 1:5-6). 또한 바울은 복음이 온 세상에 전파되었다고 말한다. 이것은 복음이 아직 로마의 서쪽으로 전파되지 않은 때에 행해진 발언이기 때문에 다소 물의를 일으킬 수도 있는 주장이었다. 그러한 발언은 수사학적인 과장이거나 그리스도께서 높아지셨을 때에 온 우주에 복음을 선포하셨다는 것을 가리키는 것일 수 있다.[11] 바울은 이 복음의 종이다. 하지만 그는 자기가 이 복음의 유일한 종이라고 말하지는 않는다.

이것은 그에게 그의 사명에 관하여 설명할 기회를 준다. 바울은 그의 청중의 범위를 넓혀서(골 1:24에 나오는 "너희"는 골로새와 라오디게아에 있던 회중들보다 더 폭넓은 것이다), 자기가 복음을 선포하였을 뿐만 아니라 복음과 교회를 위하여 고난을 받고 있다는 사실을 언급한다. 이것은 아마도 바울이 현재 감옥에 갇혀 있는 것을 가리킬 것이지만(골 4:3), 고린도후서 11장에 열거된 바울의 고난 체험들을 가리키는 것이기도 하다. 그렇지만 바울은 오랫동안 비밀로 부쳐져 있다가 이제 계시된 하나님의 계획,[12] 즉 사람들에게 장래의 영광에 관한 소망을 주시는 분은 그리스도이고, 이방인들이 유대인들과 더불어서 하나님의 계획 속에 포함되었기 때문에 이 소망이 이방인들에게 알려지게 되었다는 것을 내용으로 하는 하나님의 계획을 수여받은 자였다는 점에서, 바울의 사명은 특별한 것이었다. 이것에 따라서 비밀은 두

---

10) Cf. 고전 1:8; 고후 4:14; 살전 3:13.

11) Cf. 딤전 3:16.

12) 바울이 앞서 이 모티프를 사용하고 있는 것에 대해서는 고린도전서 9:10을 보라. 이 모티프는 로마서 16:25-27에서도 발견된다.

가지 측면을 지니고 있다: 그리스도는 영광 중의 소망을 위한 토대이고, 이 소망은 단지 유대인들에게만이 아니라 이방인들에게까지 확대된다.

이렇게 오직 그리스도만이 만유와 교회 속에서 우월하고 오직 그리스도만이 화해자라는 것을 강조하는 앞서의 요지들과 더불어서, 우리는 이제 이방인들이 화해 사역 속에 포함되어 있기 때문에 복음을 들어야 한다는 추가적으로 중요한 요지를 듣게 된다. 이방인들이 배제되어 있다거나 그들은 구원받기 위해서 유대인들과는 다른 통로를 따라야 한다는 주장을 공격할 길이 준비되었다.

또 하나의 예비적인 내용이 지적될 필요가 있다. 바울은 그의 독자들이 하나님께서 그를 통하여 계시하신 이 비밀을 제대로 아는 것이 얼마나 중요한지를 강조한다. 왜냐하면, 그의 독자들이 필요로 하는 모든 지식은 그리스도 안에서 발견될 수 있기 때문이다. 여기에서 철학자들이 그들이 받은 묵시들을 토대로 해서 추가적인 지식을 필요하다는 그 어떤 주장을 펴든지 간에 그러한 것들에 도전할 토대가 마련된다. 독자들은 그들이 에바브라에 의해서 처음에 가르침받았던 것에 머물러야 하고, 겉보기에 그럴 듯하게 들리지만 실제로 사람에게서 왔고 그리스도로부터 오지 않은 거짓된 가르침들에 의해서 오도되지 말아야 한다.[13]

거짓된 가르침에 대한 반응(골 2:8-23).　마침내 바울은 교회를 위협하고 있었던 혼합주의적인 "철학"과 접전하기 위하여 나아간다. 그는 독자들에게 그리스도인 신자로서 그들은 이 충만의 모든 것이 그 안에 거하는 그리스도를 받았기 때문에 하나님의 충만을 받은 것임을 상기시키는 것으로 시작한다. 이러한 엄청난 말씀은 바울이 이전에 말했던 그 어떤 것도 뛰어넘는 것이지만, 바울이 그리스도와 하나되는 것, 그리스도를 옷입는 것, 자기 안에 그리스도께서 사신다는 것(갈 2:20), 성령을 받은 것에 대하여 말해 왔던 모든 것으로부터 논리적으로 도출될 수 있는 것이다. 여기에서 새로운 것은 바

---

13) 물론, 이것은 논증이 아니라 단언이다. 바울은 그가 하나님으로부터 받았다고 주장하는 계시들과 지식의 진정성을 받아들이고 있는 그의 독자들을 자신의 논거로 삼고 있다.

울이 그리스도를 그의 몸 속에 하나님을 구현하고 있는 것으로 보고 있다는 것이다. 그러나 그것도 바울이 그리스도에 관하여 하나님의 형상, 하나님의 아들, 심지어 하나님이라고 부른 것(롬 9:5)의 논리적인 결과이다. 바울로 하여금 그의 이전의 가르침으로부터 논리적인 결론들을 이끌어 내어서, 하나님은 그리스도 안에 유일무이하게 계셨기 때문에 그리스도로 말미암아 하나님의 능력이 신자들에게 전달된다는 것을 깨닫게 만든 것은 통치자와 권세들(영적인 세력들)에게 하나님의 능력이 분배되었다는 것에 관한 거짓된 가르침에 의해서 제기된 위협이었을 것이다.[14]

다음으로, 바울은 신자들은 세례를 받음으로써 이미 영적으로 할례에 해당하는 것을 겪었기 때문에 할례를 받을 필요가 없다는 것을 함축적으로 말한다.[15] 육체의 할례는 마음으로부터 죄를 잘라내는 것을 나타내는 외적인 상징으로 이해된다. 그러나 기독교의 세례는 죄로부터 깨끗하게 되는 것에 대한 상징일 뿐만 아니라 그리스도와 연합하여 그의 죽음에 참여해서 죄에 대하여 죽는 것에 대한 상징이기도 하기 때문에 할례와 유사한 기능을 지니고 있었다. 영적인 할례를 이미 받았다면 이방인들에게는 육체적인 할례를 행할 필요가 없다는 결론이 도출되었던 것으로 보인다.

골로새서에서는 그리스도인들이 그리스도와 함께 다시 살리심을 받았다고 말하고 있는 반면에, 로마서에서는 부활이 아직 장래의 일이고(롬 6:5) 그리스도인들은 단지 새 생명 안에서 살 뿐이라고(롬 6:4) 말하고 있기 때문에,

---

14) 우리는 이 말씀이 바울에게 있어서 개별 신자들은 "신성화 되어" 있다거나 신적인 존재가 되어서 그리스도의 신분과 비슷한 신분을 지니고 있다는 것을 의미한다고 생각하고자 하는 유혹을 받을 수 있다. 다른 곳에서 바울은 신자들이 영광스러운 상태로 변화되어가고 있다고 주장하지만(고후 3:18), 그러한 것이 온전히 실현되는 것은 장래의 일이다(골 1:27). 아마도 바울은 여기에서 하나님의 충만한 능력, 만유에 있는 적대적인 세력들의 힘을 분쇄하고도 남음이 있을 정도의 하나님의 능력이 신자들 속에서 역사하고 있다는 것을 보여주는 것 같다.

15) Arnold, *The Colossian Syncretism*, pp. 296-97은 "철학자들"이 바울의 이방인 개종자들에게 할례를 요구한 것이 아닌지 의심을 갖고 있다; 그의 견해에 반대하는 것으로는 Bevere, *Sharing in the Inheritance*, pp. 65-73을 보라.

골로새서는 바울이 로마서 6장에서 말한 것을 뛰어넘는다고 학자들은 흔히 주장한다. 이것은 로마서와 골로새서에 대한 잘못된 읽기이다. 왜냐하면, 바울이 로마서에서 새 생명(여전히 이 세상 속에서)이라는 관점에서 말하고 있는 것은 그가 골로새서에서 영적인 부활이라는 관점에서 말하고 있는 것과 동일하다는 것은 너무도 분명하기 때문이다. 차이가 있다면, 그것은 로마서에서 바울은 신자들이 그리스도의 죽음과 합하여 세례를 받음으로써 세례를 통해서 그와 더불어 장사되었기 때문에 이제 그들이 그리스도와 더불어 새 생명을 공유할 수 있다고 말하는 반면에, 골로새서에서는 세례를 통해서 그리스도인들이 그리스도와 더불어 장사되었고 그와 더불어 다시 살리심을 받았다고 말하고 있다는 것이다. 이것은 새 생명이 로마서에서는 세례 이후의 것인 반면에, 골로새서에서는 세례와 동시적으로 생겨나는 것임을 의미하는 것으로 해석될 수 있다. 그러나 바울은 로마서 및 그 밖의 다른 곳에서 육체적 부활이 장래에 있을 것이라는 것을 아주 분명히 하고 있는 반면에, 신자들이 이미 그리스도와 더불어서 새 생명을 누리고 있다는 것도 마찬가지로 분명히 가르치고 있다(롬 6:11; 갈 2:20). 차이는 표현상의 차이일 뿐이다.

이 기본적인 요지가 좀 더 상세하게 되풀이된다. 바울은 두 가지의 서로 다른 체험, 즉 죄 안에서 죽어서 하나님에게 적극적으로 응답하는 것과 관련하여 죽은 사람들의 상태(골 2:13)와 세상에 대하여 죽어서(골 2:20) 그리스도와 연합하여 "장사되어"(골 2:12) 하나님에 대하여 살아 있게 된 신자들의 상태를 가리키는 데에 두 경우 모두에서 **죽음**이라는 용어를 사용하고 있기 때문에, 다소 간의 혼동이 있을 수 있다.

그런 후에, 두 가지 서로 연관된 사실들이 소개된다. 첫 번째는 그리스도의 부활과의 이러한 연합에는 죄 사함이 수반되었다는 것이다(cf. 골 1:14). 바울은 사형수가 어떤 죄목으로 처형되고 있는지를 보여주기 위해서 십자가에 죄패를 다는 관습을 따라서(막 15:26) 인류가 하나님에 대하여 범한 죄들의 목록을 적은 죄패가 그리스도께서 죽으신 십자가에 붙여지고 못박힌 장면을 상상한다. 이런 것이 함축하고 있는 의미는 그리스도께서 인류의 죄들을 인하여 고난당하셨기 때문에 그 죄들은 더 이상 그 죄를 범한 자들인 인류에게 아무런 효력이 없다는 것이다: 인류에게는 죄 사함이 주어졌다.

두 번째 사실은 십자가 위에서 그리스도께서는 통치자들과 권세들(영적인 세력들)을 이기고 승리하셨다는 것이다. 이것이 그리스도께서 이러한 원수들의 무장을 해제시켰다는 것을 의미하든, 아니면 그리스도께서 그들로부터 놓여났다는 것을 의미하든(NRSV의 난외주), 그는 그들을 패배시킨 후에, 로마의 장군처럼 개선행진 속에서 그들을 쇠사슬로 묶어서 처형장으로 끌고 갔다. 그들은 더 이상 그리스도에 대하여 그 어떤 권세도 가지고 있지 않다.[16]

하나님의 택함받은 백성으로서의 삶(골 3:1-4:1). 이제 마침내 실제적인 적용 부분이 나온다. 이 단락은 두 부분으로 나누어진다.

첫째, 이 모든 것이 사실이라면, 독자들이 유대교의 관습들을 지켜야 한다는 주장을 받아들일 필요가 전혀 없다. 바울은 할례에 대해서는 건너뛰고, 할례받은 유대인들과 할례받지 않은 이방인들을 포함한 모든 신자들에게 영향을 주고 있는 음식들과 절기들에 관한 문제를 집중적으로 다룬다. 이러한 것들은 더 이상 중요하지 않다. 왜냐하면, 이러한 것들은 그리스도를 지시하는 것이었지만, 이제 그리스도께서 오셨기 때문에, 지시봉 역할을 하는 그러한 것들은 더 이상 필요하지 않게 되었기 때문이다. 마찬가지로, "꾸며낸 겸손"[17]이나 천사 숭배도 필요하지 않다. 아마도 천사들은 사람들이 숭배해야 할 권세들로 여겨졌던 것으로 보인다.[18] 이러한 것들을 해야 한다는 것은 바울의 대적자들이 그들이 받은 묵시들을 토대로 해서 가르쳤던 내용이었던 것 같다. 그러한 것들은 교회 속에서 영적인 성장의 참된 원천인 그리스도와 아무런 상관이 없는 것들이다. 그들의 가르침은 인간적인 것으로서 무시해도 좋은 것들이었다.

---

16) 엄밀하게 말해서, 여기에서 사용된 은유는 그것들이 더 이상 존재하지 않는다는 것을 함축한다; 하지만 바울은 그리스도의 권세가 인정되는 곳에서 그것들이 무력하다는 것을 의미하는 것일 수 있다.

17) 이것은 자의적인 겸손의 한 형태로서의 금식을 포함하고 있을 수 있다(Arnold, *The Colossian Syncretism*, pp. 210-14).

18) "천사 숭배"가 천사들을 숭배하는 것을 가리키는지, 아니면 천사들에 의해서 행해지는 예배에 동참하는 것을 가리키는지에 대해서는 논란이 있다. Bevere, *Sharing in the Inheritance*, pp. 100-115는 이 두 가지 가능성이 양자 택일의 형태로 제시되어서는 안 된다고 생각한다.

이것은 아주 많은 예비적인 가르침 후에 제시된 비교적 작은 결론인 것으로 보인다. 그 요지는 대적자들이 천사 숭배와 연관이 있었던 유대교의 관습들과 금욕적인 관행들을 옹호함으로써 이방인 신자들로 하여금 유대교의 관습을 강제로 지키게 할 뿐만 아니라 무엇보다도 오직 한 분이신 유일한 구주로서의 예수의 지위를 위협하고 있었다는 것인 것 같다. 그러므로 바울이 보기에 이러한 위협은 극히 심각한 것이었다.

이러한 문제가 처리되자, 독자들에게 그리스도와의 연합 속에서 그들의 삶 속에서 진보를 계속해서 이루라고 권하는 두 번째 단계의 적용을 위한 길이 열리게 되었다. 그들은 그들이 그리스도로 말미암아 다시 살리심을 받아서 얻게 된 새 생명과 연관된 삶의 방식을 추구하여야 했다. 장래의 영광에 대한 소망이 여전히 아직 실현되지 않은 소망이라는 의미에서, 현재에 있어서 이 생명은 감춰져 있다. 그럼에도 불구하고, 신자들이 죄에 대하여 죽고 새 생명에 대하여 다시 살리심을 받았다는 것은 이 세상에서 지금 여기에서의 삶을 통해서 표현되어야 할 현실이다.

소극적으로 말해서, 그리스도와 함께 세상에 대하여 죽은 신자들은 그들의 옛 생활 방식을 멸하여야 한다. 이것은 "너희가 마땅히 되어야 할 것"의 고전적인 표현이다. 신자들은 그리스도에 의해서 죄로부터 해방받았기 때문에, 더 이상 죄의 권세에 굴복하지 않아야 한다. 다른 묘사를 사용해서, 바울은 그의 독자들이 마치 어떤 사람이 더러운 옷을 벗어버리고 새 옷을 입은 것처럼 그의 독자들이 옛 사람을 벗어버렸고 새 사람을 입었다고 말한다.[19] 그들은 하나님이 무엇을 요구하시는지를 알지도 못하고 알려고 하지도 않는 죄악된 세상과는 대조적으로 하나님을 아는 지식과 하나님께서 사람들에게 어떻게 살기를 원하시는지에 대한 지식에 있어서 새로워지고 있다.[20]

놀랍게도, 결론적인 말씀은 그리스도께서 모든 사람들 속에 계시기 때문에 교회 내에서 인종의 구별이나 노예와 자유인의 구별 같은 그러한 사람들

---

19) Cf. 갈 3:27. 하지만 로마서 13:12-14에서 명령법이 사용되고 있다는 것을 주목하라.

20) 현재분사는 계속되는 과정을 가리킨다. 단순과거 명령법이 로마서 13:12, 14에서 사용되고 있고, 직설법은 갈라디아서 3:27에서 사용된다.

간의 구별이 더 이상 중요하지 않다는 것인데, 이 말씀은 바울 서신의 다른 곳에도 나오는 내용이다. 그리스도인 신자의 새 자아는 진정으로 새로운 것이고, 이것은 중요한 함의들을 지닌다.

적극적으로 말해서, 독자들은 새 생명의 속성들을 옷입도록 부르심을 받았다. 이것과 관련된 신학적인 동기들은 여러 가지이다. 독자들은 거룩하도록 부르심을 받고 하나님에 의해서 사랑받은 하나님의 택하신 백성이다. 그들은 하나님에 의해서 죄 사함을 받았고, 따라서 다른 사람들에게 용서를 보여야 한다. 그들은 한 몸의 지체들이기 때문에 서로 화평 가운데 살아야 한다. 그들은 그리스도의 말씀이[21] 그들 안에 살아계시도록 해야 한다. 그리스도의 가르침은 단지 그들이 배워서 그들의 마음속에 흡수하는 그 무엇일 뿐만 아니라 독자적으로 생명력을 지닌 것으로 여겨진다. 신자들이 행하는 것은 무엇이든지 "주 예수의 이름으로" 행해지는 것이 적절하다.

가정 내에서 세 가지 주된 관계를 위한 특별한 가르침이 뒤따라 나온다. 여기에서 두드러지는 것은 "주 안에서" 행하라는 것에 대한 반복된 언급이다. 이 정형 어구는 그리스도를 그들이 행하는 모든 것을 결정하시는 주님으로 받아들임으로써 생겨난 새로운 상황 속에서 삶을 살아간다는 개념을 집약적으로 보여준다. 이 어구는 그리스도에 대한 순종이라는 뉘앙스를 좀 더 부각시키고 있는 "그리스도 안에서"라는 어구의 변형이다.[22] 여기에서 권장되고 있는 행위는 당시의 사회 속에서 선하고 합당한 것으로 인정되었을 바로 그러한 행위이지만, 여기에서 그것은 그리스도인의 행위로 세례를 받아서, 신자들이 그렇게 행하는 것은 단지 다른 사람들로부터 칭찬을 받기 위해서만이 아니라 그러한 행위에 대하여 상을 주실 주님에 대한 순종의 표현이기 때문이다(골 3:22). 이것은 주인들을 그들의 노예들과 동일한 수준으로 끌

---

21) 통상적으로 이것이 가리키는 것은 하나님의 말씀이지만, 데살로니가전서 1:8을 참조하라. 이 어구는 그리스도에 관한 가르침 또는 그리스도로부터 나오는 것을 가리킬 수 있고, 둘 모두를 동시에 가리킬 수도 있다.

22) 그리스도 안에서의 생명에 의해서 전달되는 유익들을 표현해 주는 "그리스도 안에서"라는 어구와 신자들의 삶 속에서의 새로운 권세를 표현해 주는 "주 안에서"라는 어구 간의 구별은 일관되게 유지되고 있지 않다.

어내리고 있다는 점에서 특히 중요하다. 이러한 관계(그 정당성은 여기에서 의문시되지 않는다) 내에서 주인들은 그들의 노예들에 대하여 철저하게 공평하여야 한다.

바울과 그의 동료들(골 4:2-18). 끝으로, 바울을 위한 기도를 포함해서 기도의 중요성이 재차 강조된다. 그 이유는 제시되어 있지 않지만, 이 말씀이 내포하는 의미는 바울을 위한 하나님의 백성의 기도가 없다면, 바울이 감옥에 매여 있는 동안에도 복음을 전할 기회가 생겨나지 않으리라는 것이다.

신학적 주제들

기독론. 세 개의 옥중서신(즉, 빌립보서, 골로새서, 에베소서) 모두에는 그리스도의 선재(先在), 지구 밖의 세력들이라고 할 수 있는 것을 포함해서 모든 피조된 실체들에 대한 그리스도의 현재적 및 미래적 우월성에 관한 여러 가지 개념들을 발전시키고 있는 풍부한 기독론이 나온다. 골로새서와 에베소서의 경우에는 능력에 관한 용어들과 하나님을 반대하고 신자들의 삶을 위협할 수 있는 모든 존재에 대한 그리스도의 우월적인 능력에 대한 강조가 주목할 만한 정도로 빈번하게 등장한다. 단지 그리스도의 부활과 높아지심이 지닌 함의들이 좀 더 상세하게 명시적으로 표현되고 있는 것이 아니라 그리스도의 지위와 권세는 영원 전까지 거슬러 올라간다는 인식이 강력하게 발전되고 있다. 이것을 표현하기 위한 개념들과 용어들을 제시하는 데에 활용될 수 있었던 여러 가지 다양한 모델들이 이미 존재해 있었고, 특히 창조에 있어서 하나님의 반려이자 조력자로서의 지혜의 역할이라는 모델이 이미 존재하고 있었다. 그러나 통치자와 권세들에 대한 언급은 하나님에 의해 창조된 아주 다양하고 무수한 실체들이 여러 등급의 능력과 권세를 지니고서 포진되어 있다고 생각하였던 천사론(당시에 발전 중이었던)의 일부를 형성하고 있다. 이러한 세력들에 대한 그리스도의 우월성은 그가 피조된 실체가 아니라 모든 피조물에 앞서 존재하였다는 사실에 근거를 두고 있다. 그리스도의 기원에 관한 문제는 제기되지 않는다. 그리스도는 단지 하나님의 아들로서 존재하였고, 그는 아버지 하나님의 본체였다.

그러나 이 서신에서 또 한 가지 아주 중요한 것은 그리스도께서 이 신적인 존재를 육체적이고 인간적인 형태로 구현하고 있다는 것이다(골 2:9). 주목할 만한 것은 이러한 진술이 그리스도의 지상적 실존과 관련해서 과거 시대로 말해지고 있는 동시에 높아지신 상태에 있는 그리스도에 대하여 현재 시제로 말해지고 있다는 것이다. 바울에게 있어서 그리스도의 부활이 몸의 부활이라는 것은 분명하다. 그것은 일시적으로 인간의 몸을 입고 있다가 다시 그 몸을 버리고 원래의 상태로 되돌아가는 천상적인 존재의 방식이 아니었다. 그것과는 정반대로, 하나님 우편에 한 사람이 계시고, 그는 장차 세상을 심판하기 위하여 다시 오실 것이다(cf. 행 17:31).

이러한 맥락 속에서 "충만하게 하다"와 "충만"이라는 용어들이 중요하다. 바울은 이전의 서신들 속에서 신자들이 여러 가지 덕목들과 유익들로 충만하게 되는 것에 대하여 아주 자연스럽게 이 동사를 사용하고 있는데(롬 15:13; 빌 1:11), 사람들이 지식으로 충만하게 되었다고 말하는 것도 자연스러운 것이었다(롬 15:14; 골 1:9). 하지만 골로새서에서는 이 용어가 하나님의 "충만"이 그리스도 안에 거한다거나(골 1:19; 2:9) 신자들이 그리스도 안에서 동일한 충만으로 충만하게 되었다는 것을 표현하기 위하여 사용되는 새로운 발전이 나타난다. 이와 비슷한 표현은 에베소서에서도 사용되고 있는데, 거기에서 신자들은 하나님과 그리스도의 충만으로 충만하게 되는 것이 목표이고(엡 3:19; 4:13), 교회는 "만물 안에서 만물을 충만하게 하시는 이의 충만함"(엡 1:23)이라고 말해진다. 이 용어가 매 번 사용될 때마다 동일한 것을 가리킨다고 볼 필요는 없다. 이 용어가 나타내는 의미는 "신적인 속성들의 총체"[23]인 것으로 보이고, 이 용어는 그리스도에게 적용될 때에 하나님의 모든 능력들과 덕목들을 가리키는 반면에, 신자들과 교회에 적용될 때에는 하나님의 특질들을 가리키는 것 같다. 그럼에도 불구하고, 골로새서 2:10이 내포하고 있는 함의는 통치자와 권세의 능력보다 우월한 능력이 그리스도 안에 있어서 신자들 속에서 역사하기 때문에, 그들은 이러한 이질적인 능력들에

---

23) 후대의 영지주의에서 충만('플레로마')이라는 용어는 만유에 존재하는 하나님으로부터의 방출물들의 충만을 가리키는 데에 사용되었다. 이러한 용법은 이 용어와 관련된 바울의 용법을 이해하는 데에 실질적으로 도움이 되지는 않는 것으로 보인다. Cf. Hans Hübner, *EDNT*, 3:110-11.

굴복되지 않는다는 것이다.

화해. 골로새서에는 인간에 대한 두 가지 측면에서의 이해가 나타난다.

한편으로, 우리는 하나님으로부터 소외되어 있고 하나님을 향하여 적대적인(골 1:21) 죄인들로서의 인간에 관한 전통적인 묘사(골 2:13)를 본다. 그들은 어둠을 특징으로 하는 세상에 속해 있고(골 1:13), 스스로 거기에서 빠져나올 수 없다. 그리스도의 오심은 구원 활동으로 보아지고, 이 활동으로 인해서 사람들은 그들의 비참한 상황으로부터 구속을 받게 된다. 구속은 "죄 사함"으로 좀 더 분명하게 설명된다(골 1:14; 2:13). 앞서 바울은 칭의라는 용어를 더 선호하였고 죄 사함이라는 용어를 아주 드물게 사용하였다(롬 4:7, 칠십인역으로부터의 인용문) — 물론, 이 용어는 신약성서의 다른 곳, 특히 공관복음서들에서 흔하게 나오는 용어이긴 하지만. 여기에서 이 전통적인 용어가 도입됨으로써, 구속은 로마서 3:24-26에서와 거의 동일한 방식으로 설명된다. 또한 그리스도의 사역은 화해 사역 또는 평화를 이루는 사역으로 묘사된다. 화해의 범위는 땅과 하늘에 있는 "만물"을 포괄한다. 이것은 그 어떤 반역적인 세력들과도 화해할 수 있는 가능성을 열어두고 있는 것으로 보일 수 있지만, 이 서신은 그러한 사상 노선을 결코 따르고 있지 않다. 이것이 내포하고 있는 좀 더 중요한 함의는 그리스도의 유일한 중보자적 지위가 강조되고 있다는 것이다. 다른 곳에서와 마찬가지로 죄 사함받고 화해를 이룬 주관적인 체험은 그리스도와 함께 죽었다가 다시 살아난다는 관점에서 이해되고, 이것은 그 윤리적인 함의들을 위해서 상세하게 발전된다. 로마서 6장은 체험의 신학을 좀 더 상세하게 발전시키고 있는 반면에, 골로새서 3-4장은 죄에 대하여 죽고 하나님에 대하여 사는 것이 무엇을 의미하는지를 세부적인 내용과 관련하여 실존적으로 천착해 나간다. 따라서 그리스도 안에서의 하나님의 행위의 목적은 하나님의 백성으로서 합당한 성품을 지닌 거룩한 백성을 창조하기 위한 것이다(골 1:12).

다른 한편으로, 우리가 이미 지적했듯이, 세상은 영계(靈界)의 존재들, 즉 통치자들과 권세들에 의해서 지배되고 있다는 이해가 나온다. 이것은 완전히 독자적인 사상 노선은 아니다. 이 존재의 지위는 다소 모호하다. 어떤 사람들이 이러한 능력들에 비위를 맞추거나 복종해야 한다고 믿었고, 그러한 가르침을 교회에 퍼뜨리고 있었다는 인상을 피하기 어렵다. 모세 율법이 천사들에 의해서 주어졌기 때문에(갈 3:19), 이 율법에 대한 순종이 신자들에게 요구된 것들 중의 일부였을 것이다. 이와 동시에, 이러한 능력들은 의심할 여지 없이 죄의 어두운 세상을 다스리고 있고, 적어도 그들 중의 일부는 분명히 하나님과 그리스도를 대적하고 있다. 그렇지 않았다면, 그들의 패배에 관한 묘사가 본문에 나오지 않았을 것이다. 그들의 신분과 지위는 상세하게 고찰되지 않았던 것 같다. 이 능력들은 그들의 처지가 무엇이든지 간에 그리스도에 의해서 패배를 당했기 때문에, 신자들은 율법이라는 이름으로 그들에게 강제되고 있었던 여러 가지 계명들을 수행하지 않는다고 해서 그 누구로부터도 단죄를 받지 않을 것이다.

그러므로 유대화주의의 한 형태가 이 교회 속에서 제기되고 있었던 것으로 보인다. 그러나 이전에는 강조점이 칭의의 수단으로서의 모세의 율법에 대한 순종에 두어져 있었던 반면에,[24] 여기에서는 천사들의 비위를 맞추기 위한 금욕적인 실천이라는 추가적인 요소가 존재하고 있었던 것으로 보인다. 바울에게 있어서 그리스도인으로서의 삶은 이러한 요구들로부터의 해방을 의미한다. 왜냐하면, 그리스도께서는 능력들을 이기셨기 때문이다. 의미심장하게도 율법이라는 용어는 이 서신 속에서 사용되고 있지 않다.[25] 이것은 이 서신의 사상이 이전의 바울의 사상과 좀 거리가 있다거나 그 초점이 능력들과 금욕주의로 이동해 갔다는 것을 보여주는 것일 수 있다.

결론

골로새서의 신학은 바울의 초기 서신들에서 발견되는 것과는 몇 가지 눈에 띄는 차이점들을 보여준다. 만물에 대한 머리로서의 그리스도의 지위와 신성(神性)의 충만으로 충만케 되어 있는 그리스도에 관한 명시적인 이해가

---

24) 앞에서도 바울의 반대는 이방인들이 의롭다 하심을 받기 위하여 율법을 지키도록 요구되어서는 안 된다는 그의 확고한 믿음 위에 토대를 둔 것이었다. 이러한 요소는 골로새서의 배경에도 존재한다.

25) 하지만 골로새서 2:14, 20에서 법령들에 대한 언급이 나오고 골로새서 2:22에서 인간의 계명들에 대한 언급이 나온다는 것을 주목하라.

훨씬 더 분명하게 나온다. 그리스도는 이제 우주적 실체로서 인식되고 있는 교회의 머리로 이해되고 있다. 신자들은 구속을 받고 죄 사함을 받아서 하나님과 화해를 이루고 있고, 그들의 새 생명은 그리스도에게 감춰져 있고 아직 나타나지 않았지만, 그들은 그리스도와 더불어 죽었고 다시 살리심을 받았다. 그럼에도 불구하고, 골로새서 신학의 전체적인 패턴은 바울의 것과 동일하기 때문에, 나는 나중에 골로새서의 신학을 이전의 바울의 신학으로부터의 발전으로 이해하는 것이 가장 좋다는 것을 논증하고자 한다.

참고문헌

New Testament Theologies: (English) Strecker, pp. 548-65. (German) Gnilka, pp. 326-49; Hahn, 1:343-66; Hübner, 2:348-62; Stuhlmacher, 2:1-53; C. Stettler, *Der Kolosserhymnus* (Tübingen: Mohr Siebeck, 2000).

Arnold, Clinton E. *The Colossian Syncretism: The Interface Between Christianity and Folk Belief at Colosse.* Tübingen: Mohr Siebeck, 1995.

Bevere, Allan R. *Sharing in the Inheritance: Identity and the Moral Life in Colossians.* Sheffield: Sheffield Academic Press, 2003.

Bruce, F. F. *The Epistles to the Colossians, to Philemon and to the Ephesians.* Grand Rapids, Mich.: Eerdmans, 1984.

Dunn, James D. G. *The Epistles to the Colossians and to Philemon.* Grand Rapids, Mich.: Eerdmans; Carlisle: Paternoster, 1996.

(Lincoln, Andrew T., and) A. J. M. Wedderburn. *The Theology of the Later Pauline Letters.* Cambridge: Cambridge University Press, 1993.

Lohse, Eduard. *Colossians and Philemon.* Philadelphia: Fortress, 1971.

O'Brien, Peter T. *Colossians, Philemon.* Waco, Tex.: Word, 1982.

Martin, Ralph P. *Colossians: The Church's Lord and the Christian's Liberty.* Exeter: Paternoster, 1972.

Sappington, Thomas J. *Revelation and Redemption at Colossae.* Sheffield: Sheffield Academic Press, 1991.

Wright, N. T. "Poetry and Theology in Colossians 1:15-20". *NTS* 36 (1990): 444-68.

제 16 장
에베소서

우리가 골로새서의 경우에서 지적하였던 바울의 저작 여부에 관한 의심들은 에베소서에 이르면 더욱 강화된다. 에베소서는 바울 이후에 그의 익명의 제자가 바울 신학을 새로운 방식으로 상당히 발전시킨 것이라는 데에 훨씬 더 강력한 견해의 일치가 존재한다.[1] 바울의 다른 서신들과는 달리 이 서신은 구체적인 상황을 염두에 두고 있지 않은 것으로 보인다.[2] 또한 이 서신의 목적이 무엇인지도 분명하지 않다. 골로새서와 공통되는 내용이 상당히 많다 ─ 물론, 그 내용들은 서로 다른 뉘앙스로 사용되고 있기는 하지만. 골로새서가 그리스도에 관심의 초점을 맞추고 있다고 한다면, 에베소서는 하나님 아버지의 역할에 더 큰 관심을 보여준다.[3] 골로새서가 그 수신자들의 기독

---

1) 바울이 저자라는 것을 반대하는 견해에 대해서는 특히 Ernest Best, *A Critical and Exegetical Commentary on Ephesians* (Edinburgh: T &T Clark, 1998), Andrew T. Lincoln, *Ephesians* (Dallas: Word, 1990)을 보라; 바울이 저자라는 것을 옹호하는 견해(나는 이것이 더 설득력이 있다고 본다)로는 Harold W. Hoehner, *Ephesians: An Exegetical Commentary* (Grand Rapids, Mich.: Baker, 2002), Peter T. O'Brien, *The Letter to the Ephesians* (Leicester: Apollos; Grand Rapids, Mich.: Eerdmans, 1999)를 보라. 나는 바울이 최소한 이 서신의 암묵적인 저자이기 때문에 이 서신의 저자를 바울이라고 지칭할 것이다.

2) 우리는 "에베소에 있는"이라는 결정적으로 중요한 어구가 가장 오래된 사본들에 빠져 있기 때문에 이 서신이 어디로 보내진 것인지에 대해서도 확실히 알고 있지 못하다.

교 신앙에 대한 특별한 위협을 다루고 있다고 한다면, 에베소서는 유대인들과 이방인들로 구성된 교회와 관련하여 기독교적인 구원의 성격과 그것으로부터 흘러나오는 새로운 삶의 성격을 설명하는 데에 훨씬 더 많은 관심을 기울인다. 골로새서가 전체적으로 논쟁적이고 그 어조에 있어서 심지어 변증적이기까지 한 반면에, 에베소서의 문체는 기도와 묵상의 성격을 훨씬 더 많이 띠고 있다. 그 결과 에베소서는 신약성서의 문서들 중에서 가장 신학적인 책들 중의 하나가 되었고, 우리는 에베소서 속에서 거의 분석을 거부할 정도로 새로운 방식으로 표현된 바울 신학을 본다.[4]

신학적 이야기

베라카(엡 1:1-14). 교리편과 그리스도인의 행실편으로 뚜렷하게 구별되어 있는 에베소서의 전체적인 형태는 골로새서 및 로마서와 동일하다. 하지만 세부적인 면에서는 커다란 차이들이 존재한다. 이 점은 이 서신이 수신자들에 관한 기도문으로 시작하지 않는다는 점에서 처음부터 분명하게 드러난다. 이것은 이 서신이 아마도 아시아에 있던 신자들 전체를 대상으로 하고 있고 그들의 과거 또는 미래의 특정한 상황에 관한 것이 아니라는 사실과 잘 부합한다. 바울은 '베라카'라는 장치, 즉 하나님께서 과거에 행하셨고 앞으로 그의 백성을 위하여 행하실 것에 대하여 하나님께 찬송을 드리는 문학 양식인 '베라카'를 먼저 서술한 후에, 독자들을 위한 기도로 나아가는데, 이 기도문도 매우 일반적인 것이다. 그러나 우리가 내용들을 천착해 들어가 보면, 구체적인 관심사가 나타난다.

'베라카'는 하나님을 그리스도의 아버지로 말하면서 하나님께 찬송을 드리는 글인데(고후 1:3; 벧전 1:3에서처럼; cf. 롬 15:6; 골 1:3), 하나님께서 행하신 여러 가지 일들은 모두 그의 대리자인 그리스도와 연결되어 있다. 이러

---

3) 골로새서는 하나님에 대하여 4번 "아버지"라는 표현을 사용하지만, 에베소서에는 8번 나온다. 그러나 통계와는 상관없이 구원에 있어서 하나님의 행위는 중심적인 것이다. Cf. Hahn 1:356-59.

4) 이 서신의 특징은 사고의 흐름을 포착하기가 극히 어려운 아주 긴 문장들로 이루어져 있다는 것이다.

한 찬송의 끝부분에서 우리는 성령에 대한 언급도 보게 되는데, 신자들 속에서의 성령의 입재는 그들이 하나님의 소유라는 것을 확증해 주는 인침 (stamp)과 같은 것이었다. 하지만 그 구조는 구원의 서로 다른 측면들을 삼위일체 하나님의 서로 다른 위격들에게 할당하는 식의 삼위일체적인 것이 아니다. 오히려 그것과는 반대로, 하나님 아버지와 그리스도는 구원의 모든 측면들 속에서 함께 연루되어 있고, 성령은 이 대목에서 오직 지나가는 말로 언급될 뿐이다.

이 찬송은 세 부분으로 된 구조를 지니고 있는데, 각각의 어구는 "그의 영광을 찬송하게 하려는"(엡 1:6[약간 확장되어 있다], 12, 14)이라는 어구로 끝난다. 첫 번째 부분은 하나님께서 하늘의 영역에서 "그리스도 안에서" 그의 백성에게 모든 점에서 축복하셨다는 개괄적인 진술로 시작된다. 여기에서 우리가 주목할 것은 "그리스도 안에서"라는 어구가 이 서신에서 전형적으로 그러하듯이 하나님께서 그의 목적을 이루시는 데에 사용한 수단 또는 인물을 표현하는 데에 사용되고 있다는 것이다.[5]

"천계에서"(엡 1:20; 2:6; 3:10; 6:12, 개역에서는 "하늘에서")라는 어구는 이 서신에 특유하다. 여기에서 핵심 요절은 신자들이 그리스도와 함께 천계에 앉아 있다고 말하고 있는 에베소서 2:6이다. 따라서 에베소서 1:3의 의미는 신자들이 이러한 하늘의 실존 영역 속에서 영적인 축복들을 경험하고 있다고 할 때에 가장 잘 통하게 된다. 바울은 신자들의 영적인 부활을 상정하고 있고, 그렇기 때문에 그들이 지금 하나님에 대하여 살아 있고 영적인 의미에서 이미 하늘에 있지만, 그렇다고 해서 그들이 이 세상과 하늘에서의 악한 능력들에 의한 공격으로부터 자유로운 것은 아니라고 말하고 있는 것으로 보인다.[6] 천계는 악한 통치자들과 권세들이 있는 곳이다 — 물론, 그들의 영향력은 이 세상에까지 미치지만.

이러한 서두의 진술 후에 이 찬송의 첫 번째 부분의 나머지는 기본적으로

---

5) 이 어구를 이렇게 특별한 용법으로 사용하는 것은 다른 곳에서보다 이 서신에서 훨씬 더 두드러지고, 따라서 이 어구의 다른 용법들은 덜 자주 나온다.

6) 바울이 고린도후서 12장에서 환상 체험을 통해서 삼층천으로 끌려 올려져 갔다고 언급했을 때에 뭔가 다른 것이 의도되고 있다.

하나님께서 그의 백성을 택하신 것에 관한 것이다. 구원은 하나님의 목적과 주도권에 뿌리박고 있다. 세상이 창조되기 전에 하나님은 거룩한 백성을 계획하셨고, 나아가 그들을 자신의 자녀들로 삼기를 예정하셨다.[7] 그들의 양자됨은 그리스도로 말미암아 일어나게 되어 있었지만, 하나님께서 그들을 선택하신 것도 "그리스도 안에서" 이루어진 일이었다. 이렇게 바울은 하나님의 이러한 은총을 받은 자들인 모든 신자들을 대신해서 말하고 있는 것이다. 그리고 이 모든 것은 바울이 보기에는 하나님의 은혜의 영광을 찬송하는 데에 기여한다. 신자들은 그들에게 주신 은혜로 인하여 하나님을 찬송하여야 한다.

이 찬송의 두 번째 부분에 나타나는 사상은 이러한 계획이 그리스도로 말미암아 하나님의 여러 행위들을 통해서 구체적으로 실현되었다는 것에 관한 것이다. 그러한 것들 중에서 가장 중요한 것은 구속과 죄 사함인데, 여기에서는(골 1:14에 나오는 병행문과는 대조적으로; 그러나 골 1:20을 참조하라) 구속의 수단은 에베소서 2장에서 자세하게 전개될 내용인 그리스도의 피이다. 또한 우리가 주목할 만한 것은 이 서신 전체에 걸쳐서 구속을 가져온 하나님의 은혜의 풍성함이 강조되고 있다는 것이다. 또한 은혜는 하나님께서 그의 백성에게 지식을 전달해 주시는 것 속에서도 역사한다(cf. 고전 1:24, 30). 여기에서의 지식은 구체적으로 만유를 그리스도 안에서 하나되게 하고자 하시는 하나님의 계획을 아는 지식이다. 이것은 개인들과 죄악된 세력들 간의 죄와 반역과 반목에 의해서 생겨난 분열들이 종식되리라는 것을 의미

―――――――――

7) 나는 이 본문이 하나님께서 특정한 개인들을 자신의 자녀들로 삼고 특정한 자들을 자신의 자녀로 삼는 것을 배제하는 방식으로 미리 선택하였다고 실제적으로 말하고 있지 않다는 소수설을 취한다. 여기에는 개개인들에 관하여는 그 어떤 것도 말해지고 있지 않고, 바울은 단지 하나님께서 택하신 자녀들로 이루어지는 거룩한 백성을 세우기로 정하셨다는 것만을 말하고 있다. 바울이 하나님께서 "우리"를 택하셨다고 말한 이유에 대한 설명은 그가 은혜와 택하심을 경험한 자들의 관점에서, 즉 하나님의 계획이 효력을 발휘한 그런 자들의 입장에서 글을 쓰고 있다는 것이다. 전자에 대해서는 Best, *Ephesians*, pp. 119-22를 보고(그러나 에베소서가 보편주의를 내포하고 있을 수 있다는 그의 주장은 옳지 않다), 후자에 대해서는 O'Brien, *Ephesians*, p. 99; Hoehner, *Ephesians*, p. 176을 보라.

한다. 그것은 골로새서 1:20에서 말하고 있는 것과 동일한 우주적인 화해이다. 이것은 때가 찼을 때인 장래를 위한 하나님의 계획이지만, 이미 신자들은 하나님의 소유가 되어 있기 때문에(cf. NRSV의 난외주), 그들의 존재 자체는 하나님에게 합당한 찬송에 기여한다. 또한 이것은 구원을 가져다주는 복음을 듣고서 성령으로 말미암아 하나님의 소유로 인침을 받은 독자들에게도 그대로 적용되는데, 성령은 하나님께서 그의 백성을 온전히 구속하실 때까지 그들이 장차 받게 될 유업 중에서 처음으로 그들에게 주어진 것이다.

에베소서 1:12까지에 이르는 이 단락 전체에 걸쳐서 바울은 이미 그리스도에게 소망을 둔 자들을 지칭할 때에 일인칭을 사용한다. 그러나 에베소서 1:13에서 바울은 이인칭인 "너희"로 전환하고, 그 후에 에베소서 1:14에서 다시 "우리"로 되돌아간다. 그 후에 바울은 에베소서 1:15에서 2:2까지 이인칭을 계속해서 사용하다가 다시 일인칭으로 돌아간다. 여기에서 "너희"는 분명히 에베소서 2:11에 나오는 이방인들을 가리키기 때문에, 이것은 "우리"가 유대인들을 가리킨다는 것을 보여준다. 아마도 바울은 자기 자신을 그리스도를 믿은 최초의 사람들이었던 유대 그리스도인들을 대표하는 것으로 생각하고, 이 집단을 이방인들을 대표하는 독자들과 대비시키고 있는 것 같다.

기도문(엡 1:15-23). 유대인과 이방인의 관계는 에베소서 2장에서 표면으로 떠오르지만, 이것에 앞서 조금 뒤늦게 바울에 의한 기도문이 나오는데, 이 기도문은 다소 일반적인 관점에서 표현되어 있고, 그가 어떻게 독자들을 위하여 기도하고 있는지에 대하여 말하는 내용으로 되어 있다. 골로새서에서와 마찬가지로, 그들의 삶은 믿음과 사랑이라는 특징을 지니고 있고(골 1:4), 바울은 기본적으로 그들이 지식을 갖게 되기를 기도하는데(골 1:9), 골로새서에서 지식은 그리스도인으로서의 삶을 어떻게 살아야 할 것인가에 관한 것인 반면에, 여기에서의 지식은 하나님께서 그의 백성을 위하여 모든 것을 공급해 주신다는 것과 특히 하나님이 그들을 위하여 베푸시는 능력이 얼마나 큰 것인지를 아는 것과 관련되어 있다. 이 서신 속에는 골로새서에서보다도 훨씬 더 많은 능력을 표현하는 단어들이 나오는데, 이 단어들은 하나님과 그의 백성을 공격하는 통치자들과 권세들과 관련되어 있을 뿐만 아니라 대적자들의 능력보다 훨씬 더 크신 하나님의 능력과도 관련되어 있다. 이 능력은 특히 하나님께서 예수를 모든 능력 위에 뛰어난 권세의 자리로 높이신 것 속에서 드러났다.[8] 게다가, 그리스도는 교회를 위해 만물 위의 머리가 되셨는데, 이것은 이러한 설명의 요지가 독자들에게 그리스도의 권세와 능력이 그들을 위하여 행사되고 있다는 것을 알게 하는 것임을 보여준다. 그리스도와 교회는 머리와 몸으로 서로 연결되어 있지만, 교회는 "만물 안에서 만물을 충만하게 하시는 이의 충만함"이다. 이 모호한 어구의 취지는 만유를 그의 능력으로 충만케 하시는 그리스도께서는 교회 속에도 온전히 임재하고 계시기 때문에 교회는 자신을 공격하는 그 어떤 세력도 이길 수 있는 능력을 가지고 있다는 것인 것 같다. 이렇게 이 단락의 절정은 기독교적 구원에 있어서의 중요한 요소, 즉 교회가 그 머리 되시는 그리스도로 말미암아 모든 악한 대적들을 이길 수 있다는 것에 대한 단언이다. 독자들이 하나님과 그들 자신에게 이질적이라고 여겨진 세상 속에서 살고 있고, 이 세상은 악한 능력들의 주관 하에 있기 때문에, 적대적인 온갖 세력들을 두려워하며 삶을 살았던 백성들이었다면, 이러한 지식은 하나님께서 승리하실 것이라는 확신에 대한 소망으로 그들을 무장시켜 주었을 것이다.

유대인, 이방인, 구원, 화해(엡 2:1–21). 영적인 싸움에 관한 사상은 이제 관심 밖으로 물러난다(이 사상은 엡 6:10–18에서 다시 강력하게 등장하게 될 것이다). 바울은 에베소서 1장에서 "우리"와 "너희"의 병렬적인 배치를 통해서 은근히 암시되었던 유대인과 이방인이라는 주제로 되돌아간다. 에베소서 2장은 독자들만이 아니라 회심 이전의 바울과 유대인 신자들을 포함한 사람들의 상태에 관한 서술을 담고 있다(엡 2:3). 그들은 죄인들이었고, 그들의 삶은 세상과 그 지배자에 의해서 주관되었으며, 그들은 세상에 영합하여 하나님께 불순종하던 자들이었다. 그들은 하나님께 응답하는 것과 관련해서 죽은 자나 다름없었고, 하나님의 진노를 받게 되어 있었다. 그들의 회심은 부활이라는 개념으로 이해될 수 있는 것이었다. 하나님께서는 그들을 그들의 옛 생활로부터 건지셔서, 새로운 "천상의" 실존 속으로 이끄셨는데, 거기에서 그들은 하나님에 대하여 살아 있다. 이러한 사상은 골로새서 2장에 나오

---

8) 에베소서는 골로새서 1:15–17에 나오는 피조물에 대한 그리스도의 관계에 관한 말씀들과 같은 내용이 나오지 않는다.

는 것과 동일하지만, 여기에서는 하나님의 순전한 은혜와 긍휼이 강조되고 있다. 또 한 가지 내용, 즉 구원이 전적으로 그리스도로 말미암은 하나님의 은혜로운 주도권과 행위로 인한 것이고[9] 받는 자들에 의해서 행해진 그 어떤 행위에도 의존하지 않는다는 것을 강조하는 내용이 이제 등장하게 된다. 구원을 얻기 위하여 행해진 일들은 그것을 행한 자들에게 자기 자신을 의지하고 그들이 이룬 것을 자랑할 기회를 주게 될 것이다. 선한 일들은 구원받은 것의 결과물로서, 구원받은 자들은 하나님께서 그들에게 거룩하고 흠 없는 백성이 살아야 할 새로운 삶의 일부로서 행하도록 계획해 놓으신 것을 행하는 것뿐이다.

이 새로운 내용은 분명히 교회 속에서의 유대인들과 이방인들의 관계라는 지속적인 문제 및 사람들이 구원을 위하여 유대 율법의 요구 조건들을 행할 필요가 있는지에 관한 문제와 결부되어 있다.[10] 이와 동시에, 바울은 유대 율법에 의해서 규정되어 있는 의식적인 행위들이 아니라 사람이 구원받기 위하여 행해야 한다고 생각될 수 있는 그 어떤 종류의 행위들도 배제한다. 이 장의 나머지는 이러한 문제의 한 가지 중요한 측면에 할애되어 있다.

여기에서 쟁점이 되고 있는 것은 이방인들이 그들의 구원이 유대인들과는

---

9) 이 서신의 다른 곳에서 바울은 그리스도의 사역이 사랑에 의해서 시작되었고, 그 사랑이 자기 자신을 하나님께 드림으로써 하나님의 목적 속에서 거룩한 백성이 되도록 정하신 죄 사함 받은 백성을 만들어 낸 것이라는 자신의 이해를 단언한다(엡 4:32-5:2, 25-27; cf. 엡 1:7). 이것이 "우리"와 "교회"를 향하신 그리스도의 사랑이라는 관점에서 표현되고 있다는 사실은 바울이 죄 사함을 경험하였고 그것이 하나님의 사랑에 뿌리를 두고 있다는 것을 인식하게 된 자들을 대신해서 말하고 있는 상황으로부터 생겨난 것이다; 그것은 하나님의 사랑이 오로지 이러한 선물을 받은 자들에게만 국한되어 있다는 것을 의미하지는 않는다.

10) 여기에서 우리가 신자들이 받은 것을 가리키는 데에 구원이라는 용어를 사용하는 것은 적절하다. 왜냐하면, 이것은 바울이 사용하고 있는 어휘이기 때문이다. 초기 서신들에서 바울은 신자들이 심판 때에 하나님의 진노로부터 건지심을 받을 것을 가리키는 데에만 구원을 사용하는 경향을 보여주지만, 고린도전서 1:18에서 "멸망하는 자들"과 "구원받은 자들"로 사람들을 구별하기도 한다. "네 믿음이 너를 구원하였느니라"고 말씀하신 예수의 표현은 구원에 있어서 결정적인 행위는 회심 때에 일어난다는 인식을 밑받침해 주는 것으로 보인다.

독립적인 것이기 때문에 그들은 그들과는 별개의 교회를 형성하고 있다고 생각할 수 있는 위험인 것 같다. 이러한 문제는 유대 그리스도인들의 수가 소수이거나 전혀 없었던 회중들 속에서 분명히 일어날 수 있었을 것이다. 따라서 바울은 독자들에게 이방인들인 그들이 믿지 않았을 때에는 이스라엘 백성에 낄 수 없었고 할례를 받지 않았으며 소망이 전혀 없었다는 것을 상기시킨다.[11] "멀리 있던" 자들이 가까이 나아오게 된 것은 오직 그리스도로 말미암은 것이었다.[12] 여기서 작용하고 있는 힘은 이제 유대인들과 이방인들 간의 화해의 장소로 새롭게 이해되고 있는 그리스도의 죽음이다. "담"은 이방인들이 이스라엘의 뜰로 들어오지 못하게 성전에 설치된 장벽으로부터 가져온 은유였겠지만, 실제로 여기서 그것은 유대인들과 이방인들을 갈라 놓았던 율법이라는 장벽, 즉 모세 율법을 가리킨다. 이 담이 무너졌고, 이제 그리스도로 말미암아 유대인들과 이방인들이 하나님 아버지에게 나아갈 수 있게 되었기 때문에 하나님의 한 백성이 존재하게 되었다. 그러므로 이것이 가져온 결과는 이방인들이 하나님의 백성에 대하여 외인들이 아니라 하나님의 백성으로 받아들여졌다는 것이다. 이스라엘은 믿는 이방인들을 포함하도록 확대되었다. 이렇게 연속성이 존재하지만, 또한 하나님의 새 집(또는 가족)이 그리스도를 모퉁잇돌로 하는 사도들과 기독교의 선지자들로 이루어진 터 — 이것은 그들의 가르침을 의미할 것이다 — 위에 세워졌다는 점에서 불연속성도 존재한다. 이 건물은 성전, 즉 하나님께서 임재해 계시는 곳이고, 이방인들은 그 성전의 일부를 형성하고 있다.

이방인들에 대한 사도직(엡 3:1-13). 이 단락에서는 주제의 변화가 있는데, 바울은 이방인들을 하나님의 새로운 백성으로 삼기 위해서 사도로서의 자격으로 독자들을 위하여 기도하는 그의 의도를 알리기 시작한다. 그러나 여기서 바울은 잠시 멈춰 선다. 바울은 그 원래의 흐름을 이어가기 전에, 잠

---

11) 따라서 여기에서 말해지고 있는 것은 이전의 유대 개종자들이 아니다.

12) 에베소서는 성경을 비교적 드물게 인용하지만(엡 1:3에는 이러한 인용문이 전혀 나오지 않는다), 그 표현들 중의 일부는 성경에 의해서 형성된 것이다. 여기에서 바울은 원래 유대와 디아스포라 지역에 있던 유대인들을 가리켰던 이사야 57:19을 가져와서 그것을 유대인들과 이방인들에게 다시 적용한다.

시 멈춰 서서 그의 독자들에게 그가 말하고 있는 것에 대한 그의 권위를 다시 확인하고, 하나님께서 이전에 감추어 있었던 그의 계획을 사도들에게 계시하셨다는 것을 언급함으로써 자기가 하고 있는 말의 권위를 강화시킨다. 하나님의 은혜로 말미암아 바울은 이방인들을 섬기는 사명이 주어졌고, 바울에게는 그가 여기에서 짤막하게 설명한 내용의 계시가 주어졌다. 이 계시는 이전 세대들에게 알려져 있지 않았고 지금 사도들과 선지자들에게 계시되었다는 점에서 새로운 것이었다.[13] 이 계시는 이방인들과 유대인들이 함께 하나님의 한 백성을 이루고서 하나님의 동일한 약속들을 공유하고 있다는 것을 단언하는 것이었다.

바울은 자신이 이 복음을 이방인들에게 전하도록 특별한 사명을 받은 것으로 보았다. 만세 전부터 감추었던 하나님의 지혜가 교회의 증언을 통해서 통치자들과 권세들에게 알려지게 될 것이었다. 아마도 그들은 하나님께서 그들을 패배시키기 위하여 행하셨다는 사실을 알게 될 것이다. 끝으로, 바울은 신자들이 하나님께 기도하기 위하여 담대하게 나아갈 수 있다는 것을 말한다.

독자들을 위한 바울의 기도(엡 3:14-21). 바울은 자기가 이방인들에 관한 사명을 받았다는 것을 한층 더 견고하게 정립해 놓은 후에 마침내 기도로 옮겨 간다. 그는 하나님을 아버지라고 부르고, 각각의 족속 또는 하나님의 가족 전체 또는 모든 육신의 아비들에게 이름을 주신 분은 하나님이시라고 말한다. 이러한 가능성들 중에서 하늘과 땅에 있는 하나님의 백성인 각각의 무리들을 가리키는 첫 번째 가능성이 가장 유력한 것 같다.[14]

이 기도는 독자들을 영적으로 강건하게 하기 위한 것인데, 그들로 하여금 그리스도께서 그들 안에 살아 계시게 하고(갈 2:20), 그들이 단지 그리스도의

---

13) 이러한 부정(否定)은 바울과 그 밖의 다른 신약성서의 그리스도인들이 그것이 구약의 선지자들에 의해서 예언되었다는 것을 믿었고, 그것을 밑받침하기 위하여 선지자들을 인용하였다는 사실과 서로 모순되지 않는다(예를 들면, 롬 15:9-12). 선지자들이나 그들의 청중들은 둘 다 그들에게 계시된 내용의 취지를 온전히 이해하지 못하였다.

14) John Muddiman, *The Epistle to the Ephesians* (London: Continuum, 2001), pp. 166-67

사랑을 이해할 뿐만 아니라 모든 충만함으로 체험할 수 있게 되기를 기도한다.[15] 그 뒤에 나오는 송영은 이 기도를 들어주실 것을 믿고 하나님께 감사하는 내용이다. 다시 한 번 하나님의 능력에 대한 언급이 중요한 의미를 지닌다.

교회 안에서의 통일성과 다양성(엡 4:1-16). 에베소서 4장의 첫 절은 이 서신의 첫 번째 부분에 서술된 복음에 합당한 행실을 다시 한 번 역설하고 있는 두 번째 부분의 전체적인 주제를 보여준다(cf. 골로새서). 직후에 나오는 요지는 앞서 나온 것으로부터 직접적으로 도출되는 것이다: 교회는 한 분 하나님과 하나이고 장래를 위한 한 소망을 가지고 있기 때문에, 교회 안에서 하나됨을 보존하여야 한다는 것.

이것은 하나님께서 교회의 덕을 세우기 위하여 서로 다른 여러 가지 은사들의 형태로 교회에 주신 풍부하고 다양한 선물들과 양립될 수 없는 것이 아니다. 고린도전서와 로마서에서 바울은 서로 다른 영적인 은사들이 사람들에게 주어졌다는 것을 묘사하고 있는 반면에, 여기에서는 은혜를 받은 자들(엡 4:7)이 바로 하나님께서 교회에 주신 선물들이라고 말한다(엡 4:11). 다른 곳에서 다양한 많은 영적인 은사들로 열거되었던 것들이 여기에서는 이제 수적으로 네 가지 부류로 축소된다: 사도들 또는 선교사들, 사도들과 더불어서 하나님의 비밀들과 그 밖의 다른 가르침들에 대한 계시를 통해서 교회의 터를 형성하고 있는 선지자들, 선교 활동에 참여하는 복음 전도자들, 신자들로 이루어진 회중 속에서 두 가지 주요한 일에 대하여 책임을 맡고 있어서 하나의 쌍으로 연결되어 있는 목사들과 교사들. 여기서 특기할 만한 것은 감독들과 집사들(빌립보서와 목회 서신에서 사용되고 있는) 또는 장로들 같은 용어가 사용되고 있지 않다는 것이다 — 물론, 그 명칭들과 정확한 직무들이 무엇이든지 간에 동일한 기능들이 회중 속에서 수행되었을 것이라는 것을

---

15) 네 가지 차원에 관한 표현들을 단지 수사학적인 표현으로 보기보다는 그 네 가지 차원에 해당하는 구체적인 요소들을 찾아 내고자 하는 시도들이 행해져 왔다. 높이와 깊이는 에베소서 4:8-10에도 나오기 때문에, 그리스도의 사랑은 하늘과 땅을 포괄한다. 넓이는 수평적인 땅의 범위일 수 있고, 길이는 시간적으로 사랑의 영원함을 가리키는 것으로 해석될 수 있다(F. B. Watson의 미간행 논문 중에서).

인정하는 것은 어렵지 않지만. 이러한 다양한 직분들은 교회로 하여금 그리스도를 중심으로 한 하나됨 속에서 한 몸으로 성장하고, 신자들로 하여금 거짓된 가르침을 물리칠 수 있게 해주는 성숙함으로 발전해 갈 수 있도록 하는 것을 목적으로 한다.[16] 이렇게 교회는 함께 일하고 서로의 성장에 기여하며 사랑 안에서 교회를 견고하게 해나가는 여러 지체들로 이루어진 몸으로 보아진다.

옛 사람과 새 사람, 가족 관계(엡 4:27-6:9). 독자들은 회심 이전에 서로 아주 다른 생활 방식을 가지고 있었던 회심한 이방인들이었기 때문에, 교회 성장에 있어서 하나의 중요한 요소는 그들의 이전의 죄악된 생활 방식을 버리고 새로운 패턴의 행실을 옷 입는 것이었다. 이러한 행실의 세부적인 내용들은 여기에서 우리의 관심사가 아니다. 중요한 것은 반복해서 등장하는 신학적인 동기이다. 바울은 비기독교적이고 부도덕한 행실을 하나님의 가르침에 대하여 둔감하고 완악한 마음을 지닌 이방인들의 무지의 탓으로 돌린다. 이와 대조적으로, 그리스도인 신자들은 그리스도를 배우는데, 이것은 분명히 그리스도의 성품(cf. 고후 10:1)과 가르침에 관한 교훈을 포함하고 있음에 틀림없다.[17] 바울은 이러한 요지를 옛 사람과 새 사람 간의 대비를 사용해서

---

16) 에베소서 4:12a에 대한 해석과 관련해서는 불확실한 것이 존재한다. 여러 지도자들의 임무는 "하나님의 백성들을 섬김의 일들을 위해서 준비시키는 것"(TNIV; cf. NRSV)인가, 아니면 "하나님의 백성을 준비시키며 봉사의 일을 하는 것"인가: 달리 말하면, 봉사의 일은 회중 전체에 의해서 행해지는 것인가(이것을 위해서 지도자들이 그들을 준비시킨다), 아니면 지도자들 자신들의 일인가? 전자의 견해에 대해서는 O'Brien, *Ephesians*, pp. 301-3을 보고, 후자의 견해에 대해서는 Lincoln, *Ephesians*, pp. 253-55를 보라. 후자의 견해에 선다고 할지라도, 이 서신은 여전히 회중의 지체들이 개별적인 은사들을 가지고 있고 그 은사들을 사용한다는 것을 보여준다(엡 4:7, 16). 전체적으로 보아서 전자의 견해가 더 잘 밑받침이 된다.

17) 신약성서의 서신들 속에는 예수의 가르침에 대한 직접적인 인용이 놀라울 정도로 거의 나오지 않지만, 특히 야고보서와 베드로전서에는 그러한 가르침을 반영한 많은 교훈이 나오고, 베드로의 서신들에서도 마찬가지이다. 한 분야에 대한 사려 깊은 연구로는 Michael B.Thompson, *Clothed with Christ: The Example and Teaching of Jesus in Romans 12:1-15:13* (Sheffield: Sheffield Academic Press, 1991)을 보라.

발전시키고 있는데, 신자들은 옛 사람을 더러운 옷같이 벗어버리고 그 대신에 새 사람을 입어야 한다. 바울은 성령을 근심하게 하는 행실에 대하여 경고하는데(엡 4:30; cf. 사 63:10),[18] 이것은 성령이 비인격적인 능력이 아니라 인격적인 존재로 이해되고 있다는 것을 보여주는 것이다.

바울은 하나님께서 그리스도 안에서 믿는 자들을 용서하였다는 것을 근거로 신자들이 서로 용서해야 할 것을 요구한다. 여기에서 토대가 되고 있는 것은 단지 하나님께서 어떻게 행할 것인지에 대한 모범을 제공해 주셨다는 것이 아니라, 예수께서 가르치신 대로, 하나님께서 용서하신 것을 사람들도 용서하여야 한다는 것이다. 마찬가지로, 신자들 상호 간의 사랑도 그리스도께서 자기 자신을 하나님께 희생제물로 드리신 것을 통해서 보여주신 사랑에 뿌리를 두고 있다. 여기에서 우리는 그리스도인들이 예수의 죽음을 희생제사적인 관점에서 이해하였다는 것과 그러한 이해가 윤리적인 교훈 속에서 거의 통상적으로 사용될 정도로 보편화되어 있었다는 것(후자의 예에 대해서 엡 5:25-27을 참조하라)을 보여주는 중요한 말씀을 보게 된다. 이것은 행실에 관한 기독교적인 가르침이 지속적으로 신학적으로 중심적인 진술들에 의해서 밑받침되었다는 것을 보여준다.

옛 사람과 새 사람 간의 대비는 중요하다. 세상의 특징인 죄악된 행실을 행하는 자들은 하나님 나라에서 있을 곳이 없게 되는데, 이것 속에는 그러한 행실을 계속하게 되면 마침내 그들의 지위를 잃게 되고 하나님의 진노를 맞게 될 것이라는 함의가 들어 있다. 전에 그들이 살았던 어둠에 합당한 성품을 지녔던 자들은 이제 빛에 합당한 자로서의 삶을 살아야 한다. 왜냐하면, 빛 안에서 살아가는 것은 죄를 있는 그대로 드러내기 때문이다. 술 취하는 것은 성령 충만함에 수반되는 찬송을 통하여 표현되는 기쁨함이나 감사와 대비된다.

---

18) 에베소서가 이 서신의 후반부에서 좀 더 교리적인 목적들을 위하여 구약성서의 내용들을 비중있게 사용하고 있고(엡 4:8), 윤리적인 가르침 속에서 계명들의 원천으로서 구약성서의 내용들을 사용하고 있는 것(엡 4:25, 26)을 주목하라. 이 점에 있어서 에베소서는 골로새서와 두드러지게 다르다. Thorsten A. Moritz, *A Profound Mystery: The Use of the Old Testament in Ephesians* (Leiden: F. J. Brill, 1996)을 보라.

신자들은 서로에게 순복하여야 한다. 이것은 다음에 나오는 절들 속에서 아내들, 자녀들, 종들의 일방적인 순복과 같은 그러한 일방적인 순복이 아니다. 갈라디아서 5:13과 빌립보서 2:3에 나오는 병행문들은 "서로"라는 어구가 진정한 양방향성을 의미한다는 것을 보여준다. 그럼에도 불구하고, 이러한 원칙으로부터 이 세 부류의 사람들에게 자연적이고 문화적인 복합적인 이유들로 인해서 그들의 상대방에게 순복해야 한다는 것을 일깨우는 내용들이 나온다. 아내와 남편의 경우에 그 가르침은 좀 더 길게 발전되어 있다. 아내가 남편에게 순복하고 남편을 공경하는 것(엡 5:33)은 교회가 그 머리이자 구주이신 그리스도에게 순복하는 것과 연관되어 있다.[19] 교회가 의지하는 구주로서의 그리스도와 아내가 보살핌과 부양을 위해서 의지하는 남편 간의 유비가 존재한다. 이 문제는 남편 쪽에서도 아내를 사랑해야 한다고 훨씬 더 길게 조언되고 있는 맥락 속에 두어지고 있고, 바울은 그리스도께서 교회로 하여금 순결하고 거룩하게 되도록 하기 위하여 교회를 사랑하셔서 자신을 주신 것을 이러한 것에 대한 모범과 동기로서 제시한다. 이것은 남편이 아내를 위하여 할 수 있는 것을 뛰어넘고 있는 것이기 때문에,[20] 여기서의 적용은 단순히 그리스도께서 그의 몸인 교회를 위하여 행하신 것과 같이 남편은 그의 아내를 위하여 사랑 가운데서 가능한 모든 것을 해야 한다는 것이다. 끝으로, 남편이 아내를 사랑 가운데서 견고하게 붙잡아야 한다는 것에 대한 성경적인 권위로서 창세기 2:24이 인용되고 있지만, 바울은 거기에서 한 걸음 더 나아가서, 이 성경 본문 속에서 그리스도께서 교회를 그의 신부로 맞기 위하여 하나님 아버지를 떠나신 것에 관한 묘사를 본다.

자녀들에 대한 가르침은 구약성서의 원칙들에 토대를 둔 것으로서, 골로새서에서와 마찬가지로 아버지들에 대한 교훈을 통해서 균형이 맞춰져 있다.[21] 이와 같은 것은 종들과 그들의 주인들의 관계에 대해서도 그대로 적용

---

19) 남편이 아내의 머리가 된다는 개념은 그것이 고린도전서 11장에 나오기 전에는 발견되지 않기 때문에, 바울에 의해서 처음으로 말해진 것으로 보인다.

20) 교회의 순결과 신부의 특성이어야 하는 순결 간의 유비(cf. 고후 11:2)는 아내에 대한 암묵적인 권면일 가능성이 있다.

21) 하지만 신약성서의 세계 속에서 아들이 아버지에게 순복하는 것은 오늘날의 서방

된다. 그리스도인 종들과 주인들이 동일한 하늘의 아버지를 모시는 형제들이라는 사실의 또 다른 면은 그들 모두에게 공의를 공평하게 베푸시는 동일한 하늘의 주인 — 이것을 통해서 바울이 의미하는 것은 하나님께서는 종들과 주인들을 똑같이 대우하신다는 것이다 — 이 계신다는 사실이다.[22]

영적인 전쟁(엡 6:10-24). 이 서신의 마지막 대단락에서 바울은 그의 독자들에게 도덕적인 전쟁이 아니라 사람들을 사로잡고 있는 악한 세력들에 대항하여 싸우는 영적인 전쟁을 대비하도록 촉구하는 것으로 이 서신을 요약한다. 이것이 내포하고 있는 의미는 신자들은 악한 세력들의 공격으로부터 면제받는 것이 아니라, 그들이 주의하지 않는다면 악한 세력들에 의해서 굴복당할 수도 있다는 것이다. 기본적인 준비는 그리스도를 옷 입는 것이지만(롬 13:14), 이러한 기본적인 사상은 여기에서 그리스도인으로서의 특질(믿음) 또는 영적인 은사(진리, 의, 구원, 하나님의 말씀)를 나타내는 완전군장의 각각의 부분에 관한 전통적인 묘사를 사용함으로써 발전되고 있다(cf. 살전 5:8). 이러한 영적인 특질들이 그것들과 동일시되고 있는 완전군장의 특정한 부분들과 어떻게 부합하는지는 분명하지 않다. 여기에서의 묘사는 생생한 가르침을 위한 보조수단일 뿐이고 그 이상의 의미는 없는 것으로 보인다. 이러한 것들과는 별개로 특별히 언급되고 있는 것은 항상 기도하고 깨어 있어야 할 필요성이다.

신학적 주제들

이 서신에 대한 이러한 읽기로부터 두드러지는 것은 최상급의 관점에서 묘사되고 있는 하나님의 사랑과 능력에 대한 강조와 하나님의 백성 안에서 이방인들과 유대인들의 하나됨에 대한 강조이다. 에베소서는 "변증적이 아니라 목회적" 성격을 지닌 것으로 묘사되어 왔고, 특정한 변증의 필요성에 의해서 형성되지 않은 신학적인 담론을 제공해 주고 있다는 점에서 특별히

사회에서와는 다른 방식으로 성인이 될 때까지 지속되도록 기대되었을 것이다.

22) 한 사람의 신분의 고하가 그 사람의 유죄 또는 무죄를 평가하는 데에 중요한 요소였던 로마 세계의 사법제도와 대비해 보라; Brian Rapske, *Paul in Roman Custody* (Carlisle: Paternoster; Grand Rapids, Mich.: Eerdmans, 1994), pp. 46-62를 보라.

흥미롭다. 또한 에베소서는 특정한 지역 회중의 상황과 관련해서 세부적으로 대응할 필요성에 의해서 형성된 것도 아니다. 오히려 에베소서는 몇 년간의 발전 후에 주로 이방인들로 구성된 교회들에 대하여 말하고 싶은 것들을 대변하고 있는 것으로 보인다.

기도와 예배. 에베소서는 우리가 예배라고 부를 수 있는 것, 하나님께서 교회 안의 신자들을 향하여 베푸신 은혜에 대하여 감사하고 간구하는 것에 상당히 많은 분량의 지면을 할애하고 있는 서신이다. 이러한 기도문들은 독특한 문체를 지니고 있고, 신학적으로 깊은 내용을 담고 있다. 하지만 거의 분석을 할 수 없을 정도로 여러 가지 개념들이 줄줄이 이어 나오는 긴 문장들은 바울의 다른 서신들에서도 나오기 때문에, 이것은 여기에서 발견되는 독특한 문체는 초대 교회의 기도문의 특징이었을 가능성이 높다는 것을 보여준다. 이러한 기도문들은 일차적으로 바울의 기도들을 보여주고 있는 것이기는 하지만, 분명히 개별 신자들과 기독교 회중들의 삶 속에서 기도가 차지했던 위치를 보여주는 것임에 틀림없다. 우리는 다른 곳에서 바울이 회중들에게 얼마나 자주 자기를 위하여 기도해 줄 것을 요청하였는지를 지적한 바 있다.[23]

이 서신에서 두드러지는 것은 하나님의 은혜와 능력을 주목할 만한 정도로 강력하게 송축하고 있다는 것이다. 이 점에서 에베소서와 가장 닮은 것은 요한계시록에 나오는 예배의 노래들과 거기에서 하나님이 보좌에 앉으신 것에 관한 묘사 속에서 찾아볼 수 있다. 하나님의 크심에 대한 강조는 그 필연적인 결과로서 예배와 찬송의 분위기를 지니게 되는 것으로 보인다. 이것과 관련해서 우리는 에델버트 슈타우퍼(Ethelbert Stauffer)에 의한 신약성서 신학에 대한 중요한 분석을 생각해 볼 수 있는데, 그는 송영적 요소, 전투적 요소, 구원론적 요소라 불리는 세 가지 주요한 요소들을 신약성서에서 찾아내었다.[24] 슈타우퍼는 이러한 요소들이 하나님, 마귀, 세상에 대한 예수의 관계

---

23) David G. Peterson, "Prayer in Paul's Writings", in *Teach Us to Pray: Prayer in the Bible and the World*, ed. D. A. Carson (Exeter: Paternoster; Grand Rapids, Mich.: Baker, 1990), pp. 84-101을 보라. 이 책에 실려 있는 그 밖의 다른 논문들은 성경의 다른 분야들을 다루고 있다.

속에 구현되어 있다고 보았다. 에베소서는 교회와 관련하여 이러한 모티프들을 보여주는 주된 예이다. 에베소서는 하나님께서 그의 백성에게 수여하신 그의 축복들 속에 나타난 그의 크심으로 인하여 하나님 아버지께 영광을 돌리는 표현들을 사용하고 있다. 에베소서는 신자들이 참여하고 있는 영적인 전쟁의 성격을 극적으로 부각시킨다. 그리고 에베소서는 하나님께서 그의 백성의 구원을 위하여 행하시는 방식을 묘사한다.

교회 안에서의 유대인들과 이방인들. 이 서신의 중심적인 관심은 교회 안에서의 이방인들과 유대인들 간의 관계이다. 갈라디아서와 로마서에 나타나는 유대화주의자들에 대한 활발한 변증은 이 서신 속에서는 약화되어 있다. 골로새 교회를 위협하고 있었던 이상한 가르침의 흔적이 여기에는 나타나지 않지만, 그러한 문제는 지나간 것이 아니었기 때문에, 독자들의 회심에 관한 묘사는 이방인들을 위한 바울의 복음에 근본적인 것은 행위가 아니라 은혜라는 주제를 강조하고 있다. 에베소서에서 지배적인 주제는 유대인들과 이방인들이 예수의 죽음으로 인하여 화해되어서 한 백성을 이루고 하나님께서 거하시는 한 성전이 되었다는 것이다. 이러한 것은 이방인들에게 이러한 메시지를 전하도록 특별한 사명을 받은 사도인 바울을 비롯해서 사도들과 선지자들에게 주어진 하나님의 계시에 토대를 두고서 독자들에게 이것이 진정으로 참이라는 것을 재확인시켜 주고자 하는 것으로 보인다. 에베소서에는 로마서 9-11장에서 발견되는 유대인들의 불신앙이라는 문제를 둘러싼 고뇌 같은 것이 나오지 않는다.

오히려 교회의 다양한 삶과 사역 속에서 이러한 하나됨을 유지하여야 한다는 실천적인 강조가 존재한다. 여기에서의 관심사는 유대인들과 이방인들의 문제로부터 모든 신자들이 사랑 안에서 서로 하나되고 영적으로 성장해 가는 것으로 확장되어졌다.

에베소서에서 교회라는 개념은 특히 중요하다. 바울의 초기 서신들에서 **교회**(헬라어로는 '에클레시아')라는 용어는 개별 회중, 좀 더 정확하게 말하자면 특정한 지역에 살고 있던 신자들의 총체를 가리키는 것으로서 단수형

---

24) pp. 40-41을 보라.

으로 사용되고 있다. 종종 이 용어는 어떤 사람의 집에서 모이는 좀 더 작은 무리를 가리키는 경우도 있다(롬 16:5; 고전 16:19; 몬 2). 서로 다른 여러 지역들에 있는 여러 교회들은 당연히 "교회들"로 지칭된다. 이 용어는 신자들 전체를 가리키는 단수형으로 사용되는 경우가 극히 드물다(고전 10:32; 12:28; 15:9; 갈 1:13; 빌 3:6). 이러한 용례들 중 일부는 논란의 여지가 있을 수 있지만, 바울은 이 용어를 압도적으로 지역의 신자들의 무리를 가리키는 데에 사용하였음에도 불구하고, 그가 "교회"를 시간을 뛰어넘어 존재하고 특정한 때에 있어서 하나님의 새로운 백성 전체를 포괄하는 실체로 생각하였다는 것을 보여주는 충분한 증거들이 존재한다. 따라서 바울은 그가 "하나님의 교회"(고전 15:9; 갈 1:13; cf. 빌 3:6)를 박해하였다고 말하였을 때에 어느 특정한 회중이 아니라 그리스도인들 전체를 염두에 두고 그런 말을 하였을 가능성이 높다.

우리가 골로새서와 에베소서로 눈을 돌리게 되면, 그 그림은 바뀌게 된다. 골로새서에서 '에클레시아'의 2번의 용례(골 4:15, 16)는 지역 회중을 가리키고, 나머지 2번의 용례는 "교회"와 동일시되는 그리스도의 "몸"을 가리킨다. 에베소서에서 이 용어는 9번 사용되는데, 모든 경우에서 개별 회중이 아니라 교회 전체를 가리킨다.[25] — 물론, 바울이 교회 전체에 관하여 말하는 것은 그 전체의 일부인 개별 회중들에게 적용될 수 있는 것이기는 하지만.[26] 이러한 발전은 너무도 자연스러운 것이다. 그것은 신자들이 그들 자신을 점점 더 하나의 백성에 속해 있는 것으로 인식하게 되었고, 공동체적인 실체로서의 하나님의 백성 또는 새 이스라엘로 이해하게 되었다는 것과 부합한다. 고린도전서 12:28에서 바울은 단지 고린도 교회만이 아니라 교회 전체에 있어서의 직분자들을 염두에 두고 있었다는 것은 논란의 여지가 없지는 않지만 그럴 가능성이 대단히 높다. 이렇게 교회 전체는 그리스도의 사랑의 대상이다(엡 5:25, 29). 예수는 교회 전체의 머리이기 때문에, 교회는 그의 몸이라고 생각

---

25) Andrew C. Perriman(미간행 논문)은 에베소서 2:21에 나오는 성전은 지역 회중을 가리킨다고 생각한다.

26) 우리가 "은행" 또는 "우체국"이라는 표현을 그 기관 전체를 의미하거나 그 개별 지점을 의미할 때에 사용하는 것과의 병행들이 흔히 제시되어 왔다.

될 수 있다(엡 1:22; 5:23). 골로새서와 에베소서의 특징을 이루는 것은 이런 의미에서 일종의 우주적인 실체로서의 교회 개념이다. 이 점에서 이 두 서신은 초기의 서신들보다 한 걸음 더 앞으로 나아가고 있다.

대부분의 학자들은 이 우주적 실체(cosmic entity) ― 이것은 내가 만들어 낸 용어이다 ― 가 온 세상에 걸친 지역 회중들과 신자들의 총체라고 보는데, 이러한 실체는 시간을 통해서 확장되기 때문에, 우리는 그것을 특정한 때에 만들어졌고 역사를 지닌 실체라고 생각할 수 있다. 한 걸음 더 나아가서, 우리는 여러 세기에 걸친 신자들의 총체를 나타내기 위하여 "땅과 하늘에 있는 교회"라는 표현도 사용할 수 있을 것이다. 하지만 피터 오브라이언(Peter T. O'Brien)을 대표자로 하는 몇몇 호주의 신학자들에 의해서, 위에서 말한 것과는 다른 견해가 발전되어 왔다. 그들은 이 어구가 가리키는 것은 이 땅에 있는 교회가 아니라 "그리스도를 중심으로 하늘에 모여 있는 모임"을 가리킨다고 주장한다. 하지만 이 하늘의 모임은 에베소서에 의하면 이미 하늘 처소로 일으키심을 받은 살아 있는 신자들로 구성된다. 지역 교회들은 이 하늘의 모임이 이 땅에 나타난 것들이다. 이러한 개념이 유효하기 위해서는 오브라이언은 몇몇 용례들에 있어서 교회라는 용어가 이 땅에 있는 지역 교회와 하늘의 모임을 둘 다 가리키는 이중적인 뉘앙스를 지니고 있다는 것을 인정하여야 한다.[27] 이러한 해석에는 그 밖의 다른 약점들도 존재한다.

에베소서는 바울의 서신들 속에서 이전에 발견되는 구별, 즉 교회의 터를 구성하고 그 선교에 책임이 있는 교회 지도자들(사도들, 선지자들, 복음 전도자들)과 지역 회중들 속에서 활동하는 자들(목사들과 교사들) 간의 구별을 보존하고 있는 것으로 보인다. 암묵적으로 이것은 지역 회중들과 나란히, 그리고 지역 회중들과의 연대 속에서 선교 활동들이 새로운 회중들을 만들어내기 위하여 별도로 조직되었다는 것을 인정하는 것이다. 그럼에도 불구하고, 에베소서는 교회가 보편적이고 전세계적인 기관이라는 개념을 밑받침해주지 않는다.

---

27) 간략한 것으로는 O'Brien, *Ephesians*, pp. 25–29를 보라; cf. idem, *DPL*, pp. 123–31. 비판에 대해서는 Kevin Giles, *What on Earth Is the Church? A Biblical and Theological Enquiry* (London: SPCK, 1995), pp. 125–51을 보라.

에베소서는 신약성서의 그 어느 부분보다도(요한복음 17장을 제외하면) 교회 안에서의 하나됨의 필요성을 강조한다. 이것은 빌립보서 2:1-4에서 그리스도인들은 한 하나님(성령, 주님, 아버지 — 암묵적으로 삼위일체적인 하나님), 믿음과 세례를 통한 구원의 한 길, 한 소망을 가지고 있다고 역설하면서 신자들이 지역 회중 속에서 동일한 마음과 뜻을 가져야 한다고 권면한 것을 뛰어넘는다. 에베소서 2장에 비추어 볼 때, 이것은 유대인 신자들과 이방인 신자들이 이러한 공통의 자산들을 가지고 있다는 것을 강조하기 위한 것인 것 같다(딤전 2:5에서 모든 신자, 즉 유대인들과 이방인들을 위해서 한 분 하나님과 한 분 중보자가 계시다는 것을 강조하고 있는 것을 참조하라). 이렇게 그들 모두에게는 이루어야 할 공통의 목표들이 존재한다. 그렇지만 교회 안에는 그리스도께서 그의 몸을 세우기 위하여 개별 신자들에게 서로 다른 은혜의 인사들을 주심으로 인한 다양성도 존재한다. 이 모든 다양한 은사들은 그리스도의 몸을 세운다는 한 가지 목표에 봉사하는 것으로 보아진다. 바울은 여러 다양한 지도자들을 가리키는 데에 복수형을 사용하는데, 이것은 그가 단지 하나의 지역 회중이 아니라 교회 전체를 염두에 두고 있다는 것을 보여주는 것이다.

통치자들과 권세들, 그리스도의 주로서의 지위. 또 하나의 중심적인 주제는 어둠의 세상을 지배하고 신자들을 위협하는 통치자들과 권세들에 관한 문제이다. 골로새서 2:15에 의하면, 그들은 이미 무장해제되었고 패배하였지만, 이 점은 에베소서에서는 언급되지 않는다. 오히려, 강조점은 그리스도께서 하나님 옆의 보좌에 앉아 계시기 때문에 그런 존재들보다 더 우월하다는 것에 두어지고 있다. 그럼에도 불구하고, 그들은 여전히 활동하고 있기 때문에 신자들은 그러한 세력들에 대항하여야 한다.

이 점을 주목하는 것이 중요한 이유는 에베소서의 저자가 신자들은 다시 살리심을 받아서 하늘에 올라가서 완전하게 되었다고 말하고 있는 것 같은 인상을 우리가 받기 때문이다. 에베소서에는 장래의 축복들이 이미 신자들에 의해서 온전히 향유되고 있다는 실현된 종말론이 존재한다는 주장이 제

---

28) 이것과 비슷하게 골로새서 3:1에서 신자들의 부활에 관하여 제기된 문제를 참조

기되어 왔다.[26] 이 서신과 관련하여 이러한 견해는 명백하게 거짓이다.

우리는 에베소서에 나타난 종말론이 미래적이라기보다는 수직적이라는 주장들에 대해서는 어느 정도 공감할 수 있다. 다시 말하면, 에베소서의 종말론은 그리스도인들이 그리스도께서 다시 오시게 될 장래와 세상의 종말을 지향하는 소망을 말하고 있는 것이 아니라, 그리스도께서 지금 보좌에 앉아 계셔서 거기로부터 그의 백성들에게 능력을 부어 주시는 하늘을 향해 있다는 것이다. 그리스도의 재림이 이 서신 속에서 직접적으로 언급되어 있지 않고, 장래의 완성이 강력한 주제로 등장하고 있지 않다는 것은 사실이지만, 아직 실현되지 않은 장래의 완성에 대한 믿음은 분명히 이 서신 속에 존재하고(엡 1:10), 내세에 관한 개념도 존재한다.

바울 서신의 다른 곳에서도 여기에서와 동일한 위를 향한 전망이 나온다는 것을 아는 것이 중요하다. 진정성이 의심되고 있지 않은 서신들 속에서 바울 신학의 무게중심은 미래가 아니라 과거(예수의 죽음과 부활)와 현재(그리스도 안에서의 신자들의 실존)에 두어져 있다.

현재에 있어서 그리스도가 주님이라는 사실은 극히 중요하다. 그것은 우리가 바울의 다른 서신들에서 발견하는 것과 부합하는 그리스도에 관한 일반적인 묘사의 일부이다. 특히, 에베소서 4:9-10에는 눈에 잘 띄지는 않지만 예수의 내려오심과 올라가심을 언급하고 있는 중요한 작은 기독론적인 진술이 나온다. 이 진술은 우리가 빌립보서 2:6-11에서도 발견하는 V자 형태의 궤적이라는 관점에서 볼 때에 가장 잘 이해되는데, "땅 아래에 낮은 곳"(TNIV)은 지하 세계(NRSV)가 아니라 이 땅을 가리킨다. 여기에서 말하고자 하는 중요한 요지들 중에서 첫 번째는 올라가심과 관련해서 그리스도는 이러한 은혜의 은사들, 즉 성령의 은사들을 그의 백성에게 부어 주셨다는 것이고(cf. 행 2:33), 두 번째는 그리스도께서 지금 모든 것을 충만하게 하시고 계시다는 것이다. 이러한 진술은 그리스도께서 하나님의 충만으로 충만케 되셨다는 골로새서에 나온 이전의 진술들을 뛰어넘는 것이다. 이제 그리스도는 만물을 "충만케 하시는" 자로 언급된다. 마찬가지로, 에베소서 1:23에서

하라.

바울은 교회가 "만물 안에서 만물을 충만하게 하시는 이의 충만함"이라고 분명하게 선언한다. 이러한 진술들은 어느 곳에나 현존해 계시는 하나님의 속성이 이제 그리스도와 더불어 공유되고 있다는 것을 보여준다. 아마도 여기에서 강조점은 그리스도께서 교회에 이런 식으로 현존해 계시다는 사실에 두어지고 있는 것으로 보이지만, 에베소서 4:10의 요지는 그리스도의 높아지심과 전능하심을 강조하는 것으로 보인다. 빌립보서 2:9-11에서 주되심이라는 관점에서 말해지고 있는 것이 여기에서는 모든 곳에 계셔서 통치하시는 것과 권세와 능력이라는 관점에서 표현되고 있다.

이와 동시에, 주목할 만한 것은 신자들도 하나님의 모든 충만으로 충만케 되기를 바울이 기도하고 있다는 것이다(엡 3:19). 이 진술은 그리스도의 능력에 대한 강조를 설명해 줄 수 있다. 교회는 반대하는 세력들과의 싸움 속에 있고, 이러한 싸움을 위해서는 다름아닌 하나님의 능력이 필요하다. 그러한 능력은 그리스도 안에서 나타났고, 계속해서 그리스도 안에 존재하며, 그리스도를 통해서 그의 교회 및 교회를 구성하고 있는 개개인들에게 전달된다.

성령. 그리스도께서 교회와 개별 신자들을 충만케 한다는 것에 대하여 이토록 강력하게 강조하고 있는 문서 속에서 성령이 들어설 여지는 없는 것으로 보일 수 있다. 그럼에도 불구하고, 성령은 골로새서에서 거의 언급되고 있지 않는 것과는 상당히 대조적으로 이 서신 속에서 중심적인 위치를 차지한다. 사도들과 선지자들에게 하나님의 비밀이 계시된 것은 성령을 통해서 일어난 일이었다(엡 3:5). 성령은 하나님께서 그의 백성을 인치신 것이고(엡 1:13), 신자들이 하나님의 능력으로 강건케 되는 것은 성령의 감화를 통해서이다(엡 3:16). 신자들은 성령으로 충만케 되기를 구하여야 하고(엡 5:18), 하나님의 말씀 안에서 성령으로 악한 권세들과의 싸움을 위하여 무장된다.[29] 성령은 모든 그리스도인들 안에서 서로 다른 방식으로 역사하기는 하지만, 모든 그리스도인은 하나의 동일한 성령을 소유하고 있기 때문에, 성령은 교회 안에서 하나됨을 이끌어내는 일을 한다(엡 2:18; 4:3-4). 또한 성령은 지혜 및

---

29) 다른 곳에서와 마찬가지로 여기에서도 하나님의 말씀은 글로 씌어진 성경이 아니라 그 속에 온갖 능력을 내재하고 있는 복음 메시지이다.

지식과 결부되어 있다(엡 1:17). 요컨대, 성령은 신자들이 기도 속에서 하나님께 나아가는 것(엡 2:18), 교회의 은사들을 주시는 것, 악한 세력들에 맞서서 싸우는 것 등과 같이 하나님께서 신자들의 삶의 모든 부분에서 일하실 때에 사용하시는 하나님의 대리자이다.

결론

에베소서의 신학 — 그리고 어느 정도는 골로새서의 신학도 — 은 하나님과 그의 백성을 겨냥한 영적 세력들의 우주적인 범위, 신자들에게 사용 가능하게 되어 있는 하나님과 그리스도의 우월한 능력에 대한 지극한 강조에 의해서 지배되고 있다. 이와 동시에, 죄와 그리스도 안에서의 구속 및 생명의 성격에 대한 좀 더 전통적인 이해도 자세하게 나온다. 또한 하나님의 뜻과 그의 사랑을 아는 지식에 대한 강조도 존재한다. 이렇게 죄 사함과 신자들을 다시 살려서 성령의 능력으로 새로운 삶을 살게 하였다는 관점에서 그리스도의 사역을 이해하는 것과 아울러서, 그리스도께서 도처에 계셔서 하나님의 능력을 최고로 나타내심으로써 하나님에게 적대적인 세력들을 이기실 것이라는 인식도 나온다. 칭의, 구속, 화해 같은 독특한 어휘의 발전은 없지만, 그리스도의 죽음과 부활에 대한 이해의 필수불가결한 일부로서의 그리스도의 승리라는 명확한 개념이 나온다.

우리는 에베소서에서 전체적으로 예배와 찬송의 기조가 지배하고 있는 송영적인 모티프의 강력한 발전을 본다. 이 서신의 첫 번째 부분은 기본적으로 하나님의 권능 있는 구속 역사를 고양된 문체로 송축하고 있는 것이다. 이 서신의 두 번째 부분에서 성령으로 충만한 자들의 특징적인 활동이 "시와 찬송과 신령한 노래들로 서로 화답하는"(엡 5:19) 것이라는 것은 이것과 전적으로 부합한다. 첫 번째 부분은 이것이 무엇을 의미하는지를 보여주는 것이다. 이와 비슷한 것은 바울의 이전 서신들, 특히 로마서에서 종종 볼 수 있다(롬 8:31-39; 11:33-36; 15:1-13). 신약성서 신학에 대한 서설 속에서 우리는 이러한 요소를 간과하고, 모든 것을 차갑고 체계적이며 명제적인 형태로 환원시키고자 시도하기가 쉽다. 에베소서는 우리에게 신약성서 기자들에게 있어서 신학은 예배로 표현되었다는 것을 상기시켜 준다.

참고문헌

New Testament Theologies: (English) Strecker, pp. 565-76. (German) Gnilka, pp. 325-49; Hahn, 1:343-66; Hübner, 2:363-75; Stuhlmacher, 2:1-53.

Arnold, Clinton E. *Ephesians: Power and Magic: The Concept of Power in Ephesians in Light of Its Historical Setting.* Cambridge: Cambridge University Press, 1989.

Best, Ernest. *A Critical and Exegetical Commentary on Ephesians.* Edinburgh: T & T Clark, 1998.

——— . *Ephesians.* Sheffield: JSOT Press, 1993.

——— . *Essays on Ephesians.* Edinburgh: T & T Clark, 1997.

Giles, Kevin. *What on Earth Is the Church? A Biblical and Theological Enquiry.* London: SPCK, 1995.

Hoehner, Harold W. *Ephesians: An Exegetical Commentary.* Grand Rapids, Mich.: Baker, 2002.

Kreitzer, Larry. *The Epistle to the Ephesians.* London: Epworth Press, 1997.

Lincoln, Andrew T. *Ephesians.* Dallas: Word, 1990.

Lincoln, Andrew T., (and A. J. M. Wedderburn). *The Theology of the Later Pauline Letters.* Cambridge: Cambridge University Press, 1993.

Moritz, Thorsten. *A Profound Mystery: The Use of the Old Testament in Ephesians.* Leiden: E. J. Brill, 1996.

Muddiman, John. *The Epistle to the Ephesians.* London: Continuum, 2001.

O'Brien, Peter T. *The Letter to the Ephesians.* Leicester: Apollos; Grand Rapids, Mich.: Eerdmans, 1999.

Turner, Max. "Ephesians". In *New Bible Commentary: Twenty-first-Century Edition.* Edited by D. A. Carson et al. Leicester: Inter-Varsity Press, 1994.

제 17 장

목회 서신

디도에게 보내진 서신과 디모데에게 보내진 두 개의 서신은 분명히 각각 별개의 서신들로서 나름대로의 독특한 특징들을 지니고 있고 신약성서의 신학에 대한 나름대로의 기여를 하고 있기는 하지만, 그 공통된 문체와 신학적인 성격으로 인해서 한데 결합되어 있다. 이 서신들을 따로따로 논의하는 것도 흥미로울 수 있지만, 지면 관계상 여기에서는 이 서신들을 함께 고찰하고자 한다.[1] 이 서신들 간의 유사성은 이 서신들 모두가 겉보기에 바울이 부재한 상황 속에서 교회 지도자이자 바울의 동료였던 인물들의 삶과 사역에 관한 것이라는 점에서 더욱 확대된다. 이러한 특징은 이 서신들이 바울의 다른 서신들의 경우에서와는 달리 회중들이 아니라 개인들에게 씌어졌다는 사실을 설명해 준다.[2] 하지만 수신자들의 차이는 그 자체로 이 서신들이 바울의

---

1) 일부 학자들에 의해서 이 서신들에 대하여 저자와 신학적인 전망의 차이들을 찾아내고자 하는 시도들이 있어 왔지만, 나는 여전히 이 서신들이 한 명의 저자 또는 한 진영으로부터 씌어졌고, 이 서신들 간의 차이들은 서로 다른 상황들에 대하여 말하고 있는 것에 기인한다는 확신을 가지고 있다. 이 세 서신은 신학화에 있어서 상당한 차이들을 보여주고 있지만, 그러한 것들은 각각의 서신들이 서로 다른 상황에 대하여 말하고 있는 것에 따른 것이라고 주장하는 Rüdiger Fuchs, *Unerwartete Unterschiede: Müssen wir unsere Ansichten über die Pastoralbriefe revidieren?* (Wuppertal: Brockhaus, 2003)을 참조하라. 그는 이 서신들이 바울이 누가를 자신의 대필자로 데리고 다녔던 시절에 쓴 것이라고 본다.

것으로 인정된 서신들과는 다른 언어와 신학적인 표현으로 씌어졌다는 사실을 충분히 설명해 주지 못한다.

이러한 사실에 대한 설명들은 세 가지 범주로 구분될 수 있다. 첫째, 일부 학자들에 의해서 강력하게 선호되는 가능성이 있는데, 그것은 이 서신들의 독특성은 그것들이 초기 서신들에서와는 달리 상당한 정도의 재량권이 허용된 비서 또는 필사자의 역할을 했던 바울의 한 동료에 의해서 그 수신자들에게 씌어졌기 때문이라는 것이다.[3] 둘째로, 다수설은 이 서신들은 지역 회중들이 이단으로 빠져들어가는 것을 방지하기 위해서 가르침을 통해서 지역 회중의 지도자들을 도울 의도로 바울의 권위를 빌려야 했던 상황 속에서 바울의 진정한 서신들보다 상당히 후대에 익명의 저자들이 쓴 것들이라는 것이다. 셋째로, 소수설은 이 서신들은 바울을 필명으로 사용한 서신들이라는 것이다. 즉, 이 서신들은 바울이 죽은 후에 그의 가르침을 유대교의 요소와 금욕적인 요소가 혼합된 이단과 바울의 가르침에 대하여 일부 오해에 빠질 위험이 있었던 회중들의 필요에 따라서 바울 진영 내에서 개작한 바울 자신의 자료들을 담고 있다는 것이다. 이 문제는 여전히 논란이 되고 있지만, 본서에서는 세 번째 견해를 채택하고자 한다. 목회 서신은 바울이 그의 선교 동역자들에게 준 그런 종류의 가르침을 보여준다. 목회 서신은 바울의 한 유능한 제자가 바울 전승에 최대한으로 충실하면서도 새로운 발전된 상황에 맞춰서 새롭게 그것을 표현한 저작들로서 독자들을 속이고자 하는 의도는 없었다.[4]

---

2) 그러므로 회중의 영적인 성장에 있어서 회중의 중요성은 사라졌고 지도자들만이 중요하게 되었다는 주장은 사실이 아니다.

3) 이 서신들이 바울의 진정한 서신으로 인정되고 있는 것들과 비교해서 독특하다는 것은 일반적으로 인정되고 있다. 소수의 학자들은 이 서신들이 보여주는 독특성은 그 서신들의 저자 문제에 있어서 바울이 아니라 다른 사람에 의해서 씌어졌다고 보아야 할 정도로 충분한 것은 아니라고 생각한다.

4) 이러한 입장을 상세하게 밑받침하고 있는 것으로는 I. Howard Marshall, in collaboration with Philip H. Towner, *A Critical and Exegetical Commentary on the Pastoral Epistles* (Edinburgh: T & T Clark, 1999), introduction을 보라. 나는 독자들을 속여서 진정한 저자 이외의 다른 사람이 썼다고 생각하도록 만들 의도를 지닌 문

디도서: 신학적 이야기

디도서에 나오는 상황은 디모데전서의 경우에서보다도 교회가 덜 발전된 상황인 것으로 보이고, 또한 거기에서 다루어지고 있는 내용도 좀 더 단순해서 좁은 범위의 주제들을 다루고 있다. 그러므로 이 서신들의 저작 순서가 어떻게 되었든지 간에,[5] 디도서는 목회 서신에 대한 좋은 서론이다.

인사말(딛 1:1-4). 디도서는 세 가지를 말하고 있는 긴 인사말로 시작되는데, 이 인사말은 바울 서신들 중에서 로마서 다음으로 길다.

첫째, 이 인사말은 바울의 역할에 관하여 서술하는데, 바울은 말씀의 전파를 통해서 사람들이 경건에 이르는 진리에 대한 믿음과 지식 속에서 자라가는 것을 돕기 위하여 사도로 지명되었다. 그리스도인의 삶에는 두 단계가 존재하는데, 회심의 순간과 경건한 삶 속에서 자라가는 것이 바로 그 두 단계이다. 선교사로서 사도는 이 두 가지 모두에 관심을 갖고서, 믿음과 지식을 발전시키는 것과 신자들이 경건해지는 것을 돕는 것에 관심을 갖는다.

둘째, 이러한 회심과 성장의 과정 배후에 있는 복음이 간략하게 소개된다. 여기에서 복음은 하나님이 창세 전에 영생을 약속하시고 사도들의 복음 선포를 통해서 그러한 약속을 실현하신다는 관점에서 약속과 성취라는 패턴을 사용하여 분석되고 있다. 이 서신은 구주의 오심 또는 구속 역사에 관한 약속을 그리스도 사건 속에서의 그 성취와 대비시키는 것이 아니라, 하나님에 의해서 약속된 영생에 대한 소망과 바울에 의해서 전파된 복음 속에서의 하나님의 말씀의 계시를 대비시킨다. 따라서 많은 강조점이 하나님의 말씀과 그 선포에 두어져 있다.

셋째, 이 서신은 디도에게 보내진 것인데, 그는 바울의 참된 아들로서 비록 그나 디모데에게 사도라는 명칭이 부여되지는 않았지만 방금 위에서 언급된 사도적인 과업을 이어줄 것으로 기대되고 있다.

서들을 가리키는 데에는 "위명(僞名)의 저자"라는 용어를 사용하고, 의도된 저자(이 경우에는 바울) 이외의 다른 사람에 의해서 씌어지긴 했지만 독자들을 속일 의도가 없었던 문서들에 대해서는 "필명의 저자"라는 용어를 사용한다.

5) 이 서신들을 쓰게 만든 것은 베드로후서의 토대가 되었던 바울의 한 진정한 서신이었던 것 같다.

그러므로 이 서신은 처음부터 기독교적인 구원의 중심적인 주제들을 두드러지게 간략하고 포괄적인 방식으로 다룬다. 따라서 이 인사말은 이후에 나오는 모든 내용을 영적인 맥락 속에 위치시키는 역할을 한다. 이후에 나오는 실제적이고 윤리적인 교훈들은 그 빛에 비추어서 이해되어야 하는데, 저자는 이 점을 우리에게 끊임없이 상기시킨다.

장로들을 세우는 일(딛 1:5-16). 디도가 해야 할 일은 넓게 말해서 그레데에서 마치지 못한 일 — 아마도 바울이 미처 다 마치지 못했던 일 — 을 완성하는 것, 특히 몇몇 교회들에 지도자들을 세우는 일로 규정된다(딛 1:5-16). 좀 더 포괄적인 진술(딛 1:5a)은 이 서신에서 이후에 나오는 모든 내용에 대한 일반적인 서술의 역할을 한다 — 이미 세워진 회중들을 견고히 하는 일을 계속하는 것. 좀 더 협소한 진술(딛 1:5b)은 이러한 일에 있어서 결정적으로 중요한 요소를 구체적으로 밝히는 역할을 한다. 강조점은 그리스도인으로서의 행실과 건전한 믿음이라는 관점에서 이러한 지도자들이 어떠한 성품을 지녀야 하는가에 두어져 있다 — 물론, 사람들을 이끌고 가르치는 능력이 이러한 서술 속에 함축되어 있기는 하지만. 바울이 말하는 교회 지도자들의 성품은 음행과 탐욕과 폭력적인 행동이라는 관점에서 도덕적인 비난을 받지 않으면서 단정하고 규모 있는 삶을 사는 것이다. 이런 종류의 지도자들을 세워야 하는 이유는 지도자들 중에는 더러운 이유들로 인해서 복음 메시지를 반대하고 다른 것들을 가르치는 자들이 존재한 것과 밀접하게 관련되어 있다. 그런 자들은 교회에서 침묵하도록 하여야 한다. 그들은 신자들을 부패시킬 수 있고, 그들 자신이 부패되어 있다. 이렇게 복음에 반대하는 자들이 매우 심각하게 다뤄지고 있고, 그들의 악한 성격이 상당히 강력한 표현들로 묘사되어 있다. 그들은 위험하고 해로우며, 그들이 미치는 영향은 광범위하다. 그러므로 디도는 경건한 지도자들을 세워서 거짓된 가르침을 퍼뜨리는 자들과 거기에 속아넘어가는 자들을 책망하도록 하여야 한다.

디도가 베풀어야 할 가르침(딛 2:10-3:11). 이와는 대조적으로, 디도는 진리를 가르쳐야 한다. 디도가 무엇을 말해야 하고 어떻게 하면 그렇게 할 수 있는지에 대한 교훈들이 이 서신의 주요한 주제를 이루고 있다(딛 2:1-3:11). 이 단락은 두 부분으로 나뉜다.

첫 번째 부분(딛 2:1-15)에서 그 가르침은 디도가 나이든 남자들과 나이든 여자들에게 말해야 할 것이라는 관점에서 세부적으로 묘사되는데, 그렇게 하면 그들은 이번에 더 젊은 여자들과 남자들과 종들을 가르치게 될 것이다. 서로 다른 무리들에 대한 가르침들은 대체로 각각의 무리들이 지니고 있는 특정한 시험들(temptations) 및 특성들과 관련되어 있지만, 거기에서 역설되고 있는 특질들은 모든 사람들에게 적용될 수 있을 정도로 충분히 일반적인 것들이다. 이러한 서술 속에서 두드러지는 용어는 각각의 무리에게 적합한 태도와 관련된 절제(self-control)다. 이러한 가르침은 죄악된 행실을 버리고 경건한 삶을 살아가야 할 토대를 제공해 주는 교리적인 진술에 의해서 밑받침되고 있다. 신자들은 하나님의 은혜가 처음으로 나타난 때와 장차 그리스도께서 영광 중에 나타나실 때 사이에서 살아가고 있다. 그들은 죄로부터 구속을 받아서 소망 중에 살아간다. 구원의 도래와 그 완성에 대한 소망은 사람들에게 악한 행실을 버리고 하나님께 헌신된 삶, 선한 것으로 가득한 삶을 살도록 가르치는 효과를 갖는다. 이 첫 번째 부분은 디도서 2:1을 되풀이하는 요약문(딛 2:15)으로 끝난다.

두 번째 부분(딛 3:1-11)에는 사회 속에서 순종적이고 선한 행실을 가지라는 것에 관한 모든 사람들을 위한 일반적인 가르침이 나온다. 이러한 가르침은 구원의 성격, 특히 신자들의 회심 이전의 삶과 그들의 새로운 상황을 대비시키는 추가적인 교리적 토대에 의해서 밑받침되고 있다. 이러한 교리적 진술은 성령의 수여를 통해서 사람들을 강력하게 새롭게 하시는 하나님의 행위로서의 회심의 성격을 뚜렷하게 부각시킨다. 이런 식으로 하나님의 은혜를 체험한 자들은 그들이 구원받기 전에 지니고 있었던 것과는 판이하게 다른 성품을 나타내 보여야 한다. 두 번째 부분은 디도에게 그의 대적들과 논쟁하지 말라는 경고로 끝나는데, 그 이유는 논쟁은 아무런 유익이 없기 때문이라고 말한다. 그런 경우에 디도가 할 일은 분열을 조장하는 자들에게 경고하고, 그런 후에 그들을 무시해 버리는 것이다. 여기에 담겨진 의미는 디도가 논쟁이 아니라 적극적인 가르침에 전념해야 한다는 것이다.

결론적인 말들(딛 3:12-15).　이 서신은 주로 바울의 동역자들을 통한 그의 선교의 진보에 관한 좀 더 개인적인 몇몇 말씀들로 끝난다. 이 결론들은 여기에서 디도가 맡은 사명이 일시적인 것이라는 중요한 사실을 부각시킨다. 다른 곳에서 다른 의무들이 디도 앞에 놓여 있다. 그러므로 디도는 영속적인 지역 회중의 지도자가 아니라 일시적인 권한을 위임받은 문제 해결사이다.

이 서신에 대한 짤막한 요약으로부터 우리는 그 내용의 주된 부분이 분명히 비신학적인 것이기는 하지만 실제적인 교훈이 교리적 가르침에 관한 세 개의 중요한 본문들(딛 1:1-4; 2:11-14; 3:3-8; 그러나 딛 1:7, 9; 2:1, 5, 10도 보라)에 의해서 밑받침되고 있는 것을 보게 된다. 이 서신의 주된 관심들은 경건한 지도자들을 세우는 것, 그리스도인으로서의 삶이 무엇을 의미하는지를 교회의 지체들에게 가르치는 것, 사람들을 격려해서 헛된 논쟁이 아니라 그리스도인으로서의 삶에 집중하게 하는 것이다. 이러한 실제적인 교훈은 철저하게 복음에 토대를 두고 있고, 이 서신은 독자들에게 복음의 주된 특징들을 효과적으로 상기시킨다. 나아가, 이 서신을 낳게 한 상황은 교회들에서 이단적인 교사들이 활동하면서 잘못된 가르침들과 경건치 않은 행실들을 조장하고 있는 것이었다. 이 서신은 제한적인 목적을 지니고 있고, 그리스도인으로서의 삶과 체험의 전부를 포괄적으로 다루고 있지는 않다. 이 서신은 특히 특정한 문제들을 처리하기 위한 것이기 때문에, 우리는 이 서신으로부터 기독교 신학에 대한 상세한 해설을 기대해서는 안 된다. 이 서신의 두 가지 주된 적극적인 모티프는 올바른 믿음과 경건한 성품이고, 이러한 것들은 서로 밀접하게 연관되어 있다. 이 서신에 나오는 대적자들에 의해서 야기된 문제는 교리적인 오류가 아니라 윤리적인 방종에 더 있었던 것으로 보이고, 여기에 나오는 교리적인 가르침은 거짓 교사들의 잘못된 가르침을 반박하기 위한 것이 아니라 윤리적인 삶을 위한 토대를 상기시키고 그러한 윤리적인 삶이 어떻게 필연적으로 복음에서 생겨나는지를 보이기 위한 것인 것 같다.

디모데전서: 신학적 이야기

디모데전서는 대적자들의 활동에 의해서 위협을 받고 있던 교회의 삶에 관한 것이라는 점에서 디도서와 동일한 전체적인 특성들을 공유하고 있다 (특히, cf. 딤전 1:3-7, 18-20; 4:1-3; 6:3-10, 20-21).

디모데의 위임(딤전 1:1-20). 훨씬 더 짧은 서두의 인사말(딤전 1:1-2) 후에 디모데전서 1장의 나머지 부분은 디모데가 교회에서 무엇을 행해야 하고, 그가 개인적으로 어떻게 살아야 하는지에 관한 일련의 교훈들이 주어져 있는 이 서신의 서론부로서의 성격을 지니고 있다. 이 서론부는 바울에 의해서 디모데에게 이전에 맡겨졌던 위임을 새롭게 갱신하거나 다시 강화시키는 것에 관한 것이다(cf. 딛 1:5). 디모데는 에베소 교회에서 지도자로서의 그의 권위를 계속해서 사용해서, 바울의 대적자들이 어리석고 헛된 변론을 야기시키는 교훈들을 가르치고자 하는 시도들을 막아야 한다. 그들의 교훈들은 율법, 즉 구약성서에 대한 잘못된 사용과 오해에 토대를 두고 있다. 율법은 올바르게 이해되고 사용되기만 한다면 복음 속에서 나름대로의 위치를 지니고 있다. 그런 후에, 바울은 자기가 복음에 있어서 하나님의 종으로 위임을 받았다는 것을 서술하고 있는데, 이런 일은 바울이 이전에 죄를 범했음에도 불구하고 죄인들을 향하신 하나님의 은혜와 긍휼의 결과로서 일어난 일이었다. 디모데는 어그러진 길로 가버린 몇몇 사람들과는 달리 믿음을 굳게 붙잡고 양심을 선하게 지킴으로써 "싸움을 잘 싸워야" 한다. 주님을 섬기는 일은 반대가 따르기 때문에 어려운 일이다.

회중 속에서의 기도(딤전 2:1-15). 서론 다음에는 디모데가 교회에서 무엇을 권장해야 하는지에 관한 첫 번째의 일련의 교훈들이 나온다(딤전 2:3). 관심은 회중의 삶을 망치는 논쟁들로부터 떠나서 권장될 만한 적극적인 활동, 즉 모든 사람들을 위한 중보기도, 특히 사람들이 복음을 들을 수 있도록 평안한 상황이 조성될 수 있도록 중보기도 하는 것으로 옮겨진다. 이러한 교훈은 하나님께서는 모든 사람이 구원받기를 원하시고, 그리스도께서는 모든 사람을 위한 대속물로 자기 자신을 주셨다는 것, 이것을 증언하도록 바울이 사자로 지명되었다는 것을 강조하는 교리적인 진술에 의해서 밑받침되고 있다. 그런 후에, 처음에는 남자들의 경우에, 그 다음에는 여자들의 경우에 효과적인 기도를 위한 조건들로 시작되는 단락이 나온다.[6] 여자들은 단정한 행

---

6) 나는 디모데전서 2:9-10을 디모데전서 2:8의 병행문으로 본다. 이 두 본문은 사람들이 기도할 때에 꼭 필요한 조건들을 서술한 후, 기자는 회중의 모임에서 가르치는 것과 관련된 여자들의 역할과 관련된 추가적인 주제를 발전시킨다.

실로써 기도하여야 하는데, 이것은 그들의 외적인 모습 속에 표현되어야 한다. 덧붙여진 말 속에서 — 이것은 그 자체로도 분명히 중요하다 — 여자들은 배우는 것이 허용되어 있고, 자녀를 낳음을 통해서 "구원받게" 될 것이지만, 남자들을 가르쳐서는 안 된다는 것이 서술되고 있다.[7] 이러한 교훈들과 디모데전서 1장에 나오는 반대파의 문제 간의 연결관계는 즉각적으로 분명하지는 않은 것 같다. 아마도 이것은 회중의 기도가 모임들 속에서의 불화로 인해서 어려움을 겪고 있었고, 몇몇 여자들이 바울의 반대파의 가르침에 의해서 영향을 받아서 통제될 필요가 있었기 때문인 것 같다.

지도자들을 세우는 일(딤전 3:1-16). 디모데전서 3장은 이미 디도서 1장에서 언급된 반대파를 다루는 핵심적인 요소로 옮겨간다. 이것은 전통적으로 감독들, 남자 집사들, 여자 집사들이라는 세 가지 유형의 직분으로 이루어진 교회 지도자들로 섬길 사람들의 성품과 능력에 관한 것이다. 이러한 서술은 장차 이러한 직분에 임명될 자들에 대한 일련의 자격 요건들을 규정하고 있는 것처럼 보이지만, 사실은 이미 그런 직분들을 행하고 있는 자들에게 그 이상적인 모습을 제시하고자 하는 것이다. 이 단락은 사람들이 교회에서 책임을 맡기를 싫어한다는 것을 암시하는 진술들에 의해서 앞뒤로 묶여 있다. 이러한 진술들은 사실상 올바른 사람들에 대한 격려의 말들이다. 이와 동시에, 이러한 진술들은 모든 사람이 그러한 직분들에 대하여 영적으로나 다른 면에서 자격을 갖추고 있는 것은 아니라는 것을 분명히 말해 준다. 교회 지도자들에게 요구된 덕목들은 앞에서 말한 세 부류 모두와 관련해서 거의 동일하다. 그것들은 우리가 이미 디도서 1장에서 본 것을 다른 말들로 되풀이하고 있고 좀 더 상세하게 전개하고 있다.

---

7) 이것은 아마도 여자들이 가르치는 것이 허용되지는 않았지만 그들에게 어떤 불이익을 부과한 것은 아니고, 그들(대다수의 여성들과 관련해서)도 모성을 비롯한 그 밖의 다른 그리스도인으로서의 의무들을 행함으로써 그리스도인으로서의 삶에 있어서 최종적인 구원을 받게 될 수 있다는 것을 의미하는 것 같다. 이 본문 전체는 해석하기가 어려운데, 나는 여기에서 여자들에게 가르치는 것과 관련하여 부과된 제안이 당시의 특별한 상황 때문에 요구된 것이었고, 영속적인 원칙이 아니라는 견해를 따른다; Marshall, *Pastoral Epistles*, pp. 436-71을 보라.

또한 이 일련의 교훈들과 디모데전서 1장 간의 연결관계도 분명하게 드러나지 않는다. 감독들과 집사들을 세우는 목적이 대적자들의 일을 막기 위한 것이라는 것을 우리가 아는 것은 우리가 이미 디도서를 읽었기 때문일 것이다. 흥미로운 것은 건전한 교리의 중요성은 디모데전서 3:9에서 오직 부차적으로 등장할 뿐이라는 것이다.

하지만 이 가르침을 위한 좀 더 강력한 토대는 그 직후에 나오는 것(딤전 3:14-16)에 놓여져 있다. 이러한 교훈들은 바울이 디모데를 보러 언제 갈지 모르기 때문에 그 때까지 기다릴 수 없어서 잠정적으로 그에게 말하는 것이라고 언급된다. 이 교훈들은 진리를 떠받치는 버팀목이 되어야 할 회중 속에서의 삶에 관한 것인데, 디모데전서 1:15-17과 2:3-5에서와 마찬가지로, 우리는 여기에서 회중이 붙잡고 있어야 할 진리에 관한 짤막한 진술을 본다. 여기에 나오는 교리적인 진술은 예수께서 육체로 나타나셔서 그 후에 영화롭게 되신 놀라운 일에 관한 것이다. 이것은 교회가 간직하고 선포하도록 위임된 큰 "비밀"이다. 그러므로 교회가 진리를 견고하게 붙잡고서 신실하게 나타내며 이단에 맞섬으로써 자신의 역할을 수행하는 것은 너무도 중요하다.

교회 지도자는 어떻게 행하고 가르쳐야 하는가(딤전 4:1-6:21). 여기에서부터는 교훈들이 새롭게 시작된다. 디모데전서 4장은 이미 현실화되고 있는 거짓 가르침 및 행위에 관한 예언과 혼인 및 금욕주의에 관한 이단의 한 측면에 대한 반박으로 시작된다. 이것은 이러한 거짓 가르침의 와중에서 경건하게 행하고 진리에 주의하며 잘못된 가르침을 피하고 진리를 가르치라는 디모데를 향한 직접적인 교훈으로 이어진다(딤전 4:1-16). 여기에서도 실천적인 교훈과 관련된 교리를 상기시키는 것이 나온다. 그런 후에, 몇몇 실제적인 교훈이 디모데에게 그의 일들을 수행하는 것과 관련하여 주어지는데, 강조점은 부지런함과 확신에 두어져 있다.

그 후에는 디모데가 문제들을 야기시킬 수 있는 특정한 사람들로 되어 있는 여러 부류들을 어떻게 다루어야 하는지에 관한 일련의 교훈들이 나온다. 나이든 남자들과 젊은 남자들, 나이든 여자들과 젊은 여자들이 짤막하게 언급된다. 교회에서 과부들을 돌볼 때의 원칙들에 관한 꽤 긴 논의가 나온다(딤전 5:1-16). 이 서신에서는 다른 어떤 부류보다도 과부들에 대한 것이 좀 더 자세하게 설명된다.

다음으로, 장로들에 관한 말이 나오는데, 그들에 대한 회중의 책임과 치리의 문제들이 나온다. 이 장의 마지막 부분은 어려움들을 야기시킬 가능성이 있는 이 두 부류의 사람들을 어떻게 다루어야 할지에 관하여 디모데에게 주어진 교훈들인 것으로 보인다. 그런 후에, 이 서신의 이 부분을 마무리하기 위하여 종들이 그 주인들에 대하여 어떻게 행하여야 하는지에 관한 교훈이 나오는데, 이것은 디모데가 가르쳐야 하는 가르침으로 제시되고 있다(딤전 5:17-6:2).

끝으로, 대적자들의 성격을 다루면서, 그들을 적어도 부분적으로는 돈을 사랑하는 것이 동기가 된 사람들로 규정하는 긴 단락이 나온다. 돈을 사랑하는 것이 가져올 수 있는 위험들이 묘사된다. 그런 후에, 이와는 대조적으로 디모데에게 이러한 시험들과 관련해서 그의 태도가 어떠해야 하는지에 관한 교훈이 개인적으로 주어지는데, 그는 그의 삶과 교회에서의 의무들에 있어서 견고하게 서야 한다. 이 점은 하나님과 예수를 상기시키는 말씀들에 의해서 밑받침된다. 이 단락은 신자들이 그들이 가진 재물을 어떻게 해야 올바르게 사용할 수 있는지에 관한 말씀으로 끝난다(딤전 6:3-19).

이 서신의 결론부는 디모데에게 그가 맡은 일에 충실하고 거짓 가르침들을 물리치라는 또 한 번의 당부의 말씀이다(딤전 6:20-21).

디모데전서에는 서신들의 분량으로 볼 때에 디도서에서보다 복음의 내용에 관한 직접적인 가르침이 별로 많이 나오지 않는다. 주된 교리적인 내용은 바울의 회심에 관한 서술, 기도를 위한 토대로서 하나님의 보편적인 구원 목적에 관한 서술, 교회가 굳게 붙잡아야 하는 진리에 관한 서술 속에 나온다. 또한 디도서에서와 마찬가지로 이 서신은 바울의 반대파가 존재한다는 사실에 의해서 지배되고 있다.[8] 특정한 이단과 아주 긴밀하게 연결되어 있지는 않지만 교회 속에서 일반적으로 잘못된 것들, 즉 일부 여자들의 방탕한 행실과 부자들의 돈에 대한 집착 등과 같은 문제들이 관심있게 다루어진다.

---

8) 여기에서 대적자들과 그들의 가르침에 관한 묘사는 디도서에서보다 더 자세하지만, 전체적으로 보아서 비슷하고, 그 어떤 기본적인 차이들은 나타나지 않는다.

그러므로 이 서신은 교회 속에서 또는 디모데에 의해서 행해져야 할 일들을 주로 다루고 있다. 그러나 교훈들을 제시한 후에 그 보증이 되는 교리들을 통해서 밑받침하고 있는 목회 서신의 일반적인 패턴이 존재한다. 실제적인 가르침은 여러 가지 논거들에 의해서 밑받침되고 있다: 사도로서의 바울 자신의 위치와 신분을 상기시키는 것들, 복음의 내용에 관한 진술들, 반대파를 예언의 맥락 속에 두는 것, 디모데를 하나님의 심판 아래에 두는 것, 디모데에게 그의 회심과 사명을 상기시키는 것. 이렇게 교리적인 내용들은 회중들과 그 지도자들의 삶을 위한 토대를 제시하는 데에 사용되고 있다.

디모데후서: 신학적 이야기

디모데후서는 이 서신 전체가 바울의 동역자인 디모데와 경건의 훈련 중에 있는 디모데의 개인적인 행실에 관한 것이라는 점에서 디도서 및 디모데전서와 구별된다.

교회 지도자에 대한 격려(딤후 1:1–2:13). 이 서신은 NIV에서 "신실하라는 격려"라는 표제가 붙어 있는 긴 단락(대체로 이 서신의 3분의 1 가량을 차지한다)으로 시작된다.[9] 이것은 좋은 표제이다. 디모데는 언제 닥칠지 모르는 고난에 직면해서 소극적인 성격과 연약해지고자 하는 시험 때문에 격려를 필요로 하는 인물로 묘사되고 있다. 바울은 디모데, 특히 그의 믿음에 대하여 하나님께 감사하는데, 그의 믿음은 담대함이 추가될 필요가 있었다. 이것은 성령의 은사이다. 디모데는 이러한 은사로 무장해서, 여기에서 간략하게 요약되고 있는 복음을 두려움 없이 전파하도록 부르심을 받았는데, 여기에서 우리는 복음을 알리는 사자로서의 바울의 역할에 대하여 다시 한 번 듣게 된다. 디모데는 사도가 가르친 것을 충실하게 보존하고 가르쳐야 한다. 바울은 디모데에게 바울이 아시아에서 여러 사람들에게 버림받았던 절박한 상황과 이것과는 대조적으로 오네시보로가 그를 따뜻하게 대해준 일을 상기시킨다. 디모데는 스스로 강해져야 할 뿐만 아니라, 이 일을 이어받을 신실한 자들에게 복음의 메시지를 맡겨야 한다. 디모데는 바울과 마찬가지로 오직 한

---

9) TNIV는 이 단락에 대하여 여기에서와는 다른 표제를 채택하였다.

마음을 품고 부지런히 일하며 고난을 각오하여야 한다. 여기에서도 이러한 교훈들은 예수와 그의 부활, 그의 백성을 위한 하나님의 뜻, 예수와 기꺼이 동일시되고자 하는 자들에게 주어진 약속들을 언급하는 교리적인 논증을 통해서 밑받침되고 있다.

실제적인 조언(딤후 2:14-26). 두 번째 주요한 단락은 쓸데없는 논쟁을 피하고, 결국에는 승리하지 못할 헛되고 망령된 말이 전파되는 것을 경계하고, 지혜롭게 행하라는 좀 더 실천적인 일련의 교훈들로 되어 있다. 주된 강조점은 디모데의 행실에 두어져 있지만, 동일한 교훈을 다른 사람들에게 전하라는 것과 이단의 위험성, 대적자들이 그들의 가르침을 진리라고 다시 주장할 가능성에 대한 언급들도 나온다.

사람들의 반대와 믿음의 인내(딤후 3:1-4:8). 그런 후에, 디모데전서에서와 마찬가지로, 마지막 날에 교회를 괴롭히게 될 위험들에 대하여 상기시키는 말씀이 나온다(딤후 3:1-9). 여기에서의 묘사는 황량하지만, 그 위험은 제한되어 있다. 여기에서의 묘사는 불경건한 자들에 관한 것이기는 하지만, 아마도 그것은 교회 내에서의 배교에 관한 묘사인 것으로 보인다.

이것과는 대조적으로, 디모데는 다시 한 번 인내와 고난에 관한 바울의 모범, 그가 성경에서 배운 것을 굳게 붙잡아야 한다는 것에 대하여 일깨워진다 — 성경은 올바르게 이해되기만 한다면, 우리가 견고하게 붙잡아야 할 것이다! 실제적인 조언은 이단에 관한 경고들과 뒤섞이고 바울의 모범에 의해서 밑받침되는 가운데 주어진다(딤후 3:10-4:8). 디모데에게 가장 큰 위협이 되고 있는 것으로 보이는 것은 반대파의 세력인데, 그것은 디모데가 성경에서 배운 것에 대한 언급과 믿음의 인내에 관한 바울의 모범에 의해서 상쇄되고 있다.

감옥에 갇힌 선교사 바울(딤후 4:9-22). 끝으로, 디모데가 어떻게 하면 바울의 선교와 그가 감옥에 갇혀 있는 상황을 도울 수 있는지에 관한 개인적인 소식과 지시 사항들에 관하여 말하는 단락이 나온다(딤후 4:9-22). 동역자들과 적대자들, 낙심되는 상황들과 하나님의 도우심, 지속적인 복음의 사역에 대한 관심과 관련된 선교사 바울의 입장이 생생하게 드러난다.

이 서신을 요약하고 있는 이 단락에서 우리는 디모데를 격려하고 그로 하여금 일을 잘 수행하게 하기 위하여 몇 가지 주제들이 계속해서 반복되고 있는 것을 본다. 디모데에게는 성령의 도우심에 대하여 단언되고, 그리스도와 바울의 모범들이 상기되며, 반대와 박해와 고난을 예상하도록 말해지고, 견고하게 서서 악을 피하며 복음을 전파하고 이단을 책망하며 일부 이단자들이 회개할 것을 소망하라고 권고된다. 디모데는 진리를 지키고 그것을 장래의 교사들에게 전해야 한다는 말씀을 듣지만, 이 점이 지배적이지는 않다. 바울의 사역은 그의 투옥과 그 밖의 다른 어려움들에도 불구하고 계속되고 있다.

디모데전서 및 디도서와 비교해 볼 때에 디모데후서에 나오지 않는 것은 디모데후서 2:2의 예외를 제외한다면 교회 질서에 관한 가르침이다. 거짓된 가르침에 대한 내용도 적고, 단순히 반대를 받고 있다는 사실에 대한 강조가 더 두드러진다. 이와는 대조적으로, 바울의 모범에 대한 강조가 훨씬 더 두드러진다. 디모데 개인에 관한 내용이 많이 있지만, 그리스도인으로서의 그의 개인적인 삶과 지도자로서의 그의 사역이 긴밀하게 서로 엮여져 있다.

신학적 주제들

전통적인 특징들. 목회 서신들은 그 목적에 비추어서 실천적인 가르침과 권면을 제시한 후에 그것을 교리적인 가르침에 의해서 밑받침하는 것이 그 특징이다. 예를 들면, 디도서의 큰 단락들은 일차적으로 회중들에게 전해야 할 교회적인 교훈들과 도덕적인 가르침에 관한 것이지만(딛 1:5-16; 2:1-10, 15; 3:1-2, 9-15), 그러한 것들은 신학적인 서론 위에 구축되어 있거나(딛 1:1-4), 신학에 의해서 밑받침되고 있고(딛 2:11-14; 3:4-8), 실천적인 단락들 속에는 신학이 거의 나오지 않는다. 이것은 디모데전서에도 그대로 적용되지만, 디모데후서에서는 한층 더 교리와 권면이 서로 섞여 짜여 있다 ― 물론, 디모데에게 개인적으로 한 권면의 요소가 더 두드러지기는 하지만.

여러 대목들에서 "믿을 만한" 말씀들에 호소하는 것이 나온다(딤전 1:15; 3:1; 4:9; 딤후 2:11; 딛 3:8). 해당되는 내용의 앞이나 뒤에서 사용되고 있는 이러한 표현은 일차적으로 모종의 권위 있고 전통적인 내용을 인용하고 있다는 것을 보여주는 표지라기보다는 해당되는 내용이 믿을 만하다는 것에 관한 진술인 것으로 보인다.

그럼에도 불구하고, 적어도 이러한 말씀들 중 일부는 전승에 의거한 것이기 때문에, 이러한 가능성은 우리에게 목회 서신에서의 신학의 성격이라는 문제를 제기하게 만든다. 저자는 교회에서 받아들여진 일련의 가르침에 끊임없이 호소하고 그 가르침에 관한 기존의 정형 문구들을 활용하고 있다는 것은 의심의 여지가 없다(예를 들면, 딤전 2:6; 딛 2:14). 바울적인 형태로 된 복음에 대한 특별한 강조가 나온다. 일부 학자들은 여기에서 바울의 초기 서신들에 대한 반영들을 감지해 내었지만, 문학적인 의존관계가 존재하는지에 대해서는 논란이 되고 있다. 어쨌든 요아킴 예레미아스(Joachim Jeremias)의 평가가 여전히 유효하다: "신약성서에서 바울 서신을 제외한 모든 문헌 속에서 그 어느 곳에도 바울의 가르침이 목회 서신에서처럼 그렇게 분명하게 등장하는 곳은 없다."[10] 저자가 바울 서신을 알았던 것이든, 아니면 바울 서신들을 썼던 것이든, 목회 서신은 바울의 가르침을 제시하고 있고, 기본적으로 바울의 신학과 조화를 이루고 있다는 것은 여전히 사실이다.

목회 서신은 그 어떤 행위 없이 믿음으로 말미암아 은혜를 인하여 의롭게 된다는 바울의 교리를 충실하게 대변하고 있다(딛 3:5; 딤후 1:9). 목회 서신은 그리스도 안에서 중보된 기독교적인 구원에 관한 바울의 개념(딤전 1:14; 3:13; 딤후 1:9, 13; 2:1, 10; 3:12, 15), 그리스도의 죽음 및 새 생명과 동일시되는 것으로서의 그리스도인의 삶에 대한 바울의 이해(딤후 2:11–13)를 반영하고 있다. 목회 서신은 만민에게 구원이 제시되고 있다는 보편성(딤전 2:6; 4:10; 딛 2:11), 이방인들이 거기에 포함되어 있다는 것에 대한 특별한 강조(딤전 2:7; 3:16; 딤후 4:17)를 담고 있다. 목회 서신은 사람들에게 거듭남을 가져다주는 행위자(딛 3:5), 그리스도인의 삶에 있어서 능력의 원천(딤후 1:7, 14), 사역을 위한 은사들의 원천(딤전 4:14; 딤후 1:6)으로서의 성령에 주목하고 있다. 목회 서신은 연약함 속에서의 강함으로 규정되는 그리스도인의 삶,

---

10) Joachim Jeremias, *Die Briefe an Timotheus und Titus*, 8th ed. (Göttingen: Vandenhoeck und Ruprecht, 1963), p. 8. 예레미아스는 바울에게 돌려진 그 밖의 다른 10개의 서신들의 진정성을 인정하였고, 그의 의도는 목회 서신이 바울이 필사자를 통해서 쓴 저작이라는 것을 논증하는 것이었다.

특히 복음의 승리가 단언되는 가운데 고난과 감옥에 갇힘과 죽음의 삶으로서의 선교자의 삶에 대한 바울의 이해를 반영하고 있다. 이렇게 목회 서신은 구원의 "지금"과 "아직" 간의 긴장 관계의 역설을 공유하고 있다. 그러므로 바울의 진정한 영이 이 서신들 전체에서 숨쉬고 있다는 것은 의심의 여지가 없다.

그렇지만 바울의 초기 서신들에서는 전승을 언어학적 및 그 밖의 다른 특이성들로 인해서 쉽게 식별할 수 있었지만, 목회 서신들에서는 전승에 의한 문구들을 저자 자신의 것들로부터 구별해 내는 것이 불가능하지는 않겠지만 상당히 어렵다. 목회 서신의 독특한 문체는 하나의 이음솔기가 없는 옷을 구성하고 있어서, 이 서신들은 획일적인 모습을 지니게 되었다.[11] 저자가 전승에 의한 자료들을 창조적인 방식으로 사용하여서, 그러한 것들을 자신의 특징적인 관용 어법을 통해서 세심하게 나타내고 있다는 인상을 피하기가 어렵다. 이러한 관용 어법이 이 서신들 전체에 골고루 배어 있다는 것은 우리가 여기에서 자신만의 독특한 기여를 하고 있는 한 저자를 보고 있다는 것을 암시해 준다.

그러므로 목회 서신들 속에는 전승에 의한 자료들과 더불어서 그 저자가 바울의 진정한 서신들에서 찾아볼 수 없는 방식으로 그가 말하고자 하는 것을 표현하고 있는 다른 방식들이 존재한다. 이것은 세 가지 구체적인 분야들에서 드러난다.

예수와 하나님. 첫째, 기독론이 나온다. 이것은 일차적으로 "나타나심" 또는 "현현"이라는 관점에서 표현되고 있다. 이 용어는 바울이 데살로니가후서 2:8에서 주 예수의 재림을 가리킬 때에 사용한 것으로서, 그러한 용법은 여기에서 반복되고 있지만(딛 2:13; 딤후 4:1, 8), 이 용어는 예수의 지상적인 삶을 가리킬 때에도 사용되고 있다(딤후 1:10). 이 용어는 다른 곳에서 하나

---

11) 이것은 특정한 본문들 속에 잘 사용되지 않는 어휘들이 집중적으로 사용되고 있다는 것을 부정하는 것이 아니다. 이 서신들에서 사상과 표현에 있어서 개별적인 특징들은 Fuchs(각주 1을 보라)에 의해서 세심하게 제시되고 있지만, 그러한 것들은 내 생각에는 이 서신들 속에 기본적으로 공통된 신학이 존재한다는 것을 의심하게 할 정도로 충분하지는 않다.

님의 구원하시는 개입이 그의 백성들에게 어느 정도 가시적으로 나타난 하나님의 현현 사건들에 대하여 사용되었다. 여기에서 예수의 오심은 하나님의 가시적인 구원의 행위로 보아지고 있는 것이다. 이러한 표현은 이렇게 나타나신 분이 이 땅에 그 모습을 드러낸 천상의 존재라는 것을 암시한다. 이것은 특히 육체로 나타나셔서[12] "영으로"(NRSV; "성령에 의해서," TNIV) 신원되신 분에 관한 말하고 있는 디모데전서 3:16에 나오는 간결하지만 암호 같은 말씀 속에서 특히 분명하게 드러난다. 그리스도께서 세상에 오신 것(딤전 1:15)은 요한복음에 나오는 성육신에 관한 표현과 비슷한 울림들을 지니고 있고, 요한복음에서와 동일한 방식으로 볼 때에 가장 잘 이해될 수 있다. 이것은 디모데전서 2:5에서 그리스도 예수가 인간이었다는 것을 역설하는 것을 통해서 추가적으로 확증되는데, 예수가 이미 신적인 존재로 생각되었다면, 이 점을 강조할 필요는 없었을 것이다. 또한 디모데후서 1:9-10에는 "영원 전부터 그리스도 예수 안에서 우리에게 주신" 은혜에 관하여 말하는 난해한 말씀이 나온다. 여기에서도 이 말씀은 선재(先在)라는 개념에 근거해서 해석할 때에 가장 잘 이해된다.[13]

여기서 현현(epiphany)이라는 개념이 그리스도 안에서 및 그리스도로 말미암은 하나님의 구원 행위 전체를 포함하는 것으로 확대되고 있다는 것을 주목하는 것이 중요하다. 이것은 하나님의 은혜가 나타났다고 말하고 있는 디도서 2:11과 "우리 구주 하나님의 자비와 사람 사랑하심이 나타났다"고 말하고 있는 디도서 3:4에서 잘 드러난다. 신약성서의 다른 곳에서 나오는 인식, 즉 구원 사건은 그리스도의 오심뿐만 아니라 성령 강림과 예수에 대한 사도적 증언 등과 같은 일련의 관련된 사건들도 포괄한다는 인식이 여기에서 표현되고 있다. 우리는 고린도후서 5:18-21에서 그리스도 안에서의 하나님의 화해 사역과 화해 메시지가 서로 굳게 결합되어 있는 것과 마찬가지로, 그리스도께서 자기를 주심과 그것에 대한 증언이 밀접하게 연결되어 나오는

---

12) 여기에서는 다른 동사('파네로오')가 사용되고 있다; cf. 딤후 1:10; 딛 1:3.

13) 이러한 진술들은 일부 학자들이 목회 서신에는 성육신 유형의 기독론이 존재하지 않는다고 주장한 것에 대한 충분한 인식 하에서 행해지고 있다. I. Howard Marshall, "The Christology of the Pastoral Epistles", *SNT (SU)* 13 (1988): 157-77을 보라.

디모데전서 2:5-6에서 이것과 비슷한 것을 발견하게 된다.

그리스도의 오심을 하나님의 현현으로 표현하는 이러한 새로운 묘사는 그리스도의 죽음을 죄인들을 구속하기 위하여 자기 자신을 주신 것이라고 해석하고 있는 전승에 의거한 내용(딛 2:14)과 서로 뒤섞여 있다. 하지만 예수의 부활은 신자들의 부활과 관련하여 강조되고 있고(딤후 2:8) 죽음을 멸한 자로서의 예수에 대한 언급 속에 분명하게 함축되어 있기는 하지만(딤후 1:10) 구원 사역과 관련하여 예수의 부활에 대한 강조는 없다. 예수가 메시야라는 것은 아마도 전승에 의한 문구인 것으로 보이는 말씀 속에서 거의 지나가는 듯이 언급되고 있고(딤후 2:8), 어떤 의미 있는 방식으로 발전되고 있지는 않다. 우리가 이미 보았듯이, 분명히 심판자와 구주로서 예수께서 장차 오실 것에 대한 강조도 나온다(딤후 4:1).

구주라는 용어는 이 서신들 속에서 예수라는 인물을 요약하는 데에 가장 적합한 용어였을 것이다. 이 용어는 이 서신들의 신학이 기본적으로 구원론적인 성격을 지니고 있다는 것을 강조하기 때문만이 아니라, 그 용어가 예수(딛 1:4; 2:13; 3:6; 딤후 1:10)와 하나님(딛 1:3; 2:10; 3:4; 딤전 1:1; 2:3; 4:10)에 대해서 공통적으로 사용되고 있다는 점에서도 중요하다. 예수와 하나님은 이 공유된 기능을 통해서 서로 밀접하게 결합되어 있다. 이러한 연결 관계의 밀접성은 그리스도인들의 소망의 성격에 대한 언급 속에서 한층 더 분명하게 드러난다 — "우리의 크신 하나님 구주 예수 그리스도의 영광이 나타나심"(딛 2:13). 이 어구를 "우리의 크신 하나님과 우리의 구주 예수 그리스도의 영광스러운 나타남"에 대한 언급으로 이해하고자 하는 시도들은 구문상으로 "구주"에 관사가 붙어 있지 않은 것, 다른 곳에서 "하나님과 구주"가 잘 확인되는 문구로 사용되고 있는 것, 하나님에 대한 칭호를 점차 예수에게 적용시키는 기독교적인 배경 등을 고려할 때에 설득력이 없다. 이렇게 그리스도와 하나님 간에는 기능상의 동일성이 존재한다. 야웨의 오심에 관한 구약의 개념은 여기에서 하나님에 대한 칭호("주")가 예수에게 옮겨진 것과 동일한 방식으로 그리스도의 오심이라는 관점에서 해석되고 있는 것이다.

이러한 기독론에 있어서 독특한 요소는 하나님의 현현이라는 개념을 성육신에 적용하고 있는 것이다. 이러한 언어 표현은 헬레니즘에서 아주 친숙하게 사용된 것이었기 때문에, 여기에서 이러한 표현이 사용되고 있는 것을 근거로 목회 서신이 기독교 신학의 헬레니즘화를 대변하고 있다는 견해가 생겨났다. 이러한 주장 속에는 옳은 면도 있고 틀린 면도 있다. 하나님의 현현이라는 개념과 현현 표현들의 사용은 이미 구약성서의 정경의 책들 및 후대의 저작들과 관련하여 헬라어를 사용한 유대교 속에서 발견될 수 있고, 심지어 장래에 나타날 메시야에 대한 언급도 있었다는 점에서(에스라4서 7:28) 그러한 주장은 틀린다. 이러한 표현과 관련해서 외부의 자료를 찾을 필요도 없고, 그러한 표현을 이질적인 범주의 도입으로 볼 필요도 없다. 그러나 이러한 언어 표현이 헬레니즘적인 종교적 환경 속에서 친숙한 것이었다는 말은 사실이기 때문에, 여기에서 이러한 표현을 선택해서 사용함으로써 이 서신의 저자는 헬라-로마 세계의 언어를 말할 수 있게 되었을 것이다. 그것은 의도적이든 의도적이지 않든 복음을 에베소와 그레데의 주변 세계를 비롯한 좀 더 폭넓은 지역에서 동시대인들이 이해할 수 있는 방식으로 표현하고자 새로운 언어를 사용한 시도의 일부로 이해될 수 있을 것이다.

그리스도에 관한 이러한 묘사와 함께 나오는 하나님에 대한 개념은 종종 디모데전서 1:17과 6:15-16에서 발견되는 묘사에 비추어서 어느 정도 저 먼 곳에 있는 높으신 분으로 생각되었다는 것이다. 분명히 이러한 본문들은 하나님의 위엄과 초월성을 강조하고 있다 — 물론, 이러한 것들이 실제로 당시의 유대교와 그 밖의 다른 기독교 저술들 속에서 발견될 수 있는 것을 뛰어넘고 있는 것인지에 대해서는 의문이지만. 아마도 더 놀라운 것은 서신의 인사말들에 나오는 상투적인 표현(딤전 1:2; 딤후 1:2; 딛 1:4)을 제외한다면 그리스도 또는 신자들에 대한 하나님의 관계와 관련해서 하나님을 가리키는 아버지라는 용어가 나오지 않는다는 것이다. 따라서 **아들**과 **자녀**라는 용어는 하나님과의 관계에 대해서 사용되지 않는다. 이러한 용어들이 사용되지 않음으로써 하나님의 구별됨과 위엄이라는 인상은 더욱 강화된다. 하지만 그러한 것은 우리가 앞에서 본 것처럼 하나님과 그리스도를 서로 밀접하게 결합시키고 있는 구주라는 용어의 사용에 의해서 상쇄된다. 또한 바울이 사용한 "은혜"와 "긍휼"이라는 표현들을 반영하고 있는 "자비와 사랑하심"(딛 3:4)이라는 표현이 나온다. 여기에서 이 어휘는 헬레니즘 세계에서 신들과 통치자들에 대하여 사용되었던 어휘들이다.

신자들의 삶. 우리가 고찰해야 할 두 번째로 주요한 분야는 그리스도인의 삶의 성격에 관한 것이다. 여기에서 다시 한 번 우리는 기본적으로 전통적인 이해를 보게 된다. 사람은 구주로서의 하나님의 역사를 통해서(딤전 1:15; 2:4; 4:16; 딤후 1:9; 딛 3:5; cf. 딤전 2:15; 딤후 4:18) 하나님의 백성의 지체가 된다(나는 여기에서 "그리스도인이 된다"고 말하고 싶지만, 이것이 신약성서에 좀 이질적인 표현 형태라는 것을 인정한다).

이러한 하나님의 구원 역사는 인간들이 악함과 불경건함과 헛됨을 특징으로 하는 삶을 살아가는 죄인들이라는 것을 전제하는 것이다(딛 2:11, 14; 3:3). 구원은 그러한 삶의 방식으로부터 더 나은 삶으로 건짐을 받는 것이다. 구원은 생명 또는 영생이라는 친숙한 관점에서 묘사된다(딤전 1:16; 6:12, 19; 딤후 1:1, 10; 딛 1:2; 3:7). 여기에서 이러한 용어들이 가리키는 것은 일반적으로 하나님의 나라에서 끝없이 펼쳐지는 삶이지만(딤후 4:8), 지금 여기 현세에서 새로운 덕목을 지닌 삶이기도 하다(cf. 딤전 4:8). 심판의 날에 대한 언급(딤전 5:24)과 그 날에 나타나게 될 긍휼에 대한 언급(딤후 1:18; 4:8)은 직접적으로 거의 언급되고 있지 않지만, 사람들이 구원받지 않는다면 죄인들로서 정죄와 멸망에 직면하게 되리라는 것을 분명하게 함축하고 있다. 시험에 굴복하는 것은 파멸과 멸망을 수반하는데(딤전 6:9), 이것은 반드시 장래에 국한되지 않는다. 구원받는 체험은 궁극적으로 마가복음 10:45에 나오는 예수의 말씀까지 소급될 수 있는 대속물이라는 개념을 사용해서 건지심 또는 구속으로 표현된다(딤전 2:5; 딛 2:14). 이러한 건지심은 죄악된 생활 방식 전체와 그 결과들로부터의 건지심이다. 구원받는다는 것은 바울적인 용어로 칭의라고 말해질 수도 있다(딛 3:7). 거듭남과 새로워짐에 관한 표현들도 나오는데(딛 3:5), 이러한 것들은 성령의 역사를 통해서 구원받은 사람 속에서의 근본적인 변화라는 개념을 표현하고 있다.[14] 목회 서신 속에는 성령에 대한 언급들이 드물다는 지적이 있어 왔다. 잘 알다시피, 목회 서신에는 성령에 대한 언급들이 적다고 할 수 있지만, 신자들에게 성령이 후하게 부어

---

14) 거듭남이라는 개념은 바울의 초기서신들 속에는 명시적으로 나오지 않는다.

지는 것(딛 3:6), 성령이 능력과 사랑과 절제를 가져온다는 것(딤후 1:7), 신자들을 도와서 복음을 지키게 한다는 것(딤후 1:14) 등에 관한 묘사에 있어서는 강력하다고 할 수 있다. 여기서 마지막 두 가지는 안수라는 맥락 속에서 언급되고 있기 때문에 교회 지도자들을 위한 성령 수여라는 사상이 특별히 존재하는가라는 문제를 불러일으킨다. 하지만 디도서 3:6이 모든 신자들에 대한 성령의 수여에 관하여 아주 분명하게 말하고 있기 때문에, 디모데후서 1:7에 나오는 말씀도 단지 교회 지도자들만이 아니라 모든 신자들에게 공통된 덕목들에 관한 것이라고 보아야 한다(cf. 롬 8:15). 저자는 특히 디모데를 사역을 할 수 있도록 준비시키는 것에 대하여 생각하고 있었을지 모르지만, 그는 모든 신자들에게 적용되는 것을 언급함으로써 그렇게 하고 있다.

이러한 구원 행위로부터 나오는 새로운 삶은 마지막에 하나님 나라로 들어갈 때에 완성될 것이다(딤후 4:18; cf. 2:10; 딤전 4:8; 6:19). 그 때까지는 사람들이 살아야 할 삶이 있다. 그것은 신자들이 그리스도의 죽음에 참여하는 그리스도와 동일시되는 삶이다(딤후 2:11-13). 여기에서 과거 시제가 사용되고 있다는 것은 회심의 순간이 신자들에게 닥칠 수 있는 극단적인 가능성으로서의 순교를 당할 준비까지도 수반하는 옛 삶에 대한 은유적인 죽음으로 여겨지고 있다는 것을 보여준다. 이러한 삶이 지속적인 성격을 지닌다는 것은 배교와 믿음을 저버리게 만드는 시험들에도 불구하고 인내와 충성을 이루어낼 필요성에 의해서 드러난다. 그러나 새로운 삶은 그리스도 안에 있는 은혜로 말미암아 능력을 덧입게 된다(딤후 2:1). 이것은 의심할 여지 없이 성령에 의한 도우심을 묘사하는 또 다른 방식이다. 성령의 은사들과 하나님께서 능력 주신 것들이 고린도전서 14:4에서 병행으로 나온다는 것과 비교해보라.

말하자면, 인간적인 측면에서 그리스도인의 삶의 내적인 토대는 "청결한 마음과 선한 양심과 거짓이 없는 믿음"(딤전 1:5)에 있다. 여기에는 하나님의 능력에 의해서 새롭게 된 인간의 개성의 여러 부분들로 여겨질 수 있는 것과 믿음 안에서의 인간의 활동이 서로 뒤섞여 있다. 마음은 동기들(motives)이 거하는 처소이기 때문에, 하나님에 대한 헌신에 있어서 순전하고 단일한 마음이어야 한다(딤전 1:5; 딤후 2:22). 양심이라는 단어는 행위를 결정하거나 계획하는 기관에 대해서 거의 동일한 방식으로 사용된다. 그것은 "선한" 양심(딤전 1:5, 19) 또는 "깨끗한"(딤전 3:9; 딤후 1:3) 양심으로 묘사될 수 있다. 이것과 대비되는 상황은 양심이 화인맞거나 부패한 경우이다(딤전 4:2; 딤후 1:15). 후자의 상태 속에서 양심은 제대로 기능을 하지 못하기 때문에 잘못된 행위에 대하여 정죄하는 것이 아니라 잘못된 판단들을 하거나 전혀 판단하지 않게 된다. 따라서 양심은 하나님의 기준으로 볼 때에 악한 행위임에도 불구하고 아무런 정죄도 하지 않는 것에 대하여 경고해 준다는 점에서, 이상적인 것은 양심이 제대로 작동하는 것이다. 이럴 때에 양심은 "선한" 동시에 "깨끗한" 양심이 된다.

인격의 이러한 측면들과 더불어서 목회에서 가장 두드러지게 신학적인 용어인 믿음이 나온다. 믿음은 그리스도인의 가장 특징적인 특성이고, 목회 서신에서 이 단어의 용법은 바울 서신들에서 발견되는 전형적인 뉘앙스들을 포괄하고 있다. 우리가 주목할 필요가 있는 네 가지 특별한 강조점이 나온다. 첫째, 믿음은 지식과 밀접하게 연결되어서(딛 1:1), 그리스도인으로서의 존재를 규정하는 두 가지 덕목을 구성한다. 지식이라는 요소는 이 서신들 속에서 교회 안의 건전한 가르침이 매우 강조되고 있는 것과 일치한다. 잘못된 가르침의 존재는 의심할 여지 없이 이러한 강조를 생겨나게 하였다. 따라서 믿음이라는 개념 자체는 그리스도인들이 믿어야 하는 것에 대한 객관적인 표현이자 이러한 신조를 받아들이는 행위로서의 "믿음"을 포함하도록 확장된다(딤전 3:9; 6:21; 딤후 2:18). 이러한 뉘앙스는 초기의 용례들 속에서 확고하게 정립되어 있었기 때문에(cf. 고전 15:1-2) 특별히 새로운 것이라고는 할 수 없지만, 이 뉘앙스는 목회 서신에서 좀 더 중심적인 위치를 차지하게 된다. 이와 동시에, 하나님 또는 그리스도를 의뢰하는 것과 헌신하는 것으로서의 믿음 개념이 두드러진다(딤전 1:16; 3:16; 딤후 1:12; 딛 3:8). 믿음은 회심의 순간과 직접적으로 결부되어 있지만(딤전 1:14; 5:12; 딤후 1:5; 3:15), 지속적인 태도를 의미하기 때문에 신실함과 잘 견뎌낸다는 뉘앙스가 이 개념 속에 자연스럽게 자리잡게 되었다(딤전 2:15; 딛 3:15). 그러므로 그리스도인들을 가리키는 표준적인 용어가 "믿는 자들/신실한 자들"(딤전 4:3, 10, 12; 5:16; 딛 1:6)이고, "믿음 안에서"라는 어구가 복음을 받아들임으로써 생겨난 새로운 상황을 표현하는 데에 사용되고 있는 것(딤전 1:2; 딛 1:4)은 전혀 이상한 일이 아니다. 이러한 두드러진 증거들에 비추어볼 때, 디도서 3:7에 나오는 은혜로 말미암은 칭의에 관한 말씀 속에 믿음에 관한 언급이 없다는 것은 별로 중요하지 않다(그 바로 다음 절에서 믿음이 언급되고 있다는 것을 주목하라!).

악덕들과 미덕들에 관한 목록들은 목회 서신에 전형적인 것이고, 믿음은 후자의 목록에서 상당히 규칙적으로 등장한다. 믿음을 그러한 목록들 중에 포함시킨 것은 믿음이 단지 그리스도인들의 여러 덕목들 중의 하나로 취급되었고 다른 것들에 비해서 특별히 중요한 것이 아닌 것으로 여겨졌음을 보여주는 것이라는 주장이 제기되어 왔다. 그러나 그러한 주장은 목회 서신 전체에 걸쳐서 믿음이라는 개념이 두드러지게 나오고, 신약성서의 다른 곳에서 믿음이 그러한 목록들 속에서 부차적인 역할을 할 수 있었다는 사실(갈 5:22; 또한 고후 6:4-10에는 언급조차 되지 않는다)에 의해서 여지 없이 무너지고 만다.

믿음은 그러한 목록들 또는 그리스도인의 덕목들에 대한 열거들 속에서 사랑과 가장 빈번하게 연결되어 있다(딤전 1:5, 14; 2:15; 4:12; 6:11; 딤후 1:13; 2:22; 3:10-11; 딛 2:2). 실제로 사랑의 내용물은 목회 서신에서 행위들 또는 행실들에 대한 수많은 언급들 속에서 구체적으로 제시되어 있다. 이러한 행위들은 "선한" 또는 "아름다운"(헬라어로는 '칼로스')이라는 수식어가 붙어 있다. 그것들은 기독교적인 회심의 적극적인 결과이고, 다른 사람들에 대한 사랑을 통해서 표현되는 유익하고 유용한 삶이다(cf. 딛 2:14; 3:8, 14).

그리스도인의 삶에는 건전함, 절제, 고결함이라는 개념들을 포함하는 특징적인 어휘들로 표현되는 또 다른 측면이 존재한다. 신자들은 지역 사회에서 존경을 받을 만한 질서 있고 규모 있는 삶을 살아야 한다. 이러한 행위 분야를 포괄하는 일반적인 개념은 "경건"(헬라어로는 '유세베이아')으로 요약되는데, 이 용어는 헬레니즘 유대교와 헬레니즘 세계에서 하나님 또는 신들에 대한 올바른 태도에 의해서 결정된 삶의 유형을 가리키는 데에 좀 더 일반적으로 통용되던 용어였다. 경건의 내용은 해당 종교에 의해서 구체적으로 결정되었는데, 유대교 내에서 이 용어는 "야웨를 경외하는 것"과 같은 것이었고, 하나님의 자기 계시를 토대로 하나님을 경외하는 가운데 하나님을 아는 지식과 그러한 지식에 비추어서 행한 행실을 결합한 것이었다. 이렇게 이 용어는 신앙의 모든 측면들을 포괄하는 용어였다. 목회 서신에서 경건은 당연히 그리스도에 의해서 형성되기 때문에, 우리 신앙의 "비밀"은 그리스도와 동일시되고(딤전 3:16), 경건은 "그리스도 안에서의" 삶이라는 맥락 속에서 형성된다(딤후 3:12). 경건은 믿음 및 복음 안에서 계시된 진리를 아는 지식과 긴밀하게 연결되어 있다.

우리는 이러한 개념이 지닌 윤리적인 결과들을 좀 더 발전시키지 않고, 이두 번째 분야에서(기독론과 더불어) 어떻게 좀 더 넓은 세계 속에서 친숙하게 사용되었던 용어들과 개념들이 사용되게 되었는지, 또한 그것들이 헬레니즘적인 유대인들과 이방인들 모두에게 널리 이해될 수 있는 방식으로 기독교의 신앙을 표현하는 데에 도움이 되었는지에 대해서 말하고자 한다.

교회. 목회 서신은 신약성서 중에서 교회의 조직에 관하여 가장 깊은 관심을 보여주고 있는 문서들이다. 목회 서신은 두 가지 중요한 경향들이 작용하고 있는 상황에서 생겨났다. 첫째, 확실하다고 말할 수는 없지만, 이 서신들의 배경은 바울의 선교에 의해서 세워진 회중들이 더 이상 그의 직접적인 감독 하에 있지 않게 되었고 그것을 대체하는 지도 체제를 발전시키고 있던 시기이다. 둘째, 바울을 반대하던 반대파와 바울이 살아있는 동안에 이미 성행하고 있었던 바울의 복음 이해와 상충되는 여러 가지 형태의 가르침들의 성장은 갈수록 힘을 더하고 있었다. 이러한 두 가지 흐름이 결합된 상황은 목회 서신들에서 교회론이 강조되고 있는 것을 설명해 준다. 바울 진영이 취한 실제적인 조치들은 여러 가지를 포함하는 것이었다. 첫째, 바울의 복음과 합치하는 가르침의 중요성에 대한 강조가 있었다. 바울로부터 전해진 복음 메시지는 그의 후계자들에 의해서 주의 깊게 보존되어야 했고, 그것을 그들의 가르침의 토대로 삼고자 한 다른 사람들에게 전해져야 했다(딤전 6:20; 딤후 1:13–14; 2:2). 둘째, 복음을 굳게 붙잡고 있고 성품이나 지도력의 은사 면에서 회중들을 이끌기에 적합한 지역 교회의 지도자들을 세우는 일이 꼭 필요하였다(딤전 3:1–12; 딛 1:5–9). 셋째, 시간만 낭비하는 대적자들과의 논쟁은 피해야 했고, 완강히 반대하는 자들에게는 치리가 행해져야 했다(딛 3:9–

11; 딤후 2:23) — 물론, 이것은 그들이 진리의 지식으로 되돌아올 수 있도록 하기 위하여 논의하고 가르침을 베풀 가능성을 배제한 것은 아니지만(딤후 2:25-26).

목회 서신에서 강조점은 회중들 속에서 질서 있고 공인된 지도 체제와 직분의 발전에 두어져 있다. 지도하는 위치에 임명된 자들에 의한 것 외에는 회중들 속에서 여러 가지 다양한 은사들의 행사에 관해서는 거의 언급이 되지 않는다. 그러한 직분이 존재했다는 것이 전제될 수 있다: 대적자들의 활동은 그것이 단지 지도자들에게만 국한되지 않았다는 것을 강력하게 암시해 주고 있고, 디도가 이전에는 지도자들을 세우고자 하는 그 어떤 움직임도 없던 곳에 장로들을 처음으로 세운 것으로 묘사되고 있다는 사실도 이것을 강력하게 암시해 준다. 그럼에도 불구하고, 목회 서신은 은사적인 형태의 회중의 삶으로부터 안수를 통해서 성령의 은사를 전달받은 임명직 성직자들에 의해서 지배되는 회중의 삶으로의 이행을 증언해 주고 있다고 생각되어 왔다. 그러한 절대적인 관점에서 명확하게 단언한다면, 그러한 대비는 분명히 잘못된 것이다. 바울의 초기 서신들 속에는 은사에 의한 사역자들과 임명직 지도자들이 함께 공존하고 있어서, 이 둘 사이의 경계는 유동적인 것이었다. 고린도 교회에서 직분은 각자에게 주어진 은사들에 따라서 모든 회중에게 열려져 있었지만, 이와 동시에 공인된 지도자들, 외부로부터 감독권을 행사하였던 사도들과 그들의 동역자들, 그리고 지역 회중의 장로들 또는 감독들과 집사들(빌 1:1에서 확인되고 있듯이)도 존재하였다. 목회 서신에서 우리는 바울의 동역자들인 디모데와 디도의 목회 지도 아래에 있는 지역 회중들을 보지만, 그들의 임무는 지역 회중의 지도 체제의 발전을 촉진시키는 것이었고, 그들은 영속적으로 지역 회중의 지도자직을 맡고 있는 것으로 여겨지지 않는다. 사도에 의해서 파견된 자들은 한 곳에 정착하지 않고 왔다갔다 하였다. 지역 회중의 지도 체제는 여전히 진화하는 과정 중에 있었다. 무엇이 진행되고 있었는지에 관한 절대적으로 분명한 그림을 얻어내는 것은 불가능하다 — 장로와 감독이라는 용어들이 동일한 부류의 사람들에 대하여 사용되고 있는 이유는 무엇이고,[15] 왜 집사들이 디모데전서에는 나오는데 디도서에는 나오지 않는가?

이러한 실제적인 조치들의 근저에는 교회의 본질에 관한 발전중인 개념이 존재하였다. 지배적인 모티프는 가족으로서의 교회라는 개념이었다(딤전 3:14). 이것은 모든 지체들이 각자의 기능을 가지고 있는 그리스도의 몸으로서의 교회에 관한 바울 이전의 묘사(롬 12; 고전 12)와 어느 정도 대비된다. 그럼에도 불구하고, 이 이미지들은 일부 학자들이 생각했던 것만큼 그렇게 서로 다르지 않다. 아버지(즉, 가장)에 관한 표현은 바울에 의해서 이전에 회중들 가운데서의 그 자신의 역할에 대하여 사용되고 있다(고전 4:14-15; 살전 2:11). 몸이라는 은유 속에서 모든 지체들이 중요하고 각자의 기능을 가지고 있다는 것은 분명히 사실이지만, 이와 동시에 어떤 부분들은 좀 더 약하고 존귀함이 덜한 것으로 보인다는 인식도 존재한다(고전 12:21-24). 바울은 고린도전서 12:28에서 교회의 서로 다른 여러 부분들을 열거할 때에 "첫째는 사도요 둘째는 선지자요 셋째는 교사요"라고 말하며 그것들을 순서대로 배열한다. 또한 그리스도가 교회라는 몸이 의존해 있는 머리라고 말하고 있는 에베소서와 골로새서에서 그러한 비유를 지도 체제 또는 머리됨이라는 관점에서 발전시킬 필요성이 분명히 생겨났음에도 불구하고, 이러한 초기 서신들 속에서 몸이 "그리스도 안에" 존재한다고 말하고는 있지만(롬 12:5; cf. 고전 12:12) 그 은유를 그런 식으로 발전시키지 않은 것도 중요하다. 가정(즉, 그 안에서 사는 가족이 있는 건물)에 관한 묘사는 다스림(rule)과 지시(direction)라는 개념을 좀 더 부각시킨다. 히브리서에서 처음에는 모세, 다음에는 그리스도가 하나님의 집을 맡은 충성된 청지기로 묘사되고 있고, 히브리서에서 회중의 지도자들도 이와 비슷하게 보아지고 있다. 어떤 사람이 하나님의 청지기로 선택되려면 자신의 가정 일을 유능하게 잘 처리하여야 한다. 또한 이 비유는 통상적인 가정 속에 아내, 자녀, 종들, 그 밖의 다른 지체들을 위한 다양한 역할들이 존재하는 것과 마찬가지로, 회중 내에서도 서로

---

15) 이것이 사실일 가능성이 아주 크지만, 감독들이 장로들의 하위 집단이었을 가능성이 절대적으로 불가능한 것은 아니다 - 물론, 이러한 가설 하에서는 장로들과 감독들을 위한 자격 요건들이 디도서 1:6, 7-9에서 병렬적으로 나오는 이유를 설명하기는 매우 어렵지만. 교회의 구조가 좀 더 엄격한 것이었다면, 우리는 이러한 내용을 해석하는 것이 그렇게 어렵지 않았을 것이다.

다른 사람들이 가정 내에서의 상응하는 의무들을 지닌 역할들과 지위들을 부여받았다는 사상을 전달해 주는 것일 수 있다(cf. 딛 2:2–10; 딤전 6:1–2). 하지만 우리가 명심해야 할 것은 가정으로서의 교회라는 개념이 이런 식으로 명시적으로 발전되고 있지 않다는 것이다. 우리가 분명하게 보는 것은 젊은 사람들이 나이든 사람들을 공경하고 남자와 여자 간에도 적절한 공경이 있어야 한다는 것에 관한 가르침이다(딤전 5:1–2). 이렇게 가정으로서의 교회 개념은 이 서신들 속에서 전체적으로 질서를 강조하고 있는 것과 부합한다.

첫 번째와 밀접하게 연관되어 있는 두 번째의 묘사는 교회를 진리의 기둥이자 보루로 보는 것이다(딤전 3:15). 여기에서 교회를 진리에 대한 수호자 또는 진리를 위한 확고한 토대로 봄과 동시에 진리에 대하여 증언하는 독립적인 기둥(솔로몬 성전 바깥에 서 있었던 것과 같은, 왕상 7:15–22)으로 보고 있다는 점에서 개념들의 결합이 존재하는 것 같다.[16] 이렇게 교회는 복음의 보전과 선포에 있어서 중심적인 역할을 부여받고 있다.

셋째, 교회는 살아계신 하나님의 교회로 규정된다(딤전 3:15). 하나님을 "살아계시다"고 묘사한 것은 아마도 교회 속에서 강력한 능력으로 현존해 계시는 하나님이라는 사상을 전달하고 있는 것 같고, 이 어구 전체는 이스라엘을 "야웨의 회중"으로 묘사한 것을 반영하고 있다. 성전이라는 단어를 사용하고 있지 않지만, 저자는 회중을 하나님에게 속한 백성의 무리로 규정하고 있는데(cf. 딛 2:14), 하나님은 이 회중 속에 임재해 계시고, 이 회중은 하나님의 "집"이다. 이것은 우리가 기대할 수 있었던 것보다 훨씬 더 역동적인 교회 개념이다. 교회는 결코 정적(靜的)인 기관이 아니다.

결론

목회 서신의 표면적인 의도는 사변(speculation)과 금욕주의 속에서 스스로 소멸될 위험에 처해 있었던 특별한 유형의 유대 기독교로 되돌아갈 것을 주

---

16) 물론, 이것은 교회가 진리 위에 세워져 있고 거기에 지속적으로 순복하고 있다는 것을 전제한다.

장하였던 반대파에 직면해서 회중들을 바울적인 신앙과 삶의 모델로 되돌리고자 하는 것이다. 바울 신학과 교회론의 통찰들은 이러한 새로운 상황을 해결하기 위하여 각색되어야 했고, 이것은 부분적으로 왜 이 서신들이 바울의 자료를 새로운 방식으로 제시하고 있는지를 설명해 준다: 바울로부터 전해진 것들과 일치하는 가르침을 베풀 필요성과 그러한 것이 가능하게 해 줄 교회의 질서를 정립할 필요성이 강력하게 강조된다. 바울의 개인적인 권위를 대신할 통제 장치들이 도입될 필요가 있었다. 바울은 문제들이 전혀 없었던 회중들을 감독했던 것이 아니었기 때문에, 바울도 치리를 행하여야 했다.

이러한 과정은 교회와 그 신학의 제도화라는 명칭으로 불리고 있다.[17] 그러나 그러한 묘사는 상황을 지나치게 단순화시키는 것이고, 당시에 아울러 진행되고 있던 과정, 즉 본질적으로 바울적인 특징들을 지니고 있지만 약간 다른 관용 표현으로 된 새로운 어휘들과 개념을 통해서 복음과 그리스도인으로서의 행실을 재진술한 것을 제대로 다루지 못한다. 신약성서의 다른 저작들 속에 서로 다른 여러 관용 표현들이 공존하고 있고, 그러한 것들이 정경화 과정에 전혀 걸림돌이 되지 않았다는 사실을 우리가 기억한다면, 이러한 일은 결코 이상한 일이 아니다. 이것은 목회 서신을 편집한 진영이 창조적인 사고를 질식시키는 방식으로 전승을 융통성 없게 재현하는 것을 자신의 임무로 삼지 않았다는 것을 보여준다.

물론, 여기서의 난점은 목회 서신이 교회를 몇몇 선별된 지도자들에 의해서 수행된 고정된 가르침의 정태적인 집합소로 만들고자 하는 시험에 굴복하지는 않았다고 하더라도 결국에 그러한 결과로 귀결될 수밖에 없는 방향성을 설정하였다는 데에 있다. 그러한 의미에서 목회 서신은 초기 가톨릭적인 서신들인가? 목회 서신의 문제점은 그것들이 신앙의 미래에 대한 매우 실제적인 위협들을 다루고 있었기 때문에, 그러한 상황 속에서 어쩔 수 없이 꼭 필요하였던 정통 교회와 질서의 요소들을 강조하였다는 데에 있다. 목회 서신을 비판하는 자들에게 나는 복음의 진리와 복음 전도의 사명이 교회 속

17) Cf. Margaret Y. MacDonald, *The Pauline Churches: A Socio-historical Study* of *Institutionalization in the Pauline and Deutero-Pauline Writings* (Cambridge: Cambridge University Press, 1988).

에서 유지되고 다시 활발해지도록 하기 위해서 과연 그러한 상황 속에서 다른 어떤 조치가 행해질 수 있었는지를 생각해 보라고 권하고 싶다. 사실인즉, 우리는 목회 서신 속에서 죽어버린 내성적인(introspective) 정통 교리를 낳는 융통성 없는 전통적인 제도화 속으로 빠져 들어가는 것과 기독교적이라고 할 수 있는 것들을 다 잃어버리고 생각과 행위 속에서 열광주의적인 자유 속으로 빠져 들어가는 것 사이에서 매우 어렵게 균형 잡힌 행동을 취하고 있는 모습을 볼 수 있다는 것이다. 실상은 후대의 교회가 목회 서신 속에 나오는 규칙들과 질서를 따라가기는 했지만 십자가의 그늘 아래에서 생생한 제자도를 요구하였던 목회 서신의 요소들을 무시한 것은 아닌지를 생각해 볼 필요가 있다.

참고문헌

New Testament Theologies: (English) Strecker, pp. 576-94. (German) Gnilka, pp. 350-68; Hübner, 2:378-79; Stuhlmacher, 2:1-53.

Campbell, R. Alastair *The Elders: Seniority Within Earliest Christianity.* Edinburgh: T & T Clark, 1994.

Collins, Raymond F. *1 and 2 Timothy and Titus: A Commentary.* Louisville, Ky.: Westminster John Knox, 2002.

Davies, Margaret. *The Pastoral Epistles.* Sheffield: Sheffield Academic Press, 1996.

Johnson, Luke Timothy. *Letters to Paul's Delegates: 1 Timothy, 2 Timothy, Titus.* Valley Forge, Pa.: Trinity Press International, 1996.

Knight, George W., III. *The Pastoral Epistles.* Grand Rapids, Mich.: Eerdmans; Carlisle: Paternoster, 1992.

Lau, Andrew Y. *Manifest in Flesh: The Epiphany Christology of the Pastoral Epistles.* Tübingen: J. C. B. Mohr [Paul Siebeck], 1996.

MacDonald, Margaret Y. *The Pauline Churches: A Socio-historical Study of Institutionalization in the Pauline and Deutero-Pauline Writings.* Cambridge: Cambridge University Press, 1988.

Marshall, I. Howard, with Philip H. Towner. *A Critical and Exegetical Commentary on the Pastoral Epistles.* Edinburgh: T & T Clark, 1999.

Mounce, William D. *The Pastoral Epistles.* Dallas: Word, 2000.

Quinn, Jerome D. *The Letter to Titus.* New York: Doubleday, 1990.

Towner, Philip H. *1-2 Timothy and Titus*. Downers Grove, Ill.: InterVarsity Press, 1994.

——— . *The Goal of Our Instruction*. Sheffield: Sheffield Academic Press, 1989.

Verner, David C. *The Household of God: The Social World of the Pastoral Epistles*. Chico, Calif.: Scholars Press, 1983.

Young, Frances M. *The Theology of the Pastoral Letters*. Cambridge: Cambridge University Press, 1994.

제 18 장

바울 서신의 신학

지금까지 우리는 바울 서신에 속한 열세 개의 서신들을 개별적으로 살펴 보았기 때문에, 여기에서는 바울 서신들의 신학을 종합해 보는 시도를 하고 자 한다. 열세 개의 서신이 모두 바울이 직접 쓴 것인지, 아니면 그것들 중의 일부는 후대의 저작들인지에 관한 문제는 논란이 되고 있는 것이기 때문에, 우리는 이러한 아직 해결되지 않은 논쟁이 있다는 것을 염두에 두고서 우리 의 과제와 씨름해 보는 것이 좋을 것이다. 이러한 문제는 논란이 있는 서신 들이 일반적으로 바울의 활동의 후반기에 속해 있기 때문에, 초기 서신과 후 기 서신의 구별이 진정한 서신과 비진정한 서신의 구별과 대체로 일치한다 는 사실에 의해서 어느 정도 완화된다.[1] 전체적으로 볼 때, 그 서신들이 진정 한 것이든 바울 이후의 것이든 초기 서신과 후기 서신이라는 연대기적인 차 이를 인식하고 다루게 되면, 우리는 앞에서 말한 것과 같은 문제점들을 제대 로 다룰 수 있게 된다. 나는 후기 서신들이 어떤 점에서 초기 서신들을 보완

---

1) 진정한 서신들이 이른 시기에 속한 것이라고 한다면, 유일하게 의심스러운 서신은 데살로니가후서이다. 골로새서와 에베소서는 그것들이 진정한 서신이라면 바울이 로마 에 갇혀 있던 시기에 속한다. 디모데후서는 그것이 진정한 서신이라면 일반적으로 바울 의 마지막 서신으로 생각된다; 디도서와 디모데전서는 그것들이 진정한 서신이라면 이 러한 연대 설정에 있어서 예외들이 될 수 있다. 왜냐하면, 이 서신들이 진정한 서신이라 고 옹호하는 일부 학자들은 그 서신들이 제3차 선교 여행 중에 씌어진 것으로 보는 것이 가장 좋다고 생각하기 때문이다(행 19장).

하고 있는지, 또한 어느 지점에서 새로운 개념들을 도입하고 있는지를 지적할 것이다. 우리는 이 서신들이 서로 다른 구체적인 상황들에 대응하여 씌어졌고, 서로 다른 구체적인 청중들과 그들의 문제들에 대하여 말하고 있는데, 이러한 요소들은 저자가 서신에 쓸 내용들과 그 방식에 영향을 미쳤을 것이라는 것을 염두에 두어야 한다.

바울 신학의 틀과 배경

"바울신학의 틀과 배경"이라는 표제를 통해서 내가 말하고자 하는 것은 바울이 그의 신학을 수행할 때에 전제하고 있는 현실의 성격에 관한 일련의 기본적인 전제들, 즉 사상의 틀이다. 신약성서의 다른 저자들의 경우와 마찬가지로, 바울 신학의 틀은 유대교에 의해서 형성되었다. 이 점에 있어서 세 가지 요소가 중요하다.

첫 번째는 구약성서이다. 공식적인 인용문들은 주로 로마서, 고린도전후서, 갈라디아서에 국한되어 있지만, 바울 서신 전체에 걸쳐서 간접인용들이 나오고, 구약성서가 바울의 사상을 형성하는 데에 결정적으로 영향을 미쳤다는 것은 분명하다. 어쨌든 바울은 성경을 중시할 수밖에 없었다. 왜냐하면, 그는 구약성서에 토대를 두고 있다고 주장하는 다른 견해들에 대항해서 자신의 신학을 발전시키고 옹호하여야 했기 때문이다.[2]

두 번째 요소는 성경을 사용한 방식이다. 여기에서 바울은 특히 사해 두루마리를 통해서 확인되고 후대의 랍비 문헌들 속에 반영되어 있는 당시의 유대교 속에서 찾아볼 수 있는 그런 종류의 석의(釋義)와의 유사성들을 보여준다.

세 번째 요소는 바울이 폭넓게 보아서 묵시론적이라고 할 수 있는 그런 종류의 전망을 받아들이고 있다는 것이다. 달리 말하면, 바울은 주로 율법의 해설에 관심을 갖고 있던 랍비 문헌들 속에서 발견되는 그런 종류의 신앙보다는 메시야를 통한 역사 속에서의 하나님의 개입과 장차 올 세상에서의 삶

---

2) D. Moody Smith, "The Pauline Literature", in *It Is Written: Scripture Citing Scripture: Essays in Honour of Barnabas Lindars*, ed. D. A. Carson and H. G. M. Williamson (Cambridge: Cambridge University Press, 1988), pp. 265-91.

을 중심으로 하는 그런 종류의 신학에 훨씬 더 관심을 갖고 있다는 말이다. 이러한 틀은 우리가 신학의 형태라고 부를 수 있는 것을 정립해 준다. 그것은 이러한 범주들 내에서 전개될 내용을 확정해 주는 것은 아니다. 왜냐하면, 묵시론적 저자들에 의해서 전개되는 시나리오들은 서로 엄청난 차이점들을 지닐 수 있기 때문이다.

바울 신학이 기본적으로 유대교적인 성격을 지니고 있다고 역설하는 것은 다른 자료들로부터 가져온 영향들과 개념들이 있다는 것을 부정하는 것이 아니다. 바울이 알고 있던 유대교 속에는 이미 헬레니즘적인 요소들이 들어 있었다. 그런 까닭에, 예를 들면, 로마서 속에는 헬레니즘 유대교의 저작인 지혜서에서 발견되는 것과 같은 사상과의 모종의 상호 작용이 존재한다.[3]

둘째, 우리는 바울의 기독교적 경험과 그 의미에 관한 그의 생각이 중요한 역할을 하였다는 것을 과소평가해서는 안 된다. 바울의 회심 체험은 그의 신학의 발전에 있어서 결정적인 역할을 하였다.[4] 또한 바울은 주님으로부터 환상들과 메시지들을 받은 선지자적 체험들에 대해서도 종종 언급한다.

셋째, 바울의 사상은 그의 동시대인들이었던 가장 초기의 그리스도인들의 사상에 의해서도 결정적인 영향을 받았다. 바울은 진공 속에서 그의 선교 사역과 신학을 수행한 것이 아니라, 그와 더불어 복음에 대한 신학적인 이해를 발전시키고 있었던 당시의 그리스도인들로부터 신학을 배웠다. 그의 서신 속에 나오는 게바(베드로), 야고보, 요한, 바나바, 실라에 대한 언급들은 그가 예루살렘 및 안디옥과 결부되어 있었던 다른 선교사들 및 지도자들과 개인적으로 밀접한 접촉을 하였다는 것을 보여준다. 또한 그의 서신들 속에는 초기 그리스도인들의 여러 진영 내에서 전해져 내려 왔던 전승들로부터 인용한 글들도 나온다. 이러한 전승들 속에는 예수께서 말씀하시고 행하신 것들도 포함되어 있었다.

본서에서는 이러한 초기 시대의 신학을 재구성하고자 하는 시도를 하지

---

3) 그것이 원래 헬라어로 씌어졌다는 의미에서 헬레니즘적이다.

4) Richard N. Longenecker, ed., *The Road from Damascus: The Impact of Paul's Conversion on His Life, Thought and Ministry* (Grand Rapids, Mich.: Eerdmans, 1997)은 이 주제를 포괄적으로 천착한다.

않았다. 여러 가지 다양한 자료들로부터 바울 이전의 자료를 추출해 내는 작업은 사변적인 것이다 — 내 생각에는 누가가 사도행전에서 서술하고 있는 것들은 흔히 생각하는 것보다 훨씬 더 믿을 만한 것이지만. 위에서 공관복음서들과 사도행전에 관한 논의 속에서 나는 사도행전에 묘사된 초기 그리스도인들의 신학이 우리가 지상적 예수의 제자들이 예수의 부활과 성령 강림에 대한 그들의 체험에 비추어서, 그리고 예수께서 그들에게 위임하신 선교 사역을 계승하여야 한다는 제약 아래에서 발전시켰을 것이라고 예상할 수 있는 바로 그러한 신학이라는 견해를 제시한 바 있다. 나아가, 바울은 부활 사건이 있은지 얼마 되지 않아서 회심하였기 때문에, 우리는 바울이 상당한 기간의 발전 과정을 거쳐서 무대에 등장했다고 생각할 수 없다는 것을 기억하는 것도 대단히 중요하다.

바울 신학의 중심 주제

바울 신학에서 중심적인 주제 또는 핵심을 규명하는 것이 과연 의미가 있는 것인지, 그러한 핵심적인 주제가 있다면 그것은 무엇인지를 놓고 많은 논쟁이 있어 왔다. 바울은 일차적으로 설교자와 교사였기 때문에, 이 문제는 기본적으로 고린도전서 15:2-8에서 그가 선포한 것을 요약하고 있는 내용에 의해서 해결된다: "너희가 만일 내가 전한 그 말을 굳게 지키고 헛되이 믿지 아니하였으면 그로 말미암아 구원을 받으리라 내가 받은 것을 먼저 너희에게 전하였노니 이는 성경대로 그리스도께서 우리 죄를 위하여 죽으시고 장사 지낸 바 되었다가 성경대로 사흘 만에 다시 살아나사 게바에게 보이시고 후에 열두 제자에게와 … 맨 나중에 만삭되지 못하여 난 자 같은 내게도 보이셨느니라." 그러나 이 말씀은 불신자들에게 복음을 전한 내용이기 때문에, 이 구원의 내용이 하나님께서 신자들을 교회, 즉 성령을 받은 사람들의 무리 속으로 부르셔서, 거룩함과 사랑을 통해서 표현되는 십자가에 못 박히셨다가 다시 부활하신 그리스도와 연합한 새로운 삶을 살게 하시고, 그리스도의 재림과 죽은 자들의 부활을 대망하게 하신 것이라는 것은 이 말씀 속에서 부각되고 있지 않다.

이러한 복합적인 모티프들 전체를 바울 신학의 핵심이라고 규정하는 것은 바울이 기본적으로 선교사였기 때문에 그가 전파한 복음에 관한 신학적인 진술을 그의 기독교 사상의 핵심적인 주제로 보아야 한다는 것을 인정하는 것이다. 우리는 이러한 중심적인 주제를 교리적인 진술이라는 형태로 표현하였고, 우리가 그렇게 한 것은 이 진술의 첫 번째 부분이 바울이 그러한 교리적인 진술로부터 직접적으로 인용한 인용문이라는 사실에 의해서 확고하게 정당화된다. 또 하나의 가능성은 오늘날의 유행들 중의 하나를 따라서 바울이 줄거리가 존재하는 하나의 이야기 또는 서사(敍事)를 말하고 있다고 보는 것이다. 서사라는 개념은 성경이 하나님께서 세상과 아담과 하와를 창조하신 이래로 바울 시대에 이르기까지 하나님과 인간의 지속적인 상호 관계에 관한 이야기를 말하고 있다는 점에서 도움이 되는 개념이다. 바울의 체험속에서 일어나고 있었던 일을 그러한 이야기의 연속으로 보고, 나아가 이 이야기의 이후의 발전은 어느 정도 미리 내다볼 수 있는 그런 것임을 인정하는 것은 의미가 있다. 바울과 같은 초기 그리스도인들은 성경 속에 담겨진 이야기를 가져 와서, 그것을 그들의 역사에 비추어서 새로운 방식으로 이해하였고, 그들의 체험을 그 이야기 속에서의 다음 단계로 보았다. 하지만 바울은 그의 서신들 속에서 하나의 이야기를 말하고 있는 것이 아니라, 그 이야기에 대한 설명과 그 이야기가 그의 독자들에게 지니는 함의들을 전하고 있다. 이 이야기를 올바르게 말하고, 다른 종류의 축(軸)을 중심으로 말하지 않는다는 것은 매우 중요하다. 왜냐하면, 이 이야기에 대한 유대교적인 이해는 메시야가 왔다는 것을 부정한 랍비 유대교를 낳는 결과를 초래하였기 때문이다.[5]

바울 신학에 있어서 구체적인 요소들

하나님 — 아버지. 위에서 언급한 바울 신학에 관한 짤막한 요약 속에는 **하나님**이라는 단어가 거의 **빠져** 있다. 우리는 루돌프 불트만(Rudolf Bultmann)이 자신의 바울 신학을 신론이 아니라 인간론을 중심으로 체계화한 이유를 어느 정도 이해할 수 있다. 왜냐하면, 바울은 그의 독자들에게 하나님에 관해서보다는 그들 자신에 관하여 말하는 데에 더 많은 관심을 가지

---

5) Bruce W Longenecker, ed., *Narrative Dynamics in Paul: A Critical Assessment* (Louisville, Ky.: Westminster John Knox, 2002).

고 있었다고 주장될 수 있기 때문이다. 마찬가지로, 개별 서신들에 대한 우리의 검토도 바울이 하나의 인격으로서의 예수 그리스도에 대해서는 거의 지면을 할애하지 않고, 예수 그리스도가 그의 독자들에게 지니는 의미에 대해서 훨씬 더 많은 지면을 할애하고 있다는 것을 보여주었다. 하지만 이러한 피상적인 인상은 잘못된 것이다. 왜냐하면, 하나님 아버지는 신약성서의 모든 기자들에게와 마찬가지로 바울에게도 이 이야기를 시작한 분이기 때문이다: 복음은 하나님의 복음이다(롬 1:2). 하나님 아버지는 만유의 창조자이시고(고전 8:6), 사람들은 하나님의 형상으로 지음을 받았다(고전 11:7). 하나님은 인간들이 그를 예배하고 그들을 위해 정하신 삶의 방식에 기꺼이 순종하기를 기대하신다(cf. 롬 1:21). 하나님은 이방인들이 숭배하는 우상들과는 대조적으로 살아계셔서 활동하신다(살전 1:9). 하나님은 세상의 죄악들을 심판하실 것이다(롬 2:5). 하나님의 진노는 이미 인간의 죄가 인간의 비참한 처지로 귀결되는 것을 통해서 나타나고 있다(롬 1:1). 하나님은 그의 백성으로 부르심을 받은 민족, 하지만 결국에는 하나님에 대하여 반기를 든 것으로 밝혀진 민족인 이스라엘의 이야기 속에서 역사하여 오셨다(롬 9-11장). 이제 하나님은 구원을 시작하시고 가져오시는 일에서 역사하고 계신다. 하나님은 그가 부르셔서 그의 부르심에 응답한 백성에게 신실하시다(고전 1:9; 살전 5:24; cf. 빌 1:6).

이미 이러한 요약 속에서 하나님을 예수 그리스도로부터 구별하기 위하여 "하나님 아버지"에 대하여 좀 더 정확하게 말할 필요가 생겨난다. 바울은 "아버지"라는 표현을 여러 가지 다양한 방식들과 맥락들 속에서 사용한다. 서신의 서두에 나오는 인사말들, 특히 "은혜와 평강"을 기원하는 말뿐만 아니라 그 주변의 내용들도 통상적으로 하나님을 "우리 아버지," 즉 이 서신을 보내는 자와 받는 자들의 아버지, 또는 후기의 서신들에서는 단순히 "아버지"(디모데전후서, 디도서)로 지칭한다.[6] 또한 몇몇 서신의 결미(結尾)에서도 이러한 표현을 사용한다(엡 6:23; cf. 빌 4:20). 하지만 다른 곳에서 "우리 아

---

6) 데살로니가전서는 좀 더 짧은 인사말을 가지고 있지만, 여전히 1:1, 3에서 아버지를 언급하고 있다; 데살로니가후서 1:2의 본문은 불확실하지만, 데살로니가후서 1:1은 "우리 아버지"라는 표현을 담고 있다.

버지"라는 표현 형태는 드물게 나온다(빌 4:20; 살전 3:11, 13; 살후 2:16). 이러한 증거들은 이 용어가 예전(禮典)에 사용된 것이었고[7] 하나님께서 그의 백성을 아버지로서 돌보아 주신다는 표현을 강화시키는 것이었음을 보여준다(cf. 엡 5:20; 골 1:12; 3:17). 또한 하나님은 "우리 주 예수 그리스도의 아버지"로도 언급되는데, 이 표현도 마찬가지로 예전적인 맥락 속에서 사용되고 있다(롬 15:6; 고후 1:3; 11:31; cf. 엡 1:3; 3:14; 골 1:3). 하나님을 **아바** 아버지"(롬 8:15; 갈 4:6)로 부르는 것도 동일한 범주의 용례에 속한다(cf. 고후 1:3b, "자비의 아버지"). 그 밖의 다른 곳에서 이 용어는 바울의 서신들 속에서는 "한 분 하나님 아버지"(고전 8:6; cf. 엡 4:6; 또한 롬 6:4; 고전 15:24을 보라)라는 아주 중요한 고백과 고린도후서 6:18에서 이러한 용례에 대한 성경적인 밑받침을 제시하는 가운데 사무엘하 7:14을 인용하고 있는 인용문을 제외하고는 별로 나오지 않는다. 이러한 검토로부터 우리는 "아버지"라는 표현이 기도, 축복, 송영이라는 맥락 속에 주로 나오고 그 밖의 다른 곳에는 비교적 드물게 나온다는 것을 알게 된다. "우리의"를 자주 사용하고 있다는 것은 신자들이 하나님의 백성이 되었기 때문에 하나님은 신자들의 아버지라는 의미를 전해 주고 있다.

하나님은 유일한 초자연적인 존재가 아니다. 하나님의 종들로서의 역할을 하는 천사들이 있고(갈 3:19; cf. 4:14),[8] 만유의 평화와 복리를 위협하는 하나님의 대적자들인 사탄(마귀)과 여러 악한 세력들이 있다(롬 8:38-39; 고전 2:8; 15:24; cf. 엡 1:21; 6:12; 골 1:16; 2:15).

하나님 ― 아들. 하나님은 인간으로 나타나신 예수라는 아들을 가지고 계신다. 이러한 비상한 진술(유대인에게는)은 바울에 의해서는 아주 자연스럽

---

7) 이러한 교묘하고 시대착오적일 수 있는 용어를 통해서 나는 그리스도인들의 모임들 속에서 구두로 정형화된 표현들로 사용되었던 단어들과 어구들, 좀 더 긴 문장들을 가리키는데, 이것은 반드시 이러한 것들이 문서화된 형태로 존재하였다거나 초기 기독교의 회중 모임들이라는 비공식적인 상황 속에서 지배적인 역할을 하였다는 의미를 담고 있는 것은 아니다.

8) 하지만 천사들은 바울의 신학적인 구조의 일부이기는 하지만 이 이야기 속에서 중요한 등장인물들이라기보다는 좀 더 주변 배경에 속한 존재들이고 여기에서 일어나고 있는 일들에 대한 청중이라고 해야 한다(고전 4:9).

게 말해지고 있고, 그의 독자들에게도 놀랍고 이상하거나 논쟁이 되는 문제로 보이지 않았던 것 같다. 우리가 지적했듯이, 바울은 이러한 관계를 설명하지 않는다. 그가 하나님의 아들과 하나님의 관계에 대하여 말할 때에 그것은 이 인물이 사람이 되어서 그의 왕적인 지위를 포기하고 종이 되신 것의 역설(逆說)을 표현하기 위하여 것이다. 하나님이 아들을 가지실 수 있다는 것은 신비였다. 아들이라는 용어는 바울 서신에서 그리 자주 나오지 않는다.[9] 이 용어는 데살로니가전서(1:10)에서 오직 한 번 나오는데, 거기에서 아들은 하나님께서 죽은 자 가운데서 다시 살리신 분, 하늘로부터 다시 나타나기를 신자들이 기다리고 있는 분이다. 갈라디아서에서 이 용어는 신자들의 아들됨과 결부되어 있지만(갈 4:5-6), 바울의 개인적인 체험과도 결부되어 있는데, 바울의 회심은 하나님께서 그 아들을 그에게 계시하신 것을 수반하였고(갈 1:16), 바울의 삶은 그를 사랑하셔서 그를 위하여 자기 자신을 주신 하나님의 아들을 믿는 믿음의 삶이다(갈 2:20). 하나님의 가족 속에 신자들이 하나님의 자녀들로서 포함된 것은 로마서 8:19(cf. 고전 1:9)에 나오는 아들이라는 용례를 낳게 되었다. 바울은 예수를 죽음에 내어줌으로써 나타난 하나님의 자기 희생의 크심을 부각시킬 때에 이 용어를 사용한다(롬 8:32).

로마서 1:3에서는 복음의 내용이 하나님의 아들이라고 말한다. 바울은 예수 그리스도께서 사람으로서 이 땅에 내려오셨다가 부활을 통해서 능력으로 하나님의 아들로 지명되셨다는 사실을 언급함으로써 이것을 확대한다. 이러한 말씀을 통해서 바울은 예수가 다윗의 자손으로서 메시야가 되기에 적합한 자격을 갖추었다는 것과 예수가 부활 후에 이전에는 명백하지 않았던 능력을 지니고서 하나님의 아들로서의 역할을 수행하고 있다는 것을 말하고 있다. 이 말씀이 바울에 의한 전승의 개작인지, 아니면 여기에 맞춰서 바울이 만들어 낸 것인지와는 상관없이, 복음에 있어서 예수의 중심성, 메시야로서의 예수의 확고한 신분(유대인들과의 논쟁 속에서 대단히 중요하였던 요소), 메시야의 지위를 포함하면서도 뛰어넘는 하나님의 아들로서의 지위를 예수가 하나님으로부터 인정받았다는 것을 강조하고 있는 것은 대단히 적절

9) 기독론적인 용어로서의 아들은 빌립보서, 데살로니가후서, 빌레몬서, 목회 서신에는 나오지 않는다.

하다. 이 어구의 형태는 예수가 그의 역정(歷程) 내내 하나님의 아들이었지만 (갈 4:4), 부활 후에 하나님의 아들로서 보좌에 앉게 되셨다는 의미를 함축하고 있다.[10] 그런 후에 바울은 예수를 죄인들을 위해서 죽으시도록 보내심을 통해서 하나님이 베푸신 은혜가 크다는 것을 표현하기 위하여 아들이라는 용어를 사용한다(롬 5:10; 8:3, 32).

이것과 밀접하게 연관되어 있는 하나님의 형상으로서의 예수라는 개념은 고린도후서 4:4과 골로새서 1:15에서 발견되는데, 이 두 경우에 있어서 신자들이 변화되어서 동일한 형상을 닮아간다는 개념이 거기에서 멀지 않은 본문 속에 등장한다(고후 3:18; 골 3:10; 또한 롬 8:29; 고전 15:49을 보라).

예수 그리스도는[11] 아버지와는 다른 아들로 불리는 것, 바울이 예수를 가리키는 데에 주라는 용어를 사용하고 있는 것 등에 의해서 용어상으로 하나님과 구별된다. 주라는 용어를 사용한 것에는 몇 가지 영향들이 작용하였던 것으로 보이는데, 그것은 예수의 지상적인 삶 동안에 제자들의 주인이자 선생으로서의 예수에 대한 인식과 주인이 출타해 있는 동안에 종들이 행한 행실을 주인이 다시 돌아올 때에 심판하리라는 것에 관한 비유적인 가르침에까지 거슬러 올라가는 것 같다. 그러나 여기에서 바울이 성경 속에서 하나님

---

10) 예수는 그의 지상적 삶을 사는 동안에는 메시야로서의 지위를 가졌고 부활 후에는 하나님의 아들로 "택하심을 받았거나 즉위하였다"는 예수의 역정(歷程)에 있어서의 두 단계를 보여주는 그 어떤 암시도 없고, 메시야로서의 지위가 예비적이고 열등한 지위였다는 암시도 없다. 바울에게 있어서 예수는 그의 지상적 삶 동안에도 하나님의 아들이었다; 부활은 "권능으로" 예수를 그러한 신분으로 높아지게 하고 신원받게 한 사건이었다. 이것은 바울이 고린도후서 8:9과 빌립보서 2:5에서 전제하고 있듯이, 그리스도가 성육신 이전에 아버지 하나님과 동등한 지위를 가지고 있었다는 것을 배제하지 않는다.

11) 바울은 "예수 그리스도"라는 형태와 "그리스도 예수"라는 형태를 무차별적으로 사용한다. 이 두 형태 간의 서로 다른 뉘앙스를 발견해 내고자 하는 시도들은 설득력이 없다. 아마도 이 두 가지 형태는 그 근저에 있는 "예수는 누구신가" 또는 "누가 그리스도인가"라는 질문에 대한 답으로 제시된 "예수는 그리스도시다"와 "그리스도는 예수시다"라는 두 가지 형태의 진술로부터 생겨난 것인 것 같다. 바울의 용법 속에서 "그리스도"가 단순한 이름 또는 수식어인지, 아니면 "메시야"와 동등한 칭호인지는 분명하지 않다. 내가 받는 인상은 칭호적인 의미가 약화되어 있고 흔히 좀 더 이름에 가까운 것으로 사용되고 있다는 것이다.

을 가리켰던 용어를 가져와서 일반적으로 그것을 예수 그리스도를 가리키는 데에 사용하고 있는 것도 사실이다.[12]

영적인 축복들의 원천으로서 하나님과 더불어 예수를 언급하는 것이 서신들의 인사말 속에서 발견된다. 이것은 암묵적으로 예수에게 하나님과 동일한 역할을 부여하는 것으로서, 이것은 그 밖의 다른 축복문들, 특히 바울 서신들의 결미에 전형적으로 등장하는 "은혜" 축복문들 속에서 예수를 언급하고 있는 것에 의해서 추가적으로 확인된다. 마찬가지로 중요한 것은 바울이 갈라디아서 1:11-12에서 그가 그의 복음을 "사람에게서" 받은 것이 아니라 예수 그리스도의 계시에 의해서 받았다고 역설하면서 행하고 있는 대비이다. 또 하나의 중요한 본문은 하나님과 주 예수 그리스도를 만물의 원천으로 나란히 언급하고 있는 고린도전서 8:6이다. 여기에서 바울은 한 분 하나님이 계시다는 유대인들의 신앙고백을 가져와서, 그것을 한 분 주, 즉 예수 그리스도가 계시다는 단언과 나란히 배치한다. 하나님과의 이러한 밀접한 관계는 로마서 14:9-12에서도 암묵적으로 존재한다. 거기에서 하나님의 심판대 앞에 나와서 그 앞에 무릎을 꿇고 그에게 직고한다는 말씀은 다른 곳에서는 주님이자 재판장으로서의 그리스도의 역할과 관련되어 나온다(고후 5:10; 빌 2:10-11). 신약성서의 다른 곳에서와 마찬가지로, 예수께서 주(主)로 높임을 받으셨다는 것은 중심적인 중요성을 지닌다. 그렇기 때문에, 구원하는 믿음을 구성하는 것은 예수가 주라는 것을 믿는 것이다(롬 10:9). 이렇게 바울은 예수와 하나님을 신앙의 대상들로 동일시할 수 있었다(롬 4:24; 10:11).

하나님과의 관련에 있어서 예수에 대한 이러한 이해와 나란히 인간으로서의 예수에 대한 강조가 나온다. 로마서 5:1-11이 예수를 주이자 하나님의 아들로 묘사하고 있다면, 로마서 5:12-21은 예수가 자신의 의로운 행위를 통해

---

12) 전체적으로 볼 때, 바울은 구약성서에 의해서 영향을 받고 있는 문맥 속에서 글을 쓸 때나 특히 인용문들 속에서 아버지 하나님에 대하여 주라는 용어를 사용하지만, 나머지의 경우에는 예수에 대하여 주라는 용어를 사용한다. 여기에서도 바울은 그것을 구약성서의 본문들로부터 가져온 것 같지만, 여기에서 그것은 하나님 아버지가 아니라 예수를 가리키는 것으로 말하고 있는데, 그러면서도 그의 해석을 정당화하고자 하는 시도는 하지 않는다. 도움이 되는 요약으로는 Joseph A. Fitzmyer, *EDNT*, 2:328-31을 보라.

서 한 사람 아담의 범죄로 인한 결과들을 무효화시킨 "한 사람"이라는 것을 강조한다(롬 5:15; cf. 고전 15:21, 47).

예수에게 주어진 높은 지위에도 불구하고, 하나님 아버지는 여전히 만유 속에서 최고의 존재이기 때문에, 궁극적인 예배와 순종은 하나님께 드려지고, 만유에 대하여 권세 있는 지위를 하나님과 공유하고 있는 예수조차도 하나님께 예배와 순종을 드린다(고전 15:28; 빌 2:9-11).

예수의 역할과 신분을 보여주는 이 모든 내용들은 부수적인 정보라는 성격을 지닌다. 이러한 내용들은 바울이 그의 독자들에게 가르치고 있는 내용들이 아니라, 독자들에 의해서 이미 받아들여지고 있었던 전혀 논란이 될 수 없는 내용들이었다. 바울이 예수에 관한 특별한 가르침을 그의 독자들에게 하고 있는 경우는 극히 드물다. 따라서 고린도후서 8:9에서 예수께서 자신을 낮추셔서 가난하게 되셨다고 말할 때에도 바울은 "너희가 알듯이"라는 토를 단다. 예수에 관한 가장 상세한 본문은 빌립보서 2:6-11인데, 거기에서 예수의 역정(歷程)은 신자들로 하여금 자기 자신의 유익이 아니라 남들의 유익을 생각하도록 스스로를 낮추라고 호소하기 위하여 인용된다. 여기에서 전개되고 있는 것은 예수께서 자신을 비우고 스스로를 낮추셨다는 것이다. 이러한 것들은 다른 곳에서 발견되지 않는 모티프들이고 — 바울은 좀 더 통상적으로는 예수께서 사람들을 위해서 자신을 주셨다고 말하거나(갈 1:4; 2:20; cf. 엡 5:2, 25; 딤전 2:6; 딛 2:14), 하나님께서 예수를 주셨다(롬 4:25; 고전 11:23)고 말한다 — 이 모티프들이 동시에 나오는 것은 여기에 주어진 예수에 관한 이야기가 이 서신의 맥락에 맞춰서 의도적으로 만들어졌다는 견해를 밑받침해 준다.

예수에 관한 또 다른 상세한 묘사는 골로새서 1:15-20인데, 여기에는 하나님의 아들됨(골 1:13)과 하나님의 형상이라는 개념이 결합되어 있고, 후자는 아들됨만이 아니라 지혜라는 존재와도 결부되어 있는 모티프이다. 아들을 창조와 결부시키는 것(아들됨, 지혜, 창조를 결합시키고 있는 것에 대해서는 시 1:2-3을 참조하라)은 여기에서 피조된 모든 것에 대한 예수의 우월성을 강조하기 위한 목적으로 전개되고 있다. 그리스도의 우월성은 그가 하나님의 오른편에 오르셨다는 것(롬 8:34; cf. 엡 1:20; 골 3:1)과 그의 다스림(고전

15:25)에 대한 언급들 속에 이미 드러나 있지만, 하나님께서 그리스도를 충만으로 채우셨다고 말하는 골로새서 (2:9)에서 전개된다.

이러한 배경을 놓고 볼 때에 그리스도가 실제로 "하나님"으로 지칭되고 있다는 것은 놀라운 일이 아닌데, 이것은 로마서 9:5(마찬가지로 확실한 딛 2:13을 참조하라)에서 거의 분명히 사실이다. 여기에서 우리는 육체를 따른 예수와 영을 따른 예수에 관한 대칭적인 진술의 초반부을 보게 되지만(cf. 롬 1:3-4), 후반부에서 예수는 실제로 "만물 위에 계셔서 세세에 찬양을 받으실 하나님"으로 묘사된다. 이러한 직접적인 호칭의 독특성은 이것이 예수에 관한 묘사가 아니라 우리가 이 문장의 구두점을 다시 찍어서 하나님 아버지에 관한 별개의 송영으로 보아야 하는 것은 아닌가라는 문제를 불러일으킨다 (TNIV의 난외주; NRSV의 난외주). 그러나 그러한 수정은 본질적으로 별 설득력이 없다. 우리는 여기에서 말씀이 하나님이지만 하나님 아버지와는 구별될 수 있다는 요한일서의 사상과 동일한 종류의 것을 보고 있는 것이다.

이제 이 단락의 처음 부분에서 말했던 내용, 즉 하나님의 아들이 인간 존재인 예수와 동일시되고 있다는 것을 기억하는 것이 중요하다.[13] 여기에서는 세 가지 점이 중요하다.

---

13) Dunn은 기독교 신앙의 결정적인 표지는 "높아지신 주님의 중심성과 수장성, 십자가에 못 박힌 예수와 높아지신 하나님의 아들의 동일성"(그의 표현에 의하면)이었다고 주장하였다(James D. G. Dunn, *Unity and Diversity in the New Testament* [London: SCM Press, 1977], p. 307). 이러한 정형화된 표현의 두 번째 부분은 일부 사람들에게 뜻하지 않은 잘못된 해석을 가져다 줄 수 있다. 그것은 초기 그리스도인들에 의해서 예배된 높아지신 주님에 대한 믿음과 관련해서는 확실성이 존재하였지만 이 주님이 지상적 예수와 동일시될 수 있었는지에 대해서는 의문이 있을 수 있었다 - 마치 우리가 전자를 후자 없이 생각할 수 있는 것인 양 - 는 의미로 해석될 수 있기 때문이다. 그리스도인들이 지상적 예수가 죽은 자 가운데서 다시 살아나서 높아지신 분이었다는 그들의 신앙을 옹호해야 했다는 것은 분명히 사실이다 - 이 사건은 그들에게 예수가 주님이자 하나님의 아들이라는 것을 확증해 주는 사건이었다. 그러나 그리스도인들이 부활하신 주님을 믿었지만 예수가 바로 그 주님이었다는 것을 믿지 않았음을 보여주는 그 어떤 흔적도 없는 것으로 보인다. 혼란을 일으킬 수 있는 원천은 **동일성**이라는 단어이다. 부활에 집중해서 예수의 죽음과 십자가의 삶을 살 필요성을 무시하고자 했던 그리스도인이 있었을 수는 있지만, 이것은 앞에서 말한 것과는 전혀 다른 문제이다.

첫째, 인간적인 존재로서의 예수의 실존은 논란이 되지 않았다. 이 인간 존재의 부활을 증언할 수 있었던 많은 사람들이 있었던 것과 마찬가지로, 이 인간 존재의 삶과 죽음을 증언할 수 있었던 사람들도 많이 있었다. 또한 예수가 진정한 인간이었다는 것에 대해서도 그 어떤 논란이 있었던 것으로 보이지 않는다(cf. 딤전 2:5). 고대 세계에서는 초자연적인 존재들, 헬라인들과 로마인들의 신들 또는 유대교에서의 천사들이 일시적으로 인간의 모습으로 변화될 수 있다는 것에 대해서 충분히 잘 알고 있었지만, 그러한 것은 너무도 명확하게 인간으로서의 예수를 말하고 있는 바울로부터 우리가 얻게 되는 인상이 아니다. 이것은 바울이 예수를 하늘의 사람(고전 15:45-49)으로 이해하고, 예수가 몸을 가지고 있는 것으로 인식하는 것(빌 3:21; cf. 고전 15:44)에 의해서도 확증된다.

둘째, 바울의 사상의 방향은 하나님께서 그의 아들을 보내셔서 여자에게서 나게 하셨다는 갈라디아서 4:4에 요약되어 있다. 그것은 어떤 인간이 하늘로 올라가서 하늘의 존재가 되었다는 것이 아니라, 하늘의 존재가 인간이 되었다는 것이다. 갈라디아서 4:4은 바울이 요한복음에서 확인되는 모티프, 즉 하나님께서 예수를 보내신 것에 대하여 말하고 있는 유일한 대목이라는 것은 사실이지만, 성육신에 대한 바울의 다른 언급들(고후 8:9; 빌 2:6-8)도 아주 분명하게 나타난다.

셋째, 예수께서 인간이었다는 것은 바울로 하여금 로마서 5장과 고린도전서 15장에서 예수를 아담과 비교할 수 있게 해 주었고, 예수를 율법 아래에서 나서 살았기 때문에 율법의 저주 아래에 있어서 인간을 그 저주로부터 구원하실 수 있었다고 말할 수 있게 해 주었기 때문에(갈 3:13) 바울에게 신학적으로 중요한 것이었다.

하나님 — 성령. 바울 신학은 성령에 대해서도 중심적인 지위를 부여한다. 성령은 결코 개별 신자들과 회중들 속에서 하나님의 목적들을 실현시키는 신적인 능력의 고양된(enhanced) 형태가 아니다. 바울이 성령을 인격적인 관점에서 이해하는 과정에 있었음을 보여주는 증거들은 논란이 될 수 없는 것으로서, 유대교에 하나님과 결부된 다른 인격적인 존재들(천사들)에 대한 신앙이 이미 있었다는 점을 감안할 때에 이러한 결론은 이상한 것이 아니다.

성령은 신자들을 위하여 아버지께 중보기도하고(롬 8:26-27), 신자들이 죄를 범할 때에 슬퍼한다(엡 4:30). 바울이 축도문(고후 13:13)에서 주 예수 그리스도, 하나님, 성령 — 바로 이 순서로! — 을 서로 연결시켜 놓은 것은 바울이 다른 경우들에 있어서 하나님 우리 아버지와 주 예수 그리스도를 병치함으로써 하나님과 그리스도가 서로 친밀하며 신자들을 위한 축복의 원천으로서 함께 작용하고 있다는 것을 보여준 것과 비교해 볼 때에 매우 특별한 지위가 성령에게도 부여되고 있다는 것을 분명하게 드러내 준다.[14] 또한 우리는 신자들의 삶 속에서의 동일한 효과들이 그리스도와 성령에게 돌려지고 있는 것과도 비교해 볼 수 있다(하나님을 주 그리스도 및 성령과 나란히 언급하고 있는 고전 12:4-6을 참조하라).[15] 마지막으로, 바울은 구약성서에 나오는 "주"라는 용례들을 그리스도를 가리키는 것들로 해석하였던 것과 마찬가지로 출애굽기 34:34에 나오는 "주"를 성령과 동일시할 수 있었다(고후 3:18). 또 한 가지 중요한 것은 바울은 성령의 성격에 대해서 사람들에게 가르치고자 하지 않았다는 것이다. 그것은 바울이 다른 문제들에 대하여 신자들을 가르치고 있는 것과 큰 대비를 보여준다.

하나님 — 의사전달자로서. 바울은 세상 속에서 하나님이 역사하신다는 것을 기정사실로 받아들였던 신앙의 후예였다. 그는 그 정확한 내용이 무엇이든지 간에 분명히 하나님에 의한 세상의 창조(롬 1:20), 첫 번째 남자(롬 5:14; 고전 15:45)와 여자(고후 11:3; cf. 딤전 2:13-14), 아브라함(롬 4장; 갈 3:6-9; 4:21-31), 족장들(롬 9:6-13) 등등에 관한 이야기들로 시작하는 유대 성경을 갖고 있었다. 하나님을 믿었던 아브라함과 같이 사람들은 종교적인

---

14) 이 축도문에서 "성령의 교통하심"이 성령에 의해서 만들어지는 교제(하나님과 그리스도가 여기에서 사랑과 은혜의 근원들이라는 사실에도 불구하고[주격적 속격들])라기보다는 성령에의 참여(목적격적 속격)를 의미할 가능성이 더 높기는 하지만, 이것이 성령을 신자들이 공유하는 모종의 비인격적인 능력으로 환원시킨다는 것을 보여주는 것은 없다. 신자들이 아들과의 교제 또는 아들에의 참여로 부르심을 받았다고 말하는 고린도전서 1:9의 병행문은 결정적이다.

15) Max Turner, "'Trinitarian Pneumatology' in the New Testament? Toward an Explanation of the Worship of Jesus", *Asbury Theological Journal* 57.2/58.1 (2002-2003): 167-86을 보라.

체험들을 가지고 있었고, 하나님은 그들에게 다양한 방식으로 자신을 알게 하셨다. 세상 속에서의 하나님의 이러한 활동의 영원한 기념비가 바로 "하나님이 모세와 선지자들에게 말씀하신 것을 담고 있는 하나님의 예언들"(롬 3:2)로 이해된 성경이었다.

이렇게 하나님께서 인간들, 특히 아브라함으로부터 시작해서 이스라엘로 이어진 계보의 사람들, 즉 하나님께서 그의 율법을 주신 하나님의 백성을 다루신 일들에 관한 이야기, 아니 좀 더 정확하게 말하자면 역사가 존재하였다. 이 긴 역사 속에서 절정은 메시야인 하나님의 아들을 유대 백성에게 보내신 일이었다(롬 9:5). 바울은 예수의 삶과 가르침에 관해서는 거의 말하지 않고, 그의 관심은 예수의 부활과 높아지심, 그리고 그 이후의 활동에 집중되어 있다. 바울은 예수에게 열두 명의 제자들이 있었고, 그들은 바울이 속해 있었던 좀 더 폭넓은 사도들의 무리 속에 포함되어 있었다는 것을 알고 있다(고전 15:5-8). 이 사도들은 부활하신 예수의 현현들을 체험하였고, 예수로부터 복음을 전파하고 회심자들을 만들며 회중들을 세우고 그 지체들을 돌보고 가르치는 일을 담당하는 선교사로서의 직무를 위임받았다. 바로 그러한 위임을 통해서 그들은 하나님의 계시의 청지기들 또는 그 계시를 맡은 자들이 되었고, 그들에게는 적절한 권위가 부여되었다(고전 4:1). 그들은 하나님께서 그들에게 사람들에게 전하기를 원하시는 것들을 알게 되었다는 점에서 선지자적인 역할을 할 수 있게 되었고, 바울은 그에게 개인적으로 계시된 "하나님의 비밀"('미스테리아')에 대하여 언급한다(롬 11:25; 고전 4:1; 15:51; cf. 엡 3:3-4).

사도들과 그 밖의 다른 사람들 간의 경계는 좀 모호한 것이었다. 사도들의 역할은 몇 가지 점에서 하나님의 메시지를 받은 선지자들의 역할과 비슷하였다. 일부 진영들에서는 부활하신 그리스도로부터 개인적으로 위임을 받지 않고서 선교 사역들을 수행하는 복음 전도자들이 생겨났다는 것은 사실인 것 같다(엡 4:11; 딤후 4:5). 또한 우리는 사도들이라는 용어가 지역 회중들에 의해서 특정한 일들을 위임받은 "교회의 사도들"에 대하여 사용되고 있는 것을 보지만, 용어 사용의 유사성이 모종의 혼동을 불러일으킨 것 같다(고후 8:23). 그리고 바울은 그가 받은 것과 같은 사명을 받지 않았으면서도 하나님으로부터 오지 않은 가르침을 퍼뜨리고 있던 사람들을 "거짓 사도들"(고후 11:13)이라고 지칭한다. 사람들은 누가 예수의 가장 초기의 제자들에 속해 있었는지를 알고 있었을 것이기 때문에, 부활하신 그리스도로부터 사명을 위임받았다는 것은 쉽게 위조될 수 있는 것은 아니었다고 우리는 생각할 수도 있겠지만, 바울이 열두 사도보다 더 늦은 시기에 그러한 계시를 받았다고 주장할 수 있었다면("맨 나중에 만삭되지 못하여 난 자 같은 내게도 보이셨느니라," 고전 15:8), 아마도 다른 사람들도 거짓으로 또는 스스로 오해해서 그와 비슷한 주장들을 할 수 있었을 것이다.

어쨌든 바울에게 있어서 이러한 자기 이해는 아주 중요한 것이었고, 그는 그것에 대한 그 어떤 도전에 대해서도 저항하며 거부하였다.

복음 — 구원의 필요성. 바울의 사도적 설교의 주된 주제는 의심할 여지 없이 인류를 위한 복음이었다. 그는 복음을 섬기도록 부르심을 받았다(롬 1:1, 9; 15:16; 고전 1:17; 갈 1:16; cf. 엡 3:8). 하지만 이러한 기본적인 단어는 두 가지 방식으로 좀 더 세부적으로 규정될 필요가 있다.

한편으로, 이러한 부르심은 바울의 메시지와 그 근저에 있는 신학이 일차적으로 인류가 잘 되는 것에 관한 것이었다는 것을 보여준다고 우리는 생각할 수 있다. 그러나 바울의 결정적인 관심은 하나님께 영광을 돌리는 것이었음을 보여주는 여러 가지 지표들이 존재한다(cf. 엡 1:6, 12, 14). **영광**은 폭넓은 의미와 지시 대상을 지닌 용어이다. 영광이라는 말은 사람들이 어떤 사람, 그 중에서도 특히 하나님께 찬송과 예배를 드리는 것을 가리킬 수 있다. 또한 그것은 많은 사람들이 드리는 찬송을 받음으로써 하나님 또는 어떤 존재의 높아진 상태를 가리킬 수도 있다. 좀 더 넓은 의미에서, 영광이라는 말은 보좌에 앉아서 광채를 발함으로써 사람들이 하나님을 직접 보거나 가까이 갈 수 없게 되는 것과 같은 그러한 상태의 가시적인 표현을 가리킬 수 있다. 바울에게 있어서 모든 인간적인 노력의 궁극적인 목적과 효과는 하나님을 영화롭게 하는 것이 되어야 하는데, 이것은 송영의 형태로 표현되고(롬 11:36; 16:27; 갈 1:5; 빌 4:20; cf. 엡 3:21; 딤전 1:17), 좀 더 일반적으로는 하나님에 대한 순종으로 표현되는데, 사람들이 하나님을 주로 인정하고 그의 명령을 행할 때에 하나님은 영광을 받으시는 것으로 보아진다(고전 10:31). 따라서 하나님의 아들 예수 그리스도는 그 자신이 영광을 받고 계시는 때에도 하나님께 영광을 돌린다(빌 2:9-11). 복음을 전파하고 사람들에게 구원을 가져다주는 것의 결과는 그들이 하나님께 찬송을 드리는 것이다(롬 15:9; 갈 1:24). 궁극적으로 오직 하나님만이 영광을 받으셔야 하지만, 그럼에도 불구하고 하나님은 그 영광을 그의 백성과 함께 나누신다(살전 2:12; 살후 2:14; 롬 8:30). 그러나 하나님께 영광을 돌리는 이러한 의무는 성취되지 않았기 때문에, 사람들에게 그 의무를 환기시킬 필요가 있었다(롬 1:21).

다른 한편으로, 바울의 메시지는 인간에게 전적으로 좋은 소식이 아니었다. 좋은 소식은 인간의 상황 속에 모종의 결핍이 존재하고 거기에 대한 치료책이 있다는 것을 전제한다. 열을 내려주는 해독제에 대한 선전은 열병을 알지 못하는 곳에서는 아무 소용이 없다. 따라서 복음의 전제는 사람들이 그들에게 제시되고 있는 것을 필요로 한다는 것이다. 그들이 그들의 필요를 알지 못하고 있다면, 그들의 상황을 그들에게 분명히 알게 해 주는 것이 필요하게 된다.

따라서 바울의 메시지는 하나님의 진노에 대한 선포로 시작된다(롬 1:18). 이 용어는 하나님의 진노를 불러일으키는 자들에 대하여 구체적으로 표현되는 하나님에 의한 부정적인 반응이라는 의미를 전달해 준다. 특히 이 용어는 하나님께서 인류를 심판하셔서 그에게 불순종한 죄인들에 대하여 자신의 분노를 표출하실 장래의 때 또는 "날"과 연결되어 있다(롬 2:5; 5:9; cf. 엡 5:6). 그러므로 우리는 이러한 진노를 불러일으키는 것이 무엇이고, 어떻게 그 진노가 체험되는 것인지를 잘 살펴볼 필요가 있다. 하나님의 진노를 인간 역사 속에서 작용하는 비인격적인 원리로 바꾸어서, 그것을 하나님의 인격적인 반응이 아니라 원리를 따라 일어나는 그 무엇으로 보고자 하는 시도들은 지금까지 성공하지 못해 왔다.

이 개념은 학자들이 종종 생각하는 것보다 바울 서신들에서 폭넓게 나타나지 않는다. 그러나 바울이 구원의 성격을 예수 그리스도께서 사람들을 장차 임할 진노로부터 구원하시는 행위로 요약할 때에 이 개념이 나타나고 있고(살전 1:10; 5:9), 바울이 로마서에서 하나님의 진노가 모든 죄에 대하여 나타날 것이라고 단언하는 것으로써 복음에 대한 그의 체계적인 해설을 시작하고 있다는 사실도 중요하다. 이러한 그림은 우리가 이러한 "장차 임할 진노"가 심판과 결부되어 있다는 사실을 고려할 때에 더 확대된다(롬 2:2-3,16; 살후 2:12). 우리는 우리의 문화 속에서 재판관들은 중립적인 태도를 취하고 그들의 재판에 대하여 개인적인 감정을 드러내지 않는다는 사실에 의해서 오도되어서는 안 된다. 여기서 강조되고 있는 것은 자의적인 판결로부터의 해방과 공평성이다. 하지만 재판장이 잔혹함과 폭력에 대하여 공동체의 의로운 대응을 표현하는 것은 아주 정상적인 것이고, 이것은 하나님의 진노에 의해서 의도되고 있는 것이다. 하나님은 공평하시다(롬 2:11; cf. 엡 6:9; 골 3:25). 심판의 내용은 죽음(롬 5:12-21; 6:23)과 멸망, 달리 말하면 하나님과 그의 나라로부터의 분리(살후 1:9) 등 여러 가지로 자세하게 규정된다. 따라서 구원은 본질적으로 진노와 심판으로부터의 건지심을 의미한다는 결론이 나온다.

심판으로부터 우리는 거꾸로 그러한 반응을 불러일으키는 상황, 즉 죄로 거슬러 올라가게 된다. 죄와 관련된 단어군(單語群)이 로마서에 압도적으로 나오고 있지만 바울의 다른 서신들, 심지어 갈라디아서에서조차도 비교적 드물게 나온다는 것은 조금 놀라운 일일 수 있다. 바울 서신에서 죄와 관련된 단어들의 모든 용례들 중에서 대략 3분의 2가 로마서에 나온다. 신약성서의 다른 저자들은 개별적인 죄악된 행위들을 가리킬 때에 복수형을 사용하는 경향을 보여주는 반면에(단수형은 그렇게 자주 사용되지 않는다), 복수형은 바울 서신에서는 드물게 사용되고,[16] 바울은 우선적으로 사람들 속에 들어가서 사람들을 지배하는 일종의 세력 또는 능력(롬 7:17, 20) 또는 그것으로부터 생겨나는 죄악됨의 상태(롬 6:1)로서의 죄를 가리키기 위하여 죄라는 용어를 사용한다. 인류 전체는 죄의 주관 아래에 있다(롬 3:9; 갈 3:22).[17] 죄는

---

16) 롬 3:25; 4:7(LXX); 7:5; 11:27(LXX); 고전 6:18; 15:3(전승), 17; 갈 1:4; 엡 2:1; 골 1:14; 딤전 5:22, 24; 딤후 3:6. 그가 죄악된 행위들에 대하여 복수형의 "범죄"('파랍토마')를 사용한다는 점을 주목하라(롬 5:15-20; 고후 5:19).

17) 바울이 여기에서 "모두"라는 표현을 사용한 것은 유대인들과 이방인들이 동일하게 죄 아래에 있다는 사실을 염두에 둔 것이기는 하지만, 그가 순전히 인류만을 생각하였고 인류를 구성하고 있는 모든 개개인들을 생각하지는 않았다고 주장하는 것은 결코 정당화될 수 없는 궤변일 것이다.

아담으로 말미암아 세상에 들어온 악한 영향력이다(롬 5:12). 죄의 주관으로부터 피할 방도는 없다(롬 7:14). 죄는 사람을 결국 사망에 이르게 하는 치명적인 질병과 같다(롬 5:12; 7:13; 8:2; 고전 15:56). 바울은 마치 사망 선고가 이미 집행된 것처럼 글을 쓰고 있다(롬 7:11; 롬 8:10). 이미 로마서에서 죄인들이 죄 가운데서 "죽었다"는 모티프가 나오고(롬 8:12), 이런 식으로 상황을 묘사하는 방식은 사람이 하나님께서 생명으로 다시 소생시킬 때까지 하나님의 부르심에 응답하지 못할 정도로 둔감해져 있다는 모티프를 전개하고 있는 후기 서신들 속에서 한층 더 강력하게 나타난다(골 2:13; 엡 2:1, 5; cf. 엡 5:14).

죄에 대한 바울의 이해는 인간의 본성에 관한 그의 전제들과 밀접하게 연결되어 있다. 문자 그대로 사람들을 만들 때에 재료로 사용되었던 **육체**라는 단어(롬 2:28; 고후 4:11)는 인간의 연약성과 죽을 수밖에 없는 특성을 가리키는 데에 사용된다. 육체라는 말은 신성을 표현하는 "영"과 반대되는 인성을 표현하고 있다. 이 용어는 그 자체로 중립적인 의미를 지닐 수 있지만, 인간이 죄에 굴복되어 있다는 것은 바울로 하여금 육체를 어느 정도 "타락한 육체," 하나님께 반대하고 죄악될 수밖에 없는 인간의 본성으로 여길 수 있게 해 주었다. 따라서 바울이 육체의 욕심 또는 일이라고 말할 때, 그는 창조주의 명령과 성령의 인도하심에 반기를 들고 자신의 욕심을 따라 행하는 인간을 생각하고 있는 것이다(롬 8:4; 갈 5:17). 이러한 육체와 영의 대립 관계는 구원이 죄인들을 육체의 권능으로부터 해방시켜서 성령의 인도하심을 받게 하는 결과를 가져오는 것을 수반한다(롬 8:1-13; 갈 5:16-26). 죄에 의해서 장악된 공간으로서의 육체는 구속을 이룰 수 없다. 오히려, 죄인은 육체의 지배로부터 건지심을 받는다. 이 점에서, 육체(flesh)와 몸(body)은 인간의 물질적이고 가시적인 측면을 가리키는 데에 사용된다는 사실에도 불구하고, 이 둘은 결정적인 차이가 있다. 또한 몸도 적대적인 죄의 세력에 종속되어 있는 것으로 말해지지만(롬 6:6; 7:24), 몸은 구속받고 변화될 수 있다(롬 8:23; 고전 15:44, 51).

유대 백성은 하나님으로부터 죄에 대한 해결책을 제공해 주는 것이라고 생각될 수도 있는 선물을 받았었다. 모세에 의해서 주어진 율법은 그들에게 있어서 하나님의 뜻을 표현하는 것이었고, 율법의 계명들에 대한 순종이 그들에게 생명을 가져다 줄 것이라고 충분히 생각될 수도 있었다(롬 10:5; 갈 3:12). 그러나 바울은 그것을 다르게 보았다. 그는 율법을 소유함으로써 유대 백성이 어떠한 형태의 행위들이 죄악된 것인지를 분명하게 알게 되었다는 데에는 동의하였다(롬 7:7). 그러나 그는 그러한 지식은 죄를 드러내는 효과를 가지고 있다고 주장하였다. 이미 사람 속에 존재하는 죄에 대한 충동들은 죄악된 욕망들과 행위들을 통해서 살아나고 이루어진다(롬 7:7-11). 이것은 율법이 죄의 원인이기 때문에 악하다는 것을 의미하는 것이 아니라, 오히려 율법은 죄의 존재를 알려주는 지표로서의 역할을 한다는 것을 의미한다. 그러나 율법 속에는 사람에게 죄를 극복하고 죄를 그만두게 하는 능력을 줄 수 있는 그 어떤 것도 존재하지 않는다.[18]

복음 — 구원의 수단. 바울의 복음은 하나님께서 인류를 그 곤경으로부터 구원하기 위하여 행한 일에 대한 선포이다. 바울이 그리스도께서 죄인들과 그들을 용서하라고 설득될 필요가 있었던 적대적인 하나님 사이에서 중보의 행위를 한 것으로 묘사하고 있다는 주장은 바울의 가르침을 희화화(戲畵化)하는 것이다. 하나님의 진노와 사랑이 서로 긴장 관계에 있다고 묘사하는 주장들에 대해서도 이와 동일한 평가가 적용된다. 이것은 죄인들을 향한 하나님의 사랑, 은혜, 긍휼에 대한 끈질긴 강조에 의해서 입증된다. 바울은 하나님께서 사람들을 향하여 보이신 사랑을 가리키는 데에 '필레오'라는 통상적인 동사를 사용하지 않고, 좀 더 성경적인 단어들인 명사 '아가페'와 동사 '아가파오'를 꽤 빈번하게 사용한다(롬 5:5, 8; 8:35, 37, 39; 고후 5:14; 13:11; 갈 2:20; 살전 1:4; 살후 2:13, 16; cf. 엡 2:4; 3:19; 5:2, 25; 골 3:12). 이 용어는 하나님에 대하여 사용될 때에 사랑하는 자가 느끼는 만족감이 아니라 사랑받는 자들의 유익과 관련된 사랑을 표현한다.[19] 은혜라는 말은 바울의 어휘들 속에서 이러한 태도를 가리키는 가장 특징적인 용어인 것으로 보인다. 서

---

18) 바울은 율법에 규정된 희생제사들을 드림으로써 죄인들에게 부과된 형벌을 율법이 해결할 수 있었느냐에 관한 문제를 다루지 않는다. 그는 사람들이 어떻게 하면 범죄로부터 건져내심을 받을 수 있느냐라는 좀 더 깊은 문제에 관심을 두고 있었던 것으로 보인다.

신들의 통상적인 인사말(베드로전서, 베드로후서, 요한2서, 요한계시록)에서는 하나님을 은혜와 연결시키고 있는데, 이 용어는 사람들과의 관계 속에서 그 근저에 있는 하나님의 동기(motive)와 효력 있는 행위를 표현하는 용어이다. 이 용어는 하나님이 은혜를 받을 만한 자격이 없고 은혜를 받을 만한 일을 전혀 하지 않은 자들에게 이러한 태도를 보이신다는 사실을 전달해 준다. **긍휼**이라는 용어는 하나님과 관련하여 훨씬 덜 사용된다.[20] 긍휼이라는 말은 죄의 결과로 고통을 겪고 있는 자들에 대한 연민을 암시한다. 이 두 개의 용어는 비참한 곤경에 빠져 있지만 스스로는 헤어 나올 수 없고 하나님께 "구원의 은혜"를 베풀어 달라고 주장할 수도 없는 사람들과 관련하여 하나님의 감정과 행위를 표현하는 것으로 보인다. 은혜는 하나님의 최초의 구원의 역사 속에서 작용하고 있지만, 하나님의 백성의 그 이후의 삶과 선교사들의 사역 속에서 지속적으로 활동한다(롬 1:7; 15:15; 갈 2:9). 바울이 율법의 행위로 말미암은 칭의와의 대비를 논의할 때에 이 용어는 주제가 되고, 바울은 이 용어를 칭의가 하나님께서 주시는 선물이라는 것과 의롭다 하실 때에 그 조건으로서 인간의 행위를 하나님이 요구하지 않으신다는 것을 보여주기 위하여 사용한다(롬 4:4).

구원 사건. 복음에 있어서 중심적인 사건은 예수의 죽음과 부활이다. 이 두 사건은 서로 밀접하게 결합되어 있지만(롬 4:25; 8:34; 고전 15:3-5; 고후 5:15; 빌 3:10; 살전 4:14), 무게중심은 전자에 두어져 있다.[21] 그것을 어떻게 이해하느냐 하는 것은 한층 더 어려운 문제이다. 예수의 죽음은 죄와 관련되어 있고(고전 15:3; 갈 1:4; cf. 롬 8:3; 고후 5:19-21), 모든 사람들을 위한 것이었다는 것(고후 5:14-15; cf. 딤전 2:6), 특히 죄인들로서의 모든 사람들을 위

---

19) 말하자면, 그것은 본질적으로 사람들로 하여금 그들을 만족시키는 것을 사랑하게 만드는 이기적인 감정이 아니라 사랑의 대상에게 어떤 유익을 주고자 하는 소원을 결정적인 요소로 하는 이타적인 사랑이다.

20) 롬 9:15-18, 23; 11:30-32; 15:9; 고전 7:25; 고후 4:1; 갈 6:16; 엡 2:4; 빌 2:27; 딤후 1:13, 16, 18; 딛 3:5; 그리고 딤전 1:2; 딤후 1:2에 나오는 인사말들.

21) 그리스도의 부활에 관한 것보다도 그리스도의 죽음의 의미에 관한 책들이 훨씬 더 많고 훨씬 더 세부적으로 다루어지고 있다는 것은 놀라운 일이 아니다.

한 것이었다는 것(롬 5:6)은 기본적인 것이다. 예수의 죽음은 거듭거듭 그 죽음으로부터 유익을 얻은 자들인 "우리"와 관련하여 신앙고백적으로 표현되고 있다(롬 5:8; 8:32; 14:15; 고후 5:21; 갈 2:20; 3:13; cf. 엡 5:2, 25; 살전 5:10; 딛 2:14).

바울은 예수의 죽음을 어떻게 이해하고 있는가? "모든 사람을 위한" 또는 "우리를 위해"라는 어구는 단지 예수께서 우리의 유익을 위하여 죽으셨다는 것을 의미할 뿐이고, 예수께서 어떤 일을 하셨기 때문에 다른 사람들은 그 일을 할 필요가 없다는 것, 특히 예수께서 사람들을 죽어야 하는 것으로부터 구원하기 위하여 죽으셨다는 것을 의미하지 않을 수도 있다. 예수께서 우리의 유익을 위하여 죽으셨다는 것은 분명히 이 어구의 의미의 일부이다. 그러나 바울이 그리스도께서 우리 대신에 저주가 되셔서 죽으심으로써 율법을 지키지 않는 자들에게 임하는 율법의 저주로부터 우리를 구원하셨다고 말할 때(갈 3:10-14), 그것은 그리스도께서 우리 대신에 죄들을 짊어지셨다는 것을 의미하는 것으로밖에는 해석될 수 없다. 바울은 그리스도께서 죄인들로 말미암아 그들의 죄로 인해서 죽으셨다고 말하고 있는 것이다.[22]

고린도후서 5:18-21에서 바울은 그리스도께서 모든 사람을 위하여 죽으셨다는 것에 관하여 쓰면서, 계속해서 화해의 복음이 "하나님께서 그리스도 안에 계시사 세상을 자기와 화목하게 하시며 그들의 죄를 그들에게 돌리지 아니하시고 … 하나님이 죄를 알지도 못하신 이를 우리를 대신하여 죄로 삼으신 것은 우리로 하여금 그 안에서 하나님의 의가 되게 하려 하셨다"는 사실에 의거해 있다고 말한다. 여기에서 죄 없으신 그리스도는[23] 죄인들을 "의"가 되게 하기 위하여 "죄"가 되신다. 우리가 앞에서 보았듯이, 그것은 실제로

---

22) Bradley H. McLean, *The Cursed Christ: Mediterranean Expulsion Ritual and Pauline Soteriology* (Sheffield: Sheffield Academic Press, 1996), pp. 105-45 는 바울이 희생제사적인 관점에서 생각하였다는 것을 부정하고, 이 본문의 근거를 백성들을 위협하는 저주를 스스로 짊어져서 그 효력이 자신에게 미치게 한 희생물로서의 도피 염소라는 관점에서 설명한다.

23) 이 모티프는 신약성서 속에서 여러 곳에 되풀이되고 있고, 의문의 여지가 없는 것으로 보인다.

그리스도께서 죄인들을 의롭게 하기 위하여 죄인이 되셨다는 것을 의미한다. 그러나 그리스도께서 죄인이 되신 것이 어떻게 이러한 결과를 낳게 되었는가? 문맥상으로 볼 때, 그 대답은 그의 죽음을 통해서였다. 예수의 죽음은 죄를 없이하였기 때문에, 하나님과의 화해를 가로막고 있던 장벽이 사라진 것이다. 만약 그리스도께서 죽지 않으셨다면, 화해는 불가능했을 것이다. 또한 여기에 담겨 있는 함의는 그리스도께서 죄인들을 그들의 죄로부터 건지셔서 의로운 백성의 신분으로 되게 하기 위하여 죄인들의 대표자가 되어서 그들 대신에 죽으셨다는 것이다(고후 5:14).

또 다른 유형의 설명은 로마서 3:25에 나오는데, 거기에서는 하나님이 "이 예수를 하나님이 그의 피로써 믿음으로 말미암는 화목제물로 세우셨기" 때문에 사람들이 하나님과 올바른 관계에 들어가게 되었다고 말한다.[24] 그리스도의 죽음에 대한 언급은 그가 희생제물로 죽었다는 것, 그러나 사람들에 의해서 제공된 것이 아니라 하나님에 의해서 제공된 희생제물로 죽었다는 것을 보여준다. 옛 계약 아래에서 적절하게 드려진 희생제사가 죄를 없이 했던 것과 마찬가지로, 그리스도의 제사는 죄를 없이한다. 또한 로마서 8:3은 속죄제물로서의 예수를 가리키는 것일 수 있다(TNIV의 본문). 희생제사라는 모티프는 예수의 죽음을 유월절 희생제물의 죽음과 비교하고 있는 고린도전서 5:6-8과 에베소서 5:2에도 다시 나온다.[25]

구원의 성격. 예수의 죽음을 고찰해 보았기 때문에, 이제 우리는 바울이 그것이 어떤 방식으로 사람들에게 영향을 미친 것으로 보았느냐를 살펴볼 필요가 있다. 네 가지 주된 이미지들이 존재한다.

첫째, **구원** 자체가 존재한다. 이 용어는 고대 세계에서 여러 가지 다양한 뉘앙스를 지니고 있어서, 문자 그대로 생명을 위협하는 질병을 포함한 온갖

---

24) 그리스도의 죽음을 가리키는 한 가지 방식으로 그리스도의 피를 언급하고 있는 다른 예들에 대해서는 롬 5:9; 고전 10:16; 11:25, 27; 엡 1:7; 2:13; 골 1:20을 참조하라.

25) McLean, *Cursed*, pp. 22-64는 바울이 예수의 죽음을 속죄제에 비유하였다는 것을 부정하고, 여러 본문들 속에서 사용된 표현들은 희생제사적이지도 않고 속죄와 관련이 없는 희생제사들을 가리킨다고 주장한다. 그의 반론들은 타당성의 정도에 있어서 여러 편차들이 있기는 하지만 결정적으로 설득력이 있는 것은 아니다.

질병으로부터의 치유를 가리키는 데에 사용될 수도 있었고, 생명을 위협하는 위험으로부터의 구조에 대해서도 사용될 수 있었지만, 좀 더 적극적으로는 통치자가 백성들에게 가져다 준 은택들을 가리킬 때에 사용되었다("구주"는 왕들과 황제들을 가리키는 칭호였다). 바울은 "구원"을 복음이 가져다 준 은택들을 가리키는 일반적인 용어로 사용하지만(롬 1:16; cf. 엡 1:13), 구원이라는 용어는 특히 최후의 심판 때에 하나님의 진노의 결과들로부터 건지심을 받는다는 개념을 가리키는 데에 사용된다(롬 5:9; 13:11; 고전 5:5). 이러한 용법을 토대로 일부 학자들은 구원이 본질적으로 미래적인 개념이었다고 주장하면서, 바울은 사람들이 이미 구원받았다고 말할 수 없었다고 말한다.[26] 분명히 장래에 받게 될 그 무엇, 미래적인 소망으로서의 구원을 가리킨 것으로 해석될 수 있는 본문들이 있다(빌 1:28; 살전 5:8, 9). 하지만 구원을 오로지 그러한 의미로 해석하는 것은 옳지 못하고, 몇몇 본문들은 현재적인 구원을 가리키는 것으로 이해하는 것이 훨씬 더 나으며(고전 15:2; 고후 1:6; 6:2), 로마서 8:24은 명확하게 과거 시제로 되어 있다. 여기에서 쟁점이 되는 것은 사람들을 변화시키는 하나님의 은혜와 능력이 지금 신자들에 의해서 경험되고 있느냐의 여부가 아니다. 그러한 것은 분명하게 확인된다. 오히려 여기에서의 문제는 구원이라는 특정한 용어가 특히 그리고 오직 미래에 경험될 것을 가리키고 있느냐의 여부이다. 증거들은 그러한 협소한 해석을 허용하지 않는다. "구원받은 자들"(고전 1:18; 고후 2:15; cf. 행 2:47)이라는 현재분사의 용법은 하나님이 주시는 생명을 지속적으로 공급받고 있는 대상들이 존재한다는 것을 보여준다.

둘째, 영어에서 **구속**(redemption)이라는 용어는 바울의 서로 관련된 두 개의 은유를 포괄한다. 하나는 흔히 속전의 지불을 통해서(사 43:1-4; 52:3), 또는 단순히 우월한 군사력의 행사를 통해서(신 7:8에서의 하나님) 포로된 자들을 속박으로부터 건져내는 것이다. 우리는 이러한 은유가 갈라디아서 3:13과 4:5에서 활용되고 있는 것을 보는데, 거기에서 하나님은 율법과 그 저주 아래 있었던 자들을 건지시는 것으로 말해진다. 또한 구속은 로마서 3:25에

---

26) 이 견해에 의하면, 에베소서 2:5, 8은 비바울적인 표현이다.

나오는 칭의에 관한 설명 속에서 핵심적인 용어이다. 디도서 2:14에서 악으로부터의 건지심은 그 세력과 그 결과들로부터의 건지심이다. 이러한 용법이 보여주는 뉘앙스는 해방의 개념이다. 하지만 바울은 사람들을 사서 그들로 하여금 하나님께 속하게 하는 것을 가리킬 때에도 이 용어를 사용할 수 있었다. 여기에 나타난 사상은 주인이 바뀌어서 하나님을 섬길 의무가 있게 되었다는 것에 관한 것이다(고전 6:20; 7:23). 사는 행위 속에는 대가가 포함되어 있는데, 이것은 하나님께서 그의 아들을 주신 것으로 볼 때에 가장 자연스럽게 이해된다.

이미 이 시점에 이르러서 우리는 바울이 예수의 죽음과 그 효력들을 이해함에 있어서 서로 다른 여러 형태의 이미지들을 병행적으로 사용하고 있고, 그 이미지들은 서로를 제약하고 있다는 것을 보게 된다. 십자가를 설명하는데에 어느 한 이미지만을 독자적으로 사용하는 것은 적절하지 않다.

이것은 세 번째의 주된 이미지, 즉 **칭의**라는 이미지에 대해서도 그대로 적용된다. 칭의는 의와 관련되어 있다. 칭의를 다룰 때에 가장 좋은 출발점은 칠십인역에서 법정적인 맥락 속에서 재판장이 고소당한 자들을 다룰 때의 행위를 가리키는 동사이다. 재판장의 의무는 어떤 범죄를 저지른 것으로 잘못 고소된 무죄한 자를 무죄방면하거나 의롭다고 하고, 죄를 지은 자들을 정죄하는 것인데, 만약 그가 이것과 다르게 행한다면, 그는 불의하다는 말을 듣게 된다. 바울은 이 동사를 사람이 주어일 때에는 거의 전적으로 수동형으로 사용하고, 하나님이 행위자일 때에는 능동형으로 사용한다.[27] 칭의는 사람들에게 일어나는 그 무엇인데, 그것은 하나님에 대한 그들의 관계에 관한 것이다. 하나님과 올바른 관계 속에 있게 될 수 있는 한 가지 이론적인 방식은 율법을 통해서인데, 바울은 사람이 의롭게 되는 것은 단지 율법을 소유하거나 들은 것을 통해서가 아니라 실제로 율법을 행함으로써 되는 것이라고 말하면서, 모세 율법을 들어본 적이 없는 이방인들조차도 어떤 다른 원천을 통해서 하나님이 요구하시는 것들을 알고서 행할 수 있다고 말한다(롬 2:13-

---

27) 이 동사는 그가 행하시는 일에 있어서 의롭고 공평한 분으로 보아질 때에 하나님에 대해서도 사용될 수 있다(롬 3:4).

16). 바울은 사람이 의롭게 되는 두 가지 방식, 즉 율법의 행위(롬 3:20; 4:2; 갈 2:16; 3:11) 또는 믿음(롬 3:26, 28, 30; 5:1; 갈 2:16; 3:8, 24)으로 말미암아 (헬라어로 '에크' 또는 '엔') 의롭게 되는 것을 서로 대비시킨다. 그러나 이러한 대비 배후에는 하나님께서 그리스도로 말미암아(갈 2:17: 또한 갈 5:4의 "율법 안에서"와 대비해 보라) 또는 그의 이름(고전 6:11) 또는 그의 피로 말미암아(롬 5:9) 칭의를 수여하신다는 사실이 놓여 있다. 이러한 칭의는 하나님의 선물로 보아지고(롬 3:24), 하나님께서 은혜로 행하시는 일로 보아진다(롬 3:24; cf. 딛 3:7). 이 모든 것들은 다 더해져서 칭의가 하나님의 은혜로 말미암아 일어나고 그리스도의 죽음과 결합되어 있다고 말하고 있다. 이러한 연결 관계는 칭의가 "그리스도 안에" 있는 구속으로 말미암아, 즉 그리스도께서 대속적인 죽음을 죽으셨기 때문에 일어나게 된 것이라고 말하고 있는 로마서 3:24에서 드러난다. 여기에서의 함의는 그리스도의 죽음이 사람들이 범한 죄를 없이하였기 때문에, 이제 하나님은 사람들을 의롭다고 하여도 죄지은 자들을 무죄방면하는 재판장과 같이 불의한 분이 아니라 의로우신 분이 되었다는 것이다. 따라서 칭의는 고용주가 그에게 만족스러울 만한 일을 행한 자에게 삯을 주는 것과는 달리 하나님께서 주어야 할 의무가 있는 그 어떤 대가가 아니라 선물이라는 형태로 수여된다.

갈라디아서에 대한 논의에서 우리는 칭의가 어떻게 효력을 지니게 되었는지에 대한 세 가지 단서를 다루었다. 첫째, 칭의는 믿음으로 말미암아 일어나는데, 이 믿음은 바울이 대표적인 증인으로 내세우는 아브라함의 경우에 분명히 하나님에 대한 믿음이었고(롬 4:3), 바울과 그의 독자들의 경우에도 이 동일한 하나님에 대한 믿음으로 이해하는 것이 자연스럽다(롬 4:25). 그러나 바울의 이해 속에는 그러한 것보다 더한 것이 존재한다. 믿음의 용례들 중에서 아주 많은 경우에 목적어가 제시되어 있지 않은데, 이것이 의미하는 것은 믿음 그 자체가 칭의의 수단으로서의 행위와 대비된다는 것이다(롬 3:28; 갈 3:5). 종종 바울은 그리스도에 대한 믿음을 언급하는데(갈 2:16), 그리스도를 통하여 칭의가 일어난다는 점을 생각하면, 이것은 전혀 이상한 것이 아니다. 그러나 "예수 그리스도의 믿음"이라는 어구도 등장하는데, 일부 학자들은 이 어구가 "예수 그리스도에 의해서 보여진 믿음(신실하심)"을 의미한다고 생각한다(롬 3:22, cf. 롬 3:26; 갈 2:16, 20; 3:22). 이렇게 해석하게 되면, 그것은 칭의의 토대가 하나님을 의뢰하고 죽기까지 순종했던 예수의 태도였다는 의미를 낳게 된다(cf. 빌 2:8). 이러한 진술은 사실이기는 하지만, 이 어구가 "예수 그리스도에 대한 믿음"을 의미하는 것은 아닌지를 놓고 뜨거운 논쟁이 벌어지고 있다.[28]

둘째, 칭의는 신자들이 그리스도와 합하여 그의 죽음과 부활에 참여하고 있다는 것에 대한 이해를 바울이 발전시키고 있다는 점에서 예수에 대한 신자들의 관계와 밀접하게 결합되어 있다. 칭의는 사망 선고를 받은 자들을 건져내서 그들에게 생명을 준 것으로 여겨질 수 있다. 칭의는 사람들을 죄로부터 자유하게 하고 그들에게 하나님과의 새로운 관계로 들어가게 하였다는 점에서 소극적인 측면과 적극적인 측면을 지니고 있기 때문에, 바울은 다른 곳에서 칭의의 효과가 새로운 창조와 같은 것이라고 말할 수 있었다(고후 5:17). 우리는 칭의가 신자가 그리스도의 죽음과 부활에 참여할 때에 일어나게 된다는 것을 알 수 있다. 그리스도는 "우리가 범죄한 것 때문에 내줌이 되고 또한 우리를 의롭다 하시기 위하여 살아나셨느니라"(롬 4:25)는 암호적이고 간결한 말씀은 칭의가 새 생명의 수여를 포함한다는 것을 보여준다. 이 말씀이 지닌 분명한 함의는 이 새 생명이 죄에 관하여 어떤 일이 행해질 때까지는 수여될 수 없다는 것이다.

우리가 주목하여야 할 세 번째 요소는 신자들과 그리스도 간의 모종의 인격적인 관계를 표현하고 있는 "그리스도 안에서"라는 어구와의 연관 관계이다. "그리스도 안에서 의롭게 되었다"(갈 2:17)는 것은 단지 "그리스도로 말미암아"("율법에 의해서"와 대비되는, 갈 3:11; 5:4)를 의미할 수도 있지만, 좀 더 깊은 뉘앙스가 있는 것 같다. 어떤 사람이 믿음으로 인해서 그리스도와 연합됨으로써 그리스도의 새 생명에 참여할 때에 칭의가 일어나게 된다.[29]

이러한 요소들의 중요성은 그것들이 모두 합쳐져서 칭의가 죄인에게서 그 어떤 실제적인 변화가 일어나지 않고도 수여될 수 있는 단순한 죄 사함의 선

---

28) 제8장 각주 36을 보라.
29) 그들이 그들에게 전가된 그리스도의 의를 가지고 있느냐에 대해서는 제12장 각주 10을 보라.

포가 아니라는 것을 보여주는 것이다. 이 용어는 죄인에서 의인으로의 신분의 변화를 가리키지만, 칭의는 그리스도와의 연합을 통해서 일어나는 성품의 변화와 뗄래야 뗄 수 없을 정도로 연결되어 있다.

그 결과들을 좀 더 천착하기 전에, 우리는 바울에 의해서 사용된 주된 이미지인 **화해**를 살펴볼 필요가 있다. 바울은 화해라는 주제를 명시적으로 아주 길게 발전시키고 있지는 않지만, 화해라는 모티프는 종종 바울 신학을 하나로 묶어 주는 주제로 여겨져 왔다.[30] 화해라는 모티프는 분명히 인간 관계를 토대로 한 은유, 특히 외교를 토대로 한 은유를 사용했다는 점에서 법정이나 노예 시장, 심지어 구조 활동으로부터 가져온 표현들보다는 더 인격적인 것으로 생각될 수 있지만, 유대화주의자들인 대적자들과의 논쟁이라는 급박한 상황으로 인해서 바울은 적어도 갈라디아서와 로마서에서 주로 칭의라는 은유를 사용하였다.

화해는 두 개의 서로 적대적이거나 싸우는 집단들 또는 개인들 간의 평화를 수립하는 것으로서, 한 당사자가 주도적으로, 또는 제3자가 중재자로 나서서 평화를 이끌어 냄으로써 이루어진다. 후자의 가능성은 중보자라는 용어가 그리스도에 대하여 사용되는 곳에서 존재할 가능성이 있지만(딤전 2:5; cf. 히 8:6; 9:15; 12:24), 하나님과 인류를 중재하는 데에 외부적인 존재가 개입해야 했다는 오해를 불러일으킬 수 있다. 바울은 하나님께서 은혜로 그의 아들 예수를 보내셨다는 것을 강조하고 있기 때문에, 예수는 하나님과 인간을 설득해서 서로 화해하도록 만든 존재가 아니라 하나님께서 그의 원수들에게 화해를 청하기 위해서 보내신 사신(使臣)으로 보아져야 한다는 결론이 나온다. 바울이 이 이미지를 고린도후서 5장에서 처음으로 사용할 때, 그는 죄인들의 죄를 그들에게 돌리지 않으시고 그리스도 안에서 및 그리스도를 통하여 죄인들에게 화평을 청하신 분은 바로 하나님이셨다는 것을 아주 분명하게 보여주었다(고후 5:18, 19, 20, 21). 그러나 하나님은 아무런 조치도 취하지 않으신 채로 죄들을 그냥 못 본 체하고 간과하실 수는 없었다. 하나님께서 우리를 그리스도로 말미암아 의가 되게 하기 위하여 그리스도를 우

---

30) Ralph P. Martin, *Reconciliation* (London: Marshall, 1981)을 보라.

리 대신에 죄로 삼으셨다는 말씀은 하나님께서 죄인들을 의인들로 대우하실 준비를 하셨지만, 이런 일은 하나님이 그리스도를 죄인들을 대신하여 죄로 삼으시고 그들의 죄를 짊어지게 하신 결과로서만 가능하였다는 것을 보여준다.[31]

화해는 기본적으로 동일한 내용을 말하고 있는 또 다른 방식인 칭의와 밀접하게 연결되어 있다. 이것은 바울이 신자들이 안전하다는 것을 강조하고자 했던 로마서 5:9-11로부터 분명하게 드러난다. 신자들이 그리스도의 피로 말미암아 의롭게 되었다면, 그들은 그리스도로 말미암아 최후의 심판 때에 하나님의 진노로부터 안전하게 될 것이다. 이것은 하나님께서 그리스도로 말미암아 죄인들을 의롭다고 하셨기 때문에 이제 그가 보기에 의로운 자들로 여겨지는 자들을 어찌 그의 진노에서 구원하지 않겠느냐는 사실로부터 도출된다. 그런 후에, 바울은 다음과 같은 요지를 되풀이한다: 하나님의 원수들이 하나님께서 그의 아들을 죽음에 내어주심으로써 하나님과 화해되었다고 한다면, 하나님이 그를 신뢰하는 그의 친구들을 어찌 구원하지 않으시겠는가. 나아가, 지금 여기에서 칭의의 결과는 하나님과의 화평이다(롬 5:1). 이 모티프는 하나님께서 십자가 위에서 흘려진 그리스도의 피로 말미암아 만물을 자기 자신과 화목하게 하셨는데, 특히 전에 하나님의 원수들이었던 골로새서의 독자들도 이제 그리스도의 죽음으로 말미암아 화목하게 되었다고 말하고 있는 골로새서 1:20-21에서 다시 등장한다. 이 동일한 모티프는 에베소서 2:16-18에 다시 나온다.

이러한 본문들은 화해가 하나님에 의해서 시작되었고, 하나님께 적대적이고 불순종하였다는 의미에서 그의 원수들인 자들을 향한 것임을 보여준다. 하나님이 자기 자신을 사람들에 대하여 적대적인 것으로 보느냐 안 보느냐와는 상관없이, 하나님은 그리스도와 그의 죽음이 없었다면 그들에게 화평을 제시할 수 없었을 것이기 때문에, 그리스도의 죽음의 목적을 단순히 사람들에 대한 사랑과 기꺼이 그들을 영접하고자 하는 마음에 대한 값비싼 표시

---

31) 여기에서 그리스도를 죄인들의 대속물로서 그들의 죄를 대신 지고 그것으로 인해서 죽은 것으로 보는 McLean, *Cursed*, pp. 108-12를 보라. 그의 책 제2장(pp. 294-96)에 나오는 화해에 관한 논의를 참조하라.

라고 축소해 버리는 것은 전혀 옳지 않다. 죄인들과의 화평을 이루고 죄인들을 의인들로 바꿔놓은 것은 바로 그리스도의 죽음이었다.

택하심과 부르심. 앞에서 우리는 기본적으로 바울이 예수 그리스도의 죽음과 부활이라는 구원 사건을 어떻게 설명하고 있는지를 살펴보았다. 이제 우리는 그렇게 제시된 구원이 어떻게 사람들에게 현실이 되는지를 살펴보아야 한다.

몇몇 본문들 속에서 바울은 구원받은 자들을 "택하심을 입은 자들"(롬 8:33; 16:13; cf. 골 3:12; 딤후 2:10; 딛 1:1)이라고 지칭한다. 이 모든 용례들 속에서 이 용어는 실제로 구원받은 백성에 속한 자들을 가리킨다.[32] 바울이 이 용어를 선택해서 사용한 것은 하나님에 의한 선행적인 선택 행위가 존재하였다는 것을 보여주는 것이지만, 문맥은 하나님의 부르심이 적극적인 믿음의 응답으로 화답되었다는 것을 보여준다. 그러므로 한 백성을 자신을 위하여 만들어내고 그들을 그들의 죄로부터 건지시고자 하는 하나님의 뜻이 존재하였다. 이러한 뜻은 아브라함과 그의 자손들을 부르신 것 속에서 실현되었다 — 물론, 바울은 그러한 하나님의 뜻이 택함받았거나 택함받지 않았던 자들이 지닌 그 어떤 구체적인 특질들과는 상관없이 수행되었다는 것을 강조하지만.

우리는 이러한 언어 표현의 사용으로부터 바울이 의도한 것 이상의 것을 이끌어 내지 않도록 조심해야 한다. 바울이 여기에서 말하고자 하는 취지는 두 가지인 것 같다. 한편으로, 하나님과 인간의 관계는 전적으로 하나님의 주도권과 하나님께서 가능성을 만들어 내시는 것에 달려 있다. 다른 한편으로, 그것은 하나님의 은총을 받을 만하다고 생각되거나 다른 사람들에 비해서 상대적으로 하나님의 은총을 받을 만하다고 생각될 수 있는 자들이 지닌 그 어떤 덕목들에 의존하지 않는다(cf. 고전 1:26). 오히려 그것은 도무지 자격이 없는 자들에게 긍휼을 베푸시는 하나님에게 달려 있다. 하나님은 사람들을 부르시고, 거기에 대한 사람들의 적절한 응답은 믿음이다. 그것은 사람

---

32) I. Howard Marshall, "Election and Calling to Salvation in I and 2 Thessalonians", in *The Thessalonian Correspondence*, ed. R. F. Collins (Louvain: Louvain University Press, 1990), pp. 259-76.

들의 행위에 달려 있는 것이 아니라, 사람들을 부르시는 하나님에게 달려 있다(롬 9:12). 따라서 이 과정 전체가 하나님에게 달려 있고 부르심을 받는 자들에게 달려 있지 않다고 할 수 있다(엡 2:5).

바울 시대에 이러한 부르심의 범위는 유대인들과 이방인들을 포괄하는 것이었다(롬 9:24). 하나님의 목적이 공동체적인 것이었는지, 또는 개인에 대한 것이었는지, 다시 말하면 하나님의 선택이 그가 한 백성을 가지고자 하는 것이었는지 — 물론, 이 한 백성에 대하여 하나님은 추가적인 여러 목적들을 지니고 계셨다(cf. 엡 1:4-5, 11) — 아니면 그의 선택이 특정한 개개인들을 갖는 것이었는지(갈 1:15)에 대해서도 논란이 있다. 이러한 양자택일식의 질문은 조금 잘못된 것이다. 왜냐하면, 이 두 측면에 대한 증거들이 각각 존재하기 때문이다. 여기에서 말하고 있지 않은 것은 하나님의 부르심이 인간의 응답과 무관하다거나 인간의 응답을 필연적인 것으로 만든다거나 이러한 부르심이 하나님께서 구원하지 않기로 결정하신 사람들은 결코 구원받을 수 없다는 의미를 함축하고 있다는 것이다.[33]

어쨌든 사람들이 하나님의 백성이 되는 과정은 하나님께서 그의 부르심을 사람들에게 알게 하심으로써 일어나기 때문에, 사람들은 하나님께서 그들을 은혜로 부르셨다고 고백할 수 있었다(롬 9:24; 고전 1:9; 갈 1:6; 살전 2:12; 4:7; 5:24; 살후 2:14; cf. 엡 4:1, 4; 딤전 6:12; 딤후 1:9). 이 부르심은 하나님의 거룩한 성품을 닮은 한 백성으로의 부르심이다(살전 2:12; 4:7; cf. 엡 4:1; 딤후 1:9).

그러므로 이 과정에서 결정적으로 중요한 부분은 복음의 선포이다. 입으로 복음을 전파하는 활동은 핵심적인 중요성을 지닌다(롬 10:8, 14-15; 고전 1:23; 고후 1:19; 4:5; 갈 2:2; 빌 1:15; 살전 2:9; cf. 골 1:23; 딤전 3:16). 바울은 그리스도의 죽음과 부활을 통한 하나님의 구속 사역을 말로 전함이 없이 비기독교적인 사회 속에서 그리스도인들이 조용히 자신의 존재를 드러내는 것

---

33) 몇몇 해석자들은 택하심과 예정의 논리는 하나님이 일부 개개인들을 선택하지 않기로 결정하였다는 것을 말하는 소위 이중예정론을 요구한다고 주장한다. 내 견해로는 이렇게 단언하는 것은 바울이 말하고 있는 것을 뛰어넘는 것이고, 하나님의 공의에 대하여 심각한 의문을 제기하는 것이다.

을 통해서 교회의 책임이 온전히 수행되었다고 보는 사상을 반박하였을 것이다. 이러한 말로 인한 복음 전파는 그 속에서 성령의 능력이 역사하기 때문에 효력이 있고(살전 1:5), 그 효력은 선포하는 인간으로부터가 아니라 그들에게 그의 말씀을 주신 하나님으로부터 연유한다(살전 2:13).

인간의 응답 — 율법의 행위가 아니라 믿음. 이러한 복음 선포에 대한 인간의 적절한 응답은 믿음인데(고전 15:2; 살전 1:8), 믿음은 그 메시지가 참되다는 것을 받아들이는 것(롬 10:9)과 메시지를 통해서 말씀하고 계시는 하나님에 대한 헌신을 포함하는 개념이다. 바울에게 있어서 믿음은 하나님이 예수를 죽은 자 가운데서 다시 살리셨다는 믿음과 예수를 주로 고백하는 것(롬 10:9-10)을 포함한다. 예수 그리스도에 대한 인간의 태도를 이렇게 강조하는 것이 필수적이었던 것은 바로 그것이 그리스도인들의 메시지가 지닌 독특한 특징이었기 때문이었다.

이런 식으로 이해할 때에 믿음은 일차적으로 사람이 구원을 위하여 자신의 덕목 또는 지위에 의존하는 것이 아니라 하나님에게 의존한다는 것을 표현하는 것이다. 하지만 이것은 그 밖의 다른 측면들을 배제하지 않는다. 바울에게 있어서 믿음은 하나님의 백성에게 합당한 새로운 삶의 방식을 포괄한다. 종종 이것은 거룩이라는 관점에서 표현되는데, 거룩은 유대인들에 의해서 이전에 거룩하지 않은 것으로 여겨졌던 이방인들이 지금은 하나님의 백성의 일부가 되어서 더 이상 부정하지 않다는 사실을 드러내는 데에 사용되는 용어인 것 같다. 또는, 우리는 거룩이 그들이 그들의 삶 속에서 보여주어야 할 이상(理想)이었다고 말할 수도 있을 것이다. 왜냐하면, 바울은 거룩이 짧은 시간 안에 이루어지지 않는다는 것을 알 만큼 충분히 현실주의자였기 때문이다. 종종 그 강조점은 새로운 삶의 특징적인 표현으로서의 사랑에 두어진다. 그러므로 바울은 사랑이 믿음의 역사(役事)라고 말하는 것이 가능하였다(살전 1:3; 살후 1:11).

이와 동시에, 바울은 믿음과 행위를 날카롭게 대비시킨다. 그는 칭의가 율법의 행위를 토대로 하고 있다는 그 어떤 주장도 거부한다. 바울은 아마도 유대교의 특징이었던 모세 율법에 대한 외적인 준수를 특별히 염두에 두고 있었던 것 같다. "율법의 행위"가 특별히 이러한 것들을 가리키는 것인지, 아니면 좀 더 폭넓게 이해되어야 하는 것인지에 대해서는 여전히 논란이 있다. 이러한 것들은 신자들이 된 이방인들에게 요구되지 않았는데, 그리스도에 대한 믿음은 하나님의 부르심에 대한 충분한 응답이 되었기 때문이다. 바울은 사람들이 하나님께서 그리스도 안에서 행하신 일만을 의뢰할 것을 바랐고, 그들 자신이 행하는 것을 의뢰할까봐 염려하였다(고전 1:29-31; cf. 엡 2:9).[34] 그러나 이와 동시에, 바울은 유대인들에게도 율법의 행위가 요구되지 않는다고 주장하였다. 바울은 유대인들이 모두는 아니라고 할지라도 다수가 율법의 요구들을 성취하는 것에 신뢰를 두고서, 그들 자신이 율법을 성취한 것을 토대로 해서 하나님과 올바른 관계에 있게 된다고 생각하고 있다고 믿었다. 바울도 한때 그렇게 생각했었지만, 이제는 그의 신뢰를 오로지 하나님께서 그리스도 안에서 행하신 것에 두어야 한다는 것을 깨달았다(빌 3:1-11).

이 시점에서 우리는 유대교 및 그것에 관한 바울의 견해에 대한 "새로운 관점"으로 알려지게 된 것을 고찰할 필요가 있다. 이 문제에 대한 이전의 논의들 속에서는 일반적으로 바울이 여기에서 하나님에 의해서 받아들여지기 위해서는 율법의 행위들을 행할 필요가 있다고 주장한 당시의 유대교를 거부하고 있는 것이라고 생각되었다. 하나님에게 받아들여지는 것은 공로, 즉 하나님이 보시기에 사람이 받아들여질 만한 가치가 있는 것에 토대를 두고 있었다. (사람들은 공로의 합계가 죄의 합계를 능가하면 된다고 생각하는 지경까지 나아갔다.) 유대교는 하나님이 계명들을 계시하신 것은 백성들로 하여금 어떻게 살아야 할지를 보여주기 위한 것이었다는 사실을 중시했다는 의미에서만이 아니라 하나님에 의해서 받아들여지는 것을 이러한 율법의 요구들을 인간이 수행하는 것에 달려 있는 것으로 생각하였다는 의미에서 율법주의적인 것으로 이해되었다. 그러므로 유대교는 하나님의 은혜가 아니라

---

34) 우리가 에베소서와 목회 서신으로 넘어가면 거기에는 단지 모세 율법에 대한 순종만이 아니라 하나님의 은총을 얻기 위한 온갖 종류의 인간적인 시도들을 포함하는 경향이 존재한다(엡 2:9; 딤후 1:9; 딛 3:5). I. Howard Marshall, "Salvation, Grace and Works in the Later Writings in the Pauline Corpus", *NTS* 42 (1996): 339-58을 보라.

인간의 행위에 의거하고 있고, 이 점에서 기독교와 대비된다고 주장될 수 있었다.

유대교에 대한 이러한 이해에 반대하여 오늘날의 일부 학자들은 그러한 견해에 강력하게 반발하였다. 이 학자들은 유대교의 다수 문헌들에 의거해서 유대인들은 하나님께서 그들과 계약을 맺으실 때에 그의 은혜로운 주도권을 토대로 해서 그들을 하나님의 백성으로 받아주셨고, 하나님의 율법을 지키는 것은 하나님에 의해서 받아들여지기 위한 공로가 아니라 은혜에 대한 응답이라고 믿었다는 것을 제시하였다.[35] 율법을 지키는 것과 선한 일들을 행하는 것은 유대인들이 하나님의 은총을 얻기 위해서가 아니라 그 안에 머물기 위해서 행하는 것이었다. 그들은 하나님의 은총 속으로 들어가기 위한 조건으로서가 아니라 거기에 속해 있다는 것을 보여주는 표시로서 율법을 수행하였는데, 이러한 일련의 "행위들"은 그들로 하여금 하나님의 은총을 받게 해 주는 자격 요건이 아니었다. 율법의 행위는 공로를 얻어서 하나님에 의해서 받아들여지기 위한 길이 아니었다. 그러한 예는 유대교의 문헌들 속에서 폭넓게 추적될 수 있다.

그러한 율법의 행위들이 이방인 개종자들에게 요구되었던 것은 그들이 공로를 통해서 하나님에게 받아들여지게 하기 위한 것이 아니라, 그러한 행위들이 그들이 지금 이스라엘 백성에 속해 있다는 것을 보여주는 표지이고, 또한 이전에 이방인들이었던 자들이 유대인들과 식탁 교제를 할 수 있으려면 그러한 행위들이 필수적이었기 때문이었다. 이러한 입장을 좀 더 세련되게 표현한 어떤 학자들은 "율법의 행위"는 공개적으로 유대인임을 나타내는 특별한 것들로서, 유대인들이 스스로를 이방인들로부터 구별하는 경계 표지들(할례, 음식법들, 절기들)의 역할을 하였으며, 이러한 것들은 그들의 지위를 만들어 내는 것들이라기보다는 그들의 정체성 표지들 같은 것이었다고 주장한다.[36]

---

35) E. P. Sanders, *Paul, the Law and the Jewish People* (Philadelphia: Fortress, 1983).(본사 역간)

36) James D. G. Dunn, *The Theology of Paul the Apostle* (Grand Rapids, Mich.: Eerdmans, 1998), pp. 354-59.(본사 역간)

유대교에 대한 이러한 이해를 옹호하는 자들은 바울이 그러한 이해와는 반대되는 가르침을 베풀고 있다는 것에 대하여 설명하여야 한다. 하나의 가능성은 바울이 유대교를 오해해서, 유대교가 공로를 토대로 한 율법주의적인 종교라고 잘못 보았을 가능성이다. 또 하나의 가능성은 바울이 율법의 행위가 이방인들에게 강요되고 있었기 때문에 그것을 반대했다고 주장하는 것이다: 이방인들은 진정으로 하나님의 백성이 되기 위해서는 유대교에 동화되고 그 표지들을 행하여야 했다. (또한 유대교의 음식법들을 지켰던 자들과 그러한 것들을 지키지 않았던 이방인들 간의 식사 때의 교제와 관련된 문제가 있었다.) 그렇지만 또 하나의 주장은 유대교에 대한 바울의 비판이 그가 그리스도를 발견한 것으로부터 생겨났고, 본질적으로 유대교에서 잘못된 것은 유대교가 기독교가 아니었다는 것이라는 것이다.[37]

우리는 이러한 해석을 어떻게 평가해야 하는가? 새로운 관점은 유대교 내에서의 은혜의 위치를 다시 정립하였다. 새로운 관점은 그들이 바울에 관하여 단언하고 있는 것 — 즉, 바울이 율법의 행위를 공격한 이유들 중의 적어도 하나는 그것들이 이방인 신자들에게 강요되고 있었기 때문이라는 주장 — 은 옳지만, 그들이 부정하고 있는 것은 잘못된 것이다.

바울의 눈으로 볼 때에 유대교는 은혜와 행위가 양립할 수 있었던 종교였을 가능성은 충분히 있는 것으로 보인다. 바울은 두 가지 분명한 구별을 행하고 있다. 하나는 행위와 믿음의 구별인데, 이것은 믿음이 행위, 즉 올바른 종류의 행위라는 주장을 배제한다. 또 하나의 구별은 더 기본적이고 중요한 것으로서, 단순히 믿음과 행위의 구별이 아니라 은혜와 행위를 대립시키고 있는 것이다(롬 11:6). 새로운 관점에서 본 유대교는 하나님의 주도적인 은혜의 행위를 사람들이 그 계약 속에 머물기 위하여 율법의 행위에 의존하는 것과 결합시킬 수 있었다. 그러나 바울은 믿음과 율법을 대비시키고 있는데(롬 4:14), 이것은 오직 의를 이루는 두 가지 상반된 길들이 존재하고 그 중에서 후자의 길은 실제로 참된 길이 아니라는 것만을 의미할 수 있다. 바울은 많은 이스라엘 사람들이 하나님의 은총으로부터 떨어져 나가게 된 것은 그들

---

37) Sanders, *Paul*, p. 552.

이 믿음이 아니라 율법을 좇았기 때문이라고 말한다. 이것은 바울이 보기에 그들이 의를 얻기 위해서 율법의 행위에 의존하고 있었다는 것을 추가적으로 보여준다. 이러한 율법의 준수는 단순히 정체성 표지가 아니라 잘못된 신뢰의 토대로 취급되고 있다.

바울이 믿음과 행위를 다룰 때, 그것은 칭의라는 맥락 속에서 다루어지고 있는데, 여기서 문제가 되었던 것은 칭의가 무엇에 의거하고 있는가라는 것이다. 의롭다 하심을 받은 죄인들은 어디에 그들의 신뢰("자랑하다")를 두고 있는 것인가, 그리스도인가 율법의 행위인가? 자랑하다라는 표현은 이 문제가 어떤 사람이 하나님과의 올바른 관계를 위해서 무엇에 의지하고 있는 것인지, 즉 그들이 행한 것에 의지하고 있는지 그리스도께서 그들을 위하여 행하신 것을 의지하고 있는지에 관한 문제라는 것을 명확하게 보여준다. 따라서 "공로"라는 요소는 배제될 수 없다. 이것은 로마서 4:4-5에서 선한 행위들에 의해서 요구되는 대가와 신자들에게 거저 주어진 선물을 대비시키고 있는 것으로부터 아주 분명하게 드러난다. 바울의 요지는 행위들은 고용주에게 삯을 주어야 하는 의무를 발생시킨다는 것이다. 그런 후에, 바울은 아브라함이 할례를 행하기 전에 순전히 그의 믿음을 토대로 해서 하나님과 올바른 관계에 놓여지게 되었다고 주장한다. 마찬가지로, 바울은 그리스도에 대한 믿음으로 말미암은 의와 대비되는 "율법에서 난 의"(빌 3:9)를 유대인들이 시도하였다는 것과 그들이 그러한 요소들을 의뢰하였다는 것을 말한다. 이스라엘에 속하여 유대인들의 종교에 열심을 가지고 율법을 완전하게 지키고자 애쓴 것은 바울 자신이 이전에 하나님과의 올바른 관계를 맺기 위하여 의뢰하였던 것들이었다. 이러한 것들은 사람들이 지니고 있었고 이룬 공로들로서, 여기에서 그는 분명히 그러한 것들을 사람들이 은혜 대신에 의뢰한 것들로 여긴다.

바울에게 칭의는 사람이 행한 일에 대한 상급 또는 삯의 문제가 아니라 은혜로 주시는 선물의 문제이다(롬 4:1-8; cf. 롬 6:23). 의는 율법이 요구하는 것을 행함으로써가 아니라 그리스도에 대한 믿음을 통해서 얻어진다(빌 3:9). 이러한 것은 은혜와 행위를 아주 극명하게 대비시키고 있는 에베소서 2:8, 디모데후서 1:9, 디도서 3:5에 아주 분명하게 표현되어 있다. 이러한 본문들이 바울에게서 나온 것이든, 그의 제자들에 의한 그의 가르침에 대한 가장 초기의 해석들을 보여주는 것이든, 이 본문들은 로마서와 갈라디아서에 나오는 내용이 어떻게 이해되어야 하는지를 분명하게 보여준다. 따라서 그리스도는 율법의 마침이다(롬 10:4).[38]

바울은 율법의 행위를 다룰 때에 유대인들과 이방인들 간의 관계, 이 행위가 지닌 표지로서의 기능에 대해서 논의하는 것이 아니라, 하나님이 보시기에 의롭다 하심을 받기 위해서 사람에게 무엇이 필요한 것인지에 대해서 논의하고 있는 것이다 — 사람들은 율법의 행위를 통해서 자신의 의를 이루고 그 율법의 행위들을 의뢰해야 하는가, 아니면 그리스도의 죽음과 부활을 토대로 하나님과 그리스도에 대한 믿음을 가져야 하는가? 이 문제는 칭의의 토대에 관한 신학적인 문제이다. 전통적인 이해는 기본적으로 옳고, "새로운 관점"은 결함이 있는 것으로 보아져야 한다.[39]

그렇다면 도대체 율법은 무엇이란 말인가? 이 문제는 특히 로마서와 갈라디아서에서 다루어진다.[40] 바울의 가르침은 체계화하기가 쉽지 않고, 몇몇 부분은 끝이 제대로 완결되어 있지 않다. 율법을 지키는 자들이 살게 되리라는 말씀과 율법은 결코 생명을 주기 위하여 의도된 것이 아니라는 또 다른 말씀 간에는 어느 정도의 긴장 관계가 있는 것으로 보일 수 있다(갈 3:12, 21). 그러나 이러한 말씀들이 거의 나란히 나온다는 사실은 바울이 이 두 가지 말씀

---

38) 이것이 목표 지점을 의미하는지, 아니면 종착 지점을 의미하는지는 중요하지 않다.

39) 이 주제 전체는 방대한 문헌들을 낳았기 때문에, 여기에 제시될 수 있는 것보다 훨씬 더 광범위한 논의를 필요로 한다. 특히, 주후 1세기의 유대교가 지닌 성격은 좀 더 자세하게 다루어질 필요가 있다. 예를 들면, D. A. Carson, Peter T. O'Brien and Mark A. Seifrid, eds., *Justification and Variegated Nomism*, vol. I, *The Complexities of Second Temple Judaism* (Tübingen: Mohr Siebeck; Grand Rapids, Mich.: Baker, 2001); Frank Thielman, *The Law and the New Testament: The Question of Continuity* (New York: Crossroad, 1999)를 보라.

40) 또한 고전 9:8-9, 20; 15:56; 빌 3:5-9을 보라. 이 문제는 디모데전서 1:8-9에서도 등장한다. 율법에 대한 바울의 이해는 대적자들과의 갈등들을 통해서 발전되었고 주로 이러한 대적자들을 상대할 때에 표면으로 부상하게 되었던 것으로 보인다.

을 서로 긴장 관계에 있는 것으로 보지 않았다는 것을 보여준다. 모세 율법은 하나님께서 사람들, 특히 유대인들이 어떻게 살아야 할지를 구체적으로 표현한 것이었다. 율법의 일부 요소들은 이방인들에 대해서도 의도된 것으로 인식되었다. 기독교 이전 시대에 하나님에 의해서 그의 백성으로 부르심을 받은 백성이라는 상황 속에서 율법이 그 백성을 위한 삶의 방식을 규정하고 있고, 거기에는 순종을 하면 상을 받고 불순종하면 죽음에 이른다는 함의가 내포되어 있다고 보는 것은 의미가 있다. 그러나 사실 아무도 율법을 온전히 지키지 못하였기 때문에 — 바울은 다윗 같은 유명한 인물을 한 예로 보여줄 수 있었을 것이다 — 바울은 율법이 사람들로 하여금 생명을 얻고 보전하도록 하기 위한 수단으로 주어진 것이 아니었다는 결론을 도출해낸 것으로 보인다. 이와는 반대로, 율법은 사람들의 특정한 행위들을 통해서 그들의 마음이 죄악됨을 드러내어서 사람들로 하여금 죄 사함의 필요성을 인식할 수 있도록 하기 위하여 의도된 것이었다. 율법은 그리스도로 말미암은 칭의의 필요성을 사람들로 하여금 알게 하기 위한 일종의 안내서였다. 바울은 히브리서와 마찬가지로 율법에 나오는 속죄 규정이 이러한 기능을 수행하는 것으로 보았던 것인가? 바울은 구체적으로 그렇게 말하고 있지는 않지만, 그것은 그의 생각과 잘 부합하였을 것이다. 그리스도께서 오신 후에는 율법의 규정은 더 이상 필요하지 않게 되었다.

이것은 두 가지 문제를 남겨 준다. 첫째, 율법은 여전히 어떤 지속적인 역할을 지니고 있는 것인가? 둘째, 신자의 삶 속에서 행위의 위치는 무엇인가?

신자들은 더 이상 율법 아래 있지 않고 은혜 아래에 있다(롬 6:15). 신자들은 율법에 대하여 죽었다(롬 7:4-6). 하나님에 대한 그들의 관계는, 율법을 수행하는 것이 아니라 하나님의 은혜에 달려 있다. 이것은 그리스도인이 된 유대인들이 율법을 토대로 한 삶의 방식 전체를 버려야 한다는 것을 꼭 의미하는 것은 아니다. 율법의 가르침은 "거룩하고 의로우며 선한" 것이었다(롬 7:12). 하지만 실제적으로 율법의 일부는 신자들에게 낡은 것이 되어 버렸다. 바울은 이 문제를 다루고 있지 않지만, 그리스도께서 죽으신 지금에 있어서 유대교의 희생제사 제도는 효력이 상실된 것이라는 것은 분명히 사실이었을 것이다. 이러한 것은 히브리서에 나오는 논증임이 분명하지만, 바울 서신 속에서는 제기되지 않는다. 바울이 성전과 그 제의를 한 번도 언급하고 있지 않다는 사실은 그것이 그에게 아무런 중요한 역할도 하지 않았다는 것을 보여준다. 바울이 영적인 할례가 중요한 것임을 논증한 후에는 외적인 할례 의식은 중요하지 않은 것이 되었다(롬 2:25-29). 동일한 회중 내에서 유대인들과 이방인들의 공존은 음식법들에 관한 무관심으로 이어졌다 — 물론, 바울은 서로 다른 관습을 지닌 사람들이 서로를 존중해야 한다고 역설하였지만(롬 14-15).

그렇지만 이것은 바울이 율법에 대하여 긍정적인 언급을 하고 율법의 일부 계명들에 대한 분명한 긍정을 표현하는 것을 방해하지 못하였다. 그는 사랑이 율법의 완성이라고 적극적으로 말하고, 그리스도인들에게 사랑할 것을 권고한다(롬 13:8-10). 바울의 윤리적인 사상은 흔히 성경의 가르침에 의해서 형성되고 있다. 바울은 성령을 율법과 대립되는 위치에 놓는다. 율법은 그것을 듣는 자들 속에 순종을 생겨나게 할 수 없지만, 성령은 바로 그런 일을 할 수 있다. 신자들은 성령을 따라서 살아야 하고, 그들이 성령의 인도하심을 따라서 율법이 요구하는 것들을 행하게 되며, 율법에 어긋나는 행위로 이끌리지 않게 될 것이다(갈 5:16, 18, 23). 여기에서 특별히 분명하게 나오지는 않지만, 바울은 성령이 신자들에게 그들이 어떻게 살아야 할지를 인도하고 그들에게 그렇게 살 수 있는 능력을 줄 것이라고 믿은 것으로 보인다(롬 8:1-13).

두 번째 문제는 심판의 성격에 관한 것이다. 여기에서 다시 한 번 긴장 관계들이 존재한다. 한편으로, 바울은 의롭다 하심을 받은 자들은 하나님과 화평을 이루게 된 것임을 강조하고, 그들에게는 더 이상 그 어떤 정죄함도 없다고 말한다(롬 5:1; 8:1). 그들은 하나님의 영광에 참여하게 될 소망을 확신하고 있고(롬 5:2), 하나님의 진노로부터 건지심을 받게 될 것이다(롬 5:9). 다른 한편으로, 바울은 모든 사람이 심판대 앞에 나와서 하나님 또는 그리스도에게 스스로 해명하여야 한다고 역설한다(롬 14:10; 고후 5:10).

이러한 딜레마는 어떻게 해결되어야 하는가? 우리는 지나가는 말로 바울이 여기 현세에서 범죄한 자들에 대한 심판의 가능성을 인정하고 있다고 지적할 수 있는데, 하나님은 범죄한 자들에게 질병과 죽음을 보내서 지금 여기에서 회개를 하게 함으로써 사람들이 때가 너무 늦기 전에 하나님과의 관계를 회복하게 하신다(고전 11:29-32; cf. 고전 5:5). 또한 바울은 구원으로부터의 배제를 의미하지는 않는 죽음 이후의 모종의 심판들에 대하여 언급하고 있다. 이것은 바울이 사람들이 살아 있는 동안에 옳은 일을 하지 않았거나 악을 행하였을 경우에 불길을 통과하는 것 같이 구원받게 되리라는 것에 관하여 말할 때에(고전 3:10-15) 의미하고 있는 것인가? 바울은 다른 사람들에게 복음을 전하는 자일지라도 결국에는 절제의 결여로 인해서 상을 받지 못할 수 있다는 가능성을 열어 두고 있고(고전 9:24-27), 그리스도인의 삶을 상을 받기 위해서 결승점까지 달려가는 경주에 비유할 수 있었다(빌 3:14).[41] 바울은 신자들에게 모종의 유인책들과 경고들을 제시할 필요가 있었다. 왜냐하면, 그들은 지금 사랑에 의해서 역사하는 믿음의 삶과 선한 일들로 부르심을 받았기 때문이다. 분명히 선한 행위들은 칭의의 증거들로 보아질 수 있지만, 바울은 신자들에게 그러한 행위들을 의뢰하지 말고 그들을 의롭다 하시는 분을 의뢰하도록 역설하였다. 바울은 자신의 선교 사역을 그리스도께서 자기를 통해서 이루신 일로 볼 수 있었기 때문에, 그리스도 안에서 자랑할 수도 있는 근거들을 가지고 있었다(롬 15:17-18). 그러므로 심판 때에 신자들의 자랑은 그리스도께서 그들을 통해서 일하셨다는 것이 되어야 할 것이고, 이러한 것들은 그들의 칭의를 보여주는 증거들이 될 것이다. 그리고 이것은 신자들 안에서 선한 일을 시작하신 하나님이 그리스도의 날에 그 일을 이루실 것이라는 약속과 결합되어 있다(빌 1:6; cf. 고전 1:8-9). 이렇게 바울은 사람들이 칭의를 받은 후에 죄악들과 실패들로 인해서 심판을 받게 될 위험성을 인정하고 있는 것으로 보이지만, 칭의 이후의 선한 일들을 그들이 의뢰할 수 있는 그들 자신의 공로가 아니라 하나님께서 그들의 삶 속에서 역사하셨음을 보여주는 증거들로 여겼다.

신자 안에서의 하나님의 지속적인 역사. 신자들의 삶은 개인적으로든 공동체적으로든 분명히 바울의 서신들 속에서 그의 신학적인 표현의 중심에

---

41) 바울과 그 밖의 다른 신약성서의 기자들이 구원의 상태로부터 떨어져 나가는 것이 가능하다고 믿었느냐에 관한 문제는 다양하게 대답된다. 제25장을 보라.

있다. 왜냐하면, 바울 서신들은 신자들에게 보내진 것이고, 기본적으로 신자들에 관한 것이기 때문이다.

우리가 이미 살펴보았듯이, 궁극적으로 수행되고 있는 것은 하나님의 목적이고, 신자들이 살고 행하는 것은 하나님께 영광을 돌리기 위한 것이기 때문에, 하나님 아버지는 바울 사상의 핵심에 놓여 있다(고전 10:31; 빌 1:11; cf. 엡 1:6, 12, 14에 나오는 수사학적 효과). 신자들의 삶 속에서 역사하시는 분은 하나님이다(고전 1:8-9; 빌 1:6; 2:13).

그러나 하나님께서 어떻게 역사하시는 것인가에 대하여 좀 더 자세하게 살펴보면, 우리는 바울이 그리스도와 성령을 빈번하게 언급하고 있는 것을 발견하게 된다. 신자들은 "그리스도 안에" 또는 "주 안에" 있는 삶을 산다. 그들은 그리스도께서 십자가에 못 박히셨다가 다시 부활하셨다는 사실에 의해서 결정되어 있는 새로운 상황 속에서 살아간다. 바울은 그리스도께서 자기에게 힘을 주신다고 주장한다(빌 4:13). 그러므로 바울이 신자들이 어떻게 살아가야 하는가에 대하여 주고 있는 가르침과 권면은 "주 안에서"(빌 2:29; 살전 4:1) 주어지고 있는 것이다. 즉, 그것은 그리스도의 모범에 의해서 규정되고 주님으로서의 그리스도 속에 그 권위를 두고 있는 방식으로 주어진다. 종종 그것은 예수의 실제의 말씀들에 의거해 있다. 또 어떤 때에는 바울은 선지자적인 통찰을 표현하고 있는 것으로도 보인다(살전 4:15). 그러나 "그리스도 안에서"라는 어구는 하나님께서 신자들에게 그리스도라는 중보를 통해서 축복들을 전달해 주는 방식을 표현하는 것이기도 한데(롬 6:11; 갈 2:4, 17), 이것은 신자들을 위하여 그리스도께서 죽으셨다가 다시 살아나신 행위만이 아니라 그리스도께서 신자들과 지속적인 관계를 갖고 심판 때에 재판장으로서의 역할을 하게 될 것에도 적용되고 있다. 이런 유의 용법을 통해서 우리는 이 어구가 신자와 그리스도 간의 모종의 밀접한 유대 관계를 표현하는 것이라는 이해에 더 접근하게 된다(롬 8:1; 빌 1:1). 이런 유의 이해는 바울이 신자들이 그리스도와 함께 죽었고 그와 함께 장사되었다가 장래의 몸의 부활에 대한 소망을 가지고 새 생명으로 다시 살아났다고 묘사하고 있는 본문들을 통해서 요구되는 것으로 보인다(롬 6:1-11; 갈 2:20; 6:14; 빌 3:10; cf. 골 2:12; 엡 2:5-6; 딤후 2:11). 이것은 단지 풍부한 수사(修辭)일 수 있다: "그리스도께서 너희를 위하여 십자가 위에서 죽으셨을 때, 그것은 마치 너희가 그와 함께 거기에 있어서 그의 죽음이 너희의 죽음인 것과 같은 것이다." 그러나 우리는 그리스도의 영적인 실체를 다루고 있기 때문에, 그것은 실제적인 관계를 표현하는 것이고 단순한 수사 이상의 것이 틀림없기 때문에, 신자들은 믿음으로 그리스도와 합함으로써 그의 죽음과 부활에 참여하게 된다.

하나님을 대신한 행위를 묘사하는 바울의 또 하나의 방식은 성령에 대한 언급을 통해서이다. 성령은 분명히 사람들에게 영향을 줄 수 있고 그들의 인격 속에 들어갈 수 있는 신적인 능력으로 이해될 수 있다(롬 5:5; 고후 1:22; 갈 4:6). 성령은 신자들이 받는 선물이다(고전 2:12; 갈 3:2, 14; 4:6; 살전 4:8). 이 모든 것은 사도행전에서 그리스도인 선교사들이 말씀을 전파하기 위하여 세움을 받았을 때와 같이 특정한 목적을 위해서 일시적으로 감동을 주는 것이라기보다는 지속적이고 영속적으로 감동을 주는 것임을 암시해 준다(행 2:4; 4:8, 31; 13:9). 분명히 성령의 수여는 처음으로 하나님의 백성 속으로 들어가는 것과 결부되어 있다. 성령을 통해서 사람들은 하나님의 자녀로 받아들여지고(롬 8:14-15; 갈 4:6), 그들에게는 하나님의 인치심이 있게 된다(고후 1:22; cf. 엡 1:13-14). 무엇보다도 성령은 신자들 안에서 하나님의 백성의 특질들과 미덕들과 체험들을 만들어 낸다: 신자들은 주관적으로 그들을 향하신 하나님의 사랑을 알게 되고(롬 5:5; cf. 롬 8:16), 그들은 그들이 받은 것이 단지 그들에 대한 하나님의 축복의 시작일 뿐이라는 것을 확신할 수 있는 토대를 가지게 된다(롬 8:23). 신자들은 기쁨을 경험한다(롬 14:17; 갈 5:22). 또한 그들은 절제나 온유 같은 성품의 덕목들을 얻게 되고, 이와 동시에 죄악된 특질들을 표출하고자 하는 시험들에 대항할 수 있게 된다. 한편으로 하나님의 은총의 체험들과 그 결과로서의 감정의 표현들, 다른 한편으로 합당한 행실을 통해서 표현되는 도덕적이고 영적인 미덕들이라는 이 두 가지 유형의 특질은 로마서 14:17과 갈라디아서 5:22-23에 나오는 목록들이 분명하게 보여주듯이 서로 날카롭게 구별되지 않는다.

바울은 그리스도 안에 있고 성령을 가지고 있으며 은혜 아래에서 살아가는 자들이 여전히 시험에 굴복하고 죄를 범하는 일이 어떻게 가능한 것인지에 관하여 그 문제의 이론적인 측면을 다루고 있는 것이 아니다. 그는 이 문제를 아주 잘 알고 있었고, 그의 모든 서신들은 신자들 안에서의 죄 문제를 다루고 있다. 일부 학자들은 바울 신학이 신자들이 범죄할 가능성을 실질적으로 배제하였기 때문에, 그러한 사건들의 발생이 바울에게는 뜻밖의 일이었을 것임에 틀림없다고 주장하여 왔다. 바울은 신자들에게서 죄 없는 완전을 기대하였고, 그런데 현실이 그렇지 않은 것을 발견했을 때에 당혹해하였다는 것이다. 그러나 사실 신자들이 죄를 범한 것을 보고 바울이 의외로 여겼다는 것을 보여주는 증거는 없다(갈 1:6은 수사적인 것이다). 오히려 바울은 신자들에게 죄의 결과들에 대하여 경고하면서 그들에게 올바른 행실을 하도록 강권한다.

신자들의 공동체들. 모든 바울 서신들은 신자들이 각 지역의 회중 공동체 속에서 그들의 삶을 살아가는 것으로 전제하고 있기 때문에, 바울이 말하는 것 중에서 거의 모든 것은 복수형으로 그들에게 공동체적으로 말해진다. 주요한 예외들은 교회 지도자들에게 보내진 세 개의 서신들인데, 이것은 암묵적으로 공동체들을 위한 내용을 담고 있다는 것을 보여준다.[42]

바울에게 있어서 교회는 지리적이고 시간적인 두 차원을 통해서 규정될 수 있는 복합적인 실체이다.[43] 지리적인 차원은 신자들의 지역 공동체들은 "교회"로서 한데 속하여 있는 것으로 보아진다는 것이다. '에클레시아'라는 단어는 두 가지 실체를 동시에 가리킨다. 그것은 신자들의 특정한 집단을 가리킬 수도 있고 신자들 일반을 가리킬 수도 있다.[44] 바울은 이 용어를 신자들의 총체가 아니라 지역의 회중 공동체를 가리키는 데에 더 많이 사용하는 경

---

42) 이것은 바울은 성도들이라고 할 때에 단수형이 아니라 언제나 복수형으로 언급하고 있기 때문에 본질적으로 성도들의 거룩성은 공동체적인 것을 의미한다는 잘못된 결론으로 귀결될 수 있다. 이러한 결론은 그 자체로는 옳을지 모르지만, 그 논리는 잘못된 것이다. 바울은 각각의 경우에 있어서 복수의 성도들에게 말하고 있기 때문에 복수형을 사용하고 있을 뿐이다.

43) 또는 공시적이고 통시적인 두 가지 차원.

44) 나는 "교회"라는 단어가 후대에 지니게 된 잘못된 연상들(교단들, 건물들)을 피하기 위하여 지역의 신자들의 공동체들을 가리키는 데에 회중이라는 용어를 사용하는 일반적인 관행을 채택하였다. 이 문제는 특정한 지역의 그리스도인들이 둘 이상의 가정 모임에 속할 수 있었다는 사실에 의해서 복잡해진다.

향을 보여준다. 예외들은 골로새서와 에베소서, 특히 후자의 서신 속에 나오는데, 거기에서 그의 백성에 대한 그리스도의 관계는 우주적으로 표현되고 있기 때문에, 모든 신자들에 대한 그의 관계에 대한 언급은 자연스러운 발전이다. 그러나 이러한 용법은 이미 초기 서신들 속에 잠재해 있다. 따라서 "저의 집에 있는 교회"(롬 16:5)는 "그 특정한 장소에서 만나온 교회의 지체들"을 가리킬 수 있다. 바울이 자기가 하나님의 교회를 박해하였다고 말할 때(갈 1:13; 고전 15:9; 빌 3:6), 이 말은 단지 한 지역(예루살렘)에 있던 그리스도인들을 가리킬 수도 있지만, 사도행전에 나오는 이야기는 좀 더 폭넓은 활동을 함축하고 있기 때문에, 이 용어는 여러 지역들에 있던 그리스도인들을 포괄한다고 보아야 한다.[45] 또한 바울이 교회를 그리스도의 몸이라고 생각하였을 때(고전 12:27), 그는 일차적으로 고린도에 있는 한 회중 안에서의 문제들을 생각하고 있었을 가능성이 많기는 하지만, 그가 그리스도께서 여러 개의 몸을 가지고 있다고 생각했을 가능성은 거의 없다.[46]

이러한 몸 이미지는 골로새서와 에베소서에서 지배적이다. 교회를 지역 회중 공동체를 가리키는 의미로 사용하는 용법은 계속되지만(골 4:15-16), 본질적으로 교회는 하나의 실체이다. 그리스도는 교회를 사랑하여서 교회를 위해서 자신을 주었고, 교회는 하나님께서 그의 지혜를 나타내시기 위하여 역사하는 수단이 되었으며, 하나님이 영광을 받으시는 영역이 되었다(엡 3:10, 21; 5:23-32). "몸"과 관련된 표현은 신부 이미지와 혼합되어 있는데, 이것도 별개의 회중들의 전체적인 집합이 아니라 하나의 실체가 존재한다는 것을 전제하는 것이다. 그러나 신부에 관한 표현은 초기로 거슬러 올라가는데(고후 11:2), 이 이미지는 일차적으로 고린도에 있는 한 회중과 관련되어 있기는 하지만, 그럼에도 불구하고 그리스도께서 서로 다른 여러 신부들을 가지고 있다고 생각한다면, 이 이미지는 손상을 입게 된다.

또한 교회를 이스라엘, 즉 야곱으로부터 내려온 하나님의 백성과의 연속선상에 있는 것으로 이해하는 시간적인 차원이 존재한다. 신자들은 집합적

---

45) 그 밖의 다른 언급들은 논란이 되고 있다: cf. 고전 10:32; 12:28.

46) 바울은 그리스도의 교회들이라는 표현을 한 번 이상 사용하고 있다(롬 16:16; cf. 갈 1:22); 그 밖의 다른 경우에 그는 하나님의 교회 또는 교회들이라는 표현을 사용한다.

으로 "성도들"로 알려져 있다. 이 용어는 암묵적으로 신자들을 성경 속에 나오는 하나님의 백성인 이스라엘과 연속선상에 있는 것으로 규정하는 것이다 — 물론, 이스라엘이라는 용어는 일반적으로 바울에 의해서 유대 백성을 가리키는 데에 사용되고 있기는 하지만.[47] 그럼에서 불구하고, 바울은 유형적으로 규정된 하나님의 백성과 그들 안에 있는 "참된" 백성의 구별을 잘 알고 있었다(롬 9:6).[48] 바울은 그의 독자들인 그리스도인들을 부를 때에 통상적으로 "형제들"이라는 호칭을 사용하는데, 이 호칭은 동일한 신앙을 지닌 자들을 가리키는 통상적인 용어였다.[49]

이러한 관계의 성격은 하나님과 이스라엘의 계약이 뭔가 다른 것으로 대체되었다는 것을 의미하는 것으로 쉽게 오해된다(대체설). 바울에게 있어서 분명한 것은 구약성서에 서술된 역사적 시기 전체에 걸쳐서 혈통상으로 야곱의 자손에 속해 있었던 자들과 이 많은 사람들 중에서 하나님에 대한 믿음과 순종을 보여준 작은 집단이 구분될 수 있었다는 것이다. 성경은 많은 이스라엘 백성이 우상숭배와 하나님의 계명들에 대한 불순종으로 반복해서 빠져들었고 그들이 율법의 준수를 통해서 하나님과 올바른 관계를 맺을 수 있다는 사상이 자라났다는 것을 아주 분명하게 보여준다.[50] 이렇게 바울은 하나님의 참된 백성은 눈에 보이는 유형적인 하나님의 백성 내에서 적은 수이고,

---

47) 갈라디아서 6:16은 예외일 가능성이 높은데, 그 본문은 교회를 가리키는 것 같다. 제8장 각주 37을 보라.

48) 고린도전서 10:18도 동일한 방향을 보여주는 것 같다.

49) 헬라어 '아델포이'는 문맥에 따라서 형제들을 가리킬 수도 있고 형제들과 자매들이 섞여 있는 집단을 가리킬 수도 있다; 후자의 경우에 그 초점은 일차적으로 형제들에게 두어져 있을 수 있지만, 자매들을 배제하는 것은 아니다. 여기에서 결정적으로 중요한 것은 바울이 의도적으로 그들을 하나님의 아들들과 딸들로 언급함으로써 남자들과 여자들을 하나님의 가족의 지체들로 규정하고 있다는 것이다(고전 6:18, 여기에서 인용된 칠십인역 본문에는 단지 "아들"로만 되어 있다). 바울이 특정한 개별 여자 신자들을 "자매들"이라고 언급하고 있다는 사실은 그가 회중을 지칭하기 위하여 형제들이라는 용어를 사용하고 있을 때에 자매들을 배제하였을 가능성을 없애 준다. 오늘날의 번역본들은 헬라어 '아델포이'를 오직 남자들만을 의도하고 있다는 것이 분명한 경우를 제외하고는 "형제들과 자매들"이라고 올바르게 번역하는 경향을 보여준다.

실제로 언제나 적은 수였다는 남은 자 신학을 보여준다. 그리스도께서 오심으로써 두 가지 결정적으로 중요한 변화가 일어났다. 첫째, 예수는 유대인들이 구약의 예언들을 토대로 해서 기다리고 있었던 메시야, 하나님으로부터 보내심을 받은 구원자로 이해되었기 때문에, 하나님과 올바른 관계를 맺는 길은 믿음으로 메시야를 받아들이는 것을 통해서라는 결론이 도출되었다. 이렇게 아브라함 이래로 하나님의 참된 백성의 특징을 이루고 있었던 하나님에 대한 신앙은 이제 메시야에 대한 신앙이라는 관점에서 재정의되었다. 유대인들 중에서 남은 자들은 진정으로 계속해서 하나님의 백성이 되었다. 둘째, 믿음이 있는 남은 자들은 동일한 믿음을 공유한 이방인들을 포함하게 되었다. 이렇게 해서 이 남은 자들은 교회로 구체화되었다. 믿지 않는 유대인들이 하나님의 백성인 교회 속에 포함되지 않은 것은 이제까지 항상 그래 왔던 것, 즉 혈통적인 것은 그 자체로 별 의미가 없고 오로지 하나님과의 올바른 관계가 중요하다는 기존의 원칙과 다른 것이 전혀 없었다. 그런 까닭에 **대체설**(supersessionism)은 올바른 용어가 아니다. 하나님께서 야곱의 자손들에게 그들이 그의 백성이 될 것이라고 약속하신 것은 무효화되지 않았지만, 이제 그 약속은 단지 육체적인 혈통의 문제가 아니라, 약속된 메시야를 하나님께서 보내신 것을 인정하는 믿음의 문제이고, 그 약속이 비유대인들을 포함하는 쪽으로 확장되었다는 것이 분명해졌다.[51]

하나님의 백성으로서의 교회의 성격은 골로새서에서 신자들을 그들이 세례를 통해서 할례를 받았다고 말하고 있는 것에서 추가적으로 드러난다(골 2:11). 여기에서 구약성서로부터 이미 친숙해진 영적인 할례라는 개념이 세례받은 자들에게 적용되고 있다. 말할 필요도 없이, 이것은 외적이고 신체적인 의식(儀式)을 또 다른 의식으로 대체한 것이 아니라, 세례를 통해서 영적으로 일어나고 있는 일이 할례를 통해서 영적으로 일어나야 할 일, 즉 죄악

---

50) 여기에는 백성들의 불순종(롬 10:21)과 하나님과 올바른 관계를 맺는 수단으로서 그들 자신의 행위에 의지하는 것 간의 어느 정도의 긴장관계가 존재한다. 그러나 바울에게 있어서 그들의 불순종의 한 측면은 그들이 하나님의 관점에서가 아니라 그들 자신의 관점에서 하나님과 올바른 관계를 맺으려고 시도했다는 것이다.

51) 우리는 이 원칙을 "영적인 포괄주의"라고 부를 수 있을 것이다.

된 성향들을 베어버리는 것과 일치한다는 것을 말해 주는 것이다.

세례는 사람들을 신앙 공동체 속으로 받아들이는 외적인 입교 의식이었다. 세례를 받은 자들은 한 몸 속으로 받아들여져서 한 성령에 참여하게 되었다 — 물론, 성령에 의해서 그들에게 주어진 은사들은 다양하였지만(고전 12:12-13; cf. 딛 3:5-6). 씻음이라는 이미지는 세례와 연관되어 있었고, 바울에 의해서 간접적으로 사용되었을 가능성이 높다(고전 6:11; cf. 딛 3:5). 그것은 자연스럽게 죄로부터 깨끗하게 됨을 상징하는 것으로 생각되었을 것이다(cf. 행 22:16). 그러나 바울에게 특별한 것은 그리스도와 합하여 세례를 받은 것은 그의 죽음과 장사지냄에 참여한 것을 상징하기 때문에 거기에 참여한 자는 그리스도의 부활에도 참여하게 되리라는 개념이다(롬 6:3-5; cf. 골 2:12). 바울은 여기에서 신자가 죽었다가 다시 부활하신 그리스도와 합하는 것으로서의 믿음에 대한 그의 이해로부터 영향을 받았을 가능성이 큰데, 물이라는 상징은 죽음과 일시적인 장사지냄과 부활을 상징하는 것으로 이해되었을 것이다.[52]

마찬가지로, 교회는 하나님이 임재해 계시는 곳으로 보아진다. 구약성서에서 하나님의 임재는 특히 성전과 결부되어 있었지만, 이제 성전이 교회로 대체되었고, 교회는 유형적인 건물이 아니라 하나님의 백성의 무리로 이해되고 있다는 점에서 두 가지 발전이 이루어졌다(고전 3:16-17; 고후 6:16; cf. 엡 2:21).[53] 또한 하나님의 임재가 개별 신자들에게 주어진 것으로 이해되고 있고, 신자들의 몸은 성령의 전이다(고전 6:19).[54]

---

52) 이러한 상징은 세례 후보자들을 물 속에 잠기게 하였을 때에 더 쉽게 분명하게 드러나겠지만, 물을 뿌리는 것을 통해서도 가능하다. 후자의 방식은 고린도전서 12:13에 나오는 이미지 배후에 있는 물을 준다는 것에 관한 유비 속에 반영되어 있는 것 같다. 아마도 이 두 가지 방식의 세례가 행해졌던 것으로 보인다; *Didache* 7에서 허용하고 있는 재량권을 참조하라.

53) 이와 비슷한 발전이 유대교에서 성전의 멸망 후에 하나님께서 그의 백성이 토라를 읽을 때에 그들과 함께 한다는 인식을 통해서 일어났다.

54) 여기에서 또 다시 우리는 하나님께서 개개인으로서의 그의 백성과 함께 하신다는 것에 관한 진술과 하나의 공동체로서의 그의 백성과 함께 하신다는 것에 관한 진술 간에 긴장관계가 존재한다는 것을 보게 된다. 이 경우에 있어서 긴장관계는 우리가 영적인 실

이러한 고찰들로부터 우리는 바울이 회중들에게 돌린 다음과 같은 기능들을 이해할 수 있다.

첫째, 회중이 하나님의 임재의 장소라면, 하나님은 회중 속에서 역사하고 계신다. 여기에서 바울은 서로 다른 개인들 속에서의 성령의 다양한 활동들에 나타나는 영적인 은사들이라는 그의 개념을 발전시킨다. 이러한 활동들은 일차적으로 성령의 능력에 기인하는 것이기는 하지만 그러한 것들은 하나님 속에 그 근원을 가지고 있고 주 예수를 섬기는 데에 사용된다고 말해진다(고전 12:4-6). 이러한 활동들의 목적은 회중의 지체들이 그들의 공통적인 유익을 위하여 일함으로써 교회의 덕을 세우기 위한 것, 즉 그 지체들이 믿음과 사랑과 소망 속에서 성숙되어 가게 하기 위한 것이다. 이렇게 회중은 이기적으로 그들 자신을 기쁘게 하는 것이 아니라 하나님과 그들의 형제들 및 자매들을 기쁘게 하고자 하기 때문에 동일한 목적을 가지고 서로에 대한 상호적인 관심을 통해서 하나님께서 원하시는 백성의 모습을 갖춘 그러한 모습의 공동체가 되어 간다.

둘째, 하나님이 임재하시고 역사하시는 장소로서의 회중은 세상에 대하여 하나님이 계시다는 것을 증언하는 증인으로서의 역할을 한다(cf. 고전 14:22-25).

셋째, 회중은 하나님께 기도와 찬송이 드려지는 곳이다. 이러한 활동들은 회중의 실천들에 관한 바울의 묘사들 속에서 거의 언급되고 있지 않지만, 그의 서신들 속에서 기도하라고 요청하고 있는 말들은 이것이 회중의 모임의 중요한 한 측면이었다는 것을 보여준다. 바울 서신들 속에 나오는 기도문들은 찬송, 간구, 중보기도가 기도의 여러 측면들이었다는 것을 보여준다.[55] 기

체들을 다루고 있는 것이기 때문에 이 두 가지 방식의 하나님의 현존을 생각하는 것이 전혀 서로 모순되지 않는다는 사실에 의해서 완화된다. 하나님께서 만유 전체에 걸쳐서 보편적으로 현존해 계시다는 것과 그가 그의 백성에게 현존해 계시다는 것을 구별할 때에 생겨나는 이와 비슷한 표현상의 문제와 비교해 보라.

55) 초대 교회에서 예배의 중요한 위치 및 신학의 발전에 있어서 예배의 중요성에 대해서는 Larry W. Hurtado, *Lord Jesus Christ: Devotion to Jesus in Earliest Christianity* (Grand Rapids, Mich.: Eerdmans, 2003)을 보라.

도는 하나님에게 드려졌지만(롬 1:8; 고후 1:3; cf. 엡 1:3, 17; 3:14), 그리스도를 통해서 드려졌고 성령 안에서 행하여졌다(고전 14:16; cf. 엡 6:18). 이렇게 그리스도와 성령이 개입되어 있는 것은 중보기도자들로서의 그리스도와 성령의 역할과 연결되어 있다(롬 8:26-27, 34).

넷째, 회중의 모임은 가정에서 이루어졌고, 거기에서 식사를 나누는 것은 자연스러운 일이었다. 고린도전서를 통해서 우리는 이 식사의 핵심에는 그리스도께서 그의 백성을 위하여 죽으셨다는 것과 그가 자신을 희생제물로 드리심으로써 새 계약을 맺으셨다는 것을 상징하는 떡과 잔을 나누는 일이 있었다는 것을 알게 된다. 이러한 맥락 속에서 예수의 부활에 관한 것은 전혀 언급되고 있지 않지만, 예수의 죽음이 "그가 오실 때까지" 선포되어야 한다고 명령되었다는 사실은 이러한 식사 속에 예수의 부활과 높아지심이 함축되어 있었다는 것을 보여준다. 또한 예수께서 이 식사의 주인이라는 것에 대해서도 그 어떤 명시적인 언급이 없는데, 아마도 예수께서 이 식사의 주인이라는 모티프는 이 식사가 그의 죽음에 대한 상징성을 지닌다는 것과 잘 어울리지 않는 것으로 생각되었을 것이다. 그럼에도 불구하고, 그들이 주님의 상을 중심으로 모여 있다고 바울이 말한 것과 이것을 귀신들과 교제하는 것과 대비시키고 있는 것(고전 10:20)은 신자들이 주님과 교제하고 있다는 것을 보여준다. 이렇게 함께 식사를 나누는 것은 모든 신자들이 한 몸에 속해 있다는 사실을 상징하는 것이었고, 그들의 인종적이고 사회적인 배경이 무엇이든지와는 상관없이 신자들이 서로 하나가 되었다는 것을 표현하는 수단이었다. 의미심장하게도 이것과 정확하게 동일한 역할이 세례에도 부여되고 있다(고전 12:13; 갈 3:28; cf. 엡 4:5) — 물론, 그 관습은 언제나 상징으로 취급되지는 않았지만(고전 11:18-22).

이러한 맥락 속에서 회중의 조직에 관하여 상세하게 살펴보는 것은 불필요하다. 우리는 이미 바울에게 있어서 성령은 지체들이 수행하는 서로 다른 여러 직분들 속에서 역사하고 있고, 원칙적으로 모든 신자는 이런 식으로 교회에 기여할 수 있으며, 실제로 성령에 의해서 수여된 은사들과 기능들을 사용할 의무 아래 있다는 것을 보았다. 나아가, 이러한 활동들은 하나님의 메시지를 회중에게 전달해주는 예언의 은사, 회중을 세우고 그들을 감독할 책임을 지는 사도의 직무 같은 것들을 포함하고 있었다. 바울의 초기 서신들에는 가르침(갈 6:6)과 리더십에 대하여 특별한 책임을 지는 사람들이 나온다는 것이 인정되고 있는데, 이러한 일들은 목회적인 돌봄과 치리라고 부를 수 있는 것들을 포함하고 있었던 것으로 보이기 때문에 어느 정도의 권위를 내포하고 있다(고전 16:15-16; 살전 5:12). 사역을 담당한 모든 자들에게는 거기에 합당한 존경이 드려져야 했다. 종종 개인들에 의해서 행사되기도 하고 또 어떤 때에는 분명히 치리를 받아야 할 개인들에 대하여 회중의 공동체적인 결정에 의해서 행사되기도 한 권위 있는 리더십의 요소가 존재하였다는 것을 부정하는 것은 불가능하다(고전 5장). 지역 회중의 리더십이 발전해 가면서 정확히 어떠한 지도 체제가 선택되었는지는 분명하지 않다. 바울은 오직 한 번 감독들과 집사들 같은 구체적인 지도자들에 대하여 언급하지만(빌 1:1; 또한 롬 16:1을 보라), 초기 서신들에는 **장로**라는 용어가 나오지 않는다.

후기 서신들에서는 리더십의 문제가 좀 더 두드러지게 나타난다. 에베소서는 하나님의 백성의 덕을 세우기 위한 목적으로 교회에 주어진 하나님의 은사들을 세심하게 열거하고 있는데, 그러한 은사들로는 사도들, 선지자들, 복음 전도자들, 목사들, 교사들이 있다(엡 4:11-13). 이 은사들 중에서 처음 세 가지는 교회를 세우거나 하나님으로부터 받은 계시를 교회에 전하는 직분들인 반면에, 나중의 두 가지는 이미 계시에 의해서 주어진 신앙의 가르침을 회중에게 베풀고 돌보는 책임을 지는 지역 회중의 지도자들이다.

이와 동일한 요소들은 디모데전서와 디도서에서도 찾아볼 수 있는데, 거기에는 회중의 지도자들인 감독들과 집사들에 관한 좀 더 발전된 가르침이 나온다. 그들의 직무에 관해서는 직접적으로 거의 언급이 되고 있지 않지만, 이 서신들 전체에 걸쳐서 특히 바울을 통해서 알려지게 된 대로의 진리에 토대를 둔 가르침의 필요성과 회중들을 감독하고 인도하는 것에 대하여 상당한 정도의 강조가 나오는데, 이것은 거짓된 가르침에 대항하고 그것과 결부되어 있는 거짓된 행실을 물리치기 위한 것이었다. 바울, 디모데, 디도는 회중들에 대한 전반적인 감독을 행사하는 자들로 보아지고 있지만, 이와 동시에 그들은 지역 회중의 지도자들을 위한 역할 모델들로서의 기능을 한다.

신학과 행위. 바울 서신 전체에 걸쳐서 복음과 행위 간의 밀접한 연결 관계가 존재한다. 복음은 신자들이 어떻게 살아야 하는지에 대한 구속력 있는 지침들을 담고 있고 있다. 이것은 특히 로마서의 구성, 그리고 후기 서신들에서는 에베소서와 골로새서의 구성을 통해서 분명하게 드러나는데, 이 서신들의 전반부는 후반부에 나오는 실천적인 가르침을 위한 신학적인 토대들을 놓고 있다. 그렇지만 다른 서신들에서도 실천적인 가르침은 교리적인 진술들에 의해서 밑받침되고 있거나(cf. 디모데전후서, 디도서), 이 두 가지가 밀접하게 서로 섞여 짜여 있다(고린도전서). 이러한 연결 관계들은 몇 가지 방식으로 제시될 수 있다.

신자들은 그들을 부르셔서 그의 백성을 삼으신 하나님께 합당한 삶을 살아야 한다(살전 2:2; 4:7; cf. 엡 4:1; 딤후 1:9). 자녀들은 그들의 아버지에게 합당한 자들이 되어야 하고, 아버지의 면목을 세워주는 방식으로 살아야 한다(고전 10:31). 또한 하나님이 그들의 재판장이시고, 그들은 그들이 살아가면서 행한 일을 통해서 평가받게 되리라는 것이 일깨워진다. 심판의 기능은 그리스도와도 결부되어 있고, 그리스도의 재림은 거룩한 삶을 위한 자극제로서의 역할을 한다(롬 13:11-14; 살전 5:1-11).

신자들이 "그리스도 안에" 또는 "주 안에" 있다는 사실은 결정적으로 중요하다. 신자들은 그들의 부르심과 그들의 최후의 심판 사이의 기간 동안에 자신의 모습을 현재적으로 형성해 나가야 한다(롬 16:2, 8, 11-13; 빌 2:29; 살전 4:1; cf. 엡 6:1; 골 3:18). 이러한 사상은 구체적이고 세부적인 내용을 통해서 발전되고 있지는 않지만, 바울은 신자들이 그리스도의 법 아래에서 살아가고 있다고 생각한다(고전 9:21). 아마도 바울은 이 그리스도의 법이 사랑하라는 명령 속에 요약되어 있는 것으로 본 것 같다. 그리스도의 계명들은 바울을 포함한 사도들을 통해서 주어졌다. 그들은 비록 모세 율법 아래 있지는 않지만 그들이 본받고 따라야 할 계명들과 삶의 형태들로부터 자유로운 것은 아니다(cf. 고전 11:1).

이러한 종류의 삶은 신자들이 예수의 죽음과 장사지냄과 부활에 참여함으로써 죄에 대하여 죽고 새 생명으로 다시 살아나서 예수의 성품을 이룰 때까지 십자가를 지고 가는 삶으로 아주 심오하게 표현되고 있다. 골로새서는 이러한 삶이 죄악된 옛 사람의 속성들을 벗어버리고 그리스도와 함께 다시 살리심을 받은 새 사람을 입는 것을 포함한다는 것을 아주 날카롭게 묘사한다. 그러나 고린도후서는 지금 여기에서의 신자들의 삶(특히, 선교사들)은 비록 그들이 연약함 속에서 살아가고 있고 사망이 그들 속에서 역사하고 있기는 하지만(고후 4장) 영광에서 영광으로 변해가는 삶이라는 것(고후 3:18)을 가장 심오한 형태로 표현하고 있다.

그러한 삶은 사람들로 하여금 하나님이 원하시는 모습으로 되지 못하도록 방해하는 죄의 세력으로부터 건져냄을 받아서 하나님과 올바른 관계를 맺기 위하여 계명들을 지켜야 한다는 강박 관념이 아니라 하나님에 대한 사랑과 감사의 표현으로서 하나님이 요구하시는 것을 행할 수 있는 능력을 갖게 된 것으로 이해된 자유의 삶이다.

하나님과 그의 백성의 미래. 바울 신학의 핵심이 하나님의 백성의 현재적인 실존에 관한 것이고, 복음을 통해서 선포된 과거의 구속 역사에 토대를 두고 있다는 것은 분명하다. 이와 동시에, 우리는 미래적인 차원에 대해서도 끊임없이 인식하여 왔다. 하나님은 아직 "만유 중에 만유의 주로서"(고전 15:28) 계시지 못하고 있고, 하나님에 대한 반역은 계속되고 있으며, 피조물은 종 됨과 썩어짐에 굴복해 있고, 사망은 계속해서 인류를 지배하고 있다. 따라서 최후의 승리가 얻어지게 될 때를 바라보는 전망이 존재한다. 현재의 때는 그리스도의 원수들이 패배당하고 있기는 하지만 어쨌든 그리스도와 그의 원수들이 싸우고 있는 때이다. 궁극적으로 그리스도는 이 세상으로 다시 오실 것이고, 그의 재림은 죽은 자들의 부활, 모든 사람에 대한 심판, 하나님의 백성이 변화되어서 그들에게 약속된 유업을 받게 되는 것을 포함하게 될 것이다.

이렇게 핵심적인 요소들은 다음과 같은 것들을 포함하고 있다. 첫째, 하나님에게 대적했던 세력들이 패배당하게 된다. 바울 신학의 다른 곳에서와 마찬가지로 여기에서도 바울의 사상은 악한 세력의 패배가 그리스도의 죽음과 부활 속에서 이미 일어났지만 최종적인 승리는 아직 이루어지지 않았다는 점에서 저 특징적인 "이미와 아직"(already … not yet)이라는 패턴을 보여준다. 이미 이루어진 일을 토대로 해서 바울은 최후의 승리를 확신하고 있다. 전투에서 이미 패배한 세력을 청소하고 있다는 은유는 바울이 사용하고 있는 은유는 아니지만, 아마도 악의 세력들의 처지를 잘 나타내고 있는 말인 것 같다. 만유에 있는 모든 세력들은 이제 바야흐로 그리스도께서 주님이라는 것을 받아들일 시점에 와 있다(빌 2:9-11).

둘째, 적대적인 세력들은 패배당하였을 뿐만 아니라 멸망당하였다. 바울은 특별히 사망을 골라내서 언급한다(고전 15:26).

셋째, 만유는 사망과 멸망의 세력으로부터 해방되어서 변화되었다(롬 8:21).

넷째, 하나님의 백성은 부활하신 상태의 그리스도와 마찬가지로 썩지 않고 죽지 않는 영적인 몸을 입어 변화받게 될 것이다(고전 15; 고후 5:1-10; 빌 3:21). 바울이 바라보고 있는 것은 분명히 하나님이 계시는 천상의 세계가 지닌 영원성을 공유하는 새로운 만유이다. 현재에 있어서 신자들, 특히 선교사들은 "항상 예수를 위하여 죽음에 넘겨짐은 예수의 생명이 또한 우리 죽을 육체에 나타나게 하려"(고후 4:11) 죽음을 무릅쓴 위태로운 삶을 살아간다. 이 절은 신자들의 처지에 대한 가장 심오한 묵상을 통한 바울의 아주 현실적인 이해를 요약하고 있다(고후 4:7-5:10).

바울은 이러한 변화 과정에 관하여 좀 더 세부적으로 천착해 들어가지 않기 때문에, 그가 말하고 있는 것은 해석하기가 극히 어렵다. 우리는 바울이 어떻게 그것을 개념화했는지를 알지 못한다. 그는 물질적이고 썩어질 만유와 하나님이 거하시는 천상의 세계를 구별하였던 당시의 세계관을 사용하여서, 이러한 구별이 장차 없어지게 된다는 것을 말하고 있다. 그러나 우리가 바울이 말하고 있는 것의 의미를 잘 알 수 없다는 것은 궁극적으로 그리 중요하지 않다. 왜냐하면, 바울에게 중요했던 것은 하나님의 백성이 하나님과 더불어 사는 삶이 온전히 실현되는 것이었다는 것이 분명하기 때문이다. 이미 데살로니가전서에서 소망의 핵심은 영원히 주님과 함께 있는 것에 두어지고 있다(살전 4:17; 5:10; 빌 1:23).

후기 서신들

우리가 위에서 바울 신학에 대하여 설명한 내용은 상당 부분이 로마서를 근거로 한 것인데, 이것은 로마서가 여러 가지 주제들을 다른 서신들에서보다도 좀 더 상세하게 다루고 있기 때문이다. 하지만 이러한 것은 거기에 나오는 내용들에 대한 지나친 강조로 귀결될 수 있는 위험성도 존재한다. 그럼에도 불구하고, 고린도전후서, 갈라디아서, 빌립보서에서 확인되는 것과 같은 동일한 서술이 도출되었다고 말할 수 있다. 빌레몬서도 여기에 나오는 서술과 부합하지만 너무 분량이 짧아서 확고한 결론을 내리기는 어렵다. 이러한 서신들 속에는 역설들과 긴장 관계들이 존재하기는 하지만 전체적으로 통일적인 신학적 전망이 존재한다.

데살로니가전후서의 내용도 이러한 틀 안에서 이해될 수 있다 — 물론, 바울 신학에 특유한 몇몇 특징들이 거기에 나오지 않거나 별로 강조되고 있지 않지만. 이 두 서신 속에서 예수의 재림 및 그것과 관련된 문제들이 훨씬 더 많이 부각되어 있는 것은 적어도 부분적으로는 독자들과 관련된 특정한 문제들에 기인하는 것이지만, 예수의 재림은 다른 서신들에서보다 바울의 신학과 가르침 속에서 더 지배적인 역할을 차지하였다는 주장이 제기될 수도 있다. 그렇지만 그러한 주장은 잘못된 것이다. 고린도전서 15장에서는 예수의 재림과 밀접하게 연결지어서 신자들의 부활이라는 문제를 아주 자세하게 다루고 있는데, 우리는 고린도전서에서도 회중 속에서 제기된 문제들 때문에 이 문제를 직접적으로 다루게 되었다는 것을 명심하여야 한다. 의문들이 제기되지 않았다면, 우리는 이 문제에 관한 이러한 긴 논의를 결코 갖게 되지 않았을 것이고, 바울에게 있어서 이 문제가 어느 정도로 중요했는지에 대한 잘못된 평가도 나오지 않았을 것이다. 사실, 데살로니가전서는 고린도전서와 상당한 정도의 유사점들을 보여준다. 다른 측면에서, 데살로니가전서에서 재림에 관한 문제가 두드러지는 것은 재림이 바울에 의한 설교와 가르침 속에서 차지하고 있던 위치를 반영하고 있는 것임에 틀림없고, 따라서 재림의 문제가 후기 서신들이 보여주는 것보다 더 큰 문제였다는 것을 암시해 주고 있는 것이라고 주장될 수 있다. 데살로니가전서의 문제점은 그것이 다른 서신들과 함께 공유하고 있는 내용들에 있는 것이 아니라 거기에 빠져 있는 것들에 있다. 데살로니가전서에는 예수께서 우리를 위하여 죽으셨다는 단순한 사실과 그가 죽으셨다가 다시 살아나심으로써 우리가 하나님의 진노로부터 구원받고 구원과 생명을 얻게 되었다는 것에 대한 짤막한 언급 외에는 예수의 죽음과 부활에 관한 내용이 거의 없다. 그러나 그것은 로마서에서 상세하게 서술되고 있는 것과 동일한 확고한 핵심이다. 또한 데살로니가전서에는 성령에 관한 언급도 거의 나오지 않지만, 바울이 거기에서 쓰고 있는 것은 다른 곳에서 좀 더 상세하게 다루고 있는 것과 잘 부합한다: 성령은 복음의 선포 속에서 역사하고 있고(살전 1:5; 고전 2:4), 복음에 응답하는 자들 속에 기쁨을 주며(살전 1:6; 롬 14:17; 갈 5:22; cf. 롬 5:5), 성령은 하나님이 신자들에게 주시는 선물이고, 그들을 거룩한 삶으로 인도하며(살전 4:8; 고전 6:19), 회중 속에서, 아마도 예언을 포함한 은사들을 나누어 주는 일에서 역사한다(살전 5:19; 고전 12:7).

이 스펙트럼 속에서 데살로니가전후서와 정반대의 끝점에 위치해 있는 것은 한편으로는 골로새서와 에베소서이고 다른 한편으로는 목회 서신이다.

골로새서. 골로새서는 바울의 초기 서신들과 비교해 볼 때에 몇 가지 발전들을 보여준다.

기독론, 특히 골로새서 1:15-20에 표현된 기독론은 새로운 특징들을 담고 있다. 피조물과 그리스도의 관계에 관한 논의는 그리스도를 먼저 나신 자라고 말하고, 모든 능력들에 대한 머리이자 창조의 목적으로서의 그리스도에 대한 강조가 나오는 등 새로운 방식으로 묘사되고 있는 주제이다. 신성의 모든 충만이 그리스도 안에 거한다는 말씀(골 2:9)은 우리가 초기 서신들에서 접해 보았던 그 어떤 내용도 뛰어넘는다.

전형적으로 율법과 의(義)에 관한 바울의 가르침은 여기에 나오지 않는다 — 이 서신 속에서 반대하고 있는 가르침이 유대화주의적인 요소들을 담고 있다고 할지라도. 바울은 그리스도의 죽음을 죄, 율법, 죽음과 관련시키고 있는 반면에, 여기에서는 그리스도의 죽음을 영적인 세력들인 통치자들과 권세들에 대한 승리와 관련시킨다.

신자들은 이미 그리스도와 함께 다시 살리심을 받아서, 하나님 안에서 그리스도와 더불어서 감춰진 생명을 가지고 있다고 말해진다. 신자들의 삶에 관한 가르침은 그리스도와 함께 한 죽음과 부활에 관한 이러한 말씀을 중심으로 하고 있고, 바울의 초기 서신들에서 신자들과 회중의 삶 속에서 중요한 역할을 차지하고 있던 성령은 언급되지 않는다.

또한, 교회의 머리로서의 그리스도의 지위도 새로운 것이고, 교회는 지역 회중이라기보다는 그 범위에 있어서 보편적이다.

복음이 이방인들을 위한 것이기도 하다는 계시에 있어서 핵심적인 인물로서의 바울의 위치가 강조된다.[56]

이러한 차이점들은 모순들이나 불일치들로 과장되어서는 안 된다. 피조물들에 대한 그리스도의 신분과 역할을 주제로 삼은 것은 비록 하나의 주제로 상당히 발전되었다고 말할 수 있지만 기본적으로 고린도전서 8:5-6과 조화를 이루고 있고, 여기에 나타나는 특정한 형태의 발전은 당시의 회중을 괴롭히고 있었던 초자연적인 세력들에 대한 이해로 인해서 제기된 문제를 다룰 필요성 때문에 생겨난 것이다. 이러한 세력들은 이미 그러한 세력들에 대한 그리스도의 장래의 승리를 말하고 있는 로마서 8:38과 고린도전서 15:24에서 언급된 바 있다.

하나님과 그리스도의 관계도 초기 서신들에서 이미 준비된 내용이다. 그리스도가 먼저 나신 자라고 말하는 것은 하나님의 아들과 형상으로서의 그리스도에 대한 이해 속에서 표현된 개념들의 일부이고, 그 실제적인 용어도 이미 로마서 8:29에서 사용된 바 있고 요한계시록 1:5에도 다시 나올 것인데, 이것은 "죽은 자 가운데서 처음 나신 자"라는 어구가 전승에 의한 것임을 보여준다. 새로운 개념은 신성의 충만이 그리스도 안에 육체로 거한다는 것이다.[57] 여기에서 이 표현은 관계와 역할이라는 영역으로부터 본질과 존재론 같은 영역으로 옮겨가고 있는 것을 보여주는 것이다.[58]

---

56) 이러한 점들에 대한 열거는 주로 (Andrew T. Lincoln and) A. J. M. Wedderburn, *The Theology of the Later Pauline Letters* (Cambridge: Cambridge University Press, 1993), pp. 58-61을 따른 것이다.

57) 부활하신 그리스도가 몸을 지니고 있었다는 개념은 이미 고린도전서 12장에 나온다. 왜냐하면, 그리스도는 거기에서 하나의 인간이자 신자들의 부활을 위한 패러다임으로 묘사되기 때문이다.

58) 지상적 예수가 하나님과의 동등성으로 인해서 자신의 이익을 위해서 독자적으로 행할 권세를 가지고 있었지만 그 권세를 비우고 자신의 목적을 수행하기 위하여 종이 되었다고 말하고 있는 빌립보서 2:5-8과 그 어떤 모순이나 긴장관계도 존재하지 않는다.

그리스도의 죽음과 그 효력들에 대한 이해는 구속과 화해라는 바울적인 개념들을 포함하고 있다. 죄 사함은 칭의의 동의어이다(롬 4:6-8; cf. 행 13:38-39).[59] 신자들이 그리스도와 더불어 다시 살리심을 받았다는 것은 지금 여기에서의 영적인 삶과 장차 있게 될 육체적인 부활을 구별하고 있는 로마서 6장에서 이미 언급되고 있다. 여기에서 새로운 요소는 신자들이 이미 천상의 영역 속에 있다고 묘사한 것이지만, 저자는 이것이 그리스도께서 영광을 받으신 것과 동일한 것이 아니고, 그러한 것은 여전히 장래에 있다는 것을 아주 분명하게 말하고 있다.[60] 또한 신자들이 그리스도와 함께 죽었고 이제 그와 더불어서 다시 살리심을 받았다는 이해가 나온다. 우리가 여기에서 보는 것은 하늘의 개념을 눈에 보이는 하늘과 눈에 보이지 않는 영적인 영역, 하나님께서 좌정해 계시는 영역을 포괄하는 것으로 사용되고 있는 요한계시록에서 우리가 보는 것과 비슷한 것이다. 개념적으로 구별될 수 있는 이 세 영역들 간의 경계는 유동적이고, 이 세 개념을 절대적으로 구별하여 해석하는 것은 잘못된 것이다. 하나님의 임재와 능력이 죄 가운데 죽어 있는 자들이 들어오지 못하는 영역 속에서 살아가고 있는 사람들에 의해서 경험되는 눈에 보이지 않는 영적인 영역이라는 개념이 여기에서 표현되고 있는

예수가 성령의 인도하심을 받았고 성령에 의해서 힘을 공급받았다는 믿음은 하나님의 능력이 총체적이고 유일무이하게 그에게 현존하였다는 관점에서 이해되었고, 골로새서에 나오는 이 본문 같은 말씀들 속에서 표현되었다.

59) 죄 사함('아페시스,' '아피에미')은 공관복음서들(그리고 요 20:23)에서 훨씬 더 친숙한 개념이다; 이러한 용법은 사도행전에서도 계속된다(행 2:38; 5:31; 10:43; 13:38; 26:18). 그 밖의 다른 곳에서는 이 개념은 드물게 사용된다(히 9:22; 10:18; 약 5:15; 요일 1:9; 2:12). 이상한 점이 있다면, 그것은 골로새서(그리고 엡 1:7)에서 죄 사함이라는 용어를 사용하고 있는 것이 아니라 칭의와 의에 관한 용어들이 나오지 않는다는 것이다. '카리조마이'라는 동사도 사용된다(골 2:13; 3:13; 엡 4:32); 바울 서신의 다른 곳에서 이 동사는 하나님께서 은혜로 주신 것에 대하여 사용되고 있지만(예를 들면, 롬 8:32), 사람들이 용서해 주는 것에 대해서도 사용된다(고후 2:7, 10; 12:13; cf.눅 7:42-43).

60) (Lincoln and) Wedderburn, *Theology*, p. 63은 이 진술을 위험스러운 실험이라고 보지만, 그것은 내게 로마서 6장과 부합하는 것으로 보인다.

것이다.

교회의 머리로서의 그리스도의 지위는 그가 만유의 머리 또는 최고의 지위에 있는 자라는 사상으로부터 발전된 것으로 보이고, 교회가 하나의 몸으로 보아졌다는 사실은 아주 자연스럽게 몸인 교회에 대하여 머리인 그리스도라는 관계에 대한 이해로 귀결되었다. 이것은 로마서와 고린도전서에 나오는 묘사와 비교해 볼 때에 새로운 개념이기는 하지만, 바울이 이미 그리스도의 몸이라고 불렀던 교회에 대한 그리스도의 관계를 표현한 새로운 방식이기 때문에, 이러한 발전에는 전혀 이상한 것이 없다.

바울에 관한 진술들은 이방인들에 대한 사도로서의 바울의 역할의 중요성에 대한 인식을 반영하고 있고(갈 1:16; 2:7), 그것은 과거에 선교가 확장될 때에 역사적으로 중요했던 것이 세월이 흐르면서 그 의미가 발전된 방식으로 아주 자연스럽게 주제화되고 있다.

우리가 골로새서에서 보는 것은 논쟁과 성숙한 성찰의 결과로서 깊이 있게 발전된 바울 신학이라고 말하는 것이 정당할 것이다. 두드러진 특징은 초자연적인 세력들에 대한 그리스도의 능력과 우월성이라는 개념, 그리스도가 신성의 충만으로 채워져 있다는 개념의 발전이다. 여기에서 우리가 보는 것은 초기 서신들 속에 이미 존재하였던 신학적인 모티프들 위에 구축된 신학이다. 새로운 특징들은 이전에 나왔던 것에 모순되는 내용들이나 방향의 변화가 아니라 초기 서신에 나온 것들로부터 정당하게 도출되어 발전된 내용들로 보인다.

에베소서. 에베소서와 골로새서의 유사점들은 즉각적으로 명백하고, 상당한 정도의 병행 어구들이 나온다는 점에서도 분명하게 드러난다 — 물론, 비슷한 표현들을 사용했다고 해서 반드시 정확히 동일한 사상들을 표현하고 있다고 말할 수는 없지만. 바울의 초기 서신들과 비교해 볼 때에 골로새서를 두드러지게 만들었던 신학적인 모티프들은 여기에서도 그대로 발견된다.

에베소서는 그리스도를 만유에 있는 모든 세력들에 대하여 우월한 존재로 이해하고 있다는 점에서 골로새서와 공통점을 지니는데, 이러한 입장은 그리스도를 하나님께서 그의 모든 목적들을 성취하기 위하여 사용한 중보자 또는 대리자라고 말하는 것이다. 이런 입장은 그리스도께서 죽은 자 가운데서 다시 살아나셔서 하나님에 의해서 그의 우편에 높이 들림을 받으셨다는 것과 관련되어 있다. 골로새서는 창조에 있어서의 그리스도의 역할을 주목하고 있는 반면에, 에베소서는 그러한 주제를 무시한다. 이 두 서신은 충만케 한다는 어휘들을 사용한다. 골로새서에서 하나님의 모든 충만으로 충만케 되어 있는 분은 그리스도이지만, 그리스도 안에 있는 자들도 충만하게 되어 있다. 에베소서에는 "만물 안에서 만물을 충만하게 하시는 이의 충만함"으로서의 교회에 대한 특별한 언급이 나온다. 어디에나 계셔서 역사하시는 하나님, 특히 그의 성령에 대한 이해는 그리스도에게 적용되어서, 그리스도는 마찬가지로 모든 신자들 속에 임재해 계시고, 그들에게 하나님의 충만을 전달해 준다. 이런 사상은 아버지와 아들과 성령이 똑같이 신자들 속에서 역사한다고 말하고 있는 에베소서 3:14-21에서 그 절정에 달하고, 하나님의 능력과 하나님의 사랑이 신자들의 주관적인 체험 속에서 매우 밀접하게 연결되어 있다는 것이 분명해진다. 이와 비슷한 사상들은 바울의 초기 서신들 속에도 나오지만(갈 2:20), 그러한 사상들이 여기에서 제시되고 있는 방식 속에는 극적인 점층법이 존재한다. 신자들이 신적인 존재가 되었다는 사상은 존재하지 않는다. 여기에서 이런 말을 하는 취지는 신자들에게 그들이 만유의 악한 세력들에 대항할 수 있는 능력을 가지고 있다는 것을 확신시켜 주는 것이다.

에베소서는 골로새서 및 초기 서신들에서와 동일한 구원 과정에 대한 기본적인 이해를 가지고 있다. 골로새서와 마찬가지로 에베소서는 인간이 그들의 죄 가운데서 죽어 있다가 하나님의 부르심에 의해서 살아났다는 개념을 발전시킨다. 에베소서는 구원을 그리스도와 합하여 죽은 자 가운데서 다시 살리심을 받은 것이라고 본다. 에베소서는 그리스도와 더불어 죽고 그와 함께 장사되었다는 것을 언급하고 있지 않지만, 이것은 옛 사람을 벗어버리고 새 사람을 입으라는 요구 속에 함축되어 있다. 어둠에서 나와서 빛으로 들어가라는 이미지도 사용되고 있다(엡 5:8). 구속, 죄 사함, 화해에 관한 전통적인 이미지들도 사용되고 있고, 그리스도의 죽음은 희생제사적인 것으로 이해된다. 화해의 체험은 유대인들과 이방인들이 한데 어우러져 한 백성이 되었다는 것을 내포하는 있는 것으로 보아지고 있고, 이방인들이 하나님의 백성의 일부라는 것이 강조되고 있다. 이러한 모티프는 골로새서에서 암묵적으로 나오고 있기는 하지만(골 1:27; 3:11) 주제로 다루어지고 있지는 않다.

성령은 골로새서의 신학 속에서는 등장하지 않지만, 하나님의 이 대리자는 에베소서에서는 구원의 중보와 관련된 모든 측면에서 활동하는 것으로 보아진다.

교회는 골로새서의 신학에서보다 에베소서의 신학에서 훨씬 더 큰 역할을 한다. 골로새서는 1:18, 24에서 교회를 그리스도의 몸이라고 추가적으로 정의하고 있지만 다른 곳에서는 교회를 언급하지 않는다(골 4:15-16은 지역에 있는 신자들의 무리들을 가리킨다). 이와는 대조적으로, 교회는 에베소서에서 상당히 중심적인 위치를 차지하고 있고, 이것은 특히 교회를 향한 그리스도의 사랑이 설명되고 있는 에베소서 5:22-33에서 분명하게 드러난다. 여기에서도 교회는 그리스도의 몸이라고 추가적으로 정의되고 있다. 교회에 대한 이해는 좀 더 전통적인 요소들을 포함하고 있다. 이러한 전통적인 요소들은 특별한 기능들을 담당하는 직분들의 발전으로 인해서 이전보다 더 형식화되어 있기는 하지만, 회중 전체가 성령의 능력을 받아서 사역을 해야 한다고 주장되고 있고, 나중에 목회 서신에서 한층 더 자세하게 표현될 신앙에 있어서 가르침의 필요성이 상당히 강조되어 있다. 하나님의 계획과 목적들의 계시에 있어서 결정적으로 중요한 인물로서의 바울의 위치는 두드러진다. 그는 확고하게 사도들과 선지자들의 반열 속에 두어져 있지만 유일한 사도로 여겨지지는 않는다. 교회에 관한 이해에 있어서 정태적인(static) 것은 없다. 교회는 자라나는 몸, 건축되어가는 과정 중에 있는 성전, 성숙을 향하여 성장해 가고 있는 신자들의 무리, 악의 세력들에 대항하여 방어적인 전투를 벌이고 있는 한 무리의 군사들, 그들의 복음 전도자들이 효과적으로 사역할 수 있도록 기도하는 백성으로 보아진다.

이 모든 것 속에는 여러 가지 점에서 초기 서신들을 뛰어넘고 새로운 개념화의 방식들을 채택하고 있는 바울의 복음에 대한 독특한 표현이 존재한다.

목회 서신. 목회 서신은 일차적으로 교회가 선교 사역을 제대로 하는 것을 방해하고 있는 대적자들의 거짓된 가르침과 실천의 문제들을 다루고 있다. 목회 서신은 일차적으로 동료 선교사들에게 보내졌다는 점에서 ― 물론,

그들의 책임 하에 있는 지역 회중들도 그 서신들을 함께 듣도록 되어 있었지만 — 다른 서신들과는 다르다. 목회 서신은 당시의 문제점들을 골로새서나 에베소서와는 상당히 다른 방식으로 다루고 있다. 첫째, 목회 서신은 신앙에 있어서 건전하고 회중을 위해서 적절한 역할 모델이 될 수 있는 지역 회중의 지도자들을 세움으로써 거짓된 가르침을 해결하고자 하는 실천적인 조치들을 다룬다. 둘째, 목회 서신은 거짓 교사들을 잠재우기 위해서 여러 가지 치리(治理)의 조치들을 포함하고 있다. 셋째, 목회 서신은 회중들 및 회중 내에서의 특정한 부류들이 따라야 할 삶의 방식에 관한 가르침을 주고 있다. 넷째, 목회 서신은 선교사들에게 그들 자신의 삶의 방식에 관한 교훈을 준다.[61] 그렇게 함에 있어서 강조점은 교리가 아니라 실천과 윤리에 두어져 있지만, 실천은 복음으로부터 나오고, 복음이라는 근거에 의해서 밑받침되고 있다. 이 서신들은 독자들에게 바울의 가르침과 교회 내에서 통용되고 있던 전통들을 상기시키지만, 이와 동시에 바울의 초기 서신들에서 강조되지 않았거나 새로운 개념들의 도움을 받아서 교리와 실천에 관한 교훈을 발전시키고 있다. 그 결과로 사도적 메시지에 토대를 둔 가르침을 베풀 필요성이 상당히 강력하게 강조되고 있고, 우리가 다른 서신들에서 볼 수 있는 새로운 도전들에 대처하기 위한 교리의 발전은 거의 없다. 신학화의 전체적인 성격은 초기 서신들에서의 신학화의 성격과 약간 다르지만, 이것은 반드시 신학이 서로 다르다는 것을 의미하지는 않는다. 어떤 이유에서인지는 몰라도 전통에 토대를 둘 필요성이 훨씬 더 많이 강조되고 있지만, 이 전통이라는 것은 다름 아닌 바울에 의해서 주어진 가르침을 의미한다.

학자들은 목회 서신에 **아버지**라는 표현이 나오지 않는 것과 디모데전서 1:17과 6:15-16에서 사용된 표현을 근거로 목회 서신에 나타난 하나님은 상당히 멀리 계신 하나님이라고 생각하여 왔지만, 사실 하나님은 은혜와 사랑 속에서 역사하시는 구주로 규정된다. 이러한 표현은 고대의 왕들에 대하여 사용될 수 있었던 것으로서, 하나님에게 합당한 경배와 공경의 요소를 제거

---

61) 이것은 디모데후서에서 가장 분명하게 나타나고 디도서에서는 가장 불분명하게 나타나지만, 디도서에도 전혀 나타나지 않는 것은 아니다(딛 2:7-8, 15).

함이 없이 하나님의 너그러우심을 강조하는 표현이다. 하나님은 하나님 아버지와 나란히 위치해 있고 하나님과 구주라는 칭호들을 공유하고 있는 예수 그리스도를 통해서 역사하신다. 예수께서 사람으로 이 세상에 오셔서 자기 자신을 죽음에 내어주신 것은 하나님의 구원의 목적을 계시한 것으로 보아진다. 중보자로서의 예수의 역할은 그가 인류를 구원하기 위하여 자기 자신을 대속물로 내어 주신 것 속에서 드러난다. 이것으로 말미암아 구원이 죄인들에게 수여되는데, 바울은 그 전형을 보여주고 있다. 그들은 하나님의 천국에서 현재적이자 미래적인 것으로 이해되는 영생을 받는다. 구원은 인간의 행위를 통해서가 아니라 온전히 믿음을 통해서 이루어지기 때문에, 유대인들과 이방인들의 구별은 존재하지 않는다. 그것은 성령을 후하게 부어주시는 것을 포함하고, 신실한 하나님이 지켜주신다는 것과 치명적일 수 있는 시험들을 대항하여야 한다는 것 사이에서 친숙한 긴장 관계가 설정되어 있는 삶으로 이어진다.

교회를 몸이 아니라 가정이라는 관점에서 이해하는 것에 더 많은 무게중심이 놓여 있고, 지체들의 사역이 아니라 세우심을 받은 지도자들의 사역에 더 집중하는 경향이 나타난다. 여기에서 교회에 대한 이전의 이해와의 차이점들이 과장되어서는 안 된다. 왜냐하면, 목회 서신에 나오는 후대의 형태로 된 요소들은 바울의 초기 서신들 속에서 발견될 수 있고, 바울이 역사의 무대로부터 물러난 후에 생겨난 여러 발전들과 이단적인 가르침에 의해서 초래된 위협들은 좀 더 치리가 강화되고 구조화된 회중의 삶을 실질적으로 불가피하게 만들었기 때문이다. 교회를 "그리스도의 몸"으로 이해하는 것이 "하나님의 가정"으로 이해하는 것으로 대체되었다는 주장이 많이 제기되어 왔다. 그러나 가정이라는 유비의 사용과 가장(남편, 아버지, 주인)의 속성들을 보여주는 지도자들의 역할에 대한 강조는 이미 바울이 그의 회중들에 대한 자신의 관계를 묘사할 때에 아버지의 이미지를 사용하고 있는 것에 의해서 예비된 것이다(고전 4:15; 살전 2:11). 이 모든 것 속에는 우리가 바울의 초기 서신들에서 발견하는 복음에 대한 이해와 실제적으로 다른 그 어떤 차이도 존재하지 않는다. 차이들이 있다면, 그것들은 기본적으로 동일한 이해 내에서의 사소한 차이들이다.

결론

바울로부터 직접적으로 나왔을 수도 있고 그렇지 않았을 수도 있는 후기 서신들에서 바울의 가르침으로부터의 편차들을 고찰하면서, 나는 그 서신들이 바울로부터 나온 것인지 아닌지를 이런저런 방식으로 보여주고자 하거나 그 서신들의 신학이 초기 서신과 동일한 방식으로 표현되고 있다는 것 — 이것은 분명히 사실이 아니다 — 을 보여주고자 시도하지 않았다. 오히려, 나는 초기 서신과 후기 서신 간에 기본적인 조화가 존재하는지를 묻는 좀 더 제한적인 목적을 추구하였다. 이것을 이런 식으로 표현해 볼 수 있을 것이다. 이 서신들이 바울에 의해서 씌어지지 않았다고 가정해 보자. 이 서신들의 가르침과 그 근저에 있는 신학은 만약 바울이 그 서신들을 읽었다면 "아니야, 나는 거기에 동의할 수 없어"라고 말했을 그런 것인가? 과연 바울은 그가 갈라디아 회중들 속에 만연해 있던 가르침에 대하여 그랬던 것처럼 이 서신들에 대하여 부정적으로 반응했을 것인가? 바울은 그가 빌립보서 1장에서 언급하였던 복음 전파자들에 대하여 보인 관용을 이 서신들에 대해서는 보이지 않았을 것인가? 과연 바울은 이 서신들 속에서 그가 도저히 받아들일 수 없다고 느낀 원칙의 문제들을 발견하였을 것인가? 아니면, 바울은 그가 초기 서신들에서 했던 방식과는 다르게 표현할 여지가 있다는 것을 인정하고서, 복음과 기독교적인 실천에 관한 이러한 표현들이 받아들여질 수 있는 허용 범위 내에 있다는 것을 인정했을 것인가? 이것이 바로 문제인데, 나는 바울이 회중들을 가르치는 이러한 방식들에 대하여 그 어떤 난점들을 발견했을 것이라고 생각할 수 없다.

참고문헌

Beker, J. Christiaan. *Paul the Apostle: The Triumph of God in Life and Thought*. Philadelphia: Fortress; Edinburgh: T & T Clark, 1980.

Davies, W. D. *Paul and Rabbinic Judaism: Some Rabbinic Elements in Pauline Theology*. 2nd ed., London: SPCK, 1955; 4th ed., Philadelphia: Fortress, 1990.

Dunn, James D. G. *The Theology of Paul the Apostle*. Grand Rapids, Mich.: Eerdmans, 1998.

Fitzmyer, Joseph A. *Paul and His Theology: A Brief Sketch.* 2nd ed. Englewood Cliffs, N.J.: Prentice Hall, 1989.

Hooker, Morna D. *Paul: A Short Introduction.* Oxford: Oneworld, 2003.

Kim, Seyoon. *The Origin of Paul's Gospel.* Grand Rapids, Mich.: Eerdmans, 1981; 2nd ed., Tübingen: Mohr, 1984.

Lincoln, Andrew T., and A. J. M. Wedderburn. *The Theology of the Later Pauline Letters.* Cambridge: Cambridge University Press, 1993.

Longenecker, Bruce W., ed. *Narrative Dynamics in Paul: A Critical Assessment.* Louisville, Ky.: Westminster John Knox, 2002.

Longenecker, Richard N. *Paul, Apostle of Liberty: The Origin and Nature of Paul's Christianity.* Grand Rapids, Mich.: Baker, 1964.

─────, ed. *The Road from Damascus: The Impact of Paul's Conversion on His Life, Thought and Ministry.* Grand Rapids, Mich.: Eerdmans, 1997.

McLean, Bradley H. *The Cursed Christ: Mediterranean Expulsion Ritual and Pauline Soteriology.* Sheffield: Sheffield Academic Press, 1996.

Marshall, I. Howard. "Salvation, Grace and Works in the Later Writings in the Pauline Corpus". *NTS* 42 (1996): 339-58.

Martin, Ralph P. *Reconciliation.* London: Marshall, 1981.

Munck, Johannes. *Paul and the Salvation of Mankind.* London: SCM Press, 1959.

Ridderbos, Herman. *Paul: An Outline of His Theology.* Grand Rapids, Mich.: Eerdmans, 1974; London: SPCK, 1977.

Sanders, E. P. *Paul and Palestinian Judaism: A Comparison of Patterns of Religion.* London: SCM Press, 1977.

─────. *Paul, the Law and the Jewish People.* Philadelphia: Fortress, 1983.

Schreiner, Thomas R. *Paul, Apostle of God's Glory in Christ.* Downers Grove, Ill.: InterVarsity Press, 2001.

Smith, D. Moody. "The Pauline Literature". In *It Is Written: Scripture Citing Scripture: Essays in Honour of Barnabas Lindars.* Edited by D. A. Carson and H. G. M. Williamson, pp. 265-91. Cambridge: Cambridge University Press, 1988.

Turner, Max. *The Holy Spirit and Spiritual Gifts Then and Now.* Carlisle: Paternoster, 1996; Peabody, Mass.: Hendrickson, 1999.

─────. " 'Trinitarian Pneumatology' in the New Testament?—Towards an Explanation of the Worship of Jesus". *Asbury Theological Journal* 57.2/58.1 (2002-2003): 167-86.

Wenham, David. *Paul: Follower of Jesus or Founder of Christianity?* Grand Rapids, Mich.: Eerdmans, 1995.

Whiteley, D. E. H. *The Theology of St. Paul.* Cambridge: Blackwell, 1964.

Wiles, Virginia. *Making Sense of Paul: A Basic Introduction to Pauline Theology.* Peabody, Mass.:

Hendrickson, 2000.

Witherington, Ben, III. *Paul's Narrative Thought World: The Tapestry of Tragedy and Triumph*. Louisville, Ky.: Westminster John Knox, 1994.

Ziesler, J. A. *Pauline Christianity*. 2nd ed. Oxford: Oxford University Press, 1990.

제 19 장

바울, 공관복음서, 사도행전

세 명의 복음서 기자인 마가, 마태, 누가의 저작에 관한 우리의 논의의 결론부에서 나는 그들의 복음서들을 서로 비교하고, 또한 사도행전과 비교함으로써 우리의 연구 결과들을 한데 집약하고자 시도하였다. 복음서들이 부활 사건 이후에 씌어졌다는 것과 필연적으로 그러한 관점에 의해서 영향을 받았다는 것을 염두에 둔 가운데, 나는 사도행전에서 도출될 수 있는 초대교회의 신학에 관한 묘사가 예수의 제자들이 그의 선교를 계승하여 수행하였을 때에 일어났을 것이라고 예상될 수 있었던 바로 그런 것이었다는 것을 조심스럽게 결론 내렸다. 우리는 이제 사도행전의 후반부에서 주요한 주제로 다루어진 바울의 선교와 고난들을 비롯한 바울과 관련된 신학을 검토하였기 때문에, 그러한 것들이 실제적인 차이라고 말할 수 있을 정도로 서로 다른 것인지, 아니면 좀 더 조화로운 관계 속에 있는 것인지를 확인하기 위하여 그것들을 서로 비교해 보는 것이 좋을 것이다.

틀

우리는 바울이 예수와 복음서 기자들이 사용했던 것과 동일한 유대교적인 준거틀 안에서 활동하고 있다는 것을 즉시 알 수 있다. 그들은 구약성서에 계시된 대로의 하나님, 즉 만유의 창조주이자 이스라엘의 하나님으로서 역사 속에서 활동하셨던 하나님이라는 기본적으로 동일한 이해를 공유하고 있다. 하나님의 뜻은 성경에 계시되어 있고, 하나님은 사탄과 죄인들로부터의 반대에도 불구하고 자신의 계획들을 수행해 나가신다. 또한 그들은 인간의 죄악성에 대한 인식을 비롯해서 인간의 본성에 대한 동일한 이해를 공유하고 있다. 하지만 바울은 훨씬 더 자세한 인간론을 보여주면서, 좀 더 깊은 차원에서 죄의 본질과 씨름한다.

중심적인 취지

공관복음서에서 예수의 선교와 가르침의 주된 주제는 하나님 나라의 선포이고, 이것은 인간의 죄악성에 대한 하나님의 심판에 대한 선포, 회개와 제자도로의 부르심, 하나님 나라와 관련된 축복들과 거기에 들어가고자 하는 자들에게 요구되는 삶의 방식에 관한 가르침으로 이어진다. 이와 동시에, 예수의 선교는 예수의 정체성이라는 문제를 불러일으키고, 일부 사람들에 의해서 예수가 메시야로 인정받게 되며, 여기에서 예수는 메시야가 죽임을 당하고 죽은 자 가운데서 다시 살아나야 한다는 것을 가르친다. 따라서 예수는 그의 죽음에도 불구하고 하나님에 의해서 메시야로 확증된다. 사도행전에서 선교사들의 가르침은 이 두 번째 분야에 집중되어 있다: 복음전도적인 설교들은 예수에게 일어난 일이 성경과 합치한다는 것, 예수의 부활과 성령 강림을 통해서 예수의 신분이 확증되었다는 것, 예수에게 일어난 일들, 특히 부활에 대한 그의 제자들의 증언을 토대로 예수가 메시야라는 것을 선포한다. 이렇게 예수는 높아지신 메시야이자 주님으로 규정되고, 죄 사함과 성령을 수여할 수 있는 위치에 있다. 이런 식으로 하나님 나라의 축복들은 이제 이방인들을 포함한 모든 사람들에게 주어질 수 있게 되었다. 하나님의 나라 자체가 아니라 하나님의 나라를 가져오는 자가 선포된다. 여기에는 예수가 하나님 나라라는 것이 암묵적으로 전제되어 있다.

바울 서신들은 이 모든 것을 전제한다고 할 수 있다. 바울은 예수의 복음을 특히 이방인들에게 전하도록 부르심을 받은 선교사로서 다른 초기 그리스도인들과 동일한 복음을 공유하고 있다(고전 15:3-5). 그러나 바울의 복음은 그가 이방인들과 디아스포라의 유대인들에게 복음을 전하고 있다는 사실에 의해서 형성되고 있기 때문에, 바울은 이방인들의 다신교적인 우상숭배 같은 그들의 상황과 배경을 고려하여 복음을 전하여야 했다. 게다가, 바울의 서신들은 예외 없이 그리스도인 회중들에게 보내진 것이기 때문에, 복음전도적인 설교를 뛰어넘어서 그리스도에 대한 그들의 관계와 회중으로서의 그들의 공동체적인 삶에 관한 그리스도인들을 위한 가르침으로 나아간다. 그리스도의 지속적인 선교와 그리스도인의 체험 속에서 성령의 위치 같은 문제들이 전면으로 부각된다.

구체적인 요소들

하나님 — 아버지. 바울은 우리가 복음서들에서 발견하는 아버지로서의 하나님에 대한 이해를 전제할 수 있었다. 일반적으로 유대교와 비교해서 신약성서에 이 칭호가 아주 많이 나오는 것에 대한 가장 설득력 있는 설명은 이 용어가 예수께서 제자들에게 말씀하실 때에 그가 사용한 표현을 반영하고 있다는 것이다. 심지어 바울은 이제까지 다른 곳에서 기도 속에서 하나님을 부르는 호칭의 형태로 알려져 있지 않았던 아람어인 '아바'라는 표현을 그대로 유지하기까지 한다. 예수 그리스도의 아버지로서의 하나님이라는 개념은 예수의 자기 이해에 관한 전승들을 토대로 한 칭호이다. 그의 백성, 특히 증인과 사도로 부르심을 받은 자들의 선교 활동을 통해서 자신의 목적을 수행하고 계시는 주권적인 통치자로서의 하나님에 대한 이해도 둘 모두에 공통적이다.

하나님 — 아들. 예수께서 인간이셨다는 사실은 바울에 의해서 당연한 것으로 받아들여지고 있고, 그것은 예수를 인류의 대표자, 율법에 종속된 유대인으로 규정할 뿐만 아니라, 신자들에게 칭의와 새 생명을 주시는 하늘로부터 온 사람으로 규정하기 때문에, 바울에게 신학적으로 중요하였다. 여기에서 바울은 공관복음서와 사도행전을 뛰어넘는 결론들을 이끌어 낸다.

예수가 메시야라는 것이 바울에게 중요했던 것은 특히 유대인들과 관련해서였다: 메시야는 이스라엘로부터 나왔고, 유대인들에게 구원자를 보내시겠다는 하나님의 약속을 성취한 것이다. 그는 십자가에 못 박힌 메시야이다.

사도행전에서와 마찬가지로, 예수는 주님으로서, 그의 부활과 높아지심을 통해서 자기가 주라는 것을 보여주셨다. 이 칭호는 예수를 하나님 아버지와 혼동됨이 없이 그가 신적인 신분을 지니고 있다는 것을 보여주기 위하여 사용된다. 예수는 하나님의 형상을 닮은 성부의 아들이다. 바울에게 있어서 이 아들은 창세 전부터 선재하였고 예수를 통해서 성육신하였다. 후기 서신들 속에서 사용되고 있는 표현들은 하나님의 주권과 충만이 그리스도 안에 거하여서 그를 통해서 교회로 흘러들어 가는 것을 한층 더 풍부하게 표현하고 있다.

이 모든 것이 표현되고 있는 방식은 우리가 공관복음서와 사도행전에서 보는 것을 어느 정도 뛰어넘는다. 바울 신학이 복음서들과 사도행전에 나오는 기독론을 어려움 없이 동화시킬 수 있었다는 것은 분명하지만, 복음서들과 사도행전에서 묘사된 것들을 뛰어넘는 함의들과 발전들을 포함하고 있다고 말할 수 있다. 우리는 신약성서의 저작들을 통해서 대변되고 있지 않은 견해들을 지닌 다른 그리스도인들이 있었다는 것을 알고 있는데, 그들은 예수를 단순히 인간적인 메시야로 보는 에비온주의적인(Ebionite) 견해를 지니고 있었다. 그러한 견해는 당시에 주류 기독교와 상반되는 것으로 보아졌고, 바울 신학과 조화가 될 수 없었다. 하지만 사도행전에서 높아지신 주님이자 하나님의 아들로서의 예수에 대한 이해는 바울과 요한과 히브리서에서 발전된 기독론의 이해와 본질적으로 동일한 것이었다.

하나님 — 성령. 성령에 대한 바울의 이해에 있어서 중요한 요소는 성령을 하나의 인격으로 인식한 발전인데, 이것은 초기적인 삼위일체론이라고 부를 수 있는 것을 통해서 성령을 아버지 및 아들과 나란히 놓는 표현 방식을 낳게 되었다. 이것은 아버지와 아들과 성령을 각각 인격적인 존재로서 서로 비슷한 기능들을 공유하는 것으로 이해하는 것이었다 — 후대의 교회가 그들을 동등하게 신적인 존재로 인식하고, 그들의 개체성과 더불어서 그들의 통일성을 제대로 다루는 그들의 상호관계를 표현하는 방식을 찾았던 것과 동일한 방식으로. 이러한 성령의 인격적인 성격은 성령을 통찰(지혜와 마찬가지로)과 능력의 원천으로 보는 공관복음서들과 사도행전에서는 분명하게 나타나지 않는다. 그렇지만 성령은 주님 또는 천사들과 동일한 방식으로 사람들을 인도하고 말하는데(행 1:16; 5:32; 8:29; 10:19; 11:12; 13:2; 15:28;

---

1) 악한 영들은 스스로 말할 수도 있고 사람으로 하여금 말하게 할 수도 있다(행

16:6-7; 20:23; 21:11; 23:9; 28:25),[1] 이것은 성령을 좀 더 분명하게 인격적인 존재로 발전시킨 것은 자연스러운 발전이었다는 것을 보여준다.

하나님 — 의사전달자로서. 이 표제 아래에서 우리는 바울 서신들에서 하나님이 역사를 위한 그의 뜻과 방향 설정을 표현하는 수단으로서의 성령의 위치를 지적한 바 있다. 공관복음서들과 사도행전에서 이 모티프의 사용은 바울에서와 본질적으로 동일하다. 모든 기자들에게 있어서 성경은 지나간 시대에 하나님께서 이스라엘을 다루신 것에 관한 이야기를 말하고 있고, 그들은 동시대의 사건들이 성경에 예언되고 있거나 거기에 규정된 패턴을 따르고 있는 것으로 보았다.[2] 또한 그들은 성경 속에 하나님께서 그의 백성의 삶을 위해 주신 계명들이 담겨 있다고 보았다. 이러한 근본적인 점들은 복음서 기자들과 바울에게 공통적이다.[3]

하나님은 신약 시대에서도 계속해서 사도들과 선지자들을 통해서 말씀하시는데, 누가는 자신이 사도나 선지자가 아니었지만 자기가 성경을 쓰는 일을 이어가고 있다고 생각했을 가능성이 많다. 옛 계약과 새 계약 간의 구별이 발전되고 있었고, 일단 바울이 자기 자신과 그 밖의 다른 선교사들을 새 계약의 종들로 보게 되자, 옛 계약에 속한 성경과 더불어서 성령에 의한 새 계약의 계시에 대한 인식이 자연스럽게 발전되었다.

사도행전은 흔히 사도들을 예수의 승천 후에 재구성된 열두 제자로 제한하고 있다고 생각되는 반면에, 바울에게 있어서 사도들은 자기 자신을 포함하여 열두 제자보다 더 폭넓은 무리를 가리키는 것이었다는 점에서 문제가 생겨난다. 누가에게 있어서 사도들은 이스라엘과 관련하여 특별한 역할을 맡은 예수에 의해서 임명된 열두 제자로 등장하지만, 바울에게 있어서 사도들은 이방인들에 대한 선교사들도 포함한다. 누가는 분명히 이방인들에 대한 이러한 부르심을 잘 알고 있었고, 무엇보다도 바울의 특별한 사명을 잘

19:15).

2) Darrell. L. Bock가 누가의 구약성서 사용에 관하여 연구한 책에 붙인 제목을 참조하라: *Proclamation from Prophecy and Pattern: Lucan Old testament Christology* (Sheffield: Sheffield Academic Press, 1987).

3) 율법에 관한 문제에 대해서는 제19장을 보라.

알고 있었다. 사실, 누가는 사도행전 14:4, 15에서 바나바와 바울을 사도라고 지칭하고 있고, 누가는 그들의 역할을 인정하였던 것으로 보이지만, 예루살렘에 있는 기본적으로 유대 기독교회의 지도자들을 가리킬 때에 장로들과 아울러서 그들에 대하여 이 용어를 사용한다. 여기에 진정으로 문제가 있다면, 그 문제는 실질의 문제라기보다는 용어상의 문제일 뿐이다.

복음 — 구원의 필요성. 신약성서의 모든 기자들이 인간이 죄악되고 죄에서 구원받을 필요가 있는 것으로 보았다는 것은 의심의 여지가 없다. 우리는 복음서 기자들이 악의 희생자들에게 구원과 치유를 가져다주었을 뿐만 아니라 유대 종교 지도자들과 인류 전체의 죄를 단죄하는 모습을 어떻게 보여주고 있는지를 살펴본 바 있다 — 죄에 대한 강조는 두드러지지 않지만. 그럼에도 불구하고, 예수의 선교는 사람들이 하나님의 나라에 긍정적으로 응답하지 않는다면 그들은 하나님 나라의 밖에 있는 것임을 전제하고 있다. 사도행전에서 유대인들은 그들이 회개하고 죄 사함을 받아들이지 않는다면 예수를 십자가에 못 박은 그들의 지도자들의 죄에 연루되어 있는 것으로 전제된다. 마찬가지로, 이방인들은 그들의 죄와 한 분 하나님을 깨닫지 못한 것 때문에 복음을 필요로 하는 것으로 보아진다.[4] 심판은 모든 사람들에게 동일하게 임하게 될 것인데, 마지막 날에 있을 단죄로 인식되고, 예수를 고백하지 않는 자들은 인자에 의해서 거부를 당하게 될 것이다.

바울의 묘사도 동일하다. 로마서에서 바울은 모든 사람이 범죄하여서 하나님의 심판 아래 놓여 있다고 가르친다. 바울이 이 말을 통해서 말하고자 한 것이 단지 이방 죄인들과 더불어서 몇몇 유대인 죄인들이 있다는 것이 아니라 모든 사람이 죄인이라는 것임은 의심의 여지가 없다. 이것은 특히 로마서 5장에서 온 인류와 아담의 관계에 관한 가르침으로부터 분명하게 드러난다. 우리는 다른 서신들에서는 우리가 예상했던 것보다는 이 주제에 관한 내용이 그리 많지 않다는 것을 지적하였지만, 바울의 복음 선포를 설명하는 데

---

4) 우리는 앞서 누가가 사도행전에서 죄에 관한 경박한 견해를 갖고 있어서, 이방인들은 구원받을 필요가 있는 것이 아니라 단지 도움을 받을 필요만 있다고 묘사한 것으로 비난받아 왔다는 것을 살펴본 바 있다. 이러한 해석은 증거들을 제대로 다루고 있지 못한 것이다.

에는 이 개념이 모든 곳에 전제되어 있다고 보지 않으면 안 된다. 육체가 악한 충동들의 주관 아래에 놓여 있고, 죄인들은 어떤 의미에서 그들의 죄 가운데서 죽어 있다는 것에 대한 이해를 보여주는 바울의 인간론은 신약성서에 나오는 그 어떤 내용도 뛰어넘는 것이다. 이러한 급진적인 표현들은 공관복음서와 사도행전에서 발견되지 않는다 — 물론, 사람의 마음의 악함은 이미 복음서들에서 인식되고 있고(막 7:6, 21), 마음의 완악함, 즉 하나님의 음성에 둔감한 것은 예수 자신에 의해서 또는 복음서 기자들에 의해서 이사야 6:10로부터 가져와진 개념이기는 하지만(마 13:15; 행 28:27; cf. 막 8:17).

바울에게서 두드러지는 것은 인간은 하나님과 올바른 관계를 맺기 위해서 스스로 할 수 있는 것이 아무것도 없다는 주장이다. 이것은 특히 모세 율법의 역할에 관한 논의라는 맥락 속에서 등장한다. 바울은 사람들이 소위 "율법의 행위"를 통해서 하나님과 올바른 관계로 들어갈 수 있다는 견해를 공격한다. 율법의 행위라는 어구는 모세 율법의 규례들에 대한 복종을 의미하는데, 할례, 절기들을 지키는 것, 음식법들이 전면에 부각되는 것들이다. 바울은 그러한 것들을 사람들이 의뢰하는 행위들("자랑하다")로 공격하고서, 그러한 것들로는 구원을 이룰 수 없다고 거부한다. 그러한 행위들을 채택하는 것은 모세 율법을 칭의의 수단으로 오해한 것이다. 그런 것은 율법이 의도한 목적이 아니었다. 바울의 반대는 일부 거짓 교사들이 이방 그리스도인들에게 그들이 의롭다 하심을 받고, 유대 그리스도인 신자들 — 그들은 여전히 율법을 지키지 않는 이방인들을 부정하다고 여기고 그들의 음식을 부정하다고 여겼다 — 과 교제하기 위해서는 이러한 율법의 행위들을 해야 한다고 요구하였던 것과 관련되어 있었다.

이와 동일한 문제는 사도행전에서도 일어난다 — 물론, 유대인과 이방인의 문제가 시대착오적인 것이었을 복음서들에서는 일어나지 않지만. 그러나 이방인들이 율법을 지켜야 하는지에 관한 문제는 이방인들은 할례를 받을 필요가 없고, 그들은 단지 우상들에게 바쳐진 음식들, 음행, 고기를 피째로 먹는 것을 금하면 된다는 인식에 의해서 해결된다. 이러한 요구 조건들 중에서 처음 두 가지는 바울의 가르침과 일치하지만, 마지막 요구 사항은 유대인들과 이방인들이 함께 식사할 때에 유대 그리스도인들에게 부정한 음식을 내놓지 말라는 요구 사항인 것으로 보인다. 이 점에 있어서 바울과의 갈등은 존재하지 않는다.[5] 게다가, 사도행전은 이방인들이 율법을 지킴이 없이 구원 받았고 성령을 받았다는 것을 확증해 준다(행 15:8; cf. 갈 3:1-4). 유대 그리스도인들과 관련해서 바울은 그들이 계속해서 율법을 지켜도 좋다는 것을 인정하고(롬 14장), 사도행전은 바울이 그에게 쏟아진 여러 비난들에도 불구하고 그렇게 하였다고 묘사한다(행 21:20-26).

복음 — 구원의 수단. 바울에게 있어서 사람들이 구원의 수단과 접촉하게 되는 방식은 복음, 즉 선교사들에 의해서 선포되고 성령의 강력한 나타남들이 수반될 수 있는 말로 전해진 메시지를 통해서였다. 이 복음은 다른 그리스도인들에 의해서 바울에게 주어지고 전해진 것으로서, 그 기본적인 내용들과 관련해서 예루살렘의 지도자들과 어떤 다툼이 있었음을 보여주는 증거는 없다.

그러므로 복음의 내용은 사람들을 그들의 죄와 그들에 대한 하나님의 심판으로부터 구원해 줄 수 있는 수단으로 이해된 예수의 죽음과 부활을 중심으로 하는 것이었다. 예수의 죽음은 죄와 저주를 짊어진 것(도피염소 이미지), 죄를 속하기 위하여 드려진 속죄제 등과 같이 여러 가지로 보아진다. 그것은 죄인들을 그들의 죄로부터 해방시키는 구원 또는 구속의 행위이다. 본질적으로 그것은 죄인들의 유익을 위하여 및 죄인들을 대신해서 그리스도께서 행하신 행위로서 그들의 죄와 관련되어 있다.

이러한 이해는 예수의 죽음을 많은 사람들을 위한 대속물이자 희생제사적인 성격을 지니고 있는 것으로 이해하였던 공관복음서 속에 기록된 예수의 가르침으로 소급될 수 있다(막 10:45; 14:24).[6] 그러나 사도행전에 나오는 설

---

5) 이것은 잘 알다시피 논란이 되고 있는 견해이다. 많은 학자들은 갈라디아서 2:1-10에 나오는 예루살렘에서의 회의에 관한 바울의 기사가 그 어떤 것도 유대 그리스도인들에 의해서 바울의 복음에 더해졌다는 것을 배제하는 것이고, 이것은 사도행전 15:20, 29에 나오는 요구 조건들이 바울에 의해서 받아들여질 수 없었다는 것을 의미한다고 주장한다.

6) 여기에서 희생제사는 출애굽기 24장에서 묘사되고 있는 것처럼 — 물론, 거기에서 그 정확한 의미는 분명하지 않지만 — 계약을 개시시키는 것이다.

교는 예수의 죽음에 특별히 구원과 관련된 의미를 부여하지 않고 죄악된 대적자들의 행위로 인해서 예수께서 죽은 것이라고 보고서(이것도 하나님의 목적 밖에 있었던 것은 아니지만) 부활에 의해서 그들의 의도가 무효화되었다고 말한다는 점에서 사도행전과 바울 간에는 상당한 차이가 존재한다. 앞서의 우리의 논의에서 나는 기독교의 복음 전도의 가장 초기의 단계에서는 변증적인 목적을 위해서 이 주제에 집중하였을 가능성이 있다는 것을 제기한 바 있다. 사도행전 속에 희생제사적인 대속이라는 표현이 완전히 나오지 않는 것은 아니고(행 20:28), 예수를 고난받는 종과 동일시하는 것도 누가에 의해서 사용되고 있다(눅 22:37; 행 8:32-33). 이러한 점들은 바울적인 방향으로 설명될 수 있었지만, 누가는 실제로 그렇게 하지 않았다. 여기에서 우리가 말할 수 있는 것은 예수의 죽음을 희생제사적이고 구속적인 것으로 본 바울의 이해는 그가 초기 그리스도인들의 전승으로부터 받은 자료에 의거하고 있다는 것이다. 달리 말하면, 설명을 필요로 하는 것은 바울의 명시적인 신학이 아니라 누가의 침묵이라는 말이다.

사도행전과 바울에게 있어서 부활의 중요성은 자명하다. 그것은 예수께서 주와 그리스도로 높아지신 것이다.

구원의 성격. 우리는 바울이 예수의 죽음과 부활의 효과들의 성격을 이해함에 있어서 네 가지 핵심적인 모티프들, 즉 구원, 구속, 칭의, 화해라는 모티프들을 사용하였다는 것을 언급한 바 있다. 구원이라는 표현은 누가의 특징이지만 마태와 마가에서도 발견된다. 구원이라는 표현은 신약성서 전체에 걸쳐서 도처에 나와서 신학적인 통일성의 중요한 끈을 이루고 있다.[7] 구속은 덜 공통적인 개념이다. 구속이라는 표현은 누가복음-사도행전에 나오지만, 다소 일반적인 방식으로 하나님께서 그의 백성을 그들의 원수들과 그들의 죄들로부터 건져내신 행위를 가리킨다. 칭의는 훨씬 더 바울적인 모티프인데, 사도행전 13:38-39(cf. 눅 18:14)에서 바울이 한 말 속에서 발견된다. 마찬가지로, 화해도 복음서와 사도행전에서 발견되지 않는 바울적인 단어이지

---

7) 구원에 관한 어휘를 사용하고 있지 않은 유일한 책들은 갈라디아서, 골로새서, 빌레몬서이다.

만, 탕자에 관한 비유는 죄 사함과 화해에 관한 이야기라고 할 수 있다. 우리는 이 단어가 나오지 않는 것으로 인해서 속아서는 안 된다. 그러므로 여기에서 우리는 전체적으로 보아서 바울이 복음서들 및 사도행전과 조화를 이루는 구원에 관한 신학적인 어휘들을 발전시키고 있고, 그들보다 훨씬 더 정교하게 그러한 어휘들을 사용하고 있는 것을 볼 수 있다.

구원을 받아들임. 바울 신학에서 구원을 받아들이는 것은 아직 믿지 않는 자들에게 복음을 알게 하시는 하나님의 선행적인 행위에 의존해 있다. 이러한 하나님의 행위는 이번에는 그의 구원하시고자 하시는 목적에 의존해 있다. 여기에서 오직 일부 사람들에게만 해당되고 다른 사람들을 구원의 가능성으로부터 배제시키는 하나님의 특별한 목적이 존재하는지에 관하여 논란이 있다. 대체적으로 이것과 동일한 내용은 공관복음서와 사도행전에 나온다. 하지만 우리가 그것을 신학적으로 어떻게 설명하든지 간에, 예수께서는 모든 곳에 가실 수 없었고 다른 곳을 찾기 위해서는 어느 한 곳을 떠날 수밖에 없었다는 점에서 예수의 선교 속에는 불가피하게 선별성(selectivity)이 존재하였다(막 1:35-39). 예수는 열두 제자와 칠십이 문도를 자신의 조력자들로 삼으심으로써 어느 정도 이것을 보완하셨다. 부르심을 받은 자들은 많지만 택함을 입은 자들은 적다는 마태복음 22:14의 말씀은 종종 복음을 듣는 사람들은 많지만 실제로 복음을 듣고 구원받도록 택하심을 입은 자들은 소수라는 것을 의미하는 것으로 생각되어 왔다. 이러한 해석은 옳지 않다. 이 말씀 속에 내포된 사상은 많은 사람들이 복음을 듣지만 실제로 모든 사람이 거기에 응답하여 하나님의 백성이 되는 것은 아니라는 것이다. 예수는 사람들에게 하나님 나라로 들어가는 길에 방해가 되는 것을 하지 말도록 권하셨다는 것을 생각해 보라. 실제로 좁은 길로 가는 사람은 경험상으로 소수일 수밖에 없다(마 7:13-14). 사도행전에는 영생을 받기로 되어 있는 자들이 믿게 된다는 것을 보여주는 암시가 나오고(행 13:48; cf. 18:10), 하나님께서 사람의 마음을 여셔서 사람들로 하여금 복음에 응답할 수 있게 하신다는 말씀도 나온다(행 16:14). 그러한 말씀들은 산발적인 것이기는 하지만, 하나님께서 사람들을 믿음으로 인도하실 수 있고 또한 인도하신다는 것을 보여준다(그렇지 않다면, 믿지 않는 자들을 위하여 중보기도를 하여야 할 이유가 없게 된다). 그러나 이러한 말씀들로부터 그것들이 실제로 말하고 있는 것보다 더 많은 것을 끄집어 내려고 해서는 안 된다. 이 말씀들은 하나님께서 사람들을 구원하기를 원하시고, 하나님의 주도권 없이 사람들이 구원받을 수 없다는 것을 강조하고 있는 말씀들이다.

이와 동시에, 복음에 대한 사람의 응답으로서의 믿음의 필요성(necessity)과 충족성(sufficiency)에 관하여 바울과 사도행전 간에는 명확한 일치가 존재한다(예를 들면, 행 10:43; 11:17; 16:31; 26:18). 믿음의 대상은 통상적으로 사도행전에서는 주님 또는 예수이지만(종종 하나님, 행 16:34), 바울은 하나님에 대한 믿음을 더 많이 가리키거나 이 용어를 명시적인 목적어 없이 사용하는 경향을 보여준다. 여기에는 큰 차이가 없다. 사도행전 16:34이 16:31과 얼마나 밀접하게 연결되어 있는지를 주목하라. 회개는 누가복음-사도행전에서 믿음의 다른 측면이지만, 일반적으로 바울 서신에서는 회심과 관련된 어휘들의 일부가 아니다(하지만 롬 2:4; 딤후 2:25을 보라). 바울은 종종 믿음에서 떨어져 나간 신자들과 관련하여 회개를 언급한다(고후 7:9-10; 12:21). 믿음에 대한 바울의 이해에 있어서 중심적인 위치를 차지하였던 믿음과 행위의 대비는 사도행전에서 발견되지 않는다. 그러나 하나님을 두려워하고 의(문자적으로는, "행위")를 행하는 자는 하나님에게 열납된다는 말씀(행 10:35)이 바울의 견해와 모순되는 것으로 생각될 수도 있지만, 고넬료가 예수에 관한 복음을 듣고 믿을 때에 성령이 고넬료에게 수여된다(cf. 행 11:14-17; 15:7-9). 누가는 칭의가 모세 율법 아래에서는 가능하지 않고 오직 예수로 말미암아서만 가능하다는 것을 알고 있다(행 13:38-39).

신자 안에서의 하나님의 지속적인 역사. 바울 신학에서 주요한 요소는 여러 가지 다양한 방식으로 표현된 신자들 안에서의 하나님의 지속적인 역사이다. 이것은 신학적인 가르침의 대부분을 포함하고 있는 설교들이 주로 비신자들을 향해 있어서 초점이 다를 수밖에 없었던 사도행전과 날카로운 대비를 보여준다. 사도행전에는 "그리스도 안에" 있는 것과 관련된 바울의 표현이 나오지 않는다. 신자들이 그리스도와 합하여 그의 죽음과 부활에 참여한다는 개념도 마찬가지로 사도행전에는 나오지 않는다. 사도행전에는 성령에 관한 말씀이 많이 나오지만, 그리스도인으로서의 성품을 발전시킴에 있어서 성령의 역사에 대한 언급은 거의 없다. 사도행전은 육체의 일들을 알고 있지 못하고(인간의 죄에 대해서는 잘 알고 있지만!) 성령의 열매에 대해서도 알지 못한다. 그럼에도 불구하고, 사도행전은 성령이 모든 신자에게 주어졌고, 그들의 경험에 있어서 본질적인 요소라는 믿음을 바울과 공유하고 있다. 사도행전 2:38은 그 밖의 다른 방식으로 이해될 수 없다. 사도행전에서 성령은 일차적으로 증언과 선교를 통해서 개개인들과 교회를 인도하고 능력을 수여하는 것과 결부되어 있다. 그러나 이러한 강조점에도 불구하고 성령의 임재를 구원의 실체를 보여주는 표지, 그러니까 그리스도인으로서의 확신(행 2:38; 9:17)과 재확인(행 4:31)의 수단으로 보고 있다는 것을 보여주는 몇몇 표지들이 존재한다. 성령은 격려(행 9:31) 또는 기쁨(행 13:52)과 결부되어 있다. 방언의 은사는 회심의 증거이고, 이것은 그 은사를 받는 자들의 유익을 위한 것이었다. 왜냐하면, 이 은사를 통해서 사람들은 하나님을 찬송할 뿐만 아니라 다른 사람들에게 복음을 증언하게 되었기 때문이다(행 10:44-46; 19:6). 고린도전서 12장에 나오는 성령의 감동에 의한 현상들을 사도행전에 나오는 누가의 기록이라는 맥락 속에서 보는 것은 난점이 없다. 게다가, 누가는 바나바의 선량함(행 11:24)과 다비다의 선행들(행 9:36)을 통해서 표현되고 있는 그리스도인으로서의 성품의 중요성을 인식하고 있다 — 물론, 그러한 것은 오직 간헐적으로만 표면으로 등장하지만. 불행히도, 이미 신자가 된 자들을 향한 설교에서도 그 초점이 지체들 전체가 아니라 지도자들에게 맞춰져 있기 때문에(행 20:17-35), 우리는 누가 같은 인물이 신자들의 덕을 세우기 위하여 무엇을 말했을 것인지를 결코 알 수 없다. 누가의 관심은 유대인들과 이방인들을 향한 교회의 선교와 선교사들에 집중되어 있다.

신자들의 공동체. 바울과 사도행전에서 교회의 위치와 중요성은 분명하게 드러난다. 두 기자에게 있어서 교회는 유대인과 이방인 신자들로 구성되고, 옛 계약의 이스라엘과 연속선상에 놓여 있다. 사도행전의 주된 주제는 원래 유대인 신자들로 구성되어 있었던 교회가 하나님께서 할례를 요구함이 없이 유대인 신자들과 동일하게 죄 사함, 성령의 은사, 하나님의 백성의 지체라는 지위를 주신 이방인 신자들에게 교회를 개방하도록 요구하신다는 것을 깨달았다는 것이다. 이방인 신자들에게 유대 율법과 관습들을 받아들일 것을 요구하는 또 다른 견해가 초기 그리스도인들 사이에서 존재하였지만, 누가와 바울에 의하면, 바울적인 이해는 예루살렘 교회에서 통용되었던 그러한 이해였다.

바울과 마찬가지로, 누가는 처음에는 예루살렘에 있는 교회에 대하여, 그 후에는 각 지역에 있던 그리스도인들의 무리들, 그리고 집합적으로 서로 다른 여러 곳에 있는 그리스도인들을 가리키는 데에 '에클레시아'라는 용어를 사용한다(행 9:31). 예루살렘에 있던 원래의 교회가 널리 퍼져 나가서 여러 지역에 교회가 세워지면서 교회들이라고 말하는 것이 가능하게 되었다(복수형으로, 행 16:5). 또 다시 바울과 마찬가지로, 누가는 종종 성도들(행 9:13, 32, 41; 26:10), 그리고 빈번하게는 "형제들"을 가리키는 데에 교회라는 용어를 사용한다. 사도행전과 바울 서신에서 사용된 이 표현은 교회를 역사상의 하나님의 백성의 연속으로 보고 있다는 것을 분명하게 보여준다. 하지만 바울에게서와 마찬가지로 사도행전에서도 **이스라엘**이라는 용어는 교회에 대해서가 아니라 역사상의 하나님의 백성으로서의 유대인들을 가리키는 데에 사용된다.

바울은 그리스도의 몸으로서의 교회라는 개념을 발전시킨다. 마태복음에서 예수께서 "내 교회"라고 말씀하시는 용례와의 어느 정도의 유비가 존재한다(마 16:18). 하지만 사도행전에서는 교회라는 용어는 절대적인 용법으로 사용된다. 바울 서신에 나오는 것과 비견될 만한 교회를 가리키는 이미지들의 발전은 존재하지 않는다. 골로새서와 에베소서에서 발견되는 교회에 대한 풍성한 이해는 사도행전에 나오는 그 어떤 내용도 뛰어넘는다.

바울과 사도행전은 세례를 교회로의 입교 의식으로 인식하고 있다는 점에서 일반적으로 초대 교회의 실천을 반영하고 있다. 사도행전에서 세례는 죄를 씻어내는 것에 대한 은유를 통해서 표현되고 있는 죄 사함(행 22:16) 및 성령을 받음과 결부되어 있다. 세례의 이 두 가지 측면은 모두 바울에게서 발견된다(고전 6:11; 12:13; cf. 딛 3:5). 바울은 세례가 신자들을 그리스도의 몸인 교회 속으로 들어가게 해 준다는 것을 명시적으로 언급하고 있고(고전 12:13), 이것은 사도행전에서는 암묵적으로 나온다. 바울이 초대 교회의 다른 나머지 모든 것을 뛰어넘고 있는 것은 세례를 그리스도의 죽음과 합하여 죽어서 지금 여기에서 그의 부활 생명에 참여할 뿐만 아니라 장래에 그의 육신적인 부활에도 참여하게 되는 것으로 이해한다는 것이다. 또 한 가지 차이점은 사도행전에서 세례는 예수의 이름으로 행해지지만, 바울에게 있어서는 그리스도와 합하여 행해진다는 점이다(롬 6:3; 갈 3:27). 이러한 점들을 통해서 사도행전에서는 그렇게 부각되지 않았던 부활하신 예수와의 인격적인 관계가 바울에게서는 부각되고 있다.

회중이 모여서 한 활동들에는 하나님에 대한 기도와 찬송, 선지자들 및 성령의 은사를 받은 사람들의 역할들, 성찬식의 거행 등이 포함되어 있었는데, 이러한 것들은 가정 교회라는 배경 속에서 행하여졌다. 이와 동일한 활동들이 사도행전에 나오는 초대 교회에서 확인된다는 것은 놀라운 일이 아니다. 우리는 바울 서신들이 회중들의 내적인 삶에 초점을 맞추고 있기 때문에 바울에게서 그 자세한 내용들에 대하여 더 많이 알게 된다. 사도행전에서 떡을 떼는 것과 바울 서신 속에서의 성찬 간에는 차이점들이 있을 수 있다는 의문들이 제기되어 왔다. 사도행전에 나오는 사건들은 부활하신 주님과의 만남이라는 성격을 지니고 있는 반면에, 바울 서신에 나오는 사건들은 주님의 죽음을 기념하는 수단으로서의 성격을 지니고 있다고 주장되어 왔다.[8] 분명히 사도행전에 나오는 기사들은 누가복음 24장에 나오는 엠마오 이야기에 비추어서 읽혀져야 하고, 이것의 의미가 묻혀져서는 안 된다: 사도행전에서 식사는 주님, 즉 부활하셨지만 눈에는 보이지 않는 주님과의 교제의 때였다. 이런 식으로 누가는 부활하신 주님과의 인격적인 교제라는 요소를 암묵적으로 인식하고 있는데, 이 요소는 사도행전의 다른 곳에서는 비교적 조용히 넘어가고 있다. 이러한 요소는 바울 서신에도 나온다(고전 10:14-22). 고린도전서 11장을 보면, 예수의 죽음을 기념하는 것과 관련해서 이 요소는 실제로 간과될 위험성이 있었던 것으로 보인다. 또 다시 우리는 사도행전을 예수의 죽음과 성찬식을 연결시키고 있는 복음서에 비추어서 읽어야 한다는 것을 상기할 필요가 있는 것 같다.[9] 다른 곳에서와 마찬가지로 여기에서도 누가가

---

8) 역사상으로 각각 갈릴리 및 예루살렘과 관련되어 있었던 두 가지 서로 다른 유형의 식사가 있었다는 주장은 지속적인 지지를 받지 못하였다.

9) 여기에서 누가가 따르고 있는 전승(눅 22:19-20)은 마가와 다르고 바울과 공통된

사도행전에서는 제한적인 목적을 추구였다는 것, 즉 사도행전은 신자들의 회중들이 무엇을 믿고 행하였는지를 서술하는 것이 아니라 기독교 선교에 관한 이야기를 서술하는 것이었다는 것을 기억하는 것이 중요하다. 우리는 누가가 그의 목적 밖에 놓여 있었기 때문에 자세하게 설명하고자 하지 아니하였던 문제들과 누가 또는 초대 교회가 그것들에 관하여 특정한 견해들을 지니고 있었음을 사도행전의 기사들이 명시적으로 또는 암묵적으로 보여주는 문제들을 세심하게 구별하여야 한다.

이러한 고찰에 비추어 보아서, 우리는 사도행전에 회중들의 내적인 조직에 관한 내용이 나오지 않는 것에 대하여 잘못된 추론들을 도출해내지 않아야 한다. 바울과 누가는 공통적으로 열두 사도와 그 밖의 다른 사도들의 존재를 인정하고 있다. 누가에게 있어서 베드로를 필두로 한 열두 사도는 유대인들에 대한 선교를 맡은 자들이었던 반면에, 바울과 그의 동역자들은 이방인들에게 가도록 부르심을 받은 자들이었다(어느 쪽이든 순수하게 유대인 또는 이방인들로만 구성된 회중으로 가야 했던 것은 아니지만). 바울은 베드로가 유대인들을 선교하도록 부르심을 받았고 자기가 이방인들을 선교하도록 부르심을 받았다고 하는 별개의 소명을 인정한다. 누가와 바울은 선교를 순회 선교사들의 사역으로 보고 있는데, 바울은 여러 동역자들과 함께 이 사역을 수행하였다. 사도행전에서 두드러지게 부각되고 있는 것은 지도자들이 복음 전도자들로서 수행하는 역할이다: 베드로, 스데반, 빌립, 바울 및 그의 동역자들은 선교사들이다 — 비록 스데반과 빌립의 경우에는 다른 일들을 맡도록 지명되었다고 할지라도. 누가와 바울은 지도자들이 새로운 회중들 속에서 세워진다는 것을 상정하고, 그들을 가리키는 데에 장로들과 감독들이라는 용어들을 사용한다. 이러한 용어들은 바울 서신, 특히 어느 정도의 제도화가 이루어졌던 후기 서신들 속에서 많이 나오는 것은 불가피한 일이다.

다(고전 11:23-25). 누가 본문의 불확실성(일부 권위 있는 사본들이 눅 22:19-20의 대부분을 생략하고 있기 때문에)에 대해서는 제5장 각주18을 보라. 짧은 본문이 채택된다고 하더라도, 이 식사와 장차 있을 예수의 죽음 간의 연결 고리들은 여전히 뚜렷하게 드러난다.

신학과 행위. 바울에게 있어서 회심은 새로운 행동의 패턴과 표준을 낳는다는 것은 자명한 것이었다. 우리는 그의 서신들이 개인과 공동체로서의 그리스도인의 삶의 실천을 복음을 토대로 제시하고 있다는 것을 이미 본 바 있다. 교훈은 종종 "주 안에서" 주어지는데, 이것은 그리스도께서 그의 백성의 삶을 지도하시는 권위를 인정하는 것이다. 종종 지상적 예수의 가르침은 이러한 맥락 속에서 그를 "주님"으로 언급하는 가운데 주어지고 있다. 모세 율법은 더 이상 칭의의 수단으로 지켜야 하는 것이 아니라, 기독교적인 성품의 열매를 낳는 성령의 역사를 통한 사랑의 법 속에서 성취된다. 신자들의 삶속에서의 죄에 대한 엄중한 경고가 있다.

이 모든 것은 동일한 사랑의 법이 예수에 의해서 가르쳐지고 있는 복음서들과 암묵적으로 서로 일치한다. 바울이 말하고 있듯이, "주 안에서" 살아가는 삶은 예수의 가르침을 삶의 패턴으로 받아들이는 삶이다. 우리는 바울이 이 가르침을 가져와서, 혼인과 이혼에 관한 논의 속에서 새로운 상황에 적용하고 있는 것을 본다. 노골적인 죄에 대한 강력한 조치들은 사도행전 5장과 고린도전서 5장에서 발견된다.

성령이 신자들의 개인적인 삶을 인도하고 능력을 주신다는 것에 관한 바울의 발전된 가르침은 복음서들과 사도행전에는 나오지 않는다.

하나님과 그의 백성의 미래. 복음서 기자들은 그리스도께서 장차 오실 것에 대한 믿음을 바울과 공유하고 있고, 둘 다 그것을 장차 일어날 사건들 중의 하나로 묘사하고 있다. 재판장으로서의 그리스도의 지위가 인정되고 있고, 그는 그의 백성을 모아서 그와 함께 있게 할 것이다. 죽은 자들의 부활은 유대인들(사두개파를 제외한)과 그리스도인들에 의해서 공유된 믿음이었지만, 헬라인들은 그러한 신앙을 조롱하였다. 사도행전이나 바울 서신 속에서는 복음서들의 묵시론적 본문들 속에서 다루어진 것과 같은 문제들이 별로 강조되지 않는다. 사도행전은 주로 사람들이 심판 아래 놓이지 않기 위해서는 여기에서 부활하신 주님에 의해서 제시된 구원을 회개하고 받아들일 필요가 있다는 것에 관심을 갖는다. 사도행전은 신자들이 지속적으로 박해받고 있다는 사실을 인정하지만, 그것을 복음서들에서 발견되는 종말의 징조들이라는 맥락 속에 두지 않고, 누가복음 21장에 예루살렘에 대한 심판이 분명히 언급되어 있음에도 불구하고 그 사건에 대해서 침묵하고 있다.[10] 장차 있을 예루살렘에 대한 심판에 관한 예수의 경고들은 사도들의 설교 속에서는 찾아볼 수 없다. 마찬가지로, 장래에 대한 묵시론적 서술은 바울 서신에 대체로 빠져 있다. 그러한 것이 묘사되고 있는 데살로니가전서 4-5장과 고린도전서 15장에서 그것은 죽은 신자들의 운명과 관련된 문제들로부터 생겨난 것이고, 데살로니가후서에서 그것은 종말을 둘러싼 사건들에 대한 독자들의 이해와는 다른 설명을 제시하는 기능을 한다. 바울에 의해서 사용된 자료들은 분명히 복음서들에서 사용된 전승들과 관련되어 있고, 신자들에 대한 바울의 가르침 속에서 그러한 교훈이 들어설 여지가 있었다는 것은 분명하지만, 바울은 그러한 교훈이 복음에서 중심적인 것이 아니라고 이해하였다. 재림 때에 신자들이 변화될 것과 그리스도에 대한 신자들의 밀접한 관계에 관한 바울의 이해는 결정적으로 중요하지만, 여기서 그는 다시 한 번 공관복음서들과 사도행전과 비교해 볼 때에 이러한 신학적인 모티프들을 개별적인 방식으로 발전시키고 있다.

결론

우리는 이제 바울 신학에 대한 이전의 요약에서 사용했던 표제들을 따라서 바울 신학의 주요한 측면들을 살펴보았고, 비교가 가능한 한에 있어서 그것들을 누가에 의해서 사도행전에서 주어진 그 밖의 다른 초기 그리스도인들의 신앙들에 관한 묘사와 공관복음서들에 나오는 가르침과 비교해 보았다. 우리는 두 부류의 저작들 속에 표현된 기본적인 신학이 상당한 정도로 일치한다는 것을 발견하였다. 바울의 진정한 서신들에 의해서 확인되고 바울 자신이나 그의 제자들의 손길이 닿아 있는 후기 서신들의 다양한 기여들을 통해서 보완되고 있는 소위 바울 사상이라고 부를 수 있는 실체가 존재한다. 마찬가지로, 예수의 선교에 의해서 영감을 받았고 초대 교회에서 그의 제자들의 선교를 통해서 계속되었던 가르침으로 구성된 실체도 존재한다.

---

10) 다른 전승들의 사용의 결과이든, 아니면 누가가 이 점을 부각시키기 위하여 편집한 것이든, 누가복음 21장은 마가복음 13장 또는 마태복음 24장에서보다 훨씬 더 분명하게 예루살렘에 대한 임박한 심판을 밝히고 있다.

우리의 비교는 이 둘 사이에 차이점들이 존재한다는 것을 보여주었다. 그것들은 서로 동일하지 않지만, 꽤 동일한 내용을 말하고 있다고 할 수 있다. 다른 신자들이 복음을 전하였을 때에 그들의 동기가 그의 눈으로 볼 때에 의심스러운 것이었을지라도 바울은 기뻐하였던 것과 같이(빌 1:15-18), 바울은 공관복음서들과 사도행전에 반영되어 있는 복음을 보고 한층 더 기뻐하였을 것이다(바울이 자기와 예수의 최초의 제자들이 하나의 동일한 복음을 전하였다고 단언하고 있는 고전 15:3-11을 참조하라).

이러한 대체적인 결론은 분명히 여러 가지 관점으로부터 공격을 받을 수 있다.

첫째, 복음서 기자들에 의해서 주어진 예수의 가르침에 관한 묘사는 바울과 같은 사람들에 의해서 부활 사건 이후에 만들어졌다는 것은 사실이고, 그들이 그러한 묘사를 그들 자신의 상황과 신앙에 비추어서 묘사하였다고 할 수 있다(의심할 여지 없이 무의식적으로). 예수의 가르침과 초대 교회의 가르침 간의 유사성의 정도는 상당한 정도로 높다고 할 수 있지만, 역사적으로 볼 때에 그것들은 서로 훨씬 덜 비슷했을 것이다.

이러한 반론에 대하여 여러 가지 대답이 있을 수 있다. 첫 번째는 신약성서 기자들의 신학을 개괄적으로 서술하고자 하는 본서의 목적에 비추어서 역사적인 문제는 일차적으로 중요한 문제가 아니라는 것이다. 서로 다른 기자들 간에 조화가 존재한다는 것을 보여줄 수 있는 것으로 충분하고, 우리는 때때로 그러한 조화가 존재한다는 것을 보여줄 수 있었다. 둘째, 복음서들은 초대 교회에서 유포되고 있었던 예수에 관한 전승들에 토대를 두고 있다. 공관복음서들은 비록 기억에 의한 것이기는 하지만 예수의 영향력을 보여준다. 복음서들 속에는 서로 다른 여러 전승들로부터 가져온 서로 다른 요소들 간에 복음서들이 전승들을 충실하게 재현하고 있다는 것을 보여주는 기본적인 동질성과 정합성이 존재한다.[11] 우리는 복음서들 간의 특징적인 차이들을

---

11) 우리는 여기에서 더 많은 사본들의 지지를 받는 것이라는 원칙을 그것이 통상적으로 사용되고 있는 것과는 다른 목적을 위해서 사용할 수 있다. C. H. Dodd, *History and the Gospel* (London: Nisbet, 1938), pp. 84-103은 그의 선구자적인 저서 속에서 예수의 가르침과 선교에 있어서의 핵심적인 모티프들이 서로 다른 양식비평적 범주들에

부각시키고자 애를 써 왔다 — 좀 더 자세하게 다룬 글 속에서는 전승과 편집을 구별하는 일이 가능하겠지만. 그럼에도 불구하고, 복음서 기자들이 서로 다른 뉘앙스를 가지고 있지는 하지만 공통의 신학을 공유하고 있다고 말하는 것이 가능하다. 그들은 모두 서로 다른 성부(聲部)를 맡아서 노래하고 있기는 하지만 동일한 찬송가에 나오는 노래를 부르고 있는 것이다.

둘째, 우리는 누가에 의해서 주어진 묘사에 비추어서 가장 초기의 그리스도인들의 신학을 규정하고 있다는 문제를 안고 있다. 이 장 전체에 걸쳐서 나는 바울과 사도행전의 저자인 누가를 비교하여 왔다. 독자들은 바울과 초대 교회를 비교하고 있는 것인지, 아니면 바울과 사도행전의 저자를 비교하고 있는 것인지에 대하여 혼란스러웠을지도 모른다.

한편으로, 일부 학자들은 사도행전의 저자가 복음서 기자들이 예수에 대하여 묘사했을 때보다도 더 편견을 가지고 부정확하게 초대 교회를 묘사하였다고 주장한다. 복음서 기자들은 예수께서 하신 것에 대한 경외심으로 인해서 그들에게 전해진 전승들에 어느 정도 충실하게 따랐던 반면에, 초대 교회의 활동들은 동일한 종류의 방식으로 전승을 형성하는 과정의 대상이 되지 않았을 것이다. 누가는 그가 가장 초기의 그리스도인들의 선교와 그 설교를 서술함에 있어서 지침으로 삼을 만한 것을 거의 가지고 있지 않았고, 우리가 사도행전 속에서 보는 것은 후대의 그리스도인들이 그 이야기를 재구성한 결함 있는 기억을 반영한 것이기 때문에, 누가는 자신의 신학을 베드로와 그 밖의 다른 사람들에게 투영할 수밖에 없었다.

다른 한편으로, 바울의 가르침에 대한 누가의 묘사라는 특별한 문제가 존

속하는 전승들에서만이 아니라(선포 이야기들, 이적 이야기들, 비유들, 지혜 말씀들 등등) 서로 다른 자료들 속에서도(마가에 의해서 보전된 자료; Q전승들; 오직 마태[M] 또는 누가[L]에 의해서만 보전된 전승들 – 그리고 여기에 요한 문헌을 덧붙일 수 있다) 얼마나 다양하게 존재하는지를 보여주었다. 독립적인 양식들과 자료들 속에 다중적으로 나온다는 것은 예수의 가르침과 활동을 반영하고 있는 이 내용들의 역사성을 지지해 주는 강력한 요소이다. 그러나 우리는 서로 다른 자료들 간의 연속성은 비록 그것들이 각각 나름대로의 특징적인 뉘앙스들과 강조점들을 가지고 있기는 하지만 예수에 관한 묘사에 있어서 그것들의 근본적인 일치를 보여주고 있는 것이라고 볼 수도 있다.

재한다. 의심할 여지 없이, 누가는 자기 자신을 기본적으로 바울의 신학을 보존하고 그의 공격자들에 대항하여 바울을 옹호하는 데에 관심을 가진 바울주의자로 생각하였다. 분명히 바울은 사도행전의 두 주인공 중의 한 사람이고, 누가의 신학은 몇몇 바울적인 특징들을 보여준다 — 단지 누가가 바울과 그의 선교에 아주 많은 지면을 할애하고 있기 때문만이 아니라. 하지만 바울의 특징적인 신학의 많은 부분이 사도행전에는 나오지 않는다. 그러나 누가가 바울의 신학을 오해하고 잘못 묘사하고 있는 방식들로부터 볼 수 있듯이, 누가는 바울을 충실하게 따른 자가 아니었다고 주장된다. 사도행전 속에 나오지 않는 주요한 요소는 "그리스도 안에"라는 어구를 통해서 표현되고 있는 신자와 그리스도의 연합에 관한 바울의 신학이다.[12]

필립 필하우어(Philipp Vielhauer)에 의해서 잘 알려진 논의에서는 누가가 바울을 적어도 네 가지 분야에서 근본적으로 오해했다고 비판한다: 기독론, 자연 신학, 율법, 종말론. 누가는 바울의 신학을 이해하지 못하였고, 바울의 신학과 모순되고 그것보다 덜 발전된 신학을 제시하였기 때문에, 이 둘은 너무도 달라서, 오늘날의 독자들은 둘 중의 하나를 선택해야 할 지경이라는 것이 그의 주장이다.

따라서 누가는 바울과 베드로에게 그들 중의 어느 쪽에게도 전형적이지 않았던 자신의 신학을 부여함으로써 바울의 설교와 전망을 베드로의 것과 비역사적으로 동화시키는 기사를 씀으로써 다른 초기 그리스도인들과 바울 간의 차이점들을 완화시켰다고 주장될 수 있다.

이러한 주장들에 대응하여 우리는 이렇게 대답할 수 있다. 첫째, 우리가 사도행전의 전반부에서 얻는 초대 교회의 신학에 관한 묘사는 적어도 역사적으로 적절한 것이다. 다시 말하면, 그것은 대체로 우리가 신약성서의 다른 곳에 나오는 증거들로부터 최초의 그리스도인들의 설교와 실천에 관하여 도출해 낼 수 있는 것과 일치하고, 또한 역사적으로 볼 때에 예수의 부활 및 그것과 결부된 복음 전도의 사명, 성령의 수여를 경험하였던 지상적 예수의 제

---

12) 예를 들면, Eric Franklin, *Luke: Interpreter of Paul, Critic of Matthew* (Sheffield: JSOT Press, 1994), pp. 274-78을 보라.

자들이 누가가 묘사한 것과 같은 방식으로 행하고 설교하였을 가능성이 대단히 높다.

둘째, 사도행전의 바울과 서신들 속에 나오는 바울 간의 차이들은 누가가 서신을 쓴 것이 아니라 이야기를 쓰고 있었기 때문에 생겨난 것이라고 할 수 있다. 누가는 회중들의 덕을 세우는 일들을 다룬 것이 아니라 복음 전도를 위한 선교 활동을 이야기하고 있다. 누가가 사도행전 20장에서 회중의 장로들을 향한 바울의 말을 재현할 때에 바울과 아주 밀접한 유사성을 보여주는 것은 이상한 일이 아니다.

셋째, 바울에 관한 두 가지 묘사 간의 차이점들은 지나치게 과장되어서는 안 된다. 필하우어의 논거들은 자주 논의되어 왔고, 내가 보기에는 그 논거들에 대한 설득력 있는 반론들이 존재한다.[13] 누가가 요한이나 히브리서의 표현들이 아니라 베드로와 바울의 신학적인 표현들을 사용하고 있다는 것은 너무도 명백하다.

넷째, 우리는 누가가 바울이 소유하고 있었던 것과 같은 깊은 신학적인 통찰을 지니고 있지 않았다는 것을 인정하여야 한다. 누가가 바울과 모순되는 것을 보여주는 대목은 없지만, 또한 누가는 바울의 심오한 신학을 공유하고 있지도 않다.

그러므로 결정적으로 중요한 문제는 사도행전의 신학과 바울의 신학이라는 두 가지 신학이 기본적으로 동일한 구조와 내용을 지니고 있느냐 하는 것이다. 이 둘 사이에 유사점들이 존재한다는 것을 인정한다면, 그 신학들이 서로로부터 다른 구조를 지니고 있다고 말할 수 있겠는가? 기독교의 두 가지 형태인 로마 가톨릭과 개신교가 그 전반적인 신학적 구조와 강조점이 서로 다르기 때문에 이 두 가지 형태의 기독교가 상당한 정도로 다르다는 사실을 인정하면서도, 로마 가톨릭과 개신교에 의해서 받아들여지고 있는 공통의 신앙들의 목록을 작성하는 일이 과연 가능한 일인지를 생각해 보라. 직분과 성례전에 관한 이해가 너무도 다르기 때문에, 기독교의 이 두 가지 형태의 성격은 근본적으로 다르다. 한 사람이 이 땅에서 그리스도를 대신한다는 개

---

13) F. F. Bruce, "Is the Paul of Acts the Real Paul?" *BJRL* 58 (1976): 282-305; Stanley E. Porter, *The Paul of Acts* (Tübingen: Mohr Siebeck, 1999)를 보라.

념은 개신교의 틀과 부합할 수 없고, 특히 신앙의 실천에 있어서 마리아와 성인들에게 주어진 위치는 개신교의 정서와 너무도 배치된다. 이 장에서 탐구된 두 가지 유형의 신학과 관련하여 개별적인 신학적 주제들을 비교한 것 속에서 표면에 등장하지 않았던 차이점들이 그 구조와 정서에 있어서 나타날 수 있겠는가?

우리는 두 경우에 있어서 구약성서로부터 가져온 범주들을 통해서 표현되어 있고 성경의 직접 인용문과 간접 인용문을 상당한 정도로 사용하고 있는 신학을 본다는 것을 기억하여야 한다. 그것은 유대인들과 이방인들을 포함한 모든 사람들의 죄악됨을 전제하고 있다. 그것은 죽었다가 죽은 자 가운데서 다시 살아나셔서 주와 구주로서의 그의 신분을 확증하신 사람 예수 그리스도로 말미암은 죄와 심판으로부터의 구원을 제시한다. 구원의 선물은 개별 그리스도인들의 체험 및 교회의 선교와 사역을 위해 은사를 통해서 인도하고 능력을 주시는 일에 있어서 적극적인 행위자인 성령의 수여를 포함한다. 구원(칭의)은 하나님과 예수 그리스도에 대한 믿음을 통해서만 이루어지고, 그러한 믿음은 신자들을 하나님의 백성의 교제 속에 통합시키는 세례로 표현된다. 이 하나님의 백성은 역사상의 하나님의 백성인 이스라엘과 하나이고, 지금 할례받은 유대인이든 할례받지 않은 이방인이든 모든 믿는 자들로 구성되어 있다. 과거에는 결정적이었던 요소는 하나님에 대한 믿음이었지만(단지 혈통상의 이스라엘 백성에 속해 있는 것만이 아니라), 이제는 하나님께서 메시야를 보내셨다는 것, 예수를 메시야와 부활하신 주님으로 인정하는 믿음이다. 이 부활하신 주님은 성령을 통해서 교회 안에서 역사하고 계시고, 떡을 떼는 것(성찬)으로 집약되고 기도로 표현되는 인격적인 관계 속에서 그의 백성에게 알려지고 계신다. 예수의 제자들에게는 유대인이든 이방인이든 모든 족속들에게 복음을 전할 사명이 위임되었고, 이것은 특별히 선교사들로 부르심을 받은 자들에 의해서 회중들의 적극적인 지원을 받아서 수행된다. 그들의 일과 신자들로서의 그들의 존재는 반대를 받을 수밖에 없기 때문에, 신자들은 일반적으로 예수와 마찬가지로 순교를 당하기까지 고난을 받아야 한다. 그들의 삶의 방식은 예수의 가르침과 성령의 인도하심에 의해서 결정된다. 그들은 장차 죽은 신자들이 그리스도와 더불어 영원한 생명으로 부활하게 될 것과 불신자들이 심판과 멸망으로 부활하게 될 것을 대망한다.

기독교 신학에 관한 이러한 개요는 사도행전과 바울에 공통적이다. 이러한 신학은 바울에 의해서 특히 죄와 육(肉)이라는 개념, 하나님의 아들의 성육신의 의미, 하나님의 아들의 죽음의 의미에 관한 세부적인 이해, 믿음으로 말미암은 그리스도와의 새로운 관계에 대한 온전한 이해, 그리스도와 연합된 가운데 성령의 역사로 말미암아 신자들이 지속적으로 변화된다는 것, 그리스도와 더불어 죽었다가 다시 사는 것으로서의 그리스도인들의 실존의 성격, 그리스도의 몸으로서의 교회, 최후의 부활, 이스라엘, 이방인, 율법에 관련된 문제들과 관련해서 아주 자세하게 서술된다. 여기에는 엄청난 신학적인 업적이 존재하지만, 그것은 동일한 종류와 형태의 신학이다. 바울의 신학은 동일한 신학을 다른 차원에서 서술하고 있는 동일한 신학이다. 이것은 마치 정교한 제의와 오랜 전통을 지닌 기독교적인 용어 및 음악을 사용한 영국 국교회의 예전적 예배가 예전을 사용하지 않지만 다른 방식으로 동일한 믿음과 체험을 표현하는 단순한 예배와 동일한 형태와 내용을 지닐 수 있는 것과 마찬가지이다.

그러므로 강조점과 내용에 있어서는 독특한 차이점들이 존재하지만 기본적인 동일성이 존재한다. 모든 경우에 있어서 증거들은 바울의 신학이 사도행전에 나오는 신학을 한 걸음 더 발전시킨 것이라고 볼 때에 의미를 지니게 된다. 이러한 간단한 고찰을 통해서 우리는 누가가 바울의 신학보다 덜 복잡하고 덜 발달된 하나의 신학을 묘사하였다는 것을 보게 된다. 이것은 누가가 바울을 묘사하고 있는 것에도 그대로 적용된다.[14]

---

14) 하나의 예외로서 사도행전에 나오는 바울의 설교들은 불신자들을 향한 것이다. 우리는 그러한 설교들이 바울이 신자들과 공유할 수 있는 그런 종류의 신학을 나타내 보이지 않는다고 해도 이상하게 여겨서는 안 된다.

참고문헌

Barrett, C. K. "The Theology of Acts". In *Acts.* 2 vols. Edinburgh: T & T Clark, 1998, 2:lxxxii-cx.

Bock, Darrell L. *Proclamation from Prophecy and Pattern: Lucan Old Testament Christology.* Sheffield: JSOT Press, 1994.

Bruce, F. F. "Is the Paul of Acts the Real Paul?" *BJRL* 58 (1976): 282-305.

Dodd, C. H. *History and the Gospel.* London: Nisbet, 1938.

Franklin, Eric. *Luke: Interpreter of Paul, Critic of Matthew.* Sheffield: JSOT Press, 1994.

Marshall, I. Howard. "Luke's View of Paul". *Southwestern Journal of Theology* 33 (1990): 41-51.

Porter, Stanley E. *The Paul of Acts.* Tübingen: Mohr Siebeck, 1999, pp. 199-206.

Vielhauer, Philipp. "On the 'Paulinism' of Acts". In *Studies in Luke-Acts: Essays in Honor of Paul Schubert.* Edited by Leander E. Keck and J. Louis Martyn, pp. 33-50. Nashville: Abingdon; Philadelphia: Fortress, 1980.

제 4 부

요한 문헌

제 20 장

요한복음

　요한복음은 처음의 세 복음서와 달리 예수님의 가르침 및 사건들에 대한 다른 모양새를 서술한다는 점에서 공관복음서와 구별된다. 비록 그 사건들의 일부는 공관복음과 같거나 혹 다른 부분들은 기본적으로 비슷한 성격이라 할지라도, 일반적으로 논의된 요한복음의 신학적 논증의 성격은 공관복음과 매우 다르다. 이 차이는 아주 중요하고 어려운 문제인, 요한에 의해 표현된 예수와 우리가 처음의 세 복음서로부터 얻어진 예수님에 대한 모습과의 관계에 관한 질문을 제기하고 또한 요한이 그러한 독특하고 독립적인 방법으로 전개한 방식에 관한 의문을 일으킨다. 한 극단적인 입장은 예수는 다면적인 인물로서 때때로 소위 공관복음적인 방법으로 행동했고 또 가르쳤으며 또 다른 때에는 요한복음적인 방식으로 하셨다는 것인데 그렇게 함으로써 우리는 똑같이 역사적 예수에 밀접하게 근거한 두 가지의 상(pictures)을 가질 수 있다는 것이다.

　반대의 극단적 견해는 요한의 서술은 아주 허구적이라는 것인데, 예수가 요한복음 전체에 전반적으로 근거한 저자의 신학을 위한 도구로 사용되었다는 것이다.[1] 두 극단에 치우치지 않는 중간적 입장은 요한이 예수에 관한 역

---

　1) 이 견해는 가장 극단적으로 Maurice Casey, *Is John's Gospel True?* (London: Routledge, 1996)에 의해서 발표되었는데, 그는 요한복음은 역사적으로나 신학적으로 허위라고 주장한다.

사적 전승을 취했고, 그 전승에 새로운 변화와 발전을 더했다는 견해이다. 우리가 가지고 있는 것은 공관복음서의 바로 그 예수를 또 다른 방식으로 표현한 예수라는 것이다.[2]

우리의 첫 번째 과제는 요한복음의 저자가 신학적으로 말하고 있는 것이 무엇인지를 이해하는 것이다. 그리고 다른 신약의 책들처럼 그 신학적 이야기들(theological stories)을 추적함으로써 시작한다.[3]

서언(요 1:1-18): 신학적 이야기

시작은 중요하다. 요한은 공관복음서의 서론 그 이상으로 신학적 설명과 사건들을 결부시킨 서언(요 1:1-18)으로 그의 복음서를 시작하고 있다.

한 사건은 세례 요한의 등장에 관한 것인데, 그는 빛에 대한 증인(요 1:6-7)으로 행하면서 그가 전에 말하기를, 자기 뒤에 오시는 이가 자기보다 앞선다고 한 것이 예수에 관한 증언이라는 것이다(요 1:15). 이러한 진술들 가운데 끼여 있는 역사 속에서 일어난 또 한 가지의 사건은 바로, 그 말씀이 인간이 되시고 그 존재가 요한복음의 저자가 속해 있는 공동체에 의해 보여진 사건이다(요 1:14). 그러나 이러한 사건들은 저자에 의해 신학적으로 진술되는 문맥 속에 놓여 있으며, 저자의 주된 논점들은 다음과 같다.

첫째, 태초(이것은 "우리 생각으로 갈 수 있는 데까지 뒤로 가 본 시간"으로 여겨지는 의미)에 말씀이라고 불리는 하나님과 함께한 존재가 있었는데 그는 하나님이었다. 이 역설은 부연 설명 없이 진술되어 있다.

둘째, 이 존재는 우주의 창조에 원인이 된다.[4] 그 자신은 우주를 위한 생명

---

2) Casey에 대한 비평은 Craig L. Blomberg를 참조하라, *The Historical Reliability of John's Gospel* (Leicester: Apollos, 2001).

3) 불가피하게 이 부분에서는 나(I. Howard Marshall)의 글의 일부가 반복될 것이다. "Johannine Theology", in Geoffrey W. Bromiley, ed., *The International Standard Bible Encyclopedia* (Grand Rapids: Eerdmans, 1982), 2:1081-91.

4) 하나님은 그 시대의 사상 속에서 창조자였기에, 그 말씀은 하나님의 대행자(agent) 역할을 한 것으로 가정할 수 있을 것이다. 그러나 아마도 중요한 개념은 이렇게 함으로서 말씀을 하나님과 동등한 위치에 놓았다는 것이다.

과 빛의 근원이었고, 이 존재가 아니었더라면 우주는 어둠의 장소가 되었을 것이다. 어떻게 그 말씀으로 창조된 우주가 어둠 가운데 있게 되었는지는 설명되지 않는다. 이것이 악의 기원에 관한 신비이다.

셋째, 어둠 가운데 비치던 그 빛은, 분명히 구원과 생명을 사람들에게 가져온다. 그 빛이 나타나게 된 한 방법은 요한의 증거를 통해서이다. 요한은 그 빛이 세상으로 와야만 했다고 증거했다.

넷째, 그 빛은 대체로 세상 속에서 인지되지 못했고 심지어는 자기 백성들에게도 인식되지 못했다. 이는 유대인들을 가리킴에 틀림없다. 그러나 일부 사람들은 그 빛을 인식하고 영접했으며, 또한 그들은 하나님의 자녀가 되었다.[5] 이것은 출생의 과정과 같이 인간의 힘으로는 생기게 할 수 없고 다만 신적 행위(a divine action)에 달려 있다.

여기서 우리는 어떤 사람들은 자신들이 믿고 하나님의 자녀가 됨에도 불구하고, 이 중생이 하나님에 의해 일어났다는 점에서 또 다른 역설을 만난다. 이 역설을 이해하기 위한 한 방법은 하나님이 믿음으로 반응하는 자에게 거듭남을 주심으로 인간의 믿음에 응답한다는 것이다. 이러한 해석은 왜 이 특별한 사람들은 반응하고 나머지는 반응하지 않느냐에 대한 설명을 하지 않는다. 또 다른 한 방법은 하나님이 어떤 사람들의 믿음을 일으켜서 중생하게 한다는 것이다. 이러한 해석은, 왜 하나님이 어떤 사람의 믿음은 일으키고 나머지 다른 사람들의 믿음은 일으키지 않느냐에 대한 설명을 하지 않는다. 본문에서는 명확히 전자 유형의 이해를 후자 유형의 이해보다 선호한다.

다섯째, 그 말씀이 세상 안으로 들어온 그 특수한 방법은 바로 "육신"이 되심을 통해서인데 문맥상의 의미는 그분께서 인간의 모습을 취하셨다는 것이다. 그 의미가 즉시 분명하게 나타나지 않는 것은, 이것이 요약적 반복으로서 지금 막 언급된 그 말씀이 세상에 거하신다는 것에 대한 세밀한 설명인지, 아니면 새로운 단계로서 요한복음 1:10-13에 있는 세상에 있는 말씀의 영적 임재에 뒤따라 나타나는 요한복음 1:14의 육체적 임재를 나타내는 것인

---

5) 명백히 내포된 의미는 비록 그 말씀으로 창조되었고 심지어 유대인이라 할지라도 이 빛을 받아들이지 않는 사람은 하나님의 자녀가 아니라는 것이다.

지 명확하지 않다. 결정은 쉽지 않지만 전체적으로 볼 때 전자의 해석이 더 타당하다. 요한복음 1:10-13을 예수에 대한 기독교적 반응의 해석으로 이해하는 것이 기독교 이전 시대에 일어난 어떤 사건에 대한 해석으로 이해하는 것보다 더 나은 의미를 만든다.[6]

여섯째, 저자는 자기 자신과 저자가 속한 공동체가 그(성육신하신:역자주)를 알아보는 자의 무리라고 간주한다. 비록 그(예수)가 한 인간이었지만, 그럼에도 불구하고 그들은 예수를 단지 그의 인성 이상인 하나님의 영광의 체현(體現)으로 인식했다. 여기서 하나님은 아버지로, 그리고 그 말씀은 그의 아들로 정체가 밝혀진다.

일곱째, 그 말씀을 통한 은혜의 충만함이 강조된다. 이는 율법 수여자로서의 모세를 통해 주어진 하나님의 은혜가 부인된 것이 아니라 유일하신 분이며 하나님 자신이자 하나님을 계시하는 분인 예수 안에서 은혜와 진리가 더 풍성히 드러남을 말한다.[7]

요한복음과 관련해서 이 서언의 기능은 무엇인가? 기본적으로 서언은 저자가 자신의 신학을 표현하기 위해 사용할 매우 많은 용어들을 소개한다. 즉, 말씀, 하나님, 생명, 빛, 어둠, 증거, 믿음, 이름, 자녀/아들들, 출생, 육체, 영광, 아버지, 은혜,[8] 진리, 율법, 봄(seeing) 등이다.[9]

더 중요한 것은, 서언은 간결한 방식으로 근본적인 구속사를 서술해 나가며, 우주를 초월하여 우주창조 이전의 신적 행위라는 측면에서 사물을 관측하는 초서사적(metanarrative) 방법으로 역사적 무대 위에서 일어난 사건들

---

6) 이것은 아마도 요 1:9의 미래성과 요 1:17에서 모세와 예수 그리스도에 의해서 각각 시작된 두 시대 사이의 대조에 의해서 확증된다.

7) 오직 이 시점에서만 그 말씀이 예수 그리스도의 사람됨으로 명확히 드러난다. 저자는 18절까지만 "말씀"에 관해 말하고 있다.

8) 이 단어는 서언(요 1:14, 16-17)을 제외하고는 실제로 사용되지 않지만 사실상 "사랑"에 의해 대체되었다.

9) 몇몇 중요한 용어들이 결여되었다: 사랑(은혜에 포함됨); 성령/보혜사; 죄. 예수님은 "아들"로 불리어지지 않는다(예외로는 아마도 NRSV성경이 채택한 사본의 번역인 요 1:18 일 것이다; TNIV mg.). 하지만 요 1:14, 18의 "독생하신(only)"은 그 자체로서 "독생자(only Son)"와 같은 의미이다.

을 정착시키는 역할을 한다. 무엇보다도 서언은 예수가 누구이며 무슨 일을 행하는가와 관계된 글인데, 이를 위해 일종의 반전을 통해, 즉 말씀이라는 다른 형태를 통해 그 목적을 성취하며, 예수를 그 말씀의 성육신으로 설명한다.

중요한 질문은 왜 말씀이라는 용어가 이러한 목적을 위해서 선택되어야만 하느냐는 것이다. 다른 복음서들은 예수의 정체를 메시야, 하나님의 왕국을 이 땅에 확립하고 그 왕국의 미래적 완성을 알리며, 사람들의 회개, 믿음 그리고 제자도를 요청하기 위해 오시는 하나님의 대행자로 소개하며 시작한다. 하지만 시작에 있어서 공관복음서도 예수를 단순한 사람 이상의 존재라는 것을 의식하고 있다. 그 예로, 그는 하나님의 아들이고 그의 제자가 되는 것과 관련되어 일어난 변화는 마치 작은 하나님의 자녀가 되는 것으로 묘사될 수 있다. 그러나 요한은 시작부터 예수의 정체를 세상 밖에서 오셔서 그의 천상적 신분과 본성을 인간들과 나누기 위해 오신 신적 존재라고 말한다. 하지만 이야기가 전개되어가면서 요한 또한 유대인의 관점에서 피할 수 없는 질문인 예수가 메시야인지 아닌지에 대해 다루어야만 했으며 또한 예수의 제자도에로의 부름에 대해서도 다루어야만 했다. 그 내용물들은 같지만 그 완성된 혼합물들은 다소 차이가 있다.

서언 이후 예수는 더 이상 말씀과 연관되어 언급되지 않는다. 하지만 그는 주로 그의 말씀들을 통해서 생명과 빛, 그리고 영광을 계시하고 전달하며, 하나님을 알린다는 점에서 말씀의 기능들을 계속적으로 성취하고 있다.[10] 마치 예수가 생명의 떡을 나누어 주지만 실상은 자신이 생명의 떡이신 것처럼, 그는 또한 하나님의 말씀들을 선포하면서 그것에 의해 하나님의 말씀으로서의 기능을 한다.

서언은 요한복음의 절정을 형성하는 사건인 예수의 죽음과 부활에 관해 아무것도 말하지 않는다. 그것은 아마도 요 1:15의 어둠이 빛을 이해하지 못하고 거절하는 부분에서 죽음이 비추어졌을 수도 있지만, 현 단계에서는 생

---

10) Robert H. Gundry, *Jesus the Word According to John the Sectarian* (Grand Rapids, Mich: Eerdmans, 2002)

명을 세상에 가져오기 위한 죽음과 부활의 궁극적 기능에 관해서는 언급이 없다. 그러나 서언은 서막일 뿐이지 전체내용의 예고편이나 요약은 아니다.

요한복음의 나머지 부분의 역할은 서언에서 간단히 언급된 것들에 대해 더 충분하고 상세히 서술하는 것이다. 시작부터 독자들은 그 이야기의 해석을 알며, 또 그 계속되는 이야기는 요한이 제공하는 해석이 올바른 해석이라는 것을 확증할 수 있는 증거를 제공한다는 것도 안다. 우리는 어떻게 매우 비슷한 사건들이 공관복음서에서 일어나게 되었는지 비교할 수 있을 것이다.

예수와 유대인들(요 1:19-12:50): 신학적 이야기

요한의 예수님에 대한 증거(요 1:19-51).   여기서 서언은 서론이 아니라는 인식이 나타난다. 서언은 나머지 이야기로부터 분리된 것이 아니라 그 안으로 곧장 쇄도한다. 세례 요한은 이미 그 안에서 한 역할을 맡은 자로 출연하고 있으며 요한복음 1:19-51의 첫 번째 부분에서 저자는 세례 요한을 단지 근접 촬영하는데 초점을 맞추었고, 이것은 그가 요한복음 1:15에 말한 것을 더욱 충분히 발전시킨 사례이다. 이 시점에서 우리는 이미 관심을 끄는 문제 하나와 직면하게 되는데, 그것은 요한이 이 이야기 속의 한 인물에 의해 서술된 것으로부터 요한 자신의 신학적 발전으로 움직일 수 있다는 것인데, 문제는 독자들에게 이것을 표시하는 어떠한 분명한 이정표도 제시하지 않는다는 것이다.[11]

요한복음 1:19-28은 세례 요한이 전혀 인지될 만한 메시야적 인물 — 그 당시의 유대인들이 한 번쯤은 제기해 본 질문이었을 것이다 — 이 아니라는 것을 보여준다. 공관복음에서는 예수의 세례 시 성취해야 할 사명과 함께 예

---

11) 요 1:15/16-18이 그러한 전환의 특별하고도 분명한 예로서, 그 후반부는 요한의 설명으로 의도되었을 것이고, 이 사실은 비록 그 전환 단락의 구분에 어려움이 있지만 우리로 하여금 다른 곳에서도 같은 종류의 언급되지 않은 전환을 인식하도록 격려한다. Cf. NRSV와 TNIV의 예수님의 강화에 관한 시작이 요 3:10에서 요 3:15에서 종결되는가 아니면 3:21에서인가? 그리고 요한의 말이 요한복음 3:27에서 시작해서 요 3:30에서 끝이 나는가 아니면 요 3:36에서인가? 이 두 경우에선 모두 전자의 견해가 더 선호된다.

수를 그의 아들로 알리는 이는 하나님 자신인 반면, 이 복음서에서는 하나님이 예수를 그의 세례에서 승인한 때 일어난 사건들에 근거해 예수가 그 자신의 예언을 성취할 분이라고 세례 요한이 가리키고 있다. 그러므로 아들됨(sonship)의 계시는 사복음서 모두에서 중요시된다. 그러나 우리가 살펴보았듯이 공관복음에서는 이것이 더욱 예수의 메시야적 사명이라는 면에서 전개되는 반면, 요한복음에서의 경향은 예수를 하나님으로부터 온 빛과 생명을 계시하는 자로, 예수의 신적 신분(status)이라는 측면에서 더욱 발전시킨다.

하지만 심지어 이러한 진술도 이 주장을 지나치게 강조하는 위험에 처하는데, 그 이유는 여기서 요한이 예수를 세상 죄를 지고 가는 하나님의 어린 양으로 심도 깊게 증거하고 있기 때문이다(요 1:29, 36). 이것은 의외의 표현일 수도 있지만 분명 중심무대를 장악한다.

"하나님의 어린 양"은 아마도 메시야적 용어이고, "죄를 지고 감"은 어떤 면에서는 죄인들에게 마땅한 정죄와 형벌을 예수가 제거하심을 가리킨다.[12]

예수의 사명에 있어 두 번째 요소는 그가 성령으로 세례를 줄 것이라는 것이다(요 1:33). 마치 하나님의 어린 양이라는 문구가 의외로 그리고 특별한 해명 없이 언급되었듯이, 여기서 서언에 없었던 다른 또 하나의 요소를 보게 된다. 세례의 역할에 대한 설명은 없지만, 물로 씻음을 상징하는 의식을 통해 요한이 성취해낸 것이, 분명 성령의 역사로 말미암아 요한의 세례와 유사하면서도 그보다 한층 더 높은 수준에서 성취될 것이라는 점이다. 만일 세례가 죄 씻음을 의미한다면, 예수는 물로 상징된 요한의 세례의 영적인 측면을 성취할 것이며 사람들을 죄에서 구원하실 것이다. 그러므로 어린 양으로서 그리고 성령으로 세례를 주는 자로서 예수의 행위는 상호보충적이다.

우리에겐 예수가 비록 보편적 차원(universalistic)에서 세상 죄를 지고 가는 것으로 보여지지만, 특별히 이스라엘, 즉 "자기 백성"(요 1:11)에게 계시되어져야 할 분이라는 점을 간과하지 말아야 한다. 이스라엘, 즉 유대인들은 메시야를 필요로 한다.

---

12) 이 문구는 아마도 죄의 결과를 소멸하는 희생제물을 언급하거나 또는 다른 사람들의 죄의 형벌을 대신 받음을 뜻하는 것 같다.

요한의 증거의 결과는 사람들이 그가 가리킨 예수를 따르는 것이다. 만약 그들이, 예수가 그들이 누구이며 또 그들이 어떤 사람들로 변화될 수 있는가를 알고 있다는 사실을 깨닫는다면, 그들도 마찬가지로 예수가 누구인지, 메시야요 성경에 예언된 오실 자, 하나님의 아들, 그리고 이스라엘의 왕이라고 고백한다. 다시 말해서, 다소 놀랍게도 계시의 절정은 예수가 그를 통해서 천상세계와의 교통(communication)을 인자(요 1:51)로서의 자신의 역할로 이룰, 그 오실 자라는 것이다. 이는 야곱의 사다리 모형론(typology)으로 표현되었다는 점에서 인자에 관한 새로운 국면이다.

옛 것과 새 것(요 2:1-25). 시간의 빠른 연속선상(요 2:1)에서 요한은 예수가 유대의 정결의식을 위해 여섯 돌 항아리를 물로 채운 후 섬기는 하인들과 제자들에게는 은밀한 방법으로, 그 외의 사람들에게는 전혀 알 수 없는 방법으로, 물을 포도주로 만든 한 혼인 잔치를 기술한다. 이 사건은 표적 시리즈 가운데 첫 번째 표적으로, 예수에 의해 행해진 행적은 일상적으로 사람으로서는 불가능한 것이며, 그 행적들은 마치 하나님이 지난 역사 가운데 하나님의 뛰어난 종들을 통해 역사하신 것 같이 예수를 통해 역사하고 있음을 알리는 표지들이다. 동시에, 그 행적들은 모두 하나님이 영적인 차원에서 이루실 수 있는 것을 나타내는 상징적 의미를 지닐 수 있다. 포도주는 기쁜 축제의 상징이었고 포도주의 풍성한 공급은 하나님의 백성이 그의 임재 가운데서 먹고 마시는 잔치로서의 하나님 나라의 이미지를 보여준다. 전통적인 구원의 상징은 이제 예수가 성취할 것들의 특별한 의미를 산출하기 위해 사용되었다. 거기에는 또한 옛 방식의 이스라엘은 대체되고 있다는 의미가 내포되어 있다. 최소한 제자들은 그 메시지를 부분적으로나마 이해했고, 핵심적인 단어인 **믿다**는 그들의 초기의 예수에 대한 태도를 나타내는 말로 사용된다.

소위 말하는 성전 청결 사건은 공관복음에서는 복음서 후반부에 발생한 예수에 대한 유대 당국의 적대적인 반응을 불러일으키는 중요한 동기 중의 하나로서 역할을 하는 반면, 요한복음에서는 시작 부분에서 일어난다. 그 사건은 서로 비슷한 용어들로 관련되어 있고, 성전을 성부 하나님과의 만남의 장소로 사용하는 대신 장사를 위해 잘못 사용한 것에 대한 정죄의 이유를 성립시킨다. 그러나 요한복음에서 그 사건은 전형적인 요한의 방식으로, 만약

이 성전이 무너지면 그가 삼일 만에 다시 세우실 것이라는 예수의 선포를 초래한다. 다시 청중은 예수가 물리적 성전 파괴 및 기적적인 재건에 관해 사실적으로 말하고 있다고 이해하는 전형적인 오해를 한다. 요한의 설명은 예수는 자기 자신을 가리켜 그 말을 하였고, 이 말의 중요성은 오직 삼일째 일어난 부활 사건의 관점에서 그 말이 이해되었다는데 있다.

구체적으로 설명되지 않은 그 내포된 의미는 아버지(Father)가 계시되시는 장소로서의 성전을 예수가 대신할 것이며(참조. 요 1:18), 더욱이 머지않아 예수의 제자들의 무리도 예수를 통해 이 계시가 일어나는 새로운 성전이 될 것이라는 것이다.

복음서 전반에 흐르는 부차적인 줄거리 중의 하나는 믿음 또는 신앙에 관한 것인데, 요 2장의 마지막 부분에서 어떤 사람들은 예수가 행하신 표적을 보았기 때문에 믿었다고 언급한다.[13] 하지만 그러한 믿음은 예수가 그들에게 자신을 맡겨도 되리라 여길 만큼 충분히 성숙한 믿음이 아니었다. 우리는 지금 표적들 행함 사이에서 발생하는 긴장의 시작 부분에 있는데, 그 표적들은 하나님의 영광을 계시하기 위해 반드시 필요한 것이지만, 그럼에도 불구하고 단순한 놀라움보다는 마음의 회심을 일으키는 적절한 반응까지는 미치지 못하는 그저 경각심을 일으키는 도구로서 사용되고 있다.

중생(new birth)과 영생(요 3:1-36). 만일 위로부터 나는 태어남이 없다면 부적절한 반응을 한 니고데모의 이야기는 이 설명의 배경으로 적합하지 않게 된다. 비록 이 이야기의 목적이 다시 영생의 경험으로 곧 전환되기는 하지만(또 다른 전통적인 유대교의 범주; 참고. 막 10:17/23), 하나님 나라를 보는 것과 그 나라에 들어감이라는 유대교적 용어로 표현되고 있다. 니고데모의 오해가 예수에게는 다시 태어남의 성격을 넓히는데 필요한 실마리 구실을 하는데, 중생은 생명을 주는 행위로서 오직 영적인 방법, 즉 성령에 의해서만 주어질 수 있고, 이 세상에서는 만들어질 수 없다는 것이다. 여기서 우리는 세상과 신적 영역(천국), 어둠의 세계와 빛의 세계, 죽음의 세상과 생명

---

13) 무슨 표적을 행하셨는지 구체적인 기록은 없다. 추측상 요한의 독자들은 전반적인 예수에 관한 이야기들과 익숙했을 것이기에 다시 언급할 필요가 없었을 것이다.

의 세상, 악의 영역과 의의 영역 간의 근본적인 이원론을 대한다. 하나님의 나라에 들어감은 생명으로 나아옴과 같아서 어떤 사람이 계속해서 이 악한 세상에 머물고 있음에도 불구하고 영적으로는 지금 살아 있을 수 있다는 것을 말한다. 아마도 세상은 사람들이 육신적으로 소경되어 오직 그들의 다른 감각 기관에 의지하여 지각할 수 있는 것들에 관해서만 인식할 수 있는 곳으로 유추될 수 있지만, 똑같은 세상이 어떤 사람들에게는 육체적 시력을 찾게 될 곳일 뿐만 아니라 여전히 많은 경이로운 사건들을 살아있는 동안 지각하고 경험하는 무대가 되는 곳이다.

니고데모는 예수가 추구하는 것이 무엇인지를 파악하는 것조차 하지 못했다. 그러므로 그 문제는 다른 방식으로 다시 표현된다. 다시 태어남이라는 묘사를 사용하는 대신, 죽기 위해 "들린" 자이며 하늘로부터 이 땅에 내려온, 그래서 그를 믿는 자들은 영원한 생명을 갖게 될 신적 사자(messenger)에 관해 말한다. 이 말씀 안에는 엄청난 양의 메시지가 압축되어 있고, 즉석에서 어떻게 니고데모가 그 전부를 이해할 수 있었겠는가를 알기는 어렵다. 그 뱀에 대한 유비(analogy)는, 징계적 재앙에 의해 괴로움을 당하던 이스라엘 백성들이, 모세가 장대 위에 매달았던 놋뱀을 쳐다보았을 때 치료되었다는 구약의 사건을 회상시킨다; 그러므로 그 놋뱀은 신적 치유와 끔찍한 재앙의 제거를 상징했다. 예수가 십자가에 달려 죽었음을 아는 독자들은 아마도 그 의도된 유비의 핵심을 알아차리고 같은 복음서 내의 다른 진술들을 통해, 만약 그들이 예수를 쳐다보고 그를 믿는다면, 어떻게 죽음에 넘겨진 예수의 존재가 죽음으로부터 그들을 구원하고 생명을 주는 영적인 치료의 영향력을 가졌는지 알았을 것이다. 이 요점은, 요한복음 3:16에서 복음을 기억하기 쉽게 요약한 진술을 통해 반복해서 강조된다. 그 뒤에 따르는 내용이 뚜렷이 가리키는 것은, 멸망하는 사람들은 악한 일을 하며 그러므로 빛을 미워하기 때문에 멸망한다는 것이다; 이어서 비록 예수가 세상의 빛으로 와서 사람을 구원하지만, 그의 오심으로 나타난 또 하나의 결과는 예수를 믿는 것을 거부함으로 드러난 악한 자의 속성을 가진 자들을 정죄한다는 것이다.[14]

3장의 나머지 부분은 세례 요한과 예수의 관계를 명확히 하며 세례 요한이 제시한 올바른 제자의 길은 바로 그가 증거한 그 오실 자를 믿는 것에 있음을 나타낸다. 예수의 우위성은 믿는 자들에게 생명을 주시며 또 권세 있는 하나님의 말씀을 가진 하나님의 아들로서 하늘로부터 오셨다는 사실에 기인한다(요 3:22-36).

세상의 구주(요 4:1-54). 예수와 사마리아 여인의 만남은 여러 가지 신학적 역할들을 한다(요 4:1-54). 첫째, 그것은 다시 예수를 생명의 수여자로 나타내며, 이 경우에서는 물에 의해 상징화되었다. 일반적인 물과 영적인 물 사이의 대조와, 야곱에 의해서 과거에 제공될 수 있던 것과 예수가 줄 수 있는 것 사이의 대조는 이 대화를 주도한다. 둘째, 비록 예수가 사마리아교(Samaritanism)에 대한 유대교의 우위성을 인정한다 할지라도, 양쪽 다 하나님께 나아가는 새로운 방법에 의해 대체되는데 이는 영적인 세계에서 일어나며 또한 예수 안에 있는 하나님의 새롭고 참된 계시에 근거한다. 예수는 진정 그 약속된 유대교와 사마리아교의 메시야이지만, 그는 이 종교들을 초월하며 사실 만민의 구원자이다.

왕의 신하의 아들의 치유 이야기(요 4:43-54)는 예수에 의해 행해진 표적의 한 예이지만 오히려 그는 그런 표적들에만 근거한 믿음에 대해서 회의적이다; 이러한 위험에도 불구하고 예수가 사람들의 필요에 응답하는 것만큼은 분명하다.

성부와 성자(요 5:1-47). 다음 기사에서 예수는 친히 솔선해서 서른여덟 해 동안 아무도 도울 수 없고 또 도와준 적이 없는 손 발이 마비된 한 사람을 고치신다(요 5). 그 이야기는 두 주제를 결합시킨다: 첫째, 그 사람의 질병은 아마도 그의 죄성과 연결되었을 수도 있었겠지만, 그 질병의 치유는 그의 죄에 대한 치유가 아니었다는 것이다; 그리고 둘째, 그 치유는 유대교적 안식일 계명에 대한 이해를 파괴하고 있다. 후자의 요지는 신학적 탐구를 위한 계기가 되며, 예수가 오직 그의 아버지 하나님께서 안식일에 하시는 일을 하고 있다고 주장하는 것과 맞물려 있다. 그 안식일 논쟁은 곧 잊혀졌고, 예수

---

14) 그러므로 빛의 역할은 바울 신학에 있어서 율법의 기능과 유사한데, 율법이 사람들의 본성 안에 있는 죄를 반역하는 행동을 통해 드러내듯이 빛의 역할도 그러하다(롬 5:20).

와 하나님의 관계가 주제화되었다. 예수는 생명을 주기도 하며 또 심판도 하는 하나님의 특권을 가지고 있다고 주장하며, 이것들은 그에게만 배타적으로 주어져서 심지어 그의 목소리에 의해 죽은 자도 일어날 수 있게 된다고 한다(참고. 나사로). 그러나 그의 특권들은 아버지의 허락 없이는 행해지지 않는다; 순종이 아들을 특징지운다. 이러한 것들을 말함으로써 예수는 사실 자기 자신을 스스로 증거하고 있지만, 그는 세례 요한을 포함한 다른 사람들의 증거와, 성경, 하나님, 그리고 하나님께서 예수께 행하라고 주신 일들로 증거하고 있는 것들이 더욱 중요하다고 주장한다.[15]

생명의 떡(요 6:1-71). 예수는 기적적인 방법으로 수많은 사람들을 먹인 사건을 통해 그의 이적 행함을 본 사람들에게 계속해서 반응하며, 결국 사람들은 예수가 기대해오던 그 선지자였다고 결론지었다.[16] 요한은 또한 예수의 바다 위로 걸으신 사건을 연결하지만 그 사건의 중요성을 명확히 전개하지 않는다. 오히려 요한은 계속되는 긴 대화에서 오천 명을 기적적으로 먹인 사건을 상징이나 영적 음식의 징표(sign)로 만듦으로써, 비록 하나님으로부터 내려오긴 했지만 단순히 육체적 생명 연장을 공급한 만나와 대조시킨다. 이 영적인 떡은 예수와 동일시 된다; 구원이라는 선물은 그 구원을 베푸는 자와 같아지는데, 이는 궁극적으로 구원이란 구원자에 의해서 무엇인가가 전해지거나 회수되는 것이라기보다는, 생명을 주는 자와의 인격적 관계이기에, 그의 임무는 완수되었다. 그것은 아버지에 의해 주어지고, 아버지는 사람들을 아들에게 "주는" 역할을 하며 아들은 그들을 환영하고 그들에게 생명을 수여함으로써 아버지와 아들은 구별된다. 언뜻 보기에는 이것은 예수에게 긍정적으로 응답하지 않거나 그를 거절한 사람들은 아버지께서 예수에게 주시지 않은 사람들이라는 함의와 함께, 예정의 섭리에 의해 예수에게 긍정적으로 반응하는 사람들에게 보여지는 예정의 효력을 암시하는 것으로 보여진다. 즉, 왜 어떤 사람은 반응하고 다른 사람들은 거절하는가의 신비는 "효력 있

---

15) 아마도 그 "성공적인" 이적 행함과 믿는 자들에게 생명을 수여하는 것은 그 "일"의 증거일 것이다.

16) 그들은 예수를 왕으로 삼으려 했기에, 메시야로서의 역할을 하는 선지자를 의미했음이 분명하다.

는 부르심"이라는 후대의 신학적 용어의 사용에서처럼 아버지에 의해 펼쳐진 행위로 기인된다. 이러한 주장의 요지는 첫째, 사람들은 예수께 올 수는 있지만 그의 말씀을 듣고 그 표적을 봄에도 불구하고 그를 믿지 못함을 인식함이며; 둘째, 만일 누구나 예수께 와서 구원을 구하면, 그 또는 그녀는 환영받을 것임을 강조하는데 이는 아버지와 아들이 사랑하는 목적으로 연합되었기 때문이다; 셋째, 구원은 하나님의 주도(initiative)와 행위로부터 유래한 것으로, 그 어떠한 것도 사람으로부터 유래치 않음을 분명히 하기 위함이다; 그리고 넷째, 믿는 자들로 하여금 마지막 날에 경험하게 될 부활에 대한 확신을 강조하기 위함이다. 이러한 진술들은 요한복음 3:16에서, 세상을 사랑하신 하나님의 사랑이라는 문맥 속에서 이해되어야만 하고, 그들이 다 하나님의 가르침을 받으리라(요 6:45)는 진술은 하나님의 사랑이 선택적이며 단지 소수의 택자만을 위한 것이지 택자 외의 사람들에게는 해당되지 않는다는 견해를 금하는 것처럼 보인다. 그래서 이 본문에서와 요한복음 전체(참고. 요 1:12)에서는 일방적으로 해결되어서는 안될 긴장이 존재한다.

6장의 마지막 부분에서, 사람들이 생명을 갖기 위해서는 그들이 반드시 그의 살을 먹고 그의 피를 마셔야 한다고 예수가 주장함에 따라 그 대화 속에 발전된 요소가 나타난다. 여기서 그 주장은 복음서의 독자들에게 주님의 성만찬의 상징적 의미에 대한 암시를 못보고 지나칠 수 없게 만든다. 예수가 육은 무익하다고 거절하며 생명을 주는 것은 영임을 강조함으로써, 그 떡을 먹고 그 잔을 마시는 것이 생명을 주는 것이라고 추측하는 것에 대해 아마도 경고하고 있으며, 예수의 말하고 있는 것이 그에 대한 믿음의 관계임을 다시 한 번 상기시키는데, 이번에는 먹고 마시는 심상(imagery)을 사용하고 있다. 물론 이것은 요한복음 4장에서 사용된 물을 마시는 심상과 부합될 수도 있다.

예수는 누구인가?(요 7:1–8:59) 물 비유의 사용은 다음 장면인 초막절에서도 계속된다. 이 장면의 앞 부분은 다시 예수와 하나님의 관계, 그리고 예수의 정체성과 관련되어 있다. 요한복음의 전형적인 경우처럼, 예수의 강화(discourse)는 한 화제에서 다른 화제로 급진적으로 이동하며 우리 중 일부가 아마도 보기를 기대하는 그런 종류의 논리를 따르지 않는다. 그래서 예수는 다시 그의 가르침의 근원을 다루며(그것은 하나님으로부터 오고, 그리고 그것은 예수 자신이 아닌 하나님을 영화롭게 한다), 예수를 대적하는 대적자들의 살인적인 의도는 예수가 공공연히 안식일 법을 깨뜨리는 것으로부터 일어나는데, 사람들은 그들이 예수의 기원에 대해 알았다고 생각했기에 메시야로서의 그의 정체성은 논쟁이 되었다(이것은 요 7:40-44 이전까지는 분명하지 않다). 우리가 지금 알 수 있는 것은 이 반대세력들은 예수를 대적하는 행동을 취하게 될 것인데 아직은 예수의 "때"가 이르지 않았기에 그렇게 할 수 없다는 것이다. (거기에는 하나님의 시간표가 따르게 되며, 사람들은 그것을 변화시키기에 무력하다.) 이것은 고난과 부활 예언에 해당하는 요한의 표현인데, 사람들이 그것을 이해하지 못하도록 모호하게 표현되어 있다. (거기에는 예수가 유대를 떠나가서 헬라인 중에 거하게 될 것이라는 — 물론 또한 영적으로 사실인 — 반어적인 해석이 있다.)

그 후에 예수에 의해 주어진 물의 약속이 오는데, 이 물은 믿는 자에게 주어질 성령으로 중요하게 해석되지만 이 시점에서는 아직 아니다; 그것은 예수가 영광을 받으실 때까지 기다려야만 할 것이다. 그렇다면 여기서 우리는 영생=예수=성령이라는 사실을 발견한다.

만약 우리가 요한복음 7:53-8:11을 생략한다면, 우리가 그렇게 해야만 하듯이, 그 대화는 요한복음 8장에서 중대한 단절 없이 계속된다. 앞 부분에서 그 강화의 논리를 따르기는 쉽지 않아서, 여기서 할 수 있는 최선의 것은 얼마간의 새롭거나 또는 중요한 주제들을 찾아내는 것이다. 첫째, 거기에는 예수가 세상의 빛이라는 명백한 진술이 있다(참고. 요 1:9). 이것은 예수가 자기 자신이 구원 그 자체이거나 또는 구원을 베푸는 자라는 것을 나타내는 상징들 중 하나로 두 번째 선언하는 진술이다. 영적인 상징들로서의 역사를 가진 흔한 사물들이, 예수에게만 배타적으로 적용되는 영적인 주장을 표현하기 위해 사용되었다. 이것들은 사람들에게 믿음을 가지도록 하는 역할을 한다.

둘째, 우리는 이전에 행해진 다소간의 반복된 가르침을 대하며, 그 확증은 바로 뒤따르지는 않는다. 다시 우리는 예수에 관한, 그리고 그가 누구인지를 확실히 증거하는 성질에 대한 대화를 대한다. 대화 가운데 그 질문을 하는 자는 아버지가 누구인지 모르며 또한 이 세상에 속해 있는 자임을 드러낸다.

그럼에도 불구하고, 그들 중 일부는 믿음을 가지게 되며 예수의 가르침을 받는다. 그들은 이 참된 가르침으로 얻게 된 그들의 지식을 통해 참으로 자유롭게 될 것이다(이 간단한 단락에서 핵심적인 어구가 나타난다, 요 8:32-36); 이것이 함축하고 있는 의미는 다른 사람들은 죄의 종이므로 하나님의 가족으로부터 제외되는 반면 오직 그 아들들과 딸들은 영원한 가족의 일원이라는 것이다. 그래서 유대인 됨 그 자체는 영생을 얻는 자격으로 적당치 못하다; 혈통에 의한 아브라함의 자녀는 가족 간의 닮음이라는 면에서 봤을 때 아브라함의 자녀가 아니다. 오히려 그들은, 예수를 거부함으로 입증되듯이, 진리를 받아들이지 않고 거짓을 더 선호하는 마귀의 자녀이다. 이와는 대조적으로 아브라함은 예수의 때 볼 것을 생각하며 즐거워했다고 한다. 이 진술로부터 거꾸로 추론된 것은 예수가 아브라함과 동시대에 살았다고 주장한다는 것인데, 예수가 말한 것은 아브라함이 태어나기 전부터 나는 존재하고 있다는 것이다. 이 진술은 단지 예수가 아브라함 이전에 존재하고 있었다는 것만을 의미한다(참고. 요 1:15, 30; 12:41). 그러나 여기에서와 다른 곳에서 이 주장은 아마도 하나님의 자기 동일시(identification)를 보여주는, "내가 (그)이다" (신 32:39; 사 41:4; 43:10, 13)를 반향하며, 또 하나님과 동등됨을 주장하는 것으로 여겨지는 것 같다.

영적 소경(요 9:1-41). 이 긴 장면은 소경을 치유하는 독립적인 사건에 의해 계속된다(요 9). 그의 소경 됨은 그 자신이나 혹은 그 부모의 죄로 인한 징계가 아니었음이 강조되었다; 그것은 단지 거기에 기록되어 있으며 예수를 통한 하나님의 능력을 보이기 위한 특정한 경우를 제공한다. 비록 그 표적이 예수를 세상의 영적 빛 됨이라는 논의의 근거를 만들었을지도 모르지만(요 9:4), 이 주제는 이미 충분히 설명되었고, 그 이야기는 그 치유받은 사람이 점차적으로 예수를 하나님의 사람, 선지자, 그리고 인자(the Son of Man)로 인식하게 되는 형태로 계속되는 반면, 유대 지도자들은 그 치유가 안식일에 행해졌고 그러기에 죄가 성립된다는 사실에 사로잡힌다. 그 고침받은 사람이 바리새인에 의해 배척당함에서 우리는 예수와 그의 제자들의 예견된 거절을 본다. 영적으로 바리새인들은 하나님께서 예수 안에서 행하시는 것들에 대해 소경 된 자들이며 결국 그들은 유죄라고 판명된다. 이는 그들이 볼 수 있었어야만 했는데 그렇게 하지 않았기 때문이다.

참 목자 그리고 거짓 목자들(요 10:1–42). 우리는 요한복음 10장이 비록 목자와 목양으로부터 얻어진 참신한 이미지들로 구성되어 있지만, 앞서 말한 것들에 대한 일종의 해석을 제공한다고 간주할 수도 있다. 한편으로 예수는 양들을 참으로 돌보는 목자로서 그리고 그를 통해 양들이 양 우리에 들어가는 것으로 상징되는, 구원과 생명의 상징인 양 우리에 들어가는 그 문으로서 다소 복잡하게 표현되었다. 다른 한 편으로는, 거기에는 양들을 멸망시키는 "절도와 강도들"이 있다; 명확한 것은 예수는 분명 하나님의 양 무리를 목양해야 하는 그들의 의무를 다하지 못한 자들과 특별히 바리새인들처럼 하나님의 백성을 이끄는데 영적으로 무지하고 무능력하다고 책망받은 자들을 마음속에 생각하고 있다는 것이다. 그러나 그 비유적 표현의 긍정적인 면은 한층 더 깊은 측면으로 안내한다. 그 양 우리와 양은 느슨하게 유대인들을 뜻하지만, 예수는 한 양 무리에 합쳐질 다른 양들에 관해 말하고 있다; 이들은 틀림없이 이방인들일 것이다. 예수는 또한 선한 목자는 자발적인 순종에 의해 아버지의 뜻을 따라 자신의 생명을 양들을 위해서 버리는 자라고 단언한다. 어떻게 이러한 행동이 양들을 이롭게 하는지는 설명되지 않지만, 최소한의 의미는 예수가 양들을 돌보기 위해 그리고 그들에게 생명을 주기 위해 최대한 자신을 희생한다는 것이다.

10장 중간 부분의 문단 구분 후(요 10:21/22), 거기에는 그 대화의 연속이 있다. 첫 번째 요지는 예수에 의해서 행해진 전능한 행적들은 그가 그리스도라는 것을 명백히 천명하지만, 사람들은 그를 믿지 않는데 이는 그들이 예수의 양이 아니기 때문이라는 것이다. 세밀하게 다루어지지 않았지만, 결정적인 요점은 예수께 속한 양들을 아버지의 손에서 빼앗을 수 없다는 것이다; 문맥상 이것은 제자들에게 주신 약속인데, 아무리 모진 핍박이 그들에게 닥친다고 할지라도(참고 요 12:10; 15:18–16:4), 그 핍박은 그들의 구원을 빼앗을 수 없다는 것이다. 두 번째 요지는 예수는 암암리에 그가 하나님이라고 주장한다(이 말씀은 곧 하나님이시라)는 고소를 받아들이지만, 그가 하나님과 아주 친밀하게 연합된 하나님의 아들이라는 신성모독적인 것처럼 여겨질지 모르는, 그가 실제로 한 말을 다시 주장함으로써 그것을 바로잡는다. 마지막으로, 우리는 요단강 저편 많은 사람들이[17] 비록 표적들에 의해 뒷받침된 사역은 아닐지라도, 세례 요한의 증거를 받아들이고 예수를 믿는다는 소식을 전해 듣는다.

죽은 자를 일으킴(요 11:1-57).　표적들의 목록은 다른 모든 표적들을 능가하는 한 사건과 함께 그 절정에 도달하는데 그 사건은 반박할 여지 없이, 죽은 사람의 생명을 되돌려 준 것이며 그래서 죽음으로부터 그 사람을 살린 하나님께 영광을 돌리는 사건이다. 이 사건은 분명히 영적인 죽음으로부터 영생으로 사람을 일으키는 영적인 대응부(spiritual counterpart)를 제시하는데, 그것은 단순히 육체적 죽음이 얼마간 연기된 나사로와는 달리, 그들의 궁극적이고 영속하는 부활을 필연적으로 포함한다. 그 주제는 예수가 부활이요 생명이라는 진술에서 표현되며, 또한 마르다를 통해 예수가 그리스도 되심과 하나님의 아들 되심이라는 의미가 무엇인지를 부분적으로나마 바르게 이해되었다

그 사건은 또한 또 다른 의미에서 지금까지의 이야기 중 절정을 이루는데, 소위 이 사건이 결국 유대 당국의 불신임과 적대감을 불러일으켜 예수 죽이기를 결정함을 통해 그를 대적하는 행동을 하도록 한다는 면에서 그러하다. 그렇게 하는 이유는 그들이 자기 본위적이고 현세적이기 때문이다. 만일 예수가 많은 추종자들을 얻게 된다면, 로마 정부는 무력을 사용해서라도 발생될 폭동을 진압할 것이고, 현재의 유대 지도자들은 그 폭동을 예방하지 못했기에 직위해제될 것이다. 이는 정치적으로 그럴듯하게 해석될 수 있겠지만 (현명한 정치인들은 그들의 경험을 통해서 로마정부가 저항할 수 없는 잔인한 방법으로 폭동을 진압할 것이기에 폭동은 마지막 수단이라는 것을 안다), 만일 예수가 참으로 하나님으로부터 왔다면, 추측하기는, 그가 어떤 대적도 극복할 수 있을 것이기 때문에 여기서는 그 이유가 반어적으로 표현되었다. 어쨌든, 대제사장이 제안한 것은 한 사람이 백성을 위하여 죽는 것이 온 민족이 고통당하는 것보다 유익하다는 것이다. 그 속에서 요한은 예수가 백성

---

17) 다른 복음서에 기록되었듯이, 우리는 예수의 표적들과 말씀이 많은 사람들에게 긍정적인 영향을 미쳤음을 안다. 그의 사역이 실패했다고 간주되어서는 안 된다.

을 위해 죽을 것이라는 의도되지 않은 예언을 알아차리는데, 이는 가야바가 추측한 그 의미는 아니다. 이것은 참으로 선한 목자의 죽음, 가까이와 멀리 있는 양들 모두를 위한 죽음일 것이다.

유대인을 향한 증거의 끝(요 12:1-50). 이야기가 거의 막바지에 다다랐고, 예수의 전도자적 사역과 관련되어 그 막을 내릴 한 장만이 더 남아 있다. 그것은 유대 지도자들이 "온 세상이 그를 따르는도다"(요 12:19)라고 평한 많은 무리들이 따른, 예수의 예루살렘으로의 행렬사건을 포함한다. 다시 그 진술은 말한 자의 의도 이상을 표현하는데, 이는 예수를 찾는 무리들 가운데 일부 헬라인들까지도 포함한다는 점에서 알 수 있다.

그 주제는 더 발전되지 않는다. 대신 예수는 아버지에 의해 정해진 그 때가 다가왔다고 말한다. 그는 반드시 죽어야만 하지만 그의 죽음은 씨앗의 죽음처럼 새로운 생명을 낳는 죽음이 될 것이다. 이처럼, 그의 추종자도 살기 위해서는 반드시 죽음을 준비해야만 한다. 그는 그의 죽음에 대해, 그것은 이 세상의 임금(예. 마귀)에게는 심판을 가져오는 결과를, 동시에 사람들을 자신에게로 이끄는 이중의 결과를 가진다고 설명한다.

그리고는 예수는 실제로 그의 전도를 마치는데, 요한은 그 표적을 보고도 변화되지 않는 사람들과 하나님에 의해 소경된 자들의 불신앙에 대해 설명한다. 사람들이 그 빛을 거절하는 데까지 갈 수 있음이 분명하지만, 결국 하나님은 그들이 그 빛에 반응하는 것을 불가능하게 함으로써 그들을 심판하신다. 그럼에도 불구하고 요한은 심지어 유대 지도자들 중에서도 일종의 믿음을 가진 자가 있었음을 다시 주목하며 기대를 내비친다.

예수와 그의 제자들(요 13-17): 신학적 이야기

마지막 만찬(요 13:1-30). 예수의 관심은 무리와 유대 지도자들에게서 그 자신의 양들, 넓은 의미에서 제자들 및 믿는 자들의 무리를 대표하는 가까이 있는 작은 제자들의 모임으로 전환되었다. 그의 제자들과 함께 한 마지막 만찬에서 중대한 사건은 제자들의 발을 씻기는 예수님의 행동이다.[18] 이것은 단

---

18) 공관복음 기사에서 중심이 되는 떡과 잔의 상징적 의미는 눈에 띄게 생략되었다.

지 예수의 제자들 섬김의 상징일 뿐만 아니라 제자들이 어떻게 서로 겸손히 섬겨야 하는가에 대한 모범으로도 해석된다. 그 씻음은 온 몸이 아닌 단지 발만을 씻음인데, 이는 세례를 통해 씻음받은 자라 할지라도 그들에게 계속 영향을 미치는 죄와 허물을 다루는 부차적인 씻음이 여전히(그리고 유일하게) 필요함을 제시한다. 그것은 주기도문에서 날마다 되풀이되는 "우리의 죄를 사하여 주옵소서"에 부응하는 요한복음적인 동등한 표현이다.

그 만찬에서의 두 번째 사건은 만찬 식사와 세족식까지 함께 했음에도 불구하고 예수를 팔 제자에 대한 정체의 확인이다. 요한은 육신의 무익함을 의심의 여지 없이 우리에게 상기시킨다; 우리에게 생명을 전해 주시는 분은 성령이라고 한다. 어떻게 유다가 사탄의 희생자가 되었는지 그리고 어떻게 이것이 하나님의 목적과 연결되는지의 신비는 여기서 설명되지 않는다(그러나 요 17:12을 주목하라).

고별사(요 13:31-17:26). 예수는 즉시 화제를 자신의 죽음으로 돌려 영광을 받은 인자라는 면에서 그 죽음을 말하고 있다(요 13:31-32; 참고. 요 12:23). 이는 요한에게 있어서 십자가에 못 박힘은 영광의 한 부분이기 때문이다; 그것은 고통받은 후에 따를 영광이나 죽은 후에 있을 부활의 상황과는 달리, 인자가 "들리는" 사건이며 십자가에서 영화롭게 되고 바로 거기서 하나님을 영화롭게 하는 사건이다.

그러므로 예수가 더 이상 제자들과 함께 하지 못한다는 언급은, 예수가 육체로 그의 제자들과 함께 하지 못할 때를 다루는, 그 복음서의 새로운 부분을 여는 진술이 된다.

제자들은 그들이 지금부터는 서로 사랑해야만 하고, 이것이 세상에서 그들이 구별되는 표시가 될 것이라고 매우 간단히 전해 듣는다. 그러나 그 요점은 이 계명에 대한 순종이 예수님의 사랑 안에 머무는 조건이라고 말해진 요한복음 15:9-17에서 반복된다. 제자들이 우선적으로 서로 사랑하라는 계명에 대한 순종을 포함해서, 예수의 계명에 순종하는 한, 그들은 예수님의 친구들이다. 이것은 인류를 사랑하신 하나님의 과분하고 자발적인 사랑에

요한은 이미 6장의 강화에서 그 성찬의 상징성과 동등한 내용을 기록했다.

충돌하는 것처럼 보인다.[19] 하지만, 예수가 가정하는 것은 그 자신의 아버지에 대한 사랑이 순종을 유발했듯이, 이 순종은 사랑으로부터 일어나야 한다는 것이다(요 14:31). 이 점은 반복에 의해서 강조된다(요 14:15, 21, 23-24).

그러나 중요한 주제는 예수의 떠나심이다(요 14:1-31). 예수가 새로운 상황을 다룸에 따라 다양한 주제들이 서로 섞여 있다. 어떤 의미에서는 예수의 떠나심은 필수적인데 이는 그가 제자들보다 앞서 가심으로써 제자들의 미래의 거처를 준비하기 때문이다. (어떤 방법으로 그가 준비하는가 하는 것은 논의되지 않는다.) 만약 그렇다면, 만일 그가 제자들을 데리고 거기로 가기위해 돌아오지 않는다면, 그의 일은 미완성으로 남게 될 것이다. (그래서 재림 또는 예수의 두 번째 오심의 교리는 정당화 된다.) 동시에, 제자들은 이미예수가 가려고 하는 그 장소에 가는 길을 안다고 말해질 수 있을 것이다. 그장소는 아버지와 함께 하는 곳이며, 그 길은 예수이고, 예수를 아는 것은 아버지를 아는 것이라는 점에서 그렇다. 예수를 통해 영적으로 지금 여기서 아버지를 아는 것 및 아버지와 함께 함이라는 개념들은 천국에서 아버지와 함께 하게 될 것이라는 개념과 섞여 있다. 예수는 이제 제자들에게 그의 아버지에 대한 친밀성에 관해 더 분명히 말하고 있으며, 상호 공존이나 서로의안에 거함이라는 언어는 가장 두드러지게 나타난다. 제자들은 비록 그들이믿음을 가지고 있음에도 불구하고, 예수가 생각할 때 그들은 이미 당연히 답을 가지고 있어야 하는 문제마저도 질문을 하는, 여전히 더 배워야 하는 모습으로 그려진다. 그러나 이것들은 적의 있는 질문이라기보다는 단순한 물음들로서, 그 의문은 예수의 가르침의 계기가 되는 역할을 한다. 그래서 앞부분에서의 가르침이 반복되기도 하지만, 새로운 가르침도 있다. 그러므로예수가 행한 일에[20] 근거한 믿음에 관한 진술은, 심지어 제자들이 이보다 더큰 일을 할 것이라고 언급하는 데까지 나아가는데, 이는 아버지께서 예수 이름으로 드려지는 제자들의 기도를 들을 것이기 때문이다.

---

19) 바울에게 있어서도 믿음으로 의롭다 함을 받음에도 불구하고 의롭다 인정을 받은 사람이 그리스도의 율법을 이행해야 할 필요 사이의 긴장이 존재한다.

20) 요 14:11과 요 15:24에서 NIV는 헬라어 '에르가'를 "기적들"이라고 번역함; 이 것은 TNIV에서 "일들"로 교정되었다.

새로운 요소는 제자들과 함께 할 "또 다른 보혜사"에 대한 약속이다. 성령의 오심에 대한 약속은 이미 약속된 것인데, 우리는 성령이 믿는 자들에게 구원을 전달하는 것과 깊이 연관되어 있음을 배웠고, 그래서 더욱 성령은 구원의 선물이라고까지 말해질 수 있다. 여기서 새로운 점은, 예수의 임무를 감당하는 "또 다른" 보혜사로서의 성령의 역할이다. 이 용어는 요한일서 2:1에서, 믿는 자들을 위해서 예수가 아버지와 관련되어 하는 역할을 설명할 때, 예수를 가리키는 것으로 사용된다. 그러나, 여기서 그 의미는 믿는 자들을 돕는다는 뜻이 강하며 그 용어 **대언자**도 아마도 이러한 의미를 전달하는 것 같다. 그는 제자들의 안내자이자 동반자로서 역할하는 것처럼 보인다(요 14:16-17). 바로 뒤따르는 부분에서 예수는 제자들을 떠나지 않고 그들에게로 올 것이라고 말한다. 내포된 의미는 보혜사의 기능을 통해 예수는 자기 자신을 나타낸다는 것이다. 다시 말해서, 예수가 더 이상 제자들을 가르칠 수 없는 상황에서도, 보혜사가 그들을 가르치며 또한 예수의 가르침을 제자들에게 상기시킨다는 것이다(요 14:25-26). 세 번째 단락은 보혜사가 예수에 관해서 증언하며, 예수와 시작부터 함께 한 제자들도 또한 반드시 증언하게 된다고 가리킨다. 아마도 보혜사는, 마치 공관복음에서 성령에 관해서 약속된 것과 같이, 제자들을 통해 증언하는 자로 예견하게 된 것 같다(요 15:26-27). 이는 네 번째 단락에서 확증되는데(요 16:7-11), 여기서 보혜사는 제자들에게 오시며, 그의 임무는 죄, 의, 그리고 심판에 대하여 세상을 책망하는 것으로 묘사되는데, 그 의미는 제자들을 통해서 성령이 죄에 대하여(세상은 예수를 거절했기에 죄를 범했으며), 의에 대하여(예수의 길은 그를 영접하신 아버지께로 감을 통해 그의 의로움이 입증되고 보여졌고), 그리고 심판에 대해서(심판은 하나의 실체인데 이는 예수의 십자가와 부활 사건으로 말미암아 이 세상의 임금이 무력해졌음과 또 정죄받았음을 드러내기 때문이다) 세상으로 하여금 그 진리를 이해하도록 하게끔 한다는 것이다. 다섯 번째 단락에서는, 이 모든 것들 가운데 성령이 예수의 일을 계속함을 통해서 그리고 사람들을 예수께로 향하게 함을 통해서 예수를 영화롭게 한다(요 16:13-15).

이 장면에 있어서 또 한 가지 요소는 제자들에 대한 세상의 적개심이다(요 15:18-16:15). 예수가 더 이상 육신적으로 그들과 함께 하지 않음으로써 그들이 홀로 되었기 때문일 뿐만 아니라, 또한 그들 홀로 세상의 원수들 가운데 있기 때문이기도 하다. 그들은 예수가 그러했듯이 미움을 받는다. 이것은 그들이 세상에 속하지 않았다는 표시로서 긍정적으로 해석될 수 있다. 이런 일들이 일어나는 이유는, 예수의 말씀과 행적에도 불구하고 세상이 예수를 알아보지 못하고 또한 예수를 보낸 자를 알지 못하기 때문이다.[21] 그래서 만일 세상이 예수를 죽이려고 시도했다면, 제자들도 또한 같은 취급을 당할 것을 예상할 수 있다.

이러한 적대감 속에 제자들은 예수와의 친밀한 연합 가운데 거하도록 격려받는다(요 15:1-17). 상징적 진술들의 마지막 부분에서 예수는 자기 자신을 그 가지들에게 자양분을 공급하는 포도나무로 비유함으로써 가지들이 생명의 표시인 열매를 맺게 될 것임을 말한다.[22] 다시 거기에는 포도나무 그 자체와 연합되어 붙어 있지 않은 가지들은 잘려져서 불태워질 것이라는 조건적인 요소가 있다.[23] 그런 후 예수는 포도나무에 붙어 있음의 의미를 그를 향한 사랑으로부터 나오는 예수의 계명에 대한 순종이라는 점에서 설명한다.

마지막으로, 제자들은 예수의 실제적 떠나심에로 되돌아가는데, 특별히 "조금 있으면"(요 16:16-18)이라는 사실로 화제를 돌린다. 우리가 처음 예수의 가심과 오심(요 14:1-3)에 관해 읽을 때 재림에 관하여 생각하는 것은 자연스러웠다. 하지만, 지금 거기에는 변화가 있는데, 현재의 주제는 예수의 부활 이후 그의 다시 돌아오심으로 보인다. 요한복음 16:19-24 전체는 예수

---

21) 요 15:24은 예수의 가르침과 행적을 보거나 듣지 못한 자들은 죄가 없다고 하는 것처럼 보인다. 그 죄는 예수를 거절한 죄임에 틀림없다; 그러나 그것은 그들이 다른 면에서 죄가 없다는 의미는 될 수 없다.

22) 열매의 비유가 가리키는 것은 제자들의 증거로 말미암아 구원받은 특별한 회심자라기보다는 일반적으로 하나님의 생명의 표시를 주로 나타내지만, 전자를 제외하지는 않는다.

23) 이 말씀은 선한 목자의 보호에서 아무도 그 양을 빼앗아갈 수 없을 것이라는 말씀과 분명한 긴장관계에 있다. 거기에는 영생을 누리기 원하는 제자들에게는 아무도 와서 그 영생을 그들로부터 빼앗아갈 수 없음을 확신시키는 것과 더불어 그리스도를 불순종하는 제자들을 향해서는 그들 자신이 그리스도와의 관계를 끊을 수 있다는 경고 사이의 대조가 있어 보인다.

가 한 차례 그들을 떠난 제자들의 상황을 언급한다. 이해하기 어려운 부분이 발생하는 것은 예수가 그의 다시 돌아오심 이후에 그가 다시 떠날 것인지에 대해 명백히 하지 않기 때문이다.

그 긴 강화는 예수가 실제로 세상과 세상의 대적에 대해 이미 이기신 승리를 예기하심으로써 격려하는 것으로 끝난다. 그 후 예수는 신약에서 가장 긴 기도(요 17)로 이동하시는데, 그 안에는 다시 여러 가지 주제들이 흥미롭게 상호 작용하는 것이 일어난다. 그 기도의 일부는 예수와 그의 임박한 영화롭게 되심에 관한 것이지만, 그 기도의 주된 부분은 제자들에 관한 것이다. 예수의 오심의 목적은 영생을 주시기 위함인데, 이 영생은 하나님과 예수를 아는 지식이다. 이 일은 이제 예수의 심안(心眼) 속에서 완성되는데, 예수는 제자들에게 그들이 알 필요가 있는 것에 대해 가르쳤다. 그러므로 예수는 우선적으로 제자들을 위해서 기도하는데, 이는 그들이 계속해서 세상의 대적 가운데 살아야만 하므로 하나님께서 그들을 세상의 대적으로부터 보호하시고 또한 그들은 그들이 배운 말씀 속에 있는 진리로 거룩하게 되기를 위함이다. 거룩하게 됨은 그들이 하나님을 섬기기 위해서 구별되어짐을 말하지만, 또한 그들이 세상의 죄악으로부터 순결하게 보전됨을 의미하기도 한다. 예수님의 삶처럼 살아가는 제자들의 삶에 의해서, 그리고 서로 사랑함으로써, 세상은 아마도 예수가 정말 하나님의 대행자이었음을 믿게 될 것이다. 여기 마지막 부분에서 우리는 제자들이 세상 속에서 선교사가 되도록 위임되는 명백한 약정(terms)을 가지며, 그 결과로서 그들의 메시지를 통해 누군가가 믿게 될 것임을 보게 된다.

예수의 죽음과 부활(요 18-21): 신학적 이야기

재판과 십자가 처형(요 18:1-19:42). 예수를 제거하기 위한 산헤드린의 결정과 그 실행 사이의 막간의 간격은 이제 끝이 나고, 나머지 이야기들은 체포와 재판, 그리고 예수의 죽음을 기술한다. 체포장면은 예수의 죽음에 대해 아버지께서 그에게 주신 "잔"(요 18:11)으로 묘사함으로써 공관복음의 언어를 두드러지게 채택하고 있다; 그 잔의 구약적 배경을 통해 볼 때 그것은 하나님께서 죄인들에게 그들의 죄를 심판하는 차원에서 고통을 더한다는 의미를 가진다(참고. 막 10:38). 세례 요한의 진술에 의해서 형성된 지침의 빛에 비추어 볼 때, 예수가 죄악된 세상을 위하여 죽음의 고통을 당한다는 생각은 여기서 적절하다.

같은 문맥에서 우리는 역설적으로 예수에 의해서 사용된, "내가 (그)이다"라는 모호한 표현을 대하는데, 이 표현은 예수가 단지 하나님의 가장 중요한 대행자일 뿐 아니라 어떤 면에서는 그 자신을 하나님과 동일시하고 있기도 하다. 하지만 순종하는 아들로서의 역할에 있어 예수는 그 잔을 취한다.

빌라도 앞에서의 재판은 요한복음에 있어서 주된 부분을 차지하며 또한 그것은 왕권(Kingship)과 진리라는 두 주제로 집중된다. 유대인의 왕권은 메시야와 관련된 범주에 속하지만, 그것은 예수가 정치적 측면에서가 아닌 진리적 측면에서 말함으로써 그 중심이 한층 더 높은 수준으로 급히 바뀌어진다. 빌라도는 무엇이 진리인지 이해하지 못하는 어떤 세계를 상징하거나 또는 아마도 그것에 관해서 무관심한 세상을 대표한다. 물론 빌라도는 하나님께서 그 권세를 그에게 허락하지 않으시면 그가 정말로 예수를 처형할 권세가 없음을 이해하지 못한다. 뿐만 아니라, 빌라도와 다른 참여자들은 은연중에 재판을 받고 있는 자들이 예수가 아닌 그들이라는 것 또한 깨닫지 못하고 있다.[24]

예수의 처형에 관한 현재의 기사는 이 사건이 단지 인간이 예수에 대해 하고자 하는 대로 일어난 일이 아니라는 사실을 강조한다. "유대인의 왕"으로서 예수가 고통당하게 되는 결정은 유대 지도자들의 손에 의해 행해졌다. 하지만 예수의 옷을 나눔, "내가 목마르다"는 예수의 외침과 예수의 옆구리를 창으로 찌르는 이 모든 사건은 성경을 응하게 하기 위해서 발생한 것이다.[25] 또한 인용된 성경들은 요한복음의 앞 부분에서도 그러했듯이, 그것들이 어

---

24) Andrew T. Lincoln, *Truth on Trial: The Lawsuit Motif in the Fourth Gospel* (Peabody, Mass: Hendrickson, 2000)

25) 그 참여자들은, 체스 게임에서 서투른 사람들이 한 수를 옮기는 것이 그들 생각으로는 자신들의 결정에 의한 결과라고 생각하지만 사실은 그들의 상대자들이 하수들로 하여금 다른 수를 쓸 수 없는 상황으로 몰아감에 의해서 게임을 하고 있음에도 그것을 깨닫지 못하는 사람들처럼 행동한다.

떻게 예수가 메시야에 관한 패턴들(patterns)과 예언들을 성취하고 있는가를 보여주기에 중요하다.[26]

빈 무덤과 부활 출현들(요 20-21).   그러나 예수의 십자가 처형 사건은 요한복음의 끝이 아니다. 거기에는 그의 죽음과 장사 이후에 예수의 공적인 영화롭게 됨은 없지만, 제자들에 의해 발견된 빈 무덤이 있고, 그 몸은 그 무덤으로부터 사라졌으며, 그 후 거기에는 연속적으로 부활하신 예수의 출현이 있는데 보다 더 많은 논의는 나중에 거론될 것이다. 여기서는 다음의 몇 가지를 언급하는 것만으로 충분하리라 생각한다. 첫째, 부활의 사실은 받아들이기 어렵고, 의심스러우며 또한 그 사실에 대한 인식의 부족이 있음에도 불구하고, 제자들은 믿는다는 것이다. 둘째, 예수에 의해 주어질 "평안"의 약속(요 14:27; 16:33)이 이루어졌다는 것이다. 셋째, 제자들에게는 성령이 주어졌고 죄 용서가 위임되었는데, 만일 제자들이 죄를 용서하지 않으면 사람들은 용서받지 못할 것이라는 설명과 함께 주셨다(요 20:22-23).[27] 여기서 세례 요한의 프로그램화된 진술들을 상기하는 것은 중요하다. 궁극적으로 이 복음서도 나머지 신약의 책들처럼, 죄, 다른 사람들을 위한 희생, 그리고 죄의 용서들과 관련되어 있다. 그것은 지상명령에 상당하는 요한복음적인 표현이며 또한 그것은 보혜사 성령과 관련된 말씀들의 조명 아래서 이해되어야만 한다는 것이다. 넷째, 도마에 대한 언급은 오해되어서는 안된다. 예수는 자신을 보고서 믿는 자들을 비난하는 것이 아니다. 오히려 예수는 그의 지상 사역의 때와, 어떤 의미에서는 사람들이 믿기 더 어려운 때인 예수가 육체로 거하지 않을 때 사이의 대조를 묘사하고 있는 것이다.

마지막 장은, 영생을 그들에게 가져다줄 예수를 믿도록 사람들을 이끌려는 이 복음서의 목적을 보여주는 요한복음 20:30-31의 절정적 진술 이후에

---

26) 이러한 표현은 무엇인가 지나치게 간소화된 듯하지만, 그것이 요한이 가리키고자 하는 방향이다.

27) 이것은 만일 제자들이 죄 용서 선포를 이행하지 않으면, 거기에는 다른 용서의 근원이 없다는 의미인가?

28) 이 진술의 사본들은 "믿게 되도록"(과거적 측면)과 "계속 믿어 가도록"(현재적 측면) 사이에서 다양한데, 이것은 아마도 믿기 시작하고 있다는 것과 계속해서 믿고 있다

첨부된 것처럼 보인다.[28] 그것은 제자들이 예수로부터 사명받음을 다시 한 번 강화시킨다. 부활 이후의 사건을 통해서 어떻게 예수가 "주"(참고. 요 13:12-17)로 알려지게 되는지를 주목하라. 거기에는 베드로를 자극하는 세 줄로 된 채찍(a three-line whip: 베드로가 세 번 부인했듯이 예수님도 세 번 물으심-역자주)이 있는데 이는 베드로가 그 메시지를 알아차리도록 하기 위함이다: 양들은 돌봄을 받아야만 하고, 베드로는 반드시 양들을 돌보아야만 한다는 메시지다. 그것은 제자들에게 무슨 일이 일어났는지에 대해선 중요하게 생각지 않는다. 예언되었던 바대로 그 사회로부터 출교뿐만 아니라 또한 살해당함이 그들의 운명이라 할지라도, 그들은 여전히 제자로 남아야 하며 그들의 삶을 통해서 하나님을 영화롭게 했듯이, 그들의 죽음을 통해서도 그렇게 해야 한다는 것이다.

신학적 주제들

신학적 이야기들의 분석으로부터 분명한 것은 요한의 신학이, 비록 기본적인 주제들의 적지 않은 반복과 함께 매우 단순한 어휘로 표현되었음에도 불구하고, 대단히 복잡하고 많은 사상의 지류와 함께 엮여 있다는 것이다.

사상의 구조. 요한복음 전체에 걸쳐서 매우 뚜렷이 드러나는 것은, 대부분의 표현된 아이디어들의 발상지이자 또한 그 사상의 원천을 제공하는 배경이 구약 및 유대교라는 것이다. 하지만, 비록 그 사상의 구조가 근본적으로 유대교적인 것처럼 보일지라도, 요한복음은 또한 더욱 헬라적 사고방식을 가진 사람들도 이해할 수 있었을 것이다.

이 세대와 오는 세대라는 두 세대 사이의 근본적인 유대교적 대조는 계속 사용되고 있지만, 그것은 세상과 하나님 사이의 헬라적 이원론에 의해 가리어지는 경향이 있다. 유대교적 사상 체계 내에서 현재의 세상은 악한 세상이

는 것 사이의 대조를 이루는 것 같다. 요한의 목적이 불신자를 향한 전도의 목적인지 또는 이미 믿고 있는 신자들을 교육하기 위함인지는, 어느 사본을 택해서 읽는가에 달려 있다. 이 복음서의 목적에 관한 어느 한편의 해석을 채택하는 경향은 거부되어야 한다. 이 복음서는 두 가지 목적을 다 이루려는 의도가 분명하며 양쪽 사람들 모두를 위한 의도된 자료들을 포함하고 있다. 그 외의 다른 경우일 수는 없어 보인다.

며 오는 세상은 의의 세계로서 현재의 세상을 이어서 계승할 것으로 생각되어지지만, 거기에는 항상 하나님이 이미 이 세상에서 역사하고 계심에 대한 인식도 있다. 그러므로 현재와 미래 사이는 뚜렷이 구분되지는 않는다. 하나님은 하늘에서 영원한 현재로 계시는 분으로 인지되기에, 현재와 미래라는 구별을 인식하는 것뿐만 아니라 더 나아가서 아래와 위의 구분 또한 인식하도록 하는 자극이 있다.

이러한 형태의 이해는 심지어 2세기에 영지주의에서 더욱 발전되었는데, 영지주의에 따르면, 비록 하나님의 역사하심의 일부 흔적이 현 세상에 있음에도 불구하고, 현재의 세상은 하나님이 창조한 세상이 아니기에 근본적으로 악하다는 것이다. 따라서 이원론은 악과 선에 관한 것이다. 빛과 어둠이라는 이원론은 그 두 세계의 성격을 전달하기에 적절하다. 정말 더 중요한 것은 죽음과 삶의 이원론이다. 이 모든 것은 인간이 구속(redemption)을 필요로 하는 상황을 형성한다. 그러나 요한은 영지주의를 반영하지 않는다: 그에게 세상은 말씀 및 하나님의 창조물이다. 누구든지 영지주의자가 되지 않고서도 이런 종류의 이원론을 받아들일 수 있다.

주요 주제. 요한복음에 있어서 신학적인 주된 주제는 의심할 여지 없이, 예수가 메시야 및 하나님의 아들로서 세상에 오심은 진리에 대해 증거하고 그의 생명을 주기 위함임을 제시함인데, 이로써 모든 사람이 그를 믿음으로 말미암아 영생을 얻는 기회를 갖도록 하는데 있다.

예수, 그의 역할과 신분. 이 복음서는 우선적으로 예수와 유대교 사이의 상호작용과 관련되어 있고, 특별히 유대교의 지도자로 대표되는 제사장들 및 바리새인들과 관계된다.[29] 주된 관심은 예수와 그의 역할 및 신분에 있다.

예수의 역할을 일반적으로 표현하는 두 가지 개념이 있다. 첫째, 그는 이

---

29) 요한이 흔히 그렇게 하듯이 "유대인"이라고 집합적으로 언급할 때, 그는 그의 생각 속에 주로 지도자들을 그리고 있다. 요한은 반 유대주의자(anti-Judaism이 anti-Semitism보다 더 나은 표현이다)들이 마치 유대인들이 집단적으로 예수를 거절했다는 구실로 유대인들을 정죄하는 그런 반 유대주의자가 범하는 죄를 짓지 않는다. 도리어 요한복음은 일부 유대 지도자들을 포함해서, 많은 사람들에 의해 예수가 긍정적으로 받아들여졌음을 보여준다.

땅에서 하나님의 대행자이다. 동사 "보내다"는 세상에서 하나님과 예수 사이의 중요한 관계를 나타낸다. 유대교적 개념인 shaliach(히. 보내다)는 보내는 자의 권위를 가지는 말로 쓰이며, 예수가, 그에게 중요한 기능들이 위임된, 하나님의 권한을 부여받은 대행자임을 강조한다(요 3:17; 4:34; 5:23-24, 36; 6:29, 38-39; 10:36; 11:42; 17:3). 비슷하게, 성령도 성부와 예수에 의해서 보내진다(요 14:26; 15:26). 보냄을 받음이라는 주제는 또한 제자들의 예수님에 대한 관계의 패턴을 형성한다(요 9:4; 13:20; 17:18; 20:21).[30]

이 보냄의 신학 안에 함축된 하나님의 개념은 세상을 구원하고자 하는 뜻과 목적을 가진 자로서의 하나님이다. 신약의 다른 곳에서와 마찬가지로, 예수에 의해 실행된 하나님의 뜻(요 4:34; 5:30; 6:38-40)은 이미 성경에 확립되어져 있었고, 그 성경은 또한 그 성취를 증언한다(요 6:45; 7:38, 42; 12:14-16; 20:9).

그래서 요한복음서는 선교에 관해서, 그리고 하나님에 의해 성취해야 할 임무를 가지고 세상에 파송된 한 선교사에 관한 책이다. 그의 임무는 빛처럼 행동하는 것이며 사람들에게 영생을 주는 것이다. 그래서 둘째로, 예수는 또한 구원의 설립자로 이해될 수 있다. 그는 우선적으로 계시자(루돌프 불트만[Rudolf Bultmann]의 주장)로서 이해되어서는 안 되며, 또한 신화적 신적 인물(에른스트 케제만[Ernst Käsemann]의 주장)로[31] 이해되기보다는 새로운 공동체를 형성하고 그 공동체의 구성원들에게 구원을 수여하고 삶의 법칙을 주는 모세의 대응자(counterpart)로 이해되어야 한다.[32]

이러한 다소 일반적인 예수의 역할에 대한 묘사는 예수가 하나님의 구원

---

30) 세례 요한도 역시 하나님에 의해 보냄을 받았다(요 1:33). 특별히 Andreas J. Köstenberger, *The Missions of Jesus and the Disciples According to the Fourth Gospel* (Grand Rapids, Mich: Eerdmans, 1998)을 살펴보라.

31) Ernst Käsemann, *The Testament of Jesus: A Study of the Gospel of John in the Light of Chapter 17* (Philadelphia: Fortress; London: SCM Press, 1968).

32) 이 문구(Stifter 독. 설립자)는 Klaus Haacker가 예수의 역할을 요약하기 위해서 사용했다. Klaus Haacker, *Die Stiftung des Heils: Untersuchungen zur Struktur der johanneischen Theologie* (Stuttgart: Calver, 1972).

을 그의 백성에게 가져다줄 그 선지자요 왕으로서의 메시야 되심이라는 점에서 더 정밀하게 묘사되었다. 요한복음은 신약성서 중에서 유일하게 셈족 용어인 **메시야**(요 1:41)를 사용하며, 그것은 곧장 "그리스도"로 번역된 후, 후자는 지속적으로 사용된다(예외는 요 4:25). 요한복음 4:29에서 생겨난 예수가 그리스도인지 아닌지의 의문은 예수와 논쟁하는 사람들의 논의 속에 계속 나타나는 문제이다(요 7:25-44; 참고. 요 10:24). 이 복음서의 목적은 사람들이 마르다(요 11:27)와 함께, 예수께서 그리스도이심을 믿는데 나아오도록 하는 것이다(요 20:31; 참고. 요 17:3). 그래서 예수가 그리스도인지 아닌지의 문제는 요한복음에서는 사람들과의 공개된 토론에서 주된 논제가 되지만, 이와는 대조적으로 다른 복음서에서는 그의 재판에서 논쟁이 될 때까지 비밀시되며 그 문제 주위를 맴돈다.

메시야 직분과 나란히 서 있는 예수의 역할은 선지자 직분이다.[33] 비교적 하위 수준(level)에서 예수는 초월적 지식(요 4:19)과 능력(요 9:17)을 가진 한 사람이지만, 상위 수준에서 그는 세상에 오기로 기대되었던(요 6:14; 7:40) 그 마지막 선지자(참고. 요 1:21)로 이해된다. 예수가 사람들에 의해 그렇게 인식되었을 때, 그들은 그를 왕으로 삼으려 했다(요 6:15). 예수는 그런 종류의 왕이 되기를 거부하지만 그의 왕으로서의 신분은 나다나엘(요 1:49)에 의해서 인식되었고, 또 예루살렘 입성 시 받은 환영에 의해서 그의 왕 됨이 해설자에 의해 승인되었다(요 12:13-15). 그것은 빌라도 앞에서 받은 재판의 중요한 주제가 되는데, 거기서 예수의 왕권은 인간의 왕권과 구별되어 높은 단계로 올려진다. 하지만, 이전에 그를 왕으로 삼으려 했음에도 불구하고, 십자가 처형은 예수의 왕 됨을 거절한 증표가 된다.

목자의 개념은 이것과 매우 밀접히 연결되어 있는데, 이는 왕으로서의 역할이 그의 백성의 목자 됨으로 이해되었기 때문이다. 그것은 요한복음 10장에 있는 비유적 자료에 국한되어 있기도 하지만 예수의 떠나심 이후에 있을 베드로의 역할에 관한 언급에서도 전제되어진다(요 21:15-17).

"인자"(Son of Man)라는 용어도 또한 공관복음서에서의 인식과 함께 이 범

---

33) 그 용어 "택함을 입은 자"(요 1:34)와 "거룩하신 자"(요 6:69) 또한 여기에 속한다.

주에 속하지만, 요한복음에서는 그것 이상의 의미로 사용된다. 요한복음에서 인자는 십자가 처형에서 "들려야"만 하는 인물이지만(요 3:14; 12:34) 그는 또한 심판에 관계할 분이다(요 5:27). 그러나 이것 이상으로 예수는 하늘로부터 내려온 인물(그는 그리로 다시 돌아갈 분)이며 계시의 대행자이다(요 1:51; 3:13; 6:62). 그는 구원을 베푸시는 자이며(요 6:27) 또한 그는 생명의 떡을 나누어 주는 자로서 그리고 사람들은 생명을 소유하기 위해 반드시 그의 살을 먹어야 한다는 점에서 그는 또한 구원과 동일시 된다(요 6:53). 한때 소경 되었던 사람은 인자를 믿도록 재촉받는다(요 9:35).[34] 여기서 주목할 만한 점은 그 용어의 폭넓은 사용과 특별히 구원이 인자와 연결된 방식이다(마치 눅 19:10에서처럼). 마지막으로, 그 용어 "들려야" 함은 십자가 처형뿐만 아니라 부활과 승귀를 포함하는 것으로 여겨지며, 수난 사건은 인자의 영화롭게 되심의 구성요소가 된다(요 3:14; 12:23, 34; 13:31). 인자에 관한 이러한 진술들은 메시야에 관해 말해진 것 이상의 의미를 지니며 예수를 가리키는 칭호로서 그 용어 자체의 정확한 의미에 관한 질문을 일으킨다. 명백히 그 칭호는 전통적으로 전해진 것인데, 그 안에서 그 용어는 예수의 역할이 미래의 재판관 및 왕일 뿐만 아니라 또한 그의 지상에서의 역할을 표현하기 위해서도 사용되었다. 그러나 요한복음에서 그 용어의 사용은 구원을 가져오는 하나님의 대행자이자 사자(messenger)를 뜻함을 암시한다.

인자로서의 예수에 관해서 말해진 진술들의 많은 부분은 ―그의 하늘로부터 오심과 그리로 다시 돌아가심 ― 동일하게 잘, 또는 아마도 더 적절히, 하나님의 아들로서의 예수에 대해 논해질 수 있을 것이다. 우리는 이미, 공관복음서에서 그의 아버지로서의 하나님에 대한 반복적인 언급과 그의 아들됨의 비유의 사용을 통해 표현된 바와 같이, 예수가 하나님에 대한 독특한 관계에 있음을 보았다. 이 관계는 아버지가 아들을 보호하듯이 하나님이 왕을 돌보는 구약에서 발견되는 은유 이상의 의미를 가지는데, 이 관계는 훨씬 인격적인 하나님과의 관계를 표시하며 그 안에서 예수도 역시 그의 제자들을 인격적으로 대하기 시작한다. 요한복음에서 이 관계는 전면에 부각되고

---

34) 필사자들이 이것을 "하나님의 아들"로 바꾼 것은 놀라운 일이 아니다.

있으며, 예수의 신분과 본성에 대한 암시들과 하나님에 대한 이해를 암시하는 것들은 더 밝히 표현되고 있다. 다른 복음서에서나, 사도행전 그리고 바울 서신에서 하나님이라는 용어는 아버지라는 단어보다 훨씬 더 잦은 비율로 쓰이는 반면, 요한복음에서는 그 비율이 완전히 역전되는데, 하나님과 관련된 중요한 용어는 아버지로서, 이는 하나님과 예수님의 관계를 표현할 때 매우 자주 사용된다.[35] (그러나 요한 1-3서는 나머지 신약성경에 나타나는 일상적인 패턴을 따른다.) 그 용례는 거의 예수의 말씀이 독점하는데, 그는 "아버지" 또는 "나의 아버지"라고 말한다. 한 번은 그가 그의 제자들에게 "너의 아버지"(요 20:17)라고[36] 했지만 결코 "우리 아버지"라고는 말하지 않는다. 마태복음에서 보여지는 경향은 여기서 한층 더 진전된다. 이는 예수가 자주 하나님과 그의 관계에 관해서 말한 이후, 흔히 사용된 단어인 아버지는 어려움 없이 설명된다. 대조적으로, 그 본문에서 해설자와 다른 인물들은 하나님이라고 언급하는 경향이 있다. 그 결과 부성(fatherhood)의 심상(imagery)은 하나님과 예수 및 하나님과 제자들의 관계에 강력히 각인되었다.

"하나님의 아들"은 고백적인 용어이며, 독자들을 그 신앙고백으로 이끄는 데 복음서의 목적이 있는데(요 1:49; 20:31), 이는 믿음과 헌신(요 3:18, 36; 6:40; 11:27) 그리고 공경(요 5:23)에 해당하는 문제이다. 그 아들은 아버지의 품 속에 있었다(요 1:18).[37] 그는 아버지에 의해 세상으로 보내졌다(요 3:17). 그는 자신을 묘사할 때 아버지의 사랑을 받고 있는 자(요 5:20)라고 말하며, 또한 그는 심판을 행하고 생명을 줄 수 있는 권세를 아버지로부터 받아 소유한 자라고 한다. 하지만 이것은 그를 아버지로부터 독립하도록 만들지 않고,

---

35) 통계는 매우 인상적이다. "하나님"과 "아버지"는 다음과 같이 사용되었다:

	마	막	눅	행	요	요1-3	바울서신
하나님	51	48	122	166	83	67	548
아버지(성부)	44	4	17	3	127	15	43

36) 그러나 요 8:42은 말하는 사람(예수님과 논쟁하고 있는 유대인:역자주)들이 진정한 하나님의 자녀임을 부인한다.

37) 아들이 어디로부터 왔는가 라는 정황에 관한 이러한 표현은 더 선호할 만하지만, 그가 아버지와 세상에 있는 동안 아들로서 친밀한 관계 속에 있음으로 아버지의 마음을 항상 알 수 있음을 표현하는 은유적인 해석도 또한 가능하다.

오히려 항상 그는 아버지의 뜻을 따르고 순종한다(요 5:19). 비록 그는 심판자이지만(요 5:22; 참고. 요 9:39), 그럼에도 불구하고 그는 세상을 구원하고 생명을 주기 위해 오셨다(요 3:17; 5:21, 26). 예수를 믿는 자들은 생명을 얻는다(요 6:40).

하나님의 아들로서, 예수는 또한 "하나님"(요 20:28)으로 간주될 수 있을 것인데, 하나님의 계획을 통찰하며, 거의 또 하나의 자아(a second self)로서 하나님에 가까우며, 그럼으로 인해 예수를 보고 듣는 것은 아버지를 보고 듣는 것과 동일하다(요 14:9). 그러나 이것은 두 분의 하나님이 존재한다는 의미는 아니다; 예수는 아버지를 유일하신 참 하나님으로 부른다(요 17:3; 참고. 요 5:44).

요한복음에는 아버지와의 관계에 있어서 예수의 위치를 대신하는 다른 어떤 존재가 거할 곳이 없다. 형용사 **독생한**(요 1:14, 18; 3:16, 18)은 이것을 강조하며 유일한 구원자이자 계시자로서 그의 역할을 강하게 증거한다. 그럼에도 불구하고, 아들은 인간들에게 하나님의 자녀가 되는 가능성을 여시며(요 1:12), 아버지와 아들의 관계에 사용된 상호내주(mutual indwelling)의 표현은 하나님과 신자들, 예수와 신자들의 관계를 나타내는 데까지 확장된다.

이 복음서를 서두에서 소개하는 핵심적 용어인 **말씀**이라는 개념의 사용은 현대 독자들에게는 좀 더 인격적인 용어인 **아들**보다는 덜 만족스러울 수도 있겠지만, 그것은 중요한 이점을 가지고 있는데, **아들**이라는 단어 그 자체가 아버지와 예수의 관계를 암시하는데 필요하다면, **말씀**은 하나님과 세상의 의사교통 수단으로서의 예수의 역할을 표현한다. 이 복음서는 보이지 않는 하나님 및 그의 은혜가 예수를 통해 드러나는 빛으로서의 예수의 역할과 근본적으로 연관되어 있다(요 1:18; 참고. 요 5:37; 6:46). 하나님께서 말하시는 것은 그의 말씀이며, 결국 이 말씀이 예수이다. 그러므로, 비록 **말씀**이라는 용어는 서론 이후에는 예수와 관련되어 사용되지 않지만, 그럼에도 불구하고, 이 복음서 나머지 부분 전체에 걸쳐서 그는 말씀으로서 행한다. 그러나 이보다 더 중요한 것은, 요한이 직선적으로 그 말씀을 하나님과 동일시한다는 것이며(요 1:1), 이 언급은 도마의 증거에 의해 확증된다(요 20:28).

여러 진술에서 예수는 "내가 [그]이다"(요 4:26; 6:20; 8:24, 28, 58; 13:19;

18:5-6)라는 표현을 사용한다. 이것은 그 자체로서 아마도 자신의 정체성(거기 누구니? 저예요, 여기서 그 특색 있는 목소리는 말하는 사람의 정체에 대한 신원확인으로 충분할 것이다)을 드러내는 것일 것이다. 그러나 그 문구는 하나님이 구약에서 자신을 하나님으로 밝힐 때 사용되었고, 요한복음에서 사용된 용례 중 일부는 예수가 이러한 방식으로 말함을 반향하고 있음을 통해 하나님의 위치에서 말하고 있음을 알아차리기를 요구하고 있는 것처럼 보인다(요 8:24, 28; 13:19; 18:5-6). 어떤 경우에 예수는 그가 아브라함보다 먼저 존재했다고 선언한다(요 8:58). 그의 하늘로부터 내려오심(요 3:13, 31-32)과 아버지를 보았다(요 6:46)는 것에 관한 진술들은 비슷하게도 이 세상에 오시기 전의 그의 존재에 관해 증언하고, 또 그가 세상에 오시기 전에 아버지에 관한 지식을 가졌음을 입증한다.

다소 약하게 강조된 점은, 그에 대해 말해진 모든 사실이 그가 동시에 한 인간임을 보여준다는 것이다. 비록 그렇다고 하더라도, 요한복음은 신약의 진술들 가운데서 가장 분명한 성육신에 관한 언급을 담고 있다: 말씀이 "육신", 즉 사람이 되었다(요 1:14). 일부 해석자들에게 예수는, 사람의 모양을 한 하늘의 인물로서, 헬라의 신 또는 여신이 외모로는 인간의 형태로 변형했지만 실제는 인간이 아닌, 단순한 신적 존재로 이해되었다. 그러나 요한에게 있어서 이것은 죽음을 포함한 인간의 경험을 한 예수에게 결코 해당되지 않는 이해이다. 그러나 예수가 사람이라는 것이 신학적으로 요한에게 중요한 것인지, 아니면 확실히, 예수가 한 인간이었음을 의문의 여지 없이 단순히 받아들였는지에 관해서 누군가가 질문할 필요는 있다. 빌라도의 진술, "보라 이 사람이로다"(요 19:5)는 요한이 예수의 인성에 관한 중요성을 이해했음을 암시하는 것 같다.

인류의 필요. 그 때의 예수는, 하나님을 위하여 유대인들에게 대언하는 선지자며, 그들은 성경과 성전(the temple)을 통해 그의 오심을 위해 미리 준비되어 있었어야 했다. 만일 유대인으로서 메시야를 영접하는 데까지 나아가지 못한다면 단지 유대인에 속함 그 자체만으로 구원받을 수는 없다(요 8:31-41). 그 백성들은 예수를 알아보았어야 했지만 대부분의 경우 그들은 그렇게 하는데 실패했는데,[38] 고맙게도 예수에 대한 증거는 성경과(요 5:39),

세례 요한(요 1:6-8, 19-36; 3:26-30; 5:33), 그리고 다른 사람들을 통해서(요 4:39; 12:17; 19:35; 참고. 요 21:24), 또한 그 자신의 전능한 행적(요 5:36; 10:25)을[39] 통해 증언되었다. 그러므로, 중요한 주제는 예수를 하나님의 사자로 인정하기를 거부한 백성들, 특히 그들의 지도자들의 거절이다. 다른 주제들은 또한 그들이 안식일에 허용될 수 있는 부분에 대하여 완고하리 만큼 엄격하게 안식일을 준수한 그들의 태도에서 드러난다: 그러나 예수는 그들의 이해에 따라 기대되었던 경건한 사람이 할 행동을 하지 않는다(요 9:16)

유대인들의 태도는 대략적으로 세상적 태도의 전형으로 묘사되며 또 세상에 의해서 계속 형성되고 있는 것으로 그려지는 큰 맥락 속에 놓여 있다. 비록 요한이 하나님의 섭리 속에 있는 유대인의 특별한 위치와, 또 예수님의 사역이 그들에게 초점이 맞추어져 있다는 사실을 알고 있음에도 불구하고, 그의 근본적인 관심의 대상은 전체로서의 세상이다. 세상은 본질적으로 사람들의 삶의 활동 무대이며 사람들은 그 안에 존재하는데, 때때로 이 국면에서 또한 때때로 다른 국면에서 그 타락이 강조된다. 세상은 하나님의 창조물이지만, 그럼에도 불구하고 죄, 거짓, 속박 그리고 어둠으로 특징지어졌다(요 1:5; 3:19; 8:34; 12:46). 세상은 근본적으로 하나님을 대적하는 "임금"에 의해 다스려진다(요 12:31; 14:30). 거기에는 여러 가지 대조를 이루는 쌍으로 표현된 이원론이 있는데, 일부는 우주론적(cosmologic)이며("위" 그리고 "아래", 요 8:23; 참고. 요 3:31; 19:11), 다른 부분에서는, 진리와 거짓(요 8:44; 참고. 요 4:6), 자유와 예속(요 8:31-36), 그리고 생명과 죽음(요 5:24)의 윤리적이고 영적인(빛과 어둠, 요 1:4-5; 3:19-21; 8:12; 9:4-5; 11:9-10; 12:35-36, 46) 이원론이다. 세상은 하나님을 알지 못하는 사람들(요 1:10; 16:3; 17:25)과 그 빛을 배척한 사람들(요 3:19)이 거하는 무지의 장소요 공동체이다. 그들은 스스로 정죄받고(요 3:17-19; 8:15; 12:47-48), 하나님의 심판 아래 있다. 그 심판은 미래적(요 5:24, 29; 12:48)이지만, 또한 그것은 이미 일어

---

38) 예수의 떠나심 이후 증거의 임무는 진리의 성령과 제자들에 의해 계속된다(요 15:26-27).

39) 아버지의 증언(요 5:37; 8:18)은 아마도 어떤 독립적인 사건이라기보다 이러한 여러 가지 방법을 통한 아버지의 역사하심일 것이다.

난 것으로도 간주될 수 있다(요 3:18; 16:11); 그 심판은 세상을 하나님의 진노 아래 두며(요 3:36), 그 형벌이 죽음이라고 선언한다(요 8:24).

이러한 인간의 상황을 다르게 표현하는 방식은 영광이라는 개념의 언급을 통해서이다. 이 단어는 하나님께 바쳐진 찬송과 예배라는 뉘앙스를 결합하고, 하나님의 능력과 사랑의 위대함으로 인해 나타나는 광채이며, 그러한 영광을 받는 하나님의 존재의 한 부분이다. 사람들의 죄와 실패는 그들이 하나님으로부터 칭찬을 구하는 것 대신에 서로로부터 구한다는 사실에 있지만(요 5:44; 12:43), 대조적으로 예수는 자신을 위한 찬양과 영광을 구하지 않고 오직 하나님께 영광을 돌리기 위해서만 말하고 일하신다(요 7:18; 8:50, 54). 예수는 자기 자신을 십자가에서 희생함이 그의 성품을 증명한 일종의 행동이라는 점에서 영화롭게 되었고 또 그러한 행동은 하나님에 의해서 인정되고 승인되었으며(요 7:39; 12:16, 23; 13:31), 동시에 그것은 하나님께 영광을 돌린다(요 17:1). 그러므로 나사로를 일으킴은 예수의 영화롭게 되심으로 연결되는데 이는 사람들이 예수를 통해 생명을 가져오는 하나님의 역사하는 능력을 깨닫고 그 일로 인해 하나님을 찬양한다는 점에서 그러하며, 비슷하게 제자들이 열매를 맺을 때(요 15:8)나 자신들을 희생으로 헌신할 때 하나님은 영광을 받으신다. 그래서, 비록 영광이 창세 이전 아들과 하나님에 의해 누려진 광채를 언급하기도 하지만(요 17:5), 더 일반적인 가리킴은 하나님의 성품과 행위를 인하여 하나님을 찬양하도록 이끄는 그분의 성품과 행위를 사람들로 하여금 인식하게 하는 것이다. 하나님의 선하심을 알아보지 못함과 그를 인정하지 않음이 사람들의 죄를 성립시킨다. 이 모든 것은 빛보다 어둠을 사랑함에 속한다(요 3:19).

그럼에도 불구하고 하나님과 구원에 관한 지식을 가져오는 하나님의 빛이 어둠 가운데 비친다(요 1:1-9). 이미 성경에서 생명의 길은 계시되었고(요 5:39), 이 생명은 예수를 통해서 오며, 그의 역할은 빛을 가져오는 것이므로 그 또한 빛으로 판명될 수 있다(요 9:5; 12:46). 세상은 아들의 사역을 위한 무대이며, 그가 온 목적은 빛을 어둠 가운데 있는 자들에게 주며(요 8:12), 생명을 죽은 자들에게, 그리고 구원을 멸망하는 자들에게 주기 위함이다. 그의 오심의 결과는 이중적이다. 예수에게 응답하는 자들에게 그는 구원을 베푼다(요 8:12). 그러나 거기에는 그 계시를 거절하는 자들이 있고(요 3:19-21), 그들은 정죄를 받고 심판 아래 있는데 이는 그 빛의 오심이 그들의 근본적으로 하나님을 거절한 표시를 완전히 드러냈기 때문이다(요 12:37-50).

구주. 요한복음에서 예수는 두 가지의 연관된 방식으로 역할한다. 첫째, 그는 하나님의 말씀으로서, 하나님의 메시지를 세상에 전한다. 그 계시의 내용은 진리인데, 이 용어는 신뢰할 수 있음과 의존 가능함(요 3:33)의 개념을 함께 연결하지만 또한 어떤 궁극적인 실체이기도 하다(요 6:55; 17:3). 예수께서 오신 세상은 죄와 거짓으로 특징지어졌지만(요 8:44), 예수가 말한 것은 무엇이든지 참이며(요 8:40), 또한 예수 자신이 진리이고(요 14:6) 또 진리에 대해서만 증거한다고 일컬어질 수 있다(요 18:37). 이와 비슷하게 성령은 진리의 영인데 그는 사람을 진리로 인도한다(요 16:13). 그래서 그 메시지는 순전한 진리라고 간주될 수 있는데(요 17:17) 이는 그 메시지가 참되고 진실된 것의 표현이기 때문이다. 진리는 은혜(요 1:14) 및 의(요 3:21)와 밀접하게 연관되어 있다.

동시에, 예수 및 다른 사람들(세례 요한, 가야바)에 의해 다양하게 언급된 진술들이 전달하는 것은 예수가 세상을 위해 죽게 된다는 것이다(요 1:29, 36; 11:50-2). 구주로서 예수가 가진 목적은 세상의 죄를 제거함이라는 전통적인 언어로 표현된다(요 1:29). 제의적 용어가 사용된 것은 예수가 하나님의 어린 양으로 보여지고 또 그의 실제적 죽음이 한 제물의 죽음(요 19:36)으로 이해되며, 하나님에 의해서 그 잔을 마신다(요 18:11)는 점에서 알 수 있다. 더 포괄적으로, 그의 죽음은 다른 사람의 유익이 되기 위함으로 이해되며, 그 또한 그의 육신을 떡으로 상징했듯이 세상에 생명을 주기 위한 것으로 이해된다(요 6:51-58). 여전히 더 광범위하게 그의 십자가에 달림은 그것에 의해 그가 사탄을 이기며(요 12:31) 모든 사람을 자신에게로 이끄는 수단이 된다(요 12:32).[40]

---

40) 요한복음에 나타난 예수의 죽음에 관하여 반복적으로 취해진 시도들은 그 중요한 속죄적 죽음의 성격을 부인하는 것인데, 이 주장들은 단호히 거부되어야 한다; Max Turner, "Atonement and the Death of Jesus in John: Some Questions to Bultmann and Forestell," *EQ* 62 (1990): 99-122를 참고하라.

비록 요한에 의해 사용되지 않은 용어라 할지라도, 화목(reconciliation)의 개념은 예수님의 사역을 묘사하는데 매우 적당하다.[41] 그럼에도 불구하고, 요한에게 있어서 핵심적인 개념은 말씀으로서의 예수의 계시적인 기능이라고 자주 논의되었고, 예수가 백성을 구원할 때 그들을 하나님을 아는 지식의 빛으로 데리고 감을 통해서 구원하기에, 구속적이고 제의적인 언어들은 단지 요한이 그의 신학에 그저 섞어 넣은 전통에 불과할 뿐 아무런 결정적인 중요성을 갖지 않는다고 여겨져 왔다. 그러나, 이 복음서에서는 사람들이 어떤 형태의 죄를 범하는데, 특별히 그들이 빛을 대적해서 죄를 지을 때 나타나듯이, 죄에 대한 강한 강조는 요한복음에 대한 이러한 양자택일(either-or)적 해석을 불가능하게 한다. 더욱이, 그의 죽음의 속죄적 해석은 이 복음서의 앞 부분에 기록되어 있을 뿐만 아니라 나머지 부분의 해석을 위한 배경을 형성한다.

그 다음에, 예수는 빛을 가져오는 역할을 하지만(요 8:12), 그 빛은 한 내용(진리, 요 14:6)을 품은 계시이다. 불트만(Bultmann)의 견해는 결국 예수는 그가 계시자라는 사실을 나타내는데 불과하다는 것인데 이는 표면적으로는 그럴 듯하지만 엄밀한 분석의 결과라고는 할 수 없다.[42] 그 이유는 예수가 단지 계시자만은 아니기 때문이다; 그는 또한 메시야이며, 그의 역할에 관해서는 유대인들의 전통 및 성경으로 말미암아 그들에 의해 잘 이해되었다. 그리고 다시, 그는 단지 그 계시자가 아닌데 이는 예수가 또한 그를 믿는 자들에게 영생을 주시는 분이기 때문이다. 구주(요 4:42)는 선지자나 계시자 그 이상이다.

구원. 구원의 성격은 인간의 필요를 설명하는 것과 자연스럽게 부합한다. 요한복음에서 예수가 사람들에게 주는 것을 표현하는 가장 포괄적인 용어는 **생명**과 **영생**인데, 그것은 하나님의 생명에 동참하는 것으로 이해되어야 한다(요 1:4). 그것은 영원한데, 이는 그것을 받는 자들은 영원히 멸망하지 않는다는 점에서 그렇다(요 3:16; 6:27; 10:28). 하나님으로부터 남(요 1:13)

---

41) 비록 평안이라는 용어가 쓰이지만, 그것은 근심으로부터 자유함이라는 의미를 뜻하지 적대감의 제거를 의미하지는 않는다(요 14:27; 16:33; 20:19, 21, 26).

42) Bultmann, 2:66.

또는 거듭남(요 3:3, 5)이라는 은유가 뜻하는 것은 사람들이 신적(divine) 선물을 받을 때까지는 그들은 생명 없는 자들이라는 사실이다. 그러한 생명은 하나님과 예수님을 아는 것(요 17:3)으로 정의되며, 그 표현은 어떤 인격적인 관계와 비슷한 것을 암시한다. 그러므로 가장 심층적 의미에 있어서 그것은 하나님과의 관계 속에 있는 생명이며, 그 속에서 하나님이 세상을 사랑하신 그 사랑이 인간의 경험 속에 실재가 되는데, 거기에는 또한 하나님에 대한 사랑의 반응이 있다. 이것은 세상이 줄 수 있는 것보다 더 풍성한 생명이다 (요 10:10).

그것은 또한 하나님의 생명과의 연합이다. 성부 하나님(요 14:23; 17:21), 예수님(요 14:20, 23; 17:21, 23, 26), 그리고 성령님(요 7:39; 14:17)은 모두 신자들에게로 오시며 또한 상호적인(reciprocal) 언어가 사용됨으로써 신자들도 하나님 안에 있게 된다. 떡을 먹고 물을 마시는 것의 비유적 표현은 인간적 갈망에 대한 영적 만족을 표현하는 것으로서 그것은 예수와의 연합을 통해 온다. 이 생명은 영원하며 육신의 죽음으로 인해 없어지지 않는다(요 5:21–29; 6:40, 51, 54, 58). 그래서 신자들이 소유한 현재의 새 생명 안에는 미래의 부활에 대한 기대가 있다. 유대교에서 영생은 미래적이고, 내세적인 경험으로 여겨지는 경향이 있는 반면, 여기서 그것은 현재 소유한 것으로 간주된다 (요 3:36; 5:24; 6:47; 11:25–26). 영생은 예수에 의해 유지되는데, 그는 생명을 주는 물(요 4:10–14; 참고. 요 7:38)을 제공하며 자신을 생명의 떡(요 6:27–36)이라고 한다.

어떻게 구원받는가? 거기에는 두 관점 즉, 신적 측면과 인간적 측면이 있다. 구원은 전적으로 하나님의 주도하심에 기인한다. 이것은 단지 구주를 보내는 부분에서 뿐만 아니라 또한 사람들을 예수에게 이끌어서 그들이 믿도록 하는데서도 보여진다. 비록 예수가 영생을 주는 자로서 세상에 왔지만, 그럼에도 불구하고 아버지께서 그들을 이끌지 않으면 아무도 그에게 올 수 없다(요 6:44; 참고. 요 6:37, 65; 8:47; 10:29; 15:16, 19; 17:2, 6). 이 진술의 의도는 시종일관 구원은 하나님의 선물임을 가리키는데 있다. 어떻게 아버지께서 사람들을 예수에게로 이끄시는지는 설명되지 않는다. 이것은 아마도 성령의 역사를 통해 일어나는 것으로 여겨지는데, 이 경우에 성령으로 태어남(요 3:1-8)은 성령을 통해 믿음이 사람들 안에서 생겨나는 과정을 제안하는 것일 수도 있을 것이다. 그러나 요한은 그러한 연결을 하지 않는다. 어떤 경우에서든, 명확한 것은 사람들은 가만히 앉아서 아무것도 하지 않고, 그저 그들이 예수에게로 와야만 하는 것이 부득이하고 느껴질 때까지 기다리도록 의도된 것이 아니라는 것이다. 도리어, 예수는 사람들에게 그에게로 오라고 요구하며, 구원 주심은 모든 사람들에게 해당된다고 한다(요 3:16-17; 6:45; 12:32; 참고. 요일 2:2). 그리고 하나님은 믿는 자들에게 그의 자녀가 되는 권세를 주심으로써(요 1:12-13), 새로운 출생은 믿음에 달려 있는 것임을 보여준다(그래서 또한 요 7:38-39에서도 와서 믿으라고 한다). 확실한 것은, 사람들이 그 제안을 들을 때 그것에 또한 반응하는데, 이것이 바로 새로운 태어남이 일어나고 있음의 증거라는 것이다.

그렇다면, 하나님의 부르심과 함께, 거기에는 복음에 대한 인간의 반응이 필요하다. 예수와의 근본적인 관계는 신뢰, 또는 믿음(요 3:14-18)이며, 그것은 그에 대한 전적인 헌신을 포함한다. 거기에는 예수가 말한 것을 믿는 것(요 6:69; 8:24; 11:26-27, 42)과 그의 말씀을 근거로 헌신하는 것(요 1:12; 2:11, 23; 3:16, 18, 36) 사이의 대조가 나타난다. 요한의 용례에서 보면 믿음은 예수의 메시지를 지적으로 받아들일 뿐만 아니라 또한 예수와 하나님을 위한 전인격적인 헌신이기도 하다(믿음은 일반적으로 예수와 연관되어 있지만 또한 하나님과도 연결된다, 요 5:24; 14:1). 마찬가지로, "예수께로 나아옴"이나 "예수를 따름"이라는 문구들은 같은 사실을 표현한다(요 6:35; 8:12). 그러한 태도는 예수의 행하심을 잘 수용하는 모습이다; 사람들이 구원받기 위해 무엇인가를 행할 수 있다는 것을 부인하는 것은 바울보다는 요한에게 있어서 적게 다루어진 문제이지만, 그 부분도 언급은 되어있다(요 6:28-29). 예수가 하나님으로부터 온 사실은 받아들이지만 그에게 헌신하는 데까지 이르지 못하는 수준의 믿음도 가능한 것처럼 보인다(요 2:23-25; 12:42-43). 분명히, 믿음은 일회적인 행동 그 이상이며 보다 지속적인 관계성이다. 이러한 태도를 표현하기 위해 요한은 예수와 그의 가르침을 능동적으로 붙잡음(요 8:31)을 언급하기 위해 **거하다**라는 용어를 사용한다(요 6:56; 15:4-10). 그러나 요한은 또한 같은 용어를 예수와 그의 가르침이 신자들 안에 거함을 표현할 때도 사용한다(요 5:38; 15:4-7); 성령도 또한 그들 안에 거한다(요 14:17). 같은 생각은 간단히 전치사 **안에**(in)를 사용해서 나타낸다. 아버지께서 아들 안에 계시듯이(요 14:11; 17:21, 23) 아들도 아버지 안에 있다(요 14:11, 20; 17:21); 그리고 이것은 신자들을 위한 패턴을 형성한다. 신자들은 아들 안에 있고(요 14:20; 17:21), 아들은 그들 안에 있다(요 14:23). 거기에는 신자들이 핍박 가운데 실족할 수 있는 위험도 있지만(요 16:1), 또한 예수가 그의 백성들을 보존하고 그들을 마지막 날에 일으킬 것이라는 반복된 약속도 있다(요 6:39-40, 44, 54; 10:28-29; 17:11-12).

신자들과의 관계. 신자들은 하나님과의 관계로 나아가게 되는데 이는 하나님과 아들 사이의 관계와 유사하다. 아버지와 아들은 서로 알며(요 10:15), 그래서 신자들도 아버지(요 8:19; 14:7; 17:3)와 아들(요 10:14b)을 알고 또 아들도 그들을 안다(요 10:14a); 실제로, 영생은 아버지와 아들을 아는 것으로 정의된다(요 17:3).

이와 비슷하게, 신자들은 또한 성령을 안다(요 14:17). 요한복음에서 신자의 삶과 관련된 성령의 역할은 공관복음에서보다 훨씬 크기에, 요한은 초대교회에서 실제로 경험한 성령의 역사를 훨씬 더 충분히 반영하고 있다. 그러므로 생수로 상징화 된 영생의 선물은, 예수를 믿는 자에게 주어진 성령과 동일시된다(요 7:37-38). **보혜사**라는 용어의 사용은 요한복음에서 독특하게 쓰인다(요 14:16, 26; 15:26; 16:7); 인격적인 용어로서 그것은 다른 곳에서 몇몇 사용된 용례와 비교해 볼 때 더욱 분명히 성령의 인격적인 성품을 나타내는데, 그것이 제시하는 것은 성령이 단지 신적 능력이나 영향력 그 이상의 인격체라는 것이다. 요한은 삼위 간에 서로 연합되어 있으며 또 삼위는 모두 신자들과 관계된 삼위일체론적인 하나님에 대한 이해의 견실한 근거를 제공한다; 그럼에도 불구하고 성령의 인격성은 성부와 성자의 경우와 비교해 볼 때 훨씬 더 추론적인데, 이는 아버지와 아들이라는 명칭은 우선적으로 관계의 존재양식을 표출하기 때문이다. 그러나 하나님이 본질적으로 영이듯이, 성령을 인격적인 측면으로 이해하는 부분에 있어서 아무런 어려움은 없다.

사랑은 요한복음에서 하나님과 예수님 사이(요 3:35; 5:20; 17:23-26), 그리고 하나님과 예수님과 신자들 사이(요 13:1, 34; 14:21; 15:9; 21:15-17), 그리고 신자들과 신자들 사이(요 13:34-35; 15:12, 17)의 관계를 서술하는 개념으로 많이 사용된다. 상호관계적이라는 점에서 볼 때 그것은 신자들과 불신자들의 관계에는 분명히 적용되지 않는다; 그럼에도 불구하고 거기에는 하나님이 죄악된 세상을 사랑하시는 일방적인 관계가 있으며(요 3:16), 예수와 그의 추종자들 또한 세상으로 사명을 받아 파송된다(요 20:21-23). 예수를 사랑함은 그의 계명을 지키는 것으로 표현되고 있다(요 14:15, 21; 15:10). 예수가 제자들을 떠나신 후 남아 있을 그들을 위한 교훈은 그들이 서로 사랑해야 한다는 것이며, 이것이야말로 그들이 제자라는 것을 세상에 나타낼 증표가 된다는 것이다(요 13:34-35; 15:12-13). 그들은, 마치 예수가 그러했듯이(요 20:21), 세상에 대한 사명이 있고, 또한 그들의 임무는 열매를 맺는 것인데, 그것은 은유로서 아마도 개종자들을 얻는 것까지 포함하는 것 같다. 예수는 제자들의 사역을 통해 믿게 될 사람들을 위해 기도한다(요 17:9, 20).

비록 요한은 교회라는 단어는 사용하지 않지만, 서로 사랑함이라는 개념은 신자들을 하나님과 및 상호 간에 단결시키는 유기적인 연합을 나타낸다. 더 나아가서, 신자들은 선한 목자의 보호 아래 있는 하나님의 양 무리에 속한 일원으로 여겨지며, 그 비유적 표현은 그들이 단지 함께 속한다는 의미가 아니라, 비록 태생적으로는 유대인이 아닐지라도, 하나님의 이스라엘에 속한다는 뜻이다(요 10:16; 11:52; 12:20-22). 비슷하게도, 그들은 포도나무 가지이며, 그것 또한 이스라엘을 상징한다(요 15:1-8). 하나님의 백성으로서 그들은 거룩해졌고, 이 거룩하게 됨은 하나님을 섬기기 위해 구별되고 헌신된 상태(참고. 요 10:36; 17:19의 예수)를 뜻할 뿐만 아니라 그들이 여전히 악한 자가 활동하는 죄악된 세상에 남아 있는 동안의 윤리적 변화도 포함하고 있다(요 17:15-19).

의심의 여지 없이, 가르치는 사역을 포함한 목회적 돌봄은 베드로에게 하신 양을 먹이라는 명령에서 보여진다(요 21:15-17). 세례와 주의 만찬의 외형적 실행도 암시되어 있다. 예수도, 세례 요한이 행했듯이(요 4:1-2), 물로 세례를 베푸셨다고 하며, 그 세례의 비유적 표현은 요한복음 13:1-17에서 사용된다. 비록 주의 만찬은 언급되지 않지만, 성찬의 표현이 요한복음 6:51-58에 쓰여지고 있는데 이것이 나타내는 것은 아마도 교회 모임에서 일어난 일들에 대한 영적인 중요성을 가리키는 것 같다. 하나님을 진정으로 예배함 (요 4:21-24)은 예수가 기대하는 것인데 이것은 유대인들 및 사마리아인들에게 속한 전통적인 거룩한 장소에 제한되지 않고 어느 곳에서나 가능하다.

역사와 종말론(eschatology). 요한은 이스라엘의 과거 역사에 대해 밝히 알고 있으며, 아브라함과 모세는 둘 다 그의 복음서에 등장한다. 요한이 이미 인지하고 있는 것은 유대인들이 자신들을 하나님의 백성이며, 성경을 소유한 자들이라고 주장한다는 것인데, 예수의 대화 또한 우선적으로 그리고 거의 독점적으로 유대인들과 행해진다. 예수 그리고 구원은 구약성경에 나타난 약속의 성취로 이해된다(요 1:46; 5:39, 46-47; 6:45). 예수를 거절함과 그의 수난 및 십자가 처형과 관련된 사건들은 예언의 성취로서 여겨진다(요 2:17, 22; 12:14-16, 37-41; 13:18; 15:25; 17:12; 19:24, 28, 36-37; 20:9). 그래서 요한복음의 후반부에는 구약에 대한 암시가 집중되어 있다.

마태와 마가처럼, 요한도 복음서를 기록했는데, 아무것도 사도행전과 부합되지는 않는다. 하지만 그들처럼 요한도 교회의 태동과 기독 공동체의 형성을 목도하던 그 시기의 관점에서 기록한다. 그 교회의 역사는 예수의 가르침을 통해 드러나며, 그것은 제자들의 선교 및 유대 당국의 반대를 내다본다. 사람의 생명은, 때때로 이러한 반대의 결과에 의해, 육신의 죽음으로 끝나지만, 그것은 부활을 믿는 믿음으로 극복된다. 예수의 오심이 있을 것이라는 믿음은 인간 역사에 하나의 지평(horizon)으로 남아 있다. 그는 그의 백성을 그에게로 데리고 가기 위해 오실 것이며(요 14:3; 참고. 요 17:24), 거기에는 또한 모든 사람이 심판에 직면하게 되는 부활과 함께 마지막 날이 있을 것인데, 신자들에게는 생명으로, 다른 사람들에게는 정죄가 주어질 것이다 (요 5:25-29; 6:39-40, 44, 54; 11:24; 12:48). 그러나, 다른 나머지 신약성서에서처럼, 이 미래적 소망은 현재의 경험을 제외한 구원의 내용은 아니다. 예수는 이미 성령을 통해서 그의 제자들에게 오신다(요 14:18, 23). 요한이 강조하는 점은 하나님과 연합한 영생 경험의 현재적 측면이며, 한 생명의 최종적 완성은 천국에서 이루어질 것이란 점이다; "그 때가 오나니 곧 이 때라"는 표현은, 신약 기독교의 특징인 "이미-그러나 아직"(already-not yet)이라는 긴장을 가져온다(요 4:23; 5:25; 16:32).

요한복음에서 계속 논의되고 있는 종말론은 신약 전체에서 볼 때 독특한데, 이는 구원이 미래적 기대와 함께 균형 있게 취급되었다는 점과 또한 미래에 임할 것으로 기대되는 제한된 것이라기보다 현재에 충분히 인식된 구원이라는 점에서 그러하다. 보다 정확히 말하면, 아직 드러나지 않았지만 미래에 오는 것은 지금 여기서 신자들을 위해서 충분히 인식된다는 점이다.[43] 이러한 요한의 가르침의 진술은 다음의 사실들과는 잘 부합되지 않는다; 제자들은 이 세상에 살고 있으며, 핍박과 죽음의 위협에 노출되어 있고 유혹에 지는 것으로부터 보호받아야 할 필요에 처해 있다; 세상과 그 정욕은 진정 지나갈 것이지만(요일 2:17), 아직까지는 그렇게 되지 않았다.

결론

만일 우리가 이 복음서의 신학을 정리할 때 우리가 앞서 공관복음서에서 각 권의 신학을 요약한 것과 같은 방식으로 정리하기를 시도한다면, 다음과 같은 평가를 내릴 수 있다.

사고의 구조는 다른 복음서에서도 발견할 수 있듯이, 구약과 유대교적 배경에 의해 형성되었고, 또한 하나님과 세상, 빛과 어둠, 진리와 거짓, 의와 죄의 뚜렷한 이원론을 통해 다져졌다.

요한복음의 주된 주제는 예수를 메시야와 하나님의 아들로 소개하는 것인데 그는 진리를 나타내려고 세상에 오셨고, 또 많은 사람들이 그를 믿음으로 말미암아 생명을 얻는 기회를 갖도록 하기 위해 죽으려고 오셨다는 것이다.

세부적으로 발전된 중요한 주제들을 포함하자면

1. 성경이 생명의 근원으로서 메시야에 관해 증거함에도 불구하고, 유대인들을 포함한, 세상의 정황은 어둠 및 영생의 부재로 특징지어진다.

2. 예수는 사람들을 죄에 예속됨으로부터 자유하게 하는 지식을 통해 진리를 계시하려고 왔다. 그는 다른 복음서보다 훨씬 더 아버지로서의 하나님의 품성을 묘사한다.

---

43) Hahn, 1:702-16. Hahn이 요한의 신학에서 미래적 차원을 굳게 고수함에도 불구하고, 본문에 나타난 일부 문구들이 후대의 어휘들이라는 점에 관하여서는 그가 Bultmann을 따라야만 하는 것은 그리 놀라운 일은 아니다.

3. 예수는 성육신한 말씀으로 명확히 제시되는데, 그를 통해 하나님은 세상을 창조하시고 세상과 교통하시며, 또한 그가 세상에 오기 이전 아버지와 함께 있었고, 또 그에게로 돌아갈 하나님의 아들로서 더욱 인격적으로 소개된다. 신적(삼위일체론적:역자주) 정체성(divine identity) 내에서의 그의 위치는 분명히 기술된다. 이 기독론은 또한 그가 메시야이자 인자라는 면에서 표현된다. 예수는 하나님의 사자로서 행하며 그의 사명은 구원의 실현성을 마련하는 것이다. 그렇게 함으로써 그는 하나님께 영광을 돌린다.

4. 예수는 제자들을 모으지만, "그를 믿는다"라는 표현은 다른 복음서보다 많이 사용된다. 예수를 생명의 떡 등으로 인식하는 여러 가지 상정적인 진술들이 가리키는 것은 그는 구원을 베푸는 자요 또 구원 그 자체라는 것이다; 다른 말로 하자면, 영생은 예수와의 살아있는 관계성이라는 점에서 그렇게 추상적인 것만은 아니라는 것이다. 예수가 더 이상 육체로 계시지 않을 때 결과적으로 더 풍성한 관계의 발전이 신자들과 예수 자신 사이에 있을 것이다; 이것은 상호 간의 내주(a mutual indwelling)로 표현되는데, 이와 유사하게 아버지와 아들 사이에, 그리고 아버지와 신자들 사이에서도 서로 함께 거한다. 성령의 역할은 보혜사라는 용어로 설명되는데, 성령은 창조에서 및 그 제자들을 견인하는 수단이 된다. 그래서 새롭게 형성된 공동체는 서로 사랑하는 것으로 특징지어질 것이다.

5. 요한복음은 사마리아 개종자들과 일부 헬라인들의 반응으로 대표되는, 우리에 들지 않은 다른 양들 데려오기를 기대한다. 예수만이 유일한 생명의 길이다.

6. 거기에는 사랑의 계명에 대하여 그리고 신자들이 사랑으로 연합된 삶을 살아서 세상이 믿도록 해야 할 필요를 매우 강하게 강조한다. 비록 제자들이 세상의 사람들을 사랑해야 함은 강조되지 않지만, 하나님이 세상을 사랑한 사실은 의심의 여지 없이 제자들을 위한 모범으로 의도되었다.

7. 비록 이 복음서는 예수의 전 생애가 하나님을 계시하고 또 진리의 지식이 자유를 가져오는 많은 면들을 보여주지만, 그럼에도 불구하고 세상의 죄를 담당하는 예수의 죽음은 그의 생애에 있어서 핵심적인 요소로 뚜렷이 인식되며, 또 영생을 얻는 방법으로서 지식에 관한 것보다 믿음에 관해 훨씬

더 많이 언급한다. 하나님을 아는 지식은 영생을 얻는 길이라기보다는 영생의 내용이다.

8. 이 복음서는 신자들이 여기서 그리고 지금 경험하는 영생과 중요하게 연관되어 있으면서도, 인자에 의해 실행될 미래의 심판 사건을 통해 복음에 반응해야 할 필요 및 종말에 영생을 받아야 할 이유를 형성한다.

전반적으로 이 복음서는 우리에게 예수에 관한 어떤 고찰(an account)을 보여주는데, 그것은 예수의 지상에서의 생애라는 범주 안에서 그(예수)가 요한복음 기자의 동시대 사람들을 위해 가지는 일종의 영적인 의미를 보여준다. 이것은 기자에 의해 주어진 가르침을 통해서 뿐만 아니라 또한 예수에 의해 주어진 교훈에서도 드러나는데, 그 속에서 예수는 자신과 신자들 사이의 관계에 대하여 현재와 미래의 혼합된 시제를 통해 말한다. 예수를 따르는 경험은 승귀한 예수를 믿는다는 면에서 상세히 말해진다. 하지만 예수도 지상의 생애 속에서 자신에 대해 말했었거나 또는 자신을 이해하고 있었겠지만, 이 복음서에서 예수는, 세상에 오기 이전에까지 연계되어 태초에 아버지와 함께 했던 그의 관계를 완전히 의식하고 있는 자라고 말한다. 예수는 또한 다른 복음서의 경우에서보다 하나님과 성령에 대한 그의 관계에 관해 훨씬 더 공개적으로 말한다. 이 모든 것은 공관복음서 기자들 및 다른 초대 기독교 저자들의 신학적 성격과 비교해 볼 때 이 복음서 기자의 신학적 성격에 관한 질문들을 야기시키는데 우리는 나머지 요한 문서를 살펴본 후 반드시 이 질문을 다시 검토해야만 한다.

참고문헌

New Testament Theologies: (English) Bultmann, 2:1-92; Conzelmann, pp. 321-90; Ladd, pp. 247-344; Goppelt, 2:289-305; Morris, pp. 223-86; Strecker, pp. 455-515. (German) Gnilka, pp. 226-324; Hübner, 3:152-205; Stuhlmacher, 2:199-286.

Ashton, John. *Understanding the Fourth Gospel.* Oxford: Oxford University Press, 1991.

Barrett, C. K. *The Gospel According to St. John.* 2nd ed. London: SPCK, 1978.

Beasley-Murray, George Raymond. *Gospel of Life: Theology in the Fourth Gospel.* Peabody,

Mass.: Hendrickson, 1991.

Blomberg, Craig L. *The Historical Reliability of John's Gospel.* Leicester: Apollos, 2001.

Brown, Raymond E. *The Gospel According to John.* 2 vols. Garden City, N.Y.: Doubleday, 1966, 1970.

Burge, Gary M. *The Anointed Community: The Holy Spirit in the Johannine Tradition.* Grand Rapids, Mich.: Eerdmans, 1987.

————— . *Interpreting the Gospel of John.* Grand Rapids, Mich.: Baker, 1992.

Carson, D. A. *Divine Sovereignty and Human Responsibility: Biblical Perspectives in Tension.* Atlanta: John Knox; London: Marshall, Morgan & Scott, 1981.

————— . *The Gospel According to John.* Leicester: Inter-Varsity Press; Grand Rapids, Mich.: Eerdmans, 1981.

Casey, Maurice. *Is John's Gospel True?* London: Routledge, 1996.

Dodd, C. H. *The Interpretation of the Fourth Gospel.* Cambridge: Cambridge University Press, 1954.

Forestell, J. Terence. *The Word of the Cross: Salvation as Revelation in the Fourth Gospel.* London: Pontifical Biblical Institute, 1974.

Gundry, Robert H. *Jesus the Word According to John the Sectarian.* Grand Rapids, Mich.: Eerdmans, 2002.

Köstenberger, Andreas J. *The Missions of Jesus and the Disciples According to the Fourth Gospel.* Grand Rapids, Mich.: Eerdmans, 1998.

Lincoln, Andrew T. *Truth on Trial: The Lawsuit Motif in the Fourth Gospel.* Peabody, Mass.: Hendrickson, 2000.

Lindars, Barnabas *John.* Sheffield: Sheffield Academic Press, 1990. Reprinted in Culpepper, R. A., et al., *The Johannine Literature,* Sheffield: Sheffield Academic Press, 2000.

Motyer, Stephen. *Your Father the Devil? A New Approach to John and "the Jews".* Carlisle: Paternoster, 1997.

Painter, John. *John: Witness and Theologian.* London: SPCK, 1975.

Pryor, John W. *John: Evangelist of the Covenant People.* Downers Grove, Ill.: InterVarsity Press, 1992.

Schnackenburg, Rudolf. *The Gospel According to St. John.* 4 vols. London: Burns Oates, 1968-1982.

Smalley, Stephen S. *John: Evangelist and Interpreter.* 2nd ed. Carlisle: Paternoster, 1998.

Smith, D. Moody. *The Theology of the Gospel of John.* Cambridge: Cambridge University Press, 1995.

Turner, Max. "Atonement and the Death of Jesus in John: Some Questions to Bultmann and Forestell". *EQ* 62 (1990): 99-122.

제 21 장

요한의 서신들

신약성경이 포함하는 두 통의 아주 짧은 서신(요이~ 삼)은 저자의 이름이 드러나지 않고 단지 자신을 "장로"라고 언급하며, 세 번째 서신은 조금 더 긴 문서(요일)로서, 아마도 그 문체와 내용이 가리키는 것으로 보아 세 서신들의 저자는 틀림없이 동일 인물인 것 같다.[1]

요한삼서

요한삼서라고 알려진 서신은 공동체가 아닌 한명의 성도에게 쓰여진 몇 되지 않는 신약성경의 서신들 중 하나이다.[2] 이 편지의 특수한 정황은 명백

---

1) 세 편지에 대한 공동 저작권은 때때로 논쟁되고 있지만, 어느 경우든지 상관없이 그 논의들은 현재의 토론을 위한 일치를 이룰 만큼 가까이 합쳐져서 전체를 이룬다. 이 문서들의 저자가 요한복음의 저자와 같은지 혹은 다른지가, 서로 간에 아주 밀접한 관계를 형성하고 있음에도 불구하고, 훨씬 더 많이 논의된 논점이다. 비록 현재의 경향은 공동저작권을 부인하지만, 한 저자의 문서들이라는 입장이 더 설득력 있다는 것이 나의 견해다. 참고. Martin Hengel, *The Johannine Question* (London: SCM Press; Philadelphia: Trinity Press International, 1989), pp. 176-77.

2) 저자는, 추측하기는 연장자로서, 사랑하는 친구인 가이오에게 편지하며 또 그를 그의 "자녀"라고 암시하기도 하는데, 그것은 아마도 그에 대한 사랑의 표시이지만 또한 일종의 영적인 돌봄을 의미하기도 하는 것 같다. 바울이 그 용어를 사용할 때, 그의 마음 속에는 아마도 그가 영적인 아버지로서 그들을 기독교 신앙으로 이끌었던 사람들을 생각하고 있었을 것이다.

히 이중적이다.

첫째, 그 서신은 아마도 방문자들에 의해서 그 장로에게 전달되며, 방문자들은 장로의 친구인 가이오에 대한 소식을 가져왔을 것이다. 이 방문자들은 순회하는 교사들과 전도자들로서 비기독교인들로부터 환대 받기를 원하지 않았다. 가이오는 특별한 칭찬의 대상이 되었는데 이유는 가이오가 대접한 사람들 중 적어도 일부는 낯선 사람들이었음에도 불구하고, 그 사람들을 관대히 대접했기 때문이다.

둘째, 디오드레베라는 어떤 사람은 교회에서 지도자의 위치를 확고히 하고 또 그 자리에 머물려고 시도하는 자로서 자기 그룹에 속한 장로들 및 순회하는 전도자들에게 대항하는데 고무되어 있는 자로 묘사된다. 그는 나쁜 표본으로 제시되며 많은 사람들에게 인정받는 데메드리오와 대조를 이룬다.

이러한 간결한 구조 속에서 저자의 신학을 보여주는 기본적인 요소들이 표현된다.

그는 "진리"(요삼 1, 3, 4, 8, 12)에 대해 매우 큰 관심을 가진다. 진리는 명백히 기독교적 메시지(message)이며, 진리가 가지는 함축된 의미들은 장로에 의해 이해된 바대로 다름 아닌 신앙과 행동을 위한 것이다. 기독교인들은 진리에 대해 신실해야만 하며 또 그것에 의해 살아야만(문자적으로 해석하면 "걸어야만") 한다. 기독교인들이 진리와 함께 동역자가 되어야 한다고 격려받을 때나, 또는 데메드리오의 선행을 증언할 때, 진리는 거의 인격화 된다.

장로는 또한 사랑에 대해 관심을 가지는데(요삼 6), 그것은 분명히 진리에 의해 사는 삶의 실천적인 표현이다. 이 사랑은 동료 성도들에게 보여져야만 하며, 그것의 보여짐은 하나님을 섬기는 자들에게 마땅히 요구되는 삶의 형태이다.

선을 행하는 자와 악을 행하는 자 사이는 선명하게 구분된다; 전자는 하나님께 속한 자들이고 후자는 그렇지 않다. 후자는 하나님을 보지 못한 자들이라고 말한다.

마지막으로, 기독교 선교사들은 "그 이름을 위하여" 순회하는 자들로서, 비록 그리스도라는 이름이 이 짧은 서신 어디에도 기록되어 있지 않지만, 그 이름은 그리스도의 이름임에 틀림없을 것이다.

이 개관으로부터 드러나는 것은, 장로는 성도들이 그의 복음에 담겨 있는 진리를 충실하게 고수할 것과 또 서로 간에 사랑을 실천하기를 바라면서, 그렇게 행하는 자들과 행하지 않는 자들을 명확히 구분한다는 것이다. 또한 믿는 무리들과, 믿는 자들이 전도의 대상으로 찾아가는 무리들 사이를 구분하고 있다. 여기서, 중요한 점은 기독교의 내용이 간결하게 "진리"로 언급된다는 점이다; 이것은 장로 편에서는 믿음에 대한 그의 교훈이, 아마도 어쨌든 간에 진리가 훼손된 다른 견해들보다 더 믿을 만하다는 자의식(self-consciousness)을 표현하는 것이다.

요한이서

그의 다른 짧은 서신인 요한이서에는, 요한삼서와 같은 강조가 다시 나타나며 어떤 점에서는 더 구체화 된다. 이 편지의 정황은 다시 그 장로를 방문한 순회 전도자들의 움직임과 관련된 것으로 보이는데, 장로는 그들이 속해 있는 그룹에 관한 일반적인 목회 서신을 그들 편으로 보낸다.[3]

거기에는 다시 진리에 대한 강조가 있다(요이 1, 2, 3, 4). 또한 인격화는 그것이 마치 성도들 안에 거한다 라고 말해짐으로써 계속된다. 그들 입장에서 그들은 진리 안에서 살고 있다. 장로는 미혹하는 자들을 언급할 때 진리를 붙잡고 있지 않는 사람들이라고 하는데 이는 그들이 예수 그리스도의 육체로 오심을 고백하지 않는다는 점에서 그러하며, 그들은 미혹하는 자들 및 "적그리스도"라는 최고로 강경한 용어로 정죄된다. 또한 그들은 성도들의 교제 안으로 받아들여져서는 안 되게 된다. 독자들은 아마도 그들의 교훈에 의해 유혹될 수 있을 것이므로, 만일 독자 자신들이 예수의 교훈에 거하지 못하는 경우를 대비하여 미혹하는 자들의 가르침을 듣지도 말아야 한다고 경고받는다. 오직 이 가르침을 고수하는 자들만이 하나님과 또한 예수님을 모

---

3) 그 자녀들과 함께 언급된 "부녀"가 실제 인물인지(옛 견해로서 다시 조금씩 지지를 받고 있다) 아니면 성도들의 회중과 그 구성원들에 대한 은유적 표현인지는 아직도 논의되고 있는 부분이다. 어느 쪽이든 간에, 그 서신은 기독 신자들의 그룹에게 쓰여진 것이지만, 최소한 하나의 신약 문서 정도는 구체적으로 한 여성 수신자에게 쓰여졌다고 생각하는 것도 괜찮을 것이다.

신 자들, 즉 그분들과 긍정적인 관계를 가진 자들이라는 것이다. 장로에 의해 밝히 알려진, 그 그리스도를 거절하는 것은 하나님과의 관계를 잃는 것과 같은 것이다.

진리에 대한 강조와 함께 우리는 또한 그 진리를 아는 사람들 사이의 사랑에 대한 같은 강조를 발견한다. 처음부터 하나님의 명령은 서로 사랑하라는 것이었기에, 거기에서 그것을 강조한다고 해서 새로울 것은 전혀 없다. 장로는 하나님의 계명(단수), 즉 사랑하라는 것과(요이 5, 6b; 참고. 요일 2:7-8; 3:23; 4:21), 그의 계명들(복수) — 이 계명들에 순종하는 것이 사랑의 내용이다(요이 6a; 참고. 요일 2:3-4; 3:22, 24) — 사이를 구분하는 것처럼 보인다. 간단히 말해서, 하나님의 계명은 사랑하라는 것이며, 사랑하는 것은 그의 계명들을 실천하는 것인데, 그것들은 아마도 사랑의 다른 측면들을 보여주는 것으로 이해되는 하나님의 구체적인 계명들일 것이다.

이 항목은 우리가 요한삼서에서 본 진리와 사랑이라는 기본적인 구조를 형성해 나간다. 중요하면서도 새로운 사항은 사람들이 하나님과 올바른 관계에 있지 않다는, 즉 예수 그리스도가 육체로 오심을 인정하지 않는 잘못에 대한 확인이다. 그것은 매우 중요한 부분임에도 불구하고 안타깝게도 명확하지 않은 방법에 의해 짧게 표현되고 만다.[4] 문제는 시제이다. 완료 또는 부정과거분사는 아마도 지상에서의 예수의 생애가 실제로 일어났었던 사건이었음을 언급하는 것일 것이다. 그러나 사용된 분사는 미완료이다.[5] 그것은 실제로 미래적인 사건을 표현할 수도 있을 것이다("육체로 오실 이"); 만약 그렇다면, 우리는 신약성경 어디에서도 그 유사구절을 찾을 수 없는 미래에 오실 한 인간으로서의 예수와 관련된 언급을 갖게 되는 것이다; 미래에 예수의 오심(재림)은 이미 확실히 증명되었지만, 거기에는 현재 강조되고 있는 것처럼 그의 육체로 오심에 대한 강조는 없다; 바울에 따르면, 그는 참으로 영적인 몸을 입을 것이라고 한다. 그러므로 이러한 이해는 그 의미가 될 수 없다.[6] 요한일서의 증거로부터 우리가 단지 내릴 수 있는 결론은 분사로 인한

---

4) 그것은 최초의 독자들에게는 충분히 명확했을 것이라고 추측된다.

5) 나는 "현재"라는 용어보다 이 용어를 사용하는데 이는 분사가 국면(aspect)과 시제를 전달하고 있음을 강조하기 위해서이다.

해석상의 곤란함도 있지만, 장로는 지상에서의 예수님의 생애를 언급하고 있다는 것이다. 그는 반포되고 있는 어떤 다른 견해에 대하여 반드시 조치를 취하겠다고 함으로써 이 부분을 아주 강조한다. 하지만 그가 염려하는 것이 우리가 흔히 말하는 정통성, 즉 필수적이라고 생각되는 교리적 진리를 보존하는 어떤 특정한 형태의 말들을 고수하는 것인가? 아니면 오히려 그의 염려는, 어떤 면에서는 그것을 부인하는 사람은 사실 예수가, 그를 통해 사람들이 하나님과의 긍정적인 관계를 갖게 되는 분임을 사실상 부인함이며, 이로 인해 결국 하나님과 함께 하는 삶으로 인도됨을 부정하는 것에 대한 염려가 아니겠는가?

요한일서: 신학적 이야기

짧은 두 편의 서신인 요한 이서와 삼서는 그 서신들 자체만으로는 우리에게 이러한 질문들에 대한 충분한 근거를 가진 대답을 줄 수 없기에, 우리는 좀 더 나은 이해를 위해 이제 소위 첫 번째 서신이라고 불리는 요한일서로 향해야만 한다.[7]

만일 신약성서에서 뚜렷한 구조 산출을 위한 분석이 어려운 문서가 있다면, 아마도 그것은 이 서신일 것인데, 이는 같은 구조가 흥미로운 변화와 함

---

6) 그럼에도 불구하고, 그것은 Georg Strecker에 의해서 취해지고 또 옹호된다, *Theology of the New Testament* (Berlin: de Gruyter; Louisville, Ky.: Westminster John Knox, 2000), pp. 425-28, 그는 생각하기를, 장로는, 출처는 분명하지 않지만 육체로 오실 예수의 재림에 의해 시작될 일시적인 메시야 왕국에 대한 믿음을 공유하고 있다고 본다.

7) 이 문서는 저자의 이름을 본문에서 언급하지 않는다는 점에서 익명의 서신이다. 이것은 전혀 생소한 일이 아니다—우리는 대부분의 저자들의 신원(identity)을 본문 밖의 진술들로부터 알거나(예를 들어 표지나 서문), 또는 때때로 우리가 지금 기록된 형태로 가지고 있는 그 담화를 전해준 사람이 누구인지를 아는 것으로부터 알기도 한다. 아마도 설교로 되어졌을 그 내용을 처음 들었던 청중들이나 그 문서의 수신자들은 누가 저자인지 알았을 것이다. 수신자들의 이름도 기록되진 않았지만, 이것이 의미하는 것은 아마도 불특정 기독교 신자 모두를 위해 읽혀지도록 의도되었음을 뜻하는 것 같다. 그럼에도 서신의 원래 목적은 특정한 회중이나 지역을 위한 서신이었을 것으로 가정된다.

께 반복적으로 계속되며, 또 그 자체로서 인식이 가능한 짧은 단락들을 구성하는 것처럼 보이지만, 서로 간에는 느슨하게 연결되어 있기 때문이다. 우리는 그 신학적 논지들을 다음과 같이 요약할 수 있다.

그 시작하는 문단(요일 1:1-4)은 이 서신의 목적을 아주 일반적인 어투로 전한다. 저자는 그와 그의 동역자들은 영생을 주는 그 말씀과의 인격적인 경험을 가진 자라고 주장한다; 그와 같은 매우 구체적인 표현이 암시하는 바는, 그가 최초의 예수 추종자들이 예수 안에서 그 말씀이 구체적으로 현현된 것을 경험한 것과 같은 종류의 경험을 생각하고 있다는 것이다. 성육화된 말씀으로서의 함축된 예수의 신원에 대한 확인은 요한복음 1:1-18에서 더 분명히 나타난다.[8] 저자의 목적은 이 생명의 선포인데 그로써 독자들이 "우리"와 함께 "사귐"이 있게 하려 함이며, 그래서 그들의 아버지 하나님 및 아들과의 사귐을 함께 나누려 함이다. 이것은 언뜻 보기에는 전도적 목적, 즉 그 메시지 나눔이 아직 하나님과 긍정적인 관계에 있지 않는 자들에게 생명을 제공하는 것처럼 보인다. 그럼에도 불구하고, 그 서신은 이미 믿고 있는 신자들을 도울 목적으로 쓰여진 것으로 보이는데, 그들로 하여금 신앙을 지속하도록 하고 더욱 신앙 안에서 한층 더 발전하도록 하며, 또한 잘못된 가르침 및 저급한 성도의 삶을 사는 사람들에 의해 미혹되는 것을 피하게 하기 위한 것이다.[9]

서신은 하나님은 빛이시며 그에게는 어둠이 조금도 없으시다는 선포와 함께 시작된다. 빛은 진리, 순결, 선함 및 계시의 상징임에 반해, 어둠은 무지와

---

8) 현재의 본문에는 "태초로부터 온 것"(헬라어 중성 대명사), "생명의 말씀" 그리고 "그 생명" 사이에 모호함이 있어 보인다.

9) 어떤 사람들의 그룹의 존재는, 최소한 언급된 회중을 떠난 몇몇의 사람들은, 요한이 이해하는 기독교적 신앙과 행동에 미치지 못한 자들이라는 사실은, 요한일서 및 이서를 해석하는데 있어서 고정된 사항이다. 더 정확하게 알기란 쉽지 않다. 저자는 그의 독자들에게 반대자들로 인해 낙심하지 않도록 하며(참고. 요일 4:4-6), 또 그들을 바른 길에 머물도록 격려하기 위해 이 글을 쓰고 있다. 반대자들의 성향을 세부적으로 설명하려는 시도들이 있었다. 예를 들어, 이전에 기록된 요한복음을 잘못 이해한 것이 그 문제의 근원에 놓여 있다는 주장(Raymond E. Brown, *The Epistles of John* [Garden City, N.Y: Doubleday, 1982])과, 또 그 교회에는 두 개의 다른 파벌들이 있다는 주장

악함을 암시한다. 이 기본적인 구분은 서신 전체를 통해 계속된다. 악을 행하는 자들은 — 저자는 전통적인 용어인 죄를 사용한다 — 그들이 빛 가운데 있다고 또는 하나님과 긍정적인 관계 — 여기서는 교제라고 불리는데 — 가운데 있다고 주장하는 것과 상관없이 어둠 가운데 거한다는 것이다. 그런데 역설적인 방법에 의해 우리는 우리 모두가 죄인이라는 것을 알게 되지만 (그러므로 어둠 가운데 거하지만) 죄의 고백에 의해서, 즉 우리가 잘못을 행하고 있거나 행했던 것을 자백함으로써, 우리는 하나님에 의해 죄를 용서받게 되고 정결하게 되어 빛의 세계로 들어오게 된다. 역설은 이것인데, 비록 분명히 우리가 죄를 계속 짓고 있는 것과 계속적으로 정결케 될 필요 가운데 있음에도 불구하고, 우리가 빛 가운데 살고 있다는 것이다. 저자의 목적은 그의 독자들이 죄를 범하지 않도록 돕는 것이다. 그러나 만약 실패하면, 거기에는 그들이 범한 죄를 위한 용서가 있다. 이 용서는, 예수의 죽음과 그 죽음의 효력(effects)을 요약해서 표현한 "예수의 피"를 통해서 온다. 달리 말하자면, 예수는 그의 죽음을 통해서 제한이 없는 죄 용서의 방편이 되시며, 그래서 그는 더욱 자신의 희생제물 되심을 통해 죄가 다루어졌음에 근거해 하나님께 죄 용서를 간청하는 사람들의 변호를 위한 변호인 또는 대언자로 표현된다(요일 1:5-22).

두 번째 단계에서는, 저자는 하나님과 교제를 가짐에 관한 글 대신에 하나님을 아는 것에 관해 기록한다(요일 2:3-11). 하나님을 아는 자들은 그의 명령들과 말씀을 지키며, 또 그렇게 함은 예수께서 사셨던 것과 같은 종류의 삶을 사는 것이다. 이 시점에서 저자는 사랑하라는 계명과 그것의 부속 계명들(subcommands)을 중요하게 생각하고 있다. 그 계명들의 내용이 사랑이기에, 계명들을 순종한다는 것의 의미는 하나님의 사랑이 순종하는 자들을 통

(Stephen S. Smally, *1, 2, 3, John* [Waco, Tex.: Word, 1984]) 등이 있지만 폭넓은 지지를 받지 못했다. 나의 견해로는, 그 몇몇의 사람들은 예수가 참으로 메시야이며 사람의 모양으로 오신 하나님의 아들임을 믿을 수 없는 자들이며, 또한 회중모임에서 성령으로 영감된 말씀에 무시 못할 영향력을 행사하는 자들이면서도, 공동체 내에서의 성도를 사랑하는 수준은 저급한 자들이었을 것이다; 이 세 가지 특징들은 하나의 같은 그룹 사람들에게서 발견되었을 것이지만, 이것을 확신할 수는 없다.

해 완전하게 드러난다는 것이다. 어떤 의미에서 이것은 하나의 새로운 사건인데, 이는 비록 그 계명은 옛 것이지만, 그것은 지금 새로운 방식에 의해 성취되고 있으며, 그래서 빛의 비침을 통해서 어둠은 점점 더 사라지게 된다. 여하튼 그 빛은 여기서 예수를 통한 하나님의 말씀이라는 새로운 계시와 같은 것임에 틀림없고, 그 빛 안에 사는 사람들은 이 계시를 받는 자들이며 또한 그것에 의해 사는 자들이다.[10] 이는 요한이서에서 말하는 사랑은 동료 신자들에게 나타나야만 하는 것이기 때문이다.

중간에 낀 짧은 단락은 믿는 신자들을 하나님을 아는 자 및 악한 자를 이긴 자(그래서 어둠은 인격적 특성을 가지며, 흉악한 자 또는 사탄이라는 언어의 사용을 통해 표현된다)로 묘사함을 통해서 이 가르침의 일부를 요약하는데, 그들은 그들 안에 하나님의 말씀을 가진 자들이다. 이것이 전달하려는 것은 지식보다는 무엇인가 좀 더 깊은 것인데, 비록 말씀을 가졌다는 것이 그들 자신들의 노력이 필요함을 명확히 제외시키지는 않는다 할지라도, 그것은 그들로 하여금 악을 이기도록 돕는 어떤 종류의 능력이라는 것이다(요일 2:12-14).

노력에 대한 필요는 다음 단락에서 드러나는데, 여기서 그것은 하나님 대신, 어둠 가운데 사는 사람들의 상태인, 세상을 사랑하는 것에 대하여 경고한다. 거기에는 하나님과 함께 하는 영생으로 인도하는 삶의 방식과 최종적인 멸망으로 인도하는 삶의 방식 사이의 긴장되는 선택이 있다(요일 2:15-17).

독자들에게 있는 부분적인 문제는 마지막 때로 갈수록 악이 특별히 만연하다는 것과, 교회로부터 나온 많은 사람들이 그리스도와 진리를 대적하고 있다는 것이다. 이제 우리는 초점을 사랑에서 진리로 옮기고자 한다. 독자들 사이에는 뚜렷한 구분이 생기는데 하나님에 의해 기름 부음을 받음으로 인해 진리를 아는 자들과, 다른 쪽은 거짓말하는 자들로서 예수가 그리스도시요 하나님의 아들이심을 부인하는 자들, 그로 인해 결국 하나님을 부인하는

---

10) 분명히 계시를 아는 것과 그것에 의해 사는 것은 분리할 수 없으며 분리되어서도 안 된다; 오직 사랑 가운데 사는 자들만이 진정으로 계시를 소유했다.

자들로 나누어진다. 저자의 의도는 오직 예수를 용서의 대행자(agent)라는 사실에 입각하여 그리스도로 받아들이는 자만이 하나님과 긍정적인 관계를 가질 수 있다는 것이다. 저자는 그의 독자들이 예수를 부인하는 유혹에 빠지지나 않을까 염려하지만, 이것은 일어나서는 안 될 일인데, 그 이유는 그들이 그들의 기름 부음의 결과를 그들 안에 가지고 있기 때문이다. 비록 우리는 다시 한 번 이것이 분명히 자동적인 성공을 보장하지는 않음을 앎에도 불구하고, 저자가 생각하는 "그들 안에" 거하는 것이 하나님의 말씀이든지 또는 하나님의 성령 또는 진리이든지 여하간에, 그들은 이 유혹에 저항할 수 있도록 하는 영적 원천을 가지고 있다는 것이다(요일 2:18-27).[11]

새롭게 시작되는 부분으로 여겨지는 곳에서 독자들은 긍정적으로 "그의 안에" 거하라고 격려받는다(요일 2:28-3:3). 거기에는 독자들 안에 현재 거하는 영적인 능력과 하나님 또는 그리스도 안에 거하는 그들의 존재 사이에 아무런 중요한 차이가 없어 보인다. 그들은 그리스도의 미래의 오심에 아무 두려움 없이 그 앞에 서는 것을 기대할 수 있다. 그러면서 그들은 다시 의로운 행위의 필요성을 상기하게 된다. 그가 나타나면, 그들은 그들의 의로움 가운데 주와 같아질 것이다. 이 모든 것은 저자로 하여금 독자들에게 그러한 소망을 주시는 하나님의 사랑의 위대함을 찬양하고 싶어 견딜 수 없는 마음을 일으키게 한다.

의의 필요성에 관한 주제는 나아가 죄가 "불법"("반역"이라고 이해하는 것이 더 나음)이라는 설명과 함께, 또 "그의 안에" 거하는 자들은 죄를 범하지 않는다는 진술로 이어진다(요일 3:4-10). 이것은 단지 그의 안에 거한다고 하면서 죄를 계속해서 범한다는 것은 양립할 수 없음을 주장하는 한 방편일 것이다(참고. 요일 2:4). 그런데 저자는 이것 이상을 말하는 것처럼 보이는데 그것은 만약 우리가 그의 안에 거하면, 우리는 죄를 짓지 않을 것이며, 특별히 그가 그 반대의 경우를 언급했듯이, 즉 만일 누구든지 죄를 범하면, 그들은 그를 보지도 못했고 또 알지도 못한 자라는 것이다. 사실, 그가 계속해서

---

11) 이 기름 부음은 아마도 진리의 "영들"의 원천, 즉 적그리스도의 영이라고 여겨지는 것들에 대립하는 것으로서, 그 회중들 안에서 받아들여진 참으로 "성령으로 영감된" 선포된 말씀들일 것이다(요일 4:1-3).

주장하는 것은 하나님께로부터 난 자들은 하나님의 씨를 그들 안에 가지고 있기에 죄를 지을 수 없다는 것이다.

다음 단락에서(요일 3:11-24), 저자는 사랑과 미움이라는 주제로 되돌아가는데, 그것들은 각각 의를 행함과 불의를 행함의 실제적인 표현으로서, 저자는 신자들 간의 사랑의 필요성을 강조한다. 그 사랑은 진실되고 행함으로 나타나며, 또한 독자들에게는 예수의 죽음을 통해 모범적으로 증명된 사랑이다. 거기에는 다시 중요한 사상들의 요약이 나타나는데, 이 경우와 관련된 진술로서, 독자들이 하나님께 기도할 때 그들이 가질 수 있는 담대함에 관한 것이다.

그 다음 우리는 영적인 메시지들에 관한 질문을 다루는 단락을 대하는데, 그 메시지들은 선지자들에 의해서 전해진 계시들을 표명한다(요일 4:1-6). 이것들은 아마도 참 아니면 거짓일 것인데, 그 확인은 그들이 예수 그리스도에 관한 참 교리를 말하는지 아니면 그렇지 않은지를 통해서 알 수 있다. 독자들이 하나님의 영을 가진 것과 진리를 인식하는 것은 참인 반면, 거짓 선지자들은 그들의 영감을 세상과 거짓의 영으로부터 얻는다; 그럼에도 불구하고 독자들은 그들에게 대항해야 한다는 경고를 필요로 한다.

다시 저자는 외적인 표현 및 하나님과의 긍정적인 관계를 증명하는 것으로서 사랑의 필요를 강조하며, 그 사랑의 모범은 하나님 자신의 사랑임을 반복한다(요일 4:7-5:5). 빛이신 하나님은 또한 사랑이시다. 사랑 가운데 사는 것은 하나님 앞에서 담대함을 얻는 방편이다. 믿는 형제 자매를 사랑하지 못하는 것은 하나님을 향한 사랑의 불충분함의 표시인데, 이는 하나님을 사랑함은 그의 자녀들을 사랑하라는 그의 계명(들)을 지키는 것을 수반하기 때문이다. 그의 계명들은 원리상 성취 가능한데 이는 우리가 하나님으로부터 났으며 그를 믿는 믿음을 가졌기 때문이다.

그러나 한 번 더 이 믿음은 "물과 피로 오신" 예수에 관한 올바른 신앙과 반드시 연계되어야 함을 강조한다(요일 5:6-12). 하나님의 성령은 그에 관한 진리를 증언하며, 우리는 또한 그 증언을 받아들여야만 한다.

마지막으로, 우리는 어떤 실천적인 부분들과 결론들의 요약 부분을 대한다(요일 5:13-21). 저자의 목적은 그의 독자들의 담대함을 향상시키는 것이며, 그것은 그들이 영생을 가졌다는 것과 하나님이 그들의 기도에 응답하실 것을 믿는 담대함이다. 저자는 그들의 형제 자매들이 범죄할 때 그들을 위해서 기도하라고 격려한다. 그리고 그는 다시 그 확신을 반복한다: 참된 신자는 죄를 범하지 않는데 이는 그리스도께서 그들을 지키시기 때문이다. 참된 신자는 악한 자의 통제 속에 있는 세상으로부터 구분된다. 참된 신자는 하나님의 아들로부터 계시를 받으며, 또 그의 안에 거한다. 끝으로, 그리고 놀랍게도, 그들은 우상으로부터 그들 자신을 지켜야 한다는 메시지를 듣는다. 이 진술의 요점은 사람들이 참되신 하나님으로부터 떠날 때 그들이 향하게 되는 그 어떤 것이 바로 "우상"이라는 것이므로(요일 5:19), 이 계명은 참 하나님이신 예수께 굳게 머물러 있으라는 함축적인 명령을 부정적으로 강화시킨 표현이다.[12]

신학적 주제들

이 요약으로부터 우리는 저자의 신학의 윤곽을 확인하는 시도를 할 수 있다. 중심 되는 주제는 독자들로 하여금 하나님과의 영적인 연합에 근거한 사랑과 진리를 추구하게끔 격려하는 것이다. 비록 저자는 죄로부터 현실적인 해방을 주장하는 것은 주저하지만, 사랑과 진리의 추구는 결국 죄로부터의 자유로 표출될 것이라고 한다. 우리는 요한 2-3서에서 저자에게 있어 진리와 사랑이 얼마나 중요한지를 이해했고, 요한일서는 사실상 우리가 요한 2-3서로부터 얻은 그 그림을 완성시킨다. 이것이 놀라운 일이 아닌 것은, 두 편의 짧은 편지들과 비교해 볼 때 요한일서는 훨씬 더 긴 서신이기에 그렇다.

저자의 논의 구조는 이원론 자체를 대조적인 진술로 표현하는 특징이 있다. 거기에는 이원론 또는 어둠과 빛, 진리의 영들과 거짓의 영들 사이의 대립이 있다.

진리. 우리는 다시 진리에 대한 강한 강조를 보게 된다. 그 용어는 흔히 비전문적으로 거짓말 또는 속임수의 반대를 의미하는 것으로 사용될 수 있

---

12) Terry Griffith, *Keep Yourselves from Idols: A New Look at 1 John* (London: Sheffield Academic Press, 2002), pp. 1-89.

지만(요일 1:6), 또한 아주 구체적으로 기독교적 메시지 안에 있는 하나님의 실체와 진리가 요구하는 행동의 패턴을 가리키기도 한다. 저자가 진리는 사람 속에 존재한다고 말할 때, 그는 단순히 사람들의 행동이 진실한 것과 일치함을 이야기하는 것이 아니라, 마치 하나님의 사랑이 그들 안에 거한다고 말할 수 있는 것처럼, 또는 심지어 하나님 혹은 그리스도 또는 성령이 그들 안에 존재한다고 말할 수 있는 것같이, 어떤 신적 본질이 그들을 주관함을 말한다.

또 저자가 신자들은 "진리에 속한다"(문자적으로, "진리로부터 유래하다")라고 말할 때, 신자들은 여하튼 그들의 기원과 존재가 다시 진리에 빚지고 있다는 인식이 드러난다. 그렇다면 진리는 궁극적 실체로서의 하나님을 표현하는 것과 동등하지만, 또한 거짓된 것에 반대되는 옳은 것을 표현하기도 한다; 진실은 긍정적이며, 칭찬할 만한 말이다. 이제 우리는 장로가 요한삼서에서 진리를 인격화하기가 얼마나 쉬웠는지 충분히 이해할 수 있다.

요한일서 1-2장에는 빛에 대한 두드러진 강조가 나타나는 반면, 그 후반부에서는 강조되지 않는데 이는 놀라운 일은 아니다. 빛은 하나님의 순전한 성품을 표현할 수 있으며, 그에게 가까이 접근하지 못함(unapproachability)과 그가 어둠을 정죄함을 강조하며, 그것은 또한 무지의 어둠을 떨쳐버리는 진리를 계시한다는 개념을 전달한다.

하나님은 빛이시다; 그 빛은 어둠 가운데 비치며, 사람들은 그 빛 가운데 살면서 올바른 방식으로 행동한다. 따라서 우리는 사물들을 이원론적인 관점에서 보게 되는데, 이에 의하면 어둠의 세상은 하나님으로부터 와서 비치는 빛에 의해 바깥쪽에서부터 밝게 비추어져서, 일종의 새로운 공간과 장소로 형성되게 되는데, 마치 그 지역은 스포트라이트(spotlight)가 비치는 것 같다는 것이다. 저자의 주장 속에는 어느 편도 아닌 경계지대나, 반은 빛이고 반은 어둠인 회색지대의 존재를 전혀 허락하지 않는다. 그는 절대적인 용어들만을 사용한다.

그러므로 그 묘사의 다른 한쪽 면은 세상의 어둠이며, 어둠은 악한 특성을 나타내고, 미움과 살인은 세상의 특징을 이루며, 선함과 생명을 가져오는 하나님의 계시의 결핍을 나타낸다. 그러나 이 은유는 사람들이 우연히 영적으로 어둠이나 빛 둘 중 하나에 속해진 채, 그 속에서 살도록 억지로 강요되었다는 암시를 주지는 않는다. 거기에는 사람들이 어둠에서 빛으로 그리고 그 반대의 경우도 가능하다는 점에서 선택의 요소가 있어 보인다. 그래서 우리는 사람들이 단순히 속해져 있는 두 영역 이상인, 사람들이 정말로 될 수 있는 두 가지 신분에 관해서 생각할 수 있다.

빛의 영역/신분의 또 하나의 심화된 특징은 명백하게도 하나님의 계명들에 일치하는 공정한 행동과 정의를 뜻하는 전통적인 의미로 사용된 의(righteousness)이다. 의는 예수 안에 있는 완전함으로 이해되며, 따라서 그 빛 가운데 행하는 자들은 예수와 같이 된다. **의로운**이라는 용어는 오직 의를 행하는 사람들에만 사용되도록 되어있다; 그래서 이 용어는 행동으로부터 나온 것이다. 그것은 저자가 그의 논리를 전개시키는 방법에 의해서 이해되는데, 그 논리는 만약 사람들이 의롭지 못하다면, 그들은 하나님으로부터 난 자들이 아니라는 것이다(요일 3:10).

여전히 진리와 의의 영역 안에는 계명들에 대한 강조가 있다. 이 용어는 놀랍게도 자주 나타난다. 우리가 이미 주목했듯이, 거기에는 믿으라는 것과 서로 사랑하라는 기본적인 계명이 있지만, 계명들이라는 복수성(plurality) 또한 하나님에 의해 주어졌다. 하지만 계명들의 내용은 전혀 언급되지 않는다; 실제로 중요한 부분은 하나님께서 명령하시는 것이라면 그 무엇이든지 순종하겠다는 사실이다.

사랑. 하지만 저자가 사용하는 두드러지는 어휘는 사랑의 개념이다. 사랑을 의미하는 단어군(예. agap 그리고 같은 어원의 말들)은 신약성서에서 310번 사용되는 것 중에서 요한의 세 서신들에서만 62번 사용되므로, 즉 전체의 오분의 일이 여기 겨우 몇 페이지 내에 집중되어 있는 것이다.[13] 그 결과, 신약성경 어디에서도 견줄 수 없는 방식으로 사랑이 주제화되어 나타난다. 심지어 요한복음 전체에서 단지 63번밖에 사용되지 않았다! 같은 단어의 빈번한 사용은 아마도 요한이 주제들과 어구들을 자주 반복하는 그의 특별한 문

---

13) 만일 우리가 다른 단어를 포함한다면, 즉 동사 phile와 명사 philia, 그것들은 요한 1-3서에서 사용되지 않았지만 다른 곳에서 26번 사용되었으며, 명사 philos, "친구"는 29번 사용되므로, 대략 365번 중에 62번, 즉 비율은 여전히 전체의 육분의 일 가량 된다.

체 때문일 것이다. 그럼에도 불구하고 그것은 여전히 중요한 의미를 남긴다. 그 표시들은 올바른 교리에 대한 강조를 위한 것으로, 저자의 주된 관심은 바로 그의 독자들의 기독교적 행위에 있었다. 저자는 독자들이 세상 또는 세상 안에 있는 것들을 사랑하지 않도록 격려하면서, 그러한 종류의 사랑을 하나님을 향한 사랑과 대조시킨다(요일 2:15). 그의 교훈은 다음의 몇 가지 기본적인 언급들을 통해서 요약될 수 있다.

1. 사랑은 사랑하시는 분이시며 그 자신이 곧 사랑이라고 일컬어지는 하나님으로부터 기원한다. 하나님의 사랑은 그의 아들 예수의 죽음을 통해 사람들에게 보여지며, 그 죽음은 그들의 유익을 위해 행해진 죄 용서를 위한 희생이다. 만약 우리가 사랑이 무엇인지 알기를 원한다면, 우리는 최우선적으로 이 행동 속에서 그것을 이해해야 할 것이다.

2. 우리를 향한 하나님의 사랑에 대한 반응으로서 우리는 그를 사랑해야만 하는 것이다. 하나님을 향한 인간의 사랑은 감사의 성격을 함축적으로 가진다.

3. 사랑하는 자들은 그것으로 하나님으로부터 난 자들임을 증명한다. 함축하는 의미는 바로 자녀를 낳는 하나님의 행위는 사람들 안에 심겨 있는 하나님의 생명을 통해서 일어났으며, 그 후 이 생명은 사랑을 통해 그 생명 자체를 나타낸다는 것이다.

4. 하나님을 향한 이 사랑은, 우리가 서로 사랑해야 한다는 그의 계명에 대한 순종을 통해 표현되어야만 한다. 이 부분은 모든 종류의 방법을 통해 반복되고 강조된다. 그 근본적인 주장은: 만약 하나님이 우리를 그렇게 사랑하셨다면, 우리도 서로 사랑함이 마땅하다는 것이다. 우리는 아마도 이 논리에 대한 근거가 무엇인지를 물어보고 싶을 것이다: 왜 하나님이 우리를 사랑했다는 사실이 우리로 하여금 다른 사람을 사랑해야만 한다는 사실을 수반하는가? 그 질문에 대한 답은 아마도 하나님께서 모범을 보여주신 대로, 그로부터 난 자들은 그의 자녀이기에 반드시 아버지의 모범을 따라야만 함일 것이다.

5. 우리가 받은 사랑의 명령 그대로 사람들이 실천하는 것이 가능하다고 말할 수 있지만, 사랑하는 것에 실패하는 것도 역시 가능하다고 말할 수 있

다. 이 실패는 사랑이 단지 말에만 있고 사랑의 행동으로 나타나지 않을 때 발생한다.

6. 하나님과의 올바른 관계를 갖는데 떼어 놓을 수 없는 것이 서로를 향한 사랑이기 때문에 요한은 사랑의 실재(presence)로부터 우리가 하나님께 속했음을 논증한다. 때때로 요한이 이것을 너무 절대적으로 말함으로써, 아마도 누구나 사랑하기만 하면 하나님에 의해 난 자라고 보여질 수도 있겠지만, 당연히 요한은 올바른 행위뿐만 아니라 올바른 믿음 또한 주장한다. 그것은 또한 동료 신자들을 사랑함이 없음은 곧 그 사람이 하나님을 사랑하지 않는다는 것을 보여주는 신뢰할 만한 표시라는 점에서도 명백히 하고 있는데, 이는 후자가 전자를 포함하기 때문이다. 요한에게 있어서는 오직 흑백논리뿐이다: 당신은 당신의 동료 신자들을 사랑하든지, 아니면 그들을 미워하든지 둘 중의 하나다.[14]

이러한 필요로부터 나타난 더 주목해야 할 두 가지.

예수에 관한 올바른 신앙의 중요성. 우리가 보았듯이 요한은 생명의 말씀에 관한 메시지에 관심을 갖고 있다. 비록 이 문구는 단순히 기독교 메시지를 언급할 수도 있지만, 거기에는 그 이상의 것이 있다. 나타난 것은 바로 "그 생명" 자체였다; 그것은 원래 하나님과 함께 있었고, 저자와 그의 동료들은 그것을 보았고 또 들었다. 그러므로, 그것은 마치 요한복음 1:1–18에서처럼, 하나님의 아들, 예수와 동일시됨이 틀림없다. 더 중요한 것은 예수가 우리를 위해 그의 생명을 내려 놓았으며 죄 용서를 위한 대속의 제물로 자신을 드림으로써 그의 피를 흘리셨다는 점이다. 그리고 현재 확고히 살아있는 기독교적 소망에 따라 그는 재림하실 것이다. 예수의 부활이 어느 곳에서도 언급되지 않았다는 것은 읽어 나가다 보면 알아차릴 수 있겠지만, 그럼에도 불

---

14) 이것은 분명히 당신의 활동반경 내에 있는 특정한 사람들과의 관계에 해당되는데, 이들은 당신이 어떤 태도를 취하는 자들이다. 명확히 그것은 관계성 자체가 존재하지 않는 우리의 삶의 궤도 바깥에 있는 자들에게는 적용되지 않는다; 하지만 추측상 요한이 말하려고 하는 바는 아마도 원칙적으로 우리는, 알든지 모르든지 상관없이, 우리 동료 신자들 모두를 사랑해야만 한다는 것 같다.

구하고 예수는 신자들의 경험 속에서 계속되는 영적인 실체로 가정되어 있다.

이 모든 것으로부터 나타나는 독자들의 결정적인 특징은 그들이 예수를 믿는다는 것과 그것으로 인하여 예수와 영적인 관계를 맺게 된다는 것이다. 다른 말로 하자면, 그들은 그들의 아버지 되시는 하나님으로 인해 태어난 자들이며 또한 그의 자녀가 되었다는 것이다.

이러한 문맥 속에서 저자에게 있어 올바른 신앙에 관한 문제는 아주 중요한 위치를 차지하게 된다. 그가 명백히 견지하는 바는 만일 예수에 관한 잘못된 신앙이 존재한다면 신자의 구원은 위태로운 경지에 빠진다는 것이다. 우리가 이미 보았듯이, 그 결정적인 신앙의 요소들은 예수가 그리스도시요 하나님의 아들이심을 믿는 것이다. 이것을 부인하는 것은 곧 구원자가 있음을 부인하는 것이요, 그것은 또한 하나님과의 관계를 가질 수 있음까지 부인하는 격이 된다. 우리가 보는 바와 같이, 이러한 주장은 아주 엄격한 용어들을 통해 표현되고 있다.

잘못된 편에서 옳은 편으로 돌아오는 자들에 관해서는 거의 거론되지 않든지, 아니면 아주 적게 언급되어 있다. 거기에는 죄인들이 구원받도록 하는 기도의 가능성이 있지만, 만일 거기에 사망에 이르는 죄가 있다면 구하라 하지 않는다. 이러한 진술은 신자들이 죄를 범하는 자들을 위해 기도해야 함을 상기시키는 필요성이 있는 반면, 그 부정적으로 함축된 의미를 이해하는 것까지는 어려워 보인다. 확실히 요한의 진술은 애매모호하다: 이에 관하여 나는 구하라 하지[명령하지] 않노라가 의미하는 바는 아마도 그러한 상황 가운데서는 기도가 명해지지 않았다는 의미인 것 같지만, 그러나 그런 상황이라면 기도가 더 절실히 필요한 경우가 아니겠는가 라고 누구나 생각해 보았을 것이다. 우리는 비록 확실히 알 수 없지만, 그 독자들은 요한이 언급하고 있는 것이 무엇인지를 알고 있었을까? 전체적으로 볼 때, 그 죄는 고의적이고 지속적인 배교(apostasy)와 관련된 죄를 지칭하는 것이 거의 틀림없어 보이며, 구원자로서의 그리스도를 거절하는 사람은 실제로 기도가 미치는 영향력 밖의 사람으로까지 간주한다.

여기에는 두 가지 분명하지 않은 부분이 있는데 배교자들이 정확하게 무엇을 말하고 있는가와 어떻게 저자가 이 확신에 도달하게 되었는가 하는 것이다. 교회 밖의 사람들이 예수가 메시야였음을 부인했을 것이라는 점은 이해할 만하다; 믿지 않는 유대인들이 그렇게 했을 것이다. 그러나 어떻게 이것이 교회 안에 있는 사람들에게도 가능하단 말인가? 우리는 요한일서 5:6-8에서 예수가 "물로만 아니요, 물과 피로" 임하셨다는 요한의 주석을 대하는데, 추측하기는 이 신비한 진술이 앞의 질문에 대한 답을 가지고 있는 것 같다. 그것에 대한 전통적인 해석은, 천상의 그리스도께서 예수의 세례 시 그에게 강림하셨음을 믿는 자들이 있었다 — 그러기에 사람들은 예수 그리스도께서 물로 오셨다고 말할 수 있었다. 하지만 이 그리스도는 예수의 십자가 처형 이전에 그에게서 떠나셨다고 주장한다 —그러기에 예수 그리스도는 피로는 오지 않으셨다는 것이다. 교회 안에는 이러한 기묘한 견해를 가진 선생들이 있었음을 우리가 아는데, 그들이 주장하는 바는 하나님의 아들의 실재적이고 영속적인 성육신은 예수 안에서 일어나지 않았다는 것이며, 이는 아마도 신적 존재는 십자가의 처형이나 죽음의 고통을 겪을 수 없다는 가정 때문일 것이다.

그러므로 그들은 신적 존재가 예수의 세례 시 그에게 임했으며 그의 십자가 처형 이전에 예수를 떠났다고 주장했는데, 이에 따르면 예수는 단지 인간적 존재로서만 고통을 당하셨다는 것이다. 이레나이우스(Irenaeus)는 케린투스(Cerinthus)에 관해서 말하기를, 그가 믿은 바는 예수의 세례 이후에 그리스도께서 비둘기 형상으로 예수께 강림하셨고, 그 때부터 모든 만물 위에 뛰어난 능력으로, 그는 알려지지 않은 아버지에 대해 선포했고 기적들을 행하셨다. 그러나 마지막에 이르러 그리스도는 다시 예수로부터 분리되셨고, 예수만 고통을 당했고 다시 일으킴을 받았는데, 이는 그리스도는 영적인 존재이므로 고통으로부터 자유하셨다(이레나이우스,「이단 논박」[*Adversus Haereses*]I.26.I)는 것이다. 그러한 예수 그리스도는 물로(그의 세례 시) 임하셨다고 말해질 수 있겠지만 피로(십자가에 죽음을 통해) 임하신 것은 아니다.[15]

이레나이우스보다 시간적으로 더 앞서 있었던 사람은 이그나티우스(Ignatius)인데, 그가 강조한 사실은 예수가 진실로 육체를 따라서는 다윗의 족속이면서도, 하나님의 뜻에 의해서는 하나님의 아들이셨고 진실로 동정녀에게서 나시며 요한에게서 세례를 받으셨고 진실로 육체를 입고서 십자가에 못 박혔고 진실로 그는 또한 자신을 죽음에서 일으키셨다; 어떤 불신자들이 말하는 것처럼 그가 외형(semblance)으로만 고통을 당했다(가현설주의자들의 주장: 역자주)는 주장은 결코 사실이 아니다(이그나티우스, 「서머나 서신」1-3)라는 것이다.

이그나티우스가 또한 그의 반대자들을 비난할 때 그들의 사랑 없음을 지적했다는 것은 주목할 만하다; 그들은 사랑에는 관심이 없으며, 과부들, 고아들, 고통당하는 자들, 죄수들, 굶주린 자들이나 목마른 자들에 대해서도 전혀 관심이 없는 자들이다(이그나티우스, 「서머나 서신」6:2). 그러한 묘사는 요한일서 3:17에서 사랑의 결핍에 대해 질책하고 있는 부분과 일치한다. 요한에게 있어서 사랑의 존재는 참으로 하나님께 속함을 나타내는 징표들 중의 하나였다(요일 2:5-6).

테리 그리피스(Terry Griffith)는 "육체로 임하심"이라는 문구가 언급하는 것이 반드시 성육신을 뜻하는 것은 아니며 그것은 단순히 이 세상에 실재하심을 언급한다고 주장한다. "육체로"는 성육신 사건과 관련이 있으면서도, 그 성육신의 특정한 양식과는 상관이 없다고 한다. "물과 피"가 의미하는 것 또한 어떤 특정한 기독론적 이단과 관계된 것이 아니라 예수의 대속적 죽음의 중요성을 강조하기 위함이라고 한다. 주된 관심은 예수가, 일명 하나님의 아들이라고 불리는, 유대인의 메시야임을 부인하는 자들에게 있다는 것이다. 문제는 그 교회 안에 있는 기독론적 이단에 있지 않고 오히려 유대인 신자들이 회당으로 복귀하면서 발생하는 분리와 그들이 이전에 고백했던 예수가 메시야였음을 부인하는데 있다고 주장한다. 결과적으로, 교회 내에서 발생한 것으로 추정된 기독론 논쟁에 대한 근거가 사라졌다.[16]

다른 최근의 학자들, 예를 들어 주디스 류(Judith M. Lieu)나 롯 에드워즈

---

15) 그러나, 거기에는 케린투스(Cerinthus)가 주장한 다른 이상한 견해들도 있었지만, 그 견해들은 요한일서에서 언급되거나 반대되지 않았고, 이것은 다른 학자들로 하여금 케린투스가 이 시점에서 요한의 시야 안에 있었는지를 의심케 한다.

(Ruth B. Edwards)는 서로 일치하지 않는 견해들에 대한 확증에 있어서 불가지론적 입장을 취하면서 주장하는 바는, 요한의 진술은 우리가 그 진술 자체들로부터 확정적 결론을 이끌어 내기에는 너무 불투명하다는 것이다. 이는 이 문제에 대해 그리 만족스러운 답변은 아니다. 이그나티우스와 이레나이우스의 증언이 암시하는 바는 예수에 대한 가현설적 견해들이 발전하고 있었다는 것인데, 일반적으로 인정되듯이 비록 그들이 1세기가 아닌 2세기 초반에 글들을 썼지만, 이레나이우스는 요한이 케린투스를 대적하고 있다고 생각했다(이레나이우스,「이단 논박」 3.3.4). 그러한 견해들을 반대해서 요한이 단언하는 바는 그리스도가 예수의 세례 시 임하셔서 그 때부터 십자가 처형과 그 이후까지 계속 함께 하셨다는 것이 아니라, 오히려 예수는 이미 그리스도였고 계속 그리스도로 계셨으며, 물로 세례를 받았고 피 흘려 죽으신 분이라는 것이다.[17]

그렇다면, 긍정적으로, 요한에게 있어서 예수 그리스도가 실제로 성육신 하실 때 육신으로 오셨다는 것은 중요한 사실이다. 거기에 실제 성육신 사건이 있음으로 인해서 예수가 육체로 임하신 하나님의 아들, 그리스도라는 사실은 명백히 중대한 의미를 가진다. 그리고 요한일서 5:6-8에서 요한의 비밀스러운 진술은 이것에 대한 긍정임에 틀림없다.

이제 우리는 예수에 대한 세 가지 증언들, 성령, 물, 그리고 피에 대한 문제를 대한다. 비록 일부 해석가들은 신자의 세례와 주의 만찬의 의미로 해석하고 이것들이 계속해서 예수를 증언하는 증거들로서 언급되어지기를 원하지만, 최선의 해석은 성령께서 예수의 세례나 탄생을 통해서 또는 그의 죽음을 통해서 증언한다는 것이다.

---

16) 그러므로 우상숭배라고 정죄된 것은 유대교로의 복귀를 말하며, 유대인에 의해 이방인을 대적해서 사용된 우상숭배라는 용어는 이제 기독교인들에 의해 그들을 대적하는데 사용되고 있다.

17) 대안적 견해로는 그 "물"이 언급하는 것은 예수의 육체적 탄생이라는 것이며, 요한은 그리스도로서의 예수 탄생의 실체를 강조하고 있다는 것이다(Ben Witherington III, "The Waters of Birth: John 3:5 and 1 John 5:6-8," *NTS* 35 [1989]: 155-60). 이 견해를 채택하더라도 논점에 대한 주된 요지에는 영향을 미치지 않는다.

우리는 초대교회에서 예수에 대해 그런 생소한 견해를 가진 자들이 있음으로 인해 놀라서는 안 된다. 이단들이라고 일컬어지는 자들의 활동은 교회 내에서 발생했고, 오늘날 여러 교회들이 다양한 견해들을 가지고 있음도 역시 이단들이 일어날 수 있음과 또 실제로 일어나고 있음을 보여주고 있다. 그러므로 어떤 사람들에게는 신적 존재로서 인간의 삶을 살며 인간이 경험하는 죽음을 겪는다는 개념이 문제로 다가올 수 있었고, 그러므로 이 문제들의 해결책을 찾으려고 여러 가지 시도를 했다는 것은 이해할 만하다.

그러나 아마도 또 다른 요인이 존재했을 것이다. 아마도 그런 사람들은 성령에 대한 그들의 경험을 중요시했을 것이며 그러한 가운데 예수의 중요성이 경시되면서 은사주의 운동의 중대성이 중요시된 기독교의 한 형태가 발전되었을 것이다. 이러한 추측은 요한이 "영들을 분별"해야 할 필요를 제시해야만 했다는 점에 의해서 확인된다. 영적으로 고무된 메시지가 교회 모임에서 선포되어졌음은 명백했다. 마치 고린도전서의 그 회중들이 "영들을 시험"해야 할 필요가 있었던 것과 같은 상황인데, 이는 그들의 전달 양식(the mode of their delivery)이 그들 자신의 정체성을 보증하는 것이 아니기 때문이다. 요한은 그러한 메시지를 전한 자들에 관하여 예수에 대한 정통 신앙을 가지고 있는지 시험해야 한다고 제안한다. 그러나 만일 그 선지자들이 자신들의 예수에 대한 이해가 그들 자신의 메시지에 의해 확인된 것이라고 주장한다면 어떻게 할 것인가? 어떻게 사람들이 요한의 기독론이 옳았고 그의 적대자들의 이해가 잘못되었음을 알 수 있는가? 아마도 요한은 그 대답으로 역사적 고대성(antiquity) 및 생명의 말씀이 실제적으로 드러나는 삶의 증거가 있는지를 시험해 보아야 한다고 강력히 요구했을 것이다. 요한은 자신이 진리라고 여겼던 것이 참으로 진리였음을 알게 하는 내적 확신을 성령께서 신자들에게 주신다고 믿었다.

무죄(sinlessness)의 문제. 신앙과 행동의 연합은 우리로 하여금 요한일서에 있는 다른 중요한 문제와 대면하게 한다. 이 문제는 바로 무죄에 관한 의문이다. 이 시점에서 요한은 두 가지 방식으로 설명하고 있다. 한편으로, 신자들은 죄로부터 자유하지 않으므로 그들의 죄들을 고백하고 용서받아야 할 필요가 있다고 주장한다. 요한이 그들로 하여금 죄를 범하지 않도록 격려하는 것은, 오직 신자들이 죄를 범할 수 있다는 가정하에서만 이해된다(요일 2:1).

다른 한편으로는, 예수 그리스도 안에 거하는 사람은 죄를 범하지 않는다고 주장한다; 그리스도 안에서 사는 자들은 아무도 죄를 짓지 않는다는 것이다; 하나님께로부터 난 자들은 죄를 지을 수 없는데 이는 그들이 하나님께로부터 났기 때문이라는 것이다(요일 3:4-10). 바로 이 두 번째 진술이 문제성을 지닌다. 그 난제는 단순히 그것이 실현 불가능한 어떤 이상적인 규범을 표현하는 것처럼 보인다는데 있지 않다; 그로 인하여 결국, 그 중 어떤 사람들은 그들 자신의 삶 속에서 신자의 완벽성을 성취할 수 있는 것으로 주장하며 또한 그것이 목표라고 다른 성도들에게도 선포했다. 그러나 그 문제는 바로 두 번째 진술들이 첫 번째 진술들과 뚜렷이 상반된다는데 있다. 첫 번째 진술들은 자신들이 죄로부터 자유하다고 자칭하는 두 번째 진술들을 퍼뜨리는 자들을 향해서 쓰여졌을 것이다. 다른 사람들이 그들의 죄를 발견할 수 있음에도 불구하고, 그 사람들이 죄로부터 자유하다고 단지 외치는 것만큼은 물론 가능할 것이다. 영적인 완벽성을 추구하고, 심지어 그것을 강력히 주장하는 사람들이, 궁핍한 자들을 위한 사랑의 실천을 무시한 것은 악명 높은 일이다. 공동체 내에서의 사랑에 대한 요한일서의 각별한 강조는 이것이 문제였음을 보여준다. 그러나, 두 번째 진술들은 자신들이 완벽하다고 주장하는 사람들을 겨냥한 것 같아 보인다.

요한의 진술들이 주는 명백한 어려움을 피하기 위해 다양한 접근방법들이 시도되었다. 그 제안들은, 여기서 요한이 언급하는 것이 제한된 "뛰어난 그리스도인들"(super Christians)이라든지, 또는 한 특정한 종류의 죄로부터 자유함을 언급한다는 가능성을 포함한다는 것이다. 예를 들어, 여기서 그 특정한 죄는 배교가 될 수 있고, 그렇다면 이 죄는 사망에 이르게 하는 죄가 될 것이다(요일 5:16-17). TNIV 성경은 현재 진행형으로 "계속해서 죄를 짓는"과 "지속적으로 죄를 범하는" 것으로 대담하게 번역했지만, 나는 신약의 다른 곳에서도 이러한 절차(하워드 마샬은 왜 이곳에서만 유독 헬라어 현재시제를 반드시 현재 진행형으로 해석해야 하는지에 의문을 품는다: 역자주)를 따라 해석하고 있다고 생각하지 않는다.

다른 제안들로는, 현실(reality)이라기보다는 이상(ideal)이 묘사되었다든지, 아니면 그 진술들은 실질적으로 권면이나 규범의 기능을 한다는 것이다; 아마도 이러한 시도들 가운데 최선의 제안은 바로 요한이 서술하고자 하는 바는 새시대가 도래하면 성취될 것이지만 두 시대 사이에 놓여 있는 시점에서는 아직 이루어지지 않았다는 주장일 것이다. 이 견해는 이상적인 것을 묘사하고 있다는 관점과 크게 다르지 않지만, 그 이상적인 실재가 무엇인가 점차적으로 현실 속에서 실현되어 가고 있다는 점을 강하게 부각시킨다. 우리는 학교의 교장 선생님이, 학교에서 "학생들은 절대로 거짓말 해서는 안돼"라고 말하는 한 방식을 상상해 볼 수 있을 것인데, 이는 학교에서 실제로 실행되어야만 하는 이상적인 규범에 대한 진술이지만, 사실적으로 말하자면 그것은 모든 학생들이 항상 실천하는 것만은 아니다.[18] 그 차이는 하나님의 씨, 즉 하나님의 성령이 신자 안에 계심으로, 하나님의 이상적인 규범을 지금 여기서 실현할 수 있는 진정한 가능성이 있다는 점이다. 따라서, 요한은 단순히 교회가 추구해야만 하는 어떤 이상에 대해 말하거나 또는 그것이 마치 현재 이미 사실인 것처럼 표현하고 있는 것도 아니다. 오히려 요한은 신자들의 삶 속에 이미 존재하고 있고 점차적으로 실현되어지고 있는 새로운 삶의 성품에 대해 말하고 있다.

신약의 다른 저자들처럼 요한도 이 신적 생명의 실재와 신자들이 그 신적 생명의 능력으로 살아야만 하는 방식 사이의 관계를 탐구하며, 또 이러한 신적 능력의 부여에도 불구하고 그들이 계속해서 죄를 범할 수 있음과 하나님이 목표하시는 기대치에 미치지 못하는 그들의 삶의 방식을 탐구한다. 가장 중요한 사실은 바로 신자들이 하나님과 영적인 관계를 가질 수 있게 되었고, 이 관계는 그들의 종교를 지식이나 행위의 문제 그 이상으로 만들 뿐만 아니라 하나님과의 인격적인 관계 및 하나님의 변화시키는 능력을 경험하게 한다는 것이다.

---

18) Cf. J. L. Houlden, *A Commentary on the Johannine Epistles* (London: A & C Black, 1973), p. 94.

결론

대조를 이루는 표현 방식은 이 서신들의 큰 특징이며, 특별히 회색지대가 없는 분명한 양극화가 그 특색을 이룬다. 그 대립은 빛과 어둠, 선과 악, 사랑과 미움, 그리고 생명과 죽음 사이의 분명한 분리를 토대로 이루어진다. 사람들은 진실된 신자들과 "적그리스도들"이라고 불리는 무리들의 두 그룹으로 극명하게 나뉘어진다. 이것이 일으키는 질문은 저자가 하나님과 세상, 빛과 어둠, 그리고 심지어 하나님의 생기(spark)를 가진 자들, 그러므로 구원이 가능한 자들과 구원이 없는 자들 사이를, 두 종류의 사람들로 구분하는 것이 영지주의의 분명한 이원론의 영향을 받고 있는 도중인지 아니면 그렇지 않은지에 대한 의문이다. 그러나 저자가 영지주의의 영향을 받는 것 같지는 않아 보인다. 비록 영지주의 그 자체는 1세기 말에 발전되고 있었고 아마도 기독교로부터 발생했던 것 같지만, 그럼에도 불구하고 이 편지에는 영지주의의 특징인, 이 악한 세상이 지존하시는 하나님이 아닌 다른 어떤 존재에 의해 창조되었다든지, 아니면 믿음보다는 지식의 매개를 통한 구원에 대한 강조가 나타나지 않는다. 오히려 요한에게 있어서 구원은 잠재적으로 온 세상을 위한 것이며(요일 2:2), 믿는 자들에게 주어지는 것이다(요일 3:23; 5:1, 5, 13, 20).

요한의 중요한 저술 목적은 신자들을 격려하기 위함이며, 전체적인 분위기는 적극적으로 격려하는 어조이다. 그들은 많은 "적그리스도들"이 있다는 사실로 인해 낙심하지 말아야 하는데, 이는 적그리스도들의 출현이, 일반적으로 악이 하나님을 대적하면서 마지막 가장 극렬한 횡포를 부림으로써 모든 일들이 악화될 것으로 여겨졌던, 마지막 때에 있을 것으로 예상되었던 징표이기 때문이다.

신자들이 반드시 해야만 하는 것에 대한 모든 강조에도 불구하고, 그들이 하나님에게서 났으며, 그분 안에 거하고, 하나님(그의 진리, 또는 기름 부으심)도 또한 그들 안에 거하신다는 사실이 그 기반에 놓여 있다. 그러므로 그들은 신적 생명을 함께 나누며 또한 이러한 삶을 사는데 필요한 영적인 자원들을 가지고 있다.

요한 1-3서의 중요한 요소들을 요약하자면 다음과 같다.

1. 빛 가운데 거한다고 주장하는 하나님의 자녀들에게 있어서 올바른 삶의 유일한 방식은 범죄하지 않는 이상적인 삶이다. 하지만 이 진리는 역설적으로 표현된다. 한편으로, 신자들은 죄를 범하고도 그들의 죄들을 자백함으로써 용서받을 수 있고 정결케 될 수 있다. 또 다른 한편으로, 하나님 안에 사는 자들은 절대로 죄를 범하지 않는다고 한다.

2. 하나님과의 영적인 연합의 실체는 "하나님 안에서"의 생활이라는 측면과 하나님의 말씀 또는 기름 부으심이 신자들 안에 존재한다는 측면으로 표현된다.

3. 하나님에 대한 사랑은 신앙 공동체 안에서 서로 간의 사랑으로 나타나야 할 필요가 있고, 이 사랑은 말로만 하는 사랑이 아니라 행함으로 드러나는 사랑이어야만 한다.

4. 특별히 예수께서 육체로 오신 사실에 대한 잘못된 믿음을 피해야 할 필요가 있기에, 자신들의 예언들에 대해 성령으로 영감되었다고 주장하는 사람들의 진술들을 시험해 보아야 할 필요가 있다.

5. 하나님께서 응답하실 담대한 기도의 가능성에 대한 언급이 있다.

6. 신자들이 해를 당하는 것으로부터 그리스도의 보호하심을 받는 것과 더불어 그들은 "그 안에" 확실히 거해야만 한다는 역설이 존재한다.

참고문헌

New Testament Theologies: (English) Childs, pp. 477-87; Ladd, pp. 657-65; Morris, pp. 287-91; Strecker, pp. 423-55. (German) Berger, pp. 236-248; Gnilka, pp. 226-324 (passim); Hahn, I:585-732 (passim).

Bogart, John. Orthodox and Heretical Perfectionism in the Johannine Community. Missoula, Mont.: Scholars Press, 1977.

Brown, Raymond E. The Community of the Beloved Disciple. New York: Paulist Press, 1979.

———. The Epistles of John. Garden City, N.Y.: Doubleday, 1982.

Edwards, Ruth B. The Johannine Epistles. Sheffield Academic Press, 1996.

Griffith, Terry. Keep Yourselves from Idols: A New Look at 1 John. London: Sheffield Academic

Press, 2002.

————— . "A Non-polemical Reading of I John: Sin, Christology and the Limits of Johannine Christianity". *TynB* 49.2 (1998): 253-76.

Hengel, Martin. *The Johannine Question.* London: SCM Press; Philadelphia: Trinity Press International, 1989.

Houlden, J. L. *A Commentary on the Johannine Epistles.* London: A & C Black, 1973.

Lieu, Judith M. *The Second and Third Epistles of John: History and Background.* Edinburgh: T & T Clark, 1986.

————— . *The Theology of the Johannine Epistles.* Cambridge: Cambridge University Press, 1991.

Marshall, I. Howard. *The Epistles of John.* Grand Rapids, Mich.: Eerdmans, 1978.

Painter, John. "The 'Opponents' in I John". *NTS* 32 (1986): 48-71.

Smalley, Stephen S. *1, 2, 3 John.* Waco, Tex.: Word, 1984.

제 22 장

요한계시록

계시록은 이전에 살펴보았던 문서들과는 다른 종류의 도전을 신약신학자들에게 제기하는데, 이는 그것이 묵시(apocalypse)라는 점에서, 상징적인 방법으로 표현된 미래에 일어날 사건에 대한 예언이, 천상세계 안을 보는 것이 허락된 저자에 의해 경험된 환상에 대한 진술이기 때문이다. 이 글의 환상적인 성격은 그 해석을 훨씬 더 어렵게 만든다. 실수를 피하는데 도움이 되는 한 가지 중요한 고려 사항은 이 책의 목적이 미래에 일어날 사건들의 자세한 진로를 보여줌으로써 우리의 호기심을 만족시키는데 있지 않고, 전반적으로 볼 때 오히려 영적으로 잘 무장되지 못한 교회들 안에 있는 어떤 그룹을 준비시켜 미래를 준비할 수 있도록 하며 또한 그들의 믿음을 최대한 발휘하도록 격려하는데 있다.

우리는 시작 부분에서 이 책의 사상을 지배하는 신학적 전제를 대한다. 그 전제는 하나님의 뜻에 의해 어떤 일들이 일어날 것인지를 미리 말하는 것과 또한 사람들이 어떻게 그것에 반응할 것인가를 예언하는 것이 가능하다는 것이다. 지난 수세기 동안 많은 학자들이 이에 지나, 계시록이 미래에 있을 사건들의 세밀한 예측을 제공하고 있다고 가정했고, 그러므로, 만일 사람이 그 암호(예. 그 짐승이나 거짓 선지자들의 정체)를 안다면, 이 책 속의 이야기를 현재까지의 역사와 연관시킬 수 있고, 더 나아가 남아 있는 것 중에서 앞으로 성취될 사건을 알 수 있다고 추정했다. 비록 여러 가지 형태로 이러한 접근은 더 널리 보급되고 지속되어 왔지만, 현재 학자들 사이에서 형성되고 있는 경향은, 요한이 진술하는 바는 하나님을 대적하는 악의 세력과 하나님 사이에서 계속되고 있는 전쟁에 대한 매우 상징적인 기사라는 것을 인식해야 한다는 것이다. 더욱이, 하나의 이야기를 연대기 순으로 말하고 있다기보다는 오히려 요한은 동일한 사건을 여러 번 반복해서 보여줌으로써, 그 전투를 다른 각도에서 바라보도록 한다는 것이다. 만일 사실이 그렇다면, 우리는 연속적이고 암호화된 인간 역사에 대한 진술을 가지는 것이 아니며 그 역사의 진행도 구분할 수 없게 된다.

그렇지만, 하나님께서 그의 원수들이 저지를 수 있는 일들이 무엇인지를 아시며 또한 원수들의 최후 패배를 확실히 하기 위해 그러한 역사를 행하실 것을 안다는 그 입장은, 다양한 견해 속에서도 원칙적으로 여전히 같이 나타난다. 그 상황은 아마도 한 강대국이 약소 국가를 대적해서 전쟁하는 것과 크게 다르지 않을 것인데, 이는 마치 체스 게임의 세계 챔피언들이 기술이 부족한 상대편이 아무리 이기려고 시도해도 챔피언들은 자신들이 이길 것이라는 것을 알며 또 보통 그들이 이기는 것처럼, 강대국이 적대국이 보일 수 있는 다양한 반응들을 알고, 그럼에도 불구하고 승리할 수 있는 전략을 개발하고 발전시키는 것과 같다.

계시록은 교회가 혹독한 핍박을 겪고 있는 상황 가운데 기록되었거나, 또는 수많은 순교자들이 생기는 것을 포함한, 아주 극렬한 시련이 임박한 가운데 기록되었다고 보여진다. 그 상황은 하나님 및 그의 백성들에 대한 전체주의적 사회(a totalitarian society)의 비교할 수 없는 핍박 중 하나로 여겨졌고, 그 속에서 교회는 거의 생존할 희망마저 갖지 못했다. 이 책이 격려하는 메시지는 하나님은 절대 패배하지 않을 뿐만 아니라 그 타락한 사회와 지도자들 위에 임할 심판을 단행하실 분이라는 것이다; 그 심판의 일면은, 만일 사람들이 회개하지 않을 경우 임할 최악의 사태에 대한 경고이며, 또 다른 면은, 그 심판들은 그들이 회개하지 않음으로 인해 실제로 그들 위에 임할 심판들이라는 것이다. 동시에, 요한은 그가 잘 알고 있는 회중들이 곧 직면하게 될 핍박을 감당할 만큼 충분히 강하지 못함을 알고서, 이 책을 통해 그 도전을 이겨낼 수 있도록 그들을 준비시키려고 한다.

비록 이 책은 구약을 암시적으로 사용하며 또 표면적으로 나타난 구약 인용이 없음에도 불구하고, 전체적으로 볼 때 그 용어나 내용면에 있어서 구약에 대한 의존도가 상당히 높다. 이 책은 또한 소위 묵시문학(apocalyptic literature)이라고 불리는 관용구들을 사용하고 있다. 이 문헌에는 자연계 내에서라기보다는 역사 속에서의 심판들을 언급하는 우주적(cosmic) 사건들에 대한 비유적 표현과 상징법의 사용이 풍성하다.

신학적 이야기

서론과 인사; 예수와 그의 메시지(계 1). 이 책의 시작 부분은 요한계시록이 묵시와 예언 그리고 서신의 장르들이 독특한 방법으로 결합되어 있다는 것을 보여준다. 따라서 서론은 우리가 가지고 있는 이 책이 예수 그리스도께서 저자에게 준 계시에 관한 기사라는 것을 입증하면서, 곧 일어날 사건들과 관련시킨다.[1] 그래서 이 책의 내용은 최고의 권위를 지니며, 이 사실은 이 책의 마지막 부분에 있는 엄한 경고에 의해 확고해진다(계 22:18-19). 그러나 그 계시는 독자들이 받아들이고 또 그것을 근거로 행해야 할 약속들과 명령들을 포함한다는 점에서 예언의 기능까지 가진다. 그것은 미래에 관한 진술로서 독자들로 하여금 일어날 일에 대하여 준비하고, 하나님의 승리에 대한 확인과 또 그들이 하나님과 함께 궁극적인 평화 가운데 살게 될 삶을 확신시켜 줌으로써 그들을 격려할 의도를 가진다.

서론 다음 부분에는 신약성경의 서신에서 예상되는 그런 종류의 인사가 나타난다(계 1:4-5a). 그것은 첫째로, 하나님으로부터 오는 은총들을 전하는데, 그 하나님은 성부 하나님으로서 그는 영원하신 분으로 특징지어지는, 즉 영원토록 동일한 분이시다.

둘째로, 은총들은 하나님의 보좌 앞에 있는 일곱 영들로부터 온다. 신약성서 가운데, 성령에 관한 교리가 잘 발전되었던 후대에 기록된 책에서 이렇게 표현했다는 것은 놀라운 일이다. 이 문구는 요한계시록 3:1에서 하나님의 손안에 있는 일곱 별들을 가리키는 것과 나란히 다시 사용되는데(계 1:16), 이

---

1) 아마도 요한은 예언된 사건들이 수세기를 지나서 일어날 일들이라기보다는 임박한 미래에 발생할 사건들로 예상했을 것이다.

표현의 중요성에 대한 설명이 전혀 없다. 일곱 영들이 어디에서 유래했든지 간에, 그것은 성령의 여러 가지 능력과 역할들을 언급하는 것으로 보여지며 (참고. TNIV mg.), 아마도 이 책에 특별히 쓰여진 일곱 교회들과도 관련이 있는 것 같다.

셋째로, 은총들은 예수 그리스도로부터 오는데, 그 기록된 진술이 가리키는 바는 하나님의 백성 및 그 세상에 대한 하나님의 목적을 성취하는데 있어서 예수는 굉장한 중요성을 가지지만, 항상 하나님의 통치하에(under God) 계신 분이라는 것이다.

아주 풍성한 기독론이 이 간결한 표현 안에 나타나 있다(계 1:5a). 예수는 으뜸되고 또 가장 중요한 충성된 증인(헬. 마르튀스)이므로 교회 안에 있는 그의 추종자들에게 그는 모범이요 영감을 주는 분이다. 그는 죽은 자들 가운데서 먼저 살아나는데, 아마도 이 표현은 죽은 자들을 지배하는 통치권을 나타내기도 하겠지만, 또한 죽기까지 충성한 자들이 죽음으로부터 다시 일으킴을 받을 것을 암시하기도 한다. 그는 땅의 임금들의 통치자인데, 그 의미는 당장 사람들이 그에게 복종한다는 뜻이 아니라, 언젠가 모든 사람들이 반드시 그렇게 할 것이라는 뜻이다.

이 설명 다음에 그리스도(성부 하나님이 아닌!)를 향한 송영(doxology)이 이어지는데, 그 송영은 그리스도를 찬양하는 이유들을, 예수가 독자들을 사랑했으며 또 그의 피로 그들을 죄에서 해방시켰기 때문이라고 밝힌다(계 1:5b–6). 이것은 구속 또는 해방의 표현이며, 또한 이미 예수의 죽음을 구속의 수단으로서 친숙하게 이해하고 있음을 전제한다. 그 구속의 결과로 신자들은 하나님을 위한 나라와 제사장이라는 새로운 신분을 얻는다. 나라와 제사장이 가리키는 바는 이제 그들은 하나님께 나아가는 특권을 가진 하나님의 종들이라는 것이다. 이 전체 구절은 그 백성들이 나라가 되기보다는 "왕들"이 된다고 언급한 출애굽기 19:6에 근거하고 있다; 그러므로 여기서 뜻하는 바는, 그들이 하나님의 지배를 받는 백성들이 된다기보다는 오히려 하나님과 함께 다스릴 자들이 된다는 의미이다(계 22:5에서 분명히 언급하듯이).

끝으로, 거기에는 미래에 오실 예수님에 대한 약속이 다니엘 7:13과 스가랴 12:10의 언어로 묘사되어, 예수는 그의 대항자들을 자신 앞에서 재판할 재판관으로 이해되고 있다(계 1:17). 그 애곡함이 회개(회심으로 이어지는)의 애통인지 아니면 피할 수 없는 심판을 직면한 후회인지는 이 시점에서 분명치 않다. 요한이 간절히 바라는 것들에 대한 성취의 확실성(그러하리라. 아멘은 그의 반응을 포함한다)은 영원한 과거로부터 영원한 미래까지 통치하신다는, 하나님의 전능하심에 대한 강력한 진술에 의해 확증된다.

이제 요한은 다시 등장하여 어떻게 그가 주의 날[2] "영 안에" 있었는지 그리고 어떻게 그리스도로부터 교회들을 위한 메시지를 받았는지 설명한다(계 1:9-20). 예수에 대한 묘사는 인자(단 7), 아마도 대제사장, 그리고 하나님이라는 요소들을 합한 것이다.[3] 우리가 예수의 입에서 나오는 칼에 대한 기사를 읽을 때 그 진술은 상징적으로 나타난다; 성경적 상징법이 암시하는 바는 이 칼이 예수의 능력 있는 말씀들을 언급한다는 것이다. 그럼에도 불구하고 그 진술은 마치 공상과학 소설에 나오는 슈퍼맨처럼 초인간적인 인물에 대한 묘사로도 보인다. 일부 비평가들은 이러한 종류의 설명은 연약함 가운데 있는 그의 백성을 불쌍히 여기는 대제사장 및 사랑의 구주의 모습과는 거리가 멀다고 생각한다. 예수와 하나님에 대한 묘사가 거대한 크기와 능력을 보여준다는 것이 사실이지만, 이것은 또한 주된 대적자들의 초인간성(the more-than-human character)을 압도하는 표현이기도 하다. 우리는 묵시적 상징법을 다루고 있는데, 이러한 맥락에서 독자들에게는 그리스도 및 하나님의 초월적 능력을 암시하는 상징적 묘사가 필요하다. 요한은 두려워하지 말라는 음성을 듣는다:[4] 하나님의 능력은 그의 대적자들을 다루시는데 사용될 것이다.

하지만 이 부분에서 핵심은 뒤따라 소개될 분의 권세와 신뢰성을 강조함에 있다. 예수의 권위는 세세토록 살아있는 자로서 그리고 사망과 음부의 열

---

2) 이것은 흔히 한 주간의 첫째 날로 이해되지만, 또한 요한이 의미하는 바는 주님의 마지막 날이라는 견해가 제안되기도 했다.

3) 그 묘사는 단 7장에 나오는 옛적부터 항상 계신 이에 대한 설명에 근거한 것이다.

4) 이것은 하나님을 두려워하는 백성들에게 있어서 하나님에 대한 정상적인 반응이며, 또 경솔하게 취급되어서는 안 될 것이다. 그것은 우주의 창조자에 의한 말씀이며, 그분은 그 정의(定義)대로 우주보다 크신 분이시기 때문이다.

쇠들을 가진 자로서 표현되며, 이는 곧 그를 대적하는 세력들이 아무리 강하게 보인다 할지라도 문제되지 않는, 궁극적으로 모든 것을 다스리시는 분이 예수임을 의미한다. 예수가 선포하는 메시지는 과거와 현재뿐만 아니라 미래에까지 연관된다. 그것은 주로 미래에 관한 것이지만, 과거에 일어난 사건(특별히 예수의 죽음과 부활)과 현재 진행되고 있는 일(미래를 대비해서 교회를 준비시킴)들에 더 많은 비중을 두고 있다.

일곱 교회들(계 2-3). 거기에는 일곱 교회들을 향한 각각의 메시지들이 있다. 이 메시지들은 기본적으로 같은 구조를 가지며, 분명한 뉘앙스들과 차이점들이 각각 다름에도 불구하고 같은 메시지들을 역시 전달한다. 그 교회들은 그들의 "천사들"에 의해 그리스도와 밀접하게 연관되어 있다. 그들은 외부로부터의 대립에 직면한 채, 어떤 경우에는 황제 숭배를 강요하는 정부로부터, 또는 그들을 대항하는 유대인 그룹들의 반대 가운데 처해 있다. 또한 때때로 거기에는 죄악된 풍조와 관련된 그룹들로 인한, 내부적인 연약함과 불화가 존재한다. 몇몇의 경우에는 칭찬받을 만한 증거와 사랑의 요소들이 발견되지만, 대체적인 묘사는 영적 및 도덕적 연약함, 첫 열정을 잃음에 관한 것이며, 또 그 교회들이 다가올 환난을 감당하기에는 불충분한 상태에 있다는 것이다. 그러므로 거기에는 그들의 회개를 촉구하는 그리스도의 음성을 깨달아야 함과, 너무 늦기 전에 그렇게 해야 한다는 일반적인 요구가 있다. 또한 각각의 신자들을 향해 극복하라는, 즉 유혹과 핍박을 대항하는 싸움에서 굳게 서라는 반복된 요청이 있으며, 그리고 끝까지 굳게 견디는 자들에게 줄 상(계 2:26)이 여러 가지 풍성한 비유들로 묘사되어 있다. 생명의 나무, 둘째 사망에서의 구원, 생명의 면류관, 그리스도의 권세를 나누어 가짐, 그 이름이 영원히 생명책에 기록됨, 하나님의 성전에 기둥이 됨, 그리고 그리스도의 보좌에 그와 함께 좌정함 — 이것들은 영원한 구원을 표현하는 다양한 형태들이다. 이것이 나타내는 바는 이러한 상급들은 일등급 신자들을 위한 특별한 상들이 아니라 모든 신자들을 위해 약속된 상급이므로, 모든 신자들은 심지어 순교의 위협에 직면할 때에라도 끝까지 신실해야함을 요청받는다. 아마도 이는 신앙과 신실함으로 인내해야 할 책임이 성도에게 있음을 보여주는 것 같지만, 동시에 우리는 신적 보호와 돌보심의 약속들도 보게 된다.

하늘에서의 광경(계 4-5). 우리는 땅에서의 상황을 살펴보았다. 그러나 계시록은 하늘과 땅 양쪽에서 발생하는 영적 전투와 관련되어 있고, 그 전투는 선과 악의 초자연적 또는 초인간적인 세력이 연루되어 있다. 따라서, 다음 장면은 독자들에게 천상세계의 광경에 대한 보다 충분한 묘사를 제공하며, 그 설명들은 첫째 장에서 그들이 희미하게나마 보았던 것에 관한 것이다. 그래서 요한은 어떻게 하늘로 들려 갔는지 그리고 어떻게 거기에 있는 것들을 보았는지를 기술한다. 추측하기는 그가 진술하고 있는 것은 엄격하게 말하자면 설명할 수 없는 것들이어서, 요한이 하나님을 어떤 구체적인 형태로 서술하지 않음도 의미심장하다. 그 묘사는 영광과 능력에 대한 것으로서, 이러한 인상을 전할 수 있는 비유를 사용하고 있다.

그 계속되는 활동은 영구적인 예배로서, 보좌와 그 위에 앉으신 분이 계시는 하늘의 중심부를 둘러싼, 상징적인 존재들의 무리에 의해 예배가 드려지고 있다. 우선 하나님은 자신의 거룩함이 영원한 존재로서 경배를 받으시는데, 여기서 거룩함은 그의 온전함에 근거한 초월성을 표현한다. 다음으로 하나님은 지으신 만물로 인해 그가 창조한 사람들로부터 찬양을 받으신다. 따라서 하나님 앞에서 합당한 태도는 그의 위대함을 인정하며 예배하는 것이다. 그 이외에는 어떠한 것도 일어날 수 없거나, 또는 최소한 기록할 만큼의 가치가 없다고 여겨진다.

그러나 거기에는 어떤 행하심이 있다! 하나님께서 인으로 봉해진 아무도 열 수 없는 두루마리를 가지고 계시는데, 왜냐하면 아무도 그것을 열기에 합당치 못하기 때문이다. 오직 그렇게 할 수 있는 한 사람이 발견된다. 그는 구약에서 취해진 언어로 표현된 유대인의 메시야로서, 승리했기에 그렇게 할 수 있는 분이다. 이것이 가리키는 바는, 죽음을 정복한 그의 부활이라기보다는 오히려 기꺼이 오셔서 죽으신 그의 죽음이다(계 3:21). 일으킴을 받고서 하나님 오른편에 있게 하는 자격을 부여한 것은 다름 아닌 그의 죽음이었다. 하지만 이 시점에서, 예수는 하나님과 함께 앉아 있는 모습이 아니라, 오히려 이 장면 중심에 서 있는 모습으로 묘사되고, 또 죽임을 당한 흔적을 가진 양으로 그려진다; 그러므로, 그의 죽음은 희생 제물로 해석된다. 또한 그는 힘의 상징인 일곱 뿔들을 지니며, 세상으로 하나님의 일곱 영을 보내는 파송자로 묘사된다. 따라서 우리는 예수의 죽음과 부활, 그리고 오순절날 성령 보내심 이후의 시대에 있는 것이다. 이것은 합창의 가사에 의해 확인되는데 그 가사는 두루마리가 펼쳐질 수 있다는 사실을 기뻐하며, 또한 하나님의 미래의 목적들이 완성됨을 찬양하는데, 이는 어린 양이 하나님의 백성들을 세상에 속한 사람들부터 구원하셨기 때문이다; 그 구원의 궁극적인 목적은 구속 받은 백성들을 하나님을 위한 왕들과 제사장으로 삼기 위함이다. 하늘의 거민들과 온 땅에 거하는 모든 사람들로부터 그 어린 양은 찬양을 받는다.[5]

심판들의 연속(계 6). 지금까지 이 이야기는 이해하기에 그리 어렵지는 않았다. 그러나 이 시점부터 그것은 훨씬 더 어려워진다.

환상은 책의 내용을 읽기보다는 그 책의 봉인을 떼는 것으로 시작한다. 네 명의 말 탄 자들이 일어나, 범위는 제한되기는 했지만, 그럼에도 불구하고 끔찍하게 모진 상해를 세상에 입힌다. 그 제한된 심판들의 특성이 제안하는 바는 그것들이 경고의 성격을 가져 사람들로 하여금 하나님의 진노가 세상에 완전히 임하기 바로 직전임을 알게 하고(참고. 계 6:16), 또 그들로 회개하도록 독려하려는 것이다(참고. 계 9:20-21; 16:9). 다섯 번째 인은 다르다:그것은 복음 및 그리스도를 증거하기 위해 순교한 사람들의 무리를 나타낸다; 그들은 그들의 대적자들을 심판해 달라고 하나님께 부르짖는데, 추측하기는 이는 마지막 심판의 때를 앞당겨 달라는 요구일 수도 있겠지만, 그 심판은 순교자들의 숫자가 완전히 찰 때까지 일어나지 않을 것이라고 전해진다. 그러므로 그 봉인들이 암시하는 바는 경고성 심판들이, 하나님과 그의 백성을 대적하는 세상의 조직체계 위에 임하고 있다는 것이다. 여섯 번째 봉인이 묘사하는 것은 기상천외한 우주적 재앙들이, 주의 진노의 날이 다가왔음과 곧 심판이 불어닥침을 드러내는 징표들로서 세상 사람들에게 보여진다는 것이다. 하지만, 거기에는 회개를 위한 준비의 징후가 없다. 여기서 사용된 언어

---

5) 이 부분은 피조 세계의 많은 부분이 반역으로 특징지어진 관점에서 볼 때 무엇인가 이상해 보인다. 그것은 악이 패배한 후의 마지막 상태를 예상하는 환상이라고 볼 수 없다(계 7:9-17과는 대조적으로). 추측하기는 우리는 이 부분에서 반역적인 초자연적 또는 인간적 존재들이 포함되어 있지 않은 것으로 여겨야 할 것이다.

(나중에 반복됨)가 강하게 제시하는 바는 이 시점에서 마지막 날은 막 시작하려는 순간에 있다는 것이다.[6] 그러나 결말로 나아가는 대신에, 저자는 다른 관점에서 미래에 대한 유사한 기사를 진술하는 것으로 보여지는 또 다른 일련의 환상들을 시작한다.

인치심, 기도 그리고 남은 심판들(계 7-10). 따라서 이 시점에서는 그 연속을 중단시키는 막간의 사건이 있다. 세상에 일어날 심판 이전에, 하나님은 그의 백성을 인치셔서 그들이 그에게 속함을 명확히 하여 다가올 심판들의 결과로부터 그들을 보존한다(계 9:4).[7] 그 진술은 이스라엘의 열두 지파에 속한 사람들에 관한 것이다. 그러나, 이것은 문자적인 의미를 말하는 것이 아닌데, 그 이유는 단 지파가 생략되었고, 므낫세 지파(계 7:6)는 요셉 지파(계 7:8)의[8] 예하에 속해 있었기 때문이다. 숫자들과 지파들은 틀림없이 상징적인 것을 나타낸다. 이러한 해석은 즉시 뒤따르는 환상(언뜻 하늘 속을 봄)에 의해 확증되는데, 세상 모든 민족으로부터 온 셀 수도 없는 무리가 큰 환난에서 나오며, 현재 그들은 하나님의 존전에 있다. 이것은 하나님의 백성에게 미래에 주어질 상을 미리 내다보는 환상임에 틀림없으며, 여기에 이 환상을 서술한 것은 환난을 통과해야만 하는 땅에 있는 성도들을 격려하기 위함이다.

아마도 그들은 순교자였을 것이지만, 그럼에도 불구하고 실제로 그들은 순교자들이 되었다고 일컬어지진 않으며, 그들이 가지게 된 신분은 어린 양의 죽음을 통한 하나님 및 어린 양에 의해 주어진 구원 때문이라는 것이다. 그들의 죽음 전과 후의 상황에서, 첫 번째 환상 속의 144,000명이라는 상징

---

6) 계 10:7; 11:15-19의 일곱 번째 나팔에 대한 묘사와 비교해 보라.

7) 그들은 자연적 재앙들로부터는 이러한 방식으로 보호되기에, 후반부에서 그들의 원수들에 의해 순교자들로 희생될 것이라는 주장이 있어왔다. 하지만 아마도 이 주장은 본문이 암시하는 범위 밖의 견해 같다.

8) 본문의 목록들은 순서와 내용면에서 심각하게 바뀌어 있다. 요셉의 두 아들들, 에브라임과 므낫세는 가나안땅을 분배할 때 열두 지파들 가운데 두 개의 다른 지파로 간주되었으며, 그럼에도 불구하고 숫자적으로 열두 지파는 보존되었는데 이는 레위 족속이 분배에서 제외되었기 때문이었다. 본문의 목록에서 요셉이 에브라임을 대신하는 것으로 보이며, 단 지파는 생략된다.

적인 숫자는 일반적으로 두 번째 환상 속의 큰 무리와 같은 사람으로 받아들여진다. 그래서 이 장의 목적은 하나님의 백성들로 하여금 하나님께서 그들을 자신의 소유라는 표시로 인쳤음과, 그들을 반대하는 세력들이 아무리 거세다 할지라도, 그리스도에 의해 구속된 자들은 그들의 상급을 받게 될 것이라는 확신을 주려 함이다. 만일 그 큰 환난을 어느 누구도 피할 수 없는 포악한 행위로 이해한다면, 이는 아마도 그들이 그 환난 가운데 순교했음을 암시하는 것 같다.

이제 봉인된 두루마리를 여는 주된 줄거리의 시리즈가, 하나님의 행하심이 그의 백성들의 기도에 의해 활발해지는 것과 함께 재개된다. 마지막 봉인은, 우리가 예측하듯이, 종말을 불러오지 않고, 오히려 나팔들에 의해 예고된 또 다른 심판의 형태를 드러내기 위해 새로운 계시를 보여준다(마치 하나의 박스 안에 새로운 세트의 박스들이 열리는 것처럼). 거대한 자연적 재앙들이 발생하는데, 이는 하나님의 백성을 핍박한 자들에 대한 심판으로 간주하는 것이 적절하다. 초자연적 천재지변들이 잇따른다. 그러나 다시, 그 재앙들은 영향력에 있어 부분적인데, 이러한 재앙들이 나타내는 바는 하나님의 백성을 핍박한 자들의 죄로 인해 자신들에게 징계들이 임함을 경고함이며, 그렇게 함으로써 더 중한 재앙들이 닥치기 전에 그들로 회개하도록 촉구하고 있다고 추측된다(계 9:20-21).

두 증인들(계 11). 계시록 15장에 있는 일곱 재앙들의 다음 시리즈가 시작되기 전에 또 하나의 긴 막간의 장을 대한다. 첫째, 거기에는 하나님의 계획들의 실행이 더 이상 지체되지 않을 것이라는 선언이 있다(계 10:7). 아마도 이것이 의도하는 바는, 마치 제단 아래 있던 영혼들(계 6:10)처럼, 언제까지 참으려 하나이까?라고[9] 묻는 땅에 있는 백성들을 위로하려는 것 같다. 앞으

9) 신약 전체를 통해서 사람들이 기다려왔던 하나님의 간섭하심이, 긴 기간 동안 현실적으로 일어나지 않음으로 인해 어려움이 생겼다. 일부의 해석가들은, 초대 기독교인들이 하나님의 중재가 신속히 있을 것이라고 정말 기대했고 또 그들의 희망이 이루어지지 않았을 때 상당한 중압감을 겪었다고 주장한다. 그들은 자신들의 신학의 강조점을 변경해야만 했고 계속되는 지체에 대해 해명할 길을 찾아야만 했다. 거기에는 이러한 견해들이 주장하듯이 정말 그렇게 임박한 재림으로 고려되었는지에 대해서 의심할 만한 이유

로 전개될 계시와 환상들이 현재 일어나고 있는 사건을 명확히 할 것이다.

그 다음에 거기에는 매우 다른 형태의 장면들이 등장한다. 첫째, 우리는 두 증인들에 대한 환상을 대하는데, 그들은 그들의 증언이 마치기까지 하나님의 보호를 받는다. 잠시 동안 그들은 그 원수들을 무찌르는 권세를 가지기도 한다. 그러나 그들이 보존되는 기간은 제한되어 있어서, 무저갱에서 나온 하나님의 대원수(archenemy)에 의해 죽임을 당하게 될 것이다(참고. 계 9:11). 삼일 반 후에 그들은 부활하게 되며 눈으로 볼 수 있는 모습으로 하늘로 올려진다. 이 이미지는 모세와 엘리야, 그리고 또한 예수의 모습에 근거한 것이며, 그 증인들은 증언하는 교회를 상징하고 있다. 이것은 한층 더 나아가 하나님의 백성들이 그들의 증거활동을 위해 일정 기간 동안 보호받을 것을 의미하지만, 그럼에도 불구하고 그 사역이 마치게 되면 순교하게 될 수도 있다는 뜻이다; 하지만 그들은 부활에 대해 확신하게 된다. 이 환상은 교회의 본질이 이 기간 동안 증언하는 것이라고 여긴다. 그 증언의 기간(상징적인 시간의 기간)은 이방인에 의해 거룩한 도시가 짓밟히는 시기와 일치한다(눅 21:24을 보라).

이제야 중단된 나팔 심판들의 순서가 일곱 나팔에 관한 기사와 함께 결론에 이르는데, 그것은 하나님의 최후 승리를 선포한다: 심판과 상급의 때가 온 것이다. 이것은 오직 마지막 때의 사건일 수밖에 없는데, 그것은 이 책의 기록된 기사들이 다소 유사한 진술들의 시리즈이며, 각각의 설명은 마지막 때와 관련되었다는 점에서 입증된다.

여자와 아이; 용; 세 천사들(계 12-14). 그러므로 계시록 12장에서 다른 비슷한 기사가 이어지는 것은 놀라운 일이 아니며, 12장에서 우리는 분명히 그리스도로 간주되는 한 아이를 해산하는 여인에 대한 새로운 이미지들의 형태를 대한다. 거기에는 그 아이를 해칠 수 없는 용으로부터의 저항이 있

─────────────

가 있다; 하지만, 시간이 경과함에 따라, 언제 하나님께서 간섭하실 것인가에 대한 질문은 도대체 그가 역사하기 하실 것인가에 대한 의문들을 일으켰음이 틀림없으며, 이 문제는 나중에 기록된 신약의 책들에 반영되어 있다(벧후 3:3-9). 그 문제는 예루살렘의 파괴와 로마와의 전쟁으로 인해 유대인들에게는 한층 더 민감한 사항이 된다; 이 "큰 환난"을 마지막 때의 징조로 생각하는 것은 유대인들에게 있어서 자연스러운 일이었다.

고, 그 아이는 하나님께로 들려올려진다. 추측하기에 이것은 예수의 죽음에 대한 언급 같고, 그를 제거하려는 악한 세력들의 시도로 이해된다.[10] 그 용은 패배당했고(눅 10:18; 요 12:31), 세상으로 내쫓겼으며, 거기서 여자와 그녀의 나머지 후손들을 공격한다. 그 여인은 인격화된 이스라엘로 보여지는데, 우선적으로는 그리스도께서 그 곳으로부터 오신 옛 이스라엘이며, 그 다음으로는 예수의 추종자들로 구성된 새 이스라엘이다. 이러한 분명한 변화에 관한 설명은, 만일 그 여인이 옛 언약 아래에 있는 이스라엘의 충성되고 경건한 남은 자를 대표하고(세례 요한과 예수가 그 계보를 통해 나온 이러한 종류의 경건한 자들은 누가복음 1-2장에 묘사되어 있다), 다음에는 그들과의 연속선상에서 새 언약 아래 있는 하나님의 신실한 자들을 표현하는 것이라면 가능하다.

용이 내쫓김을 당한 것이 어떻게 하나님의 구원 및 그의 나라의 나타남으로 해석될 수 있는지를 이해하는 것은 아마도 어려울 것이지만, 그 핵심은 하나님의 백성을 참소하던 자가 하늘에서 쫓겨났고 더 이상 거기서 그들을 기소할 수 없다는 것이다. 진실로, 승리를 위한 대가는 지불되어야만 하는 것이다. 왜냐하면, 환상은 어떻게 용의 대리인들이 땅을 점령하고, 또 다른 모든 사람들이 그 반기독교적인 짐승을 따르며 경배하는 동안, 용의 세력들이 수립한 전체주의적 독재체제 속에서 어린 양을 따르는 자들이 공격당하고 또 승리함에 대해 진술하며 진행되기 때문이다. 마치 우리가 대했던 하나님의 이미지가 초인간적인 존재였듯이, 여기서 그를 대적하는 자 또한 초인간적인 용어로 묘사되고 있는데, 단지 이번에는 인간이라기보다는 끔찍하고 이상한 모습이다.[11] 그것이 내포하는 의미는 땅 위에서 증가하는 고통과 핍박이 이 사탄의 침입 때문이라는 것이다.

신자들에게는 앞으로 일어날 사건이 너무 무시무시한 일이기에, 144,000

___

10) 만일 고전 2:8이 땅에서의 통치자들을 언급함이 아니라 초자연적 권세들을 지칭한다면, 그것은 여기에서의 주장과 유사한 표현일 수도 있겠지만, 이러한 해석은 불확실하다.

11) 단 7장에서 하나님의 백성들이 "인자 같은 이"로 나타나는 반면, 악의 세력들이 어떻게 무시무시한 동물들에 의해 표현되는지를 비교해 보라.

명에 대한 또 다른 환상이 주어지는데, 이번에는 그들이 천국에 안전하게 이르는 모습을 보여주고 있다. 이것은 144,000명이 계시록 7:9-17에 나오는 큰 무리들과 동일한 사람들로 간주하는 우리의 이해를 확증한다.

우리는 또한 세 천사들이 전하는 메시지들을 통해 다가올 사건을 미리 맛보게 된다. 첫 번째 천사가 명확히 하는 말은 거기에는 아직도 사람들이 복음을 듣고 회개할 기회가 있다는 것이다; 그럼에도 불구하고, 마지막 일곱 번째 재앙이 임할 때, 거기에는 사람들이 회개하지 않았다는 슬픈 후렴의 반복만이 있을 것이다(계 16:9, 11). 그 제안은 바벨론에 대한 심판의 경고 및 영원한 형벌에 대한 위협을 함께 수반한다.[12] 거기에는 인자의 심판을 받기 위해 사람들이 실제로 모두 모이는 장면을 나타내는 독립된 환상 하나가 있다;[13] 이것 또한 궁극적 종말에 관한 환상으로 보여진다.

마지막 일곱 재앙들; 바벨론과 그 운명(계 15-18). 대접들로부터 부어진 마지막 일곱 재앙들이 발표된다. 그동안에, 배교의 시험에 굴복하지 않은 신자들은 하늘에 모여 하나님의 위대하고 선한 행적을 찬양한다. 이러한 하나님의 행적들은 의로우신 하나님이 실행할 심판들로 이해된다(참고. 계 16:5-7). 이번 심판들은 이전의 연속된 심판들보다 훨씬 더 혹독하다. 하지만, 그것들은 마지막 심판으로 간주되어서는 안 되며 오히려 또 다른 경고들로 인지되어야 한다. 그러나 그 경고들이 사람들로 회개하도록 의도되었음에도 불구하고, 그들은 그렇게 하지 않는다. 그들은 사실 아마겟돈에서 마지막으로 하나님을 대항하여 전쟁하기 위해 운집한 살아남은 자들의 모임에서 그 악의 절정을 이룬다. 마지막 심판은 여기서 바벨론이라고 명명된 그 큰 도시

---

12) 여기서 고통에 대한 묘사는 동방의 군주들이 그들의 적군들을 공공연히 고문하는 현장에서 착안한 것이며, 아마도 군주들이 그 대적들의 고통을 즐겼을 것으로 추측된다. 요한이 사용하는 최악의 고통에 대한 표현은 그가 아는 고통이며 또한 그것은 "영원하다"라는 말로써 그 무한함을 확대한다. 상징법이 아주 많이 나타나는 책에서 이러한 표현을 문자적으로 이해하는 것은 상상할 수 없는 일이다. 오히려 어려움은 그것이 심각하게 다루어질 때, 그 의미하는 바가 무엇인지를 숙고하는 데 있다.

13) 이 부분은 막 13:27에서 오직 택하신 자들만이 인자에 의해 모이는 묘사와 대조된다; 하지만 단 7장에서 인자는 그의 대적들을 심판한다.

위에 임하며, 바벨론은 예루살렘과 로마 두 도시를 모두 상징하며, 나아가 온 땅의 상징처럼 보인다.

하나님의 주된 원수에 대한 묘사가 두 장에 걸쳐 집중적으로 거론되는데, 음녀의 이미지를 사용함으로써 세상을 통해 사람들로 하여금 죄 짓게 하는 그 시험과 유혹을 표현한다. 이 도시와 그 사람들은, 하나님의 백성을 살해 하는 것을 포함한 모든 종류의 사악과 탄압을 자행해 온 음녀에 의해 영향을 받았다. 이 표현보다 더 세상이 전적으로 죄와 타락에 넘겨진 것으로 보이는 강한 암시를 찾기는 어려울 것이다.

하나님의 승리(계 19-20). 계시록 19장은 이 사악한 체제를 정복한 하나 님의 승리를 찬양하며, 또 하나님의 백성들의 상급을 그들이 혼인잔치에 참 여한다는 면에서 축하하는데, 그 혼인잔치에서 내빈들은 또한 어린 양의 신 부로 비유된다.

심판은 신적 지도자와, 짐승 및 그 앞잡이들을 추종했던 모든 사람들 간의 충돌로 설명된다. 그 결과 대적자들은 완전히 패배한다. 하지만 어떠한 전쟁 도 설명되지 않았으며, 우리가 들을 수 있는 것은 단지 승리와 패배에 대한 발표와, 또한 새들이 와서 먹는 죽은 고기가 되어버린 패배한 적들에 대한 무시무시하게 묘사된 이미지로서, 짐승과 함께 한 모든 참여자들의 죽음에 대한 것뿐이다.

계시록 20장은 수수께끼로 남는다. 있는 그대로 보면, 20장은 천 년 동안 만국을 미혹하지 못하도록 그 용(사탄)을 잠깐 동안 결박하는 것을 묘사하는 것으로 보인다(하지만 그들은 계 19장에서 전부 죽지 않았나?). 추측하기는, 같은 기간 동안 순교자들은 살아서 그리스도와 함께 다스린다. 그 후 사탄은 놓여서 다시 만국을 미혹한다. 하지만 모두 죽었고 이제 오직 하나님의 백성 들만 그리스도와 함께 부활했기에, 어떻게 이것이 가능한가? 또 다른 전쟁 하나가 더 발생하며 그 전쟁은 하나님의 대적자들과 모든 사람을 심판하는 것으로 끝이 나는데, 그것은 이미 죽었던 자들과 현재 부활해서 마지막 심판 을 대면하는 자들까지 포함한다.

이 천년왕국에 대한 다소간의 문자적인 해석은 불가능해 보이는데 이는 어디서부터 모든 나라들이 나오는가를 결정하기가 어렵기 때문이며 또 일시적인 그리스도의 왕국은 전혀 무의미하게 보이기 때문이다. 또한 우리는 계시록에 많은 병행(parallelism)이 나타난다는 것을 안다. 그러므로 우리는 두 해결책 중에 하나를 택해야만 할 것처럼 보인다. 전통적인 견해는 여기서 요한이 우리를 다시 시작으로 데리고 간다는 것이다: 사탄의 묶임은 그리스도의 죽음과 승귀의 한 측면이며, 천년왕국은 현재 시대이고, 거기에는 최후에 악을 심판함으로(불과 유황 못에 던짐으로) 그 악한 세력의 멸망이 있고, 계시록 19장의 그 전쟁과 계시록 20:9-10의 악의 패망이 이와 같은 사건이라는 것이다. 또 다른 견해는 천년왕국은 미래의 일을 현재의 것으로 나타낸 예기적(proleptic) 표현 또는 계시록 21-22장에서 현저하게 유사한 용어로 진술될 새 땅에 대한 병행의 이미지라는 주장이다.[14] 이 해결책들 가운데 어떤 것도 완벽하지 않지만, 내게는 일시적인 천년왕국 이론이 더 문제가 있어 보이기에 그 논의에서 아마도 배제해도 될 것 같다.[15]

새 예루살렘(계 21-22). 이 책의 나머지 부분은 주로 하나님이 그의 백성과 함께 거하시는 새 예루살렘(옛 예루살렘을 대체하는)에 대한 묘사와 관계되어 있다. 그 도시는 뚜렷이 어린 양의 신부와 동일시되는데, 우리는 다른 곳에서도 비슷하게 교회가 여성으로 비유되며 그 구성원들은 그 여성의 자녀처럼 상징되는 부분을 대한다. 여기서 지형적 및 건축상의 이미지는 하나님의 백성들이 살게 될 상태를 묘사하기 위해 매우 중요한 위치를 차지한다. 그들에겐 물질적 성전(the Temple)이 필요 없는데, 이는 하나님이 그들과 함께 하시기 때문이다. 그들은 또한 물리적 빛이 필요 없는데, 이는 하나님이 그들의 빛이 되시기 때문이다. 오직 생명책에 기록된 자들만이 그 도성에 들어간다.

계시록 22:14-15에는 죄 있는 사람들이 여전히 그 도성 밖에 있는 것처럼 보인다. 이것은 하나님의 새로운 세계로부터 제외됨을 표현한 다른 이미지

---

14) I. Howard Marshall, "The Christian Millennium," *EQ* 72(July 2000): 217-35에 있는 이 가설에 대한 논의를 살펴보라.

15) 다른 신약의 저자들이 천년왕국을 믿었는가에 대한 질문은 계속해서 논의된다: Seth Turner, "The Interim, Earthly Messianic Kingdom in Paul," *JSNT* 25(2003): 323-42를 살펴보라.

일 것이지만(지옥의 불들보다 훨씬 관대한 이미지다; 참고. 계 21:8), 아마도 그것은 단순히 현재 이 땅 위에 있는 성도들과 죄인들 간의 대조로서, 사람들로 하여금 와서 생명수를 받아 마셔 하늘의 도성에 들어갈 자격을 갖추게 하기 위한 호소의 한 부분이기도 할 것이다.[16]

이 책은 그리스도의 임박한 오심을 한층 더 강조하는 것으로 끝난다. 비록 거기에는 끔찍한 일들이 앞으로 남아 있지만, 그의 백성을 구하기 위해 오실 그리스도의 재림은 머지않아 일어날 것이다. 그동안에, 이 책은 사람들로 하여금 와서 영생의 선물을 받으라고 촉구한다.

신학적 주제들

이 책에는 많은 어려운 문제들과 함께, 신학적 항목들이 풍성하다. 이 책에서는 신약의 다른 어떤 책에서보다 더 많은 어려운 문제들을 오늘날의 독자들에게 야기시키는데, 이는 우리가 계시록에서 묘사하는 하나님의 세상에서의 역사하심과 신약의 다른 책을 통해 알게 된 것, 이 둘을 조화시키려고만 시도하기 때문이다.

구조: 계시록의 지형. 저자는 세 단계의 우주(a three-level universe)를 전개하며 그 안에서 하나님은 그를 경배하는 그의 종들에게 둘러싸인 채 하늘에 거하신다. 하늘에서 하나님은 땅 위에서 일어날 일들을 결정하신다. 땅은 예수님을 따르는 자들과 세상을 따르는 자들 사이의 충돌의 무대(arena)이다. 악한 자들의 초자연적인 능력이 발휘되기도 하며 또한 그들이 하늘에서 쫓겨나 사람들을 속이고 타락시키는 곳이기도 하다. 땅 아래는 무저갱인데, 그 곳은 악한 세력들과 그들에게 굴복한 자들을 감금하고 형벌하는 장소이다.

이것은 그 시대의 문학에 있어서 전형적인 표현이지만, 신약성경의 다른 책들보다는 계시록에서 그 용례가 더 두드러진다. 요한에게 있어서 하늘과 땅 사이의 밀접한 관계는 특별한 중요성을 지닌다.[17]

---

16) 이것은 생명수(계 22:1)가 이미 지금 여기서(계 22:17) 마실 수 있다는 사실에 의해 정당화된다.

17) Paul S. Minear, "The Cosmology of the Apocalypse," in *Current Issues in*

주요 주제. 계시록의 목적은 하나님의 백성들로 하여금 그들 앞에 놓여 있는 어려운 미래를 준비하게 함이며 또한 그들의 증언에 아직 반응하지 못한 자들에게 전도적 차원의 호소를 하기 위함이다. 독자들의 기독교적인 삶과 증언에는 결점들이 있었고, 그 부족함들은 온전케 될 필요가 있었는데, 이는 그들이 로마 정부의 종교 및 그들을 둘러싼 악한 세상으로부터의 반대와 핍박을 통해 야기된 힘든 시기를 견딜 수 있도록 하기 위함이다. 저자가 그들을 격려하는 주된 방법은 묵시적 저술 자료들을 사용함인데, 이는 하나님께서 세상에서 일하실 방법에 대한 통찰을 주는 환상의 연속들을 그들에게 말하기 위함이다. 그 목적은 그들을 확신시키기 위함인데, 비록 순교자들이 발생할 것이지만, 그럼에도 불구하고 하나님께서 그의 백성들의 정당함을 그들의 대적자들을 재판함을 통해 입증하실 것이며, 이 일은 너무 늦기전에 대적자들이 회개할 것을 촉구하는 것과 또한 하나님을 대적한 자들의 반역에 대한 마지막 심판이 있을 것임을 통해서 하신다. 동시에 그들의 미래는 그리스도와 밀접히 관계되어 있다는 약속이 있고, 그리스도는 그의 백성들을 하늘 도성으로 데리고 가실 것이며 또한 그들을 자신에게로 이끌 것인데, 마치 신랑이 신부를 취하듯 하실 것이다. 그래서 이 책은 예수 안에서 자신을 나타내신 그 하나님의 주권에 근거한 강력한 소망에 관한 진술이다.

하나님과 그의 권능. 이 책의 주제에 대한 세부적인 연구로 방향을 돌려서, 강력한 창조자요 주권자로서 그의 보좌가 천상의 장면을 압도하는 하나님에 대한 묘사를 관찰함으로써 시작하려 한다. 우리는 이미 하나님과 그리스도에 대한 진술이 얼마나 엄청나고 강력하게 초인간적인 인물로 표현되었는지 알지만, 이것은 대항하는 세력들에 대한 묘사와 비교되는 가운데 생긴 표현이다. 그러므로, 비록 요한이 강한 하나님(macho God)을 진술함으로, 다른 신약의 책들에서 발견되는 은혜로우시며 심지어 낮아지신 하나님의 모습은 결여되었다는 주장도 나올 수 있겠지만, 이것은 오히려 우주적 투쟁의 성격을 드러내기 위해 의도된 묵시적 이미지의 한 부분으로 보인다. 이러한

New Testament Interpretation: Essays in Honor of Otto A. Piper, ed. William Klassen and Graydon F. Snyder(London: SCM Press, 1962), pp. 23-37.

이미지가 사용되는 구절들에서 하나님은 그의 백성들로부터 동떨어진 소원한 관계로 비쳐질 수 있겠지만, 그럼에도 불구하고 그는 그들에게 "우리 하나님"(계 7:12)이시다. 그의 백성들과 함께 하시는 하나님에 대한 묘사에서 하나님은 눈물을 그 눈에서 닦아 주시는, 돌보시는 어머니나 보모 같은 분이시다(계 21:4); 이것은 그의 백성을 위해 보살피는 목자로서 행하시는 어린 양에 대한 언급과 연결되어진 것이다(계 7:17). 하지만, 교회가 경험했고 또 두려워하는 억압의 상황 속에서 하나님의 전능하심과 궁극적으로 역사를 주관하심에 대한 강조는 자연스럽고 또 필수적이다.

그러한 하나님과 어린 양에 대한 합당한 반응은 예배이다; 하나님의 천상 보좌 앞에서 계속적으로 일어나고 있는 일들은 이 세상 군왕들을 숭배하라는 시험에 맞서고 있는 땅에 있는 믿는 자들을 위한 패러다임(paradigm)으로 이해되어야 할 것이다.

예수 그리스도, 메시야 그리고 증언. 하나님과 함께 동일하게 중심이 되는 분은 그리스도이며, 구약의 메시야론(messianology)에서 취해진 메시야, 인자, 유다 지파의 사자(Lion) 등 다양한 역할들로 묘사되지만, 무엇보다도 죽임을 당한 어린 양으로 많이 서술된다; 놀랍게도 그를 가리키는 이 명칭은 26번이나 이 책에서 사용된다. 어린 양의 은유는 아마도 메시야적 심상에서 취해진 것 같지만, 여기서 그 어린 양이 죽임을 당했다(계 5:6, 12; 13:8; 참고. 계 12:11)는 사실은 강력하게 희생제물의 이미지를 불러일으킨다. 신약성서의 다른 곳에서와 마찬가지로, 예수는 죽음에서 살아나 승귀했지만, 그는 여전히 죽음의 흔적을 지니는데, 그 상징적 의미는 그 희생의 효력이 영원히 지속된다는데 있다. 또한 하나님께 사용된 표현이 또한 그에게도 사용되었다; 하나님처럼 그 또한 처음이자 마지막이다. 그래서 그는 하나님 다음으로 가장 높은 존재가 아니고, 하나님의 장래 계획을 실행에 옮기도록 형성된 그 두루마리를 열 수 있는 유일하게 자격을 갖춘 분일 뿐만 아니라 그는 하나님과 동격이며, 하나님을 "내 아버지"(계 2:27; 3:5, 21; 참고. 계 1:6; 14:1)로 부른다. 그는 하나님과 동일한 방법으로 찬양받고 경배된다; 그들은 같은 보좌를 사용하며(계 22:1,3), 또한 그들 두 분은 자주 함께 연결되어 등장한다(계 5:13; 참고. 계 12:10). 그러므로 계시록의 기독론은 예수에게 부여한 지위 면에서 신약성경의 다른 어떤 책과 비교해도 결코 뒤지지 않는다.

예수는 또한 순교자 안디바(Antipas)에게 사용되었던 문구였던, 충성된 증인으로 묘사된다. 그는 죽기까지 충성하는 모범을 보였다. 예수에 대하여 사용된 문자적 표현들이 나타나는 곳에서, 그는 폭력의 희생자인 것처럼 보이지만, 자신은 폭력을 행하지 않는다. 예수를 묘사하기 위해 호전적인 이미지가 사용되지만(계 19:11-16), 예수가 그 전쟁에 참전하고 있다는 기사는 없다. 이상한 점은 하나님께서 무시무시한 자연적 재앙을 사람들에게 가한다고 말할 수는 있지만, 그들을 대항해서 싸우시지는 않는다는 것이다.

성령; 천사들. 성령의 역할은 훨씬 부수적이다. 우리는 이미 평범하지 않은 일곱 영들에 관한 특성을 주목했는데(계 1:4; 3:1; 4:5; 5:6), 그 영들은 하나님의 성령이 다른 곳에서 가지는 기능과 동일한 기능을 가지는 것처럼 보인다. 그들은 하나님의 보좌 주위에 있으면서, 또한 세상으로 보내진다. 그것은 마치 하나님 주위를 둘러싼 천사들이 하나님의 명령을 이행하기 위해 나가는, 그 천사들의 이미지가 성령으로 바뀐 것으로 여겨질 수 있을 것이다. 성령은 이 책의 앞 부분에서 일곱 교회들에게 말하는 자로, 그리고 하나님의 약속들을 그들에게 전하는 자로 두각을 나타내지만(계 2:7; 참고. 계 14:13; 22:17),[18] 그 외에 성령은 이 책의 전개에 있어서 아무런 역할도 하지 않는다.[19]

하지만, 천사들은 매우 중요하다. 신약성서의 다른 어떤 책도 계시록만큼 천사들에 대해 많이 언급하는 책은 없다.[20] 그들은 이 책에서 주도적인 위치를 차지하며, 연속적인 심판들 시리즈의 대행자들이자 전령들로서, 인간들에게 계시를 전달하는 사자들로 행동하며, 또한 하나님의 대행자들로서 또 다른 자격을 갖는다.

한 특별한 임무가 교회들의 일곱 천사들에 의해 수행되는데, 그 천사들은

---

18) 이 시점에서 예언과 연관된 성령에 대한 언급이 반드시 포함되어야 한다(계 19:10; 22:6).

19) 그 용어의 다른 사용은 악한 영들을 언급하거나 또는 요한이 "그 영 속에" 있음을 가리킨다. 즉, 요한이 하늘에 들어가 거기서 일어나는 일들을 볼 수 있음을 의미한다.

20) 그 용어에 대한 신약성경에서의 175번의 사용 중 67번이 계시록에 있다.

그 교회들을 향한 메시지의 수신자들이다. 그들은 흔히 그 교회들의 천상의 동일한 쌍으로 일컬어지지만, 그 메시지를 전달하는, 2인칭 단수에 의해서 표현된(그러므로 그 천사 또는 전체로서의 교회에 관해 말해진 것일 수 있을 것이다), 그들의 역할은 모호하다. 의미심장하게도 메시지들은 모두 직접적으로 그 교회들의 구성원들에게 말하는 진술에서 절정을 이룬다.

악의 세력들. 우리는 하나님과 그의 대행자들을 대적하는 악의 세력들을 대한다. 우리가 계시록의 짐승론(beastology)이라고 명명할 수 있는 부분은 천사론(angelology)만큼이나 복잡하다. 악의 주된 세력은 용이며, 일명 악마 또는 사탄(계 12:9; 20:2에서 같은 의미로 사용함)으로 불리면서 하나님을 대항하는 행위를 부추기는 자이다. 그는 여인과 함께 한 아이의 환상(계 12:3)때까지 그의 모습을 드러내지 않는다. 그는 하늘에서 미가엘과의 싸움에서 패배하고 땅으로 내쫓기어, 하나님 앞에서 하나님의 백성들을 참소하는 일은 멈추지만 이제 땅에 있는 교회를 핍박할 수 있게 된다. 그의 동맹자들은 두 거친 동물들 또는 "짐승들"로 묘사되며, 그들은 그리스도의 능력을 흉내 내기 위해 사탄적인 영감을 받고, (두 번째 짐승의 경우) 그의 선지자들의 역할을 모방하는데, 그들이 협력하여 전체주의적 권력을 세상에 휘두른다. 하나님처럼 그들도 자신들의 명령에 순종할 놀라운 초자연적인 대행자들을 가진다. 하지만 그들은 하나님의 통치 아래 머물러 있다; 자주 그것이 주어졌다(it was given)는 동사의 사용이 뜻하는 바는 하나님에 의해서 그들에게 허용되었다는 것이다(예. 계 6:2, 4, 8, 11).[21] 그들이 만드는 세상은 하나님과 그의 증인들을 대적하는 것이어서, 그 세상의 역할 역시 핍박자로서의 성격을 나타낸다. 하지만, 동시에 세상은 계시록 18장에 기록된 그 삶의 방식으로 인해 맹렬히 정죄받는데, 18장에서 세상은 고대 바벨론처럼 경제적으로 풍성한 도시로 특징되며, 무역에서 뿐만 아니라 그 폭력성과 사악함, 특히 하나님의 백성을 박해하는 면에서도 악의로 가득 찬 도시라는 것이다. 이런 관점에서 세상을 황제 치하의 로마로 이해하는 것은 어렵지 않았을 것이다.

교회. 이러한 상황 가운데 우리는 뚜렷이 구분되는 두 부류의 사람들을

---

21) Grant R. Osborne, *Revelation* (Grand Rapids, Mich.: Baker, 2002), p. 32.

대하는데, 한 편은 어린 양을 따르는 자들이고 또 다른 한 편은 사탄적 세력들의 유혹과 시험에 굴복한 자들이다. 이들 두 그룹은 하나님의 명령에 의해서 그 구성원이 결정되어 나뉘어진 것이 아니다. 거기에는 경건치 않은 자들에게 회개를 요청함이 있으며, 또한 이러한 요청이 진정한 것이 아니라는 표시는 어디에도 없다. 또한 교회들 안에 있는 사람들이 배교의 시험에 굴복하게 될 수 있다는 두려움도 있다: 만약 이 위험이 실제가 아니라면 이 책이 쓰여질 필요가 거의 없을 것이다. 동시에, 어린 양을 따르는 자들은 심판이 있기 전에 하나님에 의해서 인쳐진 자들이다. 그들의 이름은 창세 이후로 생명책(계 13:8; 17:8)에 기록되어 있다.[22] 하지만, 계시록 3:5에서 이름들을 생명책에서 지우지 않겠다고 말하는 것은 어떤 이름들은 지워질 수 있음을 암시한다. 우리는 여기서 신약성경의 잘 알려진 긴장을 대한다: 인내하도록 요청하는 것과 하나님의 보호하심의 확신 사이의 긴장 ― 구원에 이르는 보장된 견인(perseverance)이나 또는 반대로 두려움 속에서의 불확실성을 지지하기 위해 그 긴장을 완화시켜서는 안 될 것이다.

결과적으로, 가장 중요한 요소는 신자들이 시험과 핍박에 맞서서 성공적으로 그것에 저항하여 정복하거나 또는 이겨야 한다는 점이다. 요한에게 있어서 필수적인 것은 단지 신자가 되는 것뿐만 아니라 불신앙의 시험들도 이겨내야 한다는 것이다. "믿는다"라는 동사는 계시록에서 사용되지 않지만, 형용사 **충성된**은 예수(계 1:5; 3:14; 19:11)와 관련해서, 그리고 신자들(계 2:10, 13; 17:14)과 관련되어 사용된다.

이것이 암시하는 바는 신자들이 자신들을 적의 세력들에 의해 포위된 고립된 상태(ghetto)로 여겼고, 마치 유대인들이 나치(Nazi) 치하의 독일에서 경험했던 것처럼, 아마도 이러한 현상을 거의 피할 수 없는 운명으로 이해했던 것 같다. 그 곳은 바로 죄악되고 불경건한 생활방식과는 타협할 수 없는 세상인 것이다.

요한은 다른 지역들에 위치한 회중들을 예견한다.[23] 그들의 최우선적인 임

---

22) 계 13:8에서 이 문구가 가리키는 것이 죽임을 당한 어린 양인지 아니면 이름들이 기록된 생명책인지가 분명치 않다; 계 17:8에서는 후자임에 틀림없다.

무는 예수를 증거하는 것이며, 그들의 메시지의 내용은 "하나님의 말씀과 예수 그리스도의 증거"(계 1:2)이다. 그러므로 교회는 선교적 사명을 가진다. 그 회중들 가운데는 선지자들의 활동이 활발하며, 요한이 그 탁월한 모범이 되지만(계 1:3; 참고. 계 22:9), 거기에는 또한 거짓 선지자들이 참 선지자들과 나란히 섞여 있다(계 2:20). "이세벨" 외에 다른 어떤 선지자의 이름도 일곱 교회에 보낸 메시지들 안에 언급되어 있지 않지만, 교회 증언의 선지자적 특성은 나중에 충분히 명확해진다(계 11:18; 16:6; 18:24). 거기에는 또한 "사도들"(계 2:2에서는 거짓 사도들)에 대한 언급이 있는데, 계시록 18:20에서 그들은 성도들 및 선지자들과 연결되어 있다. 이들은 열두 사도들과 구별되어야 할 것이다(계 21:14). 거기에는 세례와 주님의 성만찬을 나타내는 표현의 반향들(echoes)이 있지만, 직접적인 언급은 하지 않는다(계 3:20; 7:14; 22:14).

활동. 앞에서 우리는 주된 인물들을 살펴보았으니, 이제 그들이 어떤 활동들을 하는지 질문할 수 있을 것이다. 우리가 대하는 것은, 사악한 세상이 하나님에 대한 아무런 인식 없이 세상 그 자체의 본업인, 복음을 믿는 자들의 증거를 거절함과 그들을 죽음에 넘기는 일에 열심내는 모습이다. 심지어 유대인들이나 혹은 그들 중 일부는 사탄의 회당이라고 불릴 수도 있을 것이다. 이 세상은 악한 영향력에 노출되어 있으며, 그 악한 세력에 의해 지배를 받게 된다. 하지만 더 중요한 세상의 악함으로 인해 세상 위에 여러 가지 형벌을 내리시는 하나님의 역사하심이다. 계시록의 본론이 서술하는 것은, 세상에서 일어나고 있는 여러 가지 끔찍한 재앙들의 연속이고, 그것들 가운데 몇몇은 현대적인 사고체계 내에서 더 쉽게 생각할 수 있는 것들이지만, 일부 다른 것들은 상상하기조차 어려운 형태로 설명된다. 거기에는 초자연적 요소들이 책 전반에 걸쳐서 강하게 나타나, 문자적으로 의미하는 것과 오직 상징적인 의미만을 나타내는 것 사이의 경계를 정하기가 어렵다. 이 재앙들은 사람들에게 마지막 심판에 대해 경고하는 예고의 성격을 지니는 것으로 보

---

23) 일곱이라는 숫자는 정해지지 않은 교회들의 숫자를 나타내기 위해 상징적으로 쓰여진 것임에 틀림없다.

이며, 또한 만일 그들이 회개하지 않는다면 비참한 상태에 처하게 될 것이라고 말함으로써 그들을 일깨울 의도를 지닌다. 하지만, 우리는 오히려 그들이 회개한다는 소식을 거의 듣지 못한다.[24] 이 책은 악한 세력들과 그들에게 굴복했던 자들이 멸망당하는 마지막 심판에서 그 내용의 절정을 이룬다.

마지막 심판의 성격은 여러 가지 다른 종류의 비유적 표현들로 묘사된다. 대부분 그 이미지는 파괴와 죽음에 관한 것이다; 어떤 곳에서는 마귀와 그의 연루자들이 영원히 밤낮으로 괴로움을 받을 불 못이 있고(계 20:10), 또한 생명책에 그 이름이 기록되어 있지 않은 자들 역시 그곳으로 던져진다(계 20:15). 비록 후자들이 마귀와 그 공범자들처럼 같은 방법으로 괴롭힘을 받게 될 것이라고 명확히 말해지진 않지만, 이 형벌이 그들에게도 해당된다는 것은 적당한 추론일 것이다. 그러므로, 질문할 바는 고통받는 것이 주도적인 이미지인지 아니면, 더 그럴듯하게, 죽음과 멸망의 이미지들이 이 이야기를 주도하는지의 문제이다.[25]

동일하게, 하나님의 백성들의 마지막 목적지도 다양한 비유적 표현에 의해 설명된다. 사람들은 어린 양의 혼인잔치에 초대되는데, 신부와 내빈들은 동일한 인물들이다. 거기에는 거룩한 도성이 있고, 그 도성은 한 신부로 비유되며 또한 그 신부와 동일시된다(계 21:2, 9-10). 그 도성은 하늘에 있기보다는 새 땅 위에 임하게 되며, 하나님과 어린 양이 그 도성에 거하심으로, 그것은 마치 하늘과 땅이 합쳐진 것처럼 보인다. 그 도성에 대한 묘사는 천상세계의 상징적 표현으로서, 구약에서 그 모티프들이 취해진다. 그 예로 생명 나무는 원래 에덴 동산의 거주자들은 먹지 않았던 것이지만, 이제 그 맺혀진 열매는 취해질 수 있게 된다. 그 도성의 모습에 관해서, 요한은 그 도성

---

24) 회개의 가능성이 실제로 예견된 것인가 아니면 그렇지 않은가의 문제가 논의되고 있다. 계 11:13이 참된 회개를 지지한다는 결론은, Osborne, *Revelation*, pp. 433-35 의 논의를 참고하라. 그러나 이것은 모든 사람들이 각각 회개하는 것이 예견되었다는 의미는 아니라고, Richard J. Bauckham, *The Theology of the Book of Revelation* (Cambridge: Cambridge University Press, 1993), pp. 139-40 에서 분명히 제시한다.

25) 문자적으로 영원한 고통과 영원한 죽음/멸망은 서로 양립할 수 없다.

바깥 지역에 성도들과 죄인들이 거하는 영역이 있음을 말하고 있다: 전자는 그 도성에 들어가지만, 후자는 제외된다. 이 비유적 표현은 또한 그 악과 불 못에 있는 죄인들의 모습을 일치시킨다. 이러한 표현들은 두 개의 결정적으로 다른 심판의 실체가 있음을 보여주는 것이든지, 아니면 아마도 바깥에 있는 사람과 안쪽에 있는 사람의 차이는 지리적 차이가 아닌 시간적 차이를 나타내는 것으로서, "지금" 바깥에 있는 사람들이 복음에 반응할 수 있는 때와, 반응하는 자들이 그 도성에 실제 들어간 "그 때" 사이를 의미한다는 견해가 있는데, 전자나 후자 둘 중에 하나를 뜻할 것이다.

요한에게 있어서 이러한 활동들은 곧 일어날 것들이다(계 1:1; 4:10). 이 책의 마지막 말씀은 예수가 곧 오신다는 점을 강조한다(계 22:20). 그러므로 이 책은 일반적인 신약성서의 믿음인 세상 종말이 가까웠다는 부분을 함께 나눈다. 참으로 가까운 것은, 죄와 죄에 대한 심판들, 교회의 증언과 그것에 대한 핍박, 교회의 실패들과 그것을 개혁하고자 하는 시도들로 점철된 역사로 보여질 수 있는, 이 책에 기록된 그런 종류의 인간 사회이다. 하지만 그 종말의 시기는 여전히 알려지지 않은 채 남아있다.

참고문헌

New Testament Theologies: (English) Ladd, pp. 669-83; Morris, pp. 292-97; Strecker, pp. 515-45; Zuck, pp. 167-242 (*passim*). (German) Gnilka, pp. 398-420; Hahn, 1:448-75; Hübner, 3:206-15; Stuhlmacher, 2:199-286 (*passim*).

Aune, David E. *Revelation.* Vol. 1, Dallas: Word, 1997; vols. 2 and 3, Nashville: Nelson, 1998.

Bauckham, Richard J. *The Theology of the Book of Revelation.* Cambridge: Cambridge University Press, 1993.

Beale, G. K. *The Book of Revelation.* Grand Rapids, Mich.: Eerdmans; Carlisle: Paternoster, 1999.

Beasley-Murray, George R. *The Book of Revelation.* London: Oliphants, 1974.

McKelvey, R. J. *The Millennium and the Book of Revelation.* Cambridge: Lutterworth, 1999.

Minear, Paul S. "The Cosmology of the Apocalypse". In *Current Issues in New Testament Interpretation: Essays in Honor of Otto A. Piper.* Edited by W. Klassen and G. F. Snyder, pp. 23-37. London: SCM Press, 1962.

Osborne, Grant R. *Revelation*. Grand Rapids, Mich.: Baker, 2002.

Smalley, Stephen S. *Thunder and Love: John's Revelation and John's Community*. Milton Keynes: Nelson Word, 1994.

제 23 장

요한의 복음서, 서신서, 그리고 계시록

일반적으로 요한의 신학이라고 불리는 것에 대한 중요한 증언은 요한복음 그 자체이다. 요한복음은 서신서와 가장 밀접하게 연결되어 있고, 아무도 이 문서들이 서로 관련되어 있음을 의심하지 않는다. 문제는 계시록에 있다. 계시록은 그 장르에 의해 분리되며, 또한 그 자체로도 독특하다. 우리는 요한의 신학과 신약의 나머지 책들과의 관계를 살펴보기 전에, 먼저 요한신학의 잠재적 구성요소들 간의 신학적 관계성에 대해 간단히 논의할 필요가 있다.

요한의 복음서와 서신들

우리가 살펴보았듯이, 현재의 경향은 요한복음과 그 서신서의 저자가 다른 것으로 생각하며, 흔히 그 책들을 여러 단계를 거친 요한 공동체의 발전에 수반된 부산물로 여기는 가설들을 받아들인다. 설령 다른 저자들의 작품이었다 할지라도, 그럼에도 불구하고 만일 우리가 이 책들의 각기 다른 목적과 장르를 유념한다면, 요한복음과 요한1-3서 사이에 진정한 신학적 동일성이 있음을 알 수 있다. 또 두 저술은 공통된 신학적 용어와 표현방식을 공유하고 있다.

그 복음서는 요한일서보다 신학적으로 더 풍성한데, 이는 단순히 복음서의 내용이 더 길기 때문만이 아니라 그것이 사용하는 풍부한 비유적 표현들과 논의된 항목들의 폭 때문이기도 하다. 요한일서는 훨씬 한정된 주제들에 초점을 맞춘다; 그것은 대개 교회 내에서 오류를 범할 수 있는 것들과 관련되어 있는, 본질적인 논점들이 되는 그리스도를 부인함이라든지, 죄를 범하지 않는다고 주장함, 형제 사랑의 부족함, 그리고 미심쩍은 영적인 관계들에 집중한다. 이러한 염려에서 시작한 그 편지는 긍정적인 신학과 생명의 길을 그 독자들에게 제시한다. 그것은 요한복음에 나타난 그런 종류의 신학을 구체적인 문제들에 적용하는 것으로서, 복음서의 신학을 발전시키고 있다고 이해될 수 있다.

그 서신은 요한복음의 서론을 반향하는 기독론적 진술로 시작하면서, 암시적으로 예수와 동일시되는 그 생명의 말씀에 대한 계시의 실체를 확립한다. 하지만, 이 부분에서는 어떤 문제들에 대한 아무런 암시도 없다. 그 다음 부분에서 죄를 범하지 말아야 함의 중요성 및 자기가 행한 죄를 부인하는 것의 위험을 다룬다. 신자들의 삶은 하나님과 그리스도와 교제하는 삶으로 이해되며, 그리스도의 명령에 적극적으로 순종하는 삶으로 특징된다. 그 어조는 범죄치 말라는 격려와 함께, 하나님께서 예수 그리스도의 중보에 응답해서 신자들의 삶 속에서 범한 죄를 용서하신다는 긍정적인 약속과 연결된다. 이 묘사는 복음서와 일치하는데, 요한복음에서 신자의 삶은 영적인 상호 내주(indwelling)의 관계라는 점에서 설명되며, 또한 제자들은 예수의 계명들을 따라 살도록 기대된다(요 13:34; 14:15, 21; 15:10-12)는 점에서 그러하다. 그러나 죄에 빠지는 것에 대한 위험은 그 복음서보다는 요한일서에서 더 많이 언급된다.

쟁점이 된 그 특별한 계명은 바로 다른 신자들을 사랑하라는 계명이며, 이것은 서로 사랑하라는 근본적인 계명에서의 단순한 발전이다. 세상에 대한 가르침은 복음서와 긴밀히 연결되어 있으며, 거기서 세상은 인간의 삶의 영역으로서 어둠과 죄로 특징지어지지만 여전히 하나님의 사랑과 관심의 대상이다. 우리는 본질적으로 동일한 종류의 이원론적 표현을 요한의 복음서와 서신서에서 발견한다.

한 가지 새로운 특징은 적그리스도에 대한 경고인데(요일 2:18), 그것은 요한복음에서는 예고되지 않는다; 그 복음서와 첫째 서신은 이 세상 임금으로서 마귀의 활동에 대해 잘 알고 있지만, 오직 그 서신에서만 그리스도를 부인하는 적그리스도들에 대한 개념이 나타난다. 또한 우리는 여기서 죽음에 이르는 죄의 개념을 언급할 수 있는데, 일반적으로 그것은 배교와 동일시된다; 그 구원자를 명백히 부인하는 자들은 구원받을 수 없다. 그러한 죄와 이 세상에 속함 사이의 긴밀한 관계는 요한일서 5: 18-19에 나타난다.

이제 가장 중요한 부분인 기독론을 대한다. 우리가 보았듯이, 요한이 반박하는 것이 유대인들의 예수가 메시야임을 부인함인지, 아니면 하나님의 아들이 참으로 성육신하셨음을 거부함인지에 관한 논의가 있다. 우리가 대하는 경고는 예수를 하나님의 아들로 받아들이지 않는 자들은 그로 인해 성부 하나님도 역시 그들을 거절할 것이라는 충고다(요 5:23처럼). 만일 우리가 그 복음서에서 메시야로서의 예수의 정체성을, 하나님의 아들이라는 점에서 해석된 메시야 직분과 밀접하게 관련되었다고 이해한다면(참고. 요 1:49; 10:24/36; 11:27; 20:31), 우리는 요한일서에서 발견되는 그러한 종류의 부인(denial)이 본질적으로 예수에 대한 동일한 부인임을 알 수 있게 된다. 그 복음서와 첫째 서신은 예수에게 하나님이라는 칭호를 사용할 준비가 되어 있다(요 1:1; 20:28; 요일 5:20).

요한일서에서 그리스도의 죽음에 대한 이해는 요한복음에서 그것에 대한 이해와 다르다고 여겨져 왔지만, 이 견해는 그 복음서의 가르침에 대한 그릇된 설명에 근거하고 있다. 첫 번째 서신이 예수의 죽음에 대한 대속제물적 성격을 더 많이 강조하는 것은 사실이지만(요일 2:2; 4:10), 그것은 예수의 죽음이 하나님의 사랑 표현(요일 4:10)이라는 요한복음이 교훈하는 것과 같은 가르침의 문맥에서 강조되며, 또 예수가 죄를 담당하고(요일 3:5) 우리를 위하여 그의 목숨을 버렸다(요일 3:16)고 진술한다. 양쪽의 글에서 예수의 피는, 비록 그 주제(motif)는 다른 방식으로 전개되지만, 동일하게 중요한 위치를 차지한다.

요한일서에서는 예수의 부활은 언급하지 않지만, 그럼에도 불구하고, 예수가 하늘에 거하며 성부 하나님께 나아가신다(요일 2:1)는 것과 신자들이 그와 영적인 교제를 가질 수 있다는 사실을 당연하게 여긴다.

성령으로 기름 부으심에 관한 진술들(요일 2:20, 27)은 신자들에게 성령이 주어지고 있는 것에 대한 그 복음서의 가르침(요 7:39; 20:22)을 새로운 은유 사용을 통해 표현하는 것이다.[1]

신자들의 성화의 주제(요 17:17; 요일 3:3)는 그 복음서나 서신서에서 발전되지 않지만, 요한복음에서는 예수를 따르는 자들의 죄에 관한 논의가 없는 반면, 서신서는 이 문제와 관련이 있다. 이것은 분명히 우발적인 상황을 다루기 위해 발전한 경우이다. 또한 신자들이 그리스도처럼 될 것이라는 미래적 소망은 새로운 것이지만, 그것은 요한복음 17장의 진술들에서 추론되었을 수 있는데, 거기서 예수는 제자들에 관해서 그와 함께 있을 것이고, 그의 영광을 볼 것이며, 아버지께서 그에게 주신 그 영광을 받게 될 것이라고 말한다(요 17:20-24).

하나님이 신자들을 지키고 보호한다는 사실은 양쪽의 글에서 공통적으로 나타난다(요 10:28-29; 요일 5:18).

이 모든 것을 통해 볼 때 서신서의 저자는 복음서의 신학적 표현을 유지하고 있다. 나는 복음서 기자(Evangelist)가 서신서 기자와 심각한 이견을 보이면서 말하기를, "아니야, 그것은 옳지 않아"라고 할 어떠한 특별한 항목도 발견할 수 없다. 복음서에 의해 추론된 사상의 틀 안에서, 그 서신은 근본적으로 같은 신학적 입장을 가지고 그 나름대로의 적용을 적절하게 발전시킨다.

그러므로 여기서 주장하고자 하는 바는, 그 복음서와 서신서 사이의 차이점들은 그 복음서에 의해 본질적으로 규정된 신학적 구조 내에서 생길 수 있는, 누구나 예상할 수 있는 그런 정도라는 것이다.[2] 그러므로, 우리는 요한 신학과 신약의 다른 부분들의 신학을 비교할 때 그 복음서와 서신서를 함께 사용할 수 있다.

요한의 계시록

---

1) 그것은 신자들과 관련해서 고후 1:21에서도 사용된다.

2) 이러한 신학적 비교들이 나타나는 다른 곳에서와 마찬가지로, 여기서 우리가 그 문서들 간의 내용 및 표현에 나타나는 더 부수적이고 애매한 차이점들이 있음을 부인하는 것은 아님을 강조함은 중요하며, 이 차이점들은 그 주제를 더 충분히 다룰 때 취급되어야 할 것이다. 단지 우리는 그들 사이에 본질적인 신학적 동일성이 있음을 말하고자 함이지, 그러한 차이점들이 있음을 의심하는 것은 아니다.

계시록과 요한 문헌. 계시록과 요한의 복음서 및 서신서와의 관계에는 문제가 있어 보인다. 비록 한 사람의 같은 저자가 처해진 상황에 따라 다른 방법으로 자신을 표현하는 것이 불가능한 것만은 아니지만, 생각하는 방법에 나타난 매우 현저한 차이들은 이러한 가능성들을 제외시키는 것 같다.[3] 문제는 계시록이 다른 신약의 문서들보다도 오히려 요한의 복음서 및 서신서와 더 가까이 연결되는 한층 심화된 유사점을 가지고 있느냐는 것이다.[4] 가장 심층적인 측면에서 볼 때, 거기에는 물론, 모든 신약의 저자들에 의해 공유된 기독교적 실체(reality)에 대한 이해가 있으며, 그 실체 또한 그들이 예수를 성부 하나님과 함께 계시는 존재로 또 신자들을 죄로부터 구원하시는 구주요 부활과 새 생명의 소망의 근원으로 이해하는 것에 의해 형성된다. 이로 인해 다양한 신약의 책들은 함께 묶여져서 신앙을 위한 공통된 핵심사항들을 반영하게 된다. 그러나 그런 다양한 신학적 표현의 통일성 가운데는 어느 신약의 책과 더 밀접한 관계가 있는가에 대한 질문이 생긴다: 계시록은 신약의 다른 책들보다 요한 문헌과 더 가까운가? 신학적 지도상에서의 계시록의 위치를 어디서 찾을 것인가?

가장 큰 문제는, 계시록을 그 복음서 및 서신서로부터 뚜렷이 구별시키는, 계시록의 내용 및 그 묵시론적인 장르(the apocalyptic genre)에 있다. 이 특징은 이 책의 본론을 공관복음서와 데살로니가후서, 그리고 그 외의 책들의 종말론적인 부분들에서 발견되는 전통들과 긴밀히 연결시킨다. 1세기 후반에 핍박이 증가하고 또 유대 전쟁을 치르는 위급한 시대상황 속에 있는 초대교회의 입장에서 볼 때 이러한 문헌들은 분명히 중요했다. 이러한 종말론을 다룬 주제들의 발전은 계시록에서 두드러지게 나타난다. 그럼에도 불구하고, 묵시문학적인 방식으로 생각하는 것이 다른 방식들로 사고하는 것과 공존할 수 있음은 충분히 상상할 수 있는 일인데, 이는 아마도 외부의 압력의

---

3) Grant R. Osborne, *Revelation* (Grand Rapids, Mich.: Baker, 2002), pp. 2–6.

4) Stephen S. Smalley, *1, 2, 3 John* (Waco, Tex.: Word, 1984), pp. 35–73 (cf. Stephen S. Smalley, *Thunder and Love: John's Revelation and John's Community* [Milton Keynes: Nelson Word, 1994])를 살펴보라. 여기서 Smalley는 계시록의 저술은 요한에 의한 것이며, 복음서와 서신서들은 요한의 제자들에 의한 것이라고 주장한다.

강도에 따라 일정 기간 동안 다른 시점에서 다르게 표현되었을 것이기 때문이다.

이것의 구체적인 예는, 두 가지 형태의 기독교 견해를 대표하는 찬송시 두 편을 나란히 비교한, 월버트 프란시스 하워드(Wilbert Francis Howard)에 의해 제시된다. 그는 첫째 찬송을 "기독교적 신비주의"(Christian mysticism)라고 불렀다:

> 열어주소서 주님 내 마음의 귀를,
> 내 마음에 명하사 기뻐하라 하소서;
> 내 고요한 심령에 명하사 듣게 하소서
> 당신의 평온한 음성을;
> 결코 회오리 바람 속에서 찾지 못하며,
> 지진이 이는 바위에서도 아닌,
> 세미하고 잠잠한 그 음성,
> 당신의 은혜의 속삭임이어라.

둘째 찬송은 "희석되지 않은 유대 묵시"(undiluted Jewish apocalyptic)이다:

> 오소서 열방의 정복자시여,
> 이제 당신의 백마가 나타나;
> 지진들 기근들 그리고 황폐함들
> 당신의 나라 가까움을 뜻하네;
> 진실되고 충성되신 이시여!
> 당신의 통치 여기에 나타내소서.

그 인용문의 핵심은 두 시가 다 같은 저자, 찰스 웨슬리(Charles Wesley)에 의해 1742년과 1759년에 각각 지어졌다는데 있다.[5] 월버트 하워드(Wilbert Howard)가 이러한 예를 든 것은, 이와 같은 방식으로 예수도 그의 가르침에서 신비주의(Mysticism)와 종말론을 같이 사용할 수 있었음을 주장하기 위함이다. 우리도 한 명의 신약성경 저자 또는 기독교 신학의 한 학파의 견해에서 그와 같은 혼용을 발견할 수 있음을 주장하기 위해서 앞의 두 시를 사용할 수 있다.[6] 그러므로, 아마도 넓은 범위에서 계시록을 요한의 기독교 사상으로 수용하는 것은 불가능한 일이 아닐 것이다. 요한복음과 서신들에서 보여진 요한 신학의 주류와 함께, 우리는 묵시론적 사고가 녹아 들어 있는 또 하나의 지류를 가지게 되는 것 같다.

그러므로 계시록이 신약의 다른 어떤 부분보다도 요한의 기독교 사상과 자연스럽게 어울린다고 주장하는 것은 정당화될 수 있는가? 그 대안은, 계시록은 그것의 주된 영감(main inspiration)이라는 면에서 신약의 다른 부분에 속하지만, 역시 요한의 사상에 이차적으로 영향을 입었다고 주장할 수 있다는 것이다.[7]

몇 가지 공통된 특징들이 주목된다. 첫째, 예수 그리스도를 하나님의 어린 양으로 부르는 명칭이 계시록에서 현저하게 나타나는데, 이 명칭은 요한복음 1:29, 36에서도 그대로 사용된다(참고. 행 8:32; 벧전 1:19). 두 경우에서 그 비유적 표현은 희생 제물에 관한 것이다. 하지만 거기에는 그 유사성이 끝남도 인정되어야만 한다. 두 개의 다른 헬라어 단어들이 사용되는데, 요한복음에서는 '암노스'가, 그리고 계시록에는 '아르니온'(또한 요 21:15에서 그리스도의 양 떼로 사용됨)이 사용되고 있으며, 전자는 어린 동물을 의미하는 반면 후자는 다 자란 동물을 가리키는데 사용되는 단어다(계 13:11). 더욱

---

5) Wilbert Francis Howard, *Christianity According to St. John* (London: Duckworth, 1943), pp. 201-4.

6) 또한 누구나 이 두 가지 형태의 사상의 공존을 현대 기독교 형제단 그룹의 신학과 설교 내에서 비교할 수 있는데, 그 사상은 전통적으로 떡을 떼기 위한 그들의 예배에서 그리스도의 죽음에 초점을 둔 그들의 열성적인 영성과 그들의 세대주의 신학과의 결합과 함께 나타난다. 그들은 그 둘 사이의 부조화를 발견하지 못하는데, 이는 그들이 그 둘 모두를 성경에서 이해하기 때문이다.

7) Hanna Stettler, *Die Christologie der Pastoralbriefe* (Tübingen: Mohr Siebeck, 1998), pp. 325-28에서 어떻게 Hanna Stettler가 목회 서신에서 요한의 전통들로부터 온 영향을 발견하는지 비교해 보라.

이, 요한복음에서 두 번 언급되는 그 문구는 "하나님의 어린 양"인데 반해, 계시록에서 그 용어는 "어린 양/그 어린 양"으로만 절대적으로 사용된다. 끝으로, 비록 그 용어가 예수의 죽음에 관한 중요한 신학적 의미를 형성하는데 사용됨에도 불구하고, 그 복음서의 기독론에 있어서는 그리 중요하지 않다. 그 복음서에서는 다른 용어들이 더 중요한 반면, 계시록에서 그것은 가장 중심이 되는 부분이다. 그러므로 계시록에서 그 용어의 중요성과 의미는 아주 분명하다.

둘째, 또 다른 연결은, 계시록 19:13에서 그리스도를 나타내는 "하나님의 말씀"이라는 명칭을 사용하여 나타내는데, 이는 요한복음 1:1-14과 요한일서 1:1-4에서 사용된 "말씀"과 같은 용례를 보여준다. 그리스도를 나타내는 이 명칭은 신약의 다른 책들에서는 사용되지 않는다. 하지만 거기에는 다시 중대한 차이점들이 있다. 요한복음과 요한일서에서 그 용어는 시작 부분에 두드러지게 위치한다. 요한복음에서 그것은 절대적으로 사용되지만, 계시록에서는 "하나님의 말씀"으로 한정된다(참고. 요일 1:1, "생명의 말씀"). 요한복음 1장에서 그 말씀의 용례를 이해하기 위해 필요한 그 풍부한 배경이 계시록 19장에서도 요구되는지는 명확하지 않다.

셋째, 또 다른 중요한 관련은 "나는 이다"(계 1:17; 2:23; 21:6; 22:13, 16) 진술의 사용이지만, 계시록에서 그 술어들의 사용은 그 복음서의 것들과 다르다. 하지만, 그 복음서에서 신적 자아확인(a divine self-affirmation)으로 나타나는 "나는 [그]이다"의 사용이, 계시록에서 하나님에 의해 사용된 표현인 "나는 알파와 오메가라, 처음과 나중이요, 시작과 끝이라"(계 1:8)와 함께 병행된다는 점은 주목해야만 한다.

넷째, 구원이라는 의미를 내포하기 위해 사용된 표현 또한 요한의 용례와 연결점들을 가진다. **생명**이라는 용어는 두 책들에서 폭넓게 사용된다. 하지만 또한 이 단어는 신약 전체를 통해서 보더라도 많이 쓰이고 있으므로 독특한 것으로 간주할 수는 없다. 구원을 나타내는 "물"의 은유적 사용은 요한복음과 계시록에서 발견되며, 전자(요 4; 7:38)에서는 주제에 따라 사용되며 후자(계 7:17; 21:6; 22:1, 17)에서는 부차적으로 사용되지만, 다른 신약의 책들에서는 발견되지 않는다; 관련된 은유적 표현인 **목마름**은 양쪽 책들에서 공통적으로 사용된다(요 4:13-15; 6:35; 7:37; 계 7:16; 21:6; 22:17). 계시록이 **떡**은 언급하지 않지만, 만나의 이미지는 가지고 있다(계 2:17; 참고. 요 6:31, 49). 두 책들은 구원 및 하나님의 백성들에게 주어진 축복들을 설명하기 위해 다양한 종류의 비유적 표현을 사용하는 것이 특징적이지만, 그렇게 하는 방식에 있어서는 각각 그들 자신의 방법을 취한다. 그리스도의 오심에 대한 비유적 표현이 문을 통해서 그리고 신자들과의 식탁 교제를 가지는 것(계 3:20)으로 묘사된 것은 요한복음에서 신자 안에 거하시는 모습과 다르지 않다(요 14:23).

그러나 거기에는 또한 차이점들이 있다. 요한복음에서 **아버지**의 사용이 하나님을 언급하는 중심적인 중요성을 지니지만, 계시록에서 그 용어는 오직 다섯 번만 사용되며 또한 항상 그리스도의 아버지로 한정된다(계 1:6; 2:28; 3:5, 21; 14:1). "주 하나님"을 함께 사용하는 것이 계시록에서 일반적인 반면 요한복음에서는 발견되지 않으며(하지만, 요 20:28을 살펴보라), 형용사 **전능한**(pantokrator)의 사용이 계시록에서 특징적이다(아홉 번 사용됨; 신약의 다른 부분에서 사용되는 곳은 오직 고후 6:18). 하나님을 표현하는 압도적인 묘사는 그의 보좌에 앉으신 전능한 군왕의 모습인데(또 다른 특징적인 개념임), 이 모습은 이 책의 환상적인 성격에 의해 그리고 악한 적들을 압도하는 하나님의 주권을 강조해야 하는 필요에 의해서 정해진 표현이다.

계시록에서 성령은 주로 하나님의 메시지를 전달하는 자로 역사하며(계 2:7; 14:13; 22:17), 거기에는 또한 평범하지 않은 "일곱 영들"(계 1:4; 3:1; 4:5; 5:6)에 관한 언급이 있고, 그리스도가 그것들을 붙들고 있다(계 3:1). 분명히 성령은 선지자에게 하듯 메시지들을 요한에게 전하는데, 이것은 신약성경 다른 부분의 묘사와도 일치된다.

그 복음서와 계시록에는 모두 교회가 죽음에 처할 수 있는 핍박으로 인해 위협받고 있음을 의식하고 있지만(요 15:18-16:4), 요한복음에서 이 주제는 계시록에서 중심이 되는 것과 비교해 볼 때 거의 부수적으로 다루어진다. 계시록에서 **세상**이라는 용어는 신학적 실체(entity)로서 중요한 역할을 하지 않으며, 반역자들과 믿지 않는 무리에게 임할 하나님의 심판에 대한 상세한 전개는 또한 요한복음에서 그 유례를 찾을 수 없고, 단지 그 복음서는 간단히 심판에 대해 언급할 뿐이다. 그 복음서는 미래에 어떤 일이 일어날 것인지에 대한 종말론적 진술을 하지 않는다; 이 특징 또한 요한복음을 공관복음과 구별시킨다.

이러한 사항들은 요한 신학의 특징들이 계시록의 기초를 이루고 있음을 보여주기에 충분하지만, 그 특징들은 각 권에서 일련의 관심들이 매우 다르게 표현되었다. 하지만, 거기에는 계시록의 저자가 요한이라고 말하는 중요한 항목이 있고, 또 초대 전승들의 배경에서 볼 때 계시록과 그 복음서,그리고 서신들 사이에 서로 어떤 관련이 있다는 것은 요한이 이 문헌들의 저자라는 특징을 가장 잘 설명하는 것이다.[8]

우리는 계시록의 내용들을 그 복음서와 서신들과 함께 묶어 서로 간의 동일함을 증명할 수 있다는 의미에서, 그리고 일반적으로 초대 기독교인들의 신학 범주의 하위 그룹으로서 일관성 있는 "요한 신학"을 산출하기 위해 의도적인 통합체(synthesis)를 형성하기 위한 시도를 할 때 아마도 신중해야 할 것이다. 우리는 계시록에서 표출된 견해가 어느 정도 그 복음서 및 서신들의 저자(들)와 공유했는지 정확히 알지 못하며 그 반대의 경우도 마찬가지이다. 그러므로 우리는 여기서 계시록과 신약의 나머지 책들을 간단히 비교해 보려 하며, 다음 장에 계속될 요한 신학과 공관복음서 및 사도행전 그리고 바울 신학과의 비교 부분에서 그것을 구체적으로 다루고자 한다.

계시록과 신약의 나머지 책들. 어떻게 우리는 계시록의 신학을 설명할 것이며 또 어떻게 그 책과 신약의 나머지 책들과의 관계를 이해할 것인가? 가장 눈에 띄는 이 책의 특징은 그 묵시론적 장치(the apparatus of apocalyptic)의 사용이다. 그 교회의 상황은 어린 양의 추종자들을 핍박하는 사탄적으로 격앙된 이 세상 군대와의 전쟁이라는 측면에서 이해된다; 교회를 대항하기 위해 배치된 그 군대는 세계적이고 우주적이며, 거기에는 살아 남을 수 있는 인간적인 희망이란 없다. 고통과 순교의 위협이 점점 확대되어 온 땅에 가득하다. 그래서 이 책의 부분적인 메시지는 배교의 유혹에 빠지지 않도록 경고

---

8) 계시록이 신약성경의 다른 부분들과 신학적으로 더 밀접히 연결되었는지에 관한 질문이 생긴다. 나는 그 연관성을 명확히 표시하는 그 어떤 것들도 알지 못한다.

하는 것이고, 또 핍박 가운데 있는 신자들에게 하나님이 그들의 편이심을 확신시켜 죽음에 이른다 할지라도 변절하지 않도록 격려하고자 함이며, 또한 그들에게 하늘에 상급이 있음을 확신시켜 계속해서 충성하도록 하게 하려 함이다. 동시에 그들을 대적하던 그 세력들은 하나님에 의해 심판을 받을 것이며 궁극적으로 완전히 멸망할 것임을 분명히 밝힌다. 그 대적자들을 심판함은 하나님의 백성들의 신원을 풀기 위해 반드시 있어야 하는 하나님의 승리의 한 부분이다. 매번 애써 훈계했음에도 불구하고 회개하기를 거부하는 박해자들의 반항에 대해 심각하게 강조하고 있다. 그 함축된 의미는 하나님이 그 대적들보다 훨씬 더 강하신 분이시므로 신자들은 최후 승리를 확신해도 된다는 것이다.

그 당시 상황을 묵시론적 범주에서 이해하는 것은 아마도 억압받고 위협당한 교회가 할 수 있는 유일한 선택이었을 것이다. 그 때 실제로 심한 박해(특별히 로마 당국으로부터)가 있었는지는 여전히 논쟁 중이지만, 이전부터 내려오는 오래된 견해인 죽음에 이르게 하는 전세계적인 핍박은 실체화될 수 없음이 분명해 보인다. 하지만 거기에는 분명히 불경건한 가치들로 둘러싸인 주위사회로부터의 분리 의식이 있었으며 또한 그들의 삶을 위협한 것과 관련된 거부감과 적개심도 있었다.

계시록 저자의 반응은 묵시론적인 방법이 아닌 다른 길을 모색한 다른 초대 기독교 저자들의 반응과 다른가? 공관복음서에서 보여진 그 묵시론적인 흐름은 유대인들과 로마의 전쟁에 대한 그들의 인식과 함께 나타나는데, 그 공포스러운 기간의 영향력은 절대 과소평가되어서는 안된다. 그러한 경향은 다른 곳에서도 드러나지만, 단지 간결하게 나타난다(살전; 살후; 고전 15:2; 벧후; 유).

그렇다면 어떤 면에서 계시록은 신약성경의 다른 묵시론적 가르침과 관련해서 일치하는가? 공관복음서의 자료들을 합하면, 특별히 마가복음 13장과 Q문서에서, 예루살렘 성전의 위협적인 파괴에 관한 소식으로 시작하는 것과 또한 그 파괴는 지금까지 예언된 모든 예언의 성취, 즉 세상의 종말과 관련되었다는 진술을 우리는 대한다. 그 펼쳐진 묘사는 전세계적인 무질서와 혼란을 보여준다. 아마도 역설적으로 Q자료에는(눅 17; 마 24) 또한 세상 사람들이 마치 아무 일도 없는 것처럼 그리고 그들의 삶의 책임을 묻는 하나님도 없는 것처럼 일상적인 삶을 사는 것에 대한 진술이 있다. 신자들에 대한 박해가 있을 것임에도 불구하고, 그들은 계속해서 복음을 전해야만 한다. 거기에는 자기들을 선지자들로 그리고 메시야로 주장하는 거짓 선동가들에 의해 신자들이 미혹될 수 있는 위험이 있다. 신자들은 굳게 서라고 권면받는다. 예루살렘이 공격을 받으면 그 곳으로부터 달아나라는 구체적인 예고들이 있다. 끝으로, 인자가 와서 그의 택한 백성들을 모을 것이며, 그들은 그 사건을 기대하는 가운데 반드시 영적으로 깨어 있어야만 한다. 최후 심판에는 인자가 사람들을 나눌 것인데 그 기준은 사람들이 인자와 그의 형제 자매들에 대한 그들의 태도에 있다.

우리는 계시록에서도 대부분의 이러한 특징들을 볼 수 있지만, 거기에는 강조의 변화가 나타난다. 그 도성의 비유는 로마뿐만 아니라 예루살렘까지 언급하면서 믿지 않는 세상 전체를 상징하는 것이 된다. 더 많은 전쟁과 고통은 하나님께서 세상에 가하신 심판들의 연속들로서 비쳐진다. 순교에 관한 주제는 강하게 발전된다. 신자들로 하여금 잘못된 예배를 드리도록 강요하는 위협과 미혹의 위험이 강하지만, 하나님께서 그의 백성들을 보호하시는 사상 역시 강조된다. 마지막 전쟁에 대한 개념도 발전된다. 무엇보다도, 마귀와 그의 동맹들의 개념이 악한 삼인조(an evil trinity)로서 전면에 나타난다. 거기에는 복음서들과 견줄 수 없는 하늘에서와 새 하늘 및 새 땅에서의 활동에 대한 환상들이 있다.

계시록은 분명히 일반적인 묵시론적 진술 구조와 조화를 이루며, 또 비슷한 사건들의 시나리오가 있지만, 동시에 그 이상의 훨씬 더 많은 것들이 있다. 신약성경의 다른 부분에서, 특별히 데살로니가후서 2장에서, 우리는 역시 하나님의 궁극적인 대적자를 포함하는 미래 사건들에 대한 시나리오를 제공하려는 다른 시도들의 증거를 만난다. 이러한 사례들에서 묵시론적 내용은 장르의 변화로 발생하는 아무런 부조화 없이 바울의 기독교적 가르침의 주요한 문맥 가운데 삽입된다. 이제 우리는 넓은 범주에서 계시록이 요한의 기독교 사상과 비슷한 종류의 위치를 차지할 가능성을 탐구해야만 할 것이다.

우리가 이러한 구조 내에서 표현된 신학적 주제들을 살펴볼 때, 하나님에 대한 묘사가 생동감 넘치는 방법으로 완전한 하나님의 능력에 집중되고 있음을 알 수 있다. 비록 그의 주권과 권능은 신약성경의 다른 책들에서도 의심 없이 받아들여지지만, 계시록은 그 부분을 더 많이 강조하는데, 이는 부분적으로 저자가 묵시적 문체를 인상적인 비유적 표현들과 함께 채택하고 있기 때문이며 또한 부분적으로 그가 교회에 불어닥친 막대한 위협을 보았기에 하나님께서 궁극적으로 통치하신다는 사실로 그의 독자들을 확신시킬 필요가 있었기 때문이다.

　예수에 대한 모습은 전형적인 메시야적 특징들과, 그리고 하나님과 긴밀하게 연관되어 그의 신분을 공유하는 승귀한 인물과의 결합으로 나타난다. 어린 양 이미지에 특별히 집중하는 것은 특이한데, 다시 말하지만 이것은 아마도 묵시론적 배경 때문일 것이다; 그것은 십자가에 처형당한 메시야상의 표현 및 그의 죽음의 대속적 성격을 나타내려는 저자의 의도를 돕는다. 예수의 죽음을 구속사적으로 이해하는 것은 다른 부분에서 이 주제를 사용하는 것과 조화를 이룬다.

　계시록은 신적 사자들(messengers)로서의 하나님의 일곱 영들에 대한 묘사와, 천사들이 하나님의 대행자들로서 두드러진 위치를 차지하고 있어 독특하다. 물론 신약에서는 천상의 초자연적 대리인들과 선과 악을 묘사할 때 유연성을 가지므로, 그 사용된 언어는 당연히 사실주의적이라기보다 수사학적인 표현일 것이다. 이 점에서 계시록은 훨씬 더 많은 개별적인 표현을 제공하며, 다시 그 표현은 계시록의 묵시적 장르와 조화를 이룬다. 죄악된 세상과 그 세상을 지배하는 악한 세력들에 관한 묘사들도 동일한 방식의 표현을 보여준다. 다른 곳에서 더 진지하고 이론적인 용어들로 언급된 것이 여기서는 그림 같고, 상상에 의한 묘사처럼 나타난다.

　죄인들과 하나님의 대적자들로 하여금 믿으라고 하기보다는 회개하라고 외치는 진술은, 그들의 죄가 반역이요 적의로 이해되는 관점에서 볼 때 그리 놀라운 일은 아니다. 또한 하나님의 백성들로 하여금 죄의 오염으로부터 피할 것을 명하며 죄에 저항해야 함을, 마치 군사가 전쟁에서 승리를 위해 전력을 다해 싸우듯 하라고 함은 전체적으로 볼 때 적절한 요구이다. 우리는 다른 곳에서 죄와 단절하며 시험(특별히 핍박에 굴복하라는 유혹)에 대항해서 인내하라는 간청을 쉽게 찾을 수 있지만 같은 내용이라 할지라도 다소 생동감이 적은 방식으로 말해진다.

계시록이 신약성경의 다른 저술들을 능가하는 면은 새 예루살렘에 대한 상세한 묘사 부분이다. 여기서 다양하고 풍성한 성경적 암시들이 나타나고 회화화된 이미지들은 매력적인 전망(prospect)을 조성한다. 주목하고 강조해야 할 점은, 이 이미지가 다가오는 시대의 중심적인 특성인 하나님과 어린양이 그의 백성들과 함께 하셔서 그들의 최고의 기쁨이 그분 안에 있다는 사실을 손상시키지 않는다는 것이다; 그 참석자들의 특징에 대한 서술은 독자들로 하여금 이 중요한 경험으로부터 관심을 돌리기보다 오히려 그 관심을 고양시키는 역할을 한다.

이 요약으로부터 우리가 알 수 있는 것은 계시록에 나타난 신학은 본질적으로 신약성경의 다른 곳에서 보여지는 것과 비슷함을 알 수 있으며, 그것은 묵시론적 이미지의 사용으로 풍성히 채색되고 또한 하나님을 대적하며 하나님의 심판 아래 놓인 세상 가운데 있는 교회의 상황에 집중하는 것과 관련해서 발전된다는 것이다. 그렇다면 문제는, 여하튼 이러한 집중이 그 신학을 왜곡시켰느냐는 것이다. 예를 들어, 거기에는 신자들의 그리스도와 및 성령과의 영적인 관계에 대한 관심이 부족해서, 바울이나 요한에게서 그렇게 중요했던 이러한 요소들이 중요하지 않게 여겨질 위험이 있을 수도 있다. 우리는 다시, 묵시론적 구조(apocalyptic framework)의 채택이 세상에 있는 교회의 상황을 실상보다도 더 염세적이고 침울하게 이해하도록 했는지 의아해할 수 있다. 하지만, 심지어 그렇다 할지라도, 그것은 특정 상황 속에서는 그럴 수밖에 없는 입장이 될 것인데, 예를 들어, 나치의 유대인 대학살(Holocaust)의 암흑기 때처럼, 학대당하고 위협받는 사람들은 계시록과 같은 책에서 더 큰 도움을 얻을 것이며, 이는 그 책이 비교적 평화로운 상황에서 기록된 신약의 다른 책들보다 악의 문제를 더 심각하고 깊이 있게 다루기 때문이다.

그러므로 계시록은 신약성경 가운데 어떤 면에서는 고유한 책이기도 하지만, 그 신학은 신약의 다른 책들과 비교해서 볼 때 그 전체적인 성향에 있어서 괄목할 만한 차이는 없다.

참고문헌

Osborne, Grant R. *Revelation*. Grand Rapids, Mich.: Baker, 2002.
Smalley, Stephen S. *1, 2, 3 John.* Waco, Tex.: Word, 1984.
——— . *Thunder and Love: John's Revelation and John's Community.* Milton Keynes: Nelson Word, 1994.

제 24 장

요한복음, 공관복음, 사도행전과 바울

이제 우리는 요한 신학의 특성을 공관복음 저자들 및 바울 신학과 비교하는 문제를 다루고자 한다.

요한복음과 공관복음

우리는 신약성경의 여러 저자들 사이에 어떤 개인적인 유대가 있었는지 알 수 없다. 이 부분에 대해 우리는 거의 무지하다. 비록 일부 현대 신학자들이, 신약의 여러 저자들은 잘 알려진 다른 인물들과의 접촉 없이 독자적으로 살았던 것처럼 주장하며, 개인적인 교제는 무시되고, 그것에 관해 전해지는 전승이나 유력한 인물들의 인용문들은 애매한 것들이라고 여기는 경향이 있다 할지라도, 초대 교인들 사이에 서로 왕래했다는 것은 의심의 여지가 없을 것이다. 갈라디아서 1-2장은 야고보, 요한, 바울 그리고 베드로가 서로 잘 알았으며 또 함께 대화했음을 의심의 여지 없이 밝혀주며, 도드(C.H.Dodd)는, "우리는 그들이 모여 그저 날씨 이야기로 그 모든 시간을 허비하지 않았을 것임을 추측할 수 있다"[1]라는 불후의 문구를 남겼다. 나는 이 요한이 세베대의 아들이며, 이 복음서의 기원(origins)과 관련해서 그가 중요한 역할을 했다는, 근거가 충분한 확신을 부인할 아무런 이유가 없다고 생각한다.

---

1) C. H. Dodd, *The Apostolic Preaching and Its Developments* (London: Hodder & Stoughton, 1994), p. 16.

더욱이, 비록 요한이, 일반적으로 마태와 누가가 마가복음을 사용했을 것이라고 여겨지는 것과 같은 방법으로, 그의 목전에 다른 복음서를 가진 채 그 복음서를 쓰고 있는 것은 아니라 할지라도, 특별히 마가복음과 누가복음 같은 더 일찍 기록된 복음서들과의 어떤 접촉을 충분히 가질 수 있었을 것이다. 적어도 요한은 초기 복음서들의 배경이 되는 전승들을 알고 있었거나 또는 최소한 그것들과 매우 흡사한 전승들을 알았을 것이다. 그러므로 거기에는 다른 복음서들에 기록된 그런 종류의 자료들로 추적 가능한 어떤 연속성이 있다.[2]

이 모든 것이 그 문제를 더 민감하게 만드는 것처럼 여겨질 수도 있을 것이다. 어떻게 요한은 그렇게도 다른 복음서를 기록할 수 있었는가? 요한은 자신보다 먼저 다른 스타일(style)로 복음서를 작성한 사람들이 있었음을 알았고 또 그것을 채택했으면서도, 왜 그가 직접 그런 종류의 복음서를 기록했는가? 또 우리는 바울 신학과 요한 신학의 차이를 어떻게 설명해야 하는가? 나는 이러한 난제들을 풀 새로운 해결책을 제시하려는 것은 아니다. 내가 시도하려고 하는 것은 그들 사이에 근본적인 통일성이 있느냐 없느냐 하는 특정한 물음에 답을 하기 위해, 먼저 그들 사이에 있는 유사점들과 차이점들의 성격에 대한 선행되는 질문을 살펴보고자 함이다.

우리의 연구에 있어 또 하나의 한계가 있음을 언급해야만 하겠다. 우선적으로 우리의 관심은 복음서 저자들의 신학에 대한 것이지 예수의 교훈에 대한 그들 간의 다른 진술들에 대한 것은 아니다. 공관복음과 요한복음에는 예수의 말이라고 추정되는 진술들 간의 문체와 내용이 현저히 다른 것들이 있지만, 우리의 관심사는 어떻게 예수의 가르침에 대한 두 가지의 다른 표현들이 생겼는가 라는 역사적인 것에 있지 않다. 우리의 관심은 공관복음 저자들의 신학과 요한의 신학을 비교하고 그들 사이에 일종의 조화와 통일성이 있는지를 보려는 것이지, 요한이 공관복음서의 진술 및 예수와의 연관 속에서 어떤 식으로 이해하게 되었는지를 논의하려는 것은 아니다.

---

2) 여기에 대한 견해들은, 요한이 공관복음서를 알았고 그것들로부터 주제를 발전시켰다든지 아니면 여러 전승들과 긴밀히 연결된 다른 자료에 근거했었다는 등으로 나누어진다. 어느 쪽이든, 거기에는 역사적 예수와 밀접한 연관이 있다.

하나님의 나라. 우리는 공관복음에서 예수님의 가르침의 주된 주제가 도 래하는 하나님 나라에 대한 선포와 그것을 들은 자들의 삶에 끼치는 모든 결 과들임을 보았다. 비록 그 문구는 하나님의 통치의 중요성을 뚜렷이 가리키 고 있지만, 이것은 여러 가지 방법들에 의해 보충적으로 수정되고 설명되어 야만 한다.

첫째, 하나님의 통치는 대행자(agent)를 통해 선포될 뿐만 아니라 그를 통 해 존재하게 되므로 그 대행자와 관련이 있다. 하나님의 통치는 예수에 의해 선포되지만, 그 선포 자체, 즉 말씀과 그 말씀에 수반되는 행위 모두는, 그 통 치의 현현(顯現)이며, 그것들에 의해서 하나님 나라가 도래하는 통로들 (means)이다. 그러므로, 하나님의 대행자로서 예수의 정체성에 관한 문제는 핵심적인 쟁점이 된다. 비록 예수는 자기 자신에 대해서 침묵했지만, 그럼에 도 불구하고 그것은 분명히 복음서 저자들의 관심사이며, 특히 마가의 경우, 예수가 과연 그 메시야인가와, 그렇다면 그는 어떤 종류의 메시야인가로 그 의 복음서를 양분하여 이해하는 것이 가능하다.

둘째, 하나님의 통치는 그가 다스림으로 인한 축복을 인류에게 가져오는 데, 이는 누가에 의해 구원이라는 측면에서 전개되는 그의 개념 속에 가장 직접적이며 명확하게 설명되고, 그것은 현재뿐만 아니라 미래의 하나님의 천상왕국에 들어감이라는 모습으로 표현된다.

셋째, 그 왕국의 선포는 청중들로 하여금 그 메시지에 긍정적으로 반응하 도록 요구하는데, 그 메시지는 예수의 제자가 되는 것과 그에 대한 전적인 헌신을 포함한다.

넷째, 하나님의 통치는 하나님의 나라에 들어가는 자들에게 생명의 길을 걷도록 규정하는데, 특별히 마태는 예수님의 가르침을 체계화해서 하나님의 백성들이 어떻게 살아야 하는가를 보여준다.

요한복음에서 하나님의 나라라는 표현은 거의 사용되지 않지만(요 3:3; 18:36), 왕으로서의 예수에 대한 개념을 이해하는 것은 중요한데 이는 그가 한 왕국의 통치자(요 18:36)로 강력하게 제시되기 때문이다. 자주 논해진 것 처럼, 사실상 하나님의 나라는 영생의 개념으로 대체된다. 하지만 이것은 일 련의 용어들이 동일한 기능을 하는 다른 용어들에 의해 대체된 것으로 오해해서는 안 되는데, 마치 떡에 관한 은유(metaphor)가 물에 관한 은유에 의해 대체될 수 있다는 식으로 이해해서는 안 되는 것과 같다. 오히려 거기에는 표현상의 변화가 나타나며, 마치 누가복음에서 하나님 나라의 도래가 직접적으로 사람들에게 미치는 결과를 설명하기 위해 구원이라는 개념이 소개되는 것과 견줄 수 있을 것이다. 이것은 두 가지의 즉각적인 결과들을 가진다. 첫째는 하나님 나라의 임하심에 대한 선포가 이미 일어난(또는 적어도 이제 시작되어진) 새로운 상황들과 관련된 것인지, 아니면 긴박하게 당장 임할 것으로 추측될 여지가 있지만 더 이상 현존하는 형태가 아닌 상황들과 관련된 것인지가 공관복음서에서 중대한 논점이 된다는 것이다. 둘째 결과는 예수의 정체성에 관한 물음이 공개적으로 논의되는 문제가 된다는 것이다. 이것은 소위 말하는 메시야적 비밀(messianic secret)이 아무런 역할도 하지 않는다는 의미가 아니다. 반대로, 예수는 그가 누구인지를 믿지 않기로 작정한 자들에게 계시하는 일에 침묵하고 있다. 그러나 이것은 그 나라의 임하심에 관한 선포가 예수 자신의 정체성에 관한 문제로 대체되었음을 분명하게 뜻한다. 아마도 이 시점에서 세 번째 항목이 더해질 수 있을 것이다. 비록 요한은 예수의 떠나심 후에 유대적 상황 속에서(요 16:2) 그의 제자들에게 불어닥칠 핍박의 시작을 예견하면서도, 거기에는 묵시론적(apocalyptic) 언어로 표현된 미래의 사건들에 대해 어떠한 구체적인 묘사도 하지 않는다. 하지만 우리가 넓은 의미에서 요한의 기독교 사상이라고 불리는 전체적인 문맥에서 볼 때, 계시록을 공관복음의 묵시론적 부분에 상응하는 것으로 여길 수 있을 것이다. 거기에는 물론 그들 배후에 공통된 영감이 있음을 보여주는 충분한 유사점들이 있다.

예수의 정체성. 공관복음서의 핵심적인 현안은 예수가 유대인들이 기대했던 메시야인지 그리고 어떻게 그의 고난과 죽음이 이것과 조화되는지에 관한 것이다. 요한복음에서도 메시야 직분에 관한 질문들이 있고, 기독론적 명칭들의 동일한 결합이 나타난다. 그러나 그 강조는 바뀌었다. 공관복음서에서 "[하나님]의 아들"이라는 명칭은 예수에 관해 사용되며 그 저자들에게 있어서 분명히 중요한 부분이다. 실제로, 그것은 때때로 실감하는 것보다 훨씬 더 큰 역할을 실제 이야기 속에서 한다. 특히 그것은 마가복음의 귀신축

출(exorcism) 사건들(막 3:11; 5:7)과 변화산 사건(막 9:7)에서 두각을 나타낸다. 그것은 이따금씩 예수의 가르침에 등장하고(막 12:6은 비유적 교훈이지만 그 저자에 의해 예수 자신에 관한 것으로 분명히 이해된다), 예수의 재판(막 14:61)에서 핵심 논점이 되며 십자가에서 확증된다(막 15:39). 하나님의 아들이라는 명칭은 다른 복음서들에서 덜 강조되는 것은 아니다. 그러나 그것은 예수에 의한 가르침 및 그의 반대자들과의 논쟁의 대상이 되지 못한다. 그것은 단지 예수와 그의 아버지의 친밀한 관계에 관한 가르침에서나 요한복음에서 표현한 것같이 그의 선재하심(preexistence)에 대한 글에서 드물게 연결되어 있다(마 11:25-27; 눅 10:21-22).

공관복음서 저자들의 예수에 대한 묘사가 그의 선재하심을 포함하고 있다는 주장에는 이견의 여지가 있다.[3] 이는 일부 학자들이 마태복음과 누가복음의 예수탄생 전승들에서 선재하심에 대한 개념이 배제되어 있다고 주장하기 때문이다. (이를테면), 예수는 선재하시는 말씀 또는 하나님의 아들로서 마리아의 태에 거하거나 신-인의 존재(a divine-human being)로 출생하는 존재라기보다는 마리아에게 임한 성령의 역사를 통해 비로소 존재하게 된다는 것이다.

아마도 그런 의견은 충분히 심사숙고하지 못한 생각인 것 같다. 그 탄생 기사들(the birth stories)은, 예수 탄생의 두 가지 측면, 즉 유대인의 메시야(참고. 예수의 족보들) 및 하나님의 아들로서의 예수에 대해 더 관심을 가지고 있다고 말해질 수 있기 때문이다. 두 이야기 속에서 성령은 하나님이 그를 통해 역사하시는 하나님의 대행자이다(마 1:20; 눅 1:35). 만약 — 적어도 바울에게는 — 예수가 죽음에서 살아난 것이 그 자신의 권능에 의해서라기보다 하나님의 대행자인 성령으로 말미암은 것이라면, 동일한 성령이라는 매체를 통해 그가 사람의 생명 안으로 들어온다는 것은 타당성을 가진다. 바꿔 말하면, 하나님의 아들의 선재하심에 대한 개념을 인정하는 신학자들에게는 그 탄생 기사들에 대한 긴장(tension)이 필요없다; 거기에는 그 선재하는 아들이 인간 세상으로 오는 통로로서의 어떤 수단들이 있어야만 하고, 성

---

3) 그 문제는 오랫동안 무시되다가, 이제 다시 학자들의 논제로 자리매김된다.

령으로 잉태함과 동정녀 탄생이 바로 그 도구들이 될 수 있다. 만일 그 탄생 기사들로부터 시작한다면, 이 이야기들 자체만으로는 그 선재하심을 필연적으로 암시하지는 못한다. 하지만, 공관복음서의 다른 곳에서 예수의 오심에 관해, 또 하나님에 의해 보내짐에 대해 많은 자료들이 이러한 경향을 암시하는 것 같다. 문제는 그러한 진술들이 아마도 기원(origin)에 관한 진술이라기보다는, 그저 어떤 사람이 그들의 삶에서 느끼는 소명 혹은 하나님에 의해 주어진 그들의 사명(참고. 선지자들의 자기의식)이라고 여기는 것에 대한 단순한 표현에 지나지 않는다는 데 있다. 하지만 인자(the Son of Man)가 하나님으로부터 온 선재하는 인물로 이해되었을 가능성 또한 언급되어야만 한다.

대조적으로, 우리가 보았듯이, 요한의 증거는 그의 선재하심에 대한 확신을 분명히 보여준다. 동시에, 예수에게 육신의 어머니 마리아와 동생들이 있음이 당연히 여겨진다. 아마도 요한복음 6:42에는 반어적 의미가 있는 것 같다. 그래서, 요한이 동정녀 탄생을 믿었든지 안 믿었든지 간에, 예수가 인간적인 태생을 가진 한 사람이었음을 분명히 인정했다.

그러므로 그 차이는, 그 말씀(the Logos) 또는 하나님의 아들의 선재하심이 요한복음에서 주제가 되고 핵심이 되는 표현 방식과 더 관련 있다. 공관복음은 하나님의 아들로서의 예수의 선재하심이 적어도 일부 초대 기독교 신학자들에 의해 받아들여졌던 때로부터 형성되어서, 그들이 그 선재하심을 믿는 것이 문제시되거나 혹은 특별하게 여겨질 일은 아니었을 것이다. 그러나 예수의 논쟁들이나 가르침에 대한 그들의 기록은 예수가 실제로 말한 것들이 무엇인지를 더 반영하고 있고, 반면 요한은 시간의 흐름과 함께 발생한 예수의 정체성에 대한 더 충분하고 깊이 있는 사상을 드러낸 결과들을 나타낸다.

예수의 역할에 관한 한, 공관복음과 요한복음에서 아주 비슷한 방식으로 메시야로서의 그의 직분이 이해된다. 그 개념은 예수가 실제로 행한 역할의 관점에서 발전되고 변화된다. 이것은 요한복음 4장에서 두드러지는데, 그 시작 부분에서 예수가 수가 성 주민들에게 메시야로 제시되는 것이 마지막 부분에서는 그가 세상의 구주라고 그들에 의해 고백되는 것으로 이어진다(요

4:29/42). 메시야의 역할은 백성들에게 유익을 가져오는 것과 그들을 비참한 현재 상태에서 구해내는 것이다.

예수를 선지자로 인식하는 것은 사복음서 전체에서 공통적으로 나타난다. 예수가 그 선지자라는 개념은 요한복음에서 더 분명히 드러나고(요 1:21; 6:14; 7:40) 사도행전 3:22-23의 예수에 대한 표현과도 조화를 이루는데, 거기서 그 선지자는 메시야와 동일해진다. 그리고 우리가 살펴보았듯이, 유대인의 왕으로서 예수에 대한 개념은 모든 복음서에서 공통적으로 드러나지만 요한복음의 재판 장면에서 더욱 현저하게 나타난다.

"인자(Son of Man)"의 용례는 우리가 공관복음에서 살펴본 것 그 이상의 용례로 쓰인다. 인자와 수난 그리고 예수의 부활 사이의 긴밀한 연결은 지속되지만, 또한 인자는 하늘에서 내려온 자로서 구원과 계시의 대행자로 인지된다. 게다가 "하늘에서 내려옴"이라는 문구는 예수를 하늘에서 내려온 그 떡으로 언급할 때 사용되며 아들로서의 예수의 정체성과도 연결되는데(요 6:33, 51), 그 표현은 만나에 대한 묘사에 근거하고 있다. 마지막 심판에서 재판관 혹은 모사(counsel)[4]로서의 인자의 역할은 요한복음 5:27에 언급되지만 그 외에는 그 배경 속에서 두드러지게 나타나지 않는다.

공관복음과 비교할 때, 그 아들 또는 하나님의 아들의 모습은 요한복음에서 훨씬 더 두드러지며 군중들 및 예수의 적대자들과의 논쟁에서 그 표현은 공개적으로 사용된다. 그는 하나님의 대행자로서 세상에 구원을 베풀기 위해 보냄을 받았고 하나님을 위해 행할 모든 권위를 가지고 있다. **로고스**(Logos)라는 용어는 대행자와 거의 같은 방식으로 사용된다. 이것은 요한복음에 나타나는 특별한 개념이다. 비록 지혜의 개념이 기독론적 범주로 공관복음에서 사용되지만, 그럼에도 불구하고 창조에 나타난 매개자(agency) 및 선재하심에 대한 주제들이 이 문맥에서는 나타나지 않는다. **로고스**라는 용어는 아주 중요한데, 왜냐하면 그 전도자가 복음을 소개하기 위해 그것을 사용하기 때문이며, 또 그것은 심오하면서도 간결하게 그의 총체적인 기독론

---

4) 각각의 기능은 모두 인자가 그 심판에서 결정적인 역할을 행한다는 것을 가리키기 위해 사용된다.

을 표현하기 때문이다.

비록 이 기독론은 우리가 공관복음에서 발견할 수 있는 그런 종류의 진술들 및 예수의 것으로 추측되는 말씀에서 유래한 것이 분명해 보이지만, 그럼에도 불구하고 예수에 대한 묘사는 부활하신 분으로 이해한 관점에서 서술된 지상의 예수에 대한 모습이다.

메시지에 대한 반응. 요한복음의 사상은 두 가지 방향으로 흐른다: 하나님의 사랑은 온 세상으로 확장되고 구원은 모든 믿는 자들에게 주어진다는 것과, 이와 함께 오직 아버지에 의해 이끌림을 받은 자만이 아들에게 올 수 있고 아들을 믿을 수 있으며 또한 그들만이 마지막 날에 다시 부활할 것이라는 흐름이다. 공관복음에는 이러한 방향에 따라 신학화함을 암시하는 그 어떤 내용도 담고 있지 않다. 구원의 보편성에 대한 제안은 때때로 뚜렷이 나타나지만(마 11:28-30), 대부분의 경우 함축적으로 나타난다. 마가복음 1:14-15에 나타난 그런 초청은 명백히 그것을 듣는 모든 사람을 위해 의도된 것이다.[5] 제자도에 관한 일부 단락들은 그 최초의 부름을 예수가 시작하는 것으로 구성되어 있고, 예수가 사람들을 불러 그의 제자들로 삼지만(막 1:16-20; 2:13-17), 몇몇의 경우에는 사람들이 예수에게로 나아옴을 기록해 놓기도 한다(눅 9:57-62). 마태복음 22:14에서는 많은 사람들이 초대받았지만 택함을 입은 자가 적다고 말하는데, 그 문맥에서 볼 때 이 진술은 그 초청을 모욕하는 사람들에 대한 경고의 기능을 한다.

요한에게서 믿음/신앙이라는 주제는 기독교적 메시지에 대한 사람들의 필수적인 반응으로서, 그리고 구원받는 적합한 수단으로서 전면에 부각된다. 다소 놀랍게도 믿음이라는 명사는 요한에 의해 사용되지 않지만(예외는 요일 5:4), 그 단어는 공관복음에서 주로 능력의 일들을 행함과 관련되어 나타난다(비록 눅 18:8; 22:32에서는 지속적인 믿음에 대한 어감이 표출되지만). 요한은 동사를 압도적으로 사용한다. 공관복음에서 믿음은 기적 행함을 위한 조건으로 사용되지만, 또한 예수를 메시야로 영접한다는 사상으로도 나

---

5) 분명히 이 시점에서 청중은 유대인이지만, 유대인과 이방인 사이의 문제는 그 근본적인 논점에 아무런 영향을 주지 않는다.

타난다. 그런데 요한에게 있어서 믿음은 예수의 추종자들이 지니는 가장 중요한 표시가 된다.[6] 믿음 안에는 세 가지 요소들이 함께 있다. 첫째, 그 사람이 말하는 것이 참임을 믿고 그 진술들을 받아들인다는 의미이다(예. 요 6:69; 8:24; 11:26-27, 42; 14:10; 16:27; 20:31). 둘째, 그것은 자기가 지적으로 받아들인 그 교훈을 가르쳐준 그 사람에게 자신을 헌신하는 것이다(예. 요 1:12; 2:11, 23; 3:16; 6:29; 7:31).[7] 셋째, 거기에는 신실함의 요소가 계속적인 관계성으로 나타나며, 요한의 어휘에서 그것은 "거하다"(헬. 메노)로 표현된다(요 6:56; 8:31; 15:4-10). 이것이 요한 문헌에 나타나는 독특한 용례이다.

예수의 메시지에 반응함에 대한 이러한 이해는 공관복음의 이해와 아주 밀접하게 조화를 이룬다. 공관복음에서 예수에 대한 헌신의 본질적 요소는 그를 따른다는 측면에서 설명되며, 또한 자기부인(self-denial)을 요구하는 것으로 나타난다. 이 요소는 요한복음에도 남아있다(요 12:25-26); 더욱이, 공관복음에서 자기를 부인하고 십자가를 지라는 요구는 예수가 십자가를 지기 위해 가는 상황에서 일어나며(막 8:31-38), 요한복음에서도 또한 그런 상황 가운데 언급된다(요 12:23-24). 또한 제자들이 당하게 될 시련들은 예수의 운명과 유사하게 관련되어 있다(요 15:20-21). 공관복음에서 예수에 대한 지속적인 충성이라는 개념은 십자가를 지는 모습으로 표현된다.

구원과 영생. 우리는 어떻게 누가에 의해 하나님 나라에 대한 예수의 선포가 구원이라는 측면에서 이해되었는지를 살펴보았고, 또한 그 표현이 마가(막 10:26, 52)와 마태(마 1:21; 19:25)에게서 완전히 배제된 것이 아니라는 것도 안다. 이 경향은 요한에게서 한층 더 발전한다. 하나님 나라의 주제는 재판 및 십자가 처형 기사(narrative)에서 중요한 역할을 하며(요 18:33-39; 19:3-21), 거기서 예수가 왕인가에 대한 물음은 가장 중요한 문제로 추정된다. 그러나 이 메시야적 주제는 요한복음 1:49; 6:15; 12-15장에서 이미 드러났으며, 니고데모와의 대화(요 3:3, 5)에서도 구원을 얻음이 하나님 나라에

---

6) 다른 복음서에서와 마찬가지로, **제자**라는 용어는 자주 예수의 추종자들을 가리키는데 사용되며, 좁은 의미에서 그의 지속적인 동반자들이요 넓은 의미에서 그의 지지자들인데, 그것은 어떤 신학적 중요성을 가진다(요 8:31; 13:35; 15:8).

7) 이런 종류의 믿음은 자주 "피스튜오 에이스"의 사용으로 표현된다.

들어감으로 이해되지만, 이 대화는 하나님 나라라는 그 문구 전체가 사용된 유일한 곳이기도 하다. 대조적으로 예수의 목적은 세상을 구원하는 것으로 표현되며(요 3:17; 4:42; 12:47), 또한 그 세상을 구성하고 있는 믿는 자 개개 인을 구원하는 것이다(요 5:34; 10:9). 하지만, 이러한 부분을 언급하는 총 횟 수는 그리 많지 않다.

이보다 생명 또는 영생에 대한 주제가 훨씬 더 중요하게 취급된다. 또한 이 개념은 공관복음에서 다가올 세상에서의 생명에 대해 말할 때 사용되며 (막 9:43, 45; 10:17, 30; 마 7:14; 18:8-9; 19:16, 17, 29; 25:46; 눅 10:25; 18:18, 30), 아마도 그 단어 사용이 생명에 대한 현재의 경험을 언급하는 어 떤 경향이 있는 것 같다(막 5:23; 마 9:18에서 "치유받다/구원받다 와 생명" 의 결합; 마 4:4과 병행구절. 눅 4:4; 참고. 눅 10:28; 15:24, 32에서 생명은 하 나님의 말씀에 의존된다). 대조적으로 "생명"과 "살다"의 용례는 요한복음에 서 상당한 비율을 차지한다. 그 전체 문구 **영원한 생명**은 열여섯 번 이상 사 용되며, 이와 동의어로 단순히 사용되는 **생명**(참고. 요 3:36a/36b)은 스무 번 이나 더 사용된다. 그 동사("살다")는 빈번히 사용되지는 않지만 그럼에도 불 구하고 중대한 의미를 지닌다. 그러므로 그 용례가 암시하는 것은 이것이 요 한 사상에 있어서 중심적인 위치를 차지한다는 것이다. 생명의 선물은 곧 예 수 안에 사는 것이거나(요 1:4; 참고. 요 6:35, 48; 11:25; 14:6), 심지어 그와 동일시되며, 그의 가르침은 생명이 된다(요 6:68). 그러한 생명은 부활과 밀 접하게 관련이 있으며(요 5:29; 11:25), 그리고 또한 생명을 주는 능력인 성령 과도 긴밀하게 연관된다(요 6:63). 그러나 이와 마찬가지로 영생은 현재 경험 하는 것으로 이해됨으로써(요 3:36; 5:24; 6:47), 육체적 죽음이 그것을 가로 막지 못한다. 그것은 하나님을 믿거나 예수를 믿는 자들에게 주시는 하나님 의 선물이지만(요 3:16, 36; 5:24), 요한이 중요하게 여기는 바는 성부께서 예 수에게 권한을 주어 믿는 자들에게 생명을 주도록 한다는 점이다. 그래서 다 가올 세상의 생명은 지금 여기서 신자들에게도 실재가 된다.

이 모든 것은 예수의 말하심을 듣는 자들을 위해 현재 시제로 표현된다. 그 표현은 분명히 초대 교회 신자들의 지금 여기서의 경험을 위해 보편적으 로 사용된다는 점에서, 부활 이후 세대의 언어로 적합해 보인다. 또한 요한

에게 있어서 그것은 예수의 생애 동안 그를 믿었던 자들의 경험을 묘사하는
것이다. 그는 예수의 메시지에 반응하여 제자가 된 자들의 경험과 부활 이후
신자들의 경험을 본질적으로 같은 것으로 해석한다(하지만 요 7:37-39을 보
라).

우리는 마태복음 18:20에서, "두세 사람이 내 이름으로 모인 곳에는 나도
그들 중에 있느니라"고 말하는 예수의 진술 방식을 비교해 볼 수 있을 것이
다. 여기서 예수가 말하는 바는 그가 지상의 생애 동안 어디선가 육체로 계
실 때 사람들이 그의 이름으로 모이고 또 그의 영적인 임재를 누리는 것을
의미하기보다는 무엇인가 그의 부활 이후에 일어날 일을 묘사하고 있다고
추정하는 것이 더 적절할 것이다.[8]

그리스도와의 연합.　요한은 예수를 믿는 믿음에 대해 많이 강조하며, 예
수는 제자들 안에 있고 또한 그들도 예수 안에 있는 영적인 모습으로 묘사하
는데, 이는 마치 그들이 성부 안에 그리고 성부도 그들 안에 계심과 같다. 여
기서의 관심은 제자들과 부활하신 예수의 관계에 대한 것으로 보여지지만,
이것은 지상에서의 예수의 말씀을 통해 표현된다. 그래서 거기에는 예수가
부활 이후의 상황을 내다보는 상당한 양의 가르침이 있다. 이것은 분명히 요
한복음 14-16장에서 뚜렷이 나타나며, 거기서 예수는 그가 가심 이후에 어
떤 일이 일어날 것인지에 관해 미래시제로 말한다; 성부께서 보혜사를 보내
실 것이다; 너희들은 더 위대한 일을 할 것이다; 그들이 너희를 핍박할 것이
다. 이러한 미래에 관한 진술들은 예수는 포도나무이며 제자들은 그 안에 거
함에 대하여 현재시제로 언급된 것들과 관련 있다. 그것은 예수가 그의 부활
이후에 존재할 영적인 관계에 대해 묘사하기 위해 이 곳과 다른 곳에서 현재
시제를 사용하는 것으로 비쳐지지만, 또한 그는 마치 이러한 관계가 이미 그
의 지상 생애 동안 가능한 것으로 말하며, 어떤 의미에서는 일부 사람들에게

---

8) 물론 이 본문은 그 자체적으로 존재한다. 그럼에도 불구하고, 우리는 마 10:40; 막
9:37; 요 13:20을 인용할 수 있을 것인데, 그 부분에서 사자를 영접하는 것은 보낸 자를
영접하는 것과 동등하게 여겨진다. 어떻게 예수의 지상 생애 동안 대표라는 관점에서 이
해되던 것이 예수의 부활 이후에 인간 사자들을 영접한 사람들에게 그들을 보낸 자가 영
적으로 임한다는 측면에서 이해될 수 있었는지를 아는 것은 쉽다.

실제로 가능했었다. 예를 들면, 예수는 생명수를 그 때(then) 거기서(there) 사마리아 여인에게 주며, 또 그는 군중들에게 그의 살을 반드시 먹고 그의 피를 반드시 마셔야 한다고 말하며, 만일 그렇게 하면 그들은 그 안에 거하게 될 것이며 그도 그들 안에 거할 것이라고 약속한다(요 6:53-57).

그 표현의 근원이 최후의 만찬(the Last Supper)에서 유래한다고 제안하고 싶은데, 거기서 예수는 그 떡을 그의 몸과, 그 포도주를 그의 피와 동일시하며, 그들로 먹고 마시도록 권유한다. 가장 중요한 의미는 그 요소들이 죽음을 통해 주신 그의 몸과 피를 표시함이며, 이로써 최후의 만찬 때 행하신 의식은 그의 죽음에 대한 가시적 선포가 된다. 그러나 거기에는 이것과 나란히 여하튼 그리스도를 먹는 것과 그의 죽음의 유익을 받는 것에 대한 상징적 의미가 나타나고, 이것은 신자와 그리스도 사이의 영적인 관계라는 관점에서 이해된다. 그러므로 우리는 최후의 만찬에서 선포된 말씀과 행해진 의식에 대한 더 깊은 의미가 여기서 표현된다고 말할 수 있을 것이다. 동시에 다른 비유 — 물을 마심, 포도나무에 접붙임 — 도 같은 요지를 전달한다. 보다 인격적으로 표현하고 있는 선한 목자의 비유는 신자와 그리스도 사이의 관계를 이와 같이 인격적으로 나타내지만, 신비적인 연합(mystical union) 사상은 표출하지 않는다.

그리스도와의 영적인 연합의 주제는 바울과 공유하는데, 그는 그리스도가 자신 안에 산다고 진술하며(갈 2:20; 골 1:27), "그리스도 안에" 있고 또 그리스도를 아는 존재라고 말하며(빌 3:10), 그리스도와 함께 죽고 또 함께 산다고 주장한다. 사도행전에서 이 주제는 나타나지 않는다. 하지만 누가복음에서 그것은 어렴풋이 윤곽을 드러내는데, 거기서 부활하신 그리스도는 떡을 떼실 때 그 제자들과 함께 있다. 그러므로 요한은 부활 이후의 기독교(postresurrection Christianity)에 대한 중심적인 주제를 최후의 만찬의 전통에 근거해서 표현한다.

신자들과 부활하신 예수 사이의 영적인 관계에 대한 주제는 공관복음에서는 이런 식으로 제기되지 않으며, 예외로 마태복음에서 간단히 비쳐지긴 하지만, 요한복음에 와서 전면적으로 드러난다. 성령의 오심에 대한 교훈도 같은 방식이다. 공관복음에서 기본적으로 다루어진 부활하신 그리스도와 및 성령과의 영적인 관계에 대한 가르침은 큰 진전을 보인다. 심지어 사도행전에서도 이런 종류의 경험은 전면에 드러나지 않고, 신적인 것은 한층 환상과 메시지에 의한 방법으로 경험된다. 요한의 가르침은 그가 이해한 영생의 내적 근원이자 영적인 인도자로서의 성령에 대한 이해라는 측면에서 공관복음서보다 바울서신에 훨씬 더 가깝다.

생명의 길. 공관복음에 나타난 제자들에게 기대되어진 하나님 나라에서의 생명의 길은 다음과 같이 매우 간략히 요약될 수 있다.

1. 부정적인 면에서, 다른 사람의 교훈과 관행을 따르는 것에 대하여 경고한다. 제자들은 바리새인들의 자기본위적(self-seeking) 태도나 의와 긍휼의 본질적 가치를 무시한 채 율법의 특정 측면의 외면적 준수에만 치중하는 그들의 위선을 본받지 말도록 주의받는다. 대조적으로 예수는 자선을 베풀 때, 기도할 때, 그리고 금식할 때 지녀야 할 바른 태도에 관해 가르친다. 거기에는 거짓 선지자들과 심지어 거짓 메시야들에 대한 경계도 있다.

2. 긍정적으로, 하나님을 사랑하고 자기의 이웃을 사랑하라는 계명들이 있고, 이 사랑은 원수들을 사랑하는 데까지 확장된다.

3. 결혼과 이혼에 관한 구체적인 교훈이 있다.

4. 예수는 그의 제자들에게 인자가 재림하기 전 미래에 있을 환난의 때에 대하여 가르치며, 그들로 깨어서 예비하라고 강권한다.

5. 예수는 부와 관련된 위험에 대하여 경고하며 적어도 몇몇 제자들에게는 그들의 재산을 나누어 주라고 명령한다.

6. 예수는 제자들의 필요를 공급하실 하나님에 대한 그들의 신뢰를 고취시키며, 이것의 근거를 아버지로서의 하나님의 성품에 둔다. 또한 그는 특별한 필요가 있을 때에 성령의 도움이 있음을 약속한다.

7. 예수는 그의 제자들에게 어떻게 기도해야 하는지를 가르치며 또 그들로 기도하라고 격려한다.

8. 어떤 제자들은, 특히 물질적 조건들과 관련해 어떻게 처신해야 할 것인지에 관한 특정한 지시와 함께 사명을 갖고 보냄을 받는다.

9. 거기에는 제자들의 공동체 형성과 관련된 어떤 가르침이 있고, 어떻게 그들이 함께 살 것인가에 대한 교훈이 있다.

이제 우리가 요한복음에서 살펴본 것과 비교해 보자.

1. 바리새인들의 삶의 방식에 대한 경고는 거의 나타나지 않는다. 바리새인들과의 논쟁에서 발생하는 질문들은 더욱 기독론과 관련된다. 그들은 사람들의 칭찬에 대한 애착으로 인해 혹평당하는데, 이것은 아마도 우리가 공관복음에서 살펴본 것과 동일한 비판을 반영하는 것일 수도 있겠지만, 여기서의 그 비난은 그들이 그리스도를 믿는 것을 거절하기 때문에 일어난다(요 12:42-43).[9]

2. 비록 원수들을 사랑하라는 파격적인(radical) 요소는 보이지 않지만, 요한에게 사랑은 그 구심점임에 틀림없다.

3. 결혼과 이혼에 대한 문제는 나타나지 않는다(예외는 요 4:16-18이다).

4. 핍박에 대한 구체적인 교훈들은 있지만, 종말에 관한 어떤 상세한 예측은 없다.

5. 부(wealth)와 관련된 쟁점이 없다(예외는 간접적으로 요 12:6에 나타난다).

6. 하나님에 대한 신뢰와 성령의 도움에 대한 약속은 충분히 설명된다. 성령의 역할도 상당히 확대된다.

7. 예수의 이름으로 구하라(예. 기도하라)는 강한 격려가 있다.[10]

8. 제자들의 선교는 두드러지는 특징이다(요 4:38; 17:18; 20:21).

9. 제자들은 양 떼나 포도나무 비유의 사용을 통해 마치 그들이 공동체인 것처럼 묘사된다.

이러한 항목들은 공관복음과 요한복음에 나타난 제자들의 생활방식의 성격에 대한 근본적인 일치가 있음을 보여준다.

미래와 신자들. 비록 공관복음이 주로 예수의 선포와 행하심이 가져온 새로운 상황과 관계되어 있지만, 또한 미래에 대한 가르침도 포함하고 있다. 그 복음서들은 부활 이후의 관점에서 기록되며 기독교 교회가 계속 존재할

---

9) 엄격히 말해, 그 비난은 바리새인들을 두려워하는 유대 지도자들에 대한 것이지만, 그 요지는 여전히 유효하다.

10) 기도하다와 기도(프로슈코마이,프로슈케)라는 단어들이 전혀 쓰이지 않는 것이 특징적이다. 다른 형태의 기도문들 및 문구들이 사용된다.

것을 알고, 예수에 의해서 위임된 사명에 전력을 기울인다. 공관복음은 전망이 어두운 역사에 대한 이해를 가진다. 한편으로, 거기에는 예수에 대한 부정적인 반응이 유대 당국에 의해 계속될 것임을 확실히 하는 충분한 근거가 있고, 이제 그들의 부정적인 반응은 예수의 추종자들에게로 향한다. 예수는 이러한 일이 일어날 것을 예견했었다. 다른 한편으로는, 그 저자들은 그런 우주적 사건들과 인간사들이 다가올 마지막 때가 이미 도래하고 있음을 가리키는 징조들로 의식하고 있었다. 특별히, 그들은 예루살렘 및 그 성전의 심판에 대한 예수의 예언을 알았고, 또 그 예언들이 대략 전쟁 및 자연적 재앙 등의 증거로 성취된 증표들을 보았다. 대부분의 학자들은 A.D. 66-70년 사이에 있었던 유대와 로마 간의 전쟁이, 점점 가까이 다가와 피할 수 없는 상황으로 보였든지 아니면 이미 발생한 사건이었든지 간에, 공관복음의 저술 배경을 형성한다는 견해에 동의할 것이다.

이러한 사건들에 많은 관심을 보인 것은 의외의 일만은 아니다. 이러한 상황 가운데 또 하나의 관심사는, 속이는 자들이 나타나 자기들이 메시야 또는 예수라고 주장할 것이고 그로 인해 예수를 따르는 자들이 미혹될 수 있는 위험에도 직면할 수 있다는 것이었다. 그러므로 거기에는 끔찍한 일들이 일어나고 있음에도 불구하고 이러한 사건들로부터 독자들을 준비시키기 위해, 인자(the Son of Man)가 그의 백성을 구하고 마지막 심판을 행하기 위해 간섭하실 것이라는 확신과 함께 세밀한 훈계들이 주어진다. 공관복음 전체에서 이러한 사건들은 보다 중요한 부분을 차지하며, 미래에 일어날 일을 서술하기 위해 전형적인 묵시문학과 우주적 이미지(cosmic imagery)를 사용한다. 우리는 세상 종말에 일어날 일을 예언하는 어떤 시도도 일반적인 인간 경험의 범주 밖에 있는 국한된 사건들의 기록임을 명심해야만 하지만, 또한 소름 끼치는 인간사들(옛 나치의 유대인 대학살이나 자연적 대재앙과 같은)과 신적 간섭에 의한 대격변 사이의 경계를 묘사함에는 피할 수 없는 모호함이 있음도 유의해야 한다.

요한복음에서도 이와 유사하게 제자들과 세상의 미래에 대한 기사(account)가 있다. 요한 문헌의 두 부분은 공관복음에 나타난 소위 묵시론적 강화들(apocalyptic discourses)과 조화를 이룬다. 그 하나는 계시록의 주된 줄거리로서, 마찬가지로 미래에 진행될 사건들을 추적하는 것이다. 비록 일어날 사건에 대한 기사라는 점에서 근본적으로 유사점들이 많지만, 계시록은 그 내용과 정도에 있어 공관복음의 기록 그 이상을 표현한다. 차이점들은, 첫째, 공관복음은 대체로 이 세상에서 일어나는 전반적인 사건들을 다루는 반면, 계시록은 그 심판들의 출처가 되는 하늘에서 일어나고 있는 사건들도 동시에 묘사한다. 둘째, 계시록은 실제 심판을 상당히 자세하게 서술하며 그 심판 후에 나타날 새로운 세계에 대해 진술한다. 셋째, 계시록은 죄악된 세상에 내리는 하나님의 일시적인 심판들에 관해 아주 자세히 설명한다. 이 모든 것들을 통해 이 책이 의도하는 것은 교회로 하여금 다가올 핍박에 의연히 맞서도록 준비시키는 것으로서, 이를 위해 순교까지 각오하라고 요청하며 또 그들이 다시 부활해서 살게 될 새로운 세계에 대한 확신 및 하나님의 궁극적인 승리에 대한 확신을 신자들에게 심어준다.

요한복음 내에서 우리는 예수님 자신이 떠난 후 신자들이 겪을 상황에 대해 자세히 다루는, 요한복음 14-17장으로 구성된 긴 본문을 대한다. 반대와 핍박으로 인해 발생할 위험들이 분명히 제시된다. 거기에는 신자들이 변절할 수 있는 가능성에 대한 경계가 나타난다. 신자들은 공관복음에서 알려진 것보다 훨씬 더 광범위한 방식으로 돕는 성령의 도움을 약속받으며, 또한 하나님의 능력으로 신자들을 보호해 달라고 구하는 예수의 기도를 엿듣는 것이 그들에게는 허락된다. 하지만 그 외에는 거의 유사점들이 없다. 유대 전쟁의 흔적은 뚜렷이 보이지는 않는다. 제자들을 위해 다시 오겠던 예수의 오심에 대한 언급도 없다(요 14:3).[11] 세상의 종말은 거의 다루어지지 않는다.

가장 핵심적인 교훈은 두 가지 다른 관용구(idioms)를 통해 표현되는 것 같다. 요한복음 14-17장은 적대행위와 핍박에 대한 훈계를 제자들에게 미리 말함으로써, 예수가 육체적으로 그들과 함께 하지 못할 미래를 준비시키며, 그들로 성령의 도움에 의지하면서 굳게 서도록 격려한다. 요한복음은 명확하지는 않지만 은연중에 그 시련의 때가 제한적인 것으로 묘사하는데, 이는

---

11) 요 14:8은 제자들에게 성령을 통해 오시는 예수의 영적인 임재에 대한 언급으로 이해하는 것이 더 자연스러워 보인다.

예수가 다시 오실 것이며, 아버지로부터 보냄을 받고 증거하기 위해 세상에 오신 후 다시 아버지께로 가셨듯이, 신자들도 결국 예수와 함께 하게 될 것이기 때문이다. 이 복음서의 다른 곳에서도 제자들이 마지막 날에 다시 살 것이라는 약속들이 있고(요 6:39-52; 참고. 요 11:24; 21:22), 또한 그리스도가 재림하실 때 그와 함께 하게 될 소망이 요한일서 2:28과 요한일서 3:2에 반복적으로 나타난다.[12] 여기서 교훈적인 격려의 어투로 말해진 것은 공관복음에서 훨씬 더 시각적으로 묘사된 것과 본질적으로 같은 내용이다. 그러나 공관복음에서는 성령의 도움에 관한 교훈이 많이 발전되지 않은 반면, 예루살렘과 그 성전의 파괴를 다룬 주제와 더불어, 이러한 징조를 임박한 종말로 잘못 이해하는 것에 대한 위험을 다룬 내용이 섞여 있다.

결론. 지금까지 이 주제들의 비교에서 나타나지 않은 것은 요한이 취한 사상의 구조이다. 이것은 요한의 이원론으로서, 빛과 어둠으로 상징되는 영역들 사이의 뚜렷한 구별이 있다. 세상은 어둠 가운데 있지만, 그 안에서도 빛이 비칠 수 있으며, 또한 세상에 사는 사람들이 빛에 속할 수도 있다(요 12:35-36). 그 표현은 마태복음 4:16(사 9:2) 및 마태복음 5:14-16과 크게 다르지 않지만, 그 구조는 요한의 기본적인 사상 구조를 표현하기 위해 사용된다. 하지만, 우리는 공관복음과 요한복음이 서로 강조하는 부분에 있어 큰 차이가 있음을 살펴보았는데, (그 예로) 요한복음에는 하나님 나라에 대한 선포가 거의 언급되지 않는다. 그래서 신학을 표현하는 방법도 괄목할 만큼 다르다.

그러나, 이 모든 차이점에도 불구하고 이제 우리는 요한복음과 공관복음의 신학들이 그 구성과 내용에 있어서 본질적으로 다르지 않다는 것을 이해하게 된다. 아마도 공관복음이 예수 자신의 말씀들(*ipsissima verba*)에 더 가깝고 또 미래에 대한 예수의 가르침과도 가까이 연계된 반면, 요한 문헌은 부활절 이후에 초대 신자들이 가진 더 깊은 통찰을 반영하는 훨씬 발전된 신학임을 나타내 보이는 것 같다. 반복하자면: 현재 이 논의의 의도나 목적은

---

12) 나는 마지막 날에 대한 이러한 구절들이 후대 편집자들에 의해 본문에 더해진 것이라는 견해를 인정할 만한 아무런 논거가 없다고 생각한다.

요한복음과 공관복음 간의 차이점들을 해소하려 하거나 혹은 그것을 사소하게 여기려 함이 아님을 강조하고자 한다. 또한 이러한 상황에서 어떻게 복음서들이 형성되었는가에 대한 역사적인 설명을 시도함도 가능하지 않다. 우리의 목적은 훨씬 온당하다: 복음서들 간의 충분한 본질적인 일치가 있음을 기대하는 것은, 우리로 하여금 사복음서의 근저에 놓여 있는 동일한 신학적 이해가 복음서마다 다르게 표현되었다고 결론지을 수 있도록 허용한다. 실제로 나의 견해로는 이것이 사실인 것 같다.

요한과 바울

우리의 다음 과제는 요한의 신학을 초대교회의 부활절 이후에 발생한 신학의 주된 증거로 알려진 바울 문헌과 비교하는 것이다.

바울의 신학은 부분적으로 유대화주의자들(Judaizers)과의 논쟁을 통해서, 또 한편으로는 지혜, 지식 그리고 인간의 지위(status)를 강조하는 헬라적 사고방식에 깊이 영향을 받은 사고체계를 지지하는 자들과의 논쟁을 통해 형성된다. 후대 저술들에는 신자들을 염려하게 만드는 초자연적 능력의 위협에 대한 강한 인식도 나타난다. 전반적으로 서신들은, 그들이 해산의 수고와 함께 신자로서 공동체 내에서 살아가는 법을 배우는 중에 교회 내에서 일어나는 일반적인 문제들 및 쟁점들과 훨씬 더 많이 연관되어 있다. 이러한 문제들은 요한복음에서는 거의 표면화되지 않는데, 거기에는 회당 및 회당에서 예수의 메시야 됨을 배척함과 관련된 논쟁들이 훨씬 더 많고, 교회 내에서의 생활과 관련된 구체적인 사항들은 주된 관심사가 되지 못한다. 하지만 교회 내부적 문제들은 요한의 서신들에서 전면에 부각된다. 그러므로 우리는 아마도 그 표현의 일반적인 형태나 방법이 다소 차이가 있을 수 있음을 예상해야 할 것이다.

하나님과 예수 그리스도. 분명히 두 저자는 다 하나님에 대한 동일한 이해를 가진다. 바울에게 있어서, 요한에게도 마찬가지로, 거기에는 한 분 하나님밖에 없으며, 그분의 성품은 아버지라는 호칭을 사용함으로써 요약된다. 그는 이스라엘의 하나님이며, 그 백성의 역사를 통해 일하시는 분이다.

바울에게 있어서 예수 그리스도는 창조와 관련되어서 뿐만 아니라 신자들에게 주어진 영적인 축복과 관련해서도 한 주님이 되며 흔히 성부 하나님과 나란히 위치된다. 그는 선재하며, 창조사역에 있어 하나님과 협력한다. 그는 하나님의 아들이며, 인류를 구하기 위해 하나님에 의해 세상으로 보냄을 받는다. 그렇게 함으로써, 예수는 하나님과 동등됨을 내려놓았고 사람이 됨으로써 오히려 종의 역할을 담당했다. 그는 죽음에서 부활했고 하나님의 오른편에 좌정하기 위해 승천했으며, 현재 거기서 다스리며, 또한 그의 백성들을 다시 모으며, 죽은 자들을 살리고 심판을 실행하기 위해, 역사의 마지막에 다시 재림할 것이다.

요한도 같은 그림을 보여준다. 그는 예수를 태초에 하나님과 함께 계셨던 영원한 말씀이자 창조의 사역을 나눈 분으로 증명한다. 그 말씀이 육체가 되었고 인간적 삶을 공유했다. 예수의 인성은 실제적으로 요한복음에서 나타난다. 성육신은 적지 않은 의미를 지닌다. 빌라도가 말한 "보라 이 사람이로다"(요 19:5)는 의심의 여지 없이 더 깊은 의미를 지니지만, 아담 모형론(Adam typology)의 흔적은 없다.[13] 요한은 하나님의 아들로서의 예수의 개념과 하나님에 의해 세상에 보내짐의 개념을 매우 발전시킨다. 원래 아버지와 함께 영광스러운 상태에 거했지만, 예수는 세상에 왔고, 비록 다른 형태이긴 하지만 그의 영광은 제자들에게 보였으며, 결국은 하나님께로 돌아가 이전에 가졌던 그 영화로운 지위를 다시 회복한다. 바울은 예수의 하나님 오른편으로의 승귀를 더 강조하는 반면(참고. 시 110), 요한은 아들로서 예수가 가진 하나님과의 친밀한 관계를 부각시킨다. 바울이 지혜의 개념을 제한적으로 사용했다면, 요한의 서론은 지혜와 밀접하게 연관된 말씀의 개념을 최대한 활용한다.

성령. 바울에게서 성령은 성부와 성자와 나란히 일컬어질 수 있는 인격적인 존재로 이해되기 시작하며, 요한에게서 이러한 이해는 한층 더 발전해, 성령은 단순히 어떤 신적 능력의 한 형태가 아닌, 사람처럼 행하는 보혜사

---

13) 흥미롭게도 요 1:30은 신약성경에서 유일하게 예수를 가리키면서 '아네르'(일반적으로 사용되는 '안드로포스' 대신)를 사용한다. 다른 사람들이 예수를 한 사람으로 언급하는 것은 자연스럽다(요 4:29; 7:46; 10:33).

(the Paraclete)로 그 정체가 확증된다.

성경. 바울과 요한은 비록 그들이 성경을 사용하는 방식은 다르지만, 신적 계시로서의 성경의 권위를 인정한다(롬 1:2; 참고. 딤후 3:16; 요 7:19; 8:17; 10:34). 성경의 가르침은 권위를 지닌다. 성경은 심판과 구원을 통해 그의 백성을 다루시는 계속되는 하나님의 역사에 대해 증거한다. 모세와 선지자들은 오실 메시야와 그를 통한 구원의 길에 대해 증거한다(롬 3:21; 요 1:45). 바울은 모세의 율법에 대해 많은 언급을 하는데 왜냐하면 그것이 유대화주의자들(Judaizers)과의 논쟁점이었기 때문이다. 이것은 분명히 요한에게 해당되는 경우는 아니다. 요한복음 1:17의 율법에 대한 진술은 율법의 가치를 하락시키지 않는다. 비슷하게, 율법의 행위에 대한 문제도 요한에게는 중요하지 않은데(요 6:28-29), 왜냐하면 추측하기는 이방인들도 율법을 지켜야만 한다고 요구된 문제는 요한의 독자들에게는 문제가 되지 않았을 것이기 때문이다.

인류와 인류의 필요. 두 저자의 주된 이야기는 인간이 처한 죄의 실상 및 하나님의 반응과 관계되어 있다. 바울이 인류의 모습을 묘사할 때, 거기서 죄와 육체의 개념들은 그의 설명을 위한 중심적인 도구들이다. 죄는 인간들을 정복하고 또 그들로 죽음을 면할 수 없게 하는 이질적인 권세이다. 육체는 사람의 본성이며, 죄에 의해 사로잡혀 옳고 선한 일을 행할 능력이 없다. 요한은 죄에 대하여 동일한 개념을 전개하지만 육체에 대한 개념은 바울과 다르다(말씀이 육신이 되는 부분에서 명확해짐: 역자주). 대신에 인간 세상은 어둠 가운데 있고, 악이 다스리는 영역으로 표현되며, 하늘에 속한 영역과 구별되는 아래의 영역인데, 요한은 이러한 이원론의 다양한 표현들을 구사한다. 어느 경우든지, 사람들은 죄의 속박 아래 있으며 죽음의 위협 아래 거한다. 또한 그들은 하나님의 심판대 앞에 서야 한다. 바울은 하나님의 진노가 이미 하늘로부터 나타나고 있다고 말하며(롬 1:18), 요한은 이미 그들이 하나님의 심판을 받았다고 말한다(요 3:18). 두 저자에게 있어서 미래에 있을 심판은 인류의 현존하는 상태에 대한 인식이며, 그 쟁점(issue)은 죽음이다(참고. 요일 5:16-17).

예수와 그의 역할. 요한에게서 예수는 선생의 역할을 하는 자로 더 많이 비쳐지는데 이는 단순히 그가 자신의 신학을 복음서의 형태로 표현했기 때문이다. 그럼에도 불구하고, 선생으로서 이 땅에서 예수가 한 일은 그의 승천 이후 성령을 통해 계속되는 계시의 하나가 된다. 예수의 이야기가 그 초점이 되는 십자가 사건으로부터 이해되는지 아니면 성육신으로부터 이해되는지에 관한 문제가 생긴다. 한(Hahn)은 "바울에게 있어 성육신은 예수의 죽음을 위한 필수적인 전제인 반면, 요한의 신학은 성육신으로부터 착상되므로, 예수의 죽음은 성육신의 최종적인 결과이다"라고 주장한다.[14] 그는 이것이 강조의 차이라고 역설한다. 물론 바울에게 있어 예수의 인간적인 삶은 거의 무시해도 좋을 만큼 미약한 역할을 한다. 그가 사람이었다는 것과, 여자에게서 태어나고 율법 아래 나며, 단지 가끔씩 그의 권위 있는 교훈에 대한 언급이 있을 뿐이라는 것은 주목할 만하다. 바울은 신조처럼, 성육신에서 십자가로 곧장 이동하며, 또 그 십자가—부활 사건은 구원의 사건이라고 말할 수도 있을 것이다. 요한에게 있어 예수의 삶과 가르침은 그 복음서의 중심이 되지만, 그의 서신서에서는 바울의 방식과 같이 대부분 시야에서 완전히 사라진다. 그럼에도 불구하고, 하나님의 어린 양으로서 예수의 역할은 그 복음서의 시작 부분에서 강조된다. 더욱이, 요한복음은 공관복음보다 더 많은 분량의 지면을, "그의 때"가 이 복음서의 진정한 절정임을 보여주는 예수의 마지막 예루살렘 방문에 할애하며, 그 나머지 이야기는 이를 위한 준비가 된다.

바울에게 있어 예수의 죽음은 자신을 통해 죄인들이 의롭게 될 수 있도록 하기 위해 죄인들과 하나된 것으로 이해된다. 칭의(justification)의 개념은 바울에 의해 사용된 이미지들 중에 가장 완전하게 발전된 것인데, 비록 이러한 발전이 유대화주의자들과 논박하기 위한 필요에 의해 촉진된 것일 수도 있지만, 바울에게는 여전히 핵심적인 개념이다. 이 용어는 요한에게 알려지지 않은 표현이다. 그러나 요한은 예수가 죄들을 제거하심과, 사람들을 위해 죽으심, 그리고 십자가와 부활 사건이 사탄을 물리친 시점임을 안다. 그리고 바울 서신과 마찬가지로 요한일서에서도, 세상의 죄를 위한 화목제물로서의

---

14) Hahn, I:612.

십자가에 대한 바울과 동일한 이해가 뚜렷이 나타난다. 설령 요한일서의 증언을 제외하더라도, 그 복음서의 증거로도 그 어린 양의 역할이 화목제물(sacrificial victim) 또는 희생양(scapegoat) 중에 하나님을 밝히기에 충분하다.

구원에서 하나님의 주도하심. 바울과 요한은 보편성과 특수성 사이의 긴장을 보여준다. 하나님의 계획은 인류의 구원이며, 두 저자들 모두 명백히 제시하는 것은 하나님께서 그리스도 예수를 보내심이 모든 사람들을 죄로부터 구원하기 위한 방편을 제공하려 함이라는 것이다. 바울의 경우, 특별히 이 계획은 유대인들과 나란히 이방인들을 포함하는 것을 강조하는 방향으로 나아간다. 이 요소는 동일하게 요한에 의해서도 견고히 확립된다(요 12:20-33; 참고. 요 10:16). 이러한 진술들은, 이 구원의 제공이 실제로는 오직 특정한 유대인들이나 이방인들, 즉 하나님에 의해 구원받기로 미리 예정된 자들만을 위해 의도된 것임을 나타내는 것이 아니라, 누구든지 그 메시지를 믿으면 구원받는다는 방식으로 그 복음을 제시하기 위함이다.

하지만 우리는 또한 두 저자들이 일종의 제한된 선택에 관해 가르치는 것으로 보이는 진술들을 대한다. 바울에게 있어 선택된 자들은 하나님이 미리 아신 자들로서 아들의 형상을 본받게 하기 위하여 예정된 자들임을 우리는 안다(롬 8:29-30). 로마서 9장에서 하나님은 누구를 선택하기도 하고 유기하기도 하며 또한 그들의 마음을 강퍅하게 해서 그들로 믿지 못하게 하는 것으로 나타나기는 하나, 바울은 하나님이 죄 범한 자들을 심판할 때를 제외하고는 실제로 그렇게 행하셨다고 말하는 것을 피한다. 비슷하게 요한복음 6장에서도, 아버지께서 그리스도에게 주신 자들이 그에게 올 것이며, 이렇게 누구든지 그에게 오는 자는 다 영접할 것이라고 한다. 예수의 청중들 중 일부는 믿지 않는데, 그것은 그들이 그의 양이 아니기 때문이라고 진술하며(요 10:26), 그 말이 함축하는 의미는 선택받은 자들은 그의 양이며 그러기에 믿을 수 있지만, 다른 사람들은 믿을 수 없음을 분명히 한다. 하지만 심지어 이 문맥에서조차 예수는 여전히 그의 청중들에게 믿으라고 역설한다(요 10:37-38). 다시 말하자면 예수의 양이 아닌 자들은 곧 믿기를 거부한 자들로서 결과적으로 심판 아래 있는 자들로 여겨지는 것이 가능하다. 만일 사람들이 구원받지 못하고 정죄 아래 머물게 됨은, 그들이 복음을 거절했기 때문이지,

하나님께서 구원받을 기회를 안 주신 것 때문은 아니다. 두 저자들이 모두 견지하는 바는, 어떤 경우에는 사람들이 믿기를 계속 거절하는데 이는 하나님이 그들의 마음을 강퍅하게 했기 때문이며, 이것은 분명히 그 전에 먼저 믿기를 거부했기에 그들에게 가하신 심판이라는 것이다. 복음을 한 번도 들어볼 기회를 갖지 못한 자들에 관한 질문은 언급되지 않는다. 바울은 모든 이스라엘 사람들은 하나님이 보낸 사자들을 통해 그 메시지를 들었든지 (또는 듣게 될 것)이라고 믿으며, 전도자들이 이 복음을 들고 나가 세상에 전하는 것이 얼마나 중요한지를 강조한다(롬 10:14-21).

이 두 저자들에게 이러한 긴장들이 있음은 인상적이다. 바울과 요한은 둘 다 구원의 제공의 보편성 및 모든 인류를 위한 그리스도의 사역의 충분성을 가르친다. 두 저자들은 하나님과 그리스도가 구원을 위한 그들의 의지에 있어 전적으로 하나됨을 확고히 한다(롬 8:31-35; 요 6:37). 그 두 저자들은 복음을 들은 모든 사람이 다 믿음으로 그 제안에 반응하는 것은 아님을 인식하고 있다. 두 저자들이 동일하게 지적하는 바는 구원은 전적으로, 그리스도를 보냄과 그의 제자들을 파송해 복음을 선포하게 함을 통해 나타난, 하나님의 주도하심(God's initiative)의 결과라는 것이다. 사람들은 자신의 구원을 위해 아무것도 기여할 수 없으며, 오직 그들에게 요구되는 일은 어떤 행위가 아니라 바로 믿음이다.

바울과 요한은 불신앙에 대해 다르게 설명한다. 바울은 주장하기를, 어떤 유대인들은 행위로 얻는 구원의 방법을 따르기로 결정함으로 믿음의 방법을 거절했으며, 그들은 그렇게 함으로써 비난받아 마땅하다고 여겨진다. 한편 요한은 어떤 사람들은 출교(excommunication)의 두려움 때문에 공개적으로 믿지 않는데 이는 그들이 하나님의 영광보다 사람의 영광을 더 사랑하기 때문이라며(요 12:42-43), 믿기를 거절하는 자들은 정죄를 받았다고 경고한다.

그리스도와의 연합 안에 있는 새 생명. 바울과 요한을 함께 맺어주는 근본적인 신학적 교리(theologoumenon)는 아마도 전체적이든 개별적이든 간에 그리스도와 신자들 사이의 영적인 관계에 대한 그들 각자의 깊이 있는 이해의 방식에 근거한다. 바울에게 이것은 우선적으로 "그리스도 안에서"라는 구절로 표현되며, 그 어구는 신자들의 삶이 그들과 그리스도의 관계에 의해

결정되어지는 방식을 확립한다. 신자들이 그리스도 안에 있다는 표현과 비교해서 그리스도가 신자들 안에 있다는 그 상호적 사상(the reciprocal thought)은 극도로 드물게 나타난다(갈 2:20; 참고. 엡 3:17; 골 1:27). 하나님과의 그 동일한 친밀한 관계는 성령이 신자들과 밀접하게 관련을 갖는 방식에 의해 표현된다. 전체로서의 교회는 그리스도의 몸이며 신부인데, 후대의 서신들에서 이것은 하나님의 충만(fullness)이 그리스도로부터 교회로 흘러들어간다는 말로 표현된다. 그리스도와의 관계를 통해서 신자들은 그리스도와 함께 죽었고 또한 새로운 생명으로 일으킴을 받은 자로 이해되는데, 그 새 생명은 그들이 영적인 몸으로 다시 부활할 때나 또는 그리스도와 함께 거하도록 데려감을 당할 때 절정에 이를 것이다.

요한에게서 우리는 그리스도와 신자들 사이, 또는 성부와 신자들 사이에 관한 상호내주적(mutual indwelling) 표현을 발견하는데, 이것은 성령의 오심에 대한 사상 및 신자들에게 주어진 성령에 대한 사상과 밀접한 연관이 있지만, 이 시점에서 상호적인 표현은 부족하다. 요한은 그리스도와 함께 죽고 또 일으킴을 받는다는 개념을 갖지 않는다(그러나 요 12:24-26은 그리스도와 함께 죽는다는 개념에 근접해 있다). 요한은 신자 전체와 그리스도와의 관계를 설명하기 위해 포도나무와 그 가지들 비유를 전개하며, 바울도 감람나무와 그 가지들(롬 11:16-24)을 간단히 언급함으로 요한과 비슷한 점을 공유한다. 그리고 요한은 영생의 본질적인 내용에 대한 사상을 하나님과 그리스도를 아는 것이라고 발전시키며(요 17:3), 바울에게서 이 사상은 간략하게 언급된다(빌 3:8; 참고. 엡 3:19). 두 저자의 저술들에서 기도는 신자들과 하나님 사이의 관계를 자연스럽게 표현하는 것으로 자주 언급된다. 그러므로 두 저자들은 비록 같은 사상을 다른 형태로 발전시키지만, 그리스도 안에 있는 새로운 삶에 대해 고도로 발전된 이해를 가진다.

공동체 안에서의 삶. 요한의 복음서에서 예수의 제자들이란 공동체를 형성하는 것과 같다고 암시적으로 이해된다. 양 떼의 비유나 포도나무 비유가 나타내는 바는 제자들이란 개별적으로 고립된 자들이 아니라 함께 속해진 자들이라는 사실이다. 두 경우에서 그 연결점들은 신자들 간의 연결이라기보다 개별적인 제자들과 예수 사이의 관계라고 이의가 제기될 수 있을 것이다. 하지만 이 반론은 두 가지 항목에 의해 번복될 수 있다. 첫째는 예수가 "이 우리에 든" 양, 즉 명백히 유대인과, 그의 "다른 양", 추측하건대 이방인들, 그 둘 사이의 구별을 인식한다는 점과, 또한 그들은 한 목자에 의해 돌봄을 받게 될 한 무리로 구성되도록 인도될 것이라는 예수의 말씀에 그 이유가 있다(요 10:14-16). 그래서 제자들의 다른 무리들 사이에는 하나의 연합이 나타난다. 둘째 요인은 포도나무 비유를 통해 나타나는데, 그것은 사랑에 대한 예수의 가르침 다음에 바로 뒤따르며, 특별히 예수가 그들을 사랑했듯이 제자들도 서로 사랑해야만 한다는 교훈을 보여주기 때문이다(요 15:1-17). 그 후 이 가르침은 요한일서에서 다시 강조되며, 거기서 그 수신자들은 서로 형제 자매로서의 관계를 가지며, 말뿐만이 아니라 행함 가운데 서로 사랑해야만 하고(요일 3:11-18, 23; 4:11-12, 20-5:2; 요이 5), 또한 서로를 위해 기도해야만 한다(요일 5:16).

교회에 대한 이러한 이해는 바울에 의해서도 공유된다. 그것은 더욱 뚜렷이 드러나는데, 왜냐하면 바울은 그들의 삶에 관해 교회들에게 편지를 쓰고 있기 때문이며, 그러므로 신자들 상호 간의 관계는 계속해서 논의된다. 결과적으로 바울은 신자들이 함께 모일 때 일어날 수 있는 아주 실제적인 부분에 대해 훨씬 더 세부적으로 언급한다. 성령의 은사들에 대한 활용은 고린도전서 12장과 로마서 12장에서 뿐만 아니라 또한 간략히 고린도후서 12:12, 갈라디아서 3:5, 그리고 데살로니가전서 5:19-21(참고. 엡 4:7-13)에서도 현저히 드러난다. 이러한 일련의 구절들에서 비교되는 항목들은 은사들의 다양성을 증명하며 또 거기에는 오직 하나의 고정된 은사들의 항목만 있다는 인상을 제거한다.

이러한 주장과 함께, 이제 우리는 요한복음 20:21-13에서 제자들의 사명을 위해 그들에게 성령이 주어지고 있음을 관찰할 수 있다. 따라서 요한은 제자들의 사역 가운데 역사하는 성령의 운행하심을 의식하고 있다. 우리가 이전에 주목했듯이, 죄, 의 그리고 심판에 대해 세상에 증거하시는 성령의 활동은(요 16:7-11) 실제로 제자들을 통해 실행된다. 거기에는 또한 신자들의 모임 안에서 성령의 가르치는 사역이 있지만(요 14:25-26; 16:12-15), 그것은 제자들을 개별적으로 지도하는 것으로 단순히 이해되어서는 안 되며 오히려 제자들의 유익을 위해 가르치는 보편적인 은사로 이해되어야 한다. 요한일서에서 독자들은 그들에게 가르침을 주는 어떤 기름 부음을 받은 자라고 일컬어진다. 교회 안에 있는 선지자들의 존재는, 그들이 참으로 성령에 의해서 영감받은 자들인지를 알기 위한 일종의 확인이 필요하다고 인식되는데, 이는 불행하게도 모든 시대마다 거짓 선지자들이 하나님의 백성을 미혹할 위험이 있기 때문이다(요일 2:26-27; 4:1-6). 여기서 우리는 선지자들을 시험해야 할 필요성에 관한 바울의 가르침과 놀랍게도 비슷한 병행구절을 가진다(살전 5:21). 우리는 요한2-3서로부터 순회 전도자들이 존재함 및 그 지역 교회 지도체제의 발전(요한삼서에 반영된 어떤 문제점들과 함께)에 대해 알게 되는데, 그것은 어떤 면에서는 우리가 바울에게서 발견하는 것과 다르지 않다. 그 외에는, 신자들이 함께 모였을 때 어떤 일이 있었는지에 관해 요한에게서 얻을 수 있는 것이 거의 없다. 우리는 모든 곳에서 동일한 예배 의식(practices)이 있었을 것이라고 가정하는 것을 주의해야만 한다. 우리가 증명하기 위해 관심을 갖는 것은, 초대 교회 전체에 나타난 지역 교회 지도체제의 발전과 결부된 회중 생활의 은사주의적 성향이다.

선교. 교회의 선교적 성격은 바울서신에서 곧 명확히 드러난다. 바울은 자신을 사도요 선교사로 소개하면서 그가 세우고 개척한 교회들에게 편지한다. 거기에는 바울이 감당해야만 하는 계속되어야 할 사역이 있고, 또한 방문해야만 하는 어떤 지역에 대한 목표의식도 있다. 비록 바울은 놀랍게도 선교에 동참해야 할 지역 교회들의 책임에 대해서 거의 언급하지 않지만, 자신과 자신의 동역자들에게 위임된 그 사명을 위해 그들이 중보기도하며 또 돕는 자들을 지원함을 통해 참여할 것을 기대한다. 그는 재정적 지원에 대해서 다소 상반되는 모습을 보이지만 그럼에도 불구하고 선물로 주어진 것들은 받았다.

요한에게서 선교의 개념은 예수가 세상을 구하기 위한 사명을 가지고 보냄을 받았다는 형태로 표현되며, 또한 그는 그의 제자들에게 자신의 사명을 위임한다(요 4:38; 17:18; 20:21). 부활 후 제자들이 153마리의 물고기를 잡은 사건은 그 추수한 영혼들이 거두어들여졌음을 상징하는 것으로 보인다. 제자들은 용서를 베풀거나, 혹은 추측상 믿기를 거부하는 사람들에게 용서 베품을 보류할 수도 있는데, 그들에게 주어진 성령이 그들의 사역을 감당하도록 역사한다. 바울과 요한의 견해는 근본적인 사실에 일치를 보이는데 그것은 예수의 제자들이 그들의 메시지를 받는 자들에게 구원을 전하는 사명으로 부름받는다는 것이다.

그리스도의 재림과 부활. 바울의 최종적인 미래에 대한 가르침(종말론 [eschatology])은 그리스도의 재림과 죽은 자들의 부활을 그 중심에 둔다. 그리스도의 실제적인 통치가 모든 만물에 확장되는 동안 역사는 한 정점을 향해서 진행되며, 그리스도는 아직 살아있는 그의 백성들을 모으고, 이미 죽은 자들을 일으켜, 예수와 함께 살게 될 그들을 예수와 같이 변화시키기 위해 영광스러운 모습으로 재림할 것이다. 그 나머지 사람들도 부활하게 되지만 변화되지는 않으며, 예수에 의해 그 심판대에서 집행될 하나님의 진노에 직면하게 된다. 바울은 세상 종말 전에 악한 세력들의 마지막 반란(outbreak)에 대해서도 알고 있다.

요한도 그리스도께 속한 자들이 가지는 영생에 대한 동일한 소망을 말한다. 나사로 이야기는 죽은 자들의 부활에 대한, 행동으로 보여진 비유를 제공한다. 그러나 요한은 모든 죽은 자들이 인자(the Son of Man)의 목소리를 듣게 될 것이며, 생명으로 혹은 정죄 및 진노로 부활하게 될 것이라고 가르친다(요 5:28-29). 바울과 마찬가지로, 심판의 집행은 그리스도께 위임된다. 그리스도의 재림에 대한 소망은 여전하지만, 요한복음에서 그것은 적게 강조된다. 그러므로 바울이 가지고 있던 재림에 대한 기본적인 기대는 또한 요한에게서도 나타나지만, 그 강조점들은 다르게 배열되어서, 영생에 대한 보다 강한 강조를 드러낸다. 저자가 이것을 기록할 때 대부분의 신자들이 이미 죽은 후대의 한 시점이라는 것을 감안할 때 영생에 대한 강조는 그리 놀라운 일은 아닐 것이다. 그러나 우리는 마지막 날에 있을 악한 세력의 활동에 대한 전면적인 드라마와, 계시록에서 모든 사람들에게 임하는 심판과, 또한 그리스도로서 다시 오실 예수가 부인되는 곳마다 활동하고 있는 지금 여기서의 적그리스도들(요일 2:22; 요이 7)에 대한 인식이 요한 문헌에 포함되어 있음을 유의해야만 한다.

결론. 이 비교가 나타내고자 하는 바는, 우리는 바울과 요한의 문헌에서 초대교인들의 신학이 본질적으로 같은 기본적인 구조를 가지고 있으며, 또한 그들의 세부 내용에 있어서도 상당 부분 일치되는 두 진술들을 가진다는 것이다. 동시에, 그들의 구상(conceptuality)과 문체(style)는 매우 다르다. 우리는 같은 대상을 다르게 이해하는 두 명의 다른 예술가들이나 또는 예술가들의 학파들을 가지지만, 그들은 같은 대상을 다루기에, 우리는 그 공통된 주제의 풍성함을 나타내기 위해서 두 가지의 묘사 모두를 필요로 한다.

제 5 부

히브리서, 야고보서, 베드로전후서, 유다서

제 25 장

히브리서

히브리서는 웅변 같이 웅장하게 시작되어서 하나의 편지 같이 개인적으로 끝난다. 히브리서는 그 기자가 그가 특별한 관심을 갖고 있었던 회중에게 보낸 단일한 주제에 관한 글로 씌어진 형태의 설교를 담고 있는 것 같다. 그 회중의 상황에 관한 가장 유력한 설명은 한 무리의 그리스도인들이 외적인 압력과 내적인 연약함의 결합의 결과로서 기독교 신앙으로부터 떨어져 나갈 위험에 처해 있었다는 것이다. 옛 견해에 의하면, 그들이 직면해 있던 시험은 그들이 기독교로 전향했을 때에 버렸던 유대교로 다시 되돌아가는 것이었다.[1] 이것이 사실이든 아니든, 저자는 그들에게 그리스도를 떠나서는 구원이 없다는 것을 그들이 공통적으로 받아들이고 있는 구약성서를 토대로 입증하고, 그들에게 신앙의 긴 여정 및 그것과 결부된 환난들에 대비하도록 촉구하기 위하여 이 서신을 썼다.

저자가 누구인지는 알려져 있지 않지만, 그는 여자가 아니라 남자였고,[2]

---

1) Barnabas Lindars, *The Theology of the Letter to the Hebrews* (Cambridge: Cambridge University Press, 1991), pp. 12-15는 독자들이 죄에 대한 의식은 가지고 있었지만 그들의 죄책을 해결해 줄 그리스도의 희생제사의 능력에 대한 믿음을 상실했기 때문에, 그들에게 없었던 평안을 얻기 위해서 유대교의 의식들로 되돌아가고 있었다고 주장한다.

2) 히브리서 11:32에 나오는 이 분사가 남성형으로 되어 있다는 것이 결정적으로 중요하다.

헬레니즘 유대교의 사상 체계에 정통해 있었다. 독자들이 누구였는지도 마찬가지로 알려져 있지 않지만, 히브리서 13:24은 그들이 이탈리아에 있었다는 것을 암시하고 있는 것 같다. 이 서신의 저작 연대는 논란이 되고 있지만, 나는 주후 70년 이전에 씌어졌다는 견해를 지지한다.

이 서신의 구조는 세부적인 면에서 열띤 논쟁을 불러왔던 문제였지만, 우리는 다음과 같은 분석을 채택하는 것이 안전할 것이다.

1:1-2:18 아들을 통한 하나님의 계시
3:1-5:10 대제사장으로서의 아들
5:11-10:39 아들의 대제사장적 직분
11:1-12:13 믿음과 인내의 필요성
12:14-13:25 적대적인 세상 속에서의 그리스도인의 삶

이 개략적인 틀 속에서 좀 더 교리적인 단락과 좀 더 권면적인 단락이 서로 번갈아 나온다. 권면적인 단락은 히브리서 2:1-4; 3:1 — 4:14; 5:11 — 6:12; 10:19-39; 12:1-13; 12:14 — 13:25에서 발견된다.[3] 이렇게 교훈과 권면을 함께 섞어 짜 놓은 것이 이 서신의 특징이다.

신학적 이야기

히브리서 기자의 신학적인 스타일은 성경에 대한 단언과 성경에 대한 해설을 섞어 놓은 것이다. 신약성서의 기자들 중에게 이렇게 자신의 논증의 토대로 성경을 자세하고 명시적으로 사용하고 있는 사람은 없다.

아들을 통한 하나님의 계시(히 1:1-2:18). 서두의 단락(히 1:1-14)에서 기자는 예수의 높은 지위에 관한 진술로 곧장 들어가는데, 예수의 메시지는 만유와 관련된 그의 역할 및 하나님의 존재를 공유하고 하나님 옆에 좌정하고 계시는 분으로서의 그의 신분으로 인해서 선지자들의 메시지보다 우월하다는 내용이 나온다. 이것으로 인해서 예수는 심지어 천사들보다 우월한데, 히브리서 1장의 나머지 부분에서 이 주제는 하나님께서 천사들을 부를 때에 사

---

3) 이러한 분석은 William L. Lane, *Hebrews* (Dallas: Word, 1991), I:cii–ciii에 토대를 둔 것이다.

용하지 않는 그런 방식으로 예수를 부르고 있고, 천사들에 관하여 말해지고 있는 그 어떤 것보다도 우월한 단언들이 예수에 관하여 말해지고 있다는 것을 보여주는 일련의 성경 인용문들을 통해서 전개된다.[4] 기자는 구약의 본문들이 예수에 관한 것이라고 여길 수 있는 근거에 대해서는 그 어떤 논거들도 제시하지 않는다. 그는 구약성서를 이해하는 그의 방법론을 그의 독자들이 공유하고 있다고 전제할 수 있었음에 틀림없다.[5]

이것의 실천적인 결론(히 2:1-4)은 천사들이 전한 열등한 메시지에 불순종했을 때에 징벌들을 받았다고 한다면 예수에 의해서 제시된 구원을 등한히 하면 그 징벌이 더욱 중대할 것이라는 내용을 담고 있다. 이것이 가리키는 것은 천사들의 중재를 통해서 율법이 수여된 것이다. 구원의 선포에 관한 묘사는 누가가 사도행전에서 복음의 선포를 거기에 수반된 징조들과 성령의 은사들을 통해서 서술하고 있는 것과 밀접한 일치점을 보여주기 때문에 특히 흥미롭다.

이 서신의 이러한 첫 번째 부분의 두 번째 단락(히 2:5-18)에서 기자는 다음으로 예수가 천사들보다 못하다는 논거로 사용된 것으로 보이는 예수의

---

4) Hübner, 3:61-62는 하나님이 아들에게 말씀하는 방식(그리고 그를 하나님이라고 부르는 방식!)과 아들이 아버지에게 말하는 방식(히 10:5-7)에 특별히 주목해서, 하나님과 아들이 구속 사역에 있어서 온전히 하나가 되어 있었다는 것을 보여준다. 또한 성령도 하나님을 대신해서 백성들에게 말한다(히 10:15-17).

5) 이 인용문들은 시 2:7; 삼하 7:14; 신 32:43; 시 104:4; 45:6-7; 102:25-27; 110:1에서 가져온 것이다. 시편 104편은 천사들에 관한 것으로서 아무런 난점들도 불러일으키지 않는다. 시편 2편, 사무엘하 7장, 시편 110편을 메시야적으로 해석하는 것은 신약성서의 다른 기자들과 마찬가지이다. 시편 45편을 메시야적으로 해석한 것도 자연스러운 일이었다. 왜냐하면, 이것도 주의 기름 부음에 관한 시편이었기 때문이다. 그 밖의 다른 본문들의 사용은 좀 더 문제가 있다. 여기에서 인용된 형태대로의 신명기 32:43은 이 시편에 덧붙여진 시가의 일부였고(또한 cf. 시 96:7), 속죄를 행하는 것에 대한 언급은 그것을 아버지가 아니라 그리스도를 가리키는 것으로 보는 것을 정당화하기에 충분했을 것이다. 칠십인역에서 시편 102:25-27은 하나님을 향하여 말한 것(마소라 본문처럼)이 아니라 하나님께서 말씀한 것으로 이해되었다. Stephen Motyer, "The Psalm Quotations of Hebrews I: A Hermeneutic-Free Zone?" *TynB* 50.1 (1999): 3-22를 보라.

고난과 죽음을 설명하는 것으로 나아간다. 시편 8편을 사용함으로써 그는 예수께서 마귀를 물리치고 인류의 죄를 구속하기 위한 이 두 가지 목적을 위해서 사람과 같이 되어 죽음을 맛보셔야 했기 때문에 오직 잠시 동안만 천사들보다 못하게 되었다는 것을 보여준다. 이러한 설명을 통해서 기자는 대제사장으로서의 예수라는 지배적인 주제를 도입하는데, 이 주제는 이 서신의 나머지 부분의 대부분에서 다루어지게 된다.

대제사장으로서의 아들(히 3:1–5:10). 하지만 기자는 무엇보다도 먼저 예수를 모세와 비교하여, 모세가 비록 가장 중요한 하나님의 종이었지만 예수가 종과 비교되는 아들로서의 우월성을 지니고 있음을 확증함으로써 실천적인 단락(히 3:1–4:13) 속에서 전개될 자신의 설명을 좀 더 우회적으로 시작한다. 그러나 천사들에 의해서 메시지가 주어졌을 때에 이스라엘 백성이 끈질기게 모세에게 대항하여 믿지 않고 반역하였듯이, 지금도 복음을 들은 자들이 믿지 않고 시편 95편에 나오는 "안식"으로부터 배제될 위험성이 여전히 상존한다. 이런 안식이라는 개념은 구원과 동일한 표현으로서, 기자는 원래 이것이 약속의 땅에 들어가는 것을 의미했지만 그 약속은 거기에서 끝나는 것이 아니라고 설명한다. 신자들에게 주어질 구원의 체험이 아직 존재한다. 믿음을 인내로써 지키라는 암묵적인 권면은 소극적으로는 인간의 마음의 상태를 하나님은 보실 수 있다는 경고와 적극적으로는 독자들은 대제사장이신 예수와 더불어서 이 하나님 앞에 담대하게 나아가서 긍휼하심을 얻기를 기대할 수 있다는 암시를 통해서 밑받침된다.

이제 분명하게 말해진 대제사장이라는 주제를 통해서 좀 더 상세한 설명을 위한 길이 열렸기 때문에, 기자는 대제사장이 인류의 사정을 알아서 인류를 대표할 수 있는 자가 되어야 했고 하나님에 의해서 그 직분에 임명되어야 했다는 것에 관한 일반적인 진술로써 상세한 설명을 하기 시작한다(히 5:1–10). 이러한 두 가지 조건은 특히 구주로서의 그의 역할을 완전하게 만들어 주었던 그의 고난으로 말미암아 예수의 경우에서 충족되었다.

아들의 대제사장직(히 5:11–10:39). 논증에 있어서 다음 단계는 대제사장으로서의 예수의 사명에 관한 설명을 전개하는 것이 되어야 하지만, 그러한 내용을 다루기 전에 실천적인 단락(히 5:11–6:20)이 다시 한 번 나온다. 기자는 그의 독자들에게 그들이 그가 지금 주고자 하는 가르침에 대하여 영적으로 준비되어 있지 않은 위험에 처해 있다는 것을 경고한다. 아이러니컬하게도 그는 그들에게는 단순한 가르침이 필요하다는 것을 암시하면서도, 마치 그들이 받아들일 준비만 되어 있다면 좀 더 발전된 가르침을 베풀어도 받아들일 수 있는 것처럼 계속해서 말한다. 사람들이 구원에 등을 돌리고, 그렇게 함으로써 구주에게 등을 돌림으로써 그들에게 아무런 소망도 없는 결과가 있게 될 위험성이 존재한다. 그러나 그러한 위험성이 실제로 존재한다고 할지라도, 그는 그의 독자들에게 그런 것은 해당이 되지 않을 것이라고 생각하고서, 그가 독자들 속에서 보아 왔던 구원의 표지들을 염두에 두고 용기를 내어 계속해서 그의 가르침을 베푼다. 그들은 계속해서 믿음을 지녀야 하고, 하나님께서 약속하신 것을 물려받아야 한다. 왜냐하면, 아브라함에게 맹세로써 주신 하나님의 약속은 전적으로 믿을 만한 것이기 때문이다. 그러므로 신자들은 그들이 의지할 수 있는 소망을 가지고 있다. 그들이 볼 수 있는 것 너머에 하늘의 성소가 있고, 그 안에 예수께서는 대제사장으로서 현존해 계신다.

이렇게 그는 대제사장으로서의 예수의 역할에 관한 그의 주된 가르침의 단락을 시작한다(히 7:1-10:18). 예수께서 유다 지파에 속해 있었고 제사장들의 지파인 레위 지파에 속해 있지 않았지만 대제사장이 될 자격이 있었다는 것은 레위 지파의 제사장직이 생겨나기 오래 전인 아브라함 시대에 독자적으로 하나님의 제사장으로의 역할을 하였던 멜기세덱이라는 흥미로운 인물과의 비교를 통해서 정당화된다. 또한 예수는 자신의 지위를 자신의 멸망받을 수 없는 생명과 하나님께서 맹세로써 그를 지명하시고 확증하셨다는 것에 돌린다. 이렇게 예수는 이 땅에 속한 레위 지파의 제사장들과는 대조적으로 죽음에 의해서 중단됨이 없이 대제사장의 직분을 계속하실 수 있다. 예수는 단번에 희생제사를 드렸기 때문에, 중보 사역을 중단 없이 행하실 수 있다.

이제 예수의 제사장직의 우월성을 단언하기 위하여 정교한 비교가 전개된다. 두 가지의 비교가 사용된다. 첫 번째는 모세에 의해서 지어진 성막에서 섬기는 레위 지파의 제사장직이 지닌 땅에 속한 성격과 하늘의 성막 — 이 땅의 성막은 하늘의 성막의 모형일 뿐이다 — 에서 섬기는 예수의 제사장직이 지닌 하늘에 속한 성격 간의 대비이다. 여기에서 기자는 모세에 의해서 사용된 하늘에 있는 본에 관한 이야기를 가져와서(출 25:40), 그것으로부터 하늘의 성막이 존재한다는 것과 이 땅의 성막은 하늘에 있는 진정한 성막의 그림자라는 결론을 내린다.[6] 두 번째 대비는 하나님께서 모세와 맺었던 첫 번째 또는 옛 계약과 예레미야에게 주신 새 계약에 대한 약속 간의 대비이다. 여기에서 기자가 두 번째 계약이 첫 번째 계약보다 우월함에 틀림없다고 단언하는 것으로 넘어가는 것은 쉬운 일이었다. 왜냐하면, 그렇지 않았다면, 하나님은 두 번째 계약을 맺지 않으셨을 것이기 때문이다. 그런 후에, 기자는 두 번째 계약을 그리스도에 의해서 중보된 새로운 상태와 동일시한다. 여기에서 그는 예수께서 그의 죽음을 통해서 새 계약을 시작하셨다는 초기 그리스도인들의 당시의 믿음 위에 자신의 논증을 구축하고 있다.

이러한 병행 관계가 설정되면서, 기자는 두 체제 간의 상응점들과 대비점들을 도출해낼 수 있었다. 두 체제는 제단과 피를 통해서 죄를 깨끗하게 하는 희생제사 제도를 지닌 성막이라는 전체적으로 동일한 구조를 지니고 있다고 말하는 것이 옳을 것이다. 대비되는 것은 하늘의 성막은 물질적인 것이 아니라는 것, 짐승이 아니라 그리스도께서 자기 자신을 드리셨다는 것, 그리스도께서 레위 지파의 제사들의 반복적인 희생제사와는 대조적으로 자기 자신을 단번에 드리셨다는 것, 따라서 희생제사를 반복할 필요가 없다는 것이다. 그리스도께서 다시 돌아오실 때, 그것은 희생제물로서의 역할을 하기 위한 것이 아니라 그를 기다리고 있는 자들에게 구원을 가져다주기 위한 것이 될 것이다.

그러나 이 점에 대한 대비는 한 걸음 더 나아간다. 여기에서 대비되고 있는 것은 죄를 다루는 두 가지 효력 있는 방식들 간의 대비가 아니다 — 첫 번

---

6) 이 기자의 사상은 종종 하늘에 있는 "이데아들"과 이 지상에 있는 그것들의 복제물들을 대비하였던 저 유명한 플라톤적인 사고에 토대를 두고 있는 것으로 생각되었다. 이러한 견해를 반대하는 것으로는 L. D. Hurst, *The Epistle to the Hebrews: Its Background of Thought* (Cambridge: Cambridge University Press, 1990), pp. 13-17을 보라.

째 방식은 두 번째 방식, 즉 그리스도의 희생제사에 의해서 폐하여질 때까지 과거에 유효하였던 방식이라는 것이 그 요지가 아니다. 사실 레위 지파의 제사장들에 의한 희생제사는 그 자체로 죄를 없이할 수 없었다: 짐승의 피가 어떻게 죄를 없이할 수 있겠는가? 율법이 그러한 제사들을 요구하였다고 할지라도, 그러한 것들은 사실 하나님이 원하시는 것이 아니었다. 그러므로 이러한 희생제사들은 단지 원래의 것의 그림자 또는 반사물에 불과한 것이었다. 그리스도의 희생제사는 희생제사의 목적을 완전히 그리고 단번에 성취함으로써, 사람들이 죄로부터 진정으로 깨끗하게 될 수 있는 새 계약을 개시시킨다.

실천적인 교훈이 즉시 등장한다(히 10:19-39). 그리스도인 신자들은 죄책감에서 벗어나서 기도를 통해 하나님께 담대하게 나아갈 수 있다. 그러한 특권을 염두에 두고서 그들은 계속해서 믿음 및 믿음에 의한 행위들에 머물러야 한다. 그들은 그들이 계속해서 범죄한다면 죄 사함을 받을 수 있는 다른 길이 없다는 것을 명심하여야 한다. 여기에서 특별히 염두에 두고 있는 죄는 구주로서의 그리스도를 배척하는 죄이다. 그러나 다시 한 번 기자는 실제로 그의 독자들에게 일어난 것이 아니라 있을 수도 있는 위험성에 대하여 경고하고 있는 것이다 — 또는, 적어도 그는 그의 독자들이 신앙으로부터 떨어져나가서 계속해서 후퇴하지 않도록 격려하기 위하여 이러한 관점에서 글을 쓰고 있는 것이다. 그들은 그들의 신앙을 견고하게 지켜야 한다. 왜냐하면, 예수께서 다시 돌아오실 때가 그리 멀지 않기 때문이다.

믿음과 인내의 필요성(히 11:1-12:13). 믿음에 대한 의도적인 언급은 눈으로 볼 수 없는 하나님을 의뢰하고 믿을 수 없는 모든 여건들에도 불구하고 지속적으로 믿음에 머무는 것을 의미하는 믿음이라는 개념을 발전시키는 이 서신의 마지막 가르침의 단락을 위한 다리를 놓는다. 옛 계약과 새 계약 간의 병행은 옛 계약 아래에 있던 신실한 신자들이 하나님의 약속들의 실현을 아직 볼 수 없는 상황 속에서도 믿음을 지켰고, 보는 것을 통해서가 아니라 믿음으로써 행하였다는 점에서 계속된다. 그들은 눈으로 볼 수 있는 세상이 그들이 실제로 속해 있는 세상이 아니라는 것을 알았고, 하나님께서 죽음을 이기실 수 있다는 것을 믿었다. 새 계약 아래에서 살아가는 자들에게도 사정은 마찬가지이다. 그들도 하나님께서 그의 약속들을 성취하실 것이라는 확고한 소망에 붙잡혀서 살아가는 나그네들과 순례자들이다.

여기에서도 다시 한 번 이것이 지닌 실천적인 교훈이 그들의 신앙을 포기하도록 압력을 받고 있는 그리스도인들에게 역설된다. 과거의 신자들과 예수의 모범을 통해서 모든 시련에도 불구하고 믿음을 굳게 지켜야 한다는 온갖 격려가 나온다. 독자들은 믿음을 버리라는 압력들을 적극적으로 믿음을 강화시키는 시험들로 보아야 한다. 하나님은 그들을 더욱 강하게 만들기 위해서 이 고통스러운 징계의 수단들을 사용하고 계신다. 강한 자들이 약한 자들을 도움으로써 서로가 서로에게 힘이 되어야 한다(이 서신에 반복적으로 나오는 사상).

적대적인 세상 속에서의 그리스도인의 삶(히 12:14-13:25). 이 서신의 마지막 단락은 이 적대적인 세상 속에서의 삶과 관련된 한층 더 실천적인 교훈을 다루고 있다.[7] 성적인 음행과 물질적인 탐욕에 대한 경고들이 나온다. 율법이 주어졌던 시내 산의 두려운 광경과 독자들을 환영하기 위하여 엄청난 신자들의 무리가 모여 있는 시온 산 간의 대비를 토대로 한 격려가 나온다. 그러나 이 격려와 더불어서 시온의 하나님을 멸시함으로써 그의 진노를 초래하지 말라는 반복적인 경고가 나온다. 그리스도인들의 상황은 유대교가 제시하였던 헛된 것과 대비되는 특권적인 것으로 보아짐과 동시에 그리스도인들이 견뎌야 할 사회적인 고립이라는 관점에서 욕된 것으로 보아진다. 결국, 그리스도인들은 서로를 위한 기도와 하나님의 능력의 내적인 역사에 의지해서(히 13:21), 순례의 길을 걷는 데에 필요한 영적인 자원들을 공급받아야 한다.

신학적 주제들

---

7) 히브리서 13:22-25은 한 서신의 전형적인 결론부로서 앞에 나온 내용(그것이 원래 하나의 설교였다면)을 한 서신의 본론으로 만드는 역할을 한다. 이 서신의 마지막 단락이 여러 가지 잡다한 실제적인 문제들을 언급함으로써 신약성서의 다른 서신들의 결론부들과 매우 유사하다는 사실도 이러한 과정에 일조하였다.

옛 것과 새 것. 이 논증에 대한 요약이 보여주고 있듯이, 이 서신의 개념 화는 주로 신약성서의 다른 곳에서는 유례가 없는 방식으로 이 문서 속에서 전개되고 있는 제사장직과 희생제사라는 범주를 통해서 이루어지고 있다. 기자의 관심은 일차적으로 그리스도의 사역에 관한 것이고, 그가 그리스도 의 신분에 관하여 말하는 모든 것은 그리스도의 사역에 관한 논의를 위한 예 비적인 것으로서, 예수는 실제로 새 계약 아래에서의 대제사장이 되기에 합 당한 분이라는 것을 확증하기 위한 것이다. 그 목적은 그리스도의 사역이 구 원을 유일무이한 방식으로 가져 왔기 때문에, 독자들은 그리스도에 대한 믿 음을 통해서가 아니면 다른 어디에도 구원이 없다는 것을 깨달아야 한다는 것을 분명하게 보여주는 것이다.

이러한 논증의 전개는 이 서신의 시작 부분에 언급된 "과거"와 "이 마지막 날들" 간의 기본적인 대비에 비추어서 구조화되어 있고, 이것은 이 기자의 사상을 지배하고 있다. 이러한 대비의 취지는 과거에 세워진 제도들이 유효 하지 않다고 단죄하는 것이 아니라, 다음과 같은 것들을 확증하는 것이다.

첫째, "과거에" 하나님은 그의 진정한 사자들이었던 선지자들, 하나님의 집을 맡은 위대한 종이었던 모세, 율법을 수여할 때에 심부름을 하였던 천사 들, 그의 백성에게 삶의 길을 보여주신 것으로서의 율법, 실제적이었던 하나 님의 약속들, 특히 제사장들이 대대로 백성들을 속죄하는 수단으로 사용하 였던 율법에 규정된 희생제사 제도, 하나님의 백성들로 하여금 진정한 축복 들을 얻게 해주었던 믿음을 통해서 그의 백성과 접촉하셨다.

둘째, 이러한 제도들은 과거에는 유효하였다고 할지라도 지금은 더 이상 유효하지 않은 것으로서 현재의 것과 대비된다. 옛 계약은 그것이 실제로 예 언하고 있었던 새 계약에 의해서 계승되었다. 그리스도의 제사장직은 아론 의 대사장직을 대체하였다. 그리스도께서 단번에 드리신 희생제사는 옛 제 사장들의 무수한 희생제사를 대체하였다. 하늘의 희생제사는 성막에서의 이 땅의 제사들을 대체하였다. 그럼에도 불구하고, 믿음의 길은 여전히 동일하 다.

셋째, 옛 제도는 지금 진행되고 있는 것을 해석하기 위한 패턴을 제공해 주었다. 이렇게 현재의 시대는 새 계약의 시대로 이해될 수 있지만, 우리는 계약이 무엇인지를 옛 계약으로부터 알게 된다. 마찬가지로, 예수의 사역을 희생제사적인 것으로 이해하는 일은 모두 예수의 사역에 대한 유비들을 구약의 제도로부터 가져오는 것에 의지한다. 이러한 유비는 둘 사이의 실제적이고 구조적인 유사성이 존재한다는 것을 전제한다. 예수께서 제사장으로 지명되셨기 때문에, 그의 사역이 구약의 제사장직에 비추어서 이해될 수 있다는 것을 보여주는 것이 중요하였다.

하지만 히브리서 기자는 그의 독자들이 친숙했던 유대교 제도로부터 그리스도의 사역을 논증함으로써 마치 전자가 후자를 해석하기 위한 범주들을 제공해 주는 것처럼 말하고 있지만, 사실 존재론적인 순서는 정반대라는 것을 그가 알고 있다는 것을 주목하는 것이 결정적으로 중요하다. 사실 그리스도께서 하늘 성소에서 행하신 것은 옛 제도의 성막과 희생제사들이 따랐던 본이었기 때문에, 후자는 원래 있는 것의 그림자들로 여겨질 수 있다(히 8:5; 9:23-24).

넷째, 율법은 사람들이 수행해야 하는 하나님의 요구들을 규정하고 있었지만(히 10:8), 기자는 옛 제도는 죄를 없앨 수 없었기 때문에 효력이 있는 것이 아니었다는 것을 강조한다(히 9:9; 10:11). 옛 제도의 효과는 순전히 외적인 것이었다(히 9:13). 그것은 완전함을 낳을 수 없었다(히 7:11, 19; 10:1). 옛 계약은 뭔가 결함을 가지고 있었다. 만약 그렇지 않았다면, 옛 계약이 새 계약으로 대체될 필요가 없었을 것이다(히 8:7).

물론, 희생제사 제도에 대한 이러한 근본적인 비판은 우리가 바울 서신에서 발견하는 것과 동일한 문제, 즉 그리스도께서 오시기 전에 사람들은 어떻게 하나님과 올바른 관계에 들어 갔는가라는 문제를 만들어 낸다. 희생제사 제도는 참된 제도의 그림자 또는 반영이었다(히 10:1). 이런 이유로 해서 그것이 죄를 없애는 데에 효력이 있었다고 단언할 수도 있었겠지만, 기자는 그렇게까지 말하지 않는다. 그는 희생제사 제도의 효력을 외적인 씻음에 제한하고, 그것이 효력이 있는 시기를 새 질서가 도입되기 이전의 시기로 제한한다(히 9:10). 그럼에도 불구하고, 그 제도가 존재한 것은 하나님의 명령에 의해서였다. 게다가, 우리는 그리스도께서 오시기 전에 사람들이 하나님과 올바른 관계에 있는 것이 불가능하였다는 말을 듣지 못한다. 첫 번째 계약 아래에서 범죄한 사람들이 예수의 죽음으로 말미암아 구속을 얻게 되었다는 중요한 말씀이 나온다(히 9:15). 이것은 옛 제도 아래에서의 희생제사들이 그 것들이 가리키고 있었던 그리스도의 희생제사에 의해서 이루어진 영적인 씻 음을 상징하는 외적인 씻음을 이루어 내었다는 것을 암시하는 말일 수 있다. 하지만 히브리서 기자의 주된 관심은 그리스도께서 오신 지금에 있어서 더 이상 옛 제도는 필요하지 않다는 것을 보여주는 것이기 때문에, 이 말의 요 지는 분명하지 않다.[8]

여기에서 우리는 이 서신에서 근본적인 또 하나의 개념, 즉 하나님의 백성 을 온전하게 한다는 개념을 소개하여야 한다. 이러한 표현은 예수 및 그의 백성에 대하여 사용되고 있다. 이 개념은 희생제사에 관한 논의 속에 도입되 고 있는데, 희생제사는 예배자들의 양심을 온전하게 할 수는 없었고, 단지 그들을 외적으로만(히 9:9) 그리고 일시적으로만(히 10:1) 깨끗하게 할 수 있 었다. 그러므로 여기에서 이 용어는 희생제사들이 할 수 있어야 했던 것, 즉 사람들을 그들의 죄로부터 온전히 깨끗하게 하는 것을 가리킨다. 그러나 율 법의 제도는 그러한 일을 할 수 없었다(히 7:19). 그 제도들은 연약하고 불완 전한 것들이었다. 이와는 대조적으로, 그리스도는 거룩하게 되고 있는 자들 을 온전하게 하실 수 있다(히 10:14). 이러한 말씀이 내포하고 있는 의미는 예수는 율법이 이룰 수 없었던 것, 즉 사람들을 그들의 죄로부터 내적으로 및 영속적으로 깨끗하게 하여서 두려움 없이 하나님의 존전에 나아가기에 합당한 자들로 만드는 것을 온전히 그리고 효과적으로 이루신다는 것이다 (히 12:23). 이러한 전망은 새 계약에서와 마찬가지로 옛 계약 아래에서도 믿 음의 사람들에게 하나의 현실로 제시된다(히 11:40).

따라서 옛 제도와 새 제도 간의 관계는 단순히 대비의 관계가 아니다. 거 기에는 강력한 연속성의 요소도 존재한다. 그 연속성은 믿음이라는 개념에

---

8) 이 서신이 주후 70년 이후에 씌어진 것이라면, Marie E. Isaacs (*Sacred Space: An Approach to the Theology of the Epistle to the Hebrews* [Sheffield: Sheffield Academic Press, 1992], p. 67)의 주장처럼, 그 목적들 또는 효과들 중의 하나는 희생제 사 제도가 없어진 것에 대하여 큰 충격을 받았던 사람들에게 그리스도의 죽음이 성전을 불필요한 것으로 만들었다는 것을 다시 확신시켜 주는 것이었다고 할 수 있다.

의해서 제시된다. 바울이 믿음의 시대가 그리스도 때까지는 오지 않았다고 생각했든 안 했든(갈 3:23-25), 히브리서 기자는 믿음은 구약 시대 전체에 걸쳐서 하나님의 참된 백성의 특징이었다는 것을 아주 분명하게 말한다(히 11장). 그는 종종 사람들이 믿음이 없었다는 것을 언급하는데(히 3:19; 4:2; 불순종이라는 관점에서, 히 4:11), 이러한 언급이 내포하고 있는 의미는 믿음이 그들에게 진정한 가능성으로 존재하였지만, 그들 중의 일부는 그러한 가능성을 붙잡지 않았다는 것이고, 그들이 믿음이 하나의 가능성으로 존재하지 않았던 시대에 살고 있었다고 말하는 것이 아닌 것으로 보인다.

여정으로서의 그리스도인의 삶. 희생제사와 제사장직이라는 개념의 사용과 더불어서, 히브리서의 사상 속에서 또 하나의 중요한 구조적인 요소는 공간과 시간 속에서의 여정(journey)이라는 개념이다. 여기에는 동일하게 발전되고 체계적인 개념화와 용어가 존재하지 않는다. 그럼에도 불구하고, 이러한 실체는 그의 독자들에 대한 저자의 호소를 전개함에 있어서 중요한 하위 주제를 형성한다.

여기에서 핵심적인 예화는 하나님께서 그에게 지시하시는 곳으로 가기 위하여 자신의 고향 땅을 버린 아브라함의 예이다. 아브라함이 소망했던 목적지는 하나의 도성, 하나님께서 지으신 안전한 곳이었다(히 11:16). 그러나 그는 이 약속의 성취를 기다리며 장막에서 자신의 생애를 마감하였다. 분명히 여기에서 도성은 하늘에 있는 도성이고, 아브라함이 이미 거기에 당도하였다는 의미는 본문에 나오지 않는다. 그럼에도 불구하고, 어느 정도는 약속의 땅인 가나안이 하늘의 예루살렘으로 묘사되는 저 궁극적인 목적지와 행선지에 대한 그림자이자 맛보기로 보아질 수 있었다(히 12:22; 13:14; cf. 갈 4:26). 이렇게 더 나은 곳, 즉 하늘에 있는 도성을 바라보며 이 세상에서 나그네와 외인으로 살아가는 하나님의 백성이라는 개념이 전개된다.[9] 이와 동시에, 히브리서 기자는 그의 독자들에게 그들이 이미 하늘의 도성에 당도하였

---

9) 이것은 하늘의 영적인 세계와 반대되는 물질 세계에 대한 비하가 존재하는가라는 문제를 불러일으킨다. 여기서의 전망이 이원론적이라는 것을 부정하고 그것이 좀 더 미래지향적으로 되어 있다고 주장하는 Hurst, *Epistle*, p. 73을 보라.

다고 말할 수 있었는데, 이것은 "이미"와 "아직"을 혼합하는 기독교 특유의 특징이다. 이미 그리스도인들은 믿음으로 말미암아 눈에 보이지 않는 하나님과 그의 도성에 당도하였고, 언젠가는 그들이 지금 믿고 있는 것의 실제(reality)를 보게 될 것이다(cf. 고후 5:7). 히브리서 기자에게 있어서 이것은 단지 바라보기만 했던 옛 계약 아래에서의 신자들과 이미 그들이 바라보았던 것을 누리고 있는 새 계약의 신자들 간의 차이였던 것으로 보인다.

이것과 관계된 또 하나의 대비는 사람들이 당도한 두 개의 산 간의 대비이다. 광야에서 이스라엘 백성의 제1세대는 문자 그대로 시내 산에 당도하였는데, 이 산은 무시무시한 곳이었다. 그러나 독자들은 천사들과 다른 신자들, 하나님과 예수께서 계시는 시온 산 — 영적으로 하나님의 도성으로 이해된 — 과 효력 있는 희생제사에 당도하였다. 그러나 그들은 어떤 의미에서 당도하였다는 것인가? 여기에서 다시 한 번 이것은 그들의 여정의 목적지이지만, 이와 동시에 그들이 믿음을 통해서 영적으로 접촉하고 있는 장소이기도 하다. 아마도 약속의 땅으로의 여정의 시작 부분에 있는 시내 산과 회심을 통한 영적인 여정의 시작 부분에 있는 시온 산 간에는 병행 관계가 존재하는 것 같다. 이 두 경우에 있어서 체험의 특징은 그들이 관계를 맺게 된 하나님의 본성이다. 앞서의 장들에서와 마찬가지로, 여기에서의 목적은 이러한 두 가지 상황의 열등성과 우월성을 대비시키고, 그런 후에 시내 산의 하나님의 말씀을 청종하지 못한 것이 그토록 중대한 결과들을 가져왔다면, 새 계약의 하나님의 말씀을 청종하지 못하는 경우에는 얼마나 더 심한 결과들을 초래하게 될 것인지를 강조하는 것이다. 하지만 여기에서 우리와 직접적으로 관련이 있는 것은 하늘에 실재하고 현존해 있는 종말론적인 목적지의 성격이 하나님과 신자들의 현재적인 관계의 성격을 결정하고 있고 이미 믿음을 통해서 누리고 있는 특권들에 대하여 말해 준다는 것이다.

이와 동일한 패턴은 안식이라는 개념을 통해서 정립되고 있다. 성경 본문들에 대한 하나의 읽기는 하나님에 의해서 약속된 안식은 광야를 거쳐서 가나안으로 가는 여정의 목표였다는 것이다. 광야에서 이스라엘의 반역에 대한 하나님의 진노로 말미암아 그들은 40년 동안의 유랑생활을 하도록 단죄됨으로써 그들이 모두 죽고 안식에 들어가지 못하게 되었다는 것이다(시

95:7-11을 인용하고 있는 히 3:7-11). 이러한 문자적인 이해는 하나님의 축복들을 받지 못하게 되는 것은 불신앙으로 인한 것이라는 것을 확증하기 위한 목적으로 히브리서 3:12-19 전체에 걸쳐서 역설된다. 그러나 그런 후에 히브리서 기자는 안식에 들어갈 약속이 아직 그의 독자들에게 하나의 초청(offer)으로서 존재한다고 단언한다. 왜냐하면, 시편 95편의 목적은 단지 과거에 일어난 사건을 기록하는 데에 있는 것이 아니라, 독자들에게 광야 시대에서처럼 행함으로서 하나님의 안식으로부터 끊어지지 않도록 도전을 주는 데에 있기 때문이다. 그러한 안식은 여전히 독자들의 새 세대 앞에 놓여진 목표이다. 이 시편의 저자인 다윗에 의해서 행하여진 초청은 여전히 유효하다.

히브리서 기자에 의해서 사용된 또 하나의 이미지는 독자들이 예수께서 그의 모범을 본받으라고 세우신 목표 지점을 향하여 달려가고 있는 것이라는 경주의 이미지이다. 이 경주의 이미지를 통해서 기자는 그 과정에서의 어려운 요구들을 잘 참아내면서 끝까지 달려갈 필요성이 있다는 것에 대한 사상을 발전시킬 수 있었다(히 12:1-3). 여기에서 경주에 관한 은유는 마치 상대 구장에 가서 경기하는 미식축구 팀이, 홈팀을 응원하며 상대팀의 기를 꺾어놓기 위하여 소리지르는 수많은 관중들과 싸워야 하는 것처럼 원수들과의 싸움이라는 이미지와 뒤섞이는 경향을 보여준다.

끝으로, 여정이라는 이미지의 사용은 저자에 의해서 그리스도께서 그를 기다리고 있는 자들에게 구원을 가져다주기 위하여 말세에 나타나실 것이라는 소망과 양립될 수 없는 것으로 보아지고 있지 않았다는 것을 우리는 지적할 수 있다(히 9:28). 여행자들은 택시가 그들에게로 다가와서 그들의 여정의 나머지 부분을 데려다줄 소망을 가지고 살아가는 사람들이기도 하다!

믿음의 성격. 이제 두 계약 아래에서 살아가는 하나님 백성의 핵심적인 특징인 믿음을 고찰해 보는 것이 적절할 것이다. 이 서신에서 믿음은 "바라는 것들의 실상이요 보이지 않는 것들의 증거"(히 11:1)이다. 이 어구 속에는 미래성(futurity)과 불가시성(invisibility)이라는 두 가지 요소가 나온다. 현재에 있어서 우리가 볼 수 없고 들어갈 수 없는 영역이 존재하지만, 우리가 볼 수 없는 것을 보게 되고 들어갈 수 없는 곳을 들어가게 되는 날이 올 것이다.

따라서 믿음은 눈으로 볼 수 없는 하나님에 대한 믿음(예를 들면, 히 11:6), 장래에 일어날 것이라고 예언된 일들이 반드시 일어나리라는 것을 믿는 확신(예를 들면, 히 11:7)이다. 그러한 것은 새 계약과 마찬가지로 옛 계약의 특징이기도 하였다. 따라서 아벨은 믿음으로 하나님께 열납되는 제사를 드릴 수 있었고, 그것으로 인해서 의롭다 하심을 받았다(히 11:4). 아브라함이 이삭을 기꺼이 희생제물로 드린 것에 대해서도 이와 동일한 말이 가능하다(히 11:17). 모세에 의해서 수행된 유월절 희생제사는 효력이 있었다(히 11:28). 분명히 아브라함과 모세의 경우에 의해서 예시된 것과 같은 그러한 믿음은 현재 눈에 보이는 "애굽의 보화"보다 장래의 상급을 더 선호하는 것을 토대로 한 삶을 살아갔다는 점에서 헌신(commitment)을 포함한다. 또한 그것은 하나님께서 그의 약속들을 이루실 것이라는 하나님에 대한 신뢰(trust)를 포함하고 있음에 틀림없다. 또한 그것은 좀 더 편안하고 위험이 덜한 삶의 방식으로 물러나고자 하는 온갖 유혹과 반대에 직면해서 믿음을 지키는 것을 포함한다. 이렇게 믿음은 우리에게 닥쳐오는 온갖 고난과 역경의 체험들이 하나님께서 우리의 유익을 위해서 우리를 훈련시키시고 훈육하시는 수단이라는 점에서 여전히 그러한 것들도 하나님의 목적 안에 있다는 것을 인정할 것을 요구한다(히 12:4-13).

그럼에도 불구하고, 오래 참음과 장래에 대한 소망에 강조점들이 두어진 이런 종류의 믿음이 본질적으로 하나님 및 그리스도와의 인격적인 관계이고, 바울과 요한의 특징이 되고 있는 것과 같은 하나님과의 영적인 연합으로 귀결되느냐 하는 핵심적인 문제는 여전히 남는다. 이러한 기자들 속에서의 믿음이라는 개념은 히브리서에서 좀 더 "초기 가톨릭적인" 개념으로 대체된 것인가? 믿음은 신실함과 인내로써 잘 지켜나간다는 의미를 한층 더 확고하게 얻게 된 것인가?[10]

---

10) 이 점들에서는 특히 Graham Hughes, *Hebrews and Hermeneutics: The Epistle to the Hebrews as an Example of Biblical Interpretation* (Cambridge: Cambridge University Press, 1979), pp. 137-42를 보라. 그는 히브리서에서는 믿음이 그리스도와의 인격적인 관계가 아니라 신실함(faithfulness)이라는 의미로 변화되었다고 주장하는 Erich Gräser의 견해를 꼼꼼하게 반박한다. 자세한 것은 Victor (Sung-

이러한 질문에 대한 대답의 일부는 우리가 여기에서 단지 강조점이 변화된 내용을 다루고 있다는 것, 그러한 것이 독자들에게 가장 필요한 덕목이었던 상황 속에서 믿음에 있어서의 오래 참음과 견딤의 필요성을 부각시키기 위한 초점의 변화라는 것이다. 히브리서에서 교회는 뒤로 물러나는 것이 아니라 앞으로 나아가야 할 그리스도인들의 집단이고(히 2:1), 따라서 온갖 반대에도 불구하고 약속들을 신뢰하는 믿음과 그 믿음을 지속적으로 유지하는 오래 참음의 요소가 결정적으로 중요하였다.

그러나 앞에서 말한 것과 같은 상황에 비추어 히브리서에 나오는 믿음의 독특한 특성을 설명하였다고 해도, 저자가 신약성서의 다른 곳에서와는 다른 믿음에 대한 이해를 가지고 있었느냐 하는 문제는 여전히 남는다. 이것은 구원의 성격, 그리고 신자들은 그 구원을 현재적으로 어느 정도나 소유하고 있느냐 하는 문제와 결부되어 있다.

장래적인 구원과 현재적인 구원. 이 서신의 기자는 그들에게 여러 가지 방식으로 강력하게 전해졌던 구원에 관한 메시지를 받아들였던 한 무리의 사람들에게 글을 쓰고 있다(히 2:1-4). 우리의 문제는 그 메시지가 그들이 당시에 체험하고 받을 수 있었던 구원에 관한 것이었느냐, 아니면 여전히 장래에 놓여 있는 것으로서 하나님의 약속들이 지닌 신뢰성으로 인하여 그들이 장래에 얻게 될 것이라고 확신할 수 있었던 그러한 구원에 관한 것이었느냐에 관한 것이다.

그리스도가 그에게 순종하는 모든 자들을 위한 영원한 구원의 근원이라고 말하고 있는 히브리서 5:9과 그리스도께서 그를 기다리고 있는 자들에게 구원을 가져다주기 위하여 두 번째로 다시 오실 것이라고 말하고 있는 히브리서 9:28에서는 강조점이 미래에 두어져 있는 것 같다. 히브리서 1:14에서 기자는 천사들이 구원을 유업으로 받게 될 자들, 즉 그들에게 약속된 것을 장차 소유하게 될 자들을 섬기고 있다고 말한다. 이것은 신자들이 구원을 유업으로 받기 위한 길을 가는 순례의 여정 속에서 천사들의 도움을 받고 있다는

Yul) Rhee, *Faith in Hebrews: Analysis within the Context of Christology, Eschatology and Ethics* (New York: Peter Lang, 2001)을 보라.

것에 대한 언급인 것으로 보인다.

나아가, 기자는 신자들이 언젠가는 들어가게 될 천상의 영역이라는 분명한 개념을 보여주고 있고, 그것을 묘사하는 용어들도 가지고 있다. "시온 산과 살아 계신 하나님의 도성인 하늘의 예루살렘"(히 12:22)은 하늘에 있는 목적지이다. 요한계시록의 저자가 신자들을 새 땅, 그리고 하늘로부터 내려온 예루살렘에 위치시키고 있는 것과는 달리, 히브리서 저자의 경우에는 그 장소가 불분명하다. 하지만 신자들의 장래의 거처가 하나님과 함께 하는 것이라는 본질적인 특징은 두 저자에게 공통적이다.

그러므로 한편으로, 우리는 신자들의 현재적인 삶을 그들이 아직 구원을 가지지 못하고 적대적인 세상에 살아가면서 고통과 역경을 겪으며 그들의 삶과 관련된 하나님의 목표에 도달하지 못하고 아직 성숙하지 못해서 언제나 믿음에서 떨어질 위험성을 안고 살아가는 삶으로 보고서, 구원을 오래고 힘든 여정을 통과한 후에나 도달하게 될 하늘에서의 온전한 삶으로 생각하게 된다.

다른 한편으로, 신자들의 지위와 관련된 다음과 같은 요소들을 생각해 보라. 히브리서 2:1–4에서 중요한 것은 천사들에 의해서 전해진 율법, 즉 하나님으로부터의 선포와 주님에 의해서 선포된 구원 간의 대비이다. 이것은 율법을 범하는 것과 선포된 구원을 소홀히 하는 것 간의 대비이지, 구원의 선포 자체가 대비되고 있는 것은 아니다. 따라서 단지 장래의 구원에 관한 메시지가 주어진 것이 아니라 구원 자체가 독자들에게 주어졌다는 결론을 피하는 것은 불가능하다. 베르너 푀르스터(Werner Foerster)의 표현대로 "구원은 선포되는 순간 일어난다."[11] 독자들은 사망의 두려움으로부터 해방되었다(히 2:15) — 이것은 이 세상의 삶 속에서 신자들이 현재적으로 경험하는 것에 관한 분명한 묘사이다. 그들은 영광을 받기로 되어 있는 하나님의 아들들과 딸들로 묘사되고, 이러한 묘사는 그들의 구원의 창시자이신 예수에 대한 언급과 긴밀하게 연결되어 있다(히 2:10; cf. 히 5:9). 그들은 이미 하나님의 가족의 일부를 구성하고 있다(히 3:6). 무엇보다도, 그들은 그리스도에 참여

---

11) Werner Foerster, *TDNT*, 7:996.

하고 있다(히 3:14). 그들은 안식에 들어갈 수 있다 — 이것은 현재적인 요소와 미래적인 요소를 결합하고 있는 것 같다(히 4:1-11). 그들은 필요할 때에 긍휼과 은혜로써 도움을 받는다: 여기에서 긍휼과 은혜는 사랑에 의해서 움직여지는 하나님의 능력으로서, 신자들에게 힘을 주어 시험과 적대에 맞설 수 있게 하는 것으로 이해된다(히 4:16). 그들은 비록 하나님을 볼 수 없을지라도 기도를 통해서 하나님께 나아갈 수 있다(히 4:16). 신자들은 빛을 받음, 하늘의 은사를 맛봄, 성령에 참여함, 하나님의 선한 말씀과 내세의 능력을 맛봄 등을 포함하는 상태로부터 떨어져 나갈 수 있는 것으로 묘사된다(히 6:4-5). 기자는 계속해서 그의 독자들을 구원에 수반되는 것들을 경험한 자들로 묘사한다(히 6:9). 그리스도는 그를 통해서 하나님께 나아온 자들을 언제나 온전하게 구원하실 수 있다(히 7:25).[12] 하나님의 율법이 그의 백성의 마음 속에 기록될 것이라는 새 계약의 약속은 성취된다. 그들은 하나님의 백성이고, 주님을 안다. 그들의 죄는 사함받았다(히 8:10-12). 그들의 양심은 죄로부터 깨끗하게 되어서, 그들은 살아계신 하나님을 섬길 수 있고(히 9:14), 그들은 거룩하게 되었다(히 10:10). 이렇게 깨끗하게 되었기 때문에, 그들은 성소로 들어가서 온전한 확신으로 하나님께 나아갈 수 있는 담대함을 갖게 되었다.

이러한 누적적인 증거들에 비추어 볼 때, 이 기자에게 있어서 신자들은 장차 나타날 구원을 바랄 뿐만 아니라(cf. 벧전 1:5), 이와 동시에 온전한 확신을 가지고 하나님의 존전에 나아가는 것을 포함해서 실제적이고 포괄적인 일련의 하나님의 축복들을 체험하게 된다는 것은 의심의 여지가 없다(cf. 롬 5:1). 그러한 것들이 진정한 구원의 체험이 아니라고 말하는 것은 말장난이 될 것이다.

기자가 미래적인 체험으로서의 구원을 강조하게 된 것은 아마도 사람들이 이 모든 하나님의 은사들을 체험하고도 그들의 믿음으로부터 떨어져 나갈 수 있는 가능성을 염두에 두었기 때문인 것 같다. 따라서 오래 참음 또는 인내는 믿음에 있어서 본질적인 요소이고, 기자는 이론상으로 믿음에서 떨어

---

12) Lane, *Hebrews*, 1:176.

져 나갈 가능성이 있다는 것을 알고 있기 때문에, 그리고 그러한 가능성이 현실이 될 위험성이 있기 때문에, 그들이 눈에 보이지 않는 세계 속으로 안전하게 들어가게 될 때까지는 어떤 의미에서 아무도 구원받았다고 말할 수 없다는 것을 인정하고 있다.

믿음에서 떨어져 나감. 이 마지막 사상은 히브리서의 또 하나의 특징이다. 우리가 앞에서 본 것처럼, 이 서신은 그들의 신앙으로부터 물러나서 그들이 받았던 구원을 소홀히 할 위험성을 안고 있었던 공동체에 보내졌다. 몇몇 본문들(히 2:1-4; 3:7-4:13; 5:11-6:20; 10:19-39; 12:12-13:19)에는 기독교의 신앙고백으로부터 떨어져 나갈 위험성에 대한 경고들과 끝까지 믿음을 지키라는 격려들이 나란히 나온다. 이러한 본문들은 믿는 자가 되어서 구원의 축복들을 누려 왔던 자도 불신앙의 상태로 떨어질 수 있다는 것을 인정하는 것으로 보인다. 그러나 그러한 것보다 더 심각한 것은 이런 일이 사람들에게 일어났을 경우에는 그들을 회개하고 되돌아오게 하는 일이 불가능하고, 그들을 기다리는 모든 것은 심판뿐이라고 말하고 있다는 것이다. 에서가 눈물을 흘리며 자신을 축복해 달라고 애걸하였지만, 그는 마음의 변화를 얻을 수 없었다. 이렇게 믿음에서 떨어져 나갈 가능성에다 믿음과 구원으로의 회복이 불가능하다는 말이 덧붙여진다.

여기에서 우리가 주목해야 할 것들이 있다. 첫째, 히브리서가 배교한 자들이 다시 구원으로 되돌아오는 것이 불가능하다고 말할 때, 그것은 구원의 길을 거부하고 구주를 거부한 자들은 그들이 그렇게 하는 한에 있어서 구원받을 수 없다고 말하고 있는 것으로 보인다. 그들의 죄를 위한 그 밖의 다른 희생제사가 없고, 그들이 구원받을 다른 길이 없기 때문이다. 히브리서 10:26-31에 나오는 강력한 표현은 그리스도를 거부하는 시험에 들어 있고 계속해서 그렇게 끈질기게 거부하는 자들에 대하여 경고하는 것이 그 의도이다. 또한 히브리서 6:4-6에 나오는 말씀도 가장 최악의 시나리오를 제시하고 있다는 점에서 어느 정도 과장법이 사용된 것으로 볼 수 있고, 그 요지는 단지 사람들이 계속해서 그리스도를 거부하는 한 그들은 회개와 구원으로 되돌아올 수 없다는 것인 것 같다. 또는, 이러한 표현은 치명적으로 중대한 것으로서 회개가 불가능하게 되는 오직 하나님만이 아시는 어떤 요소가 존재한다는 것을 보여주는 것일 수 있다. 기자는 그의 독자들에게 그들로 하여금 배교의 시험에 굴복하는 것이 가져올 위험스러운 최종 결과를 알게 하기 위하여 이 무시무시한 가능성을 제시하고 있다.

둘째, 우리가 여기서 주목해 보아야 하는 것은 이러한 분위기는 신자들에게 일어날 수도 있는 위험성을 경고하는 경고의 분위기이기는 하지만 그것이 강력한 격려에 대한 말씀들과 함께 나온다는 것이다 ― "우리는 너희의 경우에는 상황이 더 좋을 것을 확신한다." 여기에는 그 누구도 최종적인 경계선을 넘은 것으로 명확하게 규정되고 있지 않다.

셋째, 여기에 나오는 말씀들로부터 그것들이 지닌 의미를 없애 버리고자 하는 모든 시도들은 설득력이 없다. 기자는 희미한 가능성이기는 하지만 실제적인 가능성을 다루고 있다. 그러므로 신약성서의 나머지 기자들이 실제로 그러한 가능성을 배제하고 있는지를 고찰할 필요가 있다.[13]

재판장과 아버지로서의 하나님. 이제 이 서신 속에서 하나님에 관한 어떠한 묘사가 등장하는지를 살펴보는 것이 적절할 것이다. 하나님에 대한 전통적인 또는 전형적인 기독교적 이해의 상당 부분은 이 서신으로부터 예시될 수 있다. 하나님은 엿새 동안에 그의 일을 마치시고 제칠일에 안식하신 만유의 창조주이다. 하나님은 공간적인 관점에서 묘사된 하늘에 살고 계신다. 하나님은 만유에 대한 영광스럽고 전능하신 통치자이고, 선지자들과 그의 아들을 통해서 말씀하시는 하나님이기도 하다. 하나님의 높은 지위는 여러 가지 방식으로 신약성서의 다른 곳들에서보다도 더 강조되고 있다. 하나님은 가정을 세우셔서 모세를 그 집을 지키는 청지기로 삼으셨고 이스라엘 백성을 그 구성원들로 삼으셔서 그들과 계약을 맺으셨다. 하나님은 자신의 목적에 따라서 역사하셔서 구원을 개시시키신다(히 2:10). 하나님은 피조 세계 전체 속에서 일어나고 있는 모든 것들을 아시는데, 이것은 사람들의 동기와 행위가 하나님 앞에서 벌거벗은 것처럼 드러난다는 것을 의미한다(히 4:13). 하나님은 모세를 통해서 주어진 계명들을 범하거나 그의 아들을 통해서 주어

---

13) I. Howard Marshall, *Kept by the Power of God: A Study of Perseverance and Falling Away*, 3rd ed. (Carlislie: Paternoster, 1995)를 보라.

진 구원을 거부하는 자들을 벌하시는 재판장으로 묘사된다(히 12:23). 이러한 맥락 속에서 사용된 표현들은 소멸시키는 불이라는 개념으로 요약된(히 12:29) 극히 강력한 표현들이다.

이러한 묘사의 다른 측면은 하나님은 그의 가족을 구성하고 있는 자녀들에게 아버지로 묘사된다(히 2:10; 12:5-8). 신자들과 관련해서 이 용어는 겉보기에는 가혹한 것 같지만 자녀들의 유익을 위하여 의도된 아버지의 징계를 말하고 있는 오직 한 대목에서만 사용되고 있다(히 12:4-11). 하지만 문맥상으로 그 요지는 독자들이 겪고 있는 곤경들을 육신의 부모들이 그들의 자녀들을 징계한다는 유비를 통해서 재해석하고 있는 것인데, 이것은 독자들에게 충분히 받아들여질 수 있는 유비였다 — 만약 그렇지 않았다면, 이러한 유비가 설득을 위한 논거로 사용되지 않았을 것이다. 게다가, 하나님의 아들이신 예수께서 어떻게 이와 동일한 종류의 고난을 겪으셨는지가 제시되고 있다(히 5:8). 신자들은 그리스도의 희생제사를 힘입어서 하나님께 나아갈 수 있고(히 10:19-22), 제사장들과 마찬가지로 하나님을 섬길 수 있다(히 9:14; 12:28). 기자는 이러한 특권으로 인해서 그들이 하늘의 예루살렘, 살아 계신 하나님의 도성(히 12:22-24)으로 규정된 하늘로 들어가게 된다고 말하는 것으로 보인다(히 10:19).

아들과 대제사장. 이 서신에서 기독론은 상세하게 전개된다. 우리가 이미 보았듯이, 여기에서 기독론은 예수의 대제사장직을 위한 토대가 되는 그의 아들됨이라는 관점에서 전개되고 있고, 그의 진정한 인성과 하나님의 아들됨의 지위를 강조하고 있다. 기자는 그리스도와 주라는 친숙한 용어들을 사용한다. 이 용어들 중에서 전자는 실질적으로 예수를 가리키는 이름이지만, 종종 "메시야"라는 의미를 담고 있기도 하다(히 6:1; 11:26). 주라는 용어는 예수를 가리키는 데에는 오직 4번 사용되고, 예수의 지상적인 역정(歷程)과 관련해서는 2번(히 2:3; 7:14), 그의 높아지신 지위에 대해서는 2번(히 1:10; 13:20) 사용된다.

좀 더 주목할 만한 것은 예수 그리스도가 아니라 예수라고 간단히 표현하는 것이 10번 이상 발견된다는 점이다. 이것은 별 다른 의미를 담고 있지 않은 것일 수 있다. 그러나 이 용어는 그리스도의 인성을 암시하는 의미를 담고 있는 것이라고 할 수 있다. 그리스도를 모든 점에서 그의 인간적인 형제들 및 자매들과 같게 만들었던 그리스도의 진정한 인간적 체험(히 2:17), 심지어 하나님께 순종하는 것을 배운 것과 사람으로서 겪어야 하는 죽음을 맛본 그리스도의 진정한 인간으로서의 체험(히 2:14-18; 5:7-9)이 기자에게 대단히 중요한 문제였다는 것을 보여주는 그 밖의 다른 충분한 증거들이 존재하기 때문이다. 기자는 그리스도께서 이렇게 인간과 같이 되어 체휼하신 것을 그가 사람들을 위하여 중보기도하고 그들을 대신하여 죽음으로써 대제사장으로서의 역할을 하기 위한 필수불가결한 요건으로 보았다.

이것과 관련해서 우리는 기자가 신자들에 대하여 사용한 것과 동일한 용어(온전하게 되다)를 예수와 관련해서도 사용하고 있다는 점을 주목하여야 한다. 예수를 구원의 창시자로 묘사함으로써, 그는 이러한 자격 속에서 예수가 고난을 통해서 온전케 되어야 했다는 것을 역설한다(히 2:10; cf. 히 5:9; 7:28). **온전하게 되다**라는 용어는 부분적으로는 그 의미가 문맥에 의해서 결정된다. 그것은 어떤 것을 그것이 되기로 되어 있는 모습으로 온전하게 만드는 것을 의미한다. 여기에서 그것은 구주로서의 예수의 소명을 가리키고, 여기에 담겨 있는 사상은 예수가 오직 "일련의 사건들"을 통해서만 그의 목적을 이룰 수 있었다는 것이다: "그의 고난을 맛보심, 온전한 대속을 위한 하나님의 요구 조건들을 성취하기 위하여 행하신 그의 대속적인 죽음, 영광과 존귀함으로 높아지심."[14] 자기 자신을 희생제물로 드리는 대제사장이 인간적인 얼굴을 가지고 있다는 것이 기자에게는 중요하였다. 그것은 단지 값비싼 자기 희생을 했다는 문제가 아니라, 온전히 인간의 상황 속으로 들어가서 그들을 체휼할 수 있었던 자라는 문제였다. 그의 희생제사는 인간의 고난을 알고 이해함으로써 하나님께 인간을 대표해서 진정으로 호소할 수 있는 자에 의해서 행해진 것이다. 신약성서의 그 어느 곳에서보다 더 분명하게 히브리서는 왜 구주가 진정으로 인간이 되어야 했는지를 명확하게 보여 준다.

---

14) David Peterson, *Hebrews and Perfection: An Examination of the Concept of Perfection in the "Epistle to the Hebrews"* (Cambridge: Cambridge University Press, 1982), p. 73. 다른 저술가들은 제사장으로서의 그의 성별이라는 개념을 더 강조한다(예를 들면, Lane, *Hebrews*, 1:57).

다른 한편으로, 예수의 높아지신 신분이 나온다. 이것은 다른 곳에서는 지혜에 대하여 사용된 용어들을 아들에게 적용해서 하나님의 영광스러운 형상을 공유하고 있고 하나님의 친밀한 동반자이자 조력자로 묘사하고 있는 이 서신의 처음 부분에서 부각된다(히 1:1-4; cf. 지혜서 7:25-26). 이러한 표현은 일반적으로 아들의 선재(先在), 즉 아들이 문자 그대로 창세 전에 존재하였고 창조의 사역에 동참하였다는 신앙을 함축하고 있는 것으로 해석된다. 하지만 이러한 이해는 던(James D. G. Dunn)의 도전을 받아왔는데, 그는 이렇게 주장한다: "오직 그리스도만이 하나님의 지혜, 즉 하나님의 창조적이고 계시적이며 구속적인 행위를 구현하기 때문에, 지혜에 대하여 적용될 수 있는 것은 남김없이 그리스도에 대하여 적용될 수 있다. 선재라는 사상은 존재하기는 하지만, 지혜 기독론이라는 관점에서 볼 때에, 제대로 말하자면, 선재하는 것은 하나님의 행위와 능력이다. 그리스도는 하나님의 선재하는 행위와 능력이 아니라 그 종말론적인 구현이다."[15] 이러한 해석은 설득력이 없다. 던의 주장에서 결정적인 것은 지혜라는 존재를 통해서 문자 그대로 의인화되고 있는 하나님의 창조적이고 구속적인 행위가 그리스도 안에 구현되어 있다는 주장이다. 이러한 주장은 하나님께서 그의 창조적인 능력 또는 지혜로 말미암아서가 아니라 그의 아들로 말미암아서 세상을 지으셨다고 말하고 있는 히브리서 1:2의 말씀을 무시하는 것이다. 나아가, 창조 사역은 아들의 활동에서 배제되고, 만유를 붙들며 죄를 깨끗하게 하는 사역은 포함된다고 말할 만한 충분한 근거가 존재하지 않는다. 게다가, 하나님의 비인격적인 능력을 구현하고 있는 그리스도라는 개념은 그리스도의 신분을 아버지에 대한 아들의 신분으로서 관계적이고 인격적인 관점에서 말하고 있는 신약성서의 방식과 판이하게 다르다.

히브리서에 나오는 기독론에서 가장 눈에 띄는 특징은 멜기세덱이라는 인물을 등장시킨 것인 것 같다. 기자는 레위 지파의 제사장직과 구별되는 제사장직이 존재할 수 있다는 것과 그 제사장직의 기능이 온전히 합당하고 어떤

---

15) James D. G. Dunn, *Christology in the Making* (London: SCM Press, 1980), p. 209.

의미에서 레위 지파의 제사장직보다 더 우월하다는 것을 보여주기 위하여 멜기세덱을 사용한다. 레위 지파가 아니라 유다 지파로부터 나온 그리스도의 제사장직도 동일한 범주에 속한 것으로 보아질 수 있다. 이러한 영감은 기자가 기독론적으로 이해하였던(히 1:13) 시편 110:1에서 온 것일 수 있다. 나아가, 이 시편 속에서 창세기 14장에 비추어서 발전될 수 있었던 모티프를 발견하고 읽어내는 일은 쉬운 일이었다. 따라서 성경에 관한 한, 그 기원을 알 수 없는 한 제사장에 관한 묘사는 제사장직에 그 어떤 혈통적인 자격 요건도 없다는 것을 보여주는 것이었다. 게다가, "멜기세덱의 반차를 좇은 영원한 제사장"이라는 성경적인 표현은 그의 죽음이 성경에 보도되고 있지 않은 멜기세덱이 영원한 제사장직을 갖고 있었다는 의미를 함축하는 것으로 해석될 수 있었다. 이와 동시에, 멜기세덱에 관한 사변은 당시에 통용되고 있었고, 이것이 히브리서 기자의 서술에 어느 정도 영향을 미쳤을 것이다. 필로(Philo)에게 있어서 멜기세덱은 로고스의 화신이었고, 쿰란 문헌 속에서 멜기세덱은 천사와 같은 존재였다.[16] 하지만 그 어떤 것도 멜기세덱이 히브리서에서 이런 식으로 보아졌다는 것을 시사해주는 것은 없고,[17] 분명히 그리스도는 멜기세덱과 동일시되고 있는 것이 아니라, 단순히 멜기세덱의 반차를 좇은 것으로 보아지고 있을 따름이다.

그리스도의 사명은 여러 가지로 서술되고 있는 그 목표들이라는 관점에서 이해될 필요가 있다. 앞에서 우리가 본 것처럼, 궁극적인 목표는 구원이라는 개념으로 요약되지만(히 2:3; 7:25), 이것은 좀 더 살을 붙여서 구체화될 필요가 있는 다소 형식적인 개념이다.

첫 번째 목표는 하나님의 백성을 그들의 장래의 종착지이자 최종적인 상태 — 이것은 여기서 영광(glory)으로 묘사되고 있다 — 로 데려다 주는 것이다(히 2:10). 이것은 인류를 향한 하나님의 원래의 목적으로 이해되는데(시 8

---

16) 11QMelch. Fred L. Horton Jr., *The Melchizedek Tradition: A Critical Examination of the Sources to the Fifth Century A.D. and in the Epistle to the Hebrews* (Cambridge: Cambridge University Press, 1976)을 보라.

17) Lane, *Hebrews*, 1:155–72에 나오는 논의를 보라.

편), 이 목적은 현재에 있어서 오직 예수의 경우에서만 성취되었다. 그것에 관한 또 하나의 묘사는 안식(rest)이라는 것이다. 히브리서 4:8에서 안식을 주지 못한 여호수아와 안식을 줄 수 있는 새 여호수아 간의 암묵적인 대비가 존재한다고 보는 것은 단순한 공상이 아닐 것이다.[18]

두 번째 목표는 사람들을 사망에 대한 두려움으로부터 건져내는 것이다 (히 2:15). 이것은 사망의 권세를 가지고 있는 마귀를 무력하게 만드는 것을 통해서 적어도 부분적으로는 성취되었다. 놀랍게도, 이러한 사상은 여기에서나 신약성서의 다른 곳에서 자세하게 전개되지 않는다.[19] 사람들이 그들의 죄로부터 깨끗하게 되었다면 그들은 더 이상 마귀의 세력권 안에 있지 않는다는 점에서 마귀는 사망을 부과할 수 있는 자로서의 자신의 권세를 잃어버린 것이라고 주장하는 것이 가능할 것이다. 바로 이것이 예수의 죽음에 의해서 이루어진 것이었다. 그러나 예수의 죽음과 그의 부활이 사망 권세를 깨뜨렸고, 예수는 그의 형제들과 자매들을 대신하여 승리를 쟁취하였다고도 말할 수 있다.

세 번째 목표는 사람들을 거룩케 하는 것(히 2:11) 또는 사람들을 깨끗하게 하는 것(히 9:14)이다. 이것은 분명히 이 서신의 주요한 주제이다. 그리스도의 사역은 희생제사를 드려서 사람들에게 죄 사함을 주신 것으로 이해된다 (히 8:12). 앞에서 지적했듯이, 구약의 희생제사 제도는 엄밀하게 말해서 원래의 것에 대한 그림자이자 모형이기는 하였지만, 히브리서 기자는 그것을 자신의 범주들로 사용한다.

기자는 희생제사 제도의 여러 측면들을 활용하고 있지만, 주된 것은 대제사장이 희생제물의 피를 들고 지성소로 들어가서 언약궤의 표면에 그 피를 발랐던 대속제일이다. 여기에서 피는 희생제물이 드려졌다는 것을 보여주는 것이었고, 그 피를 드리는 것은 백성들의 죄를 속(贖)하기에 충분한 것이었다.[20] 기자에게 있어서 십자가 위에서의 예수의 죽음은 희생제사였다. 그가

---

18) 여호수아를 나타내는 헬라어('예수스')는 예수를 가리키는 단어와 동일하다.

19) Christus Victor라는 개념은 교부 시대에 더 두드러지게 되었지만, 신약성서에서는 조직적으로 서술된 모티프가 아니라 하나의 암시이자 간접인용의 문제였다.

20) 엄밀하게 말해서, 그것은 단지 하나님에 대한 의도적인 불순종의 행위들과는 반

하늘로 높아지셔서 하나님의 존전에 들어가게 된 것은 그가 하나님께 단번에 드린 제사였다. 기자는 예수의 행위와 레위 지파의 제사장들의 행위를 뚜렷하게 대비시키는 바로 이 점을 매우 강조한다(히 7:27; 9:12, 26,28; 10:10, 14; cf. 벧전 3:18). 예수는 자신의 제사를 단번에 드리신 후에 하나님 우편에 앉으셨다(히 10:12). 이것은 "그리스도께서 끝내신 일"(the finished work of Christ)이라는 전승에 의한 어구의 토대이다. 예수께서 죄인들을 위하여 중보기도하신다는 내용이 이어지는데(히 7:25), 이것은 재판장이신 하나님이 예수에 의해서 설득을 당해서 죄인들을 용서하시는 것으로 오해될 수 있지만, 사실 구원의 모든 행위를 인간에게 가져다준 것은 하나님 자신의 은혜였다(히 2:10). 이 대목에서 대제사장에 의한 중보기도와 중보라는 이미지들의 사용은 하나님과 그의 행위의 실체를 인간적인 유비들을 통해서 이해하고자 하는 그 어떤 인간적인 시도들도 한계가 있다는 것을 보여준다.

또한 기자는 하나님께 희생제사를 드리는 것과 아울러서 죄악된 예배자들이 여러 의식(儀式)들을 통해서 피를 뿌리는 행위가 있었다는 사실을 말할 때에 희생제사에 관한 표현을 다른 식으로도 사용한다(히 9:13, 19; 또한 히 10:22에 나오는 은유적인 적용을 참조하라). 여기에서 특히 옛 계약을 맺은 것과 관련된 상징 체계가 사용되고 있고, 여기에서 피뿌림은 백성을 깨끗하게 하여 하나님께 성별해 드리는 것을 의미한다.

희생제사의 효과는 사람들이 두려움 없이 하나님의 존전으로 나아갈 수 있게 된다는 것이다(히 10:19). 여기에서도 이 점은 오직 대제사장만이 하나님의 임재를 상징하는 지성소로 들어갈 권한이 있었던 옛 계약과의 대비를 통해서 말해진다. 그러나 그리스도인 신자들은 이제 하나님과의 긍정적인 관계를 갖게 되었는데, 이것은 그의 존전으로 나아간다는 관점에서 서술될 수 있다 — 장래에 완성될 것을 현재적으로 미리 맛보는 것.

하나님의 백성. 히브리서는 그리스도인 신자들이 회중으로서 서로 만난

대되는 실수로 인한 죄들을 다루는 것이었다; 일방통행 길을 실수로 잘못된 방향으로 차를 몬 것과 제한 속도를 의도적으로 어긴 것 간에는 차이가 있다. 하지만 실제에 있어서 이것은 다소 융통성 있게 해석되었을 것이다.

다는 것을 전제하고, 교회의 모임들로부터 떨어져 나가는 것, 따라서 기독교적인 신앙고백으로부터 떨어져 나가는 것에 대하여 경고하고 있기는 하지만(히 10:25), 그리스도인 신자들의 공동체적인 삶에 관한 명시적인 가르침을 거의 제시하지 않는다. 이 서신은 신자들에게 하나님께 찬양을 돌리고 다른 사람들에게 선행을 함으로써 그들의 신앙을 표현하도록 격려한다. 이러한 활동들은 그리스도인의 삶 속에서 희생제사와 동등한 것을 행할 기회를 제공해 준다(히 13:15-16). 히브리서 10:22에는 세례에 대한 꽤 분명한 간접인용이 나오는데, 거기에서 세례는 영적인 씻음의 상징이다. 일부 해석자들은 성막에서 봉사하던 자들이 먹을 권한이 없었던 제단의 떡을 말하고 있는 히브리서 13:9-10을 성찬에 대한 간접인용으로 이해한다. 그러나 히브리서 기자가 교회에서의 성찬을 제단으로 생각하였을 가능성은 없다. 왜냐하면, 그가 알고 있는 유일한 제단은 하늘에 있기 때문이다. 그는 옛 계약 아래에 있던 예배자들이 그들에게 할당된 희생제물의 몫을 먹는다는 이미지를 사용해서 그리스도의 죽음으로부터 오는 영적인 은택들을 말하고 있다.

결론

히브리서의 신학적인 틀은 기자가 옛 계약과 새 계약 간의 연속성과 대비들을 사용해서 당시에 있어서 새 계약의 우월성을 설명하고 있는 방식에 의해서 설정된다. 이러한 대비와 연결되어 있는 것은 땅의 성막과 하늘의 성전의 대비이다. 구약성서에 대한 모형론적인 이해가 전개된다.

주된 주제는 옛 계약이 폐기되었고 새 계약에 의해서 대체되었다는 것인데, 따라서 그리스도인들이 그들의 믿음의 순례의 길을 포기한다는 것은 상상도 할 수 없는 일이다.

히브리서의 신학에서 중요한 요소들로는 다음과 같은 것들이 있다.

1. 모세를 비롯한 다른 모든 인물들보다 우월한 새 계약의 중보자로서의 하나님의 아들인 예수에 대한 이해.

2. 제사장직이라는 개념의 중심성. 예수 그리스도는 하나님의 아들일 뿐만 아니라 그의 성육신과 인간으로서의 체험을 통해서 충분한 자격을 갖춘 대제사장이다.

3. 죄를 위하여 단번에 제사를 드리기 위한 죽음을 통한 예수의 자기 희생과 그에 뒤따른 하늘 성전으로의 들어가심. 이러한 하늘의 제사의 중요성에도 불구하고, 예수의 부활은 이 신학에서 아무런 중요한 역할도 하지 않는다.[21]

4. 그리스도의 제사 외에는 죄 사함을 받는 일이 불가능하다는 것과 그리스도로부터 등을 돌린 자들에게는 죄 사함이 불가능하다는 것.

5. 믿음 안에서의 순례 또는 여정으로서의 그리스도인의 삶에 대한 이해.

참고문헌

New Testament Theologies: (English) Goppelt, 2:237-66; Ladd, pp. 617-33; Morris, pp. 301-11; Strecker, pp. 605-20. (German) Gnilka, pp. 368-92; Hahn, 1: 424-47; Hübner, 3:15-63; Stuhlmacher, 2:84-105.

Bruce, F. F. *The Epistle to the Hebrews*. Grand Rapids, Mich.: Eerdmans, 1990.

―――. "The Kerygma of Hebrews". *Int* 23 (1969): 3-19.

Dunnill, John. *Covenant and Sacrifice in the Letter to the Hebrews*. Cambridge: Cambridge University Press, 1992.

Ellingworth, Paul. *The Epistle to the Hebrews*. Grand Rapids, Mich.: Eerdmans; Carlisle: Paternoster, 1993.

Horton, Fred L., Jr. *The Melchizedek Tradition: A Critical Examination of the Sources to the Fifth Century A.D. and in the Epistle to the Hebrews*. Cambridge: Cambridge University Press, 1976.

Hughes, Graham. *Hebrews and Hermeneutics: The Epistle to the Hebrews as an Example of Biblical Interpretation*. Cambridge: Cambridge University Press, 1979.

Hurst, L. D. *The Epistle to the Hebrews: Its Background of Thought*. Cambridge: Cambridge University Press, 1990.

Isaacs, Marie E. *Sacred Space: An Approach to the Theology of the Epistle to the Hebrews*. Sheffield: Sheffield Academic Press, 1992.

Käsemann, Ernst. *The Wandering People of God*. Minneapolis; Augsburg, 1984.

---

21) 예수의 부활은 히브리서 13:20에 가서야 명시적으로 언급된다 – 물론, 훨씬 앞에서 예수가 하늘로 들어가서 높아지셨다는 것을 언급함으로써 그의 부활이 암묵적으로 전제되고 있기는 하지만.

Lane, William L. "Hebrews". In *DLNTD*, pp. 443-58.

————. *Hebrews*. 2 vols. Dallas: Word, 1991.

Lindars, Barnabas. *The Theology of the Letter to the Hebrews*. Cambridge: Cambridge University Press, 1991.

Marshall, I. Howard. *Kept by the Power of God: A Study of Perseverance and Falling Away*. 3rd ed. Carlisle: Paternoster, 1995.

Motyer, Stephen. "The Psalm Quotations of Hebrews I: A Hermeneutic-Free Zone?" *TynB* 50.1 (1999): 3-22.

Peterson, David. *Hebrews and Perfection: An Examination of the Concept of Perfection in the "Epistle to the Hebrews"*. Cambridge: Cambridge University Press, 1982.

Pursiful, Darrell J. *The Cultic Motif in the Spirituality of the Book of Hebrews*. Lewiston, N.Y.: Edwin Mellen, 1993.

Rhee, Victor (Sung-Yul). *Faith in Hebrews: Analysis Within the Context of Christology, Eschatology and Ethics*. New York: Peter Lang, 2001.

Scholer, John M. *Proleptic Priests: Priesthood in the Epistle to the Hebrews*. Sheffield: Sheffield Academic Press, 1991.

Tasker, R. V. G. *The Gospel in the Epistle to the Hebrews*. London: Tyndale Press, 1950.

제 26 장

야고보서

신약성서의 모든 책들 중에서 야고보서는 얼핏 보면 가장 신학적이지 않은 것처럼 보일 수 있는 그런 책이다. 그러나 야고보서는 적어도 예수를 언급하고 있을 뿐더러, 요한삼서보다 더 많이 언급하고 있다! 저자의 신학적 신념들이 무엇이었든지 간에, 그는 주로 그의 독자들의 도덕적이고 실천적인 행위에 관한 서신을 쓰고자 하였다 — 물론, 그들의 영적인 삶도 잊어버린 것은 아니지만. 이 서신은 여러 가지 시험들을 당할 수 있는 사람들을 위해서 좋은 조언이라고 할 수 있는 것을 많이 담고 있다. 야고보서는 "명시적인 기독론 없이 거의 전적으로 구약의 용어들로 표현된 삶의 형태에 대한 증언"[1]으로 묘사되어 왔다. 우리의 과제는 이 서신의 암묵적인 신학이 무엇인지를 찾아내는 것이 될 것이다.

서신의 배경

이 서신은 예수의 동생이자 예루살렘 교회의 지도자였던 야고보가 "흩어져 있는 열두 지파"에게 쓴 서신이다.[2] 여기서 이 서신의 기자는 그들의 고국

---

1) Brevard S. Childs, *The New Testament as Canon: An Introduction* (London: SCM Press, 1984), p. 444.

2) 이 서신을 익명의 저자가 아니라 이 야고보에게 돌리는 것은 상당한 근거가 있다; 예를 들면, Richard J. Bauckham, *James* (London: Routledge, 1998), pp. 11-28을 보라.

으로부터 유배를 당하여 살아가면서 이러한 상황 속에서 여러 가지 어려움과 시련들을 겪고 있던 유대 백성들에게 편지를 썼던 유대 지도자들의 전통을 따르고 있다(cf. 마카베오2서 1:1-9; 1:10-2:18에 나오는 서신들). 하지만 이것은 그리스도인 신자들에게 보내진 기독교적인 서신으로서 도처에 있는 그리스도인들에게 보내진 것이다. 이 서신에서는 그들을 신약성서의 다른 저작들에서와 마찬가지로 암묵적으로 새 이스라엘로 규정한다. 기자는 그의 독자들을 '디아스포라' 또는 흩어져 있는 자들(유대 땅 밖에서 살아가는 유대인들을 가리킬 때에 사용되던 명칭)이라고 부르지만, 여기에서 '디아스포라'는 문자 그대로 유대 땅 밖에서 살고 있던 그리스도인들을 의미하는 것인지, 아니면 은유적으로 그들이 본향인 하늘로부터 떨어져서 이 세상에서 머물고 있는 것을 가리키는 것인지에 대해서는 견해가 서로 갈린다. 그들이 처한 상황은 시험을 받고 억압을 당하는 상황이었고, 야고보서의 목적은 일차적으로 그들을 격려하고 견고하게 하는 것이었지만, 동시에 그들에게 그리스도인으로서의 행실을 권면하여 그들로 하여금 신앙의 성숙으로 나아가도록 하기 위한 것이기도 하였다. 독자들은 분명히 유대적인 유산을 지닌 사람들로서 유대 그리스도인들이라고 할 수 있다. 믿음과 행위라는 주제가 다루어지고 있지만, 우리가 사도행전이나 바울 서신 속에서 발견하는 것과 같은 교회 안에서의 유대인과 이방인의 관계에 대한 문제들에 대해서는 그 어떤 언급도 없다. 그럼에도 불구하고, 이것은 분명히 이 서신이 상정하고 있는 청중이 어느 정도 이방 그리스도인들을 포함하고 있었을 가능성을 배제하지는 않는다.

신학적 이야기

야고보는 그의 서신 속에서 지속적으로 제기된 두 가지 문제를 다룬다.

한 가지는 외부로부터의 압력으로 인해서 그리스도인들이 성장을 이루는 데에 위협을 받고 있었던 것인데, 이것은 분명히 가난한 그리스도인들을 억압하면서 그들의 신앙을 공격하였던 부자들로부터의 위협이었던 것 같다(약 2:7). 이 서신 속에서 언급된 부자들이 교회 내부의 사람들이었는지 아니면 외부의 사람들이었는지에 대해서는 어느 정도 논란이 있지만, 분명한 것은 교회 외부로부터의 반대, 즉 교회 외부의 부자들이 일부 그리스도인들을 잡아다가 법정에 넘긴 사건이 있었다는 것이다(약 2:6). 또 하나의 문제는 내부적인 말다툼과 비방으로 인한 회중들의 하나됨에 대한 위협이었다(약 4:11). 우리는 본문에서 시기와 야심, 싸움과 분쟁에 관한 말들을 듣게 된다(약 3:16; 4:1).

이렇게 우리는 기자가 매우 폭넓은 청중들, 즉 여러 나라들 속에 흩어져 있는 그리스도인들에게 편지를 쓰고 있는 것으로 보이면서도, 매우 구체적인 회중 또는 회중들을 염두에 두고 있는 것처럼 보인다는 모순되는 측면을 이 서신 속에서 발견하게 된다. 분명히 기자는 그가 알고 있는 그리스도인들에게 적용되는 것들은 그 외에도 꽤 폭넓게 적용될 수 있고, 그가 이런 유의 상황에 대하여 말하고자 하는 것은 그의 좀 더 폭넓은 청중들이 들어서 유익할 수 있다는 것을 전제하고 있다. 바울은 이것과 마찬가지로 고린도 교회에 편지를 쓰면서, 그의 서신이 아가야 지역 전체에 걸쳐서 읽혀지기를 원하였고, 동일한 방식으로 골로새서와 히에라폴리스의 서신도 교회들 사이에서 서로 교환하여 읽혀졌다.

거짓된 신학적 가르침이 교회 속에서 하나의 위험 요소로 존재한다는 언급은 나오지 않는다.[3] 우리는 바울 서신 속에 나오는 유대화주의자들과 관련된 문제들을 이 서신 속에서 찾아볼 수 없고, 비록 요한일서에서 공격을 받았던 것과 같은 기독론적인 이단이 있었다고 하더라도, 야고보서 기자는 거기에 대해서는 한 마디도 언급하지 않는다. 따라서 기자가 독자들에 대한 목회적인 관심을 드러내면서 그들에게 서로 영적으로 돌보고 사랑하라고 권면하는 것이 보여주듯이(약 5:13-20; cf. 약 2:14-17), 이 서신의 일차적인 목적은 복음전도적이고 교리적이며 변증적인 것이 아니라 목회적인 것이다.

얼핏 보아도 우리는 이 서신이 뚜렷한 순서 없이 한 주제 한 주제를 잇달아서 다루고 있는 것을 알 수 있다. 이 서신 속에서 여러 가지 권면에 관한 서로 별 관계가 없는 주제들에 대한 가르침들을 한데 모아 놓은 것 이상의 구

---

3) 사람들이 행위 없이 믿음으로 말미암아 의롭게 될 수 있다는 견해는 교리적인 오류의 문제가 아니라 실천과 관련해서 잘못된 강조점의 문제이다.

조를 찾아내는 것이 가능할 수는 있겠지만,[4] 우리는 이 서신에 대한 우리의 개관을 통해서 주된 주제들이 서로 섞여 짜여 있는 가운데서 반복적으로 등 장한다는 관점에서 이 서신에 대한 매우 단순한 — 실제로 지나치게 단순화 된 — 분석을 따르는 것이 더 도움이 될 것이다.[5]

그러한 주제들은 시험과 성장, 부와 가난, 믿음과 행위, 말로 범하는 죄, 인 내와 기도이다.

시험과 성장(약 1:2–8, 12–18). 독자들은 끊임없이 시험을 당하는 자들로 보아진다. 이러한 시험들은 두 가지 관점에서 보아지는데, 즉 하나님이 그들 로 하여금 악한 정욕들을 거부하는 법을 배우도록 그들의 신앙을 시험하시 고 발전시키는 것으로 보아지기도 하고, 그들이 악한 것을 행하도록 유혹을

---

4) 야고보서에 관한 이러한 견해는 Martin Dibelius and Heinrich Greeven, *James* (Philadelphia: Fortress, 1975)에 의한 영향력 있는 주석서에서 강력하게 제시되었지만, 특히 Peter H. Davids, *The Epistle of James: A Commentary on the Greek Text* (Exeter: Paternoster Press, 1982)에 의한 좀 더 최근의 저작 속에서 설득력 있게 거부 되었다. 데이빗의 분석은 복잡하고 좀 더 가다듬어질 필요가 있기는 하지만, 요지에 있 어서는 올바른 노선을 택하고 있다. 그의 분석은 간단하게 다음과 같이 제시해 볼 수 있 다:

약 1:1	인사말
약 1:2–27	시험(1:2–4, 12–18), 기도와 지혜(1:5–8), 가난과 부(1:9–11), 말(1:19–21), 순종과 관용(1:22–27)을 차례로 다루는 시련과 시험들에 관한 서두의 말씀
약 2:1–26	가난과 부; 믿음과 행위
약 3:1–4:12	지혜와 혀
약 4:13–5:6	시험과 부
약 5:1–20	마무리하는 말씀; 인내와 기도

이러한 분석의 핵심은 여러 가지 주제들이 서두의 말씀 속에서 어렴풋하게 제시된 후 에 이 서신의 본론부에서 좀 더 상세하게 논의되고 있다는 것이다.

5) 이러한 분석은 A. M. Hunter, *Introducing the New Testament* (London: SCM Press, 1945), p. 97에서 언급하고 있듯이 J. A. Findlay에게까지 소급된다; 그는 야고보 서는 다섯 편의 짤막한 설교들 또는 강해들을 쪼개서 봉합시켜 놓은 것이라고 생각한 다. 이러한 편집 이론에 동의하지 않는다고 해도, 우리는 이 서신에 나오는 주된 주제들 을 부각시키는 데에 그의 분석이 유용하다는 것을 알 수 있다.

받아 덫에 걸려서 사망에서 절정에 달하는 과정으로 들어가게 되는 상황으로 보아지기도 한다(cf. 약 5:20). 특히, 성공과 그에 따른 자랑에 주안점이 두어진(약 3:14) 주변 세계의 지혜를 따르고자 하는 지속적인 시험이 존재한다(약 4:4). 이렇게 그리스도인의 삶은 시험의 과정으로 이해된다. 결론적인 권면들 속에서 이 주제는 다시 한 번 고난에 직면해서 인내하고 참으며 믿음을 지키라는 권면을 통해서 다루어진다(약 5:7-11).

하지만 시험의 과정보다 더 중요한 것은 시험을 포함하는 노정(路程)을 통해서 도달하게 되는 성장 또는 온전함이라는 목표이다. 이러한 온전함이라는 개념은 야고보에게 특히 중요하였다.[6] 그리스도인의 삶의 목표는 온전하게 되고 아무것도 부족한 것이 없게 되는 것이다(약 1:4). 그리스도인의 삶의 환경은 하늘에 계신 아버지에 의해서 만들어지는데, 그의 선물들은 완전하고 그의 법은 온전하다(약 1:17, 25; 2:8). 신자들은 온전한 믿음을 향하여 앞으로 나아가야 하고, 이러한 온전함은 믿음과 행위가 서로 일치할 때에 얻어진다(약 2:22). 그리스도인의 삶에 있어서의 온전함은 말로 범하는 죄가 없는 것을 통해서 확인되어야 한다. 왜냐하면, 자신의 혀를 통제할 수 있는 자들은 나머지 죄악된 충동들을 통제할 수 있기 때문이다(약 3:2).

시험은 두 길, 즉 하나님께서 상으로 주시는 생명의 면류관으로 이끄는 길과 사망으로 이끄는 길 간의 대비와 관련되어 있다. 이렇게 야고보는 하나님의 나라로 이어지는 의의 길 또는 사망으로 이어지는 죄의 길을 따르는 것으로서의 삶에 대한 통상적인 기독교적 이해를 전제하고 있다. 그는 신자들이 시험에 빠져서 사망의 위험에 처하게 될 가능성을 알고 있고, 이 서신의 최종적인 말씀은 교회 속에서 죄와 사망 속으로 빠져 들어가기 쉬운 자들에 대한 목회적인 돌봄의 중요성을 강조한다(약 5:19-20).

부와 가난(약 1:9-11; 2:1-13; 4:8-10, 13-16; 5:1-6). 교회는 분명히 가난한 자들로부터 부자들에 이르기까지 폭넓은 범위의 사람들을 포괄하고 있고, 교회에 속한 대다수의 사람들은 이 두 극단 사이에 있다. 그런데 이렇게 중간에 있는 자들에게는 이기적인 목적으로 부자들에 대하여 편애를 보이고

---

6) Cf. Robert W. Wall, "James, Letter of", in *DLNTD*, pp. 545-61 (p. 553).

가난한 자들을 차별하고자 하는 시험이 존재한다. 이와 동시에, 부자들에게는 자기 만족을 이루기 위해서 그들 자신의 생활 양식을 유지하려고 가난한 자들을 압제하고자 하는 시험이 존재한다. 교회가 직면한 이러한 어려움은 분명히 신약성서의 다른 곳에서 좀 더 통상적으로 나오는 것과 같이 그리스도인들이 그리스도인으로서 박해를 받는 것에 기인하는 것이 아니라 부자들에 의해서 가난한 자들이 압제받는 것에 기인한다. 야고보서의 저자는 하나님을 의뢰하는 압제받는 가난한 자들의 편에 서서, 그들에게 부도덕한 부자들 앞에 심판이 기다리고 있다는 것을 보여준다.

믿음과 행위(약 1:19-25; 2:14-26; 3:13-18; 4:1-7, 17). 합당한 행위들을 통해서 믿음의 실체를 나타내 보여야 할 필요성과는 상관없이, 믿음은 그리스도인이라는 것을 보여주는 충분한 표지라고 생각하는 시험이 존재한다. 분명히 믿음은 극히 중요하다. 믿음은 그리스도인의 전형적인 특질이고, 독자들은 "믿음에 부요한"(약 2:5) 자들로 묘사될 수 있다. 하지만 믿음을 가지고 있다고 해서 다 된 것은 아니다. 저자가 내건 슬로건은 "함께 역사하는 믿음과 행위"이다. 여기서 이러한 가르침의 구체적인 맥락은 회중들 가운데서의 좋지 않은 관계들의 존재이다. 부자들에 대한 편애와 더불어서 곤궁한 자들에 대한 관심 부족이 존재하고, 서로 싸우고 교만하게 행하는 강력한 경향이 존재한다. 이러한 주제에 할애된 지면의 분량을 보면, 이 주제는 이 서신 속에서 가장 중요한 주제, 또는 적어도 가장 관심을 기울일 것을 요구하는 주제임이 분명하다.[7]

말로 범하는 죄(약 1:26-27; 3:1-12; 4:11-12; 5:12). 말로 범하는 죄에 관한 전통적인 가르침이 상당한 정도로 나온다. 혀는 통제할 수 없는 악의 근원이 될 수 있는데, 특히 다른 사람들, 무엇보다도 동료 신자들에 대하여 비방하거나 화를 돋우는 것들을 말할 때에 그렇다. 여기에서 저자는 말에 관한 고대 세계의 가르침 속에서 오랫동안 전해 내려온 전승과 맥을 같이하고 있다.[8]

인내와 기도(약 5:7-11, 13-20). 이 서신의 마지막 단락은 교회의 지체들

---

7) 우리가 인사말을 무시한다면, 야고보서는 108절로 되어 있는데, 그 중 34절, 그러니까 3분의 1이 이 주제에 할애되어 있다.

8) William R. Baker, *Personal Speech Ethics in the Epistle of James* (Tübingen: J.

을 위한 중보기도와 인내의 중요성을 강조한다.

신학적 주제들

우리는 여러 가지 다양한 주제들을 별 순서 없이 줄줄이 이어가고 있는 잠언서 같은 유대적인 지혜서들에서 볼 수 있는 것과 같은 이러한 주제들의 모음집이 생겨난 이유를 알기가 어려울 수 있다. 야고보는 그의 독자들을 매우 개략적인 용어로 언급하고 있기 때문에, 이 서신 속에서 단죄되고 있는 죄악들을 토대로 해서 독자들과 그들의 상황을 규명하고자 시도하는 것은 지혜롭지 못한 일이 될 것이다. 우리는 수많은 그리스도인 회중들에게 이러한 주제들이 적절한 권면이 되리라는 것을 쉽게 알 수 있다.

이 서신에서 의외인 것은 신약성서의 다른 책들에서 전형적으로 볼 수 있는 그런 종류의 신학적인 밑받침이 거의 없는 가운데 여러 주제들을 한데 모아 놓고 있다는 점이다. 야고보가 어느 정도 접촉하고 있었던 것으로 보이는 베드로전서와의 대비는 매우 두드러진다. 하지만 이 서신이 지닌 기본적으로 실천적인 초점은 독자들로 하여금 여기에서 논의된 모든 주제들이 신학적인 뿌리와 의미를 지니고 있다는 사실을 간과하게 만들 수 있다. 야고보서는 우리가 몇몇 바울 서신들 속에서 볼 수 있는 것과 같은 기독론적이고 구원론적인 내용들을 그 이후에 나오는 권면들을 위한 토대로 사용하는 것이 없고, 또한 우리가 디도서와 베드로전서에서 종종 볼 수 있는 것과 같이 교리를 사용해서 그 앞에 나온 권면들을 신학적으로 밑받침하는 것도 없다. 그럼에도 불구하고, 교리적인 토대는 존재한다. 예를 들면, 다른 사람들을 존중하라는 권면은 하나님의 형상에 관한 가르침 위에 구축되어 있다는 것을 주목하라(약 3:9). 이것보다 한층 더 중요한 것은 야고보서는 명시적으로 사람들이 어떻게 구원을 받고(약 1:21; 2:14; 4:12) 의롭다 하심을 받는가(약 2:21-25)라는 결정적으로 중요한 문제들에 관심을 갖고 있다. 이러한 것들이 보여주는 것은 야고보서는 신약성서의 신학과 윤리에 있어서 다른 곳에서 소홀히 되거나 주변적으로 취급되는 경향을 보여준 요소들을 상당한 정도로

C. B. Mohr [Paul Siebeck], 1995)에 의한 자세한 연구를 보라.

강조하고 있고, 바울의 주류 신학으로부터 도출되고 있었던 몇몇 잘못된 실천적인 결과들에 대하여 중요한 교정책을 제시하고 있다는 것이다.

예수 그리스도. 이 서신 속에는 명시적인 기독론이 나오지 않지만, 기자가 그러한 가르침을 가지고 있었으면서도 여기에서 거기에 의존함이 없이 자신의 신앙을 표현하고 있다는 것을 보여주는 암시들은 존재한다. 예수는 서두의 인사말에 나오는 것을 제외하고(약 1:1) 오직 4번 언급되거나 간접인용되는 것으로 보인다.

야고보서 5:7-8에서 독자들은 주께서 오실 때까지 인내하라는 가르침을 받는다. 신약성서에 나타나는 하나님이 아니라 예수의 오심에 대한 일관된 기대에 비추어 볼 때, 이것은 예수의 재림에 대한 언급으로 해석하는 것이 가장 좋다.[9] 야고보서에 나오는 장차 주께서 오실 것에 대한 언급은 신약성서의 다른 곳에서와 동일한 변화가 일어났다는 점에서, 즉 장차 주의 날에 하나님이 오실 것이라는 기대가 재판장이신 주 예수께서 오실 것이라는 기대로 대체됨으로써 그리스도인들이 예수를 하나님의 최고의 대리자이자 하나님과 동등한 영광을 받을 자로 평가했다는 것을 보여준다는 점에서 풍부한 의미를 지닌다.[10] 하나님은 유일한 재판장이지만(약 4:12), 여기에서 그러한 기능은 예수에게 돌려진다.

예수에 대한 이러한 고양된 이해는 야고보서 2:1에서 예수를 "영광의 주 곧 우리 주 예수 그리스도"라고 묘사한 것에 의해서 확증된다.[11] 야고보에게

---

9) 예수를 가리키는 데에 주라는 표현을 사용한 분명한 예는 6개이다(약 1:1; 2:15; 5:7, 8, 14, 15). 이 서신의 다른 곳에서 주라는 용어는 하나님 아버지를 가리킨다(약 1:7; 3:9; 4:10, 15; 5:4, 10, 11). 신약성서의 다른 곳에서와 마찬가지로, 하나님을 가리키는지 그리스도를 가리키는지가 언제나 절대적으로 분명한 것은 아니다. William R. Baker, "Christology in the Epistle of James", *EQ* 74 (2002): 47-57을 보라.

10) 재림에 대한 이러한 기대는 당시에 활발하게 살아 있는 것이었고, 독자들의 지평 속에 분명하게 존재했던 것으로서 먼 미래로 옮겨진 것이 아니었다(약 5:3, 9).

11) 여기에서 한 가지 가능성은 우리가 "하나님의 영광이신 주 예수 그리스도"로 번역하는 것이지만(cf. Sophie Laws, *A Commentary on the Epistle of James* [London: A & C Black, 1980], pp. 94-97), 많은 주석자들은 "영광"을 서술적 속격으로 보는 것을 선호한다.

있어서 예수는 단순히 인간 교사 또는 인간 메시야가 아니다. 예수는 영광의 주이다. 이것은 예수께서 그의 부활과 높아지심의 결과로 얻게 된 신분이다. 예수의 성품은 주님에 대한 믿음을 편애에 대한 정죄를 밑받침하는 데에 사용하고 있는 것에서 언급된다.

그러므로 세 번째 본문에서 병든 자들에게 주의 이름으로 기름을 바름으로써 주께서 그들이 범한 죄들을 사하여 주시도록 하라고 권면하고 있는 것은 이상한 일이 아니다(약 5:14-15).[12]

끝으로, 야고보가 "너희가 속해 있는 그 분의 아름다운 이름"(약 2:7, 개역에서는 "너희에게 대하여 일컫는 바 그 아름다운 이름")이라고 언급했을 때, 이것은 분명히 예수의 이름으로 받은 세례, 또한 그것이 주와 구주로서의 지위와 관련하여 함축하고 있는 모든 것에 대한 언급이다.[13]

하지만 우리가 잊지 않아야 할 것은 이 서신이 주로 산상수훈으로부터 가져온 예수의 가르침을 많이 반영하고 있다는 것이다.[14] 예수의 가르침의 영향을 보여주는 것들은 도처에 존재하고, 실제로 이 서신의 분량을 고려할 때에 야고보서는 다른 그 어느 서신보다도 예수의 가르침으로부터의 영향력을 상대적으로 훨씬 더 많이 보여준다고 할 수 있다.

주시는 자이자 재판장으로서의 하나님. 야고보는 하나님에 관하여 있을 수 있는 두 가지 잘못된 인식을 다룬다. 그 중 한 가지는 하나님의 선하심과 그가 기도를 기꺼이 응답해 주신다는 것에 대한 믿음이 사람들에게 결여되어 있다는 것이다. 사람들은 하나님이 구하는 자들에게 좋은 선물들을 주지 않으신다고 생각하였다. 또 하나의 잘못된 인식은 하나님은 사람들을 시험하는 장본인으로서 사람들을 무너뜨리고자 하신다는 것이었다.

---

12) 야고보서 5:10에서 이 이름은 아마도 하나님의 이름인 것 같다.

13) 야고보서 4:5의 모호한 본문 속에 성령에 대한 언급이 존재할 가능성이 있지만 (TNIV에 나오는 이문들을 참조하라), 여기에서 가리키는 것은 사람의 정신, 즉 사람으로 하여금 시기하게 만드는 악한 '예체르'일 가능성이 더 높다; Joel Marcus, "The Evil Inclination in the Epistle of James", *CBQ* 44 (1982): 621을 보라.

14) Wiard Popkes, *Adressaten, Situation und Form des Jakobusbriefes* (Stuttgart: Katholische Bibelwerk, 1986), pp. 156-57에 나오는 도표를 보라.

이러한 잘못된 인식들에 맞서서 야고보는 그의 독자들에게 하나님은 은혜로우시고(약 4:6; 5:11) 너그러우시다는(약 1:5) 것을 다시 확신시켜 주고자 한다. 모든 좋은 선물들은 하나님으로부터 온다(약 1:17). 하나님은 기도에 응답할 준비가 되어 계신다.

하나님에 관한 묘사는 율법 수여자와 재판장으로서의 그의 역할을 강조하고 하나님에게는 편애가 없으시다는 것을 강조하는 방식으로 긍정적으로 전개된다. 하나님은 그의 백성에게 의로운 삶을 원하신다(약 1:20). 하나님께서 신자들에게 보기를 원하시는 삶의 종류는 곤궁한 자들에 대한 관심과 주변 세계의 죄악들에 굴복하지 않는 것이라는 특징을 지닌다. 구약성서에 나오는 기본적인 계명들은 하나님의 지속적인 뜻으로 제시된다(약 1:25).

재판장으로서의 하나님 앞에 모든 사람이 결국에는 다 서게 될 것이라는 점이 강조된다(약 2:12-13; 4:12). 야고보는 악인들과 불의한 자들에게 예비되어 있는 심판이 얼마나 두려운 것인가에 대하여 말을 아끼지 않는다(약 5:1, 3, 6, 9, 12).

또한 하나님은 그의 나라를 위하여 가난한 자들을 선택하시는 것으로 묘사된다(약 2:5). 여기에는 하나님 편에서 가난한 자들에 대한 편향이 존재하는 것으로 보이는데, 그의 교회는 이것을 본받아야 한다. 야고보는 그의 독자들의 경험을 근거로 대면서 부자들의 압제적인 성격을 지적함으로써, 이러한 가난한 자들에 대한 편향을 정당화하고자 하고, 가난한 자들에게 그들의 정당한 권리를 부여하지 않는 부자들에 대한 편애를 단죄한다. 그는 하나님은 부자들에 의해서 압제당하는 자들에게 관심을 갖고 계시다는 것을 역설한다(약 5:4).

여기서 우리는 야고보의 사상을 형성한 구약성서로부터의 두 가지 주된 영향들을 볼 수 있다. 이러한 영향들 중 첫 번째는 야고보가 예수의 몇몇 가르침 속에 계승되었던 지혜 전승의 전통 속에 서 있다는 것이다.[15] 여기에서

---

15) 공관복음서들에 나오는 예수의 말씀들에 대한 양식비평적인 분석을 통해서 그 말씀들 중 다수가 율법의 말씀들, 예언의 말씀들, 지혜의 말씀들이라는 패턴과 부합하고, 이것은 히브리 성서의 세 개의 주된 구분들 — 율법, 선지서들, 성문서들 — 과 일치한다는 것이 밝혀진 것은 흥미롭다.

우리는 구약성서에서의 가르침이 세 가지 주된 범주로 나누어진다는 것을 기억할 수 있다. 첫째, 그의 백성에 대한 하나님의 가르침들이 법적인 성격을 지니고 있고 형벌의 규정 아래에서 복종해야 할 계명들이라는 관점에서 표현되고 있는 율법이라는 범주가 존재한다. 레온하르트 고펠트(Leonhard Goppelt)는 "최고의 법"(약 2:8)은 구약성서보다 더한 그 이상의 것이라고 주장하였다. 그것은 "구약성서의 계명들 배후에 있었던 하나님의 주장"이다.[16] 둘째, 하나님이 그의 백성들에게 그들이 선지자들의 메시지를 받아들이느냐 거부하느냐에 따라서 그들에게 일어나게 될 일에 대한 약속들과 경고들을 통해서 밑받침되고 있는 권면이라는 관점에서 말씀하는 예언이라는 범주가 존재한다. 셋째, 하나님의 가르침이 주로 흔히 자명하게 진리이거나 일상 생활에서 일어나는 일에 대한 심오한 관찰을 토대로 한 짧고 독립적이고 힘 있는 격언들로 주어진 지혜라는 범주가 존재한다. 잠언과 전도서는 이러한 양식의 두드러진 예들이지만, 지혜라는 양식은 시편 1편과 49편 같은 몇몇 시편들에서도 발견된다. 이제 야고보서에 나오는 가르침은 전체적으로 그러한 성격을 지닌다 — 물론, 율법과 예언의 요소들도 발견될 수 있지만.[17] 이것은 야고보서의 양식에만 적용되는 것이 아니라 그 내용에도 적용된다. 지혜의 중요성에 대한 명시적인 언급이 나온다.

다른 하나는 야고보가 시편들과 그 밖의 다른 곳, 특히 지혜서에 나오는 고난받는 의인이라는 주제를 가져와서 사용하고 있다는 것이다. 의인이라는 용어의 의미는 아주 분명하다. 그것은 현실에 있어서 옳고 정직하며 암묵적으로 하나님의 능력과 사랑을 의뢰하는 그런 종류의 사람을 가리킨다. 그럼에도 불구하고, 그러한 사람들은 그들을 이용하고자 하는 다른 사람들에 의해서 공격과 박해의 대상이 될 수 있고, 그러한 상황 속에서 그들은 다시 한 번 새롭게 하나님의 돌보심을 의지하고, 결국 하나님께서 그들을 신원하실 것이라는 약속을 가지고 있다. 야고보는 하나님이 궁극적으로 가난한 자들,

---

16) Goppelt, 2:206.

17) 전자에 대해서는 야고보서 1:25; 2:8–13을 보고, 후자에 대해서는 부자들의 죄에 대한 선지자적인 규탄의 흔적들을 갖고 있는 야고보서 4:13–5:6을 보라.

곧 일반적인 가난한 자들이 아니라 하나님을 믿고 하나님을 의뢰하는 가난한 자들을 견고하게 붙드시리라는 것을 믿는다(약 1:12; 5:10-11). 이렇게 고난받는 의인이라는 모티프는 그들이 의뢰하는 하나님의 성품에 관한 뭔가 중요한 것을 말하기 위하여 사용된다.

이러한 두 경우에 있어서 야고보는 복음서들 속에서 발견되는 추가적인 모티프들을 가져와서 사용하고 있다. 예수는 하나님의 돌보심에 자기 자신을 의탁하고 이러한 믿음과 순종으로 인하여 신원받는 고난받는 의인들의 최고의 모범으로 제시된다. 그리고 예수는 지혜의 사자로서 말씀하셨고, 지혜 문헌들의 양식들을 사용하였다.

신자의 삶. 야고보는 죄의 실체에 대한 강력한 인식을 가지고 있다. 그는 시험이 사람의 본성의 일부인 악한 정욕들의 충동에 의해서 생겨난다는 것을 잘 알고 있다. 여기에서 야고보의 유대교적인 배경은 선한 충동과 악한 충동이 인간의 본성 안에 내재해 있고, 우리의 행동은 이 둘 중에서 어느 쪽이 우세하느냐에 달려 있다고 말하는 유대교의 가르침을 반영하고 있다는 점에서 특히 분명하게 드러난다. 야고보가 악한 충동에 관하여 말하고 있는 것은 악한 충동 또는 '예체르'에 관한 유대교의 가르침과 매우 흡사하다.[18] 그러므로 범죄하고 나서 그 범죄가 자신을 압도한 외부적인 충동의 결과라고 주장하며 변명하는 일은 있을 수 없다(약 1:13-15).

야고보는 그의 독자들을 진리의 말씀을 통해서 낳아진 자들로 규정한다(약 1:18). 이 말씀으로 인해서 야고보는 베드로에게 주목할 만한 정도로 근접하게 되는데(벧전 1:23), 이것은 야고보서의 표면에 나타나 있는 것보다 더 깊은 신학이 야고보에게 있었다는 것을 강력하게 암시해 준다. 이렇게 회심에 관한 야고보의 신학은 두 가지 표준적인 방식으로 표현되어 있다. 첫째, 하나님의 행위라는 관점에서 그리스도인들은 거듭남을 체험한 자들이지만, 둘째로 인간의 행위라는 관점에서 볼 때에 그들은 예수 그리스도에 대한 믿

---

18) 여기에는 인간들 속에 존재하는 두 가지 충동, 즉 선한 충동과 악한 충동에 대한 유대교의 이해('예체르')와의 연결고리들이 존재한다. 이러한 배경에 대한 상세한 연구로는 Marcus, "Evil Inclination"을 보라.

음을 고백한 자들이기도 하다(약 2:1). 이렇게 야고보는 신자들로 규정될 수 있는 자들에게 편지를 쓰고 있고, 그의 관심은 그들의 믿음의 삶, 믿음을 포기하고자 하는 시험들, 그들이 믿음과 행위가 불일치하게 살아갈 수 있는 여러 방식들, 성장으로의 길에 관한 것이다.

또한 야고보는 그들을 자유의 법 아래 있는 자들로 묘사한다(약 1:25). 이 법은 "완전한" 법이자 "최고의" 법으로 묘사되는데(약 1:25; 2:8), 이러한 강력한 형용사들은 이 법이 야고보의 신학 속에서 아주 두드러진 위치를 차지하고 있다는 것을 강조하는 것이다. 그런데 이 법은 역설적으로 사람들을 자유하게 한다. 왜냐하면, 이 법은 그들로 하여금 거듭나게 한 말씀, 즉 복음의 일부이기 때문이다.[19] 야고보에게 중요한 것은 그리스도의 가르침 속에 법의 요소가 존재한다는 것이다. 성경(즉, 구약성서)에서 발견되는 율법은 그리스도인들이 듣는 "말씀"의 일부이다. 왜냐하면, "말씀"은 단순히 복음인 것이 아니라 행위에 관한 가르침이기도 하기 때문이다(약 1:22-23).

여기에 바울과의 차이점이 과연 존재하는가? 차이점은 거의 존재하지 않는다고 할 수 있다. 왜냐하면, 바울도 신자들이 율법을 성취하는 데에 관심을 갖고 있고 여기에서와 동일한 최고의 계명을 인용하고 있기 때문이다(롬 13:8-10). 신약성서의 기자들이 구약성서의 율법이 신자들의 삶 속에서 차지하는 위치에 대하여 서로 다른 정도의 강조점을 부여하고 있다는 것은 사실이다. 바울은 신자들이 더 이상 율법 아래에 있지 않고 사람들은 율법의 행위를 통해서 의롭게 될 수 없다는 것을 아주 강조하였지만, 이것은 율법의 도덕적이고 영적인 가르침이 더 이상 신자들에게 아무런 상관도 없다는 것을 의미하는 것은 아니었던 것으로 보인다.

야고보가 신자들의 삶과 관련해서 성령을 전혀 언급하고 있지 않다는 것은 주목할 만하다. 여기에 대한 한 가지 가능한 설명은 야고보서에서 지혜는 신약성서의 다른 부분들에서의 성령에 해당하는 것이었다는 설명이다.[20] 지

---

19) Goppelt, 2:204-5를 보라.

20) 예수의 축귀 사건들이 마태복음 12:28에서는 하나님의 성령에 돌려지고 있는 반면에 누가복음 11:20에서는 하나님의 손가락에 돌려지고 있는 것과 비교해 보라.

혜는 겸손으로 이끄는(약 3:13) 하나님에 의해서 주어진 선물이다(약 1:5; 3:15). 야고보서 3:17-18에서 지혜는 신자들 속에 갈라디아서 5:22-23에 나오는 성령의 열매와 두드러지게 비슷한 특질들을 낳는다. 심지어 열매라는 단어조차도 이 두 본문에 공통적이다(cf. 벧후 1:5-8). 그러므로 야고보는 신약성서의 다른 기자들이 성령에 관한 표현을 통해서 언급하고 있는 그리스도인의 삶의 여러 측면들과 관련하여 지혜라는 용어를 사용하고 있는 것인가? 이것은 우리가 야고보서의 배경이 되고 있는 몇몇 자료들 속에서(사 11:2; cf. 엡 1:17) 지혜와 성령이 밀접한 연관 관계를 갖고 있다는 것을 기억할 때에 특히 매력적인 가설이다.[21] 우리가 이 문제에 대하여 어떤 식으로 대답하든, 확실한 것은 야고보가 하나님의 능력이 신자들의 삶 속에서 역사하고 있고, 그 능력의 역사가 없이는 신자들이 온전함으로 나아가는 것은 불가능하다고 생각하였다는 것이다.[22]

믿음과 행위. 야고보는 믿음이 행위들을 통해서 표현되어야 할 필요성(예를 들면, 약 2:1-4)과 행위들로 표현되지 않는 믿음은 쓸모 없다는 것(약 2:14-26)을 특히 역설한다. 우리는 여기에서 세 가지 서로 연관된 모티프들을 주의 깊게 구별하여야 한다. 첫째, 말씀을 듣는 것은 그 말씀이 말하고 있는 것에 대한 순종이 수반되어야 한다(약 1:22). 둘째, 행위가 수반되지 않는 말은 사람들이 그 두 가지를 표현할 필요가 있을 때에 쓸모 없는 것이 된다(약 2:15-16). 셋째, 행위가 수반되지 않는 믿음은 죽은 것이다(약 2:14, 17).[23] 야고보는 행위의 필요성에 대한 논증을 하나하나 구축해 가는데, 이것은 단지 논리에 토대를 두고 있는 것이 아니라, 아브라함과 라합 같은 성경에 나오는 모범들이 근거로 사용되고 있다. 야고보는 구약성서에 나오는 아브라

---

21) 이러한 주장은 J. A. Kirk, "The Meaning of Wisdom in James: Examination of a Hypothesis", *NTS* 16 (1969-1970): 24-38에 의해서 강력하게 제기되고 있다.

22) 야고보서에는 신자들을 평범한 신자들과 "온전한 자들"이라는 두 범주로 구분하고자 하는 완전주의를 보여주는 그 어떤 흔적도 없다. 온전함은 언제나 실제로 이루어지는 것이라기보다는 하나의 목표로 여겨진다.

23) "행위 없는 말씀"이 "행위 없는 믿음"을 반박하기 위한 유비로 사용되고 있는 것을 주목하라.

함의 모범을 가져와서, 믿음을 온전하게 하기 위해서는 행위가 필요하다는 것을 보여준다.

여기에서 야고보는 구원(약 2:14) 및 칭의, 즉 어떤 사람이 의롭고 하나님과의 좋은 관계 속에 있다는 하나님의 선언(약 2:21, 23-25)과 관련해서 믿음과 행위에 관하여 말하고 있다. 그런데 칭의에 관한 가르침을 발전시키면서, 칭의가 행위가 아니라 믿음으로 말미암는다는 것을 역설한 사람은 바로 바울이었다. 이것은 자연스럽게 야고보가 바울이나 그의 제자들로부터 자신의 통찰을 가져와서 거기에 대하여 교정책을 제시하고 있는 것은 아닌지의 문제를 불러일으켰다. 그럴 가능성은 충분히 있는데, 우리는 이 문제에 대해서 나중에 다시 논의하고자 한다. 야고보는 믿음에 관한 거짓된 견해, 즉 믿음을 한 사람의 생활 양식을 변화시키지 못하는 진부한 신앙으로 보는 견해를 공격하고 있다. 야고보는 그리스도인의 삶은 믿음이라는 관점에서 요약될 수 있고(약 1:3; 2:1, 5), 믿음은 기도를 통해서 표현되는 우리와 하나님의 지속적인 관계에 있어서 필수적이라는 것을 분명하게 말한다(약 1:6; 5:15). 그러므로 진정한 믿음이 존재하고, 또한 실제로는 믿음이 아닌 잘못된 믿음도 존재한다.

나아가, 우리가 주목해야 할 것은 야고보는 이 서신 전체에 걸쳐서 믿음과 행위를 동시에 역설하고 있다는 것이다. 야고보가 역설하고 있는 것은 아브라함이 자신의 아들을 하나님께 드린 것(약 2:21), 또는 라합이 이스라엘의 정탐꾼들을 환영해서 그들을 붙잡히지 않도록 보호해 준 것(약 2:25) 등과 같이 믿음을 표현해 주는 행위들을 통해서 그 믿음이 진정하다는 것이 드러난다는 것이다. 야고보서 2:15-16에 나오는 예화는 행위 없는 믿음과 행위 있는 믿음 간의 대비와 병행되는 것으로서의 말(words)과 사랑의 행위(deeds of love) 간의 대비에 관한 것이지만, 그것은 야고보가 사랑의 행위를 참된 믿음의 필연적인 표현들 중의 하나로서 제의적인 요구 사항들과 반대되는 것으로 보았다는 점에서 아주 적절한 예화이다.

회중의 삶. 그리스도인들이 함께 모였다는 사실은 야고보서 2:1-4에서 거의 부수적으로 드러나는데, 거기에서 그들의 모임은 회당을 지칭할 때에 유대인들이 사용했던 명칭에 의해서 불리어지고 있다. 그들은 장로들에 의해서 인도되는 한 무리를 형성하고 있고(약 5:14), 장로들의 목회적인 돌봄은 병자들을 찾아가서 그들에게 기름을 바르고 기도해 주는 일에까지 미친다. 감독들 또는 집사들에 대한 언급은 없지만, 우리는 장로들이 이러한 지도자들의 역할까지도 수행하였다고 전제할 수 있다. 가르침의 활동은 분명히 중요한 것이었고, 그것은 장로들에게 국한되지 않았으며, 가르침을 베풀거나 교사로서의 공인된 역할을 지니고 있었던 좀 더 폭넓은 범위의 사람들이 존재하였다. 가르침은 거기에 그리 적합하지 않은 사람들에 의한 것일지라도 바람직한 일로 여겨졌다(약 3:1-2).

이러한 가르침은 전통적인 기독교적인 방식으로 "말씀"으로 묘사되고(약 1:22-25), 기독교 특유의 가르침과 아울러 "완전한 법"을 포함할 수 있었다. 포프케스(Wiard Popkes)는 야고보의 교회를 말씀 ─ 그리고 말씀들 ─ 의 교회로 규정짓는다![24] 사람들을 구원할 수 있는 것은 심겨진 말씀이고, 사람들은 진리의 말씀을 통해서 거듭나게 된다(약 1:18). 회중으로서의 그들의 역할은 말씀을 받는 것이다.

회중의 삶은 기도와 찬송만이 아니라(약 3:9), 상호적인 죄의 고백(이것은 다른 사람에 대하여 범한 잘못들을 고백한다는 것을 의미하는 것으로 보인다)과 치유를 위한 기도(약 5:13-18)를 포함한다. 세례나 성찬에 대해서는 명시적인 언급이 나오지 않지만, 이러한 것들이 거행되었다고 할 수 있고, 야고보서 2:7에 나오는 "이름"은 세례와 연관되어 있었을 것이다. 이렇게 이 서신이 말하고 있는 모든 내용에 대한 배경으로서 사람들이 만나서 찬송하고 기도하며 가르침을 받는 기독교적인 모임들이라는 틀이 존재한다. 여기에서 야고보는 초기 그리스도인들의 세계 전체에 걸쳐서 약간의 차이들은 있지만 대체로 동일하게 존재하였던 공통적인 패턴을 지닌 회중 모임을 전제하고 있다. 이러한 공통된 패턴에서 유일하게 벗어나고 있는 것은 그리스도인들의 모임을 가리키는 데 **회당**이라는 용어를 사용하고 있다는 점이다. 이 단어는 신약성서의 다른 곳에서는 기독교적인 의미로 사용되고 있는 용례가 발견되지 않지만, 후대에 이그나티우스(Ignatius)와 헤르마스(Hermas)의 글

---

24) Popkes, *Adressaten*, p. 103.

들 속에서는 확인이 된다. 분명히 유대교적인 배경이 존재하고 있다.

게다가, 야고보가 그의 독자들을 흩어진 자들에 속한 것으로 말하고 있다는 것은 그들이 그들 자신을 구약의 하나님의 백성의 참된 계승자들로 여겼다는 것을 보여준다. 그들의 현재적인 실존은 베드로전서에서 "나그네와 순례자들"로 묘사되고 있는 것, 즉 좋게 말해서 무관심하고 나쁘게 말해서 그들의 신앙에 대하여 적대적이었던 환경 가운데서 살아가는 백성과 유사하다. 아브라함을 그들의 조상이라고 주장하고 있는 것(약 2:21)은 유대교적인 유산을 물려받았음을 보여주는 추가적인 지표이다.

결론

야고보서의 틀은 유대적인 지혜 전승에 의해서 제공되고 있고, 이것이 야고보서의 사상의 양식과 내용을 형성하고 있다.

주된 주제는 돈에 대한 사랑과 말의 남용으로부터 생겨나는 시험들에 성공적으로 대처하는 능동적인 믿음의 삶을 통해서 드러나는 그리스도인의 온전함의 발전이다.

야고보서가 강조하는 중요한 요소들로는 다음과 같은 것들이 있다.

1. 곧 다시 오시게 될 그리스도로 말미암은 하나님의 심판에 대한 인간의 책임.

2. 하나님은 신자들로 하여금 신앙의 성장을 이룰 수 있도록 하기 위하여 말씀과 지혜를 공급해 주심.

3. 믿음은 행위를 통해서 표현되어야 함.

4. 서로 사랑하라는 하나님의 법에 따라서 사는 삶; 이것은 편애를 금한다.

5. 기도를 통해서 하나님을 의뢰하는 삶.

이렇게 야고보는 신약성서에 다소 독특한 신학적인 기여를 하고 있다.

참고문헌

New Testament Theologies: (English) Childs, pp. 431-45; Goppelt, 2:199-211; Ladd, pp. 634-39; Morris, pp. 312-5; Strecker, pp. 654-82. (German) Berger, pp. 165-73; Gnilka, pp. 444-53; Hahn, 1:395-407; Hübner, 2:380-86; Stuhlmacher, 2:59-69. See also Ulrich Luck, "Die Theologie des Jakobusbriefes", *Zeitschrift für Theologie und Kirche* 81 (1984): 1-30; Wiard Popkes, *Adressaten, Situation und Form des Jakobusbriefes* (Stuttgart: Katholisches Bibelwerk, 1986).

Adamson, James B. *James: The Man and His Message.* Grand Rapids, Mich.: Eerdmans, 1989.

Baker, William R. *Personal Speech Ethics in the Epistle of James.* Tübingen: J. C. B. Mohr [Paul Siebeck], 1995.

Bauckham, Richard J. *James.* London: Routledge, 1998.

Cargal, Timothy B. *Restoring the Diaspora: Discursive Structure and Purpose in the Epistle of James.* Atlanta: Scholars Press, 1993.

Chester, Andrew, and (Ralph P. Martin). *The Theology of the Letters of James, Peter and Jude.* Cambridge: Cambridge University Press, 1994, pp. 1-62.

Davids, Peter H. *The Epistle of James: A Commentary on the Greek Text.* Exeter: Paternoster, 1982.

————. "The Epistle of James in Modern Discussion". *ANRW* 2.25.5 (1988): 3621-45.

Dibelius, Martin, and Heinrich Greeven. *James.* Philadelphia: Fortress, 1975.

Kirk, J. A. "The Meaning of Wisdom in James: Examination of a Hypothesis". *NTS* 16 (1969-1970): 24-38.

Laws, Sophie. *A Commentary on the Epistle of James.* London: A & C Black, 1980.

Marcus, Joel. "The Evil Inclination in the Epistle of James". *CBQ* 44 (1982): 606-21.

Martin, Ralph P. *James.* Waco, Tex.: Word, 1988.

Penner, Todd C. *The Epistle of James and Eschatology: Rereading an Ancient Christian Letter.* Sheffield: Sheffield Academic Press, 1996.

Wall, Robert W. "James, Letter of". In *DLNTD,* pp. 545-61.

제 27 장

베드로전서

소위 베드로전서는 우리가 바울의 서신들로부터 알고 있는 진정한 서신의 친숙한 양식으로 되어 있다. 이 서신은 고대 세계의 특정한 — 그렇지만 매우 넓은 — 지역에 있는 그리스도인들에게 보내진 것이다.[1] 이 서신은 이를테면 우리가 고린도전후서에서 발견하는 것과 같은 구체적인 상황에 대한 그 어떤 증거도 보여줌이 없이 독자들에게 일반적으로 적용될 수 있는 폭넓은 상황을 염두에 두고 있다. 이 서신에 반영된 구체적인 상황들은 고통스러운 시련들이라고 할 수 있는 그리스도인들에 대한 공격들이다(벧전 4:12). 이 짧은 서신은 "고난받다"라는 동사를 대략 12번 정도 사용하고 있는데, 이것은 신약성서의 그 어떤 책에서보다도 이 동사가 더 많이 나오는 것이다. 이러한 고난들은 분명히 단지 장차 닥쳐올 것으로 예상되는 위협이 아니라 실제로 일어나고 있는 것이지만, 정부나 국가로부터의 어떤 공식적인 박해라기보다는 마치 종들이 무자비한 주인들로부터 받을 수 있는 것과 같은 다른 사람들로부터의 모욕과 가혹한 대우가 그 대부분을 차지한다(벧전 2:18-20). 그럼에도 불구하고, 고난의 가능성은 살인자들이나 강도들에게 일어날 수 있는 것과 비교되고 있기 때문에(벧전 4:15), 박해는 하나의 가능성이었을 수

---

1) 이 단락에서 채택된 비평적이고 석의적인 입장들을 좀 더 상세하게 옹호하고 있는 것으로는 I. Howard Marshall, *I Piter* (Downers Grove, Ⅲ.: Inter Varsity Press, 1991)을 보라.

도 있다.

이 서신의 수신자들인 사람들은 장로들이 이끄는 그리스도인 회중들을 형성하고 있지만(벧전 5:1), 그러한 직분은 하나님에 의해서 적절하게 은사를 받은 회중의 지체들에 의해서 수행된다(벧전 4:10-11). 우리는 이 서신 속에서 세계 전체에 퍼져 나갈 만큼 충분한 시간을 갖고 있었던 교회라는 인상을 받게 되지만(벧전 5:9), 이와 동시에, 이 서신의 가르침의 성격은 방금 믿은 자들을 독자로 포함하고 있었다는 것을 암시해 준다. 건강한 회중들은 당연히 새 신자들을 포함하고 있었을 것이다.

오늘날의 대다수의 학자들은 이 서신이 베드로가 죽은 후에 이전에 베드로로부터 가르침을 받았기 때문에 그들이 말하는 것은 베드로의 말과 부합한다고 주장하였던 한 무리의 사람들에 의해서 씌어진 것이라고 주장한다. 그러나 이 서신 속에는 필명을 사용했음을 보여주는 그 어떤 흔적도 없기 때문에,[2] 우리는 이 서신 속에는 베드로 자신의 사상에 대한 소중한 증언이 담겨 있다고 보는 것이 좋을 것이다.

베드로의 목적은, 오늘날의 많은 설교들이 청중들이 처해 있는 어느 한 구체적인 상황을 다루지 않고 일부 특정한 방향으로 기울어져 있기는 하지만 그리스도인의 삶과 관련된 일반적인 권면을 제시하고 있는 것과 거의 흡사한 방식으로 그의 독자들에게 격려와 가르침을 주기 위한 일반적인 서신을 쓰는 것이었다. 그러므로 이 서신의 주요한 주제는 그리스도인 신자들이 일부 세상 사람들로부터 그들이 경험하는 적대감에도 불구하고 이 세상 속에서 어떻게 살아가야 하는가에 관한 것이다.

아주 많은 기독교적인 저작들의 경우에서와 마찬가지로, 이 서신의 내용이 구체적으로 어떤 흐름을 지니고 있는지를 분별해 내기는 쉽지 않다. 몇몇 분명한 단락 구분들이 존재하고, 저자가 우리에게는 확실하지 않은 논리를 통해서 한 주제에서 또 다른 주제로 넘어가고 있다는 것을 보여주는 몇몇 실

---

2) 나는 독자들을 속일 의도 없이 어떤 사람이 남의 이름을 사용해서 글을 썼을 때에 그 저작을 가리키는 데에 위명의 저자라는 용어보다 이 용어를 사용한다. 제17장 각주4를 보라.

마리들이 존재한다. 특히, 그는 한 문장의 끝에 어떤 어구를 덧붙인 후에, 그것을 다음 문장의 주제로 삼는 기법을 사용하고 있다(예를 들면, 벧전 1:9/10). 그럼에도 불구하고, 신학과 권면을 통합하고 있는 구조가 존재하는데, "신학적인 진술은 권면을 위한 토대를 제공해 주고, 그런 후에 권면은 다시 구원에 관한 진술을 상기시킨다."[3]

이 서신은 서두의 인사말과 감사의 말로 시작되고(벧전 1:1-12), 끝에도 인사말이 나온다(벧전 5:12-14). 그 중간에서 우리는 그리스도인의 삶의 기본적인 특성들(벧전 1:13-2:10), 사회적 행실(벧전 2:11-3:12), 적대적인 행위에 대한 그리스도인의 태도(벧전 3:13-5:11)를 다루는 세 개의 주된 단락들을 구별해 낼 수 있다.

신학적 이야기

인사말과 베라카(벧전 1:1-12). 서두의 인사말은 우리가 야고보서에서 발견하는 것과 동일한 그리스도인 디아스포라라는 개념을 사용하고 있다. 독자들은 추가적으로 하나님의 택함을 받은 백성으로 묘사된다. 그들이 하나님의 택함받은 백성이 된 것은 하나님께서 교회를 탄생시킴에 있어서 주도적인 역할을 하셨다는 것을 말하는 한 방식인 하나님의 미리 아심을 통해서, 그리고 그들의 성품을 하나님의 백성이 되기에 적합하도록 만든 성령의 거룩하게 하심을 통해서 이루어진 것이었고, 그들로 하여금 순종하게 하기 위한 목적을 위한 것이었으며, 예수의 피뿌림을 통해서 이루어진 것인데, 이러한 것들은 그들이 지금 하나님과 계약 관계에 있다는 것을 보여주는 표지들이다(출애굽기 24장에 나오는 이스라엘 백성과 마찬가지로).

그리스도인으로서의 길은 고난을 포함하는 쉽지 않은 길이기 때문에, 이 서신의 상당 부분은 독자들을 격려하는 방식으로 기독교적인 구원의 본질을 다시 진술하는 데에 할애되어 있다. 따라서 이 서신의 분위기는 구원의 선물을 인해서 하나님께 찬송하는 그런 분위기이다(벧전 1:3). 이 서신의 서두의 단락은 하나님에 대한 찬송의 확장된 표현의 양식을 지니고 있고,[4] 독자들에

---

3) Hübner, 2:392.

게 이러한 선물의 성격을 상기시키는 역할을 한다(벧전 1:3-12). 바울은 독자들이 지금 온갖 다양한 방식으로 고난을 당하고 있을지라도 그들은 하늘에서의 장래를 담대하게 바라볼 수 있기 때문에, 비록 고난을 당하지만 하나님께서 그들에게 약속하신 것을 담대하게 소망하며 즐거워할 수 있다는 것을 강조한다. 따라서 현재적인 고난과 미래적인 축복 간의 대비가 존재한다.

베드로가 상황을 이런 식으로 표현한 목적 중의 하나는 독자들의 현재의 시련들이 하나님께서 그들의 믿음을 시험하고 굳건하게 하기 위한 수단으로 허용한 것들임을 보여주는 것이다. 그들은 여기에서 당분간 예수 그리스도를 보는 것에 의지해서 살아가는 것이 아니라 믿음으로 말미암아 살아가고 있다.

이 모든 것은 우리로 하여금 베드로가 소망에 의해서 지탱되고 있는 현재적인 고난과 그러한 소망의 미래적인 실현을 단순하게 대비시키고 있다고 생각하게 만들지도 모른다. 하지만 그러한 생각은 이 서신에 대한 심각한 오해가 될 것이다. 이 서신 속에는 현재적인 구원에 관한 강력한 요소도 존재한다. 그리스도의 나타나심은 "이 말세에"(벧전 1:20) 일어났다. 예수의 오심은 종말의 시작으로서 세계 역사 속에 새로운 시대를 가져왔다. 독자들은 이미 거듭남을 체험하였다(벧전 1:3, 23). 이미 장래에 대한 전망으로 인해서 독자들은 큰 기쁨을 경험하고 있다. 따라서 그들이 그리스도의 오심을 바라보고 있기는 하지만(벧전 1:7; 5:4), 그들은 지금 여기에서 그리스도를 사랑하고 믿는다는 것이 무엇인지를 알고 있고, 이러한 경험은 커다란 기쁨의 감정을 불러일으킨다(벧전 1:8). 베드로가 그들이 그들의 믿음의 결국, 즉 그들의 영혼의 구원을 받고 있다고 말할 때(벧전 1:9), 거기에서 사용된 현재 시제는 진지하게 받아들여져야 하고, 우리는 그것을 미래의 의미로 해석하여 그 의미를 약화시켜서는 안 된다. 이미 그들은 주님이 선하시다는 것을 맛보았고, 그들에 대한 주님의 돌보심을 보여주는 증거를 가지고 있다(벧전 2:3).

그러므로 베드로가 이러한 "지금-그때"라는 대비를 사용하고 있는 것은

---

4) '베라카' 양식을 하나님께 감사하는 내용에 대하여 사용하고 있는 것으로는 고린도후서와 에베소서를 참조하라.

경건한 자들이 구원의 최종적인 나타남을 가져올 그 때까지 경건하게 살아야 할 필요성을 강조하기 위한 것임이 드러난다. 베드로는 이 중간기 동안에 신자들이 어떻게 살아야 하는지에 관심을 갖고 있고, 장차 있게 될 것에 관한 소망을 통해서 그들에게 동기를 부여한다. 그는 그 소망이 성취될 것이 확실하다는 것을 강조하고 있다는 점에서 그들을 격려하는 데에 소망을 활용하고 있다. 이것은 그 소망을 독자들이 역사적인 사실로 당연하게 받아들이고 있던 사건인 예수의 부활에 뿌리를 두는 것을 통해서 수행되고 있다(벧전 1:3). 또한 그것은 그리스도의 고난과 그 후에 있은 영광이 예언의 주제였다는 것과 선지자들은 하나님으로부터 그들의 메시지가 독자들이 속해 있는 장래의 세대의 유익을 위한 것이라는 말씀을 들었다는 주장을 통해서 수행된다(벧전 1:10-12). 이렇게 독자들은 그들 앞에 축복들이 예비되어 있다는 것을 확신할 수 있다.

그리스도인의 삶의 기본적인 특성들(벧전 1:13-2:10). 하나님의 은혜의 대상들로서의 그들의 신분에 관한 이러한 말씀에 비추어서 베드로는 권면으로 나아갈 수 있었다. 그들의 현재의 시련들에도 불구하고, 독자들은 장래를 바라보아야 한다. 이미 베드로전서 1:3에서 강조된 장래의 소망이라는 요소는 베드로전서 1:13에서 다시 등장한다. 확신을 가지고 기다리는 이 시기 전체에 걸쳐서 독자들은 그들의 하나님이 거룩하신 것과 마찬가지로 거룩해지는 것을 추구해야 한다(레 11:44-45). 하나님에 대한 경외라는 요소가 나온다. 하나님은 그들의 아버지이지만, 아버지는 또한 심판자가 되시고,[5] 하나님은 그의 백성에 대한 공정한 재판장이시다(벧전 1:17; cf. 벧전 2:23; 4:5).[6] 따라서 이것은 독자들에게 하나님의 인정을 받는 방식으로 삶을 살라는 유인책으로서의 역할을 한다.

그러나 베드로는 이러한 주제에 오래 머무르지 않고, 구약성서에 나오는

---

5) 이러한 결합은 오늘날의 독자들에게는 이상하게 들릴지 모르지만 베드로의 독자들에게는 이상하게 들리지 않았을 것이다.

6) 하지만 베드로전서 4:6은 신자들에 대한 사람들의 잘못된 심판을 하나님께서 심판의 때에 신원해 주실 것을 언급한다.

희생제사들에 해당하는 예수의 피뿌림을 통해서 독자들이 그들의 이전의 헛된 생활 방식과 그 결과들로부터 건지심을 받았다는 것을 언급함으로써 독자들을 추가적으로 격려한다. 여기에서 구속은 단지 죄의 결과들로부터의 건지심만이 아니라 그들의 죄악된 생활 방식으로부터의 건지심도 포함한다. 그러나 베드로가 여기에서 근거로 제시하고 있는 것은 단지 건지심의 사실만이 아니라 그것을 얻기 위하여 지불된 큰 대가이다. 독자들은 무익한 삶을 계속해서 살므로써 그렇게 귀한 선물을 가볍게 다루어서는 안 된다. 이 귀한 선물의 결과는 온전히 신뢰할 수 있는 하나님께 그들의 믿음과 소망을 의뢰하는 새로운 삶이다. 이 말씀이 그들에게 그들의 구원의 확실성에 대해서 확신을 주기 위한 것이라면, 순례길을 가고 있는 그들을 지탱해 주기 위하여 강력한 감사의 동기를 그들에게 채워 주고자 하는 의도도 이 말씀 속에 들어 있다.

이러한 권면은 그리스도인 공동체 내에서의 진실한 사랑에 대한 호소로 이어지지만(벧전 1:22), 이것은 자세하게 발전되지는 않는다. 그 대신에 그들의 새로운 신분에 관한 추가적인 말씀이 나오는데, 이번에는 하나님의 말씀을 통해서 영생으로 거듭났다는 은유가 사용된다. 이러한 새로운 묘사는 베드로에게 갓 태어난 아기들에게 적절한 젖으로써 영적인 양식을 삼는다는 사상을 짧막하게 발전시킬 수 있는 기회를 준다.

그런 후에, 다시 한 번 이미지가 바뀌어서, 베드로는 이제 그리스도를 모퉁 잇돌로 하는 영적인 건물로서의 신자들에 관한 좀 더 확장된 은유를 발전시킨다. 이 건물은 구체적으로 말해서 하나님께 영적인 제사를 드리는 것을 목적으로 하는 성전이고, 독자들은 그 건물을 구성하고 있는 돌들인 동시에 그 안에서 섬기고 있는 제사장들로 이해되고 있는 것으로 보인다. 이 이미지는 또 하나의 추가적인 격려의 원천으로서의 역할을 하고 있다. 왜냐하면, 돌에 관한 본문들은 믿지 않는 자들이 버림을 받는 것과는 대조적으로 모퉁잇돌을 믿는 자들의 안전한 위치를 언급하고 있기 때문이다.

이것은 독자들이 새로운 이스라엘, 하나님을 찬송하는 것을 일로 삼는 제사장의 나라로 이해되고 있는 요약적인 말씀으로 이어진다. 구약성서에서 이스라엘에 대하여 사용된 표현들이 여기에서는 믿는 자들의 무리에게 직접적으로 적용되고 있다.

신자들의 사회적 행실(벧전 2:11–3:12).   베드로가 독자들이 그들의 주변 세계에 의해서 선하다고 인정받을 수 있는 방식으로 살 필요가 있다는 것을 발전시킴에 따라서, 이제 그리스도인으로서의 행실과 관련된 호소는 좀 더 구체적이 된다. 일반적으로 선한 것으로 받아들여질 수 있는 행실은 여기에서 신학적인 밑받침을 통해서 좀 더 높은 차원에서 동기가 부여되고 해석된다.

모든 신자들은 주님을 위해서 왕들에게 순복하여야 하고 사람들을 공경하여야 한다. 하나님에 대한 순종은 하나님께서 이 세상에 세우신 권세자들에 대한 순종과 공경을 수반한다.

종들은 주인이 선하든 결함이 있든 자신의 주인에게 순복하여야 한다. 여기에서 베드로는 까닭 없이 받는 고난을 잘 견디는 것은 하나님에게 칭찬을 받을 일이라는 사상을 전개하고, 그것을 여기에서 고난받는 종이라는 관점에서 묘사된 예수의 모범(사 53장)에 대한 언급을 통해서 밑받침한다. 그러나 이 모범은 고난받는 종으로서 예수께서 독자들의 죄를 짊어지고 그들을 치유하셨다는 것을 상기시키는 내용과 혼합되어 있다. 동일한 맥락으로부터 또 하나의 은유를 활용해서, 독자들은 이전에는 제멋대로 각기 제 길을 간 양들이었지만 지금은 그들의 목자에게 순복하는 양들로 보아지고 있다.

아내들은 남편에게 순복하여야 하는데, 이러한 태도는 당시의 문화 속에서 바람직한 것으로 여겨졌던 태도였기 때문에, 믿음을 갖지 않은 남편들에게 복음을 권하는 데에 도움이 될 수 있는 태도였다. 남편들은 아내를 배려하여야 하고, 아내를 향하여 이기적으로 행동하여서는 안 된다. 아내들은 하나님의 구원을 함께 유업으로 받게 될 자들이라는 것이 강조되고 있다.

이 모든 것은 서로 사랑하라는 부르심과 시편 34편을 토대로 악을 악으로 갚지 말라는 명령 속에서 절정에 도달한다.

적대에 대한 신자들의 태도(벧전 3:13–5:11).   이 서신의 나머지 부분은 이 서신의 앞 부분에서 이미 여러 가지로 암시되었던 적대적인 세상 속에서의 신자들의 상황에 관한 것이다. 이제 이것은 독자적인 주제가 된다. 신자들은 그들에게 필연적으로 닥쳐오게 될 고난이 실제로 그들을 해칠 수 없다는 말을 통해서 격려를 받는다. 그러므로 그들은 사람들에 의한 반대를 의외인 것처럼 여겨서 깜짝 놀라고 두려워하지 말고, 그들의 신앙을 증거할 기회로 삼아야 한다. 베드로는 스스로 잘못을 해서 벌을 받게 된 것을 참아내는 것은 칭찬할 것이 없지만, 어떤 사람이 선한 사람 또는 신자라는 이유 때문에 무죄하게 고난을 받는다면 그것은 칭찬받을 만한 일이라는 것을 다시 되풀이한다. 여기에서 다시 한 번 무죄하게 고난을 받으신 예수의 모범이 제시된다. 하지만 이번에는 그러한 사상은 예수께서 다시 부활하셔서 노아의 때에 불순종했던 자들로서 감옥에 갇혀 있는 영들에게 말씀을 전하였다는 것을 언급함으로써 이전과는 다른 방향에서 제시된다. 그 때에 하나님은 노아와 그의 가족을 구원하기 위하여 행하셨고, 지금은 사람들을 방주를 통해서 물로부터 건져낸 "구원"에 해당하는 "세례"를 통해서 신자들을 구원하기 위하여 행하고 계신다. 의를 전파하였던 노아(벧후 2:5)와 적대적인 세상 속에서 증인들로서의 그리스도인 신자들 간에는 암묵적인 병행 관계가 존재하는 것으로 보인다. 그러나 하나님은 예수를 죽은 자 가운데서 다시 살리셨고, 적대적인 세력들은 그에게 복속되었다. 하나님은 노아를 구원하셨고, 하나님은 신자들을 구원하신다. 이렇게 예수의 승리는 신자들에게 증언을 할 수 있는 힘을 북돋아 준다. 그들은 그들을 공격하는 세력들이 궁극적으로 무력하다는 것을 알고 있다.

따라서 신자들은 그들의 고난이 그들의 유익을 위한 것임이 드러나게 되리라는 것을 알게 될 것이라고 격려를 받는다. 그들은 그들의 삶을 그들 주변의 세상의 삶과 똑같이 하여서 박해로부터 벗어나기 위하여 그들의 이전의 삶의 방식으로 되돌아가서는 안 된다. 그 대신에, 그들은 비록 그들이 새로운 삶으로 인하여 세상 사람들로부터 능욕을 당한다고 할지라도, 궁극적으로 그들의 대적들이 하나님에 의해서 심판을 받게 됨으로써 그들이 신원받게 될 것이라는 것을 알고서, 세상 사람들과는 다른 삶을 살아야 한다.

그들이 이전에 살았던 죄악된 삶은 그리스도인으로서의 삶, 정신을 차리고 근신하는 삶, 기도와 형제 사랑 및 섬김의 삶과 대비되고 있는데, 이러한 삶 속에서 그들은 하나님께서 서로를 섬기도록 그들에게 주신 은사들을 사용해서 하나님께 영광을 돌리게 된다 ─ 그들이 복음 전도를 통해서 하나님께 영광을 돌리는 것과 마찬가지로(벧전 2:9).

그렇지만 다시 한 번 독자들은 사람들로부터의 반대를 예상하고 있어야 한다고 경고를 받는데, 그것은 시험의 한 형태, 그리스도의 영광에 참여하게 되는 하나의 길로 보아진다. 박해는 하나님께서 신실한 자들을 신실하지 않은 자들로부터 구별해 냄으로써 교회를 정화시키기 위하여 사용하시는 수단으로 이해될 수 있다. 이렇게 고난은 하나님께서 그의 백성을 죄로부터 깨끗하게 하시는 일종의 심판으로 여겨질 수 있다(벧전 4:17).

이러한 상황 속에서 교회는 지체들을 돌볼 지도자들과 서로에 대한 태도에 있어서 기꺼이 겸손하고자 하는 양 무리를 필요로 한다. 또한 그들은 하나님에 대하여 겸손하여야 하고, 그들의 삶과 관련해서 하나님의 길에 순복하여야 한다. 이러한 상황은 교회가 전세계적으로 교회를 멸하고자 하는 마귀로부터의 공격 아래에 놓여 있다는 관점에서 요약될 수 있지만, 그 지체들은 하나님의 돌보심 속에 있기 때문에, 하나님은 그들에게 힘을 주셔서 공격을 막아낼 수 있게 하시고, 그리스도께서 고난을 받으신 후에 그를 높이셨던 것처럼 그들을 영광으로 인도하실 것이다.

신학적 주제들

베드로전서의 신학의 전체적인 성격. 이 서신의 지배적인 주제는 이 서신의 독자들에게 그들이 겪고 있는 고난들과 반대에도 불구하고 이 세상 속에서 그리스도인 신자들로서 견고하고 적극적으로 살아가라고 권면하는 것이다. 베드로는 그들에게 보장된 장래의 소망, 그리스도께서 그들을 구속하신 방식, 그들이 지금 여기에서 하나님의 은혜와 힘을 체험하고 있는 여러 가지 방식들을 역설하고, 하나님의 백성으로서의 그들의 공동체적인 삶을 격려하는 것을 통해서 그들을 격려하고 있다. 이렇게 신학은 그리스도인의 삶에 동기를 부여하는 역할을 한다.

베드로전서는 그리스도인의 신앙과 체험의 구조를 세 가지 범주라는 관점에서 잘 예시해 준다: 송영적인 범주, 전투적인 범주, 구원론적인 범주. 그리스도인의 삶은 하나님에 대한 찬송과 예배와 감사로 표현된다. 그리스도인의 삶은 사탄과 악에 대항한 삶이다. 그리스도인의 삶을 지탱해 주는 힘은 그리스도 안에서 및 성령을 통해서 하나님이 수여하신 구원으로부터 온다.

우리는 이 서신의 서두에서 지배적인 분위기가 하나님에 대한 찬송이라는 것을 이미 살펴본 바 있다. 신학적인 가르침은 하나님께서 행하신 일을 인하여 하나님께 드리는 찬송이라는 형태로 되어 있다. 하나님께서 행하신 큰 일들을 다시 진술하는 것의 효과는 하나님에 대한 감사의 자발적인 표현들을 불러일으키는 것이다.[7] 이러한 감사 배후에는 이 세상에서의 하나님의 역사의 두 가지 요소가 존재한다.

하나님은 악의 세력들을 물리치시고 승리하셨다. 이 서신의 중심부에는 죽음 후에 그리스도의 승리의 여정 속에서의 두 단계에 관한 수수께끼 같은 본문이 나온다: 첫째, 그리스도께서 옥에 갇혀 있는 영들에게 승리의 메시지를 전하신 것; 둘째, 그리스도께서 천사들과 권세들과 능력들 위에 높아지셔서 하나님 옆에 앉게 되신 것(벧전 3:19, 22). 신자들은 그들 나름대로의 방식으로 그들에게 싸움을 거는 악한 정욕들에 대항한 싸움 속에 개입되어 있지만(벧전 2:11), 베드로는 그들에게 그들이 이미 패배를 당한 적과 싸우고 있다는 것을 확신시킨다. 또한 그리스도께서 신자들을 죄로부터 건져내서 하나님께 나아가게 하였다는 것과 그들이 장차 받게 될 유업에 관한 약속도 나온다. 구속에 관한 표현은 신자들이 어떻게 그리스도의 죽음으로 인해서 그들의 과거의 생활 방식으로부터 건지심을 받게 되었는지를 서술하는 데에 사용되고 있다(벧전 1:18-19).

구약성서의 영향. 하나님께서 그의 백성을 구원하시고 힘 주시는 수단으로서 글과 말을 통한 하나님의 말씀에 상당한 정도의 중요성이 부여되어 있다(벧전 1:23-25; 3:1). 여기에서 우리는 신약성서 속에 나오는 구약성서의 예언적인 성격과 지속적인 유효성에 관한 주요한 말씀을 보게 된다(벧전 1:10-12). 이 서신은 구약성서로부터의 직접인용들과 간접인용들을 광범위하게 사용하고 있다는 점에서 두드러진다. 이것은 몇 가지 방식으로 이루어지고 있다.

---

7) Geoffrey Wainwright, *Doxology* (London, Epworth Press, 1980)이 기독교 신학의 정서로서의 송영이라는 요소를 강조한 것을 참조하라.

첫째, 구약성서는 예수가 누구이고, 그가 무슨 일을 행하셨는지를 설명하기 위하여 사용된다. 우리는 여기에서 신약성서의 그 어느 저자보다도 이사야서 53장을 아주 상세하게 활용하고 있는 예를 본다. 예수는 무엇보다도 고난받는 종으로서, 단순히 박해에 대하여 어떻게 대응하여야 하는지를 보여주는 모범인 것이 아니라, 인류로 하여금 죄에 대하여 죽고 의에 대하여 살게 하기 위하여 인류의 죄를 대신 짊어지신 분이다(벧전 2:21-25). 또한 예수는 사람들을 그들의 이전의 죄악된 생활 방식과 그 결과들로부터 구속하고 건져내기 위해서 피를 흘린 어린 양으로 비유된다.[8] 이러한 간접인용은 일차적으로 유월절 어린 양에 대한 것으로 보이지만, 구약성서에 나오는 여러 가지 희생제사에 관한 묘사들이 서로 비슷비슷하기 때문에, 우리는 여기에서 가리키는 것을 너무 협소하게 규정해서는 안 된다. 예를 들면, 우리는 레위기 22:17-25에 나오는 번제에 관한 묘사와 비교해 볼 수 있다. 이러한 표현은 새로운 출애굽이라는 개념을 일반적으로 적용하고 레위기에 나오는 하나님의 백성의 거룩함에 대한 가르침을 그리스도인의 삶에서 요구되는 것으로 이해하고 있는 것의 일부이다.

둘째, 이 서신의 시작 부분에 나오는 인사말의 일부를 형성하고 있는 독자들에 대한 신학적인 정의 속에서 그들은 하나님의 성령에 의해서 거룩해지고 하나님께 순종하도록 되어 있으며 그리스도의 피로 뿌림을 받은 하나님의 택함받은 백성으로 묘사된다(벧전 1:2). 특히 이 마지막 어구는 출애굽기 24장에 나오는 계약 의식에 관한 묘사로부터 가져온 것으로서, 베드로가 교회를 시내 산에서의 이스라엘과 같은 존재로 여기고 있다는 것을 보여준다. 교회는 구약성서에 나오는 하나님의 백성과의 연속선상에 있고, 지금은 바로 그 하나님의 백성이다. 하나님의 백성에 관한 구약성서의 이러한 가르침

---

8) Arland J. Hultgren, *Christ and His Benefits: Christology and Redemption in the New Testament* (Philadelphia: Fortress, 1988), p. 115는 베드로가 죄책으로 인하여 흐트러진 양심이라는 문제보다는 "욕된 세계 속에서 유배된 자들로 살아가는 것에 대한 당혹스러운 인식"에 더 관심을 가지고 있다는 점을 지적한다. 이것은 어느 정도 일리가 있기는 하지만, 베드로는 그의 독자들이 죄악된 삶의 방식과 세상에 임하게 될 심판으로부터 건지심을 받는 것에 관심을 갖는다.

은 독자들이 하나님의 백성이기 때문에 구약성서에 나오는 약속들과 권면들이 둘 다 그들에게 적용된다는 것을 근거로 독자들에 대하여 사용될 수 있다. 따라서 그리스도인의 삶의 직접적인 목적은 레위기 11:44-45, 19:2, 20:7에 의해서 영감을 받은 표현들을 사용해서 거룩이라는 관점에서 묘사될 수 있다(벧전 1:15-16). 기독 교회의 일부가 되지 않은 유대인들의 신분이라는 문제가 논의되고 있지 않은 것은 주목할 만하다. 구약성서에 나오는 이스라엘의 계승자로서의 교회의 지위는 당연한 것으로 여겨진다.

셋째, 베드로는 이 서신의 몇몇 단락들을 구약성서의 여러 부분들을 사용해서 하나로 연결하고 있다고 주장되어 왔다.[9] 이것은 이사야 53장을 길게 사용하고 있는 것 속에서 분명하게 드러나지만, 베드로전서 3장에서는 시편 34편을 사용하고 있고, 베드로전서 1-2장에서는 레위기가 사용되고 있다. 베드로전서 2:6-8에 나오는 인용문들과 같은 몇몇 내용들은 신약성서의 다른 저자들도 독립적으로 사용하고 있는데, 이것은 그들이 기독교적으로 해석된 본문들을 모아 놓은 공통된 자료를 활용하고 있다는 것을 보여주는 것일 가능성이 크지만, 이 서신에 특유한 내용들도 존재한다. 어쨌든, 출애굽과 계약의 체결 및 거기에 수반된 하나님의 백성이 어떻게 살아야 하는가에 관한 가르침에 대한 이해는 기독교적 구속의 원형으로 이해되었다. 달리 말하면, 베드로는 구약성서의 계시를 활용하는 수단으로서 모형론을 사용하고 있다는 말이다.

예수 그리스도의 의미. 예수는 독자들을 구속하기 위하여 죽으신 고난받는 종이자 영광 중에 나타나실 부활하시고 높아지신 주님으로서의 그의 역할 속에서 중심적인 중요성을 지닌다.[10] 또한 베드로전서는 야고보서와 마찬가지로 예수의 상당수의 가르침을 출처에 대한 명시적인 언급 없이 소개한

---

9) 특히, William L. Schutter, *Hermeneutic and Composition in I Peter* (Tübingen: J. C. B. Mohr [Paul Siebeck], 1989)를 보라.

10) 풍부한 기독론을 담고 있는 세 개의 본문인 벧전 1:18-21, 2:22-24, 3:18-22 속에서 사용되고 있는 구체적인 전승들을 확인하고자 하는 시도들이 있어 왔지만, 전승에 의한 어구들이 틀림없이 사용되고 있는 것은 사실이라고 하더라도, 여기에 나오는 표현들은 저자 자신의 것일 가능성이 높다.

다. 예수의 좀 더 윤리적인 가르침은 구약성서와 더불어서 신자들이 어떻게 살아야 하는가에 대한 근거로 사용된다. 하나님과 올바른 관계를 맺기 위한 길로서의 율법의 준수를 놓고 어떠한 신학적인 씨름들이 있었는지와는 상관없이, 실제적으로 그리스도인들은 구약성서를 거룩한 삶과 관련하여 하나님의 뜻을 보여주는 지침으로 받아들였다.[11]

분명히 베드로의 주된 관심은 그리스도의 죽음과 부활, 특히 독자들의 삶에 있어서 그것들이 지니는 의미에 두어져 있지만,[12] 그의 관심은 이러한 것을 세 가지 방식으로 뛰어넘고 있다. 첫째, 베드로는 예수가 창세 전에 하나님에 의해서 택하심을 받았고 이 말세에 독자들을 위해서 나타나신 분이라고 말한다(벧전 1:20). 여기에는 신약성서에서 친숙한 대비, 즉 하나님께서 창세 전에 계획하셨던 것과 그가 후대에 자신의 계획을 수행하기 위하여 행하셨던 일 간의 대비, 처음에는 숨겨졌고 비밀이었던 것과 나중에 사람들에게 알려지게 된 것 간의 대비가 나온다. 이것은 하나님께서 구원에 있어서 주도권을 쥐셨고 그 계획을 적절한 경로를 통해서 수행하셨다는 것을 강조하는 것이다. 하나님은 창세 전에 예수를 구주로 택하셨고, 그런 후에 예수를 그의 일을 수행하도록 세상에 보내셨다. 이러한 표현은 하나님께서 미리 가지고 계셨던 계획을 수행하셨다는 것을 의미하는 것에 지나지 않을 수도 있지만, 베드로는 하나님께서 창세 전에 그의 일을 위하여 지명하셨고 그런 후에 세상에 보내신 선재하신 분에 대하여 생각하고 있었을 가능성이 더 많다. 하지만 베드로는 하나님 아버지에 대한 예수 그리스도의 관계를 어떤 식

---

11) 율법과 율법의 행위에 관한 문제는 이 서신에서 제기되지 않는다. 베드로는 바울의 몇몇 서신들 속에 반영되어 있는 문제들을 의식하지 않은 채 율법을 근거로 윤리적인 가르침을 제시할 수 있었다.

12) 베드로는 통상적으로 "그리스도"(13번), "예수 그리스도"(8번), "주 예수 그리스도"(1번)라는 표현들을 사용한다. 그리스도라는 이름은 예수의 고난과 죽음을 언급하는 대목들에서 우세하게 등장하는데, 이것은 초기 기독교의 용법을 반영한 것이다. 베드로는 예수를 가리킬 때에 아들이라는 용어를 사용하지 않는다. 그는 구약성서의 용례들을 따라서 주라는 용어를 사용하고(벧전 1:25; 2:3; 3:12, 15), 또한 베드로전서 2:13에서는 독자적으로 주라는 용어를 사용한다.

으로든 발전시키지 않는다(벧전 1:3). 그는 그것을 단지 당연한 것으로 받아들인다.

둘째, 베드로는 예수의 죽음 이후에 일어난 일에 관한 이야기를 전개한다. 예수는 "육체로는" 죽임을 당하셨지만 "영으로" 다시 살아나셨다. 이러한 압축된 표현은 분명하게 해석하기가 어렵지만, 이 어구는 육체적인 실존 영역과 관련된 인간적인 차원에서 그리스도는 죽었고, 그의 몸은 물리적으로 죽었지만, 실존의 영적인 영역과 관련된 신적인 차원에서는 그는 육체적인 것이 아니라 영적인 생명, 그러니까 육체적인 것의 제약에 묶이지 않는 생명 속에서 다시 살아났다는 것을 의미하는 것으로 보인다. 그리스도인들이 오늘날 예수의 육체적 부활에 대한 믿음을 단언하고, 또한 그렇게 하는 것이 중요하다고 여길 때, 그들이 부정하고 있는 것은 예수의 육신적인 몸이 무덤에서 썩어졌고 오직 모종의 영적인 실체만이 부활하였다는 것이다. 그들이 단언하고 있는 것은 예수의 육신적인 몸은 죽었지만 영적인 영역에서 영적인 몸으로 새로운 방식으로 다시 살아나게 되었다는 것이다. 이런 식으로 육체적인 것의 중요성은 보존된다. 육체적인 것은 단지 영적인 것을 위한 껍데기여서 더 이상 그것이 필요하지 않을 때에 던져 버릴 수 있는 그런 것이 아니라 전인(全人)의 본질적인 부분이다.

하지만 베드로는 여기에서 한 걸음 더 나아가서 그의 독자들에게 이러한 영적인 실존의 양식 속에서 그리스도께서는 영들이 있는 감옥으로 가셔서 그들에게 말씀을 전하였다고 말한다. 여기에서 영들은 심판의 날까지 하나님에 의해서 옥에 갇히게 된 악한 초자연적인 능력들로 보는 것이 가장 좋다(벧후 2:4; 유 1:6). 또 하나의 주된 학설은 그들이 몸으로부터 분리된 죽은 자들의 영들 또는 영혼들이라는 것이지만, 이것은 이 용어의 매우 이례적인 용법이다. 일부 주석자들은 베드로전서 4:6에서 가리키고 있는 것이 여기에서와 동일한 존재들이라고 주장함으로써 이러한 해석을 밑받침하고 있지만, 그 절은 복음이, 그 이후에 죽어서 하나님과 함께 하는 삶을 살게 되어 있었던 신자들에게 전파되었던 방식을 가리키고 있을 가능성이 더 높다.

여기서 감옥은 일반적으로 지하 세계로 생각되고 있지만, 몇몇 글들 속에서 하나님의 대적들은 하늘의 낮은 부분에 갇혀 있는 것으로 묘사된다(마귀와 관련해서 계 12:7을 참조하라). "전파하였다"는 용어는 그 자체로는 우리에게 그리스도의 메시지가 무엇이었는지를 말해 주지 않는다. 통상적으로 이 동사는 복음을 전파하는 것에 대하여 사용되지만, 현재의 문맥 속에서 이 선포는 그리스도의 승리에 관한 것일 가능성이 더 많다.

이 본문 전체는 두 가지의 것을 말하기 위한 것이다. 첫째는 악한 세력들은 대홍수를 초래한 죄와 반역을 저질렀던 악한 존재들과 동일하다는 것이다. 하나님께서 노아와 그의 친구들을 홍수에도 불구하고 구원하셨던 것과 마찬가지로 — 노아의 배가 홍수를 통과하여 안전하게 떠오를 수 있었던 것처럼 말해지고 있다 — 이제 하나님은 물로 세례를 받은 자들을 그 대적들의 손에 멸망당하는 것으로부터 구원하신다. 둘째는 신자들을 위협하는 이 세력들이 패배를 당하였고, 그리스도는 그들 위에 뛰어나시다는 것이다. 그러므로 이 본문의 목적은 신자들에게 그들의 구원 및 그들의 원수들이 패배당했다는 것을 다시 확신시킴으로써 대적들의 적대적인 행위에 맞설 수 있도록 용기를 북돋아 주는 것이다. 베드로는 독자들에게 그리스도를 그의 양 무리를 돌보시는 목자라고 말함으로써 그리스도께서 그들을 계속해서 돌보신다는 것을 확신시킨다(벧전 2:25; 5:4).

끝으로, 바울의 서신들에서와 마찬가지로, 그리스도는 구원의 모든 축복들의 근원이고, 이것은 "그리스도 안에서"라는 바울 특유의 어구를 사용해서 표현된다. 하나님은 "그리스도 안에서 및 그리스도를 통해서" 사람들에게 그의 부르심을 전달한다. 그리스도는 하나님의 의사전달의 통로이다(벧전 5:10). 마지막에 나오는 축도는 "그리스도 안에" 있는 모든 자들에게 주어진다(벧전 5:14): 여기서의 사상은 그들이 믿음을 통해서 그리스도와 아주 밀접하게 연합되어 있기 때문에, 그리스도께서 그들의 삶의 길을 결정하신다는 것이다. 그런 까닭에 그리스도인들의 선한 생활 방식은 "그리스도 안에" 있는 것으로 묘사된다(벧전 3:16). 그 삶은 모든 면에서 그리스도로 말미암아, 그리스도의 모범을 통해서, 그리스도에 대한 신자들의 신뢰와 순종의 결과로써 결정된다. 베드로는 실제로 바울과 같이 "그리스도와 함께 죽고 다시 사는" 것에 대하여 말하지 않지만, 그가 죄에 대하여 죽고 의에 대하여 살았다고 가르친 것은 바울의 표현과 매우 유사하다(벧전 2:24).

성령. 이 서신 속에는 성령에 대한 특별한 강조가 나오지 않는다. 베드로전서 3:18에서 예수가 "성령으로"(TNIV) 다시 살아난 것인지, 아니면 "영으로/영적인 영역에서"(cf. NRSV) 다시 살아난 것인지에 대해서는 논란이 있다 (내가 보기에는 후자의 가능성이 더 높다). 베드로가 신자들로 하여금 사역을 할 수 있게 해주는 은사들에 대하여 언급할 때, 그가 사용하고 있는 단어 ('카리스마,' 벧전 4:10)가 성령과의 연관성을 자동적으로 상기시키고 있는 것인지 그렇지 않은지는 분명하지 않다 ― 물론, 고린도전서 12장은 그러한 연결 관계를 아주 명시적으로 말하고 있지만.

그 밖의 다른 언급들은 아주 명백하다. 성령은 선지자들과 그리스도인 설교자들에게 감동을 주는 존재(벧전 1:11–12), 믿는 자들을 거룩하게 하는 자 (벧전 1:2), 또한 아주 흥미롭게도 영광의 영이자 신자들이 박해를 받을 때에 그들 위에 임하여 있는 하나님의 영(벧전 4:14)으로 지칭된다. 여기에서 우리는 성령이 신자들이 법정에서 신문을 받을 때에 그들을 돕게 될 것이라는 모티프(막 13:11)에 대한 강력한 재진술을 보게 된다.

하나님의 백성으로서의 교회. 현재적인 구원의 체험은 신자들의 새로운 행실을 위한 토대와 동기 부여를 제공해 준다. 또한 그것은 그들을 하나님의 백성으로서 한데 묶어준다. 베드로는 **교회**('에클레시아')라는 용어를 한 번도 사용하고 있지 않지만 신자들이 공동체적으로 하나님의 백성을 형성한다는 사실을 당연한 것으로 받아들인다. 베드로는 그 대신에 그가 그리스도의 신자들이 지금 하나님의 백성을 형성하고 있다고 보았다는 것을 보여주는 여러 가지 어구들을 사용한다. 그들은 하나님의 양 무리이다(벧전 5:2). 이 어구는 특히 하나님과의 관계 속에서의 이스라엘과 관련하여 예레미야서와 에스겔서에 나오는 이미지를 가져와서 사용한 것이다. 그리스도인 리더십에 관한 베드로의 이해는 사람들이 목자장 아래에서 작은 목자들로 활동하고 있다는 것이다. 그들은 양무리를 헌신적으로 돌보아야 할 뿐만 아니라, 그들이 돌보는 양 무리에 대하여 본이 되어야 한다 ― 여기에서 은유의 연속성이 깨뜨려지고 있지만(벧전 5:2–4).

또한 신자들은 하나님의 **집**을 형성한다(벧전 4:17). 이 단어는 "가정" (TNIV)을 가리킬 수도 있고, 하나님이 임재해 계시는 곳인 성전을 가리킬 수도 있다 — 여기에서는 후자의 가능성이 더 높다. 이것은 베드로전서 2:4-5에 나오는 동일한 이미지 및 여기에서의 사상에 영감을 주었을 것으로 보이는 본문(겔 9:6; cf. 말 3)과 부합한다.

베드로전서 2:1-10에서 우리는 신약성서에서 신자들의 무리를 하나님의 백성으로 규정하는 가장 강력한 말씀들 중의 하나를 보게 된다. 구약성서에서 하나님의 백성으로서의 유대인들의 특권적인 지위를 묘사하는 데에 사용된 표현들이 이제 여기에서는 의도적으로 독자들에게 적용되어서, 그들은 이 백성과 동일시된다. 그들은 하나님의 권속이자 하나님의 백성이다. 그리스도인 회중은 성전임과 동시에 하나님께 영적인 제사를 드리는 일을 맡은 제사장이라고 선언된다는 점에도 이러한 동일시는 한층 더 강화된다. 여기에서 말하는 제사들은 분명히 세상 속에서 하나님을 영화롭게 함으로써 그의 영광을 더 높여 드리는 말과 행위를 통한 삶을 통해서 하나님께 드리는 찬송을 가리킨다(벧전 2:4-10).

실천적인 차원에서 신자들은 공동체를 형성하고 서로를 사랑한다. 그들은 서로를 대접함으로써 이러한 사랑을 보여준다. 또한 기도도 그들의 삶의 일부이다. 이것이 내포하는 의미는 기도가 개인적인 활동일 뿐만 아니라 공동체적인 활동이기도 하였다는 것이다(벧전 3:7; 4:7). 또한 그들이 그리스도인으로서의 가르침을 서로 공유하고 서로를 섬긴다는 것이 전제되고 있다. 그들은 이러한 일들을 하라고 가르침을 받을 필요는 없었기 때문에 단지 그런 일들을 더 잘하라고 격려를 받는다. 그들이 그렇게 할 수 있는 것은 하나님의 은혜가 그들에게 그들이 필요로 하는 통찰과 힘을 주기 때문이다. 여기에서 우리는 바울이 로마서 12장과 고린도전서 12장에서 사역에 관한 영적인 은사들에 관하여 말하고 있는 것에 대한 중요한 병행을 본다. 바울과 마찬가지로, 베드로는 회중의 모든 지체는 이런 식으로 섬길 수 있도록 준비될 수 있다는 것을 전제하고 있고, 회중들 속에는 장로로 인정된 자들이 있기는 하였지만, 이런 종류의 사역이 수행되었다는 것은 당연한 것으로 여겨진다. 나아가, 어떤 영적인 은사를 소유한 자들은 그것을 사용하여야 할 책임을 수반한다.

교회로 들어오는 것의 외적인 표지는 세례인데(벧전 3:21), 세례도 독자들을 구원하는 것으로 말해진다. 이러한 대담한 표현은 세례가 새로운 삶을 살 겠다는 맹세 또는 그런 일이 일어날 수 있게 해 달라고 하나님께 드려지는 기도를 의미하는 것으로서 교회 속으로 받아들여졌음을 보여주는 표지로 아 주 진지하게 받아들여졌을 것이라는 점에서 정당화된다.[13] 이 서신 전체가 세 례 의식 때에 말해졌던 것을 반영하고 있다는 옛 견해는 더 이상 진지하게 주장되고 있지 않지만, 그러한 가설은 이 서신의 많은 부분이 회심의 신학을 반영하고 있다는 것을 보여주는 것으로서의 의의를 지닌다. 이 서신 속에는 성찬에 대한 언급이 나오지 않는다.

신자들의 특성들. 그리스도인들에 관한 묘사 속에서 우리는 강력한 소망 의 요소를 살펴볼 수 있었다(벧전 1:3, 13, 21; 3:5, 15) — 물론, 이것이 믿음 을 대체하지는 않았지만(벧전 1:5, 7, 8, 9, 21; 2:6-7; 5:9, 12; cf. 벧전 4:19). 이 두 가지 속성은 이 서신에서 "나그네와 거류민"으로 생각된 자들에게 적 절한 것들이다. 그들은 일시적인 체류자들처럼 이 세상 속에서 살아가고 있 고, 실제로 이 세상에 속해 있지 않다. 사실 세상은 그들을 매우 낯선 사람들 로 생각한다. 왜냐하면, 세상의 쾌락들은 그들의 쾌락들이 아니기 때문이다 — 그들이 한때 그 쾌락들을 즐기기는 하였지만(벧전 4:1-4). 이 서신의 사상 은 그리스도인의 삶을 구성하는 여정 또는 경주에 더 관심을 가지는 히브리 서의 사상과 다르다. 그럼에도 불구하고, 미래적인 전망, 눈에 보이지 않는 창조주(벧전 4:19)와 그리스도(벧전 1:8)를 의뢰하여야 한다는 인식은 중요하 다. 그리고 그들이 하나님의 백성이라는 것에 대한 강력한 강조는 그들에게 세상에 있어서의 그들의 처지와 대비되는 신분과 자존감을 부여해 준다.

하지만 믿음 및 소망과 더불어서 하나님과 그리스도를 향한 사랑(벧전 1:8)과 서로를 향한 사랑(벧전 1:22; 2:17; 4:8-9; 5:14), 거룩함(벧전 1:2, 15-16; 2:5, 9; 3:5)은 그리스도인들이 하나님의 삶을 반영하여 나타내 보여주어 야 할 속성들 또는 특성들로서 함께 결합되어 있다. 하지만 베드로는 하나님 의 사랑을 언급하는 것이 아니라 하나님의 은혜를 반복해서 말하면서, 세상

---

13) '에페로테마'의 의미는 논란의 여지가 있기는 하지만, 위에서 언급한 두 가지 가 능성은 옹호될 수 있다.

에 생명을 가져다 준 일련의 사건들과 영적인 선물들을 요약하는 데에 이 용어를 사용한다(벧전 1:2, 10, 13; 3:7; 4:10; 5:5, 10, 12; cf. "긍휼"이라는 표현을 사용하고 있는 벧전 1:3).

이 세상 속에서의 삶. 이 서신의 주요한 주제는 그리스도인 신자들이 세상 사람들로부터 겪는 적대에도 불구하고 이 세상 속에서 어떻게 살아가야 하느냐에 관한 것이다.

베드로는 다른 서신들, 특히 디도서에서 사용된 가르침의 패턴을 활용하고 있는데, 그것은 사회 속에서의 다른 사람들 및 제도들과 관련하여 어떻게 처신하여야 하는가를 말하는 것이다. 그러한 가르침은 기독교 이외의 자료들 속에서도 발견되는 것으로서 고대의 가족 내에서의 관계들과 국가에 대한 관계에 관한 것이었다. 우리는 그러한 것을 신약성서 속에서 주로 에베소서, 골로새서, 디도서에서 발견한다.

베드로가 이러한 패턴을 발전시킴에 있어서 두 가지 핵심적인 단어가 나온다. 하나는 "선을 행하다"라는 단어이다(벧전 2:15, 20; 3:6, 17). 이 용어는 베드로가 그리스도인들이 세상 속에서 아무리 적대적인 대상들이 되었다고 할지라도 사회 속에서 사교성이 풍부하고 긍정적인 삶의 태도를 권장하고 있다는 것을 분명히 보여준다는 점에서 특히 중요하다. 또 하나의 중요한 용어는 "순복하다"라는 단어이다(벧전 2:13, 18; 3:1; 5:5). 이것은 이런저런 식으로 독자들 위에 있는 자들을 향한 적절한 태도를 표현하고 있다 — 다스리는 권세들, 종의 주인들, 아내의 남편들, 교회의 장로들(벧전 2:13-17, 18-25; 3:1-7; 5:5). 이러한 관계들을 당연한 것으로 여겼던 고대 사회의 기존의 틀을 감안하면, 이러한 말씀 속에는 이상하거나 놀라운 것이 전혀 없다. 처음 세 가지의 경우에서 베드로는 특히 윗사람이 반드시 그리스도인이 아닌 상황들을 생각하고 있고, 그러한 상황 속에서 그리스도인들은 기존의 사회 규범에 따라서 살아감으로써 주님에 대한 그들의 순종의 결과들을 보여야 한다고 역설하고 있다.

이와 동시에, 베드로는 다른 쪽에 있는 사람들에게도 할 말이 있었다. 그는 그리스도인 남편들은 아내를 배려하여야 하고, 자신의 아내를 생명의 선물을 함께 받을 자로 여겨야 한다고 역설한다(벧전 3:7). 또한 그는 장로들에게 지도자에게 특유한 잘못들을 피하도록 요구하고, 교회의 모든 지체들에게 서로를 향하여 겸손하도록 요구한다(벧전 5:5b; cf. 벧전 3:8-12). 상호적인 책임(mutual responsibilitis)이라는 개념은 고대 세계에서 잘 알려져 있었지만, 베드로는 거기에서 한 걸음 더 나아가, 이러한 상호성을 신자들은 주 안에서 기본적으로 동등하다는 인식으로 귀결되는 방향으로 강조하고 있다. 신하들에 대한 왕의 의무 또는 종들에 대한 주인들의 의무에 대해서는 언급되어 있지 않다. 적어도 전자의 경우에는 그러한 자들이 기독교적인 서신을 통해서 접근할 수 없었던 비그리스도인들이라는 전제가 깔려 있다고 할 수 있다. 어쨌든, 베드로는 고난당하고 있는 자들에게 특히 말하고 있는 것이기 때문에, 왕들과 주인들에 대한 가르침은 여기에서 별로 적절하지 않았을 것이다.

베드로의 청중은 분명히 그리스도인이 됨에 있어서 깊은 회심을 경험하였던 사람들, 특히 이방인들을 포함하고 있었을 것이다. 그리스도인으로서의 새로운 실존을 전달하기 위하여 이 서신의 시작 부분에 거듭남이라는 표현이 사용되고 있다(벧전 1:3, 23). 베드로는 그의 독자들이 이전에 이교 사회의 나머지 사람들과 마찬가지로 살았던 자들을 포함하고 있을 것임을 알고 있고, 그들이 이제 건전한 삶을 살게 될 것을 기대한다(벧전 4:3). 이것을 비롯한 그 밖의 다른 이유들로 인해서 그리스도인들은 다른 사람들로부터의 능욕을 예상할 수 있는데, 스스로 잘못을 해서 벌을 받거나 능욕을 당한다면 칭찬할 만한 것이 없을 것이지만, 옳은 일을 하고서 그것 때문에 고난을 당하는 것이라면, 그것은 하나님이 보시기에 칭찬받을 만한 일이다(벧전 2:20; 4:15-16).

죄악된 생활 방식에 참여하는 것을 거부하는 것은 세상으로부터 물러나는 것과 동일한 것을 의미하지 않는다. 오히려, 그리스도인들은 세상 속에서와 그들이 처해 있는 특정한 사회적 배경 속에서 선을 행하여야 한다(벧전 2:15). 이렇게 이 서신 속에는 세상 속에 살아갈 때에 주어진 기회들에 대한 철저하게 긍정적인 태도가 존재한다. 또한 여기에는 그들의 선한 행실들을 통해서 그리스도인들이 비그리스도인들로 하여금 하나님께 영광을 돌리게 할 수 있을 것이라는 소망이 표현되고 있다는 점에서 기독교적인 선교에 대한 기대가 존재하는 것으로 보인다(벧전 2:12). 이것은 그리스도인들이 그들에게 그들의 신앙에 관하여 질문하는 자들에게 대답할 것을 준비하고 있어야 한다는 것과 연결되어 있다(벧전 3:15-16).

이러한 가르침들로부터 우리는 베드로가 이 세상의 권세들이 지닌 지위는 하나님에 의한 것이고, 그렇기 때문에 그들과 그들이 구현하고 있는 사회-정치적 질서는 존중되고 복종되어야 한다는 것을 전제하고 있다는 것을 볼수 있다. 이러한 상황 속에서 그리스도인의 행실을 위한 근거를 발전시킴에 있어서 베드로의 사상은 그리스도의 역할에 의해서 지배되어 있다. 신자들의 행실은 그들의 주님이신 그리스도에 대한 그들의 충성에 의해서 결정되어야 한다(벧전 2:13). 게다가, 고난과 관련해서 그리스도는 하나님께서 그의 신실한 백성을 신원하실 것이라는 확신 속에서 이유 없는 고난을 묵묵히 견뎌낸 모범으로서의 역할을 한다. 그리스도인들이 그들의 신앙의 결과로 고난을 받을 때, 그들은 그리스도의 고난에 참여하고 있는 것이다(벧전 4:13).

결론

베드로전서는 그 신학이 분명하고, 독자들을 격려하며 실천적인 가르침을 밑받침하기 위하여 끊임없이 신학이 사용되고 있는 서신이다. 베드로전서의 신학이 조밀하다는 것은 아주 두드러진다. 베드로전서는 적대적인 세상 속에서 그리스도인들의 삶의 성격을 이해하기 위한 풍부한 원천이 된다. 야고보서와 비교해 볼 때, 베드로전서는 실천적인 가르침의 서신이라기보다는 격려의 서신이다.

이 서신은 그리스도인의 행실에 대한 거짓된 이해들과 거짓된 교리들을 표현하고 있는 독자들과 변증을 벌이고 있지 않다는 점에서 독특하다. 이 서신에는 그리스도인의 표준에 따라서 살아가지 못하는 것에 대한 경고들과, 그 소망들이 약한 자들에 대한 격려들이 나오지만, 교정될 필요가 있는 거짓된 견해들에 대한 언급은 찾아볼 수 없다. 신약성서 신학은 언제나 논쟁의 영역에서 수행되는 것은 아니다.

이 서신에서 사상의 틀은 대체로 신약성서의 다른 서신들의 틀과 동일한 것으로 보인다.

베드로전서의 신학에서 주된 주제는 시험의 때에 있어서의 그리스도인의 삶의 성격이다. 산 소망으로 부르심을 받은 신자들은 하나님을 두려워하고 서로 사랑하면서 거룩한 삶을 살아야 하고, 그들이 처해 있는 사회를 존중하되, 그 시험들을 피하고, 박해에 직면해서 견고하게 서야 한다.

이 서신에서 우리가 주목할 필요가 있는 중요한 주제들로는 다음과 같은 것들이 있다.

1. 신학이 구약성서에 대한 철저한 의존성과 신자들이 지금 하나님의 백성을 형성하고 있다는 의식 속에서 표현되고 있다는 것.

2. 죽은 자를 다시 살리시고 그의 백성을 보호하시는 하나님에 대한 믿음으로서의 신앙이 지닌 소망과 관련된 측면이 강조되고 있다는 것.

3. 돌과 종이라는 이미지들을 통한 예수 그리스도에 대한 이해.

4. 그리스도께서 옥에 갇힌 영들에게 말씀을 전파하였다는 것에 대한 독특한 언급.

5. 박해를 증언의 기회로 인식하는 것과 세상의 죄악됨과 반대에도 불구하고 이 세상 속에서 그리스도인으로서의 삶을 살아가는 것에 대한 긍정적인 태도.

요약하자면, 베드로는 이 서신 전체에 걸쳐서 하나님께서 독자들 안에서 및 독자들을 위해서 행하실 일에 대하여 매우 긍정적인 태도를 보여준다. 하나님의 약속들은 성취될 것이고, 이 세상 속에서의 독자들의 삶은 긍정적인 영향력을 지니게 될 것이다. 고난은 실제로 일어나지만, 지금 여기에서 및 장래에 성취되는 하나님의 약속들에 의해서 상대화된다. "소망의 서신"이라는 명칭은 이 서신에 대하여 너무도 적절하다.

참고문헌

New Testament Theologies: (English) Bultmann, 2:180-83; Childs, pp. 446-62; Goppelt, 2:161-78; Ladd, pp. 641-48; Morris, pp. 316-321; Strecker, pp. 620-40. (German) Gnilka, pp. 422-37; Hübner, 2:387-95; Stuhlmacher, 2:70-84.

Achtemeier, Paul J. *1 Peter.* Minneapolis: Fortress, 1996.

(Chester, Andrew), and Ralph P. Martin. *The Theology of the Letters of James, Peter and Jude.* Cambridge: Cambridge University Press, 1994, pp. 87-133.

Elliott, John Hall. *A Home for the Homeless: A Sociological Exegesis of 1 Peter, Its Situation and Strategy.* Philadelphia: Fortress, 1981.

Goppelt, Leonhard. *A Commentary on 1 Peter.* Grand Rapids, Mich.: Eerdmans, 1993.

Green, Gene L. *Theology and Ethics in 1 Peter.* Ph.D. thesis, Aberdeen, 1980.

Marshall, I. Howard. *1 Peter.* Downers Grove, Ill.: InterVarsity Press, 1991.

Martin, Troy W. *Metaphor and Composition in 1 Peter.* Atlanta: Scholars Press, 1992.

Schutter, William L. *Hermeneutic and Composition in 1 Peter.* Tübingen: J. C. B. Mohr (Paul Siebeck), 1989.

Selwyn, Edward Gordon. *The First Epistle of St. Peter.* 2nd ed. London: Macmillan, 1947, pp. 64-115.

Thurén, Lauri. *Argument and Theology in 1 Peter: The Origins of Christian Paraenesis.* Sheffield: Sheffield Academic Press, 1995.

————. *The Rhetorical Strategy of 1 Peter with Special Regard to Ambiguous Expressions.* Abo: Academy Press, 1990.

제 28 장

유다서

어떤 사람이 신약성서에서 가장 소홀히 되는 책에 대한 논문을 쓰고 있다고 말한다면, 우리는 두말할 필요도 없이 그 사람이 유다서에 대하여 쓰고 있다고 결론을 내릴 수 있다.[1] 이 짤막한 서신의 기원에 대해서는 갖가지 견해들이 난무하고 있지만, 여기 본문에서 말하고 있는 것처럼 예루살렘 교회의 지도자였던 야고보의 형제이자 예수의 친척인 유다가 이 서신의 저자일 가능성이 여전히 높은 것 같다.[2] 저자는 불경건한 자들이 교회 속으로 들어옴으로써 야기된 문제를 다루고, 그의 독자들에게 사도적인 복음을 굳게 붙잡으라는 것을 상기시키기 위하여 이 서신을 썼다. 따라서 이 서신의 목적은 일차적으로 저자가 대적자들을 공격하고 비판한다는 의미에서 변증적인 것이 아니다. 오히려, 이 서신은 저자가 독자들에게 회중에 몰래 침투한 자들에 의해서 야기된 위험성에 대하여 경고하고, 그들에게 믿음을 지키도록 권면하며, 잘못된 가르침에 붙잡혔거나 그럴 위험성이 있는 자들을 회복시키

---

1) 유다서는 George Eldon Ladd, *A Theology of the New Testament*에서 한 페이지 미만으로 다루어지고 있다.

2) 유다서 속에서는 저작 연대를 암시해 주는 어떤 구체적인 언급들도 없기 때문에 이 서신의 저작 연대는 불확실하다. 유다서 속에서 초기 가톨릭 사상을 보여주는 흔적들이 없고 그 대적자들은 영지주의자들이 아니기 때문에 이 서신의 저작 연대를 늦은 시기로 잡을 필요는 없다; cf. Jonathan Knight, 2 *Peter and Jude* (Sheffield: Sheffield Academic Press, 1995), pp. 81-83.

기를 격려하고 있다는 점에서 목회적인 서신이다.

이렇게 여러 주석자들이 말하고 있듯이, 이 서신의 실제적인 핵심은 유다서 1:20-23이다. 주제는 저자가 독자들에게 믿음을 위하여 싸우라고 격려하고 있는 유다서 1:3에 요약되어 있고, 그러한 위험성은 거짓 가르침을 드러내어 그 특성을 설명하고 있는 유다서 1:4-19에 상세하게 서술되어 있다. 저자는 독자들에게 하나님께서 과거에 동일한 사례들 속에서 행하셨던 것과 마찬가지로 그러한 거짓된 가르침을 무효화시키시고 심판하실 것임을 확신시킨다.[3] 신약성서 신학의 선교적인 관심은 이 서신 속에서 전면에 부각되어 있지 않고, 이 서신은 그 신앙이 위태롭게 된 자들의 영적인 안녕에 더 관심을 갖는다. 교회 속에서 잘못된 가르침이 있을 때에 하나님의 백성의 믿음이 올바르게 지켜지도록 하고 그 믿음에서 떨어져 나갈 위험에 처해 있는 자들을 다시 회복시키는 것이 관심의 대상이 될 수밖에 없다.

신학적 이야기

서두의 인사말과 마지막의 송영(유 1:1-2, 24-25). 서두의 인사말은 독자들이 하나님의 사랑의 대상들이고, 따라서 하나님 안에 거하며, "예수 그리스도를 위하여 지키심을 받은 자들"(즉, 아마도 예수의 최후의 오심을 위하여, 유 1:1)이라는 것을 강조한다. 마지막에 나오는 송영은 이러한 사상을 강조하는 가운데 서두의 인사말과 수미쌍관법적 구조를 이루고 있는데, 하나님은 그들을 믿음에서 떨어지지 않게 지키시고, 또한 그들을 그의 존전으로 데려 오실 수 있다고 말한다(유 1:24). 그럼에도 불구하고, 이러한 거듭된 확신은 독자들이 스스로 하나님의 사랑 안에 머물도록 주의하고(유 1:21) 지금 교회 속에 있는 불경건한 자들의 영향력들을 차단할 필요성을 없애 주는 것이 아니다. 독자들은 저자가 말하고자 하는 것을 이미 알고 있지만, 저자는 그들의 유익을 위해서 그것을 반복해서 말하는 것이 중요하였다.

---

3) 나는 이 서신의 내용 구분과 관련해서 기존의 견해를 따랐지만, 유다서 1:17-19은 앞뒤 두 단락을 연결시키는 주는 다리 역할을 하기 때문에, 일부 주석자들은 유다서 1:16 또는 17절에서 단락을 구분하기도 한다는 점이 지적되어야 한다.

이렇게 우리는 이 서신 속에서 한편으로 신자들을 지키시는 하나님의 사랑과 능력, 다른 한편으로 교회 지도자들에 의한 가르침과 목회적 돌봄만이 아니라 신자들이 스스로를 잘못된 가르침과 죄로부터 지켜야 하는 인간적인 노력의 필요성 간의 긴장 관계를 만나게 되는데, 이러한 긴장 관계는 신약성서 신학에서 항상 등장하는 요소이다.

거짓된 가르침에 의해서 야기된 위험(유 1:3-16). 이 서신 속에서 독자들의 상황은 사도적인 복음과 생활 방식을 공유하지 않은 여러 다양한 사람들이 이런저런 방식으로 그리스도인 회중들의 일부가 되어 있다는 것이다. "양을 치다"(유 1:12)라는 용어가 사용되고 있는 것과 "그들 자신의 이익을 위하여"(유 1:16) 사람들에게 아첨한다는 언급은 그들이 회중 속에서 지도자의 지위를 차지하고 있었다는 것을 보여준다. 어쨌든, 그들은 그들 자신의 생활 방식을 권장하는 가르침을 신자들에게 베풀 수 있었다. 그들은 초기 기독교 문헌들 속에서 풍부하게 그 활동이 입증되고 있는 그런 유형의 순회 선지자들이었을 가능성이 큰데, 그들 가운데는 주류 기독교의 관점에서 볼 때에 정통적인 교사들만이 아니라 비정통적인 교사들도 포함되어 있었다.[4] 여기에서 사용된 표현들은 그들을 중대한 죄들을 범한 것으로 비난하고 있는데, 일부 학자들에 의하면 여기에서 중대한 죄들이라는 표현은 그들이 실제로 그런 죄들을 범했다는 것이 아니라 단지 대적자들을 폄훼하는 수단이었다고 한다.

유다는 그들의 죄를 서술한다(유 1:4). 그들은 은혜를 음행을 저질러도 좋다는 면허로 탈바꿈시켰다. 이것은 그들이 은혜로 말미암아 구원받았기 때문에 심판에 대한 그 어떤 두려움 없이 마음 놓고 죄에 빠져도 된다고 생각했다는 것을 의미하는 것으로 보인다. 또한 그들은 예수 그리스도가 주님이라는 것을 부인하였다(여기에서 통상적으로 잘 사용되지 않는 단어인 '데스포테스'가 '퀴리오스'와 연결되어 있다). 이것은 행실의 문제, 즉 예수의 명령들에 순종하기를 거부한 것을 의미하는 것 같다.

나아가(유 1:8), 그들은 꿈꾸는 자들로 묘사되는데, 이것은 그들이 환상들

---

4) Cf. Knight, *2 Peter*, pp. 29, 78-81.

을 보았다고 주장한 것을 보여주는 것인 것 같다(신 13장에 나오는 그러한 자들에 대한 정죄를 참조하라). 그들에게 성령이 없다는 언급은 아마도 그들이 성령의 감동을 받아서 가르친다고 주장했지만 요한일서 4:1에서 발견되는 것과 같은 그런 종류의 비난 아래에 놓여 있었다는 것을 의미하는 것 같다. 그들이 그들의 몸을 더럽혔다는 것은 성적인 죄들을 가리키는 것 같은데, 이것은 짐승 같은 행위에 대한 다른 언급들(유 1:10)에 의해서 확증된다. 그들은 권위를 부정하고 천상의 존재들을 비방했다고 한다.[5] 이것은 이례적인 말로서, 초기 기독교에서 천사들이 우리가 생각했던 것보다 더 큰 역할을 했을 것임을 암시하고 있다. 천사들은 율법의 수호자들로 여겨졌고, 그것은 여전히 유효한 것으로 받아들여졌던 것인가?

그들은 이기적이고 비생산적인 자들, 불평하며 남의 약점을 헐뜯는 자들, 스스로 자랑하고 아첨하는 자들로 공격을 받고 있다. 이것은 그들이 보여준 일반적으로 저급한 행실을 시사하는 것이다.

이렇게 이 서신 속에 묘사된 전체적인 그림은 그리스도의 길과 양립될 수 없는 부도덕하고 상스러운 행실에 관한 그림이다. 그러한 것은 그리스도 또는 그 밖의 다른 영적인 권위를 무시한 것과 짝을 이루고 있다. 그들이 성령을 지니고 있지 않은 자들로 분류되고 있다는 것은 결코 이상한 일이 아니다(유 1:16) — 이것은 그들이 성령을 지니고 있지 않기 때문에 그들의 가르침이 성령의 감동을 따른 것이 아니며, 그들이 어떠한 신앙 고백을 했을지라도 진정으로 그리스도인 신자들이 아니었다는 것을 의미한다. 그럼에도 불구하고, 이러한 행실은 교회 속에서 이러한 생활 방식을 지니면서도 교회의 일원이 되어서 교회의 지체들과 얼마든지 교제할 수 있다고 보았던 자들에 의해서 행해지고 있었다. 그 결과는 교회 안에서의 분열이었고, 정통 그리스도인들이 부도덕한 집단에 합류할 위험성이었다.

거짓 교사들에 대한 대응(유 1:17-19, 22-23). 유다는 교회가 지금 일어

---

5) 이 이단의 자세한 내용에 대해서는 특히 (Andrew Chester and) Ralph P. Martin, *The Theology of the Letters of James, Peter and Jude* (Cambridge: Cambridge University Press, 1994), pp. 68-75를 보라.

나고 있는 일에 의해서 놀라지 말아야 한다고 주장한다. 왜냐하면, 그런 일은 이미 예언되어 있기 때문이다. 특히, 사도들은 장차 무슨 일이 일어나게 될 것인지를 미리 예언하였었다(유 1:17-18). 그럴 뿐만 아니라, 그러한 죄들은 구약성서의 역사 전체에 걸쳐서 흔하게 벌어진 일이었다. 가인의 때로부터 이와 비슷하게 행동하였던 죄인들이 있어 왔다. 당시의 죄인들이 그들의 다양한 선조들과 어느 정도나 동일한 방식으로 행동하였는지는 분명하지 않다.

유다는 그러한 사람들이 하나님의 심판을 피하지 못할 것임을 강조한다. 그렇게 함에 있어서, 유다는 먼저 과거에 그들과 비슷한 사람들이나 공동체들이 어떻게 벌을 받았는지를 지적한다 — 출애굽 때에 불순종한 이스라엘 사람들, 타락한 천사들(창 6장), 소돔과 고모라, 고라의 자손들. 둘째, 유다는 궁극적으로 스가랴 14:5에 토대를 둔 에녹1서 1:9에 나오는 심판에 관한 예언을 언급한다.

그럼에도 불구하고, 유다는 그러한 죄들에 빠졌거나 그럴 위험성이 있는 자들에 대하여 커다란 관심을 나타낸다. 불행히도, 유다가 이러한 상황을 해결하기 위하여 제시한 정확한 처방은 유다서 1:22-23의 본문이 불확실함으로 인해서 잘 드러나지 않는다.[6] 거짓 교사들에 의해서 유혹되고 있는 중에 있어서 심판 아래 들어가기 전에 아슬아슬하게 건져짐을 받은 신자들과 거짓 교사들이 구별되고 있는 것 같다 — 거짓 교사들도 하나님을 두려워한다면 그들에게 긍휼이 미칠 수 있겠지만(그들이 회개하지 않는다면, 하나님은 그러한 자들을 심판하실 것이다), 신자들이 그들의 죄에 의해서 감염되지 않는 것에 더 큰 관심이 두어지고 있다.[7] 거짓 교사들조차도 구속의 범위 밖에 놓여 있지 않다.

---

6) 원래의 본문이 두 집단 또는 세 집단을 가리켰는지는 분명하지 않다; 주석자들 사이에는 뚜렷하게 견해가 갈리고 있어서, 전자의 견해를 지지하는 학자들이 있고(예를 들면, Richard J. Bauckham, *Jude, 2 Peter* [Waco, Tex.: Word, 1983], pp. 108-11, 그리고 여러 본문 비평학자들), 최근의 역본들을 후자를 택하고 있다(Nestle-Aland Greek text; REB; TNIV; NRSV).

7) 이것은 그 교사들이 나쁜 영향을 미치는 것을 막기 위해서는 접촉을 최소한도로 해야 한다는 의미를 함축하는 것일 수 있다.

믿음을 지킴(유 1:20-21). 여기에 나오는 내용을 통해서 우리는 유다가 일차적으로 이러한 죄인들의 정체가 무엇인지를 밝히고, 그들이 과거의 죄인들과 동일한 반열에 속한다는 것을 보여주며, 그들이 하나님의 심판을 피하지 못할 것임을 강조하는 데에 관심을 갖고 있다는 것을 볼 수 있다. 그렇다면, 신실한 자들은 어떻게 하여야 하고, 그들에게 닥친 위험은 무엇인가?

이 문제는 분명히 너무도 절박했기 때문에, 유다는 구원에 관한 것을 좀 더 일반적인 관점에서 쓰고자 했던 자신의 의도를 포기하고, 그의 독자들이 그들에게 전해진 믿음을 옹호해야 할 필요성이 있다는 것, 즉 죄에 대한 면죄부를 주는 잘못된 가르침을 촉진시키고자 하는 그 어떤 시도에 대해서도 거부하고 그들에게 전해진 메시지를 굳게 붙잡고 그것을 선포할 필요성이 있다는 것을 집중적으로 다루게 되었다고 말한다(유 1:3-4).

유다는 독자들에게 네 가지의 개인적인 활동을 강력히 권하였다: 그들의 신앙을 토대로 해서 스스로 덕을 세우는 것; 성령 안에서(즉, 성령의 인도하심을 받아서) 기도하는 것[8] 하나님께서 그들을 향하여 가지고 계신 사랑 속에 머무는 것; 영생으로 이어질 그리스도의 긍휼하심(그가 장차 다시 오실 때에)을 기다리는 것(유 1:20-21). 이러한 것들은 그리스도인의 건강한 삶의 특징들이다. 여기에서 죄를 피하는 것과 그리스도인으로서의 덕목들을 계발하는 것에 대한 말이 나오지 않는다는 것이 주목할 만하다. 오히려, 강조점은 하나님과의 인격적인 관계(암묵적인 삼위일체 사상을 주목하라), 기도라는 영적인 활동, 소망의 태도에 두어져 있다. 그러므로 유다는 독자들이 이단적인 생활 방식에 빠져 드는 것이 얼마나 영적으로 큰 위험성을 안고 있는지를 깊이 생각하였던 것으로 보인다.[9]

신학적 주제들

---

8) 이것은 방언 기도를 포함할 수는 있지만, 분명히 방언 기도에 국한되지는 않는다.

9) 유다가 신자들이 배교로 떨어졌다가 다시 믿음을 회복할 수 있다고 보았는지의 여부에 관한 문제에 대해서는 I. Howard Marshall, *Kept by the Power of God: A Study of Perseverance and Falling Away*, 3rd ed. (Carlisle: Paternoster, 1995), pp. 162-68을 보라.

신자들을 사랑하고 긍휼에 풍성하신 하나님. 유다는 신약성서에 나오는 많은 서신들에 공통적인 서두의 인사말을 변형하지만, 하나님 아버지와 예수 그리스도에 대한 언급을 그대로 유지하고 있는데, 하나님과 예수 그리스도는 신자들을 사랑하고 지키시는 영적인 주체들로 나란히 언급된다. 유다가 "긍휼과 평강과 사랑"이라는 축복에 관하여 쓸 때, 이러한 선물들이 다른 신약성서의 서신들에서와 마찬가지로 하나님과 그리스도로부터 온다는 것이 전제되어 있다. 이렇게 하나님의 사랑과 긍휼은 엄청난 것이다. 이러한 인사말의 변형 속에 은혜는 언급되어 있지 않지만, 이 용어는 유다서 1:4에서 하나님의 포괄적인 특질을 가리키는 데에 사용되고 있다. 이 서신의 끝 부분에서 하나님에 관한 이러한 동일한 묘사는 하나님의 사랑과 그리스도의 긍휼에 대한 언급을 통해서 다시 등장한다. 이 모든 것은 하나님을 구주로 규정하고 있는 마지막의 송영 속에서 요약되고 있다.

다른 기자들과 마찬가지로, 유다는 하나님의 "영광과 위엄과 권력과 권세"를 우리가 신약성서의 후기 저작들 속에서 발견할 수 있는 그런 종류의 표현들을 통해서 묘사하고 있는데, 거기에서는 기독교적인 예배가 이런저런 특질들 또는 속성들이 하나님께 속해 있다고 말하는 언어들을 통해서 표현된다. 이 송영의 문체는 축도의 문체와 어느 정도 유사점들을 지니고 있지만, 축도에서는 은혜와 평강을 구하는 암묵적인 또는 명시적인 기도문이나 신자들에게 무엇을 해 달라는 기도문이 나오는 것에 반해서, 이 송영에서는 신자들이 영광이 하나님께 속해 있다는 것을 고백하는 내용이 나온다. 이 경우에 있어서 그 결과는 하나님에게 찬송을 드리는 사람들의 수와 그런 일이 일어나는 경우들을 증대시킴으로써 하나님의 영광을 더 높이는 것이다.

그러나 하나님은 믿지 않는 자들을 멸하시는 엄한 재판장이기도 하기 때문에 사람들이 두려워해야 할 분이다(유 1:23). 유다서 1:5에 나오는 "주"가 하나님을 가리키든 그리스도를 가리키든,[10] 어느 한 쪽에 관하여 말씀되고 있

---

10) 일부 사본들에는 "예수"로 되어 있다. Bauckham, *Jude 2 Peter*, pp. 49-50은 여기서는 그리스도를 의미한다고 주장한다. 여기서 그리스도는 주의 천사로 선재한 것으로 이해되고 있다는 견해에 대해서는 Jarl Fossum, "Kyrios Jesus as the Angel of the Lord in Jude 5-7", *NTS* 33 (1987): 226-43을 참조하라.

는 것은 무엇이나 다른 한 쪽에도 그대로 적용된다고 할 수 있다. 왜냐하면, 그리스도는 언제나 아버지의 뜻을 수행하는 아버지의 대리자로 이해되기 때문이다. 유다는 심판자와 구원자로서의 하나님의 활동의 이 두 가지 측면 간에 긴장 관계가 있다고 생각하지 않는다.

주이신 예수 그리스도. 하나님 아버지에 관한 묘사와 그리스도에 관한 묘사는 거의 서로 대체될 수 있다. 우리가 위에서 본 것처럼, 하나님과 그리스도는 신약성서의 다른 곳에서 친숙하게 볼 수 있는 방식으로 함께 언급되고 있는데, 이것은 하나님과 그리스도가 서로 밀접하게 결합되어 있다는 것을 보여준다. 유다서 1:24에서는 신자들을 지키시는 분이 하나님이라고 말하고 있고, 1:1에서는 그리스도라고 말하고 있다. 유다서 1:1, 21에서는 신자들을 사랑하시는 분이 하나님이라고 말하고 있는 반면에, 1:21에서는 신자들에게 긍휼을 베푸시는 분이 그리스도라고 말한다. 유다서 1:25에서는 능력과 권세가 하나님께 속해 있다고 말하지만, 그리스도에게 주라는 칭호가 부여되어 있고, '데스포테스'와 '퀴리오스'라는 두 용어가 그리스도에 대하여 사용되고 있다. 하나님이 구원자라면(유 1:25), 그리스도는 독자들에게 영생을 가져다주시는 긍휼하심을 지니고 계신다(유 1:21). 심판하시는 분이 하나님이라면(유 1:5; 그러나 위를 보라), 에녹의 예언에 대한 유다의 해석에 의하면, 장차 심판하러 오실 분은 그리스도이다.

이렇게 예수 그리스도는 하나님과 동등한 방식으로 묘사된다. 그럼에도 불구하고, 신약성서의 다른 곳에서 기도가 예수를 통해서 하나님께 드려지는 것과 마찬가지로, 이 서신의 마지막에 나오는 송영은 하나님에게 드려지고 있고, 영광도 "예수 그리스도로 말미암아" 하나님께 드려진다.

성령의 소유. 신자들이 성령을 "가지고" 있다는 것은 신자들의 특징이고, 성령을 가지고 있지 않다는 것은 죄인들의 특징이다. 죄인들은 "단지 자연적인 충동들을 따르는 자들"(헬라어로는 '프쉬키코이')로 규정되는데, 이 용어는 여기에서 성령을 지니고 있지 않아서 순전히 자연적인 차원에서 삶을 살아가는 자들에 대하여 사용되고 있다. 이와는 대조적으로, 신자들은 "성령 안에서" 기도할 수 있다.

죄와 심판. 유다는 사람들을 죄인들(유 1:15, 인용문)과 성도들(유 1:4)로 아주 뚜렷하게 구분한다. 죄인들은 추가적으로 불경건한 자들로 규정된다 (유 1:4, 15). 그들은 악한 행위들로 인해서 하나님에 의해서 정죄받은 상태에 있다. 소돔과 고모라가 불로 멸망받은 일은 이 죄인들에게 장차 일어나게 될 일에 대한 생생한 본보기로 제시되고 있다. 이러한 심판은 마지막 날과 결부되어 있다. 그 때까지 죄를 범한 천사들은 고통스럽게 갇혀 있게 되어 있다. 유다는 죄인들을 불로부터 구해 내는 일에 관하여 말하는데(유 1:23), 그 말의 의미는 그들이 이미 불 속에 있다는 것이 아니라 그들을 임박한 심판으로부터 구해 내야 한다는 것이다. 불에 관한 표현은 멸망을 가리키는 전통적인 용어로서 반드시 끝없는 고통이라는 의미를 내포하고 있지는 않다.

심판에 대한 아주 강력한 강조가 나오기는 하지만, 중요한 것은 송영 이전에 이 서신이 마지막으로 하는 말은 죄인들에 대한 목회적인 돌봄과 관련된 말이라는 것이다. 본문상의 문제에 대한 해법이 무엇이든지 간에, 교회에 침투한 잘못된 믿음들과 행실에 의해서 어느 정도 영향을 받은 서로 다른 유형의 사람들이 구분되고 있지만, 중요한 것은 모든 경우에 있어서 그들에게 긍휼을 보임으로써 그러한 자들을 위험으로부터 구해 내고자 하는 시도가 행해지고 있다는 것이다. 그들은 희생자들로서 불쌍히 여겨져야 할 대상들로 보아지고 있지만, 또한 회개할 필요가 있는 책임 있는 사람들로 보아지기도 한다.

구원. 독자들은 "부르심을 받은 자들"로 묘사된다. 유다는 성도들이 본질적으로 구원을 소유하고 있다고 여기고(유 1:3; cf. 유 1:25), 교회에서 죄인들을 그들의 죄악된 길들과 그로 인한 심판의 위협으로부터 건져 내는 것이 그들을 "구원하는" 것이라고 본다(유 1:23). 다른 곳에서와 마찬가지로, 여기에서도 성도들에게 독특한 특질은 믿음이다. 이 용어는 하나님의 백성에게 단번에 전해진 구원의 진리의 총체로 보아지는 기독교 신앙을 집약하는 용어로 사용될 수 있다. 여기에서 유다는 하나님께서 제1세대 그리스도인들에게 말씀하셨던 것들을 말해 주는 전승의 권위를 강조하고 있고, 이것은 후대에 그러한 전승을 변경한 가르침들은 사실상 하나님의 권위를 결여하고 있는 것이라는 의미를 함축하고 있다. 믿음은 "지극히 거룩한" 것으로 묘사될 수 있는데, 이 형용사는 믿음의 큰 가치를 강조하는 역할을 한다(유 1:20). 이렇게 여기에서 강조점은 믿음과 헌신의 활동으로서의 믿음이 아니라 믿음의 대상이 되는 기독교의 메시지의 내용에 두어져 있지만, 복음을 가리키는 데에 **믿음**이라는 단어를 사용하고 있는 것은 믿는다는 행위가 기독교 신앙의 일부라는 것을 보여준다. 그리스도인들은 교회에서 죄인들에 의해서 죄 속으로 끌려 들어갈 위험성이 있다. 그러한 자들에 의해서 오염되는 것을 피할 필요가 있다는 것을 말하기 위해서 전통적인 유대교적 표현이 사용되고 있다. 그러나 이 표현이 원래 문자 그대로 죄인들과의 접촉을 통한 육체적인 부정(不淨)을 가리키는 것으로 이해되었다고 할지라도, 여기에서 이 표현이 가리키고 있는 것은 분명히 죄인들과의 관계를 통해서 죄 속으로 빠져 들어갈 영적인 위험성이다 — 비록 그들을 건져 내고자 하는 시도가 있을지라도.

신자들의 목표는 그 어떤 흠도 없이 하나님 앞에 서는 것으로서, 그 때에 신자들은 큰 기쁨을 맛보게 될 것이다(유 1:24). 주의 오심은 죄인들에 대한 심판이라는 관점에서 서술되고 있지만, 심판은 주께서 오시는 것이 신자들에게 지니는 의미가 아니다. 하나님의 신실한 백성들에게 신원을 가져다 줄 이 장래의 소망은 여전히 살아 있고 실제적인 것이다. 유다에게 있어서 독자들은 이미 마지막 날들 속에서 살아 가고 있고, 예언은 성취되어 가고 있다 (유 1:18).

성경 및 다른 자료들. 유다는 자신의 사상을 부분적으로는 과거에 예언되어서 장차 일어날 것이 확실한 일들에 의거하고 있다. 그가 교회 안에서의 죄인들에 관하여 "그들은 옛적부터 이 판결을 받기로 미리 기록된 자"라고 썼을 때, 그의 표현은 이러한 자들에 대한 정죄가 이미 예언되어 있다는 것을 의미하는 것으로 해석될 수 있을 것이다. 하지만 그러한 예언들이 알려져 있지 않기 때문에 그러한 해석은 불가능하다. 그러므로 유다는 단지 하나님께서 불경건하고 회개치 않는 자들을 정죄하고 벌하실 것이라고 분명하게 말하고 있는 예언들을 가리키고 있을 가능성이 더 높다. 그러한 예언들로는 성경 밖의 문헌인 에녹1서 1:9에서 발견되는 에녹에 의한 예언이 있다. 이것이 유다가 에녹1서를 성경의 일부로 여겼고, 이 예언을 아담으로부터 문자 그대로 제7세대의 후손에게 돌렸다는 것을 의미하는지에 대해서는 견해가 분분하다. 유다는 단지 당시에 일반적으로 사람들 사이에서 믿어지고 있었던 것을 인용하였을 뿐이고, 당시에는 성경과 영감받은 선지자들에 의해서 씌어진 고대 문헌들이라고 믿어졌던 것 간의 구분이 유동적이었다. (이러한 질문은 시대착오적인 것이라고 할 수도 있다. 왜냐하면, 닫혀진 성경으로서의 정경이라는 개념은 당시에는 여전히 형성되는 과정 중에 있었기 때문이다.) 이 서신의 초반에서 유다는 모세의 시신을 놓고 미가엘과 마귀가 벌인 다툼을 서술하기도 하는데, 이것은 위경(僞經)에 속하는「모세 승천기」(*Assumption of Moses*)에 나오는 것이다. 여러 학자들은 유다가 쿰란 문헌에서 발견되는 페샤림(pesharim)과 유사한 석의 절차를 사용했다는 것에 주목하여 왔는데, 그것은 성경 본문들을 당시의 상황에 적용하여 해설하는 주석 방식이었다.

회중과 그 삶. 유다는 그리스도인 지도자들이 아니라 회중들에게 편지를 쓰는 관행을 유지하고 있다. 목회 서신들은 유일한 예외들로서 실제의 지역 교회의 지도자들에게 보낸 서신들이 아니라 동료 선교사들에게 보내진 서신들이다. 회중 전체는 그들 가운데서 말썽을 일으키는 자들에 의해서 야기된 문제를 처리할 책임을 갖고 있고, 그 지체들은 그러한 거짓 교사들의 활동 때문에 위험에 처해 있는 자들이다. 죄인들을 회복하는 행위는 회중 전체에 의해서 수행된다. 유다가 이와 비슷한 문제들에 대한 사례들을 찾고자 했을 때에 구약성서와 유대교 내에서의 하나님의 백성의 역사로 눈을 돌린 것은 이상한 일이 아니다. 분명히 교회는 이 하나님의 백성을 계승하고 있고 그 연속선 상에 있다. 연속성이 전제되고 있는 것이다. 우리는 지나가는 말로 회중이 여기에서 애찬(love feast)이라 불리는 것을 위해서 서로 모였다는 말을 듣는다(유 1:12). 초기 단계에서 이것은 성찬이 거행되었던 교회의 식사와 동일한 것임에 틀림없지만, 이 식사가 지닌 성찬식으로서의 측면들에 대해서는 그 어떤 언급도 나오지 않는다. 이 용어의 기원은 연구가 필요하다.

결론

유다서의 신학의 틀은 유대 기독교로서 특히 유대교의 묵시론적 전승을 사용하고 있다. 이 서신의 주된 주제는 그리스도인들에게 그들 가운데 과거의 악명 높은 죄인들과 마찬가지로 하나님에 의해서 심판을 받게 될 거짓 교사들이 존재함에도 불구하고 하나님의 보호하심 아래에서 믿음을 굳게 지키라고 권면하는 것이다.

유다서에서 중요한 요소들로는 다음과 같은 것들이 있다.

1. 부도덕한 죄인들에 대한 하나님의 심판과 회개하는 자들에 대한 하나님의 긍휼하심의 상관 관계.

2. 심판과 구원에 있어서 하나님과 그리스도를 나란히 놓음.

3. 유대교 내에서의 묵시론적인 흐름을 사용함.

4. 죄인들 및 그들에 의해서 어그러진 길로 이끌려 갈 위험성에 처해 있는 자들을 위한 목회적인 돌봄에 있어서 회중의 역할.

당연한 말이지만, 이 짧은 서신 속에서는 많은 것들이 언급되지 않은 채로 남겨져 있다. 특히, 예수의 죽음과 부활에 대한 언급이 전혀 나오지 않는다. 그렇지만 이 서신의 상당 부분이 교회 속에서의 죄인들의 잘못들을 서술하고, 과거의 죄인들과 그들에게 일어났던 일에 대한 사례들을 인용하는 데에 할애되어 있다는 것을 염두에 둔다면, 우리가 이 서신으로부터 이렇게 많은 신학을 도출해 낼 수 있었다는 것은 놀라운 일이다.

참고문헌

New Testament Theologies: (English) Ladd, pp. 655-56; Strecker, pp. 641-53. (German) Gnilka, pp. 437-43; Hahn, 1:743-45; Hübner, 2:396-98; Stuhlmacher, 2:105-14.

Bauckham, Richard J. *Jude and the Relatives of Jesus in the Early Church.* Edinburgh: T & T Clark, 1990.

————. *Jude, 2 Peter.* Waco, Tex.: Word, 1983.

(Chester, Andrew, and) Ralph P. Martin. *The Theology of the Letters of James, Peter and Jude.* Cambridge: Cambridge University Press, 1994, pp. 65-86.

Ericson, Norman R. "Jude, Theology of". In *EDBT*, pp. 432-34.

Fossum, Jarl. "Kyrios Jesus as the Angel of the Lord in Jude 5-7". *NTS* 33 (1987): 226-43.

Gerdmar, Anders. *Rethinking the Judaism-Hellenism Dichotomy: A Historiographical Case Study of Second Peter and Jude.* Stockholm: Almqvist and Wiksell, 2001.

Knight, Jonathan. *2 Peter and Jude.* Sheffield: Sheffield Academic Press, 1995.

Webb, Robert L. "Jude". In *DLNTD*, pp. 611-21.

제 29 장

베드로후서

베드로에게 돌려진 두 번째 서신은 일반적으로 베드로전서와는 문체상으로 너무도 다르기 때문에 동일한 저자에 의해서 씌어졌다고 볼 수 없는 것으로 생각되어 왔다. 일부 학자들은 베드로전서를 쓰는 데에 실루아노가 상당한 역할을 했다고 주장하지만, 그렇다고 해서 그것이 베드로후서를 베드로 자신이 썼다는 주장을 훨씬 더 유력하게 만들어 주는 것은 아니다(나는 베드로전서의 저자가 베드로라고 생각한다). 왜냐하면, 베드로후서에서 그 사상이 표현되고 있는 방식이 너무나도 다르기 때문이다. 그러므로 새로운 논거들이 제시되기까지는 이 서신을 누가 썼는지를 모른다는 것을 인정하고, 전승 속에서 이 서신이 베드로와 결부되어 있다고 주장된다는 것을 인정하는 것이 가장 현명한 일인 것 같다.[1] 이것은 실제적으로 우리는 신약성서 신학의 합창대 속에서 또 하나의 준독립적인 목소리를 가지고 있다는 것을 의미한다. 이 서신은 유다서와 아주 많은 유사점들을 보여주고 있기 때문에, 대다수의 학자들은 이 서신이 유다서의 많은 내용을 가져와서 다시 썼거나, 두 서신이 각자 나름대로의 방식으로 이전의 공통된 문서를 사용했고, 그 문서에 나오는 표현 방식을 유다가 훨씬 더 충실하게 재현하였다는 결론을 내리게 되었다.

---

1) Michael J. Kruger, "The Authenticity of 2 Peter", *JETS* 42 (1999): 645-71은 이 서신의 비진정성을 주장하는 자들이 제시하는 증거들은 부족하다고 주장한다.

유다서의 주된 관심은 독자들이 복음의 목적이 도덕적인 행실을 낳는 것임을 제대로 알지 못하는 거짓 교사들에 의해서 이끌려 가지 않게 하고, 복음의 토대 위에 굳게 서도록 해야 한다는 것에 관한 것인 반면에, 베드로후서에는 두 가지 차이점이 존재한다. 첫 번째는 베드로후서에서는 거짓 교사들에 관한 내용이 훨씬 더 폭넓은 일련의 교훈들과 권면들 속에 통합되어 있다는 것이다. 두 번째는 변증의 많은 부분이 유다서에서와 동일한 상황에 대한 것으로 보이기는 하지만 시간이 흐름에 따라서 예수께서 장차 오실 것이 마치 이루어지지 않을 것처럼 보였기 때문에 재림에 관한 약속들에 대한 커다란 회의적인 태도가 신자들 사이에서 존재하였다는 것이다.[2] 이것은 유다서에서 공격의 대상이 되었던 거짓 교사들이 예수의 재림에 대해서도 의문을 제기한 것이 아닌가라는 문제를 불러일으킨다. 유다서는 신자들의 장래의 소망을 강조하고 있지만, 거기에는 그의 대적자들이 그 소망을 부정하였다는 것을 보여주는 그 어떤 암시도 나오지 않는다.

신학적 논증

독자들의 영적인 진보(벧후 1:1-11). 베드로후서는 독자들을 "우리 하나님과 구주 예수 그리스도의 의"를 힘입어서 "우리"(이 서신의 기자와 그가 속한 공동체)의 믿음과 동등한 가치를 지닌 믿음을 "받은" 자들로 묘사하는 인사말로 시작된다. 여기에서 믿음은 사람이 받을 수 있는 선물로 생각되고 있고, 그것이 가져다주는 구원으로 인해서 보배로운 것이다. 이 인사말은 은혜와 평강 안에서의 독자들의 성장을 하나님과 그리스도를 아는 그들의 지식과 연결시키고 있다는 점에서 이례적이다.

---

2) 이 이단은 영지주의의 한 표현이라고 생각되어 왔지만, 특별히 이 이단과 관련하여 영지주의적인 것은 없다. 또 다른 근거들 위에서 이 서신이 주후 1세기에 씌어졌을 가능성이 유력하기 때문에(Richard J. Bauckham, *Jude, 2 Peter* [Waco, Tex.: Word, 1983], pp. 157-58), 주후 2세기의 영지주의는 어쨌든 이 서신의 배경의 일부가 아니었을 것이다. 그러나 이 거짓된 가르침 속에 명백히 영지주의적인 특징들이 존재하지 않는다는 사실은 이 서신이 이른 시기에 씌어졌다는 것과 부합하고, 또한 그것을 확증해 준다.

이 서신은 독자들에게 공급되었고 하나님을 아는 지식을 통해서 접근할 수 있게 된 영적인 자원들에 관한 말씀으로 곧장 넘어간다(벧후 1:3-11). 그들에게 약속된 선물들을 통해서 신자들은 세상 속에 있는 썩어짐으로부터 피하는 것과 하나님의 성품에 참여하는 것이라는 두 가지 목표를 달성할 수 있다. 여기에 나타난 사상은 특히 바울이 신자들을 위해서 예비된 새로운 영적인 몸들과 결부시키고 있는 것과 같은 썩지 않음과 죽지 않음에 관한 것인 것 같다.

이 서신의 기자는 이러한 유인책을 신자들 앞에 제시한 후에, 성령의 열매와 아주 흡사한 일련의 덕목들을 발전시키도록 신자들에게 강권한다. 이러한 덕목들은 믿음으로부터 사랑에 이르기까지 여러 단계들로 되어 있는 수사학적인 형태로 제시되지만, 이러한 배열은 순전히 수사학적인 것이고, 점점 더 성장하여 가는 단계들을 보여주는 고정된 순서를 나타내는 것은 아닌 것 같다. 이 길을 추구하는 자들은 그들이 하나님을 아는 지식에 있어서 점점 더 커져 간다는 것을 발견하게 될 것이다. 이런 식으로 그들은 하나님께서 그들을 부르셔서 그의 백성의 일부로 삼으셨고 장차 그의 영원한 나라에 들어 가게 하실 것임을 확신하게 될 것이다.

베드로의 주된 관심사는 예수께서 장차 오실 것(재림)에 관한 기대를 다시 활성화시키는 것이다. 그는 이것을 세 단계를 거쳐서 이루어 낸다. 첫째, 베드로는 예수의 변모(transfiguration)에 관한 목격자들의 체험에 의해서 확증되고 예언의 음성에 의해서 밑받침되는 사도적 증언의 참됨을 강조한다. 둘째, 베드로는 거짓 교사들의 등장은 전혀 새로운 일이 아니고, 그들은 심판을 받게 되어 있으며, 하나님은 그의 백성을 그들의 유혹으로부터 건져 내실 수 있다는 것을 분명하게 말한다. 셋째, 베드로는 거짓 교사들의 주장을 직접적으로 제시하고 그것들을 반박한다.

사도적 증언과 예언의 음성(벧후 1:12-21). 첫 번째 단계에서 베드로는 그가 제시하고 있는 가르침의 중요성과 신빙성을 강조한다. 데살로니가전서에서 바울이 했던 것과 마찬가지로, 베드로는 그의 독자들에게 그들이 이미 하고 있는 일을 그대로 하도록 의도적으로 권장하고 있다. 베드로는 그가 떠난 후에도 그들이 여전히 그가 했던 말을 문서의 형태로 가지고 있게 됨으로써 그것들을 기억할 수 있으리라는 것을 확신할 수 있었다.[3] 베드로는 자기 자신과 그의 동료들이 목격하였던 사건, 즉 예수의 영광스러운 신분을 확증해 주었던 변화산 사건을 언급함으로써 그리스도께서 다시 오실 것이라는 약속에 대한 공격들을 반박하기 시작한다.[4] 그가 예수의 능력과 장차 오실 것에 관하여 말하는 것은 만들어 낸 이야기가 아니다. 왜냐하면, 그가 직접 예수께서 변모되셨을 때에 그의 신분을 확증해 주는 하늘의 음성을 들었기 때문이다. 어둠 속에 있는 사람들은 날이 밝을 때까지 등불에 의존해야 하는 것과 마찬가지로, 이 세상의 어둠 속에서 신자들은 온전한 빛이 나타날 때까지는 선지자들이 전해 준 말씀들을 굳게 붙잡아야 한다. 그리스도께서 오신 사건은 선지자들이 전하였던 말씀을 확증해 주는 것이었다. 그러나 그들은 성령의 감동을 받아서 예언한 것이기 때문에, 그들의 말씀을 자의적으로 해석해서는 안 된다는 것을 기억하는 것이 중요하다.[5]

그런 후에 다음 단락에서 베드로는 주 또는 인자의 오심에 관하여 예언하였던 선지자들의 확실한 증언에 대하여 설명한다. 여기에서 가리키는 것은 구약성서에 나오는 해당 본문들인데, 그러한 본문들의 신뢰성은 그것들이 사람들이 자신의 생각을 따라서 쓴 것이 아니라 성령의 감동을 받아서 하나님께서 그들에게 말씀하신 것을 올바르게 이해한 사람들에 의해서 씌어졌다는 사실에 의거해 있다.

거짓 교사들에 대한 정죄(벧후 2:1-22). 선지자들에 대한 이러한 설명을 올바르게 이해하는 일은 중요하다. 왜냐하면, 장차 부도덕한 삶의 방식들을

---

3) 이것은 일반적으로 베드로후서 자체를 가리키는 것으로 받아들여지고 있지만, 이것이 마가복음을 가리킨다는 가설도 어느 정도 지지를 받고 있다.

4) 여기서 우리가 주목할 것은 이 단락의 목적은 저자의 정체성에 관한 진실을 제공해 주는 것이 아니라, 일차적으로 사도들에 의해서 복음 전승으로부터 독자들에게 알려져 있다고 확인된 하나님의 영광스러운 아들로서의 예수의 지위에 대한 확증을 언급하기 위한 것이라는 것이다. 따라서 이 서신은 익명으로 되어 있다고 할지라도, 그 논증은 전혀 힘을 잃지 않는다.

5) 이것은 분명히 독자들이 본문들을 그들 마음대로 해석할 자유를 가지고 있었다는 오늘날의 포스트모더니즘적인 견해와 관련해서 몇몇 부정적인 함의들을 지닌다.

전파하는 멸망으로 이끄는 가르침을 베푸는 거짓 교사들이 등장할 것이기 때문이다. 실제로 거짓 교사들은 그리스도의 주되심을 부정하였다. 그러한 사람들은 하나님의 정죄 아래에 놓여져 있고, 우리는 그들에게 심판이 임할 것이 확실하다는 것을 구약성서에 나오는 죄인들에게 심판이 임했던 것에 비추어서 알 수 있다. 그런 후에, 베드로는 유다서에서와 동일한 사례들 중 일부를 열거한다: 타락한 천사들, 소돔과 고모라의 백성들. 그러나 유다서와 비교해 볼 때, 베드로는 하나님께서 경건한 자들을 그들을 시험하고 박해하는 죄인들의 수중에서 건져 내실 수 있고 죄인들에게 임한 심판으로부터 건져 내실 수 있다는 것을 지적한다는 점에서, 여기에서는 새로운 뉘앙스가 도입되고 있다. 이렇게 새로운 사례를 도입함으로써 베드로는 하나님께서 어떻게 노아와 그의 가족을 홍수로부터 구원하셨고, 그런 후에 롯을 구원하셨는지를 이야기한다.

베드로는 유다서에서 했던 것과 거의 동일한 방식으로 계속해서 거짓 교사들의 특징, 즉 그들에게는 권위에 대한 존중이 없고, 육욕적이고 동물적인 본성을 지니고 있다는 점을 지적한다. 그는 그들의 부도덕성, 다른 사람들을 죄로 유혹하는 것, 그들의 탐욕 등을 묘사하고, 유다서에 나온 반란에 대한 짤막한 언급을 좀 더 상세하게 전개한다. 여기에 한 때 그리스도를 아는 지식으로 말미암아 세상의 더러움으로부터 피하였지만 이제 다시 믿음에서 떨어져서 이전보다 더 나쁜 처지에 놓이게 된 자들이 있다. 그들의 이전의 죄들은 무지에 의한 죄로 여겨질 수 있을 것이지만, 그들의 현재의 죄들은 의도적이고 악의적인 것이다.[6]

거짓 가르침에 대한 반박(벧후 3:1-18). 이제 새로운 단락이 시작되는데, 여기에서 베드로는 그의 독자들에게 선지자들과 사도들의 말씀들 속에 거짓 가르침에 대한 해독제가 있다는 것을 상기시킨다(벧후 3:1-11). 예수와 바울의 가르침을 반영해서, 베드로는 그러한 자들이 말세에 나타나게 될 것을 예

---

6) 이 긴 단락 속에는 재림에 관한 거짓교사들의 견해와 관련된 내용이 없다. 이것은 아마도 베드로가 여기서 거짓 교사들의 도덕적 잘못에 더 관심을 가진 유다서에 나오는 내용을 가져와서 사용하고 있기 때문인 것 같다. 그는 베드로후서 3장에서는 그들의 잘못된 가르침 자체를 설명하는 것으로 나아간다.

언한다. 그러나 그러한 자들이 재림이 있을 것임을 부정한다는 새로운 요소가 등장한다. 그들은 인간의 삶은 계속해서 변함없이 진행되어 나가는 것이라고 가르쳤던 것으로 보인다. 그들은 노아의 홍수에 관한 이야기를 잊어버렸다! 세상을 창조하시면서 물들을 분리하셨던 하나님은 물을 통해서 세상을 멸망시킬 수도 있었다. 마찬가지로, 하나님은 만유를 불로 멸할 것이라는 자신의 약속을 지키실 것이다. 만물은 계속해서 변함없는 것처럼 보이지만, 이것은 하나님의 시간표가 우리의 시간표와 다르기 때문이다. 하나님은 매 순간 너무 늦기 전에 사람들에게 회개할 기회를 주시고 계신다. 그런 후에, 만유(萬有)의 총체적인 멸망이 있게 될 것이다. 그러나 그것이 끝이 아니다! 왜냐하면, 하나님은 의에 의해서 지배될 하늘과 새 땅을 창조하실 것이고, 거룩하고 경건한 자들은 그 본향에서 살아가게 될 것이기 때문이다.

이것은 독자들이 가져야 할 소망이고, 이 소망을 지닌 독자들은 의로운 삶을 사는 데에 박차를 가하여야 한다(벧후 3:11-16). 거의 여담 수준에서 베드로는 이와 동일한 것들이 바울에 의해서 말해졌지만, 어떤 사람들이 그의 가르침에 대하여 왜곡된 해석을 내놓았다고 설명한다.

요컨대, 이 서신은 독자들이 부도덕한 행실을 가져오는 거짓된 가르침에 의해서 어그러진 길로 인도되는 것을 조심하고, 은혜와 지식 속에서 계속해서 자라가야 한다는 말로 끝을 맺는다(벧후 3:17-18).

신학적 주제들

이 서신에는 그 짧은 분량에서 우리가 기대할 수 있는 것보다 더 많은 신학이 나오고, 그 신학은 종종 우리가 신약성서의 주된 흐름 속에서 찾아볼 수 있는 표현 방식과 비교해 볼 때에 의외라고 할 수 있는 방식들로 표현되어 있다.

구주이신 예수. 독자들은 첫 번째 절에서 당혹감을 느끼게 된다. 베드로는 그의 독자들을 우리 하나님과 구주 예수 그리스도의 의를 힘입어서 믿음을 받게 된 자들로 묘사한다. 여기에서 베드로는 "우리 하나님과 구주 예수 그리스도"라는 두 분을 언급하고 있는 것인가, 아니면 예수 그리스도 한 분을 가리켜서 하나님이자 구주라고 말하고 있는 것인가? 다음 절에 나오는 이 서신의 인사말 속에서 이것과 다소 비슷한 표현들은 분명히 두 분을 가리키고 있다. 이 서신의 다른 곳에서 베드로는 창조주(벧후 3:4), 예언의 궁극적인 원천(벧후 1:21), 재판장(벧후 2:4; cf. 벧후 3:12)을 가리키는 데에 명확하게 **하나님**이라는 용어를 사용하고 있고, 아들 예수에 대한 아버지로서의 하나님을 가리키는 데에 이 용어를 사용한다(벧후 1:17). 그럼에도 불구하고, 베드로후서 1:1에 나오는 어구는 그 자체로만 본다면 한 분을 가리키는 것으로 해석하는 것이 가장 자연스럽다.[7] 그러므로 이 어구가 가리키는 것은 하나님으로서의 예수인 것으로 보인다. 이 서신의 다른 곳에서 예수는 보통 "우리 주 예수"로 지칭되고, 구주라는 용어도 예수에게 적용되고 있다(벧후 1:11; 2:20; 3:18).

그러나 예수는 어떻게 구주로서의 역할을 하는가? 서두의 인사말에서 베드로는 예수 그리스도의 "의"를 힘입어서 사람들이 믿음이라는 선물을 받는다고 말한다. 이러한 "의"('디카이오쉰')의 용법은 이례적이다. 그것은 칭의를 가져온 그리스도의 행위를 가리키고 있는 것 같다. 이러한 표현은 바울이 그리스도의 **의로운 행위**('디카이오마')로 말미암아 사람들이 영생에 이르는 칭의를 받았다고 한 것(롬 5:18)과 비슷하다.[8]

또한 예수는 그의 백성을 값주고 사신 주님으로 지칭된다. 이 동사는 고린도전서 6:20; 7:23, 요한계시록 5:9; 14:3-4에서 예수의 구속 행위와 관련하여 여기에서와 매우 비슷하게 사용된다. 마지막 본문을 제외한 이 본문들 속에는 값이 지불되었다거나 그리스도의 피에 관한 구체적인 언급이 나온다. 따

---

7) "하나님과 구주"라는 결합된 표현은 고정된 어구로서 이 두 단어를 통해서 한 동일한 인물을 가리킨다; 이 어구의 형태는 "우리 주와 구주되시는 예수 그리스도"(벧후 1:11; 2:20; 3:18; cf. 벧후 3:2)라는 표현과 동일하다. 신약성서의 다른 곳에서 이와 비슷한 표현들을 사용하고 있는 것은 여기에서의 우리의 해석이 옳다는 것을 강화시켜 준다. Murray J. Harris, *Jesus as God: The New Testament Use of Theos in Reference to Jesus* (Grand Rapids, Mich.: Baker, 1992), pp. 229-38를 보라.

8) Bauckham, *Jude 2, Peter*, p. 168은 이것이 사람들에게 편애함이나 편파성 없이 구원을 허락하시는 하나님의 공의에 대한 것으로 본다. Hübner, 2:403-4는 고린도전서 1:30에서 우리의 의이신 그리스도를 말하고 있는 것에 주목해서, 여기에서 그리스도는 하나님의 의로 보아지고 있다고 주장한다.

라서 "사다"라는 용어의 사용은 그러한 사는 행위가 언제 어떻게 일어났는지에 관한 이해를 수반할 수밖에 없고, 다른 본문들은 분명히 이러한 이해가 무엇이었는지를 밝혀준다. 이 서신의 기자가 현재의 본문 속에서 이 용어를 사용한 것은 의도적인 것이었다고 할 수 있다. 그러므로 이 두 본문 속에는 예수의 죽음에 대한 암묵적인 언급이 존재하고, 이것은 예수의 죽음에 대한 명시적인 언급이 나오지 않는다는 사실을 적절하게 상쇄시켜 준다.

예수의 부활을 전혀 언급하지 않은 야고보서의 경우에서와 마찬가지로, 구주, 주(主), 하나님으로서의 예수에 대해 부여된 최고의 신분은 예수가 높아지신 주님으로 여겨지고 있다는 것을 보여준다. 이 서신에서 언급되고 있는 기독론적인 계기는 다소 놀랍게도 변화산 사건이다. 이 사건이 여기에서 이야기되고 있는 것은 이 사건이 아버지에 의해서 영광과 존귀가 예수에게 수여되었고 예수께서 장차 권능 중에 오실 것에 관한 예언을 확증해 주는 것이기 때문이다. 사도행전 1:11에서 승천이 예수께서 이 땅을 떠나신 것과 동일한 방식으로 다시 오실 것에 대한 보장으로 보아지고 있는 반면에, 여기에서는 변화산 사건 속에서 예수의 위엄이 그의 높아지신 신분에 대한 확증으로 보아지고 있다.

믿음. 이 서신의 시작 부분에서 베드로는 믿음이 주어진 것에 관하여 말한다(벧후 1:1). 이러한 표현은 믿음으로 말미암아 은혜로 인해서 구원받은 사건이 하나님의 선물이라고 말하고 있는 에베소서 2:8을 연상시킨다. 믿음이 오직 여기에서와 그리스도인의 성품들을 열거하고 있는 베드로후서 1:5에서만 언급되고 있다는 것은 다소 의외일 수 있다. 하지만 믿음은 신자들이 선함과 그 밖의 다른 덕목들을 추가적으로 얻음에 있어서 그 토대가 되는 것으로 강조되고 있다. 이 목록의 구조는 수사학적인 것이고, 신자가 여기에 나와 있는 순서대로 그 덕목들을 획득한다는 것을 말하고자 하는 것은 아니다. 이러한 덕목들은 당시의 비기독교적인 윤리적 가르침 속에서도 등장하지만, 신약성서의 다른 본문들과 비교해 보면, 이 목록이 결코 특이하지 않다는 것이 드러난다.[9]

갈라디아서 5장과의 밀접한 연결고리들이 존재하는데, 의미심장하게도 우리는 이러한 덕목들을 계발하는 자들은 열매 없는 자들이 되지 않을 것이라는 말을 듣는다.[10] 이 서신의 기자가 독자들에게 이러한 덕목들을 얻기 위해서 온갖 노력을 하라고 말하고 있다는 사실은 다른 곳에서 이러한 덕목들이 성령의 열매라고 말하고 있는 가르침(갈 5:22-23)과 긴장 관계에 있는 것으로 보일 수 있지만, 이와 동일한 긴장 관계는 바울 서신 속에서도 발견될 수 있다(갈 5:25).

유다서에서와 마찬가지로, 교회를 위협하는 거짓된 가르침에 대한 해독제는 영적인 성장이다. 유다서에서보다 더 첨예하게 강조점은 그리스도를 아는 지식과 그리스도인 공동체의 삶의 특징을 이루는 덕목들에 있어서의 영적인 진보에 두어져 있다. 여기에 나오는 목록은 개인적인 덕목과 사회적인 덕목의 결합이다.

지식. 베드로가 그의 독자들에게 그들의 믿음에 여러 가지 덕목들을 더하라고 말할 때, "지식"('그노시스')이 이 목록 속에서 두 번째로 나온다(벧후 1:5-6). 이러한 덕목들의 성장은 예수 그리스도를 아는 그들의 지식이 열매를 맺고 있다는 것을 의미한다(벧후 1:8).

'에피그노시스'라는 명사가 4번 사용되고(벧후 1:2, 3, 8; 2:20), '그노시스'라는 명사는 3번 사용되며(벧후 1:5, 6; 3:18), '에피기노스코'라는 동사는 2번 사용된다(벧후 2:21a, 21b).[11] 지식은 구원을 얻는 수단이다(벧후 2:20). 그

---

9)

믿음	갈 5:22			딤전 6:11
선함			빌 4:8	
지식		고후 6:6		
절제	갈 5:23	(딛 1:8)		
인내	(갈 5:22)	고후 6:4		
경건함				딤전 6:11
우애			롬 12:10	벧전 1:22
사랑	갈 5:22	고후 6:6		딤전 6:11

10) 이러한 덕목들은 헬레니즘 세계에서 비기독교적인 미덕 목록들 속에서도 발견된다. 이것은 불가피한 것이었다. 위에서 말하고자 하는 요지는 단지 여기에 나오는 목록의 정신, 이 목록 속에 열거된 실제적인 그리스도인들의 덕목들과 그러한 것들을 목록 속에 통합시키고자 한 것은 둘 다 바울에게로 소급될 수 있다는 것이다.

11) '기노스코'라는 동사는 베드로후서 1:20; 3:3에서 비신학적인 의미로 사용되고

러한 지식은 의의 길에 관한 지식이고, 거기에는 의심할 여지 없이 동일한 맥락 속에서 언급된 "거룩한 계명"에 대한 순종이 포함된다(벧후 2:21). 하나님의 은혜와 평강에 대한 지속적인 체험은 하나님과 우리 주 예수를 아는 지식을 통해서 일어난다(벧후 1:2). 우리가 삶과 경건을 위해서 필요로 하는 모든 것은 주님을 아는 우리의 지식을 통해서 온다(벧후 1:3). 베드로후서 3:18에서 '그노시스'가 주님과의 인격적인 관계를 가리키는 데에 사용되고 있기 때문에, 지식을 가리키는 두 용어 간의 차이는 분명하지 않다. 하지만, 베드로후서 1:5-6에서 나타나는 사상은 좀 더 지적인 것일 가능성이 크다.

신성한 성품에 참여함. 우리는 "신성한 성품에 참여한다"(벧후 1:4)는 어구를 고찰할 때에 바로 이러한 맥락 속에서 고찰하여야 한다. 이것은 신약성서 속에서 신자들에게 신성한 성품이 주어졌다고 말하는 가장 분명한 말씀으로서, 신성화(divinization)라는 개념을 상당히 독특하고 명시적으로 사용한 것으로 인해서 상당한 비판을 불러일으켜 왔다. 하지만 이와 비슷한 내용은 신자들이 하나님의 영광에 참여하고 있다는 바울의 말씀이나, 하나님과 그리스도가 서로 연합되어 있는 것과 비슷한 방식으로 신자들이 하나님 또는 그리스도와 연합되어 있다고 말하는 요한의 말씀에 의해서 함축되어 있다. 베드로가 여기에서 하나님의 약속들에 관하여 말하고 있다는 것을 우리는 기억하여여 하는데, 이것은 그가 여기에서 신자들이 하나님과 그리스도 앞에 나타나서 그 앞에서 흠 없고 평화로운 모습으로 발견될 때에 장차 수여받게 될 그 무엇을 생각하고 있다는 것을 확증해 준다.

회심의 소극적인 측면은 악한 정욕에 의해서 야기되는 이 세상에서의 썩어짐을 피하는 것이다(벧후 1:4). **썩어짐**(corruption)은 이 서신의 또 하나의 핵심 단어이다. 거짓 교사들은 그들도 멸망받을 것이라는 점에서 사로잡혀서 멸망받는 짐승들에 비유된다. 그들은 신자들에게 자유를 제시하지만, 그들 자신이 멸망에 잡혀 있다(벧후 2:12, 19). 이러한 말씀 배후에는 이 세상에서 하나님의 뜻에 순종하는 대신에 자신의 정욕을 따라서 살아가는 자들은 사실 정욕의 노예들이고, 결국 그들의 죄에 대한 심판으로서 하나님이 베푸

있다.

시는 멸망 속에서 끝장을 보게 될 것이라는 일반적인 이해가 놓여 있다. 신자들은 이러한 필연적인 인과의 사슬로부터 벗어날 수 있게 된 자들이다. 더럽고 부정한 것으로 보아지는 이러한 악의 그물망을 규정함에 있어서 이것보다 더 강력한 표현은 없다. 게다가, 과거의 악한 천사들과 사람들에게 일어났던 일에 관한 성경의 여러 기사들에 의해서 확인되고 있듯이, 그 심판은 확실하다. 이 심판은 육체적인 멸망과 사망, 최후의 심판의 날 이후의 운명이 결합된 것이다. 이 심판의 날 이전에도 천사들은 그 심판의 날이 이르기까지 어두운 토굴 속에 갇혀 있는 벌을 받고 있다. 베드로는 불에 의한 세상의 멸망을 심판 때에 악의 세력의 멸망과 동시에 일어나는 것으로 보고 있을 가능성이 높다.

구원. 구원은 분명히 그리스도로 말미암은 하나님의 역사이다 — 특히, 우리가 베드로후서 1:1을 올바르게 해석하고 있다면. 그것은 씻음을 포함하는데, 이것은 세례의 상징성에 대한 암시인 것 같다(벧후 1:9).[12] 씻음은 죄가 사람을 더럽게 하는 성질을 지니고 있다는 것에 대한 큰 강조에 비추어 볼 때에 구원과 관련하여 중요한 요소이다. 또한 구원은 하나님의 부르심과 택하심에 의거하는데(벧후 1:10), 이러한 부르심과 택하심은 그러한 것들에 대한 사람들의 응답에 의해서 확증될 때에만 효력을 발휘한다. 그렇게 하는 자들은 안전한 지위를 얻게 되지만(벧후 1:10, 12; cf. 벧후 2:9), 요동하는 거짓 교사들의 영향력(벧후 3:16)과 그들의 기만적인 약속들(벧후 2:14; 3:17)로 말미암아 넘어지지 않도록 끊임없이 진리에 대하여 일깨워질 필요가 있다. 이렇게 그리스도인의 삶은 힘쓰는 것(벧후 3:14)과 깨어 있음(벧후 3:17)을 요구한다. 이 서신 속에는 유다서에서보다 우리를 지키시는 하나님의 능력은 덜 강조되고 우리의 노력의 필요성은 더 강조되고 있는 것 같지만, 기본적인 사상의 패턴은 동일하다. 베드로는 신자들의 삶 속에서 성령의 영향력에 대해서 말하지는 않지만, 그가 하나님의 능력이 신자들을 그리스도인으로서의 삶을 살 수 있도록 무장시킨다고 언급하고(벧후 1:3), 은혜 안에서의 성장을

---

12) 유다서 1:12에서와 마찬가지로, 베드로후서 2:13에서도 교회의 공동체적 식사를 가리킬 가능성이 크다.

언급할(벧후 3:18) 때, 그러한 내용의 실체는 존재한다.

또한 구원은 의가 지배하게 될 새 하늘과 새 땅에서의 장래의 삶에 대한 소망을 포함한다. 이러한 상태는 우리 주와 구주이신 예수 그리스도의 영원한 나라로 묘사되기도 한다(벧후 1:11). 이 새로운 상태에 들어가는 자들은 스스로를 순결하고 흠 없이 하여야 한다. 이러한 소망의 차원은 신자들이 주께서 오실 때를 대비하여 스스로를 거룩하고 흠 없는 자가 되도록 노력하는 것을 절실하게 만든다. 바울 서신들에는 믿음과 사랑 안에서 자라가라는 신자들에 대한 명령과 하나님께서 주께서 오실 때에 신자들을 흠 없고 성숙한 자로 만드실 것이라는 언급 간에 풀리지 않는 긴장 관계가 존재한다. 이러한 동일한 긴장 관계가 여기에도 반영되어 있는 것 같다.

바로 이 대목에서 신정론(神正論)으로서의 이 서신의 기능이 드러난다. 특히, 네이리(Jerome H. Neyrey)는 이 서신에 나오는 거짓 교사들은 실제적으로 무신론을 주장하며 장래의 응보를 부정하였던 에피쿠로스 학파의 사상가들이 말했던 그런 내용들을 반영하고 있고, 베드로는 그러한 주장들을 반박하기 위하여 비기독교적인 철학자들, 특히 플루타르크(Plutarch)와 유대교 속에서 발견되는 것들과 비슷한 논거들을 사용하고 있다는 증거들을 제시하여 왔다. 이 서신의 기자가 기독론과 구원론을 길게 다룰 필요가 없었던 것은 바로 이러한 이 서신의 신학적인 초점 때문이었다.

결론

유다서에서와 마찬가지로, 이 서신의 신학의 틀은 묵시론에 강조점을 둔 기독교적인 유대 사상이지만, 그것은 유다서에서만큼 그렇게 두드러지지는 않는다.[13] 네이리의 주장이 옳다면, 저자는 이미 헬레니즘 유대교 속에서 활용되고 있었던 철학 전승으로부터의 자료들을 사용하였을 것이다.

신학적 메시지의 주된 주제는 재림에 관한 기독교적인 소망에 대한 회의

---

13) 자세한 연구로는 Anders Gerdmar, *Rethinking the Judaism–Hellenism Dichotomy: A Historiographical Case Study of Second Peter and Jude* (Stockholm: Almqvist and Wiksell, 2001)을 보라.

적인 태도와 부도덕한 삶으로 이끄는 거짓된 가르침의 위험들을 피하고 그리스도에 대한 믿음 안에서 그 믿음을 지키고 영적인 성장을 이루어 가라는 것이다.

중요한 요소들로는 다음과 같은 것들이 있다.

1. 예수께서 구주, 주(主), 하나님으로 높아지셨다는 것을 보여주는 사건으로서의 예수의 변화산 사건에 대한 이례적인 강조.

2. 믿음을 그리스도를 아는 인격적인 지식과 연결시키고 있는 것.

3. 신자들이 신성한 성품에 참여하고 있다는 것.

4. 썩어질 세상에 대한 부정적인 평가와 이 세상이 새 하늘과 새 땅으로 대체되리라는 것.

5. 사도적 전승을 굳게 붙잡고 그것을 올바르게 이해하는 것이 중요함.

참고문헌

New Testament Theologies: (English) Childs, pp. 463-76; Ladd, pp. 649-55; Strecker, pp. 641-53. (German) Gnilka, pp. 437-43; Hahn, 1:743-44, 746-49; Hübner, 2:399-410; Stuhlmacher, 2:105-14.

Bauckham, Richard J. *Jude, 2 Peter*. Waco, Tex.: Word, 1983.

———. "2 Peter". In *DLNTD*, pp. 923-27.

(Chester, Andrew, and) Ralph P. Martin. *The Theology of the Letters of James, Peter and Jude*. Cambridge: Cambridge University Press, 1994, pp. 65-86.

Ericson, N. R. "Peter, Second, Theology of". In *EDBT*, pp. 606-7.

Fornberg, Tord. *An Early Church in a Pluralistic Society: A Study of 2 Peter*. Lund: Gleerup, 1977.

Gerdmar, Anders. *Rethinking the Judaism-Hellenism Dichotomy: A Historiographical Case Study of Second Peter and Jude*. Stockholm: Almqvist and Wiksell, 2001.

Harvey, A. E. "The Testament of Simeon Peter". In *A Tribute to Geza Vermes: Essays on Jewish and Christian Literature and History*. Edited by P. R. Davies and R. T. White, pp. 339-54. Sheffield: JSOT Press, 1990.

Käsemann, Ernst "An Apologia for Primitive Christian Eschatology". In *Essays on New Testament Themes*. London: SCM Press, 1964, pp. 69-95.

Knight, Jonathan. *2 Peter and Jude*. Sheffield: Sheffield Academic Press, 1995.

Neyrey, Jerome H. "The Form and Background of the Polemic in 2 Peter". *JBL* 99 (1980): 407-31.

Wolters, Albert. "Partners of the Deity: A Covenantal Reading of 2 Peter 1:4". *CTJ* 25 (1990): 28-44.

제 30 장

신약성서에서 히브리서, 야고보서, 베드로전후서, 유다서

우리는 신약성서에 나오는 저작들을 크게 세 가지 부류로 나눌 수 있었다: 공관복음서와 사도행전; 나중에 바울 또는 그의 제자들이 쓴 저작들인 서신들을 포함한 바울 서신; 요한복음과 요한 서신들, 그리고 그 주변에 다소 불안정하게 놓여 있는 요한계시록을 포함한 요한 문헌. 이렇게 분류하면, 신약성서에는 그 나머지 책들로 구성된 또 하나의 모음집이 남게 된다 — 히브리서, 야고보서, 베드로전후서, 유다서. 여기에서 "모음집"이라는 말은 이 책들이 모종의 의미 있는 방식으로 서로 결합되어 있다는 것을 의미하는데, 이 책들은 정경 속에 포함된 초기 기독교의 저작들이라는 넓은 의미에서와 이 책들이 이미 앞에서 언급한 세 가지 모음집과 동일한 방식으로 된 모음집이 분명히 아니라는 좁은 의미에서 그렇다. 이 부류에 속한 개별 저작들 간에는 분명히 몇몇 연결고리들이 존재한다. 유다서와 베드로후서는 분명히 서로 결합되어 있다. 예수 전승들을 공통적으로 광범위하게 사용하고 있다는 것과 그 밖의 다른 중복된 내용들에 비추어 볼 때에 야고보서와 베드로전서 간에도 연결고리들이 존재한다. 그러나 이러한 것들은 너무도 일반적인 것들이기 때문에, 여기에서 우리가 묻고자 하는 것은 기본적으로 서로 독립된 이러한 저작들이 넓게 보아서 세 가지 주요한 모음집의 근저에 있는 신학과 동일한 것을 증언하고 있고 그러한 모음집들과 부합하느냐 하는 것이다.

히브리서

이 부류의 저작들 중에서 가장 무게가 나가고 독특한 저작은 히브리서이다. 이 서신의 신학은 많은 점들에서 독특하지만, 그럼에도 불구하고 초기 기독교의 기본적인 믿음들에 확고하게 토대를 두고 있다. 도드(C. H. Dodd)는 사도적 설교 및 그것이 신약성서 신학의 성장을 주도하였다는 것에 관한 그의 연구 속에서 히브리서에서의 "발전들"을 추적하지 않았지만,[1] 히브리서가 초기 기독교 사상의 패턴에 빚을 지고 있다는 것은 다른 학자들에 의해서 입증되어 왔다.[2] 그러므로 우리는 히브리서에서 서로 다른 성격의 기독교 메시지가 아니라 공통된 기독교적 메시지의 독특한 발전을 본다. 이 서신은 일차적으로 독자들로 하여금 그리스도에 대한 신앙을 버리도록 압력을 가하였던 위험에 관한 것인데, 저자는 두 가지 요소를 결합한 신학적인 접근 방식을 전개함으로써 이 문제를 처리한다.

계약과 여정. 한편으로, 그는 기독교의 신앙이 유대교 신앙의 성취로 이해될 수 있다는 것을 보여주기 위해서 옛 계약과 새 계약이라는 두 계약 간의 대비를 발전시킨다. 그는 구약성서, 특히 희생 제사 제도에 의해서 제공된 범주들을 사용해서 기독교를 설명하고, 나아가서 새 계약이 옛 계약을 대체하였기 때문에, 옛 계약으로 되돌아가는 것은 아무런 의미도 없다는 것을 논증한다.

다른 한편으로, 그는 그리스도인들을 둘러싼 어려움들을 인정하고, 광야를 통과하였던 이스라엘 백성의 여정과 같은 그러한 여정(旅程)으로서의 그

---

1) C. H. Dodd, *The Apostolic Preaching and Its Developments* (London: Hodder & Stoughton, 1936, 1944 [2nd ed.]).

2) 특히, R. V. G. Tasker, *The Gospel in the Epistle to the Hebrews* (London: Tyndale Press, 1950); F. R Bruce, "The Kerygma of Hebrews", *Int* 23 (1969): 3-19 를 보라. 이 점에 관한 Robert H. Mounce, *The Essential Nature of New Testament Preaching* (Grand Rapids, Mich.: Eerdmans, 1960), pp. 142-45의 논의는 불행히도 아주 짧지만, 히브리서 저자가 하나님께 나아가는 것을 참된 신앙의 핵심으로 보았다는 것과 기독교의 진리를 나타내기 위해서 철학적인 용어들을 기꺼이 사용하고자 하였다는 것을 보여준다.

리스도인의 삶이라는 개념을 발전시키면서, 그리스도인들에게 하나님에 대한 견고한 신앙을 유지할 것을 권한다. 이미 그들은 내세의 삶을 체험하고 있지만, 여전히 온전함에 도달할 때까지 성장하도록 힘써야 한다. 그들은 이 땅에서 나그네로 살아가는 하나님의 백성이다.

이렇게 그리스도인의 삶을 여정이라는 관점에서 이해하는 것은 그가 그의 독자들을 격려함에 있어서 중요한 부분이었다. 그가 이러한 이미지를 선택한 것은 그에게 직면한 특정한 문제, 즉 신자들에게 가해지는 압력에 저항하느라 지쳐서 그들의 믿음을 버릴 위험에 처한 신자들에게 다시 새 힘을 공급해 주어야 한다는 문제 때문이었다. 따라서 그리스도인들이 그들의 신앙을 인내로써 견고하게 지켜야 할 필요성이 있다는 것을 좀 더 충분히 이해시키기 위하여 여정(journey)과 경주(race)에 관한 이미지들이 함께 제시된다.

이렇게 한 결과로서 영어의 **신실함**(faithfulness)이라는 단어를 통해서 표현되는 믿음의 지속성이라는 요소가 더 크게 강조되게 되었다. 이것은 신약성서의 다른 곳에 나오는 것과는 다른 믿음에 대한 이해가 아니라, 믿음 속에서 당시의 독자들에게 가장 필요했던 요소가 강조된 것뿐이었다. 우리는 이러한 것을 목회 서신들 속에서 복음에 담겨진 진리들을 아는 지식과 그 지식의 수용의 요소가 강조된 것과 대비해 볼 수 있다.

이 두 경우에 있어서 기자는 초대 교회에서 사용된 기존의 모티프들에 의존하고 있다. 새 계약에 관한 모티프는 널리 퍼져 있었던 것은 아니지만, 분명히 초대 교회 속에 존재하였다. 최후의 만찬에 나오는 잔에 관한 말씀은 예수의 죽음이 새 계약을 개시시키는 희생 제사로 이해될 수 있었다는 것을 보여주는데, 이것은 베드로전서 1:2에도 반영되어 있다. 그런 후에, 새 계약이라는 개념은 바울에 의해서 갈라디아서 4:24과 고린도후서 3장에서 사용되고 있다.

하지만 그 어디에서도 이 모티프는 히브리서에서만큼 자세하고 독특하게 발전되고 있지 않은데, 히브리서에서 이 모티프는 독자들에 대한 목회적인 격려를 위해서 사용되고 있다. 옛 계약과 새 계약 간의 대비는 옛 계약이 이제 갱신되었고, 그러한 의미에서 지양되었다는 것을 보여주는 방식으로 전개되고 있다. 여기에서 고린도후서 3장에 나오는 이 동일한 주제에 대한 바

울의 접근 방식과 자세하게 비교해 보는 것이 도움이 될 것이다.[3] **대체**
(supersession, 또는 **폐기**)라는 용어를 사용하면 기겁을 할 신학자들이 일부
있기 때문에, 우리는 또 하나의 다른 계약에 의해서 이전의 계약이 대체되었
다는 개념이 아니라 두 국면을 지닌 하나의 계약에 관하여 말하고 있다고 해
두는 것이 좋을 것이다.[4] 하나님은 유대 백성을 거부하고 그 대신에 이방인들
에게로 향한 것이 아니라, 메시야를 통해서 자신을 계시하셨고, 메시야가 모
든 사람을 그에게 오게 할 수 있는 한 분 유일한 중보자라고 선언하셨다.

광야를 통과하는 여정으로서의 그리스도인의 삶이라는 개념은 초기 기독
교의 권면에서 사용된 개념의 일부였지만, 신약성서의 다른 곳에서는 이 개
념이 히브리서에서보다 더 자세하게 발전되고 있지 않다. 여정이라는 모티
프는 누가에 의해서 예수의 삶뿐만 아니라 기독교 운동과 관련해서도 사용
되고 있다. 또한 베드로는 신자들이 이 세상에서 나그네로 살아가고 있다고
이해함으로써 여기에 나오는 내용에 대한 병행을 보여주고 있다 — 물론, 베
드로서에 나오는 모티프는 신자들이 여행자로서 이 세상을 통과하고 있다는
것이라기보다는 그들이 속해 있지 않은 세상에서 살아가고 있다는 개념이
더 강하기는 하지만(벧전 2:11). 빌립보서 3장에 나오는 달려가야 할 경주로
서의 그리스도인의 삶에 관한 은유도 여기에 나오는 것과 별반 다르지 않다.

제사장직과 희생 제사.　이러한 맥락 속에서 기자는 자세한 비교를 통해서
예수가 모세 및 아론과 대응되는 인물로서 그의 역할은 그들의 역할과의 유
비를 통해서 이해되어야 한다는 것을 보여준다. 히브리서는 신약성서 중에
서 모형론을 가장 광범위하게 채택하고 있는 문서이다. 모형론은 하나님께
서 구약 때에 몇몇 사람들과 제도들을 통해서 나중에 그가 최종적인 방식으
로 행하실 패턴들을 보여주셨다고 보는 것이다. 예수는 새로운 모세이자 새

---

3) 대학원생들을 위한 논문 주제들을 생각해 내는 자들은 여기에 주목해야 한다!

4) 우리는 Nota Bene와 MS Word 같은 두 개의 서로 다른 실체가 아니라 도스용
Nota Bene로부터 윈도우즈용 Nota Bene로의 발전(저자는 이 소프트웨어의 탁월한 도
움을 받아서 이 책을 집필하였다)과 같이 동일한 실체에 관한 역사 속에서의 두 단계를
다루고 있는 것이다. 도스용 Nota Bene는 당시에는 큰 일을 수행했지만, 지금에 와서
다시 도스용 Nota Bene로 되돌아가고자 하는 사람들이 누가 있을까?

로운 아론이라고 말할 수도 있고, 모세와 아론은 그들의 서로 다른 역할들을 통해서 옛 예수였다고 말할 수도 있다. 저자의 목적은 예수를 이해하기 위한 범주들을 제공해 주기 위하여 모형론을 사용하는 것이 아니라, 과거의 모형들은 예수의 역할을 보여주는 것이기 때문에 이제 예수께서 오셔서 자신의 역할을 수행하였기 때문에 이러한 역할들을 상징하였던 과거의 것들은 이제는 달려갈 길을 다 달려서 수명을 다하였다는 것을 보여주는 것이었다. 따라서 황소와 염소의 피가 실제로 죄를 없앨 수 없었고, 그 깨끗하게 하는 효과는 외적인 것에 머물렀기 때문에, 구약성서에 규정된 희생 제사들은 그것들이 시행되던 시대에서 제한적인 효력만을 지니고 있었다. 이제 그것들은 예배하는 자들을 온전하게 하실 수 있는 그리스도의 온전한 희생 제사에 의해서 대체되었다.

이 주제를 설명함에 있어서 저자는 대속죄일에 드려진 희생 제사가 그리스도의 희생 제사를 이해하기 위한 모형이 된다는 것을 상당한 정도로 자세하게 서술해 나간다. 그는 제단에서 짐승을 잡은 후에 죄를 속하기 위하여 지성소로 피를 들고 가는 패턴을 가져와서 사용한다. 그는 이것을 그리스도께서 십자가 위에서 자신의 피를 뿌리신 후에 인간의 죄를 최종적이고 온전하게 속하기 위하여 하나님께 자신의 희생제사를 드리려고 하늘로 가신 것과 비교한다. 여기에서 우리는 이러한 문제와 씨름하지 않았던 신약성서의 다른 기자들의 이해보다 한층 더 나아간 히브리서 기자의 이해를 보여주는 중요한 한 예를 보게 된다. 그는 우리에게 십자가 위에서 드려진 희생 제사가 어떻게 효력을 발생하게 되었는지에 대한 근거를 제시하면서, 그리스도의 높아지심 또는 그가 하늘로 들어가심이 구원 사건의 본질적인 부분이라는 것을 보여준다.

신약성서의 다른 곳에서는 제사장과 관련된 표현은 예수에게 제한적으로만 사용되고 있고, 예수를 희생제물로 생각하는 것이 좀 더 통상적인 것이었다. 우리는 예수께서 우리를 위하여 자신을 내어 주셨다는 말씀들, 예수께서 하나님께 드려진 희생제물로서 우리를 위하여 자신을 버리셨다는 말씀(엡 5:2) 속에서 그러한 사상의 초기적인 형태들을 발견한다. 그러나 이 주제는 좀 더 널리 퍼져 있었다. 예수의 죽음을 희생제사적인 죽음으로 보는 이해는 통상적으로 길게 하나의 주제로 다루어지고 있지는 않지만, 신약성서의 도처에서 그 근저에 있는 모티프가 되고 있다. 바울은 예수의 죽음을 유월절 희생 제사와 속죄제라는 관점에서 보고 있고, 예수의 역할을 도피 염소에 비추어서 이해하고 있다.[5] 희생 제사라는 개념은 요한복음, 요한일서, 베드로전서, 요한계시록에도 나온다.

믿음에서 떨어져 나가는 것의 문제. 우리는 이 서신이 신자들이 그리스도로부터 떨어져 나가서 하나님의 심판 아래 놓이게 될 위험성을 경고하고 있다는 것을 살펴본 바 있다. 하지만 학자들은 흔히 신약성서의 다른 곳에서는 구원의 성격에 대해서 어떤 사람이 한 번 그리스도인 신자가 되면 믿음에서 떨어져 나가거나 구원을 잃을 가능성이 없다고 말하고 있는 것으로 생각한다. 신자들은 창세 전에 이루어진 선택의 행위를 통해서 구원을 위하여 하나님에 의해서 택함받은 자들이다. 그들은 하나님의 행위를 통해서 믿음 안에서 하나님에 의해서 부르심을 받았고 그리스도에게 이끌려졌다. 그들은 하나님의 성령에 의해서 거듭났고, 그들에게는 없앨 수 없는 신분과 성품이 수여되었다. 그들에게는 하나님의 능력에 의해서 보호받게 될 것이라는 약속이 주어져 있고, 그들은 아무도 그 목자의 손에서 빼앗을 수 없는 양들이다. 그들을 부르신 하나님은 신실하시기 때문에, 그들을 버리지 않으실 것이다. 그들은 하나님의 은혜로 말미암아 의롭다 하심을 받았고, 이 칭의는 온전하고 최종적인 것이기 때문에, 그 이후에 그들이 아무리 많은 죄를 범한다고 할지라도, 그러한 것은 하나님에 대한 그들의 신분을 바꿀 수 없다. 그 어떤 것도 그들을 하나님의 사랑에서 떼어 놓을 수 없다. 주로 바울과 요한으로부터 가져온 이러한 일련의 말씀들은 신자들의 구원을 영원히 안전한 것으로 만들고 있는 것으로 보인다. 사실, 그들은 중대한 죄를 범할 수 있지만, 그들의 죄는 결코 하나님으로 하여금 그들을 버리게 할 정도로 큰 것이 되지 않을 것이다. 왜냐하면, 하나님은 그들의 삶 속에서 역사하셔서, 그들로 하여

---

5) 제18장 각주22를 참조하라. 거기에서 나는 바울이 그리스도를 대속죄일의 도피 염소라는 관점에서 보았다는 Bradley H. McLean의 주장에는 동의했지만, 바울이 그리스도를 죄를 위한 희생제물로는 보지 않았다는 그의 주장에는 동의하지 않았다.

금 믿음에서 떨어져 나가지 않도록 지키실 것이기 때문이다. 이것은 그들이 그들의 안전을 기정사실화해서 마음으로까지 진심으로 범죄해도 좋다는 것을 의미하지는 않는다. 몇몇 경우들에 있어서 이러한 경향의 존재는 그들이 진정으로 결코 구원받지 않았다는 것을 보여주는 표지가 될 것이다. 또 어떤 경우들에 있어서 참된 신자들이 죄에 빠진 경우에 그들은 하나님으로부터 영원히 격리되는 것이 아니라 다른 징벌들 또는 징계들을 받게 될 것이다.[6]

히브리서는 이러한 공통된 견해와는 두드러지게 반대 방향으로 나아가고 있는 것으로 보인다. 이러한 문제는 여러 가지 방식으로 해결될 수 있다. 첫 번째는 구원에 대한 두 가지 서로 다른 이해들 간의 충돌을 그냥 받아들이는 것이다. 두 번째는 히브리서가 겉보기에 가르치고 있는 것처럼 보이는 것을 부정하는 것이다. 히브리서에 나오는 믿음에서 떨어져 나갈 위험성에 처해 있는 자들은 실제로는 결코 참된 신자들이 아니었고 진정한 또는 온전한 기독교적인 체험을 하지 않은 자들이라는 것을 보여주고자 했던 학자들은 이러한 노선을 따랐다. 또 다른 방법은 여기에 묘사된 경우들은 만약 이러한 사람들이 믿음에서 떨어져 나간다면 그들은 이러한 운명을 겪게 될 것이라는 의미에서 가설적인 것이고, 하나님은 언제나 자신의 백성들이 위험과 배교의 지경까지 나아가는 것을 막아 주시기 때문에, 그러한 것은 어디까지나 불가능한 가설에 불과하다는 주장이다. 이러한 견해의 한 가지 변형은 여기에 나오는 경고들은 하나님께서 그의 백성들이 믿음을 인내로써 굳게 지켜야 한다는 것을 강조하는 방식이라는 것이다: 여기에 나오는 권면들은 "믿음에서 떨어져 나갈 가능성이 있다는 것을 함축하는 것이 아니라 믿음의 순종을 확보하기 위한"[7] 것이다. 세 번째는 히브리서가 액면 그대로 가르치고 있는 것을 그대로 받아들이고, 이러한 가르침은 신약성서의 다른 저자들의 가

---

6) 그러한 것들은 이 세상에서의 일시적인 형벌들 또는 그렇지 않더라면 하늘에서 받게 되었을 상급들의 박탈이다(cf. 고전 3:10-15). 이러한 입장을 옹호하는 자들인 개신교 그리스도인들에게는 연옥 사상은 저주받을 사상이다!

7) Thomas R. Schreiner and Ardel B. Caneday, *The Race Set Before Us: A Biblical Theology of Perseverance and Assurance* (Downers Grove, Ill.: Inter Varsity Press, 2001), p. 163.

르침과 양립할 수 없는 것이 아니라고 보는 것이다.

이 서신에 대한 나의 이전의 논의 속에서 나는 여기에 나오는 경고들은 진정한 것이고 가설적인 것으로 보이지 않는다고 주장한 바 있다. 이 경고들은 비록 희미한 가능성이긴 하지만 실제적인 가능성을 보여준다. 그러므로 문제는 신약성서의 다른 곳에 나오는 가르침이 히브리서에서의 이러한 강조점과 조화될 수 있느냐 하는 것이다. 다른 곳에서 나는 신약성서의 기자들이 하나님께서 그의 백성들을 돌보시며 그들이 믿음에서 떨어지지 않도록 보존하시는 신실하심을 지니고 계시다는 것을 강조하는 동시에(유 1:24), 그의 백성들에게 이 하나님에 대한 믿음을 계속해서 지니고 하나님으로부터 떨어지지 않도록 격려하고 있다는 것을 살펴본 바 있다. 그들이 안전한 것은 하나님의 신실하신 사랑 덕분이다. 그럼에도 불구하고, 이러한 모티프와 더불어서 믿음에서 떨어져 나갈 위험성에 대한 경고들도 존재한다. 그 경고들은 신자들에게 주께 믿음을 두고 주의 약속들을 받아들이라고 강력하게 권고한다. 여기에는 거룩함을 이룸에 있어서 하나님께서 신자들에게 능력을 주시는 것과 신자들 자신이 힘써야 한다는 것 간의 관계의 경우에서 볼 수 있는 것과 같은 역설이 존재한다. 만약 신자들이 실제로 믿음에서 떨어질 위험성이 없다는 것을 알고 있었다면, 이러한 경고들은 신자들이 믿음에서 떨어져 나가는 것을 막는 효과를 잃게 될 것이다. 신자들은 신학적인 교리에 대한 믿음에 의해서가 아니라 하나님의 신실하심에 대한 믿음에 의해서 살아가도록 요구를 받는다(cf. 히 6:16-20).[8]

그리스도인의 삶의 성격. 그러므로 이제까지의 서술을 통해서 우리는 히브리서 기자가 바울을 비롯한 여러 기자들 속에서 발견되는 모티프들을 한층 더 발전시키고 있고, 분명히 그러한 기자들의 사상에 대한 정당한 확장으로 볼 수 있는 방식으로 그렇게 하고 있다고 볼 수 있다. 하지만 히브리서는 초기 기독교 신학의 몇몇 다른 측면들에 대하여 상대적으로 침묵하거나 언급하지 않는다. 우리가 위에서 역설했듯이, 분명히 이 서신 속에서 성령의

---

8) I. Howard Marshall, *Kept by the Power of God: A Study of Perseverance and Falling Away*, 3rd ed. (Carlisle: Paternoster, 1995)를 보라.

활동은 쉽게 개관될 수 있다. 성령은 그리스도와 복음을 증언할 뿐만 아니라(히 2:4; 3:7; 9:8; 10:15), 그리스도의 삶 속에서 역사하고(히 9:14), 신자들의 삶과 밀접하게 연관되어 있다(히 6:4; cf. 10:29). 또한 하나님의 능력도 신자들 속에 있어서, 그들로 하여금 하나님의 뜻을 행할 수 있게 해 준다(히 13:21; cf. 빌 2:12–13). 이러한 모티프들이 좀 더 상세하게 언급되고 있지 않다는 것은 오늘날의 몇몇 그리스도인들이 그들의 영적인 삶의 성격을 그리스도와의 인격적인 관계라는 관점에서 표현하고 이것과 관련해서 성령을 언급하는 것을 소홀히 하는 것과 비교해 볼 수 있을 것이다.

　그러나 바울과 요한의 특징, 즉 하나님과 그리스도에 대한 신자들의 영적인 연합에 관한 표현이 거의 나오지 않는 히브리서에 이러한 설명이 과연 적절한지는 분명하지 않다. 옛 계약 아래에서의 희생 제사 제도로부터 가져온 표현들의 사용은 히브리서 기자가 그리스도인으로서의 체험을 다룰 수 있는 범위를 제약하는 경향을 지니고 있다. 하나님은 언제나 예수 그리스도를 통해서 접근할 수 있는 좀 더 먼 곳에 계시는 존재로 묘사될 수밖에 없다 — 하나님은 바울이 로마서 5:1에서 묘사한 것과 같은 방식으로 접근될 수 있는 분임에도 불구하고. 신자들이 신앙의 긴 여정 속에서 필요로 하는 영적인 자원들에 대한 강조도 별로 나오지 않는다. 그들은 소망에 의해서 지지되고 있지만, 이 소망은 그들을 절대적으로 견고하게 붙잡아 주는 닻에 비유된다. 이 은유를 뒤집어 보면, 우리는 잠수부를 그의 배와 연결시켜 주는 생명줄, 또는 숨을 쉬게 해 주는 산소 탱크와 연결해 주는 생명줄을 생각해 볼 수 있을 것이다. 이 점에서 히브리서는, 신자들에게 다양한 방식으로 영적인 힘이 공급되고 있다는 것을 보여주지만 선교를 위해 능력을 공급하는 것 이외에는 그리스도와의 인격적인 관계나 성령의 내적인 역사라는 개념에 대하여 상당한 정도로 침묵하고 있는 사도행전과 더 비슷하다고 할 수 있다.

　그러나 우리는 겉보기에 생략되어 있는 그러한 모티프가 또 다른 신학적인 모티프의 존재, 즉 신자들이 그리스도의 제사장적인 중보를 힘입어서 하늘에 계신 하나님께 기도를 통해서 나아감으로써 하늘의 생명에 참여한다는 모티프의 존재를 통해서 보완되고 있다고 말해야 할 것이다. 여기에서 우리는 위에 있는 예루살렘이라는 개념(갈 4:26), 신자들이 지금 서 있는 천상의 영역이라는 개념(엡 1:3), 신자들이 그리스도와 더불어서 살리심을 받은 천상의 영역(골 3:1) 등과 어느 정도 유사성을 지닌 것으로서 신자들이 지금 들어가 있는 새로운 영적 삶의 본질에 관한 표현을 본다. 이렇게 신자들에게는 그들이 여전히 땅에 있지만 하늘에 있는 하나님의 현존 속에서 살아가는 영적인 삶이 존재한다. 히브리서는 신자들이 이미 그리스도와 더불어서 살리심을 받아서 담대하게 그에게 나아갈 수 있다고 말하는 수직적으로 실현된 종말론(cf. 롬 5:1)과 그리스도의 오심을 바라보는 미래적인 종말론(히 9:28; 10:37)을 동시에 담고 있다. 이와 같이 지금 여기에서 하늘에 있는 하나님의 현존 속에 살아가면서 하나님에게 기도할 특권을 가지고 있다는 개념은 바울과 요한에게서 아주 두드러지는 그리스도와의 현재적인 연합이라는 개념과 일치하는 것으로 보인다.

출애굽 신학. 이러한 독특한 신학의 배경과 기원이라는 문제는 다른 저술가들에 의해서 충분히 논의되었기 때문에, 그들의 연구에 어떤 중요한 내용을 덧붙이는 것은 어려운 것 같다. 특히, 허스트(L. D. Hurst)는 이 분야를 개관하였다.[9] 그의 요약은 히브리서가 플라톤 사상 및 필로에게서 발견되는 것과 같은 사상에 빚을 지고 있다는 것을 암시해 주는 몇몇 피상적인 유사점들에도 불구하고 이 신학의 주된 흐름이 유대교 내에 속해 있다는 것을 보여주었다. 히브리서의 신학을 특히 쿰란 분파의 신학 또는 사마리아인들을 포함한 그 밖의 다른 좀 더 비의적(秘儀的)인 집단들의 신학과 결부시키고자 하는 시도들은 실패한 것으로 보아야 한다. 초기 기독 교회 내에서 히브리서는 사도행전 6–7장에 나오는 스데반 및 바울과 연결된 사고 방식과 주목할 만한 연결고리들을 보여준다. 특히 에른스트 케제만에 의해서 주장된 영지주의적인 영향이라는 가설[10]은 기각되어야 한다. 히브리서와 좀 더 많은 연결고리들을 지니고 있는 것은 유대교의 묵시문학이다. 허스트는 히브리서 기자가 사도행전 7장에서 발견되는 것과 비슷한 방식으로 구약성서를 사용하

---

9) L. D. Hurst, *The Epistle to the Hebrews: Its Background of Thought* (Cambridge: Cambridge University Press, 1990).

10) Ernst Käsemann, *The Wandering People of God: An Investigation of the Letter to the Hebrews* (Minneapolis: Augsburg, 1984).

면서, 유대교의 묵시문학 및 "바울과 같은" 신학을 접하였던 칠십인역의 문도(門徒)였다고 보고, 이러한 "혼합"이 이 서신의 많은 부분을 설명해 줄 것이라고 주장한다. 하지만 그는 그러한 것이 하늘의 대제사장이라는 모티프의 발전을 온전히 설명해 주지 못한다는 것을 인정하고, 이 문제를 앞으로 새로운 조명이 필요한 미완의 수수께끼로 남겨 둔다.

우리가 말할 수 있는 것은 애굽으로부터의 이스라엘의 구속에 관한 이야기를 모형론적으로 해석하는 출애굽 신학은 초기 기독교 사상의 기본적인 부분이었다는 것이다. 우리가 히브리서에서 보는 것은 희생 제사로서의 그리스도의 죽음이라는 기존의 개념에 의해서 촉진되었다고 할 수 있는 이 특정한 사상 노선에 대한 구체적인 발전물이다. 하늘의 주로서의 그리스도라는 개념은 시편 110편과 밀접하게 연결되어 있었고, 거기로부터 그리스도의 제사장직으로의 발전은 상당히 자연스러운 것이었다. 희생 제사에 관한 표현이 이미 사용되고 있었기 때문에, 이 모형론 속에서 멜기세덱의 제사장직으로부터 레위 지파의 제사장직으로 넘어간 것은 허스트가 주장하는 것과는 달리 그렇게 큰 수수께끼가 아니다. 물론, 이러한 연결고리들을 찾아내어서 발전시키는 일은 독창적이고 창조적인 사상가를 필요로 하였는데, 이것이 바로 히브리서 기자가 했던 일이었다. 나는 여기에 그 이상의 추가적인 설명이 과연 필요한 것인지 의문이 든다.

선교 신학. 히브리서의 신학이 선교적인 성격을 지니고 있다는 것은 얼핏 보면 별로 분명하게 드러나지 않을 수 있다. 이 서신은 새로운 회심자들을 얻는 것이 아니라 기존의 그리스도인 신자들이 신앙으로부터 떨어져 나갈 위험성에 더 관심을 갖는다. 이 서신은 신자들에게 그들의 신앙을 굳게 붙잡고 인내로써 그 믿음을 지키라고 호소한다. 그럼에도 불구하고, 이 서신은 사람들이 신자들이 된 상황, 독자들이 주님에 의해서 처음으로 선포된 후에 주님의 말씀을 들은 자들에 의해서 확증된 메시지를 들었다는 것, 하나님께서 표적들과 기사들, 성령의 은사들을 통해서 그들을 밑받침하고 그들의 메시지를 지지하였다는 것에 관한 서술을 담고 있다(히 2:3-4). 이렇게 해서 교회가 그 기원을 사도적인 선교에 빚지고 있다는 인식이 분명하게 드러난다. 여기에서 특히 흥미로운 것은 성령이 하나님의 뜻대로 은사들을 나누어 준다고 언급하고 있는(고전 12:11) 고린도 전서 12장과 누가복음-사도행전을 반영하고 있는 것들이다. 반운닉(W. C. van Unnik)은 히브리서에 나오는 이 짤막한 말씀이 누가복음-사도행전에 대한 기가 막힌 요약으로서 정확히 그 구조와 분위기를 포착하고 있다고 주장하였다.[11]

결론. 이러한 고찰들은 히브리서와 그 모든 개별적인 신학적 발전들은 초기 기독교 신학의 다른 주요한 표현들과 강력한 연결 관계들을 지니고 있다는 것을 보여준다. 히브리서의 사상의 뿌리는 당시 신자들에 의해서 폭넓게 받아들여졌던 기독교적인 확신들에 두어져 있다. 우리가 이 장에서 고찰하게 될 다른 저작들과 마찬가지로, 히브리서는 이 신학에 대한 여러 가지 다양한 증언에 풍부함을 더해 주고, 또한 신약성서의 개별 기자들이 얼마나 창조적이고 혁신적으로 그들의 신학적인 작업을 수행할 수 있었는지를 잘 보여준다.

야고보서

우리는 야고보서에 대한 분석을 통해서 야고보서 속에는 흔히 생각되는 것보다 훨씬 더 많은 신학적 기반이 존재한다는 것을 밝혀 내었다. 야고보는 기본적으로 시험 가운데 있는 그리스도인의 삶에 관한 것이다. 야고보서는 유대교의 지혜 전승 위에 서 있고, 그 가르침을 표현하는 나름대로의 특징적인 방식을 지니고 있다. 우리는 야고보서가 교회에서의 실제적인 문제들에 관심을 갖고 있었다는 것을 보았다. 하지만 우리는 야고보가 교리적인 메시지들을 전하였는지, 만약 전하였다면 어떻게 그렇게 하였는지에 대해서는 알지 못한다. 만약 우리가 야고보서, 에베소서, 골로새서의 후반부들만을 비교해 본다면, 이 세 서신은 서로 닮아 있다고 말할 수 있다.

야고보서의 신학에 대한 배경은 유대교에서 찾아 볼 수 있다. 실제로, 야고보서가 원래 유대교 문서였는데, 그것을 약간 개정해서 기독교적인 색채를 덧입힌 것이라는 주장이 한때 제기되기도 하였다. 야고보서에 나오는 하나

---

11) W. C. van Unnik, "'The Book of Acts,' the Confirmation of the Gospel", *NovT* 4 (1960): 26-59.

님 개념은 철저하게 유대교적인 것이어서, 야고보서 2:19에는 '쉐마'에 대한 반영이 존재한다고까지 주장된다. 구약성서는 야고보서의 가르침의 상당 부분의 문체와 내용, 예화들, 잠언 성격을 지닌 권면을 위한 원천이 되고 있다. 야고보서에 나오는 권면의 많은 부분도 토빗서 또는 「열두 족장의 유언서」 (*Testaments of the Twelve Patriarchs*)에 나타난 유대교적인 경건을 담고 있다고 할 수 있다. 신약성서의 다른 책들에서보다도 야고보서에서 좀 더 분명하게 드러나는 이러한 구체적인 유대교적인 배경은 야고보서에 그 특징적인 색채를 부여하고 있다.

야고보서가 기본적으로 유대교적인 성격을 지니고 있다는 이러한 가설에 대한 주요한 반론은 야고보서는 신약성서의 다른 그 어느 서신보다도 예수의 가르침을 함축적으로 언급하고 있고, 이것을 통해서 유대교적인 것이 아니라 근본적으로 기독교적인 특질을 나타내고 있다는 것이다. 야고보서에서는 예수의 가르침에 대한 직접적인 인용문들이 아니라 그 강력한 반영들을 찾아볼 수 있다. 이러한 반영들은 주로 산상수훈으로부터 온 것들이다. 이렇게 베드로전서에서와 마찬가지로 우리는 야고보서에서도 구약성서에 토대를 둔 유대교 전승과 나란히 등장하여 그 신학과 윤리에 근거를 제시해 주는 예수 전승을 본다. 우리는 신약성서 전체에 있어서 야고보서의 중요한 기능은 주님으로서의 예수의 의미에 큰 무게를 부여하는 사람들에게 예수에 관한 올바른 신앙 고백들을 행하는 것에 대한 지나친 관심으로 말미암아 그의 매우 실천적인 가르침을 소홀히 하지 말 것을 상기시키는 것이라고 말할 수 있다. 나아가, 우리는 야고보서가 많은 점들에서 초대 교회의 공통된 신학을 반영하고 있다는 것을 살펴본 바 있다. 한 분 하나님, 율법 수여자와 재판장으로서의 하나님, 은혜로 선물들을 주시고 그의 백성의 기도를 들으시는 분으로서의 하나님이라는 야고보서의 이해는 하나님에 대한 중심적인 이해와 온전히 맥을 같이한다. 가난한 자들에 대한 야고보서의 관심은 예수의 가르침을 반영하고 있다. 예수에 대해서는 거의 언급이 되고 있지 않지만, 그의 높아지시고 영화로운 지위는 전제되고 있고, 장차 그가 오실 것이 대망되고 있다.

야고보에게 있어서 그리스도인의 삶은 거듭남으로 시작되어서 지속적으로 믿음을 지닌 삶이다. 그는 시험과 죄의 성격에 대한 자신의 분석을 제시하고 있고, 신자들에게 시험과 시련들이 닥친다는 것을 인정하는 현실주의자이다. 그는 그리스도인이 된다는 것은 믿는 자가 된다는 것을 전제하지만, 믿음이 단지 머릿속의 문제일 뿐이고 행동에 영향을 주지 않는다는 잘못된 인식을 교정해 준다. 우리는 이미 야고보가 믿음과 행위라는 문제에 있어서 바울과는 다른, 심지어 반대되는 입장을 취하고 있는 것으로 흔히 생각되어 왔음에도 불구하고 이 두 사람의 입장은 서로 조화가 된다는 것을 살펴본 바 있다. 야고보는 회중으로서의 그들의 삶에 초점을 맞춘 가운데 그리스도인 공동체들에게 편지를 쓰면서, 특히 가난한 자들을 존중하고 돌보아야 하며, 서로를 위해 기도하고, 신앙으로부터 떨어져 나갈 위험성이 있는 자들을 특별히 목회적으로 돌보아야 할 필요성에 대하여 그들의 삶과 관련된 조언을 한다. 그는 하나님께서 기도에 응답하여 병을 고쳐 주시는 일이 실제로 일어난다는 것을 단언한다. 이 모든 것은 분명히 신약성서의 다른 곳에서의 가르침과 일맥상통하는 것들이다.

절름발이 신학? 야고보서가 의심할 여지 없이 기독교적인 성격을 지니고 있음에도 불구하고, 거기에는 놀랄 만한 침묵들도 존재한다. 예수의 성육신, 죽음, 부활에 관한 내용이 전혀 없다. 성령에 대한 언급도 나오지 않는다. 우리가 바울이나 요한에게서 찾아볼 수 있는 영적인 삶의 본질에 관한 깊은 신학적인 가르침도 없다. 우리는 야고보서에서 하나님과의 영적인 교통 또는 그리스도 안에서의 삶에 관한 그 어떤 서술도 찾아볼 수 없고, 신자들이 예수와 합하여 그의 죽음과 부활에 참여하였다는 말씀도 찾아볼 수 없다. 야고보는 일차적으로 신자들이 세상에서 어떻게 처신하여야 하고, 고난을 어떻게 대처하여야 하며, 그들이 어떻게 기도하여야 하는지에 관한 아주 실천적인 것들에 관심을 갖는다.

이것에 대한 설명 중의 일부는 의심할 여지 없이 야고보가 그리스도인의 행실에 관한 특정한 문제들을 다루는 실천적인 서신을 쓰고 있다는 것이다. 하지만 야고보서에는 잠언과 같은 지혜와 밀접하게 뒤섞여 있는 그의 메시지에 대하여 신학적인 근거로 밑받침하는 것이 결여되어 있다. 야고보서는 지극히 실제적인 서신으로서 바울이나 요한 또는 히브리서를 난해하다고 생각하였을 그런 회중들에게 건네졌을 것이다.

따라서, 신학적인 강조점들은 우리가 예상했던 것과는 다른 곳에 두어져 있다. 문제는 그 신학이 우리가 신약성서의 다른 곳에서 볼 수 있는 것과 양립될 수 있느냐 하는 것이다.

야고보와 바울. 여기에서 주된 쟁점은 믿음과 행위의 문제인데(약 2:14-26), 야고보는 행위가 아니라 믿음에 의한 칭의라는 바울의 이해를 공격하고 있다고 흔히 생각되어 왔다. 내가 보기에는, 그리스도인의 회심의 성격을 표현하기 위하여 믿음으로 말미암은 칭의라는 표현을 사용한 것은 바울에게서 기원한 것이고, 적어도 바울보다 앞서서는 그 어떤 중요한 역사도 가지고 있지 않다. 분명히 이신칭의는 바울 이전의 모티프였는데, 바울이 그것을 크게 발전시켰다고 생각하는 학자들이 많다. 하지만, 이신칭의를 말하고 있는 본문들 중에서 바울 이전의 것이라고 할 수 있는 것은 아무것도 없다(눅 18:14과 롬 3:24-25은 예외가 될 수도 있다). 어쨌든 야고보가 여기에서 다루고 있는 것은 적어도 바울에 의해서 기독교 신학의 중심으로 부각된 개념이고, 따라서 여기에서 수행되고 있는 것은 바울의 가르침에 대한 모종의 반작용일 가능성이 대단히 높다. 그러나 이것은 야고보가 바울을 반박하고 있다거나 신학적으로 그의 대적이 되고 있다는 것을 의미하지 않는다. 이러한 평가는 종종 독일 신학자들 가운데서 발견되는데, 그러한 경향은 마르틴 루터가 야고보서를 폄훼한 것에 의해서 영향을 받은 것으로 보인다. 그들은 야고보가 바울의 저작들(로마서)을 알고 있었고, 바울이 무엇을 말하고 있는지도 이해한 상태에서, 바울이 원래 서로 결합되어 있어야 할 것인 믿음과 행위를 분리해 버렸다고 주장하면서, 그것에 대하여 이의를 제기한 것이라고 본다.

그러나 그러한 주장은 사실일 가능성이 거의 없다. 최근에 보캠(Richard J. Bauckham)은 야고보가 바울의 가르침을 염두에 두고 있었다는 주장에 대하여 의문을 제기하면서, 우리가 바울과 야고보에게서 보는 것은 유대교의 가르침으로부터 생겨난 동일한 모티프에 대한 두 가지 병행적이고 독립적인 발전들이라고 주장한다.[12] 하지만 두 사람이 사용하고 있는 표현들이 일치하

---

12) Richard J. Bauckham, *James* (London: Routledge, 1998), pp. 113-40.

고 있다는 것이 내게는 더 큰 무게로 다가오기 때문에, 여기에서 바울과 야고보 사이에 그 어떤 관계도 존재하지 않았다는 견해를 받아들이기는 어려운 것으로 보인다. 한 가지 가능성은 야고보가 이의를 제기하고 있는 것은 바울에 대한 피상적인 이해로부터 생겨난 오해에 대한 것이고, 야고보는 그러한 오해에 대하여 교정책을 제시할 필요성을 느꼈다는 것이다. 그런 후에, 야고보의 제자들 중 일부에 의해서 바울에 대한 공격이 아니라 바울의 오해에 대한 공격이 있었다. 하지만 좀 더 가능성이 있는 것은 야고보와 바울이 각각 어떤 사람들에 의하여 발생된 복음에 대한 서로 다른 오해들에 대항하여 진정한 복음을 각자의 상황 속에서 변호하고 있다는 것이다. 바울은 유대교의 율법, 특히 할례와 그 제의적인 측면들에 대한 순종이 지금 여기에서 의롭다 하심을 받기 위해서는 필수적이라는 오해에 대항하여 싸우고 있었고, 반면에 야고보는 하나님에 대한 믿음을 가지고 있기만 하면 바울이 믿음의 필연적인 표현이라고 보았던 사랑을 통해서(갈 5:6) 그 믿음이 굳이 표현될 필요는 없다는 오해에 맞서서 싸우고 있었다는 것이다. 바울에게 있어서 칭의는 일차적으로 어떤 사람을 그리스도인이 되게 하는 것이었다 — 로마서 5:1의 표현 방식을 주목하라: "의롭다 하심을 받았으니!" 야고보에게 있어서 그 초점은 신자들의 믿음의 실체를 평가하게 될 마지막 심판 때에 있어서 하나님의 행위로서의 칭의에 두어져 있다. 그것은 로마서 5:9에 예시되어 있는 것과 같이 바울의 사상에 있어서는 장래의 구원에 해당한다.

게다가, 야고보는 행위와 믿음을 반대되는 것으로 말하지 않는다 — 행위와 믿음이 반대된다고 하는 견해는 바울이 갈라디아서와 로마서에서 아주 격렬하게 비판하였던 견해였다. 바울이 단죄하였던 것은 의롭다 하심을 받기 위해서는 믿음 대신에 또는 믿음에 덧붙여서 율법의 행위가 요구된다는 견해였다. 그러나 야고보는 기독교적인 회심에 수반되어야 하는 성품의 변화를 보여주는 그런 종류의 선행들에 관심을 갖는다. 바울의 말씀을 들은 일부 청중들은 바울이 오직 믿음에 의해서 의롭게 된다고 역설한 것을 선한 일들을 행하는 노력을 하지 않아도 된다는 핑곗거리로 삼았을 가능성이 대단히 높다.

그러므로 야고보가 바울을 반대하고 있다거나 바울이 야고보가 여기에서 말하고 있는 것을 거부했을 것이라는 주장은 설득력이 없다. 루돌프 불트만 (Rudolf Bultmann)에 의하면, 바울은 "믿음이 그 행함과 함께 일한다는(2:22) 주장에"[13] 동의할 수 없었을 것이라고 한다. 이 말은 사실일 수도 있겠지만, 오직 문자 그대로의 표현에 매달리는 한에 있어서만 사실일 수 있다. 어쨌든 야고보는 바울이 아니었기 때문에, 자기 나름대로의 방식으로 표현하였다. 바울은 분명히 "믿음과 행위"라는 슬로건을 그 문맥으로부터 떼어 내는 것을 달가와하지 않았을 것이다. 왜냐하면, 바울에게 있어서 "행위"는 "율법의 행위"를 의미했던 반면에, 야고보에게 있어서 그것은 바울과는 다른 것을 의미하였기 때문이다. 그럼에도 불구하고, 바울은 야고보가 말하고자 했던 취지에 동의하였을 것이다.

야고보서에 나타난 개인주의. 나는 지나치게 분석적인 위험성을 무릅쓰고 이것과 관련해서 두 가지를 살펴볼 수 있다고 말하고 싶다. 하나는 대체로 지혜 전승과 예수의 가르침에 토대를 둔 사고 방식으로서의 야고보의 독특한 신학과 관련되어 있다. 다른 하나는 초대 교회와 공통적으로 사용된 자료들이다. 우리가 야고보서에서 보는 것들은 분명히 각각 따로따로 흩어져 있는 얼음 조각들이라기보다는 수면 위로 조금 솟아 있는 빙산의 여러 드러난 부분들이다. 그러나 야고보서의 기자가 이러한 근저에 있는 주된 신학에 대해서 거의 보여주고 있지 않고, 그리스도인의 삶에 관한 좀 더 신학적인 성격의 문제들을 다루고 있지 않다는 것은 그 기자에 관하여 무엇을 말해주고 있는 것인가? 이러한 질문에 대한 대답의 일부는 야고보가 상황의 요구에 따라서 그리스도인의 실천에 관한 매우 실제적인 교정책을 제시하고 있다는 것이다.

그러나 여기에서 우리가 좀 더 해야 할 말이 있다. 야고보는 고난받는 의인의 경건을 강조하고, 공평과 사랑에 의한 행위의 실천에 관심을 가지고서, 지혜 전승에 서 있는 하나의 신학을 발전시켰다는 것도 사실이다. 우리는 신자들에게 야고보서에서 하나님의 선물로서 주어진 지혜가 바울 서신과 요한 문헌에 나오는 성령과 동일한 역할을 할 수 있었다는 제안을 검토한 바 있

---

13) Bultmann, 2:163.

다. 이러한 제안이 옳다면, 신자들의 삶에 관한 야고보의 이해는 종종 생각되는 것보다 더 신약성서의 다른 기자들의 이해와 비슷하다고 할 수 있다.

그러나 이러한 고찰의 결과는 하나의 문제점을 생겨나게 한다. 야고보서에서 무슨 일이 진행되고 있는지를 규명하는 것은 한 가지 문제에 불과하고, 한층 더 어려운 것은 이 특정한 개인주의적인 흐름의 신학, 즉 신약성서의 나머지 책들에서 볼 수 있는 전형적인 표현들을 사용하지 않으면서 — 물론, 우리는 온갖 종류의 반영(反映)들을 계속해서 듣기는 하지만 — 비슷한 것들을 뭔가 다른 관용 표현으로 말하고 있는 것으로 보이는 신학이 어떻게 그리고 왜 발전되었는가를 설명하는 것이다. 야고보는 왜 성령이 아니라 지혜에 관하여 말하고 있는 것인가? 야고보라는 한 기독교 저술가는 왜 예수에 대하여 직접적인 언급을 거의 하고 있지 않은 것인가? 왜 야고보서에는 예수의 죽음과 부활에 대한 직접적인 언급이 나오지 않는 것인가?

이것은 비현실적인 문제일 수 있다. 바울과 요한 간에도 관용 표현에 있어서 두드러진 차이가 있고, 예수의 가르침을 표현하기 위하여 공관복음서 기자들과 요한이 적절하다고 생각했던 방식들 간에도 한층 더 큰 차이가 있다는 것은 여기에서와 유사한 상황이라고 할 수 있기 때문이다. 이러한 것은 초대 교회 속에는 우리가 생각했던 것보다 더 많은 개인적인 창의성이 예수에 의해서 영감을 받아 생겨났다는 것을 보여준다.

여기에서 가능성이 있는 설명은 예루살렘 교회의 지도자였던 야고보가 주로 유대교적인 성격을 지니고 있던 그리스도인 회중들에게 편지를 썼다는 것이다. 이 그리스도인 회중들은 유대인들과 마찬가지로 삶이 어렵다는 것을 발견하였고, 야고보는 그들에게 온전함을 향하여 나아가고, 시험에 저항하며, 반대와 박해에 낙심하지 말도록 격려함으로써, 그들의 기독교적인 신앙을 견고하게 하기 위하여 이 편지를 썼다고 할 수 있다. 그는 교회 내에서의 전형적인 문제들을 잘 알고 있었다: 부자들에 대한 편애; 사랑의 행위들로 나타나지 않는 믿음; 말로 인한 죄들, 다툼, 세상 욕심들에 굴복하는 시험, 부자가 되고 교만해지고자 하는 시험, 기도의 필요성, 지체들이 서로를 사랑하며 목회적으로 돌볼 필요성. 그의 서신은 일차적으로 이러한 목회적인 문제들에 관한 것이지만, 유대교의 지혜 전승과 예수의 가르침에 의해서 깊이 영감을 받은 개인주의적인 신학에 의거하고 있는 한편, 바울 신학의 발전에 관한 일부 지식을 반영하고 있고, 베드로와도 연결고리들을 지니고 있다.[14]

그러므로 우리는 초대 교회에서 찾아볼 수 있는 기본적인 확신들을 공유하면서도 일종의 지혜 전승에 더 많은 빚을 지고, 그리스도 안에서의 영적인 삶이라는 개념이 아니라 성품의 발전을 통해서 드러나는 그리스도인의 성장을 강조하는 나름대로 독특한 사고 방식을 발전시킨 기독교 신학의 한 흐름을 인정하여야 한다. 이 점에서 야고보서는 바울이나 요한이 아니라 사도행전에서 발견되는 것과 같은 신학과 더 밀접하게 연결되어 있다고 할 수 있다.

베드로전서

우리는 특히 구약성서와 예수의 가르침의 사용에 있어서 야고보서와 베드로전서 간의 몇몇 유사점들과 접점들을 살펴 본 바 있다. 그러나 이 두 서신의 전체적인 성격은 다소 다르다. 그것은 베드로전서의 맥락 속에서는 독자에게 "너는 예수를 사랑하느냐"(cf. 벧전 1:8)라고 묻는 것이 의미있는 것이 되겠지만, 야고보서의 독자에게 그것과 동일한 질문을 던지는 것은 이상하게 보일 수 있다는 말로 어느 정도 날카롭게 요약될 수 있다. 물론, 특정한 실제적인 목적들을 위하여 씌어진 짤막한 야고보서가 우리에게 그 저자와 독자들의 영성에 관한 상세한 이해를 제공해 줄 수 있다고 보는 것은 제한된 증거 위에서 판단을 내리는 것과 같이 적어도 어느 정도는 부당한 것임에 틀림없다. 그럼에도 불구하고, 현존하는 이 서신들과 관련해서 거기에는 폭넓은 차이가 존재한다.

베드로전서에서는 초기 기독교의 자료들이 상당한 정도로 사용되고 있다.

---

14) 내가 받는 인상은 이 서신의 저작 연대가 늦은 시기라기보다는 이른 시기라는 것이다 — 이 서신의 저작 연대를 늦은 시기로 보는 것이 통설을 더 반영한 것으로 볼 수 있기는 하지만. Wiard Popkes, *Adressaten, Situation und Form des Jakobusbriefes* (Stuttgart: Katholisches Bibelwerk, 1986), p. 120은 이 서신 속에 묘사된 교회의 삶이 목회 서신들에서보다 덜 발전되어 있다고 평가한다. 그는 고린도전서에 반영되어 있는 상황과의 병행들을 주목한다.

야고보서의 경우에서와 마찬가지로, 우리는 예수의 가르침에 대한 상당한 정도의 반영들을 이 서신 속에서 찾아볼 수 있다. 베드로전서의 신학은 구약성서의 사용에 의해서 강력한 영향을 받고 있다. 베드로는 하나님께서 예언서들의 형성에 있어서 그의 성령을 통해서 역사하셨다는 것에 관한 분명한 신학을 가지고 있다(벧전 1:10-12). 구약성서로부터의 주목할 만한 정도로 많은 분량의 직접 인용문과 간접 인용문이 나온다. 이러한 본문들 중에서 일부는 신약성서의 다른 저자들에 의해서 각각 독립적으로 사용되고 있는데, 이것은 초기 그리스도인들에게 알려져 있었던 공통적인 자료들이 존재하였다는 것을 보여준다. 교리적인 가르침과 실천적인 가르침에 대한 분석은 양식과 내용에 있어서 신약성서의 다른 저작들과의 상당한 정도의 접점들을 드러내 주고, 베드로전서가 초대 교회의 공통된 가르침과 밀접한 연관 속에 있다는 것을 보여준다. 결국, 이것은 바로 우리가 베드로의 서신으로부터 기대할 수 있는 그런 것이다.

이 서신이 지닌 전체적인 신학적 성격은 히브리서, 야고보서, 요한이 아니라 바울 서신들의 신학과 별반 다르지 않은 것으로 인식되어 왔다. 이것은 바울 서신과의 간략한 비교가 베드로전서가 신약성서에 나오는 신학의 스펙트럼에 과연 부합하는지를 알아볼 수 있는 적절한 방식일 수 있다는 것을 보여준다.

베드로는 예수 그리스도(벧전 1:3; 고후 1:3)와 신자들의 은혜로우시고 신실하신 아버지로서의 하나님에 대한 신약성서의 공통적인 이해를 공유하고 있는데, 또한 하나님은 인류를 주권적이고 공평하게 심판하실 심판자이기도 하다(벧전 1:17; 롬 2:11; 14:11-12). 하나님께서 그의 백성을 미리 아셨다는 것에 관한 베드로의 말씀들(벧전 1:2)은 그 독자들이 속해 있는 하나님의 백성이 세워진 것이 하나님의 목적과 주도권에 의거한 것임을 보여주기 위하여 비슷한 표현들을 사용하고 있는(롬 8:28-30; 엡 1:3-6) 바울과의 유사성을 보여준다. 교회는 비슷한 생각을 가진 사람들이 모여서 이룬 인간적인 결사체가 아니다.

예수 그리스도는 아버지의 아들인데, 여기에서 적어도 예수 그리스도의 선재(先在)를 보여주는 표현들이 사용되고 있다. 예수 그리스도를 통한 구원과 관련된 하나님의 목적은 창세 전에 세워진 것이었고, 오직 지금에 와서야 세상에 드러난 것이었다(벧전 1:20; cf. 엡 1:4; 골 1:26). 구약성서에 나오는 "주"라는 칭호는 예수에게 적용된다(벧전 2:3, 13; 3:15; 고전 10:26). 야웨의 고난받는 종으로서의 예수에 대한 이해는 비록 그러한 용어가 이 기자에 의해서 사용되고 있지 않고, 빌립보서에 나오는 자기를 비웠다는 개념도 베드로전서에는 나오지 않지만, 하나의 주제로 다루어지고 있다(벧전 2:21-25).

성령은 선지자들에게 영감을 준 것(벧전 1:11; cf. 딤후 3:16), 설교자들에게 능력을 준 것(벧전 1:12; 고전 2:10; 살전 1:5)에서 역사한다. 또한 성령은 신자들을 거룩하게 함에 있어서 역사하고(벧전 1:2; 살전 4:8), 그들의 고난 중에 그들과 함께 한다(벧전 4:14; cf. 롬 8:26-27). 이 모든 것은 바울 서신에서 풍부한 병행이 발견된다.

마찬가지로, 베드로의 구원 이해는 바울의 이해와 유사하다. 예수의 죽음, 부활, 높아지심은 구원 사건을 형성하고 있지만, 예수께서 죽으신 후에 옥에 갇혀 있는 영들을 찾은 것의 의미를 발전시키고 있는 것은 오직 베드로뿐이다. 예수의 죽음은 희생제사적인 것(벧전 1:2, 19; 롬 3:25; 엡 5:2), 구속의 수단(벧전 1:18; 롬 3:24; 갈 3:13), 인간의 죄를 짊어지신 것(벧전 2:24; cf. 고후 5:21), 죄인들을 다시 하나님에게로 회복시킨 화해의 수단(벧전 2:25; 3:18; 롬 5:10)으로 이해된다. 신자들을 공격하기 위하여 정렬한 적대적인 세력들은 높아지신 주님에게 복속되었다(벧전 3:22; 고전 15:25-27). 그리스도인들은 예수를 향한 믿음, 소망, 사랑에 의해서 특징지어진다(벧전 1:3-9; 살전 1:3). 그들은 죄에 대하여 죽었고 의에 대하여 살아 있으며(벧전 2:24;[15] 롬 6:1-11), 그들의 새로운 생명은 그리스도 안에 있다(벧전 3:16; 5:10, 14; 살전 2:14; 4:1). 그들은 공동체적으로 하나님의 백성을 이루고, 그들이 지금 속해 있는 이스라엘과 연속선상에 있고(갈 6:16), 그들은 왕 같은 제사장이자 성전이다(벧전 2:4-10; 고후 6:16). 그들은 하나님의 양 무리이고 권속이다(벧전 2:25; 4:17; 5:2; cf. 고전 3:9; 엡 2:21).[16] 그들은 회중 속에서 말하고 섬기기 위하여

---

15) 하지만 여기에서 사용된 다른 어휘들을 주목하라.

16) 양 무리라는 이미지는 바울 서신들에서는 발견되지 않지만, 사도행전 20:28-29을 참조하라.

영적인 은사들을 부여받았다(벧전 4:10-11; 롬 12:6-8; 고전 12). 그들은 반대와 박해를 당하지만, 그들을 지키시는 하나님을 의뢰하고 있고, 마침내 그들이 부르심을 받은 하나님의 영광에 참여하게 될 것이다(벧전 1:5-9; 롬 8:31-39; 고후 4:16-18; 살후 2:14).

우리가 위에서 방금 제시한 것들은 베드로의 특징적인 어휘들을 반영해서 그의 가르침을 요약한 것이지만, 전거(典據)가 되는 구절들을 통해서 우리는 그것이 단어 사용에서만이 아니라 본질적인 구조에 있어서도 기독교의 교리를 표현하는 바울의 방식과 얼마나 닮았는지를 분명하게 볼 수 있다. 우리의 현재의 서술의 목적상 이것이 바울 특유의 가르침이었는지, 아니면 바울이 다른 그리스도인들과 공유하였던 가르침이었는지는 별로 중요하지 않다. 중요한 사실은 베드로의 가르침이 분명히 이러한 맥락 속에 부합한다는 것이다. 베드로는 우리가 폭넓게 바울적이라고 말할 수 있는 신학 속에서 나름대로의 독특한 기여를 하고 있다.

좀 더 상세한 비교는 불필요하다. 베드로전서가 바울과 같은 유형의 신학을 보여주고 있다는 것을 확증함으로써 우리는 이 서신이 초기 기독교 사상의 주된 흐름들 중 하나와 부합한다는 것을 적절하게 보여주었다. 일부 학자들은 이러한 주장을 한 걸음 더 진척시켜서, 베드로전서가 베드로나 그의 진영이 아니라 바울 학파에 속한 것이라고 주장한다.[17] 하지만 그러한 가설은 가능성도 희박하고 불필요한 것이다. 초기 기독교에서 바울과 베드로 간의 역사적인 접촉들과 이 두 서신의 배경은 이 두 사람의 신학이 닮아 있다는 것에 대한 아주 적절한 설명이 될 것이다.[18]

---

17) Cf. Bultmann, 2:142.

18) Michael D. Goulder, *A Tale of Two Missions* (London: SCM Press, 1994)는 역사적 베드로(그는 베드로가 베드로전서의 저자가 아니었다고 본다)가 바울과는 상당히 다른 신학적 차이들을 보여주고 있다고 주장하였다. 하지만 베드로가 일시적으로 유대화주의자들의 방식에 빠져들어 갔다고 말하는 갈라디아서 2장에 나오는 경우와 관련된 유일한 예외를 제외한다면, 이 두 사도가 믿음에 대한 이해에 있어서 상당한 정도로 달랐다는 것을 보여주는 확고한 증거는 없다. Goulder의 가설이 옳다고 하더라도, 그것은 베드로전서와 바울 서신들의 신학적인 관계에 영향을 주지 않는다.

유다서와 베드로후서

우리는 편의상 이 두 서신을 함께 고찰하고자 한다. 이 두 서신은 여러 가지 차이점들에도 불구하고 서로 공통점들을 많이 가지고 있다. 이 두 서신에서 주요한 요소는 교회 지도자들 가운데서 거짓 그리스도인들, 즉 부도덕한 삶을 살면서 거짓된 가르침들을 전파하는 거짓 교사들이 활동하고 있었다는 것이다. 이 서신의 기자들은 단지 그러한 자들을 드러내어서 단죄하는 것만이 아니라 신자들을 그들의 나쁜 영향으로부터 보존하고 그들로 하여금 신앙을 지킬 수 있도록 하는 것에 관심을 갖는다.

유다서. 유다서는 이 한 가지 주제에 집중하고 있다. 그는 이단자들을 규정하고 그들의 운명을 예언하기 위하여 유대교 문헌들과 전승들을 사용한다. 유다가 그러한 자료들을 사용하고 있는 것은 그를 매우 불리한 처지에 놓이게 만든다 — 물론, 신약성서의 다른 곳에 나오는 묵시론적 본문들에 대한 병행들도 정경 이외의 문헌들(특히, 유다서가 인용하고 있는 에녹1서)에서 쉽게 발견될 수 있고, 원칙적으로 그러한 자료들을 참조하지 말아야 할 이유도 없지만.

이 서신은 짧기 때문에, 유다의 신학을 제시하기 위해서 우리가 사용할 수 있는 증거들의 양은 제한되어 있다. 우리의 분석을 통해서 우리는 유다가 하나님, 그리스도, 성령에 관하여 말하고 있는 것은 초기 기독교의 다른 저작들과 맥을 같이 하고 있다는 것을 이미 보았다. 심판의 측면이 강력하게 등장하지만, 이것은 하나님을 거역한 패역한 자들의 운명과 관련된 전통적인 표현이고, 신자들과 관련하여 하나님은 긍휼과 사랑이 많으신 분으로 묘사된다. 그리스도는 아버지와 동일한 방식으로 역할을 수행하는 것으로 묘사되고, 따라서 아버지와 동등한 존재로 묘사된다. 구원은 하나님의 부르심에 의존해 있고, 믿음을 지키는 것은 하나님의 사랑 및 긍휼과 결부되어 있지만, 신자들의 믿음 및 기도와도 결부된다.

독자들을 "부르심받은 자들"로 묘사하고 있는 것은 바울에 의해서 사용된 것인데, 바울은 이 칭호를 행위의 목적과 결부시키는 경향을 보여주지만 — "성도들이 되도록 부르심을 받은" — 이 용어는 그리스도인들이 하나님에 의해서 그의 백성으로 부르심을 받았고, 또한 그 부르심에 응답하였다는 그리스도인들의 본질적인 특성으로 인하여 그리스도인들에 대한 명칭으로 사용될 수 있었다(롬 1:6-7; 8:28; 고전 1:2, 24; cf. 계 17:14).[19] 이 서신의 기자가 회중에게 그들의 신앙에 있어서 스스로를 세우라고 권할 때, 그것은 바울이 고린도전서 12장과 14장에서 그리스도인들의 모임에 있어서의 활동들의 목적은 단순히 회중 속의 개별적인 개인들이 아니라 회중 전체의 영적인 성장과 유익을 위한 것이라고 역설하고 있는 바울의 경우와 마찬가지로 상호적인 활동을 가리킨다고 보는 것이 가장 자연스럽다.

하나님 앞에 흠 없는 자들로 나타나는 것이라는 목표는 정확히 우리가 바울에게서 찾아볼 수 있는 바로 그런 것이다. 신자들은 하나님에 의해서 거룩해질 것이기 때문에 책망받을 것을 두려워함이 없이 하나님 앞에 설 수 있게 될 것이다(고전 1:8-9; 빌 1:9-11; 살전 3:13; 5:23). 큰 기쁨이라는 모티프는 베드로전서 1:8을 상기시킨다. 이러한 모티프들이 나오는 송영의 사용(유 1:24-25)은 아마도 교회에서 기도와 관련하여 사용한 표현들을 반영하고 있는 것 같고, 그 표현들이 로마서 16:25-27과 비슷한 것은 유다가 주류적인 바울의 기독교와 연관이 있다는 것을 보여준다.[20]

이 서신이 보여주는 전체적인 인상은 주류 기독교의 신학과 매우 비슷한 신학을 지니고 있다는 것이다. 사도들을 과거의 인물들로 언급하고 있는 것(유 1:17)과 경건한 표현의 사용(너희의 "지극히 거룩한" 믿음; cf. 마 27:53; 벧후 1:18)은 교회의 삶 속에서의 좀 더 발전된 단계를 보여주는 것일 수 있다. 하지만 이것들 중에서 전자는 반드시 그런 것은 아니다. 왜냐하면, 사도들은 시간적으로 먼 과거에 속한 인물들로 보아지고 있지는 않기 때문이다. 이 서신의 신학 속에는 초기 가톨릭적인 것이라고 할 수 있는 그런 내용이 없다. 보캠(Bauckham)은 유다서가 예수가 하나님의 구원과 심판의 대리자라는 예수의 지위와 결부된 초기 형태의 기독론을 보존하고 있고, 이것은 메

---

19) 오직 마태복음 22:14에서만 이 용어는 초대를 받았지만 반드시 긍정적으로 응답하지 않은 자들에 대하여 사용되고 있다.

20) 많은 학자들은 이 송영이 나중에 로마서에 덧붙여진 것이라고 주장하지만, 이 송영을 이 서신에 원래부터 있던 일부로 볼 수 있는 타당한 근거들이 존재한다. 그러나 이 송영은 바울에 의한 것이 아니라고 할지라도 그의 신학적인 이해를 보여주고 있다.

시야라는 그의 칭호와 "주"라는 하나님의 이름을 그에게 부여하고 있는 것 속에 집약되어 있다는 가설을 발전시켰다.[21]

베드로후서. 이 서신은 유다서와 거의 동일한 관심사들을 다루고 있는 것으로 보인다. 베드로후서가 유다서의 아주 많은 내용을 그대로 가져왔다는 사실은 이 두 기자가 완전히 서로 다른 현상들을 접하고 있었던 것이 아니라 거의 동일한 종류의 문제를 다루고 있었음을 보여주는 증거로 받아들여져야 한다. 거짓 교사들의 부도덕한 생활 양식에 거의 전적인 강조점이 두어져 있는 유다서와 비교해 볼 때, 이 서신의 주요한 새로운 요소는 거짓 교사들이 그리스도의 재림 및 그것과 결부된 역사의 종말에 대한 기독교적인 소망을 비웃었다는 것이다. 이러한 기독교적인 소망은 그러한 상황 속에서 사라질 위험에 처해 있었다.

또 한 가지는 거짓 교사들이 바울 서신을 비롯한 성경을 왜곡하였다는 것이다. 그들은 적어도 성경의 권위를 입으로는 인정하고 있었지만, 율법폐기론적인 방향으로 성경을 왜곡해서, 베드로가 죄악된 방종으로 여겼던 것들을 허용하였고, 그러한 범죄가 심판 아래에 놓이게 될 것을 부정하였다. 이러한 두 가지 특징은 분명히 하나의 동일한 집단의 사람들에게 속한 것이었다. 베드로후서 3:3-4은 유다서 1:18에 토대를 두고 있는데, 이것은 이 두 본문이 동일한 사람들을 염두에 두고 있다는 것을 보여준다. 예수의 재림에 대한 부정은 교회 외부로부터의 영향 때문일 가능성이 높다.

이러한 상황 속에서 발전된 베드로후서의 신학은 바울 전승 속에서 나오는 것과 비슷한 것이다. 예수 그리스도는 신약성서의 다른 곳에서 발견되는 것과 동일한 방식으로(딛 2:14) 하나님 아버지와 나란히 대등하게 놓여지고, 아마도 하나님으로 지칭되고 있는 것으로 보인다(벧후 1:1). 예수의 역할은 구주의 역할로 집약되는데, 구주라는 용어는 목회 서신들뿐만 아니라 누가복음-사도행전에서도 사용되었던 용어이다. 예수의 구원 활동은 구속으로 이루어져 있는데(벧후 2:1), 이 용어는 예수의 죽음을 가리키는 것인 것 같

---

21) Richard J. Bauckham, *Jude and the Relatives of Jesus in the Early Church* (Edinburgh: T & T Clark, 1990), pp. 281-314.

고, 거기에는 사람들을 죄로부터 놓여나게 하기 위한 그의 의로운 행위에 대한 언급이 있는 것 같다(벧후 1:1). 우리는 바울과 요한계시록도 이 모티프를 매우 비슷하게 사용하고 있다는 것을 지적한 바 있다(고전 6:20; 7:23; 계 5:9; 14:3-4).

예수의 변화산 사건에 대한 언급이 나오는 것은 이례적인 것이지만, 거기에 이상한 것은 없다. 사실 당혹스러운 것은 여기에서 예수의 부활 현현들이 왜 변화산 사건 대신에 근거로 제시되고 있지 않은가 하는 것이지만(cf. 행 1:11), 그것은 단지 베드로가 복음서들의 부활 현현 이야기들 속에는 등장하지 않는 변모된 그리스도의 위엄 있는 모습을 근거로 제시하고자 했기 때문일 수 있다.[22] 예수의 부활에 대한 명시적인 언급이 없음에도 불구하고, 그 실질적인 내용은 예수께서 현재 하나님 아버지와 나란히 계시다는 언급들 속에 함축되어 있다.

독자들은 하나님의 선물인 믿음에 의해서 특징지어지고(엡 2:8에서처럼), 그리스도인의 삶은 은혜와 지식 속에서 성장하는 삶으로 여겨진다. 우리는 이러한 이해가 성령의 열매에 관한 바울의 가르침과 밀접한 연결고리들을 가지고 있다는 것을 이미 지적한 바 있다.

지식에 대한 상당한 강조가 나오는 것에 대해서는 설명이 필요하다. 여기에서 사용되고 있는 지식이라는 용어는 회심의 체험을 가리키기 위하여 "진리의 지식"이라는 상투적인 어구를 사용하는 목회 서신이나 히브리서에서보다 더 인격적인 용어이다. 신약성서의 다른 곳에서 지식이라는 용어의 용례들은 '에피그노시스'가 점차 하나님과의 인격적인 관계, 그러니까 하나님의 목적들에 대한 공유된 지식을 가리키는 데에 사용되게 되었다는 것을 보여준다. 이러한 용법은 바울의 후기 서신들 속에서 발견된다(엡 1:17; 4:13; 골 1:9-10; 2:2; 3:10).[23] 또한 그것은 요한복음과 요한일서에서 하나님 아버지와 그리스도를 포함한 인격적인 관계들을 가리키는 데에 이 용어를 사용하고

---

22) 잘 알다시피, 부활한 주님이 바울에게 나타난 것은 영화롭게 된 모습으로였다.

23) 이 용어들과 관련된 바울의 초기의 용법은 사람들 사이에서의 지적인 지식 또는 인격적 관계에 대한 것이다.

있는 풍부한 용례들에 의해서도 병행이 된다. 지나친 단순화의 위험을 무릅쓴다면, 우리는 이러한 용법이 상당히 깊은 인격적인 관계를 표현하기 위하여 영어에서 흔히 "나는 그녀를 안다"라는 표현을 사용하는 것과 별반 다르지 않다고 말할 수 있을 것이다. 이렇게 이 용어는 기독교 신앙이 지적인 것으로 변화되었다는 것을 보여주는 것이 아니라, 기독교 신앙과 관련된 좀 더 신비적이고 인격적인 그 무엇을 보여주는 것이다(cf. 빌 3:10).

신성한 성품에 참여한다는 표현도 이 서신에 독특하다. 하지만 이 개념이 지닌 실질적인 내용은 바울이나 요한에 의해서 표현되고 있다. 바울에게 있어서 신자들은 그리스도와 아주 밀접하게 연결되어 있어서, 그리스도의 영광을 함께 받을 후사들이고, 그의 부활에 참여할 자들이며, 그와 같이 영광의 몸을 받을 자들이다(롬 8:17, 30; 고후 3:18; 빌 3:21; cf. 엡 3:19). 마찬가지로, 요한의 표현에 있어서 신자들이 아버지 및 아들과 갖는 관계들은 아들과 아버지의 관계와 동일한 방식으로 서술된다(요 17:21). 게다가 인간은 하나님의 형상대로 지음을 받았고, 이 형상은 예수 속에서도 발견되며, 구속받은 인간은 그러한 형상을 지니게 된다(고전 15:49). 신성한 성품에 참여하는 것과 밀접하게 관련된 표현들이 신약성서의 다른 곳에도 존재하고, 베드로후서는 기본적으로 동일한 취지를 이례적인 방식으로 표현하고 있다고 말하는 것은 지나친 것이 아니다.

또 하나의 이례적인 모티프는 썩어 없어질 세상이 새 하늘과 새 땅에 의해서 대체될 것이라는 모티프이다. 이것은 요한계시록에 아주 밀접한 병행이 나오고(계 21:1), 피조물이 썩어짐에서 해방되어 하나님의 자녀들의 영광에 참여한다고 말하는 로마서 8:21에 의해서 확증된다. 이 모티프는 신자들에게 영적인 몸을 제공해 주기 위해서는 그들을 위한 새로운 영적인 환경이 필요하다는 것을 암시하고 있는 고린도전서 15장 속에도 함축되어 있는 것 같다.

따라서 이 서신의 기본적인 신학은 주류의 신학으로 분류될 수 있다. 그럼에도 불구하고, 이 서신들이 지닌 독특한 특징들 중의 일부는 흔히 이 서신이 후대에 쓰여져서 신학에 있어서 몇몇 주요한 변화들을 겪었다는 것을 보여주는 지표들로 해석된다. 상당수의 학자들은 이 서신의 특성을 규정하기 위하여 초기 가톨릭 사상이라는 범주를 사용한다. 이러한 주장을 평가하기가 어려운 것은 초기 가톨릭 사상이라는 범주가 너무도 모호하기 때문이다. 통상적인 용법에 따라서 이 범주가 교회의 메시지가 정형화된 것, 그리스도와의 인격적인 관계가 아니라 일련의 정통적인 신조들이 되어 버린 신앙에 대한 교회의 통제, 고정되고 변하지 않는 전통에 의거한 신학, 구원의 분배자로서의 교회와 위계질서적인 성직 개념의 발전을 가리키는 것이라면, 그러한 경향을 이 서신 속에서 찾아 내기는 어렵다. 분명히 이 서신 속에는 사도 베드로와 바울의 권위에 호소하는 측면이 있고, 거짓 교사들에 의한 성경의 자의적인 해석에 대한 부정이 존재한다. 그러나 이것이 바울이 호소하는 사도적인 권위와 실제로 다른 것이 무엇인가? 에른스트 케제만(Ernst Käsemann)이 이 서신을 "초기 가톨릭적인" 서신이라고 대단히 경멸적인 용어를 사용해서 완전히 부정적으로 규정한 것[24]은 최근의 학계에서 그러한 주장의 석의적인 토대가 유지될 수 없다는 너무도 타당한 근거 위에서 점차 거부되어 왔다.[25]

베드로후서에 후대의 표현들이 사용되고 있음을 보여주는 표지들이 존재한다는 것은 사실이다. "산"(벧후 1:18) 및 "계명"(벧후 2:21; 유다서에 나오는 "지극히 거룩한 믿음"을 참조하라)과 함께 사용된 "거룩한"과 "보배로운"(벧후 1:1, 4) 같은 최상급의 형용사들의 사용은 이러한 것의 전형적인 예이다. 또한 사도들의 가르침을 회고하는 것이 나오고(벧후 3:2), 바울 서신들의 모음집을 성경으로 여기는 대목도 나오지만(벧후 3:16), 이러한 언급들은 둘 다 주후 1세기에 얼마든지 가능한 일이었다.[26] 그러나 후대의 표현을 시사해 주는 것들로는 이러한 것들이 전부이다. 여기에는 초기 가톨릭 사상을 암시하는 그 어떤 내용이나 교회가 구원을 주관하고 제공하는 기관으로 승격된 것, 예수 그리스도와의 살아 있는 관계가 일련의 교리들에 대한 단순한 지적인 동의로 대체된 것은 나오지 않는다.

---

24) Ernst Käsemann, *Essays on New Testament Themes* (London: SCM Press, 1964), pp. 169-95.

25) 대표자는 Jonathan Knight, *2 Peter and Jude* (Sheffield: Sheffield Academic Press, 1995), pp. 81-83이다.

26) Cf. Bauckham, *Jude, 2 Peter*, pp. 287-88, 333.

이러한 방향으로 지나치게 나가지 않고 있긴 하지만, 마틴(Ralph P. Martin)은 "베드로후서는 전통에 구속되고 권위주의적이며 내부지향적(inward-looking)으로 되어 가는 도중에 있던 기독교를 대변하고 있을" 위험성을 감지하였다. 한편으로, 이 서신은 융통성이 없는 것으로 규정되고, "혁신과 신학적인 작업에 대한 일정 정도 기계적인 반발"을 제시하는 것으로 규정된다. 그러나 다른 한편으로, 거짓 교사들의 잘못된 가르침들에 대항하여 신앙을 옹호해서 장래를 위하여 올바른 신앙을 보전하는 것이 꼭 필요하였다.[27]

베드로후서에 대한 이러한 규정은 아마도 완전히 공정한 것은 아닐 것이다. 거짓 교사들이 신앙의 창의적인 발전을 제시하고 있었고, 그들에 대한 대응으로 베드로후서가 몇몇 새로운 주장들을 전개하면서(대홍수와 주님의 시간 인식을 근거로) 아마도 그러한 것들에 적합한 새로운 어휘들을 사용하고 있다는 것을 보여주는 증거는 없다.[28] 우리가 명심해야 할 것은 초대 교회의 신학은 처음부터 전승에 굳게 의거하고 있었고, 그러한 것을 공고히 하는 기간이 불가피하게 꼭 필요하였다는 것이다.

여기에서 좀 더 중요한 것은 베드로후서가 신약성서의 기독교에 근본적인 것이었던 선교적인 성격을 지니고 있느냐 하는 문제일 것이다. 이 서신이 내부지향적인 성격을 지니고 있다는 평가는 이 서신의 저자가 거짓 교사들의 위험성이 너무나 큰 것을 보고, (유다와 마찬가지로) 바로 그 특정한 문제에 자신의 메시지를 집중할 수밖에 없었다는 것을 인정하는 것을 통해서 가장 잘 대답될 수 있다. 베드로후서의 저자가 거짓 교사들이 그들의 잘못된 가르침들을 버릴 가능성이 거의 없다고 보고, 그들에게 임할 심판 및 의의 길에서 떨어져 나간 자들이 거의 다시 돌아올 수 없을 것이라는 생각에 비추어서 아주 강력한 어휘들로 편지를 쓰고 있다는 것은 사실이다. 그럼에도 불구하고, 이 서신의 배경은 멸망으로 인도하는 삶의 방식으로부터 구원받은 자들

---

27) (Andrew Chester and) Ralph P. Martin, *The Theology of the Letters of James, Peter and Jude* (Cambridge: Cambridge University Press, 1994), p. 163.

28) 베드로후서는 비록 유다서에 나오는 내용에 의존하고 있음에도 불구하고 헬레니즘 세계에서 통용된 발전된 어휘를 보여주고 있다는 것은 주목할 만하다.

로 구성된 교회이고, 하나님과 그리스도에 관한 묘사에 있어서 지배적인 모티프는 한 사람도 멸망하지 않고 모든 사람이 회개하기를 원하시는 하나님에 관한 모티프이다.

결론

우리가 이 장에서 살펴본 성경의 책들은 그 성격에 있어서 아주 다양하지만, 그것들의 다양성 속에는 큰 가치가 존재한다. 의심할 여지 없이, 가장 귀중한 것들은 히브리서와 베드로전서이다. 히브리서는 우리에게 구약성서의 희생 제사 제도와 예수께서 자신을 드린 것 간의 관계에 대한 기본적으로 모형론적인 이해와 성장을 향한 지속적인 순례로서의 신자의 삶에 대한 결정적으로 중요한 이해를 제공해 준다. 베드로전서는 이 세상에서의 삶을 신자들이 경험하는 적대에도 불구하고 그들의 믿음과 사랑을 나타낼 기회로 본다. 야고보서는 신자들에게 거의 제공해 줄 것이 없다고 생각될 수 있는 구약성서 사상의 한 측면을 활용해서 그것을 지금도 여전히 유효하고 중요한 것으로 보아서 대단히 실천적인 지혜를 통해 신자들에게 교훈을 제시하고 있다는 점에서 특별한 위치를 차지한다.

유다서와 베드로후서는 앞에 나온 서신들과 비교해서 중량감이 좀 떨어지기는 하지만, 쾌락주의와 거짓된 가치들이라는 해악들에 직면해 있는 교회를 위한 중요한 메시지를 담고 있다. 이 서신들은 기독교의 신앙을 서로 다른 방식으로 제시하고 있지만, 분량이 짧아서 활용할 수 있는 증거들이 제한되어 있다는 점을 감안할 때에 이 서신들의 핵심적인 이해에 있어서 중대한 차이들이 있다는 것을 보여주는 그 어떤 증거도 나타나지 않는다. 여기에서 우리는 초대 교회에 존재하였던 풍성한 신학적인 사상에 대한 귀중하고 필수불가결한 증언들을 듣고 있는 것이다.

참고문헌

Bauckham, Richard J. *James*. London: Routledge, 1998.

———. *Jude and the Relatives of Jesus in the Early Church*. Edinburgh: T & T Clark, 1990.

———. *Jude, 2 Peter*. Waco, Tex.: Word, 1983.

Bruce, F. F. "The Kerygma of Hebrews". *Int* 23 (1969): 3-19.

(Chester, Andrew, and) Ralph P. Martin. *The Theology of the Letters of James, Peter and Jude*. Cambridge: Cambridge University Press, 1994, pp. 65-86.

Käsemann, Ernst. "An Apologia for Primitive Christian Eschatology". In *Essays on New Testament Themes*. London: SCM Press, 1964, pp. 169-95.

Knight, Jonathan. *2 Peter and Jude*. Sheffield: Sheffield Academic Press, 1995.

Schreiner, Thomas R., and Ardel B. Caneday. *The Race Set Before Us: A Biblical Theology of Perseverance and Assurance*. Downers Grove, Ill.: InterVarsity Press, 2001.

Tasker, R. V. G. *The Gospel in the Epistle to the Hebrews*. London: Tyndale Press, 1950.

제 6 부

결 론

제 31 장

신약성서의 다양성과 통일성

본서의 목적은 네 가지 주요한 관심들을 제대로 다루는 가운데 신약성서에 나타난 신학을 제시하는 것이었다.

첫째, 신약성서의 책들을 기독 교회의 정경(正經)의 일부로 보고, 구약성서에 의해서 제공되는 하부 구조에 적절한 주의를 하는 가운데 신약성서에 대한 성경적 신학을 제시하는 것이 중요하다.

둘째, 우리는 신약성서에 표현된 신학적인 활동을 그것이 생겨난 선교적인 상황이라는 맥락 속에 위치시키는 것에 관심을 가졌다.

셋째, 우리는 신약성서를 구성하고 있는 각각의 책들이 지닌 신학을 개별적으로 검토하는 것으로 시작하는 것이 중요하다고 보았다. 누가복음-사도행전과 일반적으로 인정된 바울 서신들의 경우에서와 마찬가지로, 몇몇 책들이 동일한 저자에게 돌려질 수 있다고 할지라도, 그러한 책들을 따로따로 살펴보아서, 각각의 책이 신약성서의 전체적인 그림에 어떠한 기여를 하고 있는지를 보는 것은 여전히 가치가 있다. 어떤 경우들에 있어서는 저자에 관하여 학자들의 견해가 서로 일치하지 않기 때문에, 우리는 각각의 책을 저자 문제에 관한 전제 없이 그 자체만을 살펴보아야 했다. 이런 식으로 해서 우리는 단순히 각각의 개별적인 저자를 살펴보는 것보다 신약성서의 각각의 책을 좀 더 제대로 다룰 수 있다는 소망을 지닐 수 있다.

넷째, 우리는 몇몇 책들이 어떤 종류의 신학적인 통일성을 보여줄 수 있다고 말할 수 있느냐의 여부를 살펴보는 데에 관심을 가졌다. 우리가 여기에서 시험해 왔던 것은 우리가 신약성서의 여러 책들 속에서의 다양성에 대한 인식을 통해서 그 책들 사이에 근본적인 통일성이 존재한다는 인식으로 나아갈 수 있느냐 하는 것이라고 말할 수 있을 것이다.

위에서 말한 것들 이외에도 우리가 생각해 볼 수 있었지만 본서에서 주목하지 않았던 한두 가지의 관심들이 더 존재한다. 나는 개념들이 어떻게 생성되어서, 그런 후에 많은 그리스도인들의 생각을 거치면서 어떻게 변화되었는지를 살펴봄으로써 신약성서 신학의 발전에 관한 역사를 재구성하고자 시도하지 않았다. 성경의 기자들 간의 관계라는 문제는 성경의 각 책들 속에서의 신학적인 개념들을 이해하는 데에 어느 정도 기본적인 것이다: 바울과의 관계를 고려하지 않고 야고보서 2장을 살펴보는 것은 별 성과가 없게 될 것이다. 그러나 나는 그러한 발전의 전체적인 그림을 만들어 내고자 하는 시도 — 이것은 어렵고도 사변적인 작업이다 — 를 하지 않았다.[1]

또한 나는 신약성서의 신학을 오늘날의 기독 교회의 조직 신학 또는 교의 신학과 결부시키고자 하는 작업을 하지 않았다.[2] 오히려, 나는 신약성서의 기자들이 지닌 신학적인 사상과 개념들을 분석함으로써, 사람들이 신약성서의 본문들을 각각의 신학적인 맥락 속에서 이해하여 성경에 토대를 둔 조직신학을 형성할 수 있는 체계적인 틀로 삼을 수 있도록 도움을 주고자 하였다. 신약성서 본문들에 표현된 신학을 이해하는 것과 그 신학을 신약성서 본문들을 이해하기 위한 맥락으로 사용하는 것 사이에는 변증적인 또는 해석학적인 순환이 존재한다.

성경적 맥락

이 시점에서 신약성서의 책들을 구약성서에 표현된 신앙을 통해서 그 세계관이 형성되었고 자신의 모티프들, 개념들, 신학적인 어휘들과 관련해서

---

1) Klaus Berger, *Theologiegeschichte des Urchristentums* (Tübingen: Francke, 1994), Walter Schmithals, *The Theology of the First Christians* (Louisville, Ky.: Westminster John Knox, 1997)의 다양한 서술들을 보라.

2) 앞으로 나올 "Two Horizons"라는 주석 총서는 이러한 필요를 충족시키기 위한 것이다 – 신약편의 편집자는 Joel B. Green과 Max Turner이다.

구약성서에 크게 의지하고 있는 문서들로 이해하는 것이 얼마나 중요한 것인지에 대해서는 두말할 필요가 없을 것이다. 특히 이사야 40-55장에 나오는 출애굽에 관한 기사와 새 출애굽에 관한 용어들은 신약성서의 몇몇 저자들에 의해서 옛 계약과 새 계약 간의 연속성을 부각시키는 데에 사용되고 있다. 신약성서 신학이 신약성서에 대한 성경적 신학이어야 한다는 사실은 한스 휘프너(Hans Hübner)와 페터 슈툴마허(Peter Stuhlmacher) 같은 학자들에 의해서 너무도 철저하게 입증되어서 여기에서 추가적인 입증을 할 필요는 없을 것이기 때문에, 우리는 이러한 접근 방식을 입증하는 것이 아니라 전제하는 것으로 만족하였다.

선교적 상황

초기 그리스도인들의 상황은 그들이 예수에 관한 복음을 아직 믿는 자들이 아니었던 자들에게 전하고 있던 그런 상황이었다. 당시 사람들은 그들이 자발적으로 신자가 되고자 했을 때에만 신자가 될 수 있었다는 것을 기억할 필요가 있다. 복음은 이전에는 들어 본 적이 없었던 새로운 소식이었다. 그러므로 신자가 된 사람들은 그들에게 전해진 복음의 결과로서 그렇게 된 것이었다. 의도적이든 아니든, 의식적이든 무의식적이든, 초기 기독 교회는 예수의 메시지를 아직 신자들이 아닌 사람들에게 전함으로써 성장하였다. 그런 일이 일어날 수 있는 그 밖의 다른 길은 없었다.

그러므로 필연적으로 교회는 선교에 적극적이었고, 만약 그렇지 않았더라면, 교회는 존재하지 않았을 것이다. 예수는 직접 선교에 참여하였고, 제자들에게 그의 사역에 동참하도록 요구하셨으며, 그들은 예수의 죽음과 부활 후에 그들이 그 선교를 계속하여야 한다는 것을 알고 있었다. 따라서 우리가 가지고 있는 신약성서의 여러 책들은 그러한 선교 활동으로부터 생겨난 것이었다. 이 책들의 대부분은 이미 신자들이 된 사람들에게 씌어진 것이지만, 그 중 일부는 독자들을 믿음으로 이끌기 위해서 씌어진 복음전도적인 목적의 글들이었던 것 같다(요 20:30-31). 그 중 어떤 것들은 예수의 선교(복음서들)와 그의 제자들의 선교(사도행전)를 설명하는 것이었는데, 이 두 경우에 있어서 그 목적 중의 일부는 독자들에게 그들이 지닌 유산을 알게 하고, 그들 자신의 선교에 있어서 그들을 지도해 주고 격려해 줄 모범을 제시하는 것이었다. 하지만 대부분의 경우에 있어서 신약성서의 책들은 이미 신자가 된 자들로서 그들의 신앙과 실천에 있어서 좀 더 온전한 가르침을 받을 필요가 있었던 자들을 돕기 위해서 씌어졌다. 복음 전도를 사람들을 신앙으로 이끄는 활동으로 국한시키는 것은 복음 전도에 대한 협소한 견해이다. 회심자들을 양육하고 그들이 속해 있는 회중을 견고하게 세우는 일도 마찬가지로 복음 전도의 중요한 일부였다. 특히, 거짓된 교훈들과 거짓된 실천들의 출현은 사람들이 그들의 신앙에 있어서 좌초되고 회중들이 무너지는 결과를 가져올 수 있는 위험들을 만들어 내었기 때문에, 신약성서의 책들은 비록 그 저자들이 다른 일들에 대해서 기쁜 마음으로 편지를 썼다고 할지라도 그러한 문제들을 다루지 않을 수 없었다(유 1:3). 따라서 우리는 선교가 신약성서의 책들의 기원이었다고 단언할 수 있다. 이와 동시에, 신약성서의 문서들은 부분적으로 실제적인 복음 전도를 촉진시키고 복음 전도의 신학에 기여하는 데에 관심을 갖는다.

하지만 핵심적인 관심 분야는 신자들의 체험과 그들이 붙잡게 된 새로운 믿음들을 표현하는 신학이다. 이러한 활동에 초점을 맞추다 보면, 복음을 아직 듣지 못했거나 믿지 않은 자들과 함께 나누는 것으로서의 신교의 사명이 소홀히 되는 경향이 생겨날 수 있다. 한 사람이 어떻게 신자가 되었는지, 신자들에게 기대되는 활동들을 개인적으로 및 회중 안에서 어떻게 수행해야 하는지를 말하면서도, 선교와 복음 전도를 소홀히 하는 것이 가능하다. 특히 적대적인 상황과 박해의 때에 신자들은 사기가 저하되어서 선교와 복음 전도 활동으로부터 물러날 수 있다. 심지어 오늘날에도 신자들은 신학 연구와 그리스도인의 삶에 속한 그 밖의 다른 측면들에 많은 힘을 쏟음으로써 복음 전도가 방해를 받는 일이 발생할 수 있고, 이러한 신앙 생활로 인해서 그들은 신약성서를 편파적으로 읽을 수 있다. 그러므로 신약성서 신학의 선교적인 성격과 함의들을 그러한 요소를 지나치거나 부당하게 과장함이 없이 그 신학의 다른 특징들과 마찬가지로 지적하는 것이 본서에서의 나의 목적이었다.

신학에서 선교가 차지하는 위치는 중요하다. 나는 하나님에 의해서 보내심을 받은 자로서 그의 나라를 세우고 거기에 수반된 구원의 축복들을 베푸는 일에 있어서 하나님의 대리자로 행하였던 예수의 본질적인 역할에 주목하였다. 그런 후에, 예수는 그의 제자들을 보내어서 자기와 동일한 사역을 이어가게 하였다. 바울의 신학 속에서 우리는 그리스도 사건과 사도들의 복음 선포는 하나의 구원 사건, 즉 하나님께서 그의 아들을 구주로 이 땅에 보내셨고 그의 제자들은 그의 오심과 죽음과 부활을 사람들에게 알리고 해석하여 사람들에게 복음을 믿고 예수를 주로 받아들이라고 권한 하나의 구원 사건에 속한 두 개의 뗄래야 뗄 수 없이 연결되어 있는 부분들이라는 인식이 존재한다는 것을 보았다. 이렇게 지속적인 선교는 하나님의 하나의 구원 행위의 구성 부분으로서의 합당한 지위를 부여받고 있다.

다양성을 통해서 공통적인 신학으로

우리의 서술은 신약성서에 속한 각각의 책들이 지닌 독특성을 어느 정도 보여주었다. 역사적 접근방식은 성경의 기자들이 반드시 표현 방식에 있어서 서로 온전히 일치할 것이라고 전제할 수 없다. 우리는 그들의 서술 속에서 하나의 통일성을 발견할 수 있는가? 이 문제를 탐구하는 데에는 두 가지 서로 보완적인 방식들이 있다. 하나는 서신들을 서로서로 비교해 보아서, 그것들 모두 속에 표현되어 있거나 명백하게 그 밑바탕에 깔려 있는 공통적인 가르침의 핵심, 모든 기자들 또는 대다수의 기자들에 의해서 제시되고 있는 일련의 개념들을 확인할 수 있는지를 알아보는 것이다.

또 하나의 접근방식은 성경의 기자들이 여러 저작들 속에서 기본적인 신학의 서로 다른 면모들과 서로 다른 함의들을 표현하고 있다는 것을 인정하면서도, 개별 저작들에 특유하긴 하지만 서로 잘 들어맞는 많은 모티프들을 담고 있는 그들의 공통된 신학을 서술하는 것이 과연 가능한지를 검토하는 것이다. 예를 들면, 그리스도께서 하늘에서 신자들을 위하여 중보기도하신다는 바울의 모티프는 오직 로마서 8:34에서만 발견되지만, 그것이 오직 한 번만 확인되기 때문에 바울 신학의 일부가 아니었다고 생각하는 것은 어리석은 일이 될 것이고, 이 요소가 다른 곳에도 나온다는 것(히브리서, 요한일서)은 그것이 바울에게 특유한 것이 아니었다는 것을 보여주는 것이다. 신약성서의 신학에 대한 서술은 최대공약수적인 접근방식과 최소공배수적인 접근방식을 둘 다 추구하여야 한다. 이 두 가지 접근방식은 어느 것이나 추구하기가 쉽지 않은데, 그것은 부분적으로 성경의 문서들이 각각의 상황에 의해서 형성되었고, 서로 다른 차원들 또는 서로 다른 이해방식들에 따라서 작동하고 있기 때문이다.

다양성을 고려한 또 하나의 접근방식은 신약성서의 저작들 또는 그것들이 표현하고 있는 신학적인 개념들을 서로 공존하는 유형들 또는 흐름들로 범주화하는 것이다. 하지만 신약성서의 책들은 공시적으로든 통시적으로든 서로 복잡하게 얽혀 있는 상호관계를 보여주기 때문에 깔끔한 분석이 어렵다. 40여년 전에 유행하였던 한 도식은 초대 교회와 그 신학의 발전에 있어서 세 단계를 구분하였다 — 팔레스타인 유대 기독교, 헬레니즘 유대 기독교, 헬레니즘 이방 기독교. 거기에서는 신학적인 용어들의 발전을 이러한 단계들에 비추어서 추적할 수 있고, 본문들을 이 세 가지 단계 중 하나에 할당할 수 있다고 보았다.[3] 이러한 해석의 틀은 조용히 역사의 무대에서 사라지긴 했지만, 이것은 그러한 해석의 틀이 신약성서의 모든 부분들이 동일한 신앙에 대하여 동일한 방식으로 증언하고 있다는 것을 전제하는 가운데 그 어떤 발전도 인정하지 않는 시나리오로 대체되어야 한다는 것을 의미하지 않는다. 신약성서의 책들을 그렇게 쉽게 조화시키는 일은 가능하지 않다. 오히려, 우리는 초기 그리스도인들이 사용했던 신학적인 용어들과 개념들이 다양하게 발전되었다는 것을 인정하여야 한다. 그러나 그러한 것들은 온갖 다양성에도 불구하고 동일한 것들과 동일한 체험들에 대하여 어느 정도나 증언하고 있다고 할 수 있는가?

이 주제에 대한 중요한 논의 속에서 던(James D. G. Dunn)은 그가 밝혀낸 신약성서의 기독교의 네 가지 범주들의 공통적인 핵심을 주장하였다. 이러한 범주들은 유대 기독교, 헬레니즘 기독교, 묵시론적 기독교, 초기 가톨릭 사상이었다. 이 모든 것들 속에서 공통된 핵심은 약간 추상적으로 인간 예수

---

3) 이러한 방법론은 특히 Ferdinand Hahn과 Reginald H. Fuller에 의해서 기독론 연구에 적용되었지만, 여러 반론들에 부딪쳐서 지지를 잃었다. 제1장 주석18을 참조하라.

가 부활하신 주님과 동일하다는 것에 대한 단언으로 제시될 수 있다.[4] 이러한 단언은 매우 초라하게 들리지만, "네가 만일 네 입으로 예수를 주로 시인하며 또 하나님께서 그를 죽은 자 가운데서 살리신 것을 네 마음에 믿으면 구원을 받으리라"(롬 10:9)는 초기 그리스도인들의 근본적인 단언을 응축해 놓고 있다. 분명히 이러한 단언이 신약성서의 기독교의 온갖 다양한 종류들에 공통적이라는 것과 이러한 단언보다 못한 것은 기독교적인 것이 아니라는 것을 입증하는 것은 결코 어려운 일이 아닐 것이다. 신약성서의 모든 기자들은 주님으로서의 예수의 신분을 전제하고 있고, 하나님께서 그를 죽은 자 가운데서 다시 살리셨다는 것을 암묵적으로 받아들이고 있다. 그러나 바울의 진술이 기독교 특유의 방식으로 **하나님**, **믿음**, **구원**을 언급하고 있다는 점에서 이러한 진술이 지닌 함의들은 훨씬 더 폭이 넓고, 던이 추출해 낸 것만큼이나 근본적인 것으로서 초기 그리스도인들에 의해서 널리 받아들여지고 있었다.[5]

여기에서 우리는 초기 그리스도인들이 불신자들에게 전한 말씀과 회중 내에서 이미 믿음을 갖고 있던 자들에게 주어진 교훈을 구별한 도드(C. H. Dodd)의 연구를 간과해서는 안 된다. 그는 소위 "케리그마," 즉 초기 그리스도인들이 불신자들에게 전한 메시지를 사도행전에 나오는 설교들과 바울 서신 및 신약성서의 다른 곳에 나오는 이전의 설교 내용에 나오는 흔적들을 토대로 재구성하였다. 하나의 케리그마가 존재하였는지, 아니면 여러 개의 케리그마가 존재하였는지에 대한 상당한 정도의 의문 제기에도 불구하고, 도드의 접근방식은 기본적으로 옳은 것으로 보인다 — 물론, 그의 결론들은 좀 더 가다듬을 필요가 있기는 하지만. 도드를 비롯해서 마운스(Robert H. Mounce) 같은 이후의 학자들이 초대 교회의 설교에 전형적인 것으로 추출해 낸 특징들이 적어도 신약성서의 문서들의 밑바탕에 깔려 있다는 것을 입증

---

4) James D. G. Dunn, *Unity and Diversity in the New Testament* (London: SCM Press, 1977)

5) 게다가, Dunn의 말과 바울 서신의 본문 속에 나오는 용어들은 모두 그것들과 분리될 수 없는 엄청난 무게의 신학적인 내용을 지니고 있다. 이 말 속에는 처음 보기와는 달리 이렇게 엄청난 내용이 들어 있는 것이다.

해 보이는 것은 그리 어렵지 않다. 도드는 이른바 **디다케**, 즉 새 신자들에게 주어진 가르침이라는 문제를 동일한 강도로 다루지는 않았지만, 이 주제는 베드로전서에 나오는 교훈 배후에 있는 자료들에 대한 연구를 수행한 셀윈 (Edward Gordon Selwyn)에 의해서 다루어졌다. 이러한 자료들 속에서 공통적인 내용들과 구조들을 확인한 것은 셀윈의 공로이다 — 물론, 이 자료들의 성격에 관하여 좀 더 정확하게 파악하고자 한 그의 시도는 별로 성과를 거두지는 못했지만.[6]

이 모든 접근방식들은 기본적으로 신약성서의 신학의 발전에 있어서 문자 이전의 단계들, 즉 글로 기록된 문서들 속에 단편적으로 여기저기에 흩어져 있고 그것들로부터 오직 어렵게 복원될 수 있는 교회의 초창기의 구두에 의한 설교와 가르침에 관심을 갖는다. 이 분야에서 학자들의 최초의 노력들에 관한 이야기는 헌터(Archibald Macbride Hunter)가 대략 50년 전에 발간한 「바울과 그의 선구자들」(*Paul and his Predecessors*)이라는 그의 책에서 연대별로 정리되었는데, 그러한 자료들을 찾아내서 분석하는 일은 신속하게 진행되어 왔다. 그러나 이러한 접근방식은 우리의 관심 대상인 글로 기록된 본문들이 아니라 문자 이전의 자료들에 관심을 갖는다. 만약 신약성서의 문서들에 공통된 일련의 자료들이 있었다는 것과 기자들이 기본적인 신학적 이해를 공유하였다는 것이 밝혀진다면, 그러한 작업은 분명히 우리의 논의와 연관이 있게 될 것이다. 헌터가 「신약성서의 통일성」(*The Unity of the New Testament*)에 관한 매우 작은 분량의 책을 써서, 신약성서의 본문들 사이에는 상당한 정도의 일치가 존재한다는 것을 간단하지만 설득력 있게 보여주었다는 것은 결코 놀라운 일이 아니다.[7]

그렇다면, 본문들 자체에 대해서는 우리가 무엇이라고 말할 수 있는가? 신약성서 신학에 대한 자신의 연구서에서 퀴멜(Werner Georg Kümmel)은 그가

---

6) Edward Gordon Selwyn, *The First Epistle of Peter: The Greek Text with Introduction, Notes and Essays* (London: Macmillan, 1946), pp. 363-466.

7) Hunter는 이 자료를 "한 주," "한 교회," "한 구원"이라는 세 가지 포괄적인 표제 아래에서 분석하였다. Archibald Macbride Hunter, *The Unity of the New Testament* (London: SCM Press, 1943)을 보라.

신약성서의 세 명의 주된 증인들로 규정한 예수, 바울, 요한의 가르침을 나란히 배치하였다. 그 책의 끝 부분에서 그는 표현상의 명백한 차이들에도 불구하고 이 세 사람 사이에 신학의 공통성이 존재하였는지를 물었다. 예수의 메시지는 세상의 종말과 구원의 시대가 가까이 다가오고 있고 이미 시작되고 있다는 것에 관한 것이었다. 구원의 현존은 예수라는 인물과 밀접하게 결합되어 있고, 예수는 그의 청중들에게 구원에 동참하도록 초청한다. 예수의 죽음 후에 그의 제자들은 그가 죽은 자 가운데서 다시 살아나서 하늘의 주로 높아지셨다고 믿었다. 그들은 종말의 때에 약속된 성령을 체험하였고, 그들 자신을 종말의 때의 공동체로 보았다. 이렇게 예수와 마찬가지로 그들은 종말의 때가 이미 시작되었다고 믿었다 — 물론, 그들은 여전히 하나님 나라의 임박한 도래를 대망하고 있었지만. 이러한 체험은 바울의 신학을 위한 전제를 제공해 주었다. 그는 이러한 이해를 신학적으로 발전시켜서, 세상의 종말이 가까이 왔다는 것을 예상하면서도, 하나님께서 아들을 보내심으로써 구원의 때가 이미 현실이 되었다는 것을 인식하였다. 살아계신 그리스도와 성령은 그리스도인 공동체 속에서 역사한다. 요한에게 있어서 우리는 장차 예수께서 오실 것에 관한 소망과 하나님의 자녀들이 영광 중에 장차 나타날 것에 관한 소망을 지금 여기에서 신자들이 구원을 받았다는 현실과 나란히 배치하고 있는 것을 발견한다. 요한은 바울보다 더 구원의 현존을 강조한다.

이러한 비교를 통해서 큄멜은 세 증인은 모두 최종적인 구원의 시대의 임박한 도래와 인간이자 부활하신 주님이신 예수 안에서 이 장래의 사건이 현재적으로 실현되었다는 것을 알고 있었다고 결론을 내린다. 그러나 바울과 요한은 구원의 현존을 더 부각시켰고, 거기에서 장래의 구원에 대한 기대는 덜 부각되었다. 이와 동시에, 이 세 증인 모두에게 공통적인 것은 예수 안에서의 하나님의 낮아지심에 대한 믿음이다. 예수 안에서 하나님의 사랑은 성취되었다. 초대 교회는 그리스도께서 그들의 죄를 위하여 죽으셨다는 것과 하나님께서 그들의 죄를 없이하셨다는 인식에 도달하게 되었다. 바울은 이것을 한 걸음 더 진척시켜서, 그리스도께서 사람들을 죄와 죄책, 이 세상에 있는 적대적인 세력들로부터 구원하셨다고 보았다. 요한은 하나님의 구원 목적이 그리스도라는 인물 속에서 실현되었다는 것을 강조함으로써 그리스도의 죽음의 의미를 거의 퇴색시키고 있다는 점에서 약간 다른 길을 따르고 있다. 거기에서는 구원은 그의 아들을 주신 하나님의 사랑의 결과라는 것이 훨씬 더 강조된다.

"이렇게 그들 속에서 보여지는 사상의 발전에도 불구하고, 신약성서의 신학의 이 세 주요한 증인들은 하나님께서 세상의 종말의 때에 약속된 그의 구원을 예수 그리스도 안에서 시작하셨다는 것, 이 그리스도 사건 속에서 하나님은 우리를 만나셨고, 우리를 이 세상에서의 감옥 생활로부터 구해내셔서 능동적인 사랑을 위하여 자유하게 만드시고자 아버지로서 우리를 만나고자 하신다는 것, 이 두 가지의 메시지에서 서로 일치한다.".[8]

이것은 던의 설명과는 약간 다르고 좀 더 상세한 설명이지만, 나는 던이 이러한 설명에 기본적으로 동의할 수밖에 없다고 생각한다. 큄멜은 특히 하나님 나라와 구원의 현재적인 실현과 장래의 완성 간의 긴장관계를 신약성서의 사상에서 주요한 구조적 요소로 인식하였지만, 하나님께서 그리스도의 성육신과 죽음을 통해서 구원을 이루기 위하여 그리스도 안에서 행하셨다는 것도 강조하고 있다. 이러한 설명은 던의 다소 형식적인 진술보다 신약성서의 신학의 핵심에 더 근접해 있는 것으로 보인다.

큄멜의 설명은 오직 신약성서의 신학에 대한 세 명의 주된 증인들에 관한 것이다. 이 연구를 진행하면서 나는 신약성서의 각각의 기자들의 견해를 개략적으로 제시하였는데, 나의 주장은 큄멜이 세 명의 증인들과 관련해서 확인하였던 것이 나머지 모든 증인들에게까지 확대될 수 있다는 것이다. 이러한 주장에 대한 증거들은 이미 제시되어 왔다. 우리는 예수의 선교와 메시지가 공관복음서에 어떻게 제시되고 있는지를 살펴보는 것으로 시작하였다. 나는 마태와 누가가 기본적으로 마가와 동일한 그림을 좀 더 상세하게, 그리고 전체적인 인상을 변경하지 않으면서도 강조점에 있어서 약간의 변화를 둔 채 제시하고 있다는 것을 논증하였다. 나아가, 나는 이러한 묘사의 실질적인 내용이 예수께서 행하시고 말씀하신 것을 반영하고 있는 예수에 관한

---

8) Werner Georg Kümmel, *The Theology of the New Testament According to Its Major Witnesses* (Nashville: Abingdon, 1973; London: SCM Press, 1974), p. 332.

가장 초기의 전승들을 충실하게 반영하고 있다는 것을 믿을 만한 온갖 근거가 존재한다는 것을 분명하게 말하였다. 복음서들은 예수에 관한 실질적인 기억들에 토대를 두고 있다고 볼 수 있는 충분한 근거를 지닌 예수에 관한 가장 초기의 기억들을 반영하고 있다. 나는 적정한 분량을 유지하고자 하는 본서의 취지에 따라서 이러한 전제를 입증할 수 있는 논거들을 자세하게 전개하지 않았지만, 거기에 대해서는 독자들은 역사적 예수에 관한 글들을 참조하면 될 것이다.

그런 후에, 나는 사도행전에 나오는 초대 교회에 관한 기사를 이 그림 속으로 가져왔다. 우리는 거기에 나타난 묘사가 복음서들, 특히 누가에 의해서 제시된 전체적인 틀과 부합하고, 그것이 예수의 부활, 성령의 강림, 교회의 지속적인 선교에 비추어서 예수의 메시지를 발전시킨 것이라고 믿을 수 있는 초기 그리스도인들의 신앙과 신학에 관한 묘사를 보여주고 있다는 것을 알게 되었다. 그러한 묘사는 어느 정도 누가에 의해서 형성된 것이기는 하지만, 그것은 전체적으로 통일되어 있고 설득력이 있다. 여기에서 다시 한 번 나는 이러한 입장을 상세하게 논증하고자 시도하지 않았고, 누가의 신빙성에 대하여 이전 세대의 회의적인 견해와는 대조적으로 긍정적인 견해를 옹호하여 왔던 그러한 학자들과 나의 견해가 일치한다는 것을 지적하는 것으로 만족하였다.

이렇게 해서 우리는 공관복음서와 사도행전의 신학들을 함께 고찰하여, 복음서 기자들에 의해서 묘사된 예수의 신학과 사도행전에 묘사된 초대 교회의 신학이 조화로운 발전을 보여준다는 것을 확증할 수 있는 단계에 도달하였다.

다음 단계는 가능한 한 연대기적인 순서를 따라서 바울 서신들을 살펴보는 일이었는데, 우리는 편의상 일반적으로 바울 자신의 손으로 직접 썼다고 생각되는 서신들을 먼저 살펴본 후에, 바울에 의해서 나중에 씌어졌거나 그들의 상황에 적절한 방식으로 바울의 신학을 제시하였던 그의 제자들에 의해서 씌어진 후대의 서신들을 살펴보았다. 이러한 검토를 토대로 해서 우리는 일반적으로 바울의 것으로 인정된 서신들을 토대로 바울의 신학을 종합할 수 있었다. 그 단락 전체에 걸쳐서 우리는 이러한 서술과 부합하는 후기 서술들로부터의 증거들을 포함시킬 수 있었고, 그런 후에 후기 서신들을 따로따로 살펴보는 가운데 그것들이 지닌 독특한 개념들을 바울의 진정한 서신들과 비교해 보았다. 또 다시 우리는 후기 서신들이 바울의 신학을 다양한 방식으로 발전시켰지만, 거기에 나와 있는 내용은 분명히 초기 서신들과 기본적으로 조화되는 것으로서, 어떤 경우에는 좀 더 알차게 발전시킨 것들이었고 어떤 경우에는 일부 회중들에 있어서 신앙 및 행실과 관련해서 의심스러운 다른 경향들에 직면해서 바울의 가르침을 굳게 붙잡는 것의 중요성을 역설하는 것들이었다.

그런 후에, 우리는 사도행전에 나오는 초대 교회의 신학을 바울 신학과 비교해 볼 수 있었다. 그 결과는 기본적인 문제들에 있어서 분명한 동일성이 존재하지만, 바울 서신들은 좀 더 폭넓은 범위의 자료들과 깊이 있는 서술을 통해서 훨씬 더 상세하게 여러 문제들을 제시하였다는 것을 보여주는 것이었다. 바울이 쓴 내용들이 좀 더 큰 깊이를 지니고 있다는 것은 조금도 놀라운 일이 아니다. 여기에서 중요한 것은 두 신학자가 아주 많은 동일성을 보여주고 있다는 것이다. 누가는 자기 자신을 바울의 사람으로 묘사하고 있지만, 그는 바울을 오해한 것으로 의심받아 왔다. 그럼에도 불구하고, 두 사람의 신학이 아주 많은 동일성을 보여준다는 것은 사실이다. 분명히 누가는 바울 신학의 좀 더 정교한 내용들을 표현하고 있지 않지만, 기본적인 문제들에 있어서 둘 사이에 그 어떤 충돌도 없다.

본서의 연구에서 다음 단계는 세 번째로 주요한 분야, 요한 문헌을 다루는 것이었다. 요한복음의 신학은 이원론적인 틀을 사용해서 아주 독특한 방식으로 표현되어 있다. 요한 서신의 신학은 표현과 내용면에 있어서 요한복음과 밀접하게 연결되어 있다. 요한계시록의 신학은 요한 진영에 속해 있기는 하지만 공관복음서들에 나오고 제한적인 범위에서 바울 서신들에도 나오는 묵시론적인 전승들과 표현 방식을 활용할 필요를 느꼈던 저자의 작품임을 보여준다. 요한복음과 서신들의 신학은 다른 복음서들 및 바울 서신들과의 비교 속에서 분석될 필요가 있다. 이러한 비교들의 결과물들은 다시 한 번 우리가 두 부류의 저작들과 기본적으로 동일한 내용을 보여주는 신학 형태를 요한 문헌 속에서 보고 있다는 것을 입증해 준다. 물론, 표현 방식과 논의의 분야들은 서로 다르지만, 중심적인 관심사들과 그것들에 대한 이해는 본질적으로 동일하다.

끝으로, 우리는 신약성서의 나머지 책들, 즉 히브리서와 소위 공동 서신들을 논의 속으로 가져와서, 그것들을 각각 따로 살펴보았다. 히브리서는 그리스도인들이 지쳐 있는 상황과 배교의 위험이라는 특별한 문제를 다루기 위하여 그리스도의 인격과 사역, 그리스도인의 삶의 성격에 대한 주목할 만한 시각을 보여주었다. 그러나 다시 한 번 믿음에 대한 기본적인 이해는 다른 저작들에서와 동일하다. 야고보서는 그리스도인의 행실에 집중하고 있다는 점에서 이례적인 서신이지만, 거기에는 우리가 흔히 생각하는 것보다 더 많은 신학이 들어 있고, 그 신학은 저자가 예수의 가르침에 관한 전승과 밀접하게 접촉하였고, 바울 신학에 대한 모종의 오해를 접하고 있었다는 것을 보여준다. 그럼에도 불구하고, 그 표현 방식은 지혜 전승에 의존하고 있기 때문에 다른 것들과 두드러지게 다르다 — 물론, 거기에서 보여주는 취지는 초기 기독교 일반의 것과 동일하지만. 베드로전서는 짧은 지면 속에 신학을 고도로 농축해서 깊이 있게 표현하고 있다는 점에서 보석이라고 할 수 있고, 바울 신학과의 유사점들 — 이것을 근거로 이 서신을 바울의 제자에게 돌려서는 안 되지만 — 은 이 서신이 신약성서의 신학의 주류에 얼마나 밀접하게 속해 있는지를 증명해 준다. 유다서와 베드로후서는 흔히 신약성서의 신학에 대한 서술 속에서 소홀히 되어 왔지만, 우리는 이 두 서신이 모두 그들이 직면하고 있던 거짓 가르침을 이해하고 평가하기 위하여 묵시록적 전승들을 특별히 사용해서 신약성서의 다른 곳에서 발견되는 것과 비슷한 신학을 전개하고 있다는 것을 발견하였다. 요컨대, 신약성서의 이 분야에는 상당한 정도의 다양성이 존재하지만, 개별 저작들은 별 어려움 없이 신약성서 신학의 지도 속에 포함될 수 있고, 그 경계선 밖으로 나가고 있지 않다는 것이다.

이렇게 전체적으로 볼 때에 우리의 분석은 신약성서를 구성하고 있는 개별 책들의 신학들 내에 서로 일치하고 동일한 중요한 핵심이 존재한다는 것을 보여준다.

그렇다면, 이 핵심을 우리는 어떻게 설명할 수 있는가?

주된 주제. 신약성서 전체에 걸쳐서 우리는 구속(redemption)의 신앙이 제시되고 있는 것을 본다. 동일한 네 가지 단계가 모든 기자들에게 공통적이다: 죄인들을 하나님의 심판 아래 놓이게 만든 죄로 이해되는 인간의 곤경이라는 상황이 존재한다. 예수 그리스도를 통하여 이루어지는 하나님에 의한 구원 행위가 있는데, 예수 그리스도는 인간으로 나타나신 하나님의 아들이고, 그의 죽음과 부활은 유대인들이나 이방인들을 포함한 세상에 선포되어야 하는 구원 행위를 구성한다. 하나님과 예수 그리스도를 믿는 자들에게는 새 생명이 있고, 성령에 의해서 중재되는 이 새 생명은 개별적으로 또는 신자들의 공동체의 지체로서 경험된다. 하나님은 그리스도의 재림, 최후의 심판, 악의 멸망, 그의 백성들이 하나님의 현존을 영원히 누리게 될 새 세상의 수립을 통해서 그의 구속 사역을 완성하실 것이다.[9]

사상의 틀. 우리의 모든 신학자들은 세상을 하나님의 창조물로 이해하고, 역사를 하나님께서 모든 민족들로부터 택하신 백성, 즉 처음에는 유대인들, 다음으로는 유대인이든 이방인이든 그와 영적인 관계를 맺고 있는 백성과 상호 작용하는 지속적인 관계에 관한 이야기로 이해하는 유대교와 동일한 틀 안에서 활동한다. 그들은 역사에 대한 묵시론적 이해를 받아들이는 경향을 보여주고 있고, 일부 저작들은 하나님과 죄악된 세상 간의 우주론적이고 윤리적인 이원론을 활용한다. 그들은 유대 성경(구약성서)을 하나님께서 그의 백성을 다루신 일들에 관한 하나님의 영감을 받고 공인을 받은 기사(記事)이자 하나님께서 그가 장차 행하실 것을 예언한 선지자들을 통해서 그의 백성과 의사소통하신 것에 관한 기록으로 받아들인다.

주제의 전개. *선교라는 맥락: 하나님 아버지.* 하나님은 거룩하고 의로우며 사랑과 긍휼이 많으시고 신실하신 만유의 주권적인 창조자이자 통치자로 이해된다. 하나님은 인간의 죄를 심판하시는 심판자이자 죄인들을 건지시는 구주이다. 신약성서에서 하나님은 특징적으로 예수 그리스도와 신자들의 아버지이다. 하나님은 구원의 창시자이다. 하나님이 아버지라는 개념은 구약성서에서 주변적으로 나오지만, 예수에 의해서 발전되고, 신약성서의 다른 기자들에 의해서 당연한 것으로 받아들여진다. 이렇게 개별 신자들과의 인

---

9) 여기에서 나는 David Wenham; p. 36 n. 26에 의해서 제시된 분류를 사용하였다.

격적인 관계 속으로 하나님이 들어오셨다는 것에 대한 좀 더 온전하고 깊은 이해가 존재한다.

선교라는 맥락: 하나님과 인류에 관한 이야기. 신약성서의 기자들은 인간이 하나님을 사랑하고 그에게 순종하도록 지음받았다는 것, 인간이 타락하여 반역과 죄악 속에 빠졌다는 것, 하나님께서 족장들과 그 후손들을 그의 백성으로 부르시고 지명하셔서 그들과 계약을 맺으셨다는 것, 그 이후에 전개된 계약 백성의 굴곡진 역사, 거듭거듭 반복된 반역, 심판, 회개, 구속에 관한 순환적인 이야기 등으로 이루어진 성경의 이야기를 전제한다. 그들은 하나님께서 그의 백성과 새로운 시작을 하실 것이라는 약속들을 이어받고 있고, 그들의 이야기는 이 새로운 계약을 맺은 것에 관한 이야기이다.[10] 이렇게 구약과 신약에 나오는 하나님의 행위들 간에는 심오한 연속성이 존재한다.

선교의 중심: 예수 그리스도. 우리의 모든 신학자들은 예수를 세상과 하나님 사이에서 유일한 중보자라고 이해한다. 그들은 모두 예수가 인간이라는 것에 동의하지만, 예수에게 하나님 아버지와 동등한 신분을 부여한다. 적어도 예수는 최고의 선지자라고 할 만한 권위와 통찰력을 지닌 하나님이 임명한 대리자이다. 메시야 또는 그리스도라는 개념은 이러한 역할을 표현한다. 하나님의 대리자가 그의 백성을 통치할 것이라는 소망, 즉 하나님의 통치(나라)를 개시시키거나 부활시킬 것이라는 유대인들의 소망은 예수 안에서 성취된 것으로 믿어졌고, 예수가 자기 자신을 이러한 역할을 수행하는 것으로 보았다는 것을 보여주는 증거들이 있다 — 물론, 그는 그렇게 함에 있어서 그러한 소망의 의미를 근본적으로 변화시켰지만. "그리스도"는 어느 정도 이방 그리스도인들에게는 별 의미를 지니지 않는 예수에 대한 이름이 되었지만, 그 용어가 전해주는 의미는 상실되지 않았고, 다른 방식들로 표현되었다. 예수는 적어도 이례적이고 유일무이한 방식으로 하나님이 자신의 아버지라는 것을 알고 있었다. 높아지셔서 하나님과 함께 있게 된 사건으로 이

---

10) 옛 계약과 새 계약이라는 구분은 신약성서의 표면에는 그렇게 두드러지게 나타나지 않지만, 구원사의 발전에 관한 이해와 관련해서 기독교적인 사상의 근저에 있는 것으로 보인다.

해된 그의 부활에 비추어 볼 때, 그는 초기 그리스도인들에 의해서 점점 더 하나님의 주요한 대리자로 이해되었고, 구약성서에서 하나님을 가리켰던 칭호인 주(主)라는 칭호가 부여되었으며, 하나님의 아들로 인식되었다(그 밖의 다른 표현들로는 지혜와 말씀이 있다). 이러한 신분은 그를 하나님과 동등한 존재로 만드는 존재론적인 관계 — 우리에게는 더 좋은 표현이 없어서 이렇게 부를 수밖에 없다 — 속에서 이해되었고.[11] 종종 하나님이라는 용어가 그에 대하여 사용된다. 따라서 그는 인간으로 성육신되기 전에 하나님과 함께 계셨던 존재로 이해된다.

선교의 중심: 구원 사건. 예수의 죽음과 그의 부활은 대단히 중요하다. 이러한 사건들의 의미를 발전시키기 위해서 다양한 강조점들을 지닌 온갖 종류의 방식들이 개발되었다. 예수께서 다른 사람들을 대신하여 죽으셨다는 기본적인 개념은 신약성서 전체에 걸쳐서 발견된다. 예수의 죽음이 사람들을 죄들과 그 결과들로부터 건져 내었고 그들을 하나님과 화목하게 하였다는 사실은 신약성서 전체에 걸쳐서 공통적이다. 서로 다른 일련의 이미지들은 구원 사건의 서로 다른 면모들을 집약하고 있다. 그러한 이미지들 모두에 공통적인 것은 그리스도께서 인간들을 위해서 또는 그들을 대신해서 죽으셨다는 것과 그의 죽음이 죄들, 즉 하나님으로부터 인간들을 분리시키고 악행의 노예가 되게 하여서 지금 역사하고 있고 최후에는 복음을 거부한 자들의 운명이 될 하나님의 심판 아래 놓이게 만든 죄들을 처리하셨다는 것이다. 그의 죽음은 인간과 하나님 사이에서 죄에 의해서 야기된 장벽을 제거하기 위하여 드려진 희생제사에 대한 구약적인 이해로부터 가져온 범주들을 통해서 설명되었다. 죄 사함, 칭의, 구속, 화해는 이러한 해석의 핵심적인 범주들이다.

마찬가지로, 하나님께서 예수를 죽은 자 가운데서 다시 살리셔서 그를 자기와 나란히 하늘 보좌에 앉게 하셨다는 사실(영화)도 기독교에서 공통적이

---

11) 이것은 Richard J. Bauckham, *God Crucified: Monotheism and Christology in the New Testament* (Carlisle: Paternoster, 1998)에 의해서 제시된 유익한 표현이다.

고 기본적인 믿음이다. 예수의 죽음과 부활은 단일한 구원 사건으로서 그리스도께서 스스로 부활하신 것이 아니라 하나님이 그리스도를 다시 살리신 것으로 보아진다. 이 행위를 통해서 악의 세력들은 패배를 당하였고, 하나님의 백성에게 있어서 사망은 극복되었다.

이 구원 사건은 복음의 선포를 통해서 사람들에게 알려지게 되었는데, 복음의 선포는 그리스도께서 그의 제자들에게 위임하신 선교 활동의 핵심에 자리잡고 있다. 사람들이 복음을 듣지 않고 구원받을 수 있느냐의 여부는 신약성서에서 다루어지고 있지 않은 문제이다. 신약성서에서 강조되고 있는 것은 가서 제자를 삼으라는 교회에 대한 하나님의 명령이다. 이 선교는 그 자체로 구원 사건의 구성 부분이다.

선교의 공동체: 새로워진 이스라엘. 하나님은 원래 이스라엘/유다 민족을 그의 백성으로 선택하셨고, 거기에 속하는 것은 출생을 토대로 한 것이었으며, 남자들의 할례를 통해서 인준되었고, 율법에 대한 순종을 통해서 표현되었다. 유대인들은 많은 점들에서 하나님과 맺은 계약 중에서 그들이 지켜야 할 부분들을 지키지 못하였다. 예수는 메시야로 오셨는데, 적어도 일부 유대인들의 생각 속에서는 메시야의 역할은 이스라엘을 그 원수들로부터 구해내고 그들의 압제로부터 해방시키며 이스라엘을 정화시켜서 백성들이 거룩하게 되도록 하는 것이었다(*Ps. Sol.* 17). 따라서 예수는 이스라엘에 대한 선교 사명을 지니고 있었다. 그가 자기 자신이 메시야의 역할을 수행하고 있다고 믿었다는 전제 위에서, 그가 백성들에게 그에게 응답하도록 요구한 것은 이상한 일이 아니다. 그가 이런 일을 하였든 안 하였든, 그의 제자들은 분명히 그를 메시야로 보았고, 유대인들에게 그를 메시야이자 주로 받아들이라고 권하였다. 이렇게 해서 과거의 신실한 이스라엘과 연속선상에 있는 새로운 백성이 발전하였고, 이스라엘은 여전히 하나님의 백성이긴 하였지만, 예수가 메시야임을 거부한 자들은 구약 시대에 율법에 대하여 반기를 들고 우상들을 좇아갔던 자들의 경우와 마찬가지로 이 백성으로부터 배제되었다. 신자들이 예수의 선교가 인종적인 유대인들에게 국한된 것이 아니었다는 것과 하나님은 유대인들만의 하나님이 아니라 이방인들의 하나님도 된다는 것을 점점 더 알게 됨에 따라서 인종적인 자격 요건은 폐기되었다. 이렇게 해.

서 나무(포도나무 또는 감람나무)는 접붙여진 가지들을 얻게 되었다.

공관복음서들에는 이러한 것에 대한 암시들만이 나올 뿐이고, 대체로 예수의 활동은 유대인들에게 국한되었던 것으로 보인다. 그렇지만 세 명의 복음서 기자들은 그 함의들을 잘 알고 있었다. 복음은 모든 민족에게 전파되어야 한다. 이방인들은 하나님의 나라에 들어오게 될 것이다. 특히 누가는 사도행전에서 이 주제를 발전시킨다. 이 주제를 가장 상세하게 다루고 있는 사람은 바울인데, 그는 자기가 이방인들에게 보내진 사도라는 것을 알고 있었다. 또한 요한도 하나님의 양 무리가 원래의 무리에 속하지 않은 다른 양들이 더해져서 늘어나게 되리라는 것과 예수의 복음은 단지 유대인들에게만이 아니라 모든 사람들에게 전파되어야 한다는 것을 알고 있었다. 이렇게 해서 유대인들에게 주어진 옛 약속들, 즉 그들이 하나님의 백성이 될 것이라는 약속들은 폐기된 것이 아니라 새 계약을 통해서 영적으로 갱신되었는데, 이것을 따라서 하나님을 향한 믿음과 사랑이라는 영적인 요소(이러한 것은 언제나 계약의 유지에 있어서 기본적인 것이었다)는 이제 하나님의 메시야인 예수의 나타나심과 메시야에 대한 믿음으로 말미암아 영적으로 아브라함의 후손들이 된 모든 자들을 포함하도록 계약 백성이 확장된 것을 통해서 새롭게 표현되었다.

이 주제를 나름대로의 방식으로 가장 끝까지 추적한 신학자는 바울인데, 그는 그가 세운 교회들 속에서 이방인들에게 유대교의 율법이 지니는 지위라는 문제에 직면해야 했고, 율법이 그리스도를 대신해서 사람들이 의뢰하는 것이 되었다는 것을 인식하였다. 교회 속에는 이방인들도 유대교의 율법, 특히 할례를 지켜야 한다고 주장하였던 무리들이 존재하였지만, 신약성서의 기자들 중에서는 그 누구도 그러한 입장을 채택하지 않았다. 이것을 계기로 바울은 하나님의 목적에 있어서의 율법의 지위에 관한 심오한 논의를 전개하게 되었는데, 이것은 바울이 신약성서 신학에 기여한 여러 가지 중요한 업적들 중의 하나이다. 바울은 죄론과 관련하여 죄가 아담 이래로 인류에게 영향을 미치고 인류를 주관하고 있다는 아주 깊은 이해를 보여준다.

선교의 공동체: 믿음의 응답.   예수께서 행하신 일로 인해서 사람들이 죄로부터 건지심을 받고 하나님과 올바른 관계에 들어갈 수 있다는 이해는 기

본적인 것이다. 복음은 하나님의 주도권, 즉 구원받기 위한 수단으로써 사람이 뭔가를 행할 필요성을 전혀 허용하지 않는 하나님의 초청에 관한 것이다. 그럼에도 불구하고 구원이 이루어지기 위해서는 인간의 응답이 있어야 한다는 것은 아주 중요하다. 그러한 응답은 인간이 자기 자신이 하나님으로부터 열납될 수 있도록 뭔가를 하는 것이 아니라 하나님께서 예수를 통해서 인간을 위하여 행하신 일을 받아들이는 것 — 이것은 견실함과 인내로써 믿음을 지키는 것으로 표현되는 지속적이고 총체적인 헌신을 요구한다 — 이다. 그러한 믿음은 하나님이 행하신 일을 받아들이는 것이고, 인간이 그것을 받아들이기 위하여 어떤 노력을 하는지와는 상관없이 하나님이 그의 백성을 구원하기 위하여 행하고 계시는 것을 받아들이는 것이다. 그런 까닭에 믿음은 고대의 다른 종교들과 구별되는 기독교만의 특징이다.

믿음은 성령의 능력을 힘입어서 복음을 선포함을 통해서 불러일으켜지고 가능하게 된다는 점에서 일부 맥락들 속에서는 하나님의 선물로 설명된다. 이것을 근거로 일부 학자들은 신약성서의 저작들 배후에 일반적으로 전체 인류 중에서 오직 특정한 개인들만을 구원하고자 하시고, 오직 그들을 위해서 그리스도를 보내어 죽게 하심으로써(그의 죽음은 모든 인류를 구원하기에 충분한 것이기는 하지만) 효력 있게 하시고, 이러한 예정된 자들을 복음의 전파를 통해서 부르시며, 그들 속에 믿음을 불러일으키고, 그들에게 믿음을 지키는 은사를 주어서, 하나님의 목적이 실패하지 않고 이루어지도록 하고자 한 하나님의 목적이라는 개념이 존재한다고 주장하였다. 일부 본문들은 그러한 주장을 밑받침하는 것으로 보일 수 있지만, 그러한 주장은 그리스도께서 모든 사람을 위하여 죽으셨고, 복음은 진정으로 그것을 듣는 모든 자들에게 제시되고 있다는 것을 보여주는 본문들을 제대로 다루고 있는 것이 아니다. 그러한 주장은 하나님과 그의 백성 간의 인격적인 관계에 관한 신약성서의 표현들을 사람들의 의지와 행위는 하나님에 의해서 결정되기 때문에 사람들은 정확히 하나님이 원하는 것을 행하고 있고, 사람들이 복음에 대하여 이런저런 방식으로 응답할 자유를 가지고 있는 것처럼 보임에도 불구하고 사실은 하나님에 의해서 계획된 것을 행하고 있을 뿐이라는 모종의 결정론으로 환원시키는 것으로 보인다. 이러한 결정론에서는 하나님이 사람들로 하여금 행하도록 결정해 놓은 것들 속에는 그들의 악한 선택들과 행위들도 포함되는 것으로 보기 때문에, 이것은 어떤 의미에서 하나님을 악에 대항하는 분이 아니라 악의 원천으로 만드는 것으로 보인다. 우리는 신약성서의 가르침을 그것을 관통하고 있는 신비들과 역설들을 충분히 인식하지 않는 논리적이고 융통성 없는 체계로 만들지 않는 것이 좋다.

신약성서는 하나님의 계획에 의해서 궁극적으로 모든 사람들이 반드시 구원을 받게 되리라는 것을 가르치고 있다는 주장도 마찬가지로 설득력이 없다. 그러한 사상이 아무리 구미에 맞는다고 할지라도, 하나님이 그러한 것을 이루기 위하여 행하고 계시다는 것을 보여주는 분명한 증거가 없고, 신약성서의 기자들의 압도적인 추세는 심판의 위험에 대하여 경고하면서 사람들에게 지금 여기에서 믿음을 가지도록 촉구하는 것이다.

선교의 공동체: 성령. 공관복음서의 예수는 성령에 관하여 거의 말을 하지 않지만, 그의 사역은 성령의 능력으로 행하여졌다는 것이 일반적으로 인정되고 있다. 공관복음서들은 예수께서 제자들을 떠나신 후의 제자들의 삶에 관하여서는 그들 앞에 어려움과 환난들이 기다리고 있다는 것을 경고하면서 깨어 있어서 견고하게 믿음을 지키라고 요구하는 것 이외에는 별로 말을 하지 않는다. 오직 마태만이 예수께서 제자들이 모여 있는 곳에 자기도 함께 하겠다고 약속하신 것을 기록하고 있다. 이렇게 대체로 성령과 부활하신 예수의 현존은 공관복음서의 지평 밖에 놓여 있다. 그럼에도 불구하고, 누가의 저작은 제자들 속에서의 성령의 능력과 부활하신 주님에 대한 그들의 체험을 언급하는 사도행전에서 절정에 달한다. 그러므로 누가는 복음서에 이러한 체험들에 관한 기록이 별로 없다는 것과 오순절 사건 이후에 그리스도인들의 의식을 지배하였던 새로운 체험들 간의 대조적인 모습 속에서 아무런 문제점도 보지 못하였다.

개별 신자들의 삶과 회중 속에서 성령의 위치는 바울 서신, 요한복음, 요한일서에서 아주 상세하게 전개된다. 바울은 성령을 신자들을 거룩하고 사랑이 많은 자들로 변화시키며 그들에게 악과 대항해서 싸울 수 있는 능력을 공급해 주는 주체로 본다. 그렇지만 성령의 능력은 거부될 수 없고 뒤집을 수 없는 그러한 능력이 아니다. 인간의 의지와 하나님의 변화시키는 능력 간의 관계가 지닌 역설은 쉽게 해결되지 않는다. 성령은 신자들에게 그의 은사들을 주어서 공동체 속에서 그들 자신과 아울러 다른 지체들의 덕을 세우기 위하여 사용하도록 하신다. 요한은 성령을 특별히 부활 후에 예수를 대신하여 그를 증언하며 신자들에게 영생을 전달해 주는 보혜사로 이해한다.

선교의 공동체: 교회. 예수의 사역의 목표와 결과는 개개인들을 구속하여 그들로 하여금 하나의 공동체를 이루게 하는 것이었다. 이러한 두 가지 목표는 서로 밀접하게 결합되어 있다. 왜냐하면, 구속의 목적은 단지 개개인들을 그들의 죄악됨의 결과들로부터 건져 내는 것이 아니라 의와 사랑을 특징으로 하는 새로운 삶을 만들어내는 것이기 때문이다. 그러나 의와 사랑은 진공 속에서 실천될 수 없고 오직 공동체 속에서만 실천될 수 있기 때문에, 필연적으로 구속은 사랑과 의의 상호적인 실천을 특징으로 하는 새로운 공동체를 만들어 낼 수밖에 없다. 이렇게 해서 자신을 영화롭게 해줄 한 백성을 만들어 내고자 하신 하나님의 목적이 이루어진다.

예수의 제자들이 조직된 공동체라고 부를 수 있는 것을 형성하였다는 것에 대해서는 공관복음서들 속에 별로 언급이 없다. 예수께서 살아 계신 동안에는 예수 일행은 유다로 하여금 공동의 자금을 관리하게 하였고, 상당한 재산을 지니고 있었던 여러 여자들로부터 후원을 받은 것 — 요한이 이렇게 기록하고 있다 — 을 제외하고는 조직을 위한 필요성이 없었다. 마태는 좀 더 공식적인 공동체에 적용될 수 있는 몇몇 지시사항들을 기록하고 있다. 누가는 조직에는 별 관심이 없었고, 사도행전에서 회중들의 조직은 중요하게 다루어지지 않는다. 바울 서신들은 회중 내에서 공식적이고 비공식적인 직분들이 존재하였다는 것과 아울러서 제자들의 무리 안에서 다양한 형태의 직분과 활동의 유형이 발전되었다는 것을 보여준다. 회중은 모임을 가졌고, 이 모임은 기독교 특유의 활동이었다. 가버나움에서 예수의 제자들이 예수께서 거기에 계시지 않을 때에 어떤 공동의 모임이나 활동을 가졌는지에 대하여 그 어떤 언급도 하고 있지 않은 복음서들과 대비해 보라. 우리는 제자들이 예수 주변에 모여서 가르침을 받고 기도를 하는 모습을 보지만, 그것이 전부이다. 어쨌든, 이 시점에서 그들은 여전히 유대인들에게 요구되었던 통상적인 종교 활동들을 위해서 회당에 다녔던 것으로 보인다. 요한복음에 나타나는 묘사는 공관복음서들에 나타나는 것과 흡사해서, 거기에는 그리스도인 회중의 삶에 대한 그 어떤 암시도 나오지 않는다.

구원을 받고 신자들의 공동체 속으로 들어가는 것은 세례, 즉 죄로부터 깨끗함을 받아서 예수의 죽음과 부활에 참여하며 성령을 받는 것을 표현하는 의식(儀式)을 통해서 상징적으로 표현되었다. 그리스도에 대한 신자들의 지속적인 관계는 예수의 희생제사적인 죽음, 하나의 떡과 잔에 참여하는 자들 간의 영적인 양식의 공급과 하나됨과 사랑의 끈을 표현하는 성찬을 통해서 상징적으로 표현되었다. 나아가, 신자들의 공동의 삶은 가르침, 서로에 대한 실천적인 사랑과 돌봄, 예배, 감사, 하나님에 대한 기도를 통해서 신자들 서로 간의 믿음을 세워 주기 위한 성령의 은사들의 나타남도 포함하고 있었다.

선교의 공동체: 사랑의 계명. 많은 자료들, 특히 예수, 바울, 요한에 나오는 가장 분명한 공통된 모티프는 의심할 여지 없이 사랑의 계명이다. 제자들과 신자들의 행실 속에서 이 계명이 중심적인 위치를 차지하고 있었다는 것은 이 세 가지 경우 모두에서 분명하게 드러난다. 이 계명은 원수를 사랑하라고 명령하는 예수의 설교 속에서 가장 급진적인 형태로 등장한다. 그러나 이 모티프는 바울에게서도 나온다(롬 12장). 요한에게서 그 강조점은 그리스도인 공동체 내에서의 사랑에 두어져 있다(요 13:34-35). 위에서 지적했듯이, 요한은 형제 사랑을 그리스도인 공동체를 구별시키는 표지라고 생각한다. 가난한 형제 자매를 향한 관심이 요한일서에서 강조되고 있기는 하지만, 공동체 밖에 있는 가난한 자들에 대한 사랑과 돌봄은 찾아보기 어렵다. 요한은 바깥 세상이 신자들을 향하여 적대감을 지니고 있다는 것을 인식하고 있다. 사랑의 범위에 관한 이러한 차이점들을 감안하더라도, 이 모티프가 그리스도인들의 행실에 있어서 중심적인 위치를 차지하고 있었다는 것은 부정될 수 없다.

사랑의 계명과 일맥상통하는 것은 리더십과 관련하여 권세와 권력을 자기 자신을 위하여 행사하는 것이 아니라 겸손히 섬기는 데에 사용해야 한다는 사상이다. 인자는 섬기기 위해서 왔고, 그는 그의 제자들에게 겸손을 권장하였다. 진정으로 큰 것은 섬김을 받는 데에 있는 것이 아니라 섬기는 데에 있다. 요한은 제자들의 발을 씻겨 주신 주님의 모범을 제시한다. 이 모티프는 바울에게서는 그렇게 분명하게 나오지 않는다고 할 수 있지만, 거기에도 역시 존재한다. 교회는 분명히 리더십을 가지고 있고, 거기에 부과된 권위를 지니고 있지만, 그 권위는 자신을 과시하기 위해서가 아니라 다른 사람들의 유익을 위해서 행사되기 때문에, 권위의 성격은 변화된다.

선교의 완성: 온전한 구원. 끝으로, 우리의 모든 자료들 속에서 우리는 현세의 임박한 종말과 두 시대의 중복에 관한 인식을 본다. 공관복음서에서 하나님의 나라는 아주 가까운 미래의 실체로 묘사되기도 하고 지금 여기에서 이미 그 능력을 나타내고 있는 것으로 묘사되기도 한다는 것은 너무도 잘 알려져 있다. 하나님 나라는 지금 여기에 존재하는 동시에 아직 존재하지 않는다. 마찬가지로, 메시야는 지금 여기에 존재하지만 아직 온전히 인식되고 있지 않다. 그의 능력은 그의 권능의 역사(役事)들 속에서 나타났지만, 그는 사람들에게 붙잡혀서 죽임을 당하셨다. 그의 부활은 사람들의 반대를 무효화시키고, 인자가 다스리고 심판하게 될 재림의 때에 앞선 시대를 열었다. 마찬가지로, 구원은 여기에서 경험될 수 있지만, 아직 완성되지는 않았다. 이러한 개략적인 묘사는 좀 더 세밀한 점들에 있어서의 불일치들에도 불구하고 그대로 받아들여질 수 있다. 이러한 것은 바울 서신 속에서의 묘사와도 일치한다. 그는 구원에 대하여 미래 시제로 말할 수도 있었고, 그리스도인들이 현재적으로 경험하는 칭의와 화해의 현재적인 실체들로 말할 수도 있었다. 에베소서 2:8은 바울의 것이든 아니든 신자들이 이미 구원을 받았기 때문에 확신을 가지고 최후의 심판 때에 하나님의 진노로부터 구원받게 될 것을 기대할 수 있다고 역설하는 신학을 정확하게 요약하고 있다. 임박한 종말에 대한 믿음은 예수의 재림과 죽은 자들의 부활에 대한 바울의 소망 속에 나타난다. 바울에게 있어서 종말은 분명히 가까운 미래에 도래할 그 무엇이었다고 단언하는 데에 대해서는 그 어떤 논란도 있을 수 없다. 요한과 관련해서 우리는 그가 특히 신자들에 의한 영생의 현재적 체험에 관심을 갖고 있었지만 죽은 자들의 부활을 잊지 않았다는 것을 살펴본 바 있다. 특히 요한복음 11장은 지금 여기에서의 영원한 생명과 죽은 자들이 부활하게 될 때가 올 때까지 죽음을 계속해서 맛보아야 한다는 것 간의 긴장관계, 예수께서 그의 백성에게 오신 지금과 다시 오실 재림의 때 간의 긴장관계를 묘사한다.

우리의 자료들 중에서 그 어느 것도 신자들이 이미 새로운 세상의 충만함 속에서 살아가고 있다고 생각하는 오류를 범하지 않는다. 그들은 고난, 시험, 육체적인 연약함, 죽음의 와중에서 그리스도인들의 체험의 예비적이고 불완전한 상태를 역설하지만, 동시에 이러한 체험이 장차 완성될 것에 대한 진정한 맛보기라는 것을 역설한다. 따라서 강함과 연약함 간에 긴장관계가 존재하기 때문에, 인간의 철저한 연약함 속에서 하나님의 능력이 신자들에게 나타날 수 있다. 이런 종류의 긴장관계들은 어떤 저작들에서는 다른 것들에서보다 더 분명하게 나타나기는 하지만 신약성서 전체에 걸쳐서 발견될 수 있다.

결론. 이러한 분석을 토대로 우리는 우리의 증인들이 명백하게 동일한 복합적인 실체를 증언하고 있다고 주장할 수 있다. 우리는 던(Dunn)의 주장과는 달리 훨씬 더 많은 범위의 분야들이 서로 일치한다는 것을 발견하였다. 그러므로 신약성서 신학을 종합적으로 서술하는 것이 진정으로 가능하지만, 그것은 각각의 기자를 독자적으로 살펴보는 것으로 시작되어야 한다. 여기에서 우리는 다시 한 번 개별 기자들 속에서 볼 수 있는 온갖 다양성에도 불구하고 신약성서 전체에 대한 포괄적인 신학이 구축될 수 있다는 것을 보여준 페르디난드 한(Ferdinand Hahn)의 업적을 지적할 수 있다. 본서에서 나는 우리의 모든 증인들 속에서 추적될 수 있는 공통되고 기본적인 신학이 존재한다는 것을 확증하고자 한 좀 더 제한적인 목표를 시도하였고, 그러한 신학을 자세하게 발전시키지는 않았다. 그러므로 초기 그리스도인들의 신학에 있어서 여러 가지 다양한 요소들이 핵심들에 관한 이 요약 속에서만이 아니라 무엇보다도 신약성서의 개별 책들에 대한 상세한 해설들 속에서도 발견될 수 있다는 것이 강조되어야 한다.

통일성 또는 다양성?

이제까지 우리의 검토는 신약성서의 기자들에 의해서 기본적으로 공유되고 있는 신학적인 가르침을 서술하는 것이 가능하다는 것을 보여주었다. 그러한 것들 중에서 어떤 것들은 다중적으로 확인이 되었고, 또 어떤 것들은 좀 더 암묵적으로 밑받침되는 것들이었다. 그럼에도 불구하고, 위에서 우리가 방금 제시한 요약을 신약성서의 여러 다른 기자들 앞에 내놓는다면, 그들은 모두 그것이 그들의 개별적인 신학을 구성하는 본질적인 믿음들의 핵심에 가깝다는 것을 기꺼이 인정하고자 할 것이라고 결론을 내릴 수 있다. 그러나 이런 말을 한 후에 우리는 다시 한 번 신약성서의 여러 다양한 저작들이 모든 것을 정확히 동일한 방식으로 보았다고 주장함으로써 그 가르침들을 평준화하여 밋밋하게 만들어 버려서는 안 된다는 것을 강조하지 않으면 안 된다. 통일성은 다양성을 통해서 표현된다. 문제는 그 다양성이 중대한 차이 또는 심지어 모순에 해당하는 것인지의 여부이다.[12]

이 문제를 예시하기 위하여 우리는 이 논의에 한 가지 중요한 기여를 했던 연구를 살펴볼 수 있을 것이다. 헐트그렌(Arland J. Hultgren)은 신약성서에는 예수와 그의 사역에 대한 몇 가지 서로 다른 이해들이 존재한다고 주장하면서, 그것들을 네 가지 범주로 분류하고자 하였다.

그리스도 안에서 이루어진 구속.   이런 유형의 기독론은 일곱 개의 바울의 진정한 서신들과 마가복음에서 찾아볼 수 있다. 기본적으로 이러한 기독론은 하나님이 주된 행위자이고, 예수는 일차적으로 하나님께 순종한 존재라는 점에서 하나님의 행위를 중심으로 하는 견해이다. 그리스도 안에서 구속 역사를 수행하신 분은 이스라엘의 하나님이고, 그리스도는 하나님의 대리자 또는 도구로서의 역할을 하였다. 그리스도는 죄에 대한 하나님의 심판을 스스로 짊어짐으로써 인류를 대신하여 죽으셨고, 그의 죽음과 부활은 그리스도로서의 그의 의미에 대한 단서들이다. 신약성서의 저작들의 다양한 기독론들은 거기에서 사용된 은유들과 선재 사상의 존재여부에 따라서 저작들 사이에 편차들이 있다. 이 기독론은 존재론적인 것이 아니라 기능적인 것이고, 십자가는 중심에 위치해 있다. 구속은 이미 이루어진 사실이고, 그 범위는 보편적이다. 교회는 구속을 선포함에 있어서 필수적이고, 구원이 일어나는 공동체이다. 피조물의 그 어떤 부분도 교회의 범위 밖에 있지 않다.[13]

---

12) 앞에서 지적했듯이, 초대 교회에 있어서 서로 다른 집단들 간에는 뚜렷한 차이들이 존재하였고, 바울에 의해서 저주받았거나 거부된 유대화주의자들의 경우에는 그 차이가 가장 두드러졌다. 여기에서 우리의 관심은 신약성서의 저자들이 공통적 기반 위에 함께 서 있느냐 하는 것이다.

그리스도를 통해서 확증된 구속. 이러한 이해는 마태복음과 누가복음-사도행전에서 찾아볼 수 있다. 예수를 통해서 하나님은 그의 구속 목적을 수행하거나 확증하고, 인류의 구원을 가능하게 만든다. 여기에서 그리스도는 첫번째 견해에서보다 더 적극적으로 구속 사역에 참여하는 것으로 보아진다. 이 견해에 의하면, 십자가는 부수적인 것이고, 그리스도의 부활과 높아지심이 핵심적인 것이다. 예수는 부활하신 주님으로서 죄를 사할 수 있는 권세를 지니고 계신다. 구속은 이제 본질적으로 복음을 담보로 한 미래적인 전망이다. 그러나 그 사이의 중간 기간은 죄 사함이 이루어진다는 점에서 의미를 지닌다 — 물론, 신자들은 종말 때까지 구원을 받기 위해서 믿음을 지켜야 하지만. 십자가에 대한 강조가 약화되고 있지만, 이제 구원이 경험되는 공동체로서의 교회에 대한 인식이 더욱 부각된다. 구원의 유익들은 어떻게 행할 것에 관한 인도하심과 가르침을 포함한다. 복음을 듣지 못한 자들에 대해서는 그 어떤 언급도 주어지지 않는다.[14]

그리스도에 의해서 얻어진 구속. 이 관점은 골로새서, 에베소서, 목회 서신, 베드로전서, 히브리서, 요한계시록 같은 여러 다양한 저작들의 관점이다. 여기에서 그리스도는 좀 더 분명하게 구속을 이루신 존재로 보아지고, 그는 그의 십자가와 승리의 부활을 통해서 구속을 이루기 위하여 위에서 오셨고, 다시 그의 이전의 영광으로 돌아가셨다가, 나중에 재림의 때에 다시 나타나실 것이다. 이 기독론은 그리스도를 중심으로 한 견해로서, 승리자 그리스도(Christus Victor) 학설들을 위한 토대가 되고 있다. 그리스도는 단지 선지자들과 마찬가지로 하나님에 의해서 보내심을 받은 자가 아니라 선재하신 분이다. 그리스도의 본성은 그의 사역을 위한 토대가 된다. 몇몇 저작들은 하나님과 그리스도 간의 존재론적인 합일로 나아간다. 그리스도는 죄들로부터 인간을 해방하기 위하여 일하신다. 그는 하나님을 달래는 것이 아니라, 자신을 대속물로 주어서 인간을 속한다. 악한 권세들과 마귀로부터의 장

---

13) Arland J. Hultgren, *Christ and His Benefits: Christology and Redemption in the New Testament* (Philadelphia: Fortress, 1988), pp. 47, 64-67.

14) Ibid., pp. 69, 85-89.

래의 해방이 상정된다. 따라서 그리스도의 사역의 효과들은 기본적으로 미래적인 것이고, 그리스도인들의 현재적인 삶은 본질적으로 장차 임할 구원을 준비하는 삶이다. 보편주의에 대한 경향이 존재한다. 높아지신 그리스도는 이미 교회를 통해서 통치를 행하고 계신다. 이러한 후대의 관점은 어느 정도 이미 빌립보서 2:6-11에 나타나 있고, 그 묘사는 황제 숭배와 어느 정도 의식적인 대비를 보여준다.[15]

그리스도에 의해서 중보된 구속. 이 견해는 요한복음에서 발견되고, 어느 정도는 요한서신들에서도 찾아볼 수 있다. 아버지와 연합되어 있는 그리스도는 아버지를 나타내고, 아버지로부터의 구원을 그를 믿는 자들에게 중보한다. 이렇게 구원은 하나님의 목적에 토대를 두고 있지만, 기본적으로 그리스도 중심적이다. 예수의 십자가와 부활은 구속의 전제이자 토대이다. 그 메시지는 명백하게 복음과 초청의 메시지이다. 사람들이 아들을 믿을 때에 구원의 중보가 일어난다. 그것은 매우 배타적이다. 요한 서신들은 예수의 죽음이 속죄적인 의미를 지니고 있다는 개념으로 되돌아간다.[16]

헐트그렌은 논란을 불러일으키는 여러 가지 질문들을 제기한다. 왜 서로 다른 유형의 이해들이 존재하고 있는 것인가? 이러한 다양성 속에 통일성은 존재하는가? 이 여러 가지 다양한 견해들 간에 어떤 차이들이 여전히 존재하고, 그러한 것들은 조화될 수 있는가? 그러한 견해들의 상대적인 강점들과 약점들과 적합성을 평가하기 위하여 어떠한 기준들이 사용될 수 있는가? 헐트그렌은 이러한 네 가지 견해는 조화될 수 없다고 생각하고, 첫 번째 견해(바울적인 모델)가 가장 만족스러운 것이라고 본다.[17]

헐트그렌은 신약성서의 저작들 속에서 예수라는 인물과 사역에 대한 서로 다른 이해들이라고 할 수도 있는 것들 사이의 미묘한 차이들을 밝혀내고자 함으로써 선구적인 연구를 수행했다는 점에서 칭찬을 받을 만하다. 사실 이러한 작업은 서로 다른 저작들 간에 상당한 정도의 중복들이 존재하기 때문

---

15) Ibid., pp. 91, 135-43.

16) Ibid., pp. 145, 160-64.

17) Ibid., pp. 179-80, 181-89.

에 수행하기가 어렵다.[18] 헐트그렌은 한 유형의 이해에 속하는 요소들이 다른 유형의 이해에 속하는 저작들 속에서 발견되는 몇몇 "혼합"의 예들이 존재한다는 것을 인정하지 않을 수 없었다. 이것은 서로 다른 견해들이 그가 주장한 대로 서로 양립될 수 없는 것이 아니라는 것을 보여주는 것이다. 복음의 성격은 어느 하나의 단일한 모델 안에 담겨질 수 없는 그런 것이고, 학자들은 복음의 내용을 온전히 제대로 파악하기 위해서는 여러 가지 다양한 시각에서 가져온 묘사들을 필요로 한다는 말을 흔히 해 왔다. 우리는 신약성서에 속한 단일한 저작 내에서도 그리스도인의 믿음들을 표현하는 난해한 일과 씨름할 때에 역설들과 긴장관계들이 존재한다는 것을 끊임없이 지적하여 왔기 때문에 서로 다른 묘사들이 반드시 서로 양립될 수 없다고 너무 성급하게 전제해서는 안 된다. 또한 비교적 짧은 분량의 저작들 속에서 언급되고 있지 않은 것들은 그 저자의 사상 속에서 본질적인 것이 아니었다고 생각할 위험성도 상존한다.

따라서 일례로 십자가가 마가복음과 비교해서 마태복음에서는 구속의 수단으로 덜 강조되고 있다거나, 역으로 부활이 마가복음에서는 덜 중요하였다는 그의 주장은 받아들이기 어렵다.[19] 마태복음과 누가복음-사도행전에서 구원을 베푸시는 하나님은 바울 서신에서와 동일한 이스라엘의 하나님이다. 바울의 기독론은 그리스도의 선재가 명시적인 진술로 나오지 않고 추론되어야 하는 다른 저작들의 기독론과 마찬가지로 존재론적이다. 마태복음과 누가복음-사도행전에는 복음을 듣지 못한 자들에 대해서는 그 어떤 언급도 없다고 말하는 것은 이 두 저작 속에 나오는 보편적인 선교에 대한 명령과 상

---

18) 우리는 이와 비슷한 문제와 관련된 오늘날의 예로는 서방 세계에서 서로 다른 젊은 세대들의 특징들을 규명하고자 하는 시도들을 들 수 있을 것이다. 서로 다른 세대들 간에는 많은 것이 공유되고 있기 때문에, 그러한 시도들은 어떤 특징들이 어느 집단에서 그 밖의 다른 집단들에서보다도 더 분명하게 나타나는가를 발견해 내고자 하는 시도가 된다. Cf. David Hilborn and Matt Bird, *God and the Generations: Youth, Age and the Church Today* (Carlisle: Paternoster, 2002).

19) Morna D. Hooker, *Endings: Imitations to Discipleship* (London: SCM Press, 2003), pp. 11-30을 보라.

충하는 것이고, 우리가 신약성서의 다른 곳에서 결코 복음을 듣지 못했거나 장차 듣지 못할 자들의 구원에 관하여 어떤 말을 듣고 있다고 잘못 생각하는 것이다. 또한 그리스도인의 행실에 관한 가르침과 지침이 바울 서신보다 마태복음과 누가복음-사도행전에서 더 특징적이라고 단언하는 것은 바울의 다른 서신들에 대해서는 말할 것도 없고 고린도전서의 독자들을 무척 당혹스럽게 하였을 것이다. 그리스도에 의해서 얻어진 구속이라는 유형과 관련된 특징들 중 대부분은 바울의 다른 초기 서신들에서와 마찬가지로 빌립보서에서도 명시적으로 및 특징적으로 발견될 수 있다. 특히, 예수의 승리의 부활이 이 유형에 해당한다고 제시된 문서들보다 바울 서신에서 덜 두드러지게 나타난다고 믿기는 어렵다. 끝으로, 요한 문헌들 속에 제시된 복음은 말씀 전파 및 믿음의 응답에 대한 강조에 있어서 바울과 기본적으로 일치하고, 거기에는 온 세상에 대하여 구원을 제시하고 있는 보편성이 분명하게 표현되어 있다.[20]

이러한 고찰들은 헐트그렌이 제시한 네 가지 유형의 기독론이 모두 독특한 것들로서 서로 조화가 될 수 없다는 주장에 대하여 이의를 제기할 수 있는 충분한 근거가 존재한다는 것을 보여준다.

헐트그렌은 분명히 그가 찾아낸 다양한 범주들 내에 진정한 통일성이 존재한다는 것을 인정한다. 그는 네 가지 점을 인정한다: (1) 구속은 이스라엘의 하나님의 목적들에 토대를 두고 있다. (2) 따라서 그리스도는 하나님의 뜻을 거슬러서 인류를 대신해서 행하고 있는 것이 아니라, 하나님이 그 안에서 역사하고 있다.[21] (3) 구속은 언제나 예수의 죽음과 부활 ─ 이러한 것들이 어떻게 이해되든지 간에 ─ 속에서 일어나는 것으로 보아진다. (4) 그리스도의

---

20) Hultgren, *Christ*, pp. 56-57은 바울이 모든 사람이 결국에는 구원을 받게 될 것이라는 만인구원론을 가르치고 있다고 주장함으로써 내가 보기에는 인위적인 차이를 만들어내고 있다.

21) 여기에서는 하나님의 대리자로서의 그리스도가 왜 인간이 될 필요가 있었는지를 묻는 것이 중요할 것이다. Hultgren은 죄에 대한 하나님의 진노를 달래는 것이 필요하였다는 그 어떤 주장도 피하고자 하고 있지만, 하나님의 진노라는 문제는 회피되어야 할 성질의 것이 아니다.

죽음과 부활을 통해서 새 시대가 시작되었고, 거기에서 구속은 하나의 현실이 되었다 ── 그 성취의 정도에 대해서 긴장관계가 존재하기는 하지만. 나는 통일성의 정도는 위에서 열거된 내용보다 더 크고, 신약성서의 여러 저자들은 서로 양립될 수 없는 모델들을 구성한 것이 아니라 기독론과 구원론의 여러 면모들에 대한 좀 더 온전한 이해에 기여할 수 있는 서로 다른 여러 요소들을 결합하고 있는 것이라고 주장하고자 한다.[22]

나는 결론적으로 두 가지를 얘기하고자 한다. 첫째, 우리는 체험에 있어서 기본적인 동일성을 지니고 있다고 하더라도 종교적인 정서(ethos)에 있어서는 상당한 정도의 차이들이 있을 수 있다는 것을 인정하여야 한다. 영국 국교회의 예전과 형식적인 것이 거의 없는 은사주의자들의 예배 간에는 상당한 차이가 존재하지만, 이 둘은 모두 각자 동일한 복음을 충실하게 증언할 수 있다. 고린도 회중의 전형적인 모임 속에서 진행되었던 일이 갈릴리에 있는 전통적인 유대 그리스도인들의 회당에서 진행된 일과 과연 어느 정도나 비슷하였을까? 오늘날의 그리스도인들조차도 그러한 것들에 적응하기가 어렵다는 것을 발견할지라도, 그러한 차이들은 용납될 수 있는 것들이다.

둘째, 데이비드 야고(David Yeago)는 한 중요한 논문 속에서 판단들 자체와 그것들을 표현하는 데에 사용된 개념화된 용어들을 구별하는 것이 우리가 동일한 판단들이 서로 다른 개념적인 용어들을 통해서 표현될 수 있다는 것을 인식하는 데에 도움이 된다는 것을 보여주었다. 예를 들면, 니케아 신조의 교리는 신약성서에서 예수에 관하여 행해지고 있는 것과 동일한 판단

---

22) 신약성서에서 주된 긴장 관계는 아마도 사도행전에 나오는 설교가 그리스도께서 구주로 높아지신 것에 집중하고 있는 것과 사도행전 속에 속죄의 수단으로써 그리스도의 죽음의 의미에 대한 증언이 결여되어 있다는 것 간의 긴장 관계일 것이다. 그렇지만 최후의 만찬에 관한 본문들과 사도행전 20:28은 우리가 그러한 것들 속에서 보는 것은 예수의 죽음이 지닌 구원과 관련된 의미를 놓고 서로 상반된 견해를 보인다는 것이 아니라 기껏해야 강조점에 있어서의 변화라는 것을 보여주는 적절한 증거들이다.

23) David Yeago, "The New Testament and the Nicene Dogma: A Contribution to the Recovery of Theological Exegesis", in *The Theological Interpretation of Scripture: Classic and Contemporary Readings*, ed. Stephen E. Fowl (Oxford: Blackwell, 1997), pp. 87-100.

에 대한 표현일 수 있다.[23] 이것과 동일한 원리는 우리가 신약성서에서 발견하는 예수와 복음에 관한 판단들을 표현하기 위하여 서로 다른 개념들을 사용하고 있다는 것에도 그대로 적용될 수 있다. 일단 우리가 동일한 판단을 표현하기 위하여 서로 다른 개념들이 사용될 수 있다는 것을 인정한다면, 다음 단계의 문제는 우리가 검토하고 있는 서로 다른 증거들 속에서 동일한 판단들이 내려지고 있는지의 여부를 우리가 알 수 있느냐 하는 것이다. 예를 들면, 부활하신 예수와 그의 제자들 간에 영적인 관계가 존재한다는 판단이 바울, 요한, 그 밖의 신약성서의 다른 기자들 속에서 서로 다른 개념들을 사용하여 표현되고 있다는 것을 인정하는 것은 어렵지 않다. 마찬가지로, 그리스도의 죽음이 신자들을 죄의 결과들과 죄의 권능으로부터 자유하게 했다는 판단은 여러 가지 다양한 모델들을 통해서 개념화되고 있고, 이러한 각각의 것들은 그 총체적인 모습을 풍부하게 보여주는 데에 도움을 준다.

그러므로 우리는 다양성을 통해서 표현되고 있는 통일성을 인정하는 것으로 본서를 끝내고자 한다. 이 문제에 대한 탐구는 아직 끝나지 않았다. 본서는 포괄적이고 종합적인 글이 아니라 입문서의 성격을 띠고 있기 때문에 우리가 깊이 천착할 수 없었던 많은 신학적인 내용들이 남아 있다. 그리스도인 독자들에게 성경은 하나님의 감동으로 된 것이기 때문에 그 메시지가 동일하다고 할지라도 서로 다른 세대들과 상황들 속에서 사람들에게 새로운 방식들로 끊임없이 말씀한다. 예를 들면, 테제(Taizé) 찬송은 비록 악기들과 성부들, 화음과 대위법이 너무도 다르지만 여전히 동일한 찬송이라는 것을 기억하라. 따라서 본서의 끝에 도달했을 때, 우리는 우리의 연구를 최종적인 결론이라고 생각하지 말고, 우리를 성경 안에서 우리에게 계속해서 말씀하시는 하나님과 끊임없이 씨름하도록 이끄는 하나의 초대로 받아들였으면 한다.

참고문헌

New Testament Theologies: (German) Hahn, 2.

Dodd, C. H. *The Apostolic Preaching and Its Developments.* London: Hodder & Stoughton,

1936, 1944 (2nd ed.).

Dunn, James D. G. *Unity and Diversity in the New Testament.* London: SCM Press, 1977.

Hooker, Morna D. *Endings: Invitations to Discipleship.* London: SCM Press, 2003.

Hultgren, Arland J. *Christ and His Benefits: Christology and Redemption in the New Testament.* Philadelphia: Fortress, 1988.

Hunter, Archibald Macbride. *Paul and His Predecessors.* 2nd ed. London: SCM Press, 1961.

————. *The Unity of the New Testament.* London: SCM Press, 1943.

Mounce, Robert H. *The Essential Nature of New Testament Preaching.* Grand Rapids, Mich.: Eerdmans, 1960.

Selwyn, Edward Gordon. *The First Epistle of Peter: The Greek Text with Introduction, Notes and Essays.* London: Macmillan, 1946.

Yeago, David. "The New Testament and the Nicene Dogma: A Contribution to the Recovery of Theological Exegesis". In *The Theological Interpretation of Scripture: Classic and Contemporary Readings.* Edited by S. E. Fowl, pp. 87-100. Oxford: Blackwell, 1997.

● **독자 여러분들께 알립니다!**

'CH북스'는 기존 '크리스천다이제스트'의 영문명 앞 2글자와
도서를 의미하는 '북스'를 결합한 출판사의 새로운 이름입니다.

신약성서 신학

초판 1쇄 발행 2006년 10월 15일
초판 중쇄 발행 2019년 3월 29일

발행인 박명곤
사업총괄 박지성
편집 신안나, 전두표, 임여진
디자인 김민영
마케팅 김민지
재무 김영은
펴낸곳 CH북스
출판등록 제406-1999-000038호
전화 031-911-9864 **팩스** 031-944-9820
주소 경기도 파주시 회동길 37-20 CH그룹사옥 4층
홈페이지 www.chbooks.co.kr **이메일** ch@chbooks.co.kr
페이스북 @chbooks1984 **인스타그램** @chbooks1984

ⓒ CH북스 2006

CH북스는 여러분의 정성이 담긴 원고를 기다리고 있습니다.
원고 투고는 ch@chbooks.co.kr 로 내용 소개, 연락처와 함께 보내주세요.